北川羌族自治县志

（1988—2007）

北川羌族自治县志编纂委员会　编

方志出版社
Publishing House of Local Records

图书在版编目（CIP）数据

北川羌族自治县志. 1988—2007 / 北川羌族自治县志编纂委员会编 .— 北京：方志出版社，2017.9

ISBN 978-7-5144-2579-6

Ⅰ. ①北… Ⅱ. ①北… Ⅲ. ①北川羌族自治县—地方志—1988-2007 Ⅳ. ① K297.14

中国版本图书馆 CIP 数据核字（2017）第 255700 号

北川羌族自治县志（1988—2007）

编　　者：北川羌族自治县志编纂委员会
责任编辑：王　俊

出 版 人：冀祥德
出 版 者：方志出版社
地址　北京市朝阳区潘家园东里 9 号（国家方志馆 4 层）
邮编　100021
网址　http://www.fzph.org
发　　行：方志出版社发行中心
电话　（010）67110500
经　　销：各地新华书店
排　　版：北京中文天地文化艺术有限公司
印　　刷：北京华联印刷有限公司

开　　本：889 × 1194　　1/16
印　　张：41.5
字　　数：1100 千字
版　　次：2017 年 9 月第 1 版　2017 年 9 月第 1 次印刷
印　　数：0001 ～ 2300 册

ISBN 978-7-5144-2579-6　　**定价**：598.00 元

序

当前，在以习近平同志为核心的党中央的坚强领导下，全国各族人民正在全面建成小康社会的决胜阶段奋勇向前、阔步迈进。全面建成小康社会，最艰巨最繁重的任务是在革命老区、民族地区、边疆地区、贫困地区。消除贫困、改善民生、实现共同富裕，是中国特色社会主义的本质要求，是中国共产党的重要使命。为了全面实现小康，党中央高度重视扶贫开发工作，全力推进脱贫攻坚工程，实施精准扶贫、精准脱贫。习近平总书记明确提出，全面实现小康，一个民族也不能少，不能落下一个贫困家庭，丢下一个贫困群众。扶贫开发是个系统工程，发展是第一要务，只有发展，因地制宜找准路子，才能最终实现精准扶贫、精准脱贫。“治贫”必先“治愚”，在加强经济和基础设施建设、提高教育水平等方面的同时，扶贫开发还要注重文化扶贫，特别是通过挖掘革命老区、民族地区、边疆地区、贫困地区的文化内涵、历史底蕴、地情资源，让广大干部群众了解地情、了解历史、了解本地区的优势和劣势，在思想上脱贫，尤为关键。

赓续不断地编修地方志是我国独有的优秀文化传统，绵延千年而不断。党中央、国务院高度重视地方志工作，近几年来，习近平总书记、李克强总理、刘延东副总理做出了一系列的重要指示。2015 年 8 月，国务院办公厅印发《全国地方志事业发展规划纲要（2015—2020 年）》（以下简称《规划纲要》），明确要求到 2020 年必须全面完成第二轮修志规划任务，这是全国地方志工作在全面建成小康社会进程中的硬性任务，也是全国地方志系统为全面建成小康社会的献礼。届时，将同步实现省省有省志、市市有市志、县县有县志，这不仅在中国文化发展史上是绝无仅有的，在世界文化发展史上也是罕见的。从目前来看，要实现这一目标任务，还存在不少困难和问题，特别是民族地区与贫困地区，面临着缺乏人才、资金等诸多困难。实现到 2020 年必须全面完成第二轮修志规划任务，一个省、一个市、一个县都不能少。自 2015 年 8 月，经中国地方志指导小组批准，中国地方志指导小组办公室启动民族地区与贫困地区志书出版资助工程（以下简称“资助工程”），对经国务院扶贫开发领导小组办公室认定的国家级贫困县（区、旗、县级市），中西部地区、少数民族边疆地区、经济欠发达地区存在出版经费困难的省市县三级综合志书进行出版资助。截至目前，已经确定资助两批 20 多部志书。2016 年 4 月，

民族地区与贫困地区志书出版资助工程领导小组

组　　长：王伟光　中国社会科学院院长、中国地方志指导小组组长

常务副组长：李培林　中国社会科学院副院长、中国地方志指导小组常务副组长

副 组 长：冀祥德　中国地方志指导小组秘书长，中指办党组书记、主任

成　　员：刘玉宏　中国地方志指导小组办公室副主任

邱新立　中国地方志指导小组办公室副主任

民族地区与贫困地区志书出版资助工程领导小组办公室

主　任：冀祥德　中国地方志指导小组秘书长，中指办党组书记、主任

副主任：邱新立　中国地方志指导小组办公室副主任

成　员：于伟平　方志出版社总编辑

陈　旭　中国地方志指导小组办公室方志处处长

李　沛　方志出版社首席编辑、省志编辑部主任

徐　宏　方志出版社地方史编辑部副主任

王丹林　中国地方志指导小组办公室方志处副处长

◎北川县城之茅坝新区

县城茅坝新区

北川县城曲山茅坝新区

◎北川县城曲山全貌

北川县城曲山全貌

◎自治县成立

1
2 3

1. 2003 年 10 月 25 日，北川羌族自治县成立大会在县城龙王滩体育场隆重举行
2. 自治县成立大会授牌仪式
3. 庆祝自治县成立群众化妆游行

自治县成立庆祝活动

◎羌年、祭禹、祭山

祭山会——羌寨祭祀神灵的大典

禹里石纽山民间祭祀大禹活动

1991 年 11 月 2 日，北川县、茂县、汶川县、理县联合庆祝羌历年活动在北川县城隆重举行

◎民俗活动

1 | 2
3

1. 羌寨户外聚餐——“坝坝宴”
2. 羌族民间体育活动——扭棍子
3. 白什乡板凳龙

◎古迹

青片乡羌寨当代民居

青片乡上五村大寨子遗迹

开坪乡明代军事城堡永平堡南城门

坝底出土的石棺墓

都坝乡明代军事城堡伏羌堡保存完好的城墙

禹里乡石拱桥

桂溪乡境内的烟云洞，2005 年考古工作者在洞内发现更新世晚期的火塘和灰坑

药王谷辛夷花

猿王洞情人桥

◎工业

通口电站水库

建诚木业生产车间

《北川羌族自治县志》（1988—2005）编纂委员会

（2008年4月前）

顾　问　宋　明　杨应庆

主　任　经大忠

副主任　蒲方方　李春寿　杨泽森　雷建新　罗华明　景莲彩

成　员　马　云　张卫明　兰　辉　段本武　李福安　杨利民　陆桂琼　周　甫　李　红　余全忠　谢兴鹏

主　编　景莲彩

《北川羌族自治县志》（1988—2007）编纂委员会

（2008年5月至2011年9月）

顾　问　陈兴春　李春寿　杨应庆

主　任　经大忠

副主任　瞿永安　尹连涟　郑志恒　文　刚　韩贵钧　谢成旭　雷建新　兰　辉　王成如　黄宪礼

成　员　马　云　王　勇　赵海清　段本武　李正林　王　辉　周　甫　衡永志　王安平　杨国兴　林　川　郭志武　杨晓军　陆桂琼　李　红　王　聪　苏义德　付成华　陈志伟

《北川羌族自治县志》（1988—2007）编纂委员会

（2011 年 10 月至 2015 年 3 月）

《北川羌族自治县志》（1988—2007）编纂委员会

（2015 年 4 月）

《北川羌族自治县志》（1988—2007）

编辑部主编 黄宪礼
副　主　编 陈存军
执行主编 赵兴武
编　　　辑 谢雁萍　全理强　李永富　陈志伟　唐洪健
张明良　黄天清　赵福云　母智慧　郑玉萍
魏素琼
资　料　员 曾荣国　母志香
照片提供 颜晓亚　杨卫华　袁雨浓　罗胜利　赵兴武
王发明

《北川羌族自治县志》（1988—2007）

审查小组组长 余正道
副　组　长 曹玉琦
主　　　审 王志强
审稿人员 马国栋　何瑞明　晏茂川　郭　徽　肖平凡
高　梧　岁　力　赵兴武

序

《北川羌族自治县志》是新中国成立后北川所编纂的第二部县志，早在2005年就已启动，原计划2008年出书，却因突发汶川特大地震而受挫。2010年年初，经请示绵阳市政府同意，再度启动修志工作。当此之时，地震阴霾尚未散去，生活也未走上正轨。在已撰写出的志稿被毁、档案资料深埋废墟的情况下，修志工作者蜗居在简陋的出租屋里，开始搜集每一项所能找到的基础资料，探访每一个地震中幸免于难的知情人员，重新开始了县志的编修工作，其百折不挠、不畏艰辛的敬业精神令人感佩！功夫不负有心人，经过四年多的艰苦努力，新编县志数易其稿，终于成书，可喜可贺！

新编县志紧接1996年版县志的下限，记述了1988—2007年北川推进改革开放、全面开启现代化建设的历程，真实再现了20年中北川经济发展的不俗成就和社会生活发生的巨大变化。就整体而言，有专家认为这部志书"体裁得当，分类合理；资料翔实，全面系统；选材精当，主旨明确；行文规范，文字简洁；特色鲜明，可读性强"，可谓是十分中肯的评价。由于本志在档案资料严重缺乏的情况下完成，致使一些章节下限时间（2007年）的内容部分缺失，但因编纂人员具有长期在县工作的经历，凭借对县情的深刻了解和理解，全面完整地记载了县境所发生的大事、要事，准确地传递出时代变革的脉动，足以弥补基于客观原因留下的局部瑕疵，仍不失为可资后世治县参考的良志。

特别值得称道的是，志稿不仅在经济建设和社会事业发展方面着力突出地方特色，还浓墨重彩介绍了北川的人文资源。北川是古代治水英雄、我国第一个国家政权——夏王朝的缔造者大禹的诞生地，又是古老民族——羌族的聚居地，这里还是1935年红军所建立的革命根据地，不仅历史文化积淀厚重，而且具有光荣的革命传统。新编北川羌族自治县县志特设《民族》篇并附录《北川羌族大事记》，介绍北川羌族的历史演变、党的民族政策贯彻落实的历程，以及羌族的传统文化；在《文化》篇中详细介绍大禹文化、羌族文化、红军文化的内涵和现实状况；在《"番地"变迁与镇乡概况》篇中着重介绍各乡镇的人文资源。可以说，本志汇集了改革开放后几十年来北川地方文化建设方面所取得的重要成果，这不仅有利于保护珍贵的乡土文化资源，而且将对繁荣民族文化、开展爱国主义教育和发展旅游事业发挥重要作用。

在新编县志即将出版发行之际，谨向呕心沥血的修志工作者，以及为本志的编纂出版提供支持帮助的单位和人员致以诚挚的谢意！

中共北川羌族自治县委书记 赖 俊

北川羌族自治县人民政府县长 鄂永安

2015 年 6 月

题　记

谨将此书献给那些深埋在北川地震废墟下的几代修志先贤们，愿他们的在天之灵能够分享《北川羌族自治县志》成功问世的喜悦！

这本是一段早该完成的历史记载，但正值志稿录入电脑之际，2008 年 5 月 12 日，突发的灾难瞬间将所有资料重压在垮塌房屋的钢筋混凝土之下。

后继修志者迎难而上，八方搜寻“残牍断简”，将其连缀成文，是有该志新生。但囿于文献渺然、史料破残，虽竭尽心智却无法弥补档案资料的缺失，因而遗漏和错讹在所难免，敬请读者见谅。

《北川羌族自治县志》编者

2015 年 6 月

凡　例

一、指导思想

本志是《北川县志》的续修，按照续（续修）、补（补遗）、纠（纠错）、创（创新）要求进行编纂，坚持以马克思列宁主义、毛泽东思想、邓小平理论、“三个代表”重要思想、科学发展观、习近平新时代中国特色社会主义思想为指导，坚持辩证唯物主义和历史唯物主义的立场、观点和方法，实事求是，全面、准确、科学地记述北川改革开放以来坚持以经济建设为中心的发展与现状，力求科学性、思想性、资料性相统一。

二、时间断限

本志上限为1988年，接上部《北川县志（1911—1987）》，下限至2007年。个别事类、建置沿革等适当上溯，2008年汶川特大地震给北川造成巨大灾难，直接影响本志编修，故设《特载》记述地震灾情及救援概况。

三、内容编排

全志除卷首外，分概述、大事记、特载、专志、人物传、附录六个部类。概述综叙县情，总摄全书，排列于全志之首；大事记按时序略记断限年代内的大事要事，为全志之经；专志为志书主体，按事类立篇，以《建置沿革》开篇，以《“番地”变迁与镇乡概况》殿后，篇以下设章、节、目等层次，从横的方面具体记述全县历史、自然、政治、经济、社会、文化的发展概况，为全志之纬；人物之后列附录。概述、大事记、特载、人物传、附录不列篇序、不分章节，地图和照片原则上集中于卷首，表格一般随文。

四、表述形式

以第三人称记述，寓褒贬于史实记述之中。采用语体文记述，力求严谨朴实、简洁流畅。语言文字、数字用法、量和单位以及标点符号，遵守和执行图书出版物相关的国家标准。

五、纪年方法

中华民国成立前用历史纪年，在括号内注明公元纪年；中华民国时期采用民国纪年，括号内注明公元纪年；中华人民共和国成立后，使用公元纪年。

六、入志资料

基础资料源于北川县、北川羌族自治县1988—2006年的9部年鉴，经过反复核实后入志使用。2007年年鉴文稿毁于地震，造成资料缺失，虽责成相关单位尽力补充，但由于客观原因限制，仍留下部分空缺，成为本志难以避免的瑕疵。

目 录

第三篇 人口与人口控制

第四篇 民族

第五篇 中国共产党地方组织

第六篇 地方人民政府

第七篇 地方人民代表大会

第八篇 地方人民政协

第九篇 人民团体

第十篇 政法

第十一篇 武装

第十二篇 民政

第十三篇 劳动社保

第十四篇 经济综述

第十五篇 农业

第十六篇 林业

第十七篇 养殖业

第十八篇 农机水利

第十九篇 工业

第二十篇　交通运输

第二十一篇　邮电

第二十二篇　金融

第二十三篇 旅游

第二十四篇 商业贸易

第二十五篇 财政税务

第二十六篇 城建环保

第二十七篇 科学技术

第二十八篇 教育

第二十九篇 体育

第三十篇 医药卫生

第三十一篇 文化

第三十二篇 宗教 风俗 方言

第三十三篇 “番地”变迁与镇乡概况

概　述

北川羌族自治县位于四川盆地西北部。位于北纬31° 35′～31° 38′ 02″，东经104° 26′ 15″～104° 29′ 10″。东接江油市，南邻安县，西靠茂县，北抵松潘、平武县。境域面积2869平方公里。全境皆山，地势高峻，峰峦起伏，沟壑纵横。山脉大致以白什、外白为界，其西属岷山山脉，东属龙门山脉。地势西北高，东南低。境内最高点插旗山顶峰海拔4769米，最低点香水渡海拔540米，相对高差4229米，平均每公里海拔递降46米。密布的溪流分别汇集于湔江、苏宝河、平通河等“一江五河”，顺山势自西北向东南奔流出境。

县境属北亚热带山地湿润季风气候，气候温和，雨量充沛，日照较少，太阳辐射值低，云雾多，湿度大，四季分明。日照时数、霜日、降雪和风力等均随海拔升高而增加；气温、降水量则随海拔升高而递减。形成三个不同气候区：西北部高山冷凉缺水，中南部中高山温凉水足，东南部中低山温和水丰。气候垂直地域分异明显。降水量的季节分配与气温变化大致同步，形成冬干、春旱、夏洪、秋涝的特点。

县境地势高低差异悬殊，土壤、植被呈带状分布，自下而上依次为黄壤、常绿阔叶林—黄棕壤、常绿阔叶和落叶阔叶混交林—暗棕壤、针阔叶混交林和暗针叶林—亚高山草甸土、亚高山草甸—高山草甸土、高山草甸。森林大部分集中于县境西北部。动植物种类繁多，有大熊猫、金丝猴、羚牛等国家一、二级珍稀动物50多种，有珙桐、连香、红豆、三尖杉、银杏等珍稀树种。

农耕地分布于海拔1800米以下的中山。多为坡地，平坝极少。土壤以砾石土为主，次为壤土，质地粗糙，泥质少，黏土仅占1%。

北川有悠久的历史。1989年4月，县境东部桂溪乡甘龙洞出土大量“龙骨”，经中国科学院和中国社会科学院的考古专家鉴定，其中一个是更新世晚期人类的门齿化石。2005年8月，四川省文物考古研究院在甘龙洞上游烟云洞发现万年前古人类用火的痕迹。是年10月，又在江油、北川交界的大水洞（吴家后山）发现距今5000年左右人类活动留下的陶片、石器、骨器数百件和大量古动物遗骸。这些考古资料显示，两万年前以来，北川一直有人类栖息。

《尚书·禹贡》记载，夏商时期院内属梁州之域，周为冉駹部落属地。汉武帝开发西南，于冉駹属地置汶山郡，县境属汶山郡广柔县。北周武帝保定四年（564）在今禹里乡青石置北川县，是为北川建县之始。唐太宗贞观八年（634）析北川县地在禹里置石泉县。唐高宗永徽二年（651），并北川县入石泉县。民国3年（1914），因与陕西省石泉县同名，且彼县设置在先，乃复名北川县。北川自建县至2007年，已历1443年。全县共3镇17乡（其中桃龙乡为藏族乡）278个村1381个村民小组和16个社区居委会。人口16.1万人，其中羌、藏、回、苗、壮、土家、彝、满、黎、维吾尔、基诺、达斡尔等17个少数民族共9.5万人。县城曲山镇距绵阳市72公里，距省会成都市127公里。

据史籍记载，北川是中华民族人文初祖、古代治水英雄大禹的降生地。县内至今保存着大量有关大禹的历史遗迹和民间传说。早在唐代，禹里石纽山下就建有大禹庙，每年农历六月初六大禹诞辰，都要举行隆重的祭祀活动。1990年后，为弘扬大禹精神，成立四川省大禹研究会，汇集全国各地的专家、学者，多次召开大禹文化研讨会，并先后编辑出版《禹生北川》《大禹史料汇集》《大禹研究文集》等学术研究著作。北川大禹文化的内涵得到不断丰富。

北川是羌族聚居地。现存最早的北川地方志——清乾隆版《石泉县志》，对县境羌族的渊源、分布和习俗进行了记载。由于接近汉区，长期受汉文化影响，羌民衣着、语言渐与汉人无异。中华人民共和国成立后，由于地方干部历史知识缺乏，长期将其视为汉族。20世纪80年代初，根据党的民族政策和全县少数民族群众的要求，陆续甄别、恢复其族别，县内羌族人口达到总人口的半数以上。在此基础上，相继在北川县建立21个羌族乡和羌族藏族乡，占全县乡镇总数的68%。1986年，中共北川县委、县政府开始依法申报建立羌族自治县。1987年11月，经省政府批准，自1988年1月起，北川按少数民族县对待。2003年7月6日，国务院批准建立北川羌族自治县，北川由此成为全国最年轻的民族自治地方。自治县成立后，享受到国家有关优惠政策和扶持资金，进一步促进了少数民族地区的发展。

北川是革命老根据地。民国24年（1935）4月，中国工农红军第四方面军长征进入县境，相继建立2个县、5个区、28个乡、119个村的苏维埃政权。红四方面军在北川发起的千佛山战役，牵制国民党川军14万余人，有力策应了中央红军北上入川，为两大主力红军胜利会师创造了条件。北川人民筹粮运草，修路架桥，男女青壮年踊跃支前参军，为红军长征胜利做出不可磨灭的贡献。据不完全统计，全县参加红军及为红军运送物资西进未归者达3000余人。1935年7月，红军离境，接踵而至的国民党川军烧杀抢掠，恶霸地主反攻倒算，加上瘟疫流行，全县人口减少近半。北川人民为革命做出巨大牺牲。1953年11月，四川省革命老根据地建设委员会将北川确定为革命老根据地。

北川县境位于“神秘天地线”北纬31度附近，是地球上人类最早的文明发源地带。境内气候温和，常年以人体感觉舒适、次舒适的天气为主，紫外线强度在人体感觉舒适的范围内，空气负氧离子含量高，是养生宝地。2006年8月实地调查统计，全县90岁以上健在老人132人。

北川是传统的农业县。农作物以玉米为主，次为小麦、马铃薯、黄豆、荞麦、油菜；饲养猪、羊及家禽亦是重要的经济来源。1978年改革开放后，坚持推广农业科技，粮食产量稳步增长，养殖业向规模化方向发展。同时，根据土地资源丰富的优势，继续大力发展茶、中草药、桑、果等多种经营，多种经营基地达20余万亩，成为农民增收的重要途径。县内25度坡线以上坡耕地占耕地面积的66.5%。1998年，国家实施退耕还林工程，北川被列为全国12个退耕还林科技支撑示范县之一。截至2007年年底，全县累计完成退耕还林11.8万亩，为建设长江上游生态屏障做出积极贡献。北川在实施退耕还林（草）工程中，大力调整农业产业结构，为农村经济带来新的生机和活力。

县内工业基础薄弱。20世纪80年代中期，破除极左思想的桎梏，掀起兴办地方工业的热潮，逐渐形成以水电、建材、采矿、食品加工、竹木加工等五大行业为支柱的地方工业体系。1988年后，工业持续发展，其重点仍是以本地资源为依托的五大行业。在发展方针上，根据抓大放小的原则，狠抓骨干企业，放开搞活小企业，大力发展个体私营企业。90年代，国有和集体企业因市场竞争激烈等因素，效益普遍下滑甚至停产，自1997年起，县内企业相继改制，成为股份制企业或私营企业。企业改制后，政府不再投资兴办新的工业企业，工业发展主要通过企业自身壮大和招商引资来实现。1998年后，外来投资主要集中在水电及其载能工业上，通口电站、武安电站、羊圈坪电站及茅坝电极箔生产线陆续建成投产。21世纪之初，县委、县政府明确提出“工业立县”的口号，通过招商引资，重点发展规模以上企业，变资源优势为市场优势，大力推动湔江、白草河、青片河的水电梯级开发，争取年产百万吨以上的现代水泥厂落户擂鼓镇，推进香泉乡大理石开采加工工业园建设，做好茶叶资源的整合；在保护好已有知名品牌的同时，增加高档名茶生产。由此，工业得到稳步发展。

县内自然环境优美宜人，人文资源丰富，具有发展旅游业的良好条件。20世纪80年代后期，县委、县政府着手对旅游资源进行调查研究，并对禹穴沟和猿王洞游览便道进行整修，兴建相应的服务设施。1991年，禹穴沟和猿王洞对外开放，成为县内最早的旅游景区。1998年，猿王洞转让给私营业主继续开发，建成开业后受到一致好评，取得良好效益。县委在充分了解旅游资源特点和价值的基础上，明确提出“以猿王洞为门户，以大禹为品牌，以羌族文化为特色，以大禹故里、千佛山、小寨子沟为重点”的指导思想；在投资政策上，借鉴猿王洞招商引资开发的成功经验，不再由政府充当开发主体，而实行旅游资源转让，允许并鼓励不同性质的经济实体参与的政策，广泛吸纳社会各方资金，按规划进行开发。经过几年的开发建设，猿王洞达到国家AAAA级旅游景区标准；禹里、小寨子沟等景区经过初步开发，具有一定的接待能力；其余散布于全县各地的农家乐、休闲度假村建设方兴未艾。

交通方面。中华人民共和国成立后，北川开始启动公路建设。至1987年，初步形成以县城为中心，以省道为主骨架，以县道乡道为干线，以村道为支线，便捷通往周邻市、县，辐射全县的公路交通网络。1988年后，在继续开展公路路网建设的同时，重点对安北、北松、北茂、曲桂公路和平江公路县境段等干线公路进行改造，提高其等级，增强通行能力。至2007年，全县公路通车里程共1248公里，自县城曲山南至安县安昌镇为二级水泥路，东至桂溪接九环东线、西至茂县接九环西线的干线公路均为三级油路。县内汽车运输业务历来由国营、集体专业运输公司及单位车队承担。20世纪90年代，个体私营汽车运输业迅速发展，专业运输企业逐渐改制为民营公司，客运业务主要由民营公司承担，货运业务则由个体、私营运输队伍承担。各运输企业在竞争中不断发展壮大。

改革开放后，县委、县政府将个体、私营商业的发展作为县域经济新的增长点，制定多项优惠政策予以扶持；个体、私营商业户在国家政策、法律、法规范围内，采取灵活多样的经营方式，不断拓展经营业务。面对激烈的市场竞争，国营、集体商业企业全面推行和不断深化完善承包经营责任制，并最终通过实施股份制或民营化改造、破产解体和招商引资、整体转让，相继转化为个体、私营商业，企业的活力得到不断增强。

经济的快速发展有力地促进社会事业的全面进步。1988年，北川基本完成“普六”任务后，即着手普及九年义务教育。1998年后，每年投入数百万元新建和改造校舍，为“普九”提供硬件保障；各乡镇则实行相关责任制，将初中学生入学率和巩固率纳入目标考核。通过努力，至1999年，全县100%的乡镇完成“普九”任务。2000年后，继续巩固“普九”成果，积极利用“希望工程”“春蕾计划”等救助活动对家庭困难学生入学给予必要的帮助。2006年，全面实施农村义务教育经费保障机制改革，为中小学生全部免除学杂费，为部分中小学生免除教科书费，为贫困住校生补助生活费。是年小学入学率达100%，初中入学率为96.93%，智残、体残、肢残的“三残儿童”入学率达81.25%，顺利通过市政府的“普九”复查验收。

县内医疗卫生网络不断完善，群众防病治病的基本需求得到保障。1990年，县政府制定《实现“2000年人人享有卫生保健”的规划》，着手三级医疗卫生网建设。自1991年起，全县每年改建、扩建3～5个乡镇卫生院。至1997年，共排危、改扩建29所乡镇卫生院，总建筑面积27万平方米。1998年4月，省政府代表国家对全县的卫生保健工作进行终期审评，北川县达到初级卫生保健标准。1999年，全县16个乡镇中有8个达到绵阳市以乡为单位的初级保健标准。2007年，全县20个乡镇全部达到绵阳市以乡为单位的初级保健标准。

人民生活水平不断提高。1988年，县内全民、集体城镇职工人均年工资收入1636元，城镇居民人均收入1011元。2007年，城镇居民人均可支配收入7250万元。农村居民分别于1989年越过“二六”（人均纯收入200元，人均占有粮食300公斤以上）温饱线；1997年越过“五八”（人均纯收入 500 元，人均占有粮食 400 公斤以上）温饱线，逐步向小康迈进。2007 年，农民人均纯收入达到 2831 元。电视机、洗衣机、电冰箱等耐用消费品基本普及，家庭彩电逐步由名牌产品和大屏幕取代杂牌产品和小屏幕，新型家电、文娱耐用消费品开始进入家庭。

立足县情，面向未来，全县人民在县委、县政府的领导下，将再接再厉，积极投身社会主义新农村建设，并依托优势资源，大力发展工业和旅游业，为同步建成小康北川而努力奋斗！

大事记

1988 年

1 月 1 日　经省政府批准，北川自即日起按民族县对待，享受相应优惠政策。

是月　北川被列为全省 14 个杜仲、厚朴、黄柏生产基地县之一。

是月　县商业系统全面推行承包经营责任制，各公司、工厂按照县商业局下达的购销利润计划，以“百元工资含量”、计件工资、大包干等形式层层分解指标，落实承包，分月考核，年终兑现奖惩。

3—5 月　县委在擂鼓镇开展完善农村承包责任制试点，继而在全县普遍开展完善农村双层经营，稳定家庭联产承包责任制。

3 月 14 日　县政府发出《关于开展城镇房屋所有权登记发证工作的通知》。5 月起，相继对县内场镇规划区内的房屋产权进行登记发证。

5 月 13 日　县委成立扶贫开发领导小组，负责检查督促各项扶贫开发措施的落实。

是月　相继成立区、镇、乡党校，开展党课教育和实用技术培训。至 7 月底，全县共建党校 14 所。

6 月 12 日　省民族研究所副所长、四川大学历史系教授冉光荣受省民委委托，组织 2 名教师、15 名学生组成调查组分赴关内地区开展民族综合调查。调查历时 22 天，拍摄民族风情、文物古迹照片 100 多幅，拓印临摹石刻 3 幅，撰写《北川青片河羌族社会调查》《北川县小坝元代石刻题记考略》《难以泯灭的羌族意识》等论文 20 余篇，为县内准确进行民族识别提供重要依据。

6 月 30 日　县委、县政府决定建立领导协商对话制度，每月 7 日、21 日由县委常委、副县长在县委、县政府信访办轮流值班，接待群众来访。

7—8 月　物价上涨，抢购风盛行，县农业银行、工商银行开办有奖储蓄。

7 月 20 日　省人大民族工作委员会副主任冯冰一行到县对民族工作进行为期 5 天的考察。9 月 23 日，向全国人大、国家民委和中央统战部提交《北川县干部群众强烈要求建立羌族自治县》等专题报告。

8 月 22 日　北川被列为全省开展县级综合发展规划的 20 个试点县之一。

10 月 5 日　受全国抢购风潮影响，县内食盐库存由 498 吨降至几十吨。

10 月 22—30 日　省市检查组到县对初等义务教育进行检查验收，确认北川基本达到普及小学教育的要求。

是月　桃龙乡桃红村道建成通车，成为县内第一个村村通公路的乡。

11 月 9 日　县委、县政府召开苦竹坝电站开工动员大会。

12 月　县内恢复和改正民族成分工作告一段落。全县有羌、藏、回、苗、彝、土家、壮、黎等 8 个少数民族 58270 人，占全县总人口 153653 人的 37.9%。少数民族中，羌族 55333 人，占少数民族总人口的 95%。

1989 年

是年 针对县城是否迁移的问题，绵阳市地质学会11名专家受邀到县对曲山地区山地灾害进行为期5天的实地考察，撰写出《北川县城灾害地质考察报告》上报省政府。报告通过对曲山两侧山体构造、现状、水文、工程等方面进行分析，得出“局部性灾害存在，毁灭性灾害不可能发生”的结论。

3月14日 县委召开“评议党员，处置不合格党员”动员大会，评处工作随即在县内机构企事业单位开展。

是月 县政府决定在县内发行电力债券60万元，集资修建苦竹坝电站。

5月17日 安北公路北川段油路建设工程开工。

6月10日 中国科学院、水利水电部、水利水电科学院汪雍熙一行3人到县座谈水电发展工作。

7月23—25日 县内连续遭受暴雨、大风、冰雹灾害。

8月11—16日 县内再次遭受暴雨、大风袭击。

9月16日至10月15日 开展“群众体育月”活动，全县1.5万人参加不同形式的体育活动。

9月22日 阿坝州小金县发生6.6级地震，县境普遍有震感。

11月18日 省羌族拼音文字方案创制领导小组决定从有关县抽调专人从事羌文创制工作。

11月21日 省民委副主任周礼成带领7集电视系列片《羌族》摄制组负责人到县举行首播式。

11月21—23日 县政府召开大禹故里风景名胜区规划论证会，省市专家、学者、工程技术人员和有关领导67人应邀参加。

是月 县内开展第三次全国人口普查。

11—12月 开展整顿农村提留、清理农村财务工作，共清理出贪污、挪用、借支公款者4463人，总金额40万元。

12月11—19日 省扶贫越温验收组到县验收扶贫工作。所抽查的贫困户98.4%达到人均纯收入200元、人均占有粮食300公斤的“二六”温饱线。

12月19日 青片乡上五村建成全市第一座村级电视卫星地面接收站，发射功率3瓦。

12月28日 曲山至安县永安35千伏输电线路架设竣工，县地方电网与国网正式并网运行。

是年 青片河、都坝河流域及曲山镇的22个村猪瘟流行。

是年 全县乡镇全部通电，278个村通电258个，用电户2.98万户，占总户数的86%。

是年 县委组织“打拐”及解救妇女小组12个，派往山东、安徽、内蒙古等9省、自治区的35个市县，查清拐卖人口案件77件，解救妇女35人、儿童1人，途中挡回被骗妇女15人。

是年 县内首次完成企事业单位专业技术职称改革。全县2704人参加15个专业职称评定，2562人获得专业技术职称，其中获高级职称29人、中级职称552人、初级职称1981人。

1990 年

2月 县政府与绵阳电教馆合拍的4集电视专题片《羌笛悠悠》制作完成，首次以舞台艺术与现实生活相结合的手法，反映大禹诞生地北川的风土人情、自然风光和民族经济发展情况。

3月23日 市政府将“大禹故里”列为市级风景名胜区。

7月26日 县内遭受特大暴雨袭击，8.6万人受灾。

是月 曲山地区有线电视网路开通试播。

8月 县内第一台84门程控电话用户交换机在县委机要科安装成功，实现与市内所有机要电话的直接拨号。

是月 经市“防五”指挥部验收，北川县五号病防治达“消灭”标准。

9月21日 县政府制发《实现2000年人人享有卫生保健规划》；10月，建立县初级卫生保健委员会。

9月29日 县委、县政府作出《关于全县动员，力争1992年实现产茧一万担的决定》，出台一系列发展蚕桑的优惠政策。

是月 严厉打击严重犯罪分子斗争第二阶段战役基本结束，全县共逮捕各类犯罪分子41人，摧毁有53人参加的犯罪团伙11个。

是月 经普查登记，全县有信教人员780人，其中天主教354人、伊斯兰教178人、佛教243人、基督教5人。

10月16日 苦竹坝电站大坝截流。

10月16—18日 四川省大禹研究会筹备会先后在绵阳、北川召开。

11月29—30日 县残疾人联合会第一次代表大会在县城召开，讨论通过县残疾人联合会章程，选举产生主席团委员和理事会。

12月29日 县消费者协会成立。

是年 县财政收入首次逾千万元。

1991年

1月16日 在都坝举行垭（上）都（坝）公路通车典礼。至此，全县实现乡乡通公路。

1月31日 县政府在禹里西山山麓举行大禹纪念馆开工奠基仪式。

2月 龙王滩体育场动工兴建，占地27.7亩，主体设施包括400米环形跑道的田径场、50×25米的游泳池、带看台的灯光球，训练房。

3月7日 县委、县政府给中共中央总书记江泽民和国务院总理李鹏致信，要求批准建立北川羌族自治县。4月1日，中央办公厅、国务院办公厅信访局复函称：“要求建立北川羌族自治县的问题，我们已转民政部研处。”

3月11日 县委发出《关于开展农村社会主义思想教育工作的通知》；20日，抽调45名县直机关干部及5个试点乡干部共128人，组成5个工作队，开展为期3个月的农村社会主义思想教育试点工作；继而在全县农村分期分批开展社教工作。1992年6月结束。

3月15日 县法院对倒卖大熊猫皮的5名罪犯以投机倒把罪分别判处有期徒刑12年、10年、10年、4年和3年。

5月25日 省政府办公厅对蹇洪秀等22位代表在省七届人大四次会议上的建议作出答复：“建立北川羌族自治县问题，省政府已于1986年向国务院写了报告，此后，省委、省政府领导和有关部门一直在向中央反映。由于我国建自治地方的任务已基本完成，因而审批工作难度很大。我们将继续向上级有关部门反映。”

是月 开坪乡永安村现存的明代军事城堡永平堡被确定为省级文物保护单位。

5—8月 县内出现特大旱灾，溪河干涸157条，水井干涸700余口，禾苗干枯，用火一点就燃。

7月 全县供销社系统全面推行重庆市经营、价格、分配、用工“四放开”和井研县坚持以扩大农副产品购销、发挥整体功能、市场导向、办好双代店以及自我积累、自我发展、自我完善的“五为主”经验。

8月3日 县政府发出通知，要求认真学习、广泛宣传国务院颁布实施的《行政复议条例》，提高规范性文件质量，确保行政管理合法化，加强行政执法监督检查，提高执法水平。

8月8日 设立县“见义勇为奖励基金”，县财政拨款2万元，同时接受单位及个人捐赠，用于奖励为维护社会治安、同犯罪分子做斗争的公民。

9月3日 县政府发出《关于积极稳妥地进行城镇住房制度改革工作的通知》，并设立住房制度改革领导小组及其办公室，拉开全县房改工作的序幕。

11月4—8日 北、茂、汶、理四县在县城曲山举行庆祝羌历年活动，中央、省、市及相邻县市区158个单位3000余人，县直机关、企事业单位、厂矿、学校、区镇代表团和县内外群众3万余人参加庆祝活动。

11月19日 县内首次建立招聘干部养老保险制度，全县列入保险的招聘干部283人。

12月12日 邓家金矿召开基建竣工验收会。邓家金矿由绵阳市黄金公司与北川县联办，属全民所有制采金企业，1988年10月开始建设，1990年10月完成基建投入试产，试产14个月，产金769.68两。

是年 县委成立廉政建设领导小组，狠刹公款吃喝玩乐之风。

是年 县委、县政府作出大力发展乡镇企业的决定，组织20余名善经营、懂管理的干部到企业协助工作。

是年 根据卫生部门调查，全县有9000余人患碘缺乏病，北川被省列为碘缺乏病区，普供碘盐，当年销售碘盐1185吨。

1992年

2月 县委、县政府根据中央2号文件和邓小平南方重要谈话精神，作出把发展乡镇企业作为振兴县域经济的一大战略重点的决定，出台10条发展乡镇企业的具体措施和6项优惠政策。

是月 县内首次开展乡土人才技术职称评定工作。首批评定助理农民技师、农民技术员、农民助理技术员47人。

3—4月 全面开展清理县级非常设机构工作。全县有县级非常设机构167个，清理后撤销94个，任务完成后即撤销的5个，更名7个，合并16个，保留45个。

4月2日 县政府在大禹纪念馆举行现场会，讨论搞好大禹故里风景名胜区开发建设的具体措施。

5月3日 县委、县政府根据中央2号文件精神，作出引进人才的有关规定，凡学有专长的科技、管理人才到县工作，可不受户口、所有制、档案、行政关系和身份限制，并享受若干优惠政策。

是月 北川被团省委、省青少年发展基金会列为希望工程受益县，开始全面实施希望工程。

6月4日 国家民委副主任陈欣到县考察民族工作，要求注重本地人才的培养，开发具有地方特色的工农业产品，继续开展争取建立羌族自治县的工作。

是月 受5月上旬全市掀起的城市建设基金、个人认购城镇户口热的影响，县内储蓄存款大滑坡。

是月 县委作出《关于调整教育结构，深化教育改革的决定》，要求实施六年制、九年制义务教育规划，稳定和控制普通高中规模，逐步形成“普教、职教并重”的办学格局。

7月2—5日 首次全国大禹及夏文化研讨会在县城召开，北京、河南、黑龙江、浙江、陕西省专家和四川省市县专家学者、有关领导共80余人参加。

7月22—27日 县内普降暴雨，引发特大洪灾。22日17时起15个小时内县城曲山和擂鼓、陈家坝等地降雨384毫米。26日晚，特大暴雨集中在开坪、禹里等乡，5个小时降雨达400毫米。全县5区2镇26个乡2个办事处218个村受灾。

8月下旬 区乡建制调整工作在全县展开，到10月结束，将原5区2镇29乡调整为3镇13乡（其中民族乡11个）。

9月26日 省扶贫开发办领导一行到县检查农村扶贫开发工作。

是月 应县政府邀请，中国科学院古脊椎动物与人类研究所黄万波、顾玉珉研究员到县考察，将当地农民在桂溪乡甘龙洞挖掘出的“龙骨”带回北京。经鉴定，其中一个是人类门齿化石，还有一个是距今1万～2万年前更新世晚期大熊猫的下臼齿，属全国大熊猫保护区首次发现。黄、顾等专家认为这是一处具有考古价值的“宝地”。

10月5日 县内第一所敬老院——甘溪敬老院建立，当年收养农村“五保”老人12人。

是月 县内第一个乡镇有线电视网在擂鼓镇建成开播。

12月29日 擂鼓开通HPS-112门程控自动电话，成为全县第一个使用自动电话的乡镇。

是年 县委发出《关于认真实施农民负担管理条例的意见》，成立农民负担管理机构，严把农民负担预算审批关。

是年 开始实施省林业厅批准的长江中上游防护林工程，计划投资478万元，规划面积9880公顷。

是年 为贯彻中央2号文件精神，加快政府职能转变，县委、县政府决定，将职能相近的部门（单位）实行合署办公，抽调人员充实基层和企业，逐步将一批具有行政职能的经济主管部门转为经济实体。

是年 贯彻邓小平南方重要谈话精神，企业登记实现经营范围、价格、用工制度、分配原则“四放开”政策，全县共登记各类企业966户，注册资金12053万元。

1993年

1月3日 县委、县政府向市政府申请，将北川列为提前脱贫致富奔小康试点县。

是月 开始进行乡以上行政事业单位的财产清理登记，至次年初结束，共核实108个单位的财产、土地占用面积、固定资产，清理后盘盈财产价值1388万元。

年初 率先在开坪乡小园小学试行小学六年制寄宿教育，并在全县推广。《四川农村日报》《教育导报》《绵阳日报》等报刊相继报道。

2月 县委组织部、团县委号召全县党团员为救助失学儿童缴纳一次特殊党、团费。至11月，共收党、团费1.54万元，救助失学儿童700余名。

3月9日 县政府对乡镇政府实行定收定支、收支包干的财政体制。

3月12—16日 经省绿化委员会组织检查验收，县内宜林荒山、公路、河流、城镇绿化各项指标均达标合格，提前一年完成县政府向省政府签订的绿化责任书。

3月16日 县委、县政府首次向市委、市政府签订年度“社会治安综合治理目标管理责任书”。其后，16个乡镇、县直机关“七大口”及青片河林业局向县委、县政府签订责任书，各乡镇和各大口又与所属村、单位签订责任书。此后，每年均层层签订社会治安综合治理目标管理责任书。

是月 漩坪乡集体合作商店遵照有关规定，经全体职工讨论通过，实行退股分红，拍卖固定资产，按工龄和有关条件合理分配到人头，成为全县第一个全面解体，实行个体经营的集体合作商店。

4月2—19日 县农村社会养老保险试点工作在擂鼓镇、片口乡进行。2个乡镇投保农户3789人，收保费76973元，其中片口乡投保率达到应投保农户的92%。

5月8日 装机3×4000千瓦的苦竹坝电站第一台机组投入试运行。本月28日，3台机组全部投运。

5月18日 停产近4年的县造纸厂新建年产1500～1700吨牛皮箱板纸生产线试机成功，产品达到国家C级标准，并成为畅销产品。

5月19日 经省民政厅批准建立的金船山公墓正式动工兴建。省国土局批准征用曲山镇任家坪村四组、五组土地30亩作为修建公墓和殡仪馆用地。

5月21日 县委召开常委扩大会议，审议并通过工业“矿产、食品、水电、建材、竹木加工”五大行业和农业“林、牧、茶、桑、药”五大支柱及十项小产品发展规划。

6月26日 国家民委办公厅对八届全国人大代表冯崇泰《关于建立北川羌族自治县的建议》给予“我们将根据全国实际情况会同有关部门研究协商，报请国务院统筹解决”的答复。

是月 县境曲山镇沙坝村等地发生大规模春蚕中毒事件，造成200余张蚕种无收。经查属空气中含氟超标致蚕中毒，由曲山镇政府责成有关单位赔偿蚕农损失。

是月 县委、县政府贯彻中央文件精神，对涉及农民法外负担的有关文件进行清理，取消要求农民出钱、出物、出工的达标升级活动35项。

是月 县内开展首次全国第三产业普查，到1994年12月结束，至1993年年底，全县共有第三产业单位674个。

10月27日 经市农业局批准，县农村合作基金会联合会成立。

是月 中华人民共和国成立后省内级别最高、机动性最强、参演部队人员最多的大型军事演习开始，县境安北路、北茂路被确定为参演部队开进和回撤路线。自9月初开始，县交通局、公路养护段全力投入北茂公路水毁抢修、恢复，沿途5个乡镇出动民兵做好交通战备保障工作。10月5—22日，参演部队顺利通过县境。

是月 经省市专家验收，北川成为全省第一个布病防治达到农业部、卫生部“布病稳定控制县”标准的农业县。

12月3—6日 经省农能办和市沼气办检查验收，北川“省柴节煤试点县”工作达到国家标准。

12月7日 垭都公路凤凰段鱼跳嘴发生特大恶性车祸，当场死亡10人，重伤3人。

12月17日 市政府批准北川县住房制度改革方案。到1997年6月30日，全县共有94个单位出售公有住房2271套，建筑面积14.4万平方米；按房改政策出租住房2.2万平方米；清退多占住房56套（处），建筑面积0.4万平方米。

是年 省政府批准建立片口自然保护区。

是年 县委、县政府贯彻落实《中华人民共和国企业法》和《全民所有制企业转换经营机制条例》，进一步推进企业劳动人事、工资分配、社会保险制度改革。

是年 北川被列为全省第六批“以工代赈”水土保持重点县。

1994年

1月1日 县政府决定在全县实施取水许可证制度，开始征收水资源费。

2月 团县委在中小学校开展“手拉手互助联谊活动”，全县263所学校13000多名学生先后与江苏省常州郊区10多所学校、成都盐道街小学等开展联谊活动。5月，白什乡中心小学刘钰参加全国少工委等单位联办的“百对手拉手朋友相会北京”活动，受到总书记江泽民、总理李鹏的接见。

3月5日 县委组织部发出通知，开始在全县开展整顿农村软弱无力党支部工作。

3月26日 总投资1029万元的曲山镇丝绸厂开始试产。5月31日产品送省商检局生丝检验处抽样检测，达到国家AA级白厂丝标准，获得商品编号。

3月29日 县政府制发《关于引进资金的奖励办法》，鼓励引进资金开发县内矿产、水力、野生食品等资源。

是月 开始在国有企业和企业化管理的事业单位中开展清产核资工作，次年结束。共清理44户，核实固定资产总额37234万元、资产负债总额27865万元，资产净值9369万元。

4月8日 联合国教科文组织人员到桂溪小学考察确定世界银行贷款建设项目。

4月19日 县委、县政府制发《教育体制改革和发展要点》，确定2003年实现全县九年义务教育，建成高中和职业技术教育网络，完善终身教育机制，使教育、经济、科技形成良性循环的总体思路。

5月6日 县政府发出通知，不允许在职医务人员个体开业，禁止乡村医生到场镇行医卖药。

5月7日 县政府下达收购小春粮食2000吨、油菜籽1500吨的计划，决定逐步建立县级储备粮和粮食风险基金。从1995年1月起征收粮食风险基金。

6月23日 省政府确定北川继续为全省83个贫困县之一。

8月20日 省人大副主任罗通达一行13人到县检查《中华人民共和国民族区域自治法》和民族政策执行情况。

9月14日 县长蹇洪秀赴北京出席全国第二次民族团结进步表彰大会，在国庆观礼台上拜会朱镕基副总理，递交《关于要求尽快建立北川羌族自治县的请示》等申报材料。

10月22日 县委印发《90年代北川县儿童发展规划纲要》。

11月25日 县邮电局一次性顺利割接开通县城1000门程控自动电话；12月5日，北川—绵阳光纤数字传输电路开通使用。

是月 省政府对北川县扫除文盲工作进行验收，全县青壮年脱盲率达98.7%，达到高标准扫除文盲标准，成人教育工作转入农村实用技术培训。

是月 由县外事旅游办公室集资在禹穴沟口重建的禹王宫落成，为明清式建筑。

是月 县委、县政府制定1994—2000年扶贫攻坚计划，计划在2000年前全县农村贫困人口达到“人均纯收入500元（1990年物价）、人均占有粮食400公斤”的“五八”越温饱标准。

12月9日 北川人民广播电台（筹备台）和北川电视台（筹备台）建立。

是年 县委、县政府确定将县煤矿、县茶厂、苦竹坝水电厂、第一木综厂等10个骨干企业，通口电站等25个重点建设项目作为全县工业经济发展的重点。

是年 开始实施经省政府批准的世界银行贷款“森林资源发展和保护项目”集约人工林工程，计划投资1400万元，规划面积4100公顷。至1997年年底，共建成3975公顷。

是年 北川被省人大常委会确定为推行部门执法责任制试点县。

1995年

1月1日 县委、县政府决定从即日起，在县内实行“逐级信访制度”，要求群众信访反映问题，首先向有管辖权的乡镇党委、政府和有关单位、部门提出。

2月27日 县政府及其工作部门搬迁至茅坝新区禹龙中街1号新址办公。

3月8日 县交通运输有限责任公司正式组建成立，成为全市第一家股份制交通专业运输企业。

3月24日 县委组织部、县纪委、县委宣传部联合发文，在全县党员、干部中开展“学一本党员干部行为规范的书、阅读讨论一组违纪违法典型案例、看一套正反典型教育的录像片”的“三个一”教育。

3月29日 县委组织部与县科协联合制发《关于开展农村技术人员职称评定工作的通知》，以发现、培养、管理和合理使用农村人才。

是月 北川被新增为长江上游水土保持重点防治县。

4月12日 县政府制发《关于建好密植桑园，促进科学养蚕，加速发展我县蚕桑生产的通知》。

是月 县内开展第三次全国工业普查，1996年7月结束。至1995年年末，全县有工业企业362个。

7月1日 县内党政机关、企事业单位、厂矿、学校开始在室外升挂、室内插挂国旗。

8月10日凌晨至11日6时 县内普降特大暴雨，县城地区30小时降雨达426毫米，小坝乡达520毫米。全县交通、通信、供水和供电全面中断。国务院扶贫开发办及省市领导相继到县实地查看灾情，指导抗灾自救。

8月17日 县政府批准圆通寺为县内首家合法的佛教开放寺庙。

是月 白什乡发生一起利用封建迷信麻醉群众、残害2名女青年致死的恶性案件，四川电视台“今晚10分”报道后，在全县乃至全省引起震惊。事后6名犯罪分子分别被判处死刑和有期徒刑。

10月22日 县城地区举行庆羌年系列活动，24支羌族舞蹈队伍举行绕城一周的行进化装表演。

12月21日 县委、县政府召开北川白山羊综合开发规划工作汇报会，提出建设30万只白山羊综合开发工程的目标、任务、发展战略、机构运行和配套政策措施。

是年 县委、县政府决定，农民法内负担采取控制绝对增长量的办法，以1995年各乡镇农民负担定案数为基数，确定1996—1997年农民负担人均年递增标准为：一类乡镇3元，二类乡2.5元。

是年 县内首次开展“创建社会治安综合治理模范乡镇、村、单位”活动。当年通口镇、擂鼓镇和漩坪乡被命名为县级“社会治安综合治理模范乡镇”。

是年 县委、县政府作出《关于进一步大力发展乡镇企业的决定》，从各乡镇党委成员中抽调干部35人到企业担任兼职厂长、经理，联系企业31个，为企业排忧解难；32个市级单位联系县内31个乡镇企业，解决资金1555万元；28个县级单位联系16个乡镇，县乡镇企业局干部对各乡镇实行分片负责，当好参谋；从大专院校引进19名科技管理、专业人才到7个重点企业工作。

1996年

1月 县委、县政府作出《关于建设30万只白山羊工程的决定》，并将其列为“九五”期间经济建设两项重大工程之一。7月，“年产种羊1万只的大型白山羊良种场建设项目”列为市委、市政府“良种工程”10项重点工程项目之一。

2月1日 县委常委会决定，将县内5个水泥厂实施“联动”计划，统一指挥、统一管理、分厂核算、自负盈亏，以形成规模效益。由于多种原因，实施数月，即告失败。

4月 根据国务院、中央军委决定，县级人民武装部收归军队建制序列。

是月 县内开始建立曼地亚良种红豆杉基地，至1997年10月，先后栽植苗木1.7万株，扦插枝条37万株，成活率98%。

5月28日 苦竹坝电站建设工程竣工验收会在县城召开，苦竹坝电站正式交付使用。

6 月 11 日 县人大常委会第 23 次会议通过《关于“九五”期末建成 4 万公顷初级商品林基地的决议》。

是月 省人大常委会副主任罗通达一行到县视察《中华人民共和国民族区域自治法》贯彻情况及民族乡条例实施情况。

7 月 5 日 《中国少年报》及江苏省常州市郊区团委联合考察团到通口、甘溪考察希望工程。

8 月 13 日 副省长欧泽高到县考察民族工作。欧泽高指出，北川申报羌族自治县，省委、省政府、省级各部门是支持的，要继续抓紧做工作。

9 月 开展第一次全国基本单位普查，1997 年 10 月结束。至 1996 年年底，全县共有基本单位 960 个，其中法人单位 680 个，产业活动单位 280 个。

10 月 4 日 县委、县政府印发党政机构改革方案的实施意见，10 月底正式实施。改革后，县党政机关工作机构 30 个，比原有 59 个减少 29 个，精简 49%，其中县委工作机构 5 个，精简 48%；行政编制 420 名，精简 24%，其中党委序列原有编制 91 名，精简 31%，政府系列原有编制 423 名，精简 24%，其他原有编制 43 人，精简 30%。

10 月 23 日 国家民委政法司司长杨候弟到禹里考察，认为北川申报自治县的程序完备、健全，条件具备、成熟，羌族历史悠久，地理特殊，确属建自遗留问题。

是月 县内实施的 30 万只白山羊工程和 4 万亩慈竹纸浆林工程列入国家“星火计划”，30 万只白山羊工程同时被列为省重点科技项目。

12 月 8 日 县政府决定从 1997 年 1 月 1 日起，设置预算外资金、基金征收金库，取消所有单位的预算外资金银行账户，由县财政对各单位的预算外资金进行统收统支管理。

12 月中旬 副省长张中伟（主持省人民政府常务工作）、副省长欧泽高在绵阳市政府《关于建立北川羌族自治县的第四次请示》上签具“由民政厅草拟向国务院报送《关于建立北川羌族自治县的第三次请示》”的意见。

是年 在省委、省政府召开的农田水利基本建设工作会议上，北川被列为全省 20 个“川北大样板”微型水利试点县之一。

1997 年

1 月 1 日 县政府将《关于尽快批准建立北川羌族自治县的（第十二次）请示》呈送市政府；1 月 3 日，市政府向省政府呈送《关于要求建立北川羌族自治县的第五次请示》。

1 月 8 日 县委、县政府成立民族常识教育领导小组，在全县中小学五年级至初中一年级学生中开设以国家教委、国家民委编写的《民族常识》为教材的民族常识教育课。

2 月 19 日 邓小平在北京逝世，全县各族人民以多种方式举行悼念活动，缅怀世纪伟人的丰功伟绩。

3 月初 北川争建自治县汇报组赴京向国家民委、民政部、国务院秘书四局、全国人大民委领导陈述北川要求建立自治县的理由、条件、依据和问题，请求按全国建自遗留问题解决。10 月下旬，再次赴京汇报，先后拜访国家有关部、司、局、处领导数十人次。

是月 成都军区动员部部长谭玉龙大校代表军区首长到禹里乡落实定点扶贫工作。先后为乡政府和所联系的贫困户捐资捐物价值 6 万余元，帮扶的 438 户贫困户均于当年验收脱贫。

是月 全县共核定县直行政编制 420 名，机关后勤及老干部管理事业编制 74 名，共计 494 名，比机改前 573 名减少 14%。

是月 县政府办公会议决定以租用土地的办法解决曲山地区回民长期无墓地的问题。

5月8日 县府办印发《建设工程招标实施办法》，规定县内建筑工程施行公开招投标制。

5—7月 对全县1987年1月1日后各类非农业建设用地进行大清查。经查清，全县10年间各类非农建设用地11142宗、4279亩，其中违法占地2850宗、1479亩，历年已依法处理2252宗，占应处理数的79%，其余598宗均依法作出处理。

7月7日 县政府印发《政务督办工作办法》《行政执法错案责任追究办法》。

7月14日 县委、县政府召开企业产权制度改革动员大会。会后，各级各企业分别采取“租、转、包、卖、破”等方式开展改革工作。至年底，28家国有企业全部改建为股份制企业或民营企业，并按新的企业机制挂牌运行。

8月5—7日 将县政府23个工作部门和3个议事协调机构的办事机构列入首批推行国家公务员制度实施单位。至9月15日，有关工作按规定办理完毕。

8月20日 全国第二批地方志评奖在宁波揭晓，新编《北川县志》继1996年被评为绵阳市第五届哲学社会科学优秀成果二等奖、四川省第七次地方志优秀成果一等奖之后，被中国地方志指导小组、中国社会科学院授予全国地方志奖一等奖。

9—11月 县委、县政府抽调政工人事干部20人，组成5个考察小组，开展民主推荐领导干部工作，为县级领导换届提供依据。

10月19日 县政府印发《实施国家公务员制度的方案》。至年底，县级各行政机关和参照执行的党委、群团部门分别制定出公务员实施细则，定岗、定员、定职责。

10月31日（农历十月初一） 县文化馆牵头举办庆羌年民间文艺调演，县直机关和各乡镇组织代表队共演出29个具有浓郁民族特色的文艺节目。

是月 北川中学被评为全国群众体育先进单位。

11月1—4日 县委、县政府组织检查组对全县自1990年开始实施的“2000年人人享有初级卫生保健”工作进行自查。12月4日，通过市政府验收组的中期审评，1998年4月，通过经省政府的终期审评。

11月5—10日 省委、省政府扶贫检查验收小组对全县农村扶贫工作进行检查验收。经随机抽样调查，建卡贫困户人均纯收入达到843元，人均占有粮食477公斤，农村建卡贫困户提前一年越过“八五”（人均占有粮食800斤、人均纯收入500元）温饱线。

11月29日 北（川）茂（县）与北安（县）茂边界三交点协议书签字仪式在县委招待所举行。

是年 县内首次开展创建“案件少、秩序好、群众满意、环境优美”的“安全文明小区、村、单位”活动。

1998年

2月 省委书记谢世杰、省政协主席聂荣贵等将3000册图书赠送给省政协的扶贫联系点曲山镇黄家坝村。

4月16—17日 省人大常委会副主任刘子寿、省人大民宗委副主任周礼成、市人大副主任蹇洪秀一行到县调研。

4月30日 县内率先以公开招投标方式建设的漩坪乡政府综合楼竣工验收合格。

5月5日 市委书记杨海清到青片河林业局现场办公，要求该企业6月底前破产终结，搞好资产变现和人员分流，实现资产重组，恢复生产。

10 月 1 日 县内全面停止天然林采伐。

11 月 30 日 县内自 1994 年秋实施的世行贷款第一期工程“森林资源发展和保护项目”经验收合格。

12 月 4—6 日 受省政府委托，省绿化委员会组织省、市相关部门对北川县基本绿化阶段进行项目考核。经考核，北川绿化覆盖率达到 71.1%，林木覆盖率达到 67.6%，各主要绿化指标达到基本绿化阶段标准。

1999 年

1 月 12 日 省政协主席聂荣贵、副省长徐世群带领省、市有关领导到擂鼓镇五星办事处等地慰问群众和教师。

1 月 16 日 省、市农水局领导到县检查验收人畜饮水、微水、水土保持等工程。

1 月 18 日 《北川县退耕还林工程总体方案》经县政府审定通过并启动，全县规划退耕还林 21.8 万亩。

3 月 9 日 县委、县政府召开全县个体私营经济表彰会。

4 月 1 日 夏禹大桥二号拱在修建过程中突然垮塌，原因是施工单位未严格按照规范及设计要求施工。事后，有关单位和责任人受到严肃处理。

5 月 20 日 县政府召开创建“双拥”模范县大会，就创建省级“双拥”模范县工作作出安排部署。

7 月 12 日 北川十万亩药用辛夷花基地建设项目列入国家星火计划，计划 2007 年完成。

7 月 28 日下午 坝底、白什、小坝、开坪、禹里、漩坪、陈家坝、桂溪等乡遭受大风和冰雹袭击。大风持续近 3 个小时，风力 7 级以上，冰雹径大 2 厘米。

8 月 3 日 县委、县政府召开会议，安排部署全县土地延包工作。

10 月 13—14 日 省、市政府督导组对教育“两基”工作进行评估，认为北川县普及九年义务教育工作基本达到国家和省定要求，扫除青壮年文盲工作继续得到巩固和加强。

10 月 16—18 日 省考核组对北川基本消灭麻风病工作进行考核验收。全县麻风病患病率小于 0.01‰，5 年发病率小于 0.5/10 万，达到卫生部基本消灭麻风病指标。

10 月 21 日 北川县、江油市边界签字仪式及勘界成果验收会在北川举行。

11 月 19 日 县蚕业有限公司成立，是全县率先将事业单位改制为企业的单位。

12 月 15 日 全长 15.6 公里的邓通公路全线贯通。

是年 继续加大教育改革力度，继 1998 年在曲山初中、擂鼓小学实行校长负责制、教职工全员聘任制和教职工竞聘上岗、学校因岗聘人试点后，又在北川中学、擂鼓中学、曲山小学、茅坝小学、陈家坝中学推行。

2000 年

1 月 26 日 由县委党校、县教师进修校、县职业高中三校合并组建的县人才培训中心成立。

3 月 1 日 日供水能力 1 万吨的龙尾山水厂破土动工。

3 月 22 日 县政府发出关于勘定乡镇行政区域界线的通知，县内乡镇勘界工作全面展开。

3 月 29 日 县委、县政府召开茶叶工作会议，提出管好 5 万亩老茶园、改造 1 万亩低产茶园、新发展1万亩新茶园目标。

4月20日至5月2日 成都华西通用航空公司出动两架运5飞机，将22吨马尾松、油松等适应高半山生长的树种飞播到擂鼓至桂溪一带。

4月21日 小寨子沟自然保护区发现一只受伤大熊猫，县野生动物保护工作人员及时赶往救护，因伤势严重，连夜送往成都抢救。

是月 县城旧城区有线电视线路下地工程完成。

5月1日 羌乡民品市场投入使用，县城的临时摊点、摊位、商品零售户入驻市场经营。

5月6—9日 由世界银行组织的生物学家、社会学家、经济学家、社区发展专家、培训专家和中国世行中心官员等20余人的专家组，到小寨子沟、片口自然保护区考察。

5月23日 县政府制发《关于建立农村居民最低生活保障制度的通知》，随即发布实施细则。

是月 北川县被列为全国12个退耕还林科技支撑示范县之一，并列为国家林业局局长王志宝的联系点。

6月2日 县领导班子、领导干部“三讲”教育正式拉开帷幕，省委派出“三讲”教育巡视组驻县指导。

6月27—28日 市广播电视局检查组对“村村通广播电视工程”进行检查验收，全县278个行政村实现村村通广播电视。

7月16—17日 联合国妇女儿童工作委员会项目官员格里森教授，计划、监测、评估官员王思平女士到县调研妇女儿童工作，并到陈家坝乡老场村实地考察。

7月23日 中国环境与发展国际合作委员会生物多样性工作组专家到县调研退耕还林试点工作，并到曲山镇黄家坝村实地考察。

8月10日 曲山小学五年级学生朱禹洁的书法作品荣获中日青少年书法大赛第一名，并到北京人民大会堂参加颁奖仪式。

8月29日 中央电视台记者到青片乡考察采访民族风情，摄制的《羌族沙朗舞》于9月在中央电视台七套节目播出。

9月3日 第五次全国人口普查试点工作培训会在禹里乡召开。

9月19—20日 由湖南省卫生厅副厅长田文琴一行5人组成的国家卫生部督导专家组到县调查降低孕产妇死亡率和消灭新生儿破伤风项目实施情况。

10月12—13日 经省、市普及九年制义务教育督导评估复查验收组验收，北川“两基”工作达到国家、省规定的复查要求。

11月8日 创建省“双拥”模范县工作经检查验收达标。12月，省双拥工作领导小组授予北川“双拥先进县”称号。

2001年

1月9日 全市精神文明建设工作会议在县召开，北川县被评为绵阳市第七届“三优一学”创文明城市竞赛活动第一名。

3月5日 县人武部在曲山地区举行民兵应急动员训练暨应急方案演练。省军区政治部主任吴景福少将到场指导。

3月19—20日 省委“三个代表”重要思想学习教育活动督查组到县检查，对北川学教活动的做法和成效给予肯定。

3月20日 原安徽省军区政委、离休羌族老红军熊玉坤回故乡北川，并到千佛山等红四方面军战斗遗址参观。

3月29—30日 国务院西部开发办副主任王志宝带领国务院西部开发办、国家林业局等有关方面负责人到县调研退耕还林（草）、天然林保护及生态移民、扶贫开发等工作。

4月4—5日 北川县城通过市级卫生县城验收。

4月19日 按照省委、省政法委的要求和省公安厅的统一部署，对全县125个重点场所和部位同时进行集中专项整治行动，历时6天，抓获犯罪嫌疑人9名。

4月26日 全县小城镇建设试点现场会在小坝乡召开。

6月13—15日 全县集中开展以打击严重危害人民群众身体健康的假冒伪劣食品、药品和严重毒害青少年身心健康的非法违规经营的网吧、游戏厅为重点的除“三害”联合行动。

7月30日 由绵阳电视台摄制的反映北川失散女红军生活的电视专题片《走过硝烟的女红军》首映式在绵阳广电中心举行。

8月6日 省、市土地执法检查验收组代表省政府到县检查，北川达到省“土地执法模范县”标准。

8月9日 县委、县政府召开温泉资源开发可行性论证会。会前，经由专家教授组成的勘查组对县境温泉资源进行近4个月的勘测，认为县城龙尾索桥处温泉具有广阔的开发前景。

是年秋 经国务院批准的“学生饮用奶计划”开始在北川中学、曲山小学、擂鼓小学、茅坝小学等中小学实施。

11月3日 美国内政部大熊猫考察团一行13人到县对县境千佛山自然保护区进行考察。

11月6日 省军区司令员罗烈文，绵阳军分区司令员张忠素一行到县检查指导县人武部正规化建设工作。

11月8日 县委、县政府在禹里举行红军碑林馆建设工程开工奠基仪式。

11月21日 北川县城创建市级文明县城通过验收。

12月20日下午 召开全县农村村级“三个代表”重要思想学习教育工作会议，对全面开展学教活动做出具体安排。

2002年

1月1日 即日起，县内机关单位作息时间实行“朝九晚五”，即早上9点上班，下午5点下班。

4月4日 省建设厅副厅长杨燕（主持常务工作）一行到县内部分集镇调研，希望北川城市、村镇规划进一步突出民族、地域特色，禹里乡尽快申报“民族文化古镇”。

4月14—16日 县委、县政府组织各乡镇及县旅游局、县建设局等部门主要负责人到平武白马、九寨沟、松潘川主寺、牟尼沟等特色乡镇考察。

5月16日商务部 国家蚕茧丝绸协调办公室、国家经贸委对外经济协作司派员到县调研蚕桑产业化工作。

5月下旬 曲山镇景家村“集雨节灌”工程（2001年开始实施）通过省、市验收。

6月26日 市政府在绵阳富乐山国际大酒店举行四川巴蜀电力开发公司通口河流域电站开发协议签字仪式。

10月11—12日 成都勘察设计研究院受四川巴蜀电力开发公司委托，对通口河流域电站、水利开发进行规划勘查。经勘查，县境水能蕴藏量49.5万千瓦，可开发量35万千瓦，至2001年年底，共开发8.63万千瓦。

10月23日 美国华盛顿动物园园长露茜·约翰·芮测一行到青片乡考察生态和珍稀野生动物大熊猫。

11月4—5日 县城隆重举行“欢庆羌历年，喜迎十六大”庆祝活动，中央电视台在新闻联播中报道活动盛况。

11月19日 县委、县政府召开农村税费改革工作会。自2002年4月起，经自下而上、自上而下的反复调查核实，制订出方案报市政府审批后实施。全县农民人均负担25.84元，比2001年减少23.6元，减幅47.73%；2002—2004年三年过渡期农民负担“两工”分别为8个、5个、3个。

11月22日 通口电站建设工程截流。

12月11日 国家、省、市扶贫开发与计划生育“三结合”工作检查组到县检查工作。

是年 北川县继续实施退耕还林工程，全年退耕还林（草）2.5万亩。1999—2002年累计退耕还林（草）8.5万亩。

2003年

1月 为期6年的GEF项目（保护区社区建设、自身建设及人员培训工程）在县境小寨子沟、片口两个自然保护区启动。

4月4日上午 县委举行绵阳市爱国主义教育基地——红军碑林馆（禹里奎星山下）揭碑仪式。11月，北川红军碑林馆被省委、省政府命名为第三批爱国主义教育基地。

4月4日 北川农村经济综合信息网建成。

4月17日 县委、县政府召开非典型肺炎防治工作会议，随后防“非典”工作迅速在全县展开。

6月12日 县委、县政府和市公安局联合举行“8·22”专案（破获特大猎捕、收购、运输、销售国家一级保护野生动物金丝猴案）表彰大会。

7月5日（农历六月初六） 禹里乡隆重举行纪念大禹诞辰活动。

7月6日 国务院发出国函〔2003〕75号文，同意四川省设立北川羌族自治县。

7月31日 省政府以川府函〔2003〕184号文，同意设立北川羌族自治县。

8月21—25日 县境连降暴雨，导致山洪、山体滑坡、泥石流等灾害，全县有12个乡镇19184户74821人受灾。

是月 由个体私营业主投资按三星级标准修建的北川大酒店试运营。

9月3日 在绵阳召开的人工商品林采伐试点工作会议上，决定将北川县试点采伐区安排在擂鼓、漩坪、白坭3个乡镇，规划采伐林木蓄积量11000立方米，出材量6340立方米。

9月10—11日 省（川北片区）茶叶实用技术培训会在北川举行，省农业厅负责人、茶叶专家到会指导。

9月22—23日 北川县城创建省卫生县城通过验收。

9月30日 县委、县政府决定从是日起禁止机动三轮车在县城城区从事客运，对原有的120辆客运机动三轮陆续予以报废处理。

10月12—13日 以穆罕默德·本拉里为组长的世界银行检查组一行5人到县检查“林业持续发展项目”进展情况。

10月18日 由绵阳启明星水电开发有限公司投资开发、总装机2.4万千瓦的武安电站开工。

10月25日上午8时 北川羌族自治县成立庆典在龙王滩体育场举行。

是月 长治工程农发水保项目北川县通口河项目区清溪河等8条小流域治理方案通过省水利局

专家审查，批准实施。

11月20日 县人大召开《北川羌族自治县自治条例》起草委员会第一次会议，就自治条例起草工作进行安排部署。

12月2日 PIC集团亚太地区总裁安德鲁·贝森与PIC集团中国公司经理王中元一行到大禹野生食品公司考察PIC项目实施情况。

12月25日上午 县政府在北川大酒店举行绵阳启明星集团电极箔生产项目签字仪式。

12月30日 计划投资1000万元的城市生活垃圾处理厂在曲山镇黄家坝村土门垭破土动工。工程于2005年年底交付使用。

2004年

3月12日 县政府与浙江光宇集团水泥有限公司签订投资兴建日产2×5000吨新型干法熟料生产线项目协议。

4月1日 县委主要领导一行到漩坪、禹里，就漩坪电站建设涉及的搬迁、淹没、公路建设等事宜开展现场办公。

4月10日 澳大利亚悉尼宝活市友好合作代表团到县访问，先后到青片乡正河村、小寨子沟自然保护区等地参观，体验羌族民风民俗。

4月13日 全国林业标准化会议现场会在北川召开，来自31个省市的210名代表到桂溪乡林峰村参观“四木”药材标准化建设基地。

5月下旬 省环保局自然生态处组织省、市环保部门专家学者对禹穴沟创建省级自然生态小区工作进行检查。本月，禹穴沟被省环保局评定为生态园区。

6月6日 商务部市场调节司处长魏波一行到县调研蚕桑产业化发展工作。

6月上旬 20集电视连续剧《国家使命》摄制组完成在墩上乡境的拍摄工作。

8月19—20日 省人大常委会副主任刘子寿，省人大民宗委主任陈开华一行到县调研指导《北川羌族自治县自治条例》起草工作。

10月21日 来自美国、德国、新西兰、澳大利亚等国客商到白坭、陈家坝等地考察魔芋种植基地和初加工点。

11月22—23日 北川整体联动防范工程建设经省委、省政府检查验收为合格。

11月23日 在陈家坝乡影剧院举行县内首次公推直选陈家坝乡党委书记会议，全乡300多名党员和部分群众代表参加会议。在5名候选人公开竞职演讲后，由到会党员通过无记名投票方式选举出乡党委书记。

12月3日 县委、县政府在漩坪乡率先为退耕还林户兑现粮食补贴金。从2004年起，国家退耕还林补助粮按每斤0.8元折算为现金，即每亩每年补助240元，直接划入退耕还林户存折。

12月9日 县委、县政府在青片乡举行小寨子沟旅游开发区成立大会。开发区与青片乡实行两块牌子，一套人员，合署办公。

12月22日上午 县委、县政府在富乐山国际大酒店举行通口河流域漩坪电站开发合同签字仪式。工程由四川巴蜀电力开发有限公司投资建设，计划2008年底投产。是日，通口电站第二台机组并网发电。

12月23日 县委、县政府召开贯彻实施《中华人民共和国农村土地承包法》工作会议，部署换发农村土地经营权证工作。

2005 年

1 月 10 日上午 县政府在北川大酒店举行与四川久远纳米材料有限公司建立开坪生产基地合同签字仪式。

1 月 13 日下午 县委、县政府召开《北川羌族自治县志》编修动员暨县志、年鉴编纂培训会。

1 月 24 日 县委召开保持共产党员先进性教育活动工作会议。会后，县直各部门相继安排部署“保先”教育活动。

2 月 5 日 北川文艺演出队参加省政府办公厅主办的春节联欢会，所演出的《鼓震羌山》《竹韵》《春糍粑》《民族团结纳各勒》等歌舞节目，博得现场领导和嘉宾的热烈掌声。

是月 国家民委将北川作为国家民委政法司工作联系点。

4 月 25 日 县委、县政府召开防疫检疫工作紧急会议，要求采取有力措施，严防死守，尽快清除 5 号病疫情。

5 月 8 日 县委、县政府决定对县城建筑风貌进行个性化改造。

6 月 21 日 中国农业科学院茶叶研究所研究员叶阳到县对全县茶叶加工企业技术人员进行 3 天的专业技术培训。

7 月 18 日 大禹故里禹穴沟风景名胜旅游区总规划通过评审。

7 月 28 日 国家防汛总指挥部派员到县检查指导水电站安全度汛工作。

8 月 12 日凌晨 2 时起 县境普降暴雨，致使安北路北川段、北茂路、曲桂路多处垮塌，道路中断。

8 月 15 日 省文物局考古研究所组织考古队对桂溪乡烟云洞古人类遗址进行发掘，发现距今一两万年前的人类用火痕迹。

9 月 21 日 “大禹杯”第四届全国水利职工桥牌比赛在北川举行。

10 月 14 日 由北川组织的羌族羊皮鼓舞演出队，代表省、市文联赴山西省临汾参加“第七届中国民间文艺山花奖·中国民间鼓舞鼓乐展演”，荣获“山花奖”入围奖。

10 月 14—19 日 美国南卡赛罗纳州退休教师苏珊一行 3 人自费到北川中学进行为期一周的英语支教及文化交流活动。

10 月 31 日 市政府督查组到县检查征地拆迁补偿和失地农民安置工作。

11 月 11 日 县政府召开高致病性禽流感防控工作紧急会议。

11 月 25 日 浙江广厦水电开发公司白草河流域梯级电站开发正式启动，首期建设的小坝电站开工。小坝电站设计装机容量 3.4 万千瓦，年发电量 1.734 亿千瓦时，静态投资 2.8 亿元。

12 月 3—5 日 四川大学教授王庭科、杨振之及省党史学会秘书长、教授龚自德一行到县考察红军战斗遗迹和旅游资源。

12 月 9 日 省政府检查组到白坭乡岩福村检查省扶贫开发办帮扶该村计生三结合项目的落实情况。

2006 年

1 月 9 日 县政府举行石材产业专题报告会。

2 月 9 日 县委制发《全面推进社会主义新农村建设实施规划》。

2月10日 县政府召开义务教育经费保障机制改革工作会议。决定从春季起，全县农村义务教育阶段学生全部免交学杂费。

4月23日 县城王家岩滑坡治理工程正式动工。王家岩滑坡段位于城西结合部，严重威胁县委机关等22个单位，60余户居民和3000多人的生命财产安全。工程治理6月底前竣工。

5月17日 县政府及台北曹氏基金会在县城举行向全县部分肢残人员颁赠50辆轮椅仪式。

5月20—22日 省国土资源厅耕保处验收组对开坪乡刘家村等15个荒草地、河滩地土地开发项目进行验收，开发总面积5374.12亩，净增耕地面积4731.89亩。

6月21日 中央电视台、中央人民广播电台和《人民日报》《法制日报》《检察日报》《中国教育报》等6家新闻媒体记者到北川采访报道县检察院通过选调、培养、使用年轻大学生，解决西部地区检察机关人才短缺，加强队伍建设的成功经验。

6月23日 县法律援助中心成立。自2005年县司法局开展法律援助服务以来，共办结法律援助案62件。

6月29—30日 纪念大禹诞辰暨首届禹羌文化旅游节在县城举行，有关领导及禹羌文化专家学者、大禹宗亲参会。

4月至7月上旬 全县降雨量稀少，持续高温，造成大面积旱灾，关内乡镇灾情尤为严重。

7月28日 《北川羌族自治县自治条例》经省第十届人大常委会第22次会议审议获得批准，条例于10月25日实施。

9月8日 猿王洞景区通过AAAA级旅游区国家验收组验收。

9月15日 中共北川羌族自治县一届五次全委会召开，会上采取无记名方式表决乡镇正职领导人选。

9月11日 县政府举行药王谷旅游资源开发签约仪式。

9月20—23日 全国第五届气象、环境与健康学术研讨会在猿王洞风景区举行。

10月31日 由绵阳启明星水电开发公司投资建设的武安电站竣工投入运行。

11月29日 县委书记宋明到擂鼓镇看望慰问在乡失散红军赵银珍，并送去4000元慰问金。

12月28日下午18时 白什乡老街后山发生山体滑坡重大地质灾害。29日，县政府成立紧急避险领导小组，启动防治预案，落实各单位责任，研究制定撤迁方案。

2007年

1月5日 副省长张作哈带领省救灾办、国土资源厅、教育厅、民政厅、交通厅应急办等部门负责人到白什乡察看山体滑坡灾情，慰问受灾群众。

3月20日 香港吴星可慈善基金会理事叶宝莲女士到白什乡慰问山体滑坡受灾群众，捐赠大米3750公斤，食用油250公斤，人民币5000元。

3月22日 古羌茶园开园祭祀仪式在擂鼓镇盖头山举行。中国茶叶杂志社社长黄飞、中国茶叶研究所主任曾建明及省市县相关部门领导和专家参加。

4月 白什乡政府被授予“全国地质灾害群测群防突出贡献奖”。

5月29日 中国社会科学院民族与人类学研究所民族理论研究室专家到县调研民族工作。

6月24日 白坭、马槽、坝底等乡遭受强风暴雨和冰雹袭击。

6月27日 省武警总队总队长王佐明少将一行到县检查指导县武警中队建设和日常勤务工作。

7月6日 北川被中国民间文艺家协会命名为“中国大禹文化之乡”。

7月19日 全省第二家富民村镇银行在北川挂牌营业。

7月19—21日 由中国先秦史学会和县委、县政府主办的纪念大禹诞辰暨大禹文化学术研讨会在北川县城召开。清华大学历史系教授、国家夏商周断代工程首席科学家、中国先秦史学会理事长李学勤等领导及专家学者100余人参加。

7月25日 县妇儿工委办、县计生局举行“关爱妇女儿童，关注女性健康”健康普查暨医疗救助公益活动。至8月21日，全县共有2036人参加检查。

7月30日凌晨 白什乡老街后山滑坡体发生大规模垮塌，塌方150万立方米。险情发生后，省国土资源厅副厅长王平及省、市相关部门领导和专家赶赴白什乡察看灾情，指导抗灾自救。

7月30日 县政府主持召开全县防震减灾工作培训会。

8月8日 县政府在坝底乡召开高山生态蔬菜产业发展现场会。

8月12日 原农业部副部长、九三学社中央副主席洪绂曾一行到曲山镇、禹里乡考察“南方草场项目”。

8月22日 省科协党组书记、副主席李洪福一行到县调研“省级科普示范县”创建工作。

8月23—26日 CEF项目国际国内专家及中央、省项目办领导到片口自然保护区调研CEF项目进展情况。

9月17日 以泰国社会发展和人类保障部副部长朴代·平普拉特普为团长的泰国青年代表团一行9人到县交流自治制度及教育文化、宗教活动情况。

9月19日 北川通过“四川省卫生县城”复查验收。

10月20日 国家、省、市专家组到县检查指导全球基金结核病控制项目工作。

12月3—5日 市扶贫办、目标督查办到县考核验收扶贫攻坚工作。全县三年内共实施和完善新村扶贫36个，完成7745户、25374人的脱贫解困任务。

是年 北川被列为绵阳市首批“全国文化信息资源共享工程”试点县。

特　载

汶川特大地震灾难与抢险救灾

一、地震灾难

2008年5月12日14时28分，四川龙门山地区发生8.0级特大地震。刹那间，山崩地裂，山河变样。地震造成汶川—北川—青川长约240公里的主体地表破裂，震源深度为14公里，发震构造为龙门山推覆构造带。北川隶属于四川省绵阳市，系我国唯一的羌族自治县，位于龙门山地震带中北段，在地震中损失惨重。全县20个乡镇、278个行政村、16.1万人口全面受灾，县城被夷为平地，擂鼓镇满目凄凉、陈家坝乡几个村组瞬间消失，漩坪乡因地震形成的唐家山堰塞湖被没水底，禹里乡连震带淹一片破败。全县倒塌房屋53614户，744.64万平方米，其中县城老城区80%、新城区60%以上的建筑物垮塌。交通、电力、通信、供水、供气、广播电视等基础设施全面受损；行政、卫生、教育等系统陷入瘫痪；360余家中小企业资产灭失。全县农田水利设施遭受严重破坏，部分耕地灭失，大牲畜死伤1.77万头、生猪死亡12.5万余头；地震造成山体坍塌、河流阻塞，生态遭受严重破坏，县域山体大面积滑坡，30个村被山体滑坡和泥石流所掩埋，112个村的山体出现大裂缝，新增581处地质灾害点，形成16处大大小小的堰塞湖，14.1万名群众无家可归。全县直接经济损失585.7亿元，相当于2007年全县GDP总和的44倍。2008年5月22日，中共中央政治局常委、国务院总理温家宝5月22日在北川考察灾情时指出："北川此次发生的地震灾害，是中华人民共和国成立以来最为严重、影响最大、损失最大的特大自然灾害。"

城镇、村庄被毁　北川县城所在地曲山镇处在断裂线上，四面环山，南北两面均为陡峭的山崖。用地面积0.7平方公里，呈"V"字形分布在湔江河谷。"V"字形的中间部分是名叫龙尾的山梁，向西而来的湔江河在此绕山梁折头东流。顺河左岸依次分布着龙尾公园、龙王滩体育场、曲山电站等单位；河右岸的"V"字形顶部的散弯部位是老城区，南邻任家坪（北川中学所在地），背靠王家岩（千佛山北坡）与龙尾山隔河相对，主要分布着县委、人大、政协、人武部、医院、法院、民政局、地税局、幼儿园、曲山小学老校区（西校区）、教体局、财政局、电力公司、茶厂、车站、民贸市场等行政事业单位和商贸中心；"V"字形的右侧由小河街连通新城区——茅坝，背靠景家山，主要分布着县政府、曲山镇政府、职业中学、曲山小学新校区（东校区）、北川中学新校区、公安局、建设局、国税局、农业银行、信用联社、国土局、文化旅游局、史志办、广电局、计生局、气象局、畜牧局、电信公司、移动公司、邮政局等众多单位。县城周围高山拔地而起，河谷与山顶的高差平均在1000米左右。在大地强烈的颤抖中，连接外界的生命通道约两公里长的盘山公路路面有的隆起，有的下陷，错落高达一两米，加上到处堆积着从景家山飞滚而下的巨石，这条生命通道被彻底阻断。位于老城区的县委、人大、县政协、人武部等单位80%以上的建筑瞬间垮塌。几乎同一时间，王家岩山体发生大面积崩塌，上千万立方米的山石倾泻而下；位于山脚下的县医院、法院、民政局、邮政局、地税局、曲山幼儿园、曲山小学（西校区）、新华书店、教体局、羌乡民品市场等数十家单位和大量民房像多米诺骨牌一样被推倒，被崩塌的山石掩埋，部分房屋被整体推移数百米之远。正在上课的学生和医院中的病人、医护人员连同集中到人武部训练的基干民兵等，万余干部群众的鲜活生命瞬间消失，大部分人尸骨难觅。

地震中，连接老城区与新城区的小河湾段几百米公路，被景家山上飞泻而下小如盆碗、大如小山的山石砸中，不少停放于此候客的出租车、三轮车及过往车辆被砸成铁饼，躲避不及的行人或死或伤，惨不忍睹。

位于“V”字形河谷右侧的新城区茅坝，分布着县政府在内的几十个重要单位。地震中，县政府办公大楼及国税局、建设局、农业银行、信用联社、保险公司、电信大厦、曲山小学东校区、职业中学、中医院、广电大厦等众多高大建筑倒塌；北川大酒店严重受损；景家山半山腰的乱石倾泻而下，将北川中学新校区、水务农机局等单位和数家民房掩埋，北川中学新校区只剩下一杆孤零零的旗杆；通向关内地区的龙尾山梁两侧的公路大桥严重变形，相邻的龙王滩体育场、曲山电站完全损毁。曲山，这座美丽的山区小城，在地震发生的瞬间被完全摧毁。

位于县城西面一公里许的台地上，建有北川唯一一所完全中学——北川中学。大地震使位于操场两侧边的三幢主教学楼倒塌，上千名正在上课的师生被掩埋。

县城以西的擂鼓，是除北川县城以外的第二大场镇。这里地势较开阔，场镇虽未直接受到山体滑坡的冲击，但地震仍造成大部分房屋垮塌，人员死伤惨重。

县城以东的陈家坝至桂溪一线，是县内山体滑坡最严重的地区。陈家坝场镇虽未直接受到塌方的冲击，街道房屋仍毁损殆尽。

地震使县城以西北的漩坪遭受严重破坏，其下游唐家山滑坡，形成长800多米、宽600多米的堰塞体，堵塞湔江河道，几天之后，漩坪场镇完全没于水底。

漩坪以西的禹里，是一座千年古城，1952年以前，北川县城一直设于此。为保护古建筑，街道居民大都未新建房屋。地震发生后，禹里乡机关单位的楼房歪歪斜斜，成为危房，居民陈旧的木屋则墙倒瓦落，成为废墟。其后，唐家山堰塞湖水位上升，将整个场镇完全淹没；2008年6月10日唐家山堰塞湖泄流后，树梢上挂着被单、衣物，房顶上堆积着树棒、家具，一片狼藉，整个场镇变成垃圾堆放场。县内其余场镇也遭严重损毁。

在北川广大农村，60%以上的农房受损严重，需要重建，其余也因受到损坏需要采取加固措施。农村受灾最为惨烈的地区也在北川大断层一线。县城所在地曲山镇以北的大水村，由于唐家山一带大面积滑坡，全村80多人当场遇难，占全村在家人口的一半以上。县城以东的陈家坝一带，是全县滑坡最严重的地区。陈家坝乡之龙湾村，鼓儿山狂崩，将山下的鱼塘、农房推至数百米外的河对岸；场镇以西北的青林村，峡谷两边山体崩塌，堵塞河道，形成上百米深的堰塞湖；陈家坝以西的通宝村，以及曲桂公路对岸的小河坡至桂溪乡垭上一带的小河村、四坪村、大竹村、太洪村，滑坡造成一些村组、院落消失。陈家坝全乡18个村中14个村严重滑坡，遇难741人，受伤836人，数千人无家可归，无地可种。

人员伤亡惨重 地震发生时即为强震，几秒钟即造成房屋垮塌，二楼以上几乎没有机会逃离，县城内又缺少大的空坝，加之王家岩山体大面积滑坡，不少人离开建筑物也未能逃生，被深埋废墟；而广大农村地区，因山体大面积滑坡，若干村组院落完全毁灭，造成惨重的人员伤亡。据统计，地震造成全县15645人遇难、4413人失踪、26916人不同程度受伤，其中县城所在地曲山镇遇难13719人、失踪1023人、受伤4517人。

基础设施严重受损 北川人民经过几十年的艰苦努力，建成的以安北路、曲桂路、北茂路为骨

干的公路网络。在地震中，路面变形，桥梁或垮塌或严重受损，大部分路段因山体大面积滑坡阻断，致使主干道公路无法通行，交通全部陷于瘫痪。

从安昌经擂鼓至县城曲山的公路，是北川通往中心城市的主要通道。地震造成安县与北川边界以上路段严重受损。在擂鼓镇大岩坊路段，从山上滚落的巨石砸毁过往车辆，将道路堵塞。任家坪至县城路段，堆积着从景家山上翻滚落落的巨石，不仅车辆无法通行，连行人都难以翻越，撤离县城的幸存者和赶往现场的救援者只能从山坡上临时探寻出的小路上爬行。

从县城经邓家、陈家坝至桂溪的公路，是县境东部的重要通道，离桂溪场镇不远的垭上，是至都坝公路的起点，因而曲桂路又是县城联系都坝河流域各乡的交通干道。地震时，从景家山上掉落的巨石将县城小河湾段堵塞，曲桂路西端出口被完全阻断。县城至陈家坝、桂溪一带，是山体滑坡最严重的地区，公路也因塌方遭到严重破坏，龙湾、罗家塘等处的塌方长达数百米。陈家坝大桥垮塌，使公路拦腰中断。连接平（武）江（油）公路的桂溪大桥受损成为危桥，又使曲桂路东端车辆无法进入。

从县城曲山向西经漩坪至禹里的公路，是通往县境中西部各乡的唯一通道，从禹里往北的白草河流域各乡和往西的青片河流域各乡，均须经此公路外出。地震造成这条生命通道完全中断。县城北面龙尾山隧道两端的桥梁断裂，使正行驶在桥上的一辆客车进退不得。从龙尾山往上，因山体严重滑坡，路基大部被毁。黄土梁以上，垮塌的山体形成巨大的堰塞体，堵塞湔江河道，造就著名的唐家山堰塞湖。地震时正行驶在黄土梁路段的一小型客车，在山体狂崩时，司机见前后公路瞬间失去踪影，慌忙弃车，带领乘客顺山梁拼命爬向山头，才幸免于难。自堰塞湖口至禹里，随着水位上升，沿河公路全部没于水中，水面上仅剩公路路标和公路两旁的电杆，指示着公路的走向。曲山至禹里公路中断，使县城以西北广大地区以及平武县泗耳乡、松潘县白羊乡、茂县土门等地区一时成为孤岛。县内其余公路虽然受损相对稍轻，但因主干道公路中断，也陷于瘫痪。

地震还使输电铁搭、通信电杆倾倒折断，导致全县输供电、通信全部中断，全县与外界失去联系。

骨干企业严重毁损　县内骨干企业主要集中在县城所在地曲山镇以及擂鼓、通口等地。因通口离断裂带稍远，县内最大的水电站——通口电站才得以基本保全。而位于擂鼓镇的建诚木业有限公司、新峰水泥有限责任公司、鑫鑫页岩砖厂、金焰煤业有限公司等受到严重破坏，人员和财产损失惨重。位于唐家山下游的苦竹坝电站、曲山电站以及位于县城茅坝新区的载能工业企业和位于县城老城区的自然天堂茶业有限公司等均遭毁灭性打击，无法再恢复生产。位于桂溪东南面的县内唯一成规模的旅游企业——九皇山旅游风景区严重受损。

生态环境遭到严重破坏　地震使全县地质环境遭到严重破坏，县内部分山体变形，河水改道，次生地质灾害隐患点多面广。据四川省地质调查院专家详查，除在抗震救灾期间开展的应急排危工程消除的隐患点和无危害对象的隐患点外，全县共有滑坡、崩塌（危岩）、泥石流（潜在泥石流）、不稳定斜坡、地面塌陷等五类地质灾害点489处，其中急需开展工程治理的107处，需开展应急排危的66处，需实施避让搬迁的170处，需进行监测预警的108处，需进行综合防治的38处。这些地质灾害隐患直接威胁着5131户、26012人的生命安全和约12.5亿元的财产的安全。

地方文化蒙受损失　地震造成县内禹羌文化研究机构负责人及部分爱好者遇难，多年搜集、编撰的数十种上千册研究资料被埋废墟；1398件民俗实物、红军文物和其他文物被埋，省级文物保护单位永平堡和市级文物保护单位伏羌堡、烟云洞遗址，以及9处县级文物保护单位受到不同程度损坏；数百件与非物质文化相关的实物、道具损毁，多年收集、整理、保存的非物质文化遗产项目的文字资料、音像资料被埋废墟。

二、众志成城抗震救灾

孤城自救　地震发生后，交通、通信中断，县城与外界失去联系，成为一座孤城。面对突如其来的巨大灾难，幸存的干部和群众战胜山崩地裂造成的恐惧，强忍失去亲人的悲痛，坚强地站立起来，迅速展开自救行动。

地震发生时，县委礼堂集中了数百名以中小学生为主的青少年，正在召开全县五四青年创业表彰会。因礼堂屋顶系轻型材料而未立即倒塌，因此成为县城中唯一人员集中而伤亡较轻的场所。当现场一片惊慌混乱的时候，县长经大忠和其他与会干部成为大家的主心骨。他们沉着冷静，迅速组织抢救被困在屋内的学生，同时立即派人到绵阳报告灾情。

首轮大震之后，余震不断，背后王家岩滑坡的声音让人毛骨悚然。县委院内不大的坝子成为临时避难地，这里聚集着大批幸存者，不少人伤痕累累。经大忠当即指派年轻力壮的干部在前面探路，引领群众及时转移到较为安全的任家坪。从县城到任家坪，要穿过废墟，爬过堆积着巨石的陡峭山路。有些年轻干部刚刚被人从废墟中抢救出来，就毫不犹豫地站在最危险的地方疏导撤离的人流。

县委所在的老城区，房屋大部分垮塌，但在废墟中，在歪歪斜斜的危楼里，仍不时发出呼救声。当脱险的群众陆续撤离时，县主要领导和年轻干部仍留在现场，搜寻被困的幸存者，为他们提供救助。当安排停当之后，经大忠等领导立即前往茅坝新区了解情况，指挥救灾。

和老城区一样，地震发生后，县政府所在的茅坝新区幸存的干部立即成立临时指挥部，抢救被困人员，将脱离险境的群众转移到安全地带。新老城区之间的公路上堆满巨石，余震发生时，山上的巨石随时可能再次掉落，这给组织群众转移带来极大的危险；而那些无力行走的受伤者需要护理，很多人只好暂时待在县政府广场等稍微宽阔的地方等待外部救援。

夜幕降临，天空下起蒙蒙细雨，寒气袭人。在县城各个方向，都有受伤或年老体弱尚未撤离的人群。这些人群都有干部陪同，他们的存在，使人心得以稳定。茫茫夜色中，平日素不相识的人们簇拥在一起，共同分享从废墟中搜寻来的可贵的食品和衣物，抵御饥饿与寒冷。大家互相安慰，以冲淡黑暗中的恐惧，盼望第二天的来临。

被掩埋在废墟中的受难者也表现出异乎寻常的坚强，他们忍受着肉体的痛苦，忍受着饥渴和寒冷，战胜黑暗和绝望带来的恐怖，以永不放弃的心态盼望着救援人员的到来。在令人恐怖的废墟里，有生命垂危时还鼓励别人要顽强活下去的坚强男人，有自己截断被砸坏的肢体配合援救的勇敢女人，有救出废墟后第一时间举手感恩的“敬礼娃娃”……在危难时刻，受难者异乎寻常的举动演绎了生命的精彩，让天地震撼，让世界感动！

中央关怀　大地震发生后，党中央、国务院极为关切，中央主要领导先后莅临北川指导抗震救灾工作，给灾区人民以巨大的鼓舞，极大地增强了大家战胜灾难的信心。

5月14日，中共中央政治局常委、国务院总理温家宝抵达北川察看灾情。上午，沿着路面上仍然不时可见滚石的公路，总理驱车来到北川看望救援人员和受灾群众。在北川中学内，几支救援队伍正在紧张施工。地震造成教学楼倒塌，上千名师生被掩埋在废墟之下。总理环视四周倒塌的教室，神情凝重地说，现在第一位的任务就是救人。抢救人的生命是这次抗震救灾工作的重中之重，要抓紧时间，只要有一线生还的机会，就要用百倍努力。随后，总理来到学校操场边的受灾群众安置点。他对围拢来的群众连声说：“别难过，别难过。你们在地震中失去了亲人，我和你们一样心情沉重，你们的痛苦就是我们的痛苦。”总理说，“我们失去了亲人，但活着的人得生活下去，还要活得更好。灾害面前，就是要有战胜灾害的决心。我们每个人都有双手，要共同努力，把房子盖好，把孩子培养好，我们的幸福生活就是对死者最大的安慰。我相信这一代人，乃至子孙后代都会生活得越来越好。”

5月16日，中共中央总书记、国家主席、中央军委主席胡锦涛在绵阳机场主持召开会议，与先期到达的总理温家宝共同研究部署抗震救灾工作。下午，胡锦涛赶赴受灾特别严重的北川。胡锦涛在察看伤亡最严重的北川中学时，人们含着激动的热泪簇拥着自己的领袖。胡锦涛用手提扩音器说：“当前，抗震救灾已经到了最危急的时刻，我们一定要千方百计，争分夺秒，克服一切艰难险阻，奋力夺取抗震救灾的胜利。”在北川县擂鼓镇胜利村，胡锦涛走进安置受灾群众的帐篷内，关切地询问村民的受灾情况。他动情地对乡亲们说：“这场特大地震灾害损坏了你们的家园，我们和大家一样感到痛心。在严重灾难面前，我们要坚强，要有信心、有勇气。”

5月22日下午，国务院总理温家宝乘专机再赴四川地震灾区，慰问受灾群众和参与救援的解放军和武警官兵、公安干警、医护人员，指挥抗震救灾工作。下午5时10分许，一抵达绵阳机场，温家宝就改乘直升机前往北川禹里察看唐家山堰塞湖。温家宝告诉乡亲们：现在威胁最大的就是堰塞湖。你们放心，我们一定把这个问题处理好。”

随后，温家宝又乘坐直升机来到擂鼓，驱车重返一周前察看过的北川中学，慰问正在喷洒药水的指战员和卫生防疫人员，叮嘱大家做好卫生防疫工作。温家宝对当地干部和负责救援的部队负责人说，现在摆在我们面前最重要的任务，就是要做好受灾群众的安置工作，其中三项工作比较紧迫：一是解决住的问题；二是解决卫生防疫问题，要坚决做到灾后无大疫；三是防范次生灾害，特别是防范堰塞湖溃堤造成新的损失。

5月23日一大早，温家宝来到绵阳404医院看望接受治疗的受灾群众并慰问参与救治工作的医护人员。接着，温家宝又来到北川中学安置点以及绵阳九洲帐篷学校，看望已恢复教学的师生们。在北川中学高三一班，温家宝在黑板上写下四个字：多难兴邦。他对师生们说：“我们要记住这四个字。为了明天，充满希望地向前迈进。我相信，受过灾难的人们会加倍努力。”温家宝勉励聚集在操场上的孩子们说：“我希望大家要面向光明的未来，昂起倔强的头颅，挺起不屈的脊梁，向前，向光明的未来前进！”

6月1日，中共中央政治局常委李长春赴灾区看望少年儿童。他来到八一帐篷学校，看望正在这里上课的小学生。在一间宽敞的教室里，孩子们正在上计算机课。李长春走进教室，少先队员给他戴上了红领巾。他动情地说，在这场大灾难中，灾区少年儿童经受了巨大的伤痛，也表现出了超常的勇气和力量，有的不顾自身安危抢救同学，有的在危难之中坚持学习，有的在困难面前保持乐观，从你们身上，我们更加深切地感受到了这一代少年儿童的优良品质，看到祖国未来大有希望。李长春勉励同学们化悲痛为力量，鼓足勇气，坚定信心，在抗震救灾的实践中经受磨砺，努力成长为德智体美全面发展的接班人，把家乡建设得更美好。李长春还看望了地震中抢救学生的教师们，向他们表示真诚感谢。他说，广大人民教师在地震中不顾个人安危，奋力抢救学生，涌现出很多可歌可泣的事迹，表现出人民教师的高尚品德，令人感佩，赢得了全社会的尊敬。他希望灾区广大教师忠诚于党的教育事业，为人师表，教书育人，以崇高的学识魅力和人格魅力鼓舞学生、教育学生，培养中国特色社会主义事业的合格建设者和可靠接班人。李长春叮嘱当地干部和学校领导，要采取各种办法，抓紧启动学校恢复重建工作，尽快为学生营造出良好的学习环境。

6月14日下午，中共中央政治局常委、中央纪委书记贺国强到北川察看灾情，看望慰问受灾群众、救援人员及基层纪检监察干部，指导抗震救灾和灾后恢复重建工作。贺国强强调，要一手坚持不懈地抓抗震救灾，做好受灾群众安置和恢复重建工作。一手坚定不移地抓经济社会发展，促进经济平稳较快发展和社会和谐，奋力夺取抗震救灾和经济社会发展双胜利。

6月18—19日，中共中央政治局常委、国务院副总理李克强飞抵绵阳，看望慰问受灾群众，指挥抗震救灾工作。18日17时许，李克强来到绵阳市长虹虹苑剧场，看望临时安置在此的北川中学师生，详细了解师生的生活情况。19日14时50分左右，李克强前往北川察看灾情，在途中遇到身穿迷彩服的北川县长经大忠，了解到经大忠的6位亲人在地震中遇难，李克强双手握住经大忠的手说：“你放心，一定会给你们选地方，再建一个更好更大的北川县城！”随后，李克强穿行在废墟中间，不时停下来同救援人员交谈，了解搜救情况。在一片废墟前，现场救援人员向李克强报告，废墟中发现生命迹象，李克强立刻对救援人员说：“要争分夺秒，一刻也不要停，尽全力把人救出来。”随后，李克强来到擂鼓镇受灾群众安置点，在帐篷内与受灾群众交谈，李克强指出，大灾过后，生活还要继续下去，愈艰难就要愈坚强，党和政府一定会安置好受灾群众生活，我们要共渡难关。

6月27—28日，中共中央政治局常委、中央书记处书记、国家副主席习近平到达北川看望慰问受灾群众、基层党员干部、各方面救援人员和组工干部，指挥抗震救灾、群众安置及恢复重建等工作。习近平指出，各级党组织要把抗震救灾和恢复重建作为广大党员进行党性锻炼的现实课堂，组织党员学先进、找差距、添措施，在保持党员先进性上不断做出新的努力、取得新的进步。习近平强调，灾后恢复重建是一项长期而艰巨的任务，一定要把自力更生与对口援建结合起来，把政府主导与市场机制结合起来，充分调动各方面的积极性。

抢救生命　地震发生后，县城房屋瞬间倒塌，二楼以上的人基本上没有逃生的机会，而城内缺少开阔地，使很多人无法避让倒塌的建筑物，以致县城当场遇难者过半，数以百计的人被困在废墟中。

地震发生的次日凌晨，受命救援的重庆武警部队官兵就赶到县城，投入到抢救生命的战斗中。受困者多被压在沉重的钢筋混凝土梁柱和水泥板下，指战员在缺少装备的情况下，凭借双手展开救援，给现场群众以极大的安慰和鼓舞。5月13日起，后续救援部队陆续赶到，但任家坪至县城公路中断，一时难以修复，救援仍无法有效展开。二炮官兵临危受命，不到24小时就顺河沟新建出一条生命通道，使车辆能够直达县城，并顺河通往县政府所在的茅坝新区。但县城内街道已不复存在，到处是堆积如同小山一般的倒塌建筑物，只有在新抢通公路的两边，可以用挖掘机等重型机械设备施救。小型切割机、千斤顶成为难得的救援器具。由消防官兵、解放军指战员、公安干警和志愿者组成的救援队伍分散在县城各处寻找幸存者。他们用简单原始的工具加上气力，将一个个受困人员解救出来。

救援现场，余震不断，上游唐家山堰塞湖随时可能溃决，面对重重危险，救援人员毫不退缩，他们以饼干充饥，以矿泉水解渴，夜以继日，争分夺秒抢救废墟中脆弱的生命。地震发生72小时之后，幸存者渐少，以消防官兵为骨干的救援队伍继续仔细搜寻，不放弃每一个可能存在的生命。5月19日10时，当最后一名幸存者——61岁的李明翠在农贸市场废墟被成功救出后，县城的生命救援行动就此基本结束。这位女性老人被救出时已在废墟下度过近164个小时。

在县城展开大规模救援的同时，解放军指战员和武警官兵还按照中央领导的指示，及时深入全县各乡镇开展救援。在公路尚未抢通的情况下，他们冒着生命危险，克服种种困难，翻山越岭，到达预定乡镇，立即展开救援行动。他们协助转移受灾群众，帮助受灾群众抢救财物、搭建救灾棚。哪里有困难，他们就出现在哪里，哪里有危险，哪里就有他们的身影。

在北川地震灾区，还活跃着一支救援队伍。他们有的是爱心组织成员，更多的则是普通的爱心人士。他们怀着博大的爱心和一腔热忱，从全国各地赶赴北川，或直接为受灾群众捐钱捐物救急，或协助抢通因地震而中断的公路，或为灾区运送分发救灾物资，或深入重灾区参加抢救生命的战斗，为取得抗震救灾的胜利立下功劳。人们已无法弄清他们的准确人数，更无法记下他们的名字，这些无名英雄统称为志愿者。根据当时新闻媒体的报道，有组织地到北川参加救灾的志愿者队伍主要有“唐山十三义士”“退伍军人志愿者”“中国心”志愿团队、“完美春天”等，其中“完美春天”团队的志愿者在大地震周年到来时还坚持在永兴板房区为受灾群众服务。

地震发生后，很多国家和国际友人捐钱捐物支援抗震救灾，有的救援人员还直接深入灾区参与现场救援。

在国外的志愿者组织中，最先到达北川灾区进行救援的是美国“心连心”国际组织。该组织的中国首席代表布赖恩·鲁滨逊（中文名孙柏安）是一名心系中国受灾群众的国际医生。5月14日中午，孙柏安带着10多名外国人赶赴北川，在北川中学操场救援受灾学生。

5月17日深夜，60名日本国际紧急救助队员抵达曲山，分赴北川中学和县城开展搜救行动。救助队携带专业的生命探测工具、破拆器材，分成若干个工作小组与四川绵阳、北京消防部队展开联合搜救。

疫病预防 按照常理，大灾之后必有大疫。地震造成全县近2万人遇难，大部分遇难者的遗体被埋在废墟里无法正常安葬。适值初夏，气温正逐渐升高，由此带来发生疫病流行的巨大隐患。5月18日，中共中央政治局常委、国务院副总理李克强到北川指导救灾。下午2时10分左右，李克强一行来到北川县城废墟前，随后步行近2公里，来到北川县城新区的北川大酒店前，强调要特别注意防疫工作。从北川县城废墟往回走时，李克强遇到两位受灾群众，得知他们是想回家去看遇难亲人后，李克强注意到他们没有戴口罩，随即从工作人员处拿出几个口罩递给他们，并叮嘱他们注意防疫。

为保证大灾之后无大疫，在救援官兵和援建单位的全力支持下，采取联合作战、对重点部位重点施控等措施，出动卫生防疫人员和设备，对县城、北川中学等重点区域及17个场镇废墟进行滚动式高强度消杀；采取“点面结合、分片包干”的方式，在全县形成“纵向到底、横向到边、全面覆盖”的卫生防疫体系。灾后防疫是一项极其艰巨的工作。当最初几天，从废墟中寻找、抢救幸存者的紧急救援行动尚未完全结束的时候，卫生防疫人员就开始每天定时喷洒药物，消毒杀菌。在那些小山一样的倒塌建筑物废墟里，在摇摇欲坠的大楼旁，他们身背沉重的喷雾器，上上下下，走遍每一个角落。日复一日，从不懈怠。在全县各个乡镇，在有人群聚集的地方，都能见到身背喷雾器的防疫人员的身影。他们用自己的辛勤和汗水，使灾区未发生疫病流行之灾。

受灾群众安置 地震发生后，在县城、擂鼓镇、陈家坝乡等场镇，上万名幸存者无家可归；在广大农村，因房屋垮塌、山体滑坡、道路堵塞等原因，数以万计的村民流离失所；随着唐家山堰塞湖水位上升，漩坪、禹里乡的城镇居民和农村群众被迫撤离家园，成为难民。他们翻山越岭，历尽艰辛，直奔距北川最近的中心城市——绵阳；陈家坝乡方向的避难人流因北川县城无法通过，纷纷涌向江油。绵阳、江油距北川仅几十公里，在地震中不同程度受到地震的影响，但各级党组织、广大党员干部和市民以博大的胸怀，热情接纳来自北川的数万名受灾群众，他们为受灾群众捐款捐物，提供食品，使受灾群众感受到大家庭的温暖。

九洲体育馆位于绵阳市区西南面，因交通方便，容量大，成为北川受灾群众最大的临时安置点。为有效管理，绵阳市、北川县成立临时管理机构，委派专人负责统一指挥，馆内按乡镇划分区域进行安置。随着来自北川等地震灾区受灾群众的陆续进驻，来自全国各地乃至海外的食品、饮料、衣物等救灾物资源源不断运达，大批志愿者配合市、县干部，有条不紊地分发物资，安抚受灾群众。卫生防疫人员则每天定时喷洒药物杀菌消毒，防止疫病发生。6月，聚集在九洲体育馆的受灾群众多达4万余人，除来自北川的外，还有少数是从周边地区赶来的受灾群众。气温逐渐升高，人群拥挤多有不利，而各乡镇交通状况稍有好转，分散安置点也在快速建设之中。为此，临时集中安置的受灾群众开始有计划地撤离，根据各自不同的具体情况，或回到原籍参加重建，或住进新建的板房安置点。

在地震后的一个多月时间里，九洲体育馆为只身避难的受灾群众遮风避雨，成为受灾群众临时的家。在各级党委、政府的组织领导下，在全国人民的支持下，住在馆内的受灾群众无衣食住行之虞，未受流行疫病困扰，秩序井然，创造出世界救灾史上的奇迹。

在公路逐步抢通，救灾物资运输的问题基本解决之后，部分受灾群众返回原籍，领取帐篷、衣物、食品等救灾物资，自力更生，开始重建。但县城曲山完全被毁，擂鼓、陈家坝等场镇的房屋也基本垮塌或成为危房，漩坪则没于唐家山堰塞湖中，上述几个乡镇更有大批因山体滑坡而失去家园的村民无家可归。为让这部分受灾群众能够渡过难关，援建单位在任家坪、擂鼓、陈家坝、绵阳永兴和安昌等处规划修建几个规模较大的安置点，进行过渡性安置。全县共修建活动板房19055套，除少数作学校、医院用房外，共安置受灾群众10346户、35235人。对于房屋被毁但有条件在原地重建的受灾群众，则由政府补贴一定资金，支持受灾群众自己搭建过渡房；全县共自建过渡房4986户，入住15862名受灾群众。在援建单位的大力支持下，通过多方共同努力，全县数万无家可归的受灾群众住的问题得到基本解决。

过渡性安置点先规划后建设，全是清一色整齐排列的板房，其间按区域设有文化室、医疗室、卫生间、小广场等公共设施，有自来水供应点；房屋基本按原社区分配居住，以便受灾群众的日常交流和管理。鉴于入住的受灾群众一无所有，其生活费统一按有关规定由政府发放，寒冬到来时另增发棉衣被褥。各社区均安排专职管理人员，为受灾群众排忧解难，提供服务。晚上在各安置点的小广场上组织以羌族歌舞表演为主的群众文化活动，丰富受灾群众的文化生活，排解受灾群众失去亲人和家园的痛苦。

医疗救助　大地震发生时，县医院及其他医疗点被完全摧毁，受灾严重的乡镇，医疗设施也相应毁损，以致一些伤重的幸存者因无法及时救治而丧生。自5月13日起，陆续有解放军医疗队赶到，建起帐篷战地医疗所，对伤员进行急救处理，然后根据伤情分别送往绵阳等地的医院施治。

地震造成全县不同程度的受伤者达2.6万余人，初期主要集中在绵阳、江油等地治疗。绵阳、江油等地医院医护人员严重不足，大批志愿者热情参与服务，协助分发食物，打扫病房，陪护伤员；因医院床位有限，除在走廊过道上安放临时病床外，另在医院室外空地上搭起帐篷医院，但来自地震灾区的伤员仍源源不断送来。为不耽误救治，绵阳、江油等地医院根据地震伤员伤势轻重和本人意愿，陆续将一大批伤员转移至成都、重庆、武汉等大城市医院进行救治。各地医院热情接纳这些来自地震灾区不幸的幸存者，为他们治疗身体的伤痛，抚平心灵创伤。对因伤致残者，在前期治疗结束后又转入康复医院进行特殊治疗。

救灾物资的运输发放　县内物资进出主要依靠陆路运输，地震导致全县公路瘫痪，使食品及日常生活用品的供应出现危机。特别是县内的中西部地区，由于县城至禹里的公路因唐家山堰塞湖淹没而完全中断，关内乡镇一时成为孤岛。禹里场镇人口较多，但因交通方便，平常物资储备不多，地震后道路中断，立即出现恐慌。有私营商户主动捐出10余吨储粮及方便面、饼干等食品，交由乡政府统一给受灾群众发放。几天之后，市、县抗震救灾指挥部开始空投食品和饮用水，以解燃眉之急。县交通部门紧密配合救援部队和援建单位，在半个月的时间里基本抢通乡镇公路，县境东南部救灾物资运送的问题得到解决。但在中西部，由于县城至禹里路段无法抢通，救灾车辆只能经平武、松潘、茂县绕行，往返行程达1000多公里。在唐家山堰塞湖排险以前，车辆无法驶达禹里，受灾群众要到禹里上游几公里处领取救灾物品，再自己背运回家。直到6月10日堰塞湖泄流以后，车辆可以经禹里直达白草河上游的片口，县境中西部地区救灾物资运输的问题才基本解决。

在极其困难的条件下，市、县抗震救灾指挥部和无数志愿者把食品、衣物、棉被、帐篷等救灾物资源源不断地运达灾区，充分体现了党和政府对灾区人民的关怀，饱含了全国乃至世界人民的无疆大爱。各级党委、政府高度重视救灾物资的接收、保管和分发，每个环节都安排专人负责，保证救灾物资合理有效使用。各乡镇根据受灾轻重，造具物资发放花名册，据册签字领取，保证这些宝贵的物资直接发至群众手中。

抢通生命线　抢通公路，尽快恢复被地震摧毁的交通设施，是夺取抗震救灾胜利的首要条件。地震发生后，县内党员干部群众立即行动起来，抢通道路自救。5月12日下午强震刚过，擂鼓镇麻柳湾水泥厂的业主就组织机械设备，派员工冒着余震落石的危险，清除大岩坊路段堆积的巨石，使救灾车辆于当天下午就能基本通过。青片河中上游4个乡则成立指挥部联合行动，仅用7天时间就抢通墩上至青片的公路。县交通部门也及时安排人员到各乡镇调查公路灾情，组织抢通。到5月底，县内各乡镇的公路基本抢通。但由于唐家山堰塞湖阻断县境中西部与主干道公路的联系，使全县大部分乡镇公路成为断头路。

由于县城曲山经漩坪至禹里的公路中断，北川中西部12个乡以及茂县土门区、松潘县白羊乡、平武县泗耳乡的车辆进出均须先到茂县，再绕行九寨沟旅游环线，车程增加数百公里。鉴于曲山至禹里的公路要经过县城废墟和唐家山堰塞湖，短时间恢复几乎不可能，县交通部门实地勘察后，决定抢修擂鼓经苏宝至禹里全长48公里的应急通道。参加抢通任家坪至县城生命通道的二炮部队发扬不怕艰险连续作战的作风，于5月21日即开赴擂鼓镇开始实施抢通作业。

擂（鼓）禹（里）路大部分路段均盘山而上，最高处海拔2200多米，山高坡陡，地形复杂，施工极其困难。地震造成山体松动，极易垮塌，加上雨季来临，更增加抢通的难度。这一带是当年红四方面军战斗过的地方，二炮官兵发扬红军精神，冒着余震不断、山体垮塌的危险，顽强奋战。县交通部门则全力提供后勤保障。军民团结奋战近一个月，抢通了十余公里公路。6月16日一场暴雨，大部分抢通路段因塌方、沉陷而损毁。此后，二炮官兵采取垮了再修办法，再经过3个多月的艰苦奋斗，终于完成抢通任务；但9月24日的暴雨，又使抢通路段大部分塌方。官兵们以“欲与天公试比高”的英雄气概，再次连续拼搏，终于在10月1日前实现与武警部队抢通路段的对接。

承担擂禹路抢通任务的另一支部队是武警交通一总队。他们于5月26日到达墩上，首先抢通墩上乡到禹里乡的公路，使大批急需的救灾物资得以从绵阳绕行平武、松潘、茂县运达县城以西北广大灾区。当唐家山堰塞湖险情排除以后，官兵们于6月18日进入擂禹路抢通现场，从禹里方向开始抢修。从禹里上山，原有8公里的林区公路，再往上，就和二炮部队抢修的路段一样，是高耸入云的大山。武警官兵不畏艰险，在人迹罕至的崇山峻岭中苦战3个月，胜利完成擂禹路抢通任务。

从绵阳方向到县境中西部地区，除擂禹路外，县交通部门还规划另一条应急通道——都（坝）开（坪）路，使救灾车辆可以从平（武）江（油）公路经桂溪进入。这条应急通道全长70公里，也全是在地形复杂的大山中穿行，施工同样面临重重困难。担任都开路都坝至白泥段抢通任务的是解放军十四集团军、山东省泰安公路局、菏泽公路局和广巴高速公路公司，县交通局组织都坝、白坭两乡的群众参与突击。在茫茫大山之中，援建单位用机械设备掘出路基，当地群众用锄头、撮箕等原始工具铺平路面，展示出一幅幅军民团结战斗的动人画面。到7月21日，即胜利完成抢通任务。其后由县内一公司承建的白坭至开坪段公路竣工，都开路成为灾后新建的重要公路，为救灾和重建发挥的作用十分明显。

地震前，县境中西部的公路均是顺河而建，都开路是第一条连接都坝河与白草河的横向公路，十四集团军还与县交通部门一道，新建出第二条横向通道，即连接白草河与青片河的马（槽）桃（龙）公路，使全县的公路网络变得更为完善。

地震造成县内多处桥梁断裂，桂溪、都坝、禹里等地，公路桥面高于河床数米，车辆无法从河床绕行，山东省潍坊公路施工队以及省内建设单位及时架设战备钢桥，使救灾车辆得以通行。

在擂禹路、都开路抢通以前，由于唐家山堰塞湖淹没公路，其上游地区车辆进出只能绕行九环线，路程长达数百公里。为减少乘车支出，当地受灾群众多选择从禹里经新辟的小路翻山越岭到擂鼓，路途遥远而危险。唐家山堰塞湖险情排除以后，在省市航务海事部门的支持下，县交通局及时开通禹里—漩坪—桐子坝的航道，配备客运船舶2艘、货运船舶1艘、快艇2艘、冲锋舟5艘，设置码头4个、招呼停靠点8个，开展客货运输服务。在应急公路抢通之前的几个月中，航道日均客运量500多人次、货运量20多吨。

唐家山堰塞湖排险　地震造成唐家山大面积垮塌，形成巨大的堰塞坝，堵塞湔江河道。上涨的堰塞湖水在几天之中就淹没漩坪、禹里两个场镇及沿河村庄农户，积蓄的上亿立方米湖水严重威胁着下游数百万人的生命财产安全。5月18日，武警水电部队接到唐家山堰塞湖抢险施工任务后，立即组织抢险突击队，于5月21日开赴唐家山施工现场，进行实地考察，制订抢险方案。5月26日中午，第一台挖掘机通过俄罗斯米–26重型运输直升机吊运到堰塞湖大坝上；到次日中午，共空运大型设备26台套、油料5吨、人员157名和大量给养物资；1200名解放军官兵携带10吨特殊排危物资，克服重重困难翻山越岭步行至抢险施工现场。机械设备一运达，抢险官兵立即开挖导流明渠。

党中央、国务院高度关注唐家山堰塞湖的排险工作。5月22日，中共中央政治局常委、国务院总理温家宝乘坐直升机飞抵禹里乡，察看堰塞湖的情况。5月26日，国务院副总理回良玉在成都主持召开前方指挥部紧急会议，专题研究部署唐家山堰塞湖抢险问题。深夜，中共中央总书记、国家主席胡锦涛给回良玉打电话，询问唐家山堰塞湖抢险进展情况，要求一定要坚持以人为本，把确保人民群众生命安全放在首位；要认真组织，精心安排，加强巡视，做好应急预案，确保紧急情况下不出大的问题。温家宝要求，唐家山堰塞湖排危抢险要足主动、早动，把工程抢险和群众转移避险工作同时安排，同步进行，确保不出大的问题，确保群众生命安全。

武警官兵、解放军指战员和水利工程技术人员紧密配合，经过10天的艰苦奋战，终于在唐家山堰塞坝上抢挖出一条400多米长的导流明渠。在抢挖唐家山堰塞坝导流明渠的同时，位于其下游流域的数十万名群众也被转移到安全地带。

6月5日下午，总理温家宝在水利部部长陈雷等人的陪同下，乘坐直升机飞抵唐家山堰塞湖大坝察看排险情况。在仔细询问情况后，温家宝对随行的地方和部门负责人说：“实地看了以后，发现堰塞湖的情况比想象的还要复杂。但是不管怎样，必须早一点解除堰塞湖这个安全隐患，因为大批转移群众住在简易帐篷里，天气炎热，时间长了，困难会越来越多。”返回绵阳机场后，温家宝亲切看望参加唐家山堰塞湖抢险的解放军指战员，并提出要求：我们的目标是在处理堰塞湖的过程中，绝不能让一个百姓伤亡。

党中央、国务院的关心，使抢险官兵和工程技术人员充满信心，也倍感责任重大。又经过两天的昼夜奋战，唐家山堰塞湖导流明渠打通，湖水开始下泄。至6月10日17时泄洪成功。

学校复课　地震后，全县学校的房屋或倒塌，或震裂成为危房，全部不能使用。学生上学读书是涉及千家万户的大事。当各项救灾工作紧锣密鼓进行的时候，如何解决学生有学校读书的问题就被列入重要的议事日程。最初的解决方式多种多样，在灾情极重的地方，有的安排在临时安置点附近的帐篷学校上课，有的学生按班级整体送往外省，有的安排在绵阳市内各地就读。某国防科研单位所建的“八一帐篷学校”就接纳上千名来自北川地震灾区的小学生。由于得到大力支援，大灾后全县大多数学生能够继续读书，未中断学业。5月28日傍晚，在绵阳地区察看灾情、指导抗震救灾的中共中央政治局常委、全国人大常委会委员长吴邦国，驱车来到长虹培训中心，看望在这里复课的北川中学师生。在用板搭建的临时计算机教室里，吴邦国和同学们一起浏览网页，边看边交谈。他说，计算机为同学们查询信息、学习知识提供了很大方便，希望利用好计算机，掌握更多的知识。接着，吴邦国走进学生的帐篷宿舍，与同学们围坐在地铺上亲切交谈。同学们告诉吴爷爷，长虹的叔叔阿姨对他们照顾得很好，请吴爷爷放心。吴邦国动情地说，“你们很坚强，北川中学的同学们都是好样的。在这种特殊情况下，你们更要团结友爱、相互帮助，调整好自己的状态，尽快适应这个环境。不久的将来要建设一个更加现代化的北川中学，为同学们创造更好的学习条件。”

为保证新学期开学时，学生有安全稳定的教室上课，对口援助北川县灾后重建的山东省17个市在交通运输条件极其困难的情况下，及时为各乡镇建起板房学校。在县境中西部，由于唐家山堰塞湖阻断公路，运送材料必须绕行上千公里，但各援建单位仍千方百计克服困难抓紧施工，如期完成建校任务。北川中学在地震中摧毁，灾后县内高中生入学成为大问题。四川长虹集团伸出援助之手，在绵阳长虹培训中心修建大量板房，成为北川中学的临时驻地。9月1日，大地震后的第一个秋季开学日，全县两万多名中小学生除在医院疗伤治病的外，没有一个失学！考虑到学生家庭在地震中遭受损失，经济困难，全县中小学生就读的学校不仅免除学杂费，还根据具体情况提供一定的生活补贴。北川中学高三年级的学生因地震而耽误功课，国家还特地为他们推迟高考，让他们有正常的时间复习迎考，最后都顺利完成升学考试。

党中央、国务院对灾区学生入学读书、健康成长的问题极为关切。吴邦国、温家宝、贾庆林、习近平、李克强等中央领导先后到北川中学、桂溪小学看望师生（李克强到绵阳看望临时安置点的北川中学学生），给全体师生以极大的鼓励。

三、恢复重建

灾后重建总体规划　北川灾后重建引起全国乃至全世界的关注，党中央、国务院高度重视。中共中央总书记、国家主席胡锦涛，中共中央政治局常委、国务院总理温家宝等党和国家领导人先后多次亲临北川，指导规划建设工作。2008 年 6 月 8 日，山东省委、省政府委派山东省发展改革委副主任李关宾率山东省发改委、经贸委、建设厅、水利厅、地震局、林业局、环保局、旅游局、南水北调局、人行济南分行等部门 30 余人到北川，帮助启动灾后重建规划编制工作。经现场踏勘、资料收集分析、编写，6 月 25 日完成《北川羌族自治县灾后重建总体规划建议稿》。随后组织专家对总体规划进行咨询讨论，形成初稿，并在北川县四大班子和县直部门征求意见，由县委常委（扩大）会议审定上报。

《北川羌族自治县灾后重建总体规划》共 5 章 26 节。包括序言，灾后重建条件，灾后重建指导思想、基本原则及主要目标，灾后重建的总体布局，灾后重建的重点任务，保障措施与实施。规划期为 2008—2010 年。规划范围为北川羌族自治县行政区域和安县安昌镇、永安镇及黄土镇的一部分。规划涉及国民经济、人民生活、新县城建设和人口空间布局、城镇布局、产业布局以及城乡住房建设、基础设施建设、公共服务设施建设、防灾减灾和生态环境保护、土地整理复垦、历史文化遗产保护和重建精神家园等。

新县城选址及规划　北川县城曲山镇本来十分狭小，20 世纪 80 年代，因北面王家岩山体出现裂缝，为安全考虑，曾经议迁擂鼓镇，但因其地水源有限，加上迁址的资金难以筹措而作罢。地震将曲山完全摧毁，而擂鼓也因位于断裂带上成为一片废墟，新的县城只有移址于县境之外重建。

新址确定在安县境内选择，备选地为安昌、永安、桑枣。有关专家坚持“以人为本，安全第一”的原则，多次实地踏勘，反复比较研究，认为安昌东南是新北川县城的最佳位置。2008 年 7 月 10 日，中共绵阳市委、市政府决定由北川代管安县永安镇、安昌镇和黄土镇的常乐、红岩、顺义、温泉、红旗、东鱼 6 个村。2008 年 8 月，四川省政府正式向国务院递交关于北川县城易地重建的选址意见。11 月 9 日，国务院批准，安昌东南 2 公里处被确定为北川县城新址。12 月 27 日，国家主席胡锦涛到北川考察时，亲自命名新县城为永昌镇。

总理温家宝多次对北川县城建设作出重要指示。2008 年 5 月 22 日，温家宝在北川考察灾情时，看到已成废墟的县城，就对当地干部说：“我们要再造一个新北川。” 11 月 15 日，温家宝第六次到达北川考察，对新县城建设提出具体要求：要遵循“安全、宜居、特色、繁荣、文明、和谐”的十二字方针，成为“城建工程标志、抗震精神标志和文化遗产标志”。

中国城市规划设计研究院的专家怀着强烈的责任感和使命感，在充分了解地理条件、人文资源、社情民意的基础上，反复研究论证，征求各方意见，于 2009 年年初完成《北川羌族自治县新县城总体规划》。2009 年 3 月 30 日，四川省政府批复《北川羌族自治县新县城灾后重建总体规划》。按照规划，未来的北川县城由新县城和安昌镇共同组成。新县城是全县政治、经济、文化、居住、综合服务中心，重点建设山东工业园区，推动全县经济社会发展的增长极核；安昌镇近期以行政、居住、综合服务为主，形成新县城建设的重要依托，中远期以居住、教育、培育和综合服务为主，形成具有历史文化传统和山水特色的宜居城镇。

生产自救　在大灾面前，北川广大人民群众不仅表现出大无畏的英雄气概，而且充分发扬自强不息的奋斗精神。在禹里乡，一被称为“蒋百万”的个体商户于地震后捐出自己大量的大米、副食品，供受灾群众渡过难关；唐家山堰塞湖泄流以后，他又立即清理废墟，搭建简易抗震棚，并租车绕行数百公里从绵阳购进日用小百货及副食品，供应受灾群众。其他商户也相继恢复小百货摊、小饭馆、小旅馆等，开展经营自救。在受灾极重的擂鼓镇，村镇干部组织大批妇女加工羌绣制品及其他手工产品创收。

在广大农村，除因滑坡等地质灾害而失去家园的外，其余村民均在政府的扶持下互帮互助，或修补损坏的房屋，或按规划重建新房，并及时管理好自己的田地，很快恢复正常的生产生活。全县因地震破坏需要恢复重建永久性农房45561户，至2008年年底，共开工23849户，加固维修住房的23507户全部完成。

对口援建 当抢救生命的战斗告一段落之后，灾后重建的艰巨任务便摆在各级党委、政府的面前。地震使全县的经济基础遭到摧毁，已经没有能力靠自身恢复重建。按照中央统一部署，由山东省对口支援北川。其前期的主要任务是安置受灾群众和抢通公路。

中共山东省委、山东省政府对援建灾区过渡安置房工作高度重视，要求承担援建任务的各有关市、部门和生产企业，切实把援建过渡安置房作为当前一项重要的政治任务，弘扬“一方有难、八方支援”的团结协作精神，想方设法提前超额完成援建任务，力争使受灾群众尽早得到妥善安置。从5月24日起，山东全省先后派出近8000名援建人员，全面展开援建北川过渡安置房的工作。援建人员克服余震不断、泥石流、唐家山堰塞湖溃坝危险以及连续暴雨袭击等困难，日夜奋战，以最好的质量，最快的速度建设过渡安置房。至7月6日，共建成板房23837套。

山东的施工队伍积极参与抢通桂溪至白坭、墩上至禹里的公路，保通桂溪至都坝、墩上至青片、禹里至片口，桂溪至陈家坝等地公路300公里，救灾物资的运输得到有效保证。

临时安置结束后，灾后重建的工作又拉开帷幕。山东将援建任务分解落实到市，由山东省的17个市对口支援北川的20个乡镇。各市主动与对口援建乡镇紧密配合，组建援建联合指挥部，“市包乡，县包村”。即济南市对口援建擂鼓镇，青岛对口援建曲山镇、陈家坝乡，淄博市对口援建香泉乡，枣庄市对口援建小坝乡，东营市对口援建坝底乡，烟台市对口援建漩坪乡和白坭乡，潍坊市对口援建桂溪乡和贯岭乡，济宁市对口援建马槽乡，泰安市对口援建墩上乡，威海市对口援建青片乡，日照市对口援建桃龙乡，莱芜市对口援建开坪乡，临沂市对口援建通口镇，德州市对口援建白什乡，聊城市对口援建片口乡，滨州市对口援建禹里乡，菏泽对口援建都坝乡。

对口支援的内容涉及灾区群众生产生活的方方面面：提供规划编制、建筑设计、专家咨询、工程建设和监理等服务；建设和修复城乡居民住房；建设和修复学校、医院、广播电视、文化体育、社会福利等公共服务设施；建设和修复城乡道路、供（排）水、供气、污水和垃圾处理等基础设施；建设和修复农业、农村等基础设施；提供机械设备、器材工具、建筑材料等支持。

第一篇

建置沿革

第一章　建县沿革

第一节　建置历史

一、建县前的隶属

按《禹贡》地理区划，夏、商时期，北川县境属梁州之域。周代属冉駹部落境域，冉駹隶蜀国。

周慎靓王五年（前316）秦灭蜀国后，于周赧王十五年（前300）以蜀国境域设置蜀郡，北川属蜀郡冉駹部落境域。

西汉武帝元鼎六年（前111）以冉駹部落之地置汶山郡，辖广柔等五县。据清乾隆《石泉县志》载："《通志》言，邑为蜀郡广柔县地。"西汉宣帝地节三年（前67）撤销汶山郡，辖县改隶蜀郡。东汉安帝延光三年（124）复设汶山郡，仍辖广柔等县。蜀汉、西晋、成汉、东晋因之。刘宋迁汶山郡治于都安县（今都江堰），广柔县废。

南齐，县境属在汉汶山县治地设置的北部部尉。梁武帝普通三年（522）置绳州，辖汶山郡和新由北部都尉改置的北部郡，北部郡辖复置的广阳一县，北川境域属广阳县。西魏改汶山郡隶益州，绳州仅辖北部郡一郡。

二、建县后的演变

北周武帝保定四年（564），改绳州名汶州，仍辖汶山郡和北部郡，于北部郡新置北川县。此为北川建县之始，至2007年已有1443年的历史。

隋文帝开皇三年（583）撤销汶山郡和北部郡，以汶州、扶州合并设置蜀州，以州辖县，北川县隶蜀州。开皇五年（585），改蜀州名会州，北川县隶会州。隋炀帝大业三年（607）罢州设郡，会州、翼州、覃州合并置汶山郡，北川县隶汶山郡。

唐高祖武德元年（618）罢郡设州，汶山郡复称会州，北川县隶会州。武德四年（621）改会州名南会州，北川县隶南会州。唐太宗贞观八年（634），改南会州名茂州，析北川县地置石泉县，北川、石泉两县均隶茂州。唐高宗永徽二年（651），并北川县入石泉县，石泉县仍隶茂州。

唐玄宗天宝元年（742）罢州设郡，茂州改称通化郡，石泉县隶通化郡。唐肃宗乾元元年（758）罢郡设州，通化郡复称茂州，石泉县隶茂州。五代因之。北宋神宗熙宁九年（1076），石泉县改隶绵州。

三、石泉军设置后石泉县隶属的演变

北宋徽宗政和七年（1117），于石泉置石泉军。石泉军辖石泉、龙安、神泉三县，隶成都府路。徽宗宣和三年（1121）石泉军降为军使，仍隶成都府路；军使不辖县，原辖三县还隶绵州。宣和七年

（1125）又升石泉军使为石泉军，仍辖石泉、龙安、神泉三县，隶成都府路。

南宋理宗宝祐三年（1255），石泉军迁治龙安县。元世祖中统五年（1264年，即至元元年）升石泉军为安州，石泉县隶安州，安州隶成都府路（后改成都路）。

明太祖洪武七年（1374）降安州为安县，石泉县与安县均隶成都府。明世宗嘉靖四十五年（1566），石泉县改隶龙安府。清代因之。

四、民国以后北川县隶属的演变

民国2年（1913）罢府、厅、州，以道辖县，石泉县隶川西道（次年改称西川道）。民国3年，因与陕西省石泉县同名，且彼县设置在先，乃复名北川县，仍隶西川道。从民国8年起，四川军阀割据的“防区制”正式形成，县级政区均由驻防军阀管辖，省、道形同虚设。北川县先后为吕超、邓锡侯、刘斌、杨森、田颂尧等大小军阀的防区。民国19年，四川省正式撤道，各县均隶省。

民国24年（1935）4月，中国工农红军第四方面军进驻北川后，在县境建立平南县和北川县苏维埃政府（均隶属于川陕省苏维埃政府）。7月下旬，苏维埃政权随红军撤离解体。同年，川政统一，省下设置行政督察区，北川县隶第十四行政督察区。

1949年10月1日，中华人民共和国成立。1950年1月7日北川县解放，隶剑阁专区。1953年1月，剑阁专区改称广元专区，北川县隶广元专区。1953年3月，广元专区撤销，北川县隶绵阳专区。1968年7月，绵阳专区改称绵阳地区，北川县隶绵阳地区。1985年5月，绵阳地区撤销，分置绵阳、广元、遂宁三市，北川县隶绵阳市。2003年7月，经国务院批准，撤销北川县，建立北川羌族自治县。北川羌族自治县仍属绵阳市管辖。

北川县建置沿革一览表

表1-1

时间		建置名称	治所	隶属	附注
夏、商、西周	—	—	—	梁州之域	据《尚书·禹贡》所载
春秋	—	—	—	蜀国冉駹部落属地	据《华阳国志·蜀志》所载
战国、秦	周郝王十五年（前300）	—	—	蜀郡冉駹部落属地	是年秦国置蜀郡
西汉、东汉、三国、蜀汉	汉武帝元鼎六年（前111）	—	—	益州汶山郡（治汶川县绵篪乡）广柔县（治理县桃坪乡老古城）境域	是年以冉駹部落地域置汶山郡及所辖汶江（治茂县城）、广柔等五县
	汉宣帝地节三年（前67）	—	—	益州蜀郡（治成都）广柔县境域	是年撤汶山郡，辖县改隶蜀郡
	汉安帝延光三年（124）	—	—	益州（后治成都）汶山郡广柔县境域	是年复置汶山郡
西晋、成汉、东晋	—	—	—	益州汶山郡（西晋迁治汶川县威州镇）广柔县境域	—
刘宋	—	—	—	益州汶山郡（迁治都江堰）境域	广柔县废
南齐	—	—	—	益州北部郡（治茂县城）境域	新置北部都尉
梁、西魏	梁武帝普通三年（522）	—	—	绳州北部郡广阳县（州、郡、县均治茂县城）境域	是年以北部都尉地域置绳州、北部郡、广阳县
北周	武帝保定四年（564）	北川县	禹里西15公里	汶州北部郡广阳县境域	是年改绳州为汶州，新置北川县，为北川政区建置之始

续表 1-1

时间		建置名称	治所	隶属	附注
隋	文帝开皇三年（583）	北川县	禹里西 15 公里	蜀州（治茂县城）	是年撤郡，改为以州辖县；汶州、扶州合并置蜀州
	文帝开皇五年（585）	北川县	禹里西 15 公里	会州（治茂县城）	是年改蜀州为会州
	炀帝大业三年（607）	北川县	禹里西 15 公里	汶山郡（治茂县城）	是年改州为郡，以郡辖县；会州、翼州、覃州合并置汶山郡
唐	高祖武德元年（618）	北川县	禹里西 15 公里	会州（治茂县城）	是年改郡为州，汶山郡改称会州
	高祖武德四年（621）	北川县	禹里西 15 公里	南会州（治茂县城）	是年改会州为南会州
	太宗贞观八年（634）	北川县	禹里西 15 公里	剑南道（治成都）茂州（治茂县城）	是年改南会州为茂州；析北川县地新置石泉县
		石泉县	禹里		
	高宗永徽二年（651）	石泉县	禹里	剑南道茂州	是年撤销北川县，其境域并入石泉县
	玄宗天宝元年（742）	石泉县	禹里	剑南道通化郡（治茂县城）	是年改州为郡，茂州改称通化郡
	肃宗乾元元年（758）	石泉县	禹里	剑南道西川（治成都）茂州（治茂县城）	是年郡为州，通化郡改称茂州
五代		石泉县	禹里	剑南道西川茂州	—
宋	神宗熙宁九年（1076）	石泉县	禹里	成都府路（治成都）绵州（治绵阳市区）	是年石泉县由茂州改隶绵州
	徽宗政和七年（1117）	石泉县	禹里	成都府路	是年置石泉军，辖原绵州之石泉、龙安（治安县永安镇）、神泉（治安县塔水镇）三县
		石泉县	禹里	成都府路	石泉军是年石泉县由绵州改隶石泉军
	徽宗宣和三年（1121）	石泉军使	禹里	成都府路	是年石泉军降为军使，不辖县，原辖县还隶绵州
		石泉县	禹里	成都府路绵州	是年石泉县还隶绵州
	徽宗宣和七年（1125）	石泉军	禹里	成都府路	是年升石泉军使为石泉军，仍辖石泉、龙安、神泉三县
		石泉县	禹里	成都府路石泉军	是年石泉县又改隶石泉军
	理宗宝祐三年（1255）	石泉军	安县永安	成都府路	是年石泉军迁治龙安县
		石泉县	禹里	成都府路石泉军	—
元	世祖中统五年（1264）	石泉县	禹里	陕西四川省（治陕西咸阳）成都路（治成都）安州（治安县永安）	是年升石泉军为安州
	世祖至元十二年（1275）	石泉县	禹里	陕西四川省（治广元市区）成都路（治成都）安州	是年撤成都府路置成都路
	世祖至元二十三年（1286）	石泉县	禹里	四川省（治成都）成都路安州	是年置四川等处行中书省（简称四川省）
明	太祖洪武七年（1374）	石泉县	禹里	四川省成都府（治成都）	是年降安州为安县，石泉县改隶成都府
	世祖嘉靖四十五年（1566）	石泉县	禹里	四川省龙安府（治平武县城）	是年石泉县改隶新置之龙安府

续表 1-1

时　间		建置名称	治　所	隶　属	附　注
清		石泉县	禹里	四川省成绵龙茂道（治成都）龙安府	清代以省辖道，道再辖府
中华民国	民国 2 年（1913）	石泉县	禹里	四川省川西道（治成都）	是年撤龙安府，置川西道
	民国 3 年	北川县	禹里	四川省西川道（治成都）	是年改石泉县为北川县，改川西道为西川道
	民国 19 年	北川县	禹里	四川省	是年撤西川道
	民国 24 年 4—7 月	平南县苏维埃政府	桂溪乡垭上	川陕省苏维埃政府	苏维埃政府系中国工农红军所置，红军撤离即解体
		北川县苏维埃政府	禹里	—	—
	民国 24 年 8 月	北川县	禹里	四川省第十四行政督察区（治剑阁县城）	是年始置行政督察区
中华人民共和国	1950 年 1 月	北川县	禹里	川北行署区（治南充市区）剑阁专区（治广元市区）	解放后新建置
	1952 年 9 月	北川县	曲山	四川省（治成都）剑阁专区	本月撤行署区，恢复四川省
	1953 年 1 月	北川县	曲山	四川省广元专区（治广元市区）	本月改剑阁专区为广元专区
	1953 年 3 月	北川县	曲山	四川省绵阳专区（治绵阳市区）	本月撤广元专区，北川改隶绵阳专区
	1968 年 7 月	北川县	曲山	四川省绵阳地区（治绵阳市区）	本月改绵阳专区为绵阳地区
	1985 年 5 月	北川县	曲山	四川省绵阳市	本月撤绵阳地区，北川改隶绵阳市
	2003 年 7 月	北川羌族自治县	曲山	四川省绵阳市	本月经国务院批准，撤销北川县，建立北川羌族自治县

第二节　境域

一、清代以前北川县和石泉县境域

北周始置北川县，其境域无确切记载。治所设在禹里以西约 15 公里（具体地点在今青石乡），西南距汶州（治所今茂县县城）约 45 公里，东南距潼州金山县（治所今安县永安）亦甚近，而东距潼州昌隆县（治所今江油市彰明镇）、东北距龙州（治所今平武县南坝）、西北距翼州（治所今茂县叠溪镇）均较远。由治所位置及周围地势和山水走向推测，北川县境域大致在今县境域的关内地区，即青片河流域、白草河流域及湔江上游（曲山关以西）一带。

唐太宗贞观八年（634），析北川县地置石泉县，石泉县的治所在北川县治所以东 15 公里的禹里。由此可见，石泉县境大致在今县境域的白草河流域和湔江上游（曲山关以西）一带；北川县境域则缩小至今县境域的青片河流域。高宗永徽二年（651）北川县并入石泉县后，石泉县境域又扩大至青片河流域。此后直至清初，石泉县境域均无大的变动。

二、石泉军境域

宋徽宗政和七年（1117）置石泉军（治所今禹里乡）。石泉军辖石泉（治所今禹里乡）、龙安（治所今安县永安镇）、神泉（治所今安县塔水镇）三县，其境域亦无记载。是时，石泉军东面为绵州彰明（治所今江油市彰明镇）、巴西（州治，治所今绵阳市区）、罗江（治所今德阳市罗江县）三县，南面为汉州绵竹县（治所今绵竹市城区），西面为茂州（治所今茂县县城），北面为政州（即龙州，治所今平武县南坝镇）。由周邻建置情况及地势、山水走向推测，石泉军境域大致相当于北川县境（都坝河流域及平通河河谷地带除外）和安县境域。石泉军于宋理宗宝祐三年（1255）迁治龙安县（治所今安县永安镇），元世祖中统五年（1264）升为安州，其境域均未发生大的变动。

三、清代石泉县境域

清雍正三年（1725），割平武县西南部和安县西北部隶石泉县，石泉县境域扩大至湔江中下游、苏宝河流域及都坝河中下游。据清乾隆《石泉县志》载：石泉县境域以县城禹里为中心，东至伏羌堡（都坝乡皇帝庙村）平武县界约60公里，南至塔子岩（擂鼓镇桥楼村）交绵州安县界约50公里，西至水瓮子岩湾（墩上乡石关村）茂州界约45公里，北至黄土沟（片口乡保尔村）松潘县界约75公里；东南至香水紫山（香泉乡紫山村）彰明县界约60公里，东北至白池口（开坪乡刘家村）番寨约60公里，西南至大岩坊（擂鼓镇石岩村）安县界约30公里，西北至白细口（马槽乡木坪村）番寨界约50公里。东西广约100公里，南北袤约75公里。

四、民国北川县境域

民国时期，北川县境域与清末大致相同。仅于民国31年（1942）将与安县相邻的擂鼓、曲山一带境域作过小的调整。

五、中华人民共和国北川县境域

1951年12月，白马乡（后分置白什、马槽两乡）自茂县划入。1952年7月，擂鼓（后析置麻柳、苏宝两乡）、茶坪（后析置金溪乡）两乡自安县划入。1956年2月，都坝（后析置贯岭乡）、甘溪（今桂溪乡）两乡自平武县划入。1958年6月，又将茶坪乡划归安县。

据20世纪80年代测算，北川县境域南起北纬31° 41′的香泉乡紫山村与江油县连界，北至北纬32° 14′的片口乡晒金村六角顶与松潘和平武县界相接；西起东经103° 44′的青片乡插旗山与茂县毗邻，东至东经104° 42′的桂溪乡心肺洞与江油市接壤；东南自香水场江油市界，东北至桂溪乡八角村平武县界，西南自白什乡小尖包茂县界，西北至青片乡老满山松潘县界。东西平距92公里，南北平距59公里。境域面积2869.18平方公里。边界总长328.8公里，其中东、北两面与平武县边界长68.8公里，东南与江油市边界长63公里，南面与安县边界长61公里，南、西两面与茂县边界长80公里，北面与松潘县边界长56公里。

第三节　治所与县名

一、治所

北川县早期治所自北周武帝保定四年（564）置北川县起，至唐高宗永徽二年（651）并北川县入石泉县止，北川县治所一直在禹里以西15公里（今青石乡），历时87年。

石泉县、北川县治所自唐太宗贞观八年（634）设置石泉县起，至民国3年（1914）改石泉县名北川县止，一直以今禹里为治所，历时1280年。自民国3年石泉县复名北川县起，仍以今禹里为治所，直至1952年9月治所迁曲山，又历时38年。北川县以曲山为治所后，再未变动，至2007年，历时55年。

石泉军治所宋徽宗政和七年（1117）设置石泉军时，军、县均以今禹里为治所，直至宋理宗宝祐三年（1255）石泉军迁治龙安县（今安县永安）止，历时约138年。元世祖中统五年（1264）升石泉军为安州，石泉军治地设在今安县永安的时间为9年。

二、县名

北川县名 北川县名的由来，史籍无记载。北川建县之前，汶州北部郡仅辖广阳一县，州、郡治所与广阳县治所同设一地（今茂县县城），而新置之北川县恰在州、郡治所北面（严格说是在东北面）的川谷（即河谷）中，因而置县时以其方位、地势、河流而命名。

石泉县名 据明代曹学佺《蜀中名胜记》载：“县有甘泉，崖上刻‘甘泉古迹’四字，县因以名。”清道光《龙安府志》载：“甘泉，在县南二里。山畔刻‘甘泉古迹’四大字，下又有泉水自石罅中流出，冬温夏凉，味甘且冽，县因以名。”清道光《石泉县志》载：“甘泉，县南一里。山畔镌‘甘泉古迹’四大字，下有泉自石罅出，冬温夏凉，味极甘美，县因以名之。”另有一说：因县治禹里以南山崖上刻有“甘泉古迹”四字，对面石纽山有“石纽”石刻，乃取“石纽”之“石”与“甘泉”之“泉”作县名。

第二章　行政区划

第一节　宋、元、明、清政区

自北周建北川县，唐初建石泉县，后北川县并入石泉县，直到五代，其行政区划均无记载。

北宋初年，石泉县仅分两乡（据《太平寰宇记》）。至宋神宗元丰年间（1078—1085），石泉县分为一镇（石门镇）三乡（据《元丰九域志》）。

元代行政区划无记载。

明朝石泉县编户五里（110户为一里）。

清雍正三年（1725）割平武县西南部和安县西北部隶石泉县后，石泉县划分为富谷（县境中部）、甘泉（县境西部）、让水（县境东部）三乡。清宣统三年（1911），全县划为六乡（昌隆、龙凤、兴隆、永兴、太平、复盛）一区（中区）。

第二节　民国时期的政区

一、民国3年以前政区

民国成立后，全县仍为一区六乡。

中区：治所县城（今禹里），辖县城及周围地区。

昌隆乡：治所曲山场，辖县境东部和南部之漩坪、曲山、擂鼓一带。

龙凤乡：治所陈家坝，辖县境东部之陈家坝、邓家渡一带。

兴隆乡：治所通口场，辖县境东南部之通口、香水一带。

永兴乡：治所坝底堡，辖县境西部之坝底堡、麻窝（青片）、石板关、庙头坝一带。

太平乡：治所小坝场，辖县境北部之小坝地、外白、龙藏一带。

复盛乡：治所片口场，辖县境北部片口一带。

民国3年奉令停办地方自治，上述政区解体。

二、民国3年至民国23年间政区

民国3年（1914），将全县划为5个区79个团。即城区（禹里及漩坪一带）10个团；东区（通口、香水、陈家坝一带）18个团；南区（擂鼓、曲山一带）17个团；西区（坝底堡、麻窝一带）14个团；北区（小坝、片口一带）20个团。民国17年，改“团总”为“区正”时，将全县调整为8个区，即一区辖禹里及周围一带，二区辖通口、香水一带，三区辖陈家坝一带，四区辖曲山、擂鼓一带，五区辖漩坪一带，六区辖坝底堡一带，七区辖小坝一带，八区辖片口一带。民国 19 年（1930），改“县知事公署”为“县政府”时，又将全县调整为 10 个区，即第一区（禹里）、第二区（通口）、第三区（陈家坝）、第四区（擂鼓坪）、第五区（漩坪）、第六区（坝底堡）、第七区（小坝）、第八区（片口）、第九区（香水）、第十区（曲山）。

三、红军驻县时期政区

1935 年 4 月，中国工农红军第四方面军进驻北川。先后在县境置平南县（治所今桂溪乡垭上）和北川县（治所今禹里乡），共设 5 个区、28 个乡、119 个村。

平南县辖两个区：龙凤中心区（治所今垭上），辖白柳坪、沙窝、桂溪、安溪、贯岭、龙凤 6 个乡共 21 个村；陈家坝区（治所陈家坝），辖陈家坝、东溪、太子庙 3 个乡共 22 个村。

北川县辖 3 个区：治城区（治所今禹里乡）辖城厢、青枫堡、漩坪、大田、白坭、金凤山、禹里、庙坝 8 个乡共 31 个村；坝底堡区（治所梅树坪）辖坝底堡、马槽、白什、藏区、墩上、麻窝 6 个乡共 18 个村；小坝区（治所小坝场）辖小坝、片口、外白、龙藏、晓阳 5 个乡共 27 个村。

上述政区存在至 1935 年 7 月。

四、民国 24 年 8 月以后政区

民国 24 年（1935）8 月，开始整编全县保甲，民国 25 年 12 月 5 日，整编结束。全县共划 3 区、11 联保、69 保、626 甲。

民国 25 年年底北川县保甲设置情况一览表

表 1-2

区		联保		辖保甲数（个）		附注
名称	治所	名称	治所	保（个）	甲（个）	
第一区	治城	第一联保	治城	5	77	第一、二联保所辖甲数无法细分
		第二联保	治城	6	—	
		第三联保	漩坪	9	96	
		第四联保	曲山	3	33	
		第五联保	擂鼓	3	30	
第二区	小坝	第六联保	小坝地	7	66	—
		第七联保	片口	8	65	
		第八联保	坝底堡	9	70	
第三区	通口	第九联保	通口	6	57	—
		第十联保	香水	6	61	
		第十一联保	陈家坝	7	71	

民国 29 年（1940）3 月 1 日，实施新县制，将联保改称乡、镇。全县政区有小的调整：在第一区范围内，第一、二联保合并设置治城镇（今禹里乡），辖 10 保；第三联保改称漩坪乡，辖 9 保；第四、五联保合并设置擂曲乡（治所擂鼓），辖 6 保。在第二区范围内，第六联保改称小坝乡，辖 6 保；第七联保改称片口乡，辖 5 保；第八联保改称坝底乡，辖 7 保。在第三区范围内，第九联保改称通口乡，辖 6 保；第十联保改称香水乡，辖 6 保；第十一联保改称陈家乡，辖 8 保。调整后，全县共设 3 区、1 镇、8 乡、63 保、649 甲。

民国 31 年（1942）6 月 9 日，将安县所辖曲山 3 个保划归北川，同时又将北川县所辖擂鼓 3 个保划归安县，随即改擂曲乡为曲山乡（治所迁至今曲山镇）。

民国 34 年（1945），以治城镇第三保、特编第一保、后园特编保和漩坪乡第八保的地域设

置晓阳乡（治所开坪），并析编为6保。同年，改3个区为4个指导区。第一指导区治所治城镇，辖治城镇（8保）和漩坪（8保）、坝底（7保）、晓阳（6保）三乡。第二指导区治所小坝场，辖小坝（6保）、片口（5保）两乡。第三指导区治所曲山场，辖曲山（6保）、陈家（8保）两乡。第四指导区治所通口场，辖通口（6保）、香水（6保）两乡。全县共4个指导区、1个镇、9个乡、66保、632甲。

民国37年（1948），将4个指导区调整为3个指导区。即第三指导区撤销，第四指导区改称第三指导区；原第三指导区所辖的曲山乡改隶第一指导区，陈家乡改隶新设的第三指导区。至此，全县划分为3个指导区、1个镇、9个乡、66保、632甲。

第三节　中华人民共和国时期的政区

一、建国初期的政区

1950年1月7日，北川解放。1月15日，县人民政府在治城（今禹里乡）成立。3月，将全县划分为4区10乡。治城区辖治城、漩坪、坝底、晓阳4乡；小坝区辖小坝、片口2乡；曲山区辖曲山、陈家2乡；通口区辖通口、光明（原香水）2乡。各乡所辖保、甲仍基本上沿袭民国时期的划分，全县共66保、632甲。7月，改治城区为第一区，小坝区为第二区，曲山区为第三区，通口区为第四区。9月，撤销治城乡置治城镇。12月，撤销治城镇分置城关、苍山2乡。

1951年，土地改革民主建政期间，对全县政区进行频繁调整。1月，析城关乡增置青石乡和禹里乡；撤曲山乡另置回龙、任家、邓家、东溪4乡；析漩坪乡增置南华、白坭、金凤3乡；析曲山乡和漩坪乡部分地域增置同意乡。2月，析片口乡增置白草乡。3月，撤销陈家乡，分置复兴、太平、云龙3乡；析通口乡增置团结、永庆2乡；析光明乡增置龙凤、双潭2乡；析小坝乡增置桃龙、外白2乡。5月，撤销坝底乡，分置中心、武安、三合、建设4乡；并苍山乡入城关乡，并任家乡入回龙乡，并光明乡入龙凤乡；撤销同意乡，辖地并入回龙乡和漩坪乡；晓阳乡由第一区改隶第二区。12月，析城关乡增置治城乡；茂县所辖白马乡划入北川。至此，全县共辖4区、30乡。

1952年，继续调整政区。4月，从第一区划出中心、武安、三合、建设及白马5乡，设置第五区（治所坝底）。5月，析白马乡增置黑水乡。7月，安县所辖擂鼓、茶坪2乡划入北川。8月，白马乡更名白什乡。12月，析擂鼓乡增置麻柳、苏宝2乡；析茶坪乡增置金溪乡；析白什乡和建设乡部分地域建立麻窝藏族自治乡；析白什乡增置马槽乡。1952年9月，县治所从禹里迁至曲山，第三区治所从曲山场迁至擂鼓场。1953年1月，于新县城曲山设置城关镇，并原城关乡入治城乡，并三合乡入中心乡，并黑水乡入马槽乡。至此，全县共设1镇、5区、35乡、223村。

城关镇，治所曲山。

第一区，治所治城（今禹里），辖7乡51村，即治城乡（12村）、漩坪乡（9村）、青石乡（6村）、南华乡（7村）、白坭乡（6村）、金凤乡（6村）、禹里乡（5村）。

第二区，治所小坝，辖6乡31村，即小坝乡（9村）、桃龙乡（4村）、外白乡（6村）、片口乡（3村）、白草乡（4村）、晓阳乡（5村）。

第三区，治所擂鼓，辖11乡75村，即擂鼓乡（6村）、东溪乡（5村）、回龙乡（9村）、苏宝乡（3村）、麻柳乡（3村）、金溪乡（6村）、茶坪乡（13村）、邓家乡（6村）、复兴乡（10村）、太平乡（7村）、云龙乡（7村）。

第四区，治所通口，辖5乡27村，即通口乡（5村）、团结乡（6村）、永庆乡（4村）、双潭乡（7村）、龙凤乡（5村）。

第五区，治所坝底，辖6乡39村，即中心乡（12村）、武安乡（8村）、建设乡（4村）、马槽乡（7村）、白什乡（4村）、麻窝藏族自治乡（4村）。

1954年，农业合作化运动开始后，又陆续调整政区。1954年8月，并白草乡入片口乡。1955年1月，并第四区入第三区。4月，根据国务院关于市、县所辖区公所名称统一按治所地名称呼的规定，第一区改称治城区，第二区改称小坝区，第三区改称擂鼓区，第五区改称中心区。10月，撤销擂鼓区，所辖乡改由县直辖。12月，并双潭乡入龙凤乡，并团结乡入通口乡，并南华乡入漩坪乡和白坭乡，并金溪乡入茶坪乡，并太平乡入云龙乡和复兴乡，并建设乡入白什乡和麻窝藏族自治乡，并马槽乡入中心乡和白什乡，并麻柳乡入擂鼓乡，并回龙乡入城关镇；并对部分村进行调并。至此，全县共1镇（城关镇）、3区（治城、小坝、中心）、25乡、177村。

1956年2月，平武县所辖之都坝、甘溪2乡划入北川，北川将甘溪乡北部地域并入云龙乡。3月，并永庆乡入通口乡。4月，改麻窝藏族自治乡为建设藏族乡。12月，设置复兴区，辖复兴、邓家、云龙、甘溪、都坝5乡。1957年5月，复置擂鼓区，辖擂鼓、苏宝、东溪、茶坪、通口、龙凤6乡；6月，复置南华、马槽2乡。8月，改城关镇为回龙乡。

1958年6月，茶坪乡还隶安县。至此，全县共5区、28乡。

治城区辖治城、漩坪、青石、禹里、白坭、金凤、南华7乡。

小坝区辖小坝、片口、桃龙、外白、晓阳5乡。

擂鼓区辖擂鼓、回龙、东溪、苏宝、通口、龙凤6乡。

复兴区辖复兴、邓家、云龙、甘溪、都坝5乡。

中心区辖中心、武安、白什、马槽4乡和建设藏族乡。

二、“公社化”后的政区

1958年9月，撤销各乡，建立政社合一的人民公社体制。全县共5区、28个人民公社、132个管理区。

治城区辖治城、青石、禹里、漩坪、南华、白坭、金凤7个公社。

小坝区辖小坝、片口、外白、桃龙、晓阳5个公社。

擂鼓区辖擂鼓、回龙、东溪、苏宝、通口、龙凤6个公社。

复兴区辖复兴、邓家、云龙、甘溪、都坝5个公社。

中心区辖中心、武安、马槽、白什、建设（即原建设藏族乡）5个公社。

1961年，调整区和人民公社建制。3月，撤销晓阳公社分置开坪公社和小园公社，析擂鼓公社增置三星公社，析通口公社增置永庆公社，析龙凤公社增置双潭公社，析复兴、云龙2个公社的部分地域增置太平公社，析都坝公社增置贯岭公社。4月，恢复通口区（治所通口），辖通口、永庆、双潭、龙凤4个公社。1962年6月，析回龙公社增置城关镇。至此，全县共6区（治城、小坝、擂鼓、复兴、中心、通口）、1镇（城关镇）、34个公社、264个生产大队、1443个生产队。

1966年11月，更改6个公社的名称，禹里改称勇敢、南华改称新华、白坭改称前进、三星改称五星、回龙改称红旗、白什改称先锋，以示破“四旧”。全县生产大队调整为284个，生产队调整为1184个。以后，生产大队和生产队尚有一些小的调整。

1981年9月，县政府颁布《关于公布全县各区、公社、镇、大队、街道标准名称的布告》，变更2区、1镇、12个人民公社名称。中心区更名坝底区，复兴区更名陈家坝区；城关镇更名曲山镇；4个公社恢复原名，即勇敢复名禹里，新华复名南华，前进复名白坭，先锋复名白什；7个公社更改名称，即红旗改名曲山，龙凤改名香泉，复兴改名陈家坝，云龙改名桂溪，太平改名太洪，武安改名墩上，建设改名青片。同月，省政府批准将青片公社改建为青片羌族藏族公社。1982年，全县共6区、

1镇、34个人民公社、278个生产大队、1381个生产队。

三、恢复乡、村建制后的政区

1984年1月，遵照新《中华人民共和国宪法》规定和国务院《关于实行政社分开建立乡人民政府的通知》精神，将全县34个人民公社全部改为乡。同时将墩上、马槽2乡分别改置为羌族乡，白什乡改置为羌族藏族乡。同年7月，将278个生产大队全部改为村，1381个生产队全部改为村民小组。1985年4月，分别将坝底、小坝、桃龙、外白、小园5乡改置为羌族藏族乡，片口、开坪、禹里3乡改置为羌族乡。1986年3月，分别将治城、青石、漩坪、南华、白坭、金凤6乡改置为羌族乡。1986年8月，撤销擂鼓区及所辖擂鼓、苏宝、五星、曲山、东溪5乡，将擂鼓、苏宝、五星3乡合并设置擂鼓镇；将曲山乡和东溪乡的白果、华林、东溪沟、楼房坪4个村并入曲山镇，东溪乡其余烧坊、楼房、桐麻3个村并入南华乡。1988年11月，将都坝、贯岭、太洪3乡改置为羌族乡。至此，全县共2镇、5区、29乡（其中21个民族乡）、278个村、1381个民小组和10个居民委员会。

1992年9月，根据中央有关文件精神，本着有利于经济发展和集镇建设，有利于乡镇功能完善和职能发挥的原则，对乡镇建制进行调整。除保留青片、片口两乡外，将马槽、墩上、坝底3乡合并为坝底羌族藏族乡，桃龙、外白、小坝3乡合并为小坝羌族藏族乡，开坪、小园两乡合并为开坪羌族藏族乡，禹里、青石、治城3乡合并为禹里羌族乡，漩坪、南华乡合并为漩坪羌族乡，白坭、金凤两乡合并为白坭羌族乡，都坝、贯岭两乡合并为都贯羌族乡，将陈家坝乡并入太洪乡，更名为陈家坝羌族乡，将甘溪乡并入桂溪乡，将双潭乡并入香泉乡，将通口与永庆两乡合并建通口镇。调整后，全县共3镇、13乡，即曲山镇、擂鼓镇、通口镇，香泉乡、桂溪乡、陈家坝羌族乡、都贯羌族乡、禹里羌族乡、白坭羌族乡、漩坪羌族乡、片口羌族乡、开坪羌族藏族乡、小坝羌族藏族乡、坝底羌族藏族乡、白什羌族藏族乡、青片羌族藏族乡。

2002年，为便于行政管理，方便群众办事，报经省政府批准，恢复马槽、墩上、都坝3个羌族乡和桃龙羌族藏族乡建制，都贯羌族乡复称贯岭羌族乡。至此，全县共3镇17乡（其中15个民族乡）。

2003年7月6日，经国务院批准，撤销北川县，建立北川羌族自治县，民族乡建制被撤销。2004年5月，根据县内少数民族构成情况和国家相关规定，经省政府批准，将桃龙乡改建为桃龙藏族乡。

至2007年年底，全县共3镇、17乡（其中1个民族乡）、278个村、1381个民小组和16个社区居民委员会。

北川县2007年行政区划一览表

表1-3

乡镇名称	所辖居委会、村、组数	所辖村名
曲山镇	2个街道居民委员会、23个村115个村民小组	新街、杨柳坪、沙坝、曹山、大水、安子坪、茅坝、景家、石椅、任家坪、白果、华林、东溪沟、楼房坪、海光、油坊沟、小楠、棕树、云里、黄家坝、治新、海源、岩羊
擂鼓镇	1个街道居民委员会、30个村145个村民小组	擂鼓、猫儿石、麻柳、茨沟、河道、石岩、郭牛、许家沟、柳林、银锭、建新、胜利、盖头、坪上、龙头、田坝、新华、安治、元兴、桥楼、爬山、陈山、大安、田坪、茶坊、楠竹、大田、五星、双流、方早
通口镇	1个街道居民委员会、13个村64个村民小组	通泉、幸福、解放、茶花、茶园、青云、小坪、黎明、战斗、花龙、井泉、清泉、同乐
香泉乡	12个村59个村民小组	龙凤、香泉、流溪、太平、光明、紫山、紫霞、黄江、水洞、新农、敬东、云林

续表 1-3

乡镇名称	所辖居委会、村、组数	所辖村名
陈家坝乡	1 个街道居民委员会、18 个村 102 个村民小组	龙湾、双堰、红岩、平沟、青林、通宝、樱桃沟、大兴、西河、大竹、老场、小河、马鞍、勇敢、龙坪、四坪、太洪、金鼓
桂溪乡	1 个街道居民委员会、18 个村 93 个村民小组	桂溪、杜家坝、云兴、八角、魏沟、黄莺、凤凰、树坪、金星、永利、永城、裕农、古坊、彭家山、金宝、沙窝、林峰、安乐
贯岭乡	1 个街道居民委员会、7 个村 38 个村民小组	金洞、岩路、竹坝、中心、复习、水堰、岩林
都坝乡	1 个街道居民委员会、6 个村 32 个村民小组	民权、水井、国际、皇帝庙、柳坪、油坊
禹里乡	1 个街道居民委员会、26 个村 145 个村民小组	湔江、慈竹、清凉、登高、柏林、茶林、石纽、望江、紫阳、沿河、水秀、三坝、青㭎、大湾、三合、三坪、三化、杉柏、新堡、庙坪、双翼、禹里、禹穴、鸣牛、庙坝、云安
漩坪乡	1 个街道居民委员会、19 个村 105 个村民小组	十里、石龙、杨柳、岩门、清洁、椿芽、瓦厂、敏溪、张坪、灯包、景家湾、永吉、元安、四松、白溪、二罐口、桐麻、烧坊、楼房
白坭乡	1 个街道居民委员会、13 个村 60 个村民小组	苦竹、枸枝、大坪、中福、岩福、丛林、金泉、大院、鲜艳、青春、桃园、金竹、梓潼
小坝乡	1 个街道居民委员会、26 个村 101 个村民小组	沙坪、白花、新建、民主、坝地、酒厂、上沟、聚宝、桑柏、巩固、晨溪、泡花、大包、永兴、茅岭、团结、春槐、大梁、照德、回龙、江河、金凤、庄坪、大华、青龙、太白
开坪乡	12 个村 53 个村民小组	麂子坪、永安、全益、永生、开坪、安林、地坪、凤阳、高坪、马头、小园、刘家
桃龙藏族乡	6 个村 35 个村民小组	铁龙、桃花、大鹏、桃红、芽地、九成
片口乡	1 个街道居民委员会、9 个村 50 个村民小组	保尔、小西、民新、泽可、东江、松柏、磨盘、沟口、晒金
坝底乡	1 个街道居民委员会、12 个村 66 个村民小组	坝底堡、双合、通坪、光荣、白沙、民五、马坪、阳山、船坪、三溪、水田、小岭后
墩上乡	8 个村 26 个村民小组	石板关、金龙、青坪、金盆、金山、羊角、新民、岭岗
马槽乡	7 个村 34 个村民小组	平地、苦山、明头、花桥、木坪、黑亭、黑水
白什乡	1 个街道居民委员会、7 个村 39 个村民小组	高溪、白什、鱼背、清溪、七星、白水、河坪
青片乡	1 个街道居民委员会、6 个村 29 个村民小组	安绵、西纳、高峰、茶湾、上五、正河

第二篇

自然环境

第一章　地理环境

第一节　自然概貌

一、自然总貌

北川县境为较典型的山地自然景观，各自然要素有比较明显的垂直变化。大地构造位置处在扬子准地台的龙门山台缘褶皱带和松潘甘孜地槽褶皱带的茂汶丹巴地背斜的结合部位，中生代侏罗纪及其以前地层出露基本齐全。县境地势西北高东南低，西北部为极高山、高山、中山，向东南逐渐降为低中山、低山，主要由东北西南向的龙门山脉和近南北向的岷山山脉在河流强烈切割下所形成。全县山高谷深，零星地发育河谷平坝和台地，东南一隅为丘陵，山地占境域面积的 98.8%。

县境气候属北亚热带湿润季风气候类型，气候温和，降水丰沛，雨热同季，干湿分明。年平均气温 15.6℃，年平均降水 1002.7 毫米，年平均无霜期 276 天。

县境河流全属涪江水系，涪江支流湔江（通口河）自西向东横贯全境，涪江支流平通河自北向南纵贯县境东北隅桂溪乡境，涪江支流安昌河北源苏宝河发源于县境南部擂鼓镇境内。全县河网度每平方公里 0.12 公里。

县境地带性土壤为黄壤，也发育有大面积的水稻土。县境地带性植被为亚热带常绿阔叶林，但天然林已大部被砍伐，多为次生阔叶林和针叶林以及灌丛和草丛，森林覆盖率 76.2%。林中栖息着多种野生动物。

二、自然特点

东西部相对高差大　从西部与茂县交界处海拔 4769 米的插旗山，到东南部与江油市交界处海拔 540 米的香泉乡湔江河谷香水渡口，相距 92 公里，相对高差达 4229 米，平均每公里高差约 46 米。

高山深谷普遍　由于县境山地地形起伏很大，在山地普遍发育山高、坡陡、谷窄、沟深的高山深谷地貌。谷坡高度超过 100 米的峡谷随处可见，逼窄呈“一线天”式的峡谷亦有多处，如禹穴沟“一线天”等。

夏季暴雨特别多　由于县境西部近南北向的岷山山脉海拔多在 3000 米以上，而县境东南面的四川盆地海拔多在 500 米以下，夏季东南季风携带的暖湿气流受到龙门山脉和岷山山脉的阻挡，沿龙门山脉东南坡急剧上升冷却成雨，形成龙门山暴雨区。县境东南部正处在龙门山暴雨区内，所以暴雨特别多。以曲山镇降水量为例：6 月平均 125.5 毫米、最大 689.7 毫米，7 月平均 379.7 毫米、最大 603.8 毫米，8 月平均 362.8 毫米、最大 947.5 毫米，9 月平均 234.3 毫米、最大 649 毫米。一天中最大降水量为 323.4 毫米。

河川水流湍急　由于县境地势高低起伏，所有河道比降均大，且愈到上游比降愈大，水流最平缓的平通河县境河段平均比降也有3.7‰，湔江北源白草河的支流太白沟平均比降大到44.4‰。河道比降大，导致水流湍急，全县河流除湔江通口以下河段外，均无法通行舟楫。

自然要素多呈垂直变化　由于县境地势起伏大，导致气候、土壤、植被等自然要素均随地表海拔的升高呈现有规律变化。一般在海拔800米以下的低山、河谷，属北亚热带湿润季风气候，海拔800～1500米的低山、低中山，属山地暖温带气候。在海拔1500米以下地带，地带性土壤为黄壤，植被为亚热带常绿阔叶林，是人类活动的主要地域。海拔1500～2300米的低中山地带，属山地温带气候，土壤为黄棕壤，植被为常绿阔叶和落叶阔叶混交林。海拔2300～3200米的低中山、中山地带，属寒温带气候；海拔2700米以下，土壤为棕壤，植被为针阔叶混交林；海拔2700米以上，土壤为暗棕壤，植被主要为针阔叶混交林、暗针叶林、亚高山灌丛（箭竹林），在这一地带的上部有大熊猫、金丝猴等珍稀野生动物栖息。海拔3200～4000米的中山地带，属亚寒带气候，土壤为亚高山草甸土和高山草甸土，植被为高山灌丛（竹林）、亚高山草甸和高山草甸，为多种草食野生动物栖息之所。海拔4000米以上的高山上部，属寒带气候，土壤为高山寒漠土，植被属流石滩植被。海拔4200米以上的高山顶部，积雪达8个月之久。

第二节　自然资源

一、自然资源

县境地域辽阔，人口稀少。全县土地共有28.58万公顷，人均1.79公顷，林地和草地广阔，人均土地占有量超过全省、全国平均水平。自然资源丰富。矿产资源以非金属矿为主，优势矿种为石灰石、煤和砂金；全县水力资源可开发量达34.86万千瓦；森林面积13.21万公顷（1997年统计数），栖息着包括国家一级保护动物大熊猫、金丝猴、羚牛等360多种野生动物。

二、旅游资源

县境山势奇峻，风光秀丽，旅游资源丰富。条件优越的区域主要有甘溪溶洞群、小寨子沟自然保护区和禹穴沟。

甘溪溶洞群　位于县境东部甘溪至沙窝间的平通河畔，有大小溶洞10余个，是川西北最大的溶洞群。各洞间的距离均未超过5公里。溶洞发育在泥盆系和石炭系石灰岩地层中，千姿百态，各具特色，具有较大的旅游观赏价值。

小寨子沟自然保护区　小寨子沟位于县境西部青片乡境。1979年建立自然保护区，土地面积约6067公顷，因临近古羌寨小寨子而得名，是全国11个大熊猫保护区之一，栖息着大熊猫、金丝猴、羚牛等多种珍禽异兽。1998年天然林禁伐后，原青片河林业局所属采伐区全部划入，管辖范围扩大到青片河上游全部国有林区，面积400多平方公里。区内天然生态环境基本保持完好，气候温凉，年降水量800毫米左右，无霜期120天左右。此外，位于县境西北部的片口自然保护区，原始自然景观可与小寨子沟媲美。

禹穴沟　又名清泗沟，位于禹里乡境。传说为大禹降生地。顺沟西溯，沿途有两处“禹穴”摩崖石刻，并有刳儿坪、洗儿池、金锣岩、一线天等景点。

第二章　地质

第一节　地层

县境地质构造复杂，出露地层比较齐全。根据《西南地区区域地层表——四川省分册》的地层区划，县境以桂溪—曲山—苏宝一线为界，东南属扬子区龙门山分区龙门山中段小区，西北属巴颜喀喇秦岭区马尔康分区金川小区。

龙门山中段小区：地层岩相相对稳定，化石丰富，地层厚度除泥盆系外一般不大，具有地台型—过渡型沉积建造的总特征。下古生界仅见志留系下统，为海相碳酸盐岩；上古生界以碳酸盐岩为主，但除泥盆系下、中、上统俱全外，其余均发育不全；中生界只出露三叠系和侏罗系。

金川小区：地层发育较全，厚度大，普遍变质，化石稀少，具地槽型沉积建造特征。

一、元古界（PC）

震旦系（Z）（距今 5.7 亿年前）：只出露上统，称元吉组。分布于金川小区油坊沟（曲山镇邓家境内）一带，并向北东经青林口、大竹、四坪至柳树坝附近进入平武县境。系白云质石灰岩夹硅质岩条带，底部偶夹千枚岩，厚 5～323 米。

二、下古生界（Pz1）

寒武系（X）（距今 5 亿年前）县境只出露下统。金川小区称邱家河组，主要分布在许家沟、陈山、大安一带，东北至油坊沟后上覆于震旦系元吉组地层上面，呈假整合接触，再经杨家沟、柳树坝进入平武县境；龙门山中段小区称清平组，在千佛山西南部出露。寒武系下统地层为黑灰色钙质磷块岩夹白云岩，白云质石灰岩及黑色炭质页岩，厚 38～76 米。

奥陶系（O）（距今 4.4 亿年前）只金川小区出露下、中统，上覆于寒武系清平组地层之上，呈假整合接触。下统陈家坝群为浅变质碎屑岩，中统宝塔组为结晶石灰岩。南起擂鼓龙头山，向北东经油坊沟、杨家沟（陈家坝乡太洪境）进入平武县境；另在苏宝附近和千佛山西南部亦有出露。岩层厚度 13～14 米。

志留系（S）（距今 4 亿年前）为分布最广的地层，约占县境面积的三分之二。

龙门山中段小区出露于苏宝、擂鼓、通口、陈家坝、桂溪一带，属下统龙马溪组和罗惹坪组，全由海相碳酸盐岩组成。

金川小区在千佛山—曲山—邓家—陈家坝一线以西，即青石、禹里、墩上、坝底、青片、南华、白泥、金凤、都坝、贯岭、开坪、小坝、片口等地大范围出露。系一套岩性单调、厚度巨大、普遍变质的岩系，称茂县群。依岩性的不同，自下而上分三个岩组：下岩组以灰至灰绿色绢云千枚岩、绢云英千枚岩为主，间夹结晶石灰岩，厚 173～370 米，出露于墩上—青石—伏地堡—南华一线以南地带；中岩组自下而上依次为结晶石灰岩夹千枚岩、千枚岩夹结晶石灰岩、结晶石灰岩夹千枚岩，厚 311～2340 米，出露于坝底—开坪—白坭一线以南地带；上岩组以灰色、灰绿色绢云英千枚岩为主，厚 234～2461 米，出露于禹里—白坭—贯岭一线以北大片地区。

三、上古生界（PZ2）

泥盆系（D）（距今 3.5 亿年前）龙门山中段小区出露比较齐全。下统下部平驿铺组：出露在桂溪至通口一带，以灰白色、黄褐色厚层石英岩状砂岩为主，夹少量深灰色与灰绿色

细砂岩、泥质粉砂岩、炭质页岩，厚 320～2330 米，上部甘溪组为灰及灰绿带紫色中至厚层泥质粉砂岩、细砂岩以及页岩，厚仅数十米。中统下部养马坝组，由深灰色厚层及块状砂质

石灰岩、生物石灰岩、砂质页岩、砂岩组成，厚 588～1123 米。中统上部观雾山组：出露在甘溪至通口一带的以灰至深灰色不纯石灰岩为主，又分上下两组，下组为砂质页岩夹泥质石灰岩，底部常见数米至数十米黄褐色中至厚层石英岩；出露在擂鼓至苏宝一带的一般以灰至深灰色石灰岩、泥质石灰岩为主，夹少量砂质页岩和炭质页岩。观雾山组地层厚 121～270 米。上统唐王寨群，出露于沙窝子、曲山、擂鼓一带；下部沙窝子组，为浅海白云岩相沉积，厚 700 米；上部茅坝组为浅海石灰岩相沉积，厚 86 米；曲山至擂鼓一带缺失。

金川小区泥盆系地层称危关群，主要出露于县境西部青片乡境，为浅变质碎屑岩系。下岩组由石英砂岩与千枚岩组成，厚度 492 米。中岩组以千枚岩为主，间夹石英砂岩与结晶石灰岩，厚度 169～1000 米。上岩组为石英砂岩与千枚岩互层夹砂质结晶石砂岩，厚 336～678 米。

石炭系（C）（距今 2.85 亿年前）

龙门山中段小区石炭系地层出露于曲山、擂鼓、香泉、通口一带。下统总长沟群分下部岩关组和上部大塘组，均出露于沙窝子至通口一带：岩关组以灰至乳白色中至厚层块状石灰岩为主，沙窝子最厚达 4000 余米，往西南急剧变薄，至通口仅厚 189 米；大塘组以灰至灰白色厚层致密块状石灰岩、鲕状与假鲕状石灰岩夹泥质石灰岩为主，厚度仅数十米，且沙窝子岩层厚度大于通口。中统威宁组和上统马平组地层，出露于曲山经茨竹垭至擂鼓、通口至香泉一带，为较纯净的石灰岩，尤以通口、麻柳湾等地为好，厚度仅数十米至百余米。

金川小区石炭系地层出露于青片小寨子沟至筛子背一带，岩层西薄东厚，60～464 米，且普遍变质。下统雪宝顶群为浅灰色薄层石灰岩夹薄层泥质石灰岩与炭质千枚岩。中、上统称西沟群，为灰至灰色薄至中厚层石灰岩。

二叠系（P）（距今 2.3 亿年前）

龙门山中段小区二叠系下统（下部梁山组与栖霞组，上部茅口组）、上统（下部吴家坪组和上部长兴组）地层齐全，出露于通口、茨竹垭、五星一带，以石灰岩为主，上统底部是煤、铝土、黄铁矿和耐火黏土的蕴藏地层。

金川小区二叠系地层仅见下统，出露于青片小寨子沟至筛子背一带，厚度仅 10～270 米，上覆于石炭系地层。下部东大河组为白至深灰色薄板状及中层状石灰岩与深灰、黑、绿

色千枚岩互层，岩性变化不大。上部三道桥组以厚层砾状石灰岩为主，岩性单一稳定。

四、中生界（MZ）

三叠系（T）（距今 1.95 亿年前）

龙门山中段小区三叠系地层出露于香泉至通口一带。下统地层在香泉附近最发育，下部飞仙关组主要为石灰岩夹页岩和粉砂岩，厚 240～460 米；上部嘉陵江组一般以石灰岩、白云岩、含膏质白

云岩、膏溶砾岩、膏盐的沉积顺序组成，厚 592～860 米，中统地层仅见上部天井山组，出露于香泉至通口间以及永庆以北地带，以厚层块状纯石灰岩为主，特别是其中、上层浅灰至乳白色石灰岩最为纯净，厚 236～511 米。

金川小区三叠系地层统称西康群，出露于青片小寨子沟、小湾等处。下统菠茨沟组地层为板岩夹石灰岩，板岩为灰、灰绿、紫黑色，石灰岩为黄灰色；岩层呈薄板状，含泥质及铁质混合物。中统杂谷脑组地层，下部由变质砂岩、板岩与结晶石灰岩相间构成，上部为中厚层状至块状变质砂岩。上统下部侏倭组地层由浅灰色薄至厚层层状钙质石英砂岩，间夹深灰色至黑灰色薄至中层粉状砂质板岩与钙质板岩交替出现，组成以砂岩为主的不等厚度的韵律式互层；上部新都桥组地层出露不全，以黑色含石灰质板岩、深灰至灰黑色板岩、粉砂质板岩为主，夹少量变质砂岩。

侏罗系（J）（距今 1.37 亿年前）

仅在龙门山中段小区香泉一带出露，为一套内陆河湖相红色碎屑岩建造。下统地层县境未出露。中统下部千佛岩组地层为石英质砾岩、砾状砂岩与紫红色砂岩的韵律互层；上部沙溪庙组地层以砾岩、含砾砂岩为主，间以紫色泥岩。上统下部遂宁组地层以棕色泥岩、泥质粉砂岩为主，夹砾岩及含砾砂岩多层；上部莲花口组地层为砾岩、含砾砂岩、砂岩、泥岩顺序的韵律沉积。

县境缺失白垩系（K）（距今 6700 万年前）地层。

五、新生界（Kz）

县境缺失第三系（R）（距今 250 万年前）地层。

第四系（Q）（自距今 250 万年前开始至今）

县境缺失更新统（距今 1.5 万年前）地层。全新统地层分布于湔江及其支流河谷与平通河、苏宝河河谷，构成以冲积和冲积、洪积为主的阶地与河漫滩。阶地一般有三级，沉积物变化较大，以冲积砾石、沙、沙质黏土为主，并有坡积物或残积物，呈复合式沉积。河漫滩沉积物松散，一般下部为砾石层，上部为粉沙至粗沙层，也有全部为砾石层。

北川县出露地层一览表

表 2-1

地层系统 \ 地层分区			巴颜喀喇秦岭区	杨子区
			马尔康分区	龙门山分区
			金川小区	龙门山中段小区
新生界	第四季	全新统	河漫滩、一至三级阶地	河漫滩、一至三级阶地
		更新统		
	第三系	上新统		
		中新统		
		渐新统		
		始新统		
		古新统		
中生界	白垩系	上统		
		下统		
	侏罗系	上统		莲花口组（200 米以上） 遂宁组（200 米左右）

续表 2-1

地层系统 \ 地层分区			巴颜喀喇秦岭区 马尔康分区 金川小区	杨子区 龙门山分区 龙门山中段小区
		中统		沙溪庙组（150 米左右）
				千佛岩组（50～14.5 米）
		下统		
	三叠系	上统	西康群 新都桥组	
			西康群 侏倭组	天井山组（236～511 米）
		中统	西康群 杂谷脑组	
				嘉陵江组（592～860 米）
		下统	西康群 菠茨沟组	飞仙关组（240～460 米）
	二叠系	上统		长兴组
				吴家坪组
		下统	三道桥组 东大河组（10～270 米）	茅口组
				栖霞组
				梁山组
上古生界	石炭系	上统	西沟群 （60～464 米） 雪宝顶群	马平组（数十米至数百米）
		中统		威宁组
		下统		总长沟群 大塘组（数十米）
				总长沟群 岩关组（189～4000 多米）
上古生界	泥盆系	上统	危关群 上岩组（336～678 米）	唐王寨群 茅坝组（86 米）
				唐王寨群 沙窝子组（700 米）
		中统	危关群 中岩组（169～1000 米）	观雾山组（121～270 米）
				养马坝组（588～1123 米）
		下统	危关群 下岩组（492 米）	甘溪组（数十米）
				平驿铺组（320～2330 米）
下古生界	志留系	上统	茂县群 上岩组（234～2461 米）	
		中统	茂县群 中岩组（311～2340 米）	
		下统	茂县群 下岩组（173～370 米）	罗惹坪组 龙马溪组
	奥陶系	上统		
		中统	宝塔组 陈家坝群 （13～14 米）	
		下统		
	寒武系	上统		
		中统		
		下统	邱家河组（38～76 米） 元吉组（5～323 米）	清平组（38～76 米）
元古界	震旦系	上统		未出露
		中统	未出露	
		下统		

说明：（ ）号内为地层厚度

第二节 地质构造

县境大地构造为扬子准地台与松潘—甘孜地槽褶皱系结合部。以桂溪—曲山—苏宝一线（即北川大断裂通过地段）为界，东南面属扬子准地台西北缘龙门山—大巴山台缘拗陷西部的龙门山褶断带（即龙门山褶断带）；西北面属松潘—甘孜地槽褶皱系巴颜喀喇冒地槽褶皱带东缘的茂汶—丹巴地背斜（即后龙门山褶皱带）。

龙门山褶断带主要由志留系至三叠系地台型或过渡型海相沉积，以碳酸盐岩为主的建造，构成一系列北东走向的似箱状褶皱与叠瓦式断裂构造。

后龙门山褶皱带主要由寒武系至三叠系地槽型海相变质，以碳酸盐岩为主的建造，且在强力挤压下呈完全塑性变形，构成一系列北东至北东东走向的紧密线状同斜倒转褶皱和断裂构造。

一、褶皱

县境褶皱主要系北东走向，属龙门山褶断带的有唐王寨向斜；属后龙门山褶皱带的有青林口、三圣铺倒转复背斜，老林口高压倒转复向斜，轿子顶复背钭，白羊复向斜，青片西北还有近南北走向的筛子背复向斜和北北东走向的关磨背斜以及次一级的小湾倒转向斜和牛奔水倒转背斜。

唐王寨向斜（又名藏王寨向斜）南起通口、北止江油白阳洞，长约 60 公里，宽 5 ～ 13 公里，轴面总的走向北东 40 ～ 50 度，核部为石炭系，两翼为泥盆系、志留系地层。县境属向斜南段，轴面走向北东 45 度，两翼大体对称。北西翼倾向南东，倾角 30 ～ 60 度，地层比较完整；南东翼倾向北西，倾角 40 ～ 60 度，地层因受断层影响多不完整；核部倾角较缓，是典型的箱状褶曲。

青林口倒转复背斜轴线在油坊沟—青林口—柳树坝一线，轴面倾向北西，倾角 70 度左右。背斜核部为震旦系元吉组含錳硅质岩。两翼为寒武、奥陶、志留系地层，南延至擂鼓、苏宝间，尚有泥盆、石炭、二叠系地层，但因北西翼受北川大断层影响，次一级的褶皱、断裂发育，地层保存不完整。西北面与老林口倒转复向斜相接。

三圣铺倒转复背斜轴线在墩上—禹里—南华—椒山一线以南的山腰上，轴向北东 60 度左右。背斜比较狭长，轴部出露地层为志留系茂县群下岩组，两翼为中、上岩组。南东翼与老林口倒转复向斜相接，北西翼与高庄倒转复向斜相连。

老林口倒转复向斜位于青林口倒转复背斜北西面。轴线经老林口—漩坪—邓家一线，往北东 45 度方向伸展，南西端因受太平场旋卷构造影响，在千佛山附近几乎成东西走向。倒转倾向北西，倾角 60 ～ 70 度，南东翼舒缓，北西翼因倒转而显狭窄。核部出露少许泥盆系下统地层，两翼均为志留系茂县群地层。

高庄倒转复向斜自平武县进入县境，在三圣铺倒转复背斜北西面。县境轴向北东 50 度左右，倒转倾向北西，经南华后向南西撒开，发育次一级的墩上—大鱼口倒转向斜和伏地堡倒转背斜。核部出露志留系茂县群上岩组地层，两翼为中、下岩组地层。

轿子顶复背斜自平武县进入县境中部，轴向北东 40 度左右，倒转倾向北西。核部出露志留系茂县群下岩组地层，两翼为中、上岩组地层；南西经窦真殿至泥巴岩一带后，背斜全由志留系茂县群上岩组地层组成。轿子顶复背斜再向南西经开坪—庙坝—马槽沟一线，与西面茂县十里铺倒转复背斜遥相对应；复背斜南东翼与高庄倒转复向斜的次一级墩上—大鱼口倒转向斜连接；复背斜北西翼发育次一级马槽—梓潼庙倒转向斜和白什—小坝倒转背斜。相当于复背斜的核心部位出现走向北东 45 度的中心变质带（即区域性浅变质带），使页岩变质为千枚岩、砂岩石英岩化、石灰岩重新结晶；变质带两侧方向岩层变质程度有递减趋势，但无明显界线。变质带中有1组走向北东45～50度，倾向北西，倾角60～80度的压性劈理；1～2组走向南西240度，倾向南东135～160度，倾角37～45度的张扭性劈理。

白羊复向斜位于县境西北部和松潘县境，即轿子顶复背斜北西翼，轴向北东70度并东向扭转至北东50度左右。核部地层为泥盆系危关群或志留系茂县群上岩组，两翼地层全为志留系茂县群。县境为复向斜南东翼，次一级褶皱发育有片口背斜和东岳庙向斜等。

二、断层

北川大断层（即北川大断裂带）是龙门山褶断带和后龙门山褶皱带的分界线，全长400公里以上。县境断裂线沿桂溪—陈家坝—曲山—苏宝一线，长45公里，走向北东40度左右，倾向北西，倾角50～70度。大断层下盘为青林口倒转复背斜北西翼残留的寒武系至志留系地层，逆冲至大断层上盘志留系至二叠系地层之上。

江油大断层系江油—都江堰大断层的北段，位于唐王寨向斜东南侧，是向斜的边缘断裂，走向北东40～50度，倾向北西，倾角70度左右，全长200余公里。大断层自江油曹家堰伸入县境通口镇黎明村之南，再经双潭水洞子、云林村进入安县境，长9公里。断层上盘为唐王寨向斜南东翼志留系地层，下盘为泥盆系至侏罗系地层，并在唐王寨向斜仰起部（通口以西）圈合于山脚底断层，其北面还发育有茅垭断层。江油大断层是龙门山褶断带与四川台拗的分界线，其北西侧为山地，南东侧为低山、丘陵地貌。

黄连桥逆断层位于江油大断层南面，走向北东60度，倾向北西，倾角60～70度。上盘为泥盆、石炭、二叠系地层，下盘为三叠系地层。断层向西南延伸为擂鼓坪推断层切断。

擂鼓坪推断层走向南北，倾向西，倾角80度。断层北端切断北川大断层，南端切断黄连桥逆断层。

香泉断层走向北东50度左右，自江油伸入县境，经香水场、紫霞村，进入安县永安镇胜利村继续延伸，县境长7.5公里。

苏宝断层系北川大断层在擂鼓镇田坝村与郭牛村之间发育的次一级断层，走向北东30度左右，与北川大断层相距不到2公里。断层经玉皇观进入安县永安镇境，县境长8公里。

禹里断层北东走向，自陈家坝乡白果树（樱桃沟村）起，向南西经南华之四松、永吉、白溪三村，禹里乡登高村、三坝村和油通坪（坝底乡通坪村境）、丘基沟（墩上乡金盆村境）等地伸入茂县境，县境长39公里。

小园断层北东走向，自平武县伸入县境开坪小园之龙安湾梁子，向南西经小坝乡境，至桃龙乡铁索沟止，县境长25公里。

外白断层位于白羊复向斜南西倾伏地段，在小坝乡外白北面泥盆系危关群和志留系茂县群地层发育两条正断层，分别长7公里和18公里（县境长12公里），两断层间相距2～3公里。断层走向北西330度左右，与复向斜轴向近于直交。

青石断层北北东走向，自开坪乡东官庙起，向南南西经麂子坪村及禹里乡庙坪、大湾、三坪村、三化村梯子岩、大花坪等地伸入安县境。县境（至大花坪止）长17公里。青石断层与禹里断层的交会点在三坝村与青枫村之间。

千佛山逆断层发育在太平场旋卷构造的最北边（墩上乡境）奥陶系和志留系地层中，走向东西，倾向北，倾角70度左右。

茂县逆断层发育在十里铺背斜（从茂县境沿北东向伸入县境西缘）北西翼志留系茂县群地层中，自茂县向东伸入县境马槽乡黑水沟与明水沟之间。

第三节 矿产资源

一、金属矿

赤铁矿 通口镇幸福、茶园等村及桂溪乡甘溪境内有赤铁矿，可供小规模开采。此外，曲山镇邓家有褐铁矿矿化点，青片乡小寨子沟有菱铁矿矿化点。

通口镇幸福村荨麻湾赤铁矿矿体两层，层间距 0.5～3 米。上层矿长 750 米，厚 0.4～0.85 米，平均厚 0.71 米，含铁 32.61%～50.74%，平均 39.42%；下层矿长 800 米，厚 0.47～1.83 米，平均 0.79 米，含铁 32.69%～43.13%，平均 37.8%。矿层顶、底板及层间均为砂岩，矿石矿物为然鲕状赤铁矿，脉石主要为石英。批准 C1（C）级储量 7 万吨，C2（D）级储量 81 万吨。

通口镇幸福村水井湾赤铁矿矿层长 2500 米，厚 0.41～0.60 米，平均 0.49 米，含铁 25%～35%。外表 C 级储量 130 万吨，D 级储量 126 万吨。

通口镇茶园村赤铁矿矿层长 700～800 米，厚 0.40～1.95 米，平均厚 1.08 米，含铁 25%～45%，平均 31.19%。外表 C 级储量 146 万吨，D 级储量 132 万吨。

锰矿 分布于陈家坝、桂溪乡一带。矿体群长 800 米，矿体长 20～100 米，厚 0.1～3 米，氧化带以软锰矿为主，含锰 8%～17%，个别达 28.27%，含二氧化硅 40%～60%（工业允许≤ 35%），含磷 0.2%～0.5%（允许小于 0.14%）。储量 11.3 万吨。

铅锌矿 分布于北川大断层南侧，陈家坝乡大兴村有 1 个矿点和 2 个矿化点。

铜矿（矿化） 分布于白坭乡银厂沟、贯岭乡金洞沟等处。分布广而散乱。

金矿 县境有砂金和岩金两类。

砂金分布于湔江及青片河上至白什、白草河上至片口的河床、河漫滩和阶地，远景储量为 5.16 吨。古湔江河道高阶地擂鼓镇盖头山到安昌河安昌镇段亦有砂金蕴藏，远景储量为 6.66 吨。由于河谷狭窄，阶地及河漫滩均较小，仅邓家一带可容大中型采金船作业，其余矿点只宜人工开采或小型机采。

马槽沟、白沙沟、禹穴沟有石英脉岩金金矿，太白沟有微细浸染型金矿。初步估计有开采价值。

二、非金属矿

黄铁矿（硫铁矿） 有沉积型与岩浆型两类。沉积型主要分布于茨竹垭煤矿。煤层底板的黄铁矿铝土岩层位较稳定，沿走向延伸达数千米，厚 0.90～1.90 米，硫含量一般大于 1.5%，矿体多在煤层采空区。擂鼓镇麻柳湾村、五星村有同类黄铁矿。陈家坝乡杨家沟有岩浆型黄铁矿，呈浸染状、星散状，矿化辉绿岩脉长 10 余米至 400 米，含硫 8%～12%。

重晶石 分布于陈家坝、桂溪等地。川西北地质大队初查发现 16 条矿脉，其中 10 条具工业价值。矿脉长 10～310 米，厚 1～6 米，硫酸钡含量 74.8%～99.42%，一般在 95% 以上，地质储量 36.9 万吨。

石灰石 主要分布于曲山、擂鼓、通口、香泉、桂溪等乡镇，储量大，品位高，仅作评价的擂鼓麻柳湾和甘溪沙窝矿区，水泥灰岩和电石灰岩储量即达 3868 万吨，含氧化钙 54%～56%。其中可作重质碳酸钙的石灰岩（白色，氧化钙含量大于 55%）878 万吨。全县可供开采的优质石灰石远景储量大于 10 亿吨。

白云岩 分布于通口、香泉、桂溪等乡，氧化镁含量 19%～21%，初探储量上亿吨。甘溪沙窝村白云岩出露宽度达 150 米，走向延伸数千米，含氧化镁 21% 左右，矿区临近公路，开采条件极好。

千枚岩（板岩） 分布于青石、墩上、坝底、开坪、小坝、白坭、桃龙、都坝、青片等地。颜色有绿灰、豆绿、白灰、黑色等，开出的板材大而平整，有一定机械强度。远景储量1亿立方米。

机砖页岩 擂鼓、陈家坝、桂溪等乡镇有可制砖的页岩。擂鼓一带初估储量为255万立方米。

硅石（含石英砂岩、石英脉） 分布于陈家坝、桂溪、曲山镇邓家、通口等地的石英岩化石英砂岩及石英砂岩，二氧化硅含量达98%，可作硅铁原料。桂溪乡古坊村及通口镇幸福村亦有石英砂岩出露。青片乡上五村靴子岩有石英脉，长数百米，宽3～5米，质较纯，白色，局部无色透明，可找到水晶；小坝乡上沟村亦有类似石英脉。

辉绿岩 陈家坝乡太洪有辉绿岩脉，长600～1600米，宽20～50米。

煤 县东南产煤，含煤地段西南起自擂鼓火石沟，东北止于曲山茅垭，走向长7000米。有煤两层，下层名“头连子”，一般厚0.2～1.2米；上层名“二连子”，一般厚0.7～1米。头连子煤经300余年开采，海拔750米以上几乎采空，仅有残留煤柱及二连子煤（小坪煤矿称“三连子”）可供开采，完整煤层基本上在750米水平以下。有C级储量81.7万吨，D级储量83.3万吨，地质储量113.1万吨。

第四节 地质性灾害

一、地震

县境地处龙门山褶断带和后龙门山褶皱带中段，北川大断层斜贯县境，褶皱、断裂发育，地震活跃。按四川省地质局和地震局1980年对四川省地震带的划分，县境属于松（潘）雅（安）地震带（即龙门山地震带）范围。

据现有资料记载，1169—1987年发生中强地震十余次。

南宋孝宗乾道四年腊月壬子（1169年1月24日），石泉军地震三日，有声如雷，屋瓦皆落。

明孝宗弘治元年八月壬寅、癸卯（1488年9月16日、17日），汉州、茂州、德阳、石泉地震。

明神宗万历二十四年腊月二十六日（1597年2月12日），石泉城申时地震一次；二十八日（同年2月14日）巳时（9—11时）大震一次，其声如雷，周围城垣倒裂，军民惊骇。

万历二十五年（1598年）正月，四川石泉地复震三日：正月壬辰朔（2月16日），石泉微动二次，初二日（2月17日）子时大动二次，自西北来，东南去，其声如雷，房屋均动。

万历三十年五月甲申、辛卯（1602年7月12日、19日）石泉坝底地震。五月二十三日（7月12日）未时地震，自东而来，至北而去，大鸣如雷；申时复震，自东北而来，西南而去；至六月初一日（7月19日）戌时又震一次，声如微雷，房屋俱动。

万历三十二年六月（1604年6月27日至7月26日），石泉地震。

万历三十八年三月乙未（1610年4月12日），石泉县入夜地震，有声，门扉自阖。

明思宗崇祯元年正月乙亥（1628年2月17日）午时，石泉县地震。同年三月初七日（1628年4月10日）未时、戌时，石泉县地震，有声。同年三月丙子（1628年4月18日），石泉县再震。

清光绪三十年六月二十四、二十五、二十七日（1904年8月5日、6日、8日）石泉县连夜地震。二十七日（8月8日）午后与夜间连震两次，较前数日尤甚，但未伤人。

民国2年（1913年）8月18日午时，石泉、绵竹、绵阳、剑阁地大震，屋瓦震落，桌案摇动，约5分钟乃止。

民国10年（1921）4—8月，霪雨为灾，地震十余次。

民国22年（1933）8月25日午后2时，茂县叠溪7.5级地震，县境西北部烈度达八度，倒房压死一人；自西北到东南烈度衰减至六度。

1958 年 2 月 8 日，北纬 31°49′、东经 104°26′（县境任家坪一带）发生 6.2 级地震。县人委砖木结构二层楼房两头震垮，砖柱震裂；新华书店、邮局、银行、诊所、粮食局等单位新建房屋上部的单砖墙震垮，柱子震裂，泥望楼掉落；县武警中队厨房烟囱震倒；石岩有崩塌。擂鼓一带树木摇动，房屋、器皿作响，墙壁裂缝或倒塌，山坡出现地裂。都坝震感强烈，有酒瓶翻倒。曲山烈度为七度。

1961 年 12 月 8 日，北纬 31°48′、东经 104°30′(县境东南潘家湾）发生 4.7 级地震，震中烈度六度。

1963 年 9 月 29 日，北纬 32° 东经 104°（青片）发生 4.0 级地震。

1966 年 6 月 27 日，北纬 31°43′、东经 104°16′（安县茶坪与北川间）发生 4.8 级地震。

1976 年 8 月 16 日、22 日、23 日，北纬 32°36′、东经 104°06′，北纬 32°36′、东经 104°24′，北纬 32°30′、东经 104°18′（松潘与平武间）先后发生 7.2 级、6.7 级、7.2 级地震，波及县境；片口、小坝一带砖墙开裂，屋瓦震落，器皿翻倒，粪池裂缝。县境各地震感强烈，烈度从北到南由七度衰减至六度，六度区内的陈家坝乡太洪出现七度的烈度异常区。

据四川地震台网监测，1988—2007 年县境发生 3.0 级以上有感地震 73 次。

北川县 1988—2007 年发生有感地震统发生情况统计表

表 2-2

年月日	时 分	纬 度	经 度	ML 震级
1988.3.7	5：06	31°62′	104°12′	3
1988.6.10	20：15	32°48′	104°12′	3.3
1988.6.15	4：16	31°92′	104°37′	3.1
1988.11.19	22：47	32°92′	103°95′	3
1988.11.23	12：33	32°22′	104°15′	3
1989.4.18	16：20	31°75′	104°17′	3.8
1989.5.4	0：06	31°75′	104°17′	3.1
1989.5.5	14：19	31°75′	104°17′	3.9
1989.5.20	8：09	31°77′	104°72′	3.3
1989.7.11	19：32	31°9′	104°3′	3.3
1989.8.25	17：02	32°58′	104°12′	3.3
1990.1.22	23：16	32°8′	104°27′	3
1990.4.4	2：29	31°88′	104°38′	3.1
1990.6.29	10：06	31°78′	104°42′	3
1991.4.26	3：11	31°88′	104°33′	3.7
1991.4.26	7：12	33°02′	104°53′	3.1
1991.4.26	7：30	33°	104°53′	3.6
1991.4.26	7：30	32°92′	104°63′	4
1991.8.7	14：01	32°63′	104°22′	3.9
1991.10.23	8：08	33°	103°88′	3
1992.3.10	20：36	32°57′	104°08′	3.8
1992.4.2	17：21	33°02′	104°02′	4.2
1992.4.22	7：49	32°82′	104°13′	3.1
1993.1.6	0：38	32°17′	104°77′	3.1
1993.6.12	5：13	32°25′	104°12′	3.1

续表 2–2

年月日	时 分	纬 度	经 度	ML 震级
1993.7.10	5：14	32°88′	104°03′	3.2
1993.10.4	15：49	32°73′	104°25′	3.2
1993.2.26	5：12	32°73′	104°07′	3.4
1994.3.7	5：42	32°62′	104°07′	3.4
1994.9.5	4：13	32°28′	104°58′	4.3
1994.9.5	8：17	32°3′	104°57′	3.5
1994.9.16	12：38	32°17′	104°65′	3.9
1995.6.10	13：08	31°72′	104°15′	4.1
1995.6.12	11：37	31°92′	104°05′	3.6
1995.9.27	5：24	31°73′	104°78′	3.6
1996.1.21	0：46	32°43′	104°2′	3.2
1996.1.23	23：38	32°98′	104°55′	3.3
1996.7.15	22：23	31°87′	105°	3
1997.5.25	1：08	31°47′	104°17′	4.2
1997.8.15	10：30	31°58′	104°15′	3.1
1997.9.22	21：58	32°75′	104°1′	3
1997.12.25	14：04	32°52′	104°68′	3.5
1998.1.20	22：02	31°73′	104°25′	3.3
1998.3.3	14：57	32°75′	104°15′	4.4
1998.3.3	15：03	32°75′	104°18′	3
1998.3.3	18：01	32°82′	104°17′	3.3
1998.7.14	22：44	32°07′	104°43′	3.3
1998.10.6	11：17	32°43′	104°52′	3
1998.10.31	18：42	31°72′	104°15′	3.9
1999.3.24	17：06	32°83′	103°87′	3.1
1999.10.26	17：06	32°2′	104°55′	3
1999.11.30	16：24	31°43′	104°33′	5.4
2000.4.16	0：04	32°42′	104°12′	3
2000.9.21	16：31	32°95′	104°62′	3.6
2000.10.22	4：31	32°13′	104°03′	3.3
2001.9.20	12：56	32°7′	104°48′	3
2001.12.1	15：25	32°77′	104°22′	3
2002.9.22	6：18	31°87′	104°3′	3.1
2002.10.9	10：21	32°73′	104°02′	3.3
2002.12.13	2：07	32°92′	103°97′	3
2003.5.29	19：24	32°55′	104°18′	3.3
2003.9.5	12：23	32°92′	104°63′	3.2
2004.3.31	22：57	32°07′	104°78′	3
2004.6.30	6：07	32°17′	103°82′	3.1

续表 2-2

年月日	时 分	纬 度	经 度	ML 震级
2004.9.24	22：48	31°92′	104°33′	3.7
2005.5.9	8：15	31°95′	104°27′	3.4
2005.7.5	16：40	31°88′	104°27′	3
2005.12.15	18：45	31°92′	104°3′	3
2006.4.30	11：00	32°67′	104°2′	3.4
2007.3.11	14：42	32°22′	104°57′	4.2
2007.4.27	6：20	32°72′	104°12′	4.3
2007.7.29	20：52	32°93′	103°95′	3.6
2007.9.16	13：36	32°23′	104°53′	4.1

二、崩塌和泥石流

县境因变质岩出露的范围大，褶皱、断裂和节理发育，岩层破碎，基于岩石崩塌，加上土壤流失，所造成的泥石流频繁发生。泥石流俗称崩溜，常以滑坡和崩塌等形式出现，多发生在暴雨和霖雨时节，尤其变质岩出露区域几乎每年均要发生若干次。但因发生频繁且零星分散，缺少系统记载，仅将收集到的几次较大崩塌和泥石流灾害记述如下：

清康熙十八年（1679），回龙场后山崩，场镇被埋大半，乱石林立，后来得名为乱石窖。这是历史资料记载的唯一一次崩塌造成的严重灾害。

1954 年，石泉堡山体裂口长约 2 公里，裂口处地面下沉近 1 米，造成以后年年滑坡，致使交通中断。北茂公路通车后，每年雨季均需固定一辆推土机排除路面堆积的泥石，才能保证车辆通行。

1976 年 8 月，陈家坝四坪村魏家山一处泥石流冲掉 8 亩耕地，泥石流淤积的 40 亩农田、林地基本上失去使用价值。

2000 年，小坝乡贺家街后山山体下滑，村（居）民 56 户、204 人需要搬迁。

2006 年 12 月 28 日，白什乡老街后山发生大规模山体滑坡。

2007 年 7 月 30 日，白什乡老街后山滑坡体再次发生大规模垮塌，估算塌方达 150 万立方米。

第三章 地貌

第一节 地貌类型

县境地势西北高东南低。最高点在西部青片乡与茂县交界处的插旗山，海拔高达 4769 米；最低点在东南部香泉乡与江油市交界处的湔江香水渡口，海拔仅 540 米；两地高差达 4229 米。全县山地面积占 98.8%，丘陵分布在东南一隅，面积仅占 1.2%。

县境地貌主要有平坝、台地、丘陵、低山、低中山、中山、高山、山原等 8 种类型。

平坝　地表坡度小于 7 度，最大起伏量小于 20 米。主要分布于县境东南和中部的平通河、都坝河、苏宝河、湔江河谷两侧，一般呈条带状，向河床或下游微倾。实有农耕地 1020.6 公顷（净面积，下同）。面积较大的有擂鼓坪、龙潭坝、徐坪坝、张家坝、陈家坝、任家坪、马家坝、林家坝。主要是第四系全新统的冲积、洪积物组成。另外，还有多属靠近河床或处于坡脚由砾石、砂黏土堆积而成的难以利用的“楼板土”。

台地　指地表坡度较陡的台坡（一般大于 10 度）和坡度较缓的台面（一般小于 7 度），实有农耕地 31 公顷。较典型的有通口镇罗家嘴、桃树坪等。多为洪积扇，分布于河谷、溪流交汇处，其前缘被洪水切割成几十米高的陡坎。

丘陵　一般相对高度 20～100 米，分布于香泉乡境内。农耕地有 147.6 公顷。

低山　海拔 1000 米以下，相对高度在 200 米以上。主要分布在湔江、白草河和青片河中下游，以及县境东南部之通口镇和擂鼓镇的大部分地区。农耕地有 7917 公顷，其中 25 度以上陡坡地 2453 公顷，25 度以下缓坡地 5464 公顷。

低中山　海拔 1000～2500 米，相对高度在 200 米以上，是县境地貌的主要类型。分布于县境中部的漩坪、白坭、禹里和西北部的墩上、坝底、白什、小坝、片口及东南部山地地带。农耕地有 15086.7 公顷，其中缓坡地占 55.3%，陡坡地占 44.7%。水土流失和泥石流灾害较严重。

中山　海拔 2500～4000 米，相对高度在 200 米以上。主要分布在县境西北部的青片、白什、片口、开坪乡的插旗山、撮箕塘梁子、皮家梁子等山梁的中、上部。农耕地有 86.4 公顷。

高山　海拔 4000 米以上，分布在县境西北部插旗山一带。岩石组合近似中山。

山原　海拔 3000 米以下，分布在山顶、山脊或山坡上，山原内起伏在 200 米以下，是在地壳相对稳定时期由外力经长期剥蚀而形成的平缓地面。农耕地有 76.9 公顷。面积较大的有擂鼓镇大坪山和曲山镇火盆山、邓家灯草坪等。

第二节 地貌分区

根据地域组合和成因因素，县境八种主要地貌类型可以划分为三个各具特点的地貌区域。

低山中谷溶蚀地貌区　分布于桂溪—曲山—苏宝一线东南面，即湔江中下游、都坝河下游、平通河与苏宝河沿岸，包括香泉乡、通口镇全境及桂溪、陈家坝、曲山、擂鼓等乡镇的部分地区。海拔 540～2240 米，一般山岭 1000～1500 米。山体底部、顶部较缓，中部较陡而又散布着很不规则的岩台或岩线，尤其是甘溪、桂溪、陈家坝阴山一带。石英岩状砂岩致密坚硬，常形成较陡的尖棱和单面山。河谷相对较宽，两岸或山腰散落着数公顷至数十公顷的岩溶谷地、溶蚀洼地和洪冲积阶地，如擂鼓坪、张家坝、任家坪、小坪、河道溪、仰天窝等。溶蚀区内有不少溶洞、漏斗（俗称漩坑）和暗河。已知溶洞有通口犀牛洞，香泉鲢鱼洞，甘溪鲢鱼洞、神仙洞、猿王洞，双潭的天然石门。暗河两处：一是擂鼓麻柳湾（原县水泥厂后门上侧），冬春季是干沟，涨水时鱼顺水而出，有的重达一两公斤；二是通口干河子，冬春季节，茶园沟水流至茶园村磨房以下渐小而没，在静明庵复溢出，干河长两三公里。漏斗更是不计其数，大小深浅形状不同，尤以吴家后山、莲花山、景家山、木竹山一带最多。

坐落在唐王寨向斜南段东翼槽谷区香泉乡青溪河两侧的龙凤桥至香水场一带，多为丘陵分布，地势较开阔，丘顶多呈圆形，地表较平坦。

低中山中窄谷侵蚀地貌区　分布于桂溪—曲山—苏宝一线之西北至外白、白什东南，即青片河和白草河中下游及湔江中上游的坝底、墩上、桃龙、小坝、开坪、禹里、漩坪、白坭等乡和桂溪、陈家坝、曲山、擂鼓等乡镇的部分地区。海拔 690～2942 米，一般高度为 1000～2500 米，相对高差 2252 米。山脊单薄，越高越陡。受流水长期剧烈切割，沟谷发育，多呈“V”型峡谷。在群峰间河谷开阔处间或有几公顷至 10 余公顷的平地或缓坡山地，如小坝乡水田坝、禹里场周围、漩坪乡张坪等。

中高山窄谷侵溶蚀地貌区　分布于青片河、白草河上游及都坝河、后园沟源头地区，即青片、白什、马槽、片口、开坪、禹里、白坭、都坝、贯岭等乡。海拔 922～4769 米，相对高差多在 3000 米以上。区域面积占全县总面积的 49.1%。地貌复杂，重山叠嶂，沟深谷狭，山高坡陡，高低悬殊。

第三节 山脉

一、岷山山脉

县境西部白什、外白一线以西属岷山山脉。岷山山脉南段从松潘县和茂县延伸入县境西北一隅与西南边缘，分布于白草河西岸和青片河源头一带。主要岭脊自老满山向南延伸，依次为和尚头（4365 米）、插旗山（4769 米），再折向东南，依次为梯子岩（3962 米）、木鸡包（3612 米）、庙屋基（3822 米）、猫鼻子（3745 米）、铧头嘴（3988 米）、黄土梁（2984 米）、白阳坪（2822 米）、黑沙包（2676 米）、三道拐梁子（2302 米），至墩上止（一说马槽白龙池至墩上属龙门山脉）。另一岭脊自老满山向东南延伸，依次为洗瓦塘（3840 米）、打牛岩窝（3253 米）、筛子背（3976 米）、尖尖山（2985 米）、三道龙池（3062 米）、九道龙池（2875 米）、三神口、马鹿坪、关子门，至黑耳明。

二、龙门山脉

县境白什、外白一线以东属龙门山脉。按其走向大体分为两个单元。

东北—西南走向　呈两列分布于县境：一列自江油市观雾山延入桂溪乡野猪城，分布在都坝河以东、湔江以南，除被平通河、湔江横切割外，走向清晰；主要山岭有挂榜山（2175米）、吴家后山（2106米）、莲花山（1681米）、圆包山（1558米）、大圆包（1762米）、牟家大包（1546米）、佛泉山（2369米）、石纽山（1200米）、天麻山（2168米）、望乡台（2149米）、千佛山（2942米）、大木杠梁、三台山（2389米）、白龙池（3191米），在县南西角千佛山出境。诸山绵亘蜿蜒于县境东南边缘，是成都平原的天然屏障。另一列从平武县延伸至包家山入县境，至禹里塔坪子止。主要山岭有李家山（2081米）、黑湾梁子（2164米）、二道坪梁子、椒山梁子（2349米）、大梁（1864米）、荣华山（2213米）、大风岩（2098米）、曾家山（1972米）、三面山（2150米）、望崇山（1100米）、山崩溜（2290米）、煞角垭、龙藏梁子、泡花梁子、大尖包（2190米）、黑槽头（2080米）、九岭寺（2022米）、官竹林等。因受河流的深切割，走向极不规则，山河相间，构成典型的峡谷特征。（自黑耳明至官竹林下之塔坪子，山有九岭，古称九龙山。一说九龙山属岷山山脉。）

西北—东南走向　自县境北部延入，呈梳状排列。与平武县分界的龙安湾梁脊犹如梳背，县境内山岭形同梳齿。包括3列山岭。六角顶列山岭：北起六角顶（3269米），经中六角顶（3326米）、摩天岭（3217米）、龙池梁子（2207米）、九根树（2836米）、三堆灰（2342米）、鸡公岭（2608米）、皮家梁子（1894米），南至开坪慈竹笼。摩天岭列山岭：北起摩天岭，经冯家尖包（2516米），南至开坪雾烟包。卢包树列山岭：北起卢包树，南至金凤桃树坪。

第四章　气候

第一节　气候类型和特征

一、气候类型

按照中国气候区划，县境属于中国东部亚热带季风气候区的西部边缘地区。又椐《中国农业气候资源和农业气候区划》关于农业气候带的划分指标，县境属北亚热带湿润季风气候类型。又因境内全系山地，从东到西，海拔高度相差达 4200 多米，气候垂直变化很大，故确切地说，县境属于北亚热带山地湿润季风气候类型。

二、气候特征

县境气候温和，雨量充沛，日照较少，太阳辐射值低，无霜期较长，云雾多，湿度大，干、湿、热、冷分明。夏短冬长，春秋接近。四季中，春季气温回升较快，但冷空气活动频繁，低温阴雨，常有倒春寒；夏无酷暑，雨量集中，多洪涝、旱灾；秋季气温下降快，秋雨连绵，日照特少；冬季干燥少雨。

由于全境皆山，地势起伏很大，日照时数、霜日、降雪和风力等均随海拔升高而增加，气温则随海拔升高而降低，因而形成 6 个垂直气候带：海拔 800 米以下的低山、河谷，气温 14.8℃～17.6℃，为山地北亚热带；海拔 800～1500 米的低中山，气温 11.2℃～14.8℃，为山地暖温带；海拔 1500～2300 米的低中山，气温 7.2℃～11.2℃，为山地温带；海拔 2300～3200 米的低中山、中山，最高气温仅 10℃，为山地寒温带；海拔 3200～4000 米的山岭地带，最高气温在 10℃以下，为山地亚寒带；海拔 4000 米以上的高山上部，最高气温不到 5℃，属寒带，其中海拔 4200 米以上的高山顶部，积雪达 8 个月之久。

第二节　气象要素

一、气温

垂直差异较大。同一等高线上因坡向坡度不同，气温也略有差异，一般海拔每升高 100 米，气温下降梯度为：阳山 0.4℃～0.6℃，阴山 0.5℃～0.7℃。各地气温 1 月最低，2 月起逐月上升，7 月最高，8 月开始缓慢下降。

北川县气象站（曲山）1959—2007年49年间年平均气温统计表

表2-3

单位：℃

年份	1959	1960	1961	1962	1963	1964	1965	1966	1967	1968	1969	1970
平均气温	15.8	15.7	15.8	15.9	16.1	15.5	15.9	15.8	15.2	15.3	15.9	15.5
年份	1971	1972	1973	1974	1975	1976	1977	1978	1979	1980	1981	1982
平均气温	15.8	15.6	16.0	15.4	15.6	14.8	15.6	15.9	15.9	15.4	15.5	15.4
年份	1983	1984	1985	1986	1987	1988	1989	1990	1991	1992	1993	1994
平均气温	15.6	14.9	15.4	15.4	16.2	15.3	15.1	15.8	15.6	15.1	15.4	16.0
年份	1995	1996	1997	1998	1999	2000	2001	2002	2003	2004	2005	2006
平均气温	15.6	15.3	15.9	16.6	16.1	15.9	15.6	15.8	15.7	16.1	15.7	16.7
年份	2007	49年平均										
平均气温	16.5	15.6										

从上表可以看出，县境历年间气温变化幅度很小，一般均在0.5℃以下。说明县境虽然地势高低起伏很大，气温随海拔高度升降明显，但在同一海拔高度，气温的年际变化较小。

二、降水

县境降水主要是降雨。因受大气环流、季风气候和地势等因素的影响，降水量在地域、月、季分布上极不均匀。夏季东南季风挟带的暖湿气流到达县境东南部，因地势逐渐升高，气流爬坡，能量释放，加上与西北高原上空南下的干燥气流交汇，从而形成大量降雨，且多暴雨；至县境中部雨量渐少，县境西北部降雨量显著减少。

降水量季节分配不均。据县气象站多年观测，年均降水量1230.5毫米，其中春季（3—5月）占13%，夏季（6—8月）占62%，秋季（9—11月）占23.6%，冬季（12月至次年2月）占1.4%；又据位于西北部的白什雨量站多年观测，年均降水量736.3毫米，其中春季占25.8%，夏季占48.8%，秋季占23%，冬季占2.4%。降水量与气温变化大体同步，形成冬干、春旱、夏洪、秋涝的气候规律。

同一地点不同年份的降水量存在很大差异。禹里水文站1961年降水量2131.6毫米，1965年仅604.2毫米，年变率达3.53倍。而不同年份同一地点同期降水量亦有多寡之分。县气象站8月份最大降雨量达1070毫米（2005年），最小仅为100.1毫米。

北川县气象站（曲山）1988—2007年20年间年降水统计表

表2-4

单位：毫米

年份	1988	1989	1990	1991	1992	1993	1994	1995	1996	1997
降水量	1286.7	1156.7	1569.1	820.6	1767.1	1013.7	1123.4	1415.9	1418.3	1192.4
年份	1998	1999	2000	2001	2002	2003	2004	2005	2006	2007
降水量	1344.5	1430.7	843.5	1289.2	615.1	1632.3	951.3	1459.5	893	1264.5

日最大降水量：甘溪1959年7月18日8时至19日8时降水312.4毫米；曲山1977年9月9日降水323.4毫米；禹里1964年7月2日降水236.6毫米，7月21日6小时内降水171.2毫米；片口1964年9月21日降水122.9毫米；白什1975年8月9日降水104.9毫米。

平均雨日：据县气象站资料，1959—2007年的49年间，年平均雨日164.6天，雨日最多年为

255天，雨日最少年为94天。一年中，3—11月每月雨日在10天以上；4—5两月平均雨日32.1天，最多为45天，最少为18天；9—10两月平均雨日36.8天，最多为60天，最少为26天。

三、降雪和积雪

降雪属降水的组成部分，降雪量亦统计在降水量内。为使用方便，将县境降雪积雪情况单独记述。县境东南部海拔较低，年平均雪日为3.9天，降雪下限一般在海拔900～1100米；县境西北部海拔较高，年平均雪日比东南部多，降雪下限在海拔900米以下。

县境海拔2100米以下地带，降雪一般始于12月和1月，终于2月中下旬。由于地形起伏大，在降雪强度小时，往往是降雪下限以上地带才降雪，以下地带则降雨或降冻雨；只有降雪强度大（即降大雪）时，才会全县普遍降雪。根据记载，1950—1985年的36年间，1956、1963、1964、1966、1983、1984等6个年份全县普降大雪。1984年2月4日，全县大雪铺地，竹破树裂，海拔1000米以上地带，积雪长达1月有余。

县境海拔800米以下地带，降雪随降随融或夜积昼融，少有积雪。随着海拔的增高，积雪时间逐渐加长。在海拔4000米以上的山岭，每年积雪长达7—8个月。

四、湿度

据县气象站实测：县境陆地年平均蒸发量为1042毫米；陆地、水面蒸发量均小于降水量，且年际变化较小，但年内分布不均。5—8月占全年的53%；6月最大，占15.2%；12月最小，占3.7%。空气的相对湿度与降水、蒸发量相关。县境常年相对湿度平均值为76%，7—10月平均值为80%～84%，11月至次年6月平均值为71%～79%。绝对湿度14.7毫巴。

北川县各月相对湿度统计表

表2-5　　单位：%

项目	1月	2月	3月	4月	5月	6月	7月	8月	9月	10月	11月	12月	全年
平均值	72	73	71	71	72	71	80	81	84	83	79	75	76
极小值	18	17	17	21	17	16	26	23	31	21	23	15	15

县境干湿季分明，年平均干燥度0.74度。11月至次年6月为干季，蒸发量大于降水量，平均干燥度3.9度，最大为1月，干燥度为8.9度，次为12月，干燥度为8.1度；7—10月为湿季，降水量大于蒸发量，干燥度0.3度～0.7度，平均值0.4度。

五、日照

县境属日照较少地区，各地日照时数存在差异。年平均日照时间东南部为867.1小时，日照率21%；西北部为1111.5小时，日照率25%。

同一地区不同年份日照时间亦各不相同。曲山地区1988—2007年的20年中，年日照时间最少为1989年，仅为650.6小时；年日照时间最多为2002年，为1096.3小时，年较差65.8%。

一年中各月的日照时间与气温基本上同步变化。曲山地区多年平均日照数2月为47.2小时，3月开始上升，5—8月每月达到100小时以上，7月最高为126.4小时，8月开始下降，9月仅为50.3小时，10月至次年1月为46.4～60.5小时。

北川县气象站（曲山）1988—2007 年 20 年间年日照统计表

表 2-6 单位：小时

年份	1988	1989	1990	1991	1992	1993	1994	1995	1996	1997
日照	830.2	650.6	905.5	701.3	872.1	906.5	909	824.1	862.7	965.3
年份	1998	1999	2000	2001	2002	2003	2004	2005	2006	2007
日照	862.2	842.2	912.5	1024.4	1096.3	767	922.7	670.2	850.1	836.9

六、霜期和无霜期

县境地势起伏大，从海拔较低的东部河谷到海拔高的西部山岭，年平均霜期从 70 天到 240 天。相反，无霜期却随着海拔的升高而缩短。

初霜和终霜出现日期：东部海拔较低的桂溪、香泉、通口一带，一般初霜出现在 12 月中旬，终霜出现在次年 2 月上旬，无霜期平均长达 280 天。曲山初霜最早出现在 11 月中旬，平均为 12 月上旬；终霜最晚出现在 3 月 24 日（1974 年），平均为 2 月 27 日；无霜期最长为 313 天（1975 年），最短为 244 天（1979 年），平均为 282 天。中部的禹里，初霜一般出现在 11 月末，终霜一般出现在次年 3 月初，无霜期平均 275 天。西部海拔较高的坝底、小坝一带，初霜一般出现在 11 月中旬，终霜一般出现在次年 3 月上旬，无霜期 250～262 天。农谚“霜降见霜，谷雨断霜”，就是对这一带霜期规律性的表述。

七、云、雾和风

县境各月平均总云量为 8.2 成。其中冬季最低，但平均亦有 7.2 成；秋季最高，平均达 8.6 成，9 月最高，平均可达 9.1 成；春夏两季平均亦在 8 成以上。因此，县境属于川西北有名的多阴天地区。

县境多雾，但高山又较中低山和丘陵为多，秋冬两季较春夏两季为多。雾一般出现在清晨或傍晚，其中中低山和丘陵出现时间较短，高山地带出现时间较长，有时整天均为浓雾笼罩。

县境四季有风，风向不固定，风力不等。河谷地带平均风速 1.2 米 / 秒，山口、山脊风较大，最大风力达 10 级。西南风多出现在 5—6 月，东南风多出现在 7 月。局部地带年出现大风两三次，出现时间无明显规律。

第三节　农业气候资源

一、热量资源

气温和积温　根据县气象站多年观测资料：海拔 800 米以下的低山河谷地带，年平 0℃以上 10℃以下积温 5356℃，10℃以上积温 4600℃；海拔 800～1400 米的低山和低中山地带，年平均 0℃以上 10℃以下积温 4160℃，10℃以上积温 3200℃；海拔 1400～2100 米的低中山地带，年平均 0℃以上 10℃以下积温 2480℃，10℃以上积温 1800℃；海拔 2100～3000 米的低中山和中山地带，年平均 0℃以上 10℃以下积温 1800℃，10℃以上积温 1340℃；海拔 3000 米以上的中山、高山顶部和山原，年平均气温仅 1.8℃，10℃以上积温仅 657℃。

农作物生长期时段积温的地理分布情况：小春作物生长期（10 月至次年 6 月）0℃以上 10℃以下积温，曲山 3614.4℃，通口 3728.2℃，擂鼓 3530.5℃，禹里 3429.4℃，小坝 3262.2℃，坝底 3210.0℃。大春作物生长期（4—10 月）10℃以上积温，曲山 4421.7℃，通口 4491.4℃，擂鼓

4313.8℃，禹里4294.9℃，小坝4150.0℃，坝底4120.0℃，陈家坝4370.5℃。

农业生产与气温的关系十分密切。气温12℃的开始出现时间：通口最早在3月中旬；曲山最早为3月8日，最晚为4月12日，平均为3月28日；禹里、小坝亦出现在3月下旬。但却很不稳定，因3月下旬和4月上旬还经常会出现低温阴雨和寒潮，对小春作物扬花、灌浆和大春作物的播种均有影响。

大春作物播种期气温基本稳定在界限温度以上的时间一般在4月上旬中后期，此时通口日平均气温14.8℃、曲山14.5℃、禹里13.9℃、小坝12℃。大春作物生长期中，曲山日平均气温12℃～22℃的间隔日数一般为155天；玉米抽穗、扬花、壮籽的下限温度（20℃～22℃）一般始于5月22日，终于8月29日（最早为8月2日，最晚为9月12日），仅138天。4—9月气温日较差：4月为8.5℃，5、6月为8.9℃，7、8月为8℃，9月为6.8℃；最大是6月上旬为9.3℃，其次是4月下旬为9.1℃，最小是9月中下旬6.6℃；其间4—6月日较差较大，8月中旬至9月下旬日较差较小。这种气温条件，对小春作物后期生长和早、中玉米的生长均有利。

小春作物播种期的气温：10月下旬通口15.2℃，曲山14.7℃，禹里13.8℃，小坝13.4℃；11月上旬通口13.5℃，曲山12.9℃，禹里12.4℃，小坝12.1℃。小春作物越冬期气温：县境东南部在5℃以上（仅1966年和1980年各有一次连续11天日平均气温在3℃以下），县境西北部一般也在4℃以上，小春作物基本上不会停止生长。至次年3月中旬气温即可回升到10℃，5月即可达到20℃以上，热量条件有利于小春作物的生长。

地温　据县气象站1959—1981年23年间实测的地温资料：地面0厘米（即地面温度）平均16.4℃，地温的月际趋势与气温一致但变化幅度比气温大。

二、水分资源

县境农业以旱地作物为主，作物的水分供应主要来源于降水。从11月至次年4月的小春作物生长期降水总量及地域分布情况是：甘溪194毫米，曲山125毫米，禹里110.5毫米，片口146.5毫米，白什131.1毫米。其间11月至次年2月作物幼苗期降水量偏少：甘溪38.4毫米，曲山42.5毫米，禹里30.4毫米，片口38.1毫米，白什35.2毫米；3—4月作物抽穗、乳熟期需水量增大，降水量亦相应增大：甘溪88.1毫米，曲山82.5毫米，禹里80.1毫米，片口108.4毫米，白什95.9毫米，均能满足作物需水。

大春旱地作物生长期的降水量。春玉米生长期4—7月：甘溪684.1毫米，曲山663.2毫米，禹里547毫米，片口447.6毫米，白什387.5毫米；其间4—5月降水偏少，各地平均降水量在57.4至108.5毫米之间。夏玉米生长期5—8月：甘溪944.2毫米，曲山967.1毫米，禹里786.7毫米，片口537.5毫米，白什453.4毫米。7—8月是大春作物扬花、抽穗、壮籽期，特别是扬花、抽穗的前10天和后20天，玉米需水量最大；而此时正值县境降雨丰水期，7月降水量占春玉米生长期降水总量的比例，县境东北部和中部在50%以上，西北部在38.3%～40.5%之间，8月降水量略有减少，县境东北部在300毫米以上，中部近300毫米，西北部125～162毫米之间，这两个月的降水量基本上能满足县境各地大春作物需水的要求。

三、光能资源

作物生长期的日照：小春作物生长期11月至次年5月，日照平均461.7小时，大春作物生长期5—10月，日照平均477.4小时，均属偏少，但因县境日照时间年际变化幅度达47.2%，在高出日照平均值的年份，日照仍能满足作物对日光的需求。

太阳辐射：以曲山为代表的低山河谷地带，年平均太阳辐射值每平方厘米76.5大卡。一年中以6

月、7月最高为每平方厘米9.4大卡，11月、12月最低分别为每平方厘米3.8和3.7大卡，高低相差2.24倍；升降趋势为1月、2月持平，3月比2月增高47.6%，4月、5月、6月虽仍逐月递升但升高幅度逐月缩小，7月为最高，8月开始下降，9月、10月递降37.8%～19.5%，12月又比11月降低2.4%。

以禹里为代表的中部和西北部中、低山地带，年平均太阳辐射值每平方厘米83.3大卡。一年中，4—8月为每平方厘米9～10.7大卡，最高的8月为每平方厘米10.7大卡，最低的1月为每平方厘米4大卡，高低相差2.68倍；升降趋势，2—8月逐月递升，从9月至次年1月逐月递降，但除9月比8月降低47.7%外，其余各月降低幅度在20%以下。

第四节 灾害性天气

县境自然灾害以洪涝、干旱灾害为主。

洪涝　县境降水量分布不均，全县性洪涝不多，局部洪涝主要集中于东南部低中山、低山地带；发生时间多在7—8月。据县气象站观测记录，1988—2007年的20年间共发生洪涝灾害34次，每年平均发生1.7次，其中大涝14次，占41%。

干旱　县境每年均出现不同程度的干旱。各类干旱中，夏旱出现的概率最高，次为春旱、冬干、伏旱。春旱多发生于1月，夏旱则多始于5月。旱情东南部和中部较重，西北部较轻。据县气象站观测记录，1988—2007年的20年间共发生干旱16次，其中春旱6次、夏旱6次、伏旱3次（危害最大），冬干1次。

大风　县境冬春季节寒潮来临时，山口、山脊有大风，河谷地带风力一般不及大风标准。春末及夏季，常有地方性天气引起的阵性大风，每年2～3次，5—6月最多，多在局部地区发生。其特点是风力强，来势猛，伴有阵雨，多出现于午后至傍晚间。据县气象站观测记录，1988—2007年的20年间共发生较大危害的风灾15次。

冰雹　县境每年均有2～3次局部冰雹出现，多在夏季，4—5月份出现的概率较高。雹源多形成于县境西北部和东北部的高山峡谷密林地带，顺山沿河移动，范围狭长，一般长几公里至数十公里，宽1～2公里。据县气象站观测记录，1988—2007年的20年间共发生较大危害的冰雹9次。

霜冻　县境霜冻有“水霜”和“白头霜”之分。“白头霜”大都发生于气温最低的12月和1月。各地霜期随海拔高度不同而各异，海拔越高则霜期越长且霜日越多。通口、香泉海拔较低，其霜期一般始于12月中旬，77天左右。曲山霜期始于12月上旬，83天左右。禹里霜期始于11月下旬，91天左右。坝底和小坝中南部，霜期始于11月中旬，103～115天。海拔两三千米的高山地区，霜期始于9月，终于次年4月，长达8个月。

低温、阴雨　县境3月下旬至4月上旬常出现低温、阴雨或寒潮，9月多秋绵雨。

第五章　水文

第一节　地表水

一、水系

县境溪流密布，分别形成以湔江（通口河）、平通河、苏宝河为干流的树枝状水系，从西北流向东南出境。平通河、湔江注入涪江，苏宝河汇入安昌河。

湔江水系　湔江，其下游又称通口河，是县境主要河流。其支流有白草河、青片河、都坝河等。

白草河发源于松潘县岷山东坡桦子林，流向东南。源于县境外白筛子背的太白沟在外白金凤桥自右岸汇入，源于县境开坪乡小园之摩天岭的小园沟在大鱼口自左岸汇入，沿途还有竹林沟、磨盘沟、桃龙沟、内外沟、聚宝沟、禹穴沟等汇入，流向禹里。

青片河源头有二个：上五河（即西源）源于县境青片乡插旗山，沿途有凌冰沟、里里沟、瓦西沟、正沟、磨子沟、小寨子沟等10余条溪沟汇入；正河（即北源）源于县境青片乡老满山，沿途有小湾沟、板棚子沟等溪沟汇入。两源流至青片乡政府驻地南面汇合称青片河。沿途汇入青片河的有白水沟、黑水沟、马槽沟、土门沟、何家沟、新民沟、回龙沟等数十条溪沟，流向禹里。

白草河与青片河在禹里场西汇合始称湔江，古称石泉河、石密水、石板河。东流至通口镇称通口河，再南流至香泉乡香水渡出境，至江油市青莲镇郊铧嘴注入涪江。源于白坭乡城子梁的白坭沟在漩坪左北岸汇入，源于都坝乡紫柏沟的都坝河在邓家岩羊滩自左岸汇入；沿途还有三层岩沟、邓家沟等10余条溪沟汇入。

苏宝河水系　苏宝河源于擂鼓镇西南之帽盒山，东流至擂鼓场外折而向南，流至猫儿石入安县境；沿途有五星沟在麻柳湾自西岸汇入。

平通河水系　平通河源于平武县赤水乡六角顶，东南流至桂溪乡入县境，再经甘溪流入江油县境；沿途有黑沟在甘溪自东岸汇入。

北川县水系简表

表2-7

水　系	河流名称	流经乡镇	县境流域面积（平方公里）	占全县面积比例（%）	县境河长（公里）	天然落差（米）	平均比降‰
湔江水系	白草河	片口、外白、桃龙、小坝、开坪、禹里	455.82	15.9	47.2	402	8.5
	青片河	青片、白什、马槽、坝底、墩上、禹里	831.71	29.0	80.2	1534	19.1
	湔江	禹里、漩坪、曲山、通口、香泉	455.80	15.9	47.9	203	4.2

续表 2-7

水　系	河流名称	流经乡镇	县境流域面积（平方公里）	占全县面积比例（%）	县境河长（公里）	天然落差（米）	平均比降‰
湔江水系	都坝河	都坝、贯岭、桂溪、陈家坝	193.33	6.7	46.2	528	11.4
	小寨子沟	青片	147.18	5.1	23.8	845	35.5
	太白沟	小坝	106.60	3.7	17.1	760	44.4
	后园沟	开坪	266.58	9.3	27.2	743	27.3
	白坭沟	白坭、漩坪	168.13	5.9	13.9	273	19.6
苏宝河水系	苏宝河	擂鼓	134.42	4.7	18.0	1115	61.9
平通河水系	平通河	桂溪	108.26	3.8	22.7	83	3.7

二、河流水文

湔江是县境流量最大河流。据将军石水文站实测，1956—1981 年平均径流量 102.7 立方米 / 秒，年平均径流总量 32.57 亿立方米，占全县河流年平均径流总量的 79.2%。其主要支流有 3 条。白草河：年平均径流量 45 立方米 / 秒（卷洞桥测量数），年平均径流总量 14.19 亿立方米。青片河：年平均径流量 30.2 立方米 / 秒（倒开门测量数），年平均径流总量 9.52 亿立方米。都坝河：年平均径流量 4.7 立方米 / 秒（金鼓垭测量数），年平均径流总量 1.48 亿立方米。

位于湔江东南两翼的平通河、苏宝河，多年平均径流量和径流总量分别为 23.3 立方米 / 秒、7.35 亿立方米 / 年和 3.8 立方米 / 秒、1.2 亿立方米 / 年。

县境河流径流量主要取决于大气降水。1956—1981 年的 26 年中，湔江大于和小于年平均径流量的年份各占一半。1964 年最丰，1965 年最枯，丰枯相差 87.4%。

月际径流量不均，具有暴涨暴落之特点。每年 4 月气温回升到冰雪融化时，无论降雨与否，径流量均比 3 月增加一倍多；其余月份径流量基本随降雨量之多寡而变化。5—10 月为汛期，径流量占全年的 79.4%。

1958—1981 年的 24 年中，湔江最大洪峰出现于 6 月的有两年（1973、1980），出现于 7 月的有 10 年（1961、1962、1964、1965、1966、1969、1972、1974、1979、1980），出现于 8 月的有 9 年（1958、1959、1963、1967、1968、1970、1971、1975、1976），出现于 9 月的有 3 年（1960、1977、1978）。最大洪峰是 1964 年的 5080 立方米 / 秒，最小是 1965 年的 890 立方米 / 秒，相差 4.7 倍。

1956—1981 年湔江各月平均径流量统计表

表 2-8　　单位：立方米 / 秒

年度	1	2	3	4	5	6	7	8	9	10	11	12	年平均
1956	21.7	19.0	24.4	51.2	32.1	83.6	158.2	170.3	154.4	92.7	49.4	29.8	78.3
1957	28.6	25.1	32.6	69.1	111.0	142.0	209.0	85.1	212.0	70.7	40.2	31.2	88.3
1958	23.1	25.3	34.0	44.2	126.0	125.0	225.0	427.0	199.0	134.0	71.2	40.8	124.0
1959	30.0	28.6	48.8	66.0	116.0	87.8	188.0	386.0	74.1	81.3	45.0	35.3	96.3
1960	22.7	20.5	27.3	55.0	75.2	85.1	182.0	281.0.	218.0	201.0	79.7	51.0	109.0
1961	32.9	26.5	32.0	115.0	78.6	277.0	290.0	269.0	118.0	128.0	100.0	52.2	127.0
1962	33.8	27.0	25.0	50.8	76.2	116.0	321.0	208.0	218.0	154.0	82.5	49.6	114.0
1963	33.4	26.8	30.3	57.1	138.0	99.3	183.0	164.0	278.0	137.0	69.8	43.7	105.0

续表 2-8

年度	1	2	3	4	5	6	7	8	9	10	11	12	年平均
1964	32.0	27.5	45.4	76.8	138.0	127.0	474.0	185.0	236.0	171.0	82.6	45.6	137.0
1965	32.9	28.5	34.2	96.5	83.0	89.3	142.0	72.7	86.1	125.0	53.9	30.3	73.1
1966	23.8	21.6	23.5	49.1	80.6	76.6	258.0	355.0	333.0	133.0	65.9	38.3	122.0
1967	30.1	26.8	39.2	74.3	259.0	106.0	164.0	310.0	320.0	151.0	80.7	43.0	134.0
1968	31.9	27.1	45.6	73.7	111.0	83.4	104.0	232.0	212.0	109.0	55.9	35.4	93.7
1969	26.4	23.3	25.0	49.9	98.3	96.6	149.0	120.0	81.0	112.0	62.5	33.1	73.5
1970	25.7	24.0	25.3	78.7	117.0	91.7	143.0	280.0	125.0	90.4	48.0	33.2	90.6
1971	26.2	22.8	26.5	49.5	70.8	94.8	176.0	181.0	167.0	142.0	67.2	37.4	88.9
1972	27.2	23.3	37.3	91.6	87.8	87.8	263.0	171.0	127.0	65.4	41.6	29.4	88.0
1973	23.2	21.1	28.3	71.0	146.0	202.0	197.0	104.0	132.0	113.0	50.7	33.0	93.7
1974	25.2	22.6	24.5	63.8	105.0	73.2	133.0	136.0	181.0	101.0	57.2	35.0	80.0
1975	26.3	23.2	35.4	57.4	135.0	100.0	228.0	206.0	301.0	156.0	91.8	47.9	118.0
1976	31.8	26.2	30.3	83.5	86.7	118.0	160.0	428.0	198.0	117.0	66.2	43.6	116.0
1977	33.5	28.7	39.6	84.8	114.0	112.0	256.0	154.0	280.0	103.0	67.1	38.0	110.0
1978	27.4	25.7	28.5	61.5	91.1	84.6	176.0	206.0	399.0	113.0	75.1	48.2	112.0
1979	33.5	28.4	28.1	41.8	64.0	83.6	226.0	236.0	210.0	133.0	53.1	35.1	98.2
1980	27.2	23.9	30.3	67.1	123.1	166.0	224.0	108.0	126.0	109.0	49.0	33.2	90.8
1981	25.8	23.8	28.3	50.4	76.1	125.0	401.0	365.0	207.0	98.5	54.8	36.3	125.0

含沙量县境河流一般自 11 月至次年 3 月河水清澈，无悬移质粒。4—10 月洪水期，湔江多呈黄黑或黑黄色，都坝河、平通河、苏宝河多为黄色，均含有大量泥沙。

湔江悬移质泥沙值统计表
（将军石水文站实测）

表 2-9

年　代	平均径流量（立方米 / 秒）	输沙量（公斤 / 秒）	含沙量（公斤 / 立方米）	最大断面含沙量（公斤 / 立方米）	输沙量（万吨 / 年）
60 年代	105.8	183	1.68	42.1	617
70 年代	99.5	149	1.44	25.1	469.7
19 年平均值	102	170	1.57	31.9	536.5

悬移质泥沙含量最大的 1964 年与最小的 1974 年相比，每秒径流量大 67.5%，输沙率大 20.8 倍，含沙量大 11.7 倍，最大断面含沙量大 20.8 倍，年输沙量大 20.9 倍。输沙量集中于汛期，洪水愈大输沙量愈大。1964 年 7 月 19—22 日，“川西阻塞型强暴雨”双中心之一的禹里，4 天中降雨 421.9 毫米，湔江洪水暴涨，是 1950 年后最大的一次。当年输沙量 2320 万吨，为 1950 年后年均输沙量的 4.33 倍。除气候因素外，1958 年前后“大炼钢铁”“大办公共食堂”“大砍火地”破坏森林数万亩，天然植被遭受严重破坏，地表被山洪冲刷，是河流含沙量增大的重要因素之一。

湔江及其支流的泥沙源，一是坡地表层细壤土和森林腐质物，二是沿河河谷谷坡的泥石流。将军石水文站实测，1966 年 4—10 月湔江的悬移质粒平均粒径 0.066 厘米，最大粒径 2.7 厘米。其流域地区的侵蚀模数，60 年代年均 1482 吨 / 平方公里，70 年代年均 1129 吨 / 平方公里，都超过省拟侵蚀模数 1000 吨 / 平方公里・年的要求。据调查，全县每年因水土流失损失的土壤养分共有有机质 166695 吨、氮素 8432 吨。

第二节　地下水

县境浅层地下水类型主要为变质岩裂隙水，次为碳酸盐岩溶洞裂隙水和碎屑岩裂隙水，分别占地下水蕴藏总量的 76.9%、13.8%、7.75%；其余类型仅占 1.55%。

浅层地下水水源主要来自大气降水，尚有水田、河渠及其他少量侧向补给。其动态变化受降水影响，12 月至次年 3 月，地下水位最低，水量较小；4 月回升，7—10 月水位最高，水量较大；尔后水位渐降，水量渐少。

据省水文地质大队和县防疫站调查，20 世纪 80 年代，全县泉、井 3701 处，其中从未干涸的有 315 处；流量 0.007～2000 升 / 秒，总径流量 8.59 立方米 / 秒。经测算，年均天然补给量 5.6 亿立方米，天然排泄量 2.91 亿立方米；可采量 8789 万立方米 / 年，已采量 5631 万立方米 / 年。地下水资源分布大体与地表水径流相同，其地区性差异较大。

北川县地下水状况一览表

表 2-10

项　目	东南部低山和低中山	中部低中山和中山	西北部中山和高山	合　计
天然补给量（亿立方米 / 年）	1.07	1.76	2.77	5.60
天然排泄量（亿立方米 / 年）	0.81	0.71	1.39	2.91
可采量（万立方米 / 年）	7326	1343	120	8789
已采量（万立方米 / 年）	4642	899	90	5631

第三节　水质

1983 年 11 月至 1993 年 1 月，县防疫站在县境 11 个点分别采溪沟和井泉之枯丰水样各 11 个，县农机水电局于 1983 年 4 月、5 月在县城取自来水厂和湔江（铁索桥、下茅坝）水样 4 个进行检验，对县境水质做出评价。

一、感观指标

地表水温随气温升降而升降，总的趋势，夏秋高于冬春，低山高于中山，中山又高于高山；地下水温冬春高于夏秋，地表水温夏秋高于地下水温，冬春低于地下水温。采样点水温最高 20° C，最低 10° C，均较气温低 1° C。县境无结冰河段，仅高山和中山溪沟流水冬季有时段性结冰。

色度最高 3 度，最低 1 度。

嗅味（分级描述）最高 4 级，最低 1 级。

浊度最高 15 度，最低 1 度；3 处水样超标，占 13.6%。

二、化学成分

pH 值总的偏碱性。13 处水样中，1 处水样枯水期最低，为 3.4；湔江为 7，中性；其他都高于 7，最高 8.7，偏碱性。

总硬度 16.4～163.1 毫克 / 升，无超标。

总铁小于 0.5～0.58 毫克 / 升。11 处水样小于检出界限，1 处水样超标。

锰小于 0.05～0.10 毫克 / 升，占 77.3%，最大值 0.10 毫克 / 升。

硝酸盐氮最大值 7.16 毫克 / 升，最小值 0.06 毫克 / 升，无超标。

氯化物最大值 9.5 毫克 / 升，最小值 0.1 毫克 / 升，7 处水样小于 10 毫克 / 升。

耗氧量最大值 1.65 毫克 / 升，小于 0.5 毫克 / 升的占 31.8%。

硫酸盐最大值 47.7 毫克 / 升，有 10 处水样小于 10 毫克 / 升。

三、水质评价

饮用水的矿化度和钙、镁、硫酸根、氯根、硝酸根含量以及总硬度，一般都在允许值内，铜、铅、锌、砷等有害成分基本没有或含量极微，符合国家现行饮用水标准。

灌溉用水有害钠盐含量很低，矿化度普遍小于 1 毫克 / 升，一般符合灌溉用水标准。个别硫化氢上升泉，虽矿化度达 1～2 毫克 / 升，但与其他地表水混合灌溉，尚无不良反应。

工业用水一般水垢系数 0.15～0.36，超泡系数 6.56～26.43，侵蚀系数 0.28～2.17，仅片口麻园、西沟的水垢系数 2.61，侵蚀系效 4.2，具有硬沉淀和侵蚀性，其余均属不发泡和半侵蚀、软沉淀水，是基本良好的锅炉用水。pH 值、硫酸根、镁离子和重碳酸根等含量，多数不具侵蚀作用。

县境浅层地下水均为低矿化度重碳酸盐水，但因受区域自然条件影响，各地存在差异。西北部和中部多为变质岩，地势峻峭，地下水交替循环特强，矿化度均在 0.3 克 / 升以下，唯千佛山等地不足 0.1 克 / 升；水质一般为重碳酸钙和重碳酸钙镁水，少数出现硫酸盐，为重碳酸和重碳酸钾钠水。东南部唐王寨向斜以碳酸盐岩层为主，地下水与中部和西北部有相类似的规律，水型主要属重碳酸盐和重碳酸钙水，很少重碳酸钙镁水，而硫酸重碳酸盐水和重碳酸钾纳水相对增多；香泉乡有矿化度大于 1 克 / 升、水质为硫酸钙镁水的矿化水露头。

地表河水的矿化度小于 0.2 克 / 升，多为重碳酸钙与重碳酸镁水，氨氮 0.04～0.09 毫克 / 升，氯化物 0.5～11.5 毫克 / 升，pH 值 6.4～7.0，总硬度 60.3～238.3 毫克 / 升。

四、水质污染

县境水质污染主要是对河水的污染。湔江曲山镇河段，周围人口密度大，工厂多，废渣、废水排泄量大，是全县水污染严重的河段；但因工业废水基本已作处理。据 20 世纪 80 年代初监测，pH 值、镉、氯化物均为一级，总硬度二级，仍可作饮水和工业用水。另外，因农村普遍使用农药、化肥，其中的氨离子、硝酸根离子随降水带入河流，在一定程度上污染水质。

第四节　水资源

县境地表水源主要来自大气降水，融雪、化冻以及地下水补给甚微；但降水的年际变化较大，年平均降水量 1002.7 毫米，偏丰年平均降水量 1153.1 毫米（多出 11.5%），枯水年平均降水量 718.9 毫米（少 28.3%），降水量的地域分布总趋势是从东南部向西北部逐步递减。因之，县境年平均地表径流总量 23.26 亿立方米，偏丰年平均地表径流总量 27.86 亿立方米（多出 19.8%），枯水年平均地表径流总量 14.82 亿立方米（少 36.3%），地表径流总量随海拔高度增加而递减。

县境地下水资源多年平均天然补给量 5.6 亿立方米（相当于年平均地表径流总量的 24%），多年平均天然排泄量 2.9 亿立方米（占年平均地表径流总量的 12.5%），年平均可开采量 0.88 亿立方米（1987 年已开采量 0.56 亿立方米），每平方公里平均富水程度 19.5 万立方米。

从县外流入县境的平通河年平均径流总量 7.57 亿立方米、白草河年平均径流总量 7.32 亿立方米、青片河支流土门河年平均径流量 3.19 亿立方米。三条河的径流总量即县境客水资源年平均径流总量为 18.08 亿立方米，但因 70% 左右集中在汛期，尚难利用。

县境地表径流总量、地下水资源总量、客水径流总量之和扣除重复因素后即为全县水资源总量。

北川县年平均水资源总量统计表

表 2-11

项　目		东南部低山和低中山区	中部低中山和中山区	西北部中山和高山区	全　县
面积（平方公里）		462.2	815.2	1591.6	2869
水资源	总量（亿立方米）	4.64	8.87	12.45	25.96
	（万立方米 / 平方公里）	100.4	108.8	78.2	90.5
降水总量（亿立方米）		6.34	8.96	13.46	28.76
地表径流总量（亿立方米）		4.37	7.82	11.07	23.26
地下水	天然补给量（亿立方米）	1.07	1.76	2.77	5.60
	天然排泄量（亿立方米）	0.81	0.71	1.39	2.91
	可采量（亿立方米）	0.73	0.13	0.01	0.87
县外来水量（客水）（亿立方米）		7.57	10.51	0	18.08

县境长年不断流的溪沟、河流甚多，但水能资源开发利用价值较大的还是流域面积在 100 平方公里以上的一江五河和四条大沟（详见水系简表），特别是湔江、白草河、青片河潜力大。河道天然落差平均 18.8‰，多年平均径流量 129.8 立方米 / 秒，年平均径流总量 41.12 亿立方米。

全县水能资源理论蕴藏量 49.04 万千瓦，可开发量 44.19 万千瓦。河流落差大，但丰枯季节明显，调节性能差。

第六章　土壤

第一节　土壤类型

县境地层岩性以陈家坝—曲山一线为界，其东南以碳酸盐建造为主，其西北几乎全系变质千枚岩。因成土母质、地形、植被等自然因素和人为耕作的差异，形成不同类型的土壤。据 1985 年年底全国第二次土壤普查结果，全县土壤有 11 个土类、15 个亚类、16 个土属、35 个土种。

北川县土壤分类一览表

表 2-12

土　类	亚　类	土　属	土　种	面积（公顷）
水稻土	潮土性水稻土	黄色潮土田	潮沙田	12.07
	紫色水稻土	黄棕紫泥田	黄棕紫泥田	21.80
		暗紫泥田	紫泥田	24.93
	黄棕性水稻土	矿子黄泥田	矿子黄泥田	45.40
		老冲积黄泥田	死黄泥田	21.93
	粗骨性黄棕水稻土	片砂黄泥田	片沙田	15.73
		石渣黄泥田	石渣黄泥田	35.33
潮土	潮土	黄色潮土	绵沙土	32.73
			潮砂泥土	225.67
			潮黄泥土（黄色潮土）	260.07
			夹石土	82.40
紫色土	中性紫色土	黄棕紫色土	黄棕泥土	64.87
			夹石黄泥土	25.87
	石灰性紫色土	暗紫色土	暗紫砂泥土	58.07
			紫油砂土	314.93
石灰岩土	黄色石灰土	黄色石灰土	颗子黄泥土	193.33
黄壤	粗骨性黄壤	矿子黄泥土	矿子黄泥十	776.93
			大黄泥土	498.93
			面黄泥土	375.53
		老冲积黄泥土	死黄泥土	43.33
		片砂黄泥土	片石土	442.67
			砂砂土	5516.27
			片砂黄泥土	1752.87
			黄泥夹砂土	715.40
			白砂泥土	352.80
			面黄土	435.53
			灰包土	244.33

续表 2-12

土　类	亚　类	土　属	土　种	面积（公顷）
黄壤	粗骨性黄壤	石渣黄泥土	石渣土 石渣黄泥土 黄泥土 面砂黄泥土 油砂土	1023.67 736.40 279.40 125.40 219.07
黄棕壤	山地黄棕壤	山地黄棕壤	冷砂土 冷砂面黄泥土 冷黄泥土	2145.53 11913.20 296.47
棕壤	棕壤	—	—	—
暗棕壤	暗棕壤	—	—	—
亚高山草甸土	亚高山草甸土	—	—	—
高山草甸土	高山草甸土	—	—	—
高山寒漠土	高山寒漠土	—	—	—

县境地势高差悬殊，气候和生物带谱发生垂直更替，土壤类型亦随之发生变化，形成垂直地带性分布。自下而上依次为黄壤（海拔540～1450/1500米）—黄棕壤（海拔1450/1500～2100/2300米）—棕壤和暗棕壤（海拔2200/2300～3000/3200米）—亚高山草甸土（海拔3100/3200～3700/3800米）—高山草甸土（海拔3700/3800～4000米）—高山寒漠土（海拔4000米以上山岭）。

由于受成土母质、地形、地貌、人类生产活动等诸因素影响，形成土壤区域差异。县东南部低山黄壤区内，发育土壤类型有水稻土、紫色土；石灰岩地区，因地势平缓，低洼槽谷土壤发育为黄壤，在坡度较陡的地方发育为石灰土，且与黄壤呈复区分布。县中部、西北部农地一般分布于山岭中上部，土壤母质多源于残、坡积物，发育土壤多为粗骨性黄壤或黄棕壤。沿湔江及其两源青片、白草等河流河谷则分布着串珠状潮土。

第二节　土壤理化性状

一、质地

县境土壤以砾石土为主，面积14254.93公顷，占耕地总面积的77%；其次为壤土，面积4067.8公顷，占21.97%；其余为黏土，仅占1.03%。在壤土和黏土中，还有不同程度的砾质土2965.27公顷。全县非砾质土面积仅1293.73公顷，占耕地总面积的6.98%。土壤质地粗糙，泥质少，砾石土和砾质土分布面广是县境土壤的一大特点。

二、碳酸钙含量和酸碱度

县境土壤碳酸钙含量除灰包土、颗子黄泥土等少数土种较高外，其余土种不含或含量极少。土壤酸碱度比较适中，全部35个土种中，pH值6.5～7.5的中性土16个，面积13891.2公顷，占耕地总面积的75.0%；pH值5.5～6.5的微酸性土10个，面积3462.6公顷，占18.7%；pH值7.5～8.5的微碱性土9个，面积1160.2公顷，占6.3%。

三、养分

按《全国第二次土壤普查技术规程》之规定，土壤养分含量分为6级。据测定，县境土壤养分含量较高，有机质、全氮、碱解氮、速效磷、速效钾多在一、二、三级，四、五、六级所占面积不大。但由于土壤物理性状不良（砾石多），受自然环境制约，有效养分三要素中氮较多，磷缺乏，钾不足。

北川县土壤耕作层养分含量表

表 2-13

级		别	一	二	三	四	五
有机质	含量（%）	大于 4	3～4	2～3	1～2	0.6～1	—
	土种个数	1	9	19	5	1	
	面积（公顷）	45.4	11285.3	6207.6	942.9	32.7	
全氮	含量（%）	大于 0.20	0.15～0.20	0.10～0.15	小于 0.1	—	—
	土种个数	5	16	12	2		
	面积（公顷）	8368.9	7366.7	2719.7	58.6		
碱解氮	含量（PPM）	大于 150	120～150	90～120	60～90	30～60	—
	土种个数	9	11	11	3	1	
	面积（公顷）	10431.3	4754.4	2622.9	672.6	32.7	
速效磷	含量（PPM）	大于 40	20～40	10～20	5～10	—	—
	土种个数	2	5	17	11		
	面积（公顷）	425.1	310.6	15320.1	2458.1		
速效钾	含量（PPM）	大于 200	150～200	100～150	50～100	30～50	小于 30
	土种个数	3	6	16	6	3	1
	面积（公顷）	1437.2	4119.1	11592.0	742.4	590.5	32.7

四、微量元素

对全县主要土壤类型中有代表性的土样的分析化验结果表明，县境土壤中铜、铁含量高，锌、锰含量中偏高，硼、钼含量不足。

土壤有效铜平均含量为 2.69PPM，高于缺铜临界指标（0.2PPM）；有效铁平均含量为 13.70PPM，高于缺铁临界指标（2.5PPM）；有效锌平均含量为 2.77PPM，其中 96.7% 的土样含量在临界指标（1.0PPM）以上，属中等偏高水平，一般能满足农作物生长需要；有效锰平均含量 16.0PPM，属中等含量；土壤有效钼含量无分析化验数据，但多年田间生物效益试验结果表明县境土壤缺乏钼。

第三节　土壤分区

根据土壤类型和地貌、气候、水文等自然特点以及土壤的开发利用方向，全县土壤可划分为 4 个土区 6 个亚区。

东南部低山和低中山黄壤、紫色土、潮土土区　位于县境东南部，海拔 530～2240 米，为侵蚀、溶蚀低山、低中山地貌。主要土壤类型有矿子黄泥土、石渣黄泥土、潮黄泥土和紫色土；在水利条件较好的低山、沟谷，集中了全县绝大部分水稻土。气候温和，雨量充沛，热量条件优越，是县境重要的粮、油产区和多种经营基地，但光、温、降水组合欠佳，多旱、洪、涝灾。分为两个亚区：

甘溪—五星矿子黄泥、暗紫土亚区。包括甘溪、通口、永庆、双潭、香泉及曲山、擂鼓两镇的部分地方，共52个村。土地总面积29600.2公顷，农耕地2488.87公顷。地形多为峰丛—谷地或峰丛—洼地、峡谷。土壤以矿子黄泥土为主，有少量紫色土分布于香泉乡和擂鼓镇。农作物以玉米、小麦、大豆、油菜为主，其次为马铃薯和水稻。一般一年两熟，低山及沿河谷地可套种三熟。有棕、桑、竹、果、茶等经济林木，其中棕片产量高，质量好，为全县集中产区。亚区内森林覆盖率低，水土流失严重，多荒山秃岭。主要农业土壤质地黏重，矿质胶体品质差，板结难耕，养分转化慢，且较缺磷；陡坡地比重约占45%，土壤冲刷严重，地内多石块、石砾。人多地少，土地负荷大。

桂溪—擂鼓石渣黄泥土、潮黄泥土亚区。包括桂溪、陈家坝、擂鼓、曲山等乡镇的47个村。土地总面积28123.87公顷，农耕地2888.73公顷。都坝河、湔江流经其间，谷地较为开阔。土壤以石渣黄泥土为主，尚有部分冲（洪）积潮黄泥土呈串珠状分布于沿河两岸平坝。农作物与前一亚区基本相同。海拔900米以下地带油桐树生长良好，桐籽产量高、质量好。亚区内土壤沙多泥少，具有粗骨性，保水保肥力差。部分土种酸性重，严重缺磷、缺钾，土壤养分供应不协调。植被差，坡陡，土薄，侵蚀严重，抗旱力差。

中南部低中山、中山粗骨性黄壤、黄棕壤土区　位于县境腹心地带，海拔649～2942米，为侵蚀低中山、中山地貌。白草河、青片河、湔江贯穿其间，江河两侧山脊单薄，上缓下陡，沟谷发育，多呈“V”字形峡谷，仅河谷开阔处有小型冲积平坝。土壤以粗骨性黄壤为主，在海拔1500米以上的低中山、中山中上部则为山地黄棕壤。光、温、降水组合优于东南部土区，农作物可一年两熟或两年三熟。分为两个亚区：

禹里—坝底片沙黄泥土亚区。包括禹里、漩坪、白坭、开坪、墩上、坝底、擂鼓、曲山等乡镇的82个村。土地总面积57163.47公顷，农耕地5410.67公顷。主要农业土壤为片沙黄泥土，在河谷开阔的冲积坝上分布有少量潮黄泥土。农作物以玉米、小麦、马铃薯、油菜为主。沿河谷地及阳山，桑、果、茶生产具有一定优势，阴山、高半山，林、牧、漆、棕、药等均宜。土壤粗骨性强，多砾石和砾质，黏粒含量少，易漏水漏肥；大部分土壤缺磷、偏酸。

小坝—片口片沙黄泥土、山地黄棕壤亚区。包括小坝、桃龙、片口等乡的28个村。土地总面积16554.8公顷，农耕地2116.33公顷。农业土壤主要为片沙黄泥土，其次为山地黄棕壤。农作物仍以玉米、小麦、马铃薯、油菜为主。亚区农民素有种植绿肥、轮作养地习惯，土地养用结合较好，是县境粮食增产潜力较大的地区之一。林业和多种经营同前一亚区一样具有优势。

西北部中、高山黄棕壤、暗棕壤土区　位于县境西北部，海拔750～4073米，为侵蚀中、高山地貌。沟谷发育，地形切割剧烈，多呈“V”字形峡谷，山高沟狭，谷间几乎无平坝。土壤垂直分带明显，从下而上依次为粗骨性黄壤、黄棕壤和暗棕壤。气温、降水均为全县低值区，不宜农作。但土地资源丰富，具有发展林、牧、药等多种经营的明显优势。分为两个亚区：

青片—都坝山地黄棕壤、暗棕壤亚区。包括马槽、白什、青片、都坝、禹里、桃龙、片口、小坝、开坪、陈家坝等乡的69个村。土地总面积139498.33公顷，农耕地5609.33公顷。农耕地多分布在海拔1000～1200米的半山地带，上限一般在海拔1700米左右，沿河地带农耕地甚少。农业土壤主要是山地黄棕壤，次为粗骨性黄壤，林地和荒地自然土则以黄棕壤和暗棕壤为主。农作物主要有玉米、小麦、马铃薯等，一年一熟，仅少部分海拔较低的阳山地带可一年套两熟。耕作粗放，粮食产量低，但森林、药材、牧草资源丰富，为全县森林分布的主要地区和药材主要产区。

西部边缘亚高山、高山草甸土区　位于县境西部边缘。土地总面积14814.2公顷，无农耕地。海拔3200～4769米。区内全为高山，属侵蚀高山地貌。地形切割深度超过千米，坡陡、谷深、多悬崖，平均坡度达50～60度。年平均气温10℃以下，最低气温-30℃，海拔3200米以上的筛子背、插旗山等山峰顶部，终年云雾缭绕，四季可见积雪，全年可见冰雹、大风。土壤类型为亚高山草甸土和高山草甸土，仅有灌丛及草甸植被；海拔 4200 米以上山体顶部多为积雪覆盖，石岩裸露，土壤属高山寒漠土。土区自然条件差，基本未开发利用。

第四节　土地资源

全县土地总面积 28.58 万公顷。其中农耕地 4.37 万公顷（毛面积），占土地总面积的 15.3%；园地 1533 公顷，占 0.5%；林地 20.24 万公顷，占 70.8%；疏林草地 9867 公顷，占 3.5%；草地 6600 公顷，占 2.3%；其余为居民用地、交通用地、特殊用地及水域、未利用土地（即难利用土地）等，共 2.17 万公顷，占 7.6%。

县境宜于农耕的土地垦殖系数高，已无后备资源。现有耕地受地形、气候、水利、土壤肥力等因素的制约，粮食、油料作物产量不高，生产潜力有限，但非农耕地资源极为丰富。全县有荒山荒坡、疏林草地、杂灌林地等闲置土地 8 万公顷，其中 4.67 万公顷宜林，3.33 万公顷宜牧。在经营的农耕地中，约一半属禁耕坡地，是发展林、牧、多经生产的后备资源，可用于林（经）粮间作或林（经）牧间营，综合利用。

第七章　植被和野生动物

第一节　植被

一、自然植被

因受海拔高度和地形、气候影响，县境自然植被大体沿等高线呈带状分布。自下而上依次为亚热带常绿阔叶林—常绿阔叶、落叶阔叶混交林—针叶阔叶混交林—针叶林—亚高山灌丛草甸—高山草甸—流石滩植被。

亚热带常绿阔叶林主要分布海拔 1400～1500 米以下地带。因受人类生产活动的影响，天然林早已砍伐殆尽，成为次生林，由壳斗科、樟科、山茶科的常绿阔叶树种组成，同时兼有亚热带常绿针叶树种和落叶阔叶树种，但多为人工种植。常见的针叶树有马尾松、杉、柏等，落叶阔叶树有珙桐、桤木、椿树等。

常绿阔叶、落叶阔叶混交林分布海拔1500～2300米的低中山地带。植被上层建群种多属壳斗科。常绿树种有栲属、石栎及樟科、山茶科、五加科等；落叶树种以桦木科的桦属、槭树科的槭属、漆树科的漆树及壳斗科的栎属为主。林下为蕨类等草本植物。

针阔叶混交林主要分布海拔 2200～3200 米处。受人为影响小，自然植被保存完好。其中针叶林以冷杉、铁杉、云杉等树种为主，树冠整齐，林内通透度低，外貌呈深绿色，故又称暗针叶林，一般分布海拔 2700 米以上地带。在海拔较低地带，林内混有槭、桦等落叶树种。灌丛有箭竹、杜鹃等。

亚高山灌丛草甸分布海拔 3100～3800 米的山岭中、上部。以禾本科、莎草科、兰科植物及苔藓为主。由暗针叶林向草甸过渡的狭窄地带尚有丛生矮小的杜鹃、野樱桃、山麻柳灌丛以及箭竹林。

高山草甸位于亚高山草甸之上，海拔 3800 米以上的山岭上部。主要生长麦麦草、羊胡草、苔藓、羌活、雪茶、野莴笋、牛耳大黄等多年生草本植物；草层低矮、密集，呈丛生状。

流石滩植被在海拔 4000 米以上的高山顶部，岩石裸露，植物稀疏，植株低矮，均系耐寒草本植物。

二、树木种类

据县林业局 1985 年林业资源普查，县境已知的树木有 83 科 176 属 327 种。

北川县已知树木分类一览表

表 2-14

科名（属/种）	属　名	种　数	科名（属/种）	属　名	种　数
松（8/15）	油杉	1	桑（4/8）	构树	2
	冷杉	2		无花果	1
	云杉	3		柘树	1
	铁杉	1		桑	4
	落叶松	2	山龙眼（1/1）	银华	1
	金铁松	1	木兰（3/5）	鹅掌楸	1
	雪松	1		木兰	3
	松	4		含笑	1
杉（4/8）	杉木	3	寄生桑（2/2）	钝果寄生	1
	柳杉	2		槲寄生	1
	水杉	1	仙人掌（2/3）	仙人掌	2
	台湾杉	2		蟹爪兰	1
三尖杉（1/2）	三尖杉	2	桦木（3/7）	桤木	1
红豆杉（2/2）	红豆杉	1		桦木	4
	榧树	1		榛	2
苏铁（1/1）	苏铁	1	五味子（1/1）	南五味子	1
银杏（1/1）	银杏	1	腊梅（1/1）	腊梅	1
南洋杉（1/1）	南洋杉	1	樟（6/17）	樟	5
木麻黄（1/1）	木麻黄	1		山胡椒	3
胡桃（3/6）	胡桃	4		木姜子	2
	化香树	1		润楠	1
	枫杨	1		楠	5
杨柳（2/9）	杨	5		檫木	1
	柳	4	水青树（1/1）	水青树	1
柏（4/10）	侧柏	1	领春木（1/1）	领春木	1
	柏木	2	连香树（1/1）	连香树	1
	圆柏	6	毛茛（1/2）	铁线莲	2
	刺柏	1	小檗（3/3）	丨人功劳	1
罗汉松	罗汉松	1		小檗	1
壳斗（4/8）	栗	2		南天竺	1
	栲	2	大血藤（1/1）	大血藤	1
	青	1	木通（2/2）	木通	1
	栎	3		猫儿屎	1
榆（4/4）	朴	1	猕猴桃（1/7）	猕猴桃	7
	青檀	1	山茶（1/6）	山茶	6
	榉	1	悬铃木（1/1）	悬铃木	1
	榆	1	金缕梅（1/1）	枫香树	1
杜仲（1/1）	杜仲	1	海桐花（1/1）	海桐花	1

续表 2-14

科名（属/种）	属　名	种　数	科名（属/种）	属　名	种　数
蔷薇（13/26）	桃	3	马桑（1/1）	马桑	1
	杏	2	漆树（3/9）	黄连木	1
	樱桃	2		盐肤木	3
	木瓜	1		漆	5
	山楂	1	槭（2/12）	槭	11
	牛筋条	1		金线槭	1
	枇杷	3	无患子（1/1）	无患子	1
	苹果	2	七叶树（1/1）	七叶树	1
	李	2	清风藤（1/1）	泡花树	1
	火棘	1	冬青（1/2）	冬青	2
	梨	2	卫矛（1/1）	卫矛	1
	蔷薇	3	黄杨（1/3）	黄杨	3
	悬钩子	3	鼠李（3/5）	枳椇	2
含羞草（1/2）	合欢	2		马甲子	2
苏木（2/7）	羊蹄甲	1		枣	1
	云实	1	葡萄（1/1）	葡萄	1
	决明	1	椴树（1/3）	椴木	3
	紫荆	1	锦葵（1/2）	木槿	2
	皂荚	3	梧桐（1/1）	梧桐	1
蝶形花（9/9）	锦鸡儿	1	胡颖子（2/3）	沙棘	1
	黄檀	1		胡颖子	2
	胡枝子	1	大枫子（2/3)	山桐子	2
	岩豆藤	1		柞木	1
	红豆	1	怪柳科（1/1）	怪柳	1
	葛藤	1	千屈菜（1/1）	紫薇	1
	刺槐	1	桃金娘（1/7）	桉	7
	槐	1	石榴（1/1）	石榴	1
	黄穗槐	1	兰果树（1/1）	喜树	1
大戟（3/4）	乌桕	1	珙桐（1/1）	珙桐	1
	蓖麻	1	山茱萸（2/2）	梾木	1
	油桐	2		山茱萸	1
芸香（5/12）	柑橘	5	五加（2/2)	楤木	1
	吴茱萸	2		刺楸	1
	金橘	1	杜鹃花（1/15）	杜鹃花	15
	枸橘	1	柿（1/3）	柿	3
	花椒	3	安息香（1/1）	白辛树	1
苦木（1/1）	苦木	1	山矾（1/1）	山矾	1
楝（2/4）	苦楝	1	木樨（5/7）	白蜡树	1
	香椿	3		茉莉	1

续表 2-14

科名（属/种）	属　名	种　数	科名（属/种）	属　名	种　数
木樨（5/7）	女贞	2	禾本（7/12）	金竹	1
	木樨	1		竹桔竹	1
	山樨	2		箬竹	1
夹竹桃（1/2）	夹竹桃	2		刚竹	3
茜草（2/2）	栀子	1		苦竹	1
	钩藤	1		箭竹	4
马鞭草（1/1）	牡荆	1		慈竹	1
茄（1/1）	枸杞	1	棕榈（3/3）	蒲葵	1
醉鱼草（1/1）	醉鱼草	1		棕榈	1
玄参（1/3）	泡桐	3		棕竹	1
紫葳（1/2）	梓树	2	天南星（1/1）	龟背竹	1

用材林优势树种　有冷杉、栎类、桦木、桤木、杨树、香樟、楠木、杉木、灯台、柏木等。

主要经济林木　除漆、茶、桑、棕、油桐、杜仲、黄柏、厚朴、辛夷、花椒、核桃等大宗品种外，尚有桃、李、柿、苹果、板栗、银杏、樱桃、枇杷、葡萄、猕猴桃、沙棘、姜朴、枣皮、吴萸、木瓜、乌桕、女贞、皂角、栓皮栎、铜针刺、樟树等。

主要花卉树种　有家种的牡丹、芍药、桂花、紫荆、腊梅、茶花、月季、木芙蓉、苏铁、万年青、夹竹桃、夜来香、木荆花等，还有野生杜鹃40余种。

珍稀树种　县境有被称为孑遗“活化石”的树种珙桐、水杉，古老“活化石”树种银杏，极为稀有树种连香、三尖杉、红豆、桢楠等。

北川县境珍稀树种分布情况一览表

表 2-15

树　种	分布地域	数　量
珙　桐	陈家坝、小坝等乡	10万株
水　杉	安北公路、曲桂公路沿线	1.2万株
银　杏	都坝、贯岭、桂溪、白坭、禹里等乡	1.5万株
连　香	禹里、小坝、开坪等乡	数十株
三尖杉	小坝、都坝、贯岭、桂溪、禹里等乡	10余株
红　豆	都坝、贯岭、擂鼓、坝底等乡镇	10余株
桢　楠	曲山镇邓家	2株

珍奇树木　位于陈家坝乡太洪小学后的一株铁坚杉，树高50余米，胸径2米多，树干通直，从距地面9米高处分为两枝。树冠覆盖面积1200多平方米，树根隆起，远伸至200米外。据专家鉴定，树龄已达1200年。当地群众视为神树。

青片乡上五村一羌民1964年在屋侧栽植棕树一株，1978年从主干107厘米处发杈成为3头，1979—1982年又先后生出3杈，形成六头共株的奇观。棕树一株多头令生物学界权威人士惊诧。国内外多家书刊杂志将其收录。

第二节　野生动物

一、野生脊推动物种类

据县林业局多年调查，县境已知主要野生脊椎动物有 5 纲 29 目 90 科 364 种。根据省林业厅 1996 年 9 月复查，县境已知野生动物 5 纲 29 目 90 科 355 种。

北川县已知野生动物分类一览表

表 2-16

纲	目	科	种	纲	目	科	种
哺乳	7	22	80	哺乳	啮齿	松鼠	4
哺乳	食肉	浣熊	1			豪猪	2
		猫熊	1			竹鼠	1
		熊	2			鼠	12
		犬	4		灵长	猴	3
		鼬	6		翼手	蝙蝠	5
		灵猫	4		食虫	胃	1
		猫	6			鼹	2
	偶蹄	猪	1			鼩鼱	5
		鹿	6	鸟	16	45	212
		牛	6	鸟	鸡形	松鸡	1
	兔形	兔	2			雉	13
		鼯鼠	3		隼形	鹰	7
		食鼠	3			隼	4
鸟	雁形	鸭	3	鸟	雨燕	雨燕	3
	鹤形	秧鸡	4		佛法僧	翠鸟	3
	鹏	鹏鸟	2			戴胜	1
	鹳形	鹭	1		䴕	啄木鸟	9
		鹳	1		雀形	百灵	1
		鹮	1			啄木鸟	9
	鸻鸟	鸻鸟	2			鹡鸰	3
	鹬	鹭鹬	3			山椒	3
		反咀鹭鹬	1			鹎	6
		燕行鸟	1			伯劳	3
	鸽形	鸠鸽	6			黄鹂	1
	鹃形	杜鹃	8			卷尾	3
	鸮形	鸱	6			掠	2
	夜鹰	夜鹰	1			鸦	9

续表 2-16

纲	目	科	种
鸟	雀形	河乌	2
		鹪鹩	1
		岩鹨	2
		鹟	58
		山雀	9
		币鸟	2
		旋木雀	1
		攀雀	1
		啄木鸟	1
		太阳鸟	1
		绣眼鸟	2
		文鸟	3
		燕	8
爬形	2	9	26
爬形	龟鳖	鳖	2
	有鳞	鳖	1
		鬣蜥	2

纲	目	科	种
爬形	有鳞	壁虎	1
		石龙子	2
		蜥蜴	1
		蛇蜥	1
		游蛇	12
		蝰	4
两栖	2	8	24
两栖	蝾螈	小鱼儿	2
		隐鳃鱼儿	1
		蝾螈	1
	蛙形	锄足蟾	5
		蟾蜍	2
		雨蛙	1
		蛙	9
		树蛙	3
鱼	2	6	22
鱼	鲤	姬蛙	1
		鲁鲤	12
		平鳍鳅	3
		鳅	4
	鲇	鱼危	1
		鱼兆	1

二、珍稀野生动物

根据省林业厅 1996 年 9 月复查，县境已知野生动物 5 纲 29 目 90 科 355 种。属国家一级保护的有大熊猫、金丝猴、扭角羚（牛羚，俗名野牛）、金钱豹、斑尾榛鸡、雉鹑（雪鸡）、绿尾虹雉（贝母鸡）、金雕（麻老鹰）、白尾海雕（岩黑鹰）、毛冠鹿（黑鹿）共 10 种，占全国 79 种的 12.66%，占全省 33 种的 30.3%。属国家二级保护的有林麝（獐子）、水獭（鱼猫子）、大灵猫（九节狼）、鬣羚（山驴）、血雉（松鸡）、勺鸡（山鸭子）、长耳鸮（鬼灯哥）、大鲵（娃娃鱼）等 36 种，占全国 119 种的 30.3%，占全省 110 种的 32.7%。黑熊属二级保护动物，1993 年组织科技人员对全县黑熊资源数量、分布、保护、捕猎等情况作专题调查，全县有黑熊 532 只。

第三篇

人口与人口控制

第一章　人口状况

第一节　人口发展

北川自南北朝时期已建县，但直至明代才开始有人口方面的记载。明代，将政府直接管理的百姓造册登记，称为“编户”，石泉县“编户五里”。当时以110户为一里，照此推算，石泉县的“编户”不过五百余户两三千人。明代石泉县管辖范围仅包括今漩坪、白坭、墩上乡及禹里乡大部，若按现在北川政区计算，全县人口约2万人。

清雍正三年（1725），石泉县辖区扩大到关外的通口、擂鼓、陈家坝一带，加上人口自然增长等因素，全县人口呈上升趋势。乾隆六十年（1795），全县总人口44521人。由于大批外地移民来县垦荒定居，人口剧增，嘉庆十七年（1812）增至19530户、82786人，至道光十年（1830）达94398人。此后人口逐渐下降。宣统元年（1909）降至58462人，民国元年（1912）再降至46100人。之后，大批外地人流入北川躲避战乱，人口再次剧增。至民国5年，全县人口达20058户、119329人；当年出生11829人，出生率达90‰，死亡2886人，死亡率24.18‰。1935年红军长征过境，全县参加红军及为红军运送物资未归者达3000余人。随后，国民党“清乡”，死难及逃离者甚多，次年大饥，瘟疫流行，全县人口由4万多降至25491人，其中男性仅10295人，女性人口数大大超过男性，为15196人。其后经过10余年的缓慢增长，至1949年，全县40657人，仍未恢复到民国24年初的人口数。

北川解放后，人口自然增长率提高，加上辖区扩大，全县人口快速增长。1951年12月，将茂县白马乡784户3838人划入。1952年7月，将安县擂鼓、茶坪2乡19028人划入。到1953年，全县人口增至78170人。1956年2月，将平武县都坝、甘溪2乡（今都坝、贯岭、桂溪）1484户6633人划入。1957年8月至1958年1月，共接收遂宁、三台、中江、盐亭等县移民1984户7655人，分别安排在28个乡居住务农。1958年6月，将茶坪乡1142户5742人划归安县。1959年全县人口增至97903人。1959—1961年，因连年自然灾害，加上政策失误，造成经济困难，人口出现负增长状况。1963年开始回升，1964年全县人口超过10万，达22312户103195人。当年开始提倡计划生育，但其后受“文化大革命”运动干扰，计划生育工作瘫痪。1971年，计划生育重新受到重视，人口自然增长逐渐得到控制。1980年，人口出生率降至9.93‰。1987年年底，全县34319户152422人。1949—1987年38年间，因行政区划调整和人口自然增长，全县共增加111765人。

1988年后，坚持实行计划生育政策，加上经济发展，社会进步，生育观念逐渐发生变化，少生优生成为新的社会风尚，人口增长趋于缓慢。2007年，据县公安局年报统计，全县年末总人口为160528人，比2006年增加372人，增长0.23%，其中男性人口84356人，女性人口76172人；性别比为：110.7∶100；农业户籍人口139416人，非农业户籍人口21112人。

1988—2007年20年间，全县人口仅增加8106人。

北川县1795—1949年部分年份人口状况统计表

表3-1　　单位：户、人

年　份	总户数	总人口	男	女
1795	8029	44521	—	—
1812	19530	82786	—	—
1830	22653	94398	50806	43592
1833	9846	83666	43579	40087
1909	1200	58462	—	—
1912	9097	46100	23946	22154
1916	20058	119329	63175	56154
1936	9101	25491	10295	15196
1937	7051	27271	10272	16999
1938	6584	27389	13616	13773
1939	6581	28611	14924	13687
1941	8167	37932	19248	18684
1942	8087	37669	19057	18612
1943	8030	37121	18606	18515
1944	8162	38281	19200	19081
1945	8183	38508	19396	19112
1946	8275	38769	19611	19158
1947	8286	40579	20590	19989
1948	8291	40602	20600	20002
1949	8404	40657	20627	20030

北川县1950—1987年部分年份人口状况统计表

表3-2　　单位：户、人

年　份	总户数	总人口	男	女	迁　入	迁　出	出生率（‰）	死亡率（‰）	自然增长率（‰）
1950	8404	40657	21296	19361	—	—	—	—	—
1951	12745	50739	26315	24424	—	—	—	—	—
1952	16772	56308	29494	26814	—	—	—	—	—
1953	17660	78170	40948	37222	—	—	—	—	—
1954	18658	84439	44692	39747	639	388	—	—	—
1955	18944	85556	44900	40656	427	425	28.65	8.05	20.59
1956	19592	87620	46000	41620	5458	1899	28.45	10.15	18.31
1957	19715	92292	48481	43811	5122	869	28.18	11.59	16.59
1958	19851	97777	53361	44416	6818	13190	24.59	20.31	4.28
1959	19737	97903	53633	44270	704	1447	16.57	27.17	−10.60
1960	19622	94255	50579	43676	1439	4294	12.99	27.40	−14.41
1961	19755	92592	48882	43710	1696	4667	17.19	14.27	2.93
1962	19698	94546	49539	45007	3858	3693	44.18	10.50	33.68

续表 3-2

年 份	总户数	总人口	男	女	迁 入	迁 出	出生率（‰）	死亡率（‰）	自然增长率（‰）
1963	21512	98591	51235	47356	2500	2435	50.76	12.44	38.32
1964	22312	103195	54239	48956	2207	876	47.06	18.66	28.39
1965	22677	106415	55328	51087	2575	2569	42.95	12.55	30.41
1966	22704	109866	57120	52746	2403	2031	40.17	12.48	27.69
1967	23184	113076	59016	54060	1709	1449	37.25	11.59	25.66
1968	24178	116558	60762	55796	1546	1574	42.45	12.34	30.11
1969	25208	121468	63203	58265	3089	2081	45.33	13.21	32.12
1970	25954	125428	65224	60204	1974	1834	42.71	12.55	30.46
1971	26119	129721	67546	62175	2459	2334	43.25	11.12	32.13
1972	26704	133951	69578	64373	2389	1985	39.69	11.30	28.39
1973	27546	138339	71754	66585	2131	1788	39.09	10.17	28.92
1974	27962	141594	73507	68087	2157	1903	31.77	10.61	21.15
1975	28622	144406	75035	69371	1989	2084	31.30	11.00	20.30
1976	28875	146411	76031	70380	2052	2182	24.96	10.34	14.62
1977	29084	148112	77013	71099	2065	2110	20.84	9.29	11.55
1978	29045	148468	77151	71317	2061	2607	13.79	8.62	5.17
1979	29014	148653	77140	71513	2567	3002	11.70	7.89	3.81
1980	29366	149267	78010	71257	3519	3170	9.93	7.51	2.42
1981	9882	149500	78276	71224	2856	9408	12.41	6.68	5.74
1982	30517	149824	78483	71341	2077	2622	12.07	5.97	6.10
1983	30977	149474	78597	70877	2153	2071	7.69	6.54	1.15
1984	31406	149115	78276	70389	1852	2412	7.60	6.18	1.43
1985	31490	149578	78799	70779	2561	3163	13.91	6.61	7.29
1986	33538	151193	79622	71571	10510	11229	22.23	6.44	15.83
1987	34319	152422	80212	72210	1824	7610	19.28	5.91	13.36

北川县 1988 年—2007 年人口自然构成状况统计表

表 3-3

单位：万人

年 份	总人口	农业人口	非农业人口
1988	14.898	12.281	2.617
1989	14.918	12.287	2.631
1990	14.947	12.353	2.594
1991	14.969	12.363	2.606
1992	14.982	12.442	2.54
1993	15.012	12.422	2.59
1994	15.024	12.452	2.572

续表 3-3

年度	总人口（万）	农业人口（万）	非农业人口（万）
1995	15.031	12.512	2.519
1996	15.121	12.522	2.599
1997	15.321	12.544	2.777
1998	15.525	12.561	2.964
1999	15.605	12.582	3.023
2000	15.648	12.592	3.056
2001	15.665	12.621	3.044
2002	15.685	12.634	3.051
2003	15.707	12.653	3.054
2004	15.724	12.682	3.042
2005	15.73	12.021	3.709
2006	15.741	12.221	3.52
2007	15.751	12.252	3.499

第二节　羌族人口

一、旧志中的“编民”与“番民”人数

明代初年，开始进行严格的户口登记，将县衙直接管辖区的百姓编户入册，称为“编民”，其余不属地方政府直接管理的则称为“番民”。由于古时从未对民族成分进行过科学认定，旧志在记述人口状况时也就按照行政区划，将县境的居民分别称为“编民”和“番民”。“番民”又称“羌番”，其中少数是藏族，绝大多数属羌族。“编民”是指被登记入官方户籍簿的、受地方政府直接管理的、按章缴纳赋税的居民，虽然又称为“汉民”，但并不等于全是汉族，其中有不少是羌族。

明代石泉县的“编民”大约两三千人；县衙直接管辖区以外的禹里乡禹穴沟以西北、墩上乡以西北、曲山关以东南、白坭乡大方关以东地区均属土司领地或无管束区域，这些尚未纳入县衙管辖的“番地”的居民人数则仅有零星记载。在白草河与青片河上游地区，明嘉靖二十六年（1547）经官军大征，万历年间（1573—1620）又受到巡抚王廷瞻的武力威胁，遂于万历七年（1579）表示愿意“投顺”。经地方官员审察，青片河与白草河上游之风村、白草、野猪窝等 28 寨番民“男妇八千四百九十四口”。如果将时属龙州土司领地的关外地区的羌民人数加起来，明代北川境内羌族人口大约一万多人，约占全县总人口的八成以上。

清道光《石泉县志》首次将番汉人口做出分开统计：

清嘉庆十七年（1812），石泉县汉民 19253 户，男 42389 丁，妇 39233 口，合计 81622 丁口；番民共 1481 户，男 2850 丁，妇 2388 口，合计 5244 丁口。

道光十年（1830），石泉县共 12653 户，男 50806 丁，妇 43592 口，合计 94398 丁口。番民则有两个数字，一处笼统地计为 3594 户，19512 丁口；一处则具体记载为：白草河东番民 1647 户，河西番民 1577 户，男妇共 18284 丁口，青片番民 135 户，男妇共 371 丁口，两者共计 3359 户，男妇 18655 丁口。

按照上述记载，嘉庆十七年（1812）番民仅占全县人口的6%，道光十年（1830）占全县人口的20%左右。这与明代相比，番民在全县人口中所占比例大大地下降。究其原因，主要是因为统计数中所谓“汉民”“番民”，并不是严格意义上汉族与羌族的族别区分，而仅是地方政府直接管辖区与羌寨自行管理区这两个区域内人口的划分。清雍正三年（1725），石泉县版图已扩大到关外的擂鼓、曲山、陈家坝、通口、香泉等乡镇，这些地区大部分原属龙州土司领地，明代后期改土归流后变为地方政府直接管辖区，即所谓“汉区”“改土归流算汉民”，统计人口时其居民也就相应全部归入“汉民”中。《石泉县志》中所称的“番民”，仅仅是指既属石泉县版图又不由县衙直接管理的“番寨”区域的居民，而石泉“番寨”仅包括今片口乡、小坝乡全部，以及禹里乡鸣牛村、庙坝村、云安村，马槽乡平地村、木坪村，白什乡清溪村、高溪村，青片乡茶湾村、高峰村、西纳村、安绵村、正河村。此外，今青片乡上五村及马槽乡、白什乡部分村寨清代属茂州，都坝河上游的都坝乡、贯岭乡以及平通河流域的桂溪乡属龙安府（平武县），故《石泉县志》未作记载，这些地区的居民大部分属羌族。由此可见，在今北川行政区划内，清代的居民若按照族别划分，仍大部分是羌族。

民国时期，鉴于前朝全县政区已经划一，不再有“番寨”和“汉区”之别，因而失去了区别“番民”和“汉民”的依据，所以民国21年（1932）成书的《北川县志》在记述人口时虽注意到存在番民的状况，却以“清末番民同化，户口迁徙不常”为由，对番汉人口数未作分开统计。3年后，红四方面军长征到达北川，县内的民族风情给红军留下“北川的村落中，番族比汉族的人口为多”的深刻印象。

二、新中国成立后羌族人口变化

中华人民共和国成立后，十分重视贯彻落实党的民族政策，但由于地方干部历史知识缺乏，仅有县境西北青片河上游部分地方被视为民族地区，加上当时尚未进行科学的族别确认，而1935年红军曾在青片建立藏区苏维埃，很多羌民因此被登记为藏族，以致羌族人口进一步下降。1953年人口普查时，全县登记为羌族的仅有59人。1964年人口普查时，羌族为201人。

1985年，根据群众的强烈愿望和国家民委《关于恢复或改正民族成分的处理原则》，在全县范围开始进行普查。对登记为汉族或其他民族，本人又希望恢复其本来族别的羌族群众，按照相关规定，经严格审查，逐一进行更改。至2000年全国人口普查时，县内羌族人口为91218人，占全县总人口的56.9%，达到传统的比例。

2006年年末，全县共160156人，其中羌、藏、回、苗、壮、土家、彝、满、黎、维吾尔、基诺、达斡尔等17个少数民族人口95878人，占总人口的59.8%，羌族人口90808人，占全县总人口的56.7%。

第二章　人口控制

第一节　政策宣传

一、计生政策

奖励政策　20世纪70年代，大力推行计划生育，控制人口增长。

1988年后，仍执行既定的生育政策，即提倡一对夫妇只生育一个孩子，少数民族乡允许生育两个孩子，符合有关条件的可生育第三个孩子。对实行计划生育的夫妇继续执行1981年县政府制定的奖励政策。

2004年，除全面落实独生子女父母奖励金和独生子女父母退休增发5%退休金制度外，另启动农村部分计划生育家庭奖励扶助制度，对生于1933年1月1日至1944年12月31日的夫妇，现存一个子女或两个女孩、子女死亡现无子女的每人每年给予600元的奖励扶助金。是年全县符合条件的310人，享受奖励扶助金18.6万元。

帮扶措施　在农村，除在划分自留地和包产地、分派义务工、查病治病等方面享受奖励政策外，还广泛深入开展生产、生活、生育“三结合”活动，对实行计划生育的贫困家庭进行帮扶。县政府成立相应的领导小组，将计生“三结合”工作作为各乡镇工作目标考核的重要内容，严格检查，逗硬奖惩；各涉农部门制订计生“三结合”目标责任制，严格考核奖惩。

1998年后，实施“幸福工程”，推动计生户脱贫致富奔小康。“幸福工程”由省计生协会投入资金滚动使用，县扶贫局匹配资金，采取小额信贷方式，通过项目帮扶贫困母亲养猪、养羊、养蚕，或发展其他经济项目来增加收入。

2000年，把“三结合”与农业产业结构调整、推行农业产业化结合起来，由分散零星帮扶转变为成片帮扶为主。全县重点帮扶的767户贫困户中，计划生育户745户，占97.13%。共投入帮扶资金107万元，建成成片帮扶示范基地16个；110户新增帮扶户人均收入增加30%以上。“幸福工程”与县扶贫攻坚小额信贷结合，投入帮扶资金41万元，在12个乡镇的58个村261个社救助贫困母亲495户，落实帮扶项目13个，发展养猪227户、养羊112户、养蚕48户，发展其他项目108户；被帮扶户人均收入比上年增长30.8%；为贫困母亲查病2次765人次，治愈率达85.66%。省计生协会充分肯定北川的经验，6—7月先后三次组织全省各地、市、州“幸福工程”项目县的领导共187人次到县参观学习。

2001年后，每年确定计生“三结合”家庭1000户左右，实施“幸福工程”帮扶贫困母亲500户左右。

2006年，全县完成帮扶任务2392户，建帮扶基地40个，其中新建基地8个，巩固32个。全县在“五改三建”、人畜饮水、发展沼气、通村公路建设、退耕还林、种草养畜和栽桑养蚕等项目上，向“三结合”基地村和帮扶户无偿提供帮扶资金55.9万元。承担帮扶工作的各部门为被帮扶户落实帮扶项目和资金、上门技术指导、提供经营信息，均收到治穷、治愚、治病、致富的效果。

二、宣传教育

为改变传统生育观念，计生部门持续开展多种形式宣传教育活动。1988 年起，以县委党校和县委中心学习组为阵地，开展马克思人口理论和邓小平人口理论的学习培训。以乡镇党校为阵地，采取以会代训、乡村计生干部月例会制度等形式，对村级计生助理员进行政策法规、规划、统计报表等基本知识专题培训教育。至 1997 年的 10 年间，共举办培训班 168 期次，受教育 3085 人次，宣教人员的政策理论水平不断提高。

除利用党校等固定的宣传教育阵地外，自 1990 年起，县计生委组织宣传车一辆，每年 3 月和 7 月、8 月、9 月到各场镇开展街头宣传；与广播电视局联办计划生育专题节目，广泛深入持久地宣传《四川省计划生育条例》等计生法规及优生优育、避孕节育、生理卫生常识。至 1997 年共巡回宣传 47 期次，受教育群众 8.5 万人次；广播电视宣传覆盖面达 98%，累计受教育 58 万人次。

对新婚夫妇和已婚怀孕的妇女，坚持以区或乡镇集中举办培训班，由民政、计生两家共同负责培训，系统宣传青春期、新婚期、孕产期、育儿期、中老年期的“五期”科学知识和《中华人民共和国婚姻法》《中华人民共和国母婴保健法》《四川省婚前医学检查管理办法》《人口与计划生育基础知识教育》，以及优生优育、避孕节育等计生政策法规。1989—1995 年，共办培训班 789 期次，培训 1.4 万人次，培训率达 87%。

1995 年 11 月，经省、市计生委验收，“五期”教育合格。此后，计划生育宣传教育转入常规滚动式教育。

第二节　计生规划与执行

一、人口控制规划

1987 年，根据全国人口控制目标和市政府下达的人口控制指标，县计生委以 1982 年人口普查资料为依据，制订“七五”期间全县人口发展战略规划，确定到“七五”末的 1990 年，全县总人口控制在 160623 人以内，出生人口为 3977 人，人口出生率控制在 24.96‰以内，死亡率为 8.46‰，自然增长率控制在 16.5‰以内。

1990 年 12 月，县计生委以“七五”人口发展规划执行结果为基础，按照县政府关于在“八五”期间人口出生率必须控制在 25‰以内的要求，制订“八五”期间全县人口发展战略规划。由于 1966—1975 年间人口出生的无政府状态，导致在“八五”期间进入结婚、生育年龄人数逐年增加，考虑这一客观因素，确定“八五”初期的 1991 年，全县总人口控制在 163201 人以内，人口出生率 20.56‰，死亡率 8.63‰，自然增长率 15.93‰；“八五”期末的 1995 年，全县总人口 174941 人以内，人口出生率、死亡率、自然增长率分别控制在 26.04‰、9.10‰、16.94‰。

1995 年 5 月，制订的 1995—2010 年人口发展战略规划，确定 1996 年全县总人口控制在 162693 人以内，自然增长率控制在 16.36‰以下；到 2000 年全县总人口控制在 170679 人以内，自然增长率控制在 8.87‰以下；到 2010 年全县总人口控制在 176332 人以内，自然增长率控制在 3.85‰以下。

二、规划实施

县计生委通过健全基层服务网络和基层基础工作规范化管理，采取一系列措施控制人口增长。1990 年全县总人口 154116 人，比规划数少 6507 人，人口出生率、死亡率、自然增长率分别比规划降低 8.07、2.22、5.85 个千分点。

“八五”期末的 1995 年，综合节育率达 87.80%，计划生育率达 92%，全县总人口 158450 人，比规划少生 16491 人；人口出生率、死亡率、自然增长率分别比规划降低 9.60、2.45、7.16 个千分点，平稳渡过人口出生高峰期。

“九五”期间，县政府、农口各部门和各乡镇围绕计划生育户开展生产、生活、生育“三结合”和“幸福工程”救助贫困母亲等活动，把扶贫攻坚与扶智有机结合，使部分计划生育户初步进入优生、少生、快富行列，逐步改变群众的生育观念，少生优生开始成为多数人的自觉行为。1997 年全县总人口 158179 人，比规划 165087 人少 6908 人；人口出生率 14.24‰，死亡率 6.45‰，自然增长率 7.78‰，分别比规划降低 8.43、1.61、6.83 个千分点。

1998 年，按规划全县出生人口控制在 3200 人以内，人口出生率控制 20‰以内，人口自然增长率控制在 12‰以内，计划生育率达到 92% 以上。实际执行情况是：从 1997 年 10 月 1 日至 1998 年 9 月 30 日，全县出生人口 2141 人，其中一孩 1201 人，二孩 919 人，三孩 21 人；死亡人口 1039 人，净增人口 1102 人。至年底，全县总人口为 159051 人，人口出生率为 13.49‰，比计划低 6.51 个千分点；人口自然增长率为 6.94‰，比计划低 5.06 个千分点；计划生育率达到 98.08%。根据省、市计生委年度考核抽样调查结果，其样本点的计划生育率达 97.06%，综合节育率达 89.54%。

1999 年，按规划全县出生人口控制在 2400 人以内，人口出生率控制在 19‰以内，自然增长率控制在 11‰以内，计划生育率达到 92% 以上，综合节育率 90% 以上。自 1998 年 10 月 1 日至 1999 年 9 月 30 日，全县实际出生人口 1827 人，其中一孩 951 人、二孩 855 人、三孩 21 人；全县共死亡 974 人，净增人口 853 人，全县总人口 159376 人，出生率为 11.49‰，死亡率为 6.21‰，自然增长率为 5.36‰，计划生育率为 96.88%。据省、市计生委年度考核抽样调查结果，其样本点的计划生育率达到 97.96%，综合节育率达到 92.28%。

2000 年，全县出生人口 1776 人，比计划减少 51 人，人口出生率 11.16‰，死亡 1039 人，死亡率 6.53‰，净增人口 737 人，人口自然增长率 4.63‰。

2001 年，全县出生人口 1417 人，其中一孩 753 人，二孩 651 人，多孩 13 人；比计划减少 359 人，减少 20.21%。人口出生率 8.86‰，死亡人口 496 人，死亡率 5.92‰，净增人口 1020 人，全县总人口 160410 人，增长率 2.95‰。计划生育率 98.59%，综合节育率 92%，节育措施及时率 80.3%。

2002 年，全县出生人口 1219 人，其中一孩 623 人，二孩 579 人，多孩 17 人；计划外生育 15 人。人口出生率 7.68‰，死亡人口 1050 人，死亡率 6.62‰。全县总人口 158621 人，人口自然增长率 1.06‰，计划生育率 99.35%，综合节育率 92.94%.

2003 年，全县出生人口 1181 人，其中一孩 641 人，二孩 517 人，多孩 23 人；全县人口出生率 7.44‰；死亡人口 910 人，死亡率 5.73‰；人口自然增长率 1.71‰。年末全县总人口 158959 人。违背生育政策生育 21 人，计划生育率 98.23%。

2004 年，全县出生人口 1029 人，其中一孩 515 人，二孩 494 人，多孩 20 人；人口出生率 6.55‰；死亡人口 1024 人，死亡率 6.51‰；自然增长人口 5 人，自然增长率 0.03‰；选用各种避孕方法人数 29153 人，综合节育率 93.8%。

2005 年，全县出生人口 1027 人，其中一孩 534 人，二孩 472 人，多孩 21 人。人口出生率 6.59‰，自然增长人口 105 人；全县总人口 155614 人，人口自然增长率 0.66‰；违反政策生育 31 人，计划生育率 96.98%；综合节育率 93.77%。

2006 年，全县出生人口 940 人，人口出生率 5.97‰。新生人口中一孩 491 人，二孩 421 人，多孩 28 人。总人口 157445 人，自然增长人口 8 人，人口自然增长率 0.05‰；违反政策生育 48 人，计划生育率 94.9%，综合节育率 91%。

2007 年，全县年末总人口 160528 人，比 2006 年增加 372 人，增长 0.23%，其中男性人口 84356

人，女性人口 76172 人；性别比为 110.7 : 100。农业户籍人口 139416 人，非农业户籍人口 21112 人。人口出生率为 6.82‰，人口死亡率 5.78‰；计划生育率为 94.05%。

第三节 计生管理

一、机构与措施

机构 1988 年后，计划生育工作仍由县计划生育委员会（1996 年更名为计划生育局）负责组织实施，全县各区镇乡均设有计划生育办公室。在县城设计划生育指导站，较大场镇设计生服务站，负责计生技术指导和计生手术。

目标管理 1988 年后，县政府每年对各乡镇计划生育工作实行量化目标管理，把计划生育率、人口出生率、综合节育率、计生统筹费等纳入年度考核内容。每年年终由县计生委（局）组织人员到各乡镇采取封闭式或半封闭式抽查一个村进行考核评估，县政府根据其完成年度目标情况逗硬奖惩。1998 年后，县计生局年初与县政府签订计生工作目标责任书，再将目标任务分解、落实到基层，形成从上到下的目标管理和考核机制。县计生局根据年度人口目标控制指标，除制订局机关人员岗位目标责任制外，另与计生指导站及各乡镇政府、计生办、计生服务站签订目标责任书；各乡镇则对村民委员会实行目标责任制，做到目标、责任、任务、奖惩四落实。

计划生育村民自治 2000 年，强化村级基础工作，对全县 278 个村的助理员以乡镇集中进行业务培训。充分发挥村民对计划生育的民主管理、民主监督作用，并开展创建计划生育合格村活动。2001 年，实行“依法建章，依章立约，依约定规，依规理事”，使村民自治有章可循，公开项目和举报电话，实行有奖举报，实行群众自我教育，自我服务，自我管理。年内建成计生合格村 233 个，占行政村总数的 83.81%。2002 年后，继续全面推进计划生育村民自治。抓住村规民约制定、协议管理和计划生育村务公开三个环节，本着因地制宜、勤俭节约的原则，全面实行以“两包一挂”（包任务、包经费，工作任务和工作经费挂钩）为主要内容的计划生育村民自治，全县 278 个、17 个居委会全部签订实施“两包一挂”的协议，突出村民的主人翁地位，强化其参与意识，使村民委员会、村计生委员会、村计生协会的作用得到充分发挥。2005 年后，着重提高计划生育村、居委会的自治水平，进一步建立和完善乡镇、村互动的计划生育宣传教育、技术服务、依法管理的优质服务机制，形成县指导、乡服务、村自治、社协助、户落实的计划生育工作运行模式，保证人口与计划生育工作任务得以完成。

二、节育措施

县内节制生育历来实行“一安二扎三药具”的综合措施，即生育一孩满三个月的妇女采取安环节育措施，照顾生育二孩满三个月的夫妇采取输精管或输卵管绝育措施，无法安环又不适用绝育的已婚育龄妇女使用口服避孕药或避孕膜、避孕套等措施。

随着科学技术不断进步，节育、绝育技术不断更新。1989—1991 年引进推广绝育新技术“输精管药物粘堵绝育术”，后因绝育失败率高达 30% 而终止应用。1993 年起，重点推广应用“T”型环，使男女结扎例数逐年下降，结扎后的手术并发症得到减少。

全县计划生育工作以生育、节育、不育为重点，做好计划生育技术服务和生殖保健服务。由技术人员包村，指导育龄群众选择以长效避孕措施为主的安全、有效、适宜的避孕方法。县计划生育指导站实行主治医师联系乡镇服务站，分片包干的业务技术负责制，利用手术服务车深入到公路沿途无技术服务站的乡村开展 B 超“三查一治”（查环、查孕、查妇科病，治疗妇科病）工作，保证计划生育工作顺利开展。

第三章　宗族、姓氏

第一节　宗族

旧时，县内同一父系的家族构成一个宗族。由宗族中年龄较大、辈分较高、威望最高的人担任族长，执掌宗族事宜；以下另有支长、房长，负责管理支、房中事宜。极个别宗族有族谱（家谱），现尚保存的有《廖氏族谱》《母氏族谱》等，详记宗族渊源、历代祖先中有名望者的生平、繁衍后代各支各派儿孙名字及娶媳某氏等。每过 10 年或 20 年一修订，由族内诚实负责的人保管，视作珍秘，不得遗失或损坏。族谱上载有族规，用以约束族人行为。如母氏宗族有族规 16 条：一、乡约当遵。二、祠基当展。三、名分当正。四、宗族当睦。五、谱牒当重。六、闺门当肃。七、豢养当豫。八、邻里当厚。九、职业当勤。十、争讼当止。十一、节俭当崇。十二、守望当严。十三、邪慝当禁。十四、继承当慎。十五、四礼当先。十六、系派当率。每条下有具体说明，极为详尽。

个别大宗族立有宗祠（俗称祠堂）。旧时邓家渡有母家祠堂，开坪有杜家祠堂等。祠堂内供奉历代祖先牌位，族人（男性）每于春节、清明、中元等节日聚祠中祭祖，亦有只在清明祭祖的，俗称“清明会”。届时由族长主祭，论辈分依次礼拜；祭毕，族长重申族规，奖惩功过，然后族人聚餐。县内宗族大多无宗祠，每以其祖坟山或族人住宅为祭祖、议事场所。20 世纪 50 年代后，宗族祠堂或因年久失修而毁圮，或充作小学校教室、集体保管室等，族人的宗族思想意识逐渐淡化，族谱亦极少保存。

第二节　姓氏

一、羌族姓氏演变

历史上，县内羌族的姓氏有别于汉族。明末瞿九思《万历武功录》中记载的羌人姓名就有黑杀（黑煞）、李保、白石儿、白石、撒喇、撒哈、饿拓、呐嘛舌、万山保、帅六者、柘索、卜书同、帅小、佘保等。单从字面上看，其中的李、白、万、帅、卜、佘就是汉姓，但考虑到当时羌人多不会说汉话，羌人与汉族姓氏雷同的字仅仅是用来记录羌人姓名发音的，并不是真正的姓氏。1579 年，迫于官军的强大压力，县境西北的羌寨表示愿意归顺地方政府，石泉县令李茂元按照上方的指示，特意策划一个“受降”仪式。羌人习惯用头巾包头或露着头不戴帽子，李茂元预先准备一些汉族式样的帽子，在上面写上汉族的姓名，然后召集各寨前来投顺的羌人到石泉军营，将汉式帽子赏赐给羌人。从此以后，羌人就改用帽子上所写的姓名。

此段史实所说的今小坝、马槽乡以西北的羌族被迫改用汉姓的经历。但就全县而言，羌族改用汉姓是民族之间自然交流逐渐接受汉文化的结果。藏族姓氏变化的历程与羌族相近。近代以来，随着汉语成为通用语言，县内羌族、藏族无一例外使用汉族姓氏。

二、主要姓氏及分布

县内居民以单姓为主，人数多的大姓往往集中于一定区域内。全县计有姓氏200余个，具体如下：

丁、卜、刁、万、马、王、车、韦、尹、邓、孔、毛、牛、仇、方、文、卞、计、龙、左、卢、古、甘、田、叶、史、艾、冉、包、白、代、母、皮、宁、冯、邢、纪、戎、巩、匡、吉、尧、阮、曲、吕、毕、向、朱、华、乔、任、伍、伏、兆、成、那、巫、邬、竹、危、牟、羊、阳、刘、安、关、米、庄、齐、许、祁、江、汤、岁、甫、严、杜、李、陆、陈、迟、张、时、吴、苏、芦、旷、谷、何、余、佘、邱、邹、邵、应、辛、闵、冷、沙、沈、宋、金、杨、虎、郄、林、庞、奉、武、郁、欧、孟、屈、尚、易、范、苗、卓、岳、季、竺、周、委、经、郑、官、单、房、郎、胡、柯、相、柳、项、郝、赵、胥、贺、茹、费、段、侯、禹、俞、钟、洪、闻、闽、姜、祝、祖、施、骆、夏、都、耿、桂、贾、泰、聂、袁、展、顾、陶、晁、莫、柴、姬、倪、殷、凌、涂、浦、席、栾、唐、郭、谈、钱、梅、戚、菜、铙、银、章、康、麻、商、寇、盖、阎、彭、强、韩、喻、董、蒋、葛、景、鲁、缑、焦、傅、程、舒、富、童、游、温、曾、谢、鲍、蓝、蒲、楚、雷、甄、鄢、靳、路、虞、解、雍、窦、缪、蔡、管、熊、廖、鲜、谭、稽、樊、潘、颜、滕、毅、霍、薛、燕、穆、蹇、戴、瞿、藏、穆、魏。

人口最少的姓氏有乞、仇、皮、匡、那、虎、禹、郄、盖、强、鲜、颜等。

大姓及主要分布地：

王姓，曲山、擂鼓、墩上等乡镇。

邓姓，陈家坝、曲山等乡镇。

母姓，曲山、陈家坝等乡镇。

朱姓，曲山、白坭等乡镇。

乔姓，曲山镇。

陈姓，擂鼓、坝底等乡镇。

李姓，漩坪、禹里、曲山等乡镇。

吴姓，通口镇。

肖姓，香泉、漩坪等乡。

杨姓，片口、开坪、曲山、陈家坝、桂溪等乡镇。

经姓，漩坪乡。

孟姓，擂鼓镇。

段姓，禹里乡。

高姓，禹里、开坪等乡。

唐姓，墩上、坝底、曲山等乡镇。

席姓，曲山、擂鼓镇。

夏姓，曲山、通口、白坭等乡镇。

景姓，坝底、墩上、禹里等乡。

蹇姓，坝底、墩上、马槽等乡。

第四篇

民族

第一章　少数民族来源及分布

第一节　羌族

一、迁徙与融合

早在两三万年前，还处于进化过程中的人类先祖，就把北川的深山峡谷当作栖息地，县境东部桂溪一带，仍保存着更新世晚期以来人类活动的遗迹。数千年前，生活在县境的居民属土著羌人。大约两千年前的秦汉时期，一支羌人从西北大草原南迁，来到岷江、涪江上游一带定居。

关于西北羌人南迁的情形，在羌族史诗《羌戈大战》中以神话传说的方式作了记述。诗中说，羌人本来生活在西北大草原，由于遭受战争及自然灾害，被迫向西迁徙。羌人九弟兄率九支人马，战乱中被“魔兵”冲散，便各自奔波找前程。大哥阿巴白构带领部众向南，翻越青海与四川之间的大雪山，进入岷江上游，开始在松潘一带定居。后来不断受到住在茂县境内的戈基人的侵扰。在天神的帮助下，羌人打败戈基人，而后逐渐移居茂县。羌人在这里饲养牲畜，发展农业，人口增加，势力壮大。阿巴白构有九个儿子，便分别住在岷江和涪江上游一带，其中第九个儿子名叫尔国，就住在巨达即令北川。

关于西北羌人从茂县方向迁徙到北川的史实，古代文献鲜有记载，唯明代四川巡抚张时彻在给朝廷的奏章《平白草番记》中提及。奏章云：“爰有冉駹之孽曰勒都，夺甘泉、白土二乡之地而有之，是谓白草番始也。”“冉駹”指以今茂县为中心的古羌部落，“白草番”是明代对北川羌族的统称，“甘泉、白土二乡之地”指古代石泉（北川）县境域。按照张时彻的说法，北川羌族系从茂县迁徙而来，印证了《羌戈大战》中的说法。

戈基人，是西北羌人对土著羌人的称呼，他们虽然被打败，但仍然在自己的家园生活。和西北羌人相比，戈基人更早地进入农耕社会。以游牧为生的西北羌人到来以后，便向他们学习制作农具技术，发展农业生产，很快实现由游牧向农耕的转变。来到北川的西北羌人与本地羌人融和，成为现代羌族之先民。

二、人口分布

羌族自古即分布于全县各地，其人口占全县总人口的半数以上。2006 年年末，全县羌族人口 90808 人，占全县总人口的 56.7%。2007 年羌族人口无大变化。

第二节 藏族、回族及其他少数民族

一、藏族

藏族是县内少数民族之一，其祖先是生活在青藏高原的吐蕃人。唐代初期，在杰出首领松赞干布的领导下，吐蕃各分散部落实现统一，并建立起高度集权的奴隶制政权。随着实力增强，其势力逐渐向东扩展。唐高宗龙朔二年（662），吐蕃出动数十万人，打败位于青海的吐谷浑政权，进而攻破党项羌、白兰羌等羌人部落，一直推进到今阿坝州，其前锋直抵松潘。吐蕃大举东进，严重威胁到成都平原的安全。唐王朝多次派兵出击，试图赶走吐蕃，收复失地，松潘、茂县、汶川一带由此成为双方争夺的焦点。

从茂县翻越土地岭，再经北川到绵阳，历来是川西北民族地区进入成都平原的交通干道。唐代把曲山关称为松岭关，这条干道也因此被称为松岭关路。松岭关路既是吐蕃由松潘、茂县东进内地的必经之路，也是唐王朝出兵反击吐蕃的重要通道。贞元十九年（802），剑南西川节度使韦皋率兵三万，分九路出击吐蕃，其中一路是经由北川西进的。韦皋大败吐蕃，收复大片失地。为防止吐蕃顺北川峡谷南下，在今青石修筑名叫威蕃栅的营垒，重兵守之。韦皋所收复的失地，包括汶川、茂县等地，其中有个叫鸡栖老翁城的地方，据旧志记载，就是现在的禹里，这说明北川也一度被吐蕃攻占。唐王朝在松潘、茂县等地与吐蕃反复争夺，历时达二百年之久，虽然收复一些失地，但最终未能使吐蕃退回青藏高原。按照吐蕃上层的规定，吐蕃人每占领一地，均就地屯居，不得返回故里。于是大批吐蕃人就在其占领区定居下来，世代繁衍，逐渐成为占领区的主体民族。县境北部紧邻松潘，有吐蕃人定居繁衍，成为藏族之先民。清代《石泉县志》记载，“白草坝者，吐蕃赞普遗种”，称北川白草坝一带的居民是吐蕃首领的后裔。

县内藏族主要居住在白草河上游的部分地方。2007年，全县藏族人口约0.36万人。

二、回族

清代中叶，原居于陕西、甘肃、青海及成都等地的回民相继来县经商，或贩运茶叶、皮、毛、牛、羊等土特产品，或经营面食、油茶等餐饮，尔后便在擂鼓场定居下来，有的仍然以经商为主，有的则转而从事农耕。清咸丰十一年（1861）民族纷争中，部分回民遭地方豪强杀害，其余回民逃至曲山、陈家坝等地定居。此后，县内回民主要集中在擂鼓、曲山、陈家坝等地。

中华人民共和国成立前，县内回族人口无确切记载，清末约200人。1953年普查为86户、215人；1964年为231人；1987年为576人；2007年约400人。

三、其他少数民族

县内除羌、藏、回族之外，尚有苗、彝、壮、土家、黎、满、维吾尔、基诺、达斡尔等少数民族，其人口多则数十人，少则仅1人，多因工作或婚姻关系迁至县境。

第二章　建立羌族自治县

第一节　恢复改正民族成分

北川自古即为以羌族为主的少数民族聚居地。自西汉以后，其居民先后被称为“西南夷”“西羌”“茂州蛮”“石泉蛮”，曲山关以东南地区则称“龙州蛮”。到了明代，除石泉县直接管辖区被称为“汉区”（包括漩坪乡、白坭乡、墩上乡、坝底乡以及禹里乡的部分地方）外，其余地区均属“白草番地”，分别由龙州土司和坝底、艾林土司管理。嘉靖四十五年（1566）至民国24年（1935），自县境东南至西北，陆续实施改土归流，土司领地逐渐成为“汉区”，所属羌藏民相应被视为汉族。清代中期以后，地方官员以“但将华雨洗蛮风”为己任，扩大汉文化对民族地区的影响，引导少数民族改变其风俗习惯，加上民族间的自然交流，大部分羌藏民在语言、服饰等方面逐渐变得与汉民无异。中华人民共和国成立后，由于基层干部对民族历史缺乏了解，没有进行科学的民族识别，县内羌藏民大部分被登记为汉族。

1981年，为全面落实党的民族政策，县政府恢复建立青片羌族藏族公社，随后在全县范围陆续开展民族成分的恢复改正工作。1985年，县政府将落实党的民族政策工作列入重要议事日程。1986年3月，建立审定民族成分领导小组，对更改民族成分的羌藏族群众实行乡初审、区复审、县审定的三级审批制度。1988年起，原则上由主管部门审定，对有争议的由领导小组审定，是年末全县共有少数民族9个，总人口58270人。1989年1月，根据省民委通知，暂停更改民族成分工作。1990年5月，国家民委发出《关于中国公民确定民族成分的规定》，1992年5月起，按规定补办部分恢复、更改民族成分手续。1997年年末，县内少数民族12个、81012人，占全县总人口的50.5%，其中羌族76591人，占全县总人口的47.7%，占少数民族人口的94.5%；另有藏族3800人、回族505人、苗族41人、壮族24人、土家族19人、彝族18人、满族8人、维吾尔族2人、基诺族1人、达斡尔族1人。此后，县内少数民族人口占全县总人口的比例基本保持稳定。

第二节　民族乡的建立与演变

20世纪50年代初，开始贯彻执行中央关于实行民族区域自治的政策，但仅将坝底以西北的青片河上游视为民族地区。1951年，原茂县所属之白马乡划归北川之后，将其所辖的上五村和北川建设乡之双河（今西纳）、独立（今正河）两村之地并为一乡，新建麻窝自治乡，以充分实现少数民族的民族意愿，维护其合法权益。这是县内第一个民族乡，也是全县唯一的民族乡。麻窝自治乡辖3村，共231户、988人。1956年4月，县人民委员会根据国务院《关于建立民族乡若干问题的指示》和川北行署贯彻政务院《关于处理带有侮辱少数民族性质的称谓、地名、碑碣、匾联的指示》，将麻窝改名为建设，当时尚未进行科学的族别确认，因1935年红军曾在此建立藏区苏维埃，便将乡名改为建设藏族乡。1958年9月，公社化运动中，建设藏族乡改为建设人民公社。

1979年后，随着全国工作重点转移，民族工作进入一个新的历史时期。中央制订民族工作总任务，省、市恢复或建立民族工作机构，民族政策逐步深入人心。原民族乡的干部群众纷纷要求落实民族政策，恢复民族乡建制。建设公社先后4次向县政府以至省政府上报请示，反映干部群众民族成分、建立民族公社的要求。1981年9月14日，经省政府批准，撤销建设人民公社，建立建设羌族藏族人民公社。1984年1月，改称青片羌族藏族乡。

民族政策在青片乡的落实，相邻地区少数民族干部群众潜在的民族意识得到激发，也分别在普查核实民族成分的基础上申报建立民族乡。1984年10月29日，经省政府批准，撤销白什、马槽、墩上乡，建立白什羌族藏族乡和马槽、墩上两个羌族乡。

青片河流域4个民族乡的恢复和改建，全县贯彻落实民族政策、改建民族乡的工作得到进一步推进。根据国务院1983年《关于建立民族乡问题的通知》精神，省政府分别于1985年4月23日、1986年3月18日、1988年11月12日批准，撤销坝底、小坝、治城、都坝等17个乡，改建为坝底、小坝、外白、桃龙、小园5个羌族藏族乡和片口、开坪、禹里、治城、漩坪、青石、白坭、南华、金凤、都坝、贯岭、太洪12个羌族乡。至此，全县共恢复和改建民族乡21个，其中羌族藏族乡7个，羌族乡14个。

1992年9月，在调整区乡建制工作中，除保留青片、白什、片口3乡外，将马槽、坝底、墩上3乡合并为坝底羌族藏族乡，桃龙、外白、小坝3乡合并为小坝羌族藏族乡，开坪、小园乡合并为开坪羌族藏族乡，禹里、青石、治城3乡合并为禹里羌族乡，漩坪、南华乡合并为漩坪羌族乡，白坭、金凤乡合并为白坭羌族乡，都坝、贯岭乡合并为都贯羌族乡，将陈家坝乡并入太洪羌族乡，更名为陈家坝羌族乡。调整后，全县6个羌族乡、5个羌族藏族乡，占全县乡镇总数的68.75%；民族乡面积2350平方公里，占全县面积2867平方公里的82%，民族乡辖182个行政村、905个村民小组、93236人，分别占全县总数的65.47%、65.53%、58.27%。

2002年，为便于行政管理，方便群众办事，报经省政府批准，恢复马槽、墩上、都坝3个羌族乡和桃龙羌族藏族乡建制。至此，全县共15个民族乡。

2003年7月6日，经国务院批准，撤销北川县，建立北川羌族自治县，民族乡建制全部撤销。

2004年5月，根据县内少数民族构成情况和国家相关规定，经省政府批准，建立桃龙藏族乡。

第三节　建立自治县

1984年《中华人民共和国民族区域自治法》颁布施行后，省民委有关领导于1985年春夏先后两次到县，对民族居住、语言、习俗和宗教信仰等现实状况进行深入调查研究，全县民族工作的开展得到大大促进，引起市、县领导重视。是年冬，绵阳市委书记赵文定等领导带领相关部门负责人到青片河、白草河流域各乡进行全面考察后，同县委、县政府会商申报建立自治县问题。

1986年1月15日，县委、县政府向上级报送《关于申请建立北川羌族自治县的报告》。3月上旬，绵阳市人大常委会主任赵文定带领8名绵阳市的全国人大代表到青片等羌族聚居地方考察，广泛了解民情民意和要求。之后，县政府又报送《关于申请建立北川羌族藏族自治县的报告》。省政府针对“北川县30%以上的居民是不是羌族和藏族、1982年人口普查后少数民族人口猛增是否正常”两个问题，安排省民委组织省民研所、四川大学的民族史专家学者，于是年4月下旬到县进行深入细致考察。在考察的基础上，民族史专家学者向省政府报送《关于北川县少数民族情况的调查》。调查认为："这一带居民大多数属于羌族，部分属于藏族。随着近几年的民族平等团结政策的宣传和贯彻，他们曾经受到压抑的民族意识已愈来愈强烈地表现出来。""我们经过认真查证分析，认为北川县恢复民族成分的工作是严肃认真的。近几年来，特别是18个民族乡的先后建立，大大地激发了北川县少数民族的民族意识，纷纷要求恢复民族的本来面目，于是少数民族人口迅速上升，终于达到了近百年来的传统比例。""北川县羌族和藏族特征是明显的，并未消失，他们的分布也比较集中。近几年来少数民族人口的增加也是正常的，符合历史和科学。他们要求建立北川羌族藏族自治县是完全符合《中华人民共和国宪法》的。"是年6月，省民委又呈请中国社会科学院民族研究所语言研究室的专家到青片等地进行民族语言考察，发现"许多年岁大的人仍然说羌语，自称'打乡谈'，就是汉语中也保留着许多羌语词汇和特征"。据此，省政府正式向国务院呈报《关于建立北川羌族自治县的请示》。

1987年4月，县委、县政府安排汇报组赴京，向国家民委作详细汇报。由于种种原因，"建立民族自治县"要求未获国务院批准。是年11月，省政府批准从1988年1月起，北川按照少数民族县对待。

此后，全县基层干部和各族群众强烈要求自治的呼声不止，仍不断以人大议案、政协提案以及口头、书面等形式反映广大羌族人民的愿望。1990年春，县委、县政府决定，"将申报建立北川羌族自治县的工作继续列入县委、县政府工作的重要议事日程，并坚持不懈地努力，一抓到底"。从此，历届县委、县政府都将争取建立羌族自治县列为工作目标，不断以书面申报，上京汇报，利用国家领导人到成都、绵阳等地的机会作口头汇报，商请省、市有关领导牵头向全国人大、政协会议提议案、提案，商请国家、省、市有关领导来县考察听取汇报等形式，直接反映全县各族人民的呼声和愿望，反映北川羌族的历史和现状。1997年1月，省政府向国务院呈报《关于建立北川羌族自治县的再次请示》，国家民委、民政部研究后，向国务院报称"同意按建立自治地方遗留问题对待，将北川县改建为北川羌族自治县"。此后几年，北川一直坚持反映"建立民族自治县"要求。2003年7月6日，经国务院批准，撤销北川县，建立北川羌族自治县。

经过17年的争取工作，全县人民建立自治县的愿望终于得以实现，各民族同胞无不为之欢欣鼓舞。经3个多月的精心准备，10月25日，即农历十月初一日，是传统的羌历新年，北川羌族自治县成立庆典在龙王滩体育场隆重举行。是日8时，县直各部门和乡镇组织的数千人参加的化妆游行队伍从县影剧院出发，途经县城各街道，载歌载舞行进至主会场。10时，县长陈明世宣布北川羌族自治县成立大会开幕，鸣铁炮19响，五星红旗在国歌声中冉冉升起，中央祝贺团团长铁木尔宣读国务院《关于同意设立北川羌族自治县的批复》，中央和省领导向县人大及县政府等机关授牌、授印，县委书记赵琪致辞，中央、省、市祝贺团团长铁木尔、张作哈、黄学玖先后致辞祝贺。随后，向与会者展示一台具有浓郁大禹文化、羌族文化特色的大型歌舞《西羌神韵》。

自治县成立庆典盛况空前，来自中央、省、市和省内各民族自治地方的祝贺团与县内外各族同胞数万人参加庆典活动，四川电视台、绵阳电视台对庆祝大会作同步实况转播。

第三章　民族工作

第一节　自治机关建设

一、选拔和培养民族干部

1984年后的几年中，全县大部分乡陆续改建为民族乡，各民族乡的主要领导均按规定配备民族干部。为提高民族干部队伍的素质和政策水平，1986年后，分批安排各民族乡的乡长或书记，以及县直机关的民族干部到省民委举办的民族乡乡长培训班进行培训；民族乡的干部补员和换届选举时，积极推荐少数民族青年应聘、应选，使民族乡的少数民族干部达到与其建乡民族相适应的比例，民族乡的乡长均由建乡民族担任。

为保障少数民族在政治生活中的平等权利，参与地方事务管理，在县人代会、党代会、政协换届选举时，注意使少数民族代表、委员逐步达到与其人口相适应的比例。1988年以后，各届人民代表、党代表、政协委员中，少数民族所占比例均达到50%左右。同时，尽可能安排少数民族干部群众参选省市人大代表、担任省市政协委员。

经多年的努力，少数民族干部素质得到较大提高。1997年11月，县民宗委根据省委组织部、省民工委、省委统战部的要求，对全县1984—1996年少数民族干部的学历培训和挂职锻炼情况进行调查统计分析，结果表明，少数民族干部队伍的学历层次、专业结构和领导职务层次均发生较大变化。

学历层次变化：1996年，全县有少数民族干部1924名，占全县干部总数49.2%，比1984年增长47.2%。其中大学本科96名，比1984年增长3.5倍；专科364名，比1984年增长4倍；中专852名，比1984年增长68.4%；高中258名，比1984年增长17.8%；初中及其以下354名，比1984年减少27.6%。

科技人员及专业结构变化：1996年，全县少数民族干部中有科技人员1217名，占全县干部总数的50.8%，比1984年增长1.2倍。其中具有高级技术职称3名，与1984年相比，从无到有；具有中级技术职称254名，比1984年增长83倍；具有初级技术职称818名，比1984年增长2倍。

领导职务层次变化：县级机关有少数民族干部341名，占县级机关干部总数的48.3%，比1984年增长57.9%；乡镇干部中有少数民族干部241名，占全县乡镇干部总数63.1%，比1984年增长33.8%。少数民族干部中有正、副县级及相当职务的10名，占同级总数的34.5%，比1984年增长3倍；有科级及相当职务的267名，占同级总数的53.4%，比1984年增长1.2倍；有科员、办事员及其他工作人员305名，占全县同级总数的54.6%，比1984年增长13%。

少数民族干部挂职锻炼。自1991年起，县委、县政府先后安排不同层次的少数民族干部6名，到沿海省级机关、省内发达地区和县内企业挂职锻炼，锻炼后升任县内中、上层领导干部。

1997—2007年，全县少数民族干部队伍的学历层次、专业结构和领导职务层次基本保存稳定。

第四章　民族文化

第一节　宗教信仰

一、羌族

宗教信仰的变化　在羌族聚居区，由于其社会形态一直处于分散的部落状态，因而保留着原始的多神信仰。羌人相信万物有灵，被羌人普遍信奉的神灵有数十种，大致可以分为两大类：一类是自然界的神灵，另一类是祖先崇拜性质的神灵。自然界神灵包括天神、地神、火神、山神、树神和牲畜神等，其中天神木比塔是至高无上的，他按自己的模样创造出人类和宇宙间的万物，同时，他又是羌人崇拜的太阳神和农业神。祖先崇拜性质的神灵泛指家神，包括祖先神木姐珠、斗安珠，家庭祀奉的男祖宗神、女祖宗神、男保护神、女保护神等，从事特殊行业的羌民，还供奉有各自的祖师神，如猎神、石匠神、铁匠神等。

县境"地介汉番之间"，属民族聚居区的过渡地带，同时受到不同文化的影响，在神灵崇拜和宗教信仰方面，便形成浓厚的地方特色。县内羌族在宗教方面受汉文化的影响始于明代。从天顺四年（1460）开始，明王朝调派大量官军到县境驻守，这些来自汉族聚居区的戍边将士最多时达两三千人，他们成为汉文化的重要传播者。明代中期坝底堡兴建的报国寺，明代末年都坝乡伏羌堡附近兴建的玉皇庙（俗称皇帝庙），是县内较早的汉式庙宇。这些庙宇的兴建与驻防官军有着直接的关系。

清代推崇藏传佛教，县境北部又紧邻藏族聚居区，于是在西北部的小坝、桃龙、青片等地区陆续建起喇嘛庙。清代后期，国外的天主教、基督教相继传入。不同的宗教观念对羌人的神灵崇拜产生深刻的影响。县境东南部，佛教和道教逐渐取代羌族的原始宗教信仰，占据统治地位。县境中西部，则兼有佛教、道教、藏传佛教乃至天主教等多种宗教的影响，羌民不仅学习汉人修建庙宇供奉神灵，而且往往在一座庙宇中同时供奉禹王、玉皇、观音、喇嘛神君等多种神灵。

虽然明、清以来县内羌人原始神灵崇拜观念逐渐淡化，供奉白石的习俗已极其少见，但万物有灵、敬畏自然的信念在不少人心里仍然根深蒂固。在羌人看来，树木、水井、桥梁、石头等等这些没有生命的东西，都具有灵性，只要时时祭拜，就可以祛除灾病，保人畜平安。

县内羌人对古树的崇拜十分普遍，这无疑是万物有灵观念的表现。在青片等地至今还保存着多处神树林和神树，都坝、白坭和陈家坝乡太洪等地也都有千年古树，人们对这些古树顶礼膜拜，不时为其挂红放炮，祈求祛邪免灾。

白石崇拜　羌族所信奉的神灵都没有神像，除释比所供奉的祖师以猴头为象征，其他诸神统统用白石代表。白石供奉在不同的地方就代表不同的神灵，如房顶上的白石代表天神，火炉旁的白石代表火神，屋角的白石代表家神。

羌族崇拜白石，专家认为白石崇拜与古代火崇拜、生殖崇拜有关，但羌人也有自己的说法。据羌族史诗《羌戈大战》记述，古羌人从西北大草原南迁时，一路受到“魔兵”追杀。天神抛下三块白石，变成大雪山，阻挡住“魔兵”，才使羌人免遭灭顶之灾。羌人到达松潘大草原建立新家园后，又与日补坝（今茂县）土著戈基人发生冲突。决战中，天神授羌人以白石，打败用雪团作武器的戈基人，终于在松、茂地区站稳脚跟。因此，白石也就成为羌族的崇拜物，成为各种神灵的象征。由于道教、佛教的影响逐渐扩大，羌族原始宗教信仰随之淡化，北川羌族供奉白石的习俗渐渐消失，只在边远山寨留下一些遗迹。

羌族释比　古代羌族先民相信万物间存在决定人类命运的神鬼，他们在敬畏神鬼的同时，又不得不和神鬼打交道。执行人与神鬼交往的人就是巫师，羌族称为释比。释比是羌族原始宗教的传承人，是在羌民中享有崇高威望的精神领袖。羌族又称释比为“许”“比”等，前面加上“阿爸”两字，则表示尊称。传说羌族最早的释比是从天上来的，其名字叫木纳，是天神木比塔家中的卜师兼祭司。木纳本领高强，空中能驾驭飞翔的凶禽，地上能驯服驰骋的猛兽。由于木比塔的幺女儿木姐珠执意要下嫁给羌族青年斗安珠，到凡间生活，人间多有妖魔鬼怪为害，木比塔只好派木纳下凡，帮助凡间大众预卜吉凶，祛病禳灾，解秽驱邪。从此，木纳就成为人间第一个释比。

羌族释比祀奉的祖师木纳没有偶像，只在家中的神龛上供奉着猴头神位来代表。释比作法事时所用之物，称为法器，又称为法宝，主要有猴头帽、羊皮鼓、法印、符板、响盘、法铃、独角、法刀、神杖等。释比借这些法器的演示来与神鬼发生关系，因而释比把这些东西看得十分神圣，不得无故乱动，更禁忌他人触摸，释比自己使用时也得先洗手，烧香烛纸钱，来告知神灵，否则神灵会降罪。

羌族释比在羌人生产生活活动的各个方面充当着重要角色。许愿还愿祭祀之类与神打交道的事，理所当然要由释比来主持，这时的释比充当的是古代祭司的角色。如遇魔鬼作祟，摄夺魂魄，以致造成非正常死亡，则由释比作驱逐魔鬼之法，行招魂归穴之术，使死者能够超脱转生，不致化成厉鬼来贻害村人亲眷，这时的释比充当的是巫师角色。如人们在日常生活中有生疮害病、不顺心之事，释比就为其解秽禳病，消灾降福，这时的释比又扮演医生的角色。如果全村寨要举行大型的节日集会，释比不但要承担祭司任务，负责主持，而且还要演唱经典，这些经典反映羌族古老的文化与历史渊源，此时，羌族释比又是羌民中最权威的文化人和知识集大成者。羌族无文字，其历史发展进程除汉文古籍中有少量的记载外，羌族的神话和释比经典就是主要的“史志”材料，因而释比又是羌族历史文化的传承人。释比经典《羌戈大战》中，就保存着羌人远古时期珍贵的历史资料，以艺术的形式曲折地反映羌族古代社会的历史进程。现代羌人来源于西北羌人与土著羌人戈基人的融合，这一史实在《羌戈大战》中得到印证。

在羌族释比所演唱的经典中，又往往叙说种种宗教仪式的进行过程以及风俗习惯的来历、内容等，成为民俗信仰的重要载体。羌族的许多民俗能够存留至今，在很大程度有赖于释比经典的传承。

羌族释比平时从事农牧业生产，是普通劳动者，主持法事活动是业余的，因而深受羌民的尊敬。羌族释比享有崇高的威望，还因为他们不仅具有广博的社会经验和知识，而且懂得许多巫术魔法。巫术魔法涵盖的内容相当广泛，主要用于医治各种常见疾病。用巫术为人治病虽然缺乏科学依据，但往往能够缓解甚至治愈病痛，因而受到羌人的信赖。

在生产力低下的时代，如遇有天灾人祸，人们往往求助于神鬼，依赖于非科学的手段来祛病禳灾，所以不仅释比懂得巫术魔法，很多普通羌人也掌握部分绝技。他们可以不用药物，吹散患者眼珠上出现的被称为翳子的白色障碍物，可以不用药物使患者肢体上隆肿的毒疮消散，可以把滚烫的开水浇在患者身上治疗风湿疼痛，可以用一碗冷水化掉卡在喉咙里的鱼刺，可以不用药物使新伤口止血并很快愈合，可以用手拿捏治愈非粉碎性骨折等等。随着社会发展和科技进步，人们在日常生产和生活中遇到灾变和疑难，不再依赖神秘的法术，对羌族释比的巫术魔法以及民间绝技的认识也在发生变化。作为羌族传统文化的一个重要组成部分，神秘的羌族释比文化虽然仍旧有很大的影响力，但已逐渐演变为表演性质。羌人脚踩烧红的铁铧走路、口吞绣花针等绝技表演令见者色变、闻者心惊。

二、其他少数民族

县内藏民亦崇拜白石，视白石为山神和天神，认为白石可以避邪，保佑人畜平安，往往在密林中或神山上砌一石塔，上置白石，便是祭祀神灵的地方；有的则把白石放置在屋顶石砌小塔顶上或门窗上。藏传佛教俗称喇嘛教，是县内藏民普遍信仰的宗教，传入时间无考。明代中叶，片口场后的山顶上建有一座屋三间、楼二层的转经楼，墙垣四合，为当地藏羌群众念经之所。“所念之经以纸书之，贴于车盘，用力转动，以代诵读，可免罪愆”。民国年间始废。清乾隆八年（1728 年）建于龙藏后山的大佛寺，是桃龙及其附近一带的佛事中心，四季香火不断。每年农历四月初八日佛祖会，数千群众聚集在此烧香拜佛。近几十年来，由于民族交流加强，县内藏民的宗教信仰与汉族趋同。

县内回民信仰伊斯兰教，自来县定居后即修建清真寺开展宗教活动，至今仍之。其他少数民族因人数极少，皆随方就俗。

第二节 风俗习惯

一、羌族

建筑风格 据汉代文献记载，羌区“众皆依山居止，垒石为室”，说明在两千多年前，羌族就盛行用石头建造房屋。这种石砌的房屋通常为三层，也有两层或者四五层的，称为碉房，最高的达十几层，像宝塔一样，称为碉楼。县境夏秋季节多雨，石碉房的屋顶全是坡面，用石板或小青瓦覆盖。

碉房坚固耐用，旧时官军将其视为军事防御设施，凡攻打羌寨时，“所过碉寨皆毁之”，事后还把拆毁碉房的数量作为战功向上奏报。据《明史》记载，明嘉靖二十六年（1547）官军平定“白草番乱”的过程中，拆毁碉房达 4870 多座。当时全县人口不过两万，照此推测，县内民居大部分是碉房。自清代初年松潘总兵何德成征服青片河上游的羌寨以后，县境再未发生大规模战事。在和平环境中，羌汉交流频繁，汉族地区流行的房间宽敞且采光透气性能更佳的木质房屋逐渐取代碉房，成为县内羌族民居的主要样式。县境西部的白草河与青片河上游，由于位置偏僻，直到民国时期，住石碉房仍很普遍。近几十年，随着生活水平的不断提高，羌民的观念也发生变化，住碉房被视为没出息，碉房成为贫穷落后的象征，于是纷纷将自己的石碉房拆毁，改建为木屋。至 2007 年，县内仅青片等地有几处石碉房尚在使用。

县境山高坡陡，极少有可供建房用的大块平地。为在不大的地基上修建尽量宽大的房屋，羌民修建木屋时往往将一侧的木柱立在低于屋基两三米的地方，这样可以向外延伸一间房屋。因为木柱下垂，被称为吊脚楼。木屋多为三层，底层作畜圈，与屋基齐平的二楼铺上木板住人，顶层堆放杂物。羌民在放弃碉房改建木屋时，仍然保持着对石头的偏爱，运用修建碉房的高超技艺，用石头砌成隔墙、保坎，墙体端直平整，极其美观。

木结构房屋宽敞明亮，但也有缺陷。20 世纪 70 年代后，城镇及公路沿线的居民，逐渐以砖混结构房屋取代木屋。近年来，一些边远地区的羌民，也把房屋的板壁改用砖砌，使墙壁变得更为平整美观，木格窗则改为透明防风的玻璃窗。

羌民多生活在高寒地带，室内一般设有火塘，用来烤火取暖。火塘上面吊一个可以上下滑动的木钩，俗称“管家婆”，用来悬挂鼎锅或茶壶，供煮饭、烧水之用。火塘也是羌民熏制腊肉的地方。

饮食习惯 羌民深居大山之中，素以本地所产的玉米、马铃薯、荞麦、黄豆等杂粮为食。随着交通条件的改善，大米等细粮逐渐增多，其来源主要是用马铃薯、黄豆等杂粮到山外兑换或直接购买。

羌民肉食以猪肉为主。一般年终杀猪，称为杀过年猪，将肉渍盐后悬挂于火塘上慢慢熏干，成为腊肉，除供自食外，还是馈赠佳品。在高海拔地区，每年生火取暖的时间长达数月，挂在火塘上长时间熏制的腊肉自然醇香可口而不易变质。过去羌民不食牛肉，这可能与崇拜耕牛的心理有关。

羌区的蔬菜有萝卜、白菜、青菜、莲花白、四季豆、南瓜、黄瓜、辣椒等，品种根据各地气候条件而定。山林中的椿芽、蕨菜、鹿耳韭等名目繁多的野菜也深受羌民的喜爱。

咂酒是羌族喜爱的特色饮料。以玉米、青稞、小麦等杂粮做原料，煮熟后拌酒曲放入坛中发酵而成，与醪糟制作方法相近。饮用时，开启酒坛，插入打通竹节的细竹管吸吮。

凡有重大活动或贵客来临，由释比或寨中长者主持开坛仪式，然后众人按长幼尊卑顺序轮流吸吮，边饮边往坛中添水，其间伴以歌舞助兴，直至酒淡兴尽方止。

传统服饰　羌人自种苎麻、胡麻或火麻，纺线织布制作衣服，有的则用羊毛做原料。传统服装的基本色调为白色（麻、毛本色）、蔚蓝色和黑色。

男子服装朴素大方，上身穿长衫，外套一件羊皮褂或棉夹褂，小腿包裹用羊毛织成的毪子，或者用麻布、棉布制成的绑腿，腰间拴棉、麻或羊毛织成的腰带，随身携带着吊刀、绣花裹兜或皮裹兜。近代，由于生活水平提高，自制的麻布被淘汰，但男子服装的样式则基本未变。

羌族女性服饰绚丽多彩，少妇、姑娘的服饰尤为鲜艳，其基本色调有蔚蓝色、水红色或深红色，年轻人的衣领、衣襟、衣袖、衣边以及裤脚边，绣有彩色花边，衣领上镶有梅花形银饰。中、老年妇女的衣服虽有花边，但绣花较少。羌女无论老幼，均拴围腰。围腰上有色彩鲜艳的图案花纹，上端钉银扣，腰部两边各有一条宽约一寸的精致挑花长带，系在身上就成为两根飘带。除下地劳动，平常喜欢穿自制的绣花鞋。

县内羌人无论男女老幼，喜欢用黑色的头帕裹头，每当喜庆日子，女性则戴上精心制作的绣花头巾。

过去羌族女性的发型很讲究，小姑娘扎小辫，少女留长发，已婚妇女挽发髻，佩戴银簪子。喜庆之日，姑娘们戴绣花头巾，佩戴银耳环，戴银圈或玉镯，简称为“簪环首饰”。至2007年，县内靠近茂县的青片、白什、马槽、坝底、墩上等地，女子出嫁时，陪嫁必备之物为“簪环首饰”。

现代羌民已不再种麻织布，用机织布料取代手工麻布，古老的织布工艺近于失传。但在青片等地，仍有年长女性擅长手工纺织腰带，与清代谢遂所描绘的羌女“腰机而织”相似。

由于环境条件的改变，现代羌民一般只在节庆时穿传统民族服装。

婚嫁习俗　旧时羌族实行一夫一妻制。以包办婚姻为主，或指腹为婚（若为同性，就结为异姓兄弟或姊妹，变成指腹为亲），或三五岁时订婚。订婚时，先“合八字”，或请“卦师”占卜，如吉利便举行复杂的订婚仪式。

结婚仪式极为隆重，一般要经历三天三夜。首先是“支客”。男女双方家庭均要请一名得力的“支客司”，负责支迎宾客。宾客安座颇有讲究，如男到女家上门，按关系亲疏和长晚辈分依次就座；如女嫁男家，须先安接亲的就座。如有疏漏，支客司将受指责。

上门新郎一般着盛装，在双吹（唢呐）、双打（锣鼓）和鞭炮声中骑马到女家去。女嫁男家，则由男方迎亲入门。女家支客司叫“簪花”，客人赠送礼品叫“添箱”。支客司在接收添箱时，要高声念“某某舅爷添箱衣服一件”等，新娘则在绣房内唱嫁女歌表达谢意，直至添箱完毕。

姑娘出嫁前夕还要“坐歌堂”。歌堂设在正屋，摆桌子三张或四张，上置鲜花一朵，以及各类糖果。“引姑娘”（伴娘）从绣房中接引新娘，在进堂屋的门槛上，放置一个内盛粮食、外用红纸包裹的米斗，上插香柱。新娘须踩过米斗沿，才得进入歌堂，此即所谓“踩斗”之习。新娘在歌堂坐定，姑娘和青年妇女围桌而坐。然后由新娘和“引姑娘”分别起歌头，歌随花转，依次轮唱，歌声不断，直到出亲。每唱完一首歌，押礼先生赠以礼钱。坐歌堂费用由男家支付。

不论上门或出嫁，接亲队伍到达时，均要举行隆重的迎宾仪式，通称“迎风接路”。主家全部宾客从大门两旁起，组成夹道，摆设三道迎宾台（每道一张桌，上置一壶酒和数只杯），宾客到迎宾台前时，主客说唱般地互道迎酒、谢酒词，称为“说酒令”。三道迎风，三礼答谢，才入大门。此时，如为女嫁男家，则由公婆在唢呐、锣鼓及鞭炮声中出门迎接，家中厨师提一只公鸡在门口宰杀，将刀砍在门框上，但不能让新娘子看到血迹。进入堂屋后，开始拜堂，名曰“团堂”。拜堂过程中，要吟诵丰富多彩的叫礼词。

当夜，男方还要红爷（媒人）去女家偷泔水，意为偷福，名曰进财。女家也象征性地维护一番，其实都是表示庆贺。

拜堂后，开始酒宴，称为“正酒”。女方娘亲舅爷姑表姨叔为“正客”，新娘直系姊妹、晚辈为“送亲客”。正酒安坐格外讲究。新郎新娘先分别斟酒，其他宾客才能入席，席次亦有明显的亲疏之别。宴席后，唱歌跳舞，直至深夜才徐徐离去。有的地方还有当晚闹洞房的习俗。

最后是“谢客”。由新郎新娘办两套水礼（三把挂面、一封糖、一瓶酒、一块二三斤重称为吊子菜的鲜肉），回门（回娘家）谢客，即宴请寨中老人、相帮兄弟等。除在谢客宴上敬答谢酒外，还要专门请老人到堂前受礼，以表谢意和敬意。回门时，新人将原穿过的衣服等个人财产带回娘家，整个结婚仪式方告完毕。

此外，婚前还有“开笼酒”。即在婚礼十天半月前，请全寨各家家长赴便宴，商量婚宴准备事宜，如筹备柴、炭、厨具、餐具等。婚礼后的第三天，要备一个猪头、四把挂面、两瓶酒、一个吊子菜感谢红爷。红爷将到其家时，要放鞭炮示贺，新娘即唱谢红爷歌，如“扁竹叶来扁竹根，这回红爷操了心。清早走路露水大，晌午走路太阳蒸；打烂几把洋布伞，穿烂几双绣花鞋。心想给你做一双，婆家没有扯布来！”气氛活泼开朗，表现新人及红爷双方的喜悦之情。

近现代以来，由于受外界影响，仅青片河流域的婚礼尚有古羌遗风，还保持着传统婚礼纷繁复杂的程序，其余地区的婚礼趋于简化。

丧葬习俗　古时候，“羌人死，燔而扬其灰”。至清代，羌族仍普遍实行火葬。据乾隆版《石泉县志》记载，县内羌人“死丧无孝服，殡不用棺椁，男女亲故罗拜，置尸于龛，焚而埋焉”。当家中亲人亡故后，便出外鸣枪，报全寨知晓，随即孝子鸣锣至各家报丧，于是大家都来协助处理后事。在堂屋设灵堂，请释比做法事或喇嘛念经后，择期将遗体送到火葬场（俗称火坟场）火化。在羌区，或按寨子，或按姓氏设有专门的火葬场。所用木柴由全寨各家共同提供（一家一捆），将木柴架在棺木四周，由娘舅点火，亲属围跑唱丧歌。火熄后，取骨灰埋于地下。

清乾隆年间（1736—1795），知县姜炳璋认为火葬是陋习，“详加晓喻”，要求羌人改行土葬。经过两百多年的演变，土葬被羌人普遍接受，仅在西北部的边远村寨还留下一些火坟场的遗迹。

姜炳璋倡导土葬的地区主要在县境西北部，县境东南，包括县城所在的中部地区，自古以来就实行土葬。其墓穴用石条或石板砌成，被称为石棺墓。按照羌语的称呼，石棺墓是戈基人的墓穴。由此推断，实行石棺葬是古代土著羌人的遗风。清代后期县境西北部的羌人逐渐改行土葬后，全县各地的葬俗便大同小异。

旧时土葬仪式也有讲究。若是老人寿终，装殓时以黑纱作头帕，穿青衣，盖以红布，下葬时把一只红公鸡系在棺上引路，此为“引魂鸡”，意为送老归山。若父母健在而子先死，则以白布作为头帕，用白色鸡，或以麻布、白布代作“引魂鸡”，视为寿未尽终。至于不到三岁而夭折的儿童，则用蜂桶或简易木箱装殓，放置于山洞岩穴中。

传统节日　除春节、清明、端午、中元、中秋等中华民族共有的传统节日外，羌族还保存着自己独特的节日，其中最为隆重的是羌历年。

农历十月初一，是羌族新年，为与春节相区别，称为羌历年，或者过小年。羌历新年具有悠久的历史渊源。羌族释比经典《木姐珠》中说，天神木比塔的幺女儿木姐珠，执意下凡与羌族青年斗安珠结婚。临行时，父母给其树种、粮种和牲畜作陪奁。木姐珠来到凡间后，很快繁衍了人类，所种的树木骤然成林，粮食丰收，牲畜成群。木姐珠不忘父母恩泽，便在秋收后把丰收的粮食和肥壮的牲畜摆放在原野上，向上天祝祷。从此以后，羌历年就成为羌民喜庆丰收、感谢上天的日子。

羌年来临，各寨均要举行隆重的庆祝活动。届时，全寨男女老少都穿上节日盛装，带上祭品、咂酒和食物，聚集到设在野外的庆祝场地。庆祝活动大体由祭祀和娱乐两部分组成，由释比或寨中德高望重的老人主持。先宰杀山羊祭祀天神，焚烧用纸做成的猛兽模型，以此感谢上天，驱除邪恶。接着，男女老少在草坪上围成圆圈，载歌载舞，俗称跳喜庆沙朗。继而开饮咂酒，互赠美食，共祝新年，一直狂欢到深夜，才尽兴而散。

近现代以来，由于汉文化影响日益加深，春节、端午、中秋等节日也逐渐被羌族接受，羌历年则演变成以乡、县为单位举办庆祝活动，活动内容也变为以娱乐、商贸为主。与注重家人团聚的春节不同，羌历年是开放的、社会性的节日。人们走出家门，聚在一起，共同欢度佳节，共同庆祝丰收，共同憧憬未来，气氛喜庆而热烈。因而，羌历新年不仅被羌人看重，也深受羌区其他民族的喜爱。

民俗活动　祭山会，俗称转山会、山王会，是羌寨最隆重的祭祀大典。羌族生活在高山峡谷之中，靠山吃山，大山是其生存的依靠。通过祭祀天神、山神表达对大自然的敬畏和崇拜，使山寨能够免除灾祸，风调雨顺，成为羌族世代传承的习俗。

由于各羌寨地理环境、气候特点、农事季节各异，因而祭山会的时间也各不相同，有的选在上半年，有的选在下半年。上半年祭拜山神，为的是祈求神灵免降灾祸，希望庄稼丰收；下半年丰收后祭拜山神，则是酬谢神灵的保佑。也有的定于大禹诞辰农历六月初六举行。

祭山会一般以村寨为单位举行，仅限于男性参加。近几十年来，提倡妇女解放，女性和儿童也可参与活动，更增添了热闹气氛。

祭山会由释比主持。释比用本地饲养的山羊作祭品来表达对神灵的崇敬。用作祭品的山羊要经过挑选，谁家的山羊被选中，就是一种莫大的荣耀。精心挑选出来的山羊，还要由释比为其净身，念诵经典。经过一番洗礼，一只普通的山羊便成为向神灵致祭的神圣祭品。祭山会的地点选择在寨子外面的山坡草坪上，主祭场地上方，砌有一座小石塔，塔上放置的白石头，就是天神、山神等神灵的象征。

在前往祭祀场地的途中，羌民在释比的带领下，对寨神、树神等相关神灵一一致祭。在供奉白石的石塔前，释比唱诵经典，恭请神灵光临，然后宰杀山羊，将羊头敬献到石塔上，让神灵领受。石塔前，众人匍匐在地，虔诚地许下诺言，祈求神灵免除灾祸，赐福山寨。庄严神圣的祭祀仪式完成后，羌民深信来年会受到神灵的福佑，他们怀着对来年生活的美好憧憬，载歌载舞，尽情狂欢。经过神灵领受的山羊就地煮熟，供全寨人分享。县境土地辽阔，羌民居住分散，平日各自忙于生产，祭山会又成为村寨羌民相聚交流的盛会。

在科学高度发达的现代，传承千百年的祭山会虽然保持着传统的形式，但其内涵变化很大。现代羌寨祭山会宗教色彩淡化，表演的内容增多，但其所体现的人与自然、人与人和谐相处的基本信念是一脉相承的。

大禹崇拜　大禹是我国继炎帝和黄帝之后的又一人文初祖，他以制服天下洪水并创建中华民族第一个国家政权的丰功伟绩而彪炳史册，更因艰苦奋斗、公而忘私的高尚品德受到万世景仰。据古代典籍记载，大禹生于西羌之石纽，是古羌人的领袖。数千年来，羌人一直奉大禹为先祖圣王，对大禹敬若神明。在羌族聚居区，至今还保存着许多有关大禹的历史遗迹。在大禹诞生地北川，崇禹的风气尤其浓厚。《华阳国志》载：石纽一带“夷人共营其地，方百里不敢居牧，至今不敢放六畜”。说明早在汉代以前，羌人就把大禹诞生地看得十分神圣。《水经注》云：广柔县（北川古属广柔县）之石纽，是大禹诞生地。这一带的老百姓一直不敢在这里居住放牧，犯了罪的人逃匿到此，便不再受到追捕，能躲藏三年不被抓住，就会受到原谅，说是受到了大禹神灵的保佑。由于受到汉文化的影响，羌人对大禹原始状态的崇拜逐渐演变成建庙祭祀。《新唐书》载，唐代建石泉县以前，石纽山下就建有禹庙，当地人认为农历六月六日是大禹诞辰，每年均要举行隆重的祭祀活动。自唐代以后，以庙祭方式纪念大禹的活动便代代相传，历时千年而不绝。

二、其他少数民族

服饰　县内藏族“男子多蓄发，梳成辫子绕髻于脑后，以皮为帽，形圆如钵，或带篱（上为四）”；“女子剔头留发辫”，未婚女子头发梳成细辫或双辫，发辫上挂以银质饰物，已婚妇女将双辫缠于头上，使用银簪玉坠，包头帕或戴布帽。喜戴镶珊瑚、玛瑙之类的耳环和戒指。富贵之人“金为首饰，胸前悬一金花，径三寸”，贫者“项系铁锁，手贯铁钏”。“衣多毛褐、皮裘”，男女都穿羊皮褂或麻布制作的圆领斜襟长衫，男子前襟饰以花铜扣，女子衣领、袖口、衣襟上镶花边。男女均系红腰带，穿大脚裤，妇女拴围腰。腿缠羊毛或麻线织成的绑腿。男穿靴子，“全剥生牛皮为靴”，内垫棕片或干草，妇女穿自做的布鞋、布袜。20 世纪 50 年代初，小坝、桃龙等地藏民仍着民族传统服饰。后渐与汉人相同。

县内回民除习惯头戴白色“号帽”外，其着装与汉人无异。做礼拜时则穿白色衣服。

饮食　县内藏民自古即好茶，每日必饮。通常将老茶（边茶）放在鼎锅或茶壶内熬煮，至色浓味香即取而饮用。此外，还常在茶中放一些捣碎的核桃仁，或加入红糖、白糖，一般是待客用；或将化猪油、盐和炒面放入热茶内搅拌成油茶，能御寒充饥，多为冬季饮用。

回族自来严守传统，以牛羊肉及家禽肉、蛋为副食，忌食猪肉，不吃凶猛动物（如虎、狼、熊等）和奇蹄动物（如马、骡、驴等）肉，不吃动物的血液及自死的、非穆斯林宰杀的家禽家畜。擅长制作面食，油炸的油香、馓子等传统面食亦受到汉族的青睐。回民还擅长卤制肉食品和制作爆肚丝、酱牛肉、牛羊杂碎、油茶等清真食品。

民居　县内藏民住宅与羌民相近，回民则向与汉民无异。

婚姻　县内藏族与羌族婚姻习俗大致相同，唯其婚礼仪式较为简单。一般由新郎同亲友乘马前往迎亲，同时带去一匹供新娘乘骑的白马和酒、肉、糖果等礼品。女家送新娘时，派一位女伴相陪。途中遇见行人，新娘便从怀里掏出喜糖分撒，让路人分享喜悦。当晚，亲朋送去礼品表示祝贺，大家一起唱歌、跳锅庄、喝茶、饮酒，通宵达旦。亦盛行入赘。男女双方情愿，即选定吉日，男家宴请亲友后，新郎穿上新衣，带上礼品，与同伴骑马到女家，继而女家宴请亲友，宣布成婚。妇女再嫁或招郎上门不受限制和歧视。

回族一般实行族内婚，不允许本族女子嫁汉族男子；至于回族男子娶汉族女子，须改依回民风俗。男女青年的婚姻有自择权，经媒人和阿訇介绍，双方情愿，取得父母同意即可。婚礼由父母或长辈主持，请当地清真寺的“依玛目”（掌教阿訇）证婚。中华人民共和国成立后，实行民族平等政策，回族男女婚配不再受族别限制，且各自有宗教信仰的自由。

丧葬　藏人亡故，先用柏枝熬水净身，穿上新衣，请喇嘛或端公念经，然后抬至专门的场地焚化，将骨灰装入火葬罐掩埋。若是患传染病或凶死者，则另择地点焚化。也有将死者用毯子包裹或以木箱盛装投入水中实行水葬的。清代中叶，渐行土葬，葬式与羌、汉人基本相同。

回族按伊斯兰教实行土葬。回民亡故，家人先为其瞑目、合颌，理顺手脚、须发，再用洁净的温水沐浴全身，涂抹香料，并用白棉布包裹，随后置尸于庭院洁净处或清真寺内举行葬礼。阿訇面向西方，胸对亡人，默念《古兰经》祈祷文，亡人家属及送葬亲邻俱到场参加。礼毕，移尸于经匣，抬至墓地安埋。尸体放入墓坑即取出经匣，周围镶石，上覆以土，坟堆鼻形，南北向。最后送葬者静听阿訇宣念《古兰经》，葬式结束。回族“葬必从速”，以“入土为安”。丧期最多不超过三天，往往习惯于当天或次日安葬。若死于异地他乡，一般就地安葬，忌将外死者的尸体搬回入屋。丧事尚俭，死者不分富贵贫贱、职位高低，均以同样数量的白布包裹，埋在同一墓地，占同样大小的地盘，并且不允许任何人以稀世珍奇、金银首饰、珠玉玛瑙等随葬。办丧事不鸣鞭炮，不穿孝服，不摆酒宴。丧葬期间，本族左邻右舍要到亡人家中慰问和资助，协助解决困难。丧期内，除远来亲朋外，均不在丧家就餐，以免增加其负担。

第三节　语言文字

一、羌族

语言　县内羌族曾通用羌语。至清代中期，白草河、青片河上游地区仍普遍使用羌语。乾隆年间（1736—1795），知县姜炳璋到羌寨考察时，为能与羌民交流，不得不随身带着翻译。姜炳璋在所编纂《石泉县志》中，还用汉字记载其所收集的羌语日常用语：

“番民无文字，点划随其天籁，相口授而不迁焉，呼父为阿爷（阿音如叶爷转入声，音近叶），母为阿妈（转入声，音近袜）；兄曰哥，侄曰侄，妹曰妹，与汉人无异；弟曰都涿，从弟曰葛都，嫂曰阿没柘，伯曰阿必得，叔曰阿仆，叔之妻曰阿什；母之兄弟曰阿姑；父之姐妹曰阿姑乜，其夫曰阿必得；称官府曰阿叭，称祖父亦曰阿叭，祖母曰阿铎，子曰接禄，女曰接蓖，甥曰择涿，呼孙亦如之；媳曰接续。凡食物曰择么乜，早饭曰合纳帖，午饭曰杂么帖，饮茶曰挞帖。其余衣帽曰大娃；称鞋，河东人曰剌葛，河西人曰涿其。有所求曰乞，无所求曰没乞；知其事曰察，不知其事曰没察（察音近煞），不明白曰没称。其呼天曰儿漠叭，呼地曰孰卜于，日曰莫释葛于，星曰日柘，云曰是达，雪曰白，雨曰没亦；凡路皆曰越，行路曰越格路；山曰斛卜，水曰沮，石曰孩儿疤。其称树为食普，松曰漉，柏曰寿，竹曰百，梅曰回于朴，柴曰悉，砍柴曰悉错。称人之富曰儿布者，贫曰敝减者；称人之善曰舍，恶曰业没舍；谓咒骂为活得，打曰葛得，死曰阿咦。其于一身：曰葛波柘，头也；曰么葛，项也；曰弥弥，眼也；逆格伯，耳也；如达葛，口也；伯留，面也；格哄，发也；地格卜，鼻也；河东曰歇伯、河西曰齐伯，皆手也；河东曰协廓、河西曰蹰，皆足也；舌葛伯，舌也；拍博，肚也；顶乜诃，背也；挞骨儿格，腰也；歇所格，指也。择达，言说也；合没绛，和好也。谓牛为息，马为贺，虎为红贝，羊为拆，猪为柏，狗为拮，鸡为污（大声），鹅为和月，骡为格底，驴为择挖儿。此番音之大略也。”

近现代以来，随着经济和文化教育事业的发展，羌汉交融，羌语逐渐走向消亡。县内仅边远地方有个别老年人懂得羌语，平常通用汉语进行交流。

文字　羌族有语言无文字。1984 年，为保护和传承羌族文化，省民族研究所根据省政府指示，着手对羌语分布、使用情况及羌族是否需要创制文字等问题进行实地调查。1989 年，省民委组织人员开始创制羌文，于 1990 年制定出《羌族拼音文字方案》。1991 年 8 月，经省政府批准，新创制的羌文方案开始在流行羌语的地区试行。县内羌族早已通用汉语，未再推行新创制的羌文。

二、其他少数民族

古时到县定居的藏民使用藏语，县境部分地区至今尚有以藏语命名的地名。藏传佛教传入后，藏民火焚场附近往往竖有用藏文书写的经幡。但因长期与羌族、汉族杂居，近现代普遍使用汉语，通用汉文，县内已无懂得藏语者。

县内回族自来使用汉语，但至现代，仍保留着一些与其生活习俗和宗教活动相关的特殊语汇，如称猪为狠则尔，称参加其宗教活动的人为乡老，称非穆斯林为卡菲勒，称人死为冒提等等。回族通用汉字，但在清真寺及穿衣阿訇的衣服上，则一般用阿拉伯文书写一些出自伊斯兰教义的短语、吉祥词。阿訇均懂得阿拉伯文。

第四节 羌族文学艺术

一、民间文学

县内羌族民间文学体裁多样，内容丰富。

反映天地形成和人类起源等内容，多以神话形式出现。如《开天辟地》《山沟和平坝的形成》《造人类》等，通过奇妙的幻想，把自然力人格化，对宇宙、自然的形成和人类的起源给予解释。

反映生产劳动的作品，绝大多数是以民歌（山歌）的形式出现的。如《放羊歌》即诉说放羊人不分晴雨寒暑一年四季不停劳作的辛酸;《牛山歌》《拉石号子》《拉本号子》等则刻画和赞颂劳动者的艰辛和勤劳。

反映社会黑暗、统治阶级暴虐的故事，在少数民族民间文学作品中占重要地位。如《花精女整县太爷》《长工和地主》《图吉利》《人心比天高》《走马庙的传说》《打猪的来历》等，则反映白草河流域羌藏族人民对镇压他们的明朝统治者的愤恨;《黑木耳的传说》等则表现出穷人对当地土司、头人的憎恶。

大量的故事、歌谣，反映出青年男女追求美满婚姻的强烈愿望。如《口弦崖的传说》《香樟树的传说》《斗安珠和木姐珠》《十爱》《有心跟哥不怕苦》等等，则对纯洁忠贞爱情的热情歌颂。

在羌族民间文学中，有关大禹的传说和故事甚多，如《大禹出生的故事》《夏禹王的传说》《望崇岭和西山》《金锣崖》《李白到禹穴》《端午节的来历》等，寄托对大禹的崇敬和怀念之情。

此外，还有贬斥虐待老人行为的作品，如故事《秋娘》等；有赞颂妇女聪明才智的，如故事《聪明的幺媳妇》《清和桥》《罗隐秀才》《登云桥》等。

1985—1987 年，县文化部门组织人员对民族民间文学作品进行收集整理，编印成《中国民间文学集成・北川县资料集》，其中收录大量羌族神话、传说、故事及其他文学形式的作品。

二、民间歌曲

吟唱歌谣，是羌人表达思想感情、传达信息的重要方式。青年男女交往时唱情歌，表达爱慕和思念之情；遇到不幸或处境悲惨时唱苦歌，以此宣泄心中的郁闷和不平；男婚女嫁，要通宵达旦唱喜庆歌，致赞美祝福词；亲人亡故时唱丧歌，寄托诀别和怀念之意；宴席上唱酒歌以助兴，劳作时唱山歌以解之。

羌族的民间歌谣种类繁多，以歌词语言为标准，可以划分为羌语歌曲和汉语歌曲两大类。用羌语演唱的歌曲多是古老的传统民歌，每首歌都有固定的歌词，音乐上有鲜明的民族特色，是羌族民歌中的瑰宝。羌语歌曲一般在跳沙朗或敬酒时演唱。因系一代代口头传承，县内羌族通用汉语，多不能准确说出歌词含义。汉语歌曲的曲调比较简单，歌词的内容极其丰富，涉及劳动生活的各个方面，歌唱者根据需要，如迎送客人、表达爱情、祝福亲友等，随编随唱，用自己熟悉的山川河流、日月星辰、草木虫鱼、名胜古迹、历史人物等起兴作比，随口唱出，无拘无束。

汉语歌曲之中，最为鲜活生动的是情歌。其内容有的直接表达对情侣的爱慕和思念，歌词真挚感人；有的用作戏娱他人或逗乐，风格诙谐幽默，充分展示出羌人运用语言的聪明才智。也有的情歌粗俗不雅，演唱者放荡不羁，但听者并不计较，这类情歌虽不能登大雅之堂，但在寂寞的大山之中，却为羌民枯燥的生活增添了生气。

从演唱方式上看，跳舞时采用合唱，其余则以独唱为主。另有一种被称为“高腔”的歌曲，由一人主唱，一人或几人帮腔，每人所唱的曲调不尽相同，但和谐悦耳。现仅有一些年长者能演唱“高腔”。

三、民间舞蹈

羌族生活在高山峡谷之中，为适应山地环境所进行的劳动方式和行动往来的体态，逐渐升华为羌族民间舞蹈的风格特点。羌族民间舞蹈形式多种多样，一般而言，其舞蹈手臂动作较少，腿部动作较多，小腿灵活、敏捷，并形成“胴体的轴向后转动韵律和上身倾斜转动的拧倾韵律”。这种舞蹈动律是随舞者移动重心，胯向两侧斜前方顶出中形成的，重心在出胯一侧的腿上，膝部微屈、相靠、腰胯以上至肩部（胴体）作轴向的环动，上身微拧倾，从而形成“S”形的优美体态。这种别致的动态和韵律，即羌族特有的“一顺边”之美，它贯穿于所有的舞蹈形式之中，尤以沙朗表现最为突出。羌族民间舞蹈多与民俗活动相结合，一般无乐器伴奏，舞者边歌边舞，或以呼喊声、踏地声协调表演。动作没有严格的规范，变化比较自由，形式古拙，风格质朴，生活气息浓郁。

古时候，羌人出征、节庆、祭祀等重大活动都有专门的舞蹈。随着社会环境和生活方式的改变，有的舞蹈形式逐渐淡出羌族的日常生活，有的失传。现代流行的主要是娱乐性舞蹈，其中沙朗、羊皮鼓舞流行最为广泛。

沙朗。又称为羌族锅庄，是羌区最为流行的舞蹈形式。由一名善舞者领头，男女各列一行，或者手拉手围成圆圈，边舞边唱。由于各羌寨之间缺少交流，舞蹈动作不尽相同，一般是下肢动作灵活多样，双臂则仅前后摆动而已。所配歌曲多是口头流传的古老民歌，用羌语演唱。每逢佳节良辰，乃至平常聚会，男女老少都要围聚表演，自娱自乐。

羊皮鼓舞。羊皮鼓本是羌族释比的法器。羌族释比做法时，敲击羊皮鼓而舞，动作敏捷有力，营造出与魔鬼拼杀的紧张气氛。这种羌族巫舞后来逐渐演变成民间自娱性舞蹈。羊皮鼓舞由男子表演，动作粗犷奔放，充分显示出男子汉的阳刚之气。也有以女子手铃舞相配，刚柔相济，极为别致。

此外，旧时尚有盔甲舞和丧舞等。盔甲舞是一种古老的祭祀舞蹈，多在本民族英雄的葬礼上表演，故又名大葬舞，参舞者 8～12 人，着头盔、铠甲，执兵器，边舞边呐喊；丧舞节奏缓慢，伴以凄切的音乐和舞者的哭声，是悼念死者的舞蹈。今俱已失传。

除沙朗、皮鼓舞之外，在关内地区还有一些小范围流行的舞蹈，主要有用作节日祈福表演的马马灯、花灯、板凳龙等。

马马灯。主要流行于青片、白什等地。四名男性参舞，扮成三男一女，腰间缚着用纸糊的马头马尾，俯仰蹲立，模仿马的动作沿“8”字形或双“8”字形舞蹈。以锣鼓唢呐伴奏，由一两人伴唱，歌曲多为民间小调。

花灯。起源并流行于墩上乡许家湾一带，由九至十二名男性参舞，多数扮成女性。动作以碎步为主，给人以飘逸、秀美之感。表演时配以小调或山歌。在当地人眼里，花灯十分神圣，每年正月初一至二月初，村民争相将其请至家中表演，以驱邪除恶，保人畜平安。

板凳龙。流行于白什一带。由两人一前一后手执龙足而舞，龙身短粗，远看像缚在一条长板凳上，因而被称为板凳龙。

狮灯、龙灯。狮灯、龙灯流行于全国各地，也受到县内羌人的喜爱，但羌寨舞龙舞狮却有与众不同之处。舞狮与高跷结合，称为高跷狮子，主要流行于片口等地。舞者脚踩高跷而舞，还要完成翻滚跳跃等动作，具有相当的难度。县内羌族所制作的龙灯与外地大致相同，也多在春节期间表演，但舞龙前先要举行“开光点相”等仪式。被赋予灵性的神龙遍游羌寨各户人家，为村民祈福免灾。这样，羌人舞龙就有神秘浓厚的宗教色彩。羌寨神龙所到之处，都受到隆重虔诚接待。舞龙从正月初开始，历时几天几夜。当其游遍全寨之后，还按传统仪式将龙身烧毁，送归大海，整个舞龙活动有头有尾。

四、民间器乐

羌人舞龙、舞狮时，以锣鼓、唢呐等乐器伴奏。这些乐器除“脚盆鼓”之外，其余与汉区大致相同，唯所奏曲牌、风格迥异。脚盆鼓和释比所用的羊皮鼓一样，是一种单面鼓，因为样子像木制的洗脚盆而得名。

羌区曾广泛流行两种用于独奏的乐器，即羌笛和口弦。

羌笛是羌族独有的乐器，仅用作男子独奏。虽然称为笛，却是双管，竖吹，不同于常见的横笛。东汉许慎在《说文解字》中说：“羌笛三孔。”马融《长笛赋》云：“近世双笛从羌起。”唐代《乐府杂录》载：“笛，羌乐也。”可见其历史久远，堪称管乐之父。古羌笛既是乐器，又是鞭杆，故有“吹鞭”之说。唐宋时期，羌人广泛分布在西部广大地区，大量反映边塞生活的诗词中都提到羌笛。唐代王之涣“羌笛何须怨杨柳，春风不度玉门关”的诗句，堪称千古绝唱，诗中一个“怨”字，概括出羌笛曲调婉转而苍凉的风格。

羌笛用本地高山特产的油竹制成，长五六寸，粗如小指，方筷形，两管并列，以丝线缠紧，管头各插一片竹簧，用以发音。羌笛不仅构造特别，其演奏方法也与众不同，演奏者使用“鼓腮换气法”，吸气时压缩腮部储存的空气吹奏，连续长时间演奏而笛声不中断。因“鼓腮换气法”很难掌握，羌区很少有人能演奏。近年因旅游业的兴起，为表演的需要，县内部分人学会羌笛的演奏技巧。

口弦是羌族女性喜爱的乐器。以长方形竹块雕刻而成。竹块长约四五寸，中间镂雕成簧片，两端系绳。演奏时，以手指拉绳振动簧片，并以唇吸鼓之，即颤然成声。演奏者以拉绳的缓急构成节奏，以变换吸鼓力度构成旋律。音域一般在八度以内，音量细小，音色优美。由于现代文化生活的日益丰富，口弦和羌笛一样，已少有传人。

五、刺绣

明、清时期，挑花刺绣在羌族地区就极为盛行。女孩子从小习艺，十四五岁便能绣出各种复杂的图案。所制作的荷包、香包、裹兜、云云鞋、鞋垫等，色彩艳丽，多用作赠送情郎，表达爱慕之心，其衣着则是自己挑花刺绣技艺的展示。羌族女子挑花刺绣不用描稿，图案全在心中，信手作成，即巧夺天工。一般以花草、山水、动物为题材，经抽象夸张而形成装饰性图案。

羌绣构图简洁，图案完整，风格厚重古朴，与其他刺绣工艺相比，自成一体。但羌绣向来仅用作装饰而附着在服饰或织物用品之上，未成为单独的艺术品，随着羌族传统服装逐渐从羌民日常生活中淡出，习羌绣者亦随之减少。

第五篇

中国共产党地方组织

第一章　党代会和重大活动

第一节　历次党员代表大会

1987—2007 年，共召开 6 次全县党员代表大会。

中共北川县第七次代表大会：1987 年 2 月在县城曲山召开，出席大会的正式代表 307 人。大会听取和审议马敬洪代表第六届县委所作题为《坚持改革，团结奋斗，夺取我县两个文明建设的新胜利》的工作报告和涂长清代表县纪委所作的工作报告，并通过相应决议；选举产生第七届县委委员 21 名。第一次全委会选举马敬洪等 7 人为第七届县委常委，马敬洪任书记，朱树林、黄伯钊为副书记；选举产生县纪委委员 11 名，涂长清任书记。

中共北川县第八次代表大会：1990 年 2 月在县城曲山召开，出席大会的正式代表 304 名，列席代表 37 名，特邀代表 5 名。大会听取和审议朱树林代表第七届县委所作题为《加强党的集中统一领导，夺取我县治理整顿和深化改革的新胜利》的工作报告和涂长清代表县纪委所作的工作报告，并通过相应决议；选举产生第八届县委委员 21 人，候补委员 4 人。第一次全委会选举朱树林等 10 人为常委，朱树林任书记，梁安礼、王荣顺、涂长清为副书记；选举产生县纪委委员 11 名，席元厚任书记。

中共北川县第九次代表大会：1993 年 1 月在县城曲山召开，出席大会的正式代表 288 名，列席代表 53 名，特邀代表 6 名。大会听取和审议王荣顺代表第八届县委所作题为《坚定不移地贯彻党的十四大精神，努力把我县改革开放和经济建设推上新台阶》的工作报告和席元厚代表县纪委所作的工作报告，并通过相应决议；选举产生第九届县委委员 25 人，候补委员 4 人。第一次全委会选举王荣顺等 10 人为常委，王荣顺任书记，蹇洪秀、李承霜、王成贤为副书记；选举产生县纪委委员 13 人，席元厚任书记。

中共北川县第十次代表大会：1998 年 1 月在曲山召开，杨学辉代表第九届县委作工作报告。大会选举产生第十届县委委员、候补委员、常委，杨学辉当选为书记，刘文榜、陈定全、杨海泉、李力当选为副书记；选举产生县纪委委员 10 人，杨国山任书记。

中共北川县第十一次代表大会（后更名为中共北川羌族自治县第一次代表大会）：2003 年 1 月在县委礼堂召开，241 名中共代表出席会议；大会听取并审议县委书记赵琪代表第十届县委所作题为《与时俱进，开拓创新，为实现北川经济社会发展新跨越而奋斗》的报告，选举产生第十一届县委委员 29 人、候补委员 5 人和县纪委委员。第一次全委会选举产生第十一届常务委员会，赵琪当选为书记，陈明世、钟正军、经大忠、杨国山当选为副书记。县纪委第一次全委会选举产生 7 人组成常务委员会，钟正军当选为县纪委书记。

中共北川羌族自治县第二次代表大会：2006 年 12 月在县城召开，应到代表 259 名，实到 256 名。大会听取和通过中共北川羌族自治县第一届委员会工作报告和县纪委工作报告；选举产生中共北川羌族自治县第二届委员会和第二届纪律检查委员会。二届一次全委会选举产生中共北川羌族自治县第二届委员会常务委员，宋明当选为县委书记，经大忠、蒲方方当选为县委副书记；文刚当选为县纪委书记。

历任中共北川县委书记、副书记、常委名录

县委书记

马敬洪（1987.2—1988.10）
朱树林（1988.10—1990.2 代理书记）
朱树林（1990.10—1992.7）
王荣顺（1992.7—1995.5）
徐鲁川（1995.5—1997.1）
杨学辉（1997.1—2000.1）
刘文榜（2000.1—2002.10）
赵　琪（2002.10—2003.6）

县委副书记

朱树林（1987.2—1988.10）
黄伯钊（1987.2—1990.2）
梁安礼（1989.12—1992.7）
王荣顺（1990.2—1992.7）
涂长清（1990.2—1993.1）
聂中华（1992.2—1993.1）
蹇洪秀（1992.7—1995.5）
李承霜（1992.10—1998.1）
王成贤（1993.1—1998.1）
刘　东（1994.4—1996.10）
李安发（1995.5—1997.12）
李　力（1996.10—1998.4）
杨海泉（1996.11—2000.3）
刘文榜（1997.12—2000.1）
陈定全（1998.1—2000.5）
屈　刚（1998.3—2000.1）
陈明世（2000.1—2003.6）
钟正军（2000.4—2003.6）
经大忠（2000.5—2003.6）
杨国山（2002.4—2003.6）
李晓宇（2003.6—2004.8）

县委常委

1987 年 2 月，选举马敬洪、朱树林、黄伯钊、王荣顺、张映芳、涂长清、唐顺勤为第七届县委常委。

1990 年 2 月，选举朱树林、梁安礼、王荣顺、蹇洪秀、涂长清、李承霜、陈勤帜、席元厚、唐顺勤、蒋忠琼为第八届县委常委。

1993 年 1 月，选举王荣顺、蹇洪秀、李安发、王成贤、李承霜、陈定全、段忠明、王世太、席元厚、李雄飞为第九届县委常委。

1998 年 1 月，选举杨学辉、刘文榜、经大忠、陈定全、杨海泉、李力、钟正军、邓德明、杨国山、刘发慧、李宗伦为第十届县委常委。

2003 年 1 月，选举赵琪、陈明世、钟正军、经大忠、杨国山、李春寿、姜曦、李晓宇、王岚为第十一届（北川羌族自治县第一届）县委常委。

历任中共北川羌族自治县委书记、副书记、常委名录

县委书记

赵　琪（2003.7—2005.9）
宋　明（2005.9—）

县委副书记

陈明世（2003.7—2005.9）
钟正军（2003.7—2004.8）
经大忠（2003.7—）
杨国山（2003.7—2005.12）
李晓宇（2003.7—2005.7）
蒲方方（2007.1—）

县委常委

2003 年 1 月，选举赵琪、陈明世、钟正军、经大忠、杨国山、李春寿、姜曦、李晓宇、王岚为第十一届县委常委；后为北川羌族自治县第一届县委常委。

2006 年 12 月，选举宋明、经大忠、蒲方方、文刚、杨泽森、韩贵钧、王理效、王明庚、张周凯、王久华、瞿永安、钟勇为中共北川羌族自治县第二届县委常委。

第二节 重大决策与活动纪略

一、争取建立自治县

1984 年《中华人民共和国民族区域自治法》颁布施行后，民族工作受到市、县领导的高度重视。是年冬，中共绵阳市委书记赵文定等领导带领相关部门负责人到青片河、白草河流域各乡进行全面考察后，同县委、县政府会商申报建立自治县事宜。从此，县委将申报建立羌族自治县工作列入重要议事日程。

1986 年 1 月 15 日，县委、县政府向上级报送《关于申请建立北川羌族自治县的报告》。3 月上旬，市人大常委会主任赵文定带领 8 名绵阳市的全国人民代表到青片等羌族聚居地方考察，广泛了解民情民意和要求。之后，县政府又报送《关于申请建立北川羌族藏族自治县的报告》。省政府安排省民委组织专家学者，于是年 4 月下旬到县考察后，正式向国务院呈报《关于建立北川羌族自治县的请示》。1987 年 4 月，县委安排汇报组赴北京，向国家民委作详细汇报。由于种种原因，建自要求未获国务院批准。同年 11 月，省政府批准从 1988 年 1 月起，北川按照少数民族县对待。此后，全县基层干部和各族群众强烈要求自治的呼声不止，仍不断以人大议案、政协提案以及口头、书面等形式反映广大羌族人民的愿望。1990 年春，县委决定“将申报建立北川羌族自治县的工作继续列入县委、政府工作的重要议事日程，并坚持不懈地努力，一抓到底”。从此，历届县委都将建立北川羌族自治县列为工作目标，不断以书面申报，上北京汇报，利用国家领导人到成都、绵阳等地的机会作口头汇报，商请省、市有关领导牵头向全国人大、全国政协会议提议案、提案，商请国家、省、市有关领导到北川考察听取汇报等形式，直接反映全县各族人民的呼声和愿望，反映北川羌族的历史和现状。省政府根据这一状况，于1997年1月向国务院呈报《关于建立北川羌族自治县的再次请示》，国家民委、民政部经研究后，向国务院报称“同意按建立自治地方遗留问题对待，将北川县改建为北川羌族自治县”。2003 年 7 月 6 日，经国务院批准“同意建立北川羌族自治县”。经过 17 年的争取工作，北川人民建立自治县的愿望终于得以实现，全县各族同胞无不为之欢欣鼓舞。

二、农村政治思想教育活动

1991 年 3 月 11 日，县委发出《关于开展农村社会主义思想教育工作的通知》，成立县农村社会主义思想教育领导小组。20 日，县委抽调 45 名县直机关干部及 5 个试点乡干部共 128 人，组成工作团，分为 5 个工作队，开展为期 3 个月的农村社会主义思想教育试点工作。继而在全县农村分期分批开展农村社会主义思想教育工作，1992 年 6 月结束。经过教育活动，广大农村干部群众对社会主义优越性的认识得到进一步加深，爱国家、爱集体的观念得到增强。

三、“三讲”教育活动

20 世纪 90 年代后期，县委即开始开展讲学习、讲政治、讲正气的“三讲”教育活动。2000 年 6 月 2 日，县级领导班子、领导干部“三讲”教育正式拉开帷幕，省委“三讲”教育巡视组驻县指导。

6月6日，县级领导班子、领导干部“三讲”教育动员大会在县影剧院召开，县委书记、县“三讲”教育领导小组组长刘文榜作动员讲话，县委副书记钟正军宣布县级领导班子、领导干部和县纪委等6部门领导班子、领导干部的“三讲”教育的具体安排意见。6月6—10日，县委“三讲”教育学习组集中到青片乡学习。参加人员边学习，边联系自己思想和工作实际深刻剖析存在的问题，开展批评和自我批评，制定整改措施，从思想根源入手，辅之以必要的制度约束，坚决刹住不正之风，重树领导干部形象。8月1日，县级领导班子和领导干部“三讲”教育总结大会在县影剧院召开。省委巡视组组长左国辅在讲话中对北川“三讲”教育取得的成绩给予充分肯定。历时两个月的县级领导班子和领导干部“三讲”教育圆满完成既定任务。11月24日，开始开展“回头看”，巩固“三讲”成果。12月27日，召开“三讲”教育“回头看”总结大会，与会人员对“三讲”教育对象进行评议和测评，“三讲”教育“回头看”工作圆满结束。2001年3月30日，绵阳市委“三讲”督查组到县对“三讲”教育“回头看”活动进行测评，县上四大班子综合评价满意率为100%。

四、“三个代表”重要思想教育活动

2000年12月开始，县委组织开展“三个代表”重要思想的学习教育活动。12月22日，县委召开会议，传达中央、省、市有关会议精神，作出全面部署，继而在县级部门及16个乡镇党员、干部、职工中分期分批开展“三个代表”重要思想学习教育活动。活动大体按学习培训、对照检查、整改提高几个步骤开展。坚持学习教育与推动当前的农村工作相结合，坚持正面教育、自我教育为主，坚持从实际出发、分类指导，坚持上下结合，综合治理，标本兼治。紧密结合全县农村改革和发展的实际，狠抓“固本强基”工作，推动农村经济社会发展，维护、发展农民利益，使农村存在的突出问题得到有效解决，群众的满意率明显提高。2002年8月6日，县委召开总结大会，全县农村“三个代表”重要思想学习教育活动达到预定目标。

五、保持共产党员先进性教育活动

从2005年1月开始，县委按照中央部署，在全县开展以实践“三个代表”重要思想为主要内容的保持共产党员先进性教育活动。教育活动历时一年半，分三批进行，每批半年左右。第一批为县以上党政机关和部分企事业单位，时间为2005年1—6月。第二批为城市基层和乡镇机关，时间为2005年7—12月。第三批为农村和部分党政机关，时间为2006年1—6月。每批教育活动中，各单位集中学习教育时间不少于3个月。集中学习教育分学习动员、分析评议、整改提高三个阶段。县委坚持理论联系实际，务求实效，坚持正面教育为主，认真开展批评和自我批评，坚持发扬党内民主，走群众路线，坚持领导干部带头，发挥表率作用，坚持区别情况，分类指导，确保活动的顺利开展。至2006年6月，全县保持共产党员先进性教育活动基本结束，取得显著成效：广大党员受到一次深刻的马克思主义教育；基层党组织的创造力、凝聚力、战斗力进一步增强；党组织和党员服务群众的行动更加自觉，党员干部的作风进一步改进；各部门各乡镇按照科学发展观的要求，进一步清理发展思路，一些影响改革发展稳定的主要问题得到解决，经济社会得到又快又好发展；各级党组织建立起一批保持共产党员先进性的长效机制。

第二章　党务工作

第一节　纪检监察

一、纪检队伍建设

1988年，县纪委内设办公室、纪律检查室、案件审理室、来信来访室；区、镇仍设纪委，县直机关党委建立纪委，文教局和商业局建立纪检组；全县配备专职纪检干部25人，兼职48人。1999年，在有下伸单位的政府职能部门建立纪检组。1992年区镇建制调整后，区纪委随建制撤销，在乡、镇设纪委。

1988年5月，恢复建立县监察局，列入政府工作部门序列，编制10人，是年调配干部7人。1999年，县监察局内设行政监察室、案件审理室、办公室；区、镇设监察室，设主任1人、监察员2人，由区、镇干部兼任。1992年区镇建制调整后，区监察室随建制撤销，在乡、镇设监察室。

1993年3月，县纪委和监察局合署办公，两块牌子，一套人员。合署后设办公室、信访室、执法监察室、纪检监察室、党风廉政建设室、案件审理室；全县设乡镇纪委16个、局纪检组11个、行政监察室25个，配备专兼职纪检监察干部73人。1997年机构改革时，县纪委增设纠风工作室；基层纪检监察机构共有乡镇纪委和监察室各16个，机关纪工委5个、纪检组14个，行政职能部门监察室25个；全县共有专职纪检监察干部35人，兼职114人。1999年，在县建委、县国土局设立纪检组。

二、纪检案件查办

县纪检监察机关根据中央部署，不断加大查处违纪、惩治腐败的力度，一批违犯党规党纪、道德败坏、贪污受贿等腐败分子受到查处。

1988—1997年，共查处违犯党纪案件173件，违犯政纪案件107件。从案件性质看，经济案件和男女两性关系案件处于第一、二位，乡科级干部违犯党纪案件呈逐年上升趋势，党政部门和执法部门的案件居高不下。

1998年收集违纪线索47件，初核41件，初核后立案检查14件，作信访办结9件，批评教育谈话8件，不实予以澄清4件，转作其他处理6件。共处分党员9人，其中开除党籍3人，政纪处分6人；受处分人员中有科级干部1人，股级干部1人，一般党员干部9人。所办案件中，有万元以上大案7件4人。

1999年共收集违纪线索31件，通过初核立案查处18件（党纪立案8件，政纪立案10件），其中大要案10件（党纪、政纪各5件），结案处理14件。受到开除处分2人、严重警告处分2人、警告处分1人，免处1人；解聘处理1人、撤职处分1人、记大过处分2人、记过处分3人，免处1人。

2000年，把查处党员干部违纪违法案件作为反腐败斗争的中心环节来抓，全年初核线索40件

23 人，初核后澄清是非 6 人，批评教育 5 人，立案 13 件 11 人。给予党纪处分 11 人，其中开除党籍 6 人，留党察看 1 人，严重警告 2 人，警告 1 人，免予处分 1 人；政纪处分 4 人，其中降级 1 人，行政记过 1 人，行政警告 2 人。在被处分的人员中，科级干部 3 人、股级干部 2 人。通过办案挽回经济损失 18 万元。

2001 年，初核违纪线索 27 件，立案调查各类党纪、政纪案件 17 件，涉及科级领导干部 6 人；给予党纪处分 6 人、政纪处分 9 人。党纪处分中开除党籍 2 人，严重警告 1 人，警告 3 人，免处 1 人；行政开除公职 1 人，记大过 1 人，记过 2 人，警告 5 人。通过查办案件，为国家集体挽回经济损失 48 万元。

2002 年，核查违纪线索 31 件，立案查处 14 件 13 人，其中给予党纪处分 6 人、政纪处分 8 人，涉及科级领导干部大案要案件 4 人，挽回经济损失 13 万元。

2003 年，核查违纪线索 20 件，立案查处 11 件 14 人。给予党纪处分 11 人、政纪处分 3 人；挽回经济损失 14 万元。

2004 年，收集党员、干部违纪线索 20 条，立案办结 11 件 19 人，其中党纪处分 7 件 12 人，政纪处分 7 件 12 人，双重处分 3 件 5 人，挽回经济损失 15 万余元。

2006 年，立案查处各类违纪违法案件 6 件，涉案金额 6 万元，处分违纪违规人员 10 人次。

2007 年，共立案查处各类违纪违法案件 3 件 5 人，其中党纪立案 2 件，政纪立案 2 件（其中交叉 1 件），共追缴违纪金额 12 万元，为国家挽回经济损失 30 万元。

三、党风廉政建设

1988 年，在中共中央发出《关于党和国家机关必须保持廉洁的通知》后，县委即制发《全县党政机关必须保持廉洁的规定》，各单位也根据自身的实际相继制订相应规定。县委机关率先垂范，其主要领导调离北川时，只开座谈会，清茶一杯，在互相勉励中送别。

1989 年，大力宣传最高人民检察院和最高人民法院通告，各单位开展自查自清，促使违法违纪人员主动交代问题；公安、税务、物价、工商等部门先后实行“两公开一监督”的办事制度。

1990 年，编印《加强党风建设，严肃党的纪律，密切党同人民群众的血肉联系》等党风党纪教育辅导材料，召开县直机关纠正不正之风动员大会；对行政事业单位廉政制度执行不力的情况进行查处。

1991 年，对全县党员普遍进行《中国共产党章程》《党员领导干部廉洁从政若干准则》及中纪委颁发的七个党纪处分规定的学习教育，受教育面达 96%；对农村党员干部进行党规党纪知识测验；利用党校各种培训班上党课和举办党风党纪专题讲座。

1992 年，开展党纪基础知识学习教育，各级领导干部人手一册《党纪基础知识讲座》学习教材；县纪委与广播电视局联办党纪基础知识教育专题讲座；组织党纪百题知识竞赛，支部参赛率 100%，党员参赛率 42%。在撤区并乡建镇工作中，及时发出通知，制止趁体制变动大吃大喝、铺张浪费、滥发钱物等违纪现象发生。

1993 年，建立给党员、领导干部打招呼制度，对有轻微违纪行为够不上立案处理的 54 名党政干部打招呼，预防和终止其违纪行为。开展问卷调查，抓群众反映强烈和带倾向性的问题，有针对性地进行廉洁勤政、党风党纪教育。

1994 年，结合实际制定全县党政机关领导干部保持廉洁的“十不准”规定，会同县委组织部认真抓自查自纠工作，全县 86 个乡（局）级班子、307 人对照“十不准”规定举行专题民主生活会，占应参加人员的 98.4%。此后，领导干部专题民主生活会每年举行 1～2 次，并形成制度。

1995 年，集中开展“三个一”教育活动，即学习省委编印的《领导干部廉洁读本》一书，阅读讨论省纪委通报的一组违纪违法典型案例，看一套正反典型教育录像片。全县共巡回放映正反典型教育录像 100 余场次，观看人数 7000 余人次；集中上教育辅导课，听课人数 4100 余人次。

1996 年，两次集中突击到娱乐场所明察暗访，对在工作时间出入娱乐场所的公务人员进行通报批评和经济处罚，对参与赌博人员给予记大过处分。

1997 年，贯彻《党员领导干部廉洁从政若干准则》，大力提倡节俭，遏止奢侈浪费的风气，对公款安装住宅电话、购买移动电话做出严格规定。县级领导干部自觉坚持一年两次的收入申报和党风廉政情况定时登记报告制度，全县 28 家国有企业坚持一年两次报告业务招待费的使用情况。

1998 年，县纪委、监察局机关将《中华人民共和国行政监察法》纳入机关“三五”普法的重要内容，全体机关人员经培训全部合格，获得由省监察厅代省政府颁发的监察证。认真组织开展每年一次的廉洁自律自查自纠专题民主生活会，全县各单位的领导干部对照廉洁自律规定进行学习和检查。按照廉政谈话的规定，对新提拔的正、副科级领导干部进行廉政谈话，对县委管理的正、副科级实职领导干部建立廉政档案。

2000 年，成立县党风廉政建设宣传教育领导小组，组织党员、干部观看反腐倡廉影片和省、市电视台有关专题节目，在县有线电视台连续播放《纪律处分条例》《胡长清案件警示录》等有关教育片，印发《给县处级以上干部家属的一封信》。对全县乡镇干部及村支部书记、村委会主任进行党员干部行为规范和党纪政纪条规教育，对年内新提拔的 21 名科级领导干部进行廉政谈话，对 4 名科级领导干部进行离任审计，对县级领导班子成员私人配备电脑和用公款支付上网费情况进行清理，对全县党政机关、事业单位的车辆进行清理。针对住房改革中群众反映强烈的热点问题，暂停全县党政机关、事业单位集资修建住宿楼。

2001 年，层层签订党风廉政建设和反腐败工作责任书，制订考核办法，严格检查，逗硬奖惩。实施责任追究，全县 9 人受到党、政纪处分。落实领导干部不准接受送现金、有价证券和支付凭证的规定，县级和科级领导干部分别填报自查表，4 名领导干部上交礼金、有价证券。进一步规范公务用车和通信工具管理。推进干部人事制度改革，全面推行竞争上岗。健全完善领导干部任前廉政谈话和党纪知识考试制度，实行领导干部任职全过程经济审计制度，建立调整不称职和不胜任现职党政领导干部制度。

2002 年，组织副科级以上干部参观全省反腐败工作成果巡展，征订下发领导干部警示教育读本《镜鉴》和典型案例光碟。坚持在各类培训班安排党风廉政建设教育课，利用郭秀明、汪洋湖等先进典型开展示范教育，利用成克杰、胡长清等典型案例开展警示教育，增强全县干部职工反腐倡廉意识，提高拒腐防变能力。

2004 年，探索对党政“一把手”权力运行实施有效监督的新路子，制发《加强对县委书记监督的实施办法》，把廉政承诺、收入申报、个人重大事项报告等制度列入监督内容，监督从工作圈延伸到生活圈。县委书记、县长带头，全县各级领导班子和领导干部采取多种形式公开廉政承诺，接受社会监督。完善“三谈两述”制度，对 40 名乡镇党政主要负责人进行谈话，对 25 名新提拔领导干部进行任前廉政谈话，对 9 名领导干部进行诫勉谈话，全县 376 名副科级以上领导干部结合干部年度考评进行述职述廉。

2005 年，开展作风整顿，在 12 个重点、热点部门开展“千人评风”和“行风对话”等活动，对查找出的突出问题的整改实行挂牌督办。针对群众反映强烈的“公车私用”“干部不在状态”等问题开展专项整治，制发相关规定，并会同有关部门开展多次明察暗访，领导干部公车私用歪风在一定程度上得到遏制。认真落实责任追究，全年落实责任追究 14 人，对其中 2 名原任乡镇党政“一把手”给予纪律处分。

2006 年，在党员干部中开展“红船杯”学党章知识竞答和“我学党章我奉献”活动，提高全体党员干部的党性修养；在领导干部中开展“八荣八耻”的荣辱观教育。以政府采购、建设工程等领域为重点开展商业贿赂专项治理；对全县67个机关单位、20个乡镇的572名副主任科员以上领导干部及配偶子女投资入股矿产资源、参与土地买卖等违纪违规行为进行清理。

2007年，将党风廉政建设责任纳入全年县委重大工程项目，建立健全人人有责、重担共挑的责任网络和配套制度，将工作目标层层分解，把党风廉政建设责任落实到分管领导，细化到牵头部门，量化到各单位。各级纪检监察机关先后受理各级干部主动报告个人、妻子、子女操办喜庆事宜85人次，全县369名科级以上领导干部集中填写个人重大事项报告表，涉及有报告事项的15人。组织各级机关党员干部学习中纪委《关于严格禁止利用职务上的便利谋取不正当利益的若干规定》，切实开展自查自纠活动，对有反映的4名领导干部进行警示谈话。

四、纠正行业不正之风

1988年，县政府序列有执法权的39个局、委、办，对全国人大、国务院、各部委以及省人大颁布的法律、法规、条例、细则（共343个）在本系统本单位贯彻实施情况进行清理检查，总结依法办事的经验，制定健全法制的整改措施。

1989年，对农资专营和农用信贷资金的管理使用，以及《中华人民共和国工业企业法》《中华人民共和国统计法》和财政、税收、金融法规的贯彻执行情况进行大检查，对全县乡以上干部乱占土地、挪用公款和建筑材料建私房的情况进行严肃查处，清退干部多占住房10套，清理收回县级各单位和区、镇、乡职工借支、挪用、拖欠的公款数十万元。

1990年，开展对农用生产资料经营、蚕茧收购、干部占地建私房、大中专和技校招生、招收农村招聘干部、征兵、“农转非”、征用土地等工作的监督检查。

1991年，对省政府批准设立的擂鼓、沙窝、青片河林业局木材检查站加强管理和监督；开展对救灾、救济款使用情况的专项检查；加强“三乱”治理，取消23项不合理收费，降低9项不合理收费标准；对1987年以后入学的98名自费生和委培生逐一进行清理，纠正用公款垫支学费的做法；对公安、工商、商业、税务、交通、金融等重点行业和单位进行监督检查，对存在的问题予以处理。

1992年，对县农业局各站、股、室1990年至1992年透支专项资金9万元的行为予以查处；对计划生育超生罚款的使用情况进行专项检查，对个别挪用、借支计生罚款的现象予以纠正。

1993年，遵照中央《关于切实减轻农民负担的紧急通知》，废止涉及农民负担的文件1个，取消农民不合理负担31项；对县属国有工业企业贯彻《中华人民共和国企业法》和转制条例的情况进行专项监督，协助企业解决“转制”中的问题；对部分乡镇的婚姻登记工作进行专项监督检查，查处违纪案件；对48所中小学的收费情况进行专项检查，取消未经批准自立项目收费16项，纠正提高标准收费3项，督促将查出的乱收费用退还学生或家长；督促全县37个有收费业务的单位自查、自纠，取消未按规定批准的自立收费项目19项，取消不合理收费172项，停止执行13项，暂缓执行5项，降低收费标准9项。

1994年，加强对预算外资金管理的监督检查，确保预算外资金“专户储存，计划管理”的制度进一步完善；对弄虚作假更改民族成分享受升学优待和更改工作人员职务申报小汽车驾驶员培训班的行为进行查处。

1995年，对两处公路收费点的设置、收费依据及管理使用情况进行重点检查。

1996年，对农民负担项目进行清理，废止不合理项目4个，取消12个涉农负担项目和8项要求农民出钱、出物、出工的活动，对4个乡镇不按比例收缴统筹费的行为进行纠正；对“小金库”进行清理检查；开展物价检查，查处价格违法14起。

1997年，重点对农民负担、建设工程项目和企业负担进行监督管理；对救灾物资使用、贯彻

《中华人民共和国统计法》、小春粮油收购情况和农资市场进行专项检查。

1998 年，共开展专项执法检查 13 项，查出违法违纪金额 45 万元，挽回经济损失 20 万元，纠正违法违纪金额 22 万元，协助建章立制 15 项；对党政机关、县直事业单位公费配备的通信工具进行全面清理，将所有公费配备给个人使用的82部住宅电话、71部移动电话、199只传呼机变价处理给个人。

1999 年，共开展专项执法检查 12 项，查出违法违纪金额 36 万元，挽回经济损失 28 万元，纠正违法违纪金额 26 万元。开展救灾救济款物、教育费附加征收使用情况和农资、计生经费、中小学收费、天然林禁伐执行情况的大检查。实行集中统一办会制度，防止和杜绝会议费的高估冒算和跑冒滴漏。在县级行政、事业单位推行会计统管统派制度，加强预算外资金和“收支两条线”的管理，预防和杜绝各部门巧立名目乱发津贴、补贴和奖金。实施政府招标采购制度，防止暗箱操作吃回扣等问题的发生。加强建设工程招投标管理，全县水利、通信、交通工程逐步实行公开招投标，并实行责任终身追究制度。

2000 年，对质量技术监督分局、县国土局进行行风评议和行政效能监察；对社保及国债资金的管理使用、天然林保护和退耕还林、粮改、农村电网建设和改造工程、重大责任事故处理等工作进行专项执法监察；在县直属医院和各中心卫生院实行药品采购招标制度，在县医院、中医院推行医药分别核算、分别管理工作试点；对 1998 年以来全县 16 个乡镇计划外生育费管理使用情况进行检查；对中小学校收费情况进行重点抽查。

2002 年，推进行政审批制度改革，集中清理行政审批事项，涉及 739 项，取消 422 项，砍减率 57.1%。落实财政收支两条线，对各类奖金实行集中审批，制定限额标准，缩小部门差距。治理中小学校乱收费现象，完善“一证一据一册”为主要内容的各项收费管理制度。对全县推行政务公开、厂务公开情况进行督促检查，乡镇干部“走读”现象得到遏制。

2003 年，加强机关工作人员作风整顿，会同有关部门多次开展明察暗访，对 6 名上班时间逛市场、进游戏厅和打麻将的党员干部予以处理。加大投资环境治理力度，取消公路收费站点 3 个，清理取缔、关闭非法和有碍交通及风景区开发的采矿点。对 13 个单位存在的乱收费问题进行处理。

2004 年，加强财政专项资金的监督管理，实行专户统一结算管理，规范项目实施及资金拨付、项目竣工及资金结算办法。加强干部人事工作的监督，推行考察预告制、县委常委会无记名票决制、公示制。对 6 名科级领导干部进行任期经济责任审计，清理出领导干部拖欠公款 1.5 万元。清理统一着装，取消着装单位 11 个、着装人员 318 人，收回服装 302 套，标志 410 套，收回的服装全部用于救灾。

2005年，综合治理教育乱收费，查处公办学校乱收费3件，向学生退还各种乱收费金额2.5万元。落实惠农政策，全面停征农业税及其附加，严格执行停止征收农民历年“双提”尾欠的减负政策。开展对乱办班、乱收费、乱发证的专项治理。深入开展机关效能建设，在全县各乡镇、县直各部门全面推行岗位责任制、职位代理制、首问责任制、一次性告知制、限时办结制、督察督办制、效能投诉制、满意度测评制、政务公开制。

2006 年，强化对县乡“一把手”和各班子成员的监督，增进班子成员之间的团结。结合机关效能建设和专项治理，采取明察暗访、专项举报、个别谈话、政务公开等手段，开展民政救济、粮食直补、计生补助、新农村建设等国家对农户的各种政策性资金落实工作的执法监察，确保各项惠民政策落到实处。组织开展年度机关效能建设满意度测评活动，测评结果纳入县委、县政府年度目标考核，并兑现奖惩。

2007 年，开展治理教育乱收费工作，积极创建教育收费示范县；纠正医药购销和医疗服务中的不正之风，实行院务公开、医务公开，规范医药流通秩序，巩固深化药品集中上网招（跟）标采购工作；继续开展民主评议政风行风工作，对擂鼓镇和禹里乡辖区的站所、学校、医院等行政事业单位进行评议，广泛接受社会监督。

第二节 组织工作

一、组织机构

1988年，县委组织部设部长1人、副部长2人。1990年定编14名，在职10人，内设办公室和组织科、干部科、电教站。1997年县级机构改革后，设办公室、组织、干部、机关党建和电教站，定编19名，实有13人。2007年，设办公室、组织股、干部股、干部监督股，另挂县直机关工委、党建工作办公室、农村党员干部现代远程教育管理中心、人才工作办公室牌子，定编19名，实有13人。

二、党员发展

1988年后，按照“坚持标准，保证质量，改善结构，慎重发展”的16字方针，重点发展各项工作中的骨干和一线工人、农民、知识分子和少数民族中的优秀分子入党，注重培养和发展女党员。

1992年，将党员发展工作，特别是农村党员发展工作纳入各级各部门党建工作目标，严格检查，逗硬奖惩。

1995年，在县内高中生中开展党的基本知识教育，引导青年学生树立正确的人生观、世界观，向各条战线输送入党积极分子。

1997年，全县有党员6698人，其中35岁以下1718人，初中文化以上文化程度4688人，妇女757人。

1999年，北川中学党支部发展新党员8名，其中5名为学生党员。

2000年，推进党员发展公示制，自7月份起，县内所有新发展党员和预备党员转正均进行公示，倾听各方意见。全年新发展党员202名。此后，每年新发展党员200名左右。

2006年，重点在不同所有制形式、不同组织形式的经济组织和知识分子中发展党员，全年新发展党员191名。至2007年年底，全县共有党（工）委23个，党支部480个，党员7960名。

三、党员、干部培训

公职人员培训　组织部门历来以选派干部参加省、市调训，在县委党校举办培训班、短训班和开展学历教育等形式对干部进行培训。

1988—1997年，全县共组织61232人次参加各级各类培训，干部素质明显提高。

1998年，举办科级干部、青年干部培训班2期，参加培训233人，平均年龄近30岁，培训中注重加政治思想教育和提高分析问题、解决问题的能力。

1999年初，针对乡镇换届新提拔任用干部和干部年轻化的状况，举办科级干部、青年干部和组工、人事干部培训班3期，培训干部153人。继续以党校为依托，利用农广校、乡镇党校阵地，有重点、分层次地进行干部培训，同时鼓励干部参加各种自学、函授学习。全年参加党校及其他各种函授学习的干部288人，占干部总数的31%。

2000年，县委党校培训科级干部37名，培训乡镇、县直机关办公室工作人员60人；选送66名干部参加省、市调训。

2001年，制定“十五”干训规划。县委党校举办首届女干部后备力量培训班，参训学员37名，大专以上学历25人，平均年龄33岁；省、市调训76名科级以上干部。

2003年，举办干部培训17期，培训干部3655人；完成上级调训科级以上干部12人，选派1名干部到沿海发达地区挂职锻炼。

2004年6—7月，选派5名干部分别到省民委、林业厅、农业厅、计生委、省政府驻广州办事处，4名干部到成都龙泉驿区和锦江区进行为期半年的挂职锻炼。7月，与西南科技大学联合举办时间一年600余学时的县首期干部人才理论培训班，97名科级领导干部参加培训。从4月开始，对全县74个单位987人进行电子政务培训和分批考核；选派21名县、科级干部季加省、市举办的各类培训班；与县委党校联合举办中青年干部培训班，对29名年轻干部进行培训。

2005年，先后举办乡镇干部培训班、县直部门中青年干部培训班、首期干部人才理论培训班、机关干部电子政务培训班、拟任科级领导职务政治理论水平任职资格考试培训班等，全年共培训各级各类干部1336人次。

2006年，举办公务员培训班、副科级领导干部培训班，培训干部90余名。选派40余名干部参加省、市组织的各种培训，选派49名少数民族干部到中央民族干部学院进行为期15天的民族理论培训，选派9名县直部门和乡镇优秀年轻副科级领导干部到省财政厅、交通厅、林业厅等9个省级部门进行为期半年的挂职锻炼。

乡村干部培训　1988—1990年，先后在区、镇、乡建立党校17所，对农村干部进行培训。1992年乡镇建制调整后，乡镇党校调整为12所。1995年，全县16个乡镇均建立起党校。1988—1997年，乡镇党校共培训农村干部55567人次。

2000年，共举办乡镇、村各类培训班230余期，培训6800余人次，完成绿色证书1440余人、实用技术350余人的培训颁证。抽调县直机关工作人员，组成4个授课组，分片负责，以农村现行政策、法律、法规、农村实用技术等为内容，进行一周的教育培训，培训乡镇干部850人、村干部586人。

2001年，两次组建讲师团，对乡、村干部进行培训。

2004年，培训乡镇、村干部、专业大户和农村致富能手6500余人次。

2005年，从卫生、计生、司法等部门抽调6名技术人员成立社会事务组，建立漩坪乡瓦厂村“标准化肉羊示范基地”、青片乡“环保节能示范基地”、陈家坝乡西河村“蚕桑科技示范基地”等5个科技示范基地；培养各类科技示范大户100户，举办各类技术培训135期（场）、培训党员干部群众9000余人次。

2006年，县“小康先导团”共培养各类示范大户115户，举办各类专业技术培训190余场（次），培训农村党员干部群众1.4万人次，发放各类科普资料10万余份，印发《农村实用技术及政策读本》2万余册，指导发展和巩固各类示范基地46个。组织33名村支部书记分三期参加省上统一组织的无公害农产品加工与绿色食品生产技术专业、中药材产业化专业与茶叶产业化工程专业的培训。

党员教育　1992年，注重党员电化教育，16个乡镇全部配置播放设备，播放电教节目198场，收看人数1.9万人次。

1994—1995年，开展学习十四大报告、新《中国共产党章程》和《党员领导干部廉洁从政若干准则》《中共中央关于加强党的建设若干重大问题的决定》，购送《中国共产党章程》4200册，拍摄电教片3部、翻录电教录像带107盒，播放电教片436场，观看人数达7.6万人次。

1996—1997年，指导各党支部深入开展学习《中国共产党章程》和中国特色社会主义理论，开展“三讲”和学习先进典型人物事迹活动，狠抓基层党（工）委、党支部的制度建设，引进党员电教片529部，播放1723场，收看人数达11.6万人次。

2000年，在党员中开展“与党同心，与群众贴心，让人民放心”为主题的实践活动，加强党员先进性的集中教育。加强党员电教网络建设，与广电局联办《党建之声》和“七一”宣传报道专栏节目，以县内各条战线涌现出来的优秀党员的先进事迹，教育广大党员和群众。

2001年，在建党80周年期间，开展歌咏比赛、党史党建知识竞赛，表彰优秀党员和优秀党务工作者、先进基层党组织，组织编纂出版《丰碑》一书，讴歌全县基层组织建设中涌现出的优秀党员、优秀党务工作者和先进基层党组织的事迹以及全县改革开放以来党建工作取得的成绩。

2003年，实施“党员先锋工程”。落实双向培养对象367名，其中党员312名，致富能手55名。经过双向培养，全县110名致富带头人和技术人员、教学骨干先后向党组织递交入党申请书，200余名农村党员带动3500户农户大力发展蚕桑、茶叶、水果、蔬菜、农副产品加工等致富项目。按照“一个组织一座堡垒，一名党员一面旗帜”的目标，在全县建立农村党员示范户326户、示范村42个，城镇和企业党员示范窗口（岗）61个，示范科室、车间21个；创建省级模范实践“三个代表”示范党组织、示范窗口党组织、机关事业单位示范党组织4个，示范户（岗）11个。在抗“非典”工作中，1名优秀党员受到省委表彰，4名优秀党员和两个基层党组织受到市委表彰，30名优秀党员和21个基层党组织受到县委表彰。

2005年，将党员先进性教育活动作为基层组织建设工作的重中之重，有效开展一、二批先进性教育活动，涉及241个党组织、234个单位、3155名党员。

2006年，按照“关键是要取得实效”“真正成为群众满意工程”的要求，围绕“提高党员素质，加强基层组织，服务人民群众，促进各项工作”的目标，抽调512名县乡干部进驻258个村蹲点指导村级党组织开展第三批先进性教育活动。开展千户农户大调查、“保持共产党员先进性教育活动与党的先进性建设”征文和理论研讨等多种形式的主题实践活动。同时，总结三个批次、不同类型党员队伍先进性教育活动经验，着力构建融党员教育、管理、监督和服务于一体的党员队伍建设长效机制，有效增强创造力、凝聚力、战斗力。至6月底，三个批次的先进性教育活动圆满结束，群众满意度达96%以上。加强党员活动阵地建设，落实农村党员干部现代远程教育经费，全县50个村纳入到新建活动室省市补助计划，县上的配套资金60万元纳入2007年县级财政预算。

四、党员、干部管理

党员管理 1989—1991年，建立党员领导干部参加组织生活登记、党员组织生活情况记录制度，开展民主评议，处置不合格党员。全县513个党支部5290名党员参加评议，测评5186人，合格5072人，基本合格21人，不合格93人；对不合格党员限改69人，劝退13人，除名7人，退党4人。

1992—1993年，坚持一年一度民主评议党员，同时抓好外出党员的管理。

1998年，根据省委组织部关于认真做好民主评议党员和严肃处置不合格党员工作的安排意见，全县除名3名不合格党员。1999年进一步完善各种党内生活制度，对企业下岗等流动党员实行定期汇报和流动证制度。

2000年后，加强流动党员管理，坚持流动党员外出登记制度、外出请假制度和工作汇报制度。建立党员基本信息库，掌握党员的基本情况，按时完成党员统计工作，认真做好党费的收缴、管理和使用。

干部管理 干部选拔。1994年，在部分乡镇机关推行“优化组合，竞争上岗”改革。

1997年，实行领导干部任用聘任制，除人大按法律程序任命的干部外，其他一律实行公开招聘，一届一聘。

1998年，抓科级后备干部的培养、选拔、考察工作，广开渠道、广纳贤才，对年轻有为的干部，不拘一格大胆提拔使用。共提拔选用大专以上文化、年龄35岁以下的年轻干部22名，选用女干部5名；从县直机关选派14名年轻干部到乡镇担任要职。严把干部“进口”，疏通干部“出口”，保证干部队伍结构不断优化。在1998年年底和1999年年初乡镇换届调整中，共提拔优秀中青年干部53名，在1999年部分领导班子调整中提拔优秀青年干部7名，全县35岁及以下干部达到342名，占领导干部总人数的40%，比换届前平均降低2.7岁。全县16个乡镇有11个乡镇配备女领导干部。

1999年，总结1998年公安、检察机关实行干部竞争上岗的经验，积极探索干部、人事制度改革，制定《关于党政机关竞争上岗实施意见》，指导完成卫生系统、禹里乡、擂鼓镇的竞争上岗工作。

2000年，全面推行党政机关中层及以下干部竞争上岗，11个乡镇机关开展竞争上岗，3个乡镇出台竞争上岗方案，分流乡镇人员25名。推行领导干部任前公示制和试用制，对1名县级干部、18名科级干部进行任前公示，对12名科级干部实行试用。推行任免干部常委无记名投票表决制度，实行干部任前谈话和廉政谈话制度，坚持领导干部离任经济责任审计制度，推行公开选调机关工作人员和公开选拔领导干部制度。

2001年，推行拟提干部考察预告制，制作党政领导干部任前公示栏，使干部任前公示制度化、规范化，全年共公示干部4批60名，1名干部公示后未任用。推行县委全会审议并投票表决乡镇主要领导人选制度。

2003年，在县级领导班子换届工作中，注重干部队伍年轻化，提高领导班子中女干部、少数民族干部的配备比例，新提拔进领导班子的全部具有本科学历。乡镇领导班子的平均年龄比上届下降1.5岁，少数民族干部达到60%以上，每个乡镇均配备1名以上科级女干部。公开推荐县级后备干部，召开有县级干部，各乡镇党委书记、乡镇长，县级各部门主要负责人，县人大、县政协各委室主要负责人106人参加的县级干部民主推荐会，推荐出县级后备干部16名。

2004年，在陈家坝乡开展公推直选乡党委书记试点。制发《在全县公开推荐科级后备干部工作的通知》，首次组织全县各乡镇、各单位公开推荐科级后备干部，共推荐储备146名科级后备干部。

2006年，部务会讨论任免干部10次482人，县委常委会讨论干部任免9次476人，县委全委会讨论干部任免3次76人；共公示干部81人次，试用干部18人；征求纪检机关意见368人次，征求人大党组意见82人次，征求县政协党组意见79人次，谈话264人次；实行干部选拔纪实制度。

考核监督。1989年，开展对领导干部民主评议活动，对县委、县政府领导干部1988年度工作进行考核。

1991年，印发《关于干部管理暂行规定》，对76个单位的102名科级干部进行考核，优秀21名、称职65名、基本称职15名、不称职1名。

1994年，全面开展干部考核工作，评出优秀158人，不称职1人（领导干部），对2000余名干部职务、职级进行审查。

1998年，继续加强干部审查工作，建立干部监督制约机制。完善领导干部个人重大事项报告制度和谈心制度，坚持和完善领导班子民主生活会制度。

2000年，除通过领导干部任前公示、廉政谈话、征求纪检机关分管领导意见外，加强与人大、政协、人事、信访、审计等部门的工作联系，增强干部监督管理合力。加强干部的平时考核和年度考核管理，对考核情况和结果分别按干部管理权限报审，确定考核等次，公布考核结果。

2005年，出台《科级领导干部日常监督管理办法》《领导干部停职免职暂行办法》《科级领导干部诫勉暂行办法》《科级党政领导干部函询暂行办法》等，将政法委、财政局、民政局、劳动和社会保障局纳入干部监督成员单位，使干部监督成员单位由原来的8个增加到12个，是年对3名正科级、7名副科级领导干部进行警示提醒谈话，对5名干部进行经济责任审计，对1名领导干部做出停职、免职处理，对1名领导干部进行函询。

五、基层组织建设

基层组织概况 1988年，全县共有基层党委37个，其中区、镇、乡党委36个，县直机关党委1个；党支部488个，其中农村党支部275个。1992年，针对乡镇建制调整和工交、财贸、文教系统党建工作存在的薄弱环节，将36个区、镇、乡党委调整为16个乡镇党委，将县直机关党委改建为县直机关工委、财贸工委、工交工委、文教局党委。1995年，增设农业工委。2000年，全县共有党委18个、工委5个、总支10个、支部545个、党员7088人。2001年，全县有党委19个、工委3个、

总支16个、支部543个、党员7272人。2004年，全县有党（工）委24个、党支部501个，党员7641名。2005年，全县有党（工）委23个、总支11个、党支部500个、党员7746名。

农村党建工作　1988年后，将农村党建作为重要工作来抓。1994年，县委与各乡镇党委签订目标责任书，乡镇党委与各村签订责任书，确定县级领导和县级部门定点联系无集体收入的“空白村”，帮助整顿软弱涣散的农村党支部。1995—1997年，先后调整村支部书记、村主任及三职干部数百人。农村基层组织建设和精神文明建设得到加强，全县278个村建立起较规范的党员活动室，无集体收入的“空白村”和“三类村”得到消灭，“五好村”达到175个，一类村达到74个，村集体经济3000元以上达175个。1998年，在巩固前三年农建工作成果的基础上，制订《1998年至2000年农村基层组织建设三年规划》和《在农村基层干部、党员中实施“绿色证书”和农村实用技术培训的三年规划》，并启动实施。继续加强农村基层干部的培养教育工作和以村党支部为核心的村级组织建设，“村务公开、民主管理”工作在试点的基础上全面推开。开展公推公选村党支部书记、直选村委会主任工作，村支书公推公选面达40%以上，村委会主任直选达100%，一大批有知识、有能力、德才兼备、群众拥护的优秀人才被推选进村级班子。1999年，继续落实包村工作，共落实市、县包村部门75个，落实29名县级领导干部联系全县54个行政村、31所学校和34个企业、工程或项目，落实各乡镇领导干部联系村制度。2000年，建固定性公开栏195个，全县278个村均按要求开展村务、财务公开。对软、散、懒的41个村级班子进行整顿，精减村社干部226人，村主要干部报酬平均达1000元左右，最高达3000元，较1999年平均增长30%～50%。2001年，各乡镇及七站八所、学校、医院建立规范的政务公开栏，全县政务公开、村务公开走上制度化、规范化轨道。2003年，严把进口关，选好配强村党支部书记，全县初中以上的村干部764人，40岁以下524人，分别占村干部总数的70.74%和48.52%。通过精简职数、兼职兼薪等方式，提高村干部报酬，调动村干部工作积极性和主动性。全面推行村务和乡镇政务公开，扩大基层民主。2004年，建立县、乡镇、村三级联动体系，30名县级党员领导干部联系20个乡镇、60个村、34所学校、60个企业和重点工程项目，定点帮扶60户贫困户；62个县级部门联系20个乡镇，包村62个，帮扶贫困户180余户。探索基层党组织发挥作用的有效形式，指导小坝乡、开坪乡、通口镇、桃龙乡建立联合村支部，全县联合村支部达到12个，涉及29个行政村。2005年，狠抓培训阵地建设。安排专项资金，维修和新建30多个农村党支部党员活动室，并赠送有关学习资料。加大农村党员干部培训力度，年内分两期对156名新当选的村“六职”干部进行为期两周的统一培训，20个乡镇因地制宜，培训支部书记516人次、农村普通党员1800余人次。2006年，实施《村（社区）主要干部生活补贴办法》和《村（社区）主要干部基本养老办法》，对符合生活补贴的916名正常离职村（社区）主要干部发放生活补贴50余万元，对符合条件自愿参加养老保险的139名在职村（社区）主要干部按人均1900元的标准，补助养老保险资金27万余元。制订《村（社区）干部管理办法》，完善包括培训、选任、考核、待遇、监督、诫勉、免职和罢免以及后备干部培养等8个方面在内的村干部监督管理措施。开展农村党员“设岗定责”活动，按照“按需设岗，因事设岗，以岗定责，责任到人”的原则，设立政策宣传岗、民情反馈岗、文明新风岗、信息服务岗、平安创建岗、基础设施维护岗、党务村务监督岗等，为广大农村党员提供发挥先锋模范作用的途径和平台。2007年，建立基层党建例会制度和县级党员领导干部党建工作联系制度，开展“三培养”、农村残疾困难党员帮扶和党员农贷快车活动，探索创新村（社区）干部激励机制，制订完善村（社区）干部生活补贴办法和养老保险办法。评选表彰10名优秀党支部书记，完成50个村级活动阵地建设。

六、其他工作

老干部工作　1989年3月，县委组织部老干部科改建为县委组织部老干部局，编制4名。1997

年 4 月，改建为县委老干部局，在岗 3 人。

1988 年，全县有 40 名干部离休，分属 26 个单位，其中行政单位 8 人、事业单位 12 人、企业 20 人。至 1997 年，全县有离休干部 41 人（含异地安置 1 人），其中地（厅）级 3 人、正县级 9 人、副县级 6 人、副科级 19 人、一般干部 4 人；有县级退休干部 60 人，其中正县级 12 人、副县级 48 人。随着离退休老干部的逐年增多，老干部工作得到高度重视。

2001 年，落实老干部生活待遇，协助有关部门对 5 名离退休干部病故后医疗、丧葬、抚恤费及遗孀供养问题进行妥善处理，根据政策对离休干部护理费标准进行调整，协调解决离休干部无工作遗孀生活供养问题。

2005 年，组织离退休干部到重庆歌乐山烈士陵园、红岩魂陈列馆、渣滓洞、白公馆旧址参观学习。

2006 年，县委、县人大、县政府、县政协四大班子领导不定期听取汇报，及时研究解决老干部工作中的重大问题；在元旦、春节、敬老节等重大节日期间走访慰问老干部 300 余人次，看望慰问生病住院老干部 103 人次。确保离退休干部离退休费按时足额发放、医药费按政策规定报销。贯彻落实中华人民共和国建国初期参加革命工作的部分退休干部按标准给予适当补贴的政策，审核并批准 46 人享受该政策，为两名退休干部增发养老金。

县委老干部局（科）注重引导组织老干部开展自我管理、自我服务。1989 年 6 月，成立县直机关老协，将老干部分为 12 个组，不定期开展活动。1995 年，扩大老协组织，成立分会 4 个、小组 26 个，会员达 418 人。随即组织开展门球、篮球、乒乓、拔河、中长跑、书法、绘画、跳舞等活动和比赛，既强身健体，又丰富生活。

知识分子工作　1988 年后，坚持按照“政治上一视同仁，工作上放手使用，生活上关心照顾”的方针，切实加强知识分子工作。

1990 年，成立知识分子工作领导小组，推选 8 名知识分子参加市级拔尖人才评选，推荐 20 余人参加县级拔尖人才评选；省下达 200 个调资指标，160 个安排给知识分子。

1991 年，建立知识分子工作联系点，聘请 17 人担任兼职联络员。实行知识分子接待日制度，将每月 15 日定为组织部部长或副部长接待知识分子日。

1992 年，提请县委、县政府批准，命名首批有突出贡献的中青年科技拔尖人才 5 人，举办首批科技拔尖人才事迹展览，对拔尖人才进行健康检查，建立健康档案。收集县内中级以上知识分子的科研成果，采纳知识分子合理化建议 100 余条。

1993 年，建立县级领导干部联系知识分子工作制度，签订拔尖人才管理期内目标责任制，优先安排科研项目和经费。132 名知识分子被推选为县党代表，67 人当选为县人大代表，80 人安排为政协委员。

1995—1996 年，开展知识分子科技人员情况调查。

1997 年，向市委组织部推荐中青年科技人才 22 名，16 个乡镇配备科技副乡镇长。

1998 年，围绕“尊重知识，尊重人才，科技兴县”和跨世纪发展战略，各单位落实分管知识分子工作的领导。县委、组织部把知识分子工作列入重要议事日程，与统战、宣传、人事、科委、科协等部门经常互通知识分子工作情况，帮助解决实际问题。对县级拔尖人才，协助所在单位从人员、经费、时间上予以保证，促进其发挥骨干示范作用。开展送科技下乡和技术服务活动，大力引导优秀青年人才带头深入农村开展农业技术培训和技术推广工作。

2001 年，加强对县级拔尖人才的管理，重点掌握和培养一批高级技术人才和知识、技术、管理型复合人才。4 月，组织县农业、水利、林业、畜牧、城建等部门的科技干部 30 余人，组建科技服务团（小康先导团），按照成员各自特长分成 6 个专业小组，提供全县农业、林业、工业和重点建设项目的科技服务，打造建设一批科技示范项目，直至 2007 年年底。

落实干部政策　1988年，对1983—1988年260名干部的遗留问题落实政策，其中地下党员9人；对402名1950—1957年任村级主要职务的农村老干部，分别按每人每月3元、4元、5元的标准给予生活补贴；纠正“第二次国内革命战争”肃反错案79人，平反昭雪77人，其中红军排长1人、红军战士1人、苏维埃正副主席3人、游击队员23人、村苏维埃干部15人、工农群众34人。

培养选拔少数民族干部　1988年后，将少数民族干部的培养和选拔作为干部工作的重要内容，在严格执行干部“四化”方针和德才兼备原则的前提下，结合县内实际，实行“三优先”原则，即优先下派、交流，优先推荐作为党代表、人大代表和政协委员候选人，优先选送到各级各类党校和大专院校深造学习，加大少数民族干部的培养和选拔力度。

1989年5月，组织21个民族乡乡长参加省民委举办的培训班学习。

自1991年起，先后安排不同层次的民族干部6名到不同地区挂职锻炼。

1992年7月，市政府决定在市工业学校、农业学校各设一个民族中专班，学制3年，招收县内少数民族学生59名，毕业58名，至1996年12月，共安排工作44名。

1997—2007年，采取党校培训，上挂锻炼，送大专院校深造等途径，培养少数民族干部。同时，在培养的基础上，按照“四化”方针和德才兼备的原则及《党政领导干部选拔任用条例》，将少数民族干部选拔到领导岗位上，保持少数民族领导干部在全县领导干部总数中的比例。

第三节　宣传工作

一、机构

1989年，县委宣传部内设宣传科和理论科，编制6名，实有5人。1997年3月，设理论教育科、宣传文化科、新闻外宣科；定编（含县精神文明办）9名，实有8人。2007年，编制（含县精神文明办）9名，实有6人，设理论股、宣传文化股、新闻外宣股。

二、理论教育

1988年，深入学习宣传十三大精神，开展生产力标准问题大讨论。

1989年，加强马列主义理论和党的基础知识教育，旗帜鲜明地反对动乱和资产阶级自由化。

1991年，从各部门抽调30多人组成5个工作组，到各乡镇开展社会主义思想教育；在全县开展学习《毛泽东选集》1～4卷活动。

1992年继续开展农村社会主义思想教育，组织全县党员干部学习中央2号文件精神和邓小平南方谈话，在全县开展党史党建理论知识竞赛。

1993年，组织全县党员和干部群众学习党的十四大文件、邓小平理论、社会主义市场经济理论，举办《邓小平文选》（第三卷）读书班。

1994年，指导各乡镇党委和县直工委、党委建立中心学习组22个，制定学习制度。

1995年起，开展为期三年的学理论、学党章活动。

1997年，开展以“双学”“三讲”和创“四好”为主要内容的党性党风教育活动。

1998年，围绕解放思想、抓住机遇、促进发展的主题，每季度印发一期理论工作要点，强调从三个专题抓邓小平理论学习：一是深刻理解邓小平理论的精髓，解放思想，实事求是，推动全县人民思想大解放，以思想观念的转变推动全县经济体制与经济增长方式的根本性转变；二是正确认识和把握社会主义初级阶段的理论，引导各级党员干部正确认识县情、镇情、乡情，找准发展本地经济的立足点、切入点和新的增长点；三是深入了解和掌握社会主义市场经济理论，自觉按照市场规律办事，加快全县改革开放的步伐。

1999 年加强农村政策宣传教育工作，强化县内农业生产及农村工作，解决好农民问题。

2000 年后，在学习内容上，注重抓三个重点，即以西部大开发为主题，深刻理解邓小平理论的精髓；围绕“三个代表”重要思想，学习江泽民、胡锦涛等中央领导同志关于“三讲”教育的重要讲话；以理想信念教育为核心，抓好党的基本理论、基本路线、基本纲领的宣传教育。在学习方法上，做到“三个带动”，即以各级党委（工委）中心组的规范学习带动各级领导干部的理论学习，以理论骨干的培训学习带动广大干部的理论学习，以各级党支部的制度化学习带动广大党员的理论学习。坚持把理论学习与理论研究结合起来，每次中心组学习之前，均结合学习内容，对 1～2 个问题进行深入调查研究。

2005 年，完善理论学习考核制度，建立《领导干部学习调研实施办法》《领导干部理论学习考试制度》，把党委（党组）中心组学习纳入年度党建综合目标考核，实行半年一次督导、年终检查考核。结合党员先进性教育活动，在全县各级党组织和人民群众中开展以“保持党员先进性，推进绵阳发展新跨越，北川怎么办”的解放思想大讨论。在基层干部理论培训班上，开设理论学习专题讲座。

2006 年，建立健全学习组织制度，做到年初有计划，年末有总结，学习有日程，考核有标准，做到学以增智、学以立德、学以致用。抽调 45 人组成 3 个调研组，分赴绵竹、九寨沟等 7 个县市深入调研，形成调研报告，举行三场学习报告会，县直部门和乡镇副科级以上干部 800 余人到会，反响强烈。

2007 年，贯彻落实科学发展观，弘扬井冈山精神，在领导干部中倡导勤奋好学、学以致用，心系群众、服务人民，真抓实干、务求实效，艰苦奋斗、勤俭节约，顾全大局、令行禁止，发扬民主、团结共事，秉公用权、廉洁从政，生活正派、情趣健康等八个方面的良好风气。

三、对外宣传

坚持以县域经济发展、社会事业进步、民族团结风貌为主题，以省市媒体为主要载体，大力开展对外宣传。

1988 年 2 月，协助外事办拍摄县内风景名胜、风土人情，编写县情简介，主办《绵阳日报》北川专版，介绍北川的优势资源和投资优惠政策。采写外宣稿件 60 余篇，其中在省市报刊、电台上稿 10 篇。

1991 年，开办《绵阳日报》专版，多角度宣传介绍北川。

1992 年，举办全国“大禹及夏文化研讨会”；协助中国儿童电影制片厂《熊猫阿吉》摄制组在北川的拍摄工作。

1993 年，主办《中国与世界》北川专版，编印《大禹故里水磨漆》画册，摄制《禹里壮歌》《冲出困境》等电视专题片。

1995—1997 年，重点报道 30 万只白山羊工程、扶贫攻坚等。

1998—1999 年，每年在省市各级电台、报刊发表反映北川经济和社会事业发展的稿件 120 余篇。

2000 年，在开展常规报道的基础上，高度重视大禹文化、羌族文化、风景名胜、风土人情的宣传。拍摄电视专题节目 4 集，其中协助央视七套节目拍摄的专题片《羌族沙朗》、配合招商引资宣传拍摄的电视专题片《跨越新世纪的北川》和电视散文《走进大禹故里》，成为介绍县情和旅游资源的重要资料。

2001 年后，坚持把地方文化和旅游资源的宣传作为重要工作，每年制作一批反映县内羌族历史演变、文化特色的专题片，在中央、省、市新闻媒体播发，2003 年自治县成立庆典盛况由四川卫视和绵阳电视台现场直播 2 小时，近百家新闻单位及时进行报道，北川的知名度得到极大提高。

2005 年，利用报刊和互联网，加强宣传，发表《红军在北川》《古羌运业》《羌族转山会》《羌族民族体育》《许家湾花灯》《山韵在北川开机》《美籍教师北川支教》等组图。4 月，以红军在北川 70 周年为契机，与四川日报、四川电视台、四川人民广播电台合作进行宣传报道，并在绵阳日报举办 10 期“红军在北川”连载，在北川电视台开辟“红军在北川”专栏。结合庆祝抗战胜利 60 周年，在四川电视台推出反映县内抗日英雄王建堂和北川支援抗战事迹的专题片。结合春节、羌历年等节庆活动，与市电视台合作，推出《羌族歌舞进省府》《欢庆羌历年》等节目，受到观众好评。

2006 年，制作反映北川羌族历史演变、文化特色的专题片《血染的丰碑》《羌乡春来早》《羌乡拓新路》等，在中央、省、市新闻媒体播发。对“长虹—北川共建社会主义新农村”“中央新闻媒体采访北川检察院建设”“禹生北川 4133 周年暨首届禹羌文化旅游节”“西部文化产业博览会”等活动进行重点宣传报道。建立“新华网绵阳分频道北川网站”，成为宣传和推介北川新的有力载体。

2007 年，对全县各战线新闻宣传工作实行目标管理，举办全县骨干通讯员培训班，大力培植新闻人才。全年在中央级媒体发稿 10 条，省级发稿 123 条，市级发稿 1217 条。在北川电视台《北川新闻》增开“民生报道”“记者观察”等栏目，及时宣传全县中心工作和党的惠民政策。

四、社会宣传

坚持团结、稳定、鼓劲和正面宣传为主的方针，把握时代脉搏，组织通讯员大力宣传党的各项方针政策，及时报道县域经济发展、社会事业进步、民族团结新进展。

1989 年，坚持正确的舆论导向，重点宣传报道县内各行各业职工顾全大局，坚守岗位的情况。

1991 年，对农村社会主义教育运动和发行新版《毛泽东选集》1～4 卷等情况进行宣传报道。

1992 年，对贯彻中央 2 号文件、“粮改”、学习贯彻中共十四大精神、建制调整、“7·27”特大洪灾及抗灾救灾情况等进行宣传报道。

1993 年，对新一届县委、县政府发展经济的指导思想、规划、措施、效果等情况进行报道。

1995 年，对“8·11”特大洪灾及抗灾救灾情况及时报道。

1996—1997 年，对企业改制、30 万只白山羊工程建设以及扶贫攻坚等进行报道。

1998 年，以县内实施“两个转变”、推动县域经济发展为主线，突出报道农业、工业和基础设施建设三个重点。指导县广播电视台新开办广播专题《板块 55》和《早间专题》、电视专栏《羌乡大舞台》和《一周要闻》。同时在《北川新闻》中增加反映各条战线先进典型的小栏目。

2000 年，指导县有线电视台、广播电台开办《“三讲”》《学习实践“三个代表”》《创文明卫生县城》《党旗映羌乡》《迎接西部大开发》等栏目。每季度编发新闻报道要点，突出报道调整农业产业结构、加快六大产业化基地建设、提高农业综合开发效益和改善生态环境等方面的进展，实施工业强县战略、加大招商引资力度、提高工业占 GDP 比重所采取的措施，交通、城建、通信、广播电视等各项重点工程建设情况。

2001 年，加强干部人事制度改革、企业改革、财政体制改革和教育、卫生系统改革方面的报道。结合“三讲”和“三个代表”重要思想学习教育活动的开展，详尽报道全县各级党政干部理清发展思路、改进工作作风、增强责任意识，带领群众发展经济的报道。

2002 年，以县内产业结构调整、退耕还林、基础设施建设、招商引资和深化各项改革取得的成果为重点开展宣传报道。

2004 年后，按照“贴近实际、贴近群众、贴近生活”的要求，贯彻落实中央关于改革新闻报道工作的意见，充分反映全县经济、社会事业发展和人民生活。

第四节　统战工作

一、机构

1988 年，县委统战部实有 3 人，其中部长 1 人、干部 2 人。1997 年，实有职工 6 人，其中部长 1 人、副部长 2 人，内设办公室。2002 年，在县委统战部挂县台办牌子。2007 年，实有干部 4 人，其中部长 1 人，副部长 2 人，内设办公室。

1990 年 5 月，明确区镇乡党委、县级机关、厂矿和学校等 44 个单位共 88 人分管统战工作或担任统战委员。1993 年，进一步明确基层统战工作的职责和任务，全县落实分管统战工作的领导和统战委员 60 人，基层统战工作网络逐步形成。1998 年县级、乡镇领导班子换届后，16 个乡镇党委、6 个县直党（工）委及各党支部按照有关规定配备统战委员，并有领导兼管统战工作。

二、民族宗教事务管理

民族工作　1988 年后，统战部以“继续巩固和发展社会主义民族关系，坚持和完善民族区域自治制度，加快民族地区经济发展和社会进步”为行动指南，宣传贯彻党的民族政策，落实民族工作条例；深入开展调研，积极为民族乡经济发展、资源开发献计出力，向县委、县政府反映民族乡的具体情况；积极推荐中青年民族干部。

2001 年，配合争取建立羌族自治县工作，与县政协文史委、人大民工委编辑出版《民族工作学习参考资料》《北川县政区演变与羌族的人口分布》小册子，宣传民族政策、法律法规，宣传北川羌族演变的历史，维护民族团结，促进民族政策的落实。

2003 年自治县成立后，指导协调有关部门继续在全县开展民族政策、法规的宣传教育，解决民族工作中的具体问题。

2005 年，指导协助有关部门开展《中华人民共和国民族区域自治法》《国务院〈实施民族区域自治法〉若干规定》和《中央加强民族工作，加快少数民族和少数民族地区发展的决定》的宣传教育，努力争取民族政策，争取民族专项资金，挖掘和弘扬民族文化。

2006 年，以“共同团结奋斗，共同繁荣发展”为民族工作宗旨，通过举办干部培训班、座谈会，学习《中华人民共和国民族区域自治法》和《北川羌族自治县自治条例》等法律法规，充分利用民族自治政策推动全县经济和社会事业发展。

2007 年，成立民族干部培训学校；大力争取民族专项资金。

宗教工作　县委统战部坚持贯彻党的宗教方针政策，引导信教群众开展正常的宗教活动。

2000 年，到曲山清真寺、擂鼓圆通寺、小坝上沟和片口天主教堂等宗教场所，宣传党的宗教政策，及时清理非法教职人员。国庆期间，针对国内外宗教活动异常的状况，与县民宗局配合，督促开放的宗教活动场所依法办教，在宪法和法律的范围内开展活动。

2004 年，建立健全宗教工作责任制，实行分级负责，严格实行属地管理原则，及时排查本地区宗教方面存在的不稳定因素，把问题解决在萌芽状态。

2005 年，与县民宗局一道举办全县宗教事务条例培训会，县直相关部门、乡镇分管领导和开放的宗教场所负责人及教职人员参加培训。

2006 年，在全县宗教活动场所建立民主管理委员会，施行民主化管理；依法对滥建庙宇进行治理，净化宗教活动场所。

2007 年，建立由县民族宗教局具体负责，统战部等有关部门配合，各乡镇领导分管、各村委会和居委会治保主任落实的宗教工作“三级”管理网络；建立健全宗教场所和宗教教职人员管理制度，依法对全县宗教场所进行管理。

三、非党干部、知识分子工作

非党知识分子工作　1988年9月，对全县具有高、中、初级职称的非党知识分子进行调查摸底，建立名册和卡片，建立党外知识分子联系制度。

1992年，县委成立知识分子工作领导小组，聘请11名有关部门负责人为联络员，联系122名有影响、有代表性的党外知识分子，使党的知识分子政策得到进一步贯彻落实。

1998年，对全县中级职称以上的党外知识分子进行全面摸底调查，确定县农业局、畜牧局、林业局、卫生局为重点联系单位，主动到单位了解党外知识分子的学习、工作和生活情况，对反映出的问题及时与单位领导交换意见，使之得到解决，以此调动党外知识分子的工作积极性。此后，每年定期深入农业局、县医院等知识分子集中的部门召开座谈会，了解知识分子思想、工作、学习、生活情况，开展交心谈心活动，为其排忧解难。

党外人士参政议政　1989年，建立每季度举行一次党外人士座谈会制度。1990年，建立县委同党外人士协商的制度。到1997年年底，共举行座谈会、协商对话会等102次，使县委决策更加民主化、科学化。2000年，贯彻落实中央《关于坚持和完善中国共产党领导下的多党合作与政治协商制度的意见》，进一步充实协商内容，拓展参与渠道，提高参政议政质量。先后召开党外领导干部、各族各界代表人士、非公有制经济代表人士学习会、座谈会，传达中央、省、市重要文件精神，请县委、县政府领导通报全县政治、经济、社会发展等情况及群众普遍关心的重点、难点、热点问题，听取意见和建议。是年共进行各类协商15次，情况通报20次，开展各项专题调研14次。2001年，县委、县政府的工作报告、财政预算、社会经济发展计划、廉政建设措施、城市建设及重大人事变动等，均事先听取党外干部、各族各界人士的意见和建议。此后，这一参政议政做法成为制度。

建立“特约参政”制度　1991年4月，首批聘请15名人大代表、政协委员和非党代表人士担任特约监察员、审计员和教育督导员。此后，县内“特约参政”制度逐步健全和完善，“三员”素质不断提高。

培养和选配非党干部　1988—1992年，非党干部任县人大常委会副主任1人、县政府副县长1人、县政协副主席4人；经考察推荐安排党外人士担任人大专委会副主任1人、在政府部门担任实职副科级干部15人、政协专委会正副主任4人。此后，党外干部的培养和选配一直受到重视。2000年，建立后备干部名册，对重点培养对象进行重点联系，推荐部分党外干部参加省、市、县举办的各类培训，对部分担任同一职务时间较长、政治待遇不能解决的党外干部，及时向县委汇报。2001年起，确定一名副部长具体抓党外后备干部的培养选拔工作，将重点培养、联系对象推荐给组织人事部门，供组织选拔、任用。

四、经济统战工作

1998年5月，由统战部牵头，对县内个体私营经济发展状况进行调查研究，撰写出《北川县个体私营经济发展情况的调查报告》。8月，成立个体私营经济发展领导小组，县委作出《关于大力发展个体私营经济的决定》，从统一认识、落实完善政策、加大扶持力度、改善领导、加强服务等方面为非公有制经济的发展提供组织保障，营造宽松环境。

1999年，到8个个体私营企业调研，了解生产经营中遇到的困难和问题，为其排忧解难，促进全县个体私营经济朝着健康方向发展。

2000年后，每年深入个体私营企业调研，就企业发展问题提出建议，协助化解矛盾；与工商联一道，组织县内私营企业主到外地考察学习。

2004 年，做好民营企业法人代表的日常联系工作，定期召开座谈会，听取意见和建议。

2006 年，引导民营企业投身新农村建设，在民营企业中开展“百企帮百村”活动，联系绵阳市 5 家知名企业与县内 3 乡 6 村结对帮扶，把企业发展与解决“三农”问题紧密结合起来。

2007 年，全县 14 家企业与 16 个村结成对子，实施帮扶项目 12 个，年内投入资金 206 万元。

五、对台事务

对台工作机构 1987 年 12 月，成立县政府台湾同胞接待办公室，与县委对台办两块牌子，一套人员；1990 年 12 月，设立县政府台湾事务办公室；1992 年 6 月，县委对台办更名为县委台湾工作办公室。1996 年 10 月，县委台湾工作办公室并入县委统战部，保留牌子，同时挂县政府台湾事务办公室牌子。

对台政策宣传 1988 年，全县有台属 75 户。1997 年台属增至 99 户 430 人，与台胞有通信联系的 95 户。2007 年，全县有台属 90 户 390 人，与台胞有通信联系的 85 户。1988 年，全县有台胞 40 人。1997 年台胞增至 51 人，其中北川籍 8 人。2007 年，全县有台胞 65 人，其中北川籍 8 人。对台工作机构每年利用中秋、春节等传统节日召开台属座谈会、茶话会，通报全县经济、社会发展情况和香港、澳门回归后的繁荣情况，传达党的对台方针政策、中央领导对台工作指示、台湾局势和两岸关系形势，畅谈祖国统一大业，发动台属开展“四个一”活动（即写一封信、牵一条线、引进一笔资金、促成一个项目）。1990 年，利用多种形式学习《中国台湾问题》读本并揭批李登辉的“两国论”；继续加强与新闻单位联系，宣传党的政策，宣传台胞台属的先进事迹，报道对台动态。2000 年，学习宣传贯彻党的“和平统一，一国两制”的基本方针和国家主席江泽民关于推进祖国和平统一的“八项主张”，介绍两岸关系的发展情况，批驳台湾领导人的“台独”分裂活动；编写《台湾问题与中国的统一》《一个中国的原则与台湾问题》等 7 个广播宣传专题，在县广播电台播放，对全县广大干部、群众和台属进行涉台宣传教育。此后，每年均围绕党的台湾政策展开宣传教育活动。

落实台属政策 中共十一届三中全会后，对台属中的历史遗留问题进行复查，纠正对台属的错误处理及不公正待遇。1988 年后，建立台胞台属花名册及人头档案，核发台属证。台属政治地位得到提高，1988—1997 年，台属被安排为县政协委员的 6 名、市政协委员 1 名，被选为县、市人大代表 2 名，担任副科级以上领导干部 4 名。台属的生产生活受到照顾，有关部门为台属解决子女读书和住房困难，为农村台属解决农用化肥供应指标，支持、鼓励台属发展种植养殖业，走勤劳致富道路。1998 年后，将台属扶贫工作纳入当地统一规划，积极支持台属发展经济，脱贫致富。

接待台湾同胞 1987 年 11 月，台湾当局开放民众赴祖国大陆探亲。县对台工作部门按照国家、省有关文件精神，对到县探亲、旅游、从事文化交流、洽谈经贸项目的台胞进行验证登记，开展各方面的服务工作。1988 年 7 月，接待第一位到县探亲的台胞吴先生（原籍遂宁县莲花乡）。1992 年 11 月，台湾地区与广播电影电视部外事司、电影事业管理局联合摄制组到县拍摄儿童电影故事片《熊猫阿吉》，县级领导和有关部门高度重视，县委宣传部、统战部、台办积极做好协调服务，广大群众热情支持，部分群众应邀担任群众演员，圆满完成拍摄任务。1988—1997 年，先后接待台胞 50 人次，其中原籍片口乡的台胞张先生先后 6 次回家乡探亲；探亲台胞中，年龄最大的 86 岁，最小的 14 岁。1998 年后，每年均有台胞到县探亲、旅游或参加其他活动。在接待工作中，积极向台胞、台属宣传党的对台方针政策，介绍县内改革开放所取得的成绩和祖国大陆各方面的巨大变化。热情做好台湾同胞和台湾企事业单位慈善活动的服务工作。2001 年 6 月，到县探亲的台胞刘子征为擂鼓捐款 1.25 万美元，用于支持教育事业。2004 年，台湾长城浪板股份有限公司（绵阳）捐赠 5 台 51 英寸背投电视给民族乡中小学校。台北曹仲植基金会多年坚持以买一赠一的方式向县内下肢瘫痪者赠送轮椅，受惠数十人。2005 年，台湾伟联集团董事长彭荫刚在县内 4 个乡资助贫困小学生 4 人，每年资助 4 名贫困小学生 500 元直到毕业。2006 年，台塑总裁王永庆捐建小坝乡外白小学，2007 年竣工。

第三章　其他工作

第一节　社会主义精神文明建设

一、机构

1988年，县“五讲四美三热爱”活动委员会下设办公室。1991年，“五讲四美三热爱”活动委员会更名为“精神文明建设协调委员会”。1993年9月撤销，保留办公室。1997年3月，建立由县委书记兼任主任的精神文明建设委员会，精神文明活动办公室并入县委宣传部，保留牌子。

二、公民道德建设

宣传教育　1988年后，采取多种形式开展“四有”新人的培养教育工作。在各行各业普遍开展尽职业责任、讲职业道德、守职业纪律、懂职业技能的“四职”教育；组织全县文明单位（村）现场参观学习取经，举行大型歌咏比赛、节日文艺晚会、精神文明知识竞赛、电影晚会，大力宣传群众性精神文明建设活动中涌现出的好人好事、先进集体、先进个人，使广大群众在参与中受到教育。继续开展“三户”（遵纪守法户、五好家庭户、双文明户）评选活动，坚持每1～2年评选一次。

2002年3月，贯彻《公民道德建设实施纲要》，开展“保护母亲河”、保护生态环境、建设美好家园、创建文明卫生县城、保护消费者合法权益等街头宣传活动。4月，开展“学《纲要》，争做文明市民千人签名活动”，举办全县中小学生书画比赛展览、青少年道德演讲比赛、图片展览，编印《公民道德守则》《公民道德建设诗词专辑》。

2003年，在县直机关各单位开展评选诚实守信企业、孝敬父母子女、恩爱夫妻、尊老爱幼先进单位和个人评选活动。2004年，曲山、坝底、小坝、禹里等乡镇组织居民和附近村民利用晚上时间学习公民道德知识，学习跳羌舞、唱羌歌，丰富群众的文化生活；曲山小学1000余名师生举行“告别陋习，走进文明”演讲比赛；武警官兵、青年志愿者开展“保护母亲河，共创美好家园”主题活动；团县委组织举行青年志愿者基地挂牌仪式；县医院数十名青年志愿者到甘溪敬老院义务为孤寡老人送医送药；县工商局开展“诚信维权”维护消费者权益宣传活动；各中小学开展评选市级、县级诚信三好个人、诚信示范生、优秀诚信教师、诚信先进集体活动。2005年，开展“弘扬志愿服务精神、参与社区志愿服务”青年志愿者进社区服务活动；开展“百城万店无假货”活动，表彰“重合同守信用”企业；开展“公民道德宣传月暨创北川旅游品牌”广场文艺演出，集中宣传公民道德知识，展示民族风情。

2006年，开展社会主义荣辱观的学习宣传和实践活动，评选文明公务员10名，评选诚实守信企业10户，培育文明窗口示范企业21个。

2007年，组织开展道德楷模推荐评选活动，开展《公民道德建设实施纲要》宣传教育，组织开展征文比赛、文艺演出、岗位技能比赛等纪念活动。

未成年人思想道德建设 2004年8月，县委、县政府召开未成年人思想道德建设工作会，签订未成年人思想道德建设工作责任书。教体系统下发《关于贯彻中共中央国务院关于进一步加强未成年人思想道德建设的若干意见》的实施意见，确定9月1日为“未成年人思想道德建设日”和“民族精神教育活动启动日”，9月为第一个“中小学弘扬和培育民族精神月”。全县中小学组织主题演讲、开展科技知识竞赛、组织学生参观爱国主义教育基地、开展诚信活动、组织法制宣传讲座等宣传教育活动累计3000多次，参加学生达10万余人次。团县委和北川中学举办全县中小学生“未成年人思想道德建设”演讲比赛。县政法委、综治办召开会议，专题研究未成年人犯罪的问题，把法制教育课纳入教学日程。宣传、文化、工商部门加大对学校周边环境的治理，加大网吧整顿，把预防未成年人犯罪的工作落到实处。

2006年，建立和完善学校、社会、家庭“三位一体”教育网络；设立未成年人维权投诉电话和维权岗；广泛开展青少年主题实践活动和心理健康警示教育；开设校园绿色网吧，定期组织学习参观爱国主义教育基地和警示教育基地，使未成年人健康成长。

2007年，开展校园“阳光网屋”活动，为中小学生提供“绿色通道”和健康有益的网络文化内容。

三、创建文明单位

县内文明单位创建活动始于1983年。1990年，县委、县政府印发《关于文明单位评选和管理的暂行规定》，各乡镇、机关企事业单位都把开展创建文明单位活动纳入工作目标管理责任制。对文明单位每两年进行一次复查验收，对不再符合文明单位条件的分别给予限期整改或撤销文明单位称号的处理。同时择优向市委、市政府推荐命名更高层次的文明单位和最佳文明单位。

1983—1997年，先后命名13批170个县级文明单位，其中晋升为市级文明单位21个、省级文明单位2个，自然消失25个，撤销11个。

2001年，把创建市级文明县城作为重点，组建由县委书记任主任、11个牵头部门负责人为成员的创建机构；设立创建专项目标奖，对创建工作有功单位和个人进行表彰奖励，倒数第一名的单位实行惩罚。县直各单位、各部门层层签订创建工作目标责任书，县委、县政府召开动员会、协调会、现场办公会，面对面地解决创建工作中的一些重大问题和疑难问题。开办“创建文明县城知识”“文明常识”“卫生与健康”“创建活动典型”“市民八不准”“市民守则”等电视专栏节目，对不良行为和卫生死角公开曝光；印发《精神文明基础知识读本》等普及读本1.3万余册，在新、旧城区制作创建宣传栏9处，各单位利用板报、简报等宣传创建工作有关法律、法规、好人好事；在城区中小学开展文明知识、卫生常识等教育，培养学生养成良好的文明卫生习惯，在市民中开展“说文明话、办文明事、做文明人”活动。2004年，市级文明县城创建达标。

2006年，以争创省级文明县城为目标，开展广泛的环境综合整顿治理工作，每季度进行一次大检查，将检查结果进行公示，并将争创工作纳入单位年度工作目标进行考核。加强文明细胞建设，新创省级最佳文明单位1个、市级最佳文明单位1个、市级文明单位2个、市级文明村2个，复查省级文明单位5个、市级文明单位30个。解决乡镇以街为市、乱摆摊点、乱搭乱建、乱堆乱倒等突出问题，使各场镇卫生、交通秩序、社会治安等得到明显改善。结合新农村建设的要求，以文明新村扶贫工程建设为契机，以九环线文明走廊建设为示范，扎实推进农村精神文明建设，新建文明村7个，使全县文明村达到34个。

2007年，扎实开展创评文明单位、文明行业工作；继续开展“百城万店无假货”“购物放心一条街”“质量价格信得过”等活动，提升窗口行业服务质量和工作水平。

“千、百、十”文明示范工程　1997年年初，市委宣传部、市精神文明建设办公室根据中宣部、农业部《关于深入开展农村社会主义精神文明建设活动若干意见》精神，决定在全市范围内开展在“双文明户”中推荐创评1000个文明示范户，在建设“三村”（安全卫生村、小康村、文明村）的基础上创评100户文明示范村，在文明村创建的基础上创建10个文明示范乡镇活动；要求北川创评70户文明示范户、10个文明示范村、1个文明示范乡镇。4月，创评工作在各乡镇、县级各部门全面启动。

1998年，以“千、百、十文明示范”工程创评活动和“三户”评选工作为载体，在全县城乡开展学习科学知识、破除封建迷信活动；以改厕、改水、改灶，爱清洁讲卫生为重点，开展文明新村创建活动。桂溪乡林峰村用科学方法种植“四木”药材，曲山镇杨柳坪村采用科学技术植树造林，擂鼓镇盖头村科学种茶、胜利村科学种香菇，漩坪乡石龙村科学圈养白山羊、张坪村科学栽桑养蚕，一大批两个文明建设的典型村带动着全县农村两个文明建设。至1999年，全县农村改水受益人口达到11.77万人，占总人口的82.6%，改成清洁厕所农户18224户，占全县总农户44.55%；大部分村办起文化活动室。全县16个乡镇除青片、片口、开坪、都贯、香泉外，乡镇政府所在地街道均建成水泥街面，大多数街道得到绿化、美化。全县电视信号覆盖率达到农户总数的88%；各乡镇以中心学校为龙头开展形式多样的校园文化带动社区文化，活跃农村文化阵地。

2000年后，“千、百、十文明示范”工程创评活动持续开展，不仅促进农村经济发展，群众生产生活环境也得到改善。

“三优一学”活动　县内参加市政府组织的以优质服务、优良秩序、优美环境和学雷锋树新风为主要内容的“三优一学”创建文明城镇竞赛活动始于1985年。县委、县政府每年均把创建活动列入工作日程，纳入目标考核管理，县城及14个中心场镇共同参与竞赛活动。经市委、市政府检查验收，1987—1989年均获达标奖；1990—1992年获道德风尚、优良秩序单项奖；1994年获达标奖；1996年获“文明单位建设与管理单项奖”。1998年，县级各企事业单位、各乡镇相继组织青年志愿者服务队（站）、协会，开展扶贫、助学、义诊、家电维修、帮助孤老人、法律法规宣传等义务活动500余次，参加义务服务的团员、青少年1.2万人次，接受义务服务的群众达5.5万人次。2000年，建立县创卫办公室和全日制的保洁队伍，配合羌乡民品市场竣工开业，彻底治理县城城区“三乱”；在市民中提倡用气、用电，禁烧蜂窝煤和散煤，防止煤烟和二氧化硫对空气的污染；将“四沟一河”作为城区环境治理的重点，由临沟、临河的相关单位包干负责进行整治，与年终奖金和单位领导政绩挂钩；羌乡民品市场、禹龙干道、小河街扩建工程竣工投入使用，城区四面山绿化工程通过验收，县城基本实现亮、绿、净、美的目标。当年全市“三优一学”工作经验交流会在北川召开，北川获市“三优一学”竞赛活动一等奖。2003年，在市级卫生文明县城达标的基础上，将创省卫作为年度工作目标任务之一。继续实施城市亮化工程，对新老城区的路灯进行全面检修，几条主干道及大型建筑物悬挂灯笼、彩旗、彩灯；加大绿化工程力度，实施城区绿化工程、安北路绿色长廊建设和县城四面山绿化工程；加强城市保洁工作，更换垃圾清运车，添置人力垃圾集运车、环卫手推车，取消垃圾桶，新建3处垃圾房，安放果屑箱128个，聘请保洁、垃圾清运、卫生监督人员21人；实施城市美化工程，拆除老城区破旧房屋1800平方米，对沿街旧房进行改造和刷新；禁止城区居民和企事业单位烧柴、烧原煤和蜂窝煤；关闭和取缔县城周围及安北路沿线的小砖窑、石灰窑。9月，县城创省级卫生城市经验收合格达标，并获绵阳市“三优一学”竞赛活动一等奖。2005年后，加大城市管理执法力度，整治城区卫生死角，整顿规范户外广告，清理乱贴乱画、车辆乱停乱放等，营造安居乐业的良好环境；进一步转变工作作风，提高服务水平，规范执法行为，为经济发展提供良好的软环境。

第二节　保密和机要工作

一、保密工作

保密执法　1987年5月，县委保密委员会设立常设办事机构—保密委办公室。1989年，县委保密委员会挂保密工作局牌子，实行一套人员、两块牌子。各乡镇和县直各部门把保密工作纳入工作议事日程，做到保密工作有领导分管，具体工作有人抓，工作到位，责任落实。1990年11月，县委、县政府制发关于认真贯彻中央文件精神加强保密工作的通知，县保密局组织学习保密法规知识，加强保密执法检查力度。1992年，根据中央国家机关和国家保密局制定密级的规定，在全县各部门开展确定密级工作。经调查核实，全县共有涉密部门51个；各涉密部门均建立保密小组，制订保密制度。县委每年把保密工作纳入各部门考核目标，奖惩分明，确保不出现重大失密、泄密事件。县保密局工作人员经常深入废品收购摊点检查，避免泄密事件发生；还与县公安局、工商行政管理局配合，每年开展对全县营业性打字复印行业和彩印厂等涉密单位的检查，督促保密法规的执行。2000年，不定期地深入涉密单位座谈，查看有关记录和文件存放情况，了解单位保密工作情况，发现问题，限期整改。2002年，加强对涉密部门和涉密人员保守国家秘密情况的监督检查，重点检查保密责任制的落实、涉密人员的配备、预防泄密事件的措施和责任追究等情况。2003年，加强秘密载体的清理销毁工作，协助县委办、政府办及有关部门清理2002年以来中央、省、市、县四级文件，按照规定登记造册后押运到全市指定的厂家现场监督销毁。2004年，加强对国家秘密载体在运输、投递、传阅、保存、销毁、复印等环节的保密监督。2005年，查处市保密局交办的党政网上两起秘密载体泄密事件，并将情况通报全县，使广大干部群众受到保密警示教育。2006年，对县内秘密载体、涉密计算机、大中专考试的保密情况进行监督检查；对党政网、局域网、专线网、金融网、网上办公等网络进行不定期检查，发现问题及时整改。2007年，下发《国家秘密载体保密管理规定》《涉密计算机保密管理规定》等规范性文件，对全县秘密载体、涉密计算机和涉密网络保密情况进行监督检查。

党政信息网络监督　1998年7月，县委机要局利用设施、技术、人才和管理优势，开通绵阳党政网北川终端。随着互联网的普及，网络保密管理逐渐加强。2001年，对全县党政网、国际互联网、专线网、局域网进行摸底清理。全县有分网站2个，入党政网63户、国际互联网396户、网吧用户11户、金融专网7户，上网微机共696台，其中党政网63台、金融网80台、国际互联网396台、局域网157台。县委机要局加强对各网站和用户的宏观管理，掌握用户基本情况、涉密单位、涉密人员责任制的落实情况，分别对用户做出书面和口头要求，坚持上网信息领导审批制度，确保网络安全。2005年，为县四大班子领导和办公室主任使用的微机安装物理隔离卡加硬盘，确保一机上多网的安全。印发各种网络管理规定，检查涉密单位的网络管理制度，落实上网信息“谁主管谁负责”审批制度，发现隐患，及时整改，确保县内各种网络保密安全。

二、机要工作

1986年7月，县委办公室设立机要科；1990年4月，更名为县委机要科；1996年10月，更名为县委机要局；1997年核编5人，在岗4人。2007年，全局共有职工4人。

县机要机构成立后，相继制定值班员职责和传真、译电、机务、密码管理、文件管理、通信设备管理、会客、学习、保密等10多项管理制度。在人员使用上严把进人关，凡调入机要科（局）的工作人员，必须经过严格政审，全面考查，保证政治思想素质绝对可靠。对机要人员强化思想政治教育和业务学习，除采取以老带新的办法在实际工作中言传身教外，还选送参加省、市主管部门举办的微机、机务、电子邮件培训班和岗前培训。机要工作以确保密码安全和机要通信畅通为重点，切实做到室不离人，机不失控，保证安全及时地完成党政机关内部信息的秘密传输，保证密码机密的绝对安全和机要通信、党政网络的正常运行。

1997年，着手党政办公系统决策网的建设。1988年起，陆续添置高速图文传真机、党政密码通信专用计算机等设备，实现机密电报翻译微机化，使传真通信设施具备普通传真和密码传真的双重功能。2000年9月，北川至绵阳KDDN数据专线开通，北川局域网成功接入绵阳党政计算机决策网，用户可在网上查询省委、省政府以及市委、市人大、市政府、市政协的公文。2002年7月，开通机要局至县电信局专用光纤，提高党政网的运行速度，上党政网的计算机达到109台。2004年，启动绵阳政务网北川门户网站建设工作；全县接入党政网的工作终端150台，公文交换单位共84个，接入单位82个（乡镇全部接入），占收文单位的98%；县内公文基本不再以纸质形式传递。至2007年，绵阳政务网北川门户网站投入运行、使用；全县党政网终端达150台，共计84家单位接入党政网公文交换系统，覆盖率100%，全面实现网上办公，进入无纸化工作时代。

第三节　党校、党史、政研工作

一、党校工作

机构　1986年3月，县委党校由禹里迁驻曲山县委原招待所旧址。1987年、1988年修建职工宿舍和教学楼各一幢，有标准教室4间。学校实行校委负责制，内设办公室、教研室和后勤股，有教职员9人，其中教师5人。1999年8月，与县教师进修校和职业中学合并，成立人才培训中心，办公地点设在县教师进修校，对三校进行统一管理。三校保留各自的牌子，性质、职能不变。2000年1月，人才培训中心正式挂牌成立；2月10日，党校迁入县教师进修校。此后，人才培训中心按照“统一管理，各司其职”的原则，党校仍以干部培训为重点，加大资金投入，购买教学管理设备，实现与县党政网联网、学籍与教学信息网络化，干部培训及公务员培训实行电化教学和计算机教学。

干部培训　干部培训是党校的主要工作。培训对象重点是党政干部、优秀年轻干部和企业经营管理人才。培训内容以学习建设中国特色社会主义理论、党章和党的建设理论为重点，采取请进来、走出去的办法，请县主要领导和企业领导干部作报告，以及到国有企业、乡镇企业、经济发达地区考察等途径，建立多渠道、多层次的干部培训体系。

1988—1997年，共举办培训班25期，培训学员1943人次。

1999年年初，对全县村支书、村主任等基层干部进行分片集中培训，宣传党的十五届三中全会精神和党在农村的各项基本政策。举办科级干部培训班、中青年干部培训班和组工、人事干部培训班。办各类主体班，均突出以邓小平理论为重点的马克思主义基础理论学习，做到培训内容系统化、规范化。为拓宽知识面，提高业务能力，开设微机培训课，使学员掌握计算机基础知识和基本技能。

2001年，党校并入人才培训中心后，培训干部的职能不变，同时增挂“县行政学校”牌子。9月中旬，首期培训班开班，年内开班2期，培训县直各部门及街道居委会负责人130余人。

2004年，举办为期半个月的“中青年干部培训班”，开设10个理论专题和10天的电子政务培训。在政治理论专题的课程设置上试行“菜单式”教学，由学员和组织部共同选专题、选教师，专题设置更加科学，内容更加丰富，更能满足学员的要求。党校作为全县开展电子政务的培训点、考核点，在硬件设施、师资上认真准备。投入资金新添置计算机10台、新增网络1个，保证培训考试的需要。从5月初开始到年底前，共举办电子政务培训36期，对全县公务员进行计算机电子政务培训和考试900余人。

2005 年，上半年举办乡镇干部培训班，培训内容以党的十六届四中全会精神、农村经济发展、农村常用法律法规为重点。下半年举办县直部门中青年培训班，教学内容以执政能力建设、县域经济发展、领导艺术为重点。是年，配合县直部门和乡镇“保持共产党员先进性教育活动”，派出教师 12 人次到 12 个县直部门和乡镇讲授党课。

2006 年，举办首期公务员培训班，培训学员 51 名，开设政治理论、综合素质、业务能力等 11 个专题的教学课程。举办科级领导干部培训班一期，安排乡镇和县直机关 36 名正副科级干部参加培训。还先后为县劳动和社会保障局、交警大队、县电信局等单位举办计算机实用技能培训。

2007 年，举办科级领导干部培训班一期，培训各乡镇和县直部门的党政副科级领导干部 39 名；举办公务员培训班一期，培训县直部门和乡镇机关的公务员 39 名；与人事局、机要局、招商局联合举办事业单位工作人员岗前培训班、一村（社区）一名大学生干部岗前培训班和招商引资信息业务员培训班，共培训学员 192 人次。

学历培训　1985 年起，党校设函授辅导站，开办函授教育。至 1997 年 7 月，共毕业学员 8 届 347 人，其中中央党校函授学院大专班 3 届 125 人、省委党校函授学院大专班 5 届 222 人。1997 年年底，有在校学员 212 人。1998 年招收新生 131 名，并首次开办法律本科班。1999 年招收本科函授学员 59 名、专科函授学员 41 名。2000 年，招收学员 170 名，为历年之最，其中本科 90 名、专科 80 名。2001 年，新招专科、本科新学员 92 人，代市委党校招研究生 3 名。2002 年 2 月，建立四川省干部函授学院绵阳分院北川辅导站，党校函授教育基本形成党校学历和国民教育学历、专科本科多层次多专业的格局。由于干部学历达标率逐渐上升，党校函授生源随之减少。当年招收专科、本科新学员 49 人，报到注册 39 人。2003 年，录取“干函”专科学员近 60 名，录取并注册“党函”本科学员 40 余人。2004 年，“党函”招收本科 12 人，“干函”通过全国成人高考，录取专科 50 人、本科 7 人，代市委党校在县内招收研究生 1 人。2005 年，新招收本科学员 12 名，入学注册 10 人。2006 年，新招党校函授本科生 3 人，干部函授专科、本科生 45 人，毕业学员 52 人。2007 年，新招干部函授专本科生 15 人，省委党校和省干部函授共毕业学员 25 人。

二、党史工作

机构　1990 年 5 月，县委党史工作委员会办公室更名为县委党史研究室，在编 3 人。1997 年 3 月，机构改革中核定编制 4 人，在岗 3 人。1997 年 7 月，与县地方志办公室合署办公。

中共地方党史资料征集、编纂　1988—1997 年，按要求撰写《反右斗争及其教训》等专题资料 30 余篇，撰写地方党史故事 25 篇，约 30 万字。1998 年，制订 1998—2000 年党史工作规划，县级各部门每年根据规划制定年度党史工作计划，完成党史征编任务。是年，完成《农业生产责任制在大山区北川的推行》《建国初期北川禁烟禁毒纪实》两篇典型专题资料。1999 年，收集整理人物简介、传略 138 人，共 7 万余字；完成市委党史研究室下达的《绵阳解放纪实》一书的征稿任务，共撰写《枪声响起黎明时》《和平谈判求解放》《肃清阴霾昭日月》《血洒朝阳初升时》4 篇专题文章，共约 1.5 万字。2000 年，制订党史工作“十五”规划，重点收集整理专题典型资料，将 70 个专题资料编写任务分解落实到有关单位和部门。是年完成《北川县山区公路建设述要》《北川县农田水利基本建设述要》《北川县茶叶基地县建设》《党和国家领导人与北川》4 个专题共 6.5 万字。2001 年，按市委党史研究室要求完成《北川县扶贫开发纪实》《建国后党的民族政策在北川贯彻落实的情况》两篇专题约 3.5 万字。2003 年，完成林业、旅游、水电 3 篇专题资料共 3.2 万字；督促县级有关部门编写党史专题资料 10 余篇、20 余万字；征集老干部回忆录 10 余篇约 3 万字。2004 年，完成《民政》《对台》《农村经济体制改革》《城市经济体制改革》《文化》《乡镇企业》《二轻工业》《环保》《邮政》等 9 个专题资料的编纂和审定，约 20 万字。2005 年，完成市委党史研究室下达的专题典型资料《建国以来北川

第六篇

地方人民政府

第一章　县人民政府组成和重要施政

第一节　县人民政府组成

一、领导班子

1981 年，根据《地方各级人民代表大会和地方各级人民政府组织法》废止县革委名称，重新成立县人民政府，由县人民代表大会代表投票选举县长、副县长数名组成领导班子，主持全县行政工作。此后，每届县长、副县长由县人民代表大会选举产生，副县长的个别任免由县人大常委会投票决定。县政府领导班子每届任期三年，1993 年起，每届任期改为五年。

北川县人民政府历任县长、副县长名录

县长

朱树林（1987.2—1990.3）
梁安礼（1990.3—1992.8）
蹇洪秀（1992.8—1993.2 代理县长）
蹇洪秀（1993.2—1995.3）
李安发（1995.3—1997.12
刘文榜（1997.12—1998.1 代理县长）
刘文榜（1998.1—2000.1）
陈明世（2000.1 代理县长）
陈明世（2001.2—2003.6）

副县长

王光甫（1984.3—1990.3）
蹇洪秀（1986.7—1998.1）
陈定全（1987.2—1998.1）
王荣顺（1988.2—1990.3）
柯昌杰（1988.6—1991.8）
王世太（1990.3—1993.2）
李钟频（1990.3—1998.1）
沈树章（1990.2—1991.2）
王守清（1991.3—1992.3）
童光庆（1991.9—1993.9）
李安发（1993.2—1995.3）
李雄飞（1993.2—1998.1）
苏华友（1993.9—1997.9）
杨鸽飞（1995.4—1996.3）
杨应庆（1995.11—2003.1）
苏　航（1996.3—1997.2）
何礼果（1997.9—1999.10）
刘文榜（1997.12—1998.1）
经大忠（1998.1—2005.9）
陈明世（1998.1—2000.1）
陈开平（1998.1—2003.6）
贾召平（1998.3—2000.1）
陈礼富（1999.10—2001.9）
向地平（2000.5—2002.12）
姜　曦（2000.5—2003.1）
雷建新（2002.3—2003.6）
易显云（2002.12—2003.6）
李春寿（2003.1—2003.6）

王久华（2003.1—2003.6）　　韩贵钧（2003.1—2003.6）
薛永强（2003.4—2003.6）

北川羌族自治县人民政府历任县长、副县长名录

县长

陈明世（2003.7—2005.9）　　经大忠（2005.9—2006.2 代理县长）
经大忠（2006.2—）

副县长

陈开平（2003.7—2006.11）　　雷建新（2003.7—）
李春寿（2003.7—2007.1）　　易显云（2003.7—2007.4）
王久华（2003.7—）　　韩贵钧（2003.7—2005.12）
薛永强（2003.7—2004.4）　　彭宁川（2004.4—2005.9）
樊建平（2005.7—2006.7）　　瞿永安（2006.2—）
钟　勇（2006.7—2007.12）　　杨泽森（2007.1—）
徐长发（2007.1—）　　杜　勇（2007.1—）
谭佳敏（2007.7—）

二、办事机构

1988 年，县政府办事机构共 45 个，即政府办公室、人事局、民族宗教事务局、外事旅游侨务办公室、经济技术协作办公室、台湾事务办公室、信访办公室、档案局（馆）、地方志办公室、劳动局、公安局、司法局、计划经济委员会、监察局、工商行政管理局、国土局、统计局、物价局、乡镇企业管理局、农业办公室、农业局、蚕丝事业管理局、林业局、畜牧局、农机水电局、二轻工业局、粮食局、商业局、审计局、供销社、交通局、邮电局、城乡建设环境保护局、财贸办公室、医药管理局、物资局、财政局、税务局、科学技术委员会、文教局、广播电视局、卫生局、体委、民政局、计划生育委员会。后经过机构改革和调整，至 2007 年，县政府组成机构共 40 个（含直属事业机构），即政府办公室、接待办公室、财金办公室、县委县政府群众工作局、人事局、机构编制委员会办公室、民族宗教事务局、公安局、司法局、发展改革和经济商务局、国土资源局、统计局、档案局（馆）、地方志办公室、台湾事务办公室、农业局、畜牧局、林业局、水务农机局、交通局、规划建设和环境保护局、民政局、教育体育局、卫生局、科学技术局、人口和计划生育局、广播电视局、财政局、审计局、物价局、招商局、文化旅游局、扶贫开发局、规划建设和环境保护局、安全生产工作办公室、粮食局、供销合作联社、劳动和社会保障局、地震办公室、食品药品监督管理局。

第二节 重大政务记略

一、公路网络建设

县政府十分重视公路建设。1988 年后，把重点放在尚未通公路的边远民族地区，继续完善全县公路网络。至 1990 年 12 月底，桂溪乡垭上至都坝的四级公路竣工使用，全县实现乡乡通公路。在此期间，除垭都路之外，还新建开坪至小园、禹里乡黄土梁至禹穴沟口的山重四级公路，以及林区、厂矿、学校、风景区专用公路和农村村组公路 243 公里。至 1997 年，县境有省道公路 124 公里，县道公路 143 公里，乡道公路 107 公里，厂矿、学校、风景区专用公路 12 公里，农村村组道路和林区专用公路 285 公里。全县公路通车里程达到 670 公里；通公路的村 195 个，占村总数 70.14%；通公路的村民组 921 个，占村民组总数的 66.69%；初步形成以县城为中心，以省道为主骨架，以县道、乡道为干线，以村道和专用公路为支线，便捷通往省、市政府驻地和邻县，连接各乡镇，辐射全县的公路交通网络。

在开展公路路网建设的同时，重点对安北路、北松、北茂、曲桂公路和平江公路县境段等干线公路进行改造，提高其等级，增强通行能力。至 2007 年，全县公路共 1248 公里，其中山岭重丘一级公路 2.2 公里，二级公路 15 公里，三级公里 144.5 公里，四级公路 134.4 公里，等外级公路 951.9 公里。自县城曲山南至安县安昌镇为二级水泥路，东到桂溪接九环线东线、西至茂县接九环线西线均为三级油路，其余为土路。

二、“工业立县”

20 世纪 80 年代中期，破除极左思想的桎梏，形成兴办地方工业的热潮，形成以水电、建材、采矿、食品加工、竹木加工等五大工业行业为支柱的地方工业体系。1988 年后，仍以依托本地资源的五大行业作为发展重点。在发展方针上，根据抓大放小的原则，狠抓骨干企业，放开搞活小企业，大力发展个体私营企业。国有企业中，食品工业公司因经营不善和市场竞争激烈等因素，于 1992 年停产；县酒厂、重晶石粉厂于 1993 年分别移交当地乡政府管理；1990 年建成的邓家金矿于 1997 年破产，被绵阳远望集团收购；其余擂鼓煤矿、县印刷厂、茶机厂、水泥厂、茶厂、电力公司、自来水厂以及治城林场、白草河林场、木材加工厂、粮油食品加工厂和市属青片河林业局等 12 家国有企业则根据上级文件精神，自 1997 年起相继改制，成为股份制企业或私营企业。改制后的企业负担得到减轻，基本摆脱行政干预的束缚，大部分运行良好，仍是全县工业企业的主力军。

企业改制后，政府不再投资兴办新的工业企业，工业发展主要通过企业自身壮大和招商引资来实现。1998 年后，外来投资主要集中在水电及其载能工业上。见成效的有四川巴蜀公司投资建成的通口电站，绵阳启明星公司投资建成的武安电站、羊圈坪电站及其茅坝电极箔生产线。县内原有工业企业在市场经济的风浪中有的衰落破产，有的成长壮大。

21 世纪之初，明确提出“工业立县”的口号，大力招商引资，重点发展规模以上企业，变资源优势为市场优势，工业稳步发展。2006 年后，在稳定已有工业企业的同时，继续为已签约的巴蜀公司等几家水电企业做好服务，大力推动漩坪电站及湔江、白草河、青片河的水电梯级开发，争取年产百万吨以上的现代水泥厂落户擂鼓，推进香泉大理石开采加工工业园建设，做好茶叶资源的整合，增加高档名茶生产。工业逐渐成为县内经济的支柱。

三、农业产业化

1988年后，为使农村经济尽快适应社会主义市场经济运行机制，按区域化布局、专业化生产、一体化经营、社会化服务、企业化管理的原则，积极推行“公司+农户”等经营方式，力争实现产供销、种养加、贸工农一体化，加快农业产业化步伐。

1993年，制定实施农业林、茶、桑、药、牧“五大支柱”和“十项小产品”生产发展规划。

1994年，确定农业支柱产业基地乡镇11个、十项小产品示范村10个，以基地乡镇和示范村建设推动农业“五大支柱”的形成和发展，促进“十项小产品”的规模经营。

1996年，制定并组织实施30万只白山羊综合开发工程规划。

1997年起，全面实施60万亩初级商品林、4万亩纸浆竹、20万亩木本药材、5万亩3万担茶叶、1万担优质茧等产业化重点项目，并组织制订竹木、白山羊、茶叶、蚕茧、中药材、绿色食品等“六个产业化”项目的五年实施方案。至1999年，全县木本药材基地达到13.7万亩，商品林基地达到20.5万亩，白山羊饲养万羊乡增加到7个、千羊村61个、百羊户1755户，有茶叶基地45800亩、桑树资源38512亩；初步形成以佛泉茶业有限公司、大禹野生食品公司、蚕业公司、第一木棕厂为代表的一批龙头加工企业。

2002年，进一步建立和完善“公司+基地+农户”的一体化经营机制，发展订单农业，完善龙头企业与基地乡镇、农户间产销合同的签订和兑现。县蚕业公司与全县12个基地乡镇和162个村签订投资发展协议，并与2000余户栽桑养蚕大户签订产销合同，兑现价外补贴，农业产业化得到有力地推进。

2003年，以培育扶持龙头企业和农村专业合作经济组织建设为切入点，狠抓农业产业结构调整。继佛泉茶业有限公司、大禹野生食品公司、大宇纸业三个龙头企业之后，建诚木业被列为市级农业产业化龙头企业，蚕业公司被列为市级专业组织，禹森公司和蚕业公司达到市级农业产业化龙头企业标准。加大农业对外开放和招商引资力度，PIC优质生猪繁殖场落户曲山镇邓家，大渡河造林局加盟北川林业建设。

2004年，通过政府引导，依托龙头企业扩展主导产业基地规模，全县新建速丰林1.5万亩，其中建诚木业直接投资50万元建设短周期工业原料林，佛泉茶业有限公司直接投资建立高标准无性系茶叶示范基地，蚕业公司继续直接投资建基地，大禹野生食品公司与农户联办的PIC优质生猪饲养示范场启动运作。

2006年，在曲山、擂鼓、漩坪、通口、陈家坝等5个乡镇建蔬菜、药材、无公害绿色农产品基地4.5万亩；购进猕猴桃12250株，通口镇战斗村标准化栽植200多亩，对已建的1000亩猕猴桃基地进行规范化管理。全年新增2家市级龙头企业和1家省级龙头企业，市级以上农业产业化重点龙头企业达到6家。市级以上龙头企业实现销售收入1.95亿元，实现利税总额1584万元，上缴税金972万元，带动农户1.71万户，为其创收3598万元。

四、天然林保护

1998年10月，按照党中央、国务院部署，县内全面实施天然林禁伐，天然林区实行封山、封锯，采伐工人全部下山。县林业局成立天然林保护执法封山专项检查组，到林区、山头地块，检查天然林停伐情况，清理作业区库存木材。1999年10月31日，全面停止天然林区木材及木制成品运输，对木材加工企业库存木材进行清理，确保林区存材合理利用。2001年起，全面启动天然林保护工程。将全县“天保”工程248.8万亩管护任务按辖区划为19个片区、168个森林管护基本单位，县、乡镇、村、组、村民层层签订责任书或承包合同，把管护任务落实到山头、地块，年底检查考核评分，兑现管护费。持续宣传贯彻《天然林保护条例》，提高广大群众保护森林资源的自觉性；对破坏天然林资源的违法行为坚决予以打击，有效遏制破坏森林资源的违法犯罪活动，确保天然林区安全。在禁止采伐的基础上，大力开展"天保"公益林建设。2001—2007年，以人工造林、飞播造林、封山育林等方式累计完成公益林建设32万多亩。

五、退耕还林

县内农耕地以旱地为主，其中坡度25度以上不宜耕种的土地21.8万亩，占耕地面积的66.5%。1999年，北川被列为四川省退耕还林（草）试点县。县政府在国家林业局、中国林业科学院、四川省林业科学院等科技支撑单位的支持和协助下，确定适合本县实际的生态林、林药、林草牧、林茶桑、坡改梯、综合管理专业户等六种退耕还林模式，制定总体规划，开始全面实施。2000年，北川又被国家林业局列为长江中上游退耕还林还草工程示范县。1999－2006年，全县共完成退耕还林11.8万亩。2007年，对11.8万亩退耕还林林木进行抚育管护。其余应退耕还林的近10万亩不宜耕种的土地按分配指标逐年实施。

对实施退耕还林的农户，国家按退耕还林土地面积给予补助。为解决未来国家停止补助后农户的生计问题，在退耕还林过程中，重视引导发展经济林木和种草发展草食家畜，在具备条件的地方则开发以休闲度假为主的旅游业。青片乡正河村以及曲山镇杨柳坪村、石椅村的休闲度假旅游业渐成气候。

六、旅游开发

1989年，着手对县内旅游资源进行调查研究，确定首先开发原县城禹里一带和县境东部的猿王洞，再逐步扩展到其他景区的开发思路。上级有关领导对北川打大禹牌开发旅游业的构想非常重视，给予大力支持。至1991年三四年间，由政府投资整修禹穴沟和猿王洞的游览便道，新建相应的服务设施，每年吸引数万人前往观光。由于政府财力有限，后继乏力，1992年禹穴沟遭特大洪灾之后，旅游开发步伐放缓。1998年，私营业主投资继续开发猿王洞，建成开业后受到一致好评，取得良好效益。

此后，借鉴猿王洞招商引资开发旅游的成功经验，不再由政府充当开发主体，而实行旅游资源转让，允许并鼓励不同性质的经济实体参与的政策，广泛吸纳各方资金，按规划进行开发。政府不再作旅游开发的投资主体，把重点放在以道路为重点的基础设施建设上，大力改善各旅游景区的可进入性。为营造文化氛围，体现羌族特色，先后在猿王洞风景区周围的公路沿线及县城曲山进行建筑风貌改造，对新建房屋，则在设计上提出统一要求。至2007年，县内所规划的旅游景区中，猿王洞达到国家AAAA级旅游景区标准；禹里、小寨子沟等景区经过初步开发，具有一定的接待能力；其余散布于全县各地的农家乐、休闲度假村的建设方兴未艾。

七、扶贫开发

农村实行承包责任制后，农民生活水平普遍提高，但仍有部分群众因种种原因致贫。1988年4月，组织力量在全县进行摸底普查。全县除特殊救济户外，人平粮食300公斤以下、纯收入200元以下的贫困户共有5937户、25614人，占是年全县总农户20.04%、总人口18.9%。为扎实有效开展扶贫工作，20名县级干部和47个县直部门实行联乡、包村、扶户责任制。在调查研究的基础上，结合县内实际，确定扶贫开发项目，用项目覆盖贫困户，资金随项目到户，重点选择投资少、见效快、效益高、千家万户都能干的种养业项目。为增强贫困户自身的造血功能，开展多种形式的适用技术培训，使每户贫困户掌握两门以上的适用技术。1989年12月，经随机抽样检查，贫困户中人均纯收入达到200元以上、占有粮食300公斤以上的占88.24%和88%，人均纯收入超过200元、人均粮食达不到300公斤的占9.8%和10%；综合指标越过温饱线的户数占抽查总户效的98.04%，基本解决温饱问题，如期越过“二六”温饱线。

1991年，制定1991—2000年扶贫开发规划，对全县农业、工业、交通运输、旅游等方面提出具体的奋斗目标和实施计划，并先后制定出台《关于1997年解决农村贫困人口温饱问题的意见》等8个有关扶贫工作的文件、纪要，开始扶贫攻坚决战。1997年11月，中共四川省委、省政府派出55人组成的验收工作组，再次到县对扶贫越温达标情况进行检查验收。所抽查的5个乡10个村33个社215户820人中，人均占有粮食477公斤、纯收入843元，抽查户100%人均纯收入超过500元、人均占有粮食超过400公斤的“五八”越温标准，比原计划提前一年越过“五八”温饱线。

为巩固温饱成果，根据省、市的要求，2000年后，扶贫工作以贫困村为主战场，以最低收入贫困人口为对象，以新村扶贫工程为重点，着力改善贫困人口的基本生产和生活条件，开展以发展农村经济为主要目的的新村扶贫工程建设。2006年，建立领导与部门联系帮扶机制，将帮扶任务落实到62个县直部门、269名科级领导以及乡镇干部的人头上，并签订目标责任书。是年共争取各类扶贫资金1226万元，完成2564户、8590人的脱贫解困目标，贫困户人均增收达358元。从2000—2006年，北川新农村扶贫工程正式启动并纳入验收的达64个村，共计投入资金5283万元，其中投入财政扶贫资金1761万元，以工代赈资金717万元，地方及农户自筹1004万元，农户投劳折资1607万元，其他投入194万元；覆盖贫困农户11449户，受益人口40952人。2007年，启动14个村的新村扶贫工程，是年共争取各类扶贫资金8921万元，其中财政扶贫资金921元、信贷扶贫项目资金8000万元。改善低收入贫困人口的生产生活条件，2270个贫困人口人均粮食占有量达320公斤，人均纯收入达1670元，顺利越过温饱线。是年北川被中共绵阳市委、市政府评为扶贫攻坚先进单位。

八、农民减负与农村税费改革

1992年，县委发出《关于认真实施农民负担管理条例的意见》，成立农民负担管理机构，严把农民负担预算审批关，使县内农民负担一直控制在法定的范围内，农民的生产积极性得到有效保护。1993年8月，对涉及农民法外负担的有关文件进行清理，取消要求农民出钱、出物、出工的达标升级活动35项。1995年，县委、县政府决定，以是年各乡镇农民负担定案数为基数，确定农民负担人均年绝对增长量递增标准为：一类乡镇3元，二类乡2.5元。2000年，加强农民负担的管理与监督，对群众反映强烈的农村电价高、农村财务混乱和少数干部乱摊派等问题进行重点整治，取得一定成效。全县农民人均负担31.82元，占1999年人均纯收入的1.89%；11月，按上级部署，开始在全县进行农村税费改革，至年底，完成摸底准备工作。2001年，贯彻落实中央“一定三年不变”的政策，制订适合北川实际的配套政策措施，两次对全县“减负”工作进行严格检查。全县农民人均负担29.7元，占2000年人均纯收入的1.66%，比2000年减少2.12元。

2002年，稳步推进农村税费改革，顺利完成税改工作任务，实现户户减负。全县农业税计税面积为17.48万亩，常年亩产量265公斤，是年农民缴纳的农业税及附加总额为356.59万元，人均负担25.84元。2002—2004年全县农村劳动力人均承担“两工”分别为8个、5个、3个。

2004年，全面停止向农民征收农牧业税及附加；实施粮食直接补贴，核定全县直补面积为144360亩，享受直接补贴的粮食数量为683万公斤，按照四川省统一的补贴标准0.13元/公斤，全县兑现粮食直补金额88.73万元。至4月30日，全县36929户农民兑现粮食直接补贴，完成粮补兑现工作。

2006年，全县粮食直接补贴和综合补贴面积163277亩，粮食直补额110.93万元，综合补贴额160.68万元，粮食直接补贴和综合补贴全部按时足额兑现到农民手中。落实和完善农村贫困人口最低生活保障制度、大病医疗救助制度，全面实施农村义务教育阶段“两免一补”。

第二章　行政工作

第一节　人事工作

一、干部（公务员）管理

1991 年，在县劳动局、林业局、总工会、县纪委进行党政群机关工作人员年度考核试点。1993 年起，干部年度考核在全县各单位全面展开。

1995 年起，在全县党政群机关推行平时考核制度，作为年度考核的重要依据。

1997 年，应参加考核 1365 人，实参加考核 1364 人，评为优秀 128 人、称职 1225 人、不称职 1 人、暂缓确定等次 10 人。

1998 年，推进以国家公务员制度入轨为重点的各项人事制度改革，全面完成全县乡镇推行公务员制度和参照管理工作。为保证国家公务员制度的顺利推行，对全县乡镇人事干部进行公务员知识和实施操作专题辅导，对全县各乡镇实施和参照管理部门入轨工作进行检查督促，完成 158 个必设领导职务和 349 个非领导职务设置的方案审批，严格掌握公务员过渡范围和对象，严把资格审查关，组织过渡对象进行培训学习考试，335 名符合过渡范围的国家行政机关工作人员顺利过渡为国家公务员。县直机关顺利推行公务员制度入轨后，加强对单项法规的贯彻执行。对全县公安系统中层领导职位实行竞争上岗，对全县林业系统各站所的中层干部以下工作人员实行大面积轮岗和交流。在机构改革后续管理工作中，坚持控制总量、调整结构、充实基层的原则，坚持顺向流动，确保干部队伍按比例、有计划地增长和流动。

2000 年，继续坚持和完善职位空缺、审核、确认制度，逐步推行局级机关和乡镇中层机构领导职位缺额或调整竞争上岗制，提拔任用干部公示制、任期试用制。在县级机关和乡镇开展“做人民满意公务员”活动，23 个行政局、16 个乡镇全部实行政务公开上墙，亮牌亮证上岗。认真做好事业单位年度考核，完善公务员证书工作。

2002 年，在县级机关和乡镇中开展《国家公务员行为规范》教育活动，组织全县公务员进行依法行政学习、考试，按政策规定办理有关干部调动、公招公安警察和乡镇公务员、人事任免和公务员转正、辞职、辞退手续。

2003 年，在全县机关和乡镇开展《国家公务员暂行条例》颁布实施十周年宣传纪念活动，组织全县公务员进行 WTO 知识考试。

2004 年，组织全县公务员学习《电子政务》《中华人民共和国行政许可法》《公共管理》等知识并进行考试，开展全县科级及以下公务员（机关工作者）证颁证工作的资料收集、审查、汇总、录入和颁发。

2005 年，结合《中华人民共和国公务员法》（以下简称《公务员法》）的实施，对公务员管理工作中存在的问题开展调研，进一步清理未过渡或未确认公务员身份人员情况，上报市人事局拟过渡29人，其中担任副科级以上实职领导职位18人，非领导职务中45周岁以下6人，45周岁以上5人；组织全县773名国家公务员及依照管理的事业人员参加公共政策培训、考试。

2006年，为全县公务员统一订购《公务员法》读本及学习辅导资料，并利用会议、板报、广播、电视、网络等开展宣传活动，针对干部职工普遍关注的一些热点问题做好释疑解惑工作。举办县内首届公务员骨干培训班，51名参训学员按要求完成学习任务，通过考试考核。同时组织全县实施、参照、依照公务员管理的单位开展《公务员法》的培训，举办全县《公务员法》知识竞赛，对全县实施参照、依照公务员管理的919人进行《公务员法》考试。对全县实施依照、参照公务员管理人员进行初步清理，掌握基本情况，完成全县各级行政机关领导职数、非领导职数超缺情况以及超缺编、安置军转干部、选调生、三州内调干部人数统计，为公务员登记做好准备。根据绵阳市公务员登记试点工作会议的要求，确定县委组织部、县人事局、检察院、民政局、人口与计划生育局、曲山镇、擂鼓镇为试点单位，于9月28日召开公务员登记试点单位工作会议，对试点工作进行动员、部署。11月2日，全县“七类机关”公务员登记工作在试点的基础上全面铺开，是年基本完成登记工作并上报省、市人事部门审批。

2007年，组织全县“七类机关”开展公务员集中登记，办理全县“七类机关”850余名公务员登记手续，确认身份。向绵阳市人事局上报参照《公务员法》管理的事业单位72个，绵阳市人事局确定上报四川省人事厅北川参照参公务员法》管理的事业单位28个。

二、工资福利

县人事部门按照按有关文件规定，办理机关事业单位职工正常晋升级别工资、职务工资和工作调动、新参加工作人员的工资确定。

1988—1997年，比较大的调资有7次。其中1988年，按有关文件规定，办理专业技术人员工资挂钩1700人，工资升级521人，工资套改1053人，人月平增资7.24元。1989年，办理1698人晋升职务的工资升级工作，人月均增资6.72元；办理3195人的上调一级浮动工资，人平月增资6.41元；按有关文件下达县内专业技术人员工资升级机动指标数，办理200名干部、工人的工资升级工作（干部118人、工人82人）；办理事业单位职工工资升级，提高护士护龄津贴1214人，行政机关人员工资升级982人。1990年，办理机关事业单位3348名职工普调工资和3025人再升一级工资工作；办理77人的浮动工资、51人增算连续工龄、5个参照单位52名职工的调资工作，落实200名民族县机动指标和70名工人机动指标再升一级工资工作。1991年，办理浮转固1395人、人平月增资8.66元，调整工龄津贴3718人。1992年，调整奖励工资3760人，人平月增资20.94元。1992年，办理259名招聘干部的养老保险。1993年，办理机关事业单位在职职工和离休人员提高书报费、洗理费标准3979人，人平月提高书报费11元、洗理费8元；办理机关、事业单位职工浮转固3903人，人平月增资8元，落实离退休人员提高待遇573人，人平月增资8元。1994年，调整机关、事业单位工作人员工资3193人，人平月增资7.26元；完成工改3632人，人平月增资81.67元；办理浮转固改为民族地区工作补贴3632人，人平月增资11.59元。1995年，办理机关、事业单位职工正常晋升级别工资、职务工资和工作调动、新参加工作人员工资确定729人。1996年，办理机关职工级别工资滚动122人，机关、事业单位两年一次正常晋升工资档次3686人；办理机关、事业单位职工晋升（降低）职务、工作调动及新参加工作人员共696人的工资确定；办理265人增加民族地区补贴。1997年，办理998人的日常性增资手续，落实增算工龄、护龄、政法工作人员津贴、公安警衔津贴、地震工作人员津贴、县人武部现役军人和职工津贴、提高民政、卫生、城建事业单位活工资比例等工作。

1998年后，每年按照政策规定办理机关事业单位调整标准工资、增加民族地区工作补贴、增算连续工龄、正常晋升职务工资档次，审批、办理单位的项单项奖金和一次性年终奖。

2004年，北川按照二类区标准执行艰苦边远地区津贴。

2006年，审核办理机关工作人员五年称职或三年优秀调整级别工资181人次，办理两年正常晋升职务工资档次2597人次，办理调动工作、晋升职务（称）、技术工人晋升技术等级、新招干部等确定工资手续831人次，办理增加民族地区工作补贴207人次，增加教龄津贴193人次，审核办理警衔津贴调整22人次；审核县级机关事业49个单位的单项奖，核定全县机关事业单位2005年年终一次性奖金3023人。

2007年，全面完成公务员工资制度改革和除参照（依照）公务员制度管理以外的事业单位工作人员收入分配制度改革工作，办理全县公务员及事业单位工作人员3339人的工资改革增资；按时完成在职3556人艰苦边远地区津贴的调整。

三、人才管理

20世纪80年代后，非师范院校的大中专毕业生逐步取消统一分配政策，县人事部门坚持合理使用、面向基层、面向企业、专业对口、学以致用、双向选择的原则对其进行分配。

1988年4月，建立人才交流服务站；1993年7月更名为人才服务中心。人才服务机构负责县内人才交流及管理工作，为专业技术人员和各企事业单位牵线搭桥，每年参加市人才交流市场的人才交流活动。1988—1997年共分配大、中专毕业生424名，其中大学本科生37人、大专生117人、中专生270人，推荐使用招收“五大生”、职高生185人；在绵阳市人才市场办理人才咨询登记375人次，办理有关交流手续60人；按照“国家指导，双向选择，自主择业”的原则，进行就业推荐、派遣和签订委培合同，为企业选送委培生232人，向企业推荐安排自费大、中专毕业生274人，其中录用转干78人。

1998年，认真做好毕业生的登记管理和使用工作，主动为企业推荐专业技术及管理型人才。是年共登记自费生、委培生、原计划内招收的各大、中专院校毕业生115人，其中12名自费生推荐到专业对口的企业工作，20名1997年的各大、中专院校毕业生招聘为乡镇农村服务体系管理职员；积极组织县内有关单位参加绵阳市人事局举办的大、中专毕业生双选会，搭建用人单位与求职者的桥梁。

1999年县人才中心成立后，每年通过举办人才“双选”会向全县各行业推荐就业毕业学生，通过参加上级举办的人才“双选”大会，引进县内特需的专业人员。

2000年，接收、登记大、中专毕业生152人，通过“双选”会指导就业66人、协助企业引进人才4人，会同县委组织部通过公开、公正、公平、竞争考调机关工作人员9人、卫生人员6人、注册税务师2人、二级注册结构工程师1人。此后，坚持每年做好大中专毕业生接收登记，加强人才库的维护管理，对人头档案进行编号，建立健全转入转录登记制度，做好人才资源的开发利用。

四、军队转业干部安置

1988年后，按照面向基层、企业，力求照顾本人特长及要求的原则，对转业干部及随调家属进行妥善安置。2004年，对全县50名企业军转干部进行全面调查、摸底、核实，建立信息库，配合社保和财政部门按政策落实养老、医疗保险和基本养老金；对社保关系在县内的企业军转干部，建立医疗保险基金，用于解决因病就医个人负担较重而家庭又无力承担的困难。

五、“引智”工作

2004年，为适应县内经济发展需要，立足实际开展“引智”工作，确立玉皇山生态观光农业示范区建设和石椅村村域经济建设两个“引智”项目，聘请省相关单位从事果树、蔬菜、茶叶、旅游规划、植保、自然资源开发利用等方面的13位专家现场指导，提出有针对性的意见建议。在专家论证的基础上，以石椅村为试点，引进4个“造血”功能较强的农业“引智”新项目，对于促进试点区域经济发展和农民增收作用明显。2005年，协助省人事厅做好联系帮扶杨柳坪、景家、石椅村工作，进一步巩固“引智”成果，狠抓引智成果的推广。引进的管理人才项目《台湾桤木引进栽培实验》顺利实施，在全县推广栽培600亩；引进的管理人才成果示范推广项目《红阳猕猴桃引进与示范》《曼地亚红豆杉原料林基地建设》全面实施。

六、专业技术职务评聘及管理

1989年11月，专业技术职务评聘工作由县科学技术委员会移交县人事局。1991年4月，县人事局设立职称职位办公室，负责专业技术职务的考试、考核、评聘、基层评委会组建、专业技术人员作用发挥情况调查、职称档案和职改经费管理、承办专业技术人员的“农转非”等工作。1990年，调整、建立初级评委会8个。1991年，调整初级评委会3个，全县初级评委会共11个。

1987—1988年，开展专业技术人员职称改革，实行专业技术人员专业技术职务聘任制，并相应实行职务工资为主要内容的结构工资制度。参加职改的单位共198个，分15个系列，评定专业技术职务资格2562人，其中事业单位1758人、企业613人、乡镇企业191人；获得高级职务资格29人、中级552人、初级1981人；2514人得到聘任，占98.13%。1991年，落实专业技术岗位设置工作，全县设岗单位156个，设专业技术职务岗位2763个，其中高级岗位32个、中级岗位573个。1995年，完成乡镇事业机构专业技术职务评聘工作。1997年，评聘在岗专业技术人员3156人，其中高级37人、中级703人；评而未聘321人，其中高级2人、中级56人。1999年，对全县企事业单位专业技术人员的资格证书统一注册、验证。2000年，健全初级评委库制度，在评审、推荐中，注重对专业技术人员技术水平、技术成果、工作实绩的考核、审查，鼓励专业技术人员开拓创新、多出成果、快出成果。2004年，组织经济类、乡镇农技人员学历达标考试，在全县中小学全面实施专业技术职务结构比例管理，新聘高、中级教师55人，42名教师高职低聘。2005年，在巩固完善全县中小学校实行专业技术职务结构比例管理的基础上，在全县医疗卫生机构全面推行专业技术职务结构比例管理。2006—2007年，按常规做好专业技术人员职务评审、送评和专业技术资格证书的验证、登记注册和换发专业技术职务聘任证书和专业技术职务报名、考试等工作；分别有96、102名通过初评委评审，送评高级36、48人，中级125、112人。

农民技术人员职称评定。2004年，在漩坪乡、曲山镇开展农民技术员职称评定试点工作。2005年，26名农民技术人员获得初级职称。2006年，建立初级农业实用技术职称认定委员会和中级农业实用技术职称认定委员会，建立评委库。至年底，1名农民技术人员获得高级技师，4名获技师，26名获初级职称。2007年，2名农民技术人员获得高级技师，2名获技师，12名获初级职称。

七、退管工作

20世纪90年代，党政机关、事业单位离退休职工逐渐增多，1992年657人，1997年达到1294人，其中国家机关453名、事业单位584名、企业单位257名。为丰富离退休职工的文化生活，全县建退休干部活动室35个、退休干部党支部1个；县内各级党政组织在“九九”重阳节和春节等节日期间均采取不同方式走访、慰问老干部，了解其生活情况及需要解决的困难和问题，平时组织老干部开展打门球、下象棋、打麻将、舞剑、做保健操、练气功、外出旅游等多种有益健康的文体活动。对到点应退休人员按政策办理退休手续，准确计发退休费，并按政策及时办理增加生活补贴事宜。1998年，建立县直机关、事业单位1091名离退休人员生活待遇核定卡和手册。1999年，完善全县退休人员管理档案、卡、册、证。2005年，建立健全离退休（职）人员数据库，做到家底清、情况明。至2007年，全县共有离退休（职）人员1406人。

第二节 宗教工作

一、政策法规宣传

1988年后，每年春节后均到乡镇和宗教场所开展宗教政策法规的宣传教育活动。1994年3月，组织有关乡镇干部、宗教活动场所教职人员和信教群众学习《境内外国人宗教活动管理规定》《宗教场所管理条例》及省政府颁发的《宗教教职人员管理规定》。1995年10月，对教职人员和信教群众进行爱国主义教育，组织有一定文化知识的管理人员和基层干部参加《爱国主义实施纲要》知识竞赛。2000年，将《四川省宗教事务管理条例》印制分发县内5个宗教活动场所，组织宗教教职人员学习，同时利用广播电视等媒体宣传党和国家的法律法规、宗教政策和宗教知识，并将学习宣传贯彻条例和宗教法律法规列入“三五”普法验收内容。2006年后，组织宗教教职人员参加理论研讨、解经培训，使教义的解释符合社会发展的要求，对“爱国爱教”“和平和睦”“改革进步”的阐述适应时代需要；同时利用教职人员在信教群众中的地位，引领广大信教群众自觉投身社会主义事业建设，努力构建和谐宗教，为全面建设小康社会做出应有的贡献。

二、宗教场所管理

中共十一届三中全会后，宗教场所相继恢复，1981年、1983年，恢复开放擂鼓、曲山两处清真寺和片口天主堂。1995年，恢复开放小坝上沟天主堂和擂鼓圆通寺。至此，全县共有宗教活动场所5处，宗教教职人员2人。1998年后，每年按照要求对县内5处开放宗教场所进行年检，签订综合治理责任书，明确责任人，对不符合政策的限期整改，确保各开放场所按党和国家的方针政策、法律法规开展正常的宗教活动。对全县宗教情况，特别是天主教、佛教和伊斯兰教中的敏感问题进行综合调研，把不良苗头消灭在萌芽状态，维护社会稳定。2000年后，每年筹集资金，解决各宗教活动场所的维修。2004年，开展创建“五好”宗教场所活动。2006年，擂鼓圆通寺、清真寺通过市委统战部门和市民宗局的复查验收，成为“五好”宗教活动场所。

三、宗教事务管理

1988年春，对全县宗教基本情况进行综合调查，县内共有3处经政府批准开放的宗教场所，有信徒660余人，其中天主教400余人分布在片口、小坝、桃龙、禹里、擂鼓等地，伊斯兰教民200余人主要分布在曲山、擂鼓两镇，另有佛教徒100余人主要分布在擂鼓镇。天主教由绵阳市中区柏林天主堂神甫史继志代管，其日常礼拜等教务活动委托老教徒代理。伊斯兰教教务由阿訇虎致祥管理，同时协助曲山清真寺聘请盐亭县大兴回族乡松柏村杨光泉作阿訇。3处开放的宗教场所分别建立天主教爱国会和曲山清真寺管委会、擂鼓清真寺管理小组。1990年9月普查，全县共有成年信教群众780人，其中天主教354人、伊斯兰教178人、佛教243人、基督教5人。1991年5月，中国天主教成都教区将当年祝圣的8名神甫中的姜天祥安排到安县秀水天主堂作本堂，兼管安县、北川所辖堂点。2006年，随着《宗教事务条例》的颁布实施，县内宗教活动场所全面施行民主化管理，建立民主管理委员会，并对宗教场所、教职人员登记造册，建立档案。为妥善处置因民族宗教问题引发的群体性事件，制订《预防和处置民族宗教领域群体性事件工作预案》，建立完备的工作机制，及时掌握倾向性、苗头性、突发性问题，把影响稳定的问题发现在基层，化解在萌芽状态。各宗教场所举办重大活动做到有通报、有审批，对各场所的教职人员变化情况、外出参加宗教活动及外来人员活动情况等，做到层层把关，及时掌握。

四、抵制打击取缔非法传教和迷信活动

1992年11月，召集信教群众代表和迷信活动组织者30余人座谈学习，提高思想觉悟，将匿居于佛泉山开展非法活动的假和尚陈某赶出北川。1994年9—11月，取缔非法组织“门徒会”，制止以片口、小坝为主要聚点的非法活动。1996年7—8月，在全县范围内开展破除封建迷信活动的专项治理工作。1998年，开展打击非法传教活动的专项斗争，使非法传教和邪教组织在县内无立锥之地，合法宗教活动开展得到有效保护。2003年，在宗教行政执法工作中，对个别宗教场所、宗教教职人员和信众的违规行为分别采取批评、教育、警告和责令改正等措施，努力维护社会稳定。2006年，按照市、县统一部署，对庙宇进行全面清理，全县共清理滥建庙宇359座，其中50平方米以上112座，50平方米以下247座；拆除115座，改作他用45座，封存72座，剩余申请上级部门保留。

第三节　档案工作

一、机构

1988年后，县内仍实行档案局与档案馆合署办公，县档案局为档案行政管理机关，档案馆属事业单位，两个机构，一套人员。有办公、阅览用房102平方米，档案库房802平方米。2005年8月，县档案局、档案馆搬至县委综合办公楼，局馆房屋总面积1000平方米，其中办公用房200平方米，档案资料库房600平方米，查阅室、整理屋、装具屋、现行文件服务中心等共200平方米。

二、宣传教育

1988年1月，开始实施《中华人民共和国档案法》（以下简称《档案法》）。4月，县档案局制定《关于贯彻实施〈档案法〉的意见》。8—9月，在各系统抽调人员，组成13个检查组，对全县各机关企事业单位和区、镇、乡进行档案法律法规宣传贯彻情况检查，对宣传贯彻《档案法》先进单位和个人进行表彰。1990年，把《档案法》及其相关法规的学习宣传纳入“二五”普法内容，开展多种形式的宣传教育活动。1994年，制定部门执法责任制，加强执法监督检查。1996年制定《档案法制宣传教育第三个五年规划》，把当年颁布的《档案法》修正案和省制定的实施办法纳入“三五”普法内容，促进全县档案工作步入法制化轨道。2000年后，每年通过举办《档案法》专题讲座、开展街头咨询、张贴标语和《档案法》图解展开宣传；同时对全县各机关企事业单位和乡镇进行档案行政执法检查，增强全社会档案意识。

三、档案管理

档案接收　1987年基本完成县级机关档案接收，1988—1991年补充接收16个单位的1456卷档案进馆。1992年乡镇建制调整中，档案局和档案馆全体人员集中2个月时间到各区乡指导档案的清理移交，完成撤销的5个区公所1981—1991年和26个乡政府1981—1989年档案的交接工作，共接收进馆5065卷。1996年，接收第三产业普查、县委机关等档案1074卷。1997年，接收县交通局、擂鼓镇等单位1990年前应进馆的档案1533卷。是年馆藏档案133个全宗、48231卷，资料9414册。此后，每年按照常规接收应进馆的档案。

档案监督　1988年后，县档案局采取集中培训、个别辅导等办法，加强对乡级以上机关企业单位档案工作的指导、监督与检查。1990年，在做好各级机关文书档案工作的同时，开展会计、地名、

诉讼、新闻、土地房产、审计档案以及工业普查、人口普查、第三产业普查、农业普查等各专门档案的收集、整理、管理工作。1992 年，集中力量全面完成 3 万多卷馆藏档案的调整改划全宗，编全宗号、目录号、案卷号，排列装柜、编目和编制馆、库、柜三级索引等工作。1993 年 9 月开始，对已破损的民国档案进行裱糊、修补，至 1995 年，共抢救档案 5604 卷、28585 页，并将 8801 卷民国档案装盒保存。1998 年，采取分片包干、任务到人的办法，加强对机关企事业单位档案资料收集、分类、整理和编目工作的指导，规范各单位的档案管理。1999 年，加大对个别老大难单位档案工作的指导，使 1998 年归档率达 100%。县档案局与县教委联合下发《加强学校档案工作的意见》，在北川中学、职业中学、曲山小学、任家坪小学开展建档示范。组织企业及主管部门负责人学习《档案法》和《破产企业档案处置办法》，指导企业按规定管理好档案资料，全县 9 个县属重点企业完成年度文件立卷归档工作，破产企业的档案得到妥善保管。2000 年，与乡镇联合举办村社文书（会计）档案业务培训，普及村社干部档案专业知识，到村社实地指导、督促、检查。至年底，全县 278 个行政村实现村村建档。将学校建档工作与“普九”教育档案资料的整理相结合，进一步规范学校档案工作。2001 年，建立计算机数据库，编制进馆档案资料目录、存放指引等检索工具，完善档案工作统计台账。2002 年，加快档案信息化建设步伐，组织职工学习新知识，掌握“纸质文档”和“电子文档”两套制管理的基本技能，购置微机和“文档一体化管理软件”，率先对 2001 年形成的文件资料实行两套制档案管理。围绕“天保工程”、农业产业化结构调整、农村村务政务公开与民主管理等，抓好农业农村档案的收集管理。2003 年，对建立北川羌族自治县中形成的所有文件资料、音像制品等进行收集、整理，形成专题档案。开展《破产企业专题档案》《重点建设项目专题档案》的收集整理。2004 年，加强街道社区组织档案工作的业务指导和监督检查，街道社区组织建档率达到 20%。2005 年，局馆接通党政网和互联网，为档案信息化建设奠定基础。2006 年，全县 278 个行政村进一步巩固村级建档成果，部分村实现档案规范化管理；14 个街道社区实现全面建档。至 2007 年年底，县档案馆馆藏北川县中华人民共和国成立前、后档案资料 85000 卷（册），其中国家重点档案 8801 卷（册），资料、音像、照片档案 12000 余卷（册），其他档案 64000 余卷（册）。

达标升级　1994 年 11 月，北川县档案馆达到省三级标准后，按照社会主义现代化建设需要和《档案馆工作通则》《档案馆业务建设规范》的要求，开展乡镇和机关档案达标工作。1999 年，全县 58 个单位分别达到省一、二、三级标准，22 个达标单位接受复查验收，16 个乡镇 11 个档案工作达到省三级标准。2000 年年底，县内 3 镇 13 乡档案工作全部达到省三级标准。2005 年 1 月，县档案馆达到省二级档案馆标准。2006 年，机关档案工作升省二级标准的单位 1 个，达省三级标准的单位 7 个，复查单位 26 个，其中县人民法院开始使用《四川省电子文档管理系统》软件管理档案。

四、档案利用

1992 年，县档案馆向社会首批开放档案 70 个卷宗 4050 卷，1997 年第二批开放档案 28 个全宗 10002 卷。1988—1997 年共接待档案查阅 7353 人次，提供档案 50712 卷次，其中经济建设利用 3585 卷次、编史修志利用 20165 卷次、学术研究利用 1115 卷次、工作查考利用 21174 卷次，解决土地边界和房产纠纷等其他方面利用 4673 卷次。1998 年，编写档案利用效果汇编和档案馆指南等资料，便于查阅。此后，县档案馆一直注重发挥档案为经济建设和社会生活服务的功能。利用档案者多为解决土地纠纷查阅林权证、土地证及各种协议，其次为满足编写志书、年鉴等工作所需，其余则是查阅工龄、年龄为办理退休、养老保险等提供原始依据。

第四节　地方志工作

一、机构

1988 年，县地方志办公室编制 5 名，在职 3 人。1997 年 7 月，与县委党史研究室合署办公，编制 9 名，在职 5 人。此后，机构和人员基本稳定。

二、县志编修

1983 年启动《北川县志》编修工作，经过 10 年努力，先后审订、编印部门志 39 部。1993 年 10 月，调整编纂人员，成立审订小组，进行总纂。3 名在职人员分工负责，1995 年 9 月完成送审稿，向绵阳市政府呈报。1996 年，配合主审对志稿再次进行逐篇逐章逐节逐句推敲，对部分篇章进行调整修改后送出版社出版。1997 年 2 月,《北川县志》与读者见面。新编《北川县志》包括概述、大事记、32 篇专业志和附录等共 100 余万字，以其地方特色鲜明、体例完备、选材精当、语言准确简洁流畅、资料翔实等特点，先后于 1996 年 11 月、12 月荣获绵阳市第五次哲学社会科学优秀成果二等奖、四川省地方志优秀成果一等奖。1997 年 8 月，荣获全国地方志奖一等奖，成为是年全省唯一一部获此殊荣的县级志书。

2005 年 1 月，县政府召开《北川羌族自治县志》编修工作动员及业务培训会，启动二轮志书的编修工作，各乡镇、县直各部门相继搜集整理相关资料，县地方志办公室实行专人负责，以分片督促的方式，督办各乡镇、县直各部门资料搜集和整理工作。至 2006 年年底，基本收齐基础资料。2007 年，落实 3 名编辑人员开始编纂，至年底，初稿基本完成。

三、年鉴编纂

1997 年新编《北川县志》完成后，即集中精力编纂年鉴。至 2007 年，共编纂出版 1988—1997、1998—1999、2000、2001、2002、2003、2004、2005、2006、2007 年年鉴共 10 部。《北川年鉴》（1988—1997）荣获绵阳市地方志优秀成果奖、四川省地方志优秀成果年鉴类三等奖。《北川羌族自治县年鉴（2004）、（2005）》荣获四川省地方志优秀成果奖。

2004 年 5 月，与清华大学签订长期合作合同，将《北川年鉴（2002）》和《北川羌族自治县年鉴（2003）》收入《中国知识资源总库·中国年鉴全文数据库（CAFD）》，实现北川年鉴资料的全球共享。此后，每年的年鉴均收入《中国知识资源总库·中国年鉴全文数据库（CAFD）》。

四、其他工作

1988 年至 2007 年的每年 3—4 月，按时按质完成《绵阳年鉴》、《四川年鉴》北川部分的编写任务。1998 年，编写《北川籍在外工作人员名录》。1999 年，编写《绵阳古今名人选·大禹的故事》。2003 年，编写北川羌族自治县成立庆典汇报材料《北川经济和社会事业发展情况》。2004 年，编写《中华人民共和国省市县发展大典》北川部分资料。

2002 年，开展旧志整理工作，聘请绵阳师专古汉语专家点校清代乾隆版《石泉县志》、道光版《石泉县志》和民国版《北川县志》。2007 年，三部旧志注校整理工作完成，内部出版。

第五节　信访工作

1988 年 12 月，县信访办公室核定编制 4 名（县委、县政府各 2 名），实有 3 人。1990 年 4 月，划归县政府管理。1996 年 10 月，党政机构改革并入县政府办公室，保留县委、县政府信访办公室牌子。2007 年 5 月，成立县委、县政府信访和群众工作局，内设办公室、来信来访股、督查督办股、群众来访接待中心，行政编制 6 名，事业编制 3 名，在编 6 人，办公地点设于“三中心”大楼（政务中心、青少年活动中心、惠民帮扶中心），在县政府综合办公大楼大门处设群众来访接待点。

信访办（局）对群众来信来访，按照“分级负责，归口办理，谁主管谁负责，及时就地依法解决问题与思想疏导教育相结合”的原则，建立一套从登记到结案归档的办理程序和制度，通过转办、交办、催办，做到件件有结果，事事有着落。1988 年 6 月，县委、县政府决定建立领导协商对话制度，每月 7 日、21 日由县委常委、县政府副县长轮流在信访办接待室值班，接待群众来访。12 月，决定以每月 5 日为领导接待日（节假日顺延），并形成制度，长期坚持。1995 年 1 月起，实施“逐级信访制度”。1996 年 1 月 1 日，国务院《信访条例》开始施行，信访工作步入法制化轨道。1988—1997 年，县委、县政府领导定期接待来访群众 117 次，接待群众来访 704 批（件）、1212 人次，解决 700 件，处理率 99.4%，阅批群众来信 546 件；县信访办共受理人民群众来信 2360 件，接待群众来访 1712 件次，其中重信重访 1340 件，初信初访 2732 件，办结 2675 件，办结率 97.9%。上三级交办 16 件，办结 15 件，办结率 93.7%，作自立案 622 件，办结 616 件，办结率 99%。

1998 年后，信访量呈上升趋势。所反映较突出的问题表现在七个方面。一是农村村务公开、财务清理。二是部分破产或困难企业职工（退休职工）生活费、安置费、医疗费用等问题。三是劳务、经济合同纠纷。四是客运三轮车管理。五是土地、林木、房屋等民间纠纷。六是检举反映违纪、违法问题。七是旧城改造、新建农贸市场等。信访形式由以来信为主转为以来访为主。县委、县政府将信访工作纳入目标管理考核内容，明确责任，有关领导坚持定期接待群众来访和阅批群众来信，及时化解矛盾；采取思想教育、法制教育、沟通疏导等办法，严格控制集体上访，将集体上访控制在当地，维护社会稳定。1998—2004 年，每年受理人民群众来信数百件，接待群众来访千余人次，办结率 95% 以上。

2005 年，制定《信访工作责任追究制度》《信访案件督查督办制度》《信访工作目标考核实施细则（试行）》，严格实行属地管理，分级负责，斗硬奖惩，取得显著效果，全县信访工作的法制化、规范化得到进一步推动。

2006 年，制定和完善重大信访问题领导包案制度、重复上访问题集中整治制度、处置群体性上访事件制度、重大信访问题协调会制度和信访信息工作制度，完善领导接待日制度和信息预测预报制度，增强工作可操作性，提高工作水平。对全县群众来信来访反映的 29 件重大疑难案件，落实县委常委包片联系责任制和县委、县政府领导包案制。在全县开展矛盾纠纷集中排查调处活动，将排查、梳理出的 24 件涉稳问题建立台账，确定工作重点，分解任务，明确解决问题的时限和各方责任。全县共受理人民群众来信 635 件，来访 2353 人次，信访合计 2988 件（人次），比 2005 年下降 1.4%；县信访办受理来访 307 批 714 人次，来信 173 件，信访合计 887 件（人次），其中初信初访 809 件（人次），办结 796 件（人次），办结率为 98.4%；重复信访 78 件（人次），重复率 8.8%。年内进京上访 3 批 3 人，赴省上访 6 批 6 人。

2007 年，共受理信访 486 批 1017 人次，接待群众来访 315 批 846 人次，其中个体访问 294 批 668 人次，集体访 21 批 178 人次；来信 171 件，其中初信 153 件，重信 18 件。进京上访 4 批 4 人次，赴省上访 5 批 5 人次。

第六节　政府法制工作

1990 年，县政府办设法制科，配备 1 名工作人员。1996 年 10 月，设立法制局，由县政府办公室主任兼任局长。

县政府法制机构设立后，组织清理1985年以后的法律、规章和规范性文件469个，废止与现行法律法规相抵触的行政性文件和具体行政行为。结合“普法”教育，开展《中华人民共和国行政诉讼法》《中华人民共和国行政复议条例》《中华人民共和国企业法》《中华人民共和国行政处罚法》《行政执法监督检查规定》等法律法规的宣传和实施工作。加强政府部门执法情况的检查与行政执法监督，组织协调在政府系统42个部门中建立和推行部门执法责任制。牵头举办行政执法培训班，1995—1997年，共培训600多人次，通过考试，先后颁发和换发行政执法证、行政执法监督检查证，建立“两证”管理使用制度。坚持行政复议制度，办理政府行政复议和应诉工作。1997年，制定《行政执法错案责任追究办法》，加强和改善行政执法工作。

1999年，再次对法律、法规、规章进行全面清理，共清理出县内执行的全国人大及其常委会颁布的法律100部、国务院发布的法规198部、国务院各部委发布的规章408部、省人大发布的规章103部、省政府发布的规章96部，共计905部法律、法规、规章分别落实到具体的执法单位和责任人；对县内1991—1998年所制定的144个规范性文件进行全面清理，废止其中已由新的法律法规所替代的9个文件。按照《中华人民共和国行政处罚法》的规定和省市政府的有关要求，对全县行政执法单位、人员进行清理；推行行政执法人员执法资格认证制度，对所有行政执法人员进行培训、考核，对合格者授予执法人员资格证书，并凭证书申领执法证件。在县政府原有《行政执法错案责任追究办法》的基础上，根据法律、法规，制定《行政执法实施办法（试行）》《行政执法监督检查实施办法（试行）》《行政执法主体管理办法（试行）》，将行政执法活动纳入法制化、制度化、规范化轨道。

2000年，与全县28个主要行政执法部门续签行政执法目标责任书，纳入政府工作目标管理，实行部门“一把手”负责制。对各行政执法单位进行检查，督促依法开展执法活动。

2003年，贯彻《四川省行政执法监督条例》，加强行政执法证的管理，及时办理年审，对换证、新办证的人员进行培训考试，提高行政执法队伍的总体素质；开展对行政执法队伍的教育、整顿。

2004年，开展《中华人民共和国行政许可法》的贯彻实施工作。成立贯彻实施领导小组，将1991年以来以政府名义出台的3434个文件进行清理，17个部门对131项行政许可进行清理，取消98个行政许可事项，并以政府令的形式予以公布。

2005年，将行政执法工作纳入综合目标管理，明确行政执法责任制中的责、权、利。严格坚持“法制统一，政令统一”的原则，做到规范性文件制发必须先审查，再签发，后公布，严把法律关、政策关，为县政府正确决策提供法律依据。

2006年，深入贯彻《全面推进依法行政实施纲要》，落实行政执法责任制。根据纲要和北川《依法行政五年规划》有关要求，明确依法行政的目标和工作任务；根据全市《关于依法界定行政执法职责有关具体问题的通知》要求，组织并督促各行政执法单位扎实开展“三项清理”工作，明确界定执法权限和范围，将其法定职权分解到具体执法机构和执法岗位。

行政复议 法制局（办）承担全县的行政复议工作，通过行政复议案件的处理，促进行政机关的依法行政。2003年，采取多种形式宣传《中华人民共和国行政复议法》。认真受理行政复议案件，依法及时结案，化解纠纷。是年收到3件行政复议申请，经初审后受理1件，依法作出撤销决定。2005年，收到行政复议申请3件，通过初步审查均不属于行政复议受理范围，告之当事人并做好解释，引导当事人寻求其他法律途径予以解决。同时受县政府委托，对于涉及县政府的行政案件，认真组织收集证据、材料，主动积极参与应诉，力争做到既维护政府行政行为的权威性、严肃性，又保障政府严格依法行政。是年，参与行政应诉1件，经法院审查政府不作为被告。2006年，无行政复议案件和行政案件应诉。

第七篇

地方人民代表大会

第一章　历次代表大会和常委会

第一节　历次人民代表大会

县人民代表大会于每年 1—3 月举行一次，其主要议程有听取和审议政府工作报告、财政预决算报告、国民经济计划报告及县人大常委会、县法院、县检察院工作报告，并通过相应决议。每届第一次会议，均要选举县人大常委会组成人员、县政府正副县长、县法院院长、县检察院检察长。

第十届至十二届人民代表大会除按规定议程召开外，经县人民代表大会主席团会议批准，增加相应议程。第十至十二届人民代表大会共举行 11 次代表大会，在 1988 年 3 月召开的县第十届二次人代会上，补选王荣顺为县政府副县长；1990 年 3 月召开的县第十一届一次人代会上，选举产生绵阳市第二届人民代表大会代表 19 名；1991 年 3 月召开的县第十一届二次人代会上，补选袁荣泰为绵阳市第二届人民代表大会代表；1995 年 3 月召开的县第十二届三次人代会上，接受蹇洪秀辞去县政府县长职务，选举李安发为县政府县长，选举产生绵阳市第三届人大代表 24 名。

第十三届县人民代表大会第一次会议于 1998 年 1 月在县城召开。应到代表 150 人，实到会代表 149 人；不是人大代表的县级有关领导、县直各部门负责人、各乡镇负责人 120 人列席会议。大会分别听取和审议县政府、县人大常委会、县法院、县检察院等 6 个工作报告，并通过相应决议，大会选举李承霜为第十三届县人大常务委会主任，王光甫、王世太、席元厚、刘治中为副主任；选举刘文榜为县政府县长，经大忠、陈明世、陈开平为副县长；选举王顺全为县法院院长、何曦明为县检察院检察长。第十三届县人民代表大会第二次 1999 年 1 月在县城召开，应到代表 150 人，实到会代表 148 人；不是人大代表的县级有关领导、县直各部门负责人、各乡镇负责人 123 人列席会议。大会分别听取和审议县政府、县人大常委会、县法院、县检察院、1998 年国民经济和社会发展计划执行情况及 1999 年国民经济和社会发展计划（草案）、1998 年财政预算执行情况和 1999 年财政预算（草案）6 个工作报告，并通过报告决议。第十三届县人民代表大会第三次会议 2000 年 2 月在县城召开，应到代表 150 人，实到会代表 146 人；不是人大代表的县级有关领导、县直各部门负责人、各乡镇负责人 115 人列席会议。大会分别听取和审议县政府、县人大常委会、县法院、县检察院、1999 年国民经济和社会发展计划执行情况及 2000 年国民经济和社会发展计划（草案）、1999 年财政预算执行情况和 2000 年财政预算（草案）6 个工作报告，并通过报告决议。第十三届县人民代表大会第四次会议 2001 年 3 月在县城召开，应到代表 150 人，实到会代表 147 人；不是人大代表的县级有关领导、县直各部门负责人、各乡镇负责人 118 人列席会议。大会分别听取和审议县政府、县人大常委会、县法院、县检察院、2000 年国民经济和社会发展计划执行情况及 2001 年国民经济和社会发展计划（草案）、2000 年财政预算执行情况和 2001 年财政预算（草案）6 个工作报告，并通过报告决议。第十三届县人民代表大会第五次会议 2002 年 1 月在县城召开，应到代表 150 人，实到会代表 145 人；不是人大代表的县级有关领导、县直各部门负责人、各乡镇负责人125人列席会议。大会分别听取和审议县政府、县人大常委会、县法院、县检察院、2001年国民经济和社会发展计划执行情况及2002年国民经济和社会发展计划（草案）、2001年财政预算执行情况和2002年财政预算（草案）6个工作报告，并通过报告决议。

第十四届县人民代表大会第一次会议（2003年10月确认为北川羌族自治县第一届人大一次会议）于2003年1月在县城召开。应到会代表150人，实到会代表149人；不是人大代表的县级领导、县直有关部门负责人及各乡镇政府负责人98人列席会议。大会分别听取和审议县政府、县人大常委会、县法院、县检察院等6个工作报告，并通过报告决议，选举赵琪为县人大常委会主任，王世太、刘治中、丁荣孝、刘发慧为县人大常委会副主任，选举陈明世为县政府县长，经大忠、陈开平、雷建新、李春寿、易显云、王久华、韩贵钧、薛永强为县政府副县长，选举罗泽刚为县法院院长、选举张周凯为县检察院检察长。北川羌族自治县第一届人大第二次会议于2004年2月在县城召开。应到会代表150人，实到会代表148人；不是人大代表的县级领导、县直有关部门负责人及各乡镇政府负责人102人列席会议。大会分别听取和审议县政府、县人大常委会、县法院、县检察院、2003年国民经济和社会发展计划执行情况及2004年国民经济和社会发展计划（草案）、2003年财政预算执行情况和2004年财政预算（草案）6个工作报告，并通过报告决议。北川羌族自治县第一届人大第三次会议于2005年4月召开，应到会代表150人，实到会代表149人；不是人大代表的县级领导、县直有关部门负责人及各乡镇政府负责人105人列席会议。大会分别听取和审议县政府、县人大常委会、县法院、县检察院、2004年国民经济和社会发展计划执行情况及2005年国民经济和社会发展计划（草案）、2004年财政预算执行情况和2005年财政预算（草案），并通过报告决议。同时大会作出关于《加大魏家沟山地灾害和水土流失综合治理力度，确保人民群众生命财产安全的议案》的决议。北川羌族自治县第一届人大第四次会议于2005年8月召开。应到会代表150人，实到会代表149人；不是人大代表的县级领导、县直有关部门负责人及各乡镇政府负责人110人列席会议。大会选举产生绵阳市第五届人大代表25名，其中市上下派参选的8名候选人均当选。北川羌族自治县第一届人大第五次会议于2006年2月在县城召开。应到会代表150人，实到会代表147人；不是人大代表的县级领导、县直有关部门负责人及各乡镇负责人127人列席会议。大会分别听取和审议县政府、县人大常委会、县法院、县检察院、2005年国民经济和社会发展计划执行情况及2006年国民经济和社会发展计划（草案）、2005年财政预算执行情况和2006年财政预算（草案）、《北川羌族自治县自治条例》（草案）报告，并通过报告决议。通过《北川羌族自治县自治条例》（草案）的决定。大会选举宋明为县人大常委会主任，经大忠为县政府县长。

北川羌族自治县第二届人大第一次会议于2007年1月在县城召开。应到会代表150人，实到会代表148人；不是人大代表的县级领导、县直有关部门负责人及各乡镇负责人125人列席会议。大会分别听取和审议县政府、县人大常委会、县法院、县检察院、2006年国民经济和社会发展计划执行情况及2007年国民经济和社会发展计划（草案）、2006年财政预算执行情况和2007年财政预算（草案）报告，并通过报告决议。选举杨天德、李春寿、谢成旭、蔡祥瑞为县人大常委会副主任，选举杨泽森、瞿永安、徐长发、杜勇、钟勇为县政府副县长，选举何延宗为县法院院长、选举李成为县检察院检察长。

北川县人大历任主任、副主任名录

主任

袁荣泰（1987.2—1990.3）　　尹昌贵（1990.3—1998.1）

李承霜（1998.1—2003.1）

副主任

尹昌贵（1987.2—1990.3） 梁永松（1987.2—1990.3）
张正铭（1987.2—1990.3） 王光甫（1990.3—2003.1）
景洪仁（1990.3—1998.1） 杨光材（1990.3—1993.2）
刘治中（1990.3—2003.6） 廖洪恩（1993.2—1998.1）
王世太（1998.1—2003.6） 席元厚（1998.1—2003.1）

北川羌族自治县人大历任主任、副主任名录

主任

赵　琪（2003.1—2005.9） 宋　明（2005.9—）

副主任

王世太（2003.7—2007.1） 刘治中（2003.7—2007.1）
丁荣孝（2003.1—2007.1） 刘发慧（2003.1—2007.1）
杨天德（2003.1—） 李春寿（2007.1—）
谢成旭（2007.1—） 蔡祥瑞（2007.1—）

第二节　人大常委会

一、机构

县第十届人大常委会（1987.2—1990.3）组成人员 13 人，其中正、副主任 4 人；常委会机关内设办公室和联络科、法制科、教科文卫科。第十一届人大常委会（1990.3—1993.2）组成人员 15 人，其中正、副主任 5 人；常委会机关内设办公室和法制、财政经济、农业、教科文卫科。此后的第十二届、第十三届人大常委会内设机构无变化。

二、常委会议

县人民代表大会闭会期间，由常委会负责处理日常工作。县人大常委会按照法律规定，定期举行会议听取和审议“一府两院”的工作汇报，作出相应的决议、决定和审议意见，要求“一府两院”贯彻执行。县第十届人大常委会召开常委会议 22 次，听取和审议“一府两院”工作汇报 46 项次，作出决议、决定 5 个，审议意见 27 条。第十一届人大常委会共召开常委会议 20 次，听取和审议工作汇报 56 项次，作出决议、决定 24 个，审议意见 35 条，参与讨论国家法律和地方法规 2 部，第十二届人大常委会共召开常委会议 36 次，听取和审议工作汇报 70 项次，作出决议、决定 29 个，审议意见 87 条。

第二章　主要工作

第一节　审议和决定重大事项

1990 年 5 月 25 日，县第十一届人大常委会第二次会议作出《关于发挥代表作用，加强同人民群众联系的决定》。

1994 年，北川被省人大常委会确定为推行部门执法责任制试点县之一。6 月，县第十二届人大常委会第 8 次会议作出《关于“一府两院”推行部门执法责任制的决定》，清理出法律法规 465 部，确定执法主体 50 个，46 个部门建立执法责任制。县第十二届人大常委会第 11 次会议作出《关于对部门执法责任制实施情况的监督检查办法》，推进部门执法责任制的实施。

1996 年 3 月，县十二届 4 次人代会上作出《关于进一步加强文化市场管理，严格查禁赌博和色情活动的议案的决议》，促进县内文化事业健康发展。6 月，县第十二届人大常委会第 23 次会议上作出《关于“九五”期末在我县建成 60 万亩初级商品林基地的决议》，要求县政府贯彻实施，推动县内林业产业化体系的形成和“三高”林业的发展。

1997 年 2 月，县第十二届 5 次人代会上作出《关于加快北川县教育改革步伐，进一步改善办学条件，提高办学效益的议案的决议》，促进县内教育事业健康发展。

1998 年 7 月 20 日，县十三届人大常委会第 5 次会议讨论通过《财政预决算审查监督办法》。

2000 年，县十三届人大常委会听取县政府关于退耕还林工作的情况汇报，作出《关于切实做好退耕还林（草）工作的决议》。

2005 年 5 月，北川羌族自治县一届人大常委会第 20 次会议通过《审议决定重大事项的规定（试行草案）》，并于 7 月 1 日起试行。

2006 年 11 月，北川羌族自治县第一届人大常委会审议并作出《关于加大住房补贴工作力度的议案的决议》，要求县政府提高认识，以解决人民群众最关心、最直接、最现实的利益问题为重点，大力发展经济，努力增收节支，争取上级补助，多渠道筹集资金兑现补贴资金。

第二节　法律与工作监督

一、检查调查视察

1988 年，县第十届人大常委会先后两次共组织 152 人的执法检查队伍，到 14 个县直部门和 3 个乡镇对《道路交通管理条例》《中华人民共和国会计法》等 10 多部法律法规的贯彻实施情况进行执法检查，就农业和工业经济的发展状况先后到 11 个乡镇 12 个村组、16 个企业进行视察调查，完成专题报告、情况反映12篇。县第十一届人大常委会先后3次组织常委会组成人员、部分人大代表以及有关部门负责人对《中华人民共和国刑法》《中华人民共和国行政诉讼法》《中华人民共和国森林法》《农民负担管理条例》等43部法律法规的执行情况进行检查，组织部分代表深入农村、中小学校、乡镇企业对农村医疗卫生、中小学德育教育、乡镇企业发展等进行调查、视察，完成专题报告27篇。县第十二届人大常委会先后7次组织常委会组成人员和部分代表对《中华人民共和国土地管理法》《中华人民共和国企业法》《中华人民共和国农业法》《乡镇人大主席团工作条例》等50多部法律法规的贯彻执行情况进行检查，30余次组织部分代表及有关部门负责人就县城规划、交通、重点工程建设、林业生产、农田水利建设、扶贫工作等深入农村、企业、基地进行调查、视察，完成专题报告42篇。

二、审议评议监督

1988年，县人大常委会对政府的委、局、办28名负责人进行考评；组织人大代表对县政府正、副县长的工作进行民主评议。1994年，县人大常委会对县公安局、工商局的工作进行评议；1995年，对县文教局、畜牧局的工作进行评议；1996年，对县交通局长、监察局长、城建局长、乡镇企业管理局局长进行述职评议。

1998年，修改讨论通过《县人大常委会监督办法》，先后听取和审议县政府《关于深化企业改革，提高企业效益的情况汇报》《关于县城建设工作思路的情况汇报》《关于林业综合开发的情况汇报》《关于贯彻实施〈水土保持法〉的情况汇报》《关于开展农村初级卫生保健工作的情况汇报》《关于贯彻〈义务教育法〉和普及九年制义务教育的情况汇报》《关于贯彻〈促进科技成果转化法〉的情况汇报》，并提出审议意见。是年为评议法院工作，先后组织6个调查组到16个乡镇、56个党政机关和企事业单位开展调查研究，召开座谈会36次，参加座谈647人，了解干部群众1106人（次），走访案件当事人31人，初查个案线索20个，确定重点调查个案14件，查阅个案材料28卷；通过充分准备后召开评议法院工作会议，针对7件个案中的问题和班子、队伍建设，内部管理、制度建设等方面存在的问题提出意见、建议30余条。1999年，把个案监督作为加强司法监督的切入点，抓住重大、典型、群众反映强烈的个案，及时听取有关司法机关的汇报，督促依法办事，促进司法公正。2000年，常委会多次会议听取并审议县政府关于贯彻实施《中华人民共和国农业技术推广法》、广播电视工作、贯彻《中华人民共和国义务教育法》、创建卫生县城、民族工作情况的汇报，主任会议听取县法院、县公安局工作汇报，针对存在的问题提出要求。2001年，实施对农业和农村工作的监督，实施对退耕还林（草）工程的监督。常委会听取并审议县政府关于贯彻卫生法律法规工作的情况汇报，主任会议听取县法院、检察院、公安局工作情况汇报，提出相应建议和要求。

2002年，共举行常委会全体会议8次、主任会议15次，听取和审议“一府两院”的有关工作汇报23项，作出决议、决定5项，审议意见6项，参与讨论国家和地方制定的法律、法规2部，组织常委会组成人员和市、县人大代表视察城建、退耕还林及旅游开发等工作。2003年，共举行常委会全体会议8次、主任会议12次，听取和审议“一府两院”的有关工作报告11项，作出决定1项，审议意见5项。2004年，共举行常委会10次、主任会议14次，听取和审议“一府两院”工作汇报9项，作出决定5项、决议2项，审议意见5项。2005年，常委会密切关注“三农”，促使全县形成“领导包村，干部包户、责任落实，动真情、真扶贫”的良好格局。关注城镇居民饮水安全，到各水源地实地察看水源保护情况，提出视察意见。2006年，常委会分别听取县卫生局、县司法局、县检察院和县政府财经工作情况汇报，并进行评议。

三、办理议案

每年人代会结束后，县人大常委会的代表联络工作机构将代表提出的议案、建议、批评、意见

（以下简称“议案”）整理归类，交“一府两院”办理，从代表角度充分发挥人大法律监督和工作监督作用。依据法律的规定，要求“一府两院”6个月内将议案办理完毕，并向县人大常委会报告办理情况。县第十届人大常委会共办理448件（其中1987年180件），第十一届办理339件，第十二届办理309件。1998年，对人大代表提出的议案整理归类，要求“一府两院”一般在3个月内作出书面答复；印发征求代表对办理满意程度的意见表，了解代表的意见，对办理不满意的责成有关部门重新办理。1999年，常委会第5次、第14次会议专门听取和审议县政府《关于县人大代表建议、批评和意见的情况汇报》，促使办理工作的落实。1998—1999年，县人大常委会共办理代表建议、批评和意见152件。2000年3月初，成立议案督办小组，决定从是年起，每年6月主任会议和11月常委会议，分别听取议案办理情况的专题汇报，使代表所提议案、建议、批评和意见件件有交待，事事有结果。此后，每年收到代表议案、建议、批评和意见数十件至百余件，均得到妥善办理。2006年5月23日，北川羌族自治县一届人大常委会29次会议通过《人民代表大会代表建议、批评和意见处理办法》，使代表建议办理工作进入规范化程序。

四、受理来信来访

依法受理人民代表和群众对国家机关及其工作人员的申诉和意见，是法律赋予地方人大常委会的职责。县第十届人大常委会共处理人民代表和人民群众来信246件（其中1987年50件），接待群众来访283人次（其中1987年94人次）。第十一届人大常委会共处理来信269件，接待来访308人次。第十二届人大常委会共处理来信690件，接待来访1459人次。1996年9月，部分群众反映县城地区市场管理混乱，三轮车乱停乱放、违章行使，危及人民生命安全，县人大常委会高度重视，召开主任会议，督促政府解决。县政府立即组织公安、工商、城建等部门组成联合执法队，整顿县城秩序，取得良好的效果，受到人民群众的好评。1998年，县人大常委会办公室制定《关于机关来信处理、来访接待暂行办法》，规范代表和群众信访的办理程序。1999年，对来信来访除由常委会直接办理外，对一般性的信访，按照“分级负责、归口办理”的原则，转交有关部门办理；对较为重大的问题，转交、督促“一府两院”查办；对涉及重大问题的控告、申诉，由主任、副主任或相关委室召开部门会议专题研究，提出处理意见，并跟踪了解办理情况。自2000年起，确定每月15日为主任接待群众来访日。此后，常委会每年受理人民群众来信一两百件，接待来访数百人次。对来信来访，均做到及时接待、办理或按职责转交有关部门处理。通过督办，促使工作难度大、久拖不决的问题得到解决。

第三节　任免国家工作人员

任免干部是法律赋予县人大常委会的重要职权。第十届人大常委会共任命“一府两院”及人大常委会科、室负责人58名，其中1987年任命48名；免职7名，其中1987年免职3名。第十一届人大常委会决定代理县长1名、代理法院院长1名，免去县长1名、法院院长1名，共任命“一府两院”及人大常委会各委、室负责人56名，免职12名。第十二届人大常委会任命副县长6名，免去副县长4名，决定代理县长1名，免去县长1名，共任命“一府两院”和人大常委会委、室负责人98名，免职16名。

1998年3月，县第十三届人大常委会第2次会议上修改通过《人事任免办法》，使人事任免更为制度化、规范化。从1999年起开始实行任前法律知识考试，以增强国家机关工作人员法制意识和学法自觉性，提高司法和行政执法水平。1998—1999年，常委会依法任命国家机关工作人员71人，免职2人。2000年后，坚持正确处理好充分发扬民主、严格依法办事和坚持党管干部三者之间的关系，按照法律程序任命“一府两院”工作人员和人大常委会各委室负责人，坚持对拟任命干部进行法律知识考试考核。2006 年，依法任命国家机关工作人员 26 人，免职 17 名；并加强工作监督，促使其掌好权，用好权，保证把人民赋予的权力用来为人民谋利益。

第四节　民主法制建设

1988 年，县人大常委会坚持“一手抓建设，一手抓法制”的原则，把法制教育和推进社会主义民主法制建设列入的议事日程。第十一届、十二届人大常委会把“二五”普法列为工作的重点，制定普法规划，适时听取政府普法工作汇报。

1994 年 7 月，县第十二届人大常委会第 9 次会议作出《关于进一步加强“二五”普法工作的决议》。

1995 年 10 月，县人大常委会与县法建领导小组对县内“二五”普法工作进行检查验收，后经省、市验收，被市委、市政府评为“二五”普法先进县。1996 年 9 月，县第十二届人大常委会第 25 次会议作出《关于继续在全县公民中开展法制宣传教育的决定》，拉开全县“三五”普法工作的序幕。

1998 年 11 月和 1999 年 9 月召开的第 7 次、第 14 次常委会分别听取并审议县政府《关于“三五”普法和依法治理实施情况的汇报》，要求县政府及主管部门加强领导，提高认识，做到目标、任务落实，机构健全，措施具体，人员到位，经费保证，加强督促、指导和检查，严格考核，总结和推广典型经验，促进全县“三五”普法平衡发展，同时突出重点，注重实效，学用结合，普治并举，把“三五”普法工作引向深入。

2000 年 10 月，常委会会议听取并审议县政府关于“三五”普法和依法治理工作的情况汇报，要求县政府继续深入开展普法教育，以适应“依法治国，建设社会主义法制国家”的需要，坚持全面推进与突出重点相结合，切实抓好领导干部、执法人员、青少年的普法教育；针对普法和依法治理工作中的薄弱环节，进一步增添措施，切实落实行政执法责任制和错案追究制，狠抓依法治理，将行业依法治理融于依法治乡、治村、治企、治校，依法治社区工作之中。

2001 年 9 月，常委会按照中央和全国人大常委会关于“四五”普法的具体要求，作出《关于在全县公民中进一步开展法制宣传教育的决议》，要求继续深入在全县公民中开展以《中华人民共和国宪法》等基本法和社会主义市场经济法律知识为主要内容的法制教育，努力实现由提高全民法律意识向提高法律素质的转变，由注重依靠行政手段管理向注重运用法律手段管理的转变，全面提高全民、特别是领导干部的法律素质和全社会法制化管理水平；面向社会广泛开展多种形式的法制宣传教育活动，营造学法、用法、守法的良好社会氛围，推进依法治县。

2002 年 7 月，常委会议听取并审议县政府关于“四五”普法工作的情况汇报，要求加强宪法、法律的宣传教育，提高各级领导干部和国家机关工作人员的宪法意识、宪政意识和法制观念，把执政意识纳入法治轨道，摒弃“依法办事就无法办事”的人治观念，做到依法行政、公正司法，维护宪法、法律权威，使每个公民懂法、守法，学会用法律武器保护自己的正当权利。

2003 年 7 月，常委会会议要求各级领导干部认真学习《中华人民共和国宪法》《中华人民共和国民族区域自治法》等法律法规，增强依法行政、公正司法的自觉性。

2004 年，常委会在坚持开展法制教育的同时，把制定北川羌族自治县自治条例和单行条例作为工作重点之一，列入常委会第 12 次、第 15 次会议议题和 8 月份主任会议议题。组织部分人员分三批到外省学习考察，于 3 月 15 日完成内部试拟稿，经自治条例起草委员会成员会议多次讨论修改，印发全县广泛征求意见。10 月，常委会第 15 次会议原则通过《北川羌族自治县自治条例（草案）》（以下简称《自治条例（草案）》）文本。11月，县委常委会议通过《自治条例（草案）》，报市人大常委会广泛征求市级部门意见，经市委常委会议通过后，呈报省人大民族宗教委员会。

2005年5月，将反馈的意见归纳汇总，呈报县四大班子有关领导，并在北川党政网上广泛征询意见，对重要条款进行反复协商。12月，特邀省人大民宗委主任陈开华等一行到县指导《自治条例（草案）》制定工作。

2006年7月28日，省第十届人大常委会第22次会议审议并通过《北川羌族自治县自治条例》（以下简称《自治条例》）。8月15日，县人大常委会向全县公布《自治条例》，并于10月25日起施行。《自治条例》的通过，为全县政治、经济、文化等各项社会事业发展提供强有力的法律保障，为建设富裕和谐、民主文明的北川起到有力的推动作用。

第五节　乡镇人大工作

1990年开始，29乡2镇均由乡镇人民代表大会选举产生乡镇人大主席团。主席团由主席、成员和秘书组成，是乡镇人大常设机构。党委书记兼任主席的可设副主席1名，全县5区2镇各设人大工作联络员1名。1992年底乡镇建制调整后，不再设联络员。1993年换届时，16个乡镇均选举产生人大主席团。乡镇人大主席团依据《四川省乡镇人大主席团工作条例》的规定开展工作，每届任期3年，每3个月举行一次主席团会议，县人大常委会对乡镇人大主席团的工作予以指导。

市、县人大常委会对全县乡镇人大主席、副主席、联络员进行理论和业务培训，协助各乡镇人大主席团建立和完善各项工作制度，指导依法开展工作。1999年，县人大常委会专门召开乡镇人大工作座谈会，交流乡镇人大工作经验，建立在常委会机关的常委会组成人员联系乡镇人大的工作制度，邀请乡镇人大主席列席县人大常委会议，为其了解全县情况和熟悉人大工作提供机会和条件。2000年5月，组织15名乡镇人大主席参加全国乡镇人大工作第三期北京培训班学习。2001年4月，组织16名乡镇人大主席参加全省人大系统的法制培训班，增强其做好乡镇人大工作的信心和能力。2005年，常委会重视对乡镇人大工作的联系和指导，无论是视察、调研，还是听取情况汇报，都坚持上下联动；年内共邀请乡镇人大主席列席常委会4次、工作评议会2次，组织7名人大主席外出学习。

第八篇

地方人民政协

第一章　委员构成及组织机构

第一节　委员构成

1988—2007年，政协北川县委员会（政协北川羌族自治县委员会）共历六届，其中政协北川县委员会共历四届，即政协北川县委员会三、四、五、六届（1988—2003年），政协北川羌族自治县委员会共历两届，即政协北川羌族自治县委员一届、二届。

政协北川县第三届委员会由18个界别、115名委员组成，其中中共党员45名，占委员总数的39.13%，非中共人士70名，占委员总数的60.87%；女委员13人，具有中专以上文化程度的82人，年龄最大88岁、最小21岁，平均年龄48.1岁。

政协北川县第四届委员会由17个界别、118名委员组成，其中中共党员48名，占委员总数的40.68%，非中共人士70名，占委员总数的59.32%；女委员18人，具有中专以上文化程度79人，年龄最大88岁、最小25岁，平均年龄46.12岁。

政协北川县第五届委员会由17个界别、119名委员组成，其中中共党员47名，占委员总数的39.5%，非中共人士72名，占委员总数的60.5%；少数民族委员48人，女委员23人，具有中专以上文化程度80人，年龄最大64岁、最小26岁，平均年龄42.77岁。

政协北川县第六届委员会设17个界别，委员135名，其中中共党员51名，占委员总数的37.78%；非党人士84名，占委员总数的62.22%；少数民族委员68人，女委员30人，具有中专以上文化程度106人，年龄最大73岁，最小27岁，平均年龄42.88岁。

政协北川羌族自治县第一届委员会设17个界别，委员137名，其中中共党员50名，占委员总数的36.5%；非党人士87名，占委员总数的62.5%；少数民族委员72人，女委员35人，具有中专以上文化程度107人，年龄最大70岁，最小28岁，平均年龄42.87岁。

政协北川羌族自治县第二届委员会设17个界别，委员137名，其中中共党员51名，占委员总数的37.2%；非党人士86名，占委员总数的62.8%；少数民族委员75人，女委员39人，具有中专以上文化程度125人，年龄最大65岁，最小27岁，平均年龄42.85岁。

第二节　组织机构

1988年，县政协设一室（办公室）、三委（学习、提案工作、文史资料研究委员会）、八组（科技、文卫、工商、妇女、民族宗教、工业、农业、祖国统一联络组）；办公室和各委员会各设主任1人，副主任1～2人，各组设组长1人，副组长1～3人；政协机关在职10人。1989年，增设经济建设、教卫文体、民族联谊等 3 个委员会。1996 年 10 月县内党政机构改革后，县政协设办公室和提案、经济、学习联谊、教卫文史 4 个委员会。1998 年，设办公室和提案、学习文史、农业经济、城市经济、教卫文体、民族宗教联谊等 6 个委员会；核定行政编制 10 人，事业编制 2 人。2007 年设办公室和研究室和科技经济、法制提案、教卫文体、民族宗教联谊、学习文史 5 个委员会；实有行政编制人员 8 人，事业编制人员 2 人。

政协北川县委员会主席、副主席名录

政协主席

佘　良（1987.2—1989.10）　王荣顺（1990.3—1993.3）
涂长清（1993.2—1998.1）　王成贤（1998.1—2003.1）
杨应庆（2003.1—2003.6）

政协副主席

王芝锐（1981.3—1993.3）　罗述生（1984.3—1990.3）
母玉涛（1984.3—1993.3）　李建华（1984.3—1998.1）
王予觉（1989.3—1989.5）　罗安志（1990.3—1998.1）
杨秀敏（1990.3—1991.4）　刘禄家（1990.3—1993.3）
蒋忠琼（1993.2—1995.9）　丁荣孝（1995.9—2003.1）
黄安华（1993.2—1998.1）　林金荣（1989.3—1989.5）
苏永孝（1998.1—2003.1）　王成如（1998.1—2003.6）
蒋吉芳（1998.1—2000.9）　杨永忠（1998.1—2003.6）
王宽心（2001.3—2003.6）　罗华明（2003.1—2003.6）
张映芳（2003.1—2003.6）

政协北川羌族自治县委员会主席、副主席名录

政协主席

杨应庆（2003.7—）

政协副主席

王成如（2003.7—）　杨永忠（2003.7—）
王宽心（2003.7—）　罗华明（2003.7—）
张映芳（2003.7—）　刘发慧（2003.7—）

第二章　全委会和常委会

第一节　全委会

1988—2007年，政协北川县（北川羌族自治县）委员会共历6届，先后在县城举行21次全体委员会议。全委会一般议程：听取并审议县政协常委会工作报告和提案工作报告，列席县人民代表大会、选举政协常委、主席、副主席、秘书长、副秘书长，通过会议决议，听取并审议提案审查报告等。各次全委会召开时间：

三届一次全委会：1987年2月23—28日

三届二次全委会：1988年3月27—31日

三届三次全委会：1989年3月26—31日

四届一次全委会：1990年3月3—9日

四届二次全委会：1991年3月11—14日

四届三次全委会：1992年2月24—28日

五届一次全委会：1993年2月14—18日

五届二次全委会：1994年1月10—13日

五届三次全委会：1995年3月13—16日

五届四次全委会：1995年9月19日

五届五次全委会：1996年3月11—14日

五届六次全委会：1997年2月24—27日

六届一次全委会：1998年1月17—19日

六届二次全委会：1999年1月26—28日

六届三次全委会：2000年2月21—23日

六届四次全委会：2001年3月11—14日

六届五次全委会：2002年1月22—24日

七届一次全委会（政协北川羌族自治县委员会一届一次全委员会）：2003年1月11—14日

一届二次全委会：2004年2月23—25日

一届三次全委会：2005年4月25—27日

一届四次全委会：2006年2月15—17日

二届一次全委会：2007年1月14—16日

第二节 常委会

一、政协北川县第三届常委会

第三届（1988 年 1 月至 1990 年 2 月）共举行 7 次常委会议，主要议题是审议通过三届二次全委会决议（草案）；传达全国地方政协工作座谈会和四川省召开的地方政协工作座谈会精神；县委、政府领导到会讲话，通报全县经济、社会发展情况；对全县重大工作事项进行协商讨论和安排政协日常工作。传达、学习中共中央〔1989〕13 号、省委〔1989〕8 号及市委〔1989〕30 号文件，先后制定《关于政治协商、民主监督的暂行规定》《政协常务委员会工作规则》《政协专门委员会组织通则》，以及提案委、学习宣传委、文史委、经济建设委、教科文卫体委、民族联谊委工作简则。

二、政协北川县第四届常委会

第四届（1990 年 3 月至 1993 年 2 月）共举行 13 次常委会议。会议主要内容：传达、学习《中共中央关于加强党同人民群众联系决议》，杨汝岱在中共四川省委五届七次会议上的讲话，全国、省、市统战工作会议精神，省政协六届四次、五次全委会议精神，江泽民在庆祝中国共产党成立七十周年大会上的讲话，中共十三届七中、八中全会精神，邓小平南方谈话，省委〔1992〕16 号文件，市委统战、政协工作会议精神；协商、通过政协的有关决议，协商讨论、参与实施《北川县 1990—2000 年农业综合发展规划纲要》《茅坝新区开发》《禹里风景区开发》；省、市、县联合举办“全国羌文化理论研讨会”；协商决定组织机构和人事任免；听取朱树林、王荣顺、李安发、李承霜、李钟频等县委、政府领导的讲话和工作情况通报；对“两个文明”建设等重大事项讨论协商，提出意见和建议。

三、政协北川县第五届常委会

第五届（1993 年 2 月至 1997 年底）共举行 20 次常委会议。主要内容：传达、学习、贯彻中共十四大文件，重点学习了中共中央《关于建立社会主义市场经济体制若干问题的决定》《邓小平文选》第三卷、中共中央《关于加强社会主义精神文明建设若干重大问题的决议》、江泽民《关于讲政治》《努力建设高素质的干部队伍》《台湾问题与中国统一》白皮书、修改后的《中国人民政治协商会议章程》、中共四川省委〔1993〕36 号文件《关于进一步加强人民政协工作的决定》；讨论通过并由县委〔1995〕38 号文件批转《政协北川县委员会关于政治协商、民主监督、参政议政的实施意见》，制订秘书长、副秘书长工作规则，讨论、通过政协有关决议，协商决定组织机构和人事任免；听取王荣顺、李承霜、徐鲁川、杨学辉、李安发、王成贤、陈定全、李钟频、苏华友、杨应庆等县委、县政府领导的讲话和工作通报；对全县经济、社会及民族地区经济发展、脱贫致富奔小康等问题进行讨论、协商、提出意见和建议。

四、政协北川县第六届常委会

第六届（1998 年 1 月至 2002 年 1 月）共举行 26 次常委会议。主要内容：协商讨论《北川县旅游发展“十五”计划及 2010 年远景目标规划》，农业产业化、天然林禁伐、退耕还林、北川工业园建设规划、城镇职工医疗保险制度改革，《政协北川县提案工作条例》等，提出各类意见和建议 360 余条。

五、政协北川县第七届常委会

即政协北川羌族自治县一届（2003 年 1 月至 2007 年 1 月）共举行 23 次常委会议。主要内容：协商讨论提案办理、财政预算执行情况、旅游业发展、实施《中华人民共和国招投标法》、养老失业保险、蚕桑产业化发展、茶叶产业化、公共医疗卫生体系建设、禹羌文化的保护与传承、农民增收、贯彻《中华人民共和国劳动法》、实施最低生活保障制度、民营经济发展、农村义务教育、新农村规划启动、集镇规划建设、解决农村低保和贫困户住房困难等，并提出意见和建议。

六、政协北川羌族自治县二届常委会

第二届（2007 年 1 月至 2008 年 1 月）共举行 5 次常委会议。主要内容：专题协商县委《关于加强人民政协工作的意见》、县人大常委会报送的《北川羌族自治县非物质文化遗产保护条例（草案）》、县委组织部和县人事局关于《高层次人才引进暂行办法》《卸任科级干部管理暂行办法》；听取和评议县政府关于发展高山蔬菜、贯彻实施《中华人民共和国安全生产法》、发展职业技术教育、提案办理、财政预算执行情况的通报，并提出意见和建议。

第三章　主要工作

第一节　参政议政

县政协通过全委会、常委会、主席会、专题协商会、提案，履行政治协商、民主监督、参政议政职能。县政协主席、副主席应邀分别列席、参加县委常委会、县政府政务会、县长办公会、县人大常委会，就全县的大政方针、政策、"两个文明"建设、民主法制建设、改革开放、稳定、经济社会发展、重要人事任免，以及工业、农业、交通、能源、教育、科学、文化、体育、卫生、财税、金融等情况知情出力，提出意见和建议。

1988年11月，对国有治城林场甘溪工区、曲山镇杨柳坪村办林场进行考察，提出全县经济发展应走山、水、田、林、路综合发展道路的建议。

1989年9月，为苦竹坝电站工程立项、衔接资金出力，争取到省政协的支持，两次以省政协名义向省政府提出书面建议，促成此项工程于1989年度正式批准立项。

1990年，对茶叶生产、加工、销售情况进行调查，向县政府报送《关于充分发挥我县茶叶生产优势，争取三年内茶叶生产量增加一万担，收入增加400万元的报告》，推动了县内茶叶持续稳定发展。

1991年5月、12月，参与茅坝新区开发、禹里风景名胜区建设及全县蚕桑、茶叶、香菇发展等项目的规划论证。

1992年，对全县经济、社会发展中的重点项目进行专题调查、对口协商，先后提交有关调查报告17份，被政府及有关职能部门采纳。

1993年，贯彻中央、省、市、县治理"三乱"指示，对6个乡镇和部分乡镇企业、县属国有企业进行调查，向县政府送交《关于减轻我县农民负担的建议报告》《关于我县企业转换经营机制的调查与建议》。

1994年，召开主席会议12次、常委会4次、专题协商会议2次，对全县政治、经济、社会、人民群众生活中的热点、难点问题进行协商，提出意见和建议。

1995年，协商讨论《北川县国民经济和社会发展"九五"计划及2010年远景目标规划纲要》，报送《实施爱国主义教育纲要》《开发大禹故里》《保护文物》《建设实施爱国主义教育阵地——红军碑林的建议》等报告；对文化市场管理、"扫黄打非"、学校德育教育、反腐倡廉情况进行调查研究，向有关部门提出意见和建议。

1996年，对"严打""30万只白山羊工程""三五"普法、"实施初级卫生保健""普六""普九"、世行贷款建学校工程、法院审判方式改革等进行调查视察，提出意见建议。

1997年，重点调研协商关于公费医疗制度改革的实施方案、关于打击假冒伪劣产品的反欺诈工作情况、关于1997年基本解决农村贫困人口温饱问题、关于加强社会主义精神文明建设的情况。

1998—1999年，重点调研协商乡镇企业产权制度改革情况、“普六”“普九”工作进展情况、5万亩纸浆竹基地建设情况、粮油企业改革和职工分流安置情况、再就业工程和蚕桑产业化进展情况、卫生改革情况、关于发展个体私营经济的决定、关于加强公务接待管理制止奢侈浪费行为的规定。

2000年，重点调研协商“九五”计划和“十五”计划思路、预算外资金管理情况、县内“粮自工程”实施情况、2000年经济社会发展情况和2001年工作设想、关于学生负担情况。

2001年，重点调研协商农民增收情况、全县小集镇建设实施情况、乡镇对卫生投入情况、提案办理情况、民族政策贯彻落实情况。

2002年，重点调研协商绿色食品产业化实施情况、宗教活动及活动场所情况、国土耕地占补情况、提案办理情况、县政府2002年工作和2003年工作思路。

2003年，重点调研协商县委《关于进一步理顺工作运行秩序、规范工作行为的若干规定》、政法队伍集中教育整顿情况。

2004年，对《北川羌族自治县自治条例》修改稿进行专题协商，提出意见和建议。

2005年，重点调研协商乡镇党政主要负责人人事任免、招商引资、重大项目、重点建设、《十一五规划》等。

2006年，重点调研协商农村义务教育经费保障机制改革实施、集镇规划及建设、农村低保及解决贫困户住房问题、建设社会主义新农村规划及启动工作、提案办理、财政预算执行情况，以及县法院关于执行工作、县公安局关于社会治安工作、县卫生局关于医疗费用及乡镇卫生院工作、县农行关于业务扩大后如何方便顾客情况、县水务局关于解决农村饮水安全问题、县妇儿工委办公室关于“两纲”实施情况等。

2007年，重点调研协商县政府工作报告、非物质文化遗产保护、干部管理、安全生产、职业技术教育、财政预算执行、高山蔬菜发展、提案办理、社会保险体制建设、山区基本公共服务、农民增收、“五五普法”、残疾人工作、新村扶贫、农村饮用水安全、北川中学建设与发展、会计统派等。

第二节　组织学习

县政协在县城及通口、香泉、小坝、坝底、禹里、漩坪、陈家坝、擂鼓镇等较大的9个乡镇建有由政协委员和各族各界人士组成的学习组，成员共三四百人。各学习组定期组织学习爱国统一战线的理论、方针、政策，学习全国政协会议文件、时事政策，通报地方经济和社会事业发展情况，听取情况反映，了解社情民意，帮助解决学习生活中的困难和问题。

第三节　提案办理

县政协十分重视提案工作，要求委员平时多作调查研究，深入基层，从群众中发现、掌握热点难点问题，组织委员听取党委、政府工作情况通报；召开全委会两个月前，向委员发出撰写提案的通知，提出具体要求，附上提案表，要求委员开会前写好提案。全委会期间，组织委员列席人代会，在学习讨论的基础上，将发现的重大事项写成提案。

各年度政协委员的提案内容十分广泛。涉及县内政治、经济、文化、社会事业和人民生活的各个方面。第三届委员提案中，工、交、农、林、水和畜牧养殖方面的提案占18.2%，教、卫、文、体方面的占37.4%，工商财税方面的占9.3%，有关城镇建设的占9.2%，有关统一战线、民族宗教方面的占 3.1%，有关人民生活的占 8.0%，有关法制、治安的占 3.7%，其他方面占 11.1%。第四届政协委员的提案中，关于经济建设方面的占 36.1%，关于教、文、卫、科技方面的占 28.3%，关于法制和城镇建设方面的占 14.3%，关于社会治安、人民生活、廉政建设、劳动人事方面的占 21.3%。第五届政协委员的提案中，关于经济建设方面的占 32.1%，关于教、文、卫、科技、广播电视方面的占 33.9%，关于城镇建设方面的占 9%，关于人民生活、法建治安方面的占 11.8%，关于廉政建设及其他方面的占 4.8%。第六届政协收到提案 361 件，立案 336 件，提出提案委员 596 人次。北川羌族自治县第一届政协收到提案 315 件，立案 298 件，列为意见反映 17 件，提出提案委员 702 人次。北川羌族自治县第二届政协一次会议期间（2007 年 1 月至 2008 年 1 月）收到提案 102 件，立案 99 件，列为意见反映 3 件。

县政协提案委员会根据《全国政协提案工作条例》的规定，对收到的提案进行认真审查、立案、归纳整理后，按照分级负责、归口办理的原则，分别送交县委、县政府有关职能部门，并追踪调查办理情况。第四届县政协建立向县委办、县政府办集中交办提案的制度；1996 年 1 月，第五届县政协制定《提案工作办法》；1997 年 9 月，县政府制定《人大代表议案和政协委员提案办理工作办法》，使提案工作进一步制度化、规范化。1998 年共收到提案 80 件，审查确定作为委员提案送承办单位办理的 78 件，作为委员意见送有关单位参考办理的 2 件，当年 10 月 7 日前全部办理完毕。2006 年县政协一届四次会议共收到委员提案 56 件，其中团体提案 2 件，联名提案 26 件，个人提案 28 件，提出提案的委员 158 人次，经审查立案 53 件，列为意见反映的 3 件，分别由 19 个单位承办，于 2006 年 8 月初全部办理完毕。提案意见、建议被采纳、问题得到解决落实的 31 件，占 55.3%；列入计划逐步解决的 16 件，占 28.6%；做出解释说明的 9 件，占 16%；委员对提案办理表示满意或基本满意的 55 件，占 98.2%，有一件回复委员不满意，县政协立即责成承办单位进行重新办理。第六届政协、北川羌族自治县第一届政协提案办复率均为 100%，满意和基本满意率 97.5%。北川羌族自治县第二届政协一次会议期间（2007 年 1 月至 2008 年 1 月）所收提案的办复率 100%，满意和比较满意率 98%。

除以提案反映情况，建言献策，县政协还收集群众所反映的重要问题和建议，写成“社情民意”提交党委、政府，供决策参考。

第四节　视察调研

县政协围绕全县中心工作、经济社会发展大事、人民群众关心关注的重点热点问题开展视察和调研，提出意见建议，为县委、县政府决策提供依据。各年度视察、调研课题简录：

1988 年，电力供需、教育体制改革、《中华人民共和国义务教育法》的执行及防病治病情况。

1989 年，化肥及农资供应、公路建设情况。

1990 年，乡卫生院工作现状、计划生育政策执行落实情况及县水泥厂、县煤矿、县造纸厂等企业现状。

1991 年，茶叶生产、蚕桑发展、荞麦开发、生猪生产、公路养护、计划生育绝育术、13 种重要生活消费品市场管理情况。

1992 年，县煤矿、擂鼓水泥厂、县酒厂现状，北川中学、黄江中学、曲山镇小学、漩坪小学、陈家坝小学等中小学状况。

1994 年，商供、财贸、交通、公路、农业生产、经济、乡镇企业、重点项目建设情况。

1995 年，县木综厂、擂鼓镇页岩砖厂推行股份制，小坝乡白花村农业综合开发、8 个民族乡职能运作情况，以及交通重点工程邓通公路建设情况。

1996 年，陈家坝乡、桂溪乡、白坭乡农村经济发展情况，实施初级卫生保健、“普六”“普九”、县属医院医风医德、文化市场管理情况，县属企业工会履行职能维护职工合法权益、世界银行贷款造林、林业执法、林业资源综合开发情况。

1997 年，场镇加强市场管理、行政执法、综合整治市场经济秩序情况。

1998—1999 年，“两基”工作、企业产权制度改革、农业结构调整、旅游资源开发、民营企业经营发展、蚕桑发展、卫生改革、民族乡经济社会发展、下岗职工再就业和待业人员就业情况等。

2001 年，小集镇建设与发展、乡镇企业发展、农民增收、卫生投入、民族政策落实情况。

2002 年，曼地亚红豆杉育苗基地建设、宗教工作和宗教场所管理、绿色食品产业化、羌族风情旅游开发情况。

2003 年，全县旅游业发展、蚕桑产业化、企事业单位职工养老保险和失业保险、贯彻《中华人民共和国招投标法》、委员提案办理、桃龙乡利用农耕熟地人工栽培黄连示范、漩坪乡羌山兔业协会“双服务”情况。

2004 年，贯彻实施中央 1 号文件精神切实增加农民收入、《中华人民共和国劳动法》实施及社会保障体系建设、农村畜禽防疫体系建设、民营经济发展软环境、招商引资、旅游业发展、禹羌民俗文化的挖掘和基础设施建设等情况。

2006 年，农村义务教育经费保障机制改革、推进社会主义新农村建设、垃圾处理场建设、石材开发、猿王洞景区建设等。

2007 年，农民增收、山区基本公共服务、社会保障体制建设情况等。

第五节　文史资料征集

1988—1999 年，政协北川县文史委员会先后征集、编印、出版、发行《北川县文史资料选辑》第 5～12 集，收录文章 240 多篇、100 余万字；整理、出版《北川羌族史略》《羌族民间长诗选》《晚情诗集》（王朝义撰写）《红军在北川》等 4 个专辑、64 万字；与有关单位联合编写出版《禹生北川》《禹里名胜壮古今》《大禹故里——北川》等专辑、25 万字。选辑、专辑在省内 40 余个市、县（区）政协交流，并赠送北京、浙江、河南、云南等省、市社科院、研究所、图书馆，四川联合大学等部分高校图书馆以及省内外有关领导、专家和学者。

2000 年后，文史工作以发掘、保护、弘扬地方特色文化为重点，努力为全县经济社会发展服务。先后编写出版《北川羌族》《北川县政区演变与羌族的人口分布》《北川羌族简明读本》等介绍北川羌族历史文化的书籍，为争取建立自治县和弘扬民族文化发挥了重要作用；还协助县政府筹办大禹研究会学术交流会，编辑出版《海峡两岸大禹文化研究论文集》《禹羌文化研讨文集》《禹生石纽在北川》等论文集和资料集，大力宣传大禹文化。此外，还充分利用对县情的认识和了解，编写《北川县情概览》和争取建立自治县的部分文字资料，参与制订北川旅游发展总体规划。

2004 年后，文史工作开辟新的渠道，与县广电局、旅游局一起拍摄宣传北川民族风情、大禹文化、自然风光的电视专题片 39 集，其中红军文化 21 集、民族文化 6 集、旅游 5 集、民俗 7 集，为促进县内旅游业的发展，加大对外宣传，发挥了积极作用。

2007 年，承编《中国少数民族自治地方概况丛书·北川概况》。

第九篇

人民团体

第一章 工会

第一节 机构

一、总工会

1988 年北川县总工会有行政人员 5 人、事业编制人员 3 人。1997 年，定编 5 人，实有 4 人，其中行政、事业编制人员各 2 人。2007 年，下设办公室一个，行政编制 3 人，领导编制 3 人。

二、基层工会

1988 年年初，全县有基层工会 137 个，会员 5074 人；各基层工会共配备兼职女工会委员 148 名。1990 年，工会组织发展到 147 个，会员 6376 人。1993 年 3 月起，调整建制后的 16 个乡镇机关均按《中国工会章程》的要求建立工会组织，新增会员近 600 人。1994—1996 年，11 家企业建立工会组织，发展会员 549 人。1996 年基层工会发展到 160 个，会员 7000 余人。1998 年，坚持“哪里有职工，哪里就必须建立工会组织”的指导思想，结合县内实际，有计划有步骤地推进企事业单位建立工会组织。1999 年，新建信用联社、万达建设有限公司工会，健全县林场工会，完善 18 个基层工会组织；成立卫生系统工会工作委员会，开始在乡镇中心卫生院以上医疗单位建立工会组织。2000 年，根据省、市“关于进一步加强新经济组织工会工作意见”精神，把新建企业工会工作作为大事来抓。全年共新建工会 45 个，其中私营、乡镇集体企业 20 个，乡镇机关 16 个，卫生系统 9 个。2001 年，重点抓基层工会的巩固、健全和发展工作。全年改造基层工会组织 6 个，培训工会干部 160 人次，在新建企业组建工会组织 7 个，新经济组织工会累计达 58 个。2002 年，新建企业工会建制率和职工入会率达到规定比例，改制企业工会组建率达到 100%；分别建立教育、卫生工会和乡镇工会工作委员会。2003 年，在全县开展“合格职工之家、先进职工之家”创建活动，各基层工会普遍开展“建家”自查和创建申报工作。2005 年，在基层工会推行工会主席直选试点工作；在全县开展社区建工会试点工作，有条件的曲山镇回龙、茅坝和擂鼓镇共 3 个社区建立社区工会。

2006 年，建立县、乡镇、村三级组织网络，扩大党的阶级基础。3 月，召开全县工会工作会议，与 20 个乡镇签订村级工会组织建设责任书；7 月，召开全县村级工会组织建设专题会议。年内全县新建工会组织 29 个，新增会员 1148 人；建立村工会 93 个，发展农民工会员 6672 人。先后投入资金 5.2 万余元在全县 20 个乡镇工会和有条件的村工会开展规范化建设。2007 年，巩固和完善“县－乡－村”三级工会组织网络，共新建企业工会组织 7 个，加大对农民工入会和会员证办理工作，全年共为农民工发放和办理工会会员证 2000 多本。

第二节　历次县工会代表大会

县工会第五次代表大会于1990年10月在县委礼堂召开，出席会议代表169人。与会代表听取县工会第四届委员会工作报告，审议通过有关决议，选举产生县工会五届委员会和经审委员会。县工会五届一次全委会选举邹贤明为主席。县工会第六次代表大会于1996年11月在县委礼堂召开，163名代表出席。会议听取县工会第五届委员会工作报告、工会财务工作报告、经审工作报告，采用差额选举办法，选出县工会第六届委员会委员21名、经审委员会委员5名。县工会六届一次全委会选举左上荣为主席。2001年，完成县总工会换届选举工作，选举产生县工会第七届委员会及经费审查委员会。2003年7月后改称北川羌族自治县工会第一届委员会。2006年12月，召开北川羌族自治县工会第二次代表大会，150名工会代表参加。大会听取和审议县工会工作报告、财务工作报告和经费审查委员会工作报告，选举产生自治县工会第二届委员会和经费审查委员会。自治县工会二届一次全委会选举张映芳为主席。

第三节　工会工作

一、劳动竞赛

1988年后，县总工会于每年“五一”国际劳动节通过表彰先进基层工会和工会先进工作者，推动全县社会主义劳动竞赛。

1992年后，根据不同行业特点，开展以“创先争优”“优质服务”“教书育人”“奉献在九五”为主要内容的社会主义劳动竞赛。

1998年，通过评选劳模、树立典型、宣传事迹，引导职工奋发进取。

2000年，开展绵阳市第四届十万职工技术大比武竞赛活动，各级工会组织职工开展学技术、比进步，促发展、比贡献，干实事、比效益和提合理化建议的建功立业活动。

2001年，组织职工开展群众性经济创新工程和岗位练兵技术比武活动，组织3家企业参加全国“安康杯”竞赛活动。

2002年，组织职工参加以争当“创新能手”为主题的技术创新活动，参与率达90%；组织企业职工开展以“争先进，创一流，当主人，做贡献”为主题的多种形式的劳动竞赛活动，参赛职工达3135人次；1720名女职工参加争当经济建设“双文明标兵”活动，占全县女职工总数的91.2%；组织开展岗位练兵、技术比武和技术培训，参加职工占企业职工总数的88%。

2006年，夏禹电力、巴蜀水电开发公司开展电气及线路维护、远程供电技能竞赛，县医院开展紧急救护、临床应用技能比武，曲山小学、北川中学、擂鼓镇小学等学校开展课程教学、普通话演讲比武活动，提高职工的劳动工作技能。

2007年，以“创先争优”活动为载体，组织全县广大职工开展“当好主力军，建功.十一五.，和谐奔小康”建功立业竞赛活动。全年参加各种技能培训2763人次、技术培训（讲座）1426人次、劳动技能竞赛828人次、技术比武315人次，全县参加节能减排活动企业9个，提合理化建议11条，实现经济价值277万余元。

二、职工权益维护

20世纪90年代，随着用工制度的改革，按照全国总工会的要求，在企业大力推进工会代表职工与企业法人平等协商签订集体合同，依法保障职工的权益。

1990年，制发《关于维护职工民主权利，切实保障职工合法利益的意见》，配合有关部门不定期地检查各企业的贯彻执行情况。

1997年，针对一些企业领导不顾企业亏损，讲排场、大吃大喝等现象，在全县7个企业中开展职工民主管理企业和民主监督企业领导的工作。

1998年企业经营机制转换后，企业利益与职工利益联系更加紧密，职工的民主管理、民主监督意识进一步增强。企业职工通过召开职代会、民主评议企业领导干部等方式行使民主监督权。1999年4月，县工会、县纪委、组织部、监察局、计经委、贸易局等联合发文，就推行厂务公开，加强民主监督、民主管理的意义、内容、形式和程序、措施、组织领导等提出要求。县总工会先后与金焰煤业、佛泉茶业等企业联系开展试点工作，并在全县推开。

2000年，发挥职代会的职能作用，探索不同所有制、不同经营方式企业职工民主管理新形式。在改制企业中，工会干部分别进入监事会和董事会，履行民主管理和监督职能；国有企业推行厂务公开制度；事业单位推行校务、院务公开制度。基层民主法制建设得到加强。

2002年，推行厂（事）务公开，国有、集体及控股企业中实行厂务公开的达90%，文教、卫生等事业单位达95%。大力推行集体合同制度，逐步建立工资集体协商机制。加强劳动保护工作，县总工会配合有关部门开展劳动保护执法检查3次，查处各类违规事件16起，参与劳动仲裁案件10件，各级工会配合调解各类劳动争议31件次。

2003年，建立健全劳动争议调解机构和法律援助中心。县总工会参与处理仲裁案件9件，接待有关劳动争议来信来访26人次，纠纷办结率达100%。

2004年，配合有关职能部门开展劳动保护执法检查和安全生产检查8次，查处各类违反《中华人民共和国劳动法》和劳动保护条例事件11起，参与劳动事故处理8起。全县机关事业单位全部建立政务、事务公开制度，股份制企业均建立职工（代表）大会制度。进一步规范签订集体合同平等协商的程序和要求，劳动关系三方协商机制稳步推进。

2006年，在全县企事业单位职工中开展“职工维权大行动”；开展为农民工赠送维权电话卡活动，为漩坪、陈家坝乡在外务工的农民工开展维权救助。山西左云“5·18”特大矿难发生后，参与协调本县两名遇难民工的善后协调处理，最大限度地保护遇难民工和家属的利益。贯彻落实国家劳动保护、安全生产等法律法规和政策，在煤矿、建材、交通运输等生产企业配备群众安全监督员、工会劳动保护监督检查员。

2007年，先后为30余名农民工提供法律援助，参加农民工工资清欠活动4次，帮助追回工资70万元；在曲山镇、擂鼓镇、通口镇、小坝乡、禹里乡、桂溪乡、青片乡等7个职工相对集中的乡镇建立区域劳动争议调解组织；对各生产企业、事业单位执行女职工“四期”保护情况进行重点检查，开展女职工健康教育，妇女病健康检查。

三、“送温暖”活动

县总工会广泛发动职工群众，开展以给特困企业生活困难的职工“献爱心、送温暖”为主题的捐款活动。

1988—1996年，全县共组织“送温暖”工程款17万余元，解决部分职工的生活困难。此后，“送温暖、献爱心”工作进入经常化、制度化、社会化轨道。

2000年，争取协调财政补助资金3.5万元，企业自筹2.5万元，共慰问5个系统20余家企业170户约500名特困职工。

2001年，建立健全县解困领导小组和县级领导联系困难职工制度，四大班子的领导分别联系1

个困难企业、1～2户困难职工。是年，筹集“送温暖”资金15万元，慰问救助41个企业243户768名困难职工。

2002年，筹集“送温暖”资金17.2万元，累计走访困难企业53个，慰问困难职工家庭364户1119人。

2004年元旦、春节期间，共筹集资金18.4万元，慰问困难职工家庭311户，涉及职工人口1130人；协助、配合民政部门做好困难职工最低生活保障工作，将全县符合条件的困难职工纳入最低生活保障范畴，基本做到应保尽保。

2005年，成立困难职工帮扶中心，落实工作人员和启动资金。

2007年，共筹集“送温暖”资金18万余元，慰问困难企业两户，慰问困难职工680余人次。开展“金秋助学”活动，为16名困难大学新生资助助学金33000元，为27名困难中学生、10名小学生实施救助，救助金额16500元；开展“工会惠民——金秋助学”活动，为23名家庭困难的高中一、二年级学生发放助学资金12000元。组织开展女职工大病保险，全县参加女职工大病保险703人，参加职工住院医疗互助保险342人。建立县总工会困难职工帮扶中心困难职工档案和资料数据库，对困难职工的详细情况进行网络录入管理，428名困难职工档案进入全国工会帮扶系统。

四、再就业工程

1998年后，针对全县企业改制后下岗失业职工不断增多、社会不安定因素日渐增加的情况，充分发挥工会组织的桥梁纽带作用，对思想矛盾特别大的职工及时给予疏导，化解矛盾，避免酿成事端；同时组织培训下岗职工，帮助下岗职工实现再就业。

2000年，组织下岗职工参加市总工会举办的农业开发现场会，为下岗职工提供农业开发资金、项目、产品宣传、广告等服务；选送下岗女工参加市总工会组织的美容美发培训，帮助下岗职工树立正确的就业观。

2001年，利用“三八”“五一”等节日宣传，介绍下岗失业职工再就业先进典型，组织下岗失业职工到农业开发基地参观、学习，引导下岗失业职工走自谋职业之路。各级工会共培训下岗失业职工210人次。

2002年，全县522名下岗职工有356人实现再就业，再就业率达到68%。2004年，培训下岗职工、失业人员212人次，帮助364名下岗失业人员实现再就业，为508名下岗失业职工落实再就业优惠政策，为162名下岗失业职工办理发放小额贷款282.5万元。

2005年，培训下岗职工失业职工383人次，开展“劳务扶贫”培训，培训人员300余人。2006年，继续做好下岗失业职工再就业工作，与有关部门一道培训下岗失业人员424人，培训农民工1.9万人次。

2007年，与相关部门在曲山镇、擂鼓镇开展下岗失业人员再就业、创业培训，培训人员达404人；开展农民工技能及法律法规知识培训，共培训农民工2880人次；在农民工相对集中的曲山镇、禹里乡建立农民工技术培训学校，培训农民工254人次。

第二章　共青团北川县委

第一节　团组织建设

1988 年，团县委机关人员编制 5 人，在岗 6 人。是年 12 月，成立县青年科技辅导员协会，指导中小学开展以科技为中心的第二课堂活动。2007 年，在岗 3 人。历届团县委紧紧围绕党政工作中心，积极推进共青团跨世纪青年文明工程和人才程的实施，指导开展少先队工作。

1988 年，北川在全市率先落实省委组织部文件精神，各级团委书记按同级党委（行政）职能部门或下一级党政组织正副职的条件配备。1989 年，颁发团员证。自此，全县开始实行团员证制度。经 1989 年、1995 年、1996 年三次整团，基层团组织不断壮大。至 1997 年，全县共有团委 20 个，团总支 32 个，团支部 408 个，团员 7185 名。2005 年，大力推荐农村优秀团员作为党的发展对象，把深化农村改革、发展农村经济、带头致富和带领群众共同致富的团支部书记、村社干部、农村产业化带头人、农村青年科技星火带头人、外出务工返乡优秀青年、农村青年经纪人，以及在扶贫帮困和移风易俗等方面做出突出成绩的优秀团员作为培养和推荐的重点对象，全县共推荐 53 名优秀青年作为党组织发展对象。同时在县委党校联合开办两期“青年干部培训班”、新任村团支部书记培训班，对全县的团干部进行系统培训。开展“举团旗、戴团徽、唱团歌”活动，建立健全团队日制度；严格执行团费收缴制度，把团费收缴情况作为考核团组织的重要指标。加强对全县团员青年，特别是流动团员的管理，强化外出务工青年服务力度，提高返乡青年创业能力。切实加强社区团建工作，年内全县社区建团率达 80%。2006 年，加强团组织思想作风建设。在全县团员青年中开展“学周边找差距，析原因找措施，推进北川新跨越”大讨论。坚持“党建带团建”的原则，采取“公推直选”或“公推竞选”的团干部选拔方式，开展乡镇团委换届工作。加强对流动团员的管理，采取措施吸引流动团员到社区报到登记，各级团组织共新吸纳 223 名流动团员登记入户。加大基层团干部培训工作力度，对各乡镇团委书记、农村团支部书记和部分事业单位团支部书记共 63 人进行培训，组织 8 名团干部参加绵阳市团干培训班。2007 年，开展县第二届青年群英评选活动，共评选出杰出青年、岗位能手、增收致富带头人、青年卫士、科技创新带头人、优秀团干部 60 名；新发展非公有制企业团支部 2 个。

第二节　共青团工作

一、青少年思想教育

团县委每年除组织团员青年开展学雷锋、树新风暨青年志愿者服务活动外，另结合实际开展丰富多彩的学习宣传活动。

1998年，青少年思想教育以学习邓小平理论活动为重点，同时按照“三五”普法要求，开展《中华人民共和国未成年人保护法》《中华人民共和国预防未成年人犯罪法》学习宣传活动。

1999年12月，主办青少年教育工作报告会，邀请省关心下一代工作委员会秘书长卜永秀为县城地区1000多名学生家长举办家庭教育讲座；评选表彰10名好家长。

2000年，采取学原文、看电视、参加团课学习等形式，组织青少年学习邓小平理论和“三个代表”重要思想，坚定政治信念。

2002年，开展公民道德知识演讲比赛，提高广大青年团员的思想道德素质。

2003年，组织学雷锋先进事迹报告会，开展街头宣传、“羌乡团旗飘”征文、知识竞赛、演讲等活动，开展青少年新世纪读书活动，组织县城地区千余名师生开展“爱护卫生环境，拾白色垃圾”主题活动，各中小学举办革命先烈先进事迹报告会。

2004年，围绕“民族精神代代传”主题，各中小学牵头组织清明祭扫、参观爱国主义教育基地活动；组织街头“青少年远离毒品”宣传活动，开展“消防杯”有奖征文、交通法律法规知识竞赛、“国土资源杯”演讲比赛。

2005年，开展增强共青团员意识主题教育活动，层层举办“学理论知团情”党团知识竞赛，突出学习实践“三个代表”重要思想的主线和“永远跟党走”的主题；以纪念抗日战争胜利60周年、红军长征70周年为契机，组织全县各级团组织开以培养爱国情感和传承中华民族美德为重点的体验教育活动。

2006年，在全县农村青少年中开展以“崇尚科学、关爱家庭、珍惜生命、反对邪教”为主题的反邪教警示教育活动；全县各中小学校利用周前集会、“学雷锋树新风”黑板报、“红领巾广播电台”对中小学生进行公民道德宣传教育活动。全县22个团委、109所学校（包括村小、职业中学）以团支部、少先队中队为单位，采取召开座谈会、讨论会、演讲比赛、征文比赛的形式，全面开展社会主义荣辱观教育。

2007年，在全县各级团组织开展“一路忠诚跟党走”和“加强社会主义荣辱观教育”主题教育。全县各中小学校利用周前集会、“学雷锋树新风”黑板报、“红领巾广播电台”进行公民道德宣传教育，学习《公民道德建设实施纲要》，开展知识竞赛、演讲比赛等多种教育体验活动。

二、实施“希望工程”

1992年，北川被列为希望工程受益县，6月，县委成立希望工程实施领导小组，在团县委设办公室负责日常工作。是年在县内党团员中广泛开展募捐活动，由于成效卓著，成为全省、全国希望工程工作表率之一。市县四大班子的所有成员均参与北川希望工程活动，并各资助北川失学儿童1～2名。至1997年年底，县内1492名小学生受到希望工程基金救助，其中“1+1”零星救助1017名，受助学生中有1079名完成小学学业，19名完成初中学业，1名完成大学学业。中国青基会及省青基会等以希望工程名义直接捐建学校4所，捐希望书库5个、“手拉手”书库43个，累计组织捐款捐物230多万元。

1998年，约请绵阳电视台拍摄希望工程电视专题片，在市县播出后，社会各界反响强烈，县内绝大多数失学儿童得到资助。是年除省上安排救助的510名学生外，团县委联系助学100名，合计助学金8万余元。

1999年，争取四川省青基会、希望工程办公室划拨的贫困学生助学金4万元，救助小学生630多名、中学生20名、大学生1名；汉龙集团捐款52万元修建曲山镇邓家希望小学；常州第七次捐款，为全县小学订阅2000年队报600份。团市委、89950部队、中国平安保险公司、飞利浦消费通讯、樊华集团、太安铝材集团、成都十八中、市青年摄影协会、市无线电管委会以及涪城区团委等为县内禹里、小坝、青片、桂溪、陈家坝、曲山、通口等乡镇学校赠送体育器材、学生电脑、卫星地面接收器、书本、文具、衣物等价值8万元。

2000年，为287名学生发放希望工程助学金2.9万元，选送2名品学兼优学生到成都嘉好实验中学免费就读。“六一”期间，89950部队为小坝、禹里、永庆、青片等小学校捐赠电脑14台。春节前夕，89955部队为茅坝小学捐款5000元；江苏常州郊区教文体局为全县中小学校订阅少先队报800份，计2.7万元，并捐款5000元为甘溪小学购课桌。

2001年，共为389名学生发放希望工程助学金2万元；县委书记刘文榜捐资2500元资助5名贫困大学生；63820及所属部队在“六一”前夕分别赴小坝、通口、青片、禹里等乡镇开展慰问活动，共送钱物4万元，资助贫困学生50余名；盐亭县信用联社资助县内11名贫困学生。团县委分别为身患重病学生段丽华、失去双亲的高三学生李鲲和李鹏发出救助倡议，共募资8万元。市中心医院16名青年自愿者到开坪乡小园小学开展扶贫支教活动，为小园小学赠送价值万元的物品。

2002年，为289名学生发放希望工程助学金1.6万元。

2004年，是全县希望工程成效显著的一年。全年累计受资助金额82万元，其中中国科学院捐资22万元修建任家坪小学教学楼，团市委捐资1万元修建禹穴沟小学希望桥，中国科学院向全县中小学生捐赠价值50万元的书籍，安利公司向香泉小学捐赠价值5000元的课桌椅。接收来自社会各界捐赠资金38.6万元，资助全县中小学生555名，其中梁高先生捐资7.5万元继续资助县内242名中小学生，“明德奖学金”捐资2.8万元资助92名学生，中国科学院青年捐资20万元资助100名学生，安利绵阳店铺捐资1.5万元结对扶助香泉小学75名学生，县委领导捐资3300元结对资助3名学生，绵阳九院党（团）支部捐资3000元资助擂鼓小学6名学生，成都、绵阳车友俱乐部捐资6000元结对扶助马槽、青片小学20名学生，成都信息工程学院龙泉驿区计算机系捐资300元结对资助禹穴小学1名学生，省工商联捐资2100元结对资助3名学生，上级团委和社会各界捐资5.4万元资助13名贫困大学新生完成学业。

2005年，全县受资助学生共231人，资助金额7.8万元，其中结对救助小学生119人。

2006年，全县共救助贫困学生362名，其中小学生297名，中学生50名，大学生20名，资助金额15万余元。与纪委、组织部、宣传部等部门联合开展“春蕾计划”“希望工程”“科技下乡”“六一慰问”“扶贫支教”等活动，为农村贫困家庭子女、城市下岗职工困难家庭子女和残疾儿童办实事、做好事，共捐物3520件、捐款6476元。

2007年，开展“爱心圆梦·希望永恒”为困难大学生募捐活动，共筹集捐款196699元，资助学生160余名；资助农村留守儿童、贫困学生170余人，金额12万余元。新建外白明德小学、华润雪花墩上小学、国家爱心电网白什小学等3所希望小学。全县有留守儿童9200余人，建立留守儿童之家12所，教师与留守儿童采取一对一或一对几的帮扶教育。

三、农村青年人才培养

1998—1999年，全县各级团组织以青年星火培训基地、党校、团校为依托，围绕农业六个产业化等县域经济重点项目，先后举办实用技术培训班10期，培养青年科技星火带头人300余名，受益群众1000多人。2000—2001年，北川连续3年被团省委评为“农村青年脱贫致富奔小康竞赛活动成效显著县”。2002年，各级团组织自办、联办农技培训61场，培训2000余人次，全县涌现出青年星火计划带头人210余人。组织发放共青扶贫贷款3万元，支持擂鼓镇和小坝乡农村青年领办科技项目，建科技示范基地，取得良好的经济效益和社会效益。2004年，继续在全县开展“共青团科技示范村”试点活动，农村团的工作以“农村青年增收成才行动”为重点，培养出一批立足农村、掌握2～3门种植养殖技术的实用技术人才，成为乡村经济发展的主力军。此后，每年均联合相关部门做好青年农民科技培训。

四、争先创优活动

1995年，团县委在金融、税务系统及县骨干企业开展以倡导职业文明为核心，以行业管理规范为标准，以科学管理为手段，以岗位文明、岗位技能、岗位效益为重点，以先进典型为导向的群众性劳动竞赛——“青年文明号”创建活动，25家获县级“青年文明号”称号。1997年，在卫生、交通、邮电、公安等系统相继开展。是年底，建成2个省级、6个市级、23个县级“优秀青年文明号”，涌现出百名青年岗位能手。2000年以后，坚持开展机关、企事业“争创青年文明号”和“青年岗位能手”活动。2003年，开展“诚信我先行——青年文明号信用建设示范行动”，动员团员青年在各条战线上争先创优。2004年，开展青工技能培训、练兵比武。2005年，继续推进“优秀青年文明号”创建活动。2007年底，全县有市级青年文明号14个，县级青年文明号97个。

五、学校青少年工作

1988—1997年，县内少先队工作主要开展以“三热爱”为主要内容的共产主义基础知识教育和学科学、用科学的科普教育，协助开展脱贫、扫盲、普九等助学工作；将教育内容融合在“学赖宁，争做党的好孩子”、科技“三小”（小发明、小论文、小制作）、做“熊猫小卫士”“手拉手，心连心”“希望工程助学”等活动之中，取得显著成效。1998年，大力推进素质教育，开展保护未成年人权益、保护母亲河等街头宣传活动。

2000年，开展《中华人民共和国预防未成年人犯罪法》《中华人民共和国未成年人保护法》宣传，维护青少年合法权益。

2001年6月，在曲山小学举办“儿童论坛”，架起沟通老师、学生、家长的桥梁。

2003年，成立关心下一代工作委员会和未成年人保护委员会，与县委政法委联合成立“青少年维权岗”创建领导小组，完善实施办法，是年新设“青少年维权岗”4个。在全县开展“远离毒品，关注未来”禁毒宣传主题教育活动。

2004年，配合有关部门对学校周边环境和全县的网吧进行清理，开展校园“绿色网络教室”的创建工作。

2005年，开通青少年维权和心理咨询服务热线，建立为青少年提供维权及心理咨询的工作制度，并提供相关咨询服务；对校园周边的书报亭、音像店、小卖部、游乐设施，以及重点书店、音像市场、网吧、私营企业进行检查；在街头开展现场图片展示，发放维权联系卡、涉及未成年人保护和预防未成年人犯罪等方面的法律书籍、宣传单，接受群众现场咨询；组织各中小学校开展青少年法制宣传教育，增强青少年的法律意识。

2006年，开展留守儿童“关爱行动”活动，对贫困家庭留守儿童进行结对帮扶，开展留守学生之家建设。全面实施“为了明天—预防青少年违法犯罪工程”，创建“平安和谐社区”“未成年人零犯罪社区”，针对有不良行为和轻微违法犯罪行为的青少年，组织社区志愿者开展“一对一”“多对一”形式的帮教服务。继续推进“校园净化工程”，在中小学生中广泛开展“远离不良文化”活动，引导学生不买、不看、不传有害青少年身心健康的“口袋书”，不传、不唱“粗口歌”，不使用侵权盗版读物，自觉上缴不良文化产品。取缔中小学校周围200米以内的网吧、歌舞厅和电子游戏经营场所，铲除校园周边的“黄、赌、毒”等丑恶现象。

2007年，组织全县副科级以上领导学习《中华人民共和国未成年人保护法》，将青少年维权工作纳入政府目标考核体系。开展青少年维权月活动，加强青少年维权岗建设，县检察院列为市级青少年维权岗。

第三章　县妇女联合会

第一节　组织机构

1988 年，除县妇联外，5 区 2 镇 29 乡均设有妇联，全县有专职妇女干部 41 人；278 个村和 9 个居委会建有妇代会，有村、街道妇代会主任 287 人。1993 年乡镇建制调整后，全县 16 个乡镇相继召开妇女代表大会，选举产生乡镇妇联领导班子，各乡镇配备妇联主任 1 名。1997 年，县妇联有干部 4 人、乡镇妇联有干部 16 人。此后，各级妇女组织机构设置变化不大。

妇女代表大会

1987—2007 年，共召开 5 次全县妇女代表大会。

北川县第七次妇女代表大会于 1987 年 9 月召开，到会代表 176 人，选举蒋忠琼为主任。

北川县第八次妇女代表大会于 1992 年 11 月召开，到会体表 184 人，选举胡姝明为主任。

北川县第九次妇女代表大会于 1997 年 10 月召开，到会代表 115 人，大会选举胡姝明为主席。

北川县第十次妇女代表大会于 2002 年 12 月召开，出席大会代表 139 人，选举产生新一届执行委员会委员。（2003 年自治县成立后改称北川羌族自治县妇联第一届执委会）

北川羌族自治县第二次妇女代表大会于 2006 年 12 月召开，出席大会代表 124 人，选举产生县妇联第二届执委会。

第二节　主要活动

一、学习教育活动

1988 年，组织妇女学习党的十三大精神，对广大妇女进行社会主义初级阶段基本理论教育。

1989 年，组织妇女学习贯彻党的十三届三中全会精神，与县广播电视局联办“妇女之窗”专题节目 36 期。

1990 年，配合县委党校、县委组织部举办妇干培训班，培训基层妇女干部。

1994 年，配合县总工会对 65 名女工干部进行培训。

1995 年，组织妇女干部学习《中国妇女发展纲要》，宣传教育面达到 85%；组织妇女参加做“四有”新女性和“四自”带头人、争创“三八”红旗手和“五好”家庭的活动。

1998—1999 年，采取广播讲座、专栏、板报等形式学习贯彻中国妇女“八大”、省妇女“九大”会议精神，教育妇女发扬“自尊、自信、自立、自强”精神，面向市场，奋力拼搏，为社会主义现代化建设事业作出贡献。

2000 年，组织学习科学实用技术和妇女保健知识，从整体上提高妇女素质。

2001 年，开展“三个代表”重要思想学习教育活动。

2004 年，各乡镇组织妇女群众外出考察学习，参观种养大户，提高妇女群众的精神文化素质和致富技能。

2005 年，开展保持共产党员先进性教育活动。

2006 年，开展“八荣八耻”宣传教育和家庭助廉活动。

2007 年，组织妇女群众学习党的十七大会议精神。

二、保护妇女儿童合法权益

1988 年，县妇联配合县“八七”办公室从安徽、河南等省解救被拐卖妇女 67 人回原籍。

1989 年，解救妇女儿童 36 人。

1992 年，成立由 21 个成员单位组成的妇女法宣传月活动领导小组，集中宣传《中华人民共和国妇女儿童权益保障法》。

1995 年 5 月，在县城开展《中华人民共和国义务教育法》《中华人民共和国未成年人保护法》《中华人民共和国母婴保健法》宣传。

2000 年，结合“三五”普法，贯彻实施妇女儿童权益保障法，配合司法部门为受害妇女提供法律援助；向县法院推荐 8 名妇女干部作为人民陪审员，参与有关妇女儿童案件陪审 17 件次。

2001 年 4 月，新《中华人民共和国婚姻法》正式实施，县妇联采取科技赶场、广播、电视、标语、板报等形式宣传新婚姻法，使之家喻户晓，人人皆知；年内接待咨询 3500 余人次。

2002 年，实施“春蕾”计划，筹集资金帮助贫困女童完成学业；继续开展“世纪父母读书活动”。

2003 年，调整充实妇联干部特邀陪审员 15 名，参加 3 起有关妇女儿童案件的陪审；与县卫生局、总工会联合开展妇女病普查工作。

2004 年，对曲山地区、北川中学、桂溪小学、擂鼓中学、陈家坝中学和禹里乡校园周边的网吧、游戏厅等娱乐场所进行整治。

2005 年，开展艾滋病防治工作。

2006 年，制订“五五”普法规划，宣传有关妇女儿童的法律法规，增强广大妇女学法、守法和依法维权的意识。

2007 年，在全县范围内开展贫（特）困妇女调查，全县共有贫特困妇女家庭 1566 户；开展孤儿、残疾儿童摸底调查，全县有残疾儿童 143 人，孤儿 17 人。与有关部门联合开展《中华人民共和国未成年人保护法》知识竞赛活动，全县共 138 个单位 7295 人参加。

三、实施“两纲”

1998 年后，县妇联把组织实施《中国妇女发展纲要》和《九十年代中国儿童发展纲要》（简称“两纲”）作为工作重点。通过实施“两纲”，妇女的政治地位不断提高。1998 年 1 月，召开的第十次县党代会有女代表 31 人，占代表总数 13.4%；县第十三届人代会有女代表 30 人，占 21.33%；县政协第六届委员会有女委员 30 人，占 23.07%；乡镇人代会女代表比例达 24.64%。县级领导班子中有女干部 2 名，其中县委常委 1 名、政协副主席 1 名；全县 11 个乡镇党委、政府领导班子中配备副科级以上女干部，占乡镇总数的 68.75%；县直部、委、局、办领导班子中配备副科级以上女干部 13 人。

1999 年，开展“九十年代中国儿童发展纲要”宣传，举办由乡镇妇联主席、文办主任、卫生院长参加的“儿童纲要”培训班，培训骨干425人。实施以争取外来经费为主的“春蕾计划”，提高女童的入学率，市妇联在白什乡救助一个春蕾班30人；对57名女童实施继续资助。提高对新生儿破伤风、肺炎、腹泻等疾病的防治，全县5岁以下儿童死亡率由1990年的64.25‰降低到38.43‰。全面落实以避孕为主的综合节育措施，提高有效节育率和孕期保健服务率。提倡母乳喂养，改变儿童营养不良状况。普及儿童保育、教育知识，保护困难儿童和残疾儿童；在白什、开坪、都贯等中心学校及部分支点学校推行寄宿制，解决入学儿童离家远的困难。

2000年，成立实施“母亲安全”项目领导小组，负责母亲安全项目实施。举办母亲安全、孕产妇保健知识培训班，乡镇分管领导和妇联主席共38人参加。启动“母亲安全项目”及“降低孕产妇死亡率和消除新生儿破伤风项目”。全县1552名孕产妇，住院分娩792人，非住院分娩新法接生632人，孕产妇死亡1例，死亡率降至64.43人/10万；无新生儿破伤风。5月和7月，省、市妇儿工委领导，以及联合国儿童基会项目官员格里森教授、王思萍女士等分别到项目实施乡漩坪，非项目实施乡擂鼓镇、陈家坝乡就“两纲”贯彻实施情况进行调查访问，对取得的成绩给予肯定。8月，中国儿基会、中央教育台、湖南电视台实施《儿童权利公约》专题片摄制组到县，对县内改厕、儿童入学、校舍建设等情况进行专题采访。12月下旬，进行中国妇女第二期地位抽样调查，抽取曲山镇大水、油坊沟村，漩坪乡清洁村、四松村，陈家坝乡四坪、通宝村3乡镇6村48户家庭成员，入户进行基本情况、法律、教育、政治、健康、婚姻家庭、生活方式、性别观念和性别态度等内容调查，圆满完成调查任务。

2001年，继续实施“降低孕产妇死亡率、消除新生儿破伤风”项目，对126名村级医生、144名村接生员、269名村妇干进行孕产期保健知识、健康教育知识以及高危筛查等技术培训。

2002年，编制《北川县妇女儿童发展纲要》(2001—2011)目标任务职责分解书，印发各职能部门及乡镇实施。

2005年6月，开展新“两纲”中期监测评估统计，按时完成“两纲”监测统计工作；11月，接受市“两纲”工作组检查考核，获年度综合考核特等奖。

2007年，与县计生局开展“关爱妇女儿童，关注女性健康”的健康普查暨医疗救助公益活动；邀请绵阳市协和医院医生先后到曲山镇及都坝、陈家坝、贯岭、漩坪、白坭、禹里、桂溪、片口乡开展妇女健康普查，共普查2036人，其中妇检814人，病理学检查137人。全县孕产妇住院分娩率由2006年的85.91%提高到90%。

四、学赛建功

1988年，在农村妇女中开展富裕文明户竞赛活动，参赛妇女1857户，创产值533万元。

1989年，开展学文化、学技术、赛贡献、赛新风活动（简称“双学双赛”活动），参加妇女1515户，达标率95%，全县8828名妇女参加各类实用技术培训。

1990年，开展以养猪、养蚕、“三八”绿色工程为竞赛内容的万名妇女致富能手赛，参赛妇女14850人，人均增收51元；全县16163名妇女参加技术培训，1500名妇女参加扫盲学习。

1993年，全县27210名农村妇女参加“双学双赛”活动，占农村女劳动力的80%，达标25849人，达标率94.9%，其中贫困妇女参赛1360人，脱贫1156人。

1994年，组织12000名妇女参加十大状元赛（养猪、蚕、羊、鸡，植树和种香菇、天麻、山药、药材及兴办加工业），达标率为85%。

1997年，实施“巾帼扶贫”工程，从农业发展银行承贷小额扶贫贷款5万元，用于扶持农村妇女发展养猪、养鸭，增收39万元；城镇2900名女职工参加“巾帼建功”活动，参赛率达到85%。

1998年，组织妇女群众学习白山羊、生猪、长毛兔等饲养技术，举办培训班92期，参训妇女

6783 人；争取扶贫政策和资金，在曲山、擂鼓、通口、小坝、片口、都贯等 6 个乡镇 28 个村开展小额信贷扶贫工作，累计发放小额信贷 30 万元，受益人口 1386 人。

1999 年 4 月，省“双学双赛”“巾帼扶贫”流动现场经验交流会在擂鼓镇召开，全省各地、市、州和省妇联领导共 60 余人参加，县妇联、曲山镇大水村、擂鼓镇妇联在会上交流经验。

2001 年，重点扶持小坝、曲山、坝底、通口等 4 个乡镇 133 户贫困户发展种植、养殖业。实施“大地之爱，母亲水窖”工程，在擂鼓等乡镇修建蓄水池解决人畜饮水及灌溉用水。在禹里乡慈竹村建“妇字号”基地，举办种养培训 4 期 560 人，全村妇女均掌握 1～2 门实用技术。在县直机关、企业、事业单位女职工较集中的窗口单位开展“巾帼文明示范岗”创建活动。

2002 年，继续开展农村妇女实用技术培训，推动种养业发展。同时，开展改厨、改厕，优化家庭环境卫生活动，提高妇女的文明素质。

2004 年，制定《关于在全县妇女中开展“巾帼科技致富工程”活动的实施意见》，提出 2004—2007 年“巾帼致富工程”的内容、目标及实施要求。

2005 年，通过组织参观学习、开办培训班等方式进行技术培训，全县妇女掌握两门以上实用技术 19804 人。

2006 年，按照农业部“948”项目培训要求，在陈家坝、擂鼓、禹里、小坝等乡镇开展养猪技术培训 4 期，培训人员 938 人。在“三八”妇女节期间，评选表彰农村妇女十大养殖、种植能手 20 名。推荐小坝乡坝地村种植养殖大户刘安涛参加全国妇联在四川省南充市举办的“全国农村妇女科技致富带头人培训班”。

2007 年 5 月，在坝底乡青坪村建立“妇联 + 协会 + 蔬菜基地”1 个，推荐陈正会、蹇小燕分别参加全国妇联举办的“全国农村妇女科技致富带头人培训”和“全国农村妇女推销农副产品女经纪人培训”。

第四章　县工商业联合会

第一节　机构

一、恢复机构

县工商联组织因受“文化大革命”冲击停止活动。1990 年 10 月，根据县委有关文件精神，组建由 15 人组成的县工商联筹备组，开始按照全国工商联“六大”通过的章程规定，发展以国营企业为主体的部分会员。1991 年，根据中央批转中央统战部《关于工商联若干问题的请示》，工商联的主要职能为做非公有制经济代表人士思想政治工作，主要工作对象为私营企业主、个体工商户、“三胞”投资企业和部分乡镇企业。是年年底，县内有注册登记个体工商户 2090 户，从业人员 2820 人，注册资金 386 万元，向国家缴纳税金 150 万元，占当年全县财政收入的 13%。是年，县工商联发展首批会员 66 名，其中非公有制经济会员 48 名。

二、历届会员代表大会

1992—2007 年，县工商联共召开 4 届会员代表大会。

1992 年 11 月 20 日召开县工商联第六届会员代表大会，选举 17 人组成第六届执行委员会。至 1996 年，县工商联共发展会员 160 名，建立基层会员小组 8 个。全县登记注册的个体工商户 3061 户，注册资金 963 万元；新发展私营企业 18 户，雇工 301 人，注册资金 377 万元。

1997 年 7 月 8 日，召开县工商联第七届会员代表大会，选举 19 人组成第七届执行委员会。1999 年底，建立乡工联分会 2 个、会员小组 10 个，会员 116 人，全县 16 个乡镇有 12 乡镇建有工商联基层组织；全县个体工商户累计达到 3272 户、4291 人，有私营企业 62 户，雇工 2491 人，注册资金 3981 万元。

2002 年 5 月 14—15 日，召开县工商联第八届会员代表大会，选出新一届县工商联领导班子。2003 年，在发展个体工商户先进代表人士的同时，重点发展私营企业主入会，至年底，新发展会员 20 个，其中企业会员 12 个。全县累计发展会员 259 个。

2006 年 12 月 25 日，召开县工商联第二次会员代表大会，选举产生由 31 名执委组成北川羌族自治县工商联第二届执行委员会。

第二节 主要活动

一、参政议政

县工商联恢复后，正、副主任委员（会长）出席、列席县政协召开的主席会、常委会、全委会、情况通报会、专题协商会以及县委全委扩大会，参与县政协组织的专题调查、视察活动。

1990—1997 年，先后向县政府提出《坚决取缔全县市场无照经营》《征税应增加透明度》《立足县情，重视个体私营经济的发展》等 8 个提案和 48 条书面建议。此后，坚持深入各乡镇个体私营企业开展调查研究，摸清基本状况、发展思路和存在的主要问题，并及时向上反映；在政协全委会议期间，组织工商联界别的政协委员以提案的方式反映个体私营经济发展、基础设施建设、社会事业和经济发展的重点难点问题。

2007 年，邀请相关部门开展调研，撰写《北川羌族自治县非公有制经济发展现状的调研报告》，为党委政府发展管理非公经济提供参考。

二、开展非公有制经济代表人士思想教育

县工商联通过召开执委扩大会、会长办公会、行业座谈会、重点会员联系企业座谈会等形式，认真学习邓小平理论、“三个代表”重要思想、《中国工商联合会章程》和中央、省、市、县有关发展非公有制经济条例、决定等，消除非公有制经济代表人士的思想疑虑。2006 年，与县委宣传部、县广播局在县电视台设立《民营经济巡礼》和《羌山风采》专栏，专题宣传国务院和省政府关于引导和促进民营经济发展的方针政策，重点宣传全县 24 家规模民营企业的发展状况。组织民营企业家参加中央党校学习，促进观念更新，思路拓宽，增强发展企业的信心。

三、服务非公有制经济发展

组织企业参加商品交易会 自 1992 年起，按县政府委托，组织全县个体私营经济体参加中国西部交易会、省新产品博览会、市秋交会和县内举办的经贸活动，帮助企业走向市场。到相邻市、县、区工商联宣传全县个体私营企业生产的名、优、特、新产品，为企业产品销售牵线搭桥。

建立重点企业联系制度 1998—1999 年，确定县内魏氏企业、银潮车队、通口冶辅材料公司、桂溪顺达车队、猿王洞风景区、山野系列食品有限公司、宏禹建设有限公司、江禹商贸有限公司、华兴商行等 30 余户个体私营业主作为重点联系对象，为其排忧解难。2000 年，组织私营企业主参加培训，对特困会员企业给予人力、资金帮助，使其走出困境，转入正常生产。2001 年，做好民营企业专业技术职称评审工作，推荐 8 名工程、经济类中高级专业技术人员参加市上评审，组织 35 名民营企业工程、经济类专业技术人员参加初级称号评审。2003 年，为通力公司、宏禹公司、魏氏企业、兴宇公司协调解决有关问题，关心支持冶辅材料公司的生产经营和销售。2007 年，组织非公有制经济人士到西藏、台湾、江苏、香港等地考察学习，开拓视野。

维护会员的合法权益 及时反映会员的意见、要求、建议，使不合理收费等问题得到纠正。2006 年，成立县民营企业维权中心，聘请石泉律师事务所 3 名律师作为县工商联的常年法律顾问，专门为全县民营企业和工商联会员提供法律咨询、法律宣传、法律建议、法律培训、企业诉讼委托等方面的服务。与律师一道到全县 25 家民营企业和 8 个乡镇调研，帮助解决企业存在的问题 8 个，接受法律咨询 20 余人次。

四、“光彩事业”

20 世纪 90 年代，县工商即联系县外私营企业家到县考察，向教育事业捐款，参与县内的“光彩事业”。同时，倡导县内会员弘扬中华民族传统美德，或结对资助贫困学生，或为本企业周边群众修路、架桥、建学校，为社会公益事业捐资助款。2006 年，在市工商联的倡导下，市、县民营企业开展“百企帮百村”活动，富临集团、堂宏集团、泉丰印务、美乐集团、自然天堂茶业、安福魔芋等市、县民营企业分别帮扶擂鼓镇盖头村、曲山镇景家村和开坪乡开坪村、凤阳村、安林村、刘家坪村，促进社会主义新农村建设。

第十篇

政法

第一章　政法委及综治办

第一节　机构

政法　1988 年，省委通知撤销县委政法委，建立政法领导小组，北川未撤委建组，只将工作人员由 5 人减至 3 人。1989 年，将其列入公安编制。1990 年，中央决定恢复各级党委政法委，县委政法委工作人员增至 5 人。2007 年，县委政法委编制 8 人，在岗 10 人，内设办公室、政治处、案件督查督办室 3 个机构。1992 年，乡镇建制调整后，16 个乡镇有 8 个派出所（含青片河林区派出所）、6 个法庭和 4 个司法所及 3 名专职司法助理员。1997 年，有派出所 15 个（含青片河林区派出所及治城林场派出所）、法庭 7 个、司法所 8 个，无政法基层机构的乡镇，其相关工作由临近的政法基层机构负责。2007 年，20 个乡镇有派出所 16 个、法庭 4 个、司法所 6 个、专职司法助理员 6 名。

社会治安综合治理办公室　1985 年，社会治安综合治理领导小组设办公室于政法委，由 26 个单位负责人组成社会治安综合治理联席会议。1991 年 8 月，成立社会治安综合治理委员会，下设办公室，与县委政法委合署办公。1993 年，社会治安综合治理委员会成员单位 18 个；县级机关 7 大口、16 个乡镇和青片河林业局成立社会治安综合治理领导小组及其办事机构。1996 年 10 月机构改革中，社会治安综合治理委员会办公室被列为议事协调机构的办事机构（正科级），与县委政法委合署办公。1997 年，综合治理委员会成员单位扩大到 22 个。2007 年，综合治理委员会成员单位 26 个。

1989 年，全县有治保会 270 个 1273 人，治安室 28 个 48 人，村（居）民调解委员会 290 个 1298 人，应急队伍 168 支 1685 人。1994 年，全县有治保会 395 个、调解委员会 296 个、治安联防队 158 个；在基层党支部配备保卫委员 418 人，各种守楼护院队 5960 个。1997 年，调整充实治保会 398 个、联防队 113 个，建安全大院 1021 个。1998 年，全县调整健全治保会 390 个，1398 人，其中街道治保会 31 个，250 人、农村治保会 359 个，1148 人；建治安联防队 4 个，25 人，落实“三户”大院安全员 2500 人，建应急分队 12 个，90 人。2007 年，建立义务治安巡逻队 15 支，建立边际治安防范卡点 3 处。

第二节　主要工作

一、专项整治行动

在 1983—1987 年专项整治行动后，县内刑事案件发案率仍呈上升趋势。1990 年 5 月、8 月、11 月，出动政法干警、党政保卫干部及治安积极分子 995 人次，开展 4 次集中专项整治行动，破获刑事案件 130 件，捣毁犯罪团伙 23 个，抓获违法犯罪人员 258 人，逮捕人犯 98 人，收审 106 人，判刑

84人，治安处罚142人，劳教5人。

1993年7—12月，再次组织集中专项整治行动，破获刑事案件182件，案件批捕时间平均11天，案件审查起诉结案时间平均21天。

1996年，开展“打现行、打头子、打尖子”专项整治行动，突出“惩暴、除霸、治乱、扫丑”。是年调集政法干警、党政保卫干部及治安积极分子2300余人次，5次集中搜查重点地段和公共复杂场所1360处，挡获违法犯罪嫌疑人142人；在曲山地区召开3次群众大会，公开逮捕39人，宣判21人，治安处罚34人，执行死刑1人。破获刑事案件125件，查处治安案件192件，社会治安秩序有所好转。

1998年，集中开展打击强奸犯罪、秋季破案战役、打击盗抢机动车辆和禁毒等专项整治行动。破获刑事案件99件，摧毁犯罪团伙7个，抓获作案成员101人。开展重点治理，对16所中心小学、13所中学（含附设初中班）周边地区治安秩序和公路交通客运秩序进行集中整治。

2000年，先后开展“春季攻势”、4—5月反“白盗”专项行动、二季度“打击人贩子，解救被拐卖妇女儿童”专项行动、三季度“打黑除恶”专项整治行动。

2001年4—10月，先后开展以“打黑除恶”“治爆追枪”“打击毒品犯罪”“打击经济犯罪”及“破案追逃”为重点“狂飚”整治行动。破刑事案件91件，其中大要案件18件。抓获各类逃犯8人，其中网上逃犯6名，协助外地抓获逃犯2名。7月4日，在桂溪乡召开近万名群众参加的公捕、公判大会，公开逮捕犯罪嫌疑人3名，处决抢劫杀人犯1名。

2002年，侦破桂溪鸽子山抢劫案、禹里乡石纽村爆炸案、通口镇战斗村敲诈勒索案、黑水县三兰杨初盗窃机动车案、县城OK厅系列被盗案、漩坪特大抢劫案，以及非法猎捕、贩卖、运输国家濒危野生动物金丝猴案。

2003年，开展“打黑除恶”“破案追逃”“打击盗窃破坏电力设备窃电犯罪”及“打击两抢两盗街头诈骗”专项行动。铲除小坝乡抢劫、敲诈勒索、打架斗殴、欺压百姓的地方恶势力，侦破曲山地区系列入室盗窃案、非法收购珍贵野生动物案、“11·2”绑架案等重大案件。

2004年，开展“命案侦破”“打击非法组织”“打击盗窃破坏电力设备”“打击盗窃机动车”等专项整治行动。

2005年，开展“打击盗抢机动车辆专项行动”“全市反邪破案会战”等集中统一行动，破获“2·5抢劫出租车杀人案”“曲山地区系列摩托车被盗案”“4·20制作散发非法组织反动宣传品案”等系列案件，大要案件上升势头得到遏制。

2006年，按照中央、省、市的统一安排和部署，集中开展“打黑除恶”专项整治行动。把杀人、抢劫、爆炸、绑架、强奸等严重暴力犯罪和严重影响人民群众安全感的多发性犯罪作为打击重点，同时开展县内有影响、群众反映强烈的突出问题集中整治。全年全县发生刑事案件167件，破案121件，率为72.5%，查获涉案嫌疑人102人，追逃8人，刑事拘留58人，劳教5人，提请检察机关逮捕犯罪嫌疑人47人。全年全县发生治安案件773件，查处767件，查处率99.2%，查获违法人员957人，其中治安拘留204人，罚款497人，警告163人，其他处理93人。

2007年，加大专项整行动力度，实现命案“零发案”，全年立现行刑事案件127件，破案177件（含积案）。

二、社会治安综合治理

目标管理 1992年前，社会治安综合治理纳入全年工作目标管理，以块为主，由各区镇与辖区内的乡、村签订治安责任书，内容偏重于社会治安及安全生产。1993年，推行社会治安综合治理领导责任制，县委、县政府与市委、市政府签订社会治安综合治理目标管理责任书，县内确定16个乡镇及县级机关7大口、青片河林业局为一级责任单位，与县委、县政府签订目标管理责任书，一级责任单位又与所属、所辖的村、企业、单位签订目标管理责任书，年终进行考核验收。1998年后，实行社会治安综合治理三级责任制，层层签订社会治安综合治理保一方平安责任书，把责任落实到村、厂矿、机关、企事业单位，年终考核，奖惩挂钩。

宣传教育　1994年起，将每年3月定为社会治安综合治理宣传月。届时由县综治办牵头组织街头宣传活动，县直机关各一级责任单位负责人参加街头宣传。县广播电视局、各乡镇利用有线广播、电视、板报、会议等形式进行广泛宣传。通过有针对性地宣传有关法律法规、方针政策，宣传综合治理的原则、措施、经验和见义勇为公民的事迹，形成学法、懂法、依法办事、共同维护社会稳定和治安秩序的良好氛围。同时把集中宣传与经常性宣传相结合，增强广大干部群众的法制观念，提高参治意识。

维护社会和谐稳定　20世纪90年代后期，随着改革的深入，各种矛盾逐渐增多，化解矛盾冲突，维护社会稳定成为重要工作。2000年初，县社会治安综合治理委员会制发《关于加强矛盾纠纷排查调处工作的通知》，县委、县政府分别与各乡镇和7大口签订责任书，把12大类矛盾纠纷的调处任务分别落实到15个牵头部门和责任单位，要求矛盾纠纷排查调处做到一般矛盾纠纷不出村，重大矛盾纠纷和重大问题农村不出乡、城镇不出区、单位不出门。是年排查矛盾纠纷551件，其中家庭纠纷占43%，山林纠纷占32.5%，其他占24.5%；调处545件。对突发的重大事件及时、果断进行处置。12月8日上午，县交通运输公司40余辆客车停车罢运。事发后，按照“以教育疏导为主”“可散不可聚、可顺不可激、可解不可结”和“积极、慎重、果断”的原则，开展说服教育转化工作，是日中午恢复正常运输。

2001年，县委书记、县长亲自过问社会治安综合治理工作，研究解决原县建筑公司改制后出现的热点问题、擂鼓镇水泥厂职工的安置问题。各乡镇司法调解中心调解各类民间纠纷1034起，防止民转刑16件28人，防止民间纠纷激化12起，防止非正常死亡15件16人，防止集体上访事件23件139人。

2002年，对原县建筑公司改制后部分买断工龄的职工多次上访、破产企业职工安置等难点热点问题进行妥善处置。

2003年，县委、县政府继续把维护社会稳定工作纳入各乡镇、各部门年度工作目标考核，进一步建立和完善矛盾纠纷排查调处工作机制，坚持“属地管理”和“谁主管谁负责”的原则，使矛盾纠纷排查调处工作制度化、规范化、经常化。

2004年，县委调整维护社会稳定工作领导小组，由县委书记担任组长，县委副书记、县长担任常务副组长。对排查出的不稳定问题定领导、定责任，由县委、县政府分管领导和相关部门负责人牵头负责，做到一个问题一名领导、一个方案一套班子，并成立县委维护社会稳定工作督查组，加大督查督办力度。进一步建立完善矛盾纠纷排查调处工作机制，建立县、乡、村分级管理、按矛盾纠纷性质归口调处制度，实行“零报告”制度，把矛盾纠纷调处责任落实到部门、单位和人头。

2005年，县委办、县政府办制发《维护社会稳定工作实施方案》《预防和妥善处置群体性事件实施办法》和《维护社会稳定工作领导小组议事规则》，县委、县政府制订《群体性事件处置预案》。坚持矛盾纠纷排查月报制度，做到家底清、情况明。完善矛盾纠纷排查调处工作机制，建立集中处理信访突出问题及群体性事件联席会议制度，加大对乡镇、部门矛盾纠纷排查调处工作的督促指导力度。

2006年，整合基层法制资源，在乡镇建立处理群众涉诉涉访矛盾纠纷联动调处中心，村、社区建立化解矛盾纠纷的调委会，在村民小组设立搜集反映治安信息的信息员，形成县、乡镇、村（社区）、组四级联防网络。全县排查调处各类矛盾纠纷1113件，调解成功1078件，防止“民转刑”案件25件；排查不稳定因素25件，化解市、县挂牌的矛盾纠纷15起。

2007年，分别6次对全县突出信访问题和不稳定因素、涉黑涉恶和群众反映强烈的问题进行集中排查，排查出突出信访问题136件、不稳定因素86件、群众反映强烈的问题16件。

平安创建 1995年，将创建社会治安综合治理模范乡镇(村、单位)列入年度社会治安综合治理保一方平安责任书，年终按照“党政重视，社会政治稳定，治安秩序良好，群众法制观念明显增强，基层组织充分发挥作用”的标准进行考核。

1997年，开始创建“案件少、秩序好、群众满意、环境优美”的安全文明村(小区、单位)活动。至2000年，建成安全文明村183个；擂鼓镇被省委、省政府授予省级“社会治安综合治理模范镇”，桂溪乡、县国税局被市委、市政府授予市级“社会治安综合治理模范镇”“社会治安综合模范单位”。

2001年起，坚持“整体推进、分类指导、重点突破、务求实效”的原则，全面落实综合治理基层建设各项措施，组织动员广大群众积极参与，建立健全群众自治工作机制。

2005年，坚持“打防结合、预防为主、专群结合、依靠群众”的社会治安综合治理工作方针，以平安创建活动为载体，促进综合治理各项措施在基层的落实。以社会政治稳定、治安秩序良好、防控能力增强、经济社会发展环境优化、人民群众安全感增强为目标，着力构建四大机制(社会保障、经费保障、评估督导、考核奖惩)和六大体系(社会治安防控体系、维护社会稳定工作体系、专项整治工作体系、平安创建管理体系、法制道德宣传体系、平安创建组织体系)，增强防控能力，取得明显成效。经考核验收，北川被市委、市人民政府命名为首批“平安示范县”，全县17个乡镇207个单位、学校、村、社区被县委、县政府命名为“平安乡镇(单位、学校、村、社区)”。

2006年，对全县20个乡镇换届前后分管领导和社会治安综合治理专兼职干部60余人及1673名乡镇、村两级干部和社会治安综合治理骨干进行集中业务培训；对客运等车辆司售人员、店铺从员骨干、环卫清运人员、门卫保安人员等不同对象进行培训，增强基层综治平安创建工作的针对性和时效性。狠抓以平安家庭、平安科室、平安院落、平安店铺等为主要内容的“平安细胞”建设，最大限度地发挥各级各部门和广大干部群众在平安创建中的积极性。在全县农村地区推行“喊院员”“护村队”和“联防组”三种治安防范模式，即在高半山区地带推行开坪乡农村“喊院员”治安联防模式，在沿河及交通沿线地带推行香泉乡农村“护村守院治安巡逻队”防范模式，在经济条件较好、农家院落相对集中、适合旅游休闲的矮半山区地带推行擂鼓镇盖头村新农村建设平安新村“治安联防组”防范模式。全县建立乡镇场镇治安巡逻队18个，“喊院员”3200余人。与茂县、松潘、平武、安县等县签定边际治安联防协议。是年，北川被省委、省政府命名为全省首批省级“平安县”。

2007年，落实场镇及周边、公路沿线三户大院“喊院员”3100余人，加强对平安单位、平安乡镇、平安校园、平安村等平安“细胞”创建标准的宣传。建立县“依法治理乡村”工作领导小组及办公室，全县建立20个“乡镇法律事务中心”，295个村（社区）法制工作室，1381个村（居）民小组（片区）信息员，形成“上面一条线，中间一个口，下面一张网”的运作模式。

第二章　公安

第一节　机构

1988年，县公安局内设办公室、政工科、内保科、治安科、消防科、刑警队、预审科、林业公安科等8个科室；下辖看守所、刑事（行政）拘留所、交警队、武警中队。1990年12月，增设收容所。1992年，交警队改建为交警大队。1994年，刑警队改建为刑警大队。1996年，消防科改建为消防大队。1997年机构改革时，县公安局内设13个职能科室、2个专业大队。2007年，县公安局设办公室、政工科、指挥中心、法制科、装备科、警务督察室、看守所、治安拘留所、国内安全保卫大队、经济犯罪侦查大队、治安管理大队、禁毒缉毒大队、刑事侦查大队、交通警察大队、巡逻警察大队15个职能科室。

1988年，全县设小坝、坝底、曲山、通口、擂鼓、治城、陈家坝及青片河林区8个派出所。1993年，增设片口、香泉、桂溪、青片4个派出所。1995年，增设都贯、白什、漩坪及治城林场4个派出所。2007年，共设曲山、禹里、小坝、通口、陈家坝、坝底、青片、漩坪、桂溪、香泉、擂鼓、都贯、白什、片口14个派出所。

第二节　刑事侦查

县公安局发挥“保护人民、打击敌人、惩治犯罪、服务经济建设”的职能作用，确保全县政治安定，社会稳定，经济发展。1988—1990年，破获各类刑事案件1020件，破案率为70%；1991—1994年，破刑事案件1106件，其中大案197件，摧毁犯罪团伙71个，打击处理1003人，挽回经济损失43万余元。1995年，围绕“一手抓打击，一手抓队伍建设”的方针，深入开展专项整治工作。是年立刑事案件184件，破案157件，破案率达85%。1996年，立刑事案件179件，破152件，破案率达85%。1997年，破刑事案件113件，破案率为87%，其中重特大案件47件，破42件，破案率89%。查获作案人员110人，摧毁刑事犯罪团伙6个，刑事拘留82人，逮捕45人，直诉1人，劳教13人。缴获赃款赃物81万余元。

1998年，重点打击杀人、抢劫、重大盗窃、严重经济犯罪和带黑社会性质等严重犯罪活动。是年立刑事案件99件，破获90件，破案率91%，其中重大案件50件，破42件，破案率84%。协助外地破获盗窃案10件，破绵阳市公安局挂牌督办案件2件。查获作案成员101人，摧毁犯罪团伙7个，刑事拘留67人，执行逮捕34人，劳教22人，转外地逮捕9人。缴获赃款赃物折款36万元。4—6月，按照市局统一部署，集中警力和时间开展打击盗抢机动车犯罪专项斗争。共检审车辆2000余台次，清理摩托车540辆；破获盗车案5件，挡获犯罪嫌疑人5人，刑事拘留5人，挽回经济损失12万余元。10月，根据县内刑事案件频发，一些案件久侦不破的实际，集中警力开展为期一个月的破案战役，组织集中行动2次，出动警力250人次、乡镇干部120人次、联防队员52人次，清查重点部位、场所158处，挡审犯罪嫌疑人68人，破获刑事案件7件，打掉盗窃团伙1个，收缴部分作案工具和赃物。

1999年第一季度，针对刑事犯罪反弹、大案来势凶猛的实际，开展以“打现行、追逃犯”为重点的“破案、追逃”行动；第二季度，针对盗窃犯罪突出的特点，开展盗窃案件侦破；第三季度，开展“追逃”专项行动，集中搜捕，组织专门力量追捕，先后破获一批重特大案件。是年立刑事案件117件，破107件，破案率91.4%，其中重特大案件57件，破49件，破案件率85.9%；查获作案成员112人，摧毁犯罪团伙4个，刑事拘留58人，执行逮捕27人，劳教7人，转外地逮捕20人；挽回经济损失40万元。立经济案件9件，破8件；抓获作案成员9人，挽回经济损失20余万元。破获绵阳市公安局挂牌督办案件1件，捕获上网逃犯11人。

2000年，开展“反白盗、促防范”和“打击拐卖妇女儿童”“除恶惩霸”专项行动。先后破获桂溪特大入室抢劫杀人案、擂鼓粮店宿舍重大盗窃案、曲山城内系列“白盗”案、擂鼓柳林村肖某现金被盗案、禹里等地奸淫幼女案、曲山黄家坝投毒杀人纵火案等大要案。是年共立刑事案件104件，破71件，破案率68.2%，其中大案36件，破24件，破案率66.7%；破绵阳市公安局挂牌督办案件1件，追回上网逃犯2人；协助外地破案3件，抓获犯罪嫌疑人5人；查获作案成员58人，刑事拘留42人，逮捕26人，直诉5人，移送外地打击处理6人，缴获赃款赃物折款20余万元，追回被盗三菱、五菱小轿车3辆，为群众挽回经济损失50余万元。

2001年，开展“打黑除恶”狂飙系列行动，打掉恶势力团伙1个，破获首例偷税案、系列盗窃案、奸淫案、纵火案以及发生在曲山、禹里等地的系列摩托车盗窃案等大要案件；破获经济犯罪案件2件，涉案金额35万元；破获毒品案5件，收缴海洛因0.1克、罂粟590克，铲除罂粟原植物81株。是年共立刑事案件128件，破91件，其中大案发26件，破18件；成功解救被拐卖妇女1名；抓获各类逃犯8人；抓获作案成员111人，为群众挽回经济损失30余万元。2002年，继续“打黑除恶”，打击“两抢两盗”，整顿规范市场经济秩序。是年共破获各类刑事案件121件，抓获刑事犯罪嫌疑人119人，依法打击处理102人；刑拘88人，逮捕60人，直诉11人，劳教7人。

2003年，参加全国“指纹会战”，开展专项整治。是年共破获各类刑事案件108件，其中严重刑事案件20件；查获涉案成员164人，刑事拘留62人，批捕68人，劳教6人，抓获逃犯3人。侦破经济案件4件，挽回经济损失30余万元。2004年，以侦破“命案”为龙头，严厉打击刑事犯罪。是年立刑事案件168件，破刑事案件131件，其中破命案5件，绵阳市公安局挂牌案件15件；查获涉案成员119人，刑事拘留73人，批捕46人，劳教9人，取保候审24人。2005年，侦破“命案”5件，破案率达100%，侦破抢劫杀人案专案组荣立集体三等功。开展打击盗抢机动车专项行动，在禹里设武装治安检查点，破获盗车团伙3个、盗窃摩托车团伙4个，抓获盗抢汽车、摩托车嫌疑人15人，追回被盗抢汽车25辆、摩托车45辆。集中开展“扫黄禁赌”工作，查处赌博案7件、卖淫嫖娼案5件，查处违法人员16人。开展城乡、厂社、学校及周边结合部治安整治工作，清理学校周边结合部的电子游戏厅15家、网吧13家，破刑事案件16件、查处治安案件25件。开展禁毒人民战争，查处涉毒治安案件2件，送强制戒毒2人。是年共破刑事案件126件，逮捕64人，刑事拘留87人。

2006年，开展“打黑除恶”专项工作。按照绵阳市公安局安排，经过4个多月的缜密侦查，摧毁小坝恶势力团伙和擂鼓恶势力团伙，共抓获团伙成员14名，逮捕8名。针对曲山地区及周边乡镇入室盗窃、盗窃摩托车案件频发的状况，开展打击“两抢一盗”专项工作。采取现场勘查、通报相关案情、对重点场所进行清查、夜间蹲点守候、加强夜间巡逻、强化打击盗抢机动车执勤卡点工作等有针对性的措施，先后侦破曲山系列入室盗窃案、盗窃摩托车系列案等案件，共破“两抢一盗”案件69件。开展夏季破案打击集中行动，共破刑事案件53件，打击处理犯罪嫌疑人37人。

2007年，年初开展为期70天的“平安行动”，共破获刑事案件75件，打击处理犯罪嫌疑人总数56人，抓获在逃人员5名，确保全县人民度过安宁祥和的新春佳节。

特大杀人案侦破　1998年10月22日，禹里乡紫阳村三组发生一起特大杀人、抢劫、强奸、投毒案。左天喜深夜潜入岳父家中，杀死岳父、舅子、外侄女3人，将舅母强奸后杀成重伤，并毒死生猪两头，抢走现金210元。案发后，县委、县政府高度重视，县公安局长率领干警经过6昼夜连续追捕，将逃往安县的凶手抓获。

1999年2月12日，公安部挂牌通缉的特大杀人、抢劫、强奸案主犯左金平潜逃至片口乡小溪村一组杨某家，将杨某强奸并砍成重伤后逃跑。案发后，片口派出所迅速出动警力追捕，2月13日中午将案犯抓获。经审查，左金平交代出与同伙在江苏省邳州市燕子布乡杀死一家6人、杀伤1人、轮奸少女的犯罪事实。县公安局立即组织优势警力，经过7昼夜的追捕，在绵阳市涪城区金峰乡将其同伙张天贵抓获。

第三节　预审与监所管理

一、预审

公安机关在预审中坚持不刑讯逼供，不打人骂人，不乱收滥罚，不办人情案、关系案，避免办过错案，办理留置盘查、劳教案件审批、治安行政案件、刑事案件时做到程序合法。1991—1994年通过预审，促使罪犯提供线索158件，追诉罪犯16人，破刑事案件114件，查获犯罪嫌疑人108人，追回逃犯9人，追缴赃款赃物3.5万元。1996年，通过预审获取破案线索41条，挖破积案、隐案22件。1997年，预审工作坚持快审快结，全力攻克重特疑难案件和团伙案件。全年共受理重特大案件26件39人。通过深挖余罪，获取破案线索38起，挖破积案、隐案17起。2000年后，在坚持案件合议和“三审负责制”的基础上，强化量化指标。1988—2007年，预审案件在法定期内结案率达100%。

二、监所管理

1988年后，看守所常年羁押人犯100～200人。为保证监所安全，先后对收押、提审、押解、通讯、劳动、就医出所等环节作出规定，严禁携带违禁物品，防止逃跑、行凶、串供、自杀、暴狱。还通过公、检、法、司领导对羁押人犯讲话和集中教育、个别教育、亲朋规劝等方式对其进行政治教育，使监所多年未发生事故。2000年，看守所坚持以安全无事故为目标，实行依法、严格、科学、文明管理，快速处置一起人犯自杀和一起畏罪装病事件。加强对羁押人员的法制教育，深挖余罪。全年共关押81人，收到检举揭发线索12起。拘留所全年共执行拘留109人，留置盘查15人，无事故发生。2001年，看守所通过“省二级达标”验收。拘留所开展治安拘留达标和“百日安全竞赛”活动，全年共拘留123人，无事故发生。2002年，看守所实现安全无事故，被公安部命名为“二级看守所”；治安拘留所以安全为重点，以管教为主线，突出规范管理，被公安部监管局评为“达标拘留所”。2004年，看守所开展超期羁押专项清理催办工作，严格执行减刑和留所服刑审批制度、收押和人犯会见制度，狠抓深挖犯罪线索工作。治安拘留所开展“监管执法年”活动，对历年监管执法工作进行清理，健全和完善档案；坚持对拘留人员的学习教育和回访制度。看守所、拘留所均获全市监所交叉大检查第一名。2005年，强化监管场所安全管理，狠抓深挖犯罪线索工作，获取案件线索205条，查破各类案件129件，分别受到公安部、省厅、市局通报表扬。2006年，荣立全省深挖犯罪集体三等功一次，被绵阳市公安局评为“执法质量考评”优秀单位、“文明监所”。2007年，被省公安厅评为“全省安全文明监所”。

第四节 社会治安管理

一、治安案件预防查处

建立治安长效防范机制 为广泛动员群众参与，共同维护社会安定，1988年起，开始在机关、企事业单位开展创建安全文明单位活动。至1997年，通过创建活动破刑事案件10件，治安案件12件，整改安全隐患796件。1998年，继续把创建安全文明小区（村、镇）建设工作纳入治安基础防范工作重点，成立专门领导班子，抽调警力到村、组开展工作。继续推行内部治安目标责任制，确保全县政治稳定、社会安定，全县66个内部单位中，60个单位全年无刑事案件，58个单位无治安案件。此后，坚持开展基础“创安”活动。2003年，以社区警务、群防群治、保安服务、科技防范四大工程为重点，深化社会治安长效防范机制建设。集中清理整顿非法保安组织，在曲山地区推行门卫保安化；各派出所先后在各乡镇和办事处建立10个警务室，以治保组织建设为龙头，建立和完善乡镇、村、组、户四级治安防范网络；组建全县金融网点、重要物资仓库、首脑机关等30余家与110连接的报警系统网络，对有条件的单位实行联网；以110为中心，发挥各警种职能作用，运用群防组织建立治安整体联动防范网络。2004年，加强以110为中心的指挥平台建设，推行“打、防、管、控”一体化的巡逻勤务模式，加大街面巡逻盘查力度，维护县城地区的社会治安秩序。2005年后，逐步实现防范网络化。在坝底、小坝、禹里、陈家坝、桂溪、通口6个乡镇邮政储蓄所安装红外线报警器，在营业厅增设防盗栏杆；各地以低保人员、治保人员为基本力量，建立义务巡逻队，加强巡逻守护，保障地方平安。

群体性事件预防和处理 20世纪90年代后，随着改革的深入，因利益纠葛而产生的群体性矛盾增多。公安机关把维护稳定置于各项工作的首位，与相关部门一道，在调查研究的基础上，通过疏导、调解来化解矛盾，预防群体性事件发生。2001年，成功处置“3·22”平武锰粉厂与桂溪乡村民械斗事件及其他6起群众性闹事事件。2002年，处置群体性事件4起，疏导、缓解、化解闹事苗头和不安定因素31起。2003年，处置各类群体性事件13件。2004年，妥善处置原建筑公司职工集体上访、县客运业主集体罢运、任家坪阻断公路等各类群体性事件。2005年，收集涉及不稳定因素和闹事苗头信息33条，成功疏导和化解13件可能引发群体性事件的不安定因素和闹事苗头，依法妥善处置3件群体性事件。2006年，通过开展矛盾纠纷大排查，及时发现和收集掌握信息线索72条，有效疏导并成功化解原建筑公司职工长期上访问题、桂溪供销社职工上访要求解决资产问题、客运纠纷、擂鼓煤矿职工群体上访停工问题、水泥厂和电极泊厂因污染引发厂社纠纷、禹穴沟景区拖欠民工工资等45起矛盾纠纷。2007年，结合矛盾纠纷大排查活动，获取深层次、内幕性、预警性的情报信息62条，成功处置45起闹事苗头和不安定因素。

争创无毒社区 1999年，结合县内禁毒工作实际，开展以禁吸、禁种、禁贩为主的宣传教育，增强防范和打击力度，是年全县无吸毒、无贩毒、无种植毒品原植物、无制毒案件发生。2000年，与县内7个乡、120个村、5个街道居委会、41个机关单位、16所学校签订禁毒目标责任书，做到禁毒宣传到位，“四禁”措施落实，受到市禁毒部门和领导的肯定和好评。2001年，“无毒社区”建设顺利通过省、市验收。2002年，成功破获县内首例贩卖毒品海洛因案件，查处4件非法出售罂粟壳（籽）案。创建“无毒社区”工作成效显著，禹里、开坪、小坝、坝底、青片、漩坪6个乡被命名为市级“无毒社区”，北川被评为省级创“无毒社区”工作先进县。2003年，全县有12个乡镇被市禁毒委、

市综治委命名为“无毒社区”。此后，持续坚持开展禁毒行动，县内无毒品案件发生。

学校周边环境整治 为营造良好的学习、生活环境，1998年3—9月，集中警力对全县16所小学、13所中学和附设初中班周边地区的治安秩序开展整顿，摸排出扰乱学校治安秩序的违法犯罪案件6起，查处社会青年殴打学生案件3件，查出学生利用晚上外出合伙撬门盗窃财物案件2件。对严重扰乱学校正常秩序和危害学生身心健康者分别给予劳动教养和治安拘留处理。1999年，查获学校系列盗窃案件25件、教师奸淫学生案件2件、社会青年殴打学生案件6件，取缔学校周边电子游戏厅5家、OK厅3家、录像放映厅3家、台球室4家；建立学校门卫室15个、护校队35个。学校周边整治和农村治安整治工作分别受到市公安局的通报表扬。此后，中小学校周边及农村社会治安秩序整治一直受到公安机关的高度重视，发生治安案件的因素得有效地防控。

治安案件查处 1988—1997年，受理治安案件6311件，查处6052件，行政拘留605人，罚款3283人，警告2530人。1998—2003年，全县每年受理治安案件300件左右，2001年最多，386件，2003年最少，297件。2004年上升到587件，2005年达到750件。2006年后，每年案件查处率达96%以上。

二、危险物品管理

对枪支、爆炸品等危险物品，历来实行严格管制。1988年，县公安局制发《关于使用购买爆炸物品的暂行规定的通知》，对1984年后培训的爆破员进行审验，换发爆炸作业证174个；对烟花爆竹的生产、销售进行全面清理，取缔无证经营210家。1993年3月，县政府制发《关于切实加强民用枪支管理，坚决收缴非法生产、销售和持有各类枪支弹药的紧急通知》，对枪支、爆炸品等危险物品严加管控。

对非法取得、持有和使用危险物品者进行处罚。1991—1994年，通过连续清理整顿，先后破获盗枪案、盗爆炸物品案各1件，治安案件8件；收缴手榴弹、手枪、雷管、炸药、导火绳、民用枪、子弹、刀具等危险物品，取缔私造火枪窝点2个。1995年，清理审验各种民用枪1680支，收缴非法持有77支，取缔非法经销枪支单位1个。1996年4月起，按照公安部统一部署，全面开展“收枪治爆”专项斗争。5月8日，治安科与曲山、陈家坝派出所集中行动，查获非法制造枪支窝点5处，当场收缴成品、半成品枪支31支，工具、零部件60余件。1997年4—6月，把收枪治爆作为春季严打集中行动的重要内容，收缴长短火药枪1229支，查破涉枪案17件。1998年5—6月，在全县开展对民用爆炸物品的专项治理。共检查涉爆单位和场所180个，督促整改安全隐患18起，收缴炸药9815公斤、雷管91发、导火绳26米；查处非法运输爆炸物品4起，挡获违法人员5人；办培训班2期75人。1999年，检查爆炸物品生产、销售储存和使用单位510家，查处安全隐患19起，整改18起，收缴炸药222公斤，雷管169发。2000年，与18个部门签订枪支管理责任书，各部门负责人与110名持枪干警签订安全责任书；检查爆炸品生产、储运、贮藏、销售和使用单位487家，查处安全隐患20起，整改19起。2001年，收缴鞭炮73万响、炸药632公斤、雷管3500发、导火索4050米、民用枪支1021支、子弹220发、82式教练弹1枚、手榴弹1枚，取缔非法鞭炮生产作坊2个，落实整改事故隐患57处；查处涉枪涉爆案件28件。2002年，开展治爆缉枪专项整治，共收缴火药枪1182支、炸药2280公斤、雷管5601发、导火索2047米、军用子弹73发；破涉枪涉爆案件49件。2003年，开展民用爆炸物品专项整治，破获涉爆案件7件。2004年，对烟花爆竹摊点和易燃易爆、化学剧毒、放射性物质及有枪单位进行检查，查出安全隐患24处，取缔无证销售烟花爆竹摊点11家。2005年，清理检查单位、工地、仓库及销售摊点1120余个次，整改安全隐患104起；破获涉枪涉爆刑事案件8件，查处治安案件104件。2006年，治安大队和各派出所对全县枪支弹药、爆炸物品、危险化学品储存、使用等进行专项检查。开展整治爆炸物品、枪支弹药、管制刀具专项行动，采取“乡不漏村，村不漏社，社不漏户”的清理排查行动，集中全部警力，在全县旅游风景区、农贸市场、车站和重点工程等地开展集中收缴行动；收缴炸药1198公斤、雷管1306发、导火索318米、火药枪945支、气枪3支、管制刀具74把。

2007年，两次在全县范围内开展民用爆炸物品管理工作专项整治，集中检查涉爆单位41家、仓库37家，发整改通知书28份，取缔不符合安全标准的仓库9个、改建仓库28个，查处涉爆治安案件1件，治安拘留1人。

三、特种行业管理

文化娱乐、旅店等特种行业历来是重点管理对象。公安机关通过常规性和突击性检查整顿，对赌博、涉黄等违法行为进行打击。1988年，对152家特种行业经营单位进行检查，查出治安案件18件，查处违法人员80名，缴获赃物赃款7270元。1989年，对197处公共复杂场所进行清理整顿，查处治安案件39件、刑事案件34件，捕获违法犯罪嫌疑人127人，缴获赃物赃款3789元，收缴淫秽书画和非法刊物235件。1990年，通过对公共复杂场所的管理，提供破案线索68件，查破刑事案件21件、治安案件35件，挡获违法犯罪嫌疑人57名。1993年5月，集中警力对全县文化市场进行全面清理，查封带赌博性的电子游戏室33家、麻将机143台，收缴游戏机1台、电脑板10块，查禁录像放映室3家，收缴录像带8盒。1994年7—9月，集中开展查禁“六害”、整顿文化市场的专项斗争，突击检查文化场所66家，停业整顿17家。1995年，先后组织治安、消防、文化、工商部门对全县文化市场进行综合检查，查出不安全隐患14处，无证经营的10家，处罚8家，停业整顿15家，歇业2家。1996年1月至1997年2月，组织215人次对县城的文化市场、旅店、出租房屋进行5次大检查，查出电子游戏室招赌的7家，公开播放淫秽录像1家；没收电脑板24块、非法盗版反动淫秽录像带135盒，对8家业主、27名无身份证的服务人员分别作出治安处罚。

1998年，继续加强公共文化市场管理，为大型群众文化体育活动和商贸活动提供安全保障。3—4月，按照省公安厅电话会议精神，集中时间和警力，对全县158家公共文化娱乐场所进行清理整顿，对从业人员进行职业道德教育，规范场所制度，对发生的黄、赌等丑恶现象予以坚决查禁，依法拘留37人，罚款10人，警告5人。2000年7—9月，查处卖淫嫖娼案件3件、赌博1件，查处违法人员9人。2003年，以派出所为单位，坚持每晚检查旅店、文化娱乐场所，对外来人员进行登记，并加强夜间巡逻。配合工商部门强化市场经营活动管理，加大对“涉非”案件的查处，与有关部门配合加大“六害”案件查处力度。2006年，严厉打击利用电子游戏进行赌博活动，查处电子游戏厅3家，收缴赌博用的游戏机62台。2007年，继续加大对电子游戏赌博机的查处收缴力度。查处电子游戏赌博案件3起，处理涉赌违法犯罪人员3人，收缴赌博机10余台。

四、查禁取缔邪教组织

改革开放后，邪教组织和封建迷信活动死灰复燃，公安机关依法对其进行坚决打击。1993年，对反动会道门骨干成员进专项调查，对新修建的封建迷信场所（小庙）进行摸底调查，全县共有134处。1994年，查处在片口、小坝等地活动的非法组织“门徒会”。1995年，查处一起会道门进行复辟活动的线索。1996—1997年，开展打击取缔邪教组织、反动会道门和封建迷信活动的专项斗争。2000年，查处邪教组织，教育挽救受骗群众1000余人，收缴邪教组织宣传品70余份，治安拘留骨干分子5人。查处非法宗教活动2起，封建迷信活动1起，处理2人。2001年，受理邪教组织案件5件，打击违法犯罪分子46人。2002年，取缔非法宗教活动场所3处，查处参与人员86人。2004年，开展对宗教、邪教和不安定因素热点问题的社会专项调查，收集各类情报信息71条，为县委、县政府和上级公安机关全面了解掌握全县治安形势和正确处理重大事件提供可靠的决策依据。2005年，开展打击门徒会专案行动，打掉从事门徒会活动的教会点 1 处。此后，全县未出现邪教人员进京和在当地大规模聚集滋事及非法活动。

第五节　户政管理

一、居民身份证管理

1988 年 5 月至 1989 年 9 月，开展颁发居民身份证工作，全县制发 102289 份。1990 年 1—11 月，实施居民身份证查验工作。通过查验身份证，提供破案线索 20 件，查破刑事案件 10 件、治安案件 4 件，挡获违法犯罪嫌疑人 27 人，逮捕 4 人，行政拘留 2 人，罚款警告 10 人，其他 10 人。1991 年后，每年对新进 16 岁的公民颁发居民身份证。1998 年起，开展 10 年期满居民身份证的换发工作。1999 年，开展全县居民身份证升位工作，身份证号码由 15 位升为 18 位。2005 年起开展为期三年的第二代居民身份证集中换发工作，至 2007 年年底，全县共换发第二代证 10 万张。

二、户口管理

1991 年，换发家庭户口簿 4 万余册。新户口簿增加宗教信仰、身高、血型、婚姻状况和居民身份证的有效期、编号、换补注销，以及记事内容等栏目。1992 年，将全县人口基本信息及颁证公民图像信息录入微机。1994 年，桂溪、片口等派出所在治安科指导下，接管农业、非农业常住户口，曲山派出所购置微机，建立人口信息管理系统。1995 年 5 月起，按照公安部“强化人口管理，实现农村户口城市化管理”要求，除未建派出所的 2 个乡外，其余 14 个乡镇派出所全部接管辖区农业和非农业户口；同时组织人员对农村户口管理情况进行调查，针对存在问题开展清理整顿，查出历年新生婴儿未申报户口 2198 人，迁入未登记户口 96 人，迁出未注销户口 698 人，死亡未注销户口 416 人。自是年 7 月底，全县 14 个派出所接管户口 148408 人，其中非农业人口 16252 人，农业人口 132156 人。1996 年年底，全县有常住人口 158720 人。2007 年年底，全县有常住人口 160527 人，其中非农业人口 21129 人、农业人口 139398 人。

三、暂住人口管理

1998 年，加强暂住人口管理，登记暂住人口 1458 人，办证 1385 人，办证率 95%。1999 年后，通过清理整顿出租房屋，落实对暂住人口的管理措施。是年清理出租户 314 户 376 间，办证 274 户，签订责任书 687 份。清理登记暂住人口 1244 人。此后，每年登记暂住人口纳入管理的比例达 99% 以上。

四、违法人员帮教

1988—1989 年，通过帮教违法人员，提供线索和材料，查出打击对象 14 名，查破刑事案件 45 件、治安案件 25 件。1992 年，对 21 名劳改劳教释放人员落实包产地及住房，妥善解决 12 人的生活困难。1993 年，各派出所均建立帮教档案，掌握动态，发现犯罪及时打击。1990—1994 年，共提供打击对象 65 名，撤管 554 名，提供犯罪线索 587 条，挡获违法犯罪嫌疑人 585 名，破刑事案 224 件，查处治安案件 306 件。1995 年 7 月，根据公安部颁布的《公安机关对被管制、剥夺政治权利、缓刑、假释、保外就医罪犯的监管规定》，分辖区进行清理整顿，全年共清理出监管人员 14 人，全部纳入重点人口管理，制定请销假、学习、汇报制度。通过考察无重新犯罪。1996 年，全县列管重点人口 513 人，落实帮教组织 513 个、成员 1539 人；改好撤管 121 人，打击 14 人，迁出、死亡 16 人。通过重点人口管理，提供破案线索 88 条，破刑事案件 40 件，查处治安案件 72 件，查处违法人员 124 人。

1998年，列管重点人口453人，其中新列管94人，改好撤管74人，打击处理8人，迁出、死亡3人。通过重点人口管理，提供破案线索53起，破刑事案件12件，执行逮捕8人；查处治安案件43件，治安处罚53人。1999年，先后列管重点人口434人，其中新列113人，改好撤管177人，打击3人，迁出死亡5人。此后，全县每年列管重点人口四、五百人，列管率达99%以上。

第六节 道路交通管理

1989年，落实交通安全责任制，将交通安全指标纳入对交警队年终考核奖惩的内容。1995年，交警大队与车方签订目标责任书，交通秩序良好，事故减少。1996年，开展“学济南交警”活动，坚持“严格执法，热情服务”，争创文明行业，树文明形象，收到较好效果。1998年，加大对交通安全管理的宣传和整治力度，以压事故、保畅通为中心，加强路面巡逻执勤，严肃处理交通违章和交通事故，检查各类机动车辆2.5万台次，处罚违章2.1万台次，警告教育14万人次，罚款50万元，重特大交通事故得到有效的控制。2000年，实施“畅通工程”，创建“平安大道”，开展城区交通秩序大整顿、客运安全百日专项整治等活动，开始实行违章记分制。检查各类车辆15.2万台次，处罚3.1万台次，教育681人次，警告51人次，罚款12.6万人次，吊扣驾驶证16个，拘留4人，书面检讨3.1万份，暂扣车辆274台次，暂扣号牌62幅，暂扣证件783个次。2003年，对驾驶员进行道路交通安全常识培训；合理调配警力，加强路面值勤；重点整治事故点，在安北路增添交通标志和警示牌35处，三道拐等处设置减速板4处，安装警示灯4处；整顿城区交通秩序，取缔客运“火三轮”120辆，在新城区增添醒目的交通标线，安装红绿灯。2004年，贯彻《中华人民共和国道路交通安全法》，开展整治车辆超限超载活动；包干负责道路安全，领导包线路，中队包片区，民警包路段和时段，层层落实责任；实行民警跟踪安全监管制，从根本上消除安全隐患；落实乡镇赶场制，深入乡镇加强交通安全管理；加强对货物源头的管理、监督检查，加强对危险和事故隐患的排查和预防控制；进一步落实派出所交通协管责任制。

2006年，以创建平安畅通县为目标，开展“百日安全竞赛”、预防重特大交通事故集中整治、城区闯红绿灯违章整治、羌乡民品市场及校园周边治安交通秩序整治活动；进一步落实交通安全责任，加强源头管理，严厉查处路面交通违法行为，以减少交通事故的发生。

2007年，向客运车主、驾驶员发送温馨提示短信6000余条；对客运公司等单位143名驾驶员进行全面清理和审核，淘汰不合格驾驶员2名；在冰雪、多雾、多雨等特殊季节，大队组织专门警力开展危险路段清理和整治；落实乡镇安全员巡查制，安全监管责任落实到村社，在全县各乡镇巡回组织驾驶员召开安全会，签订责任书3000余份；开展“百日安全生产”等大型整治活动，查处交通违法行为10637起，其中客车超员58起，酒后驾车2起，无证驾驶32起，超速行驶4570起，摩托车低速载货汽车违法载人62台次，警告350人次，罚款10287人次，罚款93余万元，暂扣车辆55台次，行政拘留22人；与5个边远派出所签订协警交通安全管理责任书，使边远地区道路交通秩序和行车秩序得到改观。

交通事故情况　1988—1997年，县境共发生交通事故384起，死亡53人，伤214人，经济损失73万元；判刑4人、拘留13人，吊销执照23人，吊扣执照314人次，罚款8万元，警告512人次。

1998—1999年，发生交通事故328起，死亡12人，伤27人，经济损失55万元。2000—2005年，发生各类交通事故675起，死亡67人，伤400人，经济损失275万元。2006年，发生各类交通事故66起，未发生死亡3人以上的特大道路交通事故。2007年，发生交通事故30起，其中重大事故9起，死13人（其中一起死亡5人），伤60人，经济损失16万元。

第七节 消防

一、火灾预防

从1988年起，按照省政府统一部署，在火灾发生旺季开展“冬季防火百日安全竞赛”活动。1991年起，贯彻“预防为主，防消结合”的方针，坚持“谁主管，谁负责”的原则，突出工作重点，注重监督检查，火灾逐年减少，重特大火灾得到预防。1996年后，每年组织消防安全检查组，对各单位进行检查，及时发现火险隐患，督促整改。1998年后，贯彻实施《中华人民共和国消防法》，加大消防宣传力度，举办消防培训班强化防火意识，对重点防火单位进行监督检查。2001年，大力开展消防宣传和消防安全专项整治，全年累计出警480人次，车辆300车次，发出消防法律文书237份，办理行政处罚案件24起，督促整改火灾隐患480起。2002年，县消防大队成立专职消防队。2003年，落实社会消防安全责任制，健全消防监督工作机制；培训公众聚集场所从业人员31名、易燃易爆化学物品从业人员6名。加强农村消防工作，在4个乡开展消防工程试验。2004年，开展各乡镇、村社、企业基础消防设施调查摸底，大力推进市政基础消防设施建设；政府专职消防队将工作重点放在城区，制定灭火预案，开展夜间灭火演练。2005年，对小寨子沟景区、学校和幼儿园、商场、市场的消防设施进行专项治理；对消防安全重点单位进行季度抽检及重新核定，集中开展火灾隐患排查整治工作。2006年，消防大队争取专项资金33万元，开展6个乡镇消防基础设施建设；与共建单位进行消防演练；强化消防执法监督，共办理三类消防行政许可42件，查处行政处罚案件16件；重点整治小寨子沟、猿王洞风景区的消防隐患，加大对义务消防队的培训。2007年，加强对文化娱乐场所、易燃易爆单位、耐火等级低的密集建筑区消防安全和燃气安全检查，开展公共聚集场所消防安全承诺、火灾隐患整治、乡镇消防基础设施建设和新农村消防工作等专项治理活动，共办理消防行政处罚案件24件。

二、火灾发生情况

1988—1997年，全县累计发生火灾85起，死亡4人、伤11人，直接经济损失105万元，无重特大火灾发生。1998—1999年，发生火灾11起，死亡1人，直接经济损失12万元。2000—2001年，发生火灾34起，死1人、伤2人，经济损失32万元。2002年未发生重大火灾事故。2003—2006年，发生火灾45起，死3人、伤8人，直接经济损失61万元。2007年，发生火灾10起，直接经济财产损失9万元，无人员伤亡，无重特大火灾事故发生。

第八节 安全保卫

出入境管理 改革开放后，出入境人员渐多。公安机关对出入境人员进行登记管理。1988年，入境外国人2次3人。1989年入境外国人3人次。1990年，经全面清理，查实境外人员在县内的亲属、朋友共58户65人。1995年，入境外国人2次3人。1997年，入境外国人2名。2007年，共办理出入境证件业务200余人，境外人员来北川5人次。

警卫工作 春节、元旦、国庆、羌历年期间，县内均有相应庆祝活动。每至其时，公安机关精心组织，实行多警合作，协同作战，圆满完成安全保卫任务，杜绝事故和案件发生，保障各项活动的顺利开展。

第三章　检察

第一节　检察机构

1988 年，县检察院内设办公室和批捕、起诉、经检、法纪 4 科，有干警 28 人。1989 年 5 月，增设控申监所科。1996 年 7 月，将原经济检察科更名为反贪污贿赂局，仍为县检察院的内设机构。1998 年，全院干警大专以上文化程度占总数的 90.3%；2001 年，在编干警法律专科以上学历占 87%，本科以上占 70%。2007 年，县检察院内设侦查监督科、公诉科、民事行政检察科、监所检察科、控告申诉科、反贪污贿赂局、反渎职侵权局、政治处、办公室、法警大队，全院有干警 28 名，其中检察员 19 名、助理检察员 4 名、书记员 2 名、司法警察 2 人、工勤人员 1 人。

检察机关重点对公安机关有案不立、有罪不究、以罚代刑等问题依法开展立案监督。严把诉讼关，强化审查意识，对影响定罪量刑的事实和证据认真复核审查，对事实不清、证据不足、不符合起诉条件的及时同侦查部门交换意见，并依法作出不批准逮捕、退回补充侦查或不起诉决定，对侦查机关的违法行为及时发出检察建议和纠正违法通知书，防止错案发生，确保无罪人不受刑事追究。通过出庭支持公诉等多种形式，多渠道对审判活动进行监督，确保当事人及诉讼参与人的合法权益；通过以抗诉工作为重点的审判监督，加强抗诉工作的准确性和权威性；注重对审判程序中各个环节的监督，保证庭审活动的合法性和诉讼参与人的诉讼权利；依法及时对刑事判决裁定进行审查，对符合抗诉条件的依法予以抗诉。

第二节　检察工作

一、刑事检察

1988 年后，县检察机关把打击的重点放在严重危害社会治安和人民生命财产的暴力犯罪、流窜犯罪、流氓恶势力和带黑社会性质的犯罪上，依法批捕、起诉，从重从快打击刑事犯罪。对杀人、强奸、抢劫、重大盗窃等重特大刑事案件提前介入，指派骨干力量办案，做到快捕快诉、快审快结，使刑事案件在检察环节不梗阻。1988—1997 年，受理公安机关和自侦部门提请批捕案犯 936 人，经审查决定批准逮捕 760 人，不捕 99 人，退回公安机关补充侦查 64 人，公安撤回 13 人；受理移送起诉、免诉案犯 892 人，经审查决定起诉 767 人，免予起诉 52 人，不诉 7 人，移送市检察院审查起诉 40 人，移送其他检察机关 1 人，退回公安机关补充侦查 16 人，公安机关撤回 3 人，积存 6 人。

1998—1999 年，受理公安机关提请批准逮捕案件 57 件 77 人；经审查，批准逮捕 50 件 60 人，其中杀人、放火、抢劫、强奸、故意伤害等重大案件 19 件 20 人。受理审查起诉案件 58 件 74 人，向县法院提起公诉53件69人，移送绵阳市中院审查起诉6件9人。批捕、起诉案件审结率均为100%。2000年，受理公安机关和自侦部门提请和移送审查批捕案件28件41人，受理公安机关和自侦部门移送审查起诉案件29件35人，审结率均为100%。3月12日，桂溪乡发生一起重大杀人抢劫案，涉案犯罪嫌疑人5人，办案干警在一天内审查全部案件材料，并予以批捕；起诉部门在短时间内完成案件的审查工作，并移送市检察院审查起诉。2001—2004年，共受理公安机关提请批准逮捕案件150件230人，受理公安机关和本院自侦部门移送起诉案件163件219人。2005—2006年，受理公安机关提请批捕案件86件136人，批准逮捕79件118人；审查批捕和审查起诉审结率、公诉案件的有罪判决率均达100%。

2007年，受理公安机关提请和法院自侦部门移送审查批捕案件27件36人，批准逮捕21件28人，不批准逮捕5件7人，决定不予逮捕1件1人，法定期限内审结率100%，批捕率77.8%；受理公安机关和法院自侦部门移送审查起诉案件48件69人，审结案件47件68人，提起公诉43件63人，不起诉3件4人，退回公安机关1件1人，1件1人正在审查之中。提起公诉的36件53人，经法院审理后均作有罪判决。

二、反贪污贿赂和渎职犯罪

检察机关历来把反贪污贿赂斗争作为重要工作，狠抓一个“准”字，采取“抓系统，系统抓”的办案方法，到重点部位，深挖窝案、串案；开展国家机关工作人员渎职犯罪和利用职权侵犯公民人身权利的犯罪法纪检察。1988—1997年，受理贪污贿赂等经济案件线索274件，初查259件，立案侦查67件，为国家、集体挽回经济损失73万元；受理法纪案件125件，经初查124件，立案17件，决定逮捕犯罪嫌疑人5人，侦查终结，移送起诉10件、免予起诉6件、撤案1件。

1998年，着力查办发生在国家机关、乡镇、破产企业中严重损害群众、国家、集体利益等官吏腐败、司法腐败案件，为经济建设保驾护航。共受理贪污、贿赂等经济案件和渎职案件线索31件，初查30件，立案侦查6件6人，其中大案要案3件3人；贪污、贿赂、挪用公款5件5人，立案案件起诉到法院的检控成功率为100%。1999年，受理各类经济犯罪案件线索35件、渎职案件7件，立案6件6人，侦查终结并移送起诉5件5人；为国家、集体挽回直接经济损失120余万元。派员参加17项建筑工程招标活动，标的1200万元以上，签订廉政合同17份。针对青片河林业局破产改制整体出售时发生的群体性事件，组织10余名干警开展调查核实，为企业追回职工应交款84万余元和“三菱”越野车1辆。2000年，受理贪污贿赂犯罪案件线索19件、渎职犯罪案件线索4件，立案4件4人，侦查终结并移送审查起诉4件4人，撤案1件1人，侦结率83.3%，为国家集体挽回直接经济损失33万余元。

2001年，按照省检察院要求，加强打击职务犯罪。是年查办的25件线索中，有关单位移送或反映5件，侦查中发现线索11件，举报线索9件。将石蓑衣大桥、夏禹大桥、北茂公路改造工程和通口镇、小坝乡、建委、卫生系统作为预防职务犯罪工作示范点，建立监督网络，形成预防主体。全年监督招投标工程19项，标的金额2947万元，签订廉政协议19份。受理各类职务犯罪线索25件，初查5件，立案侦查2件2人。2002年，加大查办和预防职务犯罪工作力度，受理贪污贿赂案件线索10件，初查10件，立案3件3人；受理渎职侵权案件线索4件，初查4件，立案2件1人（其中1件以事立案），为国家挽回直接经济损失10万余元。预防职务犯罪工作连续4年名列绵阳市各县、市、区第一名。

2003年，聘请人民监督员3名，开展人民监督员制度试点。是年受理各类职务犯罪案件线索16件，初查16件，立案4件4人，其中贪污贿赂案件线索13件，初查后立案3件3人（含市、县联合办案2件2人）；渎职侵权案件线索3件，初查后立案1件1人。为国家、集体挽回经济损失1000

余万元。2004年，受理各类职务犯罪案件线索16件，初查16件，立案4件4人，其中受贿案件3人，渎职侵权案件1件1人，为国家挽回经济损失30余万元。

2005年，开展查办和预防职务犯罪工作，全年参与重大工程项目招投标活动73次，向有关单位提出检察建议13份。与县林业局等单位建立共同开展预防职务犯罪工作机制，收到较好社会效果。是年受理和发现贪污贿赂案件线索17件，初查后立案侦查1件1人；受理和发现渎职案件线索8件，立案5件5人，提起公诉2件2人。自2003年与市检察院联合办理夏禹电力公司有关人员职务犯罪案件，为县财政挽回经济损失600余万元。2006年，受理贪污贿赂案件4件，依法予以初查4件，初查率100%，立案侦查2件2人，侦查终结移送起诉2件2人，经公诉部门依法起诉，法院均作有罪判决；受理渎职侵权案件线索8件，其中涉嫌滥用职权2件、玩忽职守5件、徇私枉法1件，经依法审查，均未进入初查程序。2007年，受理贪污贿赂案件线索7件，初查7件，立案侦查挪用公款案1件1人，提起公诉后法院作出有罪判决；受理渎职侵权案件线索4件，初查4件，立案侦查3件3人，侦查终结移送审查起诉3件3人，提起公诉2件2人，法院均作出有罪判决。

三、控告申诉检察

1988—1997年，受理群众来信来访1182件，其中群众来信740件，接待群众来访442件。经审查，为检察院业务部门提供线索398件，移送其他检察机关1件，转送其他单位675件，直接答复86件，存查22件。受理申诉案件103件，经审查，纠正1件，维持原决定5件，作法律解释息诉96件，当事人上诉中院1件。1999年，对1997年后的179件控申、举报线索输入微机管理。实行检察长接待日制度，每月1日、15日接待群众来访。利用有线广播、电视开展举报宣传，深入重点场镇宣传，举报线索明显上升。2000年，受理单位、群众举报、控告、申诉、来信来访63件，其中受理申诉案件24件（刑事申诉2件、民事申诉11件、行政申诉1件、其他10件）；控告案件20件，其中刑事控告6件、法纪案件线索4件、一般违法案10件。受理各类举报线索19件，其中贪污线索13件、贿赂线索5件、挪用线索1件。

2001—2005年，每年受理申诉案件少则20余件，多则70件，全部依法进行办理。2006年，受理群众来信来访32件，其中申诉12件、控告13件、举报经济问题和渎职7件，所受理事项均依法予以处理。2007年，受理人民群众来信来访44件，均做到件件落实、去向清楚、责任明确。通过新闻媒体，街头宣传，发便民卡等多种形式，开展法制宣传教育。继续落实首办责任制和检察长接待制度。依法做好受理人民群众的合理诉求，做好息诉息访工作。全年无到省、高检院“涉检上访”案件和群体性过激上访案件。县法院通过省级“文明接待室”复查验收。

四、监所检察

1988年后，县检察院配合“严打”斗争，加强对看守所进行执法和安全检查，配合看守所开展对在押犯人的教育改造。对判决、裁定生效的案犯及时督促送交劳改场所改造；超期羁押的案犯，及时督促办理单位结案；对管制、缓刑、保外就医、假释、暂予监外执行的五种罪犯，逐个进行考查，帮助基层制定帮教措施，促进改造；配合看守所，对监舍进行检查，坚持五一、国庆、元旦、春节之前进行大检查，平时不定期检查，清除不安全物品，提出防范建议；每季度召开一次由检察院、公安、看守所、武警中队参加的联席会议，通报押犯思想改造情况及存在的问题，研究增添措施，加强防范，重大节日前请“四长”（检察长、公安局长、法院院长、司法局长）为在押犯人宣讲法律，教育在押犯人认罪服法、老实改造，及时纠正看守所管教干部和武警战士在监改中的违法行为。

2000年后，把违法减刑、假释、取保候审、保外就医、暂予监外执行、超期羁押、任意改变强制措施等问题作为监督重点。坚持对在押人员“进”“管”“出”三个环节进行检查，发现问题及时纠正。2006年，共监督投案罪犯18次27人，建议公安机关遣送管教1人，审查留所服刑人员是否合法4人；对判处缓刑、暂予监外执行的56名罪犯建立人头档案，督促公安机关对辖区内暂予监外执行罪犯进行考察，保证刑罚的正确执行。2007年，加强刑罚执行监督，狠抓防止超期羁押、脱管漏管等工作，确保“零超期”；对监管活动中存在的不安全因素，提出意见或建议，确保无安全事故发生；对减刑对象予以公布，增强透明度，对假释、暂予监外执行的注意考察，确保正确执行刑罚。对119名罪犯进行核查，对脱管犯及时与当地执行机关联系，建议收监执行剩余刑期，刑罚得到公平执行。

五、民事行政诉讼检察

1993年，县检察院依照法律规定开展民事行政诉讼监督，对认为确有错误的，依法提请抗诉或向县法院提出再审建议。至1997年，受案24件，经审查立案16件；通过宣讲法律息诉5件，建议县法院重审1件，调处1件，纠正2件，转县法院2件，转有关单位酌情处理2件，提请市检察院抗诉2件、省检察院抗诉1件。

2000年，受理民事、行政检察申诉案件6件，立案5件，作息诉处理1件；向市检察院提请抗诉3件，被采纳抗诉1件，在办2件；向县法院提出检察建议1件，县法院作出调解纠正。2001年，受理民事行政申诉案件23件，全部审结；提请抗诉7件，市院采纳抗诉意见6件。2002年，受理民事申诉案8件，立案审查7件，息诉审结1件；办结后提请市院抗诉1件，市院支持抗诉意见1件。2003年，受理民事申诉案件5件，审查处理5件，其中立案4件，均终止审查。办理支持起诉案件1件，不立案（息诉）1件。2004年，受理民事申诉案件5件，立案5件；经审查提请抗诉1件，终止审查2件。2005年，受理民事申诉案件9件，立案6件，不予立案3件；经审查后提请市检察院抗诉5件，办理支持起诉案件1件、刑事附带民事案件1件。2006年，受理民事申诉案件5件，审查处理5件，其中立案审查1件，不立案审查4件；立案审查后依法向县法院提出再审建议1件，出席再审法庭1次。2007年，法院在民事、行政审判监督中，坚持有案必办的原则，对符合抗诉条件的案件坚决提请抗诉；对法院的正确判决做好息诉服判工作。

第四章　法院

第一节　审判机构与审判改革

一、机构

1988 年，县法院内设刑事审判庭、民事审判庭、经济审判庭、告诉申诉审判庭、执行庭和办公室。1990 年 6 月，组建行政审判庭，配备行政审判人员 2 人。1997 年，增设政工科和司法警察大队。2001 年，组建立案庭、审判监督庭。2007 年，设有民事审判庭、刑事审判庭、行政审判庭、审判监督庭、立案庭、执行局、法警队、纪检组、政治处、办公室、监察室 11 个部门。

1988 年，设曲山、通口、陈家坝、治城（禹里）、小坝、坝底 6 个基层法庭；1995 年新设擂鼓法庭。2001 年，在陈家坝、擂鼓组建中心法庭。是年 5 月，经县委和县法院改革领导小组决定，治城（禹里）、小坝、坝底法庭保留机构编制，人员全部撤回院机关，统一调配使用。2007 年，县法院下辖擂鼓、曲山、陈家坝、治城（禹里）、小坝、坝底 6 个基层法庭。

县法院坚持一手抓办案、一手抓队伍建设。通过开展教育整顿、接受人民代表评议整改、深化法官队伍建设，全面提高队伍素质，保证审判任务的顺利完成。

二、审判方式改革

1988 年后，坚持审判工作为“稳定、改革、开放、发展”服务，成立以院长为组长的审判方式改革指导小组，全面推行经济、民事、行政审判方式的改革，提高办案效率。1996 年，开展直接开庭审判方式的业务研讨和竞赛活动；刑事审判注重强化庭审功能、合议庭职责，要求当庭“举证、质证、辨证、认证”，保证新刑诉法的顺利实施。1997 年，增强审判工作的透明度和公开性，缩短办案周期，提高办案质量和效率，降低诉讼成本，方便群众诉讼。2001 年，组建立案庭、审判监督庭和陈家坝、擂鼓中心法庭。对各庭室负责人、执行队长、审判长实行选任制，采取书面考试、竞职演讲、民主测评、考察、公示等程序重新任命，对审判长、执行长实行末位淘汰制，强化审判长、执行长及合议庭职责，将案件的裁判、执行权交给审判长、执行长。2003 年，本着大立案、精审判、重执行、强监督的改革原则，实行审判流程管理制，建立科学的审判管理机制。坚持统一立案、分案，将立案权与审判权分开。刑事案件由刑庭专门办理，避免量刑中的畸轻畸重；民庭和行政庭轮流办理民事案件，避免忙闲不均；行政案件由行政庭一个庭办理，确保审判质量。乡镇法庭撤并后，开展到乡镇巡回审理案件，保证审判工作不削弱。

2005 年，加强立案和信访“文明窗口”建设，体现司法活动的人文关怀；继续开展司法救助工作，对经济确有困难的当事人，尤其是涉及妇女、老人、未成年人、残疾人追索赡养费、抚养费、抚恤金、养老费等诉讼案件，依照有关规定实行诉讼费减、免、缓。

2006年，落实司法为民的要求，将诉讼程序、诉讼须知、诉讼风险提示制作成宣传图片在各乡镇张贴，将立案庭、各业务庭室的电话及主要负责人名单向各乡镇公布，方便群众咨询，指导当事人正确行使诉讼权利；对全县各乡镇落实相关业务庭分片包干负责巡回审理制度，凡对案发地群众有普遍教育意义、案发地群众较为关注的案件、涉及弱势群体保护的案件，均到案发地进行巡回审理。

2007年，根据上级法院的相关文件要求，积极稳妥地推进审判方式、监审、审委会工作等审判改革，提高办案效率。

第二节 审判工作

一、刑事审判

1988年后，县法院依法严惩刑事犯罪和经济犯罪，开展“打拐”“反盗”专项斗争，开展“严打”“除六害”和反腐败斗争，重点打击杀人、抢劫、涉枪、拐卖妇女儿童、强奸、车匪路霸、带黑社会性质的犯罪团伙和流氓恶势力。1988—1997年，受理刑事案件557件906人，审结541件857人，结案率为97.1%。

1998—1999年，审结一审刑事案件80件91人。

2000年，受理各类刑事案件46件52人，其中公诉案件29件32人（含旧存4件5人），自诉案件17件20人；包括投毒案1件1人，故意杀人案1件1人，强奸案2件2人，抢劫案3件3人，破坏广播电视设施案1件1人。处3年以上有期徒刑9人，生效判决中18～25周岁人员占50%。审结贪污案件3件3人，挪用公款案2件2人，玩忽职守1件1人，其中5件作有罪判处，公诉机关撤回起诉1件1人。

2001—2005年，依法打击严重暴力犯罪、有组织犯罪、多发性侵犯财产犯罪。每年受理并审结各类刑事案件36～56件，结案率96%以上。

2006年，坚持惩治犯罪与保障人权相结合，维护社会治安秩序和社会管理秩序以及国家司法机关的正常活动；落实省法院《关于审理未成年人刑事案件若干问题意见》，全力教育、感化和挽救失足未成年人。全年受理刑事案件54件，审结54件，结案率100%，判处罪犯85人。

2007年，依法严厉打击爆炸、杀人、抢劫、绑架等严重危害人民群众生命财产安全犯罪与抢夺、盗窃等严重影响社会治安的多发性侵犯财产犯罪，依法惩治贪污、贿赂、渎职等职务犯罪。受理刑事案件49件，审结49件，结案率100%，判处罪犯70人。对未成年人犯罪，坚持教育、感化、挽救的方针，寓教于审，惩教结合，有效防止重新犯罪。

二、民事审判

1988年后，民事审判实行分片负责、案件到人的办法，健全落实法庭结案目标责任制和分片负责制度，快审快结。重点审查起诉证据，探索和强化民事案件当事人举证责任制，提高执法水平和透明度。强化服务意识，超前服务，化解矛盾纠纷，加快办案进度，审结案件普通程序不超过6个月，简易程序不超过3个月。至1997年年底，共受理民事案件2579件，审结2283件，结案率为88.5%。3个月内审结的2166件，占审结案件的94.9%；6个月内审结的117件，占5.1%。

1998年后，民事案件增多，每年审结300件以上。在民事案件中，婚姻家庭案件所占比重较大，且呈上升趋势。在审理中运用法律引导当事人正确处理社会主义婚姻家庭关系和财产关系，维护社会公德和家庭伦理道德，切实保护妇女、儿童和老人的合法权益。对有过错一方立足批评教育，尽量做好和好工作，对感情确已破裂的，在照顾无过错一方、有利子女成长的前提下判决离婚。1998年受理婚姻家庭案件189件，占民事案件的50%；婚姻家庭案件离婚案137件，其中调解和好32件，调解离婚 83 件，判决离婚 9 件，判决不准离婚 13 件。

1999 年，受理审结婚姻家庭案件 204 件，占民事审结案件的 49%。其中离婚案件 187 件，占婚姻家庭案件的 92%；调解离婚 137 件，调解不离婚 26 件，判决离婚 19 件，判决不离婚 50 件。

2001 年，受理各类民事案件 369 件，其中婚姻家庭案件 164 件，赔偿案件 48 件，合同案件 68 件，其他 89 件；审结 336 件。审理婚姻家庭纠纷案件时，应用新《中华人民共和国婚姻法》，依法处理好婚姻家庭关系和财产关系，维护社会公德和家庭伦理道德，切实保护妇女儿童的合法权益。审理赔偿案中，注重把握双方争执的焦点，抓住引发纠纷的原因，消除不安定的矛盾隐患，防止矛盾激化。对因农村“五争”案件引发的赔偿纠纷，坚决维护农村政策的稳定性，以林权证、土地使用证、承包合同等为法定依据，依法处理。对因企业用工、私人帮工而引起的赔偿纠纷，正确应用《中华人民共和国劳动法》等有关行政法律法规，既支持劳动用工制度改革，又保护职工和个体劳动者的合法权益。

2002—2004 年，受理民事一审案件分别为 301 件、256 件、276 件，结案率 92.97%～97.35%。

2005 年，在民商事审判中，坚持“能调则调，当判则判，调判结合，案结事了”十六字方针，依法调处各种民商事法律关系，化解社会矛盾，促进社会公平与正义。受理各类民商事纠纷案件 282 件，审结 261 件，其中婚姻家庭案件最多，117 件。

2007 年，受理各类民商事纠纷案件 289 件，审结 275 件，结案率 95.16%。其中审结婚姻家庭、邻里纠纷案件 158 件，劳动争议案件 12 件，林地纠纷案件 15 件，侵权及合同等纠纷案件 61 件。贯彻和谐司法理念，强化诉讼调解工作，依法调处各种民商事纠纷案件 193 件，调解结案率 70%。

三、经济审判

1988 年后，借款合同纠纷案、购销合同纠纷案增多。案件审理中充分发挥法律的调控作用，对外地法院委托代办、代查事项，以及上级法院指定管辖的案件，均在法定时限内办结。1988—1997 年，共向企业提出书面、口头司法建议 47 次。对破产企业，会同有关部门开展清产核资工作，对“三角债”按照法律程序开展“清欠”工作，抓好审判执行“一条龙”工作。10 年中，共受理经济纠纷案件 617 件，审结 574 件，结案率 93%，结案诉讼标的 438 万元。

1998—1999 年，分别审结经济案件 108 件、51 件。

2000 年，受理各类经济案件 40 件，审结 33 件。审结案件中，经济纠纷占 26 件，含购销合同纠纷 7 件，建筑工程承包合同 1 件，借款合同 13 件，其他经济纠纷案件 5 件。

2001—2007 年，每年受理经济纠纷案件 116～165 件。

合作基金会案件审理　1999 年，县法院调动法庭力量参加涉及合作基金会案件的审理。在审理过程中，采取财产保全措施，防止抽逃；正确运用法律与政策，执行全省统一标准，既防止高息揽储给国家、集体造成的损失，又切实保护储户的利益。同时，县法院抽调精干力量配合当地政府采取多种形式催收借款，对有财产的扣押变卖财产，对拒不履行判决的强制执行。共出动干警 150 人次，车辆 30 余趟，办结合作基金会案件 20 件，执行总标的 46 万元。

破产案件审理　1998 年后，经济审判工作围绕县委、县政府的改革部署，通过法律手段实现亏损企业的资产重组，促进现代企业制度的建立。至 2000 年年底，全县有 38 户企业由法院宣告破产还债，其中国有 17 户、乡镇集体 21 户，涉及企业职工 1508 人；完成终结破产程序 32 户，其中 2000 年破产终结 9 户。2001 年，协助企业和政府职能部门解决企业重组后的遗留问题，依法保护国家利益和外地投资者的合法权益；抓好破产企业的拍卖工作。全年办结破产案件 6 件，涉案债务 775 万元，安置职工 67 名。

四、行政审判

1990 年 6 月，组建行政审判庭，按照行政案件的基本原则及审判程序，加强行政执法监督。10

月,《中华人民共和国行政诉讼法》施行。行政审判庭坚持有案必收、大胆判决、公开审理的原则,适当扩大办案的综合效果,依法维护行政机关依法行使职权的威信。

1990—1997 年,共受理行政案件 12 件,审结 11 件。

1998—2000 年,每年受理审结行政案件 2 件。

2001 年,保持与运政管理、交通稽查、卫生防疫、质量技术监督等行政执法部门的联系,参加执法座谈会 25 次,协助制定规章 14 个;协助乡镇做好农业税征收工作。全年共受理非诉行政处罚执行案 36 件、卫生防疫处罚案 21 件。

2002 年,主动为行政执法部门送法上门,提供司法建议,全年受理并审结行政诉讼案件 1 件;对申请来院的非诉行政案件依法审查,及时办理,坚决执行。全年受理行政非诉执行案件 39 件,标的 15 万元,已执结 28 件。

2003 年,在行政审判中既保护行政相对人的合法权益,又促进行政机关依法行政;坚持在维护稳定、促进发展的大前提下依法予以判决。全年受理审结行政诉讼案件 4 件,结案率 100%。全年共受理执结非诉行政处罚执行案件 24 件。

2004—2007 年,每年受理并审结行政诉讼案件分别为 2 件、4 件、12 件、4 件。

第三节　执行工作

1988 年 10 月,组建执行庭。面临“执行难”的突出矛盾,搞好审执结合。对借款合同纠纷案、“三角债务”的清欠工作,采取主动催收与法院依法执行相结合的方法;针对农村个别农户欠缴“双提款”问题,以说服教育为主;对严重影响社会安宁的案件,组织力量果断执行,院长、副院长多次亲临执行工作现场指挥,以强化执行工作。推行分解执行制度,撤销执行派出机构,贯彻执行错案追究制度。1989—1997 年,共受理执行案件 1601 件,结案 1288 件,执行标的共计 648 万元。

1998 年,坚持审判与执行工作紧密结合,采取诉讼保全或先予执行,既促进案件顺利审结,又防止法律文书“打白条”。主动向执行所在地党委、政府汇报工作,争取理解和支持;面对地方保护主义,敢于碰硬,先后到平武、新都、三台和江西等地强制执行;对外地法院及当事人到县执行的给予积极支持配合。全年受理各类执行案件 182 件,结案 170 件,执行标的 270 万元;其中强制执行 32 件,占结案数的 18.8%,采取拘留措施 3 件 3 人,对妨碍执行者罚款 3 人。

1999 年,共受理各类执行案件 275 件,结案 238 件,执行标的 735 万元;对有钱不给,无钱又不讲理的 5 名当事人实行强制拘留。

2000 年,受理各类执行案件 344 件,执结 322 件,标的 783 万元,其中行政非诉执行案 182 件(61 件属卫生防疫处罚案件)。先后在各地召开执行现场会多次,采取强制搜查措施 5 次,拘留被执行对象 2 人。

2001 年,成立 3 个执行队,实行执行案件当事人选择承办人制度和执行长末位淘汰制,采取查封、扣押、冻结、拘传、拘留等措施,有效地执结大批案件。是年共受理各类执行案件 193 件,标的 768 万元,执结 159 件,标的 472 万元;其中采取强制措施执结 63 件,占结案数的 39.6%。全年共受理委托执行案 3 件。

2002 年办结各类执行案件 96 件,执结率 94.1%。

2003 年受理执行案件 102 件,执结 98 件。

2004 年受理执行案件 61 件,执结 50 件,标的 920 万元;是年受理省、市法院指定执行案件 3 件,标的 251 万元。

2005年，依靠当地基层组织的力量，注重做当事人思想工作，化解矛盾；重大疑难案件主动向县委、人大汇报，为顺利执行创造良好的法制环境。落实承办人责任制，增强执行的透明度、公开性。共受理执行案件85件，执结79件，执行标的3200万元。

2006年，落实中央政法委《关于切实解决法院执行难问题的通知》精神，建立党委领导、人大监督、政府参与、政协支持、各级配合、法院主办的执行工作新格局。将工作重点放在清理执行积案上，组织执行干警对所有未结案件进行认真细致清理，在摸清情况的基础上，实行承办人具体提方案、领导挂案督办的方法，突击执行。全年受理执行案件76件，执结71件，执结率93.42%，执行标的1135万元。

2007年，受理各类执行案件47件，备案登记38件，执结46件，实际执结标的150万元。

第四节　告诉申诉

1988年8月，组建告诉申诉庭。至1989年年底，共受理审查刑事、民事、经济、行政、执行、申诉案件314件，立案141件，说服息诉34件，转有关单位8件；正、副院长接待人民群众81人次。1990年，申诉案件8件，审结8件；调解简易民事纠纷51件，处理来信455件，接待来访179人次。1991—1997年，共接待来访4669人次，收到人民群众来信和信访办转来信件3993件。审查告诉3856件，立案处理407件。立案处理中，申诉立案2件，告诉立案159件，驳回32件，转处177件，调解简易纠纷178件，解答法律咨询387件，撤诉22件，说服息诉167件。坚持实行院长接待来访日制度，做到事事有记载，件件有答复。

1998年，坚持立、审分离制度，统一审查立案收费，杜绝办人情案、关系案；加大案件的再审力度，切实纠正错案；对不符合再审条件的多做说服教育工作，使当事人服判息诉。注重案件的跟踪调查，严格执行错案追究责任制，开展执法大检查，确保办案质量不断提高。全年共处理来信262件，接待来访282人次；受理并审结民事再审案件5件，经济再审案件2件，其中维持原判2件，改判4件，调解结案1件。

1999年，开展“质量年”活动，全年无上诉改判的错案发生，审结案质量名列全市前茅。接待来访194人次，处理来信509件次；受理再审案件7件，办结6件，均予以维持。

2000年，落实《追究错案责任制》，坚持有错必纠，确保办案质量。全年立案再审案件3件，其中1件依法予以维持，1件作补证判决，1件正在办理。经5月、12月两次逐件核查各类上诉案件，未发现错案。

2001年，受理再审案件6件，其中检察机关抗诉的5件，当事人申请再审1件，审结6件。促成双方当事人达成调解协议3件，改判3件。对发生错案的审判人员进行通报批评、书面检讨等纪律处分。

2002年，受理审结再审案件4件，其中当事人提供新证据、依法质证予以改判1件，纠正判决1件，调解解决2件。

2003年后，进一步完善内部监督制约机制和案件质量评查机制，每年均于半年、年终对案件进行评查，提高办案水平，发现问题及时纠正，减少错案发生。

2007年，审监庭共评查各类案件399件，其中民事案件265件、行政案件3件、刑事案件47件（刑附民4件）、执行案件75件、支付令案7件、申诉立案审查2件。

第五章　司法行政

第一节　机构设置和法制教育

一、机构

1988年，县司法局设宣教、调解、公证律师股和办公室，在职24人，其中局机关18人，乡镇司法助理员6人。1997年共有27人，其中局机关19人，乡镇司法助理员8人。2007年，县司法局设宣教、基层、公证律师股和办公室；职工在职20人，其中局机关13人，乡镇司法助理员7人。

1988年3月，成立擂鼓司法所，6—11月先后成立曲山、陈家坝、通口司法所。1992年5—7月，相继成立小坝、中心（坝底）、治城（禹里）司法所。1996年12月，桂溪乡设司法助理员，1997年9月成立桂溪司法所。2000年11月底，全县实现乡乡建司法所，建所率达100%。

二、普法

“一五”普法（1986—1990年）期间，全县成立村以上的法制建设领导机构1213个，拥有专职兼职法建工作者3500人。安排学习法律、法规68部，举办普法培训班1500场次，参加普法学习近10万人次，占普法对象65%；其中各级领导干部参学累计1.35万人次。通过学习，90%以上的普法对象对法律有初步的了解。

1991年，贯彻全国人大常委会《关于开展法制宣传教育的决议》，展开“二五”（1991—1995年）普法。全县建立健全各级法制领导小组206个，配备专、兼职普法工作人员217人，安排学习法律、法规465部，其中普法对象必学法律、法规22部。举办各类普法培训班115期，参训人员1.57万人；采取广告、专栏、广播讲座、发放资料等方式进行宣传法律法规，9.1万名党政机关、厂矿企业、个体工商户、居民、农民普法对象参学，参学率90%，各类普法对象考试考核合格率98%。

1996年，贯彻全国人大常委会《关于在全体公民中开展法制宣传教育第三个五年规划的决议》，各地、各部门法制建设领导机构和办事机构进一步健全和完善，制定规划，广泛开展社会动员，购买《社会主义法制建设基本知识》《“三五”普法必读的法律法规选编》等学习宣传资料，开展普法试点，培训宣传骨干。1997年进入全面实施阶段。1998年，以领导干部和执法人员为重点，分期分批进行法律知识培训。各部门、各行业结合自身特点，分别举办卫生防疫、财政税法、档案、水土保持等法律法规知识培训，提高执法人员的法律知识水平和业务能力。1999年，对全县乡镇、村干部共983人进行《中华人民共和国婚姻法》《中华人民共和国收养法》《中华人民共和国继承法》《中华人民共和国土地管理法》《中华人民共和国森林法》等法律培训。2000年，针对薄弱环节，开展查漏补缺和整改工作，在全县各乡镇、各部门进行普法学习考试。9月中旬，全县“三五”（1996—2000年）普法通过省、市组织的检查验收。曲山镇黄家坝村受到省委、省政府表彰，县财政局、司法局、擂鼓镇政府受到市委、市政府表彰。

2001 年，启动“四五”（2001—2005 年）普法。健全和完善“四五”普法组织机构，统一组织征订“四五”普法干部读本。先后组织开展“国宝杯”、世贸知识、国土法律法规、计划生育法规知识等竞赛。2003 年，开展以“防非典”“12·4”法制宣传、国土资源和环境保护、矿山安全生产、交通运输安全、食品卫生防疫、天然林保护、野生动物保护和退耕还林工程、严打整治斗争、青少年法制教育、送法下乡等为主要内容的法制宣传教育；举办科级干部、妇女干部等普法培训班。2004 年，加强对《中华人民共和国宪法》及其修正案、《中华人民共和国行政许可法》的宣传学习，两次组织全县 4100 余名干部职工和广大青少年学生参加四川省百万公民宪法知识大赛活动。开展道路交通法、安全生产法、土地资源法、森林法、税法等法律法规的宣传。加强青少年法制教育，命名北川中学、擂鼓初中和曲山小学为县内首批“青少年法制教育基地”；加强农村基层民主法治建设，命名曲山镇景家村、黄家坝村，擂鼓镇盖头村等 7 个村为县内首批“民主法治示范村”，禹里乡湔江村被绵阳市法建办命名为绵阳市“民主法治示范村”。2005 年，加强青少年法制宣传教育，在北川中学开展“青少年学生预防犯罪专项法制教育活动”，邀请绵阳市失足青少年报告团到会，为全校 3000 余名青少年进行现身说法。开展对全县各乡镇、部门、企事业单位、学校的普法工作全面检查验收。2006 年 3 月，结合“科普宣传月”“综治宣传月”“公民道德宣传月”活动，以“学法、守法、维护社会稳定”为主题，开展形式多样的法制宣传教育活动，组织机关干部、律师、公证员、基层法律服务工作者等 20 余人分别到曲山、坝底、小坝、禹里等到乡镇开展“送法下乡”活动。春节期间在县城汽车客运站开展“外出务工人员维权法制宣传活动”，加强对流动人口和外出务工人员的法制宣传教育。在全县中小学校开展优秀法制课教案评选活动，提高中小学法制课教学质量。是年，对“四五”普法进行总结表彰，19 个先进集体、56 个先进个人分别受省、市、县表彰。到基层摸底调研，制定“五五”（2006—2010 年）普法规划。

第二节　人民调解

一、调解组织

1989 年，县司法局调解股更名为基层股，主要负责基层人民调解管理和基层法律服务管理工作。全县共有 296 个基层调解委员会，其中一、二类调解委员会 286 个。此后，不断加强基层调解组织建设，巩固和健全各乡镇、村社调解网络。

二、调解工作

1988—1997 年调解委员会受理案件 19116 件，成功调解 17266 件，防止纠纷激化 209 件，帮教失足青年 3057 人，协助建立文明村、文明街 300 个、文明户 32087 户；各司法所共调解纠纷 1362 件，调解成功 1312 件。

1998 年，继续加强基层调解组织建设，巩固和健全各乡镇、村社调解网络，层层落实调解责任制，及时处理影响大、易激化的纠纷。是年调解各类民间纠纷 1435 件，调解成功 1381 件，防止民间纠纷引起的自杀 26 件 38 人、民转刑 23 件 40 人。1999 年，调解纠纷 1310 件，调解成功 1258 件，防止民间纠纷引起自杀 18 件 28 人、群体性械斗 23 件、群体性上访 15 件 438 人。

2000 年，除开展经常性的调解活动外，在春耕大忙期间开展民间纠纷专项治理活动，调解纠纷 460 件，调解成功 448 件，确保春耕生产的顺利进行。2001 年后，对调委员会进行整顿，做到组织、制度、人员、工作“四落实”。每年调处各类民间纠纷 1000 多起件，无刑事案、无群众性械斗、无群体性上访的村达75%。2004年，全县共有各级各类调解组织303个，调解人员1134人。在擂鼓、禹里法律事务中心建设试点的基础上，先后对通口、曲山、陈家坝、桂溪、小坝、坝底等乡镇开展基层调解网络建设的调查研究，制订方案和措施，推进基层调解网络建设。是年，共调处各类民间纠纷764件，调解成功739件。2005年，调处各类矛盾纠纷327件，调解成功319件；纠纷排查38件，专项治理33件，防止纠纷激化6件。2006年，共调处各类矛盾纠纷1082件，调解成功1028件，调解成功率95%。2007年，调处各类矛盾纠纷915件，调处成功889件，调处成功率97%，全县无民转刑案件。

第三节　法律服务

一、律师队伍

1988年，县内有律师2人。1993年6月，成立北川律师事务所，有律师5人。1997年3月，更名为石泉律师事务所，有律师7名，其中专职5人、兼职2人。2001年4月，改制为合伙制律师事务所，有专职律师15人。

1999年，全县有7个法律服务所。2001年，新建法律服务站9个。2005年，加强基层法律服务所建设，对分布散、管理难、法律服务难到位的“一人所”进行整合和规范，完善相关制度和措施。共年检注册5个法律服务所，注册执业人员16人。

律师和基层法律工作者依法担任机关、企事业单位的法律顾问，代理民事案件、经济案件、行政案件和非诉讼事务，承担刑事案件辩护，接待群众解答法律咨询，代写法律文书，提供法律援助。

二、法律援助

2005年，法律援助受到高度重视，以县司法局为依托建立“法律援助中心”，县司法局内设“法律援助工作股”，组建县总工会、残联、共青团的法律援助工作站，先后在曲山镇、擂鼓镇、禹里乡、桂溪乡建立法律援助工作站，法律援助做到机构、人员、经费、制度四落实。年均办理法律援助事务少则10余件，多则数十件，依法维护社会弱势群体的合法权益。

2001年，成立“两劳”人员安置帮教办公室，负责刑释解教人员的安置帮教工作。全县每年有两劳回归人员数十人，全部得到安置。通过引导、扶助就业解决生活出路以及提供相关法律和政策咨询服务，切实落实帮教措施，帮助刑释解教人员融入社会，预防和减少重新犯罪现象的发生，维护社会和谐稳定。

三、公证

县公证处有公证员3名，技术职称评定四级。公证业务以经济、民事业务为主，以法律咨询业务为辅，随着改革的深入，公证业务逐渐增加，主要以经济类公证为主。

1988—1997年，办理公证1529件，其中经济类1204件、民事类325件；接待群众解答法律咨询4522人（次）。公证业务涉及标的总额14675万元，避免经济损失500余万元。经公证员认真审查核实，拒绝办理伪造事实企图骗取公证的30余件。1998—1999年，受理办结各类公证事务1779件，其中经济公证1693件、民事公证86件。2000—2006年，每年办理各类公证四五百件，2003年最多，办理公证935件。2007年办理各类公证事务680件。

第十一篇

武装

第一章　军事机构与驻军

第一节　县人民武装部

县人民武装部作为地方党委的军事指挥部和政府的兵役领导机关，始终把武装工作置于党的绝对领导之下，接受绵阳军分区和县委、县政府的双重领导，坚持党管武装的原则。1988 年后，坚持县委书记任人武部党委第一书记、县长任县委武委会主任，人武部 1 名主官任县委常委、1 名主官参加县长办公会议的领导体制。设军事、政工、后勤 3 科和办公室，编制共 19 名，其中干部 11 名、工勤人员 8 名，隶属地方建制，为副县（团）级单位。1996 年 4 月 1 日起，根据中央文件精神，县级人武部收归军队建制，改称中国人民解放军四川省北川县人民武装部，设军事科、政工科、后勤科，为团级单位；11 名干部中 3 名就地安排，收归军队建制 8 人中有团职中校和副团少校各 1 名，正营职少校 2 名、副营职少校和上尉各 1 名，副连职中尉 2 名；核定编制为现役干部 10 名，地方职工 10 名（民兵武器装备仓库 6 名、民兵训练基地 4 名）。1998 年，县人武部编制员额调整，编制军官 9 人，职工 10 人。2004 年，县人武部编制员额再次调整，编制军官 7 人，士官 1 人，职工 10 人。2007 年，县人武部实有军官 7 人，职工 8 人。

县人武部结合自身所担负的任务，分析研究战备工作现状，制订完善各种战备预案，重点修订和完善乡镇人武部《战时兵员动员预案》《防暴预案》和《抢险救灾预案》。每逢重大节日，开展节日战备教育，严格落实机关战备值班与基层战备值勤分队相结合制度，不断提高各级各类人员战备意识，加强民兵武器弹药的管理，确保武器弹药的安全。2000 年，狠抓机关在职训练，按照绵阳军分区下发的机关干部训练十则，安排专门时间，对全体干部、职工进行机关行文、行为规范教育和计算机操作技能及车辆驾驶技术培训，做到所有干部、职工可以驾驶指挥车辆，可以组织指挥民兵共同科目训练，有效地提高“两支队伍”的军事素质。2001 年 3 月，根据以临战姿态作好军事斗争准备的指导思想，结合形势需要，以国防动员委员会的名义组织机关带部分实兵，开展不预先告知、近似实战的应急兵员动员演习和防暴方案演练，经验材料在成都军区范围内得到推广。2002 年，以做好军事斗争准备工作为龙头，先后安排 3 名机关干部参加绵阳军分区新参谋培训；利用人武部局域网，组织 15 名机关工作人员进行业务培训和模拟演习，进一步修订完善各类作战预案；组织县职中 130 人的学生进行军训，调整 4 个乡民兵应急分队，完善全县多个民兵信息网。2002 年，狠抓《基层人武部建设纲要》的落实，投资 5 万余元，按统一规划、统一设计、统一制作、统一实施要求，规范乡镇人武部的硬件设施，修订完善各类应急预案，夯实战时动员基础。2004 年，针对国际国内形势，开展形势战备教育，进行高科技知识、信息战理论学习，参谋“新六会”训练；投资 10 余万元加强作战指挥室“三网合一”建设，开通军线网、机关局域网和可视系统。2005 年，加强国防动员、教育工作。以《中国民兵》等刊物为主要教材，通过广播电视等方式进行国防动员、教育，不断提高全民国防意识；健全完善各类战备预案，重点修订和完善乡镇人武部的《战时兵员动员预案》《防暴预案》和《抢险救灾预案》，严格落实机关战备值班与基层战备值勤分队相结合制度；加强民兵武器弹药的管理，确保武器弹药的安全。各乡镇按规定设专职或兼职武装部长。2006年，把国防教育经费列入财政预算，把国防教育纳入普法和全民教育之中，纳入精神文明建设的考核内容；认真分析研究全县战备状况，成立相应的领导小组，制订完善各类战备预案。2007年，修订完善各类应急战备预案，加强理论学习，继续抓好国防教育。是年，省军区拨专款60万元，准备选址搬迁至曲山镇任家坪。

第二节 驻军

县内驻军包括县消防大队和县武警中队。

消防大队　负责消防工作的县消防大队隶属于县公安局。2002年，成立专职消防队。

武警中队　武警中队始终坚持把思想政治建设摆在首位，不断提高官兵的思想政治素质。1992年和1998年，荣立集体三等功。1995年的抗洪抢险中，有5人荣立三等功。1998—1999年，先后有12人入党、5人立功、17人次被评为优秀士兵、52人次受到各种嘉奖、2人被总队评为优秀共产党员。2000—2004年，两次被省武警总队评为先进中队，3次被武警绵阳支队评为先进中队；先后有8人荣立三等功、49人评为优秀士兵，85人受到各级嘉奖，2人被武警总队评为优秀共产党员，1名政治指导员被武警总部评为优秀基层带兵干部。

武警中队严格按照军事训练大纲规定，把训练作为一项经常性工作来抓。坚持科学施训，突出训练重点，从难、从严、从实战需要出发，注重培养官兵吃苦耐劳的精神，练就过硬的军事技能。2002年后，以武警总部下发的新大纲为依据，结合看守勤务的特点，加强防逃制逃、反恐、专勤专训和抗洪抢险等近20个科目的演练，培养官兵刻苦耐劳、顽强拼搏的作风，提高执勤、处理突发事件的能力。

武警中队坚持以执勤和处理突发事件为中心，严格落实勤务八项制度，严密勤务部署，圆满完成警卫首脑机关、看押、押解、逮捕、追逃、处决犯人、维护社会治安、临时勤务和抗洪抢险等任务。1989年，出动警力287人次，行程8600公里，逮捕押解人犯183次，未出任何事故。1992—1995年，共出动警力200余人次参加县内抗洪救灾工作，连续4年被武警绵阳支队、武警四川总队评为达标先进中队。1997年香港回归前后在保证固定目标万无一失的同时，出动兵力30余人次维护和保证社会稳定。1998—1999年，先后参加临时执勤30余次，奉命追逃犯和协助扑灭森林火灾，均圆满完成任务。2000年后，严格落实勤务制度，确保看守目标的绝对安全；每年共出动官兵500余人次，圆满完成押解、逮捕、追逃等临时勤务，取得连续多年无一例执勤事故的好成绩。2006年，中队出动兵力100多人次，先后完成春节期间的城市巡逻、县“两会”安全保卫和县城五一节期间的安全保卫任务，完成协助公安机关抓捕全国通缉犯等各类临时勤务。

第二章　民兵

第一节　民兵建设

一、组织建设

县人武部根据国务院、中央军委1990年12月颁布的《民兵工作条例》和四川省《民兵组织整顿实施办法》，坚持一年一度的民兵组织整顿工作，达到组织健全、队伍纯洁、编组合理、干部齐备、制度落实的要求。根据应急需要，在曲山、擂鼓、禹里、陈家坝4个乡镇各成立民兵应急分队1个。1991年起，在全县开展民兵工作"四个一"达标活动，1994年被省委、省政府和省军区评为达标单位。1995年全县16个乡镇、1个市属森工企业在民兵连（营）部正规化建设和争优创先活动中跨入全市先进行列。1999年按照改进方法、简化程序、缩短时间、突出重点、注重实效的原则和"三落实"方针，狠抓民兵组织调整改革方案的落实，做到民兵组织健全、干部齐备、政治可靠、活动经常。此后，全县民兵组织整顿、军事训练和参加各种活动常态化。

二、装备建设

1992年，按照民兵装备仓库正规化建设"四通""八有"的要求，争取资金18万余元，新建民兵武器装备仓库。2005年，把民兵武器装备安全管理作为重中之重，在仓库安装脉冲电网、报警装置、消防器材，对枪支的堆码采用钢管加固；贯彻落实民兵武器管理规定、仓库值班制度，坚持仓库主任、军事科长、部首长、值班人员查库和仓库警卫、值班干部住库值班制度。

第二节　军事训练

民兵训练基地为县人武部直属事业单位。1996年4月，人武部收归军队建制后，民兵训练基地编制职工4名。是年将70年代修建的砖混结构办公楼改造为民兵军事训练场所。按照"依法经营，照章纳税，合理生财"的原则，积极开展以饮食、住宿为主要项目的对外有偿服务，其收益除投入基地维修及再生产外，主要用于弥补开展民兵、预备役工作经费之不足。基地经多次维修改造，达到可承训100人（含食宿）的规模。

县人武部坚持以训练基地为依托，每年组织基干民兵、民兵应急分队以及部分学生实施规范化军事训练。民兵训练以"训练一个，合格一个，储备一个"为目标，确保人员、时间、内容、效果的落实。1988—1997年，共训练干部310人次、步兵940人次、技术兵630人次、民兵应急分队585人次、学生1210人次、单位职工1300人次；先后选派45名人武、专武干部参加省军区、军分区组织的集训。1992 年，县人武部荣获省军区民兵规范化训练二等奖。

1998 年年后，每年完成年度民兵和民兵干部 100 人左右、民兵应急分队 130 人左右的军事训练。

2005 年，注重抓基础科目训练和军官业务基础、军事理论、高科技学习。为提高民兵预备役人员军事素质，3 月 11 日至 4 月 7 日，分三批对专武干部、民兵干部、民兵应急分队和民兵专业技术分队进行军事训练，参训 231 人，其中步兵 60 人、82 迫击炮 57 人、民兵干部 23 人、应急分队 94 人；经考核验收均达到良好以上成绩。根据制暴维稳的实战要求，首次进行警棍盾牌术和有关战术训练。对全县 28 名专武干部进行信息化知识培训，为各乡镇筹购一套一体化办公设施，提高基层专武干部自动化办公和组织指挥能力。新组建医疗救护、道桥抢险、电信保障、电力抢险、城市洗消等 5 个民兵专业技术分队和一个 82 迫击炮分队，并组织点验。

2006 年，分专武干部、应急分队、基干民兵、专业技术分队四个层次，紧贴形式和县域社会综治需要，适时组织列队、轻武器射击、警棍盾牌、擒拿格斗军事科目的训练，采取理论学习与实践相结合，共同科目训练与专业训练相结合进行实训，训练合格率达 100%。

2007 年，县人武部组织 60 人参加省军区爱军精武比武选拔赛，经过 32 天的训练，最终选拔 4 人参加绵阳军分区比武。5 月，组织 110 人迎接省军区民兵应急队伍达标考核验收，省军区因工作未来考核，定于 2008 年考核。

第三节　社会活动

一、建设乡村

1988 年后，各乡镇人武部根据人武系统实际，在全县开展“一连带一村，一排带一组，一兵带一户”的扶贫帮扶活动。1998 年，组织民兵扶贫科普小组 320 余个，扶贫助耕 800 余亩，民兵联系帮助贫困烈军属、五保户 112 户。各村民兵科普小组学科学、用科学、宣传科学，帮助群众科技致富，提高种养业经济效益，受到群众欢迎；在退耕还林中，成建制组织民兵参加退耕还林工程建设；在乡村公路、人畜饮水等重点工程建设中，民兵挑起工程建设的重担，为当地经济发展服务。2002 年，全县 1700 多个村社组建民兵助耕小组，帮助外出务工农户抢种抢收；漩坪乡、陈家坝乡组织民兵栽植低杆密植桑园 1.5 万余亩，曲山镇、擂鼓镇组织民兵完成“安北路绿色通道”工程建设；坝底乡民兵组织成建制参加千佛山旅游区开发工程，修建村通公路 73 公里。2003—2005 年，重点指导乡镇人武部建好西部大开发的示范工程。全县 20 各乡镇人武部均建有示范工程。2006 年，在乡村公路、人畜饮水等重点工程建设中为当地经济发展做出了突出贡献；在科学种养殖中，各村民兵科普小组带头学科学，帮助群众科技致富；在退耕还林中，成建制组织民兵参加退耕还林工程建设，民兵户退耕还林面积占全县已退面积的 70%。2007 年，继续组织民兵积极参加地方经济建设、扶贫开发。组织干部职工进村入户，了解情况，制订帮扶措施，在全县范围内组织民兵进一步扶贫帮困。

二、抢险救灾

县境洪灾、旱灾、火灾、山体滑坡等自然灾害频发。县、乡镇建有民兵抢险救灾队伍，由人武部长任指挥长。在抢险救灾行动中，民兵抢险救灾队伍执行绵阳军分区和地方党委、政府指令，圆满完成各项抢险救灾任务。1991 年 8—9 月，县内连续 40 余天久旱不雨，30 多万亩农作物受灾；全县组织民兵 2 万余人参加抗旱救灾工作，县人武部派员指挥各乡镇用炸药实施人工降雨，并动用 56018 部队炮兵分别在曲山镇、陈家坝乡、禹里乡、小坝乡、坝底乡用高射炮实施人工降雨。1992 年 7—8 月，县内遭受百年未遇的特大洪水，全县出动民兵 2.37 万人次，筑堤 15 公里，抢救物资 180 余吨，修复公路 60 公里。1995 年“8·11”特大洪灾发生后，全县出动民兵、预备役人员 1.3 万余人，帮助 750 余名群众脱离险境，转移受灾物资 200 多吨，挽回经济损失 1500 多万元。2003 年，先后两次组织民兵 1000 余人扑灭擂鼓镇、白坭乡森林火灾；在防“非典”工作中，组织民兵义务监控在家隔离人员，帮助在外打工农户抢种抢收农作物 1 万余亩。2004 年 5 月 17 日，漩坪乡发生森林火警，在一个半小时内，紧急调动 6 个乡镇民兵 800 余人奔赴火警现场，及时消除火灾隐患；在抗洪抢险中，组织 4000 余民兵集结待命，维护群众的生命财产安全。2005 年 4—5 月，县内出现动物疫情，人武部组织 3000 余名民兵在重点疫区设卡检疫动物，控制疫情的蔓延。7—8 月，县内两次发生洪涝灾情，县人武部先后调集 2000 余名民兵转移群众、转运物资、运送救灾物品，圆满完成救灾任务。2006 年至 2007 年，无抢险救灾任务。

三、维护稳定

县人武部大力加强民兵应急分队、基层武装部和民兵信息网络建设，开展护路、护矿、护厂、护村和“军地预防犯罪共建平安”活动，积极做好民事纠纷调解工作，为维护社会和谐稳定作贡献。1988—1997 年，全县各乡镇在当地党委、政府和人武部统一领导下，配合公安部门维护社会治安，确保一方平安；在历次“严打”、综治专项斗争中，均有民兵参加；在逮疑犯、抓逃犯、制止犯罪和骚乱中，600 余名应急分队成员骨干作用发挥明显。1998 年 7 月，在县看守所关押的一名死刑犯越狱逃跑，曲山镇景家村民兵听到广播后，在民兵连长的带领下迅速设伏堵卡，近一小时就将逃犯抓获。2000 年初，开坪乡人武部获知一名全国通缉犯逃至乡境的信息后，乡应急分队通知各村民兵连设伏堵卡，及时将逃犯擒获。2003 年，按照县委、县政府要求，3 次组织民兵共 350 人次制止群体性闹事事件，圆满完成任务。2004—2007 年，县人武部配合公安部门在安全维稳工作中起到了一定的作用。其中 2005 年全国流窜作案团伙在漩坪电站建设办公室作案，盗窃价值 6 万余元的财物准备逃离现场时，被正在执勤的民兵义务治安巡逻小分队发现，一边通知公安部门，一边进行跟踪布控，盗窃团伙在半小时后就被抓获，保护了国家的财产。

第三章　兵役

第一节　征兵

县人武部坚持以提高兵员质量为核心，依法征兵，廉洁征兵，每年保证兵员征集任务圆满完成，为部队输送一大批优质合格的兵员。1990—1997 年，县人武部连续被评为全市征兵工作先进单位，1990 年、1994 年分别被四川省政府和四川省军区评为征兵工作先进单位。1998 年后，严格执行征兵命令，加强征兵工作的组织领导和宣传动员工作，紧紧抓住体检、政审和定兵三个关键环节。在体检工作中，坚持封闭式管理，严格按征兵体检有关规定执行；在政审工作中，严格落实三级政审、区域联审制度和“谁审查、谁签字、谁负责”的责任制；在定兵时，坚持“集体定兵、公开定兵、择优定兵”的原则，严格按程序办事，确保兵员质量，实现连年无责任退兵。2002 年，被四川省政府和四川省军区评为“征兵工作先进单位”。1991—2007 年，共为国家输送优质兵员 1754 人。

第二节　预备役

1991 年，全县确定服预备役人员总数 23348 人。1992 年，根据成都军区政治部《关于转业干部服预备役的通知》的规定，对 1988 年 9 月 1 日后，符合预备役条件的转业军官进行登记。1996 年，贯彻执行《关于评定授予预备役军官军衔工作的指示》，县委、县政府、县人武部研究部署预备役军官授衔的范围、原则、时间、步骤、程序、方法和要求，实施《中华人民共和国预备役军官法》，开始预备役军官登记、统计和评衔、授衔工作。1999 年，成立预备役军官管理委员会，下设办公室。2000 年后，随着独生子女逐步进入服预备役的年龄，服预备役的人员呈逐年减少状态。2005 年，全县预备役军官均属第二类军官预备役，其来源均为退出现役的军官和文职干部。此后，坚持按规定开展民兵预备役建设。

第十二篇

民政

第一章　社会救济

第一节　机构

1988年，县民政局内设办公室和优抚安置、救灾救济、基层政权建设4个股室。1991年1月，设立社团管理股。1997年3月，设办公室、优抚安置、救灾救济、基层政权建设、区划地名、社团管理、残疾人管理7个股室。2002年3月，残疾人管理股更名为县残疾人联合会，升格为正科级事业单位，7月单列。2007年，县民政局内部有办公室、优抚安置、救灾救济、社会事务、低保5个股室。

第二节　灾害救济

一、救灾资金、物资争取与发放

县境山高坡陡，土瘦地瘠，抗御自然灾害的能力差。县民政局历来把防灾救灾、维护社会稳定放在工作的首位，当灾害发生时，立即调查落实上报灾情，争取救灾救济资金和物资，并及时发放到受灾群众手中。多年以来，虽屡遭特大旱灾洪灾，由于救灾及时，措施得力，全县社会稳定，秩序井然。2006年，为加强对自然灾害的防治，制订自然灾害应急预案，规范对城乡农村困难群众和受灾人员临时生活困难救助工作。

二、重大自然灾害及救济情况简录

1988年5月4日、6月23日、7月1—2日、7月19—21日，县境内先后遭受冰雹、暴雨、大风袭击，全县农作物成灾面积12.4万亩，损失粮食产量0.7万吨、油料50吨。因灾致房屋倒塌379间，损坏2278间；圈舍倒塌168间，死亡大牲畜88头；直接经济损失420万元。是年发放自然灾害救济款33.1万元，其中用于口粮救济22.2万元；救济2935户次、31734人次。

1989年7月9—13日，通口、陈家坝、擂鼓等区镇先后遭受暴雨袭击。7月23—25日，县境普降暴雨。全县受灾15136户、63571人；农作物成灾15.2万亩，损失粮食产量1.15万吨；倒塌房屋161间、圈舍144间，损坏房屋1773间；因灾死亡5人、伤2人；死亡大牲畜24头。是年发放自然灾害救济款15.6万元，其中口粮救济9.4万元，救济7918户次、31873人次。

1990年，全县遭受9次暴风雨、洪水、泥石流袭击。农作物成灾25万亩，损失粮食产量1.6万吨，房屋倒塌195间，损坏1718间，圈舍倒塌842间，吹倒树木10万余株；因灾死亡2人、伤2人，死亡大牲畜5头。是年发放救灾款23.2万元，其中口粮救济款14.6万元，救灾粮240吨，救灾化肥147吨。

1991年5—8月，县境发生特大旱灾。全县溪河干涸157条，水井干涸700余口，96个村、186个组、34128人缺饮水；成片的树木、竹子干死；坝底、墩上、小坝、开坪、外白、青石、治城、禹里、漩坪等乡成片庄稼干枯，用火一点就着。全县成灾24527户、103018人，其中重灾33230人，特重灾14092人；农作物成灾38.9万亩，绝收5万亩，损失粮食产量1.7万吨，直接经济损失2622万元。全县党员机关干部1993人、驻军70人、群众72216人参加抗旱救灾。是年发放自然灾害救济款19.8万元，救灾粮89吨，国内救灾捐赠款20万元，捐赠物资5万元；县内组织社会捐赠现金4万元、粮食1.9吨、粮票1万斤、荞种2.7吨、水泥10吨；发放棉被500床，衬衣、汗衫4800件、凉鞋200双。

1992年7月12日至8月9日，全县先后5次遭受特大暴雨、洪水和暴风袭击。成灾25427户、105472人，其中重灾31627人，特重灾15143人；农作物成灾26.1万亩，绝收6万亩，冲毁耕地3.7万亩；因灾损失粮食产量1.4万吨、油料产量151吨、现粮2073吨；住房、圈舍倒塌1.2万余间；因灾死亡27人，重伤198人；死亡大牲畜1157头，其中猪1004头、牛153头。灾害造成“三无”户907户、3764人。灾害造成全县工业企业基本瘫痪。直接经济损失1.48亿元，其中群众损失7283万元。灾情发生后，县委、县政府抽调县级机关干部100余人组成8个工作组，分赴重灾区慰问受灾群众，协助基层组织动员群众开展生产自救。是年全县发放救灾资金118万元、救灾粮800吨，救灾捐赠衣物18500件、棉被350床、救灾化肥220吨、柴油40吨。特重灾民835户、3703人就地就近投亲靠友临时解决住宿困难，继而由国家救济、集体帮料、群众帮工，为其新建、迁建住房624户、1869间，维修住房2172户、7230间。

1993年，全县先后遭遇低温、寒潮、干旱、暴雨和风雹等自然灾害，农作物成灾9.8万亩，损失粮食产量7356吨、现粮90吨、油料480吨，直接经济损失2114万元。是年发放救灾款50.2万元、救灾粮400吨、衣服800件、棉被200床，救济农户11053户次、45117人次。

1994年4—8月，全县普遍遭受程度不同的旱灾，成灾人口30528户、123640人；农作物成灾33万亩。是年发放救灾款23.6万元、救灾粮指标40吨、衣物5000余件、棉被30床，组织社会捐赠2.4万元用于救灾。

1995年8月10日凌晨至11日6时，县境普降特大暴雨，11日6时，湔江县城段最大洪峰高达54.7米，洪水流量达3910立方米/秒，超过1992年特大洪水。全县普遍受灾，因灾死亡13人、伤215人；死亡大牲畜2689头，其中猪2561头、牛128头；直接经济损失1.6亿元，其中群众损失7436万元。灾情发生后，国家扶贫开发办、省政府和有关厅局，以及市级有关各部门的领导分别到县察看灾情，安抚受灾群众，指导救灾工作；县级领导组织带领机关干部分赴灾区组织抗灾自救。全县组织接收救灾捐赠款26.3万元，粮食11吨，衣物46888件，其他救灾捐赠物资折价10万元。是年县上拨救济款84万元，救济15517户次、65949人次；建房2208间，制购衣被4万件。

1996年4月至7月中旬，关内地区100多天仅降雨50～60毫米，关外地区100毫米左右；旱灾导致虫害发生，白坭、禹里、通口等乡镇最为突出。7月27日至8月1日，全县普降暴雨，部分地方暴雨大风夹冰雹。全县农作物成灾29.5万亩，绝收2万亩，损失粮食产量4225吨，直接经济损失3021万元，其中群众损失1120万元。是年下拨自然灾害救济款44万元用于救灾。

1997年6—9月，县境大旱，总降雨仅30毫米；8月下旬至9月上旬日均气温持续高达32℃。严重的干旱造成部分地区农作物病虫害发生，香泉、通口、白坭、禹里、开坪等乡镇最为突出。直接经济损失2142万元，其中群众损失1466万元。下拨救灾款47.3万元，救济26272人次。

1998年上半年，县内16个乡镇均遭受较为严重的春旱，从入春至4月底，仅降雨5.1毫米，32℃的高温持续40天，溪流干涸，塘堰龟裂，饮水渠道断流，农作物大面积干枯无收，大春播种严重受阻。8月19—20日、9月16—17日，先后两次降暴雨，造成山洪暴发、河水泛滥、山体滑坡塌方。全县受灾116712人，成灾86364人；农作物受灾24.5万亩，成灾16.1万亩；损失粮食1.2万吨，减产粮食2518吨；倒塌房屋246间，损坏房屋2716间；因灾死亡2人，死亡大牲畜163头。直接经济损失2978万元，其中农业损失2767万元（灾情上报数）。1999年，县境旱灾、风灾、洪灾严重，各乡镇普遍受灾，受灾人口13.5万，农作物受灾28.2万亩，粮食减产4436吨，直接经济损失3432万元，其中农业损失2821万元（灾情上报数）。两年中，争取救灾款185.6万元，救灾物资新旧衣服7大车、新棉被2200床、大衣136箱、化肥5吨；县内安排救灾资金115万元，救灾农贷160万元。同时，采取现场办公、急事急办、特事特办等措施，帮助受灾群众抗灾自救，重建家园。

2000年，县境先后遭受低温、干旱、病虫害、山体滑坡、风雹等灾害，其中旱灾、风灾尤为严重。16个乡镇普遍受灾，受灾人口100114人，农作物受灾16.9万亩，直接经济损失365万元。是年先后向上级争取救灾款51万元，救灾捐赠款4万元，救灾衣物两卡车；县内多渠道筹集救灾资金31万元，发放救灾农贷43万元，用以解决受灾群众的基本生活问题。小坝乡贺家街后山山体下滑，县委、县府有关领导及时赶到现场，研究制订危险地带村（居）民56户、204人搬迁措施，落实搬迁资金。

2001年，县境遭遇暴雨洪灾。农作物受灾31.1万亩，受灾人口128126人，倒塌房屋594间，损坏1580间，损失粮食0.2万吨，减产1.3万吨，直接损失3926万元，全县10811户、41512人缺粮。是年下拨救灾款27万元，为171户倒房户和泥石流、塌方搬迁户发放建房补助39万元。

2002年，县境遭遇暴雨洪灾。全年农作物受灾29.7万亩，房屋倒塌335间、损坏535间，受灾人口31488人，直接经济损失767万元。灾后迅速调查、核实、上报灾情。是年争取救灾资金61万元、救灾物资1000件，发放到受灾群众手中。落实山体滑坡治理经费12万元，对马槽乡黑水村三组16户、桂溪乡永利村7户受灾户实施搬迁，对小坝乡贺家街后山、青片乡正河村关磨沟组、都坝乡水井村山体滑坡进行治理。

2003年，县境遭受连续暴雨、大风灾害，曲山、擂鼓、陈家坝、通口等12个乡镇195个村1095个村民小组27278户108802人严重受灾，直接损失4735万元。是年争取救灾资金54万元、其他资金46万元，接受捐赠资金12.2万元、物资5000件用于抗灾救灾。

2004年，受多种自然灾害影响，全县17个乡镇、216个村、17065户、72700人受灾，农作物受灾9.5万亩，粮食减产7550吨，直接经济损失926万元。是年争取救灾救济资金72万元，分别下拨到各乡镇，发放到受灾群众手中。

2005年7月，连续两次遭受大面积洪涝灾害。在及时查核灾情的同时，积极向上级汇报，争取救灾救济资金120万元，分别下拨到各乡镇，发放到受灾群众手中。

2006年4月，青片等部分乡镇遭受严重的春雪灾害，及时为受灾群众送上必要的物资，使受灾群众感到党和政府的关怀。

第三节 贫困救济

实施安身工程 1999年7月，为改善农村无房户的居住条件，召开全县“安身工程”工作会议，对“安身工程”的对象、无房户核实、建房选址、地基审批、质量标准、建筑材料、帮扶措施等提出明确要求。“安身工程”对象由乡镇党委、政府申报，县民政局审核后发放国家补助资金。全县下拨专项资金27万元，上级有关部门开展“爱心献功臣行动”扶助1.9万元，用于解决129

户农村无房户建房困难，其中优抚对象42户。县国土部门减免宅基地审批手续费，林业部门减免育林基金，村委会动员村民捐木材、帮工投劳，建房户依靠邻里相帮、亲友借贷等多渠道筹措资金，于国庆50周年前夕均搬进新居。1999—2003年，共为特困户建房360户（含治理山体滑坡中搬迁76户）。由于居住环境和农户自身条件等原因，全县仍有特困户270户、836人的住房急需改建。2005年，全县为农村特困户、无房户建房135户，为受灾户建房84户。2006年，绵阳市民政局要求为农村无房特困户建房50户，县政府下达任务70户。通过摸底调查，落实规划，至年底，建房78户。

城镇孤老与农村“五保”户救济　城镇孤老救济城镇孤老男满60周岁、女满55周岁，经本人书面申请，乡镇政府审查签具意见，县民政局批准，可给予定期定量救济；对城镇因病因残丧失劳动能力，无生活费来源的孤老也给予定期定量救济。救济标准随社会生活水平的提高和物价上涨而逐步提高。1998—1999年，全县共有56名城镇孤老得到救济，每人每月救济80～82元。

农村“五保”户救济　1988—1997年，全县每年有“五保”户100～120人得到救济，人均救济150元；每年春节，均用救济款给每个五保户购买50元左右的慰问品。全县每年用于解决“五保”户基本生活问题的救济款和救灾款在3万元以上。

定期定量救济　1988年后，对20世纪60年代至80年代初，在修筑公路时因工致残、丧失劳动能力、基本生活无保障者，经本人申请，区、镇、乡审查并签具意见，县民政局按农村定期定量救济标准给予救济。对农村中生活困难的国民党起义投诚人员，给予定期定量救济。

精减退职老职工救济　1988年后，继续贯彻执行省委文件，对20世纪60年代初精减退职带病回乡久治不愈者给予原工资40%的救济，按精减职工总数15%的比例给予定期定量救济。

遗属供养　2004年后，对原青片河林业局分布在南充、射洪、三台、青川等地区的109名遗属供养人员定期走访，定期电话联系，按时发放生活补助。

城镇居民医疗救助　2006年，县政府制定城镇贫困居民医疗救助实施细则，是年有13户特困群众获得救助金2万元。

贫困大学生入学救助　2006年，对全县考取二本以上的特困家庭学生实行入学救助，是年救助学生33名，其中省级救助2名，市级15名，县本级15名。

农村特困群众医疗救助　2006年，制定农村医疗救助暂行办法，是年实施农村医疗救助108人，救助金额15万元。

救灾扶贫互助储粮会　1994年6月，禹里、曲山建立救灾扶贫互助储粮会，共储粮2.9万公斤，其中群众0.4万公斤、集体1.5万公斤、国家1万公斤。是年，借出1.7万公斤，其中用于贫困户生活0.9万公斤、用于受灾群众生活0.8万公斤；使用储粮338户、1336人。至1997年年底，全县储粮会增至8个，共储粮17.6万公斤。是年投放6.3万公斤，用于贫困户生活3.3万公斤、受灾群众生活3万公斤，使用储粮1270户。1999年7月，按照民政部的安排部署，对县内的储粮会进行清理整顿，其业务至此终止。

救灾扶贫互助储金会　1989年10月，根据县政府安排，在通口、永庆、双潭、香泉4个乡进行建立救灾扶贫福利基金会试点；继而在漩坪、小坝、白什、陈家坝4个乡建会。入会农户5592户，总储金11.7万元。至1990年年底，全县29个乡建有救济扶贫福利基金会，入会农户13004户，总储金32.8万元。1991年，更名为救灾扶贫互助储金会。是年，全县2镇29乡均建起互助储金会。1992年乡镇建制调整，储金会由31个合并为16个。储金会将筹集资金用于入会农户生产、生活急需的资金周转。1997年，全县入会农户13500户，储金额48.9万元；是年投放14.1万元，累计投放109.7万元；回收10.8万元，累计回收65.7万元。1999年7月，按照民政部的安排部署，对县内的储金会进行清理整顿，退还股金。

收容、遣送与救济 2004年前，县民政部门对流浪乞讨人员进行收容遣送，每年十几人至几十人不等。2004年，依据国务院《城市生活无着流浪乞讨人员救助办法》，收容遣送站更名为救助站，对流浪乞讨人员实施社会救助，是年救助包括阿坝、内江、乐山等地流浪乞讨人员18人；经市民政局协调，与江油精神病院联手合作，对通口、香泉、陈家坝等地精神病患者提供医疗救助3人次。2005年，坚持“自愿受助、依法救助”的原则，救助、护送省内外流浪乞讨人员23人26次。2006年救助流浪乞讨人员32次37人。

第二章　社会福利

第一节　农村“五保”户供养

1988 年，对“五保”户的供给实行以组（社）筹集与代耕助耕相结合。由于各地供给标准差异大，矛盾多，1989 年起推行以乡镇为单位统筹。是年有 12 个乡镇实行统筹，供给人数 57 人，占全县 253 人的 22.53%，供给人平口粮 224 公斤、现金 266 元。从 1992 年起，按县政府要求一律实行以乡镇为单位提取公益金供养“五保”户，纳入“双提款”统一收取。全县供给人数 288 人，供给人平口粮 270 公斤、现金 427.5 元。此后供给标准逐年有所提高。1997 年，全县有农村“五保”265 人，供给人平口粮 240 公斤、现金 710 元。1999 年，全县有农村“五保”283 户 298 人；各乡镇以上年人均纯收入统筹当年农村“五保”供养费，“五保”对象达到或超过当地群众的生活水平。按照自愿原则，部分“五保”对象送敬老院供养。2006 年，巩固和完善农村“五保”供养制度，对全县符合条件的“五保”户全部纳入供养，实现应保尽保。建立分散与集中供养相结合的“五保”供养体系。全县有“五保”户 409 户 413 人，其中分散供养 361 人，人均月发生活补助费 100 元（含统筹 10 元）；集中供养 52 人，人均月发生活补助费 150 元。对散居“五保”老人的住房纳入农村特困户住房解困范围，逐步改善其住房条件。

第二节　城乡居民最低生活保障

1998 年 5 月，根据省、市政府和民政部门的部署，县财政预算列支 1 万元，在曲山镇实施城镇居民最低生活保障制度。至 1999 年年底，县内其他乡镇分期分批建立起城镇居民最低生活保障制度。

2000 年，凡符合城镇低保条件的对象全部纳入保障范围。全县低保对象 119 户 162 人，支付低保救济金 12 万元。是年，开始实施农村低保。通过调查摸底，确定农村低保对象，全县享受对象为 646 户 1983 人，占全县农户的 1.72%，占总人口的 1.43%。5 月 20 日，县政府发出《关于建立农村居民最低生活保障制度的通知》，并制定实施细则，全县农村低保工作随即启动。10 月，在漩坪乡举行首发式，其后将 21 万元低保救济金陆续发放到户。

2001 年后，不断健全和完善城乡居民最低生活保障制度。坚持公开、公平、公正的原则对低保对象进行审核，坚持按家庭实际收入核定补差，实行能进能出的动态管理，做到应保尽保，按月通过低保户银行卡打卡发放低保金。

2005 年，全县共审批低保对象 1210 户 2085 人，人均月补差 61 元，共发放低保金 168 万元。是年贯彻中共绵阳市委、绵阳市政府《关于做好失地无业农民生活保障工作的通知》精神，对失地农民生活状况展开调查，为全县 18 个乡镇 679 户 1835 名失地农民办理农转非，将符合低保条件的失地农民纳入低保。

2006 年，全县 20 个乡镇共有低保对象 1339 户 2352 人，低保金人均月补差 64 元。

2007年，全县纳入城市低保范围2136人，纳入农村低保范围3356人，全年发放低保金220万元。

第三节　农村社会养老保险

1993 年，绵阳市民政局把北川列为农村社会养老保险试点县。3 月 22 日，县政府制发关于开展农村社会养老保险工作的通知，继而抽调干部 100 余人，分别在擂鼓镇和片口乡开展试点。两个乡镇组织农户投保 3789 人，共收保费 7.7 万元，其中片口乡投保率达到应投保农户的 92%。

1995 年，县政府制定农村社会养老保险暂行办法，把农村义务兵纳入投保对象；全县共组织农村义务兵 182 人参保，收取保费 3.6 万元。

1996 年，农村社会养老保险对象以村干部为主，组织投保 977 人，收取保费 40.6 万元。至年底，全县农村投保 4948 人，共收取保费 52 万元。

第四节　敬老院建设

1991 年 11 月，划拨桂溪乡甘溪窝窝地 8 幢 4000 平方米国有房屋用作敬老院生活、办公和生产用房。县民政局拨款 3.5 万元进行维修，并置办生产、生活设施，以国有土地 10 亩作为粮食蔬菜生产用地，建立县内第一个养老场所——甘溪敬老院。1992 年 10 月，开始收养农村“五保”人口，是年收养 12 人。1996 年，在片口下街天主教堂、擂鼓下街各建敬老院一所。全县 3 所敬老院共收养“五保”老人 19 人。入住敬老院的“五保”老人由所在乡镇按每人每月 100 元的标准提供生活费。敬老院根据入住“五保”老人的情况，组织从事力所能及的劳动，种植蔬菜、粮食，饲养猪、小家禽等，用以补助和改善入住“五保”老人生活。

2006 年，投资近 160 万元对甘溪敬老院进行扩建和改造，新增床位 20 张，可同时接收入住老人 65 人；经省民政厅检查验收达到一级敬老院标准。2007 年，甘溪敬老院收养“五保”老人 40 余人。

第五节　社会福利企业

1988 年，全县办有为帮助贫困户脱贫致富和城乡有劳动能力的残疾人就业的扶贫福利企业 7 个，共有职工 137 人，其中残疾人 60 人、贫困户 38 人、优扶对象 10 人；企业年产值 46.5 万元，销售收入 57.3 万元，纳税 1.3 万元，减免税 5.6 万元；企业职工人平年工资 593 元。1993 年 9 月，将社会福利公司、擂鼓福利厂、家具厂、双潭扶贫厂组建为县民政企业总公司。1994 年新建纸袋厂，1995 年新建甘溪扶贫矿石厂，均于 1996 年投产。1997 年，撤销县民政企业总公司，原所属企业恢复法人资格。1997 年底，实有民政福利企业 5 个，职工 150 人，其中残疾人 60 人。2007 年，县内有扶贫福利企业 2 个，职工 49 人，其中残疾人职工 30 人。

第三章　优抚安置

第一节　优待

一、国家优待

国家对特定优抚对象实行定期定量补助和临时补助。

定期定量补助　1988年，县内享受定期定量补助的有在乡退伍红军老战士、西路红军、失散红军、复员军人、退伍军人共383人。1988—1996年先后5次提高定补标准，1989—1992年先后3次扩大复员军人定补面。1997年享受定补的共596人，年补额16.1万元。2000年，调高部分优抚对象定补、定抚标准，老复员军人月人平定补达到73元。2001年，提高"三属"的定期抚恤、革命伤残军人伤残抚恤金和保健金、在乡老红军和红军失散人员的定期生活补助费。老复员军人定补进一步落实，享受定补412人，调剂发放定补资金9.9万元。

临时补助　除享受优待、优抚政策外，定补的优抚对象遇天灾人祸疾病，或生产生活有困难的，民政部门根据不同情况给予一定数量的临时补助。1988年起，每年在临时补助费中安排1万元用于农村退伍军人建房困难补助。1988年发放临时补助3.9万元，1990年9.9万元，1997年发放5.8万元。2000年，开展"爱心献功臣"行动，为优抚对象排忧解难，实行优待金以县统筹的办法，按时发放。全年为优抚对象中的无房户解决建房补助资金11万元，新建住房3800平方米。先后向省人事厅和绵阳军分区争取捐赠2.3万元，为老复员军人建房380平方米，改善其居住环境。2004年，继续解决优抚对象"三难"问题，为优抚对象新建、改建住户30户，补助资金5万元。为保障"三红三属"、老复员军人的基本生活，每年发放补助费50余万元。2005年，为优抚对象新建、改建住房30户，补助资金5万元。

二、群众优待

1988年后，对义务兵家属、革命烈士家属、在乡退伍老红军、革命伤残军人、生活困难的复员军人和带病回乡不能经常参加生产劳动生活困难的退伍军人实行群众优待。1995年后，群众优待对象以义务兵家属为主，农村义务兵家属优待金由农民负担，城镇义务兵家属优待金由机关、企事业单位和个体工商户筹集。优待金实行年初预评，年终兑现。

1998年，县内享受优待的义务兵家属378户，优待金额15.3万元，户平405元，其中农村义务兵342户，优待金15万元，户平438元。1999年，实行烈军属优待金社会统筹、全民负担办法，各乡镇按标准足额上解统筹资金至县民政局，再按发放标准下拨各乡镇。全县享受优待的义务兵家属264人，其中农村义务兵221人，每人每年发放优待金646元。此外，全县还在各村建有助耕小组，为现役军人家属解决生产、生活上的困难。2001年后，优待金提高为农村户均1000元、城镇户均

300 元。全县每年享受优待金 200 多户，全部按时足额发放。

第二节 抚恤

抚恤分为一次性抚恤、定期抚恤和伤残抚恤 3 种。

一次性抚恤 从 1997 年 9 月 1 日起，全县行政事业单位职工牺牲、病故一次性抚恤交由县民政局审定。是年按照民政部、人事部有关规定，审定县内牺牲、病故一次性抚恤 9 人，抚恤金按原工资渠道解决。此规定一直沿用。

定期抚恤 1985 年，对全县革命烈士家属、因公牺牲军人家属、病故军人家属进行定期抚恤。1989—1996 年，先后 5 次提高定期抚恤标准。1997 年，县内享受定期抚恤的烈属 126 人，年发放抚恤金 9.8 万元；因公牺牲军人家属 9 人，年发放抚恤金 0.7 万元；病故军人家属 14 人，年发放抚恤金 1 万元。此后，抚恤标准按有关规定上调。

伤残抚恤 1988 年，全县有革命伤残军人 74 人，其中在乡 41 人，在职 33 人。是年发放伤残抚恤金 2.2 万元。1991—1996 年先后 4 次提高抚恤金或保健金标准。1997 年，全县有革命伤残人员 83 人，其中因战伤残 20 人，因公 59 人，因病 4 人；二等甲级 9 人，二等乙级 14 人，三等甲级 28 人，三等乙级 32 人；在乡 44 人，在职 39 人；伤残军人 79 人，伤残工作人员 3 人，伤残民兵民工 1 人。是年发放伤残抚恤金和保健金 4.3 万元。1998 年，根据民政部、财政部的有关文件，提高“三属”“三红”和在乡伤残军人抚恤标准；1999 年，再次提高部分优抚对象抚恤补助标准。

第三节 复退军人安置

1988 年后，退伍军人安置工作仍然实行“从哪里来到哪里去”的方针，家居城镇或市镇户口和荣立二等功以上的退伍军人、二等以下退伍伤残军人、转业志愿兵，由安置机关负责按照系统归口在全民和集体所有制企事业单位安排工作。农村退伍军人回到农村入户后，乡镇企业较好的乡镇，由乡镇政府安排到适合的乡镇企业工作，部分被全民、集体、民营企业招录为合同工、临时工。1988—1997 年，全县共接收安置 832 人，其中农村安置 555 人，城镇安置 277 人。农村安置中，安排在乡镇企业 39 人，安排作乡镇干部 53 人，其他安置 104 人；城镇安置中，安排在省属以上单位 5 人，地、市、县属单位 265 人，集体单位 7 人。

1998 年后，每年接收退伍军人和转业志愿兵百余人。随着机构改革的不断深入，企业陆续改制，实行减员增效、下岗分流，各单位承受安置的能力十分脆弱。各部门按县政府要求，立足于稳定，着眼于大局，仍全部完成城镇退伍军人的安置任务；农村退伍军人两用人才推荐使用，开发使用率达 95% 以上。2002 年，按照国务院《退伍义务兵安置条例》及有关政策，实行“安置就业，自主择业，自谋职业”，大部分城镇安置人员均自谋职业，由政府发放自谋职业补偿金。2006 年，城镇退伍士兵安置率达到 99%，其中自谋职业达 90%，自谋职业城镇退役士兵培训率达 100%。

第四节 拥军优属活动

1988 年后，每逢春节、八一期间，均要召开军政座谈会，对县人武部、武警、消防官兵和全县复、退、转军人，以及老红军、老八路、烈军属进行走访慰问，发放慰问金；各乡镇召开优抚对象座谈会。每年春节期间，均以县政府名义给全县的优抚对象赠送慰问年画，各乡镇组织共青团员、民兵、妇女为烈军属、在乡老红军、伤残军人做好事，农忙季节开展助耕活动。

1988 年“八一”前夕，县政府分别在开坪、坝底、金凤、禹里召开庆功大会，为在对越自卫还击战老山前线荣立一等功的罗文富、唐旭军和荣立二等功的田荣全、李加全等 4 名解放军战士家属戴大红花，分别发给奖金 800 元、500 元，对三等功荣立者，由其家庭所在乡镇根据财力适当给予奖励。各乡镇组织农村青年、民兵、团员等为烈军属和其他缺劳优抚对象做好事，建立助耕小组，帮种承包地，维修住房。

1992—1997 年，桃龙乡、擂鼓镇、禹里乡、曲山镇先后被市委、市政府和绵阳军分区命名为“拥军优属模范乡（镇）”。

1998 年，桂溪乡、白坭乡达到拥军优属模范乡标准，县妇联、县粮食局达到拥军优属先进单位标准。

1999 年，县政府表彰拥军优属模范乡镇 8 个、拥军优属先进单位 2 个。5 月，召开创建“双拥”模范县工作动员大会，16 个乡镇结合乡情，做到组织、人员、经费、责任、措施、奖惩“六落实”。是年底，全县共建成拥军优属模范乡镇 13 个、先进单位 5 个。经市政府检查确认，北川达到“双拥模范县”的要求和标准。

2000 年，县内各级党政领导对创建省级“双拥”模范县高度重视，建立由 19 个部门负责人组成的“双拥”创建领导小组，明确分工，各司其职。制定创建实施方案，把“双拥”工作列入各级党委、政府和县级相关单位的目标考核内容，签订责任书，定期检查考核。12 月，省“双拥”工作领导小组授予北川“双拥先进县”称号。2001 年后，持续开展拥军优属活动。至 2005 年，全县 20 个乡镇均跨入“双拥”模范乡镇行列。

第四章　其他民政工作

第一节　基层政权建设

一、换届选举

1988—2007 年，完成各届乡镇人大代表和乡镇政府的换届选举工作；依据《中华人民共和国村民委员会组织法》和《中华人民共和国居民委员会组织法》之规定，按法定时间组织各乡镇完成全县 278 个村委会、16 个居委会的换届选举工作。

二、村民自治

为更好发挥村委会自我管理、自我教育、自我服务作用。1991 年，按照省政府有关通知，在全县开展创建村民自治示范村活动，共举办村干部培训班 2 期，培训村干部 150 人。1992 年，培训村委会主任 278 人。1993 年，各乡镇与建设“奔小康示范村”结合，创建 1～2 个村民自治示范村。1994 年 12 月，坝底乡平地村等 10 个村被县政府命名为“村民自治示范村”。1996 年 12 月，都贯乡国际村等 8 个村被县政府命名为“村民自治示范村”，都贯乡都坝居委会被命名为“居民自治示范居民委员会”。至 1997 年，全县建成“村民自治示范村”20 个，“居民自治示范居委会”2 个。

1998 年，贯彻落实新颁布的《中华人民共和国村民委员会组织法》和《中华人民共和国居民委员会组织法》，健全和完善村民代表会议制度和村务公开制度，推进基层民主政治建设。除继续开展村民自治示范村和居民自治示范居委会的创建活动外，贯彻省委、省政府办公厅《关于在农村开展“村务公开”民主管理工作的通知》精神，开展以财务公开为重点的村务公开活动。先在擂鼓、曲山、桂溪 3 个乡镇 7 个村进行试点，继而以会代训，培训乡镇村务公开业务骨干，巡回指导检查全县 278 个村的村务公开实施情况。1999 年，全县村级组织村务公开全面展开，在 1998 年全县农村清理财务的基础上，各乡镇对村社财务进行全面清理，将结果公告于众，对群众意见大、反映强烈的问题进行重点清理，妥善处理。

2000 年后，基层政权建设法制化、常态化，有关部门每年指导乡镇村开展政务公开、村务公开活动，定期制作政务、村务公开栏，定期或不定期向群众公布乡镇政务活动和村务活动情况。继续开展村（居）民自治示范活动，加强村（居）民民主自治。2004 年，漩坪、小坝 2 乡成为县内首批村民自治模范乡，受到市委、市政府表彰。为加强城镇社区建设，全县撤销 17 个居民委员会，建立 16 个社区居民委员会，社区建设走上正轨。2006 年，县民政局制订村务公开纪实簿，各乡镇、村按季度对村务公开内容上墙，在纪实薄上如实登记，聘请村民监督小组成员与村民代表对公开内容进行监督、签字。全县设立村（居）务公开监督小组和民主理财小组达 100%，村和社区民主评议村（居）干部达 100%。经检查，按要求公开村（居）务的村（社区）达 95% 以上。全县 6 个乡镇被市政府授予村民自治模范乡镇。大力开展创建“示范社区”活动，社区向弱势群体人员提供救助服务的志愿者人数占居民总人数的1%以上，社区资源共享率达60%，部分社区成立治安义务巡逻队，维护城乡秩序，受到群众好评。

三、乡镇建制调整

1992年9月，贯彻中央有关文件精神，本着“有利于经济发展和集镇建设、有利于乡镇功能完善和职能发挥”的原则，经深入调查，反复研究，报经省政府批准，将原5区2镇29乡调整为3镇13乡，10月10日公布实施。调整后16个乡镇为曲山镇、擂鼓镇、通口镇，香泉乡、桂溪乡、陈家坝羌族乡、都贯羌族乡、禹里羌族乡、白坭羌族乡、漩坪羌族乡、片口羌族乡、开坪羌族藏族乡、小坝羌族藏族乡、坝底羌族藏族乡、白什羌族藏族乡、青片羌族藏族乡。2002年，为方便群众，报经省政府批准，恢复都坝、桃龙、墩上、马槽4个乡，全县共3镇17乡。

第二节　婚姻登记

一、婚姻登记管理

1988年，全县有婚姻登记管理机关31个；1993年后减为16个；2002年增至20个。婚姻登记员由乡镇民政助理员担任，每年进行一次业务培训，新上岗从事婚姻登记的民政助理员，经考试合格后发给婚姻登记管理员证，实行亮证上岗。县民政局对各乡镇婚姻登记管理进行业务指导，对执行《中华人民共和国婚姻法》等法律法规情况进行监督检查，协助查处违法婚姻。

二、结婚登记

1988—1997年，结婚双方参加婚姻登记管理机关组织的婚前法律、卫生、家庭、计划生育等方面知识的教育，并经考试合格才予以登记。10年间，平均每年登记结婚人数占全县总人口的1.94%；1988年最多，登记结婚1794对，占总人口的2.34%；1993年最少，登记结婚1212对，占总人口的1.58%。1997年登记结婚1465对，占总人口的1.83%。此后，结婚人数呈下降趋势。1998年办理结婚登记1050对，1999年1015对。2000—2007年，每年登记数百对；2000年最多，为995对，2004年最少，654对。

1988—2003年，经审查符合离婚条件准予离婚登记的，全县每年16～45对不等。2004年后，上升至每年100对以上。

1988—2007年，每年平均办理复婚登记的0～9对不等。

三、依法查处违法婚姻

1990年，对全县1986年以来结婚登记情况进行检查，查出违法婚姻512对，其中事实婚姻69对，非婚生育20胎；根据具体情况，批评教育686人，责成书面检讨138人，补办结婚登记43对，经教育自行分居27对，经济处罚69人，罚款3020元，行政记大过工资降级处理婚姻登记员1人。1991年，查处不到婚龄出具假证明违法登记结婚2对，追究有关人员的责任，收回结婚证，并通报全县。此后，经市、县民政部门检查，未出现违法婚姻。

第三节　殡葬

一、殡葬改革

县内西北部的羌藏族有火葬习俗。清乾隆年间（1736—1795），知县姜炳璋认为是“陋习”，大力劝导改行土葬。至百年前，土葬被普遍接受。1965 年 7 月，开始实行殡葬改革，要求城市实行火葬，农村改革土葬。1980 年，在国家机关干部和职工中推行火葬。1991 年 10 月，县政府发布加强殡葬管理的实施办法，其基本原则是“坚持实行火葬，改革土葬，破除封建迷信的丧葬陋习，提倡节俭文明办丧事”。县内曲山、擂鼓、陈家坝、邓家、太洪、桂溪、甘溪、禹里、漩坪、小坝、坝底、通口、香泉等场镇地区属火葬区，其余为土葬改革区。至 1997 年，全县共火化尸体 728 具。1998 年后，继续推行殡葬改革，凡属火葬区内的尸体必须坚持火化，土葬区内的尸体坚持薄棺深埋，严禁占用耕地。全县每年火化尸体数十具，基本达到殡葬改革的要求。

二、公墓建设

为适应殡葬改革的需要，1992 年 3 月，在曲山镇任家坪村四组、五组征地 30 亩，作为建立殡仪馆和公墓用地。1993 年 3 月开始绿化，5 月动工兴建公墓，1994 年开始安放骨灰。至 1997 年，共安放骨灰 85 盒。2002 年，在擂鼓镇坪上村水井坪新建成的公墓投入使用。

第四节　社团管理

1990 年，根据中央、省、市有关文件精神，县民政局对全县社团情况进行摸底调查。县内有各级各类社团 328 个，具有社团性质的团体 292 个。1991 年 1 月，县民政局建立社团管理股，负责社团登记管理工作。至 1992 年 3 月，经清理整顿后，合格社团 56 个，其中全县性社团 32 个，乡镇级社团 24 个；新成立登记全县性社团 3 个，社团法人 5 个。对 59 个审查合格的社团分 3 批核发社会团体登记证和社会团体法人登记证。1992—1997 年，新登记社团 13 个，注销 18 个，至 1997 年底，全县共有社团 54 个。

1999 年，加强对民间组织的管理，严格审批登记，依法监督社团活动，对不符合条件的 3 个社团组织予以注销，保留的 41 个社团重新登记发证，明确各社团活动内容，以维护社会稳定。

2001 年后，每年按照《社会团体登记管理条例》规定，对县内社团进行年检，依照《民办非企业单位登记管理条例》的规定，对民办非企业单位进行复查登记，对不合规定的社团发出整改通知或予以取缔，对促进经济发展的茶叶协会、蚕业协会等社团组织支持其注册登记。

2007 年，全县共有 7 个民办非企业单位和 51 个社团。民政部门支持各人民团体依照其章程核准的内容，在法律法规规定范围内开展活动，不越权，不违规，为社会经济发展做贡献。

第五节　勘界与地名管理

一、勘界

县界勘定　1997 年，完成北川与平武两县 86 公里的边界勘定任务；11 月 29 日，在县委招待所举行北川、松潘、茂县与北川、安县、茂县三交点协议书签字仪式。1998 年，根据国务院和省政府有关规定，应完成市内勘界任务155公里，除千佛山边界争议问题无定论外，其他边界勘定任务如期完成。1999年，完成北（川）松（潘）线、北（川）茂（县）线187公里的州界和北（川）江（油）线77公里的县（市）界勘界任务，县境周边界线全部贯通。2000年8月，松潘县勘界人员到县，提出片口乡与白羊乡的边界与实地管护不符，否认原形成的资料、协议等。经双方实地踏勘，最终达成以实地管护线为准的协议，重新绘制地形图，使问题得到解决。同时，北川与江油接壤的吴家后山地区的法定边界也得到确定，多年来的边界纷争得到根治。2004年后，根据四川省民政厅、绵阳市民政局的安排，定期对北（川）茂（县）线、北（川）松（潘）线、北（川）平（武）线、北（川）江（油）线、北（川）安（县）线5条县级行政区域界线进行联合检查。

乡镇界勘定 2000年，开展全县16个乡镇行政区域界线的勘定工作。县政府制发有关文件，与各乡镇签订勘界责任书，对各乡镇勘界办的工作人员进行业务培训。各乡镇政府将勘界列为主要工作，落实专人具体抓。至11月底，全县乡镇的32条边、37个交会点的红线全面贯通，内业资料整理完毕交县政府审定。2001年，在完成乡镇行政区域界外业工作的基础上，整理完善内业资料。8月，上报乡镇界各类成果资料；9月，完成各类成果资料的立卷、归档工作。2002年，对乡镇行政区域界成果资料档案进行移交；完成新建4个民族乡的界线勘定。

二、地名管理

1990年7月，开始对1981年地名普查遗漏和以后增加地名进行补查，对编入《北川县地名录》中的3358条地名进行资料更新。1991年完成村以上《地名补查和资料更新成果表》12套、6344份，整理村以下《地名补查和资料更新成果表》2套、5334份；制作发行《北川县地图》。1993年，把茅坝新区街道命名纳入城建规划；整理报送建制调整后县内16个乡镇概况48条、3套，16个乡镇、43个行政单位、41个生产型企业的基本情况，提供绵阳市地名办编绘《绵阳市地名综合手册》《绵阳市政区图》《绵阳市旅游图》使用。

2006年，完成地名数据库的充实和完善；完成街、路、巷牌的设置工作。

第六节 老龄工作

一、工作机构

20世纪80年代后，机关干部和企事业单位退休职工逐渐增多，老年人工作得到重视。县政府设立老龄工作委员会，专门负责全县老年人工作。1986年4月，县直机关建立老龄工作小组16个，设专兼职人员26人；各区、镇、乡建立老龄工作小组40个。1989年6月，县直机关成立老年人协会后，各乡镇先后成立老年人协会。至1996年，擂鼓、曲山、禹里、漩坪、白坭、陈家坝、都贯、通口、香泉9个乡镇建有老协，会员总数913人。此后，会员总数基本保持稳定。

二、敬老活动

自1988年起，“九九”重阳节期间，在全县范围内开展群众性“两奖一优秀”评选活动。至1997年，共评选出老有所为精英奖215名、敬老好儿女金榜奖176名、优秀老龄工作者99名。此后，每年坚持开展评选活动，以促进敬老爱老风气的形成。1996年8月《中华人民共和国老年人权益保障法》颁布后，采取多种形式组织学习宣传，引导全社会重视保护老年人合法权益，努力为老年人办实事。

县老龄委每年为老年人征订《晚霞报》《晚霞》《小百科历书》《夕阳红纪念历书》《晚霞指南》

《老年人手册》《长寿怀历》《老龄论坛》《晚霞怀历》《老年实用手册》等报刊书籍，为老年人办实事。

乡镇、部门的老年协会以小组为单位，每月组织一次学习会，定期通报当地社会经济发展情况和党委、政府中心工作开展情况，听取老年人的意见和建议；组织老年外出参观、旅游，开展日常文娱体育活动。每年元旦期间，县城举办老同志参加的迎春茶话会，县委、县政府主要领导到会祝贺。2003 年后，拨专款为老年人制作羌族服装，购置腰鼓、音响设备，支持老年人开展丰富多彩、健康有益的文体活动；各乡镇老协，机关老协、老体协、门球协会、《禹风》诗社等老年人群众组织的办公场所、活动地点和经费得到落实。

自 2004 年起，将老龄工作经费列入财政预算，建立老年活动中心得到省民政厅的支持；针对乡镇老年人少而分散，不便单建老协的情况，把社区建设和老龄工作结合起来，全县共帮扶贫困老人 700 余人。元旦、春节、重阳等节日期间开展老年法规的宣传，各乡镇、各单位开展对老年人的节日慰问。

第七节　残疾人工作

一、组织机构

2002 年 3 月，原民政局残疾人管理股更名为县残疾人联合会，同时升格为正科级事业单位，7 月单列，独立开展残疾人工作；内设办公室和综合业务股，核定事业编制 4 名，其中领导职数 2 名。2007 年，县残疾人联合会编制 4 人，职工 4 人。

2006 年，根据国务院残工委文件精神，成立 20 个乡镇残联，292 个村、社区残协。

二、残疾人康复

1989 年 7 月，根据绵阳市残疾人“三项”（白内障、小儿麻痹症后遗症、0～7 岁聋哑儿童）康复工作会议精神，在县民政局成立相应办公室，负责此项工作。8—9 月，在县内各乡镇开展调查，全县有白内障患者 163 人，35 岁以下儿麻后遗症患者 36 人，0～7 岁聋哑儿童 7 人；继而开展白内障复明术、小儿麻痹矫治术、聋哑儿童语言培训等康复工作。至 1997 年年底，共做白内障复明术 135 人 203 例，脱盲 202 例，脱盲率 99.5%；做儿麻矫治术 30 人 49 例；2 名聋哑儿童培训后跟班上学。1998 年 5—6 月，对县内 16 个乡镇 700 余名康复对象进行检查、筛选、确诊。根据康复优惠政策，每做白内障手术一例，解决手术费 150 元，所在乡镇解决困难补助 80 元；精神病患者凭入院证一次性解决治疗费 250 元。是年完成白内障复明术 14 例，低视力康复 2 例，精神病人医治 16 人，肢残矫形手术 2 例，矫形器装配 2 例，肢残康复训练 4 例，聋儿语训 2 例，聋儿家长培训 2 例，智弱儿童及其家庭培训 2 例。1999 年，完成白内障复明术 34 例，低视力康复 2 例，精神病人医治 20 人，肢残矫形手术 1 例，矫形器装配 1 例，肢残康复训练 4 例，聋儿语训 1 例，聋儿家长培训 2 例，智残儿童及其家庭培训 5 例。

2003 年，成立康复工作领导小组，常年为残疾人提供咨询、信息等服务；为需要康复的残疾人拟定训练计划，定期进行回访，协调解决康复过程中出现的问题，帮助评估训练效果；把心理疏导作为康复的重点，教育残疾人及家属转变观念，注重解决残疾人心理障碍，动员社会关心、理解、支持残疾人；从经济上加大对康复工作的投入，筹备“视觉第一”中国行动二期工程的启动，为贫困白内障患者落实每例 100～120 元的补助经费，为假肢装配者解决安装假肢的往返路费；帮助部分年龄大、患病多年不愿就医的白内障患者解除思想顾虑，帮助贫困患者解决医药费不足的困难，派专车接送到市中心医院就治，并做好术后回访工作。2004 年，实施白内障“光明工程”，3 次组织白内障患者 100 多名到绵阳市中心医院进行手术治疗，为 20 名特困白内障患者实施免费手术治疗；为下肢截瘫的特困残疾人捐赠轮椅 12 辆，为 4 名下肢残疾人装配假肢。

2005 年，落实“明天计划”，救助残疾儿童。按照民政部、四川省民政厅、绵阳市民政局的统一部署，为残疾孤儿实施医疗救助，全县 18 名残疾儿童到绵阳市中心医院治疗，社会反响良好。2006 年，大力实施白内障“光明工程”，完成白内障复明 91 例（其中免费 20 例）、聋儿语训 2 名、盲人按摩培训 2 名，轮椅配发 50 辆，全部完成低视力康复、聋儿家长培训等康复项目。2007 年，完成白内障复明 100 例，肢体矫治手术 5 例，辅具适配 50 辆，助听器配发 10 例，轮椅集中捐赠 50 辆。

三、残疾人帮扶

农村残疾人解困 农村残疾人脱贫解困工作是县残联“九五”期间（1996—2000 年）的一项重要任务。1998 年县政府将残疾人饲养白山羊列入全县“30 万只白山羊综合开发项目”的“九五”星火计划项目之中，制定优惠政策和措施，落实小额信贷扶贫资金 100 万元，按照中残联统一印制的《残疾人贫困户调查表》，以村为单位对县内农村残疾人贫困户逐户逐人进行调查摸底，登记造册，分户制订扶贫规划，落实扶贫项目。全县共扶持残疾人贫困户 922 户 1000 人。经检查验收，782 户 850 名残疾人贫困户解决温饱。1999 年，继续巩固残疾人贫困户的越温成果，是年扶持残疾人贫困户 600 户 1205 人；经检查验收，550 户 1150 人解决温饱，75 户 240 人跨入奔小康行列。

2003 年，全县 20 个乡镇落实负责残疾人工作的分管领导，配备兼职残疾人工作者。利用“助残日”“爱耳日”“爱眼日”等活动，加强对《中华人民共和国残疾人保障法》及残疾人优惠政策的宣传。残疾人优惠政策得到进一步落实，马槽乡规定，全乡三级以上残疾人不摊派集体性义务工，青片乡将 2 名残疾孤人列为“五保”供养，20 户残疾户列为特困户重点扶持。2004 年，无偿投入 2 万元，在桂溪乡建立残疾人扶贫基地，帮助桂溪乡残疾人发展种养业。在绵阳全市率先开展“农村残疾贫困党员帮带”活动，投入资金 2 万元，在 9 个乡镇试点，共扶持 18 名农村残疾贫困党员。2005 年，继续对桂溪乡残疾人扶贫基地实施帮扶，投入 2 万元扶贫资金帮助巩固发展项目，组织有一定文化的残疾人到安县茶坪参观学习魔芋种植技术，举办残疾人职业技能培训班，提高残疾人自身素质。在桂溪乡金星村建立魔芋种植基地，在桂溪乡永城、金星、古坊村建立养猪基地帮助残疾人脱贫致富。在禹里乡石纽村建成第二个残疾人扶贫养猪基地，制定残疾人康复扶贫项目三年规划，为石纽村 20 户残疾人送优质母猪和种公猪各 1 头。

2006 年，以资金、技术、项目带动基地残疾人脱贫解困。4 月，县残联在条件成熟的陈家坝乡太洪村、通口镇通泉村、香泉乡香泉村建立残疾人养殖基地，扶持残疾人家庭发展 DLY 三元杂交优质良种猪，为残疾人家庭送优质良种猪 193 头，价值人民币 9 万余元，受益残疾人近千人。继续选择有积极性、有一定技术能力的残疾人作为扶持对象，帮扶、督促其项目落到实处，使被帮扶户收到实实在在的经济效益。6 月，县残联投资 2 万元，有偿扶持 4 户残疾人家庭发展种养业，带动片区残疾人脱贫解困。2007 年，建立陈家坝双堰村肉兔养殖和桂溪乡金星村魔芋种植两个残疾人扶贫基地；为残疾人家庭送优质良种猪 120 头，价值 6 万元；实施农村贫困残疾党员帮带活动 20 人，每人补助 2000 元。

残疾人危房改造 为进一步改善西部地区农村贫困残疾人的生活条件，中国残联专项彩票公益金在西部地区设立康复、助学和危房改造三个项目。2005 年通过争取，农村贫困残疾人危房改造项目落户北川，5 户贫困残疾人的危房得到改造，受助金额 17.5 万元。2006 年，实施危房改造 27 户，补助资金 10 万元，贫困残疾人家庭的生存条件得到改善。2007 年，实施危房改造 50 户，补助金额 42.5 万元，其中白什乡山地灾害搬迁残疾人 35 户每户补助 1 万元，其他 15 户危房改造每户补助 5000 元。

助残就业 2004年，开展多渠道、多层次、多形式的残疾人就业服务工作，制定《按比例安置残疾人劳动就业试行办法》。2006年，开展残疾人实用技术培训，受训人数285名，受训残疾人不同程度地掌握一门技术。继续抓好按比例安置残疾人就业工作，探索残疾人多层次、多渠道、多形式就业新路子。建立健全残疾人求职登记工作，输送2名盲人参加绵阳市残联举办的盲人按摩培训，完成学业1人，实现就业安置1人。2007年，培训残疾人实用技术285名，输送5名残疾人到福利企业就业。是年底，全县累计安置残疾人就业1855名。

助残就学 2003年，教育部门为20名困难残疾学生减免学杂费3000元；经与教育部门共同核实，按时将香港李嘉诚捐助的1500元和中残联下拨的840元爱心助学金发到17名残疾儿童手中。2004年，为1名残疾大学生争取省残联助学金2000元，资助13名残疾少年儿童接受义务教育，为1名残疾人高中学生解决学杂费500元。2006年，为贫困残疾人家庭8名子女实施入学救助，发放救助资金2.4万元，使贫困残疾人家庭子女圆大学梦。2007年，为10名贫困残疾学生及残疾人家庭子女实施救助，发放救助资金2万元。

第十三篇

劳动社保

第一章　劳动

第一节　劳动就业

一、劳动用工制度改革

从1986年起，县内新招工人一律实行劳动合同制，废止内招和顶替制度；对原有固定工，也进行改革试点，县水泥厂在实行民主选举厂长的基础上，实行由厂长提名选举副厂长、任命车间主任，由车间主任择优选择工人的“将点兵”组合方式，然后实行全员承包，优化劳动组合，由此产生的富余人员通过厂办劳动服务公司开辟新的生产门路。1988年11月，县政府召开深化企业改革会议，推广县水泥厂的做法。1989年，在县医药公司、治城酒厂及粮食系统各企业开展搞活固定工、优化劳动组合工作，实行优化组合的14个企业中组合上岗的职工共418人，产生的10名富余人员由企业自行安置。

1990年后，实行劳动合同鉴证制度。1992年，县印刷厂被列为转换经营机制、实行全员劳动合同制试点单位。绵阳市劳动局及县计经委、体改办、劳动局、总工会等单位派员到县印刷厂开展民主推选厂长、优化劳动组合、全员劳动合同制签字仪式，现场对全厂84名职工进行劳动合同鉴证。县百货公司及各乡镇供销社等商业企业也在试点的基础上推行优化组合，进行用工制度改革。1993年，贯彻国务院《全民所有制工业企业转换经营机制条例》，县政府制定《关于进一步落实国有企业用人自主权的意见》，推进用工制度改革。1994年，大力宣传贯彻《中华人民共和国劳动法》，全县实行全员劳动合同制企业22户，占全县国有企业总数的71%。1995年，全县包括国营企业在内的用工单位普遍实行劳动合同制，县劳动局派员分片包干负责督促和指导企业落实。至1996年年底，全县实行劳动合同制企业达54户，其中国有企业32户，城镇集体企业20户，其他经济类型企业2户；签订劳动合同的职工4807人，其中国有企业4139人，城镇集体企业565人，其他经济类型企业103人。

1998—1999年，指导、协助企业改制，按职工工龄，企业一次性给予经济补偿金，共解除劳动合同关系644人，大部分解除劳动合同关系人员通过自谋职业走上新的工作岗位。自此，旧的劳动用工模式被打破，适应社会主义市场经济体制的竞争就业、优化组合、竞争上岗，职工能进能出、收入能多能少、企业用工自主、分配灵活的新机制逐渐建立。

二、再就业工程

1988年后，城镇青年就业问题日益突出。劳动部门大力宣传“三结合”就业方针，鼓励引导城镇待业人员转变就业观念，走组织起来就业和自谋职业的道路。1988—1989年，全县实有待业人员1178人，实际就业602人，其中在全民所有制单位就业的325名，在各类集体单位就业的238人，自谋职业39人。其间参军、升学、外迁、死亡等自然减少的城镇待业人员314人，除安置和自然减少者外，1989 年年末有待业人员 262 人。

1990 年年初，县政府将安置任务分解下达到各区、镇和县级各局以及县属企业，县就业局分期分批到各区、镇、企业广泛宣传“三结合”就业方针，引导待业人员自谋职业。1992 年，在加强职业培训的基础上，对城镇待业青年进行登记、建卡，发给待业证，凡招工、招生均实行持证报考；对农村劳动力状况进行普查，先后派出人员到上海、新疆等地考察，疏通劳务输出渠道。1994 年，大力宣传市场就业方针，引导待业、失业人员更新观念，提高自身素质，增强竞争就业意识，树立正确的择业观。8 月，县职业介绍所成立后，劳务市场体系进一步完善。是年，县劳动就业部门指导、帮助 268 名失业人员实现就业；职介所开展劳务介绍就业 600 余人。1996 年，鼓励企业发展第三产业安置富余职工，接收城镇失业人员，继续支持失业人员组织起来就业和自谋职业。1997 年，指导帮助 365 名城镇失业人员实现就业，1143 人自谋职业。

1998 年，劳动就业部门以下岗职工、破产企业职工为主要服务对象，建立县农口系统、计经系统、财贸系统 3 个国有企业下岗职工再就业服务中心和 10 个国有企业下岗职工再就业服务工作站。

1999 年，在 8 个乡镇建立劳动就业服务指导站，鼓励和支持城镇失业人员自谋职业办实体或到私营企业、乡镇企业、集体企业就业。

2000 年后，仍以解决破产企业失业职工、国有企业下岗职工再就业工作为重点，同时组织指导农村富余劳动力转移。对年龄偏大、技能单一人员和夫妻下岗、抚养未成年子女的单亲家庭以及军烈属、残疾人员、特困家庭，开展送就业政策、送职业指导、送培训信息、送就业岗位、送生活保障的活动。每年通过多种途径安置城镇失业人员数百人，劳务输出数百人。

2006 年，再就业培训 369 人；为各类下岗失业人员 1120 人提供免费职业介绍，其中成功介绍 472 人；组织劳务输出 512 人。城镇失业人员登记 387 人，失业率 3.2%。

2007 年，落实再就业优惠政策，519 人次享受再就业扶持政策，减免税费 29 万元，其中 322 户享受税费减免 20 万元，197 人次享受各项登记办证费减免 9 万元；培训农民工 11953 人，农村劳动力技能培训 1070 人，创业培训 87 人，农村劳动力转移输出 36187 人；为各类下岗失业人员提供免费职业介绍 1325 人；为 61 名下岗失业人员办理小额担保贷款 119 万元；开展“一帮一”就业援助工作，县级 61 个单位、82 名正科级以上领导干部帮助 108 名困难就业对象实现再就业；大力开发公益性岗位，安置 193 名就业困难对象，支付公益性岗位补贴 63 万元；支付社会保险补贴 8 万元。全县城镇新增就业 1148 人，下岗失业人员和失地无业农民再就业 474 人；城镇登记失业率 3.2%。

第二节　劳动工资

企业职工历来实行固定工资制，根据国家统一标准按月领取劳动报酬。1988 年起，在部分国有企业实行工资总额同经济效益挂钩（以下简称“工挂”）的政策。为使“工挂”顺利推行，组织全县 29 个国有企业的劳资干部参加绵阳市举办的“工挂”培训班；县政府成立“工挂”领导小组，研究解决“工挂”工作中出现的疑难问题。是年全县 19 户国企实行“工挂”，占县级国企总户数的 63.3%；工资总额 430 万元，职工人均收入 844 元。“工挂”兼顾国家、集体、个人三者利益，职工的生产积极性得到调动。1989 年，“工挂”国企 20 户，对未实行“工挂”的 21 户核定包干工资基金。从 11 月 1 日起，全县 41 户县属国企全部建立并使用工资基金手册，接受有关部门监督。1990 年，由于企业效益滑坡等原因，实行工资总额与效益挂钩的企业减少至 14 户，1991 年再减至 12 户；对未实行“工挂”的国企仍实行工资总额包干。1994 年起，县属国企工资全部实行弹性管理，全县除 8 户企业实行岗位技能工资、计件和提成工资外，其余全部按有关文件规定，统一工资标准，取消烦琐的津补贴。1995 年，对 1994 年“工挂”情况进行清算，对 1995 年度挂钩基数和浮动比例进行核定；经过调查、测算，确定出县内最低保障工资；18 户国企实行工资总额手册管理。1996—1997 年，在调查研究的基础上，将县内最低月工资标准调整为 160 元。

1998 年，按照省、市新的弹性工资计划管理办法，建立以搞活企业内部分配、体现效率优先、兼顾公平原则，以按劳分配为主、多种分配方式并存、职工工资随岗位和贡献变动而变动的灵活多样工资分配制度和激励约束机制。是年对 13 户企业 1997 年“工挂”情况进行清算，将 32 户企业工资总额同效益挂钩或工资总额包干管理改为计税工资管理。

此后，随着企业改制，国营和集体企业陆续转为私营个体企业，职工工资根据多种因素由业主确定，通过劳动合同的方式予以保障，县总工会和劳动社保部门依法进行监督。

第三节　安全管理

一、管理机构与责任制

安全生产历来受到高度重视。由县政府主要领导任组长的安全生产领导小组负责统筹、协调、指导关系全局的重大安全问题，组织重要的安全生产活动。各区、镇、乡及企业单位均建立安全生产组织机构。安全生产领导小组坚持例会制度，每季度召开一次。县政府每年年初均召开全县性的安全生产工作会议，表彰上年度先进，布置年度安全生产工作。

1980 年 12 月，成立县安全办公室，与县劳动局合署办公，归属县计经委。2001 年 12 月，安全办从县劳动局分出单设，归口县政府。2005 年 12 月，成立县安监局，挂靠安全办。2006 年 2 月，成立安全生产行政执法大队，为县安监局下属事业单位。

1988 年，厂矿企业单位以矿长（经理）、车间、班组、技术人员、特殊工种（岗位）为重点，建立健全安全生产责任制。1990 年，对安全生产实行目标管理，县政府同企业主管部门和部分企事业单位签订年度安全生产目标管理责任书，主管部门将安全生产目标分解到各企业，签订相应的责任书，年终考核、奖惩。此后，安全生产责任制进一步完善，安全工作成为对各级领导和企业考核的一项重要内容。

二、宣传与检查

1988 年后，坚持宣传教育、监督检查、治理隐患三结合的原则，每年通过电视、广播、标语、板报开展安全生产法律法规宣传教育，强化安全意识；根据安全生产需要开展“安全生产周”“道路交通安全月”“11・9 消防宣传日”、劳动安全知识竞赛等活动。为消除隐患，防患于未然，每年对道路交通、矿山井下作业、易燃易爆物品的生产经营管理、文化娱乐场所以及锅炉、压力容器、起重机械设备等安全生产重点进行检查，发现问题及时发出整改通知书，责成相关单位限期整改，对整改不合格的经营单位依法取缔。同时，建立健全特种设备安全使用管理制度，强化特种作业人员的培训，坚持持证上岗。在元旦、春节、国庆、羌历年期间进行重点安全检查、整治，对各旅游景区和重要场所、道路进行巡视、检查，确保无安全事故发生。

三、安全事故处理与统计

对各类安全生产事故，无论什么时间、什么地点发生，县安办均会同有关部门及时赶至现场，进行施救、调查勘验、取证，并按统计口径及时准确上报事故原因、人员伤亡情况。同时，坚持做好安全生产月报、季报、年报工作。

1988—1997年，全县共发生伤亡事故370起，死亡98人，伤107人，直接经济损失累计21.4万元。1998年，发生各类伤亡事故39件，死亡7人，重伤13人。其中道路交通事故31件，死亡5人，重伤13人；企业事故1件，死亡1人；火灾事故6件；农机事故1件，死亡1人。1999年，发生各类伤亡事故55件，死亡9人，重伤18人。其中道路交通事故46件，死亡6人，重伤17人；企业事故1件，死亡1人；火灾事故5件，死亡1人；农机事故3件，死亡1人，重伤1人。2000—2001年，发生各类安全生产事故197件，死亡30人，重伤123人。2002年，发生各类安全事故228件，死亡17人。其中道路交通事故205件，死亡10人；非煤矿山事故2件，死亡2人；煤矿事故1件，死亡1人；农机事故5件，死亡2人；火灾事故13件；其他事故2件，死亡2人。2003—2007年，共发生各类安全事故556件，死亡84人，受伤311人。

第四节　劳动监察

1988年，重新调整县劳动争议仲裁委员会，下设办公室，负责处理日常事务。同时，在县水泥厂建立企业劳动争议调解委员会，制定辞退违纪职工实施细则并进行试点。1989年，县仲裁办会同县总工会制定国营企业劳动争议调解委员会工作暂行办法实施细则，到县茶厂、茶机厂、印刷厂等30多户国营企业指导建立劳动争议调解委员会和制定辞退违纪职工实施细则。对新招工人和续签、重新签订的劳动合同进行鉴证，维护劳资双方的合法权益。1993年，对已鉴证的劳动合同全部归口建档，为企业和职工提供法律政策咨询服务。对劳动争议以预防为主，对发生的劳动争议，坚持以调解为主。1997年，指导全县47户企业建立劳动争议调解委员会。1994—1997年，共接受仲裁申请12件，均于当年调解结案。

1998年后，国营、集体企业逐渐转制为民营、个体企业，劳动争议也随之增加。每年受理劳动争议案件10余件，结案率均达100%。2001年，对企业开展执法监察，保障劳动者的合法权益。是年按照县政府《关于认真开展劳动执法大检查》文件精神，在县总工会、县社保局配合下，两次对县内20户国有、股份制、民营、私营企业的工作时间、劳动安全、卫生条件、工资发放、执行最低工资保障情况、招用工、劳动合同签订、社会保险执行情况等进行检查，对违反《中华人民共和国劳动法》《社会保险征收暂行条例》《失业保险条例》的企业单位依法进行查处；督促用人单位新签劳动合同500份，续签劳动合同650份，续订集体劳动合同6户，进行劳动合同鉴证360份。是年受理劳动争议案9件，其中立案调解、仲裁9件，结案率100%。2003年，按照省、市劳动保障部门安排部署，对用人单位进行民工权益保护、养老金保险稽核、禁止使用童工、旅游行业用工等4次专项检查，涉及单位55户次、职工3300人次，及时查处劳动保障违法案件。2006年，开展劳动合同制度实施大检查，提高合同签订率。共检查各类用人单位465户，督促企业签订劳动合同，其中正常经营企业48户，涉及职工4583人，签订劳动合同4308人，签订率为94%；签订集体合同46户，签订率为96%。监督企业建立健全工资集体协商制度，严格执行工作、休息以及最低工资规定等制度，全面保护劳动者的合法权益。加强劳动保障监察执法力度，会同相关部门进行4次监察执法活动，涉及用人单位116户、职工14800人次，清退非法使用童工2人，追缴社会保险费54.5万元，追回拖欠民工工资20.8万元，确保劳动者的合法权益不受侵害。依法审查劳动争议申诉13份，依法受理劳动争议仲裁案件8件，结案率100%；接待来信来访1000多人次。2007年，依法审查劳动争议申诉18份，依法受理劳动争议仲裁案件9件，结案率100%。

第二章　社会保障

第一节　机构设置

一、县劳动局

1988 年，县劳动局、县政府安全办合署办公，两块牌子，一套人员，下设职工社会保险事业管理处、劳动服务公司；内设办公室、劳动争议仲裁委员会办公室、医务劳动鉴定委员会办公室；定编 15 名，实有职工 13 人。7 月，成立社会劳动力管理局，与劳动服务公司合署办公。1990 年 7 月，撤销社会劳动力管理局、劳动服务公司，成立就业服务管理局，定编 6 名，实有 4 人。1994 年 8 月，就业局下设职业介绍所。1996 年 10 月，县政府安全办并入县劳动局，保留其牌子，同时挂县劳动争议仲裁委员办公室牌子，内设办公室和劳动监察、工资福利、综合计划职业技能开发与就业、安全 4 个科室，下辖就业服务管理局。

二、县社会保障局

1996 年 12 月，决定建立社会保障局，将职工社会保险事业管理处、农村社会养老保险事业管理处、公费医疗办公室并入，为县政府直属正科级事业单位，负责实施全县机关、企业、事业单位及农村除商业性保险以外的各类保险业务，即职工基本医疗保险、社会养老保险、工伤保险、待（失）业保险和生育保险等。1997 年 4 月挂牌成立，核定编制 12 人，内设计划财务、养老保险、医疗保险、工伤生育、保险福利科及局办公室。

三、县劳动和社会保障局

2002 年 1 月，全县机构改革，组建劳动和社会保障局，为县政府直属事业单位，不再保留劳动局、社会保障局、就业服务管理局。2005 年 5 月，增挂劳动保障监察大队牌子，人员在局内调剂使用。2007 年 4 月，增设退管服务股；6 月，成立就业服务管理中心，为劳动和社会保障局管理的副科级事业单位；8 月，增设劳动服务开发股。

第二节　养老保险

一、养老费征集

为使企业退休费标准基本统一，解除退休职工的后顾之忧，从 20 世纪 80 年代后期起，逐步推行劳动保险制度改革。1988 年 1 月起，推行国有企业退休费社会统筹。统筹涉及退休职工和企业的切身利益，统筹方案出台前反复进行研究，出台后又召开企业负责人和财会人员统筹实施大会，统一思想，培训骨干，并到有关企业宣传统筹的意义，做解释协调工作。至1989年底，全县应统筹的58个单位职工1515人、退休职工351人全部参加统筹；是年受益单位12个，职工241人、退休职工126人；统筹单位的451名劳动合同制工人均参加统筹。

1991年，全县应参加统筹的单位55户、固定工1462人、离退休人员382人全部参加统筹。固定工养老金总收入58.9万元，总支出82.4万元，其中受益参统单位21户，固定职工585人、离退休职工266人，收益额42.6万元；贡献单位34户，上缴金额21.3万元；劳动合同制工人应参加统筹86户、90人全部参加统筹，养老金总收入19.2万元。

1992年后，全县参统单位和人数均为100%。

1996年11月，推行“社会统筹与个人账户相结合”的养老保险。在清理1990—1995年全部参统企业职工工资总额的同时，参统企业和个人所缴纳养老金未达到全省上年度平均工资60%的补缴金额4.3万元，并按新规定为42名符合退休条件的职工办理退休手续。国企退休费用社会统筹参统率达100%，基金征集率90.7%。养老金受益单位26户，职工774人，退休人员376人，受益金额39.1万元。非国企养老金征集率94.5%。

1998年，在稳步推行企业参加社会养老保险的同时，开展机关事业单位合同制工人参加社会养老保险工作，参保38个单位、132人，收费12.4万元。1999年，扩大社会养老保险覆盖面，将个体工商户和私营企业职工等纳入保险范围。是年新增投保749人，其中企业20户、312人，个体工商户252人（含续保），其他185人。全年全县企业职工参加养老保险共2864人，其中个体工商户3577人，征集基金379.1万元（含清欠31.8万元），征集率103.55%。2000年，新增社会养老保险投保670人，其中企业职工34人，个体工商户380人，机关事业单位职工164人，其他92人，占任务指标的100.3%。是年底全县参加企业职工养老保险共3373人，基本实现城镇各类经济组织及其从业人员基本养老保险全覆盖。

2001年，在动员续保，巩固成果的基础上，继续扩大社会养老保险覆盖面，是年全县参加企业职工养老保险共3795人。2002—2003年，参加社会养老保险单位201个、3967人，实际缴费人数3595人。2004年参加社会养老保险单位201户、4122人，实际缴费201户、3758人。2005年，扩面参加社会养老保险人数458人，全县参加社会养老保险4379人。2006年，新增扩面参加社会养老保险466人，净增扩面参加社会养老保险253人；参加社会养老保险单位203户、4632人；缴费人数4532人，占参保人数的98%；基金征集1770万元，占任务的132%；基金总收入2093万元，其中争取中央财政转移支付达257万元。2007年，全县参加城镇基本养老保险7122人。

二、养老金发放

离退休职工的养老金由所在单位负责发放。1997年，在全县符合条件的13个单位试行社会化发放。1998年6月1日起，在参统企业中全面推行养老金社会化发放；贯彻省政府文件精神，社保基金全部移交财政专户管理，坚持收支两条线。是年共支付53户企业、632人养老金217万元。1999年，委托银行（储蓄所）代发企业离退休人员养老金。2000年后，养老金全部委托银行代发，社会化发放率达到100%。

2005年，为906名企业离退休人员调整养老金标准，月人均增资40.35元，调整后全县月人均养老金532.88元。2007年，经过连续第3次为企业退休（职）职工调整养老金标准，为1148名企业退休（职）职工增发养老金44万元，月人均增资172.99元，调整后全县月人均养老金919.8元；是年发放养老金1380万元。

三、农村社会养老保险

农村社会养老保险（简称“农保”）工作虽是一件有益于广大农民群众的大事，但由于群众对农保工作认识不足，参保积极性不高。1998年，仅新增投保11人，收保费4600元；支付养老金60人、626元。1999年新增投保4人，收保费3100元；支付养老金82人、1588元。至1999年年底，农村群众累计投保4963人，共收取保费53万元，支付养老金2214元。2000年，按国务院文件要求，规范运营，做好基金保值增值并按规定支付，是年发放养老金119人、2564元。2001年，全县累计参保4963人，保费累计增值72万元，均存入国家银行，无一流失；养老金发放从1996年开始先后共有183人领取，累计发放8889元，其中当年启领64人，发放3924元。2006年，全县共有4693人参保，领取养老金477人，支付1.4万元。此后，由于国家未出台新的农保政策，此项工作处在稳定阶段，未发展新的业务。

第三节　失业保险

随着企业用工制度改革的深化，逐渐出现企业下岗人员。1993年，县劳动部门贯彻《国有企业职工待业保险规定》，开始办理待业职工登记，发放待业保险金。县政府根据上级有关规定，批准下发城镇集体所有制职工待业保险实施细则，在非国有制企业推行待业保险。1994年，根据国务院和省政府指示，在国有企业和非国有企业中实施职工待业保险。全县国企参加失业保险社会统筹的52户，职工4115人，占应参统的100%，失业保险金收缴率96%；非国企参统11户，职工425人。是年依法发给7名失业职工救济金和医疗补助费5032元。1997年，全县参加失业保险统筹国有企业增至46个，职工4231人，参统率达100%；集体企业14个，职工408人。

随着企业改制，下岗人员增多，失业成为影响社会稳定的重要因素。1998年，贯彻省委、省政府有关文件精神，从7月1日起，职工失业保险费提高收缴比例，改由税务部门代征代收。是年参加失业保险统筹企业48户、职工2029人，参统率达100%，职工失业保险基金收缴率80.04%；按规定为失业职工343人次发放失业救济金3.9万元。

1999年，宣传贯彻《失业保险条例》《社会保险费征缴暂行条例》等文件精神，失业保险基金从4月起改由就业服务管理机构征收，对参保单位重新申报、登记、核实，补缴失业保险费，失业保险基金收缴率90.01%；是年参加失业保险统筹企业41户、职工2327人，参统率100%。为当年参加失业保险41人发放失业救济金5万余元、医疗补助费3000余元，为应享受提高失业救济金标准的26人发放救济金4585元。

2000年，扩大失业保险覆盖面。至年底，全县参加失业保险统筹的企事业单位77户，参保职工4339人，参保户数和人数占应参保的96.4%，其中新参保单位50户、2127人；当年应征收失业保险基金56.4万元，实际征收53.7万元，征缴率95.2%。从下半年起，实行失业保险金社会化发放，应享受失业保险待遇人员凭活期存折按时到金融部门领取失业保险金。此后，失业保险统筹实现常规化，参保户数和应参保人数均达到95%以上；失业救济金足额发放。

2006年，全县失业保险参保人数3501人，按规定为3604人次发放失业保险金（含医疗补助费和农民合同制工人一次性生活补助费）102万元；196人享受失业保险待遇。2007年，全县参加失业保险3501人，失业保险基金征缴101万元，支出失业保险基金81万元。

第四节 医疗保险

1988年后，享受公费医疗的单位继续实行“预算包干，奖励和自费相结合”的方法。县公医办按核定人数、标准，将经费划拨到单位，节约自留，不足自求平衡；节约门诊费的个人，按节约部分的50%奖励；个人门诊费超过预定指标的，分年龄段按一定比例自费。

1993年6月起，在全县行政企业事业单位职工中推行“简易人身保险附加住院医疗保险”（以下简称“简身险”），65周岁以下职工在办理5份以上简身险、65周岁以上职工在办理3份以上简身险的基础上，每人每年交保费90元（其中单位交纳30元、财政负担60元），保额3000元。被保险人住院就医，先在县保险公司领取住院卡，治愈后凭住院证、诊断书、处方、发票、出院证，经县公医办审查，按医药费、治疗费、救护费总额的10%自负，其余部分由县保险公司报销；累计报销额不超过保险额的150%（3000×150%=4500元）。由于药价调整、医疗单位实行行政经费包干等因素，导致医疗费用大增，县保险公司亏损较大。经与有关方面协商，于是年12月提前终止医疗保险。6—12月，全县共有87个行政企事业单位、3495人参保；县财政向保险公司划拨资金42.5万元，县保险公司累计退赔被保险单位、个人57.1万元，亏损14.6万元。

1994年，公费医疗试行“资金统筹、风险共担、利益挂钩、齐抓共管”的管理办法。县公医办根据行政事业单位编制人数，按年龄医药费、工龄医药费两部分分配公费医疗资金；统一分配医疗资金后，各乡镇各单位试行开办“社会福利型”医疗保险。保险资金统筹根据中央“公费医疗经费实行国家、单位、个人共同负担”的原则，将医疗资金统一管理，作为医疗保险基金，实行行政、乡镇、文教、事业分片包干，县内享受公费医疗人员均可以参加医疗保险；每保1份，个人交保险费30元，保额1000元，投保份数自定；不参加保险的，按工龄医药费加年龄医药费发放本人，节约留用，超支不补；领取医药费的个人，视为自动脱保。投保人员定点就医、现金看病、门诊限额、凭证报销；住院费在保险额内按比例报销，离退休人员、老红军享受优惠待遇。1995年，将这一管理办法进行修改完善，继续实施。

1997年3月，推行社会统筹医疗基金与个人医疗账户相结合的医疗保障制度。基金来源按在职职工上年工资总额的8%和退休费总额的7%归集，其中在职职工个人按本人上年工资总额的1%缴纳（退休人员个人不缴纳），其余部分由用人单位和财政负担。全县应参保单位97户、4316人，实际参保单位76户、3991人，参保率分别为78.35%和92.47%；征集医疗基金154.9万元，进入个人账户73万元，统筹基金81.9万元。参保人员在县社保局确定的符合条件的医院任选一所医院就近就医，转诊转院由定点医院根据病情出具手续办理；实行现金看病，投保人员先垫支后报销；门诊、住院费用一律凭定点医院的复式处方和收费凭证先从个人账户上支付，个人账户金额用完后由职工自费，自费超过本人年工资总额或年退休费总额5%以上部分，再由社会统筹医疗基金按一定比例支付。

1999年，全面推行基本医疗保险制度。规定县内所有用人单位（含部、省属单位）及职工，均按照属地管理的原则参加医疗保险，执行统一政策，基金统一筹集、使用和管理，基本医疗保险费由用人单位和职工共同缴纳，用人单位缴费率为在职职工工资和退休人员退休费总额的6%，职工个人缴费为本人上年度工资收入的2%，退休人员个人不缴纳医疗保险费。基本医疗保险基金由统筹基金和个人账户两部分组成，个人账户主要用于支付门诊医疗费用，统筹基金主要用于支付住院医疗费用。医疗费年最高支付限额为1万元，起付标准以上至最高限额以下的医疗费用，分别按在职职工20%、退休人员10%的比例自负，超过最高支付限额的医疗费用，通过开展特殊医疗补充保险解决。各定点医疗机构和药品销售单位签订目标责任书，明确责任，做好配套服务。

2000 年，首次开办企业职工医疗保险，11 户企业 255 人参保。2001 年后，继续稳步推行城镇职工医疗保险制度，机关事业单位职工参保率达 100%。2006 年，全县参保人数达 6415 人，基金征集 688 万元，共审核基本医疗报销 7374 人次，发票 5.4 万张，支付报销医药费 549 万元，是年结余 139 万元。2007 年，医疗参保人数大幅增加，达到 8412 人。

第五节　工伤、生育保险

一、工伤保险

1997 年，全县工伤保险参保 2831 人，参保率 100%，收保险金 4.3 万元；支付 4.7 万元；为 67 名申请伤残程度鉴定的人员按标准进行劳动鉴定。此后，由于企业陆续转变经营机制，一些新的业主或承包人对参加工伤保险的意义认识不足，出现缴纳工伤保险基金脱节的现象。1998 年，征集工伤保险基金 2.4 万元（应征 3.4 万元），支付工伤死亡职工遗属定期供养费 46 人、3.5 万元，超支 1.1 万元。1999 年，参加工伤保险的单位 33 个，参保 1444 人，征集工伤保险基金 4.6 万元（应征 5 万元），支付工伤保险基金 4.7 万元，其中伤亡补助金 1 人、1.5 万元，遗属供养 42 人、3.2 万元。2000 年后，按照既定政策，每年正常开展工伤保险基金征集、工伤性质认定及待遇审核支付工作。2004 年 1 月，开始实施国务院《工伤保险条例》，在大力开展宣传活动、巩固工伤保险成果的基础上，召开全县矿山业主会，落实务工人员参加社会保险事宜。2006 年，全县参加工伤保险 2064 人，占任务的 108%；征集基金 56 万元，占任务的 267%；是年受理工伤认定申请 112 人，工伤调查 330 人次，作出认定 110 人；对 31 名单位职工申请病退按规定进行劳动鉴定；按规定对应享受工伤保险待遇的 87 人进行标准调整，平均每人每月上调 80 元。全年共支付工伤保险待遇 44 人、72.1 万元，年末滚存结余 4.4 万元。2007 年，工伤参保人数增至 3426 人，工伤保险基金征缴 113 万元。

二、生育保险

2000 年，按县政府要求开始征收生育保险基金。是年参保单位 26 户、1240 人，应收保险费 4400 元，实收 1900 元。2001 年，继续落实生育保险基金征集及待遇审核支付工作。是年参保单位 10 户、412 人，应征集生育保险费 4.2 万元，实征 2.2 万元，支付生育保险费 0.3 万元。2002 年后，生育保险参保人数逐渐增加，保险费征缴率达 100%。2006 年，参保人数 1051 人，占任务的 100%；征集基金 5.3 万元，占任务的 106%；年末滚存结余 14.9 万元。2007 年，生育保险参保人数增至 1783 人，征缴保险基金 19.6 万元。

第十四篇

经济综述

第一章　经济发展

第一节　经济发展概况

1988年后，全县各族人民艰苦奋斗，顽强拼搏，特别是“八五”时期（1991—1995年），努力克服在建立社会主义市场经济体制过程中不断出现的新问题和深层次矛盾，经受住1992年和1995年两次特大洪灾的考验，改革和经济建设取得重大成就，圆满完成“七五”（1986—1990年）计划和“八五”计划确定的各项目标任务，顺利实施“九五（1996—2000年）”计划，全县经济快速发展，综合经济实力增强，国民经济的市场化、社会化程度明显提高，人民生活水平显著改善，各项社会事业取得全面发展。1997年，国内生产总值达到4.1亿元，比1988年的1.09亿元增长2.76倍，其中第一产业增加值1.98亿元，第二产业增加值1.02亿元，第三产业增加值1.10亿元；三次产业在国内生产总值中所占比例由1988年的43.2∶20.4∶36.4演变为48.3∶24.9∶26.8。财政收入2600万元，比1988年的761万元增长2.42倍；工农业总产值达到3.8亿元，比1988年的1.6亿元增长1.38倍。

1998年后，国民经济发展计划指标为每年增长10%左右，2000年最低，为4.5%，1998年最高，为12.5%；实际完成数2000年最低，为5.1%，2005年最高，为13.3%，其余年度为10%左右。2006年，全县国民经济主要计划指标为：地区生产总值（GDP）增长15%，达到10.86亿元；农业总产值增长8%；规模以上工业总产值增长30%；财政收入增长20%，达到8648万元；全社会固定资产投资达到5亿元以上；社会消费品零售总额增长8%，城镇居民人均可支配收入增长9%，农民人均纯收入增加130元；城镇登记失业率控制在4.5%以内；人口自然增长率控制在2‰以内。是年实际完成全县地区生产总值10.79亿元，农业总产值5.7亿元，规模以上工业总产值7.10亿元，实现财政收入9428万元，全社会固定资产投资72389万元，实现社会消费品零售总额3.12亿元，城镇居民人均可支配收入6640元，农民人均纯收入2476元，城镇登记失业率控制在3.3%以内，人口自然增长率控制在0.05‰以内。

2007年，全县完成地区生产总值13.16亿元，其中第一产业实际增加值4.32亿元，第二产业实际增加值5.54亿元，第三产业实际增加值3.3亿元；三次产业对经济增长的贡献率分别为32.83%、42.1%和25.07%。全年民营经济增加值6.63亿元，其中第一产业民营增加值1.33亿元，占第一产业增加值的30.8%，第二产业民营增加值4.08亿元，占第二产业增加值的73.6%，第三产业民营增加值1.22亿元，占第三产业增加值的37.1%。民营经济对GDP增长的贡献率为70.5%，民营经济拉动GDP增长10.8个百分点。实现财政收入1.14亿元，全社会固定资产投资8.1亿元，城镇居民可支配收入7250元，农民人均纯收入2831元，社会消费品零售总额3.65亿元，城镇登记失业率3.2%，人口自然增长率1.04‰。

第二节 扶贫开发

1988 年 5 月，在县农办内设立县扶贫开发领导小组办公室。1990 年 2 月，分设扶贫开发多种经营办公室。1994 年 7 月，更名为扶贫开发办公室。1996 年 10 月，更名为扶贫开发局。

县境地处大山区，改革开放后，农民生活虽有较大改善，但仍面临诸多困难。扶贫开发工作以脱贫致富奔小康为目标。1988 年 4 月，组织力量进行摸底普查。全县除 281 户“五保”户和 547 户民政定期救济户外，人平粮食 300 公斤以下、纯收入 200 元以下的贫困户共有 5937 户、25614 人，占是年全县总农户的 20.04%、总人口的 18.9%。为使扶贫工作扎实有效，层层建立责任制。由县委书记、县长任扶贫开发领导小组正、副组长，四大班子同唱一台戏；县委、县政府与区镇乡领导签订扶贫达标责任书，并立下军令状：不脱贫就脱“帽”；20 名县级干部和 47 个县直部门实行联乡、包村、扶户责任制。在调查研究的基础上，结合县内实际，确定扶贫开发项目，用项目覆盖贫困户，资金随项目到户，重点选择投资少、见效快、效益高、千家万户都能干的种养业项目。为增强贫困户自身的造血功能，开展多种形式的适用技术培训，使每户贫困户掌握两门以上的实用技术。是年全县小麦良种率达 90% 以上，玉米良种率达 70% 以上，种植地膜玉米 4 万多亩，大田生产实施带状轮作技术的达 80%，良种板栗嫁接、雪梨人工授粉、银杏人工授粉、红豆杉栽培、慈竹无性繁殖、生猪“双推五改”、蚕梢方格蔟、白山羊品种提纯复壮、苔子茶的培育等技术的引进和推广，使农村经济得到快速发展。

1989 年 12 月 11 日，受省委、省政府委托，省农业银行会同省扶贫开发办组成 30 余人的扶贫验收小组到县检查，随机抽定太洪、甘溪、青片、外白 4 个乡中的 11 个村 11 个组 51 户贫困户 200 人作为必查户。验收组成员逐户检查生产生活资料，听取村组干部及贫困户邻居印证情况，逐户算收入支出账。检查结果：51 户、200 人中，人均纯收入达到 200 元以上、占有粮食 300 公斤以上的 45 户 176 人，占 88.24% 和 88%；人均纯收入超过 200 元、人均粮食达不到 300 公斤的贫困户 5 户 20 人，占 9.8% 和 10%；综合指标越过温饱线的户数占抽查总户效的 98.04%。据此，验收组确认北川县确定的扶贫户 1989 年底基本解决温饱问题，如期越过“二六”温饱线。

1991 年，县委、县政府制定 1991—2000 年扶贫开发规划，对全县农业、工业、交通运输、旅游等方面提出具体的奋斗目标和实施计划：农业方面以稳定粮食生产为基础，以林业、畜牧、多经、乡镇企业等为支柱，狠抓茶叶、蚕桑、药材、水果四大基地建设，优化农业结构，促进农业生产全面发展；工业方面以电力建设为龙头，以发展食品、森工、建材业为重点，促进其他工业企业发展；交通、运输方面以改造已有公路、提高公路等级、搞好养护及配套设施建设为重点，促进运输业的发展；充分利用禹穴沟、猿王洞、小寨子沟和竹林沟自然保护区的自然景观和人文景观，大力开发旅游资源和旅游产品以及与之配套的第三产业；开发保健饮料和山药、薇菜、蕨菜等绿色野生食品。“八五”和“九五”期间通过上述项目的广度和深度开发，把山上建成绿色水库和绿色银行，使全县农民走上致富路。

1996 年 12 月四川省第十二次扶贫工作会议后，县委、县政府在全县广泛开展“1997 年全县能否根本解决农村贫困人口温饱问题”大讨论，并在县委九届六次全委（扩大）会上进行专题研究，形成 1997 年基本解决全县农村贫困人口温饱问题的决议。此后，先后制定出台《关于 1997 年解决农村贫困人口温饱问题的意见》等 8 个有关扶贫工作的文件、纪要，开始扶贫攻坚决战。1997 年 11 月，省委、省政府派出 55 人组成的验收工作组，再次到县对扶贫越温达标情况进行检查验收。所抽查的 5 个乡 10 个村 33 个社 215 户 820 人中，人均占有粮食 477 公斤、纯收入 843 元，抽查户 100% 人均纯收入超过500元、人均占有粮食超过400公斤的“五八”越温标准，比原计划提前一年越过“五八”温饱线。

1986—1997年，全县累计使用各项扶贫资金10388万元，其中以工代赈资金3306万元、扶贫贷款6407万元、财政扶贫资金675万元。先后建成长防林21.6万亩、茶园4.8万亩，栽桑2700万株、木本药材15.8万亩、慈竹1.5万亩，生猪年均饲养量20万头以上，白山羊饲养量达到12.5万只。1986—1997年11年的扶贫开发、3年的扶贫攻坚，得到国家、省、市领导和有关单位的大力支持，市上派出19个部门到北川定点包村，省级部门先后有27人到北川挂职扶贫，为县内的扶贫开发事业做出重要贡献。

2000年，扶贫工作以贫困村为主战场，以最低收入贫困人口为对象，以新村扶贫工程为重点，开展人畜饮水、村通路、农户“五改三建”（改路、改水、改厨、改厕、改圈和建池、建园、建家）工程，着力改善贫困人口的基本生产和生活条件。2001年，按照国务院《中国农村扶贫开发纲要（2001—2010）的通知》要求，组织各乡镇在深入调查的基础上编制出《十年扶贫开发纲要（2001—2010）》。是年10月，全县278个行政村中的125个村被列为省定重点贫困村，根据要求分批启动新村扶贫工程。2006年，建立领导与部门联系帮扶机制，将帮扶任务落实到62个县直部门、269名科级领导以及乡镇干部的人头上，并签订目标责任书。全年共争取各类扶贫资金1226万元，完成2564户、8590人的脱贫解困目标，贫困户人均增收达358元，人均纯收入达到1346元。启动10个新村扶贫工程建设，突出以人畜饮水为重点的“五改三建”，投入资金303万元，覆盖1216户、5150余人，通过新村扶贫工程建设的贫困村人均纯收入比2005年净增220元。在18个乡镇40个村启动移民扶贫工程，对48户居住在自然灾害严重和生存环境极差的贫困农户实施易地移民扶贫，搬迁户户均房屋面积达60平方米，人均达到20平方米。实施劳务扶贫工程，受训人员100余人，实现“培训一人，就业一人”的目标。

从2000年至2006年年底，全县新农村扶贫工程正式启动并纳入验收的达64个村，共计投入资金5283万元，其中投入财政扶贫资金1761万元、以工代赈资金717万元、地方及农户自筹1004万元、农户投劳折资1607万元、其他投入194万元；覆盖贫困农户11449户，受益人口40952人。在实施扶贫工程过程中，全县共新建人工机压井69口，建蓄水池347口，架设引水管284公里，建引水渠16公里，维修水库4座，建提灌站6座，建山坪塘67口、石河堰一条，新增蓄水量6792立方米；架设输电线路85公里；新建村道公路362公里；改田改土1300亩；改造农户基础设施9371户，改房35万平方米，改厕5万平方米，改圈17万平方米，改厨11万平方米，建沼气池1094口，建水泥院坝27万平方米；改扩建校舍1610平方米，购置教学设备244套；改扩建文化站2110平方米。

2007年，启动14个村的新村扶贫工程，是年共争取各类扶贫资金8921万元，其中财政扶贫资金921元、信贷扶贫项目资金8000万元。当年2270个贫困人口人均粮食占有量达320公斤，人均纯收入达1670元，顺利越过温饱线。是年，北川被绵阳市委、市政府评为扶贫攻坚先进单位。

第三节　人民生活

随着经济和社会事业的发展，城镇居民收入逐步增加。1997年，县内全民、集体城镇职工人均年工资收入由1988年的1636元增加到4689元，城镇居民人均收入由1988年的1011元增加到2995元；城镇居民年人均生活消费支出由1988年的1010元增加到2496元，年末人均储蓄余额由1988年的983元增加到2043元。电视机、洗衣机、电冰箱等耐用消费品基本普及，每100户家庭拥有电视机、洗衣机、电冰箱分别由1988年的46台、72台、5台增加到100台、95台、70台；家庭彩电逐步由名牌产品和大屏幕取代杂牌产品和小屏幕。新型家电、文娱耐用消费品开始进入家庭，1997 年每 100 户居民拥有组合音响设备 7 套，录放机或 VCD10 台。行政机关、事业单位人均住房面积达到 20 平方米，城镇居民人均住房面积达到 18 平方米。

农村居民生活越过温饱线。1988—1997 年，农村居民分别于 1989 年越过“二六”（人均纯收入 200 元，人均占有粮食 300 公斤以上）温饱线；1997 年比原计划提前一年越过“五八”（人均纯收入 500 元，人均占有粮食 400 公斤以上）温饱线，逐步向小康迈进。全县农民人均纯收入由 1988 年的 378 元提高到 1997 年的 1120 元，年均增长 21.8%。

1998 年，县内全民、集体城镇职工人均年工资收入 5043 元，城镇居民年人均生活消费支出 2964 元，其中衣食消费 1741 元、文化教育消费 431 元、旅游服务等消费 10 元。1999 年，国家大幅度提高国家机关、事业单位工资基数，全民、集体城镇职工人均年工资收入 6323 元，城镇居民年人均生活消费支出 3402 元，其中衣食消费 1840 元、文化教育消费 437 元、旅游等消费 103 元。电视机、洗衣机、电冰箱等耐用消费品全面普及，每 100 家庭拥有电视机、洗衣机、电冰箱分别达到 115 台、100 台、74 台，拥有组合音响设备 9 台（套）、录放机或 VCD 机 30 台、电话 43 部；录像机、电脑逐步进入部分家庭。行政机关、事业单位 80% 以上的职工购买成套住房，人均住房面积达到 20 平方米以上；城镇居民人均住房面积达到 18 平方米以上。

农村居民越过“五八”温饱线后，部分乡村向小康迈进。1999 年，全县农民人均纯收入 1681 元，人均年生活消费支出 1046 元，其中食品支出 719 元、衣着支出 57 元、文化教育支出 143 元、居住支出 31 元、家庭设备、用品支出 36 元、医疗保健支出 45 元、交通通信支出 12 元、其他商品和服务支出 3 元。据县农调队 100 户定点调查，农村居民年末人均储蓄存款余额 461 元；农村人均住房面积达 25.3 平方米，砖木、砖混的房屋结构比例达 81.5%。据县农调队抽样调查：每 100 户农民拥有自行车 45 辆、洗衣机 27 台、彩电 29 台、冰箱 4 台，电话、组合音响、摩托车、拖拉机、录放机、VCD 机等高档消费品陆续进入农民家庭。全县各类卫星地面接收站达 400 余处，电视信号入户率达 88% 以上，有线广播入户率达 74% 以上；278 个村有 180 个村修通乡村公路，村通率达 65%。

2000 年，城镇居民人均可支配收入 4650 元，人均居住面积 20 平方米。农民人均所得 1665 元，人均占有粮食 499 公斤。农村居民人均年生活消费支出 1286 元，其中食品支出 777 元、衣着支出 78 元、文化教育支出 136 元、居住支出 100 元、家庭设备和用品支出 69 元、医疗保健支出 76 元、交通通信支出 36 元、其他商品和服务支出 14 元。农村居民年末人均储蓄余额 452 元，人均住房面积 30 平方米。家庭耐用消费品每 100 户拥有自行车 40 辆、电风扇 13 台、洗衣机 30 台、冰箱 1 台、摩托车 1 辆、大型组合家具 146 件、收音机 4 台、黑白电视 55 台、彩电 44 台、照相机 1 台。

2001 年，城镇居民人均可支配收入 4820 元，人均居住面积 22 平方米。农民人均可支配收入 1750 元，人均占有粮食 435 公斤。农村居民人均年生活消费支出 1604 元，其中食品支出 1050 元、衣着支出 73 元、文教娱乐用品支出 162 元、居住支出 78 元、家庭设备和用品支出 63 元、医疗保健支出 68 元、交通通信支出 74 元、其他商品和服务支出 36 元。农村居民年末人均储蓄余额 510 元，人均住房面积 28 平方米。家庭耐用消费品每 100 户拥有自行车 39 辆、电风扇 15 台、洗衣机 27 台、电冰箱 2 台、摩托车 7 辆、影碟机 19 台、彩色电视机 63 台、组合音箱 4 台、热水器 13 台、电话机 4 部、移动电话 1 部。

2002 年，城镇居民人均可支配收入 4930 元，人均居住面积 24 平方米。农民人均可支配收入 1845 元，人均占有粮食 441 公斤。农村居民人均年生活消费支出 1407 元，其中食品支出 809 元、衣着支出 87 元、文教娱乐用品支出 159 元、居住支出 91 元、家庭设备用品及服务支出 71 元、医疗保健支出 74 元、交通通信支出 74 元、其他商品和服务支出 42 元。农村居民年末人均储蓄余额 866 元，人均住房面积 28 平方米。家庭耐用消费品每 100 户拥有自行车 23 辆、电风扇 16 台、洗衣机 22 台、电冰箱4台、摩托车5辆、录放机2台、照相机1台、影碟机29台、彩色电视机57台、组合音箱4台、热水器14台、电话机3部、移动电话3部。

2003年，城镇居民人均可支配收入5885元，人均居住面积23平方米。农村居民人均可支配收入1922元，人均占有粮食496公斤。农民人均年生活消费支出1388元，其中食品支出837元、衣着支出76元、文教娱乐消费支出169元、居住支出87元、家庭设备用品支出48元、医疗保健支出68元、交通通信支出92元、其他商品和服务支出11元。农村居民年末人均储蓄余额560元，人均住房面积16平方米。家庭耐用消费品每100户拥有自行车30辆、电风扇15台、洗衣机35台、电冰箱4台、摩托车6辆、影碟机38台、彩色电视机68台、组合音箱10台、热水器8台、电话机7部、移动电话10部。

2004年，城镇居民人均可支配收入6130元。农民人均纯收入2115元，人均占有粮食316公斤。农村居民人均年生活消费支出1894元，其中食品支出1090元、衣着支出95元、文体娱乐消费支出211元、居住支出221元、家庭设备用品支出70元、医疗保健支出84元、交通通信支出113元、其他商品和服务支出10元。农村居民年末人均储蓄余额177元，人均住房面积15平方米。家庭耐用消费品每100户拥有自行车27辆、电风扇18台、洗衣机42台、电冰箱4台、摩托车13辆、影碟机39台、彩色电视机76台、组合音箱8台、热水器6台、电话机8部、移动电话29部。

2005年，城镇居民人均可支配收入6450元。农民人均纯收入2275元，人均占有粮食687公斤。农村居民人均年生活消费支出2001元，其中食品支出1143元、衣着支出115元、文体娱乐消费支出228元、居住支出157元、家庭设备用品支出81元、医疗保健支出106元、交通通信支出152元、其他商品和服务支出19元。农村居民年末人均储蓄余额354元，人均住房面积22平方米。家庭耐用消费品每100户拥有自行车42辆、电风扇62台、洗衣机70台、电冰箱9台、摩托车15辆、影碟机49台、彩色电视机90台、电视机接入有线电视网的46户、组合音箱23台、照相机3部、电话机34部、移动电话73部、家用计算机2台。

2006年，城镇居民人均可支配收入6640元，农民人均纯收入2476元。农村居民人均年生活消费支2063元，其中食品支出1077元、衣着支出121元、文体育娱乐消费支出200元、居住支出241元、家庭设备用品支出78元、医疗保健支出126元、交通通信支出194元、其他商品和服务支出26元。农村居民年末人均储蓄余额344元，人均住房面积23平方米。家庭耐用消费品每100户拥有自行车25辆、电风扇72台、洗衣机76台、电冰箱7台、摩托车22辆、影碟机57台、彩色电视机96台、组合音箱30台、电话机34部、移动电话130部。

2007年，城镇居民人均可支配收入7250元。农民人均纯收入2831元，人均总收入3940元，人均总支出3802元。在岗职工工资总额13264万元，在岗职工平均年工资15197元。年末城镇登记失业人员315人，登记失业率3.2%。

第二章　经济管理

第一节　计划管理

一、计划编制

1988年，县计划经济委员会内设办公室和计划、企业管理2科及政治部，定编26名，实有21人。1992年4月，政治部改建为工交工作委员会。1996年10月，县党政机构改革，将计划经济委员会、统计局、物价局、能源办、矿产资源管理办公室合并组建为计划经济局。1997年5月，计划经济局更名为计划经济委员会，内设办公室、计划科、经贸科、统计科（挂县统计局牌子）、地质矿产科（挂县地质矿产局牌子）、物价科（挂县物价局牌子）。核定行政编制26名，后勤事业编制2名。2002年，更名为县发展计划和经济贸易局，核行政编制15名，领导职数5名。2005年，更名为县发展改革和经济商务局，核行政编制17名，工勤编制2名，领导职数5名。

县计经委（局）每年根据国家宏观经济政策的要求，结合县内经济和社会发展的具体情况，在调查研究和预测的基础上，按时编制全县国民经济和社会发展年度计划，并及时下发各乡镇及有关部门执行。定期对计划执行情况进行检查，掌握进度，发现问题及时分析研究，为领导决策提供依据，并向县人大常委会和县人民代表大会作计划执行的半年和全年情况报告。

在编制年度计划的同时，注重中长期发展战略研究，1988—2007年先后编制的综合性中长期规划和计划有《北川县国民经济和社会发展“八五”计划及2000年目标规划》《北川县国民经济和社会发展“九五”计划及2010年远景目标纲要》《北川县国民经济及社会发展“十五”计划和2015年远景目标纲要》《北川羌族自治县国民经济和社会发展第十一个五年规划纲要》《北川县工业发展战略》等。

二、统筹协调

1988年后，随着改革开放的不断深入和建立社会主义市场经济体制的推进，先后退出指令性计划管理的指标主要有成品油、汽车分配，钢材、木材使用计划，企业招工指标等；对森林采伐、造林、“农转非”、人口出生等指标仍实行指令性计划管理。面对新形势，经济主管部门主要依据国家产业政策，通过编制指导性计划，协调全县经济和社会发展；根据经济的发展现状及运行趋势提出方针、确定任务、制定目标、指导工作，定期或不定期地对全县经济综合情况和具体行业进行分析，提出对策措施；与财政、税务等部门配合，对经济和社会发展中存在的热点难点问题，组织协调，综合平衡，使经济杠杆手段与法律、行政手段相结合，促进计划目标的实现。1998年，加强企业管理，围绕提高工业经济运行质量和效益搞好协调服务。坚持联系企业制度，重点抓破产改制企业优化资本结构，组织参与企业破产清算工作，搞好生产自救和职工安置。1999年，深化改革，培育骨干企业，加快企业按《中华人民共和国公司法》运作步伐，协助企业建立现代企业制度，抓好经营管理，为企业生产经营协调好与电力、银行、税务等方面的关系。探索在发展县域经济中变由政府办企业为民营、私营企业家办企业和招商引资引进外地企业家办企业的新路子。2000年，坚持培育公有制骨干企业和发展民营、私营企业并重，培植新的经济增长点。2001年，按照省、市、县关于进一步深化企业改革有关精神，继续深化公有制企业改革，建立和完善公司法人治理结构，形成有效的制衡机制和规范的运作机制。成功将擂鼓镇集体企业擂鼓页岩砖厂、第一木综厂评估后的资债进行整体出售，使企业产权明晰、政企分开、权责明确、管理科学，增强企业活力。

2002年，围绕工业强县富民的思路，实施“工业千亿工程”，结合全县实际，制定工业发展的方向、重点、目标等规划，重点支持规模以上和有发展潜力的企业，增强企业的市场竞争力。同时继续加强企业产权制度改革，搞好资产重组，采取股权转让、整体出售方式，整合生产要素，提高经济效益，全县工业经济保持健康发展势头。

2003年，结合国家投资方向和重点，争取到一批国债项目、中央专项资金项目、以工代赈项目和中央财政资金建设项目，支持企业发展。

2004年，重点支持规模以上和有发展潜力的企业增强市场竞争力。继续加强企业产权制度改革，金焰煤业、自来水公司、永丰百货公司、糖酒公司、大宇纸业、华中机械、宾悦饮食等企业完成或进行改制工作。

2005年，实行领导联系、限时办结、首问负责、特事特办等制度，制止乱收费、乱摊派、乱罚款行为，为企业减负；转变机关作风，提高办事效率，多方面营造企业发展的外部环境。

2006年，落实加快工业发展的相关制度和措施，为工业快速发展创造良好环境；加大对规模以上骨干企业的培植，鼓励企业做大做强，全县新增规模工业企业3户，达到20户。2007年，重点培植有发展潜力和市场竞争力的大型骨干企业，全年新增规模工业企业6户，达到26户。

固定资产投资管理　1992年前，对固定资产投资项目的计划管理，主要是加强宏观调控，保持投资规模适度增长，落实建设资金，引导资金投向，突出重点，改善结构，讲求经济效益。对全民和集体所有项目严格执行项目管理程序，控制投资规模；对个体投资实行预测性计划。1992年后，在发挥市场对优化资源配置基础性作用的同时，积极推行建设项目业主责任制，将竞争性项目推向市场融资，由项目业主对项目全过程负责。根据《全民所有制工业企业转换经营机制条例》，企业能自行解决建设和生产条件的，企业可自行立项，报政府有关部门备案并接受监督。随着投资体制改革的不断深入，省政府于1996年作出《关于深化投资体制改革的决定》，进一步明确地方各级投资的主体分工、融资渠道和投资方式，实行建设项目法人责任制，推行工程建设监理制度，改进和完善建设项目管理。1988—1997年，全县累计完成固定资产投资39865万元（不含农业基础设施和个体投资），投资重点是交通、能源、通信、技术改造及城市基础设施建设。

1998年后，抓住国家实行积极的财政货币政策的机遇，加大投入力度，加强基础设施和重点工程建设。投资重点放在国家大力支持的交通通信、水利生态、市政建设和房地产开发等项目上。1998—2002年，每年完成固定资产投资总额分别为8191万元、9012万元、9860万元、1.02亿元、1.09亿元，呈缓慢增长态势。2003年，围绕国家投资方向和重点，争取项目和资金，大力开展招商引资，加大基础设施建设和资源开发力度。全年从国家、省、市争取的项目资金主要用于道路、退耕还林、天然林保护、城网改造、农业综合治理、农业结构调整、城市环保、教育、卫生等项目建设。全社会累计完成固定资产投资大幅增长，达到2.89亿元。此后几年，固定资产投资均保持快速增长，2004年4. 78亿元，2005年5.73亿元。

2006年，围绕国家投资方向和年初确定的20个重点项目，加快推进基础设施和产业项目建设。全年完成固定资产投资总额7.2亿万元，其中基本建设完成5.42亿元，房地产开发完成0.25亿元。

2007年，加快推进基础设施和生产性项目建设，年初确定16个生产建设项目，全年完成固定资产投资总额8.1亿元，1000万元以上项目投资7.46亿元。在基建投资中，第一产业投资数0.35亿元，第二产业投资4.69亿元，第三产业投资0.99亿元。全年投资规模50万元以上的施工项目29个，全年房屋施工面积7.85万平方米，竣工2000平方米。是年建成茂发电化、富森农林、白水沟电站等一批重点骨干项目。

重点工程建设　1988—1997年10年间，新建省、县、乡级公路，林区、厂矿、学校、风景区专用公路和农村村组公路243公里，其中沥青路面83公里、混凝土路面16公里；电信事业快速发展，完成“一网两化”（建成本地电话网，市话程控化、长途传输光纤数字化）建设，电话普及率达到每百户1.73部；县城茅坝新区建设初具规模，城镇供水条件和环卫设施有所改善；建成苦竹坝电站、团结电站，完善输供电网络；邓家金矿、县造纸厂、县茶厂、县第一木综厂、印刷厂彩印车间、县特种水泥厂、县水泥厂、禹峰水泥厂、页岩砖厂等骨干企业完成新建、技改，通口电站进场施工，绵阳高新区北川工业园2个建设项目启动；投入大量资金用于文化、教育、卫生、广播电视、计划生育等社会事业，办学条件有较大改善，农村初级卫生保健达标，各项社会事业健康发展。

1998年，公路交通建设以恢复水毁、整治病害、提高道路等级为目标，完成邓通公路全部路基工程及圆坪子至黄江改线工程；邮电通信以提高综合通信能力为重点，完成禹里至小坝光缆传输工程，建成全县地方通信网，开通擂鼓、禹里、通口移动通信，创造条件实施“村通工程”；城建工作以“治好一条沟，管好一条河，绿化四面山，建好三座桥，扩宽两路，完善两区，修建一座自来水厂，新建羌乡民品市场，搞好天然气工程”为目标，完成县城“翻水桥”改建工程，县城农贸市场建设、天然气工程等进展顺利。

1999年，邓通公路建成通车，完成北茂路曹山坡至禹里14公里重点整治工程及油路铺设，成青路县城过境段拓宽工程进展顺利；加强通信设施建设，完成交换机版本升级及县城至部分乡镇光缆工程，新建基站5处，除青片、白什2乡外，其余乡镇开通程控电话；完成天然气工程建设，县城用户达到780余户。

2000年，完成北茂路路基改造工程及安北路建设前期工程，永通路北川段12公里改建工程完成路基整治并铺设油路5.5公里；县城“两桥一洞”工程及成青路过境段拓宽工程进展顺利，建成羌乡民品市场，茅坝新区形成相当规模，旧城改造基本完成，县城供水工程在建；电信、移动通信投资力度加大，完成坝底至白什、小坝至片口、片口至松潘县白羊及平武县泗耳的通信光缆，恢复禹里至坝底通信电缆，开通小坝、漩坪、猿王洞移动通信，通信条件大大改善；农网改造进展迅速，禹里至坝底线路提前1个月竣工，禹里至小坝线路加紧落实；完成擂鼓天然气工程；天然林保护工程完成投资201万元；完成广播电视村通工程。

2001年，新铺油路32.5公里，新建水泥路9.3公里，建成标美路30公里，新建大中桥梁2座，新（改）建泥碎路134公里；县城建成日供水1万吨的龙尾净水工程，县城亮化、美化、绿化等工程取得明显成效；电信完成安北线迁建7.2公里、电缆扩容延长7.7公里，移动通信完成桂溪至县城光缆铺设，新建移动通信基站5个、直放站3个；农网一期改造任务全面完成；完成14.1平方公里水土保持治理任务，兴建水渠4条、小型蓄水池290口，安装各型管道1.3公里，完成19处人畜饮水工程。

2002年，实施油路、水泥路、标美路、危桥改造和村通工程建设；县城供水工程投入营运，教师公寓竣工交付使用，曲山—擂鼓一体化建设逐步推进，完成擂鼓工业园测绘、规划工作，胜利干道开工建设；禹里、小坝、桂溪、坝底等乡的小集镇建设步伐加快；第一期农网改造通过省上验收，启动第二期农网改造工程；电信完成猿王洞、开坪接入网工程，新建猿王洞、擂鼓“小灵通”基站9个，县城补点3个，移动完成八期工程，新建站6个、扩容2个、搬迁站2个，完成监控二期安装，基本实现安北路、九黄环线无盲区；实施集雨节灌工程，新建擂鼓水源工程一处；恢复通口电站建设，其导流隧洞工程竣工，11 月 22 日实现大坝截流；教育、卫生等一批项目开工建设。2003 年，完成北茂路 44 公里、曲桂路 38 公里标美路建设工程，是年底全县公路通车里程达到 1415 公里；全县 20 个乡镇 104 个村开通程控电话，8 个乡镇开通小灵通基站，13 乡镇开通移动电话；县城电网改造工程启动，垃圾处理场开工建设。

2004 年，装机 4.5 万千瓦的通口水电站建成发电，猿王洞风景区二期工程竣工投入运营，绵阳启明星集团投资建设的电极箔生产线 4 条投入生产，四川久远纳米材料有限公司冲击合成纳米聚晶金刚石微粉项目建成投产，PIC 优质生猪种猪扩繁基地初具规模，建诚木业 5 万立方米中（高）密度纤维板生产线开工建设，装机 2.4 万千瓦的武安电站建设工程进展顺利，装机 4800 千瓦的羊圈坪电站开工建设，两条日产 5000 吨新型干法水泥生产线经省发改委批准立项，列入四川省水泥行业结构调整规划；公路交通建设完成邓通路 11 公里路基改造、墩青路墩坝段 5.3 公里和北松路禹里至黄土梁段 5. 2 公里油路建设，建成小坝至桃龙 8 公里和任家坪至杨柳坪 13 公里四级水泥路面公路，启动曲桂路 31 公里三级油路、55 处 377 公里村道公路建设；北川中学学生公寓、县疾控中心办公大楼竣工交付使用，新建教学用房 11926 平方米，改造中小学 D 级危房 9005 平方米。2005 年，建成邓通路 11 公里油路、曲桂路油路和 21 个村 153 公里的村通公路，垭都水泥路工程在建；县城垃圾处理场基本建成，完成米市沟、麒麟沟的污染治理，启动县城建筑民族风貌改造；建成青少年活动中心、羌族民俗博物馆、图书馆、县医院传染病区，6 个乡镇卫生院建设相继开工，6 所中小学危房改造工程开工建设；政法系统建设项目全面启动，11 个基层公安派出所建设项目 7 个开工建设；建诚木业中（高）密度纤维板生产线、启明星电子公司 12 条中高压化成铝箔生产线、禹鑫化工 37% 甲醛溶液生产线、金刚石微粉项目、自然天堂茶业名优茶清洁流水线建成投产。

2006 年，邓通路、垭都水泥路于 12 月底竣工投入使用；武安电站、羊圈坪电站竣工投入试运行，子洋石材一期工程竣工；北川中学学生食堂竣工投入使用，标准化运动场开工建设；陈家坝中学、桂溪中学等 7 所中小学危房改造项目竣工投入使用；19 个乡镇卫生院竣工验收 12 个，县医院门诊大楼正建，11 个乡镇派出所建设项目竣工验收 5 个，2 个司法所建成投入使用，县法院审判庭开工建设；县城风貌改造基本完成，垃圾处理厂竣工投入试运行，魏家沟流域治理，地质灾害工程竣工验收。

2007 年，茂发电化有限公司年产 20 万吨新型环保节能电石项目一期工程和富森公司人工林综合加工项目投入试产；中小学校舍完成投资 1122 万元；县医院急诊综合楼竣工；农村饮水安全工程投入资金 711 万元，解决 1.5 万人的饮水安全问题；治理水土流失面积 28.2 平方公里；建设农村沼气 1500 口；农村公路建设完成投资 6300 万元，建成通乡公路 15 公里，新改建通村公路 212 公里，建成农村客运站 4 个、客运招呼站 41 个；引进四川联鸿建材有限公司建设 2 × 4800t/d 熟料新型干法水泥生产线建设项目，并经省发改委批准；小坝电站、干松坝电站在建。

第二节　工商行政管理

一、机构

1988 年，县工商行政管理局仍行使“六管一打一制止”（即管理集市贸易、工商企业登记、个体经济登记、经济合同、商标、广告，打击投机倒把，制止经济领域的不正之风）工作职能。机关内设办公室和企业个体登记、市场、经济合同管理股，下辖曲山、擂鼓、通口、陈家坝、治城（禹里）、小坝、坝底 7 个工商所，桂溪、漩坪、片口 3 个工商组。1990 年 3 月，将经济合同股分设为经济监督检查队和商标广告管理所。1996 年 10 月，机构改革中将县技术监督局并入，将漩坪工商组改建为工商所；机关内设办公室、人事监察、企业登记管理、市场监控管理、经济合同管理、计量质量标准化等6个股室，以及商标广告管理所和经济监督检查队、计量测试所3个事业机构；挂靠的社团组织和单位有县个体劳动者协会、私营企业协会、保护消费者权益委员会。1999年7月，县技术监督局分出；8月，改称绵阳工商行政管理局北川分局。2003年，复称县工商行政管理局。

二、市场监管

改革开放后，市场逐步放开。为保障人民群众基本生活品的稳定，工商部门加强对粮油市场的监管。

1998年，组织粮食、物价等部门，在做好《粮食收购条例》宣传的同时，全面清理整顿粮食市场，对全县所有经营粮油和附带经营粮油的单位、加工企业、用粮大户、批发交易、个体私营粮商等进行全面检查清理，重新核准经营范围，查处其违规经营的粮食和油菜籽。

2000年，集中力量重点检查全县粮食收购、加工、运输等企业和粮食批发市场，查处非法贩运玉米1.2万公斤、大米300公斤；在全县粮食经营户中建立全省统一的粮食台账，按时上报粮食市场周、旬、月等报表及有关材料。与有关部门配合，开展农资市场及蚕茧、茶叶收购等专业市场整顿，对无证经营、超范围经营和销售假冒伪劣产品的行为进行查处。

2001年，开展“金穗”行动，对全县从事粮食加工、批发、零售企业和用粮大户165户进行检查，查获非法收购玉米3起并立案处理；乡镇的8个工商所长与分局粮食市场管理领导小组签订《粮食市场监管责任书》，落实监管责任。在春节期间和6月初，组织人员对全县18个农贸市场进行检查，对安全隐患限期整改。开展“红盾百日执法行动”、农资市场打假整治联合行动、“金轮行动”、成品油市场整治行动、文化市场整治行动、饲料市场专项整治、个体药店专项清理、蚕茧收购市场整治等行动，查处非法经营成品油、鞭炮、玉米种、化肥、农药、农机、蚕茧、化妆品、卫星地面接收设施、回收拆解报废汽车等无照和超范围经营户。

2002年，强化重点市场的监管，把羌乡民品市场、擂鼓荣盛综合市场、禹里江禹市场、猿王洞景区旅游市场等列为整治重点，进行三次检查整治，检查经营户1436户，查出无照经营59户、超范围经营32户，收缴所经营的过期食品、饮料、淫秽光碟、伪劣化妆品、过期农药及拼装摩托车。

2003年，结合“3·15”活动，开展消费品市场检查，营造放心消费环境。

2004年，强化流通领域商品质量监管，做到“一管、两查、四制”，即管住市场开办者及经营者，加强市场巡查和商品抽查，完善商品准入、重要商品入市备案、商品查验登记、商品退出等制度，建立健全商品入市安全过滤机制。

2006年，开展市场专项整治行动60余次，出动检查车辆800余台次，检查人员1900多人次，检查经营户9500余户次；立案查处各类违法违章经济案件80件，罚没金额11万元；查获不合格复合肥16吨，过期农药300余公斤，“三无”和过期的食品、饮料、调味品6800余公斤，以及未经检疫的猪肉、过期的药品、盗版光碟等。

2007年，落实“农村食品市场整顿年”工作措施，开展“民生特别行动”，集中清理和规范食品生产经营主体资格，开展食品生产加工小作坊专项整治行动，在全县各场镇的市场超市建立进货索证索票制度，各乡镇街道90%以上的副食品店建立和完善食品进货台账制度，推进商品质量监管“关口前移”。加强食品质量快速监测工作，以科技手段有效督促食品经营户规范食品生产过程和进货行为，是年快检食品3781个批次，合格36440个批次，合格率96.4%。开展农资、食品、建材、电器等类的商品质量监管抽检，较大型商场、超市、连锁经营企业商品合格率达95%以上。严厉查处各类经济违法案件，整顿规范市场经济秩序。查获假冒“三体”牌过磷酸钙违法案件3件，没收假冒过磷酸钙11吨。

三、企业登记

1988年11月，遵照国务院《关于清理整顿公司的决定》和中共中央、国务院《关于严禁党政机关和党政干部经商、办企业的规定》，对全县87户公司逐户清理审查，对有违法行为的2户吊销营业执照；对间断经营或领照后未从事经营活动以及不够公司登记条件的歇业注销19户，变更名称作降格处理36户，符合条件30户予以保留。基本制止和解决党政机关、党政干部经商办企业的问题。

1991年5月，为促进个体汽车、拖拉机运输业的健康发展，保护合法经营，维护正常的运输市场秩序，与县运管所、农机监理站协调配合，利用年检审验，办理个体运输户营业执照139个，从业人员142人，注册资金97万元，有效遏制无照营运。

1992年，按照"四放开"（放开经营范围、价格、用工制度、分配原则）政策，搞好办证服务。是年登记各类企业966户，净增62户；注册资金总额1.2亿元。

1995年，继续贯彻落实《中华人民共和国公司法》，规范公司登记注册和监督管理。是年累计登记注册各类工商企业998户，注册资金2.2亿元。

1997年，重点支持国有企业改制，参与前期论证，为企业提供法规、政策咨询。配合县体改办、国资局理清企业内部产权关系，改组有限责任公司。是年为改制企业办理有限责任公司登记29户，为68名下岗职工核发个体营业执照。强化年检，为93户企业办理注销登记（其中国有41户、集体46户、联营5户、股份制1户；法人注销14户、营业注销79户）。

1998年后，每年按照常规依法开展企业注册登记、年检和换照工作，严把市场主体准入关，强化监督管理，注销"三无企业"，对不按规定参加年检的企业依法吊销营业执照。

2006年，按照新公司法和《中华人民共和国公司登记管理条例》作好登记服务工作。全县共登记发照各类企业428户，注册资本8.3亿元，个体工商户3144户，注册资金4543万元。全年招商引资企业12户，引进资金5618万元。创新工作制度，营造快捷高效的准入环境。全面推行企业注册"一审一核"制度和服务承诺制度，简化办事程序和手续，对科技型中小企业、外商投资企业、重点旅游项目等，均实行"绿色通道"办事制度。规范管理行为，建立首办责任制度、登记过错责任追究制度、联络员制度，对建诚木业、大禹野生食品有限公司、猿王洞风景区等15户重点企业实施重点帮扶。

2007年，全县共登记发照各类企业454户，注册资本83288万元，全年招商引资企业20户，引进资金5307万元。全年在册公司22户、分公司13户，农民专业合作社2户。

四、个体私营经济管理

1988年，登记发照的个体工商户2109户3119人，注册资金519万元，营业额680万元，总产值60万元。是年新发展个体工商户286户423人，其中农村自理口粮到城镇落户务工经商181户268人。

1990年，大力宣传积极发展个体经济的方针政策；对全县个体工商户进行全面系统的工商、税收、物价法规和职业道德培训，教育个体劳动者处理好国家、集体、个人三者关系。是年新增个体户136户147人。

1995年，以"拓宽领域，放手发展"为指导思想，扩大从业人员范围、放宽经营范围、打破所有制形式，全县个体工商户有较大发展。至年底，累计登记注册的个体工商户2716户3038人，注册资金818万元。

1997年，县委、县政府制定《关于促进个体私营经济发展的若干规定》，进一步推进个体私营经济的发展。至年底，全县共办理登记注册私营企业26户，投资者46人，雇工408人，资本644万元；

有个体工商户2624户，从业人员3184人，注册资金812万元。

1998年后，个体私营经济迅速发展。至2000年年底，全县登记个体工商户2581户，从业人员2594人，注册资本2171万元；私营企业66户，下设分支机构33个，注册资本5400万元，投资人数156人，雇工2352人。

工商行政管理部门加强对个体、私营经济的管理和引导，强化监管力度，查处违章违法行为，保障个体、私营经济健康有序发展。

2001年，重点整治无照经营，开展"市场主体监管月活动"、取缔无照经营活动，结合"红盾执法"行动，对易燃易爆特种行业、网吧等进行重点清理整顿。全年查出无照经营192户，超范围经营53户，分别进行处理；加强对矿山开采业的检查，对4户地下采矿业进行重点检查，全年检查53户各类采矿点，发现无照开采44户，分别给予停业和限期补办证照的处理；对猿王洞风景区一度存在的无照个体经营户问题，开展现场办公，20户无照经营者全部补办营业执照。推行"首问责任制"，实行"一站式"办公，积极、主动、热情为外来投资者服务。全年登记外来投资企业16户，注册资金2464万元。

2003年，进一步改革和完善登记监管制度，下放个体办照审批权限，对203人持再就业优惠证和自谋职业证、最低生活保障证的下岗职工办理证照减免登记费、管理费、工本费。在全县开展"牵手活动"，实行"干部结对帮扶，牵手下岗职工"，县工商局及各工商所联系13户私营企业、41户下岗职工和经营困难的个体工商户。

2004年，严格执行下岗职工从事个体经营的优惠政策，着力创造民营经济发展宽松的外部环境和投资环境，采取上门办照、为边远地区个体户免费复印登记资料、开设下岗职工办照窗口、为381名下岗职工和残疾人减免各种费用等措施，支持个体私营企业发展。是年底，全县个体工商户发展到2827户，从业人员2982人，注册资本3932万元，新登记发照个体户928户；私营企业发展到213户，投资人数376人，雇工3522人，注册资本1.63亿元，新登记发照私营企业47户。

2005年，放宽市场准入条件和经营范围，下放个体工商户登记权，实行上门办照，免收相关费用，增设港澳台居民办照窗口。

2006年，按照《个体工商户分层分类登记管理办法》，与各基层工商所签订授权委托书，通过委托工商所登记，实行"一审一核"、当场办照等措施，缩短办照时间、服务个体工商户。鼓励和引导农民发展专业合作经济组织，促进农业市场化、产业化、规模化发展；立足实际，对全县114户农村流动经营人员实行备案登记，为11户符合个体工商户登记条件的流动经营户办理营业执照。

2007年，全县登记发照各类企业454户，注册资本83288万元；招商引资企业20户，引进资金5307万元。新发展私营企业29户，注册资金11785万元。是年年末，全县正常开展生产经营活动的个体工商户2250户，从业人员2412人，其中农林牧渔业5户，制造业122户，交通运输、仓储和邮政业2户，信息传输、计算机服务和软件业16户，批发与零售业1527户，住宿和餐饮业270户，租赁和商务9户，居民服务和其他服务业299户。

五、合同管理与动产抵押登记

合同管理 县工商部门坚持打击合同欺诈行为，同时开展"重合同守信用"企业评审命名工作。1988年，全县有"重合同守信用"企业14户。1995年，达到29户，其中县级24户、市级3户、省级2户。此后每年保持在15户左右。2006年，全县有"守合同重信用"企业11户，其中省级1户，市级4户，县级6户。2007年，全县有各级"守合同重信用"企业14户，其中省级1户，市级6户，县级7户。

动产抵押登记 县工商部门发挥动产抵押登记职能，帮助企业融资，解决生产企业缺乏流动资金制约发展的问题；对抵押物登记严格把关，维护债权人的合法权益。

2006年，办理企业动产抵押登记20份，主债券金额8320余万元，其中为猿王洞风景区抵押贷款1700余万元，用于景区后山建设；为建诚木业抵押贷款900余万元，建成新的生产线并投入使用；为启明星水电集团贷款4000万元，增设新的发电机组，使企业的设备换代升级。

2007年，办理抵押登记22件，帮助企业融资2.43亿元。

六、广告管理

改革开放后，随着经济的迅速发展，生产者与经销者的广告意识逐渐增强，广告经营业务应运而生。1988年，发展登记广告兼营单位3户，其中有线广播广告1户、印刷品广告2户，从业人员17人。至1996年，全县广告经营单位发展到21个，其中农村有线广播广告经营单位14个，印刷品广告经营单位2个、广告设计制作单位5个。县工商行政部门对广告经营单位进行注册登记、年检，加强对广告经营活动的监督管理。2001年，对全县6户广告经营户的20名从业人员进行培训，10人取得广告专业资格证书，1人取得广告审查员证。2007年，全县广告经营单位达到38户，是2000年的1.6倍，广告从业人员达到92人。

户外广告是县工商行政部门监管的重点。2003年，与县教体局、县语委会等部门联合对户外广告语言文字进行检查和规范性整改。2004年，广告监管工作下移到工商所，实行分级、分类监管；改进户外广告登记行政审批方式，试行预先登记申领发布号、事后备案办理户外广告登记审批的制度。

县工商行政部门对直接关系人民群众身体健康的药品、保健品、食品等广告，每年实行专项检查，并以此为重点开展“反误导、打虚假”专项广告整治行动，对所查获的虚假、违禁、违法广告分别情况进行严肃处理，维护消费者的利益。2006年，开展“打虚假树诚信”广告专项整治行动，重点打击欺骗和误导消费者的保健食品、药品和医疗虚假违法广告，共检查各类广告123条，发现涉嫌违法广告39条，限期清除违规发布的户外广告12幅，行政告诫21条，收缴违法印刷品广告2000余份。2007年，针对广告业发展中出现的混乱现象，依照“查媒体、追根源、促规范”工作方针进行清理整顿。查获乱张贴违法广告400余张，取缔无证经营的广告经营户2户，查处各种虚假违法广告案件2件，查处未经批准擅自发布的通讯广告、路牌广告、医疗广告、旅游广告等5件。

七、商标管理

1983年《中华人民共和国商标法》实施后，县内企业的商标意识逐渐增强。至1997年，全县先后注册商标46件，其中使用他人注册商标1件。此后10年，注册商标数目基本稳定。2007年，全县有注册商标55件，其中涉农商标23件。

县工商行政部门重视商标的作用，指导企业进行商标注册，帮助有知名度的企业制定商标信誉计划，实施名牌战略。1992年4月，县茶厂“佛泉”牌茶叶商标获得“四川省首届著名商标提名奖”。1997年8月，“佛泉”牌茶叶商标被评为绵阳市知名商标。2000年，“佛泉牌”茶叶再次获“绵阳市知名商标”称号。2002年，指导地方特色产品商标的注册和保护，帮助“佛泉”茶叶、“羌山”食品商标争创市知名商标。2004年，培育地方特色产品，推动“北川茶叶”地理标志证明商标注册，指导“羌豪”野生食品、“智富”肉食品、“宇羌”果酒等农副产品商标和“大禹故里”“羌族第一寨”等旅游服务商标的注册。2006年，利用商标发展战略，培育、推荐省级著名商标、市级知名商标，增加产品的附加值，促进农民增收致富。是年“禹露”商标被评为绵阳市知名商标；全县拥有省著名商标1件、市知名商标3件，“北川茶叶”证明商标被国家商标局正式受理，“北川蚕茧”证明商标申报之中。2007年，注册商标47件，其中省著名商标1件，市知名商标3件。

商标保护。除每年利用“3·15”活动和广播、电视等形式大力宣传商标法外，还重点对商标印制企业进行监管，堵住假冒商标源头，先后对侵犯县茶厂“佛泉”牌茉莉花茶注册商标专用权和假冒仿冒“茅台”“剑南春”及“立白”“雕牌”“奇强”等商标标识的案件进行查处。2007年，查获假冒“三体”牌过磷酸钙违法案件3件，没收假冒过磷酸钙11吨。

八、维护消费者合法权益

县消费者协会是挂靠工商局的民间社团组织，1993年更名为保护消费者权益委员会，下设8个分会，有兼职人员9名，设投诉站5个。按其职责，除采用印发资料等形式进行宣传，唤起消费者维护自身权益的意识外，同时办理消费者投诉。为鼓励经营者从正当途径进货，自1991年起，每年组织企业参加“无假冒伪劣商品商店”评选活动；1996年，在全县范围内开展争创“百日无投诉企业”活动。1998年后，宣传贯彻《中华人民共和国消费者权益保护法》，开展“3·15”庆祝活动和“消费者满意单位”评选活动，解决消费者投诉。1999年，开展“安全健康消费年”宣传。2001年，“12315投诉专线”电话开通后，先后在各工商所、羌乡民品市场、猿王洞风景区建立投诉站，指派专人接听和处理投诉电话。组织开展“消费者满意单位”和“消费者喜爱商品”评选活动，县电信公司等13家企业被评为消费者满意单位，“佛泉牌”茶叶等被评为“消费者喜爱商品”。2002年，在县城回龙街建设“消费者打假维权满意街”。2004年，建立健全网络创新机制，开展“12315进社区”活动，建立社区“12315打假维权站”9个，成立协调小组，完善资料，落实人员和制度。采用多种形式开展以“诚信维权”为主题的“3·15”宣传纪念活动，通过与企业联办文艺节目和有奖知识问答、举办假冒伪劣商品展览、向荣获“2003年维权十佳”称号的企业颁发牌匾等活动，提高公众打假维权意识。2006年，推进“12315执法网络”建设，加大硬件投入，加强相关人员业务培训，严格责任制度。大力推进“12315网络”进农村，依托乡镇政府和工商所建立乡镇消费者协会分会，在27个行政村建立消费者投诉站和“12315联络站”，共同负责消费者咨询、受理消费者投诉举报、调解消费纠纷，帮助消费者排忧解难办实事。是年接待消费者咨询197人次，受理消费者投诉37件，解决率100%，为消费者挽回经济损失2.5万元。2007年，开办知识讲座10期，张贴宣传标语169幅，发放宣传资料1270份，接待群众咨询660人次。各工商所在社区、超市、商场、学校、旅游景区等建立12315联络点57个，聘请义务监督管理员53名。是年受理消费者投诉24件、办结24件，为消费者挽回经济损失31570元，投诉解决率100%。

第三节　质量监督

一、机构

1988年，县内技术监督工作仍由县标准计量所负责。1990年8月，建立县技术监督局。1995年12月，增设计量测试所，隶属于县技术监督局，实行两块牌子，一套人员。1996年10月机构改革中，县技术监督局并入县工商行政管理局。1999年7月，从县工商行政管理局分离单设；2000年7月，成立绵阳质量技术监督局北川分局，实行省以下垂直领导。质量技术监督部门履行质量技术监督综合管理和行政执法两大职能，为县域经济发展服务。

二、质量法律法规宣传

县质监部门每年坚持与县广电局联办质监宣传节目，宣传质量法律法规；并利用“3·15”消费者权益日、“5·20”世界计量日、安全月、九月质量月、法制日等活动，向群众宣讲识别假冒伪劣日用品等常识。2007年，《国务院关于加强食品等产品质量安全监督管理的特别规定》颁布后，采取张贴宣传画、悬挂过街横幅标语、散发宣传资料、开展街头咨询服务、举办培训班、送法下乡等形式开展宣传。

三、产品质量检查

县质监部门每年对县内流通的生产资料、生活用品以及生产企业进行监督检查。1989年，查处一商业单位调进的劣质皮鞋和县内6个单位加工销售的劣质棉絮，分别作出没收非法所得、罚款、降价处理决定。对全县16处基建工程进行监督审查，对8处质量不合格工程进行整顿，作出责令返工处理决定，撤销2个不具备施工条件的建筑公司。1991年，对全县贯彻实施国务院《工业产品质量责任条例》《四川省工业产品质量监督条例》情况进行检查，共检查国营、集体、个体商店摊点530多户，处罚45户，其中现场查处伪劣商品5起、涉及货值6万余元，没收伪劣商品、过期变质食品40多种、1000多瓶（袋），没收不合格计量器具97件，并在6个场镇予以公开曝光。

1993年9月《中华人民共和国产品质量法》实施前后，对曲山、擂鼓、禹里等场镇销售的10类、24种商品的91户经营单位进行检查，其中24户经销单位的商品存在不同程度的质量问题，占26%；对伪劣、过期变质商品予以就地销毁。11月，对全县14个场镇、65家化肥经销单位进行检查，查出有违法行为的12家，对59吨劣质磷肥予以封存。1996年，配合有关部门，在元旦、春节、“3·15”国际消费者权益日及春播秋种季节，对全县经销化肥、农药、种子、食品、饮料、水泥、钢材、低压电器等8大类40多个品种的580个门市、摊、店进行检查，现场处罚45件，立案查处12件，责令赔偿损失1.5万余元，没收不合格计量器具46支。抽检41个企业、8大类产品，取样54个，合格42个，合格率占77.8%；并将抽检结果以《质检公告》形式在全县各乡、镇及场镇张贴。

2000年，开展生产企业出具产品质量检验合格证明条件和能力的监督检查工作，对考核发证的20个企业进行检查，帮助8户企业与绵阳市质检所签订委托检验协议，委托检验茶叶样品45个，食品、腌腊制品16个，页岩砖4个。贯彻国务院全国“打假”联合行动电视电话会议精神，与成都国泰味精厂、广州宝洁公司和阆中保宁醋公司开展市场联合打假3次，检查门市摊点60多个，对11个售假违法单位和个人进行处理。

2002年，开展白酒和粮油五类产品申报生产许可证工作，加强质量抽检，强化产品出厂检验，从源头上遏制假冒伪劣产品流入市场。

2003年，对新峰、禹峰、规矩3家水泥厂和建诚木业等企业产品进行质量检查，加强源头质量监管。制定区域打假责任考核办法，将责任落实到人，严格奖惩。开展“打假下乡”活动，对各乡镇农贸市场、商贸市场的肥料、种子、农药、农膜和烟花爆竹等进行检查。

2004年，严格实施食品安全市场准入制度，以白酒、食用植物油、食醋、肉制品为重点，强化食品企业QS认证和生产许可证申报工作。

2005年，根据《国务院关于进一步加强食品安全工作的决定》要求，对全县食品生产企业进行调查摸底，在各乡镇聘请食品安全协管员20人，与103家食品生产企业法人签订食品安全责任书，确保食品安全。

2007年，重点整治家用电器、儿童玩具、劳动防护用品、低压电器、燃气器具等10类涉及人身健康和安全的产品。严厉查处无证生产及使用不合格原料等违法违规行为。与县境内52家白酒生产小作坊签订食品安全承诺书，并限制区域销售，强化食品生产加工企业使用添加剂备案制度。

四、计量监督

1988年年初，对全县列入强制检测的计量器具登记造册，建立强检网络。每年对与群众生活关系密切的副食商店、摊点、集贸市场及有关经销企业所使用的计量器具进行不定期检查，促进经营者守法经营。每年强制检定台秤、案秤、地磅、杆秤、天平、售油器、流量计、B超仪、血压计等300台（件）左右，对不合格的计量器具予以没收、封存，对严重违反计量法规行为者处以没收非法所得或罚款。自1996年6月开始，根据《中华人民共和国计量法》《中华人民共和国计量法实施细则》要求，委托授权县自来水公司水表检定站负责全县水表的检定工作。自1997年3月起，委托授权县电力总公司电表检定站负责全县电表的检定工作。2003年，建立气表检定站，对天然气表开展检定，购置加油机检定设备检定加油机，对各乡镇粮站用于退耕还林粮食供应的计量器具进行强制检定和修理，保证计量准确。2006年，对全县集贸市场进行3次计量监督检查，重点检查市场在用计量器具，收缴不合格计量器具，在大型农贸市场设置公平秤，为消费者提供维权工具；对8家定量包装商品企业和11家销售门市进行计量监督检查，对存在问题的2家企业发出整改通知书，限期整改，接受复查；对全县的加油站在用计量器具以及各企业在用天平、地秤和集贸市场衡器作强制检定，检定各类计量器具350余台（件），合格率100%。强化水、电、气表的监管力度，采取不定期对“三表”授权站的监督检查，所抽样品送绵阳市测试所检测全部合格。2007年，在开展常规监督检查的基础上，协助绵阳市测试所开展眼镜配制、医用计量器具、定量包装等计量检定。

五、标准化管理

1993年9月，贯彻国务院批转国家技术监督局等10个部门《关于建立企业事业单位和社会团体统一代码标识制度的通知》精神，开始为企事业单位和社会团体办理统一代码标识。至1995年底，累计办理统一代码的单位419户。此后，全县每年新办代码证少则几户，多则百余户；每年按规定对代码证进行检查和更换。2006年，代码更新率达到80%，沉淀数据控制在10%以内。

质监部门每年对企业产品执行标准情况进行检查、登记，审核、指导企业规范使用食品标签，完成企业标准备案的清理、规范。1995年，宣传、贯彻国家《食品标签通用标准》，检查生产企业4个，经销企业及个体工商户门市、摊点45个，对3户企业的食品标签进行修订和完善，帮助5个企业建立完善标准13个。2000年，开展消灭无标准生产工作，办理31个企业执行标准证书，登记采用国家标准18个、行业标准2个、地方标准16个、企业标准34个，帮助6个企业新制订企业标准12个、修改2个。开展《食品标签通用标准》监督检查，检查生产企业7个、标签6个，指导修订标签内容41个，审查认可使用食品标签企业4个，标签35个。2001年，开展商品条码推广、咨询，大禹野生食品、佛泉茶业等企业实行商品条码。2003年，与有关部门配合，推进农业标准化工作，全县无公害茶叶产品质量合格率达100%。2005年，大禹野生食品有限公司无公害PIC生猪养殖、曲山镇无公害肉鸡及白山羊饲养、白坭乡和坝底乡无公害蔬菜、自然天堂茶业有限公司优质茶叶等5个农业标准化示范区被批准为省级示范区。2006年，召开农业标准化示范基地工作协调会，县内各乡镇、各部门按职能分工，狠抓示范基地验收前期工作；针对白酒和茶叶等行业执行标准不完善的情况，两次以会议形式向企业宣传新发布的《四川省标准化监督管理条例》，要求企业按标准组织生产。2007年，大力推进农业标准化，县内5个省级农业标准化示范乡和1个国家级农业标准化示范乡上报待批为“四川省农业标准化示范乡”和“国家级农业标准化示范乡”称号。

六、特种设备安全监察

质监部门每年会同县安全、消防等部门开展对全县锅炉、压力容器、起重机械、厂内机动车辆、客运索道、游乐设施等特种设备的普查登记和安全监察，对查出的问题采取强制措施督促限期整改；举办锅炉操作工培训班，为操作工办理特种作业人员操作证。2007年，落实省、市关于加强特种设备安全监管的通知精神，与有关单位签订特种设备安全责任书，在使用特种设备较多的企业确定22名特种设备协管员，建立特种设备安全责任监督网络。会同县教体局对全县中小学在用锅炉的使用和检验情况进行安全检查，会同县安全办、县规划建设和环境保护局对全县建筑工地的起重设备进行安全检查；在节假日前对猿王洞风景区的在用索道、滑道及溜索的使用状况和日常维护保养等进行安全检查，对发现的问题提出整改意见；会同县安监局、工商局、消防大队等9个职能部门对全县液化石油气经营行业的充装、储运等进行全面整顿，为气瓶过户、打码做好前期工作。

第四节 国土管理

一、机构

1987年12月，成立县国土局，内设办公室。1997年，增设法规监察股、土地利用管理股，全县16个乡镇均建立国土村镇建设规划所。

二、国土宣传

县国土局成立后，每年利用全国"6·25"土地日和"六月国土宣传月"，集中开展宣传活动，采取举办广播电视专题节目、知识竞赛、座谈会、报告会和办墙报专栏、书写标语、印发宣传资料、开办会议培训、出动宣传车等形式宣传国土法律法规及国土知识。2000年后，先后以"保护耕地——为了美好的明天""规划用地，利国利民""坚持科学发展观，珍惜每一寸土地""善待地球，科学发展，构建和谐""节约集约用地，促进科学发展""依法合理用地、促进科学发展"为宣传主题，多层次、多形式、全方位开展国土宣传工作，增强公民的法律意识和法制观念。

三、地籍管理

1993年，在擂鼓镇开展土地使用权登记发证试点的基础上，在全县范围内展开土地使用权登记发证工作。至1997年，共颁发土地使用证4078宗、1064亩；在初始登记后，办理变更登记92宗、765亩；办理抵押登记116宗、720亩；调解土地权属纠纷339件，处理历史遗留问题47件；对地籍资料进行立卷归档，形成专门档案318卷。此后，强化土地权属管理，土地使用权登记发证工作常态化，每年依法开展土地证书年检。

四、土地执法监察

县国土部门按照政策法规，对违法占地行为进行查处。自1988年起，对县内干部和城乡居民违法建私房进行全面清查。1994年，清理非农业建设用地，严格制止违法占地。1995年，清查处理非法占地建寺庙。1997年4月，贯彻中央11号文件精神，对1987年以后各类非农建设用地进行大清查，全县10年中各类非农建设用地11142宗、4279亩，其中占用耕地1678亩，在11142宗非农建设用地中，违法占地行为2850宗（含房屋改建）、1479亩；历年依法累计处理2252宗，占应处理数的79%，其余598宗依法作出补办手续等处理。1998年，继续依法处理大清查中的遗留问题，依法加强土地执法监督检查，对坝底乡违法占耕地采挖砂金及其他违法占地、非法转让土地的案件进行处理。自2000年起，开展土地执法动态巡查工作，聘请村社土地监察信息员1689人，对巡查区域实行全方位监控，土地案件明显减少，发案率大幅降低。2006年，共巡查142天、438人次，查处违法行为5件，其中动态巡查发现违法占地行为4件、群众举报违法占地行为1件，制止始发状态违法占地行为3件、立案调查2件。

五、创建工作

为动员基层力量参与用地管理，自1992年开始，在全县开展创"三无"（无违法管地、违法批地、违法用地）乡镇活动。至1997年，先后有9个乡镇达标，占全县16个乡镇的56%。1998年，新增创建“土地执法模范县”活动，把土地执法工作提高到一个新水平。2001年，把创“三无”乡镇纳入目标管理，严格考核验收，全县“三无”乡镇达标13个，占乡镇总数的81.3%，其中连续两年以上“三无”乡镇11个，占“三无”乡镇的84.6%。8月6日，“土地执法模范县”顺利通过省上验收，成为全省首批18个“土地执法模范县”之一。此后每年坚持开展创建“三无”乡镇活动，巩固“土地执法模范县”成果。2006年，对全县20个乡镇按照省定标准进行考核验收，“三无”乡镇16个，占全县总数的80%。

六、建设用地管理

1988年4月，县政府发出《关于进一步强化土地管理的通知》，规定耕地占用实行指令性计划控制，非耕地占用实行指导性计划控制，土地开发利用实行项目管理和合同管理。

1990年4月，将农民个人建房用地指标分解下达到乡镇，国家、集体建设用地指标由县掌握，统筹安排，以县平衡，把各项非农业建设用地控制在市上下达的指标以内；5月，把“建设项目列入当年基本建设计划”作为国家建设用地审批的必备条件之一。

1996年9月，国家计委、国家土地管理局印发《建设用地计划管理办法》，用地计划实行统一计划、分级管理、总量控制。用地计划的编制按国民经济和社会发展计划的编制程序执行。各项建设用地，必须纳入用地计划，严格按用地计划程序和权限报批；农村建房用地，必须符合当地村镇总体规划，并经乡镇政府批准，方可申请用地。各级国土管理部门每半年必须将用地计划的执行情况向上级土地管理部门报告。建设用地计划管理开始纳入法制化轨道。

1998年，严格用地审批，规范整顿土地市场。是年审批各类建设用地793件、159亩（不含通口电站、香水电站建设用地），其中国家、集体建设用地37件、51亩，农村建房731件、100亩，其他建设用地25件、8亩。清理土地转让出租33个单位（个人），面积2056平方米，收取土地出让金2万余元。办理出让转让国有土地40件、32亩。从用地规划、计划和用地审核、报批入手，支持全县重点工程建设用地，为全县基础设施建设、农业结构调整和生态退耕、旅游资源开发以及小城镇建设用地服务。

2001年，围绕实施西部大开发战略，加强建设用地管理，把珍惜和合理利用每寸土地、切实保护耕地作为建设用地管理的指导思想，强化建设用地审批管理，将绵阳市下达县的年度用地指标分解下达到各乡镇，严格按计划供地。

2002年，严格城镇建设用地管理，规范土地交易程序，建立健全“建设用地集中供应土地使用权公开交易”“土地供应集体决策”等制度。坚持管理与服务并重，为全县重点建设服务，做好猿王洞风景区、擂鼓小城镇建设、红叶二级电站输电线路建设、北川加油站等用地的规划审批、征地拆迁工作。

2004年，规范土地市场交易秩序，经营性用地全部实行招标、拍卖、挂牌出让。是年出让土地91宗、135亩，合同价款1501万元，政府收益750万元。积极为重点工程建设服务，完成通口电站、武安电站征地拆迁补偿和启明星集团电极箔项目征地补偿以及建诚木业、猿王洞风景区、擂鼓小集镇、垃圾处理厂等项目的用地材料上报工作。

2006年，出让土地133宗、194亩，其中拍卖5宗、34亩，挂牌8宗、64亩，协议出让120宗、96亩；办理划拨用地10宗、10.28亩；审批农房用地485户、78亩，其中占用耕地15亩，占用未利用地24亩，改建39亩。

七、土地开发利用规划

为科学合理地使用土地，20世纪90年代后，十分重视土地开发利用规划的编制和修订。1990

年9月至1993年12月，根据国务院和省、市有关通知精神，县农业区划办公室完成《农业区域开发总体规划》的编写工作。该规划设13个专题，通过对县内农业自然资源与社会经济条件、农业开发现状与存在的问题、开发制约因素与潜力的全面系统分析，提出“八五”“九五”时期的目标任务，并对2001—2020年全县农业开发前景进行粗线条预测。

1995年3月，县政府根据国务院、省、市的有关规定，制发《关于开展土地利用总体规划和基本农田保护规划工作的通知》；5月，成立领导小组，各乡镇成立相应机构，县、乡、村共安排450余人参与；经过一年多的努力，全面完成县乡两级土地利用总体规划和基本农田保护区划定工作。编制规划报告17份、规划说明书17份、专题规划报告9份，绘制规划图35幅，整理档案100余卷，设立基本农田保护碑25块，县、乡镇、村、农户层层签订基本农田保护责任书5680余份。1996年11月22日，绵阳市政府组织考核评审，颁发合格证。

1998年初，县政府通过《非农业建设占用耕地指标方案》。8月28日，《北川县土地利用总体规划》通过绵阳市土地利用总体规划领导小组评审验收。

1999年，严格按照上级下达的非农建设用地、退耕还林面积、补充耕地、耕地保有量等指标，调整《北川县土地利用总体规划》指标体系，修改规划文本和图件，保持市、县、乡三级土地利用规划的一致性。10月，《北川县土地利用总体规划》通过四川省政府审批。

2000年，继续抓好乡级土地利用总体规划编修工作。加强业务指导和督促检查，严把规划指标审核关，确保市、县、乡镇指标一致，符合规范要求。9月，完成县城曲山镇和四川省试点小集镇擂鼓镇的土地利用总体规划，上报省政府审批；通口镇等14个乡镇的土地利用总体规划上报市政府审批。

2004年，建立农村土地利用现状数据库、城镇地籍数据库，完成规划修编部门专题研究及修编大纲的编撰工作。

2005年，按照国务院办公厅《关于做好土地利用总体规划修编前期工作意见的通知》精神和省、市国土资源部门的统一安排部署，开展对上一轮土地利用总体规划实施评价工作。

八、基本农田保护

1996年，全面完成基本农田保护区划定工作。

2000年，完成基本农田调整划定工作。全县共划定基本农田保护面积9.75万亩，以户为主填写《基本农田保护区登记表》一式二套共4000余份。完善农业承包经营合同，把基本农田面积与保护、奖励办法等内容填入农业承包经营合同，设立基本农田保护碑25块。与此同时，根据县内土地后备资源丰富的优势，加大土地开发复垦整理力度，努力实现全县非农建设占用耕地与开发复垦新增耕地平衡。组织县、乡、村开展耕地后备资源的补充调查、核实和汇总工作，完成“一表两图”（《补充耕地待开垦土地调查表》《补充耕地待开垦土地分布图》和《补充耕地待开垦土地勘界图》），做好土地开发复垦整理项目上报和实施。是年开发整理复垦耕地150亩。

2001年，完成《土地开发复垦整理规划》的编制工作，通过绵阳市国土资源局评审验收。抓好土地开发项目的立项报批和土地开发复垦项目工程建设，是年开发土地440亩，新增耕地410亩，收到较好的社会效益和经济效益。

2002年，开发耕地228亩，增加耕地174亩。

2003年，开发整理土地961亩，新增耕地871亩。此后每年在实施开发整理土地的同时，组织人员对全县耕地后备资源库的土地项目进行现状核实，筛选出具体项目，编写出可行性研究报告和立项材料，组织上报审批，以备后续开发。

2006年，贯彻落实“十分珍惜、合理利用土地和切实保护耕地”的基本国策，坚持基本农田“总量不减少，用途不改变，质量不降低”的要求，进一步落实基本农田保护责任制，强化监督管理，稳定基本农田的数量、质量，全县基本农田保护区面积保持在 9 万亩。落实“耕地占补平衡”制度，全面实施土地开发项目，是年实施完成土地开发项目 18 宗，新增耕地 5091 亩，通过省、市的检查验收。

九、地质灾害防治

1988 年后，根据全县山地自然灾害发生的现状，加大地质环境保护工作力度，以防治地质灾害和开展矿山地质环境评价为重点，建立完善群专结合、群测群防的防灾救灾体系。配合省、市、县有关部门对曲山地区泥石流、危岩制定防治措施和规划上报；在汛前汛中对曲山、漩坪、小坝等山岩滑塌重点部位进行监测，制定防灾预案，签订责任书；在地质灾害危险区，禁止采矿、伐木、开荒、取石、堆放渣石、抽取地下水等可能诱发地质灾害的活动。2000 年 8 月 11 日小坝乡贺家街发生滑坡后，以简报形式向有关部门和乡镇宣传地质灾害预防知识。2002 年，完成地质灾害防御预案的编制工作，与有关乡镇签订地质灾害重点区域防治责任书，落实坝底乡坪地村、小坝乡贺家街等灾害重点区域排危和预防监测人员经费，将地质灾害损失减少到最低程度。

2003 年后，坚持“预防为主、预防与防治相结合”的方针，建立县、乡、村、社地质灾害群测、群防体系，落实地质灾害信息预报员 200 余名。完成各年度地质灾害防御预案的编制和重点灾害区域内单位及农（住）户地质灾害“明白卡”的填报和发放工作。县政府与各乡镇签订《地质灾害预防治理责任书》，加强汛期值班，层层落实责任，保证重点灾害区域的防御治理工作。

2006 年，制订全县 36 处隐患点的防御措施，县政府拨出专用经费用于监测，做到预案、人员、措施、经费四落实，是年无因地质灾害造成人员伤亡事故发生。实施省地质灾害重点工程王家岩滑坡治理。3 月 8 日，施工图设计通过省上专家组评审；4 月 14 日，完成工程施工招标；4 月 21 日，治理工程开始施工，7 月 10 日工程竣工；9 月 27 日通过省国土资源厅初验。通过治理，排除 60 户农户及 22 个单位 3000 多人的生命财产安全隐患，达到抗滑固坡的目的。实施全省地质灾害避险搬迁安置试点工程。是年，北川被列为全省地质灾害避险搬迁安置试点县，计划避险搬迁安置 259 户、1085 人，项目补助经费 207 万元。县政府与各乡镇签订责任书，落实搬迁责任，制订搬迁实施方案，建立资金管理制度，各乡镇积极组织实施。通过避让搬迁，地质灾害易发区群众的生命和财产安全得到保护。

第五节　矿产管理

一、矿产资源勘查

县矿产资源管理机构始设于 1987 年，有专职干部 1 人。1996 年 10 月，并入县计经委，设地质矿产科，同时挂地质矿产局牌子。

1988 年，核工业部西南地质勘探局 283 大队 5 分队在马槽乡作铀金初查，开展地质测量、地球物理和地球化学找矿活动，对重点地段进行地表揭露，发现各类金异常点 77 个、金异常带一条，但未发现工业矿体。是年，冶金部 606 地质勘探队对邓家金矿 1 号矿体作补充勘探，打加密钻孔 17 个，1 号矿体的部分储量级别得到提高。1991 年，川西北地质大队 15 分队到桂溪乡勘查砂金，在桂溪电站河坝钻孔 5 个，未发现可开采沙金矿藏。1990—1991 年，省地矿局化探队作地球化学找矿扫面工作，在外白尖尖山发现两个金矿点，品位达到工业要求，估计储量可观。1992 年移交川西北地质大队初查，因选矿困难，探矿期间 1 名地质队员不幸牺牲，1993 年撤离。1994 年，省地矿局派攀枝花地质队到外白尖尖山开展普查和选金试验，效果不佳，又因 1995 年特大洪灾而停试；1997 年继续开展工作，初见成效。

1992 年，市科委下达重点科研项目“北川县优势矿产资源评价及利用”，西南工学院与县矿产能源管理办合作，抽调5名科技人员组成课题组进行专题研究。经过两年的野外调查、收集资料、外出考察、整理研究，1993年完成课题，1994年写出成果报告，获绵阳市科技进步三等奖，对开发县内矿产资源具有指导意义。此外，县委、县政府投入一定的人、财、物力，对硅石、石英矿、白云石、辉绿岩、铅锌矿、硫铁矿、重晶石、板岩、页岩等矿产资源进行调查，为矿产资源开发提供依据。1988—1997年，累计提交各类地质调查报告7份，确定可供开采矿产地8处，可开发矿产储量12131万吨，确定金矿成矿远景区2处。

二、矿产资源开发

煤炭 县内采掘煤炭始于清代。1988年后，擂鼓、小坪两个乡镇煤矿技改增产，县煤矿于1989年完成斜下山技改；全县年产原煤一度超过10万吨。后因资源日渐枯竭，实行限产，1997年后年产原煤五、六万吨。

砂石 20世纪80年代起，建设工程带动砂石开发，砂石年开采量近10万立方米。

页岩 1990年，原以黏土为原料制砖的擂鼓机砖厂试产页岩砖成功，1997年达到年产1600万匹符合国家标准页岩砖的生产能力。

石灰石 随着水泥行业的发展，全县开办大小石灰石矿开采场10余个，年开采石灰石50万吨，除供县内水泥厂所需外，另销往邻县水泥厂和化工厂。2005年，探索矿产资源向矿业资本转变的新路子，引进以子洋石材为代表的矿产加工企业，促进全县矿业经济的发展。2006年，全面启动香江湾石材产业园建设，入驻石灰石饰面板材深加工企业8家，主要开发各种规格的薄板、大板、人造板、重钙、超微钙粉等品种。

硅石 为转化县内丰富的电能，部分企业兴建电冶厂，开发硅石，硅石原料除满足县内电冶厂用矿，另销往安县、江油、绵竹，年开采量2.5万吨。

青云石 县内青云石资源量大质优。21世纪初，县内开采加工青云石板材成为又一产业，青云石板材成为省内主要产地。2006年，全县有青云石开采加工企业8家，各企业借鉴外地经验实施技改，实行机械化开采，提高资源利用率。

三、矿产资源管理

县矿管部门根据《中华人民共和国矿产资源法》等法律、法规，加强对矿产资源的管理。1988年，在县内开展以整顿黄金开采秩序为主要内容的矿产资源法规宣传教育活动。1990年，县政府制定《关于加强矿产资源管理的规定》，开始实施采矿许可证制度。是年有3个国有矿山企业和28个乡镇矿山办理采矿许可证（砂金开采在绵阳市办理临时采矿许可证），占应办证的85%。1995—1996年，根据国务院、省政府有关通知精神，再次在县内开展矿产法规宣传和矿业秩序整顿工作，取得一定成效。到1997年，累计办理国有、集体企业采矿许可证36个，占应办证的92%。

1998年后，每年办理、换发采矿许可证，进行储量登记，征收资源补偿费，同时依法整顿矿业秩序，取缔和制止无证开采。

1999年，制止桂溪乡无证开采硅矿2处，制止坝底乡无证开采砂金25处，制止在公路边沿违章采矿和烧黏土行为；在香泉乡开展推行《四川省矿产品准运证制度》试点工作，堵塞违法矿产品流入市场，维护矿业开发和流通秩序。

2000年，利用广播、电视、会议等形式加强矿产法规的宣传，到曲山、擂鼓、通口、桂溪等乡镇及矿山宣讲和贯彻矿产法规。开展矿山秩序整顿，12次到邓通公路沿线、3次到桂溪乡制止无证开采硅矿。是年，依法征收矿产资源补偿费3万余元，征收面达100%。

2002年，清理无证非法采矿点80处，发出制止违法采矿通知书，遏制无证非法采矿行为恶性发展的势头。拟定矿产品准运制度暂行办法，成立矿产品运输检查大队，在麻柳湾、沙窝、黄江、墩上设立4个矿产品检查站，加强对出入境矿产品的检查工作。

2003年，开展青云石生产专项整治工作，依法取缔10个非法采矿点，捣毁开采加工窝棚86间1.2万平方米，没收违法矿产品、加工机具、雷管、炸药筋、导火索等，对违法当事人依法进行处罚。是年，青云石开发利用保护项目通过省国土资源厅验收。

2004年，编制《合理开发和保护青云石开发利用保护项目》，并通过四川省国土资源厅组织的专家评审。编制全县矿山开发实施方案，以招标、挂牌拍卖方式对符合条件的16处矿山采矿权进行有偿处置，政府获价款603万元。

2005年，根据全县矿产资源规划，拟定采矿探矿权处置方案，以招、拍、挂等方式有偿处置采矿权8宗，处置探矿权3宗，有偿延续1宗，政府共获取价款120万元。

2006年，处置采矿权11宗，获取价款644万元，有偿延续2宗，获取价款23万元。坚持以“治乱、治散、治本”为目标，进一步整顿和规范矿业秩序，加强矿产资源综合集约利用。

第六节　审计监督

1988年4月，县审计局内设行政事业审计股和工商企业审计股。1989年5月，建立审计事务所；1996年，增设固定资产投资审计股，开展工程竣工决算审计工作。

1988年，除完成上级下达的审计项目外，另对承包企业承包利税基数予以核实，配合有关部门清理财务，参与税收、财务大检查。1989年起，对县财政决算和区、镇、乡财政进行重点审计，开展承包经营企业、流通领域重点单位、基建、行政事业单位、“小金库”资金、客运附加费和教育经费等审计业务。

1990年，开展扶贫资金、水保资金审计。

1991年，开展执法部门专项审计。1992年开展“北、茂、汶、理”四县庆羌年活动经费、物资专项审计。

1993年，开始开展固定资产投资审计，共审计43个项目，审减投资额592万元；全面开展乡财政、金融保险、“以电养电”资金、企业转换经营机制情况及1992年救灾资金等审计。

1994年，开展粮食财务挂账、公路建设附加费和交通建设附加费、育林基金、公安财政财务收支、工商财政财务收支等审计。

1995年，开始开展“财政同级审计”，开展建行和茶厂资产、负债、损益审计，以及计生委及乡镇企业局财政财务收支审计。

1996年，开展农行、保险公司、神禹水泥有限公司等单位资产、负债、损益审计，1995年救灾资金、苦竹坝水电站工程竣工决算、乡镇企业、地方金融机构等审计，对所有行政事业单位和国有企业新开工的投资项目、立项依据和资金来源进行审验。

1997年，开展扶贫资金、计划生育经费、文化经费、贫困地区和少数民族地区基础教育项目、森林资源发展和保护项目、企业转制财务、农村合作基金会及农行资产、负债、损益和粮食企业挂账核实等审计。

1998年，完成审计事项26项，审计查出违纪违规金额5193万元，其中安县粮食财务挂账清查审计3135万元。

1999年，完成审计事项26项，审计查出违纪违规金额1130万元，通过固定资产投资审计为国家和单位节约资金112万元。贯彻中央、国务院关于党政领导干部任期经济责任审计的有关规定，完成县政府交办的对大宇纸业有限公司董事长任期经济责任审计；结合乡镇财政审计对 6 个乡镇党政主要负责人的任期经济责任进行审计。

2000 年，完成审计事项 35 项，审计查出违纪违规金额 3920 万元。

2001 年，完成审计事项 28 项，审计 43 个单位，查出各类违法违纪问题金额 3211 万元。

2002 年，完成审计事项 22 项，审计 49 个单位，查出各类违纪、违制、违规资金总额 3177 万元。

2003 年，完成审计项目 20 项，审计单位 59 个，审计查出各类违纪、违制、违规资金总额 2698 万元。对全县辖区内各种性质和类型的所有企业进行审计调查，调查面 100%，截至 2002 年年底，全县注册登记个体工商户 2793 个，核实存续 2511 个；私营、民营、工商法人企业和个人独资企业 243 个，核实存续 152 个。重点对生产经营正常的 132 家国有、集体、私营、个人独资企业进行实地审计调查，占存续企业的 86.84%，资产总额 179160 万元，负债总额 142450 万元，资产负债率 79.51%。

2004 年，完成审计项目 28 个，其中省定 5 个，县委、县政府交办和审计局自定项目 23 个，审计 46 个单位，查出并纠正各类违纪、违制、违规资金总额 3076 万元。

2005 年，完成审计项目 21 个，审计查出各类违纪、违规金额 1915 万元，管理不规范金额 518 万元。固定资产投资审计为国家和单位节约建设资金 135 万元。受县委委托，完成 5 位科局级领导干部的任期经济责任审计工作。

2006 年，财政审计实行审计公告制度。重点审计县财政局（含国资局）、地税局及金库，同时完成对乡级财政决算审计 2 个、行政事业单位财务收支审计 1 个、专项资金审计 5 个，审计资金收支总额 59196 万元，查出违规违制金额 2615 万元，将审计报告向社会各界进行公告，受到各界的高度关注，反响强烈。完成 3 名领导干部经济责任审计，审计资金总额 19540 万元，查出违规违制金额 86 万元，分别进行界定处理。根据《中华人民共和国审计法》规定，完成对 2005 年新村扶贫资金使用效益和 2003—2005 年通口河流域水土保持项目资金使用效益的审计。

2007 年，完成审计项目 28 个，审计涉及单位 35 个，审计查出各类管理不规范金额 2670 万元，作调账处理。完成固定资产投资审计 22 项，送审额为 3500 万元，审减 320 万元。

第七节　统计工作

一、机构

1988 年，县统计局仍属于县政府序列局，并代管县农村社会经济调查队（省属），核定编制 8 名，在职 7 人。1996 年 10 月，并入县计经委，对外挂县统计局牌子。1997 年实有从事统计的工作人员 6 人。2002 年，单独设置，为县政府管理的正科级直属局。2007 年，实有从事统计的工作人员 12 人。

1988 年，全县共有乡镇及行政、企事业单位专职统计人员 164 人、兼职统计人员 115 人。1992 年，撤区并乡建镇后，各乡镇一般由农经会计兼统计员，其余各独立核算行政、企事业单位设兼职统计人员。1997 年，全县共有专兼职统计人员 174 人。2007 年，全县共有专兼职统计人员 265 人。

县内统计业务有专业统计、普查调查、统计分析、统计咨询和服务、报表管理、统计法规和统计教育等。

二、专业统计

县统计局将县级经济运行状况由下到上层层汇总，经分析和处理后上报绵阳市统计局，再层层上报。分月上报的有工业和贸易两个专业；每季上报的有平衡、农业、贸易、交通邮电、劳动工资、原材料能源和固定资产投资等；年报除进行月报和季报的所有专业外，增加综合统计和服务业、行政事业财务状况统计。全县辖区内机关、企事业单位、人民团体、农村经济组织均属统计对象。各专业统计主要指标有总产出、最终消费和居民消费，国内生产总值及其一、二、三次产业增加值，工农业总产值，农林牧渔产品产量；人均纯收入，工业企业产、销、存主要指标，工商企业利税总额，商贸、餐饮机构、人员和网点，商品购、销、存数量，主要财务指标；全社会固定资产投资完成情况；人武部从业人员、劳动报酬，职工人数、工资等。

县统计局坚持以数字质量为中心，把工作重点放在提高源头数据质量上，严格报表报送时间和数据审核制度，尽量把问题解决在上报之前，使整体水平不断提高，避免漏报、迟报现象。2006年，对统计“双基”建设进行检查指导，促进基层统计基础工作规范化、制度化、科学化；充分利用年报会、工作会、“五五”普法等集中对基层统计人员进行业务培训，确保统计数据质量。

三、专项普查与调查

1989年11月至1992年6月，根据国家和省、市的统一部署，开展第四次人口普查。1993年9月至1994年12月，开展首次全国第三产业普查。1995年3—12月，开展1%人口抽样调查。1995年4月至1996年7月，开展第三次工业普查。1996年1月，开始进行第一次农业普查。1996年9月至1997年10月，开展首次基本单位普查。1997年8月，开展人口与劳动力抽样调查。1998年，开展农村集体投资项目快速抽样调查，对全县1989年4月末前计划总投资5万元以上的建设项目和1998年竣工的农村集体投资项目进行全面调查，基本掌握农村投资现状、投资意向以及数据质量情况，为提高农村投资统计数据质量奠定基础，并对农村投资统计的调查方法进行初步的探索；根据上级要求，由统计局牵头，建委、国土、工商等部门配合，开展全县房屋及其占用土地情况的快速调查，组织有关部门对汇总数据进行认真评估，得到一致好评；开展小型贸易业、餐饮业抽样调查工作，及时上报各种数据，积累工作经验；完成县内“全国商品交易市场基本情况快速调查”任务。1999年开展第五次全国人口普查。2000年，对20个旅馆的情况展开调查，为进一步了解全县旅馆业的规模、经营状况等掌握第一手资料；配合妇联、教育、卫生、民政、公安等部门进行中国《妇女发展纲要》《儿童发展纲要》实施监测情况统计工作，圆满完成上报任务；开展全县规模以下工业企业基本情况调查工作，并编制报表上报市企业调查队；全面完成全县乡镇信息系统、卡片登记汇总工作和乡镇综合经济评价考核工作。2001—2002年，按照中国《妇女发展纲要》《儿童发展纲要》的规划和省、市文件要求，组织妇联、教育、卫生、民政、公安、统计等部门参加“两纲”监测情况统计，圆满完成统计上报任务；完成全县大春灾情调查报告；完成境外来中国大陆工作的专家基本情况调查任务。2003年，完成全县基本单位普查名录库行业代码转换工作和全县基本单位普查数据名录库更新工作；与有关部门配合，对全县自基本单位普查以来至2003年6月底的法人单位、产业活动单位和个体工商户进行全面清理；完成全县服务业定期观察的专项调查任务、省文化市场专项调查任务、主要工业品价格调查任务、规模以下工业抽样调查任务。2004年，完成全县旅游业和民营经济监测统计；完成主要工业品价格调查和规模以下工业抽样调查任务；按照国务院和省、市政府要求，开展县内第一次全国经济普查工作，全面完成全县个体户普查任务。2005年，全面完成全县乡镇信息系统和综合经济评价考核工作；完成非公有制企业人才状况调查及全县电力装机容量、企业投资与经营环境专项调查；开展全国1%人口抽样调查工作；开展第一次全国经济普查；完成绵阳市普查办布置的各项普查任务。2006年，按照国务院和省、市、县政府《关于开展第二次全国农业普查的通知》要求，落实普查机构、人员、经费，开展普查宣传、人员培训、普查试点，奠定全县农业普查工作基础；完成县内劳动力状况和群众安全感调查；完成2005年机关效能测评工作，完成经济建设对城镇化影响的调查。

第五次全国人口普查　1999年5月15日，成立第五次全国人口普查领导小组；8月5日，召开领导小组会议，对人口普查工作的重点难点、工作思路、原则等问题进行专题研究，确定各部门分工和所承担的职责、任务。全县各乡镇成立普查机构，各项准备工作向村、社延伸。完成第五次人口普查专项试点的宣传动员，选调普查人员并进行调查、登记和总结上报等业务培训。2000 年，在继续做好人口普查准备、试点工作的基础上，进一步完善各乡镇普查机构，落实普查经费及普查指导员、调查员。按要求绘制普查小区图，先后派多人参加省、市举办的人口普查登记试点工作。7 月 20 日，县政府召开动员培训会议，分管县长与各乡镇领导签订目标责任书，将人口普查工作纳入各乡镇专项目标考核。9 月 3—9 日，组织各乡镇人口普查办领导、普查指导员、调查员 100 余人在禹里乡进行为期一周的人口普查登记试点工作，为在各乡镇全面开展人口普查业务培训、普查试点工作打下基础。2001 年，在各乡镇、县直各单位抽调 25 人，开展人口普查编码工作，历时两个月，一次性通过市人普办的检查验收，所编人口普查代码全部合格；完成人口普查数据处理工作。经过全县 1600 多名普查工作人员的努力，圆满完成普查任务，并将资料汇总打印成册，经评估，普查数据真实可靠。在此基础上及时发布北川县第五次全国人口普查主要数据公报。

第八节 农村调查

一、概况

1988 年，县农村抽样调查队定编 7 人，属国家全额拨款事业单位。1989 年 2 月，更名为农村社会经济调查队。

县农调队主要负责农村住户、农产品产量、乡村经济三大调查及专项调查工作。为保证调查质量，每年对全县各专业调查员和住户调查户进行业务技能培训，提高各级调查人员的实际操作能力；建立健全各种台账、卡片，到各乡镇、基层调查点，逐点逐户检查，做到所有数据不重不漏有根有据；坚持按月定时和不定时地到各乡镇和基层调查点对调查工作进行督促指导，发现错记及时纠正；按时对所收集的资料进行整理、汇总，上报四川省农调队、绵阳市统计局。1990 年，开始用微机取代传统手工方式进行数据处理，工作效率和数据质量得到提高。1995 年，实现数据从县队到省队的远程传输。2000 年后，贯彻执行国家农调总队制定的《农村抽样调查网点管理办法》，做到抽样方法和网点管理规范化、制度化、程序化。对新抽中的调查网点，选准选好调查员和调查户，严格按照三大调查方案，系统全面地做好业务培训，确保调查工作按全省统一时间全面准确开展。每年分别对住户调查员、农经调查员、农产量调查员集中培训 3～4 次，培训调查户 2 次；坚持每月定时不定时到调查点、调查户检查，指导三大调查开展情况，对发现的漏记错记等问题及时纠正，确保基层数据资料的真实、准确。

二、专项调查

农村住户调查 农村住户调查的目的是为了掌握县内农村发展水平、农村生产力状况和农民生产生活情况，为发展农村经济、制定农村政策提供依据。调查对象依据省统计局《四川省农民收入抽样调查网点抽选方案》，按照对称等距抽样原理，分乡、村、组三级抽选，5 年轮换一次。1984—1989 年，抽选擂鼓、陈家坝、青片、漩坪 4 个乡镇 8 个组 80 户作为定点调查户；1990 年后每年抽选 8 个乡镇 10 个组 100 户作为调查户。调查内容主要是农民纯收入，包括季报、年报及部分临时性调查任务。

农业产量调查 县内农业产量抽样调查以小春、大春产量预测、实测数据的收集、整理、汇总上报为主，数据资料来源于农作物生长期、成熟期的全过程。小春作物在 1 月初上报播种面积调查

表，4月底上报预计产量基点汇总表和粮经作物预计产量推算表，6月中旬上报小春粮经作物实测产量推算表、夏收粮食实测产量、微机汇总的小春实测情况。大春作物在7月底上报生产趋势调查表，8月下旬上报大春预计产量基点汇总表、大春粮经作物预计产量推算表，11月上旬上报大春粮经作物实测产量推算表、秋收粮食实测产量推算表，通过微机汇总上报。各种数据实行三级审查把关制度，即先由包点人员审查上报数据，产量负责人员整理、推算、汇总上报数据，队长负责对上报数据进行会审，把握增减趋势及增减幅度，做到细致、准确。抽样调查对象：1984—1989年为擂鼓等7个乡镇23个组，1990年后，2～3年一轮换，随机抽选数量不等的乡镇的15～20个组作为调查对象。

农村社会经济调查　农村社会经济调查内容有乡镇社会经济发展情况、乡镇村基本情况等。1988—1991年，主要调查乡镇村基本情况、农村固定资产状况、乡镇企业发展状况。1992—1996年，主要调查乡镇村基本情况。自1997年起，调查内容扩充为乡镇村社会经济发展情况、劳动力数量及转移状况、农村固定资产状况。

儿童调查　1992年6月，根据四川省统计局等6家单位联合发出的《关于开展全省儿童抽样调查》的要求，由县农调队牵头，县卫生局、县妇联、县统计局等组织10人调查组，于6月10—20日对擂鼓镇茨沟村和通口镇解放村、茶花村的100户农村儿童发育状况、受教育程度、生活条件等10余项指标进行调查。6月21—25日，将收集资料整理后上报四川省农调队。

第九节　物价监督

一、概况

1988年，县物价局内设县物价检查所，为县物价局直属事业单位。1995年6月，增设价格事务所。1996年10月，县物价局并入县计经委，保留牌子，以计经委名义行文。1997年4月，整体授权对外独立开展业务，实行相对独立的管理，内设物价检查所和价格事务所。

县物价局贯彻执行《中华人民共和国价格法》等法律法规，坚持把物价工作的重点放在为经济建设服务上，积极推进价格改革，发挥价格（收费）杠杆的调节作用，做到少管多服务，该管的坚决管住，该放的坚决放开；狠抓“清费、治乱、减负”，加大物价监督检查执法力度，为经济发展创造宽松的外部环境。

二、行政事业性收费管理

1988年，国家将行政事业性收费纳入价格管理。县物价局在清理、整顿全县行政事业性收费的基础上，实行收费证制度，是年颁发收费许可证297个。自1991年起，行政事业性收费和收费许可证实行年度审验制度，严格实行凭证、亮证收费，对乱收费的价格违法违纪案件坚决查处，对不合理收费项目予以取消或降低收费标准，减轻企业和群众负担。1998年，加强对行政事业性收费的监督管理，坚决查处乱收费、乱涨价等违法违规案件。先后开展农业生产资料价格、农村电价、公安收费、药品价格、税务收费、成品油价格、中小学收费等专项检查；对领导交办和群众举报、投诉的价格违法违纪案件及时进行查处。1999年，组织物价检查人员到全县16个乡镇开展涉农收费和学校收费项目调查；配合市物价检查组，开展交通收费和电信资费专项检查；开展教育收费、医疗收费、药品价格执法检查。是年查处价格违法案件9件、价格违法行为11起，违法违纪金额22.7万元，其中退还用户22万元，其余没收上缴财政。2001年，推行收费公示制，加强对收费工作的日常监督与管理。2003年，推行价格（收费）决策听证制度，加强对政府定价行为的监管。配合市局检查组开展教育收费专项检查，查出违法收费100余万元；开展农机服务收费专项检查，将查出的自立项目、超标收费悉数没收上缴县财政；会同县监察局、县财政局等5个单位对全县20个乡镇和13个县级涉农单位的涉农收费价格及公示情况进行检查，对查出的问题进行处理。2004年，重点加强涉农收费、医疗服务收费的专项检查，贯彻落实公办义务教育阶段实行“一费制”收费办法，规范中小学校收费行为。涉农收费和价格公示面达到100%。2005年，结合贯彻实施《中华人民共和国行政许可法》，对县内收费项目进行全面清理，取消收费项目34项，调整标准12项。加强对行政事业单位收费的日常监管，减轻社会群众负担，全年行政事业单位收费比2004年减少300余万元。

三、物价监督检查

随着价格管理体制的改变和社会主义市场经济体制的逐步建立和完善，大多数商品和服务价格放开，物价监督检查面临许多新特点。1988—1997年，由物价检查所牵头进行的专项检查有每年春耕前的农业生产资料价格，夏粮上市和蚕茧收购季节的粮、油、蚕茧价格，保险行业收费，粮食行业价格，电力价格，成品油价格，中小学收费和教辅类教材价格，建筑收费等；还对客运票价、乡镇电价水价、医院收费、公用事业收费、房管所房租以及商品和服务明码标价进行检查；对餐饮、娱乐业价格进行监审。10年中，共查处一般价格违法行为56件、一般价格违法案件28件、重大价格违法案件12件，没收非法所得29.6万元，罚款0.4万元。1998年，根据国家政策和价格管理有关规定，制定农膜、煤油、农用三膜小卷定量包装、化肥价格；核定小春、大春种子销售价格和粮食收购价格；规范税务代理收费，整顿中小学教辅教材类图书价格；制定曲山城区旧房拆迁补偿指导价格；对全县汽车维修行业价格（收费）实行等级管理；对全县农村综合电价进行测算，上报有关资料，实现曲山地区电网销售电价与国家电网电价并轨；按照省、市要求对夏粮收购期间县内粮食最低销售限价和作价情况进行检查，定期上报情况；加大对药品价格的监管力度，整顿药品价格和医疗收费，一批价格违法违纪案件得到查处。1999年，放开化肥零售价格，调整各乡镇供水价格和曲山地区自来水价格，核定天然气销售价格。2000年，配合市物价检查组开展电信资费、电力价格、成品油价格以及个体行医卖药、客运收费的检查。2001年，组织人员开展农村电价调查、测算上报工作；根据国家规定，按照县政府的要求和价格调整的程序和规定，对县城自来水价格进行调整；规范广播电视收听收视费、医院收费及各种培训收费。2002年，开展城市供水统一审价的调查、测算及资料上报工作；举行价格听证会，对天然气销售价格作适当调整；要求各销售单位认真贯彻执行药品价格调价政策，并进行跟踪检查；在春茶收购期间，对全县茶叶收购点进行巡回检查监督，防止压级压价收购，维护茶农利益；按省、市安排，对居民生活用电进行广泛调查、测算，形成全县城乡居民生活用电同网同价方案，并上报县政府审查后，报省物价局审批。2003年“非典”防治期间，组织检查人员到各乡镇，对与防“非典”有关的商品价格进行监督检查。2004年，安排专人对县内8种生活必需品市场价格进行监测，采集整理市场价格信息资料48期；在全县9个乡镇设立农业生产资料价格监测点，坚持每天收集市场价格信息定期上报农资价格执行情况。2005年，严格执行国家宏观调控政策，确保市场物价基本稳定，加强对市场价格的监测以及价格预警和应急处理的组织领导，建立价格监测制度，完善措施，确保市场价格监控到位；安排专人收集生活必需品价格、农资价格、特色农产品价格、建材价格信息，并以专刊和上网的形式公布。2006年，开展化肥等农资价格和电力价格的专项检查，节假前开展节日市场商品和服务价格明码标价的监督检查，完成国家安排的人事、劳动社保收费的专项检查，加强对行政事业单位收费的日常监管，对国家调整的收费项目和收费标准及时变更收费许可证和收费公示牌内容。2007年，按照绵阳市物价局要求，监测农业生产资料价格行情6大类15个品种、农资零售价21个品种、主要经济作物收购价格2个品种、特色农产品价格14个品种；落实专人负责，定期巡价，定时收集价格信息资料，及时整准确上报价格信息。对春秋两季全县中小学收费和公示情况进行全面检查，深入全县乡镇国土所、供电所、供水站、畜牧兽医站以及各农资销售点进行检查，开展春茶和蚕茧收购价格的监督检查，开展药品和医疗服务价格和房地产价格专项检查，维护群众的利益。

四、价格评估认证

1995 年县价格事务所成立后，坚持以国家计委颁布的《价格评估管理办法》《扣押、追缴、没收物品估价管理办法》和省物价局颁布的《物品估价实施办法》等法规为依据，开展物价评估工作。至 1997 年底，受公、检、法、工商等部门的委托，评估赃物、抵押物、扣挡物、纠纷财物、赔偿物、追缴物、没收物 24 件，评估总金额 20 余万元。2000 年，进一步拓展价格评估领域，开展茶叶成本调查工作，受理委托评估业务。2001 年，对旧机动车交易价格进行评估，维护国家和交易双方当事人的利益，参与建筑工程招投标工作，提供曲山地区市场建材价格信息，维护建设单位和施工企业的利益。2005 年，增加价格认证工作服务辐射面，是年办理价格认证 55 件，完成价格鉴证业务金额 1300 万元；开展对小区物业管理收费、行政事业单位举办短期培训收费、学校住校收费价格成本的认证，对供排水公司供水成本进行监审。2007 年，开展物品价格评估工作，评估涉案物品案件 12 件，评估金额近 20 万元；评估其他资产 12 件，金额 100 多万元；完成价格认证 80 件，认证金额近 500 万元。

第十五篇

农业

第一章　综述

第一节　机构

1988 年，县农业局核定机构 38 个、编制 137 人，实有在职工 83 人数；设行政机构 1 个（农业局办公室），下设全额拨款事业站 8 个（农经管理站、农技站、农科所、茶果站、蚕桑站、土壤肥料站、植保站、农作物种子管理站），差额预算事业单位 1 个（县国营示范繁殖农场），乡镇农技站 28 个。此后，机构设置和人员编制基本稳定。2007 年，核定机构 12 个、编制 86 人，实有在职工 56 人；设行政机构 1 个（农业局办公室），下设全额拨款事业站 10 个（农经管理站、农技站、农科所、茶果站、土壤肥料、植保站、农作物种子管理、农业广播学校、科教站、农村能源办公室），差额预算事业单位 1 个（县国营示范繁殖农场）。

第二节　发展概况

改革开放后，土地和集体性质的种植园地相继承包给农户经营。在迈向市场经济的过程中，县委、县政府高度重视农业产业结构调整，引导农民在搞好种植、养殖业的同时，大力发展加工、运输、饮食、服务等行业，以转移农村剩余劳动力，增加农民收入，农村经济趋于多元化。全县粮食生产稳定，经济作物中，由于受市场影响，油桐、生漆等特色种植项目因产品滞销而逐渐萎缩，茶叶、蚕茧、药材等项目则得到进一步拓展，成为农业产业化的支柱。

随着农村家庭联产承包责任制的进一步完善，农村经济紧紧围绕"稳粮调结构，增收奔小康"的总体目标，不断加大农业投入，增加农业的科技含量，农林牧渔全面发展。1997 年，全县农业总产值（90 不变价，下同）1.5 亿元，比 1988 年的 1.06 亿元增长 42.1%。

1998 年，农业总产值实现 1.59 亿元，乡镇企业总产值实现 2.15 亿元。农民人均纯收入 1515 元，比 1997 年净增 395 元。

1999 年，农业总产值实现 1.66 亿元，乡镇企业总产值 2.4 亿元。农民人均纯收入 1681 元，比 1998 年净增 166 元。

2000 年，农业内部结构调整坚持以退耕还林工程为中心，大力发展药材、茶叶、蚕桑等多种经营，把 6859 亩 25 度以上坡耕地改种牧草养殖牛羊，加大以食草为主的山羊饲养在传统畜牧业中的分量。全年农业总产值 1.75 亿元，农业、林业、牧业产值在农业总产值中的比重为 44.5 ： 10.1 ： 45.4。乡镇企业总产值 2.76 亿元。农村经济总收入 4.68 亿元，其中农业收入 1.54 亿元。农民人均纯收入 1792 元，比 1999 年净增 111 元。

2001年，全县实现农业总产值1.87亿元，农业、林业、牧业产值在农业总产值中的比重为40.89 ：10.85 ：48.26。乡镇企业总产值3.03亿元。农村经济总收入（现价，下同）4.73亿元，其中农业收入1.41亿元。农民人均纯收入1887元，比2000年净增95元。

2002年，全县实现农业总产值3.94亿元，林经比由2001年的59 ：41调整为55 ：45，粮经比由2001年的74 ：26调整为72 ：28，生猪与白山羊、兔、肉牛为主的草食牲畜比由2001年的48 ：52调整为43 ：57。乡镇企业总产值3.38亿元。农村经济总收入4.91亿元。农民人均纯收入1989元，比2001年净增102元。

2003年，全县实现农业总产值4.19亿元，乡镇企业总产值3.74亿元。农村经济总收入5.08亿元。农民人均纯收入2096元，比2002年净增107元。

2004年，全县实现农业总产值实现4.99亿元，乡镇企业总产值3.72亿元。农村经济总收入5.38亿元。农民人均纯收入2115元，比2003年净增19元。

2005年，全县实现农林牧渔业总产值5.57亿元，乡镇企业总产值2.76亿元。农民人均纯收入2275元，比2004年增加160元。

2006年，农村经济稳步增长，主导产业重点突出，农业基础设施建设有新的进展，农村社会稳定和谐，农村居住环境逐步改善，农民生活水平明显提高。全年实现农业总产值5.7亿元。农民人均纯收入2476元，比2005年增加201元。

2007年，全国农产品价格持续攀高，且一直延续到年底，特别是猪肉价格比2006年翻一番，农民养猪的积极性得到激发，拉动牧业大幅度增长。牧业产值3.62亿元，比2006年增加1亿多元，增长7%；渔业产值201万元，增长3.8%；农林牧渔服务业产值312万元，增长5%。实现农林牧渔业总产值7.22亿元，剔除价格因素后（下同），比2006年增长6.3%，其中农业产值2.75亿元，增长6%；林业产值7952万元，增长5%。

农村富余劳动力转移 20世纪80年代实行家庭联产承包责任制以后，允许并鼓励农村富余劳动力从事其他行业以增加收入，进城务工经商人员逐渐增多。2002年，全县农村外出务工人员1.2万人，比2001年增加2366人，劳务总收入3344万元，务工人员人均收入2780元。2003年，外出务工人员1.44万人，劳务收入4956万元。2005年，建立外出人员务工卡，引导农民工有序流动；及时调解劳务纠纷，对县内部分企业拖欠民工工资情况进行处理，为农民工讨回应得的工资，务工人员的积极性得到调动；全县转移农村劳动力3.1万人，务工收入9600万元。2006年，各乡镇建立农村外出务工人员工会，为外出农民工提供务工信息，解决好留守儿童的生活和学习困难，动员邻里为外出务工人员家庭助耕，以鼓励农民外出务工；全县转移农村劳动力3.2万人，其中常年外出务工2.14万人，劳务收入1.21亿元。2007年，全县转移农村剩余劳动力36187人，其中省内22372人、省外13799人、国（境）外16人；全年实现劳务收入1.9亿元。

第三节　农村经济体制改革

1988年3—5月，县委、县政府组织20人的工作组，到擂鼓镇的村组开展完善双层经营、稳定家庭联产承包责任制的试点工作，协助镇农经服务站清理、结算、兑现农业承包合同。在试点的基础上，写出《关于当前农业承包合同管理问题的调查》，并印发全县，指导农村承包合同管理工作。1990年3月，各乡镇陆续成立农业承包合同管理委员会，村成立管理小组，将全县农业承包合同管理纳入法制化轨道。

1997年起，贯彻中央文件精神，将土地承包期延长30年。1998年，县农业局派出干部指导各乡镇清理有关土地、林木、多种经营承包的原始资料，以农民负担预算审批方案为依据，分别与37307户农户签订农业多种经营、工副业承包合同37360份；全县兑现合同34745份，兑现金额520万元，占应兑现金额的82.3%；调解仲裁合同纠纷140件，双层经营承包制得到进一步的稳定与完善。1999年11月底，土地延包工作结束，全县278个村、1381个社、37821户农户续签土地承包合同并颁发经营权证书，占农村人口的100%。

1998年，进一步深化农村经济体制改革。县委、县政府制发《关于水利工程拍卖和“四荒”有偿转让问题》等3个文件，并在桂溪乡永利村实施小型水利工程产权拍卖试点。至1999年年底，全县微水和人饮工程有偿转让11处，成交金额3万元，“四荒”及荒芜茶园有偿转让4000余亩，成交金额20余万元。

2000年，实行优惠政策，鼓励独资、合资开发非耕地，对外招商引资，有偿出让非耕地使用权，拍卖、租赁微小型水利工程。至年底，全县租赁耕地376亩、森林35200亩，承包“四荒”5268亩，其中荒山1950亩；拍卖小微型水利工程及人畜饮水工程18处，兴建股份合作制小微型水利工程及人畜饮水工程105处，为农民增收156万元，承包开发商获利53万元。

2003年，继续稳定和完善以家庭经营为主体的双层经营体制，引导和规范土地承包经营权的有序流转，促进土地向种植养殖能手集中，提高农业生产的规模效益。全县耕地面积168673亩，流转土地28925亩，其中耕地4049亩、林地9540亩、“四荒”地15118亩、其他218亩。

2004年后，随着农村经济体制改革的深化，县职能部门依法稳定和维护土地承包关系，妥善处理农村土地承包纠纷，加大土地承包纠纷仲裁工作力度，坚决纠正各种损害农民土地权益的行为，保护农民合法权益。

第四节　农业产业化

1988年后，为使农村经济尽快适应社会主义市场经济运行机制，按区域化布局、专业化生产、一体化经营、社会化服务、企业化管理的原则，推行“公司＋农户”等经营方式，推动产供销、种养加、贸工农一体化，加快农业产业化步伐。

1993年，制订实施农业林、茶、桑、药、牧“五大支柱”和“十项小产品”生产发展规划。

1994年，确定农业支柱产业基地乡镇11个、十项小产品示范村10个，以基地乡镇和示范村建设推动农业“五大支柱”的形成和发展，促进“十项小产品”的规模经营。

1996年，制订并组织实施30万只白山羊综合开发工程规划。

1997年起，全面实施60万亩初级商品林、4万亩纸浆竹、20万亩木本药材、5万亩3万担茶叶、1万担优质茧等产业化重点项目，组织制订竹木、白山羊、茶叶、蚕茧、中药材、绿色食品等“六个产业化”项目的五年实施方案。至1999年底，全县木本药材基地13.7万亩，商品林基地20.5万亩，白山羊饲养万羊乡7个、千羊村61个、百羊户1755户，有茶叶基地45800亩，桑树资源38512亩。初步形成以佛泉茶业有限公司、大禹野生食品公司、蚕业公司、第一木棕厂为代表的一批龙头加工企业。

2002年，进一步建立和完善“公司＋基地＋农户”的一体化经营机制，发展订单农业，完善龙头企业与基地乡镇、农户间产销合同的签订和兑现。县蚕业公司与全县12个基地乡镇和162个村签订投资发展协议，与2000余户栽桑养蚕大户签订产销合同，兑现价外补贴，推进农业产业化的健康发展。

2003年，以培育扶持龙头企业和农村专业合作经济组织建设为切入点，抓农业产业结构调整。

继佛泉茶业、大禹野生食品公司、大宇纸业三个龙头企业之后，建诚木业第一木棕厂改制被列为市级农业产业化龙头企业，蚕业公司被列为市级专业组织，禹森公司（新建）和蚕业公司达到市级农业产业化龙头企业的标准；农村专业合作经济组织异常活跃，漩坪乡羌山兔业协会、曲山镇邓家畜禽养殖协会、永康药业相继成立，“公司、协会＋基地＋农户”的利益连接机制和产、供、销一体化的服务模式初步形成。发挥龙头企业和农村专业合作经济组织带动农户建基地的作用，加大“林、茶、桑、药、牧”五大主导产业基地建设；依托龙头企业和多家专业组织的销售主渠道，利用农业信息网和农村经济网开发农产品销售市场；加大农业对外开放和招商引资力度，PIC 优质生猪繁殖场落户邓家，大渡河造林局加盟北川林业建设，全县农业产业化进程得到有力地推进。

2004 年，通过政府引导，依托龙头企业扩展主导产业基地规模。全县新建速丰林 1.5 万亩，其中建诚木业直接投资 50 万元建设短周期工业原料林；佛泉茶业有限公司投资建立高标准无性系茶叶示范基地，栽植无性系茶园 835 亩，与 280 户茶农签订订单，每亩每年给茶农支付管护费 20 元，农民将产品全部交售佛泉茶业公司；蚕业公司继续投资建基地，在最佳适生区域栽植高标准桑园 1000 亩，嫁接改造桑园 2000 亩，公司与蚕农签订订单合同总数 3100 户；大禹野生食品公司与农户联办 PIC 优质生猪饲养示范场，与养殖户签订养殖与产品回收合同，全部按合同回收。引导茶叶和蚕桑龙头企业建立茶叶协会和蚕桑协会，发展农民会员 1100 余户。各地根据自身特色产业发展实际，相继建立 20 余个专业合作经济组织，架起农户联结市场的桥梁。

2006 年，继续加强农业产业化基地建设。在曲山、擂鼓、漩坪、通口、陈家坝等 5 个乡镇建蔬菜、药材、无公害绿色农产品基地 4.5 万亩；购进猕猴桃 12250 株，在通口镇战斗村标准化栽植 200 多亩，对建成的 1000 亩猕猴桃基地进行规范化管理。是年新增 2 家市级龙头企业和 1 家省级龙头企业，市级以上农业产业化重点龙头企业达到 6 家。市级以上龙头企业实现销售收入 1.95 亿元，比 2005 年增长 35.3%；实现产值 2.04 亿元，比 2005 年增长 19%；实现利税总额 1584 万元，比 2005 年增长 21.1%；上缴税金 972 万元，比 2005 年增长 12.5%；带动农户 1.71 万户，为群众创收 3598 万元。新发展市、县两级农村专业合作组织 2 个，市级专业合作组织实现农产品加工经营销售收入 7719 万元。新增市级专业大户 40 个。

2007 年，新建无性系茶园 2350 亩，改造低产茶园 5200 亩，新增高山蔬菜 1.69 万亩。草木本药材面积 86339 亩，其中草本药材 25609 亩，四木药材 60730 亩。生猪出栏 18 万头，兔出栏 9.18 万只，白山羊出栏 21.86 万只。新增市级龙头企业 3 家，新增省级龙头企业 1 家，市级以上龙头企业达到 9 家；市级以上龙头企业实现销售收入 24979 万元，实现产值 27350 万元，实现利税总额 1994 万元，上缴税金 1021 万元，带动农户 19163 户。新发展县级以上农村专业合作经济组织 4 个，新增市级专业大户 40 个。

第五节　退耕还林

县内农耕地以旱地为主，其中坡度 25 度以上不宜耕种的 21.8 万亩，占耕地面积的 66.5%。1999 年，北川被列为四川省退耕还林还草试点县。县政府在国家林业局、中国林科院、省林科院等科技支撑单位的支持和协助下，确定适合本县实际的生态林、林药、林草牧、林茶桑、坡改梯、综合管理专业户等六种退耕还林模式，制订总体规划，开始全面实施。2000 年，北川又被国家林业局列为长江中上游退耕还林还草工程示范县。1999—2007 年，全县共完成退耕还林 11.8 万亩。

对实施退耕还林的农户，国家按退耕还林土地面积给予补助。为解决未来国家停止补助后农户的生计问题，退耕还林过程中，重视引导发展经济林木和种草发展草食家畜，在具备条件的地方则开发以休闲度假为主的旅游业。青片乡正河村以及曲山镇杨柳坪村、石椅村的休闲度假旅游业渐成气候。

第六节　惠农政策

1992年，县委制发《关于认真实施农民负担管理条例的意见》，成立农民负担管理机构，严把农民负担预算审批关，使县内农民负担一直控制在法定的范围内，农民的生产积极性得到保护。1993年8月，对涉及农民法外负担的有关文件进行清理，取消要求农民出钱、出物、出工的达标升级活动35项。1995年，县委、县政府决定，以当年各乡镇农民负担定案数为基数，确定农民负担人均年绝对增长量递增标准为：一类乡镇3元，二类乡镇2.5元。2000年，加强农民负担的管理与监督，对群众反映强烈的农村电价高、农村财务混乱和少数干部乱摊派等问题进行重点整治，取得一定成效。全县农民人均负担31.82元，占1999年人均纯收入的1.89%。11月，按上级部署，开始在全县进行农村税费改革，至年底，完成摸底准备工作。2001年，贯彻落实中央"一定三年不变"的政策，制订切合实际的配套政策措施，两次对全县"减负"工作进行严格检查。全县农民人均负担29.7元，占2000年人均纯收入的1.66%，比2000年减少2.12元。

2002年，稳步推进农村税费改革，完成税改工作任务，实现户户减负。全县农业税计税面积17.48万亩，常年亩产量265公斤，是年农民缴纳的农业税及附加总额356.59万元，人均负担25.84元。2002—2004年，全县农村劳动力人均承担"两工"分别为8个、5个、3个。

2004年，全面停止向农民征收农牧业税及附加；实施粮食直接补贴，核定全县直补面积144360亩，享受直接补贴的粮食数量683万公斤，按照全省统一的补贴标准0.13元/公斤，全县兑现粮食直补金额88.73万元。至4月30日，全县36929户农民拿到直接补贴，圆满完成粮补兑现工作。

2006年，全县粮食直接补贴和综合补贴面积163277亩，粮食直补额110.93万元，综合补贴额160.68万元，两项补贴均按时足额兑现到农民手中。

2007年，继续落实和完善农村贫困人口最低生活保障制度、大病医疗救助制度，全面实施农村义务教育阶段"两免一补"。全县粮食直补、综合补贴和水稻良种补贴面积160195亩，三项补贴465.02万元，涉及农户34914户。

第二章　农作物种植

第一节　种植概况

一、作物播面调整

1988年后，农业科技人员针对县内大春粮食作物生长期间灾害频发，单产不稳，小春粮食作物生长期间灾害相对较少，增产潜力大的特点，倡导稳定大春播面，重点扩大马铃薯等小春播面，以实现趋利避害。1997年，小春粮食作物播面由1987年的11.57万亩增加到14.14万亩，增长22.18%；大小春粮食作物播面比由1987年的72.38∶27.62调整为67.41∶32.59；大小春粮食总产量比例由1987年的75.43∶24.57调整为65.02∶34.98。

与此同时，努力扩大经济作物和蔬菜、青饲料等其他作物的播面比例，以促进畜牧业发展，增加农民收入。1987年，全县农作物总播面51.34万亩，粮食作物播面占81.6%，经济作物和蔬菜、青饲料、绿肥等其他作物占18.4%。1997年，农作物总播面55.58万亩，粮食作物所占比例下降到78.1%，经济作物播面比率上升到21.9%。1998年后，受市场价格的影响，经济作物的播面逐年扩大。

二、粮食产量

1988年后，全县粮食总产量呈上升趋势。1990年，粮食产量61000吨，比1988年的56683吨增长7.6%；1991—1992年，由于连续遭受严重的自然灾害，粮食产量逐年下降，1991年55092吨，比1990年减产9.7%，1992年49508吨，又比1991年减产10.1%。1993年起，逐年上升，1997年达到61969吨。

1998年，全县粮食播种面积43.41万亩，粮食总产量65195吨，比1997年增加5.21%；平均单产149公斤，比1997年提高6公斤；农民人均占有粮食468公斤，比1997年增加23公斤。1999年，全县粮食播种面积43.47万亩，粮食总产量65656吨，平均单产151公斤；农民人均占有粮食474公斤。

2000年后，因退耕还林工程的实施，粮食播种面积减少。2000年全县粮食播种面积41.48万亩，粮食总产量64716吨，平均单产比1999年增加5公斤；农民人均占有粮食466公斤。2001年，遭受历史上罕见的洪涝、旱灾，粮食生产遭受损失。粮食播种面积39.48万亩，粮食总产量54878吨，平均单产139公斤；农民人均占有粮食385公斤。2002年，进一步调整种植业结构，抓科技示范与推广，促进全县农业科技进步和农村经济发展。是年粮食播种面积35.12万亩，粮食总产量52323吨，平均单产149公斤；农民人均占有粮食378公斤。2003年，农作物播种面积45.94万亩，其中粮食播种面积31.62万亩，经济作物播种面积6.28万亩，其他8.04万亩。粮食总产量46627吨，平均单产147.5公斤；农民人均占有粮食295公斤。2004年，粮食作物播种面积28.9万亩，粮食总产量46033吨（其中大春粮食总产30872吨，小春15161吨），平均单产159公斤；农民人均占有粮食333公斤。2005年，粮食作物播种面积29.5万亩，粮食总产量47256吨。2006年，遭受罕见旱灾，农业生产遭受重大损失，坝底、墩上两乡大春基本无收。全县人民抗灾自救，做到大春损失晚秋补，把灾害损失降到最低。全县粮食作物播种面积39.16万亩，比2005年增长32.7%；粮食总产量39081吨，比2005年减产17.3%，其中小春粮食产量16139吨，比2005年增长0.19%，单产提高8公斤；大春粮食产量22942吨，比2005年下降26.35%。

2007年，继续调整种植业结构，全年农作物总播种面积39.88万亩，油料作物3万亩，药材1.74万亩，蔬菜5.42万亩。优质农作物种植面积扩大，品质不断提高。全县优质小麦面积1.16万亩，优质玉米11.68万亩，优质大豆3.64万亩，优质油菜籽面积2.42万亩。主要农产品产量稳定增长。全年粮食总产量41137吨，油菜籽产量1942吨，花生产量360吨，茶叶产量854吨，水果产量1157吨，药材产量20490吨，蔬菜产量49155吨。

第二节　农业科技推广

1988年后，县农业局围绕稳粮增收目标，大力推广农业实用技术，取得显著的增产效果。

一、耕作制度改革

针对县内中、高山区农作物栽培光温一季有余、两季不足，以及县境大春主要作物玉米易遭受洪涝灾害等客观情况，科技人员于20世纪70年代中后期到80年代初期总结出适宜推广的多种旱地改制模式，坚持“小春抓改，大春抓早”，实现趋利避害、一地两熟或三熟的目标，提高复种指数。1987年，全县小春改制面积3.4万亩，包括有马铃薯和玉米套作、小麦和玉米套作等模式，主要集中在关内的坝底片区和部分中、高山区；全县耕地复种指数172.2%。

1988—1996年，全县常年改制面积8万亩，其中马铃薯5万亩～6万亩。主要模式有两种，一是“双30”麦玉套作：6尺开厢，其中3尺播种小麦4～5行，另外3尺作预留行，清明至谷雨在空行内按行距2尺播套种玉米2行，变迟播为中播，麦收后间种豆类或红苕、荞麦。二是“1.5∶2.0”薯玉套作：3.5尺开厢，在1.5尺内播两行马铃薯，窝距5～7寸，预留空行2尺，马铃薯出苗时于其中套种1行玉米，窝距1.2～1.4尺。1997年，小春改制面积突破10万亩，覆盖全县所有地区，推广的主要模式仍为“双30”麦玉套作和“1.5∶2.0”薯玉套作，又以“双30”面积较大，且种植进一步规范，预留行内种蔬菜、青饲料、绿肥等作物；全县耕地复种指数达到233.5%。因小麦“双30”“双28”和马铃薯“双30”“1.5∶2.0”模式均预留空行，为次年玉米早播创造有利条件。

2000年后，小麦“双30”“双28”和马铃薯“双30”“1.5∶2.0”模式在全县普遍推开，常年改制面积10万亩。

二、良种推广

小麦　1988年后，小麦良种推广面占小春播面的90%以上，所推广品种多是绵阳系列，随着新品种的出现而逐渐更替，主要有绵阳25、26、28号和绵农3、4号。

水稻　全部推广杂交稻，以岗优系列为主。

玉米　1988年，全县杂交玉米推广量11万公斤，推广面积占玉米播面的25%左右。1990年后，杂交良种推广数量直线上升。1997年，推广数量25.5万公斤，推广面积65%左右。杂交玉米良种比常规玉米品种常年平均单产增长35%～40%，而被农户广泛接受。1999年，推广面80%。2001年后，推广面 85% 以上，所推广良种有鄂玉 4 号、临奥 1 号、东单 60、成单系列等杂交品种。

三、种植技术推广

玉米地膜栽培　县内地膜玉米栽培始于 1985 年。因增产效果明显，栽培面积不断扩大，1988 年栽培面积 14796 亩。在几年的推广中，农业科技人员总结出“一、二、三、四”栽培技术，即掌握一个原则（地膜栽培一般应种植在海拔 1000 米以上的地区），做好两种准备（一是备好顶土力强、适合中高山种植的杂交玉米种。二是备好土壤，要求土面坡度小于 20 度，土壤中砾石含量少于 30%），抓住三个关键（一是抓住最佳播期。二是全部采取宽窄行种植。三是普遍推行配方施肥，增施有机肥），把好四个关（即全窝全苗关、苗齐苗壮关、重施攻苞肥关、揭膜上厢垒窝防倒关）。通过广泛宣传，使地膜栽培成为高海拔地区粮食增产的重要措施。青片乡上五村，小坝乡上沟村、酒厂村，漩坪乡岩门村、永吉村、椿芽村等地，每年坚持种植地膜玉米。1993 年后，地膜栽培技术向矮山平坝地区扩展，作物种类由玉米扩展到马铃薯、花生、蔬菜等。由于栽培技术逐渐成熟，地膜玉米种植面积迅速扩大，1998 年地膜玉米种植面积 4.12 万亩，平均单产 381.6 公斤，比常规种植平均单产净增 197.6 公斤。此后，每年种植面积 4 万多亩，2003 年最多，种植 5.4 万亩。

玉米育苗移栽　20 世纪 80 年代中期，开始在人多地少的香泉乡（海拔 540～600 米）推广玉米育苗移栽。1988 年，全县育苗移栽面积 2500 亩。1991 年，县农业局技术干部在海拔较高的小坝乡大包村示范 57 亩，育苗移栽玉米比同期同范围的直播玉米单产净增 36.4 公斤。1992 年，又向小坝乡的其他高山村发展，面积达到 2063 亩。经抽样测产，亩均增产 18.3%。因其增产效果明显，此后开始在全县推广。至 1997 年，全县玉米育苗移栽面积 8.3 万亩；与之相配套的肥团、方格、玉米芯育苗等实用技术也随之完善，其中肥团育苗被广泛采用。1997 年，示范推广 200 亩塑料软盘育苗。育苗移栽与露地直播增产幅度 15%～30%。1998 年后，玉米育苗移栽推广面积每年 10 万亩～11 万亩。2001 年，推广玉米育苗双株移栽 11.64 万亩，平均单产 275.6 公斤，比同范围直播玉米单产净增 43.4 公斤；推广玉米单育单栽 1.56 万亩，平均单产 293.9 公斤，比相应种植水平的双株移栽每亩增产 18.3 公斤。此后几年，玉米育苗移栽推广面积基本稳定。

水稻旱育秧（含抛秧）技术推广　县境水稻种植面积虽然很小，但增产潜力较大。育秧的方式多种多样，主要采取温室两段育秧。1996 年，县农业局开始在香泉乡小面积示范旱育秧和抛秧技术取得成功。1997 年，在全县水稻产区扩大示范推广，旱育秧 878 亩，亩产 625 公斤，比两段温室育秧亩产 570 公斤净增 55 公斤，增产 9.6%。旱育抛秧 378 亩，单产 692 公斤，比两段温室育秧增产 112 公斤，增长 19.3%。旱育抛秧技术的推广，使全县 1997 年水稻单产达到 549 公斤。1998 年，推广水稻旱育秧 2690 亩，占全县水稻种植面积的 61.6%，平均亩产 586 公斤，比温室两段育秧亩产增加 56 公斤。此后，推广面积逐年扩大，2003 年后旱育秧、抛秧占总面积的 96% 以上。

配方施肥　1989 年，在小坝乡大包村开展 700 余亩玉米的配方施肥示范，亩均增产 12.9%。1990 年，农业科技人员提出“以土定产，以产定氮，缺啥补啥”的玉米栽培初级配方施肥方案，在小坝乡团结、大梁村示范 2216 亩，结果比老法施肥平均亩产增加 54.5 公斤，增幅 16.2%。此后，在全县逐渐推开。1991 年，为彻底纠正农民重氮轻磷的习惯，农业科技人员加大复合肥料的宣传推广力度。1992 年，农业科技人员提出复混肥配方，与厂家联合生产 300 吨马铃薯专用肥料用于生产。1993 年后，推广玉米专用肥配方。通过示范，全县复混肥使用数量迅速扩大。1988 年，全县磷肥用量 1376 吨，复混肥用量 580 吨。至 1997 年，磷肥用量增至 2638 吨，复混肥用量达到 2348 吨。配方施肥逐渐被农户接受。

地力培肥　县境土地大多贫瘠，农户向有种植苕子等绿肥来提高地力的传统，大集体时期强调粮食播种面积，绿肥种植面积相应缩小。改革开放后，绿肥种植再度受到重视。1998 年，全县种植冬绿肥 5 万亩，夏绿肥 15 万亩；另引进地力培肥菌肥，推广 200 亩。2000 年后，常年种植绿肥 11 万亩左右；同时大力推广作物秸秆还田，每年数万亩。

四、高产示范

为有效推广农业新科技，县农业部门争取相关项目，在全县各地开展新技术新品种试验，为农户作高产示范。1998 年，高产示范总面积 9780 亩，分布 16 个乡镇，其中小麦 3027 亩，玉米育苗移栽 2370 亩，地膜玉米 2080 亩，塑料软盘育苗 1203 亩，单育单栽 220 亩，水稻旱育秧 450 亩，油菜育苗移栽 430 亩。是年，牵头实施省财政厅重点科技项目“粮食自给”农业科技高产示范工程，安排在擂鼓、漩坪、白坭等 3 个乡镇，开展玉米、马铃薯高产栽培。建立 100 亩中心指挥田，带动相邻村社玉米、马铃薯高产栽培 1000 亩，辐射玉米、马铃薯高产栽培 1 万亩。经省有关领导和专家在白坭乡大院村实地测产现场验收，指挥田玉米平均亩产 527.7 公斤，比对照田平均每亩增产 58.9%；马铃薯 100 亩指挥田，平均亩产 273 公斤，比对照田平均每亩增产 86 公斤。高产示范集中展示农业配套技术的综合运用，与此推动大面积技术的普及，促进粮油增产。

1999 年，县农业局与四川省“粮自工程”办、四川省农科院签订重点科技示范项目—玉米、马铃薯高产栽培，在曲山镇黄家坝等村建立中心指挥田 500 亩，带动玉米、马铃薯高产栽培 5000 亩，辐射玉米、马铃薯高产栽培 1 万亩。在各乡镇建立不同层次、不同规模的高产示范片，涉及全年粮油主要作物，示范总面积 11250 亩。

2000 年，开展“粮自工程”优质粮生产示范，在擂鼓镇建立 1000 亩优质玉米高产示范片；建立马铃薯种子基地 460 亩，涉及 4 个乡 7 个村，平均单产 1506.6 公斤，比对照田单产增产 55.1%，繁育马铃薯新品种 400 余吨；建立玉米育苗移栽生产示范片，主要分布在陈家坝、擂鼓、香泉、通口 4 个乡镇，示范面积 3580 亩；建立地膜覆盖栽培示范片 1810 亩，主要分布在青片、擂鼓、陈家坝、小坝等乡镇；建立水稻旱育秧抛秧示范 620 亩；建立油菜育苗移栽高产示范 640 亩；开展农田无草害工程示范，示范面积 5000 亩。

2001 年后，每年在各乡镇建立不同层次不同规模的高产示范片，主要的小麦、玉米、水稻、马铃薯、油菜等作物新品种、新技术的示范推广。

2006 年，大力推广马铃薯冬播技术、高厢垄作技术、地膜覆盖栽培技术，在坝底、白坭、禹里、漩坪、小坝、开坪、曲山、通口等8个重点乡镇落实规范化栽培面积7万亩，同时推广马铃薯新品种，使全县马铃薯良种推广率达到 80% 以上，规范化栽培技术推广面积达到 90%以上。继续开展测土配方施肥技术的推广，在漩坪、禹里、坝底和小坝等 4 个乡海拔高度 900 米、1100 米、1300 米、1500 米的耕地中取土化验，按土壤养分状况合理配置肥源，逐步推进测土—配方—供肥—施肥一体化。开展重点科技入户示范村建设，在禹里、坝底两乡之石纽、红光、白沙、马坪 4 个村开展科技入户示范，带动周边村社科学施肥水平的提高。

第三节 灾害防治

一、自然灾害防治

县境特定的自然环境，形成冬干、春旱、夏洪、秋涝的气候规律，以致自然灾害年年发生，成为制约粮食生产的重要因素。全县农口部门干部职工和农业科技人员总结历史经验，探索出一套符合县情的防灾、抗灾措施。一是坚持推广防灾避灾的农业生产技术。根据县内气候适宜小春作物生长发育的实际，适当扩大小春作物播种面积和复种改制面积。二是利用大春主要作物玉米生产“十年旱，九年好”的成功经验，适时早播，以躲过每年7—8月的洪灾、风灾。为提早播种，高山地区大力推广地膜覆盖栽培或保温育苗，矮山沿河一带则推广玉米育苗移栽等行之有效的生产技术。三是扩大秋荞、秋红苕、秋马铃薯和秋菜等晚秋作物的种植面积，常年种植5万余亩，1997年，全县晚秋作物面积达到6.5万亩。四是强化农田水利基本建设，改善农业生产条件，增强防灾抗灾能力。除上述措施之外，1988年后全县狠抓“粮自工程”“长治工程”和“微型水利”建设，将工程措施与生物措施相结合，大力开展植树造林、水土保持、江河治理和农田水利基本建设，在一定程度上提高抵御自然灾害的能力。

二、病虫害防治

农作物害虫及天敌 根据历史资料记载和实地调查，县境农作物害虫共7目23科52种，农作物害虫天敌（昆虫）共8目22科56种。

北川县境农作物害虫一览表

表15-1

目 名	科 名	种 数	种 名
鳞翅	螟蛾	6	二化螟、三化螟、大螟、玉米螟、豆荚螟、豆卷叶螟
	夜蛾	7	小地老虎、大地老虎、八字地老虎、普通黏虫、劳氏黏虫、异脉黏虫、雀纹黏虫
	麦蛾	3	甘薯麦蛾、麦蛾、马铃薯块茎蛾
	弄蛾	2	直纹稻苞虫、隐纹稻苞虫
	小卷叶蛾	2	豆小卷叶蛾、大豆食心虫
	粉蝶	1	菜粉蛾
	天蛾	2	苕天蛾、豆天蛾
	菜蛾	1	小菜蛾
同翅	蚜	5	长管蚜、二叉蚜、桃蚜、红腹根蚜、萝卜蚜
	叶蝉	2	黑尾叶蝉、白翅叶蝉
	飞虱	3	灰飞虱、褐飞虱、白背飞虱
直翅	蝼蛄	2	非洲蝼蛄、华北蝼蛄
	蟋蟀	1	蟋蟀
膜翅	潜叶蝇	2	豌豆潜叶蝇、油菜潜叶蝇
	水蝇	1	麦水蝇
	黄潜叶蝇	1	麦秆蝇
	蓟马	1	稻管蓟马
鞘翅	叶甲	4	甘薯龟甲、甘薯叶甲（金花虫）、蓝绿跳甲、黄条跳甲
	金龟甲	1	铜绿丽金龟
	豆象	2	豌豆象、绿豆象
蜱螨	叶瓜螨	1	麦圆蜘蛛
	叶螨	1	麦长腿蜘蛛
有肺	蛞蝓	1	蛞蝓蜗牛

北川县境农作物害虫天敌一览表

表15-2

目 名	科 名		种 数	种 名
膜翅	姬蜂总科	姬蜂	7	稻苞虫里瘤姬蜂、甘蓝夜蛾拟瘦姬蜂、螟里钝唇姬蜂、大螟钝唇姬蜂、食蚜蝇姬蜂、加色姬蜂、黏虫白星姬蜂
		茧蜂	3	卷叶螟绒蜂、弄蝶绒茧蜂、螟蛉绒茧蜂
		蚜茧蜂	1	燕麦蚜茧蜂
	小蜂总科	小蜂	1	大广腿小蜂
		赤眼蜂	2	稻螟赤眼蜂、拟澳洲赤眼蜂
双翅	食蚜蝇		1	黑贷食蚜蝇
鞘翅	瓢虫		8	四斑瓢虫、稻红瓢虫、十斑大瓢虫、异色瓢虫、七星瓢虫、龟纹瓢虫、黑缘紫瓢虫、二小星瓢虫
	步行		7	小黄缘步甲、双星青步甲、黄边大步甲、顶齿沟步甲、中华毛梦步甲、绿缘步甲、车云长颈步甲
	虎甲		2	八星虎甲、银纹小虎甲
半翅	蝎蝽		1	台湾长蝎蝽
脉翅	齿蛉		1	步星蛉
	草蛉		2	大草蛉、中华草蛉
蜻蜓	蜻		1	赤卒
螳螂	螳		3	小刀螳螂、中华螳螂、薄翅螳螂
蜘蛛	圆蛛		1	黄褐新圆珠
	肖蛸		4	锤腹肖蛸、侣伴肖蛸、卵腹肖蛸、鳞纹肖蛸
	球腹蛛		1	八点球腹蛛
	微蛛		3	草间人里蛛、食虫瘤胸蛛、齿螯额角蛛
	狼蛛		3	拟环纹狼蛛、下纹狼蛛、拟水狼蛛
	猫蛛		1	斜纹猫蛛
	管巢蛛		2	棕管巢蛛、中华蓝管巢蛛
	蟹蛛		1	三突花蛛

农作物害虫人工防治 县境农作物病虫害年年有不同程度的发生。1990年前，由于农民对防治工作认识不足，加之病虫防治技术、农药、药械不配套，防治时间、药物浓度把握不当，防治效果欠佳。1990年，县农业局组织购回40台机动喷雾器，分配到病虫害发生的重点乡镇，全县机动喷雾器达到108台；组建20个机防专业队，配备机动喷雾器66台，培训机手156名。陈家坝乡实现小麦病虫害统防统治，全乡小麦增产10.3%，并带动邓家、太洪两乡机防专业队的建设。1992年后，以机防专业队为主体的病虫害统防统治工作蓬勃开展，做到技术、农药、药械三配套。1994年后，机动喷雾器渐被农民自购的手动喷雾器取代，机防面积和专业队逐年萎缩。1996年，组织购回进口高压手动喷雾器分发到各乡镇站，调剂给农民使用，统防统治变成农民的自觉行动。

县农业部门贯彻“预防为主，综合防治”的方针，力争“虫口夺粮，防病保粮”，重点对小麦、玉米、马铃薯、水稻等作物重大病虫害进行监控，及时准确发布病虫预报和防治警报，提出防治策略和措施，对重大病虫灾害和重点区域实施重点防治。2000年，以曲山镇沙坝、任家坪两个测报点为中心的全县 24 个病虫害测报点的基础设施得到改善，测报人员素质有所提高，较为准确及时地预报全年主要作物病虫害发生情况。加大病虫害防治力度，全县粮油作物病虫害发生面积 21.18 万亩次，防治 21.12 万亩次，产量损失得到减少。

2001 年，建立健全多层次的监测体系，逐步形成能适应现代农业需要的病、虫、草、鼠的测报网络；对主要粮经作物病虫的发生危害及防治措施进行电视预报。加大病虫害防治力度，全县大小春作物病虫发生面积 26.14 万亩次，防治面积 32.25 万亩次，减少粮油产量损失 475 吨。对全县 14 个乡镇马铃薯、玉米、大豆、水果及蔬菜类有害生物的调查，重点对马铃薯 12 种病害及两虫进行普查。

2003 年，对病虫情况进行系统调查 38 次，田间普查 14 次，访问农户 534 人次，为大田有效防治提供科学依据；发布病虫预报 31 期。全县累计发生农作物病、虫、草、鼠害面积 94 万亩次，防治 99 万亩次，挽回产量损失 670 吨。

2004 年，农作物病虫害发生面积 37 万亩次，防治 32 万亩次，挽回粮食产量损失 1489 吨。

2005 年，农作物病虫害发生面积 49 万余亩次，防治 40 万亩次，挽回粮食损失 1400 吨，挽回经济损失 200 多万元。特别是上半年陈家坝、桂溪等乡发生严重的小麦锈病、水稻稻瘟病，县农业局组织人员多次赶赴灾区作防治技术培训，及早做好病虫防治工作的组织发动、技术培训和农药、药械等物质准备，保证病虫防治工作顺利开展。

2006 年，农作物病虫害发生面积 31 万亩次，防治 32 万亩次，挽回粮食损失 996 吨，挽回经济损失 179 万元。全县病虫防治面积达到 95% 以上，农村灭鼠和农田除草面积达到 80% 以上，病虫危害损失率控制在 3% 以下。

2007 年，开展农作物病虫害预测预报 5 期，预测准确率 90%，防治率 167.8%以上。全年发生作物病虫害病 7.47 万亩，防治 12.535 万亩，其中小麦病虫发生面积 2.19 万亩，防治 3.75 万亩次，防治率 171%，挽回损失 181 吨；马铃薯晚疫病发病面积 3.5 万亩，防治 7 万亩次，防治率 200%；水稻病虫发生面积 0.28 万亩，防治 1 万亩次，防治率 357%；油菜病虫发生面积 1.5 万亩，防治 0.875 万亩，防治率 58.3%，挽回损失 50 吨。

三、植物检疫

为严防有害生物入侵，县农业部门严格执行植物检疫、检测法，认真开展植物检疫。2000 年，对全县大小春主要作物和调进调出的茶种、果苗开展检疫，分别对县农场、陈家坝、小坝等地培育、引进的玉米、番茄制种和枇杷苗嫁接进行检疫。2003 年，对“四木”药材和茶叶的调进开展检疫，对引进推广的 8 个玉米品种进行疫情普查，涉及 9 个乡镇 129 个村 163 个社，除个别地块发现蔬菜美洲斑潜蝇和水稻白叶枯病，其余作物未发现疫情。配合工商部门开展市场苗木检查，对擅自从外地调运的无证苗木予以没收销毁，对个别农户上市销售的苗木进行登记和补证抽检。2004 年，对调进的四木药材苗和无性茶苗进行检疫，对全县主要农作物品种进行疫情普查，共调查 11 个乡镇 39 个村 176 个社，未发现新的疫病。此后，每年坚持常规检疫。

第三章　多种经营

第一节　发展概况

20世纪70年代中期，根据山区土地资源丰富的优势，大力开展茶、桑、果、药等多种经营基地建设。1989年，对多种经营种植情况进行普查，全县有多种经营基地25万多亩，大宗项目包括茶园45782亩、漆树64998亩、棕树27637亩、苹果11484亩、核桃10743亩、花椒14840亩、楠竹9283亩、木本药材39814亩。

县供销系统一直把组织发展农村多种经营作为一项基本任务来抓。1989年后，恢复聘请多种经营技术辅导员12人，从事茶叶、红麻、食用菌生产技术的辅导。先后会同农业局和茶厂调回茶种4万多公斤，用以发展家庭小茶园，两次从江油引进黄花种苗39万多窝，在桂溪乡种植；在香泉、双潭发展红麻生产，组建红麻专业合作社4个，参加农户138户。1990年，无偿投资1万元在青片乡组织发展花椒1000亩。多次从西昌购回优良奶花芸豆种、白云豆种1.2万公斤，在小坝和禹里等乡种植。1991年，从天全县引进袋栽香菇生产技术，从金堂县及福建省引进黑木耳、金针菇、平菇、白背木耳等，均获得成功。到资中、蓬溪、江油等地现场收购县内流动养蜂户的蜂蜜，鼓励养蜂户的生产积极性。1996年，县食用菌开发公司筹集资金2万元，在擂鼓镇租地8亩，开展香菇袋栽示范，实行生产、加工一条龙经营，为农村多种经营生产产业化探索和积累经验，推动农村多种经营的发展。

20世纪90年代中期，随着改革的深入，市场逐步放开，多种经营基地转由农户分散经营，茶叶、蚕桑因有相应龙头企业带动，得以稳定发展，其余项目皆由业主根据市场行情自主经营。

第二节　大宗项目

一、茶叶

茶园建设　20世纪70年代中期，大力建设茶叶基地，全县茶园面积达到4万多亩。由于新建茶园多选择荒山荒坡，土地贫瘠，又疏于管理，以致产量不高。1988年后，陆续发展家庭小茶园5000余亩，茶园总面积接近5万亩。在扩大茶园面积的同时，茶叶科技人员采取以改土、施肥和修剪为重点的综合技术措施，对早衰茶园加以改造，茶叶产量逐年提高。1988年，全县产细茶648吨。1990年起，省、市连续三年将北川茶叶生产列为“丰收计划”项目县。1991年，全县茶叶总产934吨，其中细茶728吨，创历史最高水平；细茶单产由每亩8公斤提高到17.8公斤。曲山镇景家山六组的93亩高产示范茶园，细茶总产4600公斤，加上粗茶，平均亩产55.5公斤，达到全省平均水平。1993年后，由于化肥等价格上升、茶叶收购价未相应提高等原因，全县茶叶生产出现停滞不前的局面。

1998年，绵阳市政府下达茶叶“丰收计划”3.5万亩，确定在曲山、擂鼓、漩坪、陈家坝等8个乡镇实施。通过加强管理、对低产茶园进行改造等措施，全县细茶产量达到670吨，比1997年增产8.4%。2000年，分别调进国家级良种和省级地方良种120吨、645吨，在擂鼓、陈家坝、漩坪、白坭、桂溪、通口、都贯、曲山等8个乡镇种植15022亩。2001年，调运茶苗200万株，新发展500亩无性系茶园。为实施省农科院《茶园生态无公害治理技术》科研项目，全县设立陈家坝乡金鼓村茅坪茶园等80个点，在4—9月茶叶生长季节中，每月调查一次，课题完成质量名列全省前茅，茶园生态治理得到促进。因连续多年实施“丰收计划”，加强茶园的科学管理，茶叶种植面积稳步增加。2002年，茶园面积6.16万亩，新发展的生态无公害茶园面积1.7万亩，其中无性系良种茶园1178亩。

2003年，结合退耕还林还草，推行茶、草结合模式，开展优质茶叶基地建设和低产茶园改造；同时大力推广无性系良种茶园，开展无公害茶叶基地建设。2004年，继续抓好无性系良种茶园基地的技术指导，加大对茶园管理、采摘、加工技术培训与指导，推进茶叶的标准化生产进程，实现无公害生产。全县茶叶总产1011吨，其中名茶4.75吨、优质茶7.85吨。2005年，与有关部门、龙头企业配合，引进良种茶苗562万株，新建无性系良种茶园943亩，茶叶资源得到优化。是年新发展茶园1187亩，改造低产茶园2万亩，全县茶叶基地6万亩，其中无性系良种茶园2000亩，茶叶产量808吨。

2006年，指导景家村建立优质茶叶生产示范茶园1500亩，指导俏泉茶叶有限公司在漩坪乡瓦厂村新发展无性系良种茶园1000亩，以推动优质茶叶基地建设。是年茶叶产量大幅增长，达到1662吨。

优质茶树母本园建设 1988年，县农业局向省农作物良种委员会申报“茶树地方良种——北川苔子茶”。1989年9月，经省茶树良种委员会审定，“北川苔子茶”列为省级茶树优良品种，成为全省5个地方茶树优良品种之一。据此，县农业局提出建立茶树地方良种母本园方案，于1990年由农业局茶果站实施。母本园确定在太洪乡金鼓村一组茅坪茶园，选择11.1亩具有“北川苔子茶”特征的老式茶园作为母本园加以培植。经过3年的培植，树势得到恢复，茶园生产条件得到改善，品种纯度得到提高。经选择，确定优良单株5个类型19丛，对其生化成分进行全面测定，为“北川苔子茶”的系统选育和扩大繁殖打下基础。1993年后，由于经费紧缺等原因，母本园管理与“北川苔子茶”的系统选育和扩大繁殖工作被搁置。

茶叶产业化 茶叶历来被列为县内重要产业。20世纪90年代，在大力发展优质茶园的同时，即着手推进茶叶产业化进程。1997年，茶叶被列为绵阳市农业产业化项目，1998年开始实施。在组织扩大茶树种植、管好茶园的基础上，支持茶叶加工企业发展，鼓励企业走公司加农户的路子，实现产业化。2000年，贯彻落实茶叶收购政策，稳定鲜叶收购价格，协助县内最大茶叶加工企业佛泉茶业有限公司申报“绿色食品”标志，在乡镇茶厂大力推广机械化制作名茶，取代手工生产，促进名优茶上档次上规模。2003年，全县茶叶专业村达20个，种茶大户2600户；通过政策引导，佛泉茶业有限公司和4个乡镇茶厂与种茶农户建立协作关系。2004年，协助企业申报无公害茶叶生产基地和有机茶生产基地；协助佛泉茶业有限公司调回无性系良种茶苗420万株，与农户合作，新建无性系良种茶园700亩。2006年，指导曲山镇景家村建立优质茶叶生产示范茶园1500亩，指导俏泉茶叶有限公司在漩坪乡瓦厂村新发展无性系良种茶园1000亩。引进名优茶采摘技术和机器修剪茶园技术，节约劳动成本，提高经济效益。对佛泉、禹森、俏泉无公害茶叶生产基地进行环境监测抽样，将两个无公害茶叶抽样产品送西南农产品检测中心检查，组织五星、禹露、俏泉申报无公害农产品，达到合格标准。

随着产业化的推进，茶叶加工企业不断发展壮大，产品畅销，茶农的收入得到保障，全县茶叶生产稳步增长。

二、蚕桑

栽桑 1988年，县内蚕桑生产由农业局蚕桑站负责，蚕茧收购、调运等由县丝绸管理站负责。

1990年8月，将县丝绸管理站和县农业局蚕桑站合并成立蚕丝事业管理局和丝绸公司，两块牌子，一套人员；下设8个桑茧站，行政上受市丝绸公司和县政府双重领导，业务上受市丝绸公司指导。1999年11月，蚕丝事业管理局和丝绸公司改制为蚕业有限责任公司，成为县内首家事业单位改制为企业的试点单位。

栽桑养蚕历来受到高度重视。1990年9月，县委、县政府作出《关于全县动员，奋战三年，力争1992年实现产茧一万担的决定》。1991年，调进桑种100多公斤，成片育苗1000多亩；从南部、梓潼等县调回插桑穗条2375公斤，建成插桑穗园35亩，繁殖插桑穗条3万余公斤。同时加强投产桑树的管理，指导和督促蚕农加强桑树的修枝、防虫、施肥等项工作。是年栽桑952万株，嫁接良桑205万株。1992年，遭受特大洪灾，冲毁桑树1317万株（其中幼桑约1000万株）。是年栽桑251万株，嫁接674万株。1993年4月，县丝绸公司与香泉、曲山、陈家坝、桂溪、漩坪、禹里、小坝、坝底等8个乡镇签订《蚕桑生产达标责任合同书》。1994年，栽桑50万株，嫁接407万株。1995年，特大洪灾中损失桑树316万株，冲毁桑园800亩。丝绸公司组织新栽桑树152万株，嫁接良桑360万株。1997年，制订鼓励丝绸公司科技人员下乡包村、科技承包考核奖励办法，调动职工的积极性。1989—1997年，全县累计栽桑2334万株，1997年在地桑树2700万株。

1998年，县委、县政府决定继续扩大桑树栽植面积，五年内发展桑树1000万株。1999年，在漩坪、坝底等地建立120亩育苗基地，保证秋季栽桑的需要；抽调12名科技人员下乡作技术指导，确保栽桑质量。新开辟桑园坚持以重点乡镇为主，集中成片。是年栽桑312万株，其中栽桑10万株以上的村9个，陈家坝、漩坪两个桑树发展重点乡栽桑量占全县总量的64%。至2000年，三年总计投入资金近百万元，栽桑1019万株，提前两年超额完成任务；初步建成陈家坝、漩坪、桂溪、小坝、禹里、都贯等6个新栽桑树上百万株的基地乡，在全县形成一大批栽桑具有一定规模的村、社和大户，桑树资源总量由1997年前的2000多万株上升到3000多万株。

2001年，以退耕还林和农业产业结构调整为契机，调整栽桑模式，大力发展成片密植桑园。组织全县各地有头脑的农民到县内外参观学习，通过现场考察，对比算账，激发其栽桑养蚕热情，仅春季就用好田好地栽植成片桑近千亩。是年全县14个乡镇、162个村、1.1万户农户参与栽桑，栽植成片桑园2.6万余亩。各地涌现出一大批栽桑大户和重点村、社，仅陈家坝乡就完成767万株近6000亩的栽植任务，占全县栽桑总量的20%。

2002年，改秋季栽桑为春、秋两季栽桑，改上半年大规模普遍栽桑、遍地开花为有选择、集中成片栽桑，栽桑重点放在坝底、桂溪两乡。是年购买桑苗1165万株无偿提供农户栽植，全县新栽密植桑8000亩，桑园面积达到4.8万亩。2003年，继续扶持农户发展密植桑园，新增密植桑园1113余亩。2004年，继续扩大桑树栽植面积，同时加强密植桑园管护，是年调运良桑穗条10余万公斤，嫁接良桑1600余亩。开展科技承包，将桑园管护落实到人头，确保每个村有人负责，每块桑园有人管护。首次开展桑园病虫害统防统治，秋季无偿对全县桑园进行封园治虫，16个乡镇4249户农户共使用农药5800余瓶，防治密植桑园8988亩，占上报管护和嫁接面积的70%；防治四边桑51万株。

2005年，栽桑125万株；购回良桑穗条5万余公斤，组织技术人员上门服务，指导农户嫁接桑树188万株。2006年，嫁接改造桑树44万株，新栽桑树83万株。进一步优化栽桑模式，形成四边桑、大行桑、小桑园三结合的格局。2007年，新栽植桑树1000亩，改造桑园3000余亩。至年底，全县桑园基地2万亩。

养蚕技术推广　县丝绸公司高度重视优质蚕种引进和养蚕新技术推广，不断提高蚕茧产量和质量。1988年后，每年春秋两季养蚕前，均到养蚕乡广泛开展技术培训，并通过举办养蚕技术专题广播讲座、印发科学养蚕技术资料、赠送蚕业科普知识音像资料等形式普及科学养蚕知识。1992年，强制推广种药配套技术。1994年，试验夏、秋蚕室外育成功，大面积推广小蚕薄膜保温饲养，推广方格蔟养蚕。1999年，推广以方格蔟和蚕台为重点的新技术，推广方格蔟16万片、蚕台460副，全县累计推广方格蔟46.1万片，普及率65%。引进适合北川气候特点的“八”字号优质高产新品种饲养试验。2000年，推广方格蔟10万片、蚕台300副，全县累计推广方格蔟56.2万余片，普及率75%以上，其中漩坪、陈家坝、桂溪3乡达到基本普及，坝底、小坝、禹里3乡普及率50%以上，全县蚕茧质量得到大幅度提高。2001年，全面推广“八”字号蚕新品种。2002年，针对高温干旱天气出现的桑树少叶状况，调整秋蚕用种，选择食桑少、耐高温、抗病力强、发育时间短的“夏芳 × 秋白”和“洞庭 × 碧波”两对品种进行饲养。2003年，继续推广省力化活支蚕台和纸板方格蔟，试制推广纸板方格蔟回转架1000余个，养蚕效率得到极大提高。2004年，推广方格蔟11.1万片，推广蚕台538套，继续扩大方格蔟回转架的推广量，降低蚕农的劳动强度，提高效益。在陈家坝、桂溪、曲山3个乡镇试养晚秋蚕，增发晚秋蚕种230张，产茧6932公斤。2007年，继续推广适合本县气候环境的优良多丝蚕种，推广省力化蚕台2500套、方格蔟7.5万片，全面提高养蚕的整体技术水平，节约劳动力。

养蚕规模与蚕茧产量　农户养蚕的动力受经济效益影响，蚕茧产量则受气候条件制约。在逐步走向市场化的过程中，蚕茧收购价格难以稳定，而县内多旱涝和极端天气，直接影响养蚕数量和质量。由于存在诸多不利因素，全县养蚕规模在波动中逐步扩大。

1997年，全县发蚕种10791张，产蚕茧12.5万公斤，销售收入619.3万元。1998年发蚕种12763张，每张平均产量27.6公斤。此后，全县每年发蚕种1.1万～1.2万张，每张平均产茧量逐渐提高。2006年，发放蚕种10373张，收购鲜茧25.4万公斤，饲养量和产量比上年略有减少，但因蚕茧收购综合均价达每公斤21.44元，比2005年上涨6.26元，蚕农售茧收入比2005年净增102.4万元，达到544.3万元。2007年，发放蚕种1.3万张，收购蚕茧31.4万公斤。

三、中药材

中药材是县内重要资源。据1982年普查，全县有药用动物246种，药用植物549种；有家种药材品种32个，其中木本药材8个、草本药材24个。1987年，县政府制发《关于加强麝香资源保护和市场管理的通告》，1988年，制发《关于加强三木药材资源保护和市场管理的布告》，并采取举办专题广播节目等形式进行广泛宣传，动员全社会保护野生药材资源。对中药材的采集、收购实行许可证制度，对盗伐杜仲、黄柏、厚朴案件进行查处，有效地保护药材资源。

县境土壤和气候条件适宜大面积种植中药材，发展中药材历来受到高度重视。1993年起，县委、县政府把中药材生产列为农业五大支柱产业之一，家种药材根据市场需求以发展紧缺品种为主，从种苗、资金、肥料、技术和资源开发保护等方面大力扶持，优先扶持重点药材生产基地。1988—1996年，全县用于中药材生产的无偿扶持资金57万元，其中省中药材公司下拨12万元，县中药材公司提取生产扶持费15万元，市、县财政拨付30万元；使用扶贫贴息贷款195万元。1988—1993年，用于药材种植和产品奖售的专项尿素指标（标氮）680吨。1990年9月，为使辛夷花快速投产，县医药局和南川中药研究所在桂溪乡林峰村开展辛夷花育苗提高出苗率、嫁接促进早开花、矮株修剪造型试验获得成功，辛夷初开花时间由15年左右提前到5年左右，树高由10米以上修剪造型为2米左右；嫁接的5000株辛夷花至1996年有300多株开花，单株产量0.5～1公斤。此项技术在全县逐步推广。1996年，全县木本药材面积12.4万亩，草本药材面积3.5万亩，年产值1500多万元。其后，随着农村经营体制的改革，集体药材基地转由农户经营，中药材种植根据市场需求稳定发展。

第十六篇

林业

第一章　林业发展

第一节　机构

林业局　1988 年，县林业局设秘书股、造林股、护林股、木材检查站、治城官竹林场、林业公安科。1997 年 3 月，设办公室、林业公安科、资源林政管理股、绿化造林股、森林防火办公室（挂护林防火指挥部办公室牌子）、人事政工股，核行政编制 18 名，其中领导职数 3 名；后勤服务人员事业编制 2 名。2002 年 1 月，“三定”内设机构，设办公室、森林公安分局、资源林政管理股、绿化造林股（挂县绿化委员会办公室牌子）、森林防火办公室（挂护林防火指挥部办公室牌子），核行政编制 14 名，其中领导职数 5 名。此后，局内设机构基本保持稳定。

下属事业机构　1988 年 7 月，建立珍稀动物保护办公室。2005 年 5 月，更名为野生动植物保护办公室。

1991 年 12 月，建立林木种苗站。

1992 年 4 月，建立林业科技推广中心。

1999 年 12 月，撤销护林股，建立天然林保护管理办公室，各乡镇林业站增挂天然林保护管理站牌子。

2004 年 9 月，将造林股更名为造林站。

自然保护区管理机构　1979 年 9 月，建立四川省北川小寨子沟自然保护所，配备职工 8 人，为县林业局下属乡级事业单位。2005 年 1 月，保护所升级为管理处，为副科级事业单位，核定编制 40 名，年末在职职工 8 人。

1995 年 7 月，建立四川省片口自然保护区管理处，核定编制 10 名，为县林业局下属副科级事业单位。1996 年 5 月，增设千佛山自然保护区墩上保护站。

基层林业站　1988 年 2 月，建立曲山镇、擂鼓镇、治城区、小坝区、坝底区、陈家坝区、通口区林业经营管理站，均为林业局下属乡级事业机构。1992 年 11 月撤区并乡后，在全县 16 个乡镇分别建立林业站。2002 年 10 月，在增设的桃龙、都坝、马槽、墩上 4 个乡建立林业站。2007 年 10 月，全县乡镇林业站 20 个，均为林业局派驻乡镇的事业机构，核定编制 65 人。

第二节　森林资源

一、林地

1997 年，全县林业用地 176081.2 公顷，占辖区面积的 61.4%，其中林地（森林）132111.9 公顷，占辖区面积的 46.07%（即森林覆盖率）；疏林地 9952.2 公顷，灌木林地 16952.3 公顷，未成林新造林地 7787.6 公顷，其他 9277.2 公顷。全县人均占有林业用地 1.12 公顷。2007 年，林业用地面积 241990 公顷，森林覆盖率 76.2%。

二、森林

1997 年，全县森林资源面积 132111.9 公顷。其中用材林 73691.9 公顷，占森林资源面积的 55.78%；防护林 44501.5 公顷，占森林资源面积的 33.68%；特用林 10383.2 公顷，占森林资源面积的 7.86%；经济林 1969 公顷，占森林资源面积的 1.49%；薪炭林 409.4 公顷（青片河林业局），占森林资源面积的 0.31%；竹林 1156.9 公顷，占森林资源面积的 0.88%。人均占有森林 0.84 公顷。森林蓄积量 2428.5 万立方米，其中用材林 1189.6 万立方米，占森林蓄积量的 48.99%；防护林 768.8 万立方米，占森林蓄积量的 31.66%；特用林 387.7 万立方米，占森林蓄积量的 15.96%；薪炭林 4.4 万立方米，占森林蓄积量的 0.18%；疏林、散生木及四旁树 78 万立方米，占森林蓄积量的 3.21%。人均占有活立木蓄积资源 154 立方米。

1997 年，全县森林 132111.9 公顷，活立木蓄积量 2428.5 万立方米，按河流水系分布为：青片河流域 49427.8 公顷、1176.6 万立方米，分别占总量的 37.41% 和 48.45%；白草河流域 30959.4 公顷、586.9 万立方米，分别占总量的 23.43% 和 24.17%；湔江干流流域 20437.8 公顷、192.4 万立方米，分别占总量的 15.47% 和 7.92%；都坝河流域 12139 公顷、206.3 万立方米，分别占总量的 9.19% 和 8.49%；白坭河流域 11018.3 公顷，207.8 万立方米，分别占总量的 8.34% 和 8.56%；苏宝河流域 4353 公顷、22.9 万立方米，分别占总量的 3.3% 和 0.94%；平通河流域 3776.6 公顷、35.6 万立方米，分别占总量的 2.86% 和 1.47%。

1999 年，经调查核实，全县林木面积 134660.22 公顷，林木覆盖率 46.93%；活立木蓄积量 2124.4 万立方米。

三、物种

珍稀树木 全县已知木本植物资源有 83 科 176 属 327 种，其中保护价值较大的珍稀古树 38 科 38 属 248 株。从树龄结构看，100 年以下的 10 株，101 ～ 300 年的 215 株，301 ～ 500 年的 13 株，501 ～ 800 年的 4 株，801 ～ 1000 年的 3 株，1001 ～ 1500 年的 3 株。

树龄最小的珍稀树为 18 年，为漩坪乡桐麻村二组的一株三头棕和小坝乡大华村下湾组的一株双头棕；堪称中华一绝的是青片乡上五村大寨子的一株六头棕，系 1964 年栽植的野生幼棕，分别于 1978 年、1982 年、1984 年三次从主干 1.07 米、2.27 米、2.37 米处分生出 2 枝、1 枝、2 枝分枝，属世界罕见的奇观；树龄最大的为陈家坝乡金鼓村二组的一株铁尖油杉，树龄 1300 多年，相传为唐代所栽，至 2007 年树干挺拔雄伟，枝叶繁茂，堪称县境树中寿星。县境尚有数以万计的国家一级保护植物——珙桐，又称鸽子树，属二三十万年前的古老孑遗植物。

良种资源 1989 年，县林业部门进行造林主要树种林木资源调查，全县可年产青枫、酸枣大粒种子 20 万公斤，杉木、桤木、马尾松、香椿等小粒种子 3.3 万公斤，能满足县内造林需要。

野生动物 根据省林业厅 1996 年 9 月复查，县境已知野生动物 5 纲 29 目 90 科 355 种。属国家一级保护的有大熊猫、金丝猴、扭角羚（牛羚，俗名野牛）、金钱豹、斑尾榛鸡、雉鹑（雪鸡）、绿尾虹雉（贝母鸡）、金雕（麻老鹰）、白尾海雕（岩黑鹰）、毛冠鹿（黑鹿）共 10 种，占全国 79 种一级野生动物的 12.65%，占全省 33 种一级野生动物的 30.3%。属国家二级保护的有林麝（獐子）、水獭（鱼猫子）、大灵猫（九节狼）、鬣羚（山驴）、血雉（松鸡）、勺鸡（山鸭子）、长耳鸮（鬼灯哥）、大鲵（娃娃鱼）等 36 种，占全国 119 种二级野生动物的 30.2%，占全省 110 种二级野生动物的 32.7%。

黑熊属国家二级保护动物。1993 年，县林业部门组织科技人员对全县黑熊资源数量、分布、保护、捕猎等情况进行专题调查，全县有黑熊 532 只。

四、森林资源管理

建立森林档案 1989年，首次建立森林档案制度，在1985年森林资源二类调查成果基础上，通过外业核查、内业计算，得出1989年森林资源各种新数据，进入档案。此后，每年根据林地变化，核实计算出新数据。

采伐区管理 1996年7月，经林业部西北森林资源监测中心到县调查，1995—1996年伐区的调查设计率100%，凭证采伐率95.9%，伐区合格率99.3%。

自1990年起，实行森林资源年消耗量调查制度。北川是四川省重点国有林区县，被林业部选为抽样调查的代表县。由于坚持限额采伐，大力推广省柴灶、生猪饲料生喂以及以煤、电、沼气代替柴薪等措施，县境群众生活用柴消耗年节约10万立方米，森林资源得到回升。林业部委托西北森林资源监测中心到县境林区调查，县内森林资源消耗量和生长量（均指资源量）1990年为196920立方米、520418立方米，1997年为198019立方米、1295976立方米。消耗量与生长量之比由1990年的1∶2.64变为1997年的1∶6.54。

第三节 植树造林

一、工程造林

1988年后，大力实施速生丰产用材林工程（以下简称“速丰林”）、长江中上游防护工程（以下简称“长防林”）和世界银行贷款造林工程（以下简称“世行林”）建设。经检查验收，1988—1997年全县累计完成“三大工程”造林30.4万亩，其中速丰林6万亩，长防林8.2万亩，世行林5.9万亩，小块林10.3万亩。以所有制划分：国营造林4.1万亩，集体造林17.9万亩，个人造林8.4万亩。

1998年，完成造林2.7万亩，其中世界银行贷款造林1.5万亩、长防工程造林0.6万亩，新栽慈竹0.6万亩。低产竹林改造0.5万亩、长防重点工程封山育林1.2万亩。幼林抚育9.1万亩，其中世行林7.3万亩，长防林1.8万亩。

1999年，各项工程造林5万亩，其中退耕还林约1.36万亩，天保公益林1.7万亩（人工造林0.3万亩，人工促进更新1.4万亩），三期世界银行贷款造林0.9万亩，一般成片造林0.8万亩。至年底，全县累计完成世界银行贷款造林8.3万亩（1994—1999年），长防工程造林8.7万亩（1992—1999年），速丰林13.3万亩（1981—1994年），天保工程公益林0.6万亩（1998—1999年）。全县建成商品林66.2万亩、“三木”药材7.7万亩、辛夷花0.6万亩、慈竹纸浆林2.3万亩、红豆杉原料林750亩。

2000年，造林10.7万亩，其中退耕还林试点工程1.6万亩（含国家林业局下达的退耕还林示范点任务4329亩）、世界银行贷款造林0.8万亩、一般造林0.5万亩、“退一还二”荒山造林0.6万亩、飞播造林7.2万亩。封山育林5.9万亩、幼林抚育6.3万亩。

2001年，造林11.5万亩，其中世界银行林1.3万亩、退耕还林3万亩、飞播造林4.1万亩、天保人工公益林0.6万亩、“退一还二”荒山造林2.5万亩。封山育林1.8万亩，管护森林249万亩。

2002年，退耕还林1.2万亩，飞播造林3万亩，人工撒点播1.1万亩，公益林0.49万亩。封山育林1.3万亩。

2003年，围绕林业“三大”工程建设，退耕还林2.5万亩，飞播造林2.4万亩，人工撒点播0.5万亩，封山育林1.7万亩，集中成片造短期工业原料基地林0.8万亩。初步建成60万亩初级商品林基地、10万亩“三木”药材基地、10万亩干果基地、5万亩慈竹纸浆林基地、10万亩辛夷基地。

2004年，退耕还林0.4万亩，公益林建设5.9万亩，其中人工造林0.5万亩、飞播造林2.2万亩、人工撒点播 1.5 万亩，封山育林 1.7 万亩。积极发展地方特色林业产业，将退耕还林工程与农业产业项目相结合，在香泉、通口等乡镇建立干果基地 5 万亩，在片口、小坝、桃龙、开坪等乡镇建立中药材基地 10 万亩，在陈家坝、漩坪等乡镇建立蚕桑基地 2 万亩，在擂鼓、曲山等乡镇建立茶叶基地 1 万亩。

2005 年，退耕还林 1.2 万亩，飞播造林 2.14 万亩，封山育林 5.64 万亩，人工造林抚育管护 0.99 万亩。

2006年，县内林业企业加快工业原料林的基地建设，在白什乡、开坪乡营造速生丰产林1600亩，新建曼地亚红豆杉基地 850 亩，在通口新建竹浆原料林基地 2562 亩。是年造林 2.1 万亩，其中退耕还林 0.5 万亩，配套荒山造林 1 万亩，公益林建设 0.1 万亩，零星造林 0.5 万亩。

2007 年，全县造林 0.95 万亩，其中荒山造林 0.5 万亩，公益造林 0.45 万亩。封山育林 1.35 万亩。退耕还林抚育管护 11.8 万亩。

北川县 1999—2006 年各乡镇退耕还林情况统计表

表 16-1　　单位：亩

乡　镇	1999 年	2000 年	2001 年	2002 年	2003 年	2004 年	2005 年	2006 年	合　计
青片	—	—	1192.7	—	1870.0	—	301.9	—	3364.6
白什	612.4	—	—	—	1831.7	—	431.2	204.3	3079.6
马槽	18.3	—	—	104.5	1040.0	—	524.3	496.4	2183.5
墩上	12.3	110.9	854.8	157.5	678.3	—	—	—	1813.8
坝底	14.9	708.8	387.3	1313.9	1897.7	52.5	—	354.7	4729.8
片口	90.0	137.3	—	—	1402.0	—	2090.5	—	3719.8
桃龙	888.4	27.5	—	37	1000	—	214.6	—	2167.5
开坪	878.3	—	—	—	1500	535	649.6	236.1	3799
小坝	1739.7	472.5	—	1259.7	1976.1	—	701.4	510.7	6660.1
禹里	1514.3	636	2376.4	801.1	1900	—	400.2	299.6	7927.6
白坭	351.2	500	—	—	1500	117.3	605.4	43.2	3117.1
漩坪	1679.5	818.8	2721.5	1139.9	2000	426.6	1100.7	1012.2	10899.2
桂溪	465.2	2715.3	4351.1	6506.6	596.1	—	150.2	14784.5	—
都坝	1545.5	—	—	—	1110.2	292.689	653.4	—	3601.789
贯岭	620.1	—	—	—	1093.7	—	725.7	302.6	2742.1
陈家坝	225.4	1503.8	6192.3	—	400	500	736.4	325.2	9883.1
通口	395.4	500	—	—	1700	592.6	1093.1	497.6	4778.7
香泉	66.9	—	—	679.8	550	641.8	18.8	—	1957.3
擂鼓	805.3	2789.6	3881.5	—	598	607.246	604.5	490.1	9776.246
曲山	1684.6	5471.8	8042.4	—	356.2	234.265	1148.3	77.1	17014.665
合计	13607.7	16392.3	30000	12000	25000	4000	12000	5000	118000

二、零星植树

县、乡镇政府历来鼓励支持农民在田边地头、荒山荒坡栽植树木，每年春秋季节组织机关单位和学校师生义务植树。1988—1997 年，累计零星植树 1248 万株、义务植树 475 万株。1993 年 3 月，经四川省绿化委员会检查验收，全县宜林荒山、公路、河流、城镇绿化等指标均达标合格，提前一年完成县政府与省政府签订的绿化任务。

1998 年，县委、县政府决定按照省委、省政府“绿化全川”的战略部署及《四川省 1996—2000 年实现阶段绿化目标规划》，接受省基本绿化阶段目标考核。县林业局加强组织领导和宣传动员，与交通、水电、城建等绿委会成员单位配合，狠抓全县春秋两季植树造林，加快绿化步伐，提高绿化质量。12 月 4—6 日，四川省绿化委员会受省政府委托，到县进行基本绿化阶段目标考核。通过对农村成片林地、农村四旁零星造林及道路、城镇、水系五大类型绿化进行抽样考核，绿化覆盖率达到 71.1%，林木覆盖率达到 67.6%，通过基本绿化阶段目标考核。

2000 年，全县零星植树 88 万株、义务植树 59 万株。2001 年，全县零星植树 57 万株，义务植树 71 万株。此后，全县每年零星植树和义务植树总数在 100 多万株，其中 2004 年绿化县城四面山和主干道公路的活动富有成效，是年组织县级各机关、厂矿、学校参加“3・12”义务植树，在县城周围栽植女贞、天竺桂、枇杷等树苗 0.7 万余株，在九环线栽植女贞树大苗 2.7 万株，在安北公路栽植摇钱树苗 0.2 万株，县城四面山、九环线及安北公路得到全面绿化。

三、林业科技

良种培育　1988 年，挑选 42 处有杉木、华山松、柳杉、马尾松、大叶扬等 8 个树种、2585 亩的优良林，选出散生木优良单株 67 株；投资 5 万多元对良种基地林木实行抚育、疏伐、定株和肥培保护等管理，至 1997 年，共产良种 1340 公斤。

林业科技推广　县林业部门历来重视林业科学技术试验研究。1988—1997 年县林业部门的科研项目及论文共获省、市、县科技进步奖 18 项，其中省级 1 项、市级 4 项、县级 13 项。推广实用技术 15 项，增加经济效益 1.5 亿元。

1988 年起，开展规模化封山育林（成片 500 亩以上），至 1997 年封山育林累计 15 万亩，多快好省地恢复森林资源。

1988 年，实施省科协下达的《山区立体生态林业研究与推广》课题，1991 年 9 月通过市级技术鉴定，1988—1997 年推广 18.1 万亩。开展大叶杨人工栽培技术试验研究，1991 年 9 月通过市级技术鉴定，填补全国大叶杨生物学特性和繁殖技术的空白，为中山地带绿化造林增加速丰树种。1990—1997 年推广 2 万亩。

1988—1991 年开展楠竹笋、材两用林试验研究。1992 年 6 月通过市级技术鉴定。

1990 年 3 月，与绵阳市林科所合作，引种 13 个优良板栗品种穗条，进行实生板栗苗嫁接和培育优良新品种的试验研究。培育出川香 1 号（早熟）、川香 2 号（中熟）、川香 3 号（晚熟）良种，色香味俱佳，44～48 粒重量达 1 公斤。1995 年 1 月通过省级技术鉴定，林业部将板栗引种技术列入 1995 年向全国推广的 100 项技术之一。是月，在曲山镇杨柳坪村进行杉木无性系繁殖试验，建立采穗圃 4.5 亩，扦插穗条 4 万余株成功。1991 年出苗 3 万株用于造林。

1991 年 9 月，经过 8 年对比试验总结出的云南柏引种栽培试验研究成果通过市级技术鉴定。1988—1997 年推广近万亩。

1994 年 4 月，开始在都贯、白坭、桂溪等乡推广银杏人工授粉技术，取得授粉期、授粉方式、花粉液配置最佳方案，促进缺乏雄株授粉的雌株银杏增产。

1994 年 9 月，经过 12 年对比试验研究完成的日本落叶松栽培技术研究通过县级技术鉴定，推广 0.6 万亩。

1996 年 4 月，落实省林科院红豆杉研究课题，至 1997 年栽植、扦插 39 万株。

1998 年，完成全县世界银行贷款贫困地区林业发展项目立项、社区林业评估与总体设计，全县总体规划面积 2.8 万亩，分布于 11 个乡镇、43 个村、178 个社，受益农户 3800 户；完成 10 万亩辛夷花基地建设项目、3000 亩曼地亚红豆杉基地建设、20 万亩生态林工程、天然林保护工程、涪江上游水土保持防护林工程等项目的可行性分析与立项申报；开展实生低产银杏人工授粉试验研究并通过鉴定，获县科技进步奖；继续推广板栗优良品种造林技术并获绵阳市科技进步三等奖；开展慈竹纸浆林集约经营技术研究，引进优良竹种“撑绿竹”1300株繁育试验成功；继续开展封山育林新技术推广；推广辛夷花植株矮化技术，新建基地1090亩；开展红豆杉无性繁殖与造林技术研究，育苗90万株，造林750亩。

1999年，组织多项林业项目可行性研究与申报立项，辛夷花基地建设被国家科技部列入是年国家星火计划项目；继续开展银杏、板栗、慈竹等技术推广；开展山毛榉、白辛树、楸树等阔叶用材树育苗试验。县林业科技站、林学会通过科普赶场、办培训班、发资料及电视、广播等形式广泛宣传、推广林业实用技术，加快全县科技兴林步伐。

2000年，开展慈竹纸浆林集约经营技术研究，全面推广优良竹种“撑绿竹”；继续开展封山育林新技术推广和辛夷植株矮化技术，新建辛夷花基地1090亩；引进三倍体毛柏杨、四季杨、南抗杨和美国黑核桃在县内种植。

2003年，退耕还林六大治理模式在全县推广，林业建设的科技含量提高。

2004年，加强对退耕还林主要模式示范点的补植与完善，在桂溪乡林峰村实行林药模式、曲山镇曹山村实行林草牧模式、漩坪乡瓦厂村实行林茶桑模式；开展生态公益林植被恢复管育、坡改梯示范片生物埂、竹子引种和栽培示范区等建设；进行优良品种的引进与繁育试验，从四川省林科院、江苏省林科院、中国林科院亚热带林业研究所引进金合欢、黄金树、观光木、墨西哥落羽杉、南抗杨（107杨）、木莲等30多个优良树种以及雷竹、石竹、麻竹等20个竹类新品种，在曲山镇曹山村、通口镇通泉村建成林木引种示范园和竹类引种示范园；推进林业标准化建设，桂溪乡林峰村辛夷植株矮化标准化示范基地被列为全国林业标准化示范基地，4月，全国林业标准化工作现场会与会代表近200人到现场参观。

2006年，申报省级财政林业科技项目“辛夷花植株矮化栽培技术标准化示范”，完成项目实施方案并通过专家评审，在桂溪乡林峰村开展辛夷选优并建立品种园；配合绵阳市林业科技推广中心培育引进喜马拉雅白皮松3万株。

2007年，完成辛夷植株矮化栽培技术标准化示范面积200亩，曼地亚红豆杉标准化建设1300亩；发展四木药材种植、用材林经营、林下中药材种植和生态旅游等示范户12户。

四、林企改革

北川县林丰木业有限公司是县内主要从事木材采伐、经营、加工企业。天然林禁伐后，公司调整林业产业结构，成为极有活力的种植企业。至2000年，累计完成红豆杉扦插育苗390万株。2001年7月，与省林科院联合投资，建立曼地亚红豆杉科技开发有限公司。公司抓住苗木市场量大的机遇，租用荒山荒坡及部分退耕还林地开展基地建设，每年扦插曼地亚红豆杉苗数百万株，取得良好经济效益。

第二章　林政管理与森林保护

第一节　林政管理

一、木材采伐经营

限额采伐　“八五”期间，国家首次推行森林采伐限额管理制度。从1990年起，县内每年根据森林资源分布状况，将批准的各项限额采伐指标分解到国有林业企业、村社集体与农户，发给林木采伐许可证。对国有、集体单位采伐的迹地，进行更新管理，一般均于当年或次年植树造林，经验收合格，下达下一年的采伐指标。

木材运销　北川自1986年被省林业厅确定为国有林区县后，按规定不设立木材市场。木材流通经营由国有采伐企业、国有林场自产自销，经营型集体林场的木材委托国营木材公司代销，集体和农民个人木材由木材公司收购或代销，或直接产销见面；经批准，允许极少数个体户依法经营木材。木材实行凭证经营、运输制度，违者由林政执法人员和各木材检查站依法处理。

二、林政执法

县林业部门严格执行森林资源限额采伐制度，坚持凭证采伐、运输、加工木材，实行森林资源建档管理；加强木材流通领域管理，开展路检路查，查处各类森林案件，打击破坏森林资源的不法分子。1988—1997年，共查处森林案件521起（刑事68起），处理1232人（刑事73人），收缴木材2457立方米，折价120.3万元，追交森林损失补偿费3.2万元，收缴其他财物与罚款12.8万元。群众生态保护意识逐步形成，毁林开垦基本杜绝。

1998年，天然林禁伐，对国家政策允许的其他林木采伐，执行绵阳市、北川县下达的年度木材采伐计划，严格按照法规办理木材采伐许可证，发证率100%，竹木加工企业经营加工许可证办证率100%。除林业检查站依法检查过境车辆外，林业执法稽查队经常开展夜间路检。是年没收非法运输木材348立方米，查处森林案件29件，其中森林刑事案件7件，林业治安案件18件，林业行政案件4件，收缴木材110立方米；依法处理各类人员100人，其中逮捕5人，劳教4人，治安拘留25人，警告10人，治安罚款25人，林业行政罚款12人，其他处罚19人。2000年，对全县森林采伐管理、林地管理、木材流通领域等林业行政案件进行全面检查和处理，查处无证、证货不符及超材积采伐运输案件692起，收缴木材1297立方米。

2001年，对毁林开垦和乱占用林地进行全面清理查处。重点对公路（北茂路、邓通路、安北路）、旅游景点（千佛山、香江湾）、县自来水厂以及开矿采石作业区进行集中清理，查处违法占用林地12起，总面积3.8万平方米。此后，每年对毁林开垦、乱占用林地、乱砍乱伐、偷拉盗运木材进行清理查处。

2003年，北川县被列入全省商品林采伐试验点县，县林业局在上级部门的指导下，制订规划，按照政策有计划对人工商品林进行采伐。2006年，严格农村群众自用材审批办理程序，全年办理农村群众采伐自用材指标6530立方米，烧火柴指标80679立方米。开展人工商品林采伐试点，建立行政首长负责制，层层签订责任书，是年采伐人工商品林木材蓄积34080立方米，出材16059立方米。加强木材关口检查，把工作重点放到抓木材源头、木材交易市场及规范木材经营加工行为上。是年查处林业案件67起，其中行政案件65起、刑事案件2起，收缴木材1236立方米，刑拘4人，逮捕3人。

2007年，北川被列入四川省集体林权制度改革试点县，以曲山镇石椅、景家村和擂鼓镇桥楼村为试点村，开展集体林权制度改革。全县农村群众自用材计划蓄积15000立方米（出材量为7500立方米），实际办理农民自用材蓄积12800立方米（出材量为6400立方米），发证率100%，合格率99%。上级下达北川人工商品林木材计划储蓄35880立方米，出材量17942立方米。县林业设计规划队进行伐区调查和作业设计，涉及擂鼓、曲山、漩坪等17个乡镇和县林场，计划蓄积27162.6立方米，出材17780.8立方米。召开人工商品林采伐工作动员会，建立健全目标责任制，县、乡政府和县、乡林业部门层层签订责任书。12月31日前，人工商品林采伐工作全面完成。

第二节 森林防火

一、护林防火机构

1988年后，继续贯彻“预防为主，积极消灭”的方针，不断健全与完善指挥体系、联防体系、扑火体系和信息体系。

指挥体系：县、乡镇、村分别建立护林防火指挥部、护林委员会、护林领导小组；坝底、小坝等8个乡为川甘两省岷山地区护林联防委员会成员单位，其余乡镇为县内相邻乡、村护林联防组织，县林场、白草河伐木场和青片河林业局各自与相邻乡、村组织联防机构。

扑火队伍：乡镇建立以民兵为骨干的义务扑火队和扑火应急分队。

信息体系：以专兼职护林员、林火监测员、护林站、国有林代管员组成信息队伍，监测面覆盖全县森林资源。

指挥、扑火、信息三个体系随人事变动每年调整一次。1988年，县、区、乡、村护林防火指挥体系有成员1570人，扑火队144个、1416人，专职护林员95人、兼职621人，国有林代管员104人，护林站98个、260人，林火监测员290人。1997年，县、乡镇、村护林防火指挥体系有成员1493人，扑火队201个、3302人，应急分队32个、917人，专职护林员99人、兼职258人，国有林代管员61人，护林站13个、45人，林火监测员95人。此后，三个体系及人员相对稳定。

二、护林防火措施

宣传教育　县林业部门坚持把森林防火宣传工作列入议事日程，每年均采取召开干部会、群众会、广播会和办板报、张贴标语等形式，广泛宣传森林防火的目的、意义、方法、措施，通过立护林碑、订护林公约、不定期组织检查，增强干部群众的森林防火意识，把火险控制在最低限度。1988—1997年，共召开干部会1927次、群众会3488次、广播会1810次、防火座谈会1530次，办板报809期，书写张贴标语33016幅，制挂护林碑、护林牌731块，制定护林公约22万份，开展防火检查1854次，消除隐患495处。此后，每年坚持以出动宣传车巡回宣传、发放宣传资料和宣传光盘、设置森林防火宣传警示标牌等方式开展护林防火宣传。

护林防火责任制　1989年，贯彻国务院和省、市关于实行防火工作行政首长负责制的指示，开始实行逐级承包责任制，把森林防火工作责任落实到县、区、乡镇、村行政领导第一负责人身上。全县5030名干部参与承包，开展一年一度的无森林火灾竞赛，年终综合考评，兑现奖惩。1990年，首创民兵骨干一人带一人，一人包一片的森林防火责任制。1991年，组织人员到林区大检查，划出重点防火片136片，确定责任管护人333人。1995年后，县政府每年与各乡镇签订《森林保护责任书》，层层分解落实护林防火目标责任，在防火期内开展专项检查。

生物防火工程　1996年开始实施生物防火工程，营建生物防火林带。至1997年，建成390公里、1.06万亩，其中培育提高型200公里、0.53万亩，改建型150公里、0.42万亩，新建型40公里、0.11万亩；加上原有工程阻隔带1147公里、5.8万亩，自然阻隔带1393公里、6万亩，全县生物防火林带共2930公里、12.86万亩。

野外用火监控　县内森林火灾主要源于野外不慎用火。为此，严禁砍火地、铲火灰、烧木炭，对野外用火实行审批制度，每年12月1日至次年5月31日火险期内停止办理野外用火审批手续；在野外用火者均进行处罚。每年对全县各乡镇进行护林防火检查，对查出的火灾隐患，督促及时进行整改；对吊野户、痴呆户、贫困户“三户”落实专人监护，消除火灾隐患。1988—2007年，全县连续20年无森林火灾和人员伤亡事故。

第三节　天然林保护

1998年10月，按照党中央、国务院部署，县内全面实施天然林禁伐，天然林区实行封山、封锯，采伐工人全部下山。县林业局成立天然林保护执法封山专项检查组，到林区、山头地块，检查天然林停伐情况，清理作业区库存木材。1999年10月31日，全面停止天然林区木材及木制成品运输，对木材加工企业库存木材进行清理。

2001年起，全面启动天然林保护工程。将全县天然林工程248.8万亩管护任务按辖区划为19个片区、168个森林管护基本单位，县、乡镇、村、组、村民层层签订责任书或承包合同，把管护任务落实到山头、地块，年底检查考核评分，兑现管护费。持续宣传贯彻《天然林保护条例》，提高广大群众保护森林资源的自觉性；对破坏天然林资源的违法行为坚决予以打击，遏制破坏森林资源的违法犯罪活动，确保天然林区安全。在禁止采伐的基础上，大力开展天保公益林建设。2001年，完成公益林人工造林0.6万亩，封山育林1.8万亩，飞播造林4.1万亩。2002年，完成飞播造林3万亩，人工撒点播1.1万亩，公益林建设0.5万亩，封山育林1.3万亩。2003年，完成飞播造林2.4万亩、封山育林1.7万亩、人工点播造林0.5万亩。2004年，完成人工造林6.5万亩、飞播造林2.2万亩、人工点播造林1.5万亩，封山育林1.7万亩。2005年，完成飞播造林2.1万亩、封山育林5.6万亩。2006年，完成公益林建设任务2.1万亩，其中人工造林0.1万亩，封山育林2万亩。2007年，落实管护人员479人，对辖区内281.16万亩天然林实施保护管理；完成天保公益林建设1.8万亩，其中封山育林13500亩，人工造林4500亩。

第四节　野生动物保护

一、保护措施

1988年11月8日，第七届全国人大常委会通过并颁布《中华人民共和国野生动物保护法》，县内及时制订保护措施：一是成立保护野生动保护组织。二是每年4月开展保护野生动物宣传月活动。三是确定重点乡镇的集体林区为禁猎区，每年3—7月为禁猎期。四是严禁采伐高山大熊猫食用竹林资源。五是专业队与群众相结合，坚持每年5—6月、10—11月对重点国有林区、集体林区进行巡山。六是扶持珍稀野生动物主产区调整农村经济结构，减少当地群众对森林的过分依赖。七是依法严厉打击破坏野生动物资源的犯罪行为。

1989年，在野生动物重点产区的10个乡、157个村建立保护组织，上门普及林区农户《中华人民共和国野生动物保护法》，宣传面95.7%。1990年8月，成立县野生动物保护协会，吸收会员228人。1992年3月1日，林业部发布《野生动物保护法实施条例》后，采用宣传车、开办广播电视讲座、办板报等形式进行深入宣传。1993年，对全县猎人猎枪进行清理登记发证管理。1994年10月，县政府与各乡镇签订保护森林和野生动物、实现“四无”（无森林火灾、无乱捕乱猎、无毁林开荒、无乱砍滥伐）责任书，年终考核，逗硬奖惩。1995年，开展大检查，收缴无证猎枪137支，猎套夹具等2500余件。1996年，没收乱捕乱猎的700多只鸟放归山林。1997年10月，北川被列入四川省大熊猫自然保护区资源保护项目的第一期工程。

1998年后，每年开展“爱鸟周”“野生动物保护宣传月”活动，广泛开展野生动物保护宣传。严格执法检查，加强猎人、猎枪、猎具管理，打击各种非法倒卖运输野生动物及产品的违法分子，做到山上管严、山下管住。为给重点保护区一带的群众探寻新的发展门路，组织专业人员对小寨子沟旅游资源进行考察，制作出专题片在电视台播出，提高保护区知名度，为发展旅游业奠定基础。片口（竹林沟）自然保护区建立“四木”药材及速丰林基地，促进保护区周边农业产业结构调整。2005年，与教育部门联合在曲山、坝底、马槽、白什、青片小学开展以“野生动植物保护”“生态环境保护”为主题的有奖征文、绘画展、文艺会演活动，增强少年儿童的保护意识。

在开展宣传教育的同时，对野生动物主产区周边的农户进行帮扶。2004年，开始实施GEF国际合作项目，加强保护区的建设和保护区周边社区的发展。按照《社区资源管理计划》在综合示范村进行农业技术培训，帮扶社区居民修建节能灶、建设药材基地。经过宣传教育和实施帮扶政策，县内群众的生态保护意识增强。1988年1月20日、2月4日，1994年11月11日、1996年3月10日，青片乡正河村、片口乡竹林沟村、开坪乡马头村等处先后有5只大熊猫下山进入农区，村民发现后自觉护送其返回高山栖息地。1993年5月12日，都贯乡1只金丝猴下山被村民捉住，立即送交林业部门进行妥善处理。县境黑熊、毛冠鹿等动物年均危害农民粮食百万公斤，当地乡镇政府无力兑现赔偿，受损失农民仍能理解，保护热情不减。

二、自然保护区

在全国34个大熊猫产区县中，县境大熊猫资源保存量居第六位；全国共设27个以保护大熊猫为主的自然保护区，县境有小寨子沟和片口两个自然保护区及千佛山自然保护区墩上保护站。

小寨子沟自然保护区　1979年9月成立，辖国有林11.4万亩，西北与阿坝藏族羌族自治州之茂县、松潘县连界，东西两侧为绵阳市青片河林业局施工区。驻地设于小寨子沟口蔡家坪，有林区公路2.5公里与绵阳市青片河林业局林区公路相通。据省林科院1996年9月调查，保护区内植物资源有维管束植物87科380属1600余种，珍稀树种有珙桐、水青、红豆、连香、三尖杉、樟、楠等10余种，有天麻、贝母、杜仲、黄柏、沙参、羌活、党参等名贵中药材50余种，有大熊猫食竹资源8.2万亩，占总面积的71.3%；有脊椎动物24目68科208种，有昆虫1000余种。据省林科院收集的资源信息显示，小寨子沟自然保护区是全球同纬度地带保护最完好的森林和野生动物保护区。1998年开始实施天然林保护工程，青片河林业局停止采伐，其经营范围随即划归小寨子沟保护区，小寨子沟保护区的面积扩大到400多平方公里，包括青片河上游广大林区。

片口自然保护区　1984年建立片口竹林沟大熊猫饲养场，1993年升级为片口自然保护区。位于片口乡竹林沟和开坪乡后园沟境内，北与阿坝藏族羌族自治州之松潘县相连，东与平武县接壤，辖国有林13.2万亩。保护区驻地两汉河，建有8.5公里公路与北松公路衔接。

千佛山自然保护区墩上保护站　1993年建立千佛山自然保护区。因地跨安县、茂县、北川三县林区，为方便管理，三个县分别设立保护站。千佛山自然保护区墩上保护站由坝底乡林业站代管，管理面积2.6万亩。

第十七篇

养殖业

第一章　养殖业发展

第一节　机构

畜牧局　1988年，县畜牧局内设办公室，下设畜牧站、兽医站，人员编制28名。1993年，新设兽医卫生监督检验所，负责动物及动物产品检疫工作。1995年增设白山羊良种繁育场。1996年10月，县畜牧局与县食品工业办合并成县畜牧食品局，并由行政机构变为事业单位。2002年3月，食品工业管理职能划转到发展计划和经济贸易局，县畜牧食品局复名为县畜牧局。2007年年底，县畜牧局内设办公室，下设兽医站、畜牧站、兽医卫生监督检验所，有职工29人，其中专业技术人员12人。

动物重大疫病防治指挥部及办公室　1984年1月成立防治牲畜五号病指挥部。2002年3月，改为动物重大疫病防治指挥部，指挥长由分管副县长担任，办公室主任由县兽医站长担任。

乡镇畜牧兽医机构　基层畜牧兽医站成立于1956年，由民间医骗人员集资入股开办，集体性质，其人员补充由主管局把关，多为父传子或师传徒，业务培训和财务管理由同期成立的县畜牧兽医协会负责。20世纪80年代先后实行按劳取酬、“大包干”（只交积累，工资保留档案），工作接受当地党委政府和县畜牧主管部门领导。1990年5月，成立基层兽医经营管理工作站，一并管理乡镇站的人事、财务、职称等事务。1992年，随同乡镇建制调整，设立乡镇畜牧兽医站16个，在办事处所在地设分站17个。2005年，全县20个乡镇站，在职兽医88人。

第二节　发展概况

县内丰富的牧草资源为畜牧业发展提供得天独厚的条件。1988年后，畜牧业生产连续稳定增长，成为全县农村经济的一大支柱产业。

饲养生猪历来是县内畜牧业的主要项目。1988年，随着科学饲养技术的推广普及，小坝、坝底、禹里、陈家坝等乡生猪养殖迅猛发展，其中坝底乡人均出栏生猪1.3头，所属平地村人均2.13头。是年全县生猪存栏11.36万头，出栏8.72万头。1995年后，调整畜牧业结构，大力发展白山羊等草食牲畜；1996年后，以年养殖30万只白山羊为奋斗目标，以山羊为主的草食牲畜成为畜牧业发展重点，农户饲养羊、兔等草食牲畜的积极性提高，但生猪养殖仍是稳定发展的主要项目。

畜牧业产值在农业总产值中所占的比例逐年上升，由1988年的27.93%上升到1997年的40.28%。1996年测算，农村人均畜牧业现金收入占家庭现金总收入的70%，畜牧业成为农村经济中的“半壁河山”，发展养殖业成为农民脱贫致富的重要途径。畜牧业内部结构以生猪为主，牛、羊、禽次之；在牧业产值中生猪占80%以上。1997年，全县出栏生猪13.26万头、牛0.5万头、山羊4.52

万只，分别比1988年增长52%、3倍和15倍；牧业产值6055万元（1990年不变价），比1988年增长4.52倍；以生猪为主的大牲畜税收每年达200万元左右，成为县财政收入的重要来源之一。

1998年，养殖业持续发展，生猪存栏14.59万头，出栏14.35万头；白山羊饲养量18.52万只，存栏10.15万只，出栏8.36万只；以牛为主的大牲畜存栏3.25万头，出栏0.58万头；小家禽出栏52万羽；兔存栏0.92万只，出栏0.59万只；蜂存栏1.25万群。是年畜牧业总产值6791万元，占农业总产值的42.7%。

在快速发展畜牧业的过程中，逐渐形成一些养殖大户。畜牧兽医技术人员对发展畜牧业积极性高的农户进行重点扶持，以养殖大户作示范，增加规模效益，促进畜牧业从传统型向现代化转变。2001年，全县各类养殖大户2571户，其中养猪553户，出栏肥猪50头以上的48户；养大牲畜的248户，10头以上的28户；养白山羊的1301户，50只以上的167户；养小家禽3599户，养蜂89户，养兔21户。是年全县生猪存栏16.48万头，出栏16.03万头；白山羊饲养量27.92万只，其中存栏12.5万只、出栏15.42万只；大牲畜存栏3.51万头、出栏0.93万头；小家禽出栏77.02万羽；肉类总产量1.63万吨，禽蛋总产量0.19万吨。全县畜牧业总产值8996万元，畜牧业产值占农业总产值的48.26%；畜牧业总收入（现价）15545万元，实现农民畜牧业人均增收50元的目标。

2003年，继续优化畜禽品种结构，以发展优质生猪、优质肉羊和优良禽兔为重点，促进良繁体系的规范和完善。针对养殖户急需解决技术服务和经营管理等问题，相继筹建漩坪羌山养兔协会、邓家畜禽养殖协会等专业技术组织。2005年，养殖大户不断增加。据统计，全县年生猪出栏20头以上的1155户，50头以上的222户，100头以上的65户，1000头以上的6户；饲养PIC父母代母猪50头以上的7户，100头以上的5户，200头以上的4户；山羊出栏30只以上的1368户，100只以上的126户；牛存栏5头以上的65户，50头以上的2户；肉鸡出栏1000羽以上的5户；长毛兔存栏100只以上的165户，300只以上的28户，500只以上的8户。

2006年，引导农村群众发展草食性牲畜，节粮型牧业发展成为新的增长点。全县生猪存栏14.85万头（其中能繁母猪1.13万头，种公猪236头），出栏16.9万头；牛存栏3.16万头，出栏1.33万头；白山羊存栏14.39万只，出栏24.95万只；小家禽出栏93万羽，兔出栏5.79万只，蜂存栏1.37万群。牧业产值25634万元，占农林牧渔业总产值的45%，高出种植业3.68个百分点（统计数）。

2007年，全县出栏生猪18.17万头、家禽105.2万羽、兔8.52万只。主要畜产品产量继续增加，全年肉类总产量2.1万吨，其中猪肉1.29万吨、禽肉0.16万吨，禽蛋产量0.22万吨。牧业产值（现价）34998万元，占农业总产值的49%。畜牧业内部结构中，生猪仍占主导地位，家禽、牛、羊次之。

第三节　重点项目

白山羊工程　县内农户历有根据自有草场条件零星饲养山羊传统。1988年，全县白山羊存栏1.42万只。1996年年初，县委、县政府作出《关于建设30万只白山羊工程的决定》。市委、市政府领导多次到县现场办公，决定每增加1只羊给予无偿扶持资金10元。是年底，全县山羊存栏达到6.02万只，出栏2.3万只，其中漩坪乡饲养量达2.33万只，占全县饲养量的四分之一。1997年4月，投资30多万元在漩坪乡南华建立白山羊良种繁育场，首批饲养种母羊120只，种公羊11只。1998年，继续大力推进30万只白山羊工程建设，加快畜牧业内部结构调整。全县养羊万只以上的乡6个，千只以上的村80个，百只以上的农户140户；全县山羊饲养量达到18.51万只，出栏8.36万只。此后，白山羊养殖虽一直受到重视，终因草场等因素制约，未能稳定持续发展。

PIC生猪推广　2003年，大禹野生食品公司成功引进PIC优质种猪，计划与中英PIC公司合资，总投资近4000万元，三年内实现年产种猪3000头、商品优质肉猪5万头，增加产值5000万元以上。2004年，PIC养殖被市政府确定为全市两个百万优质生猪产业化发展重点项目之一。县政府对此高度重视，从县畜牧局抽调1名畜牧师进行指导，将以种猪扩繁场为中心、半径2.5公里范围内建成动物防疫特别控制区，提供良好的外部环境以确保安全生产，对生产出的生猪及畜产品在防疫检疫等方面予以适当优惠。2004年开始，擂鼓、陈家坝、禹里、小坝等乡镇推广大户饲养PIC商品猪，初步测算饲养周期100天，料肉比2.7 ：1，头平效益40元。2005年3月，PIC生猪推广被确定为绵阳市重点招商引资项目。7月，市委、市政府决定从是年起重点支持大禹野生食品公司PIC、铁力士D1Y一级原种猪场建设，计划首批建设30个重点扩繁场。9月，大禹野生食品公司再次引进PIC祖代种猪1050头（种公猪50头），祖代种猪达到1575头，可年产父母代种猪10000头；其规模达到全国第三，西南第一。10月，小坝乡、擂鼓镇4个PIC父母代繁育场饲养规模达到200头，符合重点扩繁场标准，经验收后每户获市财政补贴10万元。10月20日，经省、市政府协调，PIC英国总部及PIC中国公司与大禹野生食品公司签订在桂溪乡永利村（甘溪黑沟）建设1000套PIC曾祖代繁育场协议，项目计划总投资6500万元，其中PIC英国总部投资5000万元（以种猪、技术形式），大禹野生食品公司投资1500万元。是年全县有10户饲养PIC商品猪，出栏3500余头。上级下拨项目资金275万元，其中农业部80万元，省财政50万元，市财政145万元。2006年，围绕市委、市政府确定的到2010年达到出栏生猪1000万头的目标任务，结合农业部下达的“948”国外优质种猪养殖技术示范推广项目、省财政厅下达的PIC优质生猪养殖推广示范基地项目建设，确定擂鼓镇、小坝乡为PIC优质生猪基地乡镇，擂鼓、小坝、曲山、禹里、漩坪、陈家坝6个乡镇为当年推广PIC的重点乡镇；建立小坝乡内外沟PIC生猪养殖基地、曲山镇海光村PIC仔猪繁育基地。是年大禹野生食品公司PIC曾祖代种猪繁育场在桂溪乡永利村（黑沟）建成，全县饲养PIC父母代母猪300头以上规模扩繁场1户、200头以上规模扩繁场5户、100头以上的1户、50头以上的1户，发展PIC优质商品猪饲养大户20余户，出栏PIC商品猪5万余头。2007年，PIC母猪饲养18户，其中500头1户、200头1户、100头2户、50头14户，共饲养母猪1613头；养殖PIC商品猪16户，出栏PIC商品猪31283头。

第四节　特色养殖

一、牦牛

牦牛是高寒地区的特有牛种，适应海拔3000米以上高寒地带，耐粗、耐劳，善走陡坡险路、雪山沼泽，有“高原之舟”之称。1975年，建设公社（现青片乡）上五大队从茂县牧场换购牦牛31头，在和尚头建牦牛场，1987年底，存栏190余头。1990年8月，县长梁安礼组织有关单位领导和技术干部到上五村牦牛场实地考察、论证，决定扩大规模，以充分利用闲置的高山草场。县财政解决扶贫开发低息贷款12万元，新购回牦牛250头，是年底存栏470头。由于寄生虫牛皮蝇蛆和高山雪灾等影响，增长较慢，效益不佳。1995年，折价卖给青片乡正河村私人看护，转场到筛子背草场放养，效益较好，平均存栏100多头。2004年出栏40余头，获利4万余元。2007年年底存栏154头。

二、肉牛

1990年底，县畜牧局技术干部开始在畜牧局养鸡场、漩坪等地开展老残牛快速育肥试验。1991年，示范育肥出栏257头，头平增加收入64.36元。1992年，在全县16个乡镇开展秸秆氨化、肉牛育肥技术培训50余期，发放技术资料800余份，到户指导360户次，是年底检查验收快速育肥肉牛1110头，头平增加收入61.15元。1993年后，农户掌握并运用此项技术。2005年7月，马槽乡政府组织坪地、花桥、黑水等村23户农户从中江购回西杂牛210头，通过半年圈养，头平效益200～460元。2007年，全县出栏5头以上肉牛的农户57户。为供应县城曲山镇市场，曲山镇、陈家坝乡发展菜牛养殖，其中养殖50头以上农户3户，200头农户1户。

三、马属家畜

1988年，全县存栏马属家畜614匹，以马为主，驴、骡极少。主要分布关内山区，用于物资驮运等。1995年，发展至2059匹。2001年后，青片乡开发乡村旅游，当地农户投资养马专供游客骑玩增加收入。2007年年底，全县存栏马属家畜约2500匹。

四、家禽

县内家禽养殖以鸡为主，鸭、鹅较少。多散放于房前屋后啄食草虫，傍晚归笼加喂玉米等精料；专业养殖则以配合饲料为主。1988年，全县饲养量55.2万羽，1995年增加至70万羽。2003年8月，成立邓家养鸡（猪）协会，有会员42名，以发展优质肉鸡为主。是年，协会出栏肉鸡10万余羽，产值120万元，养鸡户户平均收入3500元。2004年年初，受禽流感影响及协会内部缺乏沟通停止运作。2007年，全县存栏家禽81.59万羽，出栏98.75万羽，养殖50羽的农户2944户，100羽以上的农户1350户，陈家坝、漩坪等乡大户养殖蛋鸡2000羽以上。坝底乡土鸡及鸡蛋长期销往茂县、松潘，禹里、漩坪、白坭等地的土鸡及鸡蛋则销往绵阳、成都等地。

五、兔

县内肉兔养殖始于1956年，数量不多。1981年，县畜牧局和县土产公司发展长毛兔，1985年，存栏5378只。1987年重视肉兔发展，存栏1.92万只。1988年后，逐年下降。1990年，全县兔存栏3989只，1994年减少至2100只，自行销售。

2000年，提倡大力发展草食节粮型畜牧业，并以协会带动的方式运作，养兔业逐渐恢复。是年4月，桂溪乡云星村一社邓昌全投资1万多元从省草原研究所獭兔原种场引种兔101只，开始獭兔养殖；2001年再投资5万余元修建圈舍、自己生产饲料，种植牧草11亩（黑麦草、菊苣、苦荬菜等轮换）；2003年从四川省畜科院引进纯美系种兔40只，是年出栏1900余只，收入8万多元；2004年带动周边150户养兔，出栏3万多只，产值100多万元，种兔外销三台、江油、平武、安县等地。2007年，桂溪乡共发展獭兔养殖户700余户，存栏8万余只，出栏獭兔11万余只，产值600余万元。

2002年7月，禹里乡个体户投资60万元建成面积2000多平方米的长毛兔繁育场，先后建兔圈2000余孔，购进德系巨高长毛兔种兔300余只，种草100余亩。至2005年，繁育种兔8000多只，常年场内存栏种兔1150只。繁育场按照“育种场＋大户＋农户”的产业化经营模式，采取“有偿供种、技术服务、保护价回收”的方式，带动全县长毛兔和周边地区长毛兔的发展。种兔供应到全县各乡镇及茂县、射洪、绵阳、梓潼、盐亭、平武、安县、江油、松潘、绵竹等周边县市，在县内覆盖50多个村，带动农户1300多户。

2003年4月，漩坪羌山养兔协会成立，有会员102名。是年带动523户养殖肉兔、獭兔，存栏种兔由2002年的4800只发展到3.1万只。2004年，种兔场养种兔4300多只，年收入12万元，纯利润6万元。协会带动片口、小坝、青片、坝底、陈家坝、桂溪、通口、擂鼓等乡镇360多户农户养殖肉兔、獭兔，户平种草1～2亩，出栏獭兔80只，获利1600余元。

2005年，全县存栏产毛兔4.8万多只，收兔毛1万多公斤，收入150多万元。全县饲养长毛兔500只以上的大户8户，300～500只的农户28户。

2007 年，全县发展长毛兔养殖户 1800 余户，存栏长毛兔 11 万余只，产毛 65 吨，产值 800 余万元。

六、蜜蜂

县民养蜂历史悠久，蜂蜡浇烛，蜂蜜外销。中华人民共和国成立后，蜂蜜由国家收购，蜂群发展稳定，多为私养，基本保持在一万群左右。1987 年，县养蜂协会成立，县畜牧局安排 1 名专业人员专管养蜂工作。1988 年，全县蜜蜂存栏 10086 群，产蜜 100 吨。中蜂多为农户分散饲养，少则三五群，多则 30～50 群，分布在关内青片、白什、片口、小坝、都坝等高半山地带。西蜂多为专业户饲养，主要以漩坪、曲山、擂鼓等地人员组成，放牧于四川、甘肃、青海等地。2007 年，全县蜂存栏 13142 群，产蜜 197 吨。

七、水产

大鲵驯养　2003 年，桂溪河大鲵驯养繁殖有限责任公司开始引进大鲵种苗，在桂溪乡沙窝村修建面积 1600 平方米的大鲵养殖基地，其中养殖面积 1400 余平方米。先后投入资金 400 余万元，引进不同规格大鲵苗种 3000 多尾，亲本 22 组。2005 年，森林雨大鲵开发有限公司投入资金 300 余万元，在曲山镇曹山沟修建 2000 平方米的大鲵仿生态养殖池和管理房，购进大鲵种苗 2000 余尾，大鲵亲本 20 组，大鲵种苗和亲本长势良好。

冷水性鱼类养殖　冷水性鱼类养殖始于 2007 年。2007 年 4 月，莲花池冷水鱼养殖有限公司投资 200 余万元，在陈家坝渔场开展冷水性鱼养殖，引进杂交鲟、匙吻鲟、胭脂鱼、中华裂腹鱼、虹鳟等冷水性鱼类进行养殖，鱼的长势良好。

塘堰养殖　全县有塘堰 210 亩，能开展塘堰养殖的仅 160 亩，养殖品种比较单一，以草鱼、花白鲢、鲤鱼、鲫鱼为主。2007 年，全县塘堰养殖水产品总产量 60 余吨。

第二章　养殖技术

第一节　饲料改良

一、配合饲料推广

县内农户传统养猪方法简单，皆以自产杂粮磨细作精料，加上野草蔬菜煮熟喂养，粮耗高、周期长，效益不佳。20 世纪 80 年代后，大力提倡科学养猪，营养搭配合理的配合饲料逐渐被农户接受。至 2007 年除高山交通条件较差的地方尚沿用传统方法，其余农户普遍改喂配合饲料。

1988 年，县畜牧局新建饲料厂一家，年生产能力 1900 吨，是年生产销售配合饲料 73 吨，生产浓缩饲料 61 吨。1989 年除建成的粮食局饲料厂、畜牧局饲料厂、县兽医协会饲料厂外，又在乡村建立饲料加工厂、加工点 4 处，全县年生产能力 5000 余吨，是年生产配合饲料、混合饲料 1174 吨，浓缩饲料 42 吨。1990 年后，县内饲料厂因规模小缺乏竞争力相继停产，“希望”“正大”“铁骑力士”等品牌饲料逐渐占领市场。

二、牧草种植

县内饲养家畜，向以天然野草为主，辅以少量秸秆、蔬菜等作粗饲料。1999 年，随着退耕还林还草工程的实施，北川列为全省 121 个种草养畜项目县之一。是年在漩坪乡石龙村，白坭乡苦竹村、枸枝村，通口镇战斗村、小坪村的沿河矮半山连片种植一年生黑麦草 968 亩，紫花苜蓿 135 亩，籽粒苋 2454 亩。据邓家种羊场所种 9 亩黑麦草收割测算，每亩年产量近万公斤。2000 年，继续开展优质牧草的示范推广，在曲山、擂鼓、陈家坝、桂溪等乡镇种植牧草 6859 亩，其中退耕还草 2100 余亩。2001 年，县畜牧局购回草种 3.5 吨，开展技术培训和种草技术指导，分别在漩坪乡椿芽村、曲山镇曹山沟村、香泉乡太平村成片种草 400 多亩作养畜样板。是年全县种植各类优质牧草 1.4 万亩。2003 年，指导示范基地农户将种草与发展林、茶、桑相结合，根据自身实际采取不同模式发展种草养畜；全县共种草 2.3 万亩，其中优质牧草 7500 亩，比 2002 年增长 30% 以上，取得明显效益。桂溪乡八角村种植优质牧草 1400 余亩，扶持带动 42 户农户种草养羊，增加收入 4.5 万元；曲山镇曹山沟村实施林草牧结合，林下种草 600 余亩，养羊 5000 余只，增收 60 余万元，人均 1500 元；擂鼓镇田坝村，漩坪乡瓦厂村，坝底乡坝底村等集中成片实施茶草结合模式 3000 亩，增养畜禽约 1.5 万头（只），新增产值 200 余万元。2004 年后，因政策扶持变化，加之种草技术及畜产品市场价格等因素的影响，牧草种植推广缺乏后劲，大规模种草未能持续。

第二节 饲养方法改进

一、生猪“双推五改”技术推广

1988年，县畜牧局继续推广“双推五改”生猪饲养技术，即推广人工授精和仔猪提前补饲技术，改本地猪为杂交猪、改喂单一饲料为喂配合饲料、改熟料稀喂为生料干喂、改吊架子为直线育肥、改喂大肥猪为适时屠宰。畜牧局在试点的基础上，成立由专业技术人员组成的推广小组，承包16个乡镇的示范推广。全年举办技术培训班48期，参训人员6696人次，编印下发《养猪“双推五改”快速育肥成套适用技术》宣传资料2310份。全年技术承包1776户，承包户出栏肥猪18515头，户平10.43头，平均饲养期159天，比传统饲养缩短187天，头平日增重485克，比传统饲养提高225克，料肉比2.58∶1，头平节约精料102.5公斤、燃料775公斤，头平提高经济效益44.45元。1989年后，此项技术在全县全面推广。

二、白山羊圈养试验与推广

1996年，县畜牧局投资2万元，在漩坪、禹里、陈家坝等乡选择109户和1214只羊进行示范，开展圈养山羊试验。试验饲料以农作物秸秆为主，适当添加玉米等混合精料，用舔砖补充矿物元素，饲养期134天，头平增加经济效益52元，为在沿河矮半山大面积推广山羊圈养积累经验。1997年，全县推广圈养白山羊840户，圈养白山羊8023只。1998年，鉴于县内农耕区草场有限，县政府将推广白山羊圈养技术作为扩大饲养面、增加数量、提高质量、解决林牧矛盾的重要措施，将目标任务下达到各乡镇村社，列入年度工作目标考核。是年底，经验收统计，全县白山羊圈养农户1046户，共圈养白山羊15047只。1999年，虽继续推广白山羊圈养技术，但因缺少足够的饲料来源，至年底，全县白山羊圈养农户仅851户，圈养白山羊10688只。2001年，全县白山羊圈养农户仅有示范户633户，圈养白山羊7012只。随后，全县圈养白山羊农户逐年减少。

三、肉牛育肥

县内养牛主要用作犁地耕田，老残后直接出售屠宰。1990年年底，县畜牧局技术干部开始在畜牧局养鸡场和漩坪等地开展老残牛快速育肥试验。1991年，示范育肥出栏257头，头平增加收入64.36元。1992年，在全县16个乡镇开展秸秆氨化、肉牛育肥技术培训50余期，发放技术资料800余份，到户指导360户次。至年底，经检查验收，全县快速育肥肉牛1110头，超额完成县政府下达的600头任务，头平增加收入61.15元。1993年后，大部分农民掌握并运用此项技术，但因老残牛来源有限，一直未形成规模。

第三节 品种改良

一、生猪人工改种

1988年后，继续加强良种公猪引进和人工输精技术培训，先后引进投放长白、约克种公猪237头，巩固完善人工配种站点20个，七八年间，全县配种13.7万余窝，杂交改良面逐年扩大，养白猪逐渐成为县内农户的共识。1997年，全县有投产良种公猪80余头，可参配2万余窝，生猪品种改良面90%以上。

1998年，在巩固品种改良成果的基础上，推广三元杂交，全县母猪存栏1.16万头，良种公猪164头，良种参配2.24万窝，改良面95%以上，其中三元杂交面30%。2000年，自筹资金12万元，引进高产太湖母猪128头、优良种公猪29头；动员农户自留二杂白母猪5440头，占母猪总数的47%；三元杂交配种9742窝，三元杂交率54%。三元杂交技术的推广，猪肉品质和养猪效益大大提高，瘦肉率由45%左右提高到65%左右，饲料费用降低10%左右，养猪效益提高15%左右。2001年后，以养殖大户为载体，办好生猪品种改良站，继续推广生猪三元杂交。2002年，三元（内）杂交面35%，随后因农户购买种公猪增加，由畜牧部门统一实施品种改良的品种改良站陆续关闭。2007年，县内实施人工采精配种仅几户，其余均实行自然交配。

二、PIC优质种猪繁育推广

2003年10月至2004年6月，大禹野生食品有限公司在市、县政府及相关部门的大力支持和帮助下，相继投资1600多万元，引进PIC五系配套祖代种猪525头、父母代种猪315头，在曲山镇邓家海光村建立种猪扩繁场，并取得PIC中国公司授权代理四川西部7个地、市、州的供种和推广。公司在繁育种猪的同时，向县内推广养殖商品猪。2007年，建立桂溪乡永利村PIC祖代种猪繁育基地和曲山镇海光村PIC父母代种猪繁育基地，建立曲山镇海光村PIC仔猪繁育基地、小坝乡内外沟PIC生猪养殖基地，建设擂鼓镇、小坝乡、曲山镇PIC优质生猪基地乡镇，规划擂鼓、小坝、曲山、禹里、漩坪、陈家坝、通口等乡镇为养殖重点乡镇。是年全县PIC母猪饲养18户，其中500头1户、200头1户、100头2户、50头14户，共饲养母猪1613头，养殖PIC商品猪16户，出栏PIC商品猪31283头。

三、北川白山羊品种选育

1990年，县畜牧局开始在漩坪、南华、白坭等乡进行白山羊的选种和窜换工作。1991年，经市科委批准立项，开展提纯复壮技术研究。经过三年多的努力，基本摸清白山羊的外貌特征和生活性能。1995年10月，农业部全国畜牧兽医总站研究员张翼汉、中国农业科学院畜科所研究员冯维琪、四川省畜牧兽医研究所研究员夏先玖等一行到县，在陈家坝等地现场测定，认为北川白山羊的周岁体重、体尺，尤其是胸围发育良好，在目前全国白山羊品种中较为突出，若加强选育提高，可达到国内白山羊的领先水平。是年，“北川白山羊提纯的初步技术研究”荣获县政府科技进步一等奖、绵阳市政府科技进步三等奖、四川省畜牧食品局二等奖。

1996年7月，开始用原产于南非、具有个体大生长快等特点的波尔山羊冷配，进行品种改良扶壮。是年底，县畜牧局从四川农业大学取回冻精930粒，1997年成功配种28窝，怀孕产仔7窝，产仔12羔，其中产3羔2窝、2羔1窝、单羔4窝，成活10只，生长良好，初生重比本地羊增加38%。

1999年，为加快品种选育研究步伐，提供更多的优质种羊，在邓家海光村征地11亩，租用草山1800余亩，建立北川县种羊场。2000年，白山羊品种选育、繁育取得成效，是年底通过省、市专家鉴定，定为省级地方品种，并颁发种羊场生产经营许可证。由于条件限制，山羊圈养技术难以普遍推广，农户养羊积极性不高。2005年7月，县农行将种羊场整体卖给邓家海光村村民养猪，品种选育工作随即中止。

四、公牛引进、配种

20世纪80年代初期，采用冻精配种繁育改良黄牛获得成功，但因成本高，至80年代末停办。90年代初，黄牛退化明显，农村群众反应强烈。为此，县畜牧局于1993年、1994年两次从四川省阳坪种牛场购回肉役兼用的西门塔尔种公牛8头，实施自然交配。由于饲养管理不当等因素死亡4头，其余均投产，效果不一。白什乡农户1头黄牛配种反应较好，配种产仔40余头，仔牛初生重比本地牛重5公斤以上，重者达30多公斤，日增重0.8公斤左右，生长良好。90年代后，黄牛改良仍利用原引进的西门塔尔种公牛与本地黄牛杂交。1998年，在南华建立西门塔尔牛冻精配种站，配种215窝，效益较好。1999年，种牛场搬至曲山镇邓家海光村，随后停办。此后黄牛回归自然交配，未再引进新的品种。

第三章　疫病防治

第一节　疫病预防

畜禽疫病防治历来以生猪为重点，坚持以预防为主，每年春秋两次开展集中免疫，并结合市场检疫进行补充免疫，畜禽疫病得到有效控制。自1991年起，全县生猪免疫费由乡镇统一收取。1999年，因生猪免疫费收取困难，根据县政府安排，在擂鼓镇开展“打针收费”试点。试点中，动员督促镇干部、兽医到全镇25个村2630户宣传动员，实施免疫。因收现钱打针效率低，耗时1个多月，仅免疫1528头猪，占存栏总数9139头的16.27%。除擂鼓镇以外的15个乡镇，仍坚持春秋两次集中对畜禽预防接种免疫，并结合检疫市场开展补免防疫。是年，注射猪瘟疫苗25.4万头份、猪丹毒和猪肺疫9.2万头份、鸡新城疫苗1.7万羽份、狂犬疫苗91只、牛气肿疽113头份。通过对15个乡镇65个村71个社1270户抽样检查，生猪防疫密度99.3%。

2000年，贯彻《中华人民共和国动物防疫法》。为防止漏打预防针，在坚持春秋两季集中预防畜禽疫病的同时，推行骟猪打预防针、畜禽产品凭免疫证上市交易、无证补免制度，保证生猪防疫质量。经春秋两次对全县69个村1259户6460头猪、1064头牛、4024只羊抽样检查，生猪防疫密度99.4%，生猪死亡率控制在0.55%。因预防措施得力，县内畜禽疫病得到有效控制。

2004年3月，省畜牧食品局确定北川为动物防疫冷链体系建设项目县，项目资金80万元。县畜牧局先后购置防疫车一辆，将县畜牧局原会议室、档案室改建成准备室、洗刷室、解剖室、血清室、寄生虫室、细菌室、无菌室、储藏室、疫苗冷藏室，按需要采购防疫冷链及实验室设备共100余件。

2005年4月，县内发生引进外地仔猪造成动物重大疫病后，县政府决定每年安排30万元资金作为防控经费，由县财政按专项经费管理，滚存使用，紧急防疫所需经费由县政府解决，不收群众一分钱。10月，为减轻农民负担，每年春秋两季集中动物免疫不再向农村群众收取费用，所需经费由县财政统一解决。当年财政投入经费262万元，保证疫病防治工作顺利开展。是年动物防疫工作继续以猪瘟、口蹄疫的免疫注射为主，采取骟猪打针挂耳标制度，并按照“政府保密度，部门保质量”的职责要求，县分管领导与各乡镇签订防疫目标责任书，确保无大的疫情发生。

2006年6月初，绵阳农科区发生动物重大疫情，全县除进行常规免疫外，集中进行一次紧急免疫。是年共开展集中免疫注射、消毒灭源等大规模行动3次，免疫生猪52.16万头次、牛6.31万头次、羊27.57万只次、家禽83.82万羽、犬1.79万只，消毒800多万平方米。集中开展3次检查，随机抽查101个村1774户的生猪、牛、羊、家禽，生猪口蹄疫免疫密度100%（耳标佩戴率99.8%），牛、羊口蹄疫免疫密度100%，家禽免疫密度99.53%。生猪发病25267头，死亡1282头；牛发病977头，死亡18头；羊发病28110只，死亡275只；禽发病38078只，死亡6969只。全年免疫反应死亡生猪363头、牛4头、羊59只、禽645羽。县境保持无口蹄疫、禽流感、猪链球菌病、狂犬病、布病、结核病等动物疫病。

2007年，注射猪瘟疫苗47万头次，牲畜口蹄疫69.7万头次，猪丹毒、猪肺疫各5.5万头份，鸡新城疫24万羽份，高致病性禽流感113.5万羽份，狂犬病18020只份。

第二节 疫情处置

猪瘟防疫 猪瘟是危害生猪发展的主要传染病。1989年青片等9个乡镇22个村发病777头，发病率为0.43%；死亡721头，病死率92.8%，直接经济损失4万多元。县畜牧局和乡镇畜牧兽医站采取春秋两季普遍注射和平时阉割注射及市场补针相结合的办法进行防治，春季使用猪瘟、丹毒、肺疫三联冻干苗，注射密度98%以上，是年免疫25万头次。1997年，全县注射猪瘟疫苗26万头次，注射密度98.65%，生猪死亡率降至0.55%。随后，采取春秋两季普遍注射和平时阉割注射及市场补针相结合的办法开展猪瘟防疫。

禹里乡生猪传染性萎缩性鼻炎诊治 生猪传染性萎缩性鼻炎属支气管败血波氏杆菌I相菌引起的慢性接触性传染病，牛、犬、猫及人等均可感染，并长期带菌。首发于禹里乡慈竹村。1988年发病7头，无死亡，误为感冒病。1989年传到水秀、柏林二村，共发病25头，因继发感染死亡2头。采病猪血清4头份送绵阳市兽医诊断室，试管凝集试验K抗体阳性2头，得以确诊。经采取预防措施后未再发生。

牲畜五号病防治 1988—1989年，县内两次出现五号病（口蹄疫）可疑疫情。经过追踪调查和对可疑疫点牲畜进行抽血测抗（抗体），均未发现五号病。1990年8月，经绵阳市“防五”指挥部验收合格，北川五号病防治达消灭标准。

2005年4月14日擂鼓兽医站报告：许家沟村农户由安县河清购买的1头仔猪有可疑五号病症状。经初查确定为可疑五号病病例后，县内各地相继发生疫情。至5月11日，共有擂鼓、通口、陈家坝、禹里、曲山5个乡镇9个村10户农户30头猪发病。县政府决定采取封锁、隔离、扑杀、销毁、消毒、紧急免疫接种等强制性扑灭措施。在擂鼓、香泉、通口、桂溪、陈家坝、曲山、墩上、禹里、漩坪等处设点13个，参与值班的干部及干警1040人次、检疫员960人次、临时工1100人次，检查消毒车辆10万余车次。4月20日，在曲山镇海光村，由县长经大忠等现场指挥，省畜牧局局长曲坤宁等现场巡查，曲山镇、县畜牧局及相关单位于是日中午完成对海光村1社至4社152户2101头生猪、2头牛、121只羊的集中扑杀、转移隔离饲养工作，县财政共支出补偿经费178万元。因措施及时得力，疫病迅速扑灭，疫情蔓延得到有效控制。5月25日，全县解除疫情封锁。

布病防治 县境畜间布病主要分布在东溪、邓家、漩坪、白什、青片等地。1987年，全县达到布病控制区标准后，县畜牧局仍坚持“内查净化，外防传入”，采取临床调查、血清学检验、病原分离等手段进行综合防治。1988—1997年10年间，共对20个乡（次）、3816头牲畜进行血检，其中山羊3129只、猪325头、牛362头；除1990年查出阳性山羊1只外，其余均为阴性。1993年10月，经四川省、绵阳市专家验收，达到农业部、卫生部颁布的“布病稳定控制县”标准，成为全省第一个布病防治达标的农业县。

山羊伪结核病——干酪性淋巴结炎的发现及防治 山羊伪结核病散见于各羊群，误为一般脓肿而未引起重视。1993年，县畜牧局技术干部在漩坪乡选育鉴定种羊时发现，病程分肿胀期、化脓期、坏死期，采用青链霉素和外科手术治疗效果较好。撰写《疑似山羊干酪性淋巴结炎的初步诊断及疗效观察》一文发表于《中国兽医杂志》1995年第8期。

白什、青片耕牛气肿疽疫情控制 1995年5月末至6月初，白什乡七星村、白水村和青片乡西

纳村连续暴发耕牛气肿疽感染，死牛 15 头。县畜牧部门及时采取封锁疫区、死牛深埋、消毒灭源等措施，组织疫苗预防注射 541 头，白水、七星两村耕牛预防注射密度 98.4%，半月时间疫情即控制。1996 年、1997 年采取气肿疽疫苗预防注射，未再发病。

禽流感防治　2004 年春，在东南亚周边国家和国内部分省市暴发禽流感后，党和国家十分重视，要求打好禽流感阻击战。县政府及时召开全县防治禽流感紧急会议，制订紧急预案，落实各成员单位职责；县畜牧局成立部门领导小组、技术小组、监督及扑疫应急小组，实行 24 小时值班和零报告、日报告制度。2 月 7 日，分别在桂溪、墩上和擂鼓麻柳湾设立 3 个监督报检点，对过往禽类及产品运输车辆实行严格检查消毒。至 2 月 28 日撤离，共检查过往车辆 1061 次，检疫活禽 18586 只、禽蛋产品 5805 公斤，监督禽类 16470 只、禽蛋产品 2874 公斤；配合工商部门对禽类市场的监督及检疫，普查养禽大户 33 户、活禽及肉品市场 30 个、摊位 33 个，普查禽只 4.6 万只。3 月 18 日，疫情解除。随后转入常规防治。

2005 年入秋后，高致病性禽流感疫情在全国部分地区发生。县政府立即部署，县财政解决资金 31 万元，各地迅速组织力量开展免疫注射，密度达到 100%。县畜牧局落实监控措施，加强防控物资储备，安排局领导分片负责，组织印发张贴宣传资料，逐村逐户排查。市畜牧局、市动物防疫监督站等 3 次到擂鼓、曲山、漩坪、禹里等乡镇督查防控工作。至 2006 年 1 月 10 日，免疫工作全面完成，全县免疫家禽 48.5 万只。经县畜牧局组织人员对 20 个乡镇 35 个村、457 户抽查，检查密度 100%，禽流感知识宣传面 90% 以上。

猪链球菌病防治　2005 年 7 月，内江、资阳等地发生人感染猪 2 型链球菌病疫情，县政府高度重视，明确畜牧、工商、卫生、财政、教育、技监、药监等职能部门的职责，对排查、举报出的患病动物进行治疗，对病死的动物立即销毁深埋。至 8 月 31 日，全县共无害化处理病死猪、牛 279 头，使用财政资金 14 万元，未发现可疑病人。

狂犬病防治　狂犬病在县境早有发生。1979 年 7 月，被狂犬咬伤发病死亡 1 人。1980—1981 年，染病狂犬扩散到曲山、邓家、擂鼓、五星、香泉、通口、双潭、甘溪、漩坪 9 个乡，咬伤 176 人，无人员死亡。1987 年，苏保、通口各发病死亡 1 人。1989 年，邓家发病死亡 2 人，片口发病死亡 1 人。1990 年后无人员死亡。2005 年 6 月 8 日，白坭乡苦竹村一犬咬伤 2 人、猫 2 只；7 月 28 日，桃园村一犬咬伤 14 只犬。事发后，白坭乡党委、乡政府立即安排伤者住院治疗，组织干部、兽医打针灭犬，两村共灭犬 33 只，紧急注射狂犬病疫苗 148 只。伤者痊愈出院，由县财政解决治疗等费用，未发生人员死亡。2006 年，狂犬病首次列入统一集中免疫内容，结合动物秋防一并进行，注射劳务费由县财政统一解决。据统计，是年全县养犬户 1.74 万户，犬存栏 1.88 万只，免疫 1.79 万只，占饲养量的 95.21%，免疫率超过要求的 85%。2007 年免疫 18020 只，占存栏数的 97.3%。

猪蓝耳病　县内可疑猪蓝耳病病例起于 2005 年 12 月，县残联从市内某种猪场购进母猪送桂溪乡金星村、禹里乡等地残疾户饲养，出现可疑临床症状。2007 年 3 月 5 日，县兽医站从曲山镇海光村母某猪场采样的 5 份病料，经省动物疫病诊断中心采用酶联免疫吸附试验确诊为猪繁殖与呼吸综合征（俗称猪蓝耳病）抗体阳性，是县内首例经确诊的猪繁殖与呼吸综合征病例。是年 6—9 月，可疑猪蓝耳病疫情波及全县 13 个乡镇 34 个村，469 户，发病生猪 1966 头，死亡 759 头。防控期间，县兽医站从省动物疫病检测中心购回猪蓝耳病快速诊断试剂盒 100 头份，对检测为可疑疫情的病猪，采取“严格隔离、彻底消毒、强制免疫、防止疫情扩散蔓延”等措施，控制疫情。9 月 20 日，疫情得到有效控制。

第十八篇

农机水利

第一章　农机

第一节　机构

1988年，农机水电局设办公室、水电股、水利股，附设县防洪办、水土保持办，核定编制55名；下设农机管理站、农机校等事业单位，承担农业机械化、水利化、电气化建设专业具体业务。同年，招录基层水利水土保持管理站职工25名，设立青片河、通口河、都坝河、白草河、苏保河、湔江河等6个水利水保管理站。1990年，建立水产渔政管理站，与水利股合并办公，两块牌子一套人马。1992年，基层水利水保管理站调整更名为青片河、通口河、都坝河、白草河、苏保河等流域站。1994年机构改革后，农机水电局下设水利管理站、地方电力管理站、水土保持办、农机管理站、农机监理站、农机校、湔江河流域站、通口河流域站、苏保河流域站、都坝河流域站10个事业单位。2004年，农机水电局更名为水务农机局。

第二节　农机推广

中华人民共和国成立后，北川一直重视农业机械的引进和推广，但因县境山高坡陡，耕作机械仅在河谷平坝部分使用，唯农副产品加工机械得到成功推广，特别是小型粮食加工机械在全县普及。此外，用于运输的拖拉机、用于灌溉的机电提水设备在减轻劳动强度提高劳动效率方面作用明显。1998年，大力开展农业新机具推广工作，推进全县农业机械化进程。引进推广脱粒机115台、微型水泵55台套，并引进联合收割机1台进行示范作业。1999年，引进小麦播种机15台，推广使用运输型拖拉机34台、简易脱粒机85台、微型电泵45台、手摇玉米脱粒机110台。2000年后，因地制宜引进推广适合山区特点的农用运输型拖拉机、小型脱粒机、微电泵、小型背负式收割机、耕整机、手摇玉米脱粒机、抛秧机等机具。2003年，全县农业机械总动力达27282千瓦/6952台，其中中小型拖拉机364台，农用排灌机械553台，磨面机5403台。是年完成机耕作业0.3万亩，农机运输0.15亿吨公里，农副产品加工3842万公斤，机械脱粒705万公斤。2004—2007年，全县农机使用情况稳中有升。

粮食加工机械　县内主产玉米、小麦等，无论人食或作饲料，均需磨细加工。传统加工机具主要是水磨，效率低下；高山无法利用水力，则使用以人力或畜力驱动的腰磨，工效更低，农户每年为粮食加工耗费大量人力和时间。中华人民共和国成立后经过近30年的努力，到20世纪70年代后期，基本实现粮油加工机械化。加工机具主要是立式磨、粉碎机，动力主要是水轮机、柴油机。20世纪90年代后，农村电力供应逐渐稳定，农户遂自置小型粉碎机，以电为动力，甚为方便。2005年，全县农机总动力达到5.52万千瓦，机械脱粒300多万公斤，加工农副产品3000多万公斤，大多数农户加工粮食可足不出户。

机电提灌　县境田地大都含沙重易渗透，虽曾大力提倡机械灌溉，但仅在有水田的通口、擂鼓、陈家坝等乡镇得到部分推广。机电设备须随时维护维修，各乡镇都设有农机站及技术人员，机电提灌站一般保持正常运转。改革开放后，农村推行承包责任制，机电提灌站随之瘫痪。1988年，全县恢复2处、装机52千瓦，更新改造4处、装机54.5千瓦，新建16处、装机249.5千瓦。1997年，全县有机电提灌站40处、总装机507千瓦，年提水能力60万立方米，保灌面积1800亩。1998年后，陆续在有水田的地方新建几处机电提灌站，每年坚持对提水机具进行检查维修，完好率和出勤率保持在95%以上，全县常年机电提水60余万立方米，保灌面积2000多亩。

农机抗旱　1995年，农机水电局购置1.1千瓦微型电泵和165F型柴油机泵各1套，由水利水保都坝河流域站和通口河流域站负责，组建农机抗旱服务队，开展流动抽水抗旱服务。1996年初，抗旱队由农机监理站、农机管理站、水利股共同运作，有队员10人，是年增设6马力S175型柴油机泵4套、抽水管道1200米供其使用。1997—2000年，抗旱服务队年提水1.8万立方米，灌溉面积600亩。2001—2007年，每年组织专项资金开展农机提灌检修、堰渠修复工作，以组织提灌、拖拉机送水等措施应对旱情。

小麦播种机　1989年，引进2台小麦播种机在陈家坝乡进行对比试验。小麦播种机适用沙土、河壤土条沟点播作业，播量均匀，播深一致，行距、窝距统一，满足小麦浅播、疏株密植的农艺要求，有明显的增产效果，适合县内推广。至1994年，共引进110台，在通口、香泉、擂鼓、陈家坝、禹里等乡镇推广，年机播小麦4000亩。1995年以后，每年都开展推广活动，但由于农村土地分散而不集中、机械转运较麻烦等原因，至2007年，全县无农户自主出资购买小麦播种机用于生产。

水稻收割器　1990年，引进4RG-LA型丰收牌水稻收割器15台在香泉乡示范推广。水稻收割器价格低廉，安装操作维修方便，可提高工效五六倍。是年收割水稻190亩，节约劳动力500个。此后在县内水稻产区广泛使用。

小型耕整机　1991年，引进1台3马力峨眉31型耕整机在擂鼓镇进行适应性、耐久性和作业效率试验。通过耕地、旋耕水田、旋耕谷板田、碎土整地试验，具有工效高、质量好、小巧灵活、田间转移方便、适合农村独户生产的特点，具有广泛推广前景。县农机管理站组织乡镇干部在擂鼓召开机耕现场会推广。1996年，引进长江-51型6马力耕整机1台、川佛-51型6马力耕整机2台，年机耕面积600作业亩。1997年后，曲山、坝底、陈家坝、香泉等乡镇部分农户自主购买小型耕整机运用于生产。至2007年，全县小型耕整机增加到16台。

第三节　农机监理

1988年12月1日起，县内拖拉机的道路交通管理工作移交县农机监理站。1993年6月5日，县法院农机监理执行室在农机管理站挂牌成立，推动农机监理法律法规的贯彻执行。

1989年，重点对拖拉机进行管理，共核发拖拉机牌证381台，办理农用拖拉机驾驶证354个。1990年，结合农用拖拉机年度检审，对驾驶员队伍进行全面清理整顿，换发全国统一的新机动车驾驶证。1991年，对农用动力机械和作业机械实施全面监理，逐台登记建档，作技术检验，对操作人员进行培训考核；核发农业机械准用证710个、农业机械操作证640个。1993年，开展以清理黑车、黑户、无证驾车为重点的专项治理整顿工作，责令补办各种手续135台次。1996年，以强化安全管理为重点，对450名驾驶员进行安全法规考试，换发“九二”式拖拉机号牌426副；全县检验拖拉机

441 台、农用动力机械 508 台套，审验驾驶员 457 人、操作人员 508 人。1997 年，除开展常规监理工作，另对全县 3.75 千瓦以上农用电动机和作业机械进行全面登记，核发农用电动机及操作人员准用证和操作证 135 台套，培训操作人员 1 期、65 人。此后，农机监管和操作人员培训成为常态。

由于农机增速较快，操作人员的技能和安全意识往往不能适应需要，特别是农用拖拉机不断增多，带来严重的安全隐患。1988—1997 年，县境共发生农机事故 54 次，死亡 18 人、重伤 10 人，经济损失 5.6 万元。农机监理部门除大力开展有关法律法规的宣传，每年坚持对农机及其驾驶（操作）人员进行年检年审，组织人员上路进行日常安全检查，纠正违章，清理脱检漏检、黑车黑户、无证驾驶和带病作业的行为，全县农机事故得到有效遏制。2006 年，组织召开农机安全会 28 次，到会机手 4100 余人次；举办拖拉机驾驶员培训 8 期，培训驾驶员 48 人；举办驾驶员安全知识培训班 24 期 4600 余人次；检验拖拉机 445 台，审验驾驶员 327 人；签订农机安全责任书 800 余份，清理黑车 11 台，督办无证机手办理驾驶证 48 个，是年无重特大农机事故发生。2007 年，全年共组织召开农机安全活动会 36 次，到会机手 4300 人次；全年检验拖拉机 472 台，审验驾驶员 354 人，签订农机安全责任书 530 份、农机安全村责任书 126 份，清理黑车 5 台，新车入户 143 台，督办无证机手办理驾驶证 88 个，363 台车投保保险。

第二章　水利

第一节　人畜饮水工程

县内居民大都以山溪为水源，用竹子或木杆制作成枧槽接引入户，或直接从水源地人工担运至家中水缸供使用，费工费时。1985年，北川被列为全省以工代赈解决人畜饮水重点扶持县。根据山区实际，仍主要利用山溪水，改用安全耐用的钢管或塑料管作引水管，并建蓄水池增加储水量，入户安装水龙头，几与城镇自来水相同。至1987年，共解决4.62万人、3.7万头牲畜的饮水问题。为全面解决饮水困难，1994年，县农机水电局规划人员经过40天的实地调查，编制出全县解决人畜饮水困难的总体规划，并组织逐步实施。至1997年，共投资736万元，其中国家补助496万元，建人畜饮水工程559处，铺设各型钢、塑管道1685公里，建电力提灌站4处，蓄水池529口，累计解决7.88万人、6.65万头大牲畜的饮水困难。

1998年后，人畜饮水工作继续坚持“民办公助”和“集中成片，突出重点”的指导思想，按照四川省委、省政府提出的三年任务两年完成、基本解决全省农村饮水问题的要求，结合实施“以工代赈”项目，全面完成人畜饮水工程建设。至1999年的两年中，共投资352万元，组织群众投工投劳2.57万个，全县共建人畜饮水工程90处，铺设各型管道226条355公里，修建蓄水池93口2929立方米，解决1.89万人、1.94万头牲畜的饮水困难。2000年，投资100万元，兴建工程48处，解决0.96万人、0.82万头牲畜的饮水困难。

2001年，继续解决乡村人畜饮水问题，稳步推进场镇供水工程技改工作。是年新建十余处乡村人畜饮水工程。2002年，完成擂鼓等4个场镇供水工程技改；新建小型引水渠堰4条3.3公里，建蓄水池2口0.34万立方米，解决1400人、1600头牲畜的饮水困难。2003年，重点建设曲山镇、擂鼓镇和漩坪乡所属之杨柳坪、海光、盖头、敏溪、岩门、清洁等村人畜饮水工程。杨柳坪村、景家村和石椅村，不仅群众饮用水困难得到解决，还促进生态旅游开发和观光农业发展。2004年，开工建设任家坪村饮水工程。从擂鼓供水站位于中纤板厂桥头处的第三水源主管上取水，通过5100米主输水管道将水引至凉风垭建池蓄水（529立方米），再用5280米管道从蓄水池引水直供任家坪，满足村民、学校、企业用水。是年，完成邓家PIC生猪养殖基地可保证3万头生猪及场内其他用户的供水工程建设，完成陈家坝乡四坪村人畜饮水工程、甘溪小学及场镇供水工程建设。

2005年，因县境属地质灾害多发区，引水工程易受损坏，一些水源的水质存在不同程度的问题。在继续争取项目资金实施人畜饮水工程建设的同时，着手解决饮水安全问题。县农机水电局安排20名技术人员历时1个月，到全县20个乡镇、278个村开展普查，编制完成全县农村饮水现状调查评估报告。根据调查，全县共有7万多农村人口存在饮水不安全问题。是年完成任家坪村饮水解困工程的扫尾工作，解决学校、周边农村及企业0.3万人的饮水困难；兴建贯岭乡复兴村、开坪乡永安村饮水工程，解决0.1万人的饮水不安全问题；完成香泉、陈家坝、桂溪、都坝、白坭5个场镇和白坭乡枸枝村、曲山镇杨柳坪村等7处供水工程的水毁修复或改扩建，解决0.53万人的饮水困难和饮水不安全问题。

2006年，使用农村饮水安全项目资金完成坝底乡场镇及周边农村、擂鼓镇郭牛村、禹里乡石纽村3处供水工程建设，改善0.22万人的饮水不安全状况和833人的饮水困难；利用中央特大旱灾抗旱资金兴建开坪乡鹿子坪村、坝底乡三溪村、小坝乡大梁村人畜饮水工程，解决676人、1200头牲畜的饮水困难。按照市、县"为民办10件实事"的安排，完成曲山镇云里村、石椅村，开坪乡地坪村，漩坪乡楼房坪村4处饮水工程建设，实现0.2万人的饮水安全目标任务。同时，为推进和谐新村建设，完成曲山镇沙坝村人畜饮水工程建设，解决850人、1300头牲畜的饮水困难。

2007年，使用省级财政农村安全饮水项目资金修建集中供水工程一处、分散供水工程5处，解决白什乡白什村、坝底乡金龙村、通口镇黎明村、白坭乡大院村和梓潼村4个乡镇5个行政村2200人的安全饮水问题；利用2006年第二批农村饮水安全项目国补资金修建擂鼓镇擂鼓村、曲山镇海光村、陈家坝乡老场村、禹里乡湔江村、坝底乡船坪村供水工程，解决5800人的安全饮水问题；利用2006年第三批农村饮水安全项目国补资金兴建水利工程，解决沙坝、杨柳坪、构枝、石关、水井5个村2580人的安全饮水问题；利用革命老区转移支付资金兴建供水工程7处，解决曲山镇石椅村、景家村，开坪乡地坪村，小坝乡太白村、回龙村，漩坪乡永吉村共3000人的饮水安全问题；使用省级水资源费解决通口镇幸福村712人的饮水安全问题。

第二节　微型小型水利工程

县内兴建微型小型水利工程有悠久的历史，且取得一定成效。1996年，在四川省委、省政府召开的农田水利基本建设工作会议上，北川被列为全省20个"川北大样板"试点县之一。县水电农机局落实会议精神，对全县旱片死角、缺水村社进行逐村逐社逐户规划，并选择陈家坝乡双堰村、通口镇解放村作为微型水利示范村进行试点。1997年，安排擂鼓镇坪上村、银锭村，陈家坝乡西河村、通宝村，桂溪乡魏沟村作为项目村，实施微型水利工程建设。是年年底，全县共新建蓄水池259口、扩改31口，新建山坪塘17口、扩改16口，新建引水堰13条、维修整治5条；新增水量43万立方米，新增灌面4900亩，恢复改善灌面2000亩，解决218人、268头牲畜的饮用水困难。

1998年，采取以点带面、以面促点办法，组织群众因地制宜，利用冬闲时间开展打井、修引水渠等小型水利工程建设。在香泉乡引导群众打井93眼，桂溪乡八角村建引水渠1250米，修建蓄水池45口、0.9万立方米。1999年，以禹里乡湔江村、香泉乡敬东村的小型水利工程为重点，带动面上小微型水利建设及维修整治工作。结合实施粮食自给工程，新建引水渠7条、8.9公里，新建山坪塘3口、2.71万立方米，建小型蓄水池5口、750立方米，倒虹管一处45米。2001年，在县内干旱贫困村开展集雨节灌工程建设，共兴建和整治微水工程549处，打井30口，新建山坪塘1口，精修山坪塘3口，并积极发展节水灌溉技术；对小坝乡海星堰和陈家坝乡红星堰共4.5公里进行防渗整治，新增有效灌面1500亩，发展节水灌溉600亩，恢复改善灌面3000亩。全县耕地有效灌溉面积达5580亩。2002年后，以实施集雨节灌工程为重点开展水利工程建设。除在旱山贫困村新建引水渠（管）、蓄水池、配套引水沟等设施外，狠抓微小型水利工程的维修、整治及蓄水管理，确保灌溉用水。

2006年，全县遭受数十年未遇的春旱、夏旱连伏旱，县境多处出现溪沟断流，人畜饮水中断。县水务农机局组织工程技术人员抢修和兴建饮水工程，指导和带领群众抗旱减灾；共维修整治引水渠堰3条、8公里，蓄水池52口，保证农业生产和生活用水。

2007年，实施牧区节水灌溉工程。在项目区都坝乡水井村新建水源工程2处，安装输水管道2.17万米，新建蓄水池10口，布置给水栓696个，灌溉面积2000亩。

第三节 防洪工程

一、县城防洪工程

1994年3月，县城曲山城区湔江河段三线水位（警戒水位、保证水位、设计水位）划定工作全面完成。曲山城区湔江河段从苦竹坝电站大坝至沙坝共7.82公里的河段，采用黄海高程系统，以龙尾索桥位置为代表段面，警戒水位高程631.18米，相应流量1480立方米/秒，按两年一遇洪水划定；保证水位按5年一遇划定，高程632.35米，相应流量2580立方米/秒；设计水位、江河管理范围按20年一遇洪水划定，高程633.77米，相应流量4400立方米/秒。三线水位的划定，使河道管理更加科学规范。

1995年冬，开工建设县城新城区茅坝防洪堤。防洪堤位于北川大酒店前，集防洪、游乐、城市绿化为一体，属规范化、高标准的护城河堤。工程分两期进行。一期工程于1996年7月竣工，成型主河堤560米。二期工程1996年冬开工，1997年5月竣工，成型河堤370米。茅坝防洪堤的建成，对茅坝新区机关企事业单位和农户、耕地的安全以及城区防洪作用十分明显。1998年，龙王滩河堤通过评审立项，10月开工建设。1999年4月底，龙王滩防洪工程及小河街河堤竣工。龙王滩河堤长401米，小河街河堤长117米。2000年，建成银潮车队至储木场防洪堤231米。2001年4月，完成茅坝防洪堤第三期工程，建河堤280米。2004年，完成魏家沟路堤及山洪灾害治理工程。至此，县城防洪体系基本形成。

二、乡镇防洪工程

20世纪90年代后期开始，以保护场镇和耕地为重点，加强河道采砂、取石管理，清除行洪障碍，确保河道畅通，平安度汛，同时开始在各乡镇规划兴建防洪堤坝。1996年11月，开展河道及堤防工程用地确权划界工作，涉及河流总长31.46公里，有单边堤防工程24.69公里。河道堤防和护岸、护堤共占用河滩面积5691亩，其中河道占地5045亩，堤防及护岸工程占地264亩，护岸占地330亩，护堤占地52亩。

1998年，全县共新建河堤6处、980米。1999年，新建河堤8处、1400米。2000年，新建河堤4处、989米，其中包括禹里乡客运站防洪堤85米、擂鼓镇柳林防洪堤458米、青片乡防洪堤185米。2001年，新建河堤4处、1200米，其中包括小坝乡茅岭村河堤600米、陈家坝西河村河堤250米、邓家金矿河堤70米。2002年，新建曲山镇任家坪村排洪沟两处、片口乡场镇河堤一处，总长895米。2003年，新建河堤2处、2433米。2004年，新建坝底上场口防洪工程、擂鼓干河坝部分地段防洪工程，堤防总长794米。2005年，建成禹鑫化工有限公司150米河堤和都坝乡场镇防洪堤103米。2007年，完成堤防工程规划和建设5处：贯岭乡场镇河堤工程建设76米（规划总长314米）；白什乡地质灾害搬迁堤防工程2处905米（规划总长905米），白什场镇青片河和白水沟河道疏浚615米；实施魏家沟综合治理；马槽乡防洪河堤100米（规划长257米）。

第四节 水土保持工程

1983年，北川被列为全省面上水土保持重点县，1986年被列为全国6省16个棉、布“以工代赈”

水土保持工作试点县之一。县委、县政府先后确定擂鼓、曲山和陈家坝 3 个乡镇 201 平方公里面积为重点，遵循植物、工程和农耕措施相结合，沟道治理与蓄水保土相结合，坡面治理与农耕措施相结合，治理与生产利用相结合的原则开展综合治理。至 1992 年，共完成治理面积 175.67 平方公里，占全县水土保持面积的 8.36%，总投资 711.6 万元，其中国家补助 303 万元，各级配套 71 万元，群众自筹 337.6 万元（含以劳折资）。治理期间，共点播用材林 10800 亩，栽植用材树 2682 万株，种植桑树 253 万株、药材树 1800 万株、花椒 40 万株、果树 91 万株，开辟茶园 1800 亩，种草 3400 亩，封山育林 81000 亩，植物措施总用工 5.82 万个；修建排洪沟 296 条、26.4 公里，保护耕地 0.4 万亩；建蓄水池 532 口，容积 1400 立方米，灌面 3200 亩；完成坡耕地改造 7500 亩，土石方量 22.96 万立方米，砌方 15.08 万立方米，用工 28.29 万个；挖边背沟 3227 条，长 1214.65 公里，效益达 36400 亩；扎地埂 144634 条，长 1220.69 公里，效益达 43300 亩；等高带状轮作 19400 亩，农耕措施总用工 37.49 万个。

1993 年，北川被列为全省第六批“以工代赈”水土保持综合治理重点县，仍采用植树造林、坡改梯、修建沿山排洪沟及水平沟、封山育林等措施实施治理。至 1994 年，共治理水土水失面积 16 平方公里。

1995 年年初，北川被列为长江上游水土保持重点防治县。通过坡改梯、封禁治理、保土耕作、水系配合等措施，于 1996 年春完成 40 平方公里的治理任务，通过省、市检查验收。

1996 年，开展以“长治工程”“粮自工程”和微型水利示范工程为重点的农田水利基本建设，对曲山镇邓家沟、禹里乡水磨沟、白坭乡白坭沟、陈家坝乡杨家沟、漩坪乡南华沟 5 个小流域 35 平方公里面积进行治理工作。1997 年，完成 38 平方公里治理任务。是年底，全县水土流失总面积 1896 平方公里，治理 304.67 平方公里。治理区内侵蚀模数由 1995 年全县 7072 吨 / 平方公里・年，下降到 3120 吨 / 平方公里・年，水土流失在一定程度上得到控制。

1998 年，水土保持工作坚持“预防为主、全面规划、综合防治、因地制宜、注重效益”的方针，组织实施“长治”工程。是年完成“长治”工程 10 平方公里治理任务，其中桂溪乡都坝河流域 4 平方公里、坝底乡白沙沟 3 平方公里、漩坪乡南华沟 1 平方公里、白坭乡白坭沟 2 平方公里。

1999 年 5 月，北川被列为“长治”工程五期重点治理县。县水电农机局抽调 16 人分到全县 7 个乡镇进行调查，完成四沟、高家沟、魏家沟、落木园、干河沟、内外沟、黄皮沟 7 个小流域治理规划。是年完成桂溪乡四沟小流域 5 平方公里、坝底乡落木园小流域 3 平方公里、漩坪乡黄皮沟小流域 5 平方公里，水土流失治理主体工程。

2000 年，按照第五期“长治”工程小流域规划，全面启动桂溪乡四沟 2.5 平方公里、漩坪乡黄皮沟 3.5 平方公里、坝底乡落木园 5.5 平方公里、曲山镇魏家沟 2.5 平方公里共四个小流域治理实施工作。桂溪乡四沟小流域作为全县水土保持精品工程，完成坡改梯 300 亩、经果林 160 亩、水保林 500 亩、塘堰 4 口 1.05 万立方米、灌排水渠 3.38 公里、碎石村级公路 2.8 公里、农村“五改三建”20 户，成为全县“长治工程”的样板。

2002 年，迎接 2003 年第五期“长治”工程验收，按期完成干河沟、高家沟、落木园、魏家沟 4 条流域全部工程治理任务。

2003—2004 年，重点治理曲山镇魏家沟，擂鼓镇干河沟、羊儿沟，香泉乡清溪河和通口镇庙子沟 5 条小流域，至 2004 年底，共完成水土流失治理 42.3 平方公里。

2005 年，依托“长治”工程和“水保”项目，将生态修复与水土流失治理项目及涉农项目捆绑使用，坚持山、水、田、林、路综合治理，坡改梯 650 亩，植水保林 6800 亩、经果林 4500 亩，封禁治理 14100 亩，保土耕作 11300 亩，新建蓄水池 38 口、灌排沟渠 25 公里、沉沙凼 125 个、道路 10 公里；是年完成水土流失治理面积 25 平方公里。实施生态修复项目，完成水土流失治理面积 55.22 平方公里，包括林草抚育管理 2895 亩，退耕还林 1785 亩，保土耕作 13365 亩，栽植水保林 5340 亩，补植水保林4335亩，实施封育保护面积10.51万亩，建围栏28.5公里，建蓄水池11口、沉沙凼45个、灌排沟渠4.4公里；利用相关项目配套，建设沼气池115口、省柴灶810个、圈舍1288平方米、道路硬化3.4公里。是年，水土保持生态自然修复工程通过长江水利委员会专家组验收。

2007年，完成都坝河项目水土流失综合治理面积20平方公里，其中都坝乡都坝小流域8平方公里、贯岭乡贯岭小流域8平方公里、桂溪乡桂溪小流域4平方公里。建成坡改梯1600亩、水土保持林5100亩、经果林3000亩，种草300亩，封禁治理12800亩，保土耕作7200亩，小型水利水保工程2.5万立方米。

第五节　水政水资源管理

一、水资源费征收

1992年11月，县农机水电局内设水政水资源管理股。1993年7月，县政府授权县农机水电局为县政府水行政主管部门。

1993年8月，县政府制发实施取水许可和水资源费征收管理暂行办法，决定从1994年1月1日起，在全县实行取水许可制度，开始征收水资源费。1994年3月，县政府发布关于实行取水登记的通告，是年完成取水登记31户，办理取水许可证23户，征收水资源费6.9万元。自此，凭证取水、用水缴费形成制度。

二、水政执法

1993年后，县内先后出台水政监察、水事案件办理程序等8个与《中华人民共和国水法》配套的地方性规范性文件，培训、任命水行政执法人员44名。1997年4月，县水政监察大队正式挂牌成立，水行政执法工作逐步走上法制化轨道。1999年，在水政监察大队的基础上，分别组建河道、水土保持、水工程保护、渔政等4个监察分队，明确职责，严格依法行政。2000年，严格水政执法，检查水土流失范围和造成流失的个体采矿点及基建项目，制订水保方案，关闭不合格采矿点4个，督促生产建设单位投入水土流失治理费35万元，强化河道管理，对17个单位发出限期清碍通知，确保平安度汛。2001年后，重点对河道、取水、水土保持、水工程、渔政等方面进行执法监督。2007年，进一步完善用水定额编制工作和取水许可制度，新办取水许可证4个，更换、审检取水许可证15个，完成省、市、县三级水资源费征收86万元；全年出动车辆10次、人员30人次到河流水域等处查处渔事违法行为，受理举报3次，查处违法电鱼3件、违法网具捕捞2件，行政处罚4人，批评教育8人。

三、水资源保护

1995年7月，制订全县中长期水供求计划，通过对全县水利工程供水情况和农村、工业、城市需水的调查分析和预测，结合国民经济发展规划，提出水资源合理利用的方案和政策，为切实保证水资源的供需，促进水稳定供给打下基础。1996年起，贯彻“以水养水”政策，对位于湔江流域的青片河林业局等单位的水资源涵养进行规划，对水资源开发利用较好的部分单位因缺乏涵养、管护资金问题，从所征收留县水资源费中安排资金作为沿河相关单位的水资源涵养林建设补助经费。

四、水利设施管理

县内微型小型水利工程多由政府补助、群众集资投劳修建，权责不明确，很多设施因管理不善而损毁，难以发挥相应效益。1998年，进行水利体制改革，坚持建管两手抓，落实“谁建设、谁所有、谁管理、谁使用”的政策，明确工程所有权，强化管理使用，发挥水利工程的最大效益。是年在桂溪乡永利村进行小型水利工程“三权”拍卖试点，并在面上推广。全县小微型水利及人饮工程产权制度改革面达到86%。同时，将全县5个场镇供水站归口水电部门管理，开展综合经营，形成以供水为龙头，水产养殖、发电、饲料加工、物资供应及餐饮娱乐多业并举的水利综合经营体系。1999年，继续实施水利工程产权拍卖、租赁、承包等改革措施，全县“人饮”工程、水利工程产权制度改革面达到90%。2003年，将运行不良、债务较高的通口供水站进行改制，对香泉乡的5处农村微小型水利工程进行承包、拍卖。2004年，县水厂改制为民营企业。因产权明确，责任到位，实现以水养水的良性循环。

第十九篇

工业

第一章　工业发展

第一节　发展概况

县内工业基础薄弱。20世纪80年代中期，掀起兴办地方工业的热潮，形成以水电、建材、采矿、食品加工、竹木加工等五大工业行业为支柱的地方工业体系。1988年后，工业持续发展，其重点仍是以本地资源为依托的五大行业。在发展方针上，根据抓大放小的原则，狠抓骨干企业，放开搞活小企业，大力发展个体私营企业。国有企业中，食品工业公司因经营不善和市场竞争激烈等因素，1992年停产；1993年，县酒厂、重晶石粉厂分别移交当地乡政府管理；1990年建成的邓家金矿于1997年破产，被绵阳远望集团收购；其余擂鼓煤矿、县印刷厂、茶机厂、水泥厂、茶厂、电力公司、自来水厂以及治城林场、白草河林场、木材加工厂、粮油食品加工厂和市属青片河林业局12家国有企业则根据上级文件精神，从1997年起相继改制，成为股份制企业或私营企业。改制后的企业负担得到减轻，行政干预减少，大部分运行良好，仍是全县工业企业的主力军。

企业改制后，政府不再投资兴办新的工业企业，工业发展主要通过企业自身壮大和招商引资来实现。1998年后，外来投资主要集中在水电及其载能工业上。已见成效的有四川巴蜀公司投资建成的通口电站，绵阳启明星公司投资建成的武安电站、羊圈坪电站及其茅坝电极箔生产线。县内原有工业企业在市场经济的风浪中有的衰落破产，有的成长壮大。

21世纪之初，县委、县政府提出“工业立县”的口号，大力招商引资，重点发展规模以上企业，变资源优势为市场优势，工业稳步发展。2006年后，在稳定已有工业企业的同时，继续为已签约的巴蜀公司等几家水电企业作好服务，大力推动漩坪电站及湔江（通口河）、白草河、青片河的水电梯级开发，争取年产百万吨以上的现代水泥厂落户擂鼓，推进香泉大理石开采加工工业园建设，做好茶叶资源的整合，在保护好已有知名品牌的同时增加高档名茶生产。

第二节　发展成效

县内充分利用山区优势资源，大力发展能源、原材料等基础工业，努力开发新项目。1988—1992年，以“一网两站十厂”为目标，以提高效益为重点，相继建成35千伏输电线路110公里，建成10千伏输电线路680公里，建成团结电站和苦竹坝电站，完成县水泥厂、印刷厂、木综厂、面粉厂、水磨漆厂等企业的技改工程。1993年后，在全面推行工业企业转换经营机制的同时，突出抓水电、建材、矿产、食品加工和竹木加工“五大行业”工业企业的发展。至1997年，全县工业总产值达到23146万元（90不变价，下同），比1988年增长2.47倍。其中乡及乡以上工业企业92户，拥有固定资产原值3.52亿元，从业人员5775人，分别比1988年增长6.18倍和58%；实现工业总产值2.07亿元，比1988年增长3.75倍。在国有、集体工业大幅度增长的同时，个体私营工业蓬勃发展，1997年实现工业总产值1980万元，从业人员515人。主要工业产品年生产能力提高：水泥30万吨、机制纸板1.2万吨、铁合金1.5万吨、刨花板2万立方米，原煤8万吨，发电装机21873千瓦。工业主要产品产量（除原煤限量开采外）大幅度增长。1997年发电量1.88亿千瓦时，比1988年增长4.2倍；水泥11.27万吨，比1988年增长2.2倍；铁合金1.04万吨，比1988年增长4.47倍；机制纸板0.51万吨、刨花板2.39万立方米。

1998—1999年，在宏观经济不景气的条件下，全县工业企业通过深化改革，优化资本结构，强化经营管理，仍实现持续增长。1999年，全部工业总产值达到2.5亿元，其中集体工业6357万元，股份制工业6551万元，私营工业3513万元，其他工业8579万元。在工业总产值中，轻工业产值9909万元，重工业产值15091万元；主要工业产品产量：原煤6.4万吨，发电量1.63亿千瓦时，水泥7.5万吨，铁合金1148吨，机制纸及纸板1万吨。

2000年，狠抓招商引资，大力发展私营企业，支持骨干优势企业扩张发展，工业经济实现提速增效。全年实现工业总产值2.7亿元。主要产品产量：原煤7.7万吨，发电量1.80亿千瓦时，水泥9.0万吨，铁合金8769吨，机制纸及纸板0.97万吨。

2001年，完善法人治理结构，帮助企业协调解决资金、电力、市场等问题，增强企业活力和产品竞争力。全年实现工业总产值2.98亿元，其中乡镇工业总产值1.68亿元。主要产品产量：原煤8.67万吨，发电量1.94亿千瓦时，水泥9.5万吨，铁合金8346吨，机制纸及纸板1.01万吨，精制茶1915吨。

2002年，实现工业总产值4.3535亿元。主要产品产量：原煤8.7万吨，发电量1.78亿千瓦时，水泥14.14万吨，铁合金8510吨，机制纸及纸板1.16万吨，人造板3.41万立方米。

2003年，发展水电冶炼、绿色食品、竹木加工、矿产建材等工业，工业经济保持较快增长。全年实现工业总产值4.79亿元。主要产品产量：原煤8.8万吨，发电量2亿千瓦时，水泥17.4万吨，铁合金9790吨，人造板4.16万立方米，机制纸及纸板4548吨。

2004年，建立健全"一把手"负责、目标管理、联席会议、跟踪服务、绿色通道、情况通报、整体联动、定期分析、责任追究和设立工业发展专项基金等10项制度，规范行政审批，简化办事程序，创造投资办企业有利的软硬环境。全年实现工业总产值5.27亿元，实现工业增加值1.77亿元，对经济增长的贡献率为33.4%。主要产品产量：原煤8.7万吨，发电量2.41亿千瓦时，水泥21.7万吨，铁合金7500吨，人造板4.74万立方米。

2005年，重点支持规模以上企业发展，做好电力调度、原材料供应、融资等协调服务，为企业发展创造良好的外部环境。全年实现工业总产值7.1亿元，实现工业增加值2.4亿元。主要产品产量：原煤6.5万吨，人造板5.6万立方米，发电量5.51亿千瓦时，水泥21.8万吨，石灰石、硅矿等矿石25万吨，铁合金7500吨，人造纤维板5.65万立方米，茶叶1011吨。

2006年，抓水电载能、矿产建材、特色农产品加工三大产业建设，推进工业快速发展。全年实现全部工业总产值8.83亿元，实现工业增加值3亿元。主要产品产量：原煤6.82万吨，人造板9.41万立方米，发电量4.06亿千瓦时，水泥20.8万吨，精制茶1662吨。

2007年，实现全部工业总产值11.12亿元，实现工业增加值3.9亿元，工业对GDP的贡献率达到62.1%，拉动GDP增长9.5个百分点。规模以上工业户数26户，累计实现工业总产值9.96亿元，实现工业增加值3.72亿元。规模以上工业企业实现产品销售收入8.25亿元，实现利润总额5623万元，实现利税总额突破亿元大关，达到1.05亿元；亏损企业5户，亏损面19.2%，亏损额333万元。规模工业生产综合能耗（折标煤）84458吨，万元工业增加值能耗2.27吨。

第二章　工业门类

第一节　水电

一、水电站建设

县内水能资源主要集中在湔江（通口河）及其支流白草河与青片河，而散布在各地的众多山溪小河虽然流量小但落差大，为建设微小电站提供了条件。中华人民公和国成立后，大力兴建水电站，所建小电站星罗棋布，遍布全县乡镇村社，一度成为绵阳地区的先进典型。1984 年，根据电力发展趋势，调整办电方针，按照“建大、扩小、扶优、弃劣”的原则，集中资金和技术力量重点建设装机 100 千瓦以上的骨干电站。办电方针调整取得显著成效，仅 1987 年 8 月建成的曲山站，装机容量 3750 千瓦，就接近是年尚在运行的乡村电站的装机总和，实际发电能力大大超过乡村电站。此后十几年，先后扩建红星电站、青平电站等乡镇骨干电站，并新建碧溪口电站（青片河林业局建）、团结电站、苦竹坝电站、明水沟电站等国营和乡镇骨干电站。随着国营和乡镇骨干电站供电网络的延伸，部分乡村小电站逐渐自行淘汰，全县电站数量逐渐减少，供电能力和质量逐步提高。20 世纪 90 年代后期，国营电站和部分乡村电站逐渐转制成为民营电站，政府通过招商引资，将水能资源开发权转让给民营企业，继续大力发展水电。至 2007 年年底，全县正常运行的电站 34 处，装机 61 台、9 万千瓦，其中上规模的电站有通口电站（4.5 万千瓦）、苦竹坝电站（1.2 万千瓦）、曲山电站（3750 千瓦）、团结电站（1600 千瓦）、关磨电站（1.2 万千瓦）、宏森电站（5000 千瓦）、碧溪口电站（2500 千瓦），其余均属装机 500 千瓦以下的小水电站。

乡村电站　从 1958 年至 80 年代末，全县共建乡村小电站 200 多座；一直正常运行的 29 座，总装机 41 台 4445 千瓦，其中装机 100 千瓦以上的 16 座，即治城电站、坝底电站、小坝电站、桃龙电站、漩坪电站、桂溪电站、东溪电站、南华电站、红星电站、外白电站、片口电站、明水沟电站、青平电站、泽可电站、苏宝电站、五星电站。

县境地域辽阔，人口住居分散，骨干电站的供电网络无法延伸至少数远边地方的吊野农户。在全县大建小电站的年代，村民在当地政府的支持下，自力更生，因陋就简，建起若干微型电站，开坪乡小园村有戴姓村民以木桶当蓄水池，将竹节打通当水管，建成一座发电 100 瓦的电站供自家照明，这是县境最小的水电站。边远吊野村落当时建成的微型、小型水电站，有的至今仍在发挥作用，位于千佛山腰的落木园，有一座发电能力不到 1 千瓦的电站，每天晚上开机发电，供本院子几户村民使用。1984 年后，县政府重点建设骨干电站，仍充分考虑边远农户的用电问题。1988—1989 年，引进推广 1 千瓦～5 千瓦的微型电站 21 处，总装机 28.7 千瓦，解决边远山村分散农户 38 户、120 人的生产生活用电。2002 年，修建开坪乡小园村微型电站，装机 20 千瓦，解决 168 户 300 余人的照明。

国营电站　从1957年建成第一座国营电站——龙尾电站，至1997年建成苦竹坝电站，县内共建国营电站7座，除龙尾电站因曲山电站截流被淘汰外，其余曲山电站、团结电站、碧溪口电站、宏森电站、关磨电站、苦竹坝电站6座一直正常运行，总装机19台52700千瓦。20世纪90年代后期，国营电站和部分乡村电站陆续转制为民营电站。

民营电站　21世纪初，县政府大力招商，先后与巴蜀公司、启明星公司、广厦公司签订协议，转让湔江、青片河、白草河的水能资源开发权。自此，引进资金取代自筹资金，成为北川开发水能资源的主要方式。2005年，由巴蜀公司兴建的位于湔江下游、装机4.5万千瓦的通口电站建成发电；2006年，启明星公司兴建的位于青片河中游、装机2万千瓦的武安电站和青片河上游、装机0.4万千瓦的羊圈坪电站建成投产；浙江广厦集团在白草河中游兴建的小坝电站动工。

二、供电

电网建设　县内的供电网路有国家电网与地方电网之分。1988年，桂溪乡之甘溪及通口、擂鼓一带由国家电网供电，其余地方由地方电网供电。随着县内电站供电能力的增强，地方电网逐渐延伸。2007年，县内仅香泉仍属国网供区，其余地方均由地方电网供电。

地方电网　1957年龙尾电站建成，有输电线路1公里，仅供县级机关照明。此后，随着电站装机容量扩大，输电线路向南延伸至擂鼓，向东延伸至县城附近农村，线路增至13公里。县内其余电站因小而分散，和龙尾电站一样，属自发自供，独立运行。1976年8月，东溪电站与国营龙尾电站并网，建设10千伏并网专线2.1公里。此后十几年，又先后将南华电站、五星电站、治城电站、漩坪电站、团结电站并网运行。县境并网线路总长达到72.9公里，并网电站8座，装机13台6720千瓦，年发电能力3815万千瓦时，初步形成骨干电站并联运行的供电网络。1987年5月，县电力公司与安县境内国家电网联网，架设35千伏输电线路25公里，县境电力的调控能力得到增强。除并网电站外，县境其余电站仍独立运行，自发自供，自求平衡。2000年起，县境三次进行农村电网改造，先后架设高压线路与坝底、小坝骨干电站并网，全县骨干电站基本实现并网运行。2007年，全县电力行业有110千伏输电线路20公里，35千伏输电线路110公里，35千伏变电站7处，10千伏线路829公里，低压线路密布城乡，初步形成以35千伏为骨架的县域地方电网。

农村初级电气化县建设　1987年，北川被四川省列为电气化候补县。1989年底，全县小水电装机达到12564千瓦，人均装机81.6瓦；发电量4728万千瓦时，人均用电量209千瓦时，户均生活用电166千瓦时；通电乡镇、村、户分别达到100%、94%和91.7%。1990年3月，经省政府组织有关部门验收合格；4月，国家计委、水利部颁发全国农村初级电气化县荣誉证书，成为绵阳市率先跨入农村初级电气化县行列的县。

三、电力企业

县内建电站之初，各电站皆自发自供，独立经营。曲山电站、团结电站建成后，始组建国营电力公司。随后，陆续引进县外企业入驻，形成启明星、巴蜀、广厦等几家电力企业。

启明星公司（夏禹电力）　县内自20世纪50年代开始建水电站起，一直实行谁投资谁受益的办电方针。先后建成的200多座大小电站分属县地方国营、县级企业青片河林业局和各区、乡、村所有，其中地方国营电站曲山电站、团结电站和苦竹坝电站由县电力总公司统一管理。1997年，县电力总公司改制为夏禹电力有限责任公司。2000年，将小坝、治城、红星、苏宝、五星、坝底、南化、青坪等8个乡镇骨干电站划转夏禹电力公司，所属电站总装机3.5万千瓦，成为县内管辖电站最多的电力企业。2002年7月，夏禹电力公司与绵阳电力实业公司（启明星公司）签订转让部分股份的协议，改由绵阳电力实业公司控股（占70%股份）。启明星公司入驻后，收购原青片河林业局所建的宏森、碧溪口、关磨等电站，总装机 1.95 万千瓦，并自筹资金按协议修建青片河梯级电站，从事水能资源开发。2006 年，位于青片河中游的武安电站（2 万千瓦）和青片河上游的羊圈坪电站（0.48 万千瓦）建成投产。县内骨干电站除通口电站外，全部为启明星公司所有。

启明星公司除发电并从事供电业务，另在县城茅坝开发载能工业。2004 年 3 月，动工在曲山镇下茅坝投资建设电极箔厂；12 月，4 条生产线竣工投入运行，是年实现工业总产值 1800 万元。2005 年 9 月，再建 8 条中（高）压化成铝箔生产线，是年实现工业总产值 7612 万元。2006 年，公司被四川省中小企业局和工商联评为“成长型中小企业”，公司技术中心被认定为市级技术中心，640VF 超高压化成铝箔关键技术开发被列为四川省重点技术创新项目，获得省财政的项目资金补助。是年产值和销售收入突破亿元大关，成为县内两户亿元企业之一，其中实现工业产值 11528 万元、实现销售收入 10372 万元、实现利润 651 万元、实现税金 63 万元。

巴蜀公司 巴蜀公司全称北川巴蜀通口河流域电力开发有限责任公司，2002 年 7 月组建，主要从事通口河（湔江）流域水电开发、电力生产销售等。计划在禹里至通口的湔江流域修建通口、邓家、漩坪等水电站。2004 年 8 月建成的装机 4.5 万千瓦的通口电站是县内最大的电站；规划设计的漩坪水库电站装机 13 万千瓦，是县内未来最大的电站。

广厦公司 浙江广厦水电开发有限公司于 2003 年 6 月与县政府签订协议，开发白草河流域水能资源，拟建 4 座梯级电站，总装机 9.6 万千瓦。2007 年，动工修建小坝电站。

第二节 建筑材料

一、水泥

20 世纪 70 年代，在取矿方便的擂鼓建起第一家水泥厂。80 年代后，又在擂鼓、通口等地办起几家水泥厂，全县水泥最高年产量 10 万吨。1998 年后，各水泥厂相继拍卖、改制，形成 5 家生产水泥的民营企业，即新峰水泥厂（原县水泥厂）、东华特种水泥厂（原县特种水泥厂）、禹峰水泥厂、通口水泥厂、沙窝水泥熟料厂（原桂溪水泥有限公司）。改制后，企业生产稳定。2002 年后，水泥生产量随市场需求扩大而增加，年产量保持在 20 万吨左右。2007 年，因县内水泥厂规模相对较小，生产工艺陈旧，县政府计划引进四川联鸿建材有限公司投资，在擂鼓建设 2×4800t/d 熟料新型干法水泥生产线、年产百万吨的大型水泥厂，并经省发改委批准立项。

二、水泥制品

20 世纪 70 年代始，县内有县邮电局、建筑公司等企事业单位兴办水泥制品生产企业，所生产的电线杆、建筑预制件等，主要满足本单位所需。1984 年后，部分个体户开始办厂生产空心砖等产品供应市场。90 年代至 2007 年，水泥制品生产企业较为稳定，主要有万达建设有限公司（原县建筑公司）预制厂、鸿飞建筑公司预制厂，以及擂鼓镇柳林村、禹里乡慈竹村、桂溪乡桂溪村等地个体经营的预制厂共 10 余家，其产品有水泥预制板、水泥管、水泥砖等。生产量视市场需要而定，每年少则几万立方米，多则二三十万立方米，基本能满足全县建筑工程建设需要。

三、砖、瓦、石灰

始建于 1977 年的擂鼓镇页岩砖厂是县内唯一一家机砖厂，年产砖 1000 多万块。此外，尚有部分农户根据需要零星生产红砖、青砖、小青瓦自用或出售。全县常年生产砖 2000 万块左右、瓦 1 亿多片。以曲山镇任家坪村、擂鼓镇为重点的个体经营户采用土窑烧制石灰，年产石灰三万吨，除供应县内使用外，另销往县外。2002 年，为保护县城环境，治理空气污染，关闭曲山镇任家坪村近 10 座石灰窑。2003 年，取缔曲山至擂鼓公路沿线的石灰窑。此后，石灰生产主要集中在麻柳湾，由私营业主经营，采用立窑生产，成为北川唯一一家常年生产的石灰厂。

第三节　木材加工

一、发展概况

中华人民共和国成立后兴办的木材加工企业均属国营或集体所有，规模较小，主要生产农机和家具。1978 年后，政策逐渐放宽，部分木材资源丰富的乡镇先后兴办木材加工厂，主要生产包装箱，个别技术力量较强的企业加工桌、凳、木床等家具。80 年代后期，全县各类木材加工厂达 40 家，主要生产包装箱，从业人员近 400 人，多为当地农民。1998 年后，随着天然林保护工程的实施，以原木为原料的加工厂逐渐停产。计划经济时代办起的木材加工企业仅有位于县城的水磨漆厂尚存。改革开放后所办的木材加工厂中，唯擂鼓建诚木业和漩坪木综厂因以木屑、残次木材为原料得以生存。建诚木业逐渐发展成为县内骨干企业。漩坪木综厂因经营困难，2002 年宣告破产。

二、主要加工企业

2007 年，县内保持正常生产的木材加工企业有建诚木业和水磨漆木材加工厂。

建诚木业　建诚木业的前身为第一木材综合厂，是生产刨花板为主的乡镇骨干企业，20 世纪 90 年代末改制后成为私营企业。2000 年，引进成都建诚实业公司投资，建成中密度纤维板生产线。因产品畅销，规模不断扩大，新增装饰材料浸渍纸生产线和中纤板生产线。2003 年，被确定为绵阳市农业产业化龙头企业。公司坚持“公司 + 基地 + 农户”的经营模式，与农户建立利益共同体，建设原料基地，共发展速丰原料林基地 11 万亩。2007 年，公司资产总额 8500 余万元，职工 350 余名，其中 90% 属当地农村剩余劳动力及下岗失业人员；有年产 11 万立方米的人造板生产线、年产 300 万平方米的浸渍纸生产线，是年生产人造板材 9.41 万立方米，产值和销售收入突破亿元。公司步入省内同行业“三甲”之列，是中国人造板行业最有发展力的 100 家企业之一。

水磨漆加工厂　县水磨漆木材加工厂初建于 1971 年，主要生产水磨漆家具和木制包装箱。1997 年，改制为民营企业，有职工 30 余人。因企业规模不大，利用特殊工艺生产的水磨漆家具附加值较高，木材需求压力相当较小，1998 年天然林禁伐后，仍保持正常生产，年产值百余万元。

第四节　食品加工

一、粮食、油料加工

县内农户住居分散，所产玉米、小麦等粮食多自行加工，场镇除县城人口上万以外，其余场镇规模均不大，粮食需求量有限，因而未形成较大规模的粮食加工企业。始建于 1959 年的县城国营粮站面粉车间，后为粮油食品厂，年加工面粉千余吨、面条数百吨，是县内最大的粮食加工企业。20 世纪 80 年代，市场逐步放开，粮油加工供应多元化，县粮油食品厂逐渐失去竞争力。1998 年，因多年亏损，负债率高，依法破产还债。1999 年破产终结，实现资产重组，引进马铃薯制品加工技术，综合开发荞麦、玉米系列食品。2000 年，因资金困难等原因全年停产。2006 年，转卖给个人经营，不再从事粮油食品加工。

改革开放后，县内陆续兴办一批集体和个体加工企业，以生产面粉为主，产品供应本地市场，以销定产，经营灵活；年产量少则两三千吨，多则八九千吨。

县内所产油菜籽主要由分散在各乡镇的私营个体小企业加工，所产菜油以供应本地为主，产量根据油菜籽收成而定，常年两三百吨。此外，油桐曾是县内重点发展的经济项目，1986年后桐油滞销，产量逐年减少，但在油桐较多的陈家坝乡，一直有个体户进行小量加工。

二、白酒酿造

县内居于高山的农民多喜饮酒，既可解乏，又能御寒。民国时期，县内即有多处专酿白酒的“烧坊”，自产自销，亦有农户酿造“小酢子酒”（一甑用粮数十至数百公斤）自用。中华人民共和国成立后，白酒由国营和集体酒厂酿制。为保证粮食需求，长期对白酒生产加以严格限制。改革开放后，政策放宽，先后在乡镇建立集体酒厂20余个，常年产白酒300余吨，20世纪90年代逐渐放开粮食市场后，陆续有个体户加入酿酒行列。1998年，全县各乡镇有生产粮食白酒的集体企业9家、个体户40余户，年生产白酒1200吨。此后，集体企业陆续转制，至2001年，白酒生产企业全部成为私营，产量逐年上升。2007年，全县酿酒个体户60余户，年产白酒1500多吨。酿酒户皆自产自销，以酒糟养猪，取得较好的效益。由于一直沿用传统工艺，手工操作，所生产的“纯粮白酒”除满足本县群众生活所需外，另受到县外客商的喜爱，其中“马槽酒”小有名气，成为地方畅销品牌。

马槽玉米酒 马槽玉米酒又称改乏汤，是风格纯朴的清香型小曲白酒，有北川“五粮液”之称。是北川羌族人庆丰收、婚嫁、红白喜事的主要饮品，始酿于清康熙（1662—1722），至2007年有300多年的历史。马槽玉米酒采用海拔3000多米的高山玉米和矿物质含量丰富的山泉水为原料，经纯粮固态发酵，土灶炭火，古法手工等工序酿造，具有酒香浓郁，甘冽清纯的特点。1991年，马槽玉米酒注册“马槽”商标。至2007年，马槽乡有马槽酒酿造企业（包括作坊）8家，年产马槽玉米酒400余吨，年销售额260万元。

三、茶叶加工

茶叶加工企业 由于交通条件的限制，县内各地鲜茶采摘后，先自行以手工为主进行初加工，再集中到县茶厂精加工。20世纪70年代末，成片新式茶园陆续投产，茶叶产量增加，乡村茶叶初制厂应运而生，仅几年的时间，就发展茶叶初制厂34家。新建的茶厂均以瓶式炒茶机、揉捻机、烘干机进行机械化加工，产品质量大大提高。90年代后，随着经营体制的改革，县茶厂转制为民营，乡镇茶厂有的被淘汰，有的转为个体经营。21世纪之初，县茶厂在完善体制改革后生产稳定，乡镇私营茶厂因经营灵活，适应市场能力较强，逐渐成为县内茶叶加工的生力军。2007年，全县有以佛泉茶业为骨干的60家茶叶加工企业，其中精制茶加工企业5家；年加工茶叶2000多吨。

主要茶叶加工企业有县茶厂（佛泉茶业有限公司、自然天堂茶业有限公司）和擂鼓镇五星茶厂、禹露茶业等。县茶厂于1997年进行产权制度改革后成为股份制企业——佛泉茶业有限公司，是县内重点骨干企业之一，年加工各类茶叶1300吨左右。公司坚持以龙头企业带动茶叶基地建设，1998年起，对重点产茶大户实行按交售额的5%“二次返利”。2003年7月，县茶厂被海南第一投资集团绵阳大峰公司整体收购，更名为自然天堂茶业有限公司。所生产的“佛泉牌”绿茶、茉莉花茶、民族团结牌茯砖茶三大类20多个传统名优品种在川西北享有盛名，受到消费者喜爱，先后20余次获国家、省、市行业评比优质产品称号。2005年，佛泉茶业有限公司被认定为“四川省农业产业化经营重点龙头企业”，“佛泉”商标被认定为四川省“著名商标”。

名优茶生产 县内茶叶以味纯耐冲泡而闻名。唐代白居易有诗云：“醉对数丛红芍药，渴尝一碗

绿昌明”；清初顾祖禹《读史方舆纪要》载，彰明兽目山“有白汇、龙潭，上下凡三潭，其水长流，产茶曰兽目茶”。“昌明”“兽目”皆产于县境东南之双潭一带，为当时之名茶，惜其制作工艺失传。中华人民共和国成立后，县茶厂生产的“佛泉”牌花茶系列最为有名，年产百吨以上；“仿龙井”“烘青茶”堪称绿茶之精品，但数量甚微。改革开放后，县茶厂仍以“佛泉”系列作为主打产品。为进一步提高茶叶的知名度，增加经济效益，从1989年开始，县内茶叶专家以“北川苔子茶”为原料，在擂鼓镇苏宝茶厂研制出名茶“苏香春绿”，后改名为“神禹苔茶”。“神禹苔茶”相继获四川省“甘露杯”名茶奖和全国农业博览会金奖。1992年12月，县农业局将“神禹苔茶”科技成果转让给擂鼓名优茶厂。经过数年的帮扶，擂鼓名优茶厂加工的茶叶市场畅销，产品供不应求。擂鼓新办的几家私营茶厂除生产传统的绿茶产品外，皆生产名茶，产品畅销。由于众多茶厂各自为政，至2007年仍未形成一个质高量大的名牌产品。

四、野生食品及肉类加工

自20世纪90年代开始，先后兴建小坝野生食品厂（后更名为禹珍天然食品有限公司）和大禹野生食品开发有限公司，有职工130余人，主要生产无污染的畜禽肉类、山野菜、山野菌等天然绿色食品，产品畅销国内外市场，年销售收入数百万元。

县内向无专业屠宰场，城乡居民所养肉猪均请屠工上门宰杀。屠宰时间主要集中在冬季，便于将猪肉制成腊肉供次年食用。由于高山农户多直接用粮食饲养，所熏制的腊肉色鲜味美，又不易变质，广受山外消费者的青睐。改革开放后，县内供销系统的腊肉加工业务陆续告停，部分个体户按市场需求，以传统方式加工出售腊肉，其产品多称为“羌山老腊肉”，年销售量数千吨。

第五节　造纸、印刷

一、造纸

草纸生产　1988年，全县有生产草纸的个体户60余家，产量百余吨。由于外地各种价廉物美的卫生用纸逐渐占领市场，草纸主要用作祭祀。改革开放后，面对激烈的市场竞争，为降低成本，传统的手工造纸方法逐渐被淘汰，石碾加工纸料和纱网舀纸的传统工艺被机械操作取代。

现代纸厂　1987年建成投产的大宇纸业有限公司是县内唯一一家现代造纸厂，属二轻系统的集体企业。初以生产文化纸为主，因销路有限，后改产机制纸板。所生产的牛皮箱板纸成为长虹、蓝剑等厂家的配套产品。1992年后，进行3次技改、扩建，箱板纸年生产能力提高到1万吨。1998年，收购曲山丝绸厂全部资产，征地10亩，再扩建一条1万吨A级箱板纸生产线。1999年，生产箱板纸10049吨，实现销售收入2326万元、利税202万元、入库税金281万元。2003年，因销路不畅，原材料涨价，产品价格下跌，加上资金、电力紧张等原因，产量逐年下降，效益降低。2004年，因亏损严重而停产，开始进入破产程序。后因缺乏竞争力，未再恢复生产。

二、印刷

1988年，县内有彩印公司和川剧团印刷厂两家印刷企业。

县彩印公司是有40多年历史的国营印刷企业，1997年改制为有限公司，职工数十人。因企业严重亏损，无法维持正常生产经营，1998年6月，经县法院裁定破产还债。企业破产后，组织职工开展生产自救。2000年4月，被安县私营业主收购，恢复生产经营。2001年9月，再次转卖。至2007年，未扭转亏损局面。

川剧团印刷厂是县川剧团服务公司所属集体所有制企业，职工数人，实行承包经营。印刷业务主要是社会杂件、学生作业本和票据，一直微利经营。

第六节 采矿、冶金

一、采矿

采煤 自清初以来，从擂鼓火石沟至通口茅垭一线先后建有多处小煤窑。中华人民共和国成立后，仍在旧有迹地进行间断性开采。至20世纪80年代，陆续建成擂鼓煤矿、麻柳湾煤矿和通口小坪煤矿3处国营和集体煤矿，年产煤3万～4万吨。90年代后期，3处煤矿陆续改制为民营企业，麻柳湾煤矿封井改产硫铁矿，其余2处煤矿年产原煤8万吨左右。2005年后下降至6万多吨。

采金 县境多砂金。中华人民共和国成立后，由政府组织群众用传统方法手工采集，开采量受国家有关政策影响而波动。1985年，乡镇企业局在邓家兴办金矿，机械采金，后因经济效益欠佳，被绵阳远望黄金工业有限责任公司收购。1998年，县内采金企业有邓家金矿和乡镇集体企业坝底金矿，以及部分个体采金户。1999年，为整顿采矿秩序，保护耕地，坝底金矿关闭；邓家金矿因采金船不便操作，又不时受洪水威胁，逐渐处于停产状态。21世纪初，县内部分私营业主在取得采矿权后，动用挖掘机等机械，相继在邓家、坝底等地河滩开采砂金，其产量无准确统计。

其他矿石开采 除煤、金外，县内还先后对石灰石、青云石、重晶石、大理石、松香石进行开采利用，其中开采青云石和石灰石最有成效。

石灰石，主要用于烧制石灰或生产水泥。改革开放后，擂鼓、甘溪等地先后办起3处石灰石开采场，为县内及江油等地水泥厂提供矿石，年产矿石10万余吨。2005年9月，引进子洋石材公司落户香泉，投资2000万元开发用于建筑装饰材料的石灰石板材；10月，引进成都再建装饰材料有限公司在擂鼓镇投资150余万元建立兴磊石业有限公司，11月建成石材高档加工生产线1条并投产。香泉开采的石灰石呈米黄色，填补了国内同类产品的空白，注册为“西羌米黄”，开发前景广阔。石灰石板材开采虽刚起步，但产品畅销。2005年后，县委、县政府大力招商，在香泉建设石材加工工业区，扩大开采加工规模。

青云石，即千枚岩，极易开凿成板材。过去农户常以其小块板材盖房。20世纪90年代初，始有企业作为建筑装饰材料进行开发，称为文化石。随后，多家私营企业以原始爆破方法开采原材，以电锯切割进行机械化加工，最高年产板材上百万平方米，产品除在国内销售外，另有部分产品用作出口。2007年，全县开采与加工青云石板材的主要企业有小坝卧龙关青云石矿、小坝民主村青云石矿、小坝双河天然文化石材厂、小坝硅晶石材厂、开坪清平石材厂、墩上鑫安石材厂、墩上磊古石材公司等8家私营企业，年开采加工青云石板材约60万平方米，产品广泛用于建筑装饰和家具构件，畅销国内外。

此外，县内另有个体私营企业对硅矿、硫铁矿、白云石等进行小型开采，产量视销量而定，每类产品年产量数千吨至数万吨。

二、冶金

1986年，县茶机厂因其所产茶叶加工机械设备滞销，便根据县内电力富余的优势投资兴建铁合金厂。1987年年底建成投产，冶炼75号硅铁571吨供外贸出口。20世纪90年代，夏禹电力公司和青片河林业局（华星硅业）相继利用自有富余电力转产硅铁，全县硅铁年产量达到5000吨～10000吨。后因市场滞销，硅铁停产。

第七节　机械加工及修理

一、机械加工

1988 年，县内有茶叶机械厂和擂鼓农机修造厂两家机械加工企业。茶叶机械厂为国有企业，主要生产茶叶加工机械和其他农用机械，1997 年改制为华中机械有限公司，所生产的茶叶杀青、炒干两用机及 75 号硅铁及低铬合金磨球，先后获得市、省、农牧渔业部优秀产品称号。后因市场竞争激烈，产品销售不畅，生产资金投入困难，2000 年停产。2001 年进入破产清算阶段，2002 年完成破产清算、资产处置和职工安置。

擂鼓农机修造厂属乡镇集体企业，主要生产压面机、铸钢及中小农具。2000 年 8 月，因经营困难，企业无法生存而解体。

二、机械修理

县二轻机械修配厂是 20 世纪 70 年代由城关铁业社发展起来的集体企业，主要从事农机修理与制造。1998 年完成改制，以变现的资产安置职工，由集体经营转向个体经营。

改革开放后，汽车和拖拉机等运输机械逐渐增多，一些运输企业新添机动车修理业务，从事机动车简单维修的个体户应运而生，逐渐形成较为完善的车辆维修体系。至 1999 年，全县有 36 家民营个体汽车维修企业，其中二类 6 家，三类 30 家，从业人员 80 余人。具有一定技术水平和规模的有：县交通运输公司修配厂、县汽车修理厂和擂鼓镇农机修配站 3 家，其中县交通运输公司修配厂有从业人员近 40 人。2007 年，全县有乡镇农机修理站 12 家和个体私营汽车维修企业 41 家，其中二类 6 家，三类 47 家。具有一定经营规模的 6 家修理企业是县汽车修理厂、纵横汽车修理厂、自力汽车修理厂、会友汽车修理厂、原野汽车修理厂和擂鼓镇农机修理站。

三、铁器加工

计划经济时代，以农具为主的铁器加工由各地集体性质的铁业社负责。1999 年体制改革后，全县 16 个乡镇所在地均有 2～5 户铁制农具加工个体户，18 个办事处中的 13 个办事处有 1 户以上铁制农具加工户。常年生产小农具 15 万件左右，能满足全县生产和生活所需。

第八节　民族传统手工业

一、水磨漆加工

水磨漆（俗称退光漆）制品华丽典雅，色泽光亮，经久耐用。禹里魏姓人家一张背面刻有“清道光年”字样的水磨漆圆桌，历经数代人使用百余年，仍光泽耀人。

清光绪年间，禹里老艺人马大兴以漆制庙宇殿堂之神位牌与棺材而闻名。其子马良云从小学艺，自民国 26 年（1937）起，在禹里开设“马记匾对铺”，专门漆制喜庆大匾、对联及水磨漆家具。中华人民共和国成立后，仅有曲山木业社小批量生产水磨漆器具，漆工曾斌如精于水磨漆加工技艺，且擅绘山水、松树、花鸟，所加工的桌、凳、盘、碟之类产品既实用又美观。水磨漆加工纯系手工操作，工序多而精细，所以产量有限，其产品因成本高，销路受到影响。20 世纪 70 年代，曲山木业社每年仅生产圆桌五六十件，凳子百余件。1985 年 9 月，木业社漆工车间从中分出，成立水磨漆家具厂，年生产圆桌、茶几、挂屏、餐盒、匾额等水磨漆制品500件左右。此后，规模稍有扩大，生产稳定，常年有职工30人左右，水磨漆器具年产值100余万元。

二、纺织、刺绣

羌民生活在大山之中，由于经济状况与交通条件的限制，一直以自产的苎麻和羊毛为原料，自行纺线织布缝制衣服。清乾隆年间，谢遂在《职贡图》中绘有“石泉县青片白草等族”图像，图中一女子“腰机而织”。所谓“腰机而织”，就是将纺好的线排列作经线，一端拴在固定的竹棒上，另一端则通过简单的机具拴于织者之腰际。纺织时以手工将经线上下错动，并依次横穿纬线，如此往复，即成布料。织物的宽度视需要而定，用于制作衣服的一般为一尺二寸左右，用作腰带，则仅两寸。中华人民共和国成立后，机制布料逐渐普及，但一些中老年妇女仍喜欢用这种最原始的方法织腰带，只是用机制丝线、毛线代替自纺的麻线毛线。

羌族女性擅长挑花刺绣。女孩从小习其技，十四五岁即能绣出各种复杂的图案，往往制作色彩艳丽的荷包、香包、裹肚、云云鞋、鞋垫等赠送情郎，表达爱慕之心。女性从头饰、衣服到鞋袜，均饰有花纹图案，更是自己挑绣技艺的展示。羌女挑花刺绣不用描稿，图案全在心中，信手做成即巧夺天工。多以花草、山水、动物等为内容，经夸张、概括而形成装饰性图案。其手法除采用挑花外，尚有纳花、镶花、架花、链子扣、平绣等多种。

中华人民共和国成立后，羌民与外界的交流日益频繁，逐渐淡化外表特征，流行时装成为年轻女性的新选择，仅年长的女性仍喜着传统服装，刺绣风气渐趋淡化。21世纪初，随着旅游业日渐兴旺，羌女制作的绣花鞋、鞋垫、围腰、挎包等受到游客的喜爱，但均为零星的自产自销。

第二十篇

交通运输

第一章　道路桥梁

第一节　公路建设

一、公路网络建设

1987年冬，开始实施中低档工业品以工代赈建设公路。在逐步改善干线公路的同时，把重点放在尚未通公路的边远地区，继续完善全县公路网络。至1990年年底，桂溪乡垭上至都坝的四级公路竣工使用，全县实现乡乡通公路。在此期间，除垭都路外，另新建开坪至小园、禹里乡黄土梁至禹穴沟口的山重四级公路，以及林区、厂矿、学校、旅游景区专用公路和农村村组公路243公里。此后，公路建设由国家立项后划拨专项资金招标施工。至1997年，县境有省道公路124公里，县道公路143公里，乡道公路107公里，厂矿、学校、旅游景区专用公路12公里，农村村组道路和林区专用公路285公里。全县公路通车里程达到671公里；通公路的村195个，占村总数70.14%；通公路的村民组921个，占村民组总数的66.69%；初步形成以县城为中心，以省道为主骨架，以县道、乡道为干线，以村道和专用公路为支线，便捷通往省、市政府驻地和邻县，连接各乡镇，辐射全县的公路交通网络。

二、公路改造

在开展公路路网建设的同时，重点对安北、北松、北茂、曲桂公路和平江公路县境段等干线公路进行改造，提高其等级，增强通行能力。

1987年冬至1989年1月，改建北松公路禹里至小坝等外级公路27公里，其中禹里至黄土梁6公里为山岭重丘三级公路，黄土梁至小坝大桥头21公里为山岭重丘四级公路；同期完成安北公路任家坪至县城翻水桥2.4公里三级公路改线工程。

1989年3月至年底，再次改造安北公路15公里路基，建成沥青表处路面。

1991年11—1993年5月，分两期将北茂路曲山至禹里22公里等外路改建为山重三级公路，沥青表处路面。

1992年，铺设曲桂路茅坝至沙坝沥青表处路面4公里。

1993—1995年，铺设曲桂路沙坝至陈家坝大桥15.5公里沥青表处路面。

1994—1996年，先后对乡道擂五公路麻柳湾至五星办事处7.2公里、擂苏公路拐拐滩至苏宝办事处5公里、永庆路10公里、双潭路10公里、小坪路15公里等进行重点整治。

1995年12—1996年12月，将平江公路甘溪沙窝子至平通20公里等外路改建为三级公路，铺设为沥青表处路面。

1995年2月开工建设邓（家）通（口）公路，因工程建设资金紧缺，1996年底停工；1998年9

月重新开工建设，1999年12月全线贯通。共修建桥梁28座900余延米，开挖土石方70余万立方米，砌筑防护工程4万余立方米。

1996年冬至1997年10月，铺设曲桂路陈家坝大桥至桂溪16.5公里沥青表处路面。

1997年9—12月，为配合通口电站建设，完成永通公路圆坪子至黄江3.2公里三级公路改线工程；1997年8—12月，将永通路黄江至通口3.5公里改建为三级公路。

至1997年年底，全县上等级公路262公里，占公路通车总里程的39%。

1998年年初，开始建设北茂路曹山坡至禹里10公里山重三级公路，并对路面进行双层表处沥青处理，1999年10月底竣工。共改建涵洞22道176延米，桥梁3座45延米，开挖土石方6.8万立方米，浆砌挡墙1.9万立方米。

1999年3月开工，对成青路县城过境段2公里按4车道宽22～24米标准进行改建，年底竣工；7月开始，对九环线县境内20公里路段油路路面进行维修，2000年竣工。

2000年4月开工，对北茂路禹里至茂县交界处33公里路段进行山重三级路基改造，年底竣工。7月，龙尾山隧洞全线贯通。12月，石蓑衣大桥开工建设，夏禹大桥完成基础浇铸，永通路北川段12公里改建工程完成6公里路基工程和5.5公里油路铺设。

2001年，完成北茂路禹里至茂县20公里油路铺设工程；成青路县城过境段一级路二、三期改（扩）建和砼路面建设竣工；安北路出口段拓宽工程开工建设；九环线6公里砼路面工程竣工，修补油路路面3万多平方米。

2002年，湔江桥梁建设项目——夏禹大桥、龙尾山隧道和石蓑衣桥竣工；安北路县城接线段2公里建成通车；完成黑土湾等8座公路危桥改造工程建设；先后启动禹里、开坪、都坝、贯岭4个通乡油路建设工程。

2003年，完成安北路县境段波形防撞安全护栏和安全警示、标牌、标线等安装工程及公路绿化工程；完成曲桂路38公里路基改造工程、北松路禹里段5.2公里路基整治和0.8公里油路建设以及片口街道过境段400米砼路面工程、北茂路禹里至茂县界33公里标美路工程。

2004年，完成邓通公路11公里（其余7公里受通口电站建设影响待建）路基工程建设，完成曲桂公路31公里油路路面铺设、墩青公路5.3公里和北松公路5.2公里四级沥青表处建设、小（坝）桃（龙）公路8公里四级砼路面建设、任（家坪）杨（柳坪）公路13公里四级砼路面建设。

2005年，完成邓通公路一期11公里三级油路铺筑、曲桂公路31公里油路面铺设。

2006年，完成都坝、贯岭四级通乡水泥路建设。至此，全县公路共1248公里，其中山岭重丘一级公路2.2公里，二级公路15公里，三级公里144.5公里，四级公路134.4公里，等外级公路951.9公里。自县城曲山南至安县安昌镇为二级水泥路，东到桂溪接九环线东线、西至茂县接九环线西线均为三级油路，其余为土路。

2007年，全县公路通车里程852公里，比2006年增加130公里。

三、公路简介

省道公路　县内有安北公路、曲桂公路、北茂公路、邓通公路等省道公路。

安北公路：起于安县安昌镇，经永安、擂鼓至曲山，全长28公里。1958年建成通车，2007年为山岭重丘二级公路。

曲桂公路：由曲山经邓家、陈家坝、太洪、垭上至桂溪，与平（武）江（油）公路衔接，长38公里。1965年建成通车，2007年为三级油路。

北茂公路：由曲山经漩坪、禹里、青石、墩上至岩湾进入茂县境，全长99公里，北川境内长46公里。1971年建成通车，2007年为三级油路。

邓通公路：起于邓家大桥，至通口与北通公路衔接，全长16公里。1999年竣工通车，2007年为三级油路。

平江公路北川段：自沙窝子江油市界上至平武县界，20公里，2007年为三级油路。

县道公路　县内有北松公路、北通公路、墩青公路和垭都公路4条县道公路。

北松公路：起于治城大桥，与北茂公路衔接，经开坪、小坝、外白、片口，至与松潘县接界之梭子口，全长55公里。1985年建成，2007年为四级碎石公路。

北通公路：起于安县永安场，经香泉至通口，全长26公里，县境段长15.5公里，是县城通往香泉、永庆、双潭、通口、小坪煤矿的重要干线。1980年12月建成，2007年为三级油路。

墩青公路：起于墩上乡政府驻地，与北茂公路衔接，北至青片44公里。1981年建成，2007年墩上至坝底段为三级油路，坝底至青片为四级泥碎公路。

垭都公路：起于桂溪乡垭上，与曲桂路衔接，经贯岭至都坝，长27公里。1990年建成，2007年为水泥路面。

村通公路　20世纪80年代初，县内部分村寨在当地党委、政府的支持下筹资投劳修建通村公路。2000年起，将通村公路修建纳入地方公路建设总体规划，由县交通部门拨付炸药、水泥等物资予以支持。至2005年底，全县共建成通村公路129条、747公里，278个行政村半数以上通公路。2006年后，结合文明新村和社会主义新农村建设继续新建通村公路，部分通村公路陆续改建为水泥路。

第二节　公路养护

一、日常养护

1988年，全县13个道班71名养路工人负责养护省道、县道公路120.6公里。1997年7月，原由江油管理养护的省道平江公路县境内20公里公路和在职职工27人移交给北川，县养公路增加至140.6公里，公路养护段道班增加到16个，职工增加到110人。由于养路经费严重不足，人均养护里程超过国家规定标准1倍。在工作环境条件差、收入低的情况下，养路工人仍尽力工作，保证公路通畅。

非县养公路因无专门人员养护，道路路况差，加上水毁频发，车辆通行能力差。1995年，试行分级养护办法，非县养的县乡道公路根据行车量和技术等级，按每公里每年500元～1100元的标准拨给补助费，由当地乡镇负责组织日常养护和一般维修，县交通局负责大中修工程。各乡镇政府结合本地实际情况，采取群众突击、划片包干、专业队常年养护等措施，养护效果明显。

1997年1月起，除省道成青路、县道永通路继续由县养护外，其余省、县、乡道公路，连同原设道班、养路工人、机具、房屋和有关经费，全部划交当地。因无法统筹安排养护工作，各乡地理条件、“代金”收入、养护里程等不一致，导致辖区公路通行能力差异较大。1998年8月1日起，改由县交通局统一养护管理。

1999年，针对公路养护任务重、退休人员多、经费不足等问题，继续对公路养护体制进行改革，实行“四定”（定里程、定标准、定人员、定经费），实现21%的人员分流。新方案的实施，使“养路”与“养人”的矛盾得到解决，职工收入大幅提高，工作积极性高涨。2001年，实行管养结合、分段承包、路段到人、分月考核、逗硬奖惩的工作激励机制，养护工作效率进一步提高，省道公路年均好路率达77%，县道好路率达71%。

2004年，继续深化公路养护体制改革，根据“政事分开、精干、高效”的原则，对原公路养护的事业人员进行分流，共办理退休 61 人、退职 2 人、分流到其他交通事业单位 19 人。2005 年，成立禹通路桥责任有限公司，自 5 月 1 日起，全县公路养护工作实行民营化。

二、公路抢通

县境自然条件差，公路路况差，不时发生垮塌，每至汛期则屡遭水毁。公路抢通成为交通部门一项重要工作。

1992 年 7 月 27 日，县境发生特大暴雨洪灾，全县公路损毁 2230 余处，所有公路交通中断。其中路基垮塌、沉陷 48.8 公里，塌方 99 万立方米；全毁中小桥 16 座 264 米，局部损毁大桥 1 座、中小桥 33 座，涵洞全毁 156 道、局部损毁 219 道；垮塌挡墙、护坡 578 处 13.8 万立方米；冲毁邓家、麻柳湾两处道班房 400 平方米，冲毁沥青库房 120 平方米，冲失沥青 110 吨。交通部门组织抢险队 11 个、工程机械及机动车 26 辆，投入 9 万余个劳动工日、1000 余个机械台班，经数月努力，才使全县道路重新贯通。

1995 年 8 月 11 日，县境发生特大暴雨洪涝灾害，全县公路路基全毁 40 余处 32.5 公里，垮塌挡墙、护坡 224 处 6 万立方米，泥石流、滑坡 280 余处，塌方 81.3 万立方米，全毁大桥 1 座 120 米、中小桥 33 座 558 米、人行钢索吊桥 17 座、涵洞 171 道，局部损毁大桥 4 座 450 米、中小桥 56 座 1008 米，50% 公路边沟、60% 路面损毁。灾害发生的当日凌晨，由交通局、养路段干部工人 108 人、民工 347 人组成 10 个抢险队奋起抗洪抢险。先后投入工程机械及汽车 21 台 1150 个台班、3.4 万余个工日，耗用炸药 71.5 吨、汽柴油及其他油料 80 余吨、木材 270 立方米、竹子 160 余吨、钢材 3 吨、水泥 1190 余吨。共抢修机动车便道 27 公里，架设便桥 3 座 40 米，架设公路石拱桥 3 座 57 米，修复涵洞 66 道，清除塌方 41 万余立方米，清理恢复边沟近 6 万米，填补砂石路面 14 公里，修补沥青路面 3 万余平方米。通往省市的安北路仅用 1 天，通往平武的曲桂路 19 天抢修通车，其余省、县主干道均在 3 个半月内恢复通车。

1998 年 8—9 月，全县普降暴雨，山洪冲毁路基、路面、挡墙，公路多处塌方，断道阻车。1999 年汛期，持续降雨 60 余天，全县公路坍塌近 10 万立方米，4 处整体滑坡。因组织措施得力，均在灾情发生后及时恢复通车。

2004 年，暴雨山洪造成 7 次断道，均在灾情发生后 2 小时内出动抢险人员，以抢修便道、修复路基等方式及时抢通。是年排险抢修 16 次，出动人员 400 多人次、机械 100 多台班，抢修路基 5500 多立方米、路面 6600 平方米、挡防 1600 多立方米，恢复护坡 600 立方米，清理塌方 8.8 万立方米，修复挡墙 1580 立方米，清除淤泥 2.6 万立方米，修复全毁桥梁 1 座、局毁桥梁 7 座、全毁涵洞 12 道、局毁涵洞 34 道。

2005 年 7 月 2 日、7 月 19 日，全县普降大到暴雨，导致县境省、县、乡主干道公路严重损毁，部分路段路基、路面、桥涵、挡防工程和排水工程被毁，造成交通多次中断。据统计，两次洪灾共塌方 34.8 万立方米，全毁路基 32.3 公里，冲毁油（混凝土）路面 68 万平方米，损毁桥梁 2 座、涵洞 611 道、挡墙及护坡 13.9 万立方米、路肩带 600 多立方米、防护栏 160 米，堵塞边沟 2.1 万米。灾情发生后，县交通局及时启动抢险应急预案，共出动抢险人员 2100 人（次）、装载机等机械 120 台班、工程车辆 120 余台班，灾后数天内恢复车辆通行。

第三节　桥梁建设

1988 年后，全县共架设桥梁 135 座，净跨 2692 米，全长 3981 米；荷载均为汽 20- 挂 100。跨度较大的有禹里大桥、龙王滩大桥、苦竹坝大桥、黄江大桥、韭菜梁沟大桥等。

禹里大桥　位于北松路6公里处，跨白草河，为禹穴公路起点，属中低档工业品以工代赈工程项目。1987年11月开工，1988年9月底竣工，净跨50米，全长80米，宽7+2×0.5米，水泥混凝土预制件坂拱。

龙王滩大桥　位于茅坝新区县职业中学处，跨湔江河，净跨2×40.8+4×9+3×6+2×4.2米，全长218.7米，宽7+2×1.5米，钢筋混凝土肋实腹坡拱桥。1991年12月开工，1992年3月主体工程完工初通车后因资金不足停工。1992年7月特大洪水冲毁龙尾岸伏拱，1998年11月撤除重建。

苦竹坝大桥　为苦竹坝电站专用桥，跨湔江河，净跨80米，全长130米，宽5+2×0.5米，水泥混凝土箱型拱桥。1989年4月开工，1991年3月竣工。

黄江大桥　位于香泉乡黄江村，跨通口河。1994年9月采用无支架平移竖转新工艺，建成净跨80米、全长120米的钢架斜腿钢构桥，1995年8月毁于特大洪水和漂浮物的冲击。1996年1月重建为钢筋混凝土箱型拱坡桥，由于不能满足新建江油香水电站库区百年一遇洪水高程，1997年3月停工，旋改建为净跨85米、全长120米、宽11米的钢筋混凝土中承式坂拱桥，1998年2月竣工。

韭菜梁沟大桥　位于邓通公路韭菜梁沟，净跨1×40米，全长58米，块石坂拱桥，1995年9月开工，1996年1月竣工。

第二章　运输

第一节　人力畜力运输

一、货物运输

县内道路崎岖，所需之商品和输出之农副土特产品，多是雇人背运，有专门从事长途背运为生者，称为背子客。大宗货物运输，则有马帮承担。中华人民共和国成立后，随着道路状况的逐步改善，运输方式发生根本改变。安北公路修通后，1955 年开始有架子车、胶气轮大车用于客货运输。20 世纪 60 年代后，人力、畜力运输量随着机动车辆的增多而减少。1984 年，县运输公司撤销肩运组与驮运组，交通运输部门的人力、畜力运输业务终止，个体经营的畜力运输则向不通公路的乡村发展。20 世纪 90 年代，部分农村群众利用农闲时间将畜力投入经营性驮运，畜力运输较 20 世纪 80 年代后期略有增加。进入 21 世纪后，由于村通公路建设速度加快，村社相继有简易公路或大道相通，拖拉机、机动三轮车、摩托车逐渐成为乡村主要运输工具，唯山地生产性运输则仍以肩挑背负为主。

二、城镇人力三轮车

1989 年，随着农村剩余劳动力向城镇转移，县城出现人力三轮车专营旅客运输，至 1994 年，全县发展人力三轮车 122 辆，主要集中在县城，年运送旅客 22.6 万人次，运输周转量 45.3 万人 / 公里。随后，机动客三轮车和出租汽车逐渐增加，人力客三轮车随之减少，1997 年，仅有县城有人力客三轮车 30 辆，年客运量 4 万人次。此后几年，人力客运三轮车逐渐被取代。2003 年，县城取缔机动客三轮车，恢复人力客运三轮车。

第二节　机动车运输

一、概况

县内汽车运输业务主要由国营、集体专业运输公司及单位车队承担。20 世纪 80 年代中期，个体私营汽车运输业逐渐发展，专业运输企业在市场竞争中纷纷走入低谷。县汽车运输公司自 80 年代后期即连续亏损，至 1994 年累计亏损 50 余万元、1991 年，县汽车队亏损近 10 万元。县粮食车队、供销社车队、重晶石粉厂车队、水泥厂车队、煤矿车队、擂鼓农机站车队于 1990—1996 年间先后破产倒闭或撤销。1995 年 3 月，县汽车队、汽车运输公司和汽车客运站共同发起成立县交通运输有限责任公司。1997 年，将省、市交通主管部门投入 163 万余元新建的县城汽车客运站全部资产无偿划拨给公司，新公司开始按新机制运作。1998 年，公司抓住城市建设的有利时机，投资 700 万元，参与羌乡民品市场建设，修建轻型钢结构大棚、成套住房和商业门面等，占地 0.78 万平方米，建筑面积 1.22 万平方米。2000 年 5 月 1 日竣工投入使用。跨行业经营为公司带来新的发展机遇。

国营和集体性质的运输企业为生存相继改制为民营公司，个体、私营运输队伍却因经营灵活得到发展，逐渐形成银潮和顺达两个规模稍大的专业运输企业。

银潮汽车队。1993 年，县城个体餐饮户杨昌会购置一辆东风牌载重货车从事货运租赁，1994 年载重货车发展到 6 辆，正式成立银潮汽车队，专营公路汽车货运；1995 年转由其丈夫经营，增设汽车修理业务。1997 年，企业下属有汽车队和汽车修理厂，共有员工 30 人。汽车队经营载货汽车 14 辆 70 吨位，全年货运量 3 万吨，货运周转量 240 万吨 / 公里；汽车修理厂年维修、保养各型机动车 300 余辆次。此后，所经营的货运规模逐渐缩小，改为以汽车维修业务为主。

顺达汽车队。1994 年，桂溪乡村民张顺友筹资购买载货汽车 2 辆 10 吨位，在桂溪栀子坪成立顺达汽车队开展公路货运。1995 年，增购客车 1 辆经营旅客运输。1996 年年底，淘汰货车，增购客车专营客运。1997 年，客运汽车增加到 6 辆 141 个客位，经营桂溪至江油、绵阳，都坝至绵阳，禹里至江油，江油至北川等客运线路 5 条。1997 年旅客运输量 8.9 万人次，运输周转量 343.1 万人 / 公里。2003 年 7 月，顺达汽车队被绵阳通力运输公司兼并。11 月，交通运输有限责任公司与四川富临运业集团实现资产重组。自此，县内从事客运、货运的专业运输企业有富临运业和绵阳通力公司。

二、货运

县内公路货物运输历来由国有公司和单位车队承担。20 世纪 80 年代中期，国家政策放开，个体私营汽车运输业逐步兴起。1988 年年初，全县有载货汽车 164 辆，其中经营性货车 85 辆 382.5 载重吨，非营业性汽车 79 辆；经营性货车中属个体经营的 41 辆 161 吨位。另有拖拉机 312 辆，其中营运性的 256 辆 342 载重吨，几为个体所有。1997 年年底，全县载货汽车增至 381 辆（含微型双排座客货两用车和微型载货汽车），其中 292 辆 981 载重吨属个体、私营；农用车 112 辆中营运性的 100 辆 200 吨位、拖拉机 306 辆中营运性的 250 辆 250 吨位均属个体户所有。1998 年后，全县个体、私营汽车运输业快速发展，国营、集体运输企业逐渐退出货运市场，货物运输全部由个体、私营运输户经营。1999 年，货运汽车增至 354 辆 764.4 载重吨。此后，个体私营汽车运输业稳中有升。2002 年全县有营运货车 393 辆，2005 年 396 辆，2006 年增至 440 辆，另有从事运输的小四轮拖拉机 100 辆。

1988 年，全县社会货运量 28.2 万吨，货运周转量 1889 万吨 / 公里。1997 年，全县社会货运量和货运周转量分别增至 125 万吨、5074 万吨 / 公里。1999 年，全县货运量 83 万吨，货运周转量 3840 万吨 / 公里，比 1998 年略有减少。此后几年，稳中有降：2000 年货运周转量 3540 万吨 / 公里，2002 年货运周转量 3304 万吨 / 公里，2005 年货运周转量 3173 万吨 / 公里，2006 年货运周转量 3263 万吨 / 公里，2007 年货运周转量 3263 万吨 / 公里。

三、客运

1988 年年初，全县有大型载客汽车 35 辆 1510 座客位，有客运线路 11 条，营运里程 587 公里，客车班次 51 班。90 年代后，客车数量迅速增加，公路旅客运输班次线路逐步增长。1997 年，先后增设县城至都坝，县城至片口两条到边远少数民族聚居地线路，实现全县所有乡镇通行客运班车；新开行跨地区客运线路 4 条，增加客运里程 620 公里，跨县客运线路 13 条，增加客运里程 1193 公里。全县公路汽车客运线路增至 30 条，营运里程 2400 公里，客车班次 123 班；投入旅客运输车辆 88 台。1999 年，从事营运的客车 103 辆（县交通运输公司客车 89 辆）1823 座客位；客运线路 31 条，其中跨市、地、州 7 条，市内跨县 19 条，县内 5 条；营运里程 3000 多公里，客车班次 130 班。2006 年，客运车辆全部得到更新，全县共有客车 129 辆，客运线路延伸到各乡镇，县城至绵阳的客运班车每

10分钟一班，乘车极为方便。

1988年，社会旅客运输量162万人次，客运周转量5395人/公里。1997年，社会客运量363万人次，客运周转量8015万人/公里，全县人均乘车次数和乘车里程分别增长2.23倍、2.09倍。1999年，专业运输部门全年完成客运量341万人次，客运周转量9062万人/公里。2000年，营运性客车旅客运输量8872万人/公里。2001年，全县载客汽车103辆，客运周转量9833万人/公里；县交通运输有限责任公司旅客周转量7.4万人/公里，旅客运输量246万人次。2002年，客运周转量10210万人/公里。2005年，客车126辆，客运周转量4651万人/公里。2006年，客运周转量5265万人/公里。2007年，客运周转量6096万人/公里。

出租车 1995年，县城曲山镇开始出现以出租方式经营的夏利牌小汽车。1996年夏，发展至10辆，车型有夏利、奥托、微型长安面包车和通工、野马等越野型小汽车。是年县内获准开展出租汽车业务并实行经营权有偿使用。至1997年，办理经营许可证进行工商和税务登记的出租小汽车12辆。1999年，县城客运出租小汽车发展到15辆，车型为桑塔纳和夏利轿车。2005年，出租车22辆。2006年，为便于有序管理，成立自发出租汽车公司，出租车仍为22辆。

在同一时期内，货运汽车出租业务兴起，微型车、双排座货运汽车发展尤快，到1997年全县有货运出租车100余辆。此后，规模保持稳定。

机动三轮车 县城街路有陡坡，人力三轮难以贯通。1991年，开始出现用三轮摩托车改装的机动客运三轮车，即受到上下班职工、学生、就医群众的欢迎。此后，机动客运三轮车在县城和禹里、擂鼓、陈家坝、通口、坝底、小坝等主要乡镇迅速发展，至1997年，全县有机动客运三轮车215辆，其中县城120余辆。1999年上半年，县城客运三轮发展到200多辆。为维护正常交通秩序，开始进行清理整顿并实行经营权有偿使用；是年底，全县有办证客运三轮210辆，其中县城136辆。由于县城及各乡镇均基本饱和，此后未再发展。2003年，为治理县城噪音，保证乘客安全，县城取缔客运机动三轮车，恢复人力三轮车。

第三节 水上运输

1988年，县内共有非机动船5艘，主要用于捞运砂石。1992年，苦竹坝电站购买机动船一艘，准载8吨，小型摩托艇两艘，足踏船两艘，利用库区水面经营水上游乐项目；1995年后，因库区泥沙淤积，经营困难，1996年停业。1995年8月，香泉乡黄江村在通口河鲢鱼洞处设临时渡口，解决黄江大桥水毁后当地群众的渡河问题，12月撤销。1997年，县境有农业生产性渡口一处，有人力铁皮渡船和砂石采运船7艘，年渡运近4000人次，采运砂石2000吨。1998—2003年，未设立水上交通运输管理机构，县内所有水上交通运输业务管理由江油市航务管理所代管。2003年12月，县交通局航务管理所（地方海事处）成立，实行两块牌子一套人员，核定事业编制2人。是年全县共有采砂船舶15艘，主要在香水湖和苦竹坝库区作业经营。2004年1月，苦竹坝库区新增船舶4艘，用于采砂作业；4月，县神禹大峡谷漂流服务有限公司成立，有充气船艇20艘用于水上漂流旅游项目。2005年2月，为解决漩坪乡部分群众的过渡难问题，在漩坪乡场镇设立渡口1处，新增非机动船舶1艘，后因达不到设立渡口标准于2006年撤除。2005年3月，猿王洞景区新增旅游漂流项目，有充气船艇10艘，从事水上漂流旅游服务。

第三章　交通运输管理

第一节　路政管理

1988 年 1 月 1 日起施行《中华人民共和国公路管理条例》，8 月 1 日起施行《中华人民共和国公路管理条例实施细则》。1990 年后，县政府相继发出《加强公路路政管理，保护公路安全畅通》《加强路政管理，保护路产路权》等通告在全县张贴，并印发有关路政法规的小册子下发乡镇村组，大力开展宣传教育活动。

1992 年 6 月，县路政管理所成立，选配专职路政管理人员坚持常年巡查，清理占用公路堆放物品，拆除临时设施和违章建筑，查处损坏公路的事件。1995 年，试行公路分级养护，将路政分级管理纳入县、乡镇工作目标责任。1998 年起，遵循“依法治路，预防为主，管养结合，综合治理”的方针，依法保护路产路权。针对县境公路线长、分散且等级低的特点，实行分线、分段责任到人。2000 年，完成省道 138 公里公路用地确权和路产登记工作。随后，坚持路政管理与养护工作有机结合，动员沿线群众共同管路护路。同时，加大上路检查巡查力度，年均上路检查巡查千余人次，路产案件查处率和路产损失恢复率均达 95%～100%，确保县境公路安全畅通。

第二节　公路运输管理

1988 年，由县公路运输管理所和坝底、禹里、小坝、桂溪 4 个片区管理站，负责对公路客货运输及运输企业内设的客运服务、汽车保修等进行管理。1997 年底，增设通口、曲山两个片区运管站。公路运输管理工作的重点是治理整顿运输市场，其中客运市场的规范管理又是重点中的重点。针对机动车辆发展快，公路运输竞争激烈等情况，从准购机动车、开业营运到运输纠纷仲裁处理等各个环节严格把关，对客车驾驶员专项审验发证，严格公路旅客运输定线路、定班次、定票价“三定”管理。1990 年起，对客车实行强制保养维修。1992 年起，执行线路牌规定。1994 年起，实行客运车辆定期综合技术性能检测规定。1995 年起，实行客车驾驶员准驾证制度。公路运输管理人员依据有关法规对运营资质、票价、线路及车况进行检查监督，对全县个体客运秩序开展专项治理整顿，查处无照从事客运行为，确保客运市场有序发展，保障旅客的生命财产安全。

1988 年，全县共有运输管理对象 366 个，其中汽车客运单位 2 个、汽车货运单位 58 个、汽车客货兼营单位 1 个、个体汽车货运业户 49 户、个体拖拉机货运业户 256 户。1997 年，全县公路客运业户达到 266 户，其中公路汽车客运 23 户、出租汽车业户 12 户、机动三轮车客运 201 户、人力三轮车客运 30 户；公路货运业户 612 户，其中汽车货运 227 户、农用车货运 100 户、拖拉机货运 250 户、微型汽车货运出租 35 户；汽车及机动车维修业户 22 户，其中二类 8 户、三类 14 户；搬运装卸 40 户；运输服务业户 6 户，其中县汽车客运站 1 户、片区客运站点 5 户。2007 年，全县客运企业 2 户、客运车辆 127 辆、货运业户 536 户、货运车辆 581 辆、农用车拖拉机 286 户、客三轮 128 辆；维修业户 56 户，其中三类 49 户，二类 7 户；出租车公司 1 户，出租车 22 辆；客运站 4 个。

第二十一篇

邮电

第一章 邮政

第一节 机构变革

一、县级邮电机构

邮电通信沿袭传统体制，县设邮电局，行政管理，企业经营，政企不分；生产经营建设由上级行业主管，行政由行业和属地政府双重管理。20 世纪 80 年代末期，随着计划经济向市场经济转型，邮电行业人、财、物逐步划归行业管理，按企业化经营，不再是政府通信管理的职能部门。

进入 20 世纪 90 年代，其他电信运营商不断兴起。为适应新形势，从 1998 年 10 月开始，对邮电合一经营体制进行改革，县邮电局分设为电信局和邮政局；人员按专业属性，资产按业务属性综合平衡，电信和邮政实行分营。

1999 年 7 月，县电信局依照上级改革方案将移动通信分离，另设县移动通信公司。

2001 年 1 月，县电信局内部施行主辅、主附分离改革，成立四川省电信公司北川县分公司和四川省电信实业集团绵阳电信实业有限责任公司北川分公司。电信分公司负责电信业务经营，电信实业分公司对电信分公司实行代设备维护、代营业、代办理业务（简称“三代业务”），并经营电信业务以外的社会经营项目，原电信局行业内社会服务性工作全部归并经营，独立核算，自负盈亏。2003 年 7 月，划分到电信实业分公司的“三代业务”人员全部整合到电信分公司，电信实业公司撤销。此后，邮政电信机构未作变动。

二、邮电分支机构

1988—1992 年，县邮电局下设擂鼓、坝底、陈家坝、小坝、通口、治城 6 个邮电支局和漩坪、桂溪、片口 3 个邮电所，以及碧溪口邮电代办所。1993 年 6 月，桂溪邮电所升格为桂溪邮电支局。1998 年 10 月，县邮电局分设为邮政局和电信局后，其分支机构相应分设为邮政支局和电信支局。2003 年 10 月，县邮政局下设擂鼓、曲山文武街、通口、陈家坝、桂溪、禹里、小坝、坝底 8 个支局和漩坪、片口 2 个邮政所。

第二节 邮政业务

1988—1997 年，邮电业务在发展传统的函、包、汇、发和电报、电话业务基础上，先后推出 10 余种新业务，满足社会各界和人民群众的通信需求。从事的邮政业务分为专营、兼营两大类。专营业务有国内和国际信函、印刷品、包裹、邮政汇兑、特快专递，国内邮政快件、报刊发行；兼营业务有音像租赁、实物邮购等业务。1988年3月，新开办集邮业务。1995年10月，新开办邮政特快专递业务。1997年6月，开办邮政储蓄业务。1998—1999年，面对市场疲软的形势，全力抓好邮政储蓄、特快专递、报刊发行等重点业务的发展，提高经济效益。

2000年，在巩固传统业务发展的同时，与电信、移动、保险公司配合，代办各类手机卡、传呼机、贺年有奖明信片、音像租赁及报刊零售、出租等单项业务；采取分片包干，上门揽收、免费安装信报箱、在县城和部分支局设置报刊亭等办法，配合县委宣传部和各乡镇抓好党报党刊发行工作，扩大收订面和数量。是年完成邮政业务收入121.6万元，邮政储蓄余额1588万元，邮政储蓄收入45万元，报刊流转额72万元，完成报刊收入20万元，特快专递收入4万元，集邮业务收入23万元，广告信函收入4万元，代办电信收入4万元，函件收入14万元，汇票收入4万元，包件收入3万元，代办保险收入0.2万元。

2003年，推行激励保障机制，加强邮政储蓄业务的发展。以扩大服务范围、服务行业为基点，以抓好大小余额揽收为重点，有针对性抓好小贩小商储蓄业务，扩大定期、活期储蓄的层面，巩固储蓄余额的增长；免费发放“银联卡”，加大农村支局储蓄网点的“绿卡”建设；有针对性地开发“入账汇款”“代发工资、退休金”等金融中间业务。把集邮和邮递类业务作为增量创收的主要产品。抓住自治县成立庆典的机遇，开发制作《羌风羌韵》纪念邮册、纪念封等专题票品。抓好报刊征订工作，推行全员营销方法，分段分片实行上门收订服务。拓展特快送款、入账汇款、法律文书、居民身份证、假日经济、礼仪服务、票务代理等业务。是年完成邮政业务收入242万元，邮政储蓄期末余额3873万元，函件业务收入19万元，报刊发行收入22万元，集邮业务收入95万元。

2006年，按照国家邮政总公司的统一安排，对邮政服务网络进行整治、升级，实现邮政业务处理信息化电子化，后台监控微机化，有效减少经营风险。在全县7个支局、2个代办所、20个代办点开展规范经营秩序大检查，撤换个别代办人员，更换代办点，停办个别不符合经营规定的揽储代办业务，对代办人员进行职业道德教育和业务培训。是年完成邮政业务收入220万元，邮政储蓄年末余额7737万元。

2007年，开发猿王洞景区邮资新型门票、禹里中学校园邮资封、北川风光明信片以及电信公司、移动公司形象年册等，集邮业务以羌文化特色为突破口，拓展集邮与游客、集邮与导游相结合的新渠道。是年完成邮政业务收入246万元，邮政储蓄年末余额11294万元，累计净增余额3800余万元，实现集邮收入13万余元。

第二章　电信

第一节　固定电话

1928年，县内安装第一部电话。此后60余年间，一直使用的是“摇把子”电话。1989年2月，启动县城自动电话工程。1992年11月，擂鼓镇率先开通程控自动电话，从“摇把子”电话直接过渡到数字程控电话，成为县内第一个使用程控电话的乡镇。1993年11月至1994年8月，通口、漩坪、陈家坝分别开通程控电话。1994年11月，绵阳至北川的光缆割接开通，县城开始使用程控电话，实现电话自动化；12月，北川至绵阳30路光纤数字电路开通使用，实现出境电话传输数字化。自此，电话迅速进入普通人家，用户直线上升。

1998年1月，开通坝底程控电话。5月，完成禹里—小坝25千米光缆敷设，并附挂禹里至麂子坪铜缆7.3皮长千米，开通小坝程控电话。

1999年3月，开通桂溪至甘溪及猿王洞、沙窝子木材检查站程控电话。4月，开通邓家办事处程控电话。7月，开通白坭乡程控电话。11月，开通贯岭和都坝程控电话。7月8日，县城开通可视会议电话。

2000年1月，开通片口程控电话。11月，开通白什及平武县泗耳乡、松潘县白羊乡程控电话。

2001年，对县城及乡镇交换机进行扩容升级，对管道电缆进行网调。除青片外，全县其余乡镇开通程控电话，实现传输光缆化。是年实装市话3850户，农话3192户，其中80%以上为住宅电话，全县电话普及率4.95部/百人，其中县城普及率达40.1部/百人。

2002年10月，建成白什至青片光缆11.7千米，铜缆12.7皮长千米，开通青片乡、华星硅业公司及五龙寨旅游景区程控电话。全县固定电话用户达9534户（含小灵通902户）。

2004年，加大“村通工程”建设，对部分村社进行电缆扩容及延伸，满足农村通信市场的需要。至2005年，全县20个乡镇本地固定电话用户（包括小灵通）达17071户。

2006年2月，开通NGN可视电话；继续加大“村村通”建设，完成青片—西窝光缆传输工程，县内最边远的村寨开始使用程控电话。

2007年，继续对管线和设备进行扩容升级，开展全县地名地址覆盖清理、号线资源清理等。因移动电话的迅速普及，程控电话发展速度趋缓。是年，全县本地固定电话用户15268户，其中农村固定电话用户5927户；全县电话普及率25.9%，其中固定电话普及率10%。

第二节　无线通信

一、概况

1995年1月，县内首次开通无线寻呼业务。1996年3月，县城建成模拟移动电话基站。1997年

9月，建成数字移动电话基站并开通运营。随着基站的增加，信号覆盖面不断扩大，移动通信用户逐年增加。2000年，县内经营移动通信业务的有移动通信北川分公司和联通公司北川业务部。2001年后，电信公司在县城及乡镇发展小灵通业务，为用户提供更多的选择空间。2004年，移动公司根据省政府《关于农村乡镇通信扶贫工程实施方案》精神，开始在县内实施电信村通工程。公司争取资金5000万元，新建光缆200多公里，建基站16处、VSAT（卫星电话）站33处，开通全县所有乡、镇、村的移动电话，使边远吊野村寨通信难的问题得到解决。

二、无线寻呼

1995年1月，县邮电职工集资购进设备，在县城开通126人工无线寻呼业务，寻呼设备与电报设备同室安装并专人维护值守；5月，168自动声讯服务信息台开通。1996年3月，新增127自动寻呼业务；11月，开通129全省联网的无线寻呼业务。此后，蜀都、国利、涪城等寻呼台相继来县拓展市场，无线寻呼业务逐渐向全县各地扩展。1997年9—12月，126、127无线寻呼业务延伸服务至禹里、漩坪、陈家坝、桂溪、通口、坝底6个邮电支局。1998年，县城开通198、199全国高速寻呼；7—12月，禹里、漩坪、陈家坝、桂溪、坝底相继开通二频点无线寻呼业务。此后几年，随着无线电话的普及，无线寻呼业务逐渐萎缩并最终停办。

三、小灵通

2001年8月，县城开通固定电话的延伸业务——无线市话（小灵通），建基站15处，并开始投入运营。2002年9月，开通擂鼓镇和猿王洞风景区小灵通。2003年，在县城进行基站调整补点，相继开通禹里、小坝、漩坪、片口、陈家坝无线市话业务。2004年，开通桂溪、通口、邓家办事处、青片、白什、都坝、白坭、猿王洞后山风景区小灵通。小灵通与固定电话同标准收费，资费低廉，广受欢迎，用户迅速增加，至2005年，全县16个乡镇全部开通小灵通业务，用户2000多户。此后几年，随着移动电话的网络完善和资费降低，小灵通逐渐退出市场。

四、移动电话

在有线电话迅速普及的90年代，无线通信开始起步，并以更快的速度扩展业务。

1996年3月10日，县邮电局在县城建成900兆赫模拟移动电话基站1个，投入运营，发展用户55户。1997年9月，开通139数字移动电话业务。1999年7月，县移动通信营销维修部从电信局分离单设，专门从事移动电话经营。2000年，联通公司开始来县设立业务部，参与移动电话经营，全县手机用户近2000户。此后，移动公司凭借网络覆盖面宽的优势，联通公司则不断推出优惠的资费政策，两个公司在竞争中发展，仅几年时间，就使手机在县内普及。2002年，全县移动电话用户4893户，2005年增至22107户。2006年，全县移动电话普及率达到22.7%，手机成为普通人的通信工具。

第三节　宽带网络

2002年1月，开始开办宽带多媒体互联网业务，为信息的快捷传播提供新的途径；互联网注册主叫用户1310户。6月，开通宽带互联网，首开用户“宏辉网吧”上网电脑25台。至2004年年底，全县共有上网用户717家，社会个体经营网吧、游戏厅23家；党政、企业单位建成宽带局域网76户，改纸质办公为电子办公。2007年，全县互联网用户1000余户。

第二十二篇

金融

第一章　机构

第一节　概况

1988年，县内金融机构有中国工商银行北川县支行、中国农业银行北川县支行、中国建设银行北川县支行、农村信用合作社（由县农行代管），共开设60个营业门点；县邮电局开办邮政储蓄业务；另有中国人民保险公司北川县支公司办理财产、人寿保险业务。经过20年的发展演变，至2007年，县内金融机构有农行、农发行、农村信用合作社联合社、富民村镇银行开展存贷业务；有中国人寿保险公司、中华联合财产保险股份有限公司办理财产保险业务，中国人寿保险公司办理人寿保险业务；另有县邮政储蓄所办理存储业务。除农发行属政策性银行外，其余金融部门均按照《中华人民共和国商业银行法》及社会主义市场经济运行机制运作。

第二节　国有商业银行

一、中国工商银行北川县支行

机构　中国工商银行北川县支行于1984年1月成立，与中国人民银行北川县支行一套人马。1985年，中国人民银行北川县支行撤销后，其业务由县工行接办，1986年9月交中国人民银行安县支行办理。1988年，县工行内设行长室和人秘、信贷、计划、储蓄、会计出纳5股，外设第一、第二两个储蓄所和十字口储蓄代办所，新增擂鼓储蓄代办所（1995年撤销），有职工54人。1992年增设保卫科、茅坝储蓄所（1996年撤销）。2000年，县工行降格为北川分理处，由中国工商银行安县支行管理。2005年8月，北川分理处撤销，人员由中国工商银行绵阳市分行和中国工商银行安县支行安置，业务移交县农行办理。

发展概况　县工行按照国家信贷政策，结合北川县实际，坚持效益优先原则，筹措资金保证农副产品收购和重点企业需求。1988年，以“收紧信贷、调整结构、扶优限劣、提高效益”为宗旨，对县内工商企业分类排队，集中资金保重点，支持农副产品收购；年末贷款余额1848万元。1990年，支持国营商业企业充实库存，保证市场供应，支持农副产品收购，支持工业企业扩大生产规模；是年一、二类企业流资贷款额1728万元，占贷款总余额的80.1%。1991年优化贷款增量，累计为国营工业企业发放流动资金贷款270万元，为国营商业企业发放贷款812万元，发放农副产品收购资金贷款1725万元。1992年“7·27”特大洪灾后，安排贷款100万元，支持县电力公司、县印刷厂、县茶厂等重灾企业复产。1993年，在国家加强宏观调控，紧缩银根的条件下，争取贷款和拆借资金3321万元，保证全县农副产品收购资金的需求。1995年特大洪灾发生后，从上级争取流动资金贷款150万元，

支持受灾企业恢复生产。是年累计发放工商企业贷款4380万元。1996年推行贷款抵押制度。1997年，成立由行长任组长的信贷审核小组，负责对新发放贷款的安全性、效益性、合法性进行审查，优化资金投向，先后为县造纸厂技改投入资金500余万元，为佛泉茶业有限公司发放流动资金贷款2634万元；年末贷款余额6266万元。1998年，大力支持企业改革，向11户改制企业发放贷款5327万元，其中佛泉茶业20笔2444万元、大宇纸业13笔1234万元，两家企业贷款占支行全部工业贷款发放数的58.7%；各项贷款余额6948万元。2000年，受工商企业改制等因素影响，贷款规模减小，年末贷款余额6062万元；是年撤销十字口储蓄所，精简机构人员，拓展贴现业务，减少支出费用。2001年，年末各项贷款余额5804万元，其中短期贷款5226万元，中长期578万元（技改贷款535万元，房贷款41万元，储蓄耐用消费贷款2万元）。2002—2004年，年末贷款余额均为5000多万元。2005年8月，工行北川分理处撤销后，业务移交县农行办理。

县工行历来重视组织储蓄存款，年末各项存款余额呈增长趋势。1988年，各项存款余额870万元，1998年4624万元，其中公营存款2513万元、储蓄存款2111万元。2001年，各项存款余额5304万元，其中公营存款3349万元、储蓄存款1955万元。2004年，各项存款余额8800万元。

二、中国农业银行北川县支行

机构　1988年初，中国农业银行北川县支行有经营网点14个，职工102人。1989年3月，内设信贷、计划统计、会计出纳、信用合作、稽核审计、监察保卫、人事等9股和办公室。1991年5月，设立中国农业银行绵阳市分行劳务部北川分部。1992年7月，内设综合、工会、监察3个办公室和行政、人事教育、保卫、审计稽核、信贷、统计、会计出纳、存款、信用合作9科。1996年，开展人事、机构改革，机关内部机构调整为6科1室；同时对营业网点进行撤、并、转，实行全员聘任制。1997年1月，撤销青片营业所。3月，撤销桂溪营业所。12月，将内设机构合并设置为办公室和资金营运、财务会计、信贷业务、人事、监察保卫5部，下辖曲山、禹里、小坝、坝底、擂鼓、漩坪、通口、陈家坝8个营业所及房信部、支行营业部、6个储蓄所；有正式职工116人（含劳务部职工22人）。

1996年9月，农村信用社与县农行脱钩；1997年3月，县农行与县农发行分设，各项存贷业务、资金、财产和人员亦按政策规定划转和分离。县农行的职能向以市场为导向、经营为中心、效益为目标的国有商业银行转换。2005年，进行机构人事改革，将机关从7部1室压缩至4部，撤并小河街分理处，全行在岗人员实行定岗定员，人员从67人减至62人。改革后，支行辖3个营业所（分理处），仍是县内最大的金融机构。

信贷　1988年后，县农行贯彻落实"控制总量、调整结构、强化管理、盘活存量、提高效益"的信贷方针和"择优扶持、保证重点、兼顾一般"的信贷政策。首先增加农贷规模。1990年发放农贷656万元，累计余额达1465万元，占贷款总规模的31.4%，发放林业贷款205万元，重点支持国营林场、集体林场及户办、联办林场造林和基础设施建设。1995年在信贷资金十分紧缺的情况下，争取扶贫贷款1050万元投入农业和企业发展。1997年年末，农业贷款余额达1761万元，平均年递增25.3%。其次，积极支持国营商业、供销合作社收购农副产品。1988年，对在农行开户的24个商业企业实行等级管理，在信贷政策上实行"区别对待，择优扶持"。1990年，累计发放商业贷款2191万元，年末余额1136万元，保证县内农副产品收购不"打白条"。1992年、1995年特大洪灾后，支行千方百计筹措资金，仅1995年累计发放商业贷款3516万元，保证茶叶、油菜、蚕茧、种子、肥料、粮食和工业品调进等的资金需要。至1997年年末，各项贷款余额12533万元，比1988年增长2.5倍。

1998年后，强化贷款管理，用好用活增量和贷款规模，支持全县的经济建设，积极扶持重点企业。推行"支持一批、压缩一批、停止一批"的措施，重点支持茶叶、蚕桑、纸浆竹、木材加工、水电五大产业和龙头企业的发展；支持夏禹电力、大宇纸业、县第一木综厂、擂鼓页岩砖厂、佛泉茶业、漩坪木综厂、县种子公司等13家企业和效益好、风险小的个体工商户、私营企业及农村种养业大户的发展。1998年，发放贷款4583万元，年末贷款余额21276万元，其中“双呆”贷款（无法收息）12965万元。

1999年，贯彻绵阳市分行《盘活不良贷款意见》，对不良贷款进行分类排队，一户一策，一厂一策清收，坚决抵制和制止部分企业借改制之机逃废债务的行为。强化财务管理，紧缩开支，对闲置资产进行清理、变卖，强化资金的调度管理，减少非盈利资金占用。全年发放各项贷款5853万元，年末各项贷款余额22161万元。

2000年，围绕“上质量、严管理、增效益、促发展”的总体目标和“减亏增盈”的经营目标，狠抓“人才、科技、质量”三大工程，提高管理水平和经营效益。加大电子化设备投入，电脑营业网点覆盖面达100%；年内开通治城、擂鼓、通口所的电子联行和全国通存通兑业务，12月20日，支行机关综合办公业务信息处理系统投入运行。是年，支行常规业务实现收入1993万元，实现账面利润71万元。

2001年，改革分配制度，推行工资活化二次分配，按劳取酬，以效定酬；改革用工机制，建立干部能上能下、竞聘上岗、竞争上岗的新机制，分流富余人员11人。围绕县域经济建设目标和发展规划，加大对夏禹电力、县第一木综厂、建诚木业、禹峰水泥、华星硅业等企业及个体工商户的信贷支持。全年累计发放贷款34656万元，年末贷款余额41525万元。

2002年，全年累计发放各项贷款30886万元，实现常规业务收入2312万元，利息收入593万元，专项业务收入1024万元，中间业务收入17万元。

2003年，年末各项贷款余额57593万元，不良贷款余额2084万元，比年初减少286万元。

2004年，重点从水电、旅游开发、农业产业化项目中选择客户，支持通口电站、武安电站、启明星公司电极箔厂、PLC生猪养殖、千佛山旅游开发等项目建设，以及夏禹电力、建诚木业、禹森实业等企业的健康发展。全年净投放19135万元，年末贷款余额76728万元。

2005年，根据县内地理环境和资源优势，确立不同层次的营销对象，将营销工作的重点放在水电开发项目上，除维护好已有信贷客户外，对浙江广厦水电公司白草河流域梯级电站开发项目进行重点营销；同时对绵阳启明星电子和启明星水电有限公司以及PIC生猪项目进行重点支持。抓好中间业务的营销工作，加大对电话银行、手机银行、网上银行等业务品种的营销和各种基金发行，重点扩展代理保险业务，推出多种适合银行柜台和客户经理营销的险种，实现代理保费收入和手续费收入的跨越式增长。全年实现利润1612万元，人均创利26万元，在全省164个县级支行中排名第10位，实现中间业务收入72万元，清收不良贷款750万元，不良贷款余额为1619万元，占贷款总额的2%。年末各项贷款余额达78325万元。

2006年，继续将营销工作重点放在水电项目上，向白草河流域梯级电站开发项目投放首笔贷款8000万元，同时对绵阳启明星电子有限公司和PIC生猪项目进行重点支持。全力清收、盘活、保全不良贷款，共清收不良贷款本息788万元，不良贷款仅占贷款总量的1.5%。年末各项贷款余额86631万元。

2007年，重点支持农业产业化项目。年末各项贷款余额106073万元，不良贷款余额1391万元，不良占比1.3%。

存款 1988年后，县农行在支持地方经济发展的同时，坚持把组织存款放在首位，一手抓储蓄存款，一手抓对公存款。至1997年年末，储蓄存款余额达7728万元，比1988年净增6866万元，公营存款余额达1564万元，比1988年净增932万元。1998年，针对东南亚金融风暴、国内经济疲软、国家三次调低存款利率和县内企业破产、改制等不利因素，坚持“存款立行、效益兴行”的指导思

想，千方百计组织各项存款，壮大资金实力，各类存款大幅度增长，是年各项存款余额达10902万元。此后几年，各项存款余额稳步增长，1999年12527万元，2001年15292万元，2003年18609万元，2004年27770万元，2005年34076万元，2006年34812万元，2007年51978万元。

三、中国建设银行北川县支行

机构 1988年年初，县建行下设营业部和回龙街储蓄所，6月，增设文武街储蓄所；12月，内设办公室、业务股、会计出纳股、储蓄股，并挂投资信贷部和房地产开发公司牌子；有职工15人。1990年2月，设立北川中学储蓄代办所（1992年年初撤销）。1994年4月，在青片河林业局设立分理处；年末职工30人。1996年5月，将文武街储蓄所并入回龙街储蓄所；10月，撤销青片分理处，改回龙街储蓄所为储蓄代办所；年末职工减至16人。1997年8月，因业务量小、亏损严重被撤销，业务移交县信用联社办理。

发展概况 县建行的主要职能是组织储蓄存款，组织和供应建设资金，监督检查建设资金使用情况。1988年，大力开拓存储渠道，广泛吸收社会闲散资金，年末存款余额537万元，储蓄余额83万元。1992年末，存款余额增至1221万元，储蓄余额314万元。1995年，存款余额达到1508万元，储蓄余额增至1009万元。1996年存款余额降至1140万元，储蓄余额降至839万元。

1988年后，县建行注重加强信贷管理，压缩信贷、现金和固定资产投资规模，集中资金支持新建团结电站和县茶厂技改，帮助苦竹坝电站、青片河林业局官磨电站筹措建设资金。1994年，贷款余额达到4610万元，比1988年的656万元增长6倍多，其中固定资产贷款占贷款总额的80%以上。由于收贷难度增大，逾期贷款增加，虽采取多种措施组织储蓄存款，仍未扭转形势；是年借差达到3185万元，亏损373万元。1996年，累计贷款余额3307万元，其中县电力公司和青片河林业局两户贷款余额达3266万元，逾期贷款1817万元。是年应收未收利息1180万元，占用绵阳市分行资金余额达到3990万元；亏损503万元，累计亏损1423万元。

第三节 政策性银行

1994年6月，开始在县农行内设农业发展银行代理业务专柜；1997年3月，挂牌成立中国农业发展银行北川县支行，主要办理粮棉油收购、调销、储备专项贷款，以及扶贫开发和农业综合开发贷款、小型农林牧水利基建和技改贷款、财政资金代理划转等业务。

县农发行成立后，建立清理信贷资产领导小组，抽调业务骨干与县粮食局共同组成清理小组，对1996年年末的信贷资产进行清理。1996年年末各项贷款余额5855万元，其中正常贷款2190万元、逾期贷款123万元、呆滞贷款2578万元、呆账贷款964万元。经与中国人民银行安县支行配合，对专项贷款进行清理，符合划转条件的贷款企业10户、25笔1301万元，其中正常贷款431万元、逾期贷款206万元、呆滞贷款514万元、呆账贷款150万元。在清理信贷资产的同时，抓项目评估，积极争取扶贫贷款，支持全县的“越温”达标，调查选项20个，上报批准10个、贷款1250万元，其中“种、养、加”项目贷款分别为800万元、350万元、100万元。是年发放到村到户扶贫贷款420万元，其中委托乡镇财政所投放370万元、县妇联投放5万元、县计生委投放10万元、县农业局农业综合服务站投放25万元、县支行直接投放10万元；投放县丝绸公司等龙头企业以基地带农户830万元，支持其发挥“助推器”作用。在发放贷款中，严格操作程序，坚持贷前调查、贷时审查、贷后检查的“三查”制度和审贷分离、片区信贷员管户、贷款担保等制度，规避贷款风险。年末各项贷款余额8391万元，其中粮食贷款2844万元、扶贫开发贷款4246万元、人民银行专项贷款1301万元。

1998 年，将农业产业化的发展作为重点贷款扶持对象，积极支持龙头企业发展。争取扶贫资金 1150 万元，发放到位 6 个项目，贷款金额 750 万元，其中种植业 600 万元、养殖业 150 万元。按要求对全县 7 个粮油收储企业当年 4 月底前的资金、财产、物资等进行清查处理，支持粮食企业的改革，发放政策性粮油收储企业粮油收购贷款 57 万元，保证县内敞开收购粮油的资金需要，未出现向农民打白条和农民卖粮难现象。

2000 年 6 月，对用人制度进行改革，设岗、定编、定酬，职工选择上岗，中层干部竞争上岗，一年一聘，调动职工工作积极性。将粮食收购资金与企业财务资金分开，严把粮食企业处理资产和支付分流人员款项等关口。做好退耕还林的信贷资金供应与管理，是年发放北川、平武两县退耕还林调销贷款 1260 万元，调运粮食 900 万公斤。

2001 年，按照“以销定贷，以效定贷”原则发放粮油收购贷款，做好退耕还林贷款的资金、实物监管，狠抓专户资金下拨、分配工作，监督停息贷款使用，防止截留、挤占和挪用。把保全信贷资产放在首位，坚决制止粮食企业改制中出现的逃废银行债务、悬空收购资金贷款行为。依法对全县 3 个破产企业财产进行处理清收，减少信贷资金损失 52 万元，收回不良贷款 68 万元。是年发放调销贷款（主要是退耕还林补助粮占用贷款）1170 万元，收回 1800 万元。年末各项存款余额 567 万元，各项贷款余额达 2838 万元。全年亏损 104 万元，节亏 1 万元，控制在计划之内。

2002 年，参与企改，落实债权债务，监督资产评估和拍卖，将贷款损失降到最低限度。年末各项存款余额 139 万元，各项贷款余额北川 2838 万元、平武县（代管）2115 万元。发放北川调销贷款（主要是退耕还林补助粮占用贷款）550 万元、发放平武调销贷款 1117 万元，收回率 100%。

2003 年，各项存款余额 355 万元，各项贷款余额北川 2838 万元、平武县（代管）2115 万元；发放调销贷款 4232 万元。

2004 年，建立贷款资格认定和企业信用评级制度，为正确把握贷款对象和选择贷款方式提供依据。年末各项存款余额 2979 万元，各项贷款余额 8022 万元。发放购销贷款 3547 万元，新发放农业产业化龙头企业短期流动资金贷款 500 万元。全年实现各项收入 486 万元、利润 30 万元，首次实现扭亏为盈。

2005 年，各项存款余额 952 万元，各项贷款余额 5415 万元，实现利润 146 万元，不良贷款比例为零。

2006 年，树立存款立行意识，针对财政性存款、贷款企业结算资金存款和同业存款不同的性质特点发展存款业务。全年组织同业定期存款 2200 万元，组织财政补贴资金 2689 万元。在执行政策和防范风险的前提下，大力支持产业化龙头企业发展，发放产业化龙头企业贷款 400 万元，收回 390 万元。年末各项存款余额 3063 万元，各项贷款余额 5425 万元，实现账面利润 21 万元。

2007 年，组织同业定期存款 5000 万元，发放产业化龙头企业贷款 680 万元，收回产业化龙头企业贷款 400 万元，成功营销农村基础设施建设项目 4 个，贷款总金额 3.6 亿元（其中已审批项目 2 个，贷款总金额 2.33 亿元）。年末各项贷款余额 5705 万元，各项存款余额 8010 万元。是年实现各项收入 498 万元，各项支出 465 万元，实现账面利润 33 万元。

第四节　合作金融机构

1988 年，全县 2 镇 29 乡及擂鼓镇苏宝、五星两个办事处均设有农村信用合作社，共有独立核算机构 33 个，另有非独立核算机构 5 个；实有职工 95 人。1994 年全县建制调整为 3 镇 13 乡后，信用社机构精简到 22 个，另有信用分社 8 个、信用站 1 个。1996 年 9 月，农村信用社与农行脱钩，自主经营，对网点再次收缩，组建成曲山、擂鼓、通口、桂溪、陈家坝、漩坪、禹里、小坝、坝底9个中心社和县联社营业部。农行在各乡镇设置的营业所撤销后，信用社成为农村金融机构的主体。2007年12月，组建以县为单位统一法人的信用联社，设20个分社、1个营业部。

存款 农村信用社始终坚持把存款工作放在首位，视资金组织为生存之本，利用自身点多面广的优势，组织农村、城镇居民个人闲散资金及社队、乡镇、工商企业等集体存款。1988年，各项存款余额1469万元，至2003年，各项存款余额19889万元，15年间，共增长13.5倍。2004年，把组织存款与村、组、户核定小额农贷余额相结合，培植储源，从资金、项目、信息等方面为个体户、工商户、种养加工户和私营企业提供服务，拓宽资金组织渠道；年末各项存款余额24364万元。2006年各项存款余额35475万元，2007年各项存款余额43976万元。

贷款 1988年，全县农村信用社贷款余额1023万元，至1991年，达到1650万元。1992—1993年，扶持庭院经济户、造林户、养猪大户、贫困户各10户和1个村社集体经济组织，共发放农贷2117万元。1994年，重点支持桂溪水泥有限公司、擂鼓茶厂等乡镇骨干企业。1997年信用社与农行脱钩后，信贷工作坚持为农业生产的“产前、产中、产后”服务，年末贷款余额达到9312万元。1998年发放农业贷款5301万元，重点支持商品林、白山羊、茶叶、蚕茧、药材、纸浆竹6个农业产业化龙头项目的发展；因地制宜支持一批市场前景好、经济效益较高、具有山区特色的小产品生产，包括小坝的食品加工、药材生产，坝底、漩坪、曲山的生猪、魔芋等种植养殖加工业。1999年，各社核定小额农贷26456户，核定面77.6%。全年投放农贷资金7576万元，占贷款总额的65%；与1250户个体工商户发生业务往来，发放贷款2500余万元。2001年，累计发放各类贷款7488万元，其中农业贷款6336万元，占84.6%；累计收回贷款7121万元，其中收回逾期贷款1637万元。2002年1月底，本着精简、统一、效能原则，完成全县农村信用社劳动用工制度改革，对全辖区实行定机构、定编制、定岗位职责，联社机关管理人员由15人减至13人，基层法人社由12个整合为7个，营业网点由27个减至23个；辖区所有正式员工实行自愿报名、公开演讲、民主选举、竞聘上岗；改资历工资为按绩取酬的效益结构工资制度，激发员工工作积极性。是年发放各类贷款11229万元，其中农业贷款9747万元，收回各类贷款10395万元。2003年，各种贷款余额13242万元，累计发放各项贷款10322万元，累计收回贷款8876万元，其中农业贷款余额占贷款总额的70.71%。2004年年初，安排信贷人员到所辖农户家中逐户核定全年农贷资金余额，全县共核定农户贷款29672户，占总农户的80%，核定金额7692万元；是年发放农户信用贷款6585万元，累计发放专业户、重点户贷款5076万元。年末各项贷款余额14443万元，其中农业贷款10697万元，占贷款总额的74.06%；累计发放各项贷款11986万元，累计收回各项贷款10786万元，其中收回逾期贷款1318万元，呆滞贷款123万元，呆账贷款132万元。2005年，全县核定贷款28325户，占全县总农户的77.36%，核定金额9625万元。继续扩大和完善农户小额贷款和联保贷款，至年末共组建联保小组16个59户，发放联保贷款150万元。是年累计投放各项贷款14555万元，其中累计投放农业贷款14128万元。2006年，按照“立足农村，面向三农，立足城乡，面向中小”的市场定位，重点支持3个产业化基地、10家龙头企业、100户产业化业主、1000名致富带头人，实现政府、农民、信用社三满意。年末各项贷款余额17518万元，比年初净增3862万元，累计发放贷款19478万元，累计收回贷款15616万元，实现经营利润的根本好转。2007年，推广“企业＋农户”、“公司＋农户”、“专业合作组织＋农户”的经营模式，重点支持养殖大户。是年累计投放各项贷款24530万元，累计收回各项贷款12051万元，净投放资金12479万元，年末贷款余额29997万元。

第五节 股份制银行

北川富民银行，全称四川北川羌族自治县富民村镇银行有限责任公司，系按照中国银行业监督管理委员会《关于调整放宽农村地区银行业金融机构准入政策更好支持社会主义新农村建设的若干意见》精神，由绵阳市商业银行发起，国家开发银行等6家法人机构和43个自然人共同出资组建的新型金融机构，是北川唯一一家具有独立法人地位的银行。2007年7月19日成立，注册资本531万元，有职工7人。富民银行坚持自身的市场定位，探索服务“三农”和中小企业的模式和机制，支持地方经济发展。2007年年末存款余额499万元，贷款余额293万元。

第六节 保险公司

1982年5月，成立中国人民保险公司北川县农业银行代理处，行长兼主任，有专职保险员1人。1984年12月，成立中国人民保险公司北川县支公司，设副经理1人，有职工4人。1985年4月，撤销保险公司农行代理处，其业务交保险公司。1988年，中国人民保险公司北川县支公司内设人秘股、营业部。1990年2月，撤销营业部，增设业务股、计财股、营业室，有正式职工13人。1996年4月，按照《中华人民共和国保险法》规定和上级要求，将财产保险与人寿保险分离，撤销中国人民保险公司北川县支公司，成立中国人民财产保险有限公司北川支公司。县境未成立中国人寿保险公司机构之前，其业务由财险公司代管；1999年起，人寿保险业务划归中国人寿保险公司安县支公司管理；2000年3月，建立中国人寿保险公司北川营销部；2006年7月，升级为中国人寿保险公司北川支公司。

2004年7月，成立中华联合财产保险公司北川营销服务部，属国有独资企业，主要开展财产损失保险、责任保险、保证保险和短期人身保险业务。

2007年，县内共有中国人民财产保险有限公司北川支公司、中国人寿保险公司北川营销部和中华联合财产保险公司北川营销服务部3家保险公司开展保险业务。

第二章　金融业务

第一节　储蓄存款

改革开放后，县办工业及乡镇企业蓬勃发展，各类存款持续增长。1988 年，全县储蓄存款余额 4542 万元；1992 年突破 1 亿元，达到 11425 万元；1997 年达到 25957 万元，比 1988 年增长 4.71 倍。1998 年，在国家存款利率多次下调的情况下，县内金融部门采取多种措施吸收存款，支持地方经济建设；是年末各项存款余额 29529 万元。1999 年，年末各项存款余额 32299 万元，2000 年，年末各项存款余额 31824 万元。2001 年，年末各项存款余额 38394 万元，其中农行 15292 万元、农发行 567 万元、信用联社 14517 万元、工行北川分理处 5304 万元、邮政储蓄 2714 万元。2002 年，年末各项存款余额 40716 万元，其中农行 15117 万元、农发行 139 万元、信用联社 17306 万元、工行北川分理处 5016 万元、邮政储蓄 3138 万元。2003 年，各金融部门规范内部管理，强化外部监督，改进金融服务，防范化解风险，清收盘活不良资产，提高效益，年末金融机构各项存款余额 49326 万元，其中农行 18609 万元、农发行 355 万元、信用联社 19889 万元、工行北川分理处 6600 万元、邮政储蓄 3873 万元。

此后几年，年末各项存款余额连续增长，2004 年，年末各项存款余额为 63913 万元，其中农行 27770 万元、农发行 2979 万元、信用联社 24364 万元、工行北川分理处 8800 万元。2005 年，年末各项存款余额 85228 万元，其中农行 34076 万元、农发行 952 万元、信用联社 45000 万元、邮政储蓄 5200 万元。2006 年，年末各项存款余额 90612 万元，其中农行 34812 万元、农发行 3063 万元、信用联社 45000 万元、邮政储蓄 7737 万元。2007 年，全县金融机构年末各项存款余额首次突破 10 亿元，达到 120004 万元。

第二节　信贷

改革开放后，农村群众除继续发展传统种养业外，还从事运输、服务、加工等多种经济活动，各乡镇也大力兴办企业，农业贷款和乡镇企业贷款迅速增加。1988 年年末，全县金融机构贷款余额 6956 万元，1991 年突破亿元，达到 12505 万元。此后，银行进行体制改革，各银行按照《中华人民共和国商业银行法》及社会主义市场经济运行机制开展业务。随着地方经济的快速增长，贷款余额也逐年增加。1993 年，各项货款余额 20193 万元。1997 年，各项货款余额 38842 万元，其中工行 6266 万元、农行 12533 万元、建行 2340 万元、信用联社 9312 万元、农发行 8391 万元。

1998 年后，各金融机构在大力吸收存款的同时，用好存量和增量资金，努力争取贷款规模，增加重点项目、重点企业、重点行业的信贷额度，支持县内经济和各项社会事业的发展。1998 年，各项贷款余额 40362 万元。1999 年，各项货款余额 42577 万元。

2000 年，对各项贷款进行严格审定，全部办理有效抵押担保手续，采取多种措施加大贷款清收，减少不良贷款。年末各项贷款余额 46010 万元，其中工行 6062 万元、农行 25744 万元、农发行 3510 万元、信用联社 10694 万元。

2001 年，各金融机构以西部大开发为契机，加大对重点工程、重点项目、重点企业及重点工商户的信贷支持力度。年末各项贷款余额 57655 万元，其中农行 41525 万元、农发行 2838 万元、信用联社 7488 万元、工行北川分理处 5804 万元。

2002 年，年末各项贷款余额 68884 万元，其中农行 47112 万元、农发行 4953 万元（含代管平武 2115 万元）、信用联社 11229 万元、工行北川分理处 5590 万元。

2003 年，年末各项贷款余额 85151 万元，其中农行 57593 万元、农发行 8803 万元、信用联社 13242 万元、工行北川分理处 5513 万元。

2004 年，发放贷款以水电、旅游开发和农业产业化项目为重点。年末各项贷款余额 99182 万元，其中农行 76728 万元、农发行 2979 万元、信用联社 14443 万元、工行北川分理处 5032 万元。2005 年，重点支持水电、旅游、建材开发，加大农业产业化发展。因受信贷调控和工行北川分理处撤销影响，年末各项贷款余额 98295 万元，比 2003 年略有减少，其中农行 78325 万元、农发行 5415 万元、信用联社 14555 万元。

2006 年，年末各项贷款余额 109574 万元，其中农行 86631 万元、农发行 5425 万元、信用联社 17518 万元。

2007 年，年末各项贷款余额 141775 万元。

第三节 保险业务

一、财产保险

人保北川支公司　保费收入。1988 年后，中国人民保险公司北川县支公司开办的险种逐年增多，先后开办的险种有机动车辆保险、企业财产保险、家庭财产保险和人寿保险及附加险共 32 个。因承保面小等原因，长效还本家庭综合保险、长效还本家庭综合附加险、森林保险、水稻保险及特约简易人身保险、增额长效还本保险、长期寿险附加住院医疗保险、现役义务兵人身保险共 8 个险种先后停办。至 1997 年，共开办险种 24 个，即机动车辆保险主险及附加车上责任、附加车载货物掉落责任、附加玻璃单独破碎、附加自燃、附加盗抢、附加停驶损失保险、企业财产保险主险、家庭财产保险主险及附加盗窃抢劫、附加家庭责任保险，简易人身、福寿安康、子女教育金婚备用金、独生子女两全、个人养老、还本养老金、团体福利、团体人身、团体人身意外伤害、团体人身意外伤害还本和学生、幼儿平安保险及附加意外伤害住院医疗保险等。1993 年，保险业务范围扩大。公司根据上级要求和县内保险网点少、线长面宽、业务量小的特点，与县农行协商建立农行及其各营业所（信用社）代办保险业务关系，配合公司动员近 20 个企业投保，收取保费 20 多万元；是年保费收入 283 万元。1997 年，公司一手抓业务发展，一手抓管理，主动参与市场竞争。与县财政局配合做好机关事业单位公用车辆保险，与县交通运输有限责任公司配合做好集体企业车辆保险，与县交警大队配合做好私营车辆保险，与县农机管理部门配合做好农用拖拉机保险，紧紧抓住主体险种机动车辆险创效益。对机动车辆实行足额承保，全县机动车辆承保面达到 95% 以上，保费收入 209 万元。全年保费收入 407 万元，其中产险 256 万元、人险 151 万元。1988—1997 年的 10 年间，保险业务总计收入 2311 万元，其中产险收入 1300 万元、人险收入 1011 万元；亏损 497 万元，其中产险亏损 427 万元，人险亏损 70 万元。1998—1999 年，进一步巩固业务阵地，加强与原保户、大保户的沟通联系，挖掘业务发展潜力，着力发展分散性险种和个人缴费业务、股份制企业保险业务；强化对机动车辆的足额投保，稳健发展财产保险。1998年实现各项保险收入210万元，1999年实现各项保险收入203万元。2000年后，坚持以机动车辆险为龙头，办续保、追脱保、挖潜力；以企业财产险为主险，抓新保、上附加。在保险市场激烈竞争的情况下，保费收入稳步增长。2000—2004年，保险费收入分别为276万元、241万元、283万元、463万元、375万元。2005年，大力推进农村保险业务，为企事业单位和人民群众最基本的生产、生活需要提供保险保障。新建10个农村保险业务代理网点，培训12名营销人员，服务于“三农”。全年实现保险费收入278万元，其中机动车辆保险费208万元、企业财产保险费13万元、学生险保险费35万元、新险种和其他险种保险费22万元。2006年，实现保险费收入409万元，其中机动车保险费280万元、交强险保险费44万元、企业财险保险费33万元、学生险及责任险保险费34万元、新险种和其他险种保险费18万元。2007年，实现保费收入826万元，其中企业财产险和家财险保险费17万元、工程险保险费78万元、责任险保险费41万元、机动车保险费256万元、农业险保险费225万元、意外险保险费63万元、交强险保险费146万元。

保费支出。1988年后，公司业务人员经常到城乡承保单位，宣传防灾、减灾知识，检查安全器械，建立防灾档案，发现安全隐患及时通知整改。每年汛期，均开展防灾防损工作大检查，安排防汛减灾工作。保户一旦发生灾情，公司主动、及时派人前往查灾、定损、理赔，并坚持统一的定损标准和双人查勘、双人定损原则，做到准确、合理。1988年总赔付率为35.5%，其中产险赔付率75.1%，人险赔付率5.5%。1992年县内发生特大洪灾，企业、农村财产损失惨重，总赔付率达97.1%。1993年，因机动车辆出险率高，第三责任人死亡达15人，加上清理理赔以前的积案，总赔付率达82%。1995年，县内再次发生特大洪灾，企业、农村财产和人员损失惨重，投保企业受损面达80%以上，总赔付率高达151.3%。1997年，因无大的洪灾，理赔案件相应减少，总赔付率为53.7%。1988—1997年，共理赔案件9800多件，理赔金额1544万元。1998年，处理赔案309件，理赔金额128万元，赔付率为60.9%。1999年，处理赔案590件，理赔金额138万元，赔付率为68%，取得较好的经济效益和社会效益。2000年，坚持保前风险评估，验险承保，开展赔案施救、查勘、定损、理赔四快活动，实现核赔制度化、程序化，提高理赔质量，做到不乱赔，不惜赔。全年处理各种赔案543件，赔付165万元。2001—2004年，理赔仍以机动车辆为主，每年处理各种赔案700件左右、赔偿金额250万左右。2005年，开展理赔质量年活动，对未决赔案做到逐个落实结案；开展理赔无忧车险快捷服务，实现三日付款和七日提车双承诺。是年处理各种赔案1230件，赔偿金额260万元。2006年，处理各种赔案2119件，赔偿金额254万元，其中机动车赔案1607件、赔偿金额184万元，企业财产险赔案6件、赔偿金额36万元，学生险和其他险赔案506件、赔偿金额34万元。2007年，直接赔款389万元，其中企财险赔款6万元、家财险赔款5万元、责任险赔款13万元、机动车赔款213万元、农业险赔款84万元、意外险赔款35万元、交强险赔款33万元。

联合财产保险　2004年7月，中华联合财产保险公司北川营销服务部成立，主要开展财产损失保险、责任保险、保证保险和短期人身保险业务。是年实现保费收入96万元，理赔45万元，上缴营业税及附加4.5万元。2005年实现保费收入204万元，处理各类损案500件，理赔128万元，上缴营业税及附加11万元。2006年实现保费收入202万元，理赔160万元，其中为启明星水电开发公司武安电站项目支付赔款97万元，上缴营业税及附加11万元。2007年，实现各项保费收入285万元，处理各类赔案715件，赔款金额189万元，其中大禹野生食品公司种猪理赔款35万元，上缴税金及附加（含代扣代缴车船税）23.5万元。

二、人寿保险

1996年4月，撤销县保险公司成立中保财产保险有限公司北川支公司后，人寿保险业务由财险公司代管；1999年起，划归安县人寿保险公司管理，是年在县内开展5大系列80余个险种的人寿保险业务，实现保费收入300万元，其中营销收入170万元。2000年3月，建立人寿保险公司北川营销部，负责县内人寿保险业务。至年底，完成保险费收入222万元，其中新单保费130万元（佣金型）、兼业代理（含学生险）52万元、短期险12万元（个人平安险、天府卡）、其他险28万元。2001年，人寿保险工作以“发展、管理、服务”为主题，实施“大改革、大投入、大队伍、大营销、大发展、大管理、大服务、大宣传”战略。是年实现保费收入284万元。2002年，将目标细分，险种细化，任务分解到人，强化督导，并将业绩与津贴、福利挂钩。实现保费收入533万元（其中意外险32万元），第一次完成上级下达的目标任务。2003年，坚持抓发展，调结构，增效益。实现保费收入463万元，超额完成下达指标5万元。2004年，是中国人寿改制后上市的第一年，也是按新机制运行的第一年。保险工作坚持解放思想、以人为本、群策群力、团结协作的经营指导思想，大力开拓市场。实现保费收入375万元。2005年，中国人寿保险公司北川营销分部按照绵阳市中国人寿公司制定的“上期缴、促短险、保规模、增效益、守法规”的指导思想，细化市场、细化险种，定任务、定目标；在险种上仍然以两康、两禧、99鸿福、天府卡、全家福及意外险、附加等套餐方式进行营销，以新险种鸿丰保规模占领市场。保险费收入580万元，较2004年净增205万元，其中个险期交142万元、团体险102万元、短期意外险18万元；成为分部成立后收取保险费最高、实现利润最多的一年。2006年，新增业务人员30人，培训保险协保人员218人，持证开展业务人员达73人；新设立4个保险营销服务部。实现保费收入848万元，其中长险新单保费209万元，短期意外险保费33万元。2007年，新增业务人员46人，实现保费收入972万元，其中长险新单保费314万元，短期意外险保费40万元。

公司（营销分部）在大力拓展保险业务的同时，加强理赔给付工作质量管理，提高理赔给付服务速度。自2005年起，与邮政储蓄网点分支机构协作，在全县开通邮保通，为保险后续服务搭建快捷平台。2000—2007年，每年赔付金额分别为52万元、65万元、73万元、42万元、43万元、34万元、90万元、98万元。

第二十三篇

旅游

第一章　旅游开发

第一节　旅游资源

一、优美宜人的自然环境

县境地处高山峡谷地带，群山高耸，峡谷幽深，森林密布，溪流淙淙，风光旖旎。随着天然林保护工程的稳步实施，森林资源得到有效保护，全县农耕地中一半以上坡度超过25度，实施退耕还林工程，陆续植树种草，到处山青水绿。

县境冬无严寒，夏无酷暑，气候宜人。据测量，小寨子沟、千佛山、禹穴沟、猿王洞、药王谷等旅游区，负氧粒子含量极高，部分地方高出都市数十倍，是消夏度假的极好去处。

二、丰富独特的人文资源

县境除优美舒适的自然环境外，另有大禹文化、羌族文化、红军文化等独特的人文资源。与这些人文资源相对应的禹里、小寨子沟、千佛山等旅游开发区，自然风光与人文景观完美结合，具备开发旅游的优越条件。

第二节　旅游开发历程

县委、县政府十分重视旅游开发。20世纪80年代后期，即由县委宣传部和县政府外事办公室牵头，着手对旅游资源进行调查研究，确定首先建设县境中部的禹里和东部的猿王洞，再逐步扩展到其他景区的开发思路。上级有关部门和领导非常重视北川的旅游开发，在技术和人财物上给予大力支持。至1991年，由政府筹资整修禹穴沟和猿王洞的游览便道，新建相应的服务设施，初步形成两个旅游景区，禹里一带被确定为绵阳市级风景名胜区。

禹里和猿王洞两个景区虽然十分简陋，但每年仍吸引数万游客观光。由于政府财力有限，后继乏力，1992年禹穴沟景区遭受特大洪灾之后，旅游开发步伐放缓。1998年，有私营业主投资，继续开发猿王洞，景区建成开业后受到一致好评，取得良好效益。

猿王洞成功开发，再次激发县内发展旅游业的热情。2001年年底，成立县旅游局。2003年，将县文化馆、图书馆、文物管理所、禹羌文化研究中心、文化执法大队并入，成立文化旅游局。县委、县政府在了解旅游资源特点、价值的基础上，提出“以猿王洞为门户，以大禹为品牌，以羌族文化为特色，以大禹故里、千佛山、小寨子沟为重点”的旅游开发指导思想；在投资政策上，借鉴猿王洞招商引资开发的成功经验，实行旅游资源转让，允许并鼓励不同性质的经济实体参与的政策，广泛吸纳各方资金，按规划开发。

政府不再作旅游开发的投资主体，把重点放在以道路为重点的基础设施建设上，大力改善各旅游景区的可进入性。自县城至猿王洞38公里三级公路于1997年完成全线油路铺设。自县城至禹里、千佛山麓等景区的主干道于2001年建成三级油路。自县城至小寨子沟90公里公路中，50公里属三级油路，其余坝底至青片段规划建成三级水泥路。由安县至县城的28公里油路于2002年改建成山岭重丘二级水泥路。此外，自县城至曲山镇杨柳坪村的道路于2003年建成12公里四级水泥路。

为营造文化氛围，体现羌族文化特色，县委、县政府先后在猿王洞风景区公路沿线及县城曲山进行建筑风貌改造，大致统一建筑物的外部风格，突出羌族以石砌墙、山地木质吊脚楼的特色；对新建房屋，在设计上提出统一要求。县城作为全县旅游的支撑点，实现“亮、绿、净、美”，成为一座美丽的山区城镇。由私营业主投资兴建的北川大酒店在硬件方面达到星级标准，成为县城服务业的标志性建筑。

经过几年的开发建设，县内所规划的旅游景区中，猿王洞景区达到国家AAAA级旅游景区标准；禹里、小寨子沟等景区具有一定的接待能力；其余散布于全县各地的农家乐、休闲度假村的建设方兴未艾。

旅游业虽属县内新创产业，且处于初始阶段，但取得良好的经济效益和社会效益。在猿王洞景区建设期间，当地村民有的购置汽车、拖拉机运送建筑材料，有的到建筑工地打工，猿王洞景区所处的永城村村民基本脱贫，部分村民由此致富。猿王洞景区开业后，附近部分村民通过摆摊设店，为过往游客提供服务增加收入。青片乡正河村将发展民俗旅游业作为村民脱贫致富的主要门路，富民效益明显。全村形成3个规模较大的接待点，年接待游客近10万人次，旅游收入数百万元。村民有的充当接待点服务人员，有的为游客牵马，有的通过出售农副土特产品赢利，极少有外出打工者，全村人均年收入5000多元，超过全县农民人均收入。此外，曲山镇杨柳坪等地的乡村旅游接待点开业后，收入不菲。2006年夏季，天气酷热，从外地到杨柳坪山上避暑游客络绎不绝，经常超出其接待能力。

全县开业的旅游景区景点多以羌族文化丰富其内涵。猿王洞景区有专业演出队伍，小寨子沟景区以五龙寨为代表的接待点以本地村民为主体组成演出队，为游客表演羌族民间歌舞。羌族传统文化既服务游客，又增加景区景点的吸引力，提高当地村民对本土文化的价值认识，进而增强村民保护和弘扬本土文化意识。在青片一带，各种古建筑及白石崇拜、自然崇拜的遗迹被珍视保护，羌族祭山会、龙灯会、羌婚等民俗活动得到恢复，羌民自觉穿戴被搁置的民族服装，羌笛、口弦等羌族独特器乐和羌族民歌舞得到进一步传承。

2007年，县委、县政府大力实施“旅游兴县”战略，按照“合理规划，突出特色，分类指导，超前发展”的旅游开发思路，加快乡村休闲度假旅游产业发展。是年接待游客56万人次。禹穴沟风景名胜区、玉皇山休闲度假区、小寨子沟正河羌族民俗村开发项目签订开发合同。药王谷休闲度假区规划通过专家组评审；《玉皇山休闲度假区旅游规划》《西羌赛堂卓玛风情园规划》编制完成，征求专家和相关部门的意见；开展《小寨子沟正河羌族民俗村建设规划》《禹穴沟风景名胜旅游区规划》编制工作；全县30个乡村休闲度假旅游居住产业开发点的规划布局完成。

第二章　旅游景区

第一节　大禹故里风景名胜区

大禹故里风景名胜区位于县境中部之禹里乡，东至县城22公里，是县内最早开发的旅游景区，其范围包括禹里及其以西北的禹穴沟。

禹里是千年古镇。自唐贞观八年（634年）建石泉县，县城就一直设于此，直至1952年迁址曲山，禹里作为县城的时间达1300多年。北宋末年，统治阶级为加强对少数民族的军事防御，建立管辖石泉、龙安、神泉三县的石泉军，石泉军的治地设在禹里，历时100多年。明代，设立石泉守备司，禹里又成为北川及周邻地区驻防官军的指挥中心。1935年，红四方面军长征到达北川后，其总部一度设在禹里。禹里是大禹诞生地，红军取大禹故里之意在禹穴沟口建立禹里乡苏维埃，禹里自此成为行政区划的名称，并一直沿用。

禹里自古以来就有浓厚的崇禹风俗。早在唐代建石泉县以前，就在禹里石纽山下建设大禹庙，每年农历六月六日大禹诞辰，当地村民齐聚庙前，隆重祭拜先祖。禹里至今仍保存着“石纽”“甘泉”石刻，以及禹王庙、岣嵝碑、“神禹故里”坊等有关大禹的古迹。禹里以西北约10公里的禹穴沟，是有关大禹遗迹和民间传说集中的地方。这条长数千米的峡谷因有“大禹穴”“小禹穴”石刻而得名。沟内林木森森，溪水淙淙，自然风光原始而古朴；刳儿坪、洗儿池、血石等景点景观因附着关于大禹降生的古老传说而显十分神圣。自古以来，禹穴沟就是人们寻幽访古、凭吊大禹的胜地，每年大禹诞辰来此进香者人山人海。

1988年12月，县委、县政府决定成立禹里风景区开发领导小组，着手利用大禹文化优势开发旅游业。1989年5月，县政府邀请省内外有关专家学者30余人，召开“禹生石纽”考察座谈会，与会专家学者建议修建大禹纪念馆，恢复禹里古迹，成立大禹研究会。7月，县政府办公会议确定禹里风景区开发工作的步骤和措施。11月下旬，县政府召开大禹故里风景名胜区规划论证会，中国社会科学院考古研究所四川工作队及省、市、县有关领导和专家学者共67人应邀参加会议，会议对规划的可行性进行讨论认定。1990年3月，绵阳市政府将大禹故里列为市级风景名胜区，作为全市重点开发的景区之一；8月，县政府成立大禹故里风景名胜区开发办公室，借调3名教师作工作人员；其后由县外事办牵头，筹集资金，先后维修疏通禹穴沟峡谷便道3公里长，清理出20多个遗迹景点。1991年，县政府筹资在禹里新建大禹纪念馆，恢复“文化大革命”中被毁的清代“神禹故里”坊，禹穴沟风景区开始向游人开放。

“神禹故里”坊，位于石纽山麓，按清代初创原样重建。大禹纪念馆，位于西山山麓。1991年1月底开工修建，10月底工程竣工，建筑面积509平方米，总投资53万元，钢筋混凝土框架结构，仿古仿石，风格粗犷雄浑。11月7日，举行开馆典礼，省、市、县领导杨超、何雨农、周礼成、王泰昌、王德立、向正等为开馆剪彩。馆内收藏和展出大禹史料、实物、拓片及杨尚昆、宋任穷、张爱萍、陈立夫、新加坡羌族后裔邱程光等名人字画200多件。

1992年7月26日，县境遭遇特大洪灾，禹穴沟内景点、道路遭到毁灭性破坏；灾后，县财政先后拨款15万元修复；12月，县政府决定选配4名禹穴沟专管人员，负责水毁恢复、景区保护等具体工作。1993年底，被毁的景区道路、桥梁、景点基本恢复。是年12月，在禹穴沟口禹王庙原址开工重建“文化大革命”中被毁的庙宇，庙宇建筑面积227平方米，1994年11月竣工。此后，因资金匮乏，开发工作停顿。

21世纪初，因规划建设漩坪水库电站，禹里属淹没区，大禹故里风景名胜区仅剩下禹穴沟可作先期开发。由于道路等基础设施的制约，虽先后有投资商签约开发禹穴沟，但至2007年，均无实质性进展。沟口有当地人投资修建的小型接待点。

作为“大禹故里风景名胜区”的一部分，石纽山待漩坪水库建成后规划作为特色景区。按照规划，禹里新镇坐落在石纽山腰，羌式建筑。旧场镇没于水中，新场镇面临万顷碧波，背倚重重青山，北面湖水直抵禹穴沟口，将禹里与禹穴沟连成一片，更具旅游开发潜力。

第二节　猿王洞风景区

猿王洞风景区位于县境东部之桂溪乡，沿九寨沟环线东南至绵阳70公里，西至北川县城46公里。猿王洞是桂溪及相邻江油一带溶洞群中最大的溶洞。主洞蜿蜒近千米，千姿百态的钟乳石有的倒悬洞顶，有的紧倚洞壁，有的矗立洞中，加之处处崖泉水潭，将其装饰得如童话世界一般。“珍珠白玉塔”“瑶池洞天”“绝壁古琴”等，堪称溶洞经典景观。洞外绝壁，其险无比。

1989年，由政府出资修整上山道路和洞内游览便道，随后对游客开放。至1991年，共接待游客4万多人次。因政府后续投资乏力，基础设施欠佳，1992年后游客渐少。1997年，县政府将猿王洞风景区的开发权转让。1998年，私营业主在政府初步开发的基础上，投资修整完善洞内步行游览设施，在洞外悬崖台地上修建楼堂亭阁，山间架设索桥、溜索，并开发高架滑车、高空索道表演、羌族歌舞酒宴等游乐接待项目，在溶洞附近的松林中，建成若干独立别墅，供游客食住游玩。自1999年7月开业后，效益良好，成为九环线上的旅游亮点。2002年，景区开始第二期开发，先后投资数千万元在山下兴建停车场、购物中心；在山腰兴建大酒店和演艺场，扩大和完善接待设施；在后山兴建羌族风情园，并架设索道连接两山，使景区成为一体。经过几年的建设，猿王洞风景区成为县内较为成熟的景区，年接待游客30万人次。2006年，经有关部门评审，景区达到国家AAAA级旅游景区标准。

第三节　小寨子沟自然保护区

小寨子沟自然保护区位于县境西北之青片乡上五村以东北，因邻近羌族古寨小寨子而得名。东南至北川县城89公里，至绵阳170公里。1979年，为保护大熊猫、金丝猴、羚牛等珍稀野生动物，建成省级自然保护区。

小寨子沟自然保护区是一个完整的小流域，众多的溪流从西北部高处飞泻而下，汇集成若干支沟，再汇集于主沟奔泻而出，注入青片河支流上五河。因山体陡峭，岩石风化严重，溪水将其切割成无数幽深的峡谷，由此形成高耸的山梁纵横交错，千姿百态。

小寨子沟自然保护区西北高，东南低，西北部最高处撮箕梁子海拔4073米，东南部最低处蔡家坪海拔1600米，相对高差2473米。西北部高大的山峰挡住干寒气流，东南部低，有利于暖湿气流的深入，因而雨量充沛，为植物生长提供了有利条件，沟内森林覆盖率82.73%。因高差悬殊，立体气候明显，植被随之呈带状分布，从低到高依次为常绿落叶阔叶林带、针阔叶混交林带、亚高山针叶林带、高山草甸。植物种类繁多，其中国家重点保护的珍稀植物有珙桐、水青、红豆、连香、三尖杉、樟木及楠木等10余种。良好的植被为众多的野生动物提供了优越的生存环境，沟内共有野生动物24目68科208种，其中有大熊猫、川金丝猴、羚牛等国家一二级保护动物50余种，小寨子沟因而被专家誉为罕见的物种基因库。

小寨子沟自然保护区西北为崇山峻岭，东南是幽深的峡谷，进出极其困难，加上海拔高，不适宜农耕，因而从古至今，除采药和狩猎者外，极少有人涉足。由于未受到人类活动的影响，沟内植被保存完好，其生态系统完全处于原始自然状态。据专家称，小寨子沟是全球同纬度地区保存最完好的森林和野生动物类型保护区。

1998年，实施天然林保护工程，青片河林业局停止采伐，其经营范围随即划归小寨子沟自然保护区，保护区面积扩大到400多平方公里，其范围包括小寨子沟在内的青片河上游广大林区。

在小寨子沟自然保护区原始森林边缘，居住着古老的羌族部落。自20世纪80年代后，当地浓郁的羌族风情、宜人的气候条件和独特的高山峡谷风光吸引大批来自都市的观光游客。部分羌民陆续将自己的住房加以修整，添置必要的接待设施，开始从事旅游业以增加收入。上五村西窝和正河村大鸭渡、五龙寨、神树林等接待点逐渐形成规模，可同时满足三千多人食宿。青片全乡年接待游客十余万人。

因经济实力有限，小寨子沟自然保护区各羌寨接待水平尚属初级农家乐档次，可供游客游玩的项目仅有骑马、观赏原始山水、参与民族歌舞晚会等。由于村民各自为政，无法统筹，不利于长远发展。2007年9月，绵阳长青公司入驻正河，独家开发建设正河羌族民俗村。是年即聘请专家制订开发建设规划，并动工建成青片至正河村的水泥路，至年底完成50%的工程量。

第四节 其他旅游景区

县境植被丰茂，气候宜人。进入21世纪以来，县委、县政府决定以保护生态和新农村建设为契机，将北川打造成山地度假目的地。经过大小投资者斥资建设，取得一定成效。

千佛山自然风景区　千佛山位于北川、安县、茂县三县交界处，因山顶建有千佛老祖庙而得名。传说千佛老祖本是羌族女子，自幼给人当童养媳，因不堪忍受虐待，便出家修行，后来终成正果。本想在坝底通坪园建寺庙普度众生，但所备木料却在一夜之间被凤凰叼去千佛山顶，于是庙宇便建在现在的位置。千佛山顶本有药王庙，新建庙宇将药王与千佛老祖并列供奉。因为山高风巨，庙宇以条石砌成，像一座坚固的城堡。两尊神佛一直受到尊崇，香火历来旺盛。

1935年春夏，红四方面军将士与国民党川军在千佛山展开两个多月的激烈争夺，至今战斗遗迹清晰可见，千佛庙被国民党川军飞机炸毁，石条横陈，掩映在青草翠竹中的红军战壕宛如一条条长龙。

千佛山顶峰海拔2942米，周围群山尽在脚下，登临山顶，但见云腾雾绕，气象万千。若遇晴天，可观赏云海日出，体验佛光天象，更觉神奇无比。

进入21世纪后，千佛山的旅游开发受到重视。四川兴力达集团投资数亿元人民币从安县方向开发，在山麓兴建接待中心，建成通往山顶的数十公里盘山公路，2006年开业接待游客。2005年，县委、县政府聘请专家制订千佛山旅游开发规划，拟在墩上乡建立红军纪念馆，修通至山项的公路和步行道，与安县方向形成环线。千佛山景区建成后，将与大禹故里风景名胜区、小寨子沟风景区连成一线，形成彼此相距数十公里又各具特色的集群旅游景区。

药王谷景区　药王谷景区位于桂溪乡，与猿王洞风景区隔河相对，海拔 1500 米。景区内森林密布，气候宜人，有中药材数千亩，逾百年的辛夷花树 1800 余株，每到春季，繁花似锦。有私营业主拟投资数千万元，建设以羌族医药养生为主题的综合型旅游度假区。2007 年完成规划，开始建设。

杨柳坪村　杨柳坪村位于县城以东 10 公里处之景家山。植被完好，空气清新，是夏季避暑的极佳之处。进入 21 世纪后，政府投资修建通村水泥路，架设管道解决用水问题，陆续有业主投资兴建羌族特色接待点，年接待游客上万人次。

此外，在县城附近的盖头山、石椅子、景家山、沙坝、曹山沟，以及较大场镇附近，均有私营业主或当地村民兴办“农家乐”，凭借优美的自然环境、宜人的气候条件和农家特色的服务吸引城里人休闲度假，年接待游客上万人次。

第二十四篇

商业贸易

第一章　商贸企业

第一节　国有商业

一、商业系统企业

1988年，县商业局直属企业有百货、糖酒、食品、饮食服务4个公司和县茶厂，共有职工208人，其中固定职工118人，合同制职工90人；营业网点52处，固定资产283万元。1996年10月机构改革时，撤销商业局，其所属企业及其他国营商贸企业均由县贸易局直管。

企业改革　1988年，全面推行和不断深化完善承包经营责任制，各直属企业按照县商业局下达的购销、利润计划，以联购联销、联利计酬和上下浮动的“百元工资含量”、计件工资、大包干、租赁等形式层层落实计划，逐级分解承包指标。从营业部、店堂、柜组到人头，实行分月分季考核，年终兑现奖惩。同时，推行厂长、经理一定三年任期目标责任制，除食品公司实行亏损包干外，其余企业与县财政局、县商业局签订以前三年利润平均数为基础每年递增10%的3年（1988—1990）利润目标承包合同。1991年，签订并实施第二轮承包合同。

由于市场放开，竞争激烈，国营商业经营举步维艰。1998年，按照“抓大放小，重点突破，整体推进”的改革思路，进行以调整企业所有制结构为核心的企业改制，是年除食品工业公司外，百货、饮食、食品等企业实行个人租赁承包经营。

2000年，通过实施股份制或民营化改造、破产解体和招商引资、整体转让，增强企业活力。对破产解体的县食品工业公司、食品公司等企业的房屋、土地使用权实行资产变现，用于职工买断工龄、安置补偿，将在职、退休人员应缴费用一次性划拨县社会保障局，并与县社会保障局、曲山镇政府办理托管手续，彻底解除老职工的后顾之忧。2001年，注重改制企业和破产企业的扫尾工作，依法破产的企业完成终结；理顺经营性企业与中国农业银行北川县支行的债权债务关系，优化企业的资债结构，打下经营性企业结构调整的基础；解决部分老干部老有所养、老有所医问题，筹措资金将企业离退休老干部移交县社会保障局托管；与华融资产公司成都办事处协商，达成解决县食品公司、县中药材公司、县糖酒公司历年420多万元贷款债务的协议，结清3家公司在银行的全部债务。至此，国有商业改制基本结束。

主要企业简介　县属百货公司、糖业烟酒公司、食品公司、饮食服务公司等国有商业企业，于1988年以后继续进行改革，以适应市场开放的新形势；1997年后逐渐解体或转为民营企业。

百货公司。主营百货、针织棉织、文化用品、五金交电为一体的国有小型企业，下设批发、零售、五金交电3个经营部，职工65人，其中固定职工41人，固定资产63万元。1988年，公司进一步完善承包经营责任制，实现年购进607万元、销售673万元，利润22万元。1994年后，个体、私营经济迅速发展，市场竞争加剧，公司购销萎缩，经营困难，开始出现亏损。1995年，公司投资35

万元，与福建南安鞋业公司合资兴办大禹鞋业有限责任公司，生产保暖鞋、旅游鞋1.2万双，产值50万元，因成本偏高，销路不畅，亏损28万元，被迫停产。1996年，公司组建永丰百货有限公司，经济效益无明显改善，亏损38万元。1997年，改制为民营企业。

糖业烟酒公司。从事糖、酒等副食经营的国有小型企业。1988年，有职工37人，其中固定职工26人，固定资产47万元。1990年，成立县酒类专卖事业局，与公司合署办公，业务挂靠县商业局。1991年，因市场疲软，亏损7万元。1993年效益有所回升，1994年后连续亏损，1997年亏损19万元。1998年，实行个人租赁承包经营。

食品公司。是产销合一的生产经营型企业，与县肉联厂实行“两块牌子，一套人员，账务分列，分别核算”的经营办法，下设3个零售门市部；肉联厂建有500吨容量冷冻库一座，屠宰生产线一条；有职工42人，其中固定职工26人，固定资产140万元。1988年，肉联厂生产鲜冻猪肉184吨，工业产值41万元，销售收入117万元，亏损13万元。是年投资45万元添置干燥设备，引进先进技术，建成年产50吨雪魔芋生产线，产品受到消费者青睐。1991年，收购生猪8246头，销售7750头，销售收入230万元，亏损比1990年下降34%。1992年，生产鲜冻猪肉250吨，猪副产品65吨，牛羊肉15吨，产值161万元。1993年，随着生猪购销渠道增多，肉联厂收购生猪1800头，仅占全县生猪出肥量的1.8%。1994年，公司仅收购生猪1532头。为此，县政府责成有关部门整顿生猪市场，查处哄抬物价、偷漏税收等不法行为，支持县食品公司发挥主渠道作用，仍未能扭转亏损局面。1996年，公司与肉联厂分离，成立肉类联合加工厂，独立生产经营。1997年，肉联厂与白山羊公司合并，随后被大禹野生食品厂收购。

饮食服务公司。主要经营饭店、旅馆和附营商品批发三项业务，有职工64人，其中固定职工25人，女职工占总人数的75%，固定资产33万元。1988年后，公司以市场为导向，制定用工、分配、价格放开实施细则，以转变企业经营机制为重点，活价促销、强化管理为手段，用工、分配放开为动力，提高经济效益，推动改革发展。1988—1991年共盈利20万元。随着改革开放的不断深化，市场购销渠道增加，公司经营日益艰难。1992年，销售总额14万元，上缴税金3万元，支付退休人员费用4万元，亏损7万元。1994年，将旅游公司、大禹旅行社与饮食服务公司合并，三块牌子，一套人员，由公司统一经营。是年亏损4万元，1995年亏损3万元，1996年亏损8万元。1997年，公司改制，实行租赁承包，个体经营。

二、粮油购销企业

县粮食局是管理粮油购销的行政主管部门。1988年，粮食局设议购议销公司，下辖7个粮油食品站和粮油转运站、汽车队、饲料工业公司、粮油经营部共11个独立核算企业，全系统在职职工263人，固定资产原值264万元，仓库容量1090万公斤，储油罐容量430吨，粮油购销固定网点16个。

1992年4月，进行粮油购销体制改革，价格全面放开，平价供应范围和数量缩小，粮油购销价格在国家指导下由市场调节。为适应新形势，县粮食局在原粮油议购议销公司的基础上组建粮油食品贸易总公司，与县粮食局两块牌子，一套人员，下辖粮油食品分公司等11个独立核算企业，负责全系统经营业务，按集团经营组织方式集中管理。

1996年，县政府制发《关于加强粮食工作的通知》，决定逐步建立县级储备粮食和粮食风险基金，500吨储备粮的粮权归县政府，由粮食部门负责收购管理，资金由银行贷款；粮食风险基金由县财政局、粮食局共同管理，使用权归县政府。粮油企业实行“两线”运行，即将政策性和商业性经营业务分开，实行财务分设，分别核算，对粮食收购资金实行“库贷挂钩”的管理办法。自7月1日起，除平价供应部队军粮、“两劳”在押人员及特殊救济人员口粮外，城镇非农业人口口粮实行市场议价供应。

1997年，贯彻中央“四分开一完善”的方针，即政企分开、中央和地方责权分开、经营和储备分开、新老财务挂账分开。完善粮食价格机制，进行粮食经营体制改革。改革后，按照政企分开的原则，县粮食局属事业单位，履行行业管理职能；重新划分组建粮油食品贸易总公司和粮油实业开发有限责任公司两个经济实体，隶属县粮食局。至此，粮油企业长期以来形成的政策性补贴及亏损挂账达2127万元，其中1992年前的266万元按政策应由市上拨补，1993年以后新增挂账的1861万元要求县财政逐步消化。由于市、县资金未及时到位，企业亏损重，发展后劲不足，经营十分困难。

1998年，改革县粮食局与企业“两块牌子，一套人员”合署办公的管理机制，从人员、编制、资产及负债等方面进行彻底划分，粮食局与粮食企业彻底脱钩，不再参与粮食经营，不直接干预企业经营活动。对多年亏损且扭亏无望、负债率高的加工企业实施依法破产。1999年，县粮食局下辖粮油食品贸易总公司、粮油实业开发有限公司、大民饲料公司3个经济实体和7个粮站，除曲山、禹里两个粮站属政策性粮油收储企业，负责承担县内政策性粮油购销业务，其余全部实行整体划转，自主经营，自负盈亏。

2000年，完成企业人员分流工作，对改制中经济关系未理顺、劳动关系界定不清、解除劳动合同未公证等遗留问题进行规范、完善；与县劳动部门配合，对分流人员统一办理再就业证，为其再就业创造条件；与县财政、国资、农发行等部门一起，共同对全县粮食企业的资产进行全面清理，落实责任，确保国有资产不流失。

2001年，理顺7个经营性企业与银行的债权债务关系，优化企业的资债结构；理顺和完善下岗分流人员的经济、劳动关系，各企业实现全员分流安置目标，各粮站与职工彻底了断经济及劳动关系。对各企业（包括两个收储企业）法人代表实行聘用制，明确“责、权、利”关系，签订聘用合同，制定统一的工资、费用标准。

2004年后，按照县政府关于进一步深化粮食流通体制改革要求，对曲山等8个粮油收储企业和粮食经营性企业进行财务资产清理移交和依法注销，合并重组粮油供应站，承担储存市级储备粮的职能。

第二节　供销合作商业

1988年，县供销合作联社与商业局仍实行一套班子，两块牌子，合署办公，分别履行商业局、供销合作联社职能。下辖8个公司、3个加工厂、1个汽车队、8个基层供销社，全系统有职工617人。是年，为适应改革形势，所有独立核算企业推行“核定基数，保证上交，超收全留，欠收自补”的经营承包责任制，全年全系统盈利88万元。

1989年，面对激烈的市场竞争，供销系统经营日渐困难，盈利降至51万元。1990年，出现建社40多年的第一次亏损。1991年后，虽学习外地经验，采取多种措施，但仍无法挽回颓势。1993年，县商业局、县供销社制发《转换国合商业经营机制的意见》，决定以产权制度改革为重点，发展股份制和股份合作制，促进企业经营机制的转换。1994年4月，县供销社在擂鼓中心供销社率先实行股份合作制试点，将企业资产分成4种股份，即企业股，占企业资产的60%；贡献股，占企业资产的40%，按职工工龄、技术、责任大小量化分解到人头；职工股（身份股），按领导干部高于一般职工2～4倍的办法，由职工带股上岗，退股下岗；社会股，供销社以外的人员入股（包括原社员股金）。运行后，职工主人翁意识增强，效益提高。

1995年2月，中央5号文件下达后，将基层供销合作社各类门店实行多种形式的经营责任制。

1996年，政府机构改革，撤销商业局，保留供销联社，全系统下属基层供销社由8个增至9个

（新成立1个）、3个公司、1个车队，县社机关由19人精简为17人。是年底，除严重亏损的曲山、漩坪、桂溪供销社仍实行“大包干”经营责任制外，其余社实行经营承包责任制。对大包干企业，职工个人标准工资存档，“交够国家、企业的，剩下都是自己的”；对实行集体承包的社，参照工资基数，实行“联销、联利计酬”和“百元销售额工资含量计酬”；对生产加工企业以件（量）计酬，实行“多劳多得”和“上不封顶，下不保底”的分配原则。

1997年，县供销联社下辖4个专业公司、1个车队、9个基层供销社，有经营网点162个，农村代购代销店32个、农村“庄稼医院”9个，有固定资产1357万元，流动资金385万元，社员股金159万元；职工444人，离退休职工228人。

1998年，将改革作为供销合作社生存和发展的基础。年初，县供销联社制定具体的改革方案；7月，按照“清退股金、买断工龄、资产变现、股份合作、委托经营、社会保障”的思路运作。采取主动上门、走乡串户、开办网点等办法，清退社员股金130万元；根据各企业经济状况，在彻底摸清供销社家底的基础上，实行全员买断工龄，解除劳动合同，职工与原企业脱离一切关系；对改革前买断工龄的职工，由个人向县社会保障局缴纳养老保险金，对退休职工按人头和最低缴费标准由企业从变现的资产中一次性向县社会保障局缴足养老保险金。对包袱沉重的供销社，将全部资产按当地市场价向个人或社会出售；对股份制供销社或企业实行委托经营。

2000年，完善转制后续工作，完成职工安置及退休人员移交、房产转移手续办理、变现资产等。坚持用改革精神解决供销系统转制中的难题，促进企业生存和发展。全年实现商品销售总额773万元，实现利润1.3万元，自1990年以来连续亏损累计1569万元的局面得到遏制。一批经营人才自主决策开展多种经营，或租赁荒山荒坡发展种植业，或投资养殖业、餐饮娱乐业，或开办磷肥厂等，取得较好的经济效益。

2001年后，重点解决供销企业转制的扫尾问题；至2004年，转制工作全面结束，供销系统无基层供销企业，仅存县供销合作联社。

第三节　合作、个体商业

一、合作商业

1988年，全县合作商业有独立核算单位34个、门店158个，从业人员268人，退休保养人员140人。主要从事商业、饮食、茶旅、理发、照相等经营。自有资金51万元，固定资产原值33万元，营业收入201万元。

1988年，陈家坝合作商业因亏损，退休人员无法领取生活费，强行将商店门店关闭。1989年，经批准同意解体，但退休和在职人员均不同意；8月，开门清仓，实行承包经营。1990年，贯彻省、市政府《关于稳定和发展城乡集体经济若干规定的通知》精神，将场镇的合作店组由小规模经营、多头领导、分级核算，改为由总店统一领导、统一核算、统一使用资金、统一调配人员。是年建成治城、漩坪、擂鼓、桂溪、坝底5个合作商业总店；在擂鼓镇开展合股经营、民主管理试点，实行经理任期目标责任制，推行多种形式的经营承包责任制。合作商业从业人员大部分老龄化，50～60岁的占80%以上，每个从业人员平均负担0.6个退休、保养人员。1991年，擂鼓饮食合作商店因无力承受重负自动解体，开坪饮食分店、小坝饮食店茶旅店、桂溪商业合作商店、擂鼓饮食合作商店也相继拍卖房屋财产解体。至1997年，名义上有31个核算单位，实际只有治城合作商业总店等11个单位上报财务决算表，营业收入41万元，汇总亏损1万元。1998—1999年，集体合作商业改革步伐加快。两年中，共转制集体合作商业15个，变现资产220万元，偿还债务15万元，安置职工309人，占应安置职工总数的93%。至1999年年底，尚未转制的9个集体合作商业均实施承包、租赁经营。其后相继转制为个体、私营商业。

二、个体私营商业

改革开放后，县委、县政府将个体私营商业的发展作为县域经济新的增长点，制定各项优惠政策，采取不限发展规模、注册资金、雇工人数和法律上保护、政策上扶持、税收上优惠等办法，鼓励和支持个体私营商业的发展；县工商行政管理部门坚持特事特办、急事急办，为个体私营商业提供办理证照、开业咨询等服务。

1998年，县内有个体私营商业589户，从业人员1166人，其中私营商业1户、从业人员8人，个体商业588户、从业人员1158人。个体私营商业户在国家政策、法律、法规范围内，采取多渠道进货、开办自选商场、延长经营时间、送货上门、商品打折、包修包换等灵活多样的经营方式，不断拓展经营范围。至1999年年底，全县有个体私营商业1091户，从业人员1953人，其中私营商业10户、188人，个体商业1081户、1765人。其经营范围涉及商品零售、旅游、餐饮、美容美发等数十个门类，从多方面满足不同消费者的需要，活跃城乡市场。

2000年后，由于国家政策支持，环境宽松，个体私营商业快速发展。2001年，全县个体私营商业发展到1529户、2985人，实现总产值5103万元，其中批发零售、贸易业3012万元，旅游饮食服务业2091万元。2002年，全县登记个体工商户3187户，从业人员4125人，注册资本2754万元；登记发照私营企业154户，投资人数394人，雇工人数2414人，注册资本9717万元。

2004年，全县登记个体工商户2827户，从业人员2982人，注册资本3932万元；登记发照私营企业213户，投资人数376人，雇工3522人，注册资本1630万元。全县个体私营商业实现营业收入10421万元，其中批发零售、贸易业3700万元，利润111万元，上缴税金185万元。

2006年，全县登记个体工商户3144户，从业人员3342人，注册资本4543万元；登记私营企业260户，投资者人数470人，雇工人数5445人，注册资本44329万元。全县个体私营商业实现营业收入8974万元，其中批发零售、贸易业5384万元，利润438万元。

2007年，全县共登记发照各类企业454户、注册资本83288万元，个体工商户3254户、注册资金4901万元。全年招商引资企业20户，引进资金5307万元；新发展私营企业29户，注册资金11785万元；新登记个体工商户233户。

第二章　商品经营

第一节　粮油购销

一、粮油收购

1984 年，统征统购任务全免，农民所产粮食自由购销，实行 30 年的粮食统购统销政策随之终止。粮食部门除按政策供应市镇人口口粮外，把粮油议购议销作为主要经营手段，开展粮食余缺调剂、季节调剂、品种调剂业务。至 1985 年，议价粮油购销量超过平价购销量。1988 年，粮食购销、调拨实行一定三年包干，北川无合同定购任务，实行农业税征实，计划内调拨只保证市镇口粮供应，其他粮食供应由当地购入。是年收购粮食 7328 吨，其中议转平购入 450 吨，议价购入 6878 吨；收购油菜籽 819 吨，其中定购 550 吨，农民换油 195 吨，议价购入 74 吨。1989 年，恢复合同定购粮食政策，是年完成定购 988 吨。1990 年，再次取消粮食定购。1992 年，粮食购销体制和价格全面放开，以市场调节为主，粮食收购量大幅度上升，是年购入粮食 11743 吨，其中议转平购入 655 吨，议价购入 11088 吨；议价收购油菜籽 1165 吨。1997 年，粮食市场竞争激烈，销量减少，收购量下降，是年收购粮食 3142 吨，收购油菜籽 1328 吨。1997 年底进行粮食统购统销改革，撤销乡镇粮油供应站，粮食部门不再收购粮食。

二、粮油销售

1988 年，县内市镇口粮供应依靠计划调拨，其他粮食供应由当地购入解决。是年国营粮店销售粮食 11255 吨；销售油脂 263 吨，其中平价 126 吨，议价 137 吨。1992 年，粮油销售市场和价格全面放开，平价销售锐减，议价销售量大增，全年销售粮食 10263 吨、油脂 661 吨。1997 年，按国家保护价收购粮食，顺价销售，出现购销价格倒挂，加之缩小平价粮油供应范围，个体和集体粮店参与竞争，国营粮店仅销售粮食 3432 吨、油脂 446 吨。1998 年，加强粮油购销业务管理，确保粮食购销平衡和市场供应。在全面贯彻《粮食收购条例》的基础上，坚持常年收购，不限收，不拒收，积极开展品种兑换，保护农民利益。针对县内粮食购销总量缺口较大的现实，积极组织县外粮食的调入，实行品种余缺调节，确保县内供应。军粮供应、救灾粮调节等政策性粮油销售严格执行相关政策。是年购进粮油 1042 吨，销售粮油 1942 吨，实现购销总值 400 万元。1999 年，购进粮油 1331 吨，实现销售收入 219 万元。2000 年，坚持“常年”“敞开”收购农民余粮。在经营性和政策性业务划分后，粮油收储企业严格遵守纪律，基本实现顺价销售，各经营企业坚持随行就市的原则，做到购得进、销得出、不亏损。是年实现粮油购销总量 3307 吨，粮油销售收入 273 万元，县域内粮油购销基本平衡。2001 年，国有粮食企业及其他经营户实现粮油购销总量 11340 吨，粮油销售收入 664 万元。2002 年，全年实现粮油购销总量 27673 吨，粮油销售收入 2393 万元。2003 年，粮食调进 11291 吨，销售 8400

吨。2006 年，完成政策性粮食购销任务，确保县域内粮食购销平衡。全年粮食购进 27588 吨，油菜籽购进 637 吨，其中国有粮食企业购进粮食 1000 吨，实现利润 1 万元。

三、退耕还林（草）粮食供应

2000 年，为完成全县 3 万亩退耕还林试点工程粮食调拨供应任务，县粮食局在做好供应票证设计、印制和发放的同时，与粮食调出县衔接，落实调运计划，组织调运车辆 300 余车次，半月内将首批 1500 吨粮食安全调运回县，并按政策在规定时间内凭票、凭各乡镇上报的花名册，将粮食供应到退耕农户手中。各粮食供应点坚持早开门、晚关门，代农加工、代农储备，尽量方便退耕农户。2001 年，完成退耕还林（草）补助粮调拨 5670 吨，供应 5670 吨；经国家审计署全面审计、各级领导检查，对全县退耕还林（草）补助粮调拨供应工作给予肯定。2002 年后，严格退耕还林粮食供应及调运等专项费用的管理使用，执行各级财政和粮食部门有关文件，严格财经纪律，厉行节约，管好用好专项资金，每年完成 8000 多吨的退耕还林（草）补助粮食的调拨供应任务。2003 年起，退耕还林（草）不再补助粮食，直接补助现金。

四、粮食行政执法

2004 年 5 月 26 日，国务院公布《粮食流通管理条例》，标志粮食流通管理工作进入依法行政的新阶段。县粮食局成立粮食执法机构，共 2 名工作人员。2006 年，根据有关法律法规，建立粮食市场供应安全应急机制和信息预警体系。是年开展执法检查 115 人次，其中与工商、质监等部门联合执法检查 45 人次；检查遍及全县 20 个乡镇、220 个粮食经营户，检查粮油 132 万公斤；对违规经营户进行现场处罚和限期整改，对过期变质的粮油食品就地销毁。2007 年，粮食行政执法人员联合工商局、质检局等部门对粮油经销商、餐厅、学校食堂等进行定期、不定期检查和抽查，全年执法检查 48 人次。

第二节　农副产品购销

一、政策调整

1985 年年初，中央决定除个别品种外，国家不再向农民下达农副产品统购派购任务，实行合同定购和市场收购，大部分农副土特产品转为自由购销，多渠道经营。国家停止统购派购后，奖售政策亦随之终止。是年县政府决定用省、地下拔的调整农业结构的专用粮换购生猪、老残肉牛、山羊、茶叶、生漆、鲜魔芋、薇菜干、核桃、百合干、牛皮、兔毛、紧缺中药材等 12 个品类的农副土特产品，以鼓励农民发展多种经营。20 世纪 90 年代粮食市场放开后，政府鼓励农村群众因地制宜生产山区特色农副产品，实行自产自销。

二、购销概况

生猪　1988 年，国家下达生猪收购、上调任务，并实行粮食奖售政策，每交售一头合格肥猪，奖给粮食指标 35 公斤或每公斤补给差价现金 0.3 元。自 1990 年起，国家不再下达生猪收购计划，实行多渠道经营；废止粮食奖售政策，实行最低保护价收购生猪，每公斤生猪收购价不低于 2.7 元。由于市场价格放开，原主渠道商业、供销单位的生猪收购量逐渐下降，是年只为松潘、茂县、红原县代购数批 3000 多头的生猪收购。此后，个体户成为生猪购销的主体。

茶叶　茶叶历来是县内输出的大宗农副产品。改革开放后，茶叶仍由县茶厂统一收购、加工、销售。1988—1992 年，继续实行“优价、让利补贴、粮肥奖售”的收购办法。1991 年，实行最低保护价收购，每公斤平均收购价不低于6.4元。每交售100公斤1～6级炒青毛茶，奖给粮食指标50公斤、尿素指标50公斤；每交售100公斤晒青毛茶，奖给粮食指标50公斤、硝酸铵指标50公斤；每交售100公斤南边茶，奖给尿素指标20公斤。其他单位和个人运销青毛茶出县，须缴纳25%的产品税、7.6%的手续费、20%的生产扶持费、1.5%的市管费、5%的营业税；县内各地的鲜茶加工、青毛茶收购只能是“代购”关系，县茶厂收购后付给青毛茶7.6%、南边茶10%的手续费。1988年，收购细茶559吨。1989年，收购细茶589吨。1991年，收购细茶524吨。1993年，茶叶购销市场放开，由各茶叶加工企业自主经营，茶叶产品税由收购部门含税收购交纳改为向农民“定产定额”直接征收。放开经营后，由于价格利益的驱动，自由外运、外卖量较大，县茶厂收购量逐渐下降，是年收购细茶278吨。此后，年均收购量100吨至300吨之间。

蚕茧　县内蚕茧一直由蚕茧站独家经营。20世纪90年代企业改制、市场开放后，县丝绸公司为农户提供资金、技术扶持，同时签订蚕茧销售协议，统一收购销售蚕茧；每年购销蚕茧200多吨。

中药材　县内中药材由国家统一定价，先后由各地供销社，县医药公司和县中药材公司经营。1983年起，逐步放开市场，实行自由经营。20世纪90年代后，县中药材公司每年收购金额数十万元至200万元不等。县内向无药材加工企业，中药材均作为原料销售外地，市场需求波动造成价格不稳。县境中西部，是中药材种植较集中的地区，在药材走俏的年份，药农户均年收入少则几千元，多则数十万元。

其他土特产品　除茶叶、生猪外，县内其余农副土特产品从1988年起，均实行随行就市，多渠道经营。各地供销社坚持在每年农闲时期开展“小秋收”活动，以增加农民收入。商供系统实行“扩购增收”“立足本县，打出县外”的经营策略，到陕西、云南、甘肃、成都等地收购栓皮、中药材、副食品、黄豆、抬杠等传统土特产品，扩大经营量。1988年，收购总额1028万余元。1990年，为增加农民收入，新开辟野生薇菜、蕨菜收购加工业务。是年收购加工薇菜、蕨菜86吨，其中薇菜22吨远销日本和西欧。1992年，县内遭受特大洪灾，为支持农民生产自救，是年收购栓皮1289吨，价值60多万元。后随商供系统的解体、转制，县内农副产品由个体户随行就市收购。

北川曾被列为全国生漆商品生产基地县，年收购生漆最高达40吨以上。1988年，因林权由整化零，连片资源的采割利用不便协调，而割漆的劳动量又大，致使生漆产量下降，加之市场经营放开，是年只收购生漆8.8吨，到1995年仅收购0.5吨。自1996年起，供销系统未能收到生漆。

第三节　农资经营

一、经营网点

1998年前，县内化肥、农药、农膜等涉农生产资料统一由县农业生产资料公司从厂家进货，县内销售网点从县农资公司进货。1998年，充分发挥市场配置化肥资源的基础性作用，县内各销售网点实行多渠道自主进货销售。是年，全县共有农资销售网点155个，其中农资公司建庄稼医院8所、村级综合服务站12个，供销社委托经营网点105个、直属网点11个，县农技站、植保站、土肥站各建销售网点1个，各乡镇农技站各建网点1个。155个农资经营网点承担着全县农资供应和为农村、农业和农民提供科学配方施肥、测土配方施肥、诊治农作物病虫害、示范推广新农药等科技服务。2000年，随着体制改革的深入，化肥等农资流通渠道的拓宽，生产企业和个体经营户增加，竞争更加激烈，作为农资主渠道的县农资公司和供销社经营困难，业务萎缩。2002年11月，县农资公司改制，由私人合资收购。2003年年初，县土肥站、植保站兼营的化肥、农药销售业务终止，改由各乡镇农技站或个体户经营。至此，国有、集体企业专营农业生产资料的销售格局被打破，农资销售市场全面放开。2004年，全县有农资经营户20余家，2005年增至118家。2007年，有农资配送中心1家，农资农家店10家。

二、经营情况

化肥、农药、农膜专营 农业生产资料供应是供销社为农村、农业、农民服务的一项传统业务。改革开放后政策逐步放宽，为保证重要农资供应，自1989年起，按国务院关于对化肥、农药、农膜实行由农业生产资料公司和供销合作社专营的决定，县内化肥、农药、农膜实行统一计划、统一分配、统一价格、统一调拨、统一经营，由县农资公司和供销社供应的专营制度。各区、镇、乡、村分别按人头、耕地面积测算，农户凭票购买。严格执行中央、省、市、县制发的“八不准”“十不准”“五公开”等分配、销售、经营纪律，实行“一个口子进，一个漏斗出”，供肥量不断增加。1989年3月，省扶贫领导小组、省供销社、省农牧厅、中国农业银行四川省分行、省计划经济委员会等8个单位下达北川“白色温饱工程”（地膜覆盖种植）4万亩，每亩供地膜3公斤、尿素10公斤，省、市、县共同筹集资金，对实施此工程的农户每亩补贴人民币5元。1991年，解决“老、边、少、贫”地区中低产建卡贫困户专项化肥供应指标1460吨，其中2500户每户供应化肥50公斤，共1250吨；为21个民族乡每乡供应10吨，共210吨。1988—1997年，县农资公司争取计划外化肥1.8万吨，缓解县内供求矛盾。1998年，全县供销社系统坚持为“三农”服务的宗旨，保障农民群众生产生活资料的供应。全系统设农资经营网点104个，委托经营农资商品。是年销售化肥2946吨，农药2.82吨，农膜21吨。1999年后，先后恢复农资、农家店10个，新建庄稼医院11个。2007年，全县农资年销售额2000万元左右。

“绿色服务工程” 1988—1991年，供销部门先后对全县农资营业员、保管员、“庄稼医生”进行培训，系统讲解药物治虫、灭草的基本知识，以及各种农药、化肥的性能、保管、使用方法。1991年6月，成立农资科技推广服务站，印发科技资料，进行实地技术指导，将原10多个供应点增至35个，对部分交通方便的地方，免费送肥送药到户。1992年，先后建立“庄稼医院”11个、综合服务站10个，开展用药、用肥配方咨询服务。为方便农户，农药开零出售，出租各种喷雾器、喷粉器、耕种器和收打机具，并开展农业机具维修等业务。2004年供销社转制后，此类业务由供销联社负责。

中小农具经营 1988年，全县中小农具的供应除铁铧由各基层供销社生产储备供应外，木、棕、竹制农具均由农民“自制、自修、自用”，供销社作一定的余缺调剂。随着市场经济的发展，铁制农具（包括铁铧）逐渐变为由个人开设的铁匠铺生产和经营，价格随行就市，直接面对农村和农民。1993年，供销系统经营的中小农具由1988年的4.32万件降至0.48万件。1994年，供销社退出中小农具的经营，代之以个体、分散经营。

第四节 日用百货购销

1988年，日用百货市场呈“紧、涨、乱、抢”特征。抢购风导致商品价格上扬，部分商品短缺，甚至断档脱销，尤以食盐、白糖、肥皂、电视机、电冰箱、煤油、针棉织品衫裤、纯棉布等最为突出。1989年2月，县百货公司和基层供销社先后出省组织购进大批日用百货、针织品和副食品，填补抢购风形成的空虚库存。至年底，库存量1211万元，比1988年净增300多万元，城乡市场得到稳定。1990年11月，国家决定全面提高棉纺针织品的价格，加之宏观经济调控初步到位，出现市场疲软，日用生活品销售困难。供销部门采取送货下乡、送货上门、延期付款、扩大扣率，实行代销、有奖销售、摸奖销售，联营、联销计奖等措施，收到一定效果。同时，县供销联社制定实施储备定额、必备商品目录和经营商品目录等制度，保证一些关系农村、农业生产、农民生活必需品的供应。随着市场的进一步开放，竞争日趋激烈，1994 年 1 月实行新税制后，批发由原来差额的 10% 提高到全额的 17%，供销系统内批发业务无利可图，难以维系，最终关门，日用百货由个体私营商业户自主经营。

第五节 物资流通

县物资局是县内物资流通的主管部门，下辖金属机电公司、化建公司和生产资料服务公司。1988 年，有职工 46 人，固定资产 135 万元。

在计划调拨为主、物资行业独家经营的经济运行体制下，企业经营效益显著。1988 年，实现销售收入 773 万元、利润 30 万元，上缴税金 18 万元。1990 年后，计划物资逐步减少，直至取消，物资商品全面放开经营，物资企业在激烈的市场竞争中，通过深化内部改革，转换经营机制，推行经营承包责任制，凭借长期形成的经济实力，实现保本微利。1993 年，实现销售收入 1050 万元、利润 5 万元，上缴税金 4 万元。1994 年，物资经营领域厂家直销市场占有率达 70%，其他经销者又占据部分市场，物资行业经营的份额仅占 15% 左右，明显处于劣势，经营萎缩，由盈变亏，企业面临生存危机。1996 年，实现销售收入 305 万元、税金 1 万元，亏损 17 万元，累计亏损 67 万元。鉴于旧有物资流通管理和经营方式难以适应新形势，是年 10 月，撤销物资局，筹建物业有限公司，行政管理职能移交新组建的贸易局。

1998 年，县贸易局为彻底解决原物资局以及所属企业诸多遗留问题，在完成人员分流后，将原物资局所属企业共同组建金鑫物资有限公司，按公司制运作；同时对原物资局所属金属机电公司、生产资料服务公司依法破产，共同组建物资回收公司，隶属于金鑫公司。全公司有职工 37 人，其中离退休 11 人，有固定资产 220 万元。新组建的民爆、金属回收公司主要从事民用爆炸品、化工产品和废旧金属、汽车回收经销业务。1999 年，经营化工产品 272 吨、雷管 24 万发、导火索 12 万米，实现销售收入 474 万元，比 1998 年增加 57 万元，增长 13.7%。废旧金属回收实现销售收入 196 万元。2000 年，继续完善物资企业改革，解决企业破产后的遗留问题。金属机电公司、生资公司破产后将物资大楼整体变卖给县劳动和社会保障局及县审计局，21 名职工、4 名退休人员全部得到安置补偿；将原机关分流到金鑫物资公司的 3 名职工买断工龄，给予一次性安置补偿；对生资、金属、民爆公司离退休职工基本养老金、基本医疗保险费等所需费用一次性划拨给县劳动和社会保障局，并与县劳动和社会保障局、曲山镇政府办理托管手续。2001 年后，物资流通市场进一步开放搞活，市场竞争激烈，民爆、金属回收公司经营困难，仅炸药、雷管、导火索等爆炸物品有稳定收入。

第六节 医药经营管理

一、医药管理机构

1988 年，县医药管理局有职工 5 人。2000 年 3 月，县医药管理局改建为县药品监督管理局，与县贸易局合署办公。8 月，按省市要求，县药品监督管理局从贸易局分离单设，负责全县药品和医疗器械行政监督和技术监督管理工作，并将卫生局药检所划归药监局管理。2005 年 8 月，在原药品监督管理局的基础上，组建食品药品监督管理局，内设药品综合监督股（含稽查大队）、食品安全协调监察股。

二、医药市场管理

1988年后，随着流通领域放开，医药市场一度混乱。1989年3月，县政府发出通知，规定批发业务归口经营，药品坚持持证经营。县医药局会同县卫生、县工商部门对全县21个重点医疗单位、25个经营药品的国营企业、集体企业、个体工商户和16户游医药贩进行清理整顿，取缔无证经营25户，停业整顿集体、个体各3户；对查出的伪劣药品、淘汰药品、变质及自制药品86种予以销毁。

1990年，贯彻国务院《关于进一步治理整顿医药市场意见的通知》精神，从有关单位抽调11人组成2个检查组，到全县29个乡镇进行宣传，对经营和使用药品的87个单位和个人进行清理捡查，取缔无证照经营18户、游医药贩33人次，查出假劣、变质、淘汰、失效中西成药及医疗器械230多种，进行销毁处理。

1995年，贯彻国务院、省、市通知精神，由县医药局、县卫生局、县工商行政管理局、县公安局、县监察局等抽调12人，分片对场镇及主要交通要道经营、使用药品的92个单位和个体工商户进行清理。

1998年6月，对县内医药、医疗市场进行全面整顿。整顿试点工作在曲山镇进行，首先要求镇内全体售药人员自查自纠，凡无“三证”的摊点一律关门停业，异地到曲山摆摊的人员必须在规定的期限内回原地经营，取缔一切未经许可的医药经营。整顿后取缔非法经营摊点8个，保留合法经营摊点7个。在试点的基础上，整顿工作在县内全面铺开。至年底，全县规划个体药品经营摊点46个，医药公司批发点2个，零售门市部11个，共计59个，均重新核发证照。自此，全县医药市场步入规范化管理轨道。是年，在整顿经营摊点的同时，委托20名乡镇卫生院正副院长作为卫生行政执法检查员，加大对非法药品经营的查处力度。1999年，取缔流医、巫医、无证行医32户（次），撤销不合格村卫生站10个，对11个生产经营药品单位、41户经营药品的个体户共102人进行检查，查处无药品经营许可证6户（含个体），查出假劣药品28个批次、496个品种，均作罚没处理。

2000年，对药品批发企业、零售药店、部分医疗单位药品从业人员共108人进行岗位培训，系统学习《药物商品学》《药品质量管理法律法规》《医药职业道德》等，经考试合格颁发上岗证书。贯彻《医疗器械监督管理条例》，组织医疗器械经营、使用单位负责人参加绵阳市统一培训，并按要求对医疗器械经营许可证进行初验。开展具有麻醉药品使用权单位麻醉药品购买证换发工作。加强对癌症病人麻醉药品使用的管理，由县药品监督管理局开具麻醉药品供应卡，实行凭卡定点购买使用，处方保存备查，确保麻醉药品不流向社会；对其他特殊药品，要求经营使用单位必须做到专人、专账、专柜管理，有据可查，避免特殊药品可能给社会带来的危害。

2002年，在全县开展“DA-100”药品、医疗器械打假行动，对全县药品经营单位、药品使用单位进行拉网式检查，并多次开展专项检查。是年完成计划抽检26个批次，快速检验30多个批次，检查药品经营、使用单位182个，查处假劣药品66批次，取缔无证经营药贩28人次。经营、使用假劣药品率明显下降，无证经营和使用药品的行为基本得到治理。加强医疗机构药品使用管理。根据《中华人民共和国药品管理法》和有关法规的规定，制订《医院药房药品质量管理规定》，对医疗机构从事药剂工作人员的资格、药房的设备、药品购进、质量验收、保管使用及管理制度的完善和执行都做出明确规定。县内各医院建立药事委员会，监督管理药品购进工作，做到自觉淘汰过期失效、变质、虫蛀等不符合规定的药品。

2003年，切实做好“非典”防治工作。派出多个检查组对全县防治“非典”的药品、器械进行监督检查；对县医院购回的无产品注册证号的呼吸机予以查封，并上报绵阳市药品监督管理局，使全市多家医疗机构购进的同类呼吸机得到及时处理。

2004年，督促、指导实施《药品经营质量管理规范》（GSP），推进药品分类管理和GSP认证工作。康迪公司及其直属的4个零售药店于9月通过GSP现场认证检查，另2个零售药店申报GSP认证的零售药店，于12月中旬通过省认证中心的现场检查。县城地区未申请GSP认证的零售药店均加盟通过GSP认证的药品零售连锁公司，各乡镇80%以上的零售药店加盟连锁公司，全县所有药店基本达到药品分类管理的要求。

2006年，全县106家药品经营企业全部通过GSP验收。

三、药品经营

1988年，县内经营药品的有中药材公司、医药公司两个独立核算企业，企业下设4个药品批发部、1个中药饮片加工厂、5个中药材收购站、10个药品零售部，共有在职职工70人、退休人员13人。

县医药公司是1985年1月从中药材公司分出的独立核算企业。经营西药制剂、医疗器械、化学试剂、玻璃仪器四个大类，1100多个品种。1988年3月，与县医药管理局签订第一轮三年任期目标承包经营合同，包定基数，确保上缴（即所得税），超收全留，欠收自补。1991年、1994年又分别签订二、三轮承包经营合同。县医药管理局下达企业目标任务，年终兑现奖惩。企业在经营上坚持以“质量、品种、效益”为中心，加强内部管理，在用工上推行全员劳动合同制，在分配上实行任务和工资效益挂钩，分配拉开差距，以增强企业活力。在第一、二轮经营承包中，购、销、利税保持持续稳定增长。1994年1月利改税后，因多种原因致公司变为微利企业。1996年，有曲山、禹里两个批发部和6个药品零售部，在职职工25人、退休2人。

县中药材公司是1956年建立的老企业，1988年有曲山、禹里两个批发部、1个中药饮片加工厂、3个药品零售部。经营中药材收购、加工及中成药销售业务，经营品种1193个。中药材年均收购130多个品种、315吨，收购额205万元，最多的1988年收购178个品种、602吨。1988—1996年，共收购中药材1596吨，收购额1049万元。收购的中药材除供应本县用药外，大部分调供省内外，传统外销产品有附片、黄连、天麻、杜仲、黄柏、蒙花等。县中药材公司在抓好县内中药材收购的同时，另组织人员到西藏、甘肃、阿坝、江油等地收购虫草、贝母、附子、大黄、羌活、黄芪等产品。中药材放开经营后，市场竞争激烈，产销地价差小，加之个体户不断增加，企业经营困难，收购网点逐步撤销。至1996年，仅保留曲山、片口、小坝3个收购站，收购数量逐年减少，是年收购78个品种、64吨，收购额58万元。

中药材公司开办中药饮片加工厂，年均加工炮制150个品种。1988—1996年共加工炮制中药饮片222吨，产值188万元。为降低成本，提高效益，公司开展鲜活药材收购加工，1988—1996年，共加工附片、木瓜、南星片等20个品种、2850吨，产值235万元。公司在1988年3月开始的第一轮承包经营中，超承包利润19万元；1991年开始的第二轮承包经营中，开始出现亏损。此后几年连续亏损，经营困难。1996年，在职职工45人，退休职工11人。

1997年5月，县医药公司、中药材公司着手清产核资、明晰产权，按照《中华人民共和国公司法》联合组建新的公司。1998年1月，合并成立县药业有限公司，承担原两个公司的全部民事责任，按原公司各自净资产比例，给职工配股。新组建的公司采取多种措施，抓药品、医疗器械等经营，实现销售收入275万元，其中销售药品（包括中成药）216万元、医疗器械9万元、中药及中药饮片50万元，上缴税金及附加15万元，是年亏损7.7万元。因连续亏损，在经营1年零5个月后，于1999年6月再次拆分为药业公司和中药材公司，各自成为独立核算、自负盈亏的企业法人。

2000年，县药业有限公司继续深化改革，实现资产变现，安置补偿职工，并按照入股自愿原则，进行资产重组，择优竞争上岗，重新就业；公司在县城和乡镇设批发部2个、零售药店6个。中药材公司重新组建为雅川药业公司，在县城设批发部1个、零售药店3个、中药饮片加工厂1个。2个公司主要经营化学药品、医疗器械、中药材、中成药、中药饮片、保健药品等。面对激烈的市场竞争，采取措施搞好销售服务，加强经营管理，提高经营效益。药业公司实现年销售收入100余万元，上缴税金4万元；雅川药业公司6—12月实现销售收入20余万元，上缴税金3万元，略有亏损。

2002年3月，绵阳康迪药业公司全资收购雅川药业，成为独立法人，从事中药材收购及药品批发、零售业务。11月，药业公司因经营困难，资不抵贷，进入破产程序。至此，县内仅有康迪药业公司为药品批发经营企业，全县有个体药品零售药店57个，从业人员75人。2003年，县内有康迪药业公司从事中药材收购、销售及药品批发、零售业务；有个体药品零售药店101个，从业人员135人。此后几年，康迪药业公司销售业务基本稳定，年销售药品160多万元，上缴税金3万多元；个体药品零售企业略有增加，每年实现销售收入四五百万元，上缴税费3万多元。

第七节　食盐经营

一、查处私盐

县盐业支公司成立于1969年，为省属托拉斯企业，业务、人事、工资均由省盐业公司绵阳分公司管理。1988年，有职工6人。1994年8月，成立盐政稽查所。1997年在岗职工5人。2007年，在岗职工4人。

1990年3月，国务院颁发《盐业管理条例》后，省政府又颁布一系列盐业专营法规。为规范盐业市场，保护公民身体健康，盐业公司除加强向消费者宣传食用加碘食盐的好处和食用假冒伪劣盐对身体的危害外，与工商、卫生等部门一道，对非法私售食盐的行为进行查处。1991年10月，配合县工商行政管理局在陈家坝供销社查处工业盐4.6吨。1992年，先后在陈家坝、禹里、曲山等地查处劣质（缺碘）食盐14.8吨。1993年，在开坪、小坝、片口等地查处工业盐10.2吨。1994年4月，在擂鼓、苏宝查处工业盐2.9吨。盐政稽查所成立后，贯彻国务院《食盐加碘消除碘缺乏危害条例》《食盐专营办法》等法规，对盐业市场的清理整顿经常化、制度化。1998年，采取日常检查与重点检查相结合和堵口子、路检路查等办法，加大盐政稽查力度，禁止非法经营。查处擂鼓镇商贩以工业盐作食盐销售案件。1999年，查处违法案件63起，查处工业盐作食盐销售9.6吨。2000年，面对食盐产大于销的矛盾和部分不法人员非法经营危害人民健康工业盐、非碘盐状况，加大盐业稽查力度，整顿盐业经营市场。在有关部门的支持下，办理食盐零售许可证，规范经营行为。2002年，加强代理批发许可证和零售许可证管理，严厉查处无证经营食盐；实行区域管理，划片落实责任制，常年跟踪督查工业用盐单位，防止工业用盐流入食用盐市场。是年查获私盐2.9吨。2004年，派员参加盐政驻厂监控，对非碘盐和散碘盐用户进行编号供应管理，防止工业用盐中途流失进入食盐市场。2005年5月中旬至7月中旬，会同县工商行政管理局、县质量技术监督局、县公安局、县卫生局在全县范围内开展整顿和规范盐业市场秩序专项行动，加强对重点地区盐业市场的检查和监测。利用“3·15”消费者权益保护日和“5·15”消除碘缺乏危害宣传日，动员消费者自觉抵制假冒伪劣私盐，发现私盐及时向盐政部门和有关职能部门举报。2006年，依靠食盐销售网络对全县15个乡镇的食盐市场进行不定期的盐政检查，共检查中小学伙食团19个、餐饮175户、一般工业用盐6户、行业用盐10户、野菜盐渍3户、豆油酿造2户、食盐零售户387户、食盐代理批发户10户。全年未出现违章盐产品。

二、食盐价格

1989—1991年，经国务院、省政府批准，对食盐价格进行两次调整。散装精盐每500克由0.18元调为0.35元，小袋精盐每500克由0.21元调为0.38元。1994年7月1日起，再次调整食盐价格，县城以上市场散装精碘盐每500克定价0.5元，500克小袋精装碘盐定价0.55元；农村市场每500克增加0.01～0.03元运杂费。据此，县物价局核定：县内擂鼓、漩坪、陈家坝、禹里零售食盐每500克散装碘盐0.52元、小袋精装碘盐0.57元，坝底、小坝、墩上在此基础上每500克提高0.01元，通口、甘溪划归江油支公司供应。1996年，县城以上碘盐每500克定价为0.70元，农村市场增加0.01～0.05元运杂费。2007年，全县袋装盐1元（500克），纸塑袋装1.1元（400克），复膜盐（500克）1元；总销量916吨，其中食用盐854吨、工业盐62吨。

第八节　石油、天然气经营

一、石油经营

1988年，县石油公司专营汽油、煤油、柴油、润滑油、油脂等30多个石油产品，以计划调拨为主，计划外采购为辅，实行平价、议价双轨制。是年从县外调回近1000吨油料供应市场。全年销售油料2240吨，其中汽油920吨，煤油210吨，柴油1049吨，润滑油等61吨。1993年，与桂溪供销社联办加油站。自1994年7月起，取消计划供应，石油经营由独家经营发展到多家经营。1996年，开展液化气经营业务，是年发展稳定用户200多户，销售液化气18吨。1997年，液化气用户发展至600余户，销售液化气52吨。全年销售油料1650吨，其中汽油999吨，煤油5吨，柴油624吨，润滑油等22吨。1998年，改革运行机制，将公司划分为2个加油站、1个油料部、1个液化气经营部共4个经营实体，实行定岗、定员、定任务，将工资与利润、费用与销售量挂钩，变固定工资为活工资，上不封顶，下不保底，以调动干部职工的积极性。全年销售轻质油1813吨、润滑油42吨、液化气74吨，实现销售收入400万元。2001年，公司一手抓大用户，一手抓乡镇零油网点销售，采取多种措施促销。全年销售油品4558吨。2002年，公司由独立经营改为由中油绵阳公司租赁经营。2003年12月，与安县分公司合并，在安县设经营部，由独立经营改为由中油绵阳公司直接经营，人事、财务、销售均由中油绵阳公司实行专业托拉斯集团管理。2006年后，在县境设有任家坪、茅坝、擂鼓、麻柳湾、黄江、猿王洞、墩上、小坝8处加油站。

二、天然气经营

1998年，县政府经多方论证，决定引进民用天然气，优化县内能源消耗结构。9月，与四川省广益石油地质技术贸易开发公司签订协议书，动工建设输气管线工程，1999年2月，完成从安县配气站至县城配气站26.6公里长输管线和城区内3.5公里配气干网的铺设。1999年春节，县城地区首批350户市民用上天然气。民用天然气市场的拓展，不仅具有明显的经济效益，而且有利于保护森林资源，改善生态环境。县政府制定优惠政策，鼓励机关企事业单位职工和广大居民使用天然气。至年底，县城地区天然气用户达到780户。2000年，投资200万元开发擂鼓镇市场，铺设供气管道3公里，新开用户120户，全县天然气用户1268户。2001年增至1540户。2002年8月，原巨能天然气集团因经营严重亏损，将县天然气公司整体转让给绵阳先进机电公司。至年底，全县有天然气用户1800户，销售天然气72万立方米，实现销售收入192万元、入库税金14万元。2003年11月，天然气公司被禹森实业有限公司全资收购。至年底，全县有天然气用户1989户，销售天然气80余万立方米，销售收入160万元、上缴税金8万元。2004年，重点发展茅坝新区、擂鼓工业园、北川中学和任家坪的用户。年末用户2212户，其中营业用气136户。全年销售天然气90余万立方米，实现销售收入238万元、上缴税金12万元。2005年7月，禹森实业转让股权后新组建中民燃气有限公司。2006年，用户2754户，销售天然气160余万立方米，实现销售收入300万元，上缴税金12万元。2007年，用户2800户，销量100万立方米。

第九节　烟草专营

专卖管理　烟草专卖管理职能向由县糖业烟酒公司代行，业务受绵阳市烟草专卖局指导。1990年1月，成立非正式机构—县烟草专卖局；9月，在县内5区2镇所在地各设烟酒专卖所，共聘请7名所长、29名专卖管理员，行使烟草专卖管理职能。1992年，《中华人民共和国烟草专卖法》和《烟草专卖行政处罚规定》《烟草专卖法实施条例》相继颁布实施。是年1月，成立县烟草专卖局和四川省烟草公司北川县公司，两块牌子一套人员，实行市、县双重领导。县烟草专卖局每年开展多种形式的专卖法规宣传，并配合卷烟生产厂家打假办和工商行政管理部门对县内卷烟销售市场进行定期或不定期地检查，净化卷烟销售市场，保护消费者利益。同时对无证运输卷烟案件进行查处，打击违法违章活动。2000年，执行省内“一价制”卷烟销售政策，按照属地销售原则，坚持送货到批发点、配送户及零售摊点。禁止销售未贴标识的卷烟，对库存卷烟全部粘贴标识，抽调10人分片区对零售摊点补贴标识，至11月底，全县主要乡镇全部实现小包贴标销售。2001年，建立零售户户籍档案，提高市场净化率。2002年，落实户籍化管理，再次对卷烟零售户进行登记造册，实施全面监控。全年共年检697户，新办证103户，年检率100%。2003年年初，面向社会公开招聘4名烟草专卖行政执法工作人员充实执法队伍。6月，根据市场监管需要，设立稽查、机动两个中队，分辖关内、关外两个管理区。2005年，将每户经营户的信息资料录入微机管理，经营户的基础信息、经营情况实行网络控制。后推行此管理办法。

卷烟销售　1998年，按照国家烟草专卖局对农村卷烟销售网点的要求和验收标准，加强网点建设。在抓好县城批发部的基础上，恢复7个委托批发点，公司的全部卷烟均通过网点销售。2000年，结合卷烟销售实际，重新制定农网建设规划。在县城设1个自批点，按交通、经济流向将全县划分为5个片区，挑选12户有一定经济实力、经营信誉和经营口岸及设施好的个体经营户为卷烟配送户，形成“一点五片十二户”的销售网络。农村卷烟销售网络建设经四川省烟草专卖局验收合格。2006年后，通过全县场镇零售协会开展自律工作，由零售协会收取自律保证金，制定统一零售指导价格，制作零售价格标示牌，实现全县零售价格的相对统一。

1992—1997年，县烟草公司共购进卷烟26839箱，销售26971箱，销售收入10526万元，实现利税596万元。2001年，销售卷烟4255箱，其中川烟3678箱，省外烟577箱；销售收入2345万元，利润52万元。2002年，销售卷烟18872箱，市场占有率94.36%，销售收入4020万元，利润106万元。2003年，销售卷烟19245箱，市场占有率96.63%，销售收入2634万元，利税163万元。2004年，销售卷烟19008箱，销售收入2721万元，利润176万元。2005年，销售卷烟19036箱，市场占有率113.73%，销售收入2493万元，利税339万元。2006年，销售卷烟20001箱，市场占有率98.77%，实现利税553万元。

第十节　餐饮服务业

1988年年初，全县有国营和集体饭馆食堂67家、旅店32家、理发店15个，构成县内餐饮服务业的主体。20世纪90年代后，个体经营者逐渐增多，并在竞争中胜出，最终占领县内餐饮服务市场。2002年，全县餐饮服务业达到1132家，绿宝、魏氏、荣贵、荣森、寇氏、南方鸭肠王、千百味、好又多、左记等中餐、火锅、酒楼的菜肴各具特色，小有名气。2003年，餐饮服务业在市场竞争中得到进一步发展。私营业主投资的北川大酒店建成营业，县内“农家乐”日益兴旺。竹笋、雪魔芋、薇菜、干杂菌、山腊肉、牦牛肉、羊肉、山药、荞面、玉米面等具有山区特色的食品受到外地客人的喜爱。串串香、冷饮、米粉、小吃店遍布大街小巷，构成丰富多彩的饮食文化。美容、美发、保健、娱乐业发展迅速。全县住宿、餐饮业286家，其中餐饮业213家；从业人员1423人，其中餐饮业1155人；创产值1971万元，营业收入1661万元，利润94万元，上缴税金157万元。社会服务业306家，从业人员544人，营业收入2739万元，利润44万元，上缴税金74万元。2007年，餐饮服务业稳步发展。全县住宿、餐饮业452家，其中餐饮业316家，从业人员1786人。

第十一节　集市贸易

一、市场建设

为满足日益繁荣的集市贸易需要，县内各场镇陆续筹资兴建市场。1988年8月，曲山工商行政管理所自筹资金1.5万元，在县城回龙正街设置宽1米、长2米、高2米的玻纤瓦屋面钢架摊位货棚60个，提供给从事日用工业品经营的个体工商户租用，为其提供规范的经营环境。1990年，县工商行政管理局投资5万元，征地745平方米，修建片口工商所自用房和中药材市场。1995年1月，擂鼓镇“川北名特产品专业市场”竣工，市场占地面积7380平方米。1997年，小坝供销社、小坝粮站联合修建面积2800平方米的综合市场；禹里综合市场建水泥地坪640平方米，改善交易环境。至此，全县集贸市场建筑总面积达3.7万平方米，其中1988—1997年新建市场13个、2.7万平方米。1998年4月，在县城杨家河坝动工兴建羌乡民品市场。1999年8月，动工兴建禹里农贸市场；小坝综合市场扩建、坝底供销社市场建设完工投入使用。是年底，全县共有集贸市场18个，面积4.7万平方米。2000年，做好各乡镇市场建设的协调、论证和规划等工作，继续支持和培育农村商品市场，鼓励民间投资办市场。1月8日，陈家坝综合市场扩建完工投入使用；5月1日，占地面积28.8亩、建筑面积2.2万平方米的县城羌乡民品市场建成投入使用；6月14日，占地3895平方米、建筑面积5000平方米的禹里农贸市场建成开市。此后，继续坚持“政府领导、统一规划、多方兴办、工商监管”的方针，支持、鼓励乡镇兴建集贸市场。2005年，全县有市场18个，市场占地面积9.8万平方米，建筑面积7.6万平方米，有经营门面656间，摊位921个。此后，集贸市场无大变动。

二、集市交易

1988年，全县集市贸易成交额2027万元。此后交易量不断扩大，市场物价运行平稳。1997年，集贸成交额10009万元，占社会商品零售总额的38.92%，比1988年增长3.94倍。1998年，集贸交易额12060万元，占社会商品零售额的51.96%；价格总水平比1997年下降13.87%。1999年，集贸交易额9396万元，占社会商品零售额的49%；价格总水平比1998年下降6.6%。2000年，国家实施积极的财政政策，扩大内需，刺激消费，城乡商品市场繁荣，交易活跃。全县集贸交易额10027万元，其中羌乡民品市场5—12月交易额1750万元。消费品市场零售额占社会商品零售额的49%，价格总水平比1999年下降6.39%，主要商品粮大米价格比1999年下降15.43%，猪肉价格略有上升，比1999年上涨1.76%。2001年，全年集贸市场交易额10832万元，其中羌乡民品市场交易额3700万元。消费品市场零售额占社会商品零售额的57.3%；全年居民消费品价格指数上涨2.1%。2002年，集贸市场交易额11628万元，其中羌乡民品市场交易额1938万元。消费品市场零售额占社会商品零售额的47%；全年居民消费品价格指数上涨3.8%。2003年，集贸市场交易额12179万元，其中羌乡民品市场交易额4065万元。全年居民消费品价格指数上涨3.6%。2005年，集贸市场交易额14158万元，其中羌乡民品市场交易额 5612 万元。全年居民消费品价格指数上涨 6.5%。2007 年，集贸市场交易额 15631 万元，其中羌乡民品市场交易额 6232 万元。全年居民消费品价格指数上涨 2.0%。

第十二节　对外贸易

由于县内经济基础差、产业层次低、企业实力弱，长期以来，仅能提供以土特产为主的外贸商品。

2003 年 12 月，由绵阳启明星集团控股组建的启明星电子有限公司在县城曲山成立，利用县内丰富的水电资源，大力发展载能产业，其产品外销比例占 40% 以上。2005 年，公司生产的中高压化成铝箔自营出口 110 万美元，产品主销韩国、泰国、日本等，自此结束县内历年无自营出口的历史。2006 年，公司实现工业总产值 11528 万元，实现自营出口产品中高压化成铝箔 447 万美元。

2006 年，自然天堂茶业有限公司取得自营出口权。是年实现代理出口石材、砖茶、苦荞茶等产品 63 万美元。

2007 年，全县外贸出口 930 万美元，其中自营出口 500 万美元。

第二十五篇

财政税务

第一章　财政

第一节　财政收入

一、县级财政收入

改革开放后，国营、集体企业，乡镇企业和个体企业迅速发展，工商税收快速增长，比重增大。到 1987 年，工商税收占县财政总收入 75% 以上。1988 年后，县财政收入仍主要靠工商税收，其次是农牧业税和企业所得税。

1988—1997 年，县财政年收入由 761 万元增至 1462 万元，年均增长 14.02%。虽然存在增长不稳定因素，但除 1992 年和 1994 年外，每年均有所增加。1992 年 7—8 月，县内连续遭受特大暴雨、洪灾，经济损失严重，财政收入受到影响，年初预算县本级收入 1150 万元，年终实现收入 880 万元，比 1991 年减少 20.9%。1994 年，国家实行宏观调控，县内企业普遍被资金紧缺困扰，加之实施企业新会计制度和分税制，企业成本增大，利润减少，县财政收入 1109 万元，比 1993 年减少 24%。

1998 年，国家禁止采伐天然林，伐木企业停产，以木材为原料的加工企业大受影响，其余企业因体制改革，大部分解体兼并，生产经营出现萎缩，严重影响财政收入。财政部门大力支持县乡经济发展，努力培植财源，强化农业基础，支持 6 个农业产业化项目的实施，培育新的经济增长点；严格按照年初预算，处理好改革、发展、稳定的关系，千方百计组织财政收入。全年实现财政收入 1934 万元。1999 年实现财政收入 1861 万元。

2000—2007 年，全县财政收入逐年增长，分别为 2014 万元、2169 万元、2099 万元、2695 万元、2942 万元、3958 万元、5038 万元、5187 万元。历年皆以工商税收为主，次为农牧业税和耕地占用税、企业所得税 297 万元、罚没收入和行政性收费个人所得税等。

二、上级财政补助

由于县域经济基础薄弱，财政收不抵支，上级补助历来是县财政收入的重要部分。1987 年，上级补助 825 万元，是当年县级财政收入的 145.3%。自 1988 年 1 月起，北川按少数民族县对待，上级财政补助逐年增加，1992 年超过 1000 万元，1994 年超过 2000 万元，1997 年超过 3000 万元，1998 年超过 4000 万元。

2001—2005 年，县级财政收入由 2169 万元增至 3958 万元，支出却由 10125 万元增至 24134 万元。2006 年县级财政收入 5038 万元，支出达 26793 万元。2007 年，县级财政收入 5187 万元，支出 39474 万元。每年的差额部分均靠上级财政专款及各项补助解决。

第二节 财政支出

行政管理费和教育卫生事业费用历来是县财政支出的主要项目。由于县级财政收入有限，历来入不敷出，靠上级财政补助维持“吃饭”。1988—1997年，全县财政支出由每年1619万元增至5025万元，年均增长17.06%，超过收入增长速度。1988—1991年，收支品迭后均略有结余。1992年，由于执行增加职工工资政策、调整区乡建制等，资金需求量大，在预算执行过程中又遇到7—8月的特大暴雨洪灾，实际支出比1991年增长18.6%，赤字320万元，出现历史上首次大额赤字。此后连年赤字，1993年199万元，1994年310万元，1995年440万元，1996年129万元，1997年394万元。至1997年，累计赤字2084万元；通过多种途径争取资金，先后消化1136万元，尚有赤字948万元。1998年，县财政支出5938万元。1999年，大幅度增加行政、事业单位人员工资，财政支出7397万元，其中县一般预算支出6830万元、基金预算支出289万元、上解支出278万元，年末财政结余2万元。

2000年，财政支出8042万元；生产性支出745万元，其中支援农业生产性支出302万元、农业综合开发167万元、企业技改71万元、基建191万元、科技三项费用14万元；各项行政事业费支出5664万元，其中农林水事业费342万元、文体广播事业费174万元、教育事业费1500万元、抚恤和社会福利救济费208万元、卫生事业费支出388万元、国防事业费17万元、武装警察部队支出5万元、流通部门事业费3万元、行政事业管理费993万元、公检法司456万元、公交部门事业费28万元、科学事业费18万元、其他部门事业费645万元、社会保障补助100万元、离退休经费787万元；专项对口安排1454万元，其中城市维护费119万元、支援不发达地区资金389万元、政策性补贴674万元、专项和其他支出272万元；上解支出35万元，其中新增调粮运费专项上解23万元；基金支出144万元。年终预算收入2014万元，上级补助收入5437万元，上级财政批复决算结余455万元，合计7906万元，减去一般预算支出7863万元，上解支出35万元，收支相抵后结余8万元；基金收入162万元，支出144万元，结余18万元。

2001年，财政支出达10125万元。此后持续增加，2002年11954万元，2003年13124万元，2004年20862万元，2005年24134万元。

2006年，财政支出27593万元；一般预算支出26735万元，其中基本建设支出934万元、企业“挖—改”支出474万元、科技三项费用100万元、地质勘探费用223万元、农业支出1795万元、林业支出3165万元、水利和气象支出385万元、流通部门事业费47万元、文体广播事业费740万元、教育事业费4138万元、抚恤和社会福利救济费支出979万元、医疗卫生支出1013万元、国防支出74万元、武装警察部队支出65万元、行政管理费支出3329万元、公检法司支出1373万元、外事支出3万元、工交等部门事业费908万元、科学事业费43万元、其他部门事业费950万元、社会保障补助555万元、行政事业离退休经费支出1808万元、专项及其他对口安排支出3634万元；其他支出2645万元。上解支出58万元。基金支出实现800万元。全年一般预算收入合计26931万元，其中本级一般预算收入5038万元，上级专款和各项补助收入21333万元，上级财政批复决算结余560万元（含上年结余）；支出合计26793万元，其中一般预算支出26735万元，上解支出58万元；收支相抵后结余138万元，实现当年收支平衡、略有结余的目标。基金收入1068万元，其中本级收入793万元，上级补助124万元，上年结余151万元；支出合计800万元；滚存结余268万元。

2007年，加大对农业、教育、公共卫生、社会保障、生态建设的投入，财政总支出39474万元，比2006年增长43.1%。

第三节 体制改革与资产管理

一、机构

1988 年，县财政局内设秘书、预算、行财、综财（挂县国债办牌子）、农财、企财、农税等 7 个股，有挂靠单位县公医办；职工 30 人。1990 年 6 月，秘书股改为办公室，增设会管股（挂县会计学会、珠算协会牌子）；12 月，增设监察股，新建立挂靠单位县控办、发展基金管理办。1992 年 6 月，增设国资股，建立会计师事务分所（事业机构）。1996 年 2 月，增设税政股、基建股、社会保障股，增挂县国有资产管理局牌子。1997 年 3 月，内设机构调整为办公室和人事政工、预算、行财、农财（挂县农发办牌子）、综财（挂县国债推行办牌子）、社会保障（挂公医办牌子，3 月起公医办并入县劳动和社会保障局）、会管（挂县会计学会、珠算协会、函授站牌子）、企财、基建、税政、监督（挂三检办牌子）、国资（挂县国有资产管理局牌子）、控管（挂县控办牌子）等 14 个科室；有在职职工 38 人。

二、财政体制改革

1988 年，开始对区、镇财政试行“定收定支、收支挂钩、收入上解、支出下拨、超收分成、短收扣支、一定两年”的管理体制。1990 年改为一年一定，对区、镇财政收入任务基数和超收分成比例每年进行合理调整。从 1993 年起，为逐步建成一级政权一级财政的新体制，调动乡镇政府生财、聚财、理财的积极性，全面实行“定收定支、收支包干、上解定额递增、补助定额递减、自求平衡、一定两年”的管理体制。

1998 年，针对乡镇财政包干体制中存在的问题，实行“划分收支、收支包干、上解递增、补贴递减、自求平衡”的管理体制，结合会计统派，对乡镇实行“零户”管理，将全县 16 个乡镇划分为三种不同类型，递增上解乡镇 2 个、自求平衡乡镇 2 个、补贴递减乡镇 12 个；并按照统一领导、分级管理的原则，调动各乡镇当家理财、发展经济、壮大财源的积极性。同时，加强财务会计管理，制订出台《行政事业单位会计统管统派实施办法（试行）》，积极稳妥地推行会计统管委派制。1999 年 4 月，在全县 68 个行政、事业单位中，共统派会计 24 名（含财政局职工兼职会计 3 名），清理各单位在银行的各种存款账户 78 户，将存款余额全部转入财政结算中心，实行统一结算管理，杜绝单位内部设“小金库”。

2001 年，改革县乡财政预算编制办法，全面推行县乡部门综合预算。37 个县级行政事业单位和所属二级单位全部纳入部门综合预算管理，纳入综合预算资金 3506 万元（其中预算外资金 948 万元，预算内资金 2558 万元），财政分配得到理顺，节约资金 60 多万元。改革财政资金收付办法，建立健全国库集中收付制度。建立会计核算中心，实行统派会计集中和分散核算相结合。乡镇财政继续实行“划分收支、收支包干、上解递增、自求平衡、贴补减递”的管理体制，加大对乡镇的转移支付力度，全年对乡镇的专款补助 2116 万元，比 2000 年增加 1056 万元；通过清理各类债务、健全运行机制、处置变现闲置国有资产、核销呆滞财政周转金等措施，减轻乡镇债务，缓解乡镇财政困难。

2002 年，完善县、乡财政预算编制办法，乡镇实行“划分税种、全额入库、比例分享、定额补缴、分级包干、自求平衡”的新一轮财政预算管理体制，理顺县乡财政分配关系，逐步解决预算编制粗糙、约束力不强和随意调整、零星追加现象。进一步深化非税收入管理体制的改革，在全县实行票款分离、罚缴分离，确保非税收入及时入库。全面推行县乡干部、教师职工工资财政直发和享受低保人员的生活保障金由财政直拨，确保及时足额发放，杜绝拖欠挪用工资和社会保障金的现象。

2003 年，继续完善财政改革。县本级 37 个行政事业单位和所属二级单位全部纳入部门综合预算管理，预算总额 4509 万元（其中预算外资金 616 万元，预算内资金 3893 万元），进一步理顺财政分配关系，缩小单位之间贫富差距。完善国库集中收付制度，以国库单一账户体系为基础，实行非税收入“单位开票、银行代收、财政统管”，支出（包括各种专项支出）均实现从财政国库或专户直接支付到用款单位或商品及劳务供应商，减少中间环节，强化财政资金全过程监控。实行会计集中核算与统派到部门核算相结合，实行分柜组负责，互相牵制、互相监督、定期稽核、定期总结，确保会计信息真实、准确、完整。继续推行乡镇部门综合预算，对墩上、马槽等 5 个乡试行“乡财县管乡用”办法，把乡镇教育、卫生经费的支出纳入县级管理，加大对乡镇的转移支付补助力度，年初预算补助 2319 万元，比 2002 年增加 519 万元。

2004 年，调整和完善县对乡镇财政的预算管理体制，取消对乡镇的指令性收入任务和体制上解任务，加大对困难乡镇财政的支持力度；扩大“乡财县管乡用”范围，在墩上、马槽等 5 个乡试行的基础上，增加开坪、片口等 6 个乡试行，初步形成“乡努力、县尽责、争取上级财政帮助”的既有压力又有活力的县乡镇财政激励约束机制，确保乡镇政府的正常运转。

2005 年，加大对困难乡镇财政的支持力度，解决曲山、擂鼓、陈家坝 3 个乡镇超调资金和财政困难问题，是年化解债务 1219 万元。加大向上级争取优惠政策和转移支付补助资金的力度，争取各种资金 18305 万元，比 2004 年增加 1918 万元，重点用于提高县乡公务费标准、晋级、增加地方津补贴、公检法司部门的公务经费保障，支持县招商引资、企业改制等。将县乡事业干部养老保险、失业保险纳入县财政预算，调高住房公积金、职工医保基金、综合目标奖的县财政承担比例。

2006 年，全面推行财政收支分类改革，继续完善部门预算、国库集中收付核算、县对乡镇财政的预算管理体制和考核机制，加大对困难乡镇财政的支持力度，确保运转，维护稳定。继续加大向上级争取、落实民族优惠政策和转移支付补助资金的力度，争取各种资金 21597 万元，比 2005 年增加 3292 万元；重点解决调资晋级、艰苦地区津贴调标、九环线租地绿化和全县的抗旱救灾、扶贫、民政优抚、城乡低保、消化债务的资金需求。协助抓好养老、失业保险费征缴，筹措企业下岗职工基本生活保障资金，按政策扩大城乡低保范围，提高定额标准，关心群众生活。兑现农村卫生改革县级配套资金 186 万元。消化曲山、擂鼓、陈家坝等 20 个乡镇历年全部超调资金，是年消化县乡镇债务 1335 万元。

三、政府采购

1999 年 8 月，县政府制定政府采购办法，要求县内行政机关认真贯彻执行，杜绝国家机关在公费购买商品中的不良行为，节约行政经费。2000 年，实施政府采购活动 8 次，其中投标 5 次、议标 3 次，采购的商品有通讯及交通工具、城建材料、办公用品等，采购金额 95 万元，为政府节约资金 20 万元。2001 年，扩大政府采购范围，全县共有 19 个县级行政事业单位、2 个乡镇纳入政府统一采购 22 次，采购商品 78 台（件、套、个），金额 230 万元。2004 年，完善政府采购办法，控制非生产性支出；全年招标采购 19 次，竞争性谈判采购 30 次，询价采购 21 次，单一来源采购 1 次，采购总金额 535 万元，节约资金 56 万元。2005 年后，政府采购规范化，凡例入政府采购目录的商品或服务，一律实行政府采购。

四、预算外资金管理

1988 年，在试点的基础上，采取预算外资金实行“专户储存、计划管理、财政审批、银行监督”的管理办法。是年 16 个行政事业单位的预算外资金实行专户储存，存入资金 75 万元，融资 138 万元，支持一些资金紧缺的企业短期使用。1990 年存入财政专户 33 户，金额 314 万元，利用沉淀资金投入县茶厂、苦竹坝电站、金矿等21个企业，解决发展生产的急需资金。1991—1993年，专户储存增至74户，交储金额2106万元，先后融资78次、金额1140万元，投入35个企业事业单位795万元，为县财政预算调度资金8次共345万元，缓解预算资金调度困难。1994年，预算外资金直接缴存财政专户，根据单位用款的实际需要，经审查分次拨付使用；专户储存单位之间的支付款直接由财政预算外资金服务部办理，收支两条线。1995年，专储户81户、资金257万元；是年预算外资金历年累计储额2614万元，对26个单位融资、投放企业流动资金164万元、农副产品收购资金110万元、行政事业单位和乡镇财政借贷临时周转232万元、为县财政预算调度资金300万元。1997年4月起，对全县所有行政事业性收费和政策性基金，按照"收支统管、监督使用、调节分配、综合平稳"的原则，设置预算外资金、基金征收金库，取消行政事业单位在银行开设的预算外账户。各单位按规定编制预算外资金收支计划和财务收支计划报县财政局，对预算内拨款和预算外收入统一核算管理，单位按财政核定的收支计划使用预算外资金。同时建立收费稽查举报、监督约束和激励机制。至年底，全县专户储存86户，预算外资金储存余额1050万元，应纳入管理收费的单位全部纳入管理，是年融资投放14个项目，收到较好的经济效益。

1998年，针对预算外资金管理工作中存在脱离财政管理、随意乱收乱支乱罚款等问题，进一步完善行政事业单位收费统一管理办法。对全县政府性基金的行政事业收费实行收支统管，收费定点、交费凭单，收费单位必须向交纳单位或个人出具由县财政局统一印制的"缴款通知单"，缴费单位持通知单到指定地点缴费。加强对乡镇行政事业单位的收费管理，各乡镇行政事业单位收费必须到当地财政所缴纳，并纳入财政专户管理。凡行政事业单位需要使用预算外资金，事先填写用款申请单，经县财政局预算外资金服务部门审核同意后，按规定拨款，并纳入单位预算，实行统一核算，统一管理。行政事业单位领取财政收费专用发票，必须持有效收费许可证，填写购买发票申请书，交回上次发票的存根联，经审核账实相符、收费金额全部存入指定的财政专户后，方可再次购买发票，收费单位乱收费、乱开支现象得到有效避免。

1999年，实行预算外资金政府统筹管理，是年全县应纳入管理的行政事业单位80个，全部纳入收支统管；全年新增资金346万元，累计储额1126万元，比统筹前1998年的1023万元增加103万元，达到"还资金所有权于国家、调控权于政府、管理监督权于财政"的管理目的，行政事业性收费全面规范。

2000年后，预算外资金管理逐渐实现规范化、制度化。

五、国有资产管理

1992年6月，县财政局内设国资股；9月，制发《关于机构改革中加强国有资产管理的通知》，开展国营企业的产权登记、固定资产的报损报废、流动资金的管理、占用费的收取及资产评估、验资管理等工作。

1993年1月，开展行政事业单位财产清理登记工作，于次年初结束。清理结果，至1992年12月31日，全县乡镇及其以上国家行政事业单位108户，财产核实总价值5937万元，其中固定资产总量4791万元，占全部财产的80.7%，高于全国73.5%的水平；全县行政事业单位土地使用面积47万平方米，比账面数增加8万平方米；在固定资产中，房屋、建筑物价值3547万元，土地价值317万元，专用机械设备价值201万元，交通运输设备价值358万元。全县行政事业单位的国有财产（国有资金）清查核实数为5350万元，占全部财产5937万元的90.1%。

1995年，对44户企业、事业单位进行清理，清查资产总额37243万元，负债总额27865万元，资产净值（所有者权益）9369万元，资产负债率74.84%；对35户企业国有土地清理、估价，资产价值为5613万元，比估价前净增值5007万元。同时，完成41户企业产权登记和4个项目国有资产的划拨，清理整顿5个中介机构，对54户行政事业单位非经营性资产转为经营性资产进行清理，完成6个单位的评估立项和3个单位的产权界定，对7个单位进行评估结果的确认，配合清理全县104个单位优惠售房，集中售房资金523万元。

1996年2月，县国资局与县财政局实行两块牌子，一套人员。是年起，国资工作的重点转向基础管理制度建设，配合有关部门落实《国有企业财产监督管理条例》的各项要求，履行监督职责，推进企业产权制度改革。

1997年，开展城镇集体企业清产核资工作；加大国有企业改革力度，组建20户民营股份有限公司；对行政事业单位加强增量、存量、运营效益的日常管理；摸清全县国有资产的“家底”，掌握国有资产存量配置、分布及其使用运营情况。全县161个单位资产总额24438万元，其中国有资产14245万元，负债总额10193万元。

1998年，完善1997年企业后续改革工作，逐一对改制企业的产权界定进行核查，并建立产权界定备忘录，对部分改制企业进行资产评估、立项、确认，参与产权界定转让；介入国有企业、破产企业资产变现，维护国家的权益。对7户破产国有企业进行资产清查、帐务清理及委托资产评估；完成全县39户企业、140户行政事业单位的资产统计、产权登记年检和国有闲置资产处理，收入51万元全部上缴县财政。对全县440户城镇集体企业进行财产清查、价值评估、产权界定、资产核权登记，其资产总额26822万元，负债总额21469万元，所有权权益5353万元。是年转让国有资产90万元，盘活企业存量资产200万元。

1999年，完成丝绸企业的下放接收、粮食企业改制，对供销社、地方金融、集体工业企业财务状况进行摸底，消化1992年前粮食财务挂账69万元和1992年以后新增粮食财务挂账贴息11万元。

2000年，对全县100多户行政事业单位、15户国有企业进行国有资产产权年度检查登记；参与优惠售房后期工作，搞好监督管理；抓好国有资产保值增值考核工作。清查闲置资产，55户行政事业单位中30个单位闲置资产价值248万元，账面价值151万元；闲置房屋6745平方米，其中门面58间、1150平方米，账面价值32万元；闲置土地4773平方米，估价19万元，公产房3处2996平方米，账面价值46万元；总负债604万元，其中银行、财政借款441万元，拖欠工程款163万元。公开竞价拍卖闲置国有资产，将拍卖收入的59万元专项储存，由政府统筹安排，用于城市公益建设事业。

2001年，开展对乡镇闲置国有资产的处置工作。会同县纪委、县公证处、县建委、县国土资源局等部门采取现场办公等形式，完成对小坝、禹里、香泉、通口、漩坪等乡镇闲置资产的处置，共处置闲置资产售价总额169万元，收回资金用于乡镇建设和消化乡镇债务118万元，用于县城基础建设51万元。

2002年，对县残联、县民政局、茅坝小学、北川中学、县司法局、县稽征所、治城农场等单位进行清产核资和资产划转工作；在做好已改制企业后继工作的同时，对大禹野生食品有限公司第二次改制和擂鼓供水站改制进行清产核资、评估确认等项工作，确保企业改制顺利进行；会同县级有关部门采取集中办公方式，对县林业局、县二轻总会、曲山镇、邓家办事处、通口镇永庆小学、甘溪办事处等单位和乡镇的闲置资产进行处置。

2003年后，国有资产管理步入规范化轨道。

第二章　税务

第一节　国家税务

一、机构设置

1988 年，县税务局在全县 5 区 2 镇各设税务所，在片口、白什、开坪、白坭、香泉、桂溪、都坝等场镇设立税收稽征组。在编职工 81 人。1989 年 1 月，税务系统机构设置、人员编制、干部管理、经费开支由省税务局实行“四垂直”管理，由四川省国家税务局下达用人指标，聘请协税员 25 人，加强个体税收、集贸税收、零散税收的征管。1990 年 10 月，设立税务稽查队。1992 年，设立发票管理所。1994 年 9 月，组建县国家税务局，实行省、市国家税务局垂直领导的管理体制，主要负责征收增值税、消费税，金融、保险、烟草、邮电企业所得税，外贸企业税收、出口产品退税、集市贸易税收、个体税收、中央税收的滞纳罚款、教育费附加、国家能交基金、预算调节基金、养老保险金、失业保险金和利息税征收及管理。县国家税务局内设办公室、人事教育股、监察室、税政股、征收管理股，并设置直属征收分局、税务稽查分局、发票管理所、税务代理事务所等 4 个直属单位和陈家坝、禹里、擂鼓 3 个国家税务所。1997 年 6 月，设税政综合业务科、人事监察科、计征科、管理科，保留办公室、税务稽查分局、禹里税务所，撤销擂鼓、陈家坝税务所。1998 年，内设税政管理、人事教育、计征 3 科和监察、办公 2 室，下设一、二、三征收分局和稽查局等 4 个分局。此后内设机构和直属机构基本保持稳定。

二、国税征收

1988 年 10 月 1 日起，恢复征收印花税，开征城镇土地使用税。1991 年 1 月 1 日起，改建筑税为固定资产投资方向调节税。1994 年，开征个人所得税、消费税。1988—1997 年的 10 年间，累计入库工商税收 9754 万元，年征收额由 1987 年的 459 万元增至 1997 年的 1269 万元。同时，征收国营企业所得税 787 万元，征集国家能源交通重点建设基金 139 万元、国家预算调节基金 119 万元、粮食补贴基金 61 万元，教育费附加 40 万元。

1998 年，县国家税务局采取目标管理、压缩欠税、强化税源管理、加大行政执法力度、实行税款预储等措施，共组织收入 1404 万元，其中增值税、消费税（以下简称“两税”）入库 1361 万元。1999 年，针对县内企业大部分解体兼并、生产经营萎缩、天然林禁伐等造成税源严重不足的实际，发挥“四铁”（铁心肠、铁手腕、铁纪律、铁面无私）精神，把组织收入作为压倒一切的中心工作，加大税法宣传力度，实行收入任务与奖惩挂钩，强化征管，以管促收，加大执法，严厉打击偷、逃、骗等涉税违法行为，全面堵塞收入漏洞，大力清理漏征漏管户。全年共组织收入 1415 万元，其中“两税”收入 1368 万元，营业税收入 45 万元，企业所得税收入 2 万元，利息税入库 0.23 万元。

2005年，组织各项税收收入2867万元，其中“两税”入库2643万元，企业所得税入库118万元，存款利息个人所得税入库106万元。

2007年，组织税收收入4977万元，其中“两税”入库4595万元，企业所得税入库56万元。所得税主体税种地位逐步显现。

三、税收稽查

1988年，开展发票使用管理、印制情况专项检查，全县用票户505户，重点检查301户，查出保管不善、发票丢失、转借他人、拆本使用等违章户36户，补税罚款1万元。

1989年，开展个体税收专项检查，全县1098户个体工商户参加自查，查补税款6万元；税务、财政部门对其中314户进行重点检查，补税24万元，查出偷税上万元的4户。

1990年，开展印花税、个人收入调节税、批发扣税、个体税收4个税种检查，检查296户，处理违章63户，补税罚款5万元。是年开展验证检查，全县2188户纳税人验证1997户，其中变更登记123户，重新登记108户，注册登记59户，清理“四假”（假民政企业、假校办企业、假乡镇企业、假新办企业）21户，漏征漏管户132户，查补税款6万元。是年10月，成立税务稽查队，制发《关于发动群众举报税收违法行为的通告》，收到举报案件5件，自查补缴税款1万元；查处偷、漏税案件8件，追缴税款24万多元，罚款2万元。

1994年7月，对车船使用税纳（免）税标志进行检查，补办纳（免）税标志560枚。1995年，开展增值税专项检查，对83户增值税一般纳税人进行稽核检查，查出违反发票管理规定7户，多抵税款15万元，追回税款9万元，罚款5万元。是年为规范消费税管理，对全县46户小酒厂进行清理整顿，查补税款5万元，调整定额24户，年增加税款9万元。

1998年，在抓好日常稽查的同时，狠抓重点税源的监控，县国家税务局对年纳税额20万元以上、分局对年纳税额5万元以上的税源实行重点管理。全年检查纳税人1153户，查补税款、滞纳罚款127万元，入库118万元。严厉打击暴力抗税，对暴力抗税人员进行公开处理。采取领导挂帅、分片包干、责任到人的办法，对县内1351户纳税人中的1219户进行验证；清理漏征户90户，查补税款3万元，罚款0.5万元。

1999年，在了解企业生产经营情况的基础上，与公、检、法等部门配合，强化税收司法保障，严厉打击偷、逃、抗、骗税等涉税违法行为。严格税收政策和财务制度，共汇算企业所得税10户，认定计税所得额55万元，查补所得税3万元。是年检查各类业户500户，其中有问题企业64户，结案62户；受理举报协查案件7件，查补税款31万元，罚款4万元，入库35万元；追缴欠税11万元。

2000年后，税务稽查常态化。

2006年，加大稽查力度，查处大要案件，坚持重大案件集体审理，强化税收执法刚性，推行稽查建议制度，营造良好的税收执法环境。是年检查纳税人13户，结案13户，查补税款44万元，罚款8万元，加收滞纳金2万元，处罚率17.1%。公告违法案件3户，公告率23%。

2007年，采取内查外调形式，检查纳税人15户，结案15户，查补税款11.77万元，加收滞纳金3.1万元，处罚金11.09万元。

第二节 地方税务

一、机构设置

1994年9月，成立县地方税务局，主要征收营业税、城市维护建设税、车船使用税、土地增值税、固定资产投资方向调节税、企业所得税、印花税、农业特产税、契税等。内设办公室和计划财务、人事监察、税政管理、征收管理、农税管理5股及税务稽查分局；16个乡镇均设地方税务所，实行地税局与乡镇政府双重领导。1996年3月，曲山直属所改为直属征收分局。1997年3月，县地方税务局内设办公室、农税管理科、流转税基金科、所得税管理科、征收管理科、计划财务科、人事监察科等7个职能科室，职工22人；16个乡镇地税所有职工60人，编外协税员27人。此后机构保持稳定。

二、地税征收

1988年，县税务局大力推进税收征管改革，实行个人所得税代扣代缴制度，签订代扣代缴责任书，明确责任，防止漏征；推行企业所得税自行汇算清缴制度，提高企业财务管理水平，企业所得税自行汇算率100%；改革车辆运输税征管，将车辆运输税委托县交警大队代征，堵塞征收漏洞；推进农村税收征管改革，按照“农村税收社会化、多元化、法制化”的思路，完善委托代征制度，实行源泉控管，相对集中征收，保证农村税收的及时全额入库。1995年2—4月，在全县首次开展地方税务登记发证工作，全县地方税务登记纳税户1206户。根据四川省地方税务局通知要求，凡在县境内由地方税务机关征管的营业税等地方税的单位和个人，必须依法主动在每月10日前向当地地方税务机关办理纳税申报；全县企业主动申报纳税率100%，个体户主动申报纳税率95%，初步实现由上门收税到主动申报纳税的转变。1996年，全县查验地方税务登记证1395户，占应验证的95%。此后，按照国家税务总局的部署和省、市地方税务局的安排，每年开展地方税务登记换证工作，并借换证之机清理漏征漏管户。1994—1997年，县地方税务局每年入库税金分别为130万元、1092万元、1339万元、1389万元，共计3950万元。

1998年，县地方税务局推进税收征管改革，实行个人所得税代扣代缴制度，签订代扣代缴责任书，明确责任，防止漏征；推行企业所得税自行汇算清缴制度，企业所得税自行汇算率100%；改革车辆运输税的征管，车辆运输税收全部委托县交警大队代征，堵塞征收漏洞；推进农村税收征管改革，按照“农村税收社会化、多元化、法制化”的思路，完善委托代征制度，实行源泉控管，相对集中征收，保证农村税收的及时全额入库。是年组织地方各税入库1530万元，其中工商税770万元、农业“四税”447万元、企业所得税313万元。

1999年，针对天然林禁伐、木材停运、农村合作基金会整顿、生猪价格下降、存贷款利率下调、企业全面改制等不利因素，采取强力措施，是年组织地方各税入库1536万元。

2000年，在促进税收征管规范化、制度化、法制化上狠下功夫，坚持严格执法，依率计征，做到应收尽收，确保税款及时足额入库。是年组织地方各税入库1717万元，其中实现省级收入146万元、县级收入1571万元，实现工商税收1024万元、农业“四税”303万元、企业所得税308万元、基金附加等82万元。

2001年，在做好农村税收征管改革试点，完成农村基础数据的调查和测算的基础上，按照“公开、公正、精简、效能”的原则，推行全县地税系统机构改革，实现机构改革与征收工作两不误。对全县税源分布情况进行调查摸底，确定以建筑安装、交通运输、餐饮娱乐等行业税收及个人所得税为征管重点，加强重点行业、重点项目、重点税源的监管，辖区内的纳税户按经济类型、经营规模分类，做到纳税户、征管对象、税源情况明，征管资料、征管过程中存在的问题清，保证征收管理工作正常运转。是年组织各税入库1815万元，其中工商税收1332万元、农业“四税”218万元、企业所得税183万元、基金附加82万元。

2002年，在充分调查、摸底、测算的基础上，研究和探索适合山区农村经济特点的征管办法。坚持直接征收和集中征收，将农税政策、纳税通知、税收负担公示到村、组、户，做到公开、公平、公正办税，坚持不多征、不少征、不预征，减免指标落实到户，不截留、不留抵下年任务，做到一户一票，户清户结。是年征收农业“四税”273万元。全年组织地方各税入库2063万元，其中税收入库1977万元，基金附加入库86万元。

2003年，建立和完善征管户联系制度和对税源的跟踪管理制度。加强夏禹电力、巴蜀电力等重点企业、重点项目的生产经营情况和工程进展情况的掌控，分析税源动态。对新投资开发的千佛山风景区、小寨子沟风景区、青片河流域电力开发等重点项目进行监控，规范征收管理；重点企业和重点项目入库地方税收1000余万元。是年组织地方各税入库2631万元，其中税收入库2508万元，基金附加入库123万元。

2004年，将全县的企业、事业、行政机关、社会团体、学校等重点纳税户，纳入直属税务所集中管理，加强对重点税源的管理。对全县餐饮、娱乐、服务业的纳税大户继续安装使用税控收款机，完善税控收款机管税制度。在停止征收农业税及其附加的情况下，是年组织地方各税入库2724万元，其中税收入库2590万元、基金附加入库134万元。

2005年，组织地方各税入库3161万元，其中税收入库2979万元、基金附加入库182万元。

2006年，组织地方各税入库3956万元，其中税收入库3499万元、基金附加入库457万元。

2007年，组织地方各税入库4262万元。

三、税务稽查

1998年，对全县54个行政事业单位个人所得税的纳税情况进行检查，查补个人所得税3万元；4月，派出工作组到全县16个乡镇，对37269户农户近三年间自宰自食生猪的屠宰税进行彻查，对农村屠工队伍进行清理整顿，建立协税护税网络，共查补入库税款15万元，罚款6万元。开展企业所得税汇算检查，查处偷税120万元；开展企业欠税的清缴工作，达到“清新欠，缴陈欠”的目的。是年清缴欠税入库273万元。

1999年，开展行政事业单位个人所得税、企业汇算情况、个体私营企业税收等专项检查，对全县地方各税的缴纳情况进行全面清理。全年受理群众举报案件2起，受理查处上级批转偷税案件1起，平常稽查157户，组织专项稽查1次，查补税款192万元。

2000年后，每年坚持依法查处各类涉税案件，保证税收按时足额入库。

2006年，实行选案、检查、执行、审理互相分离，互相制约的机制，推行首查责任制和主稽查员制度，规范稽查体制。是年查处各类涉税案件24件，稽查约谈7件，结案30件，查补地方各税17万元、基金附加5万元，处罚款4万元，加收滞纳金1万元，入库税金27万元，入库率100%。

2007年，查处各类涉税案件20件，稽查约谈4件，结案16件，查补地方各税35.92万元，处罚款5.14万元，加收滞纳金3.06万元，入库税金44.12万元，入库率100%。

第二十六篇

城建环保

第一章　城乡建设

第一节　县城建设

一、市政建设

老城区变迁　县城曲山位于湔江右岸，江水自东向西奔泻而来，至此却突然折而向东。传说从前二郎神捉拿孽龙时，孽龙本欲西出大山，但擂鼓狮子山上有人擂鼓助威，孳龙见有防范，遂急忙掉头向邓家渡方向而去，江水也随之急转向东。江水调头处，冲击成出一个狭长的台地，三面青山环抱，河道之间，一道单薄的山梁逶迤而上，像一条向东腾起的巨龙。明代，西至茂州（茂县）、东北至龙州（平武）的官道“小东路”在此交汇，因而在茅坝乱石窖形成小小市场，称为回龙场。1679年，回龙场后山崩塌，场镇被埋大半，场镇遂迁至今址。新场镇北面山梁上，有官军修建的城堡——曲山关，故名曲山场。

曲山虽然建场较早，但周围皆崇山峻岭，居民稀少，场镇的规模一直很小。1952年9月成为县城后，行政机关和企事业单位相继建房，场镇规模迅速扩大，除旧有街道外，又形成两条新街和几条小巷，街、巷总长1600多米。在此后30余年间，陆续整治街面，完善供排水系统和供电线路，添置保洁设施。至1988年，县城主街道全部建成水泥街面，正式结束“道路不平，排水不畅，天晴尘土扬，下雨泥浆浆”的面貌。1989年起，先后建公厕4处，清除魏家沟碍洪堆积物4000余立方米，加固排洪保坎基脚125立方米，修补米石沟桥和翻水桥，维修加固麒麟桥和龙尾铁索桥，将4条泥石小路铺上水泥。1992年洪灾后，修复水毁设施，清理街道沉沙井102口、沉沙坑3处，维修、更换老城区路灯，使曲山成为一座整洁的山区小城。

拓展茅坝新区　县城三面环山，一面临水，城区面积0.35平方公里。改革开放后，各行各业蓬勃发展，建设用地远不能满足人口增长和经济社会事业发展的需要。20世纪80年代初，便计划将城区向茅坝方向发展。1985年，拓广自翻水桥至龙王滩大桥头长1700米、宽12米的街路，使翻水桥至小河子形成一条半边街。1986年，省政府在批准的北川县城总体规划中，确定县城逐步向茅坝拓展的发展方向。

茅坝本是老城区以东的一片沿河台地，与老城区有狭长的沿河公路相通。长期以来，仅零星建有气象站、职业中学、教师进修校、茅坝初中等单位和学校，以及物资部门的部分仓库。1992年5月，在茅坝开拓街路，正式实施茅坝新区建设。1994年底，县政府办公楼及县国土资源局、县人事局综合楼相继建成。1995年2月27日，县政府及其10余个直属工作部门迁入新建办公楼办公。此后，县国税、邮电、烟草、保险、农技、广电、计生、交通、蚕丝、林业、农行、信用联社等单位相继在茅坝新区建起办公楼和宿舍楼。至1997年年底，茅坝新区按城建规划，先后建成公私房屋60余幢，建筑面积8万多平方米。茅坝新区主街总长970米，街道总面积近5万平方米，其中禹龙中街长380

米，宽 30 米，最为宽大。

1998 年，历经 6 年开发建设的茅坝新区仍显零乱，禹龙干道规划宽度不一致且建设受阻，交叉路口和主要路段仍为农房占据。为此，县委、县政府决定对 1986 年省政府批准实施的县城规划进行必要的调整，提出县城建设“规划高标准，建设高质量，配套高规格，管理高效能”等指导性原则。此后的几年间，先后拓宽省道公路成青路县城过境段，新建翻水桥、夏禹大桥、石蓑衣大桥，进出县城的交通状况得到大大改善；通过实施退耕还林工程，解决县城四周的绿化问题；建成羌乡民品市场，改造龙王滩体育场，建成日供水一万吨的自来水厂，城市功能进一步完善；在邓家建成垃圾处理场，引进民用天然气，优化能源结构，减少环境污染。同时，对城区的街道和房屋进行改造，将茅坝新区禹龙干道拓宽至 50 米，最大坡度由 8% 降为 4%；新老城区的大街小巷铺上彩色地板砖，栽植行道树，绿化带内种植花草，全城路灯改用美观实用的玉兰灯、水晶灯等共 1700 多盏；部分单位的房屋改为彩色外墙、彩色房顶，县城实现美化、绿化、亮化。至此，县城面积扩大至 0.7 平方公里。

龙尾公园 龙尾公园，占地 22.44 亩。1988 年 8 月开始建设，至 1990 年建成茶楼、工艺桥、水榭各一座，设置千秋、摇船、地球仪、梭梭板、旱冰场等游乐设施；种植竹木 2100 多株，沿河堤植树 1.4 万株，绿化面积 7500 多平方米，占用地面积的 66%。1992 年 7 月 27 日和 1995 年 8 月 11 日特大洪灾，公园设施遭受毁灭性破坏。1996—1997 年，再度加固加高防洪堤，填方 8000 多立方米，浆砌毛石混凝土保坎 4000 多立方米，恢复水毁设施，新增小龙火车、高架迪乐车等。其后，公园陆续有私营业主开发餐饮游乐项目，人气渐旺。

龙王滩体育场 龙王滩体育场位于县城东面，占地 27.7 亩。1991 年 2 月，动工兴建；10 月，初步建成投入使用。主体设施包括 400 米环形跑道的田径场、50×25 米的游泳池、带看台的灯光球场、200 多平方米的训练房。1992 年 7 月，被洪水冲成乱石河滩。1995 年 7 月，恢复田径场、400 米环形跑道，增加河堤 252 米；8 月 11 日，再遭受特大洪灾，田径场、房屋和厕所被洪水冲毁。1998 年，多方筹措资金，完成龙王滩体育场河堤填方和场面平整工程。2000 年，贷款 15 万元，修建体育场标准水厕 1 个、门球场 2 个，改善体育场照明设施，再次恢复使用功能。

城市风貌改造 2005 年，为提高城市品位，大力弘扬大禹文化和羌族文化，全面启动县城建设风貌改造工程，增加有关大禹、羌族的特有符号。2006 年，对老城区街道的名称进行相应的更换，分别将其改称夏禹街、西羌街、曲山街、回龙街、麒麟街、金锣巷、清真巷等，县城既洁净美丽，又有鲜明的民族特色和地方特色。

二、山地灾害治理

县城曲山的山地灾害十分严重，自 1952 年 9 月，县城从治城迁至曲山后，危岩塌落频繁，有发生大型崩塌性滑坡的危险。1958 年 2 月 8 日，北川发生 6.2 级地震，县委楼房两头震垮，县城两侧石岩亦有崩塌。县委、县政府决心回迁县城至禹里。1959 年，成立 6 人组成的“城建委”，调集建筑施工人员 200 人，在禹里动工修建县委、县人委办公楼一幢，修建中学教学用房三幢，1961 年竣工。后因种种原因，回迁作罢。20 世纪 70 年代，中国地震局地震地质考察队到北川考察，证实北川大断层从县城穿过，地震灾害可能发生。1988 年 1 月 10 日 18 时 37 分，巫溪县发生巨大规模的基岩崩塌大滑坡灾害后，省政府专门发文，要求各地方政府戒除官僚主义，排查安全隐患，避免类似事件再发生。县委、县政府迅速组织相关部门对全县地质灾害进行排查，并针对县城曲山地质灾害严重的情况，向绵阳市委、市政府上报《北川县城迁址的报告》。1988 年 4 月，绵阳市地质学会专家对曲山地区山地灾害进行为期 5 天的考察，并编写出《北川县灾害地质考察报告》，报告认为“北川县城关历史上曾发生多起重大山地灾害”，“近年来危石崩塌、泥石流等灾害时有发生”，结论为“因地震发生大规模的山体滑移的可能性不存在”“县城周围山体不存破坏山体整体稳定性的水文地质……不会发生因山体失稳而毁灭北川县城的灾害”。随后，中国科学院成都地理所滑坡研究室的专家与县农机水电局等单位的工程技术人员组成联合勘测规划组，对县城的崩塌、滑坡、泥石流分布规律、成因、运动特征、稳定性进行科学论证，编写出县城滑坡防治工程规划报告。报告将县城山地灾害分为乱石窖滑坡区、东坡潜伏滑坡区和西区潜伏滑坡区，并拟定出防治措施。

县城地质灾害防治主要采取生物治理和工程治理及强化监测的办法进行。在生物治理方面，历届县委、县政府组织机关、企事业单位干部职工于每年春秋两季在县城四面山种草植树植竹，绿化县城环境。县农机水电局于1988—1990年间，在县城地区建成防护林工程。在工程治理方面，县农机水电局1988—1990年投资80余万元，建成西坡环形排水沟和魏家沟防护堤、消能坎，对乱石窖滑坡右侧危岩和东坡紧迫危岩进行处理。1995年冬季开始，先后建成位于北川大酒店前集防洪、游乐、城市绿化为一体茅坝防洪堤、龙王滩河堤、银潮车队至储木场防洪堤。2004年，完成魏家沟路堤及山洪灾害治理工程。县国土资源局根据省国土资源厅下达的王家岩滑坡特大型地质灾害治理项目任务书和四川省地质工程勘察院完成的治理施工图设计，于2006年4月进场施工。主要治理项目包括抗滑桩工程、挡土墙工程及截排水工程，总投资152万元。2006年7月10日工程竣工。

第二节 乡镇建设

一、场镇建设

除县城曲山外，县内尚有禹里、擂鼓、陈家坝、通口、小坝、坝底、漩坪、桂溪、片口、白什、都坝、贯岭、香水（半属江油市）等13个场镇。计划经济年代严格控制城镇人口，限制人口的自然流动，场镇的整体规模在中华人民共和国成立后三十几年间均无大变化。20世纪80年代后，国家政策逐步放开，工农业生产迅速发展，经济实力增强，一些农村群众开始离开土地进城务工经商，各场镇日趋繁荣。20世纪90年代，部分进城务工经商或兴办企业的农村群众开始在场镇建房定居，原住居民经济宽裕者也重新建房，或将旧房加以改造，场镇的规模不断扩大，街房逐渐改变破旧面貌。为适应发展需要，各场镇筹措资金，陆续将原泥土街面改建为水泥街面，并修建专门的农贸市场规范商贸行为，改变脏乱差的状况。

1988年，全县除县城外的13个乡镇场镇共有居民2894户、10740人，其中非农业人口1880户、6278人。至1997年，增加到10273户、41830人，其中非农业人口3910户、13855人。1988年，乡镇场镇占地面积105万平方米，街房面积26万平方米，仅禹里有一段水泥街面；至1997年，占地面积增加到142万平方米，街房面积增加到62万平方米，11个场镇的街道改建为水泥路面。2007年，全县所有场镇均建有水泥街面，有稳定的电力和自来水供应，有公路与县城相通。位于各乡镇的政府办公楼、乡镇卫生院、中小学校舍及企事业单位用房大都新建或改建为砖混结构楼房，城镇居民住房或改造，或新建，低矮破旧的木结构平房逐渐减少。

古县城—禹里 禹里位于县境中部白草河与青片河交汇处，唐贞观八年（634）设置石泉县，禹里即为县城，是县内历史最悠久的场镇。中华人民共和国成立初，禹里虽不再是县城，但因地处青片、白草两河流域外出的必经之地，因而也是全县规模较大、发展较快的场镇。至20世纪80年代中期，建有完善的供电、供水和排水系统，泥土街面也改用水泥铺设。20世纪90年代开发旅游业，重视保护文物古迹，全为木质建筑的旧有主街至今保持着原貌；有关大禹的历史遗迹“石纽”石刻、“甘泉”石刻等，也得到完好的保护。1991年，在城中西山山麓新建古朴雄浑的大禹纪念馆，在石纽山下重建“神禹故里”坊；红四方面军总部驻地、中共北川县委驻地、县苏维埃驻地、红四方面军主要领导人住地等遗址，以及安葬解放北川时牺牲的解放军指战员的烈士陵园等，被列为革命遗址遗迹

加以保护。2002 年，在烈士陵园旁新建红军碑林馆，陈列当年红军留下的石刻标语。

1952 年将县城迁至曲山，系因交通不便所致。1959 年，曲山至禹里公路大致修通，遂在禹里修建领导机构用房和北川中学校舍，拟将县城迁回，恰遇三年自然灾害经济困难而作罢。1986 年，批准实施的县城总体规划再次提出最终将县城迁回禹里的目标，也因资金难以解决无法实现。20 世纪 90 年代后期，是县内场镇发展最快的时期，禹里因属规划中的漩坪水库电站淹没区，严格限制新修房屋，冻结永久性建设项目，以至场镇多年无重大变化。2007 年，禹里新场镇完成规划，其位置在禹里西南面石纽山半坡上。

二、农房建设

1988 年，全县农村人均住房面积为 18.4 平方米，多为木结构穿逗架，盖小青瓦，仅公路沿线有少量砖木、砖混平房。1997 年，全县农村人均住房面积达到 22.8 平方米。砖木、砖混结构房屋的比例逐年上升。此后 10 年，农村人均住房面积保持稳定，房屋质量稍陆续提高。

第三节 建筑管理

一、建筑设计

1988 年，县内有建筑专业设计人员 4 人。1992 年，购置微机，提高设计预决算能力和设计质量。1997 年，有专业设计人员 9 人。1988—1997 年共设计工程 196 个，总面积 27.6 万平方米，按图施工，合格率达 100%。2000 年，新购绘图仪 1 台，计算机出图率达 100%，设计质量和效率得到提高。此后，每年完成建筑工程设计项目 10 余个，总建筑面积三四万平方米。

二、建筑企业

1988 年，全县有建筑工程队 16 个，其中获得资质等级的建筑企业 14 个（三级 1 个、四级 3 个、五级 10 个）；建筑工人 627 人，其中技术人员 83 人，管理人员 39 人，建筑安装工人 505 人；固定资产 97 万元，流动资金 65 万元，实现利润 5 万元。

1994 年 11 月，由 5 个建筑企业联合组建宏禹建设有限公司，成为县内最大的建筑企业，注册资金 1720 万元，职工 800 人，工程技术人员 60 人；有固定资产 800 万元，流动资金 1100 万元；资质等级升为二级。

1997 年，全县有 6 个建筑企业，建筑工人 1240 人，其中技术人员 120 人，管理人员 40 人，建筑安装工人 1080 人；固定资产 1006 万元，流动资金 1284 万元。是年建筑竣工工程 20 处，面积 3.14 万平方米，工程合格率达 100%，优质工程 5 处，优良率 25%。

2001 年，在市建委的统一安排下，制订建筑施工企业改革方案。全县原有建筑（装饰）企业 7 家，其中三级 2 家、四级 5 家，通过合并、重组、改制等方式进行改革后，组建为宏禹、浩宇、鸿飞、万达 4 家建设有限公司，经初审，4 家建设有限公司达到三级企业标准。

2002 年，按标准加强企业资质和从业人员资格管理，全县建筑施工企业资质就位 4 家，新增监理公司 1 家，预制企业 7 家，就位 6 家，建筑业更趋合理。

此后，县内建筑企业基本保持稳定。

三、建筑市场管理

为确保基建工程质量，县城建局严格按程序审批基建项目，要求施工企业必须“两证”（建筑准建证、施工入城证）齐全，杜绝无证设计、施工。1994年，实施住房制度改革，县内基建项目大增，接受监督项目46个、面积9万平方米，总投资3645万元。县城建局制定建筑市场管理规定，对新建工程坚持按规划选址、定点、审图、画线，对建筑工程实施全程质量监督，保证工程质量。

1998年后，新建、扩建、改建和技改及装修工程，凡造价在5万元以上的项目一律实行公开招投标；纪检、反贪、公证等部门参与招投标工作全过程，使招投标工作做到公开、公正、公平、科学、择优，杜绝工程建设过程中的腐败行为。加强执法监督工作，严肃查处违法建筑活动，每年组织建筑企业法人、项目经理和有关监督单位对全县建设工程进行2次以上拉网式施工质量和安全大检查，对发现的问题立即整改，并对有关人员进行教育处理。完善工程质量安全责任制，推行质量终身负责制、压证施工制、建筑企业年检安全质量一票否决制，对报建工程项目实行强制性质量监督。

2004年，贯彻执行《建设工程安全生产管理条例》，实行安全生产许可证制度，对县内持证项目经理和专职安全员进行安全知识培训，考试合格方可上岗。完善机构，落实责任，县城建局与企业、企业与项目经理、项目经理与班组层层签订安全生产责任书，确保安全生产责任落到实处。严格从业资格管理，是年年检，宏禹公司合格，万达、鸿飞公司基本合格，浩宇公司被省厅吊销资质。

2006年，组织召开4次施工企业负责人及在建工程项目经理参加的安全生产工作会议，对在建工程项目进行2次安全执法检查和评价，特别是对县城风貌改造施工中存在的安全隐患问题，下发7次书面整改通知，至年底，无安全事故发生。严格建筑工程质量监督管理，加大混凝土预制构件的监督检测力度，检测砼601组，检测砂浆141组，拉测钢筋286组，拉测焊接24组；依据防震减灾法规定对县内纳入行政管理的建设工程进行抗震设防核查及施工图审查备案工作。是年，完成施工图审查备案工程项目36个，建筑面积5.6万平方米，计划投资额3405万元；进一步履行招投标监督管理职能，推行工程量清单计价，做到公开、公正、公平；办理招投标23件，建筑面积1.5万平方米，总造价1297万元。

2007年，贯彻执行《建设工程安全生产管理条例》，层层签订安全生产责任书，至年底，无安全事故发生；严格建筑工程质量监督管理，在建工程合格率达100%，优良率达10%，建筑总面积约4万平方米。

第四节　房产与管理

一、住房制度改革

1988年5月，开始对县城及擂鼓、坝底、小坝、片口、开坪、陈家坝、通口、漩坪等地场镇规划区内的房屋产权进行登记发证。至2007年，全县共登记18956户，面积151.65万平方米。

1991年9月，成立城镇住房制度改革领导小组，负责组织实施房改，后因1992年洪灾而推迟。1993年初，房改工作重新提上议事日程，县政府陆续制定住房制度改革实施方案及配套文件14个，根据不同的房源，分别实行“提高房租、优惠出售公有住房、新房新租”的政策。1996年4月，对全县深化城镇住房制度改革工作作出具体安排。按照测算，出售公有住房每平方米标准价为380元，成本价为430元，市场价基价为531.6元。至1997年12月底，全县有121个单位出售公有住房2197套，建筑面积15万平方米，实收售房款689万元；按房改政策出租住房2.2万平方米，月平均0.2元/平方米，月租金收入4350元；收取住房保证金每平方米50元，共9万元。1997年起，开始推行住房公积金制度，收取3800名干部职工上缴住房公积金20余万元，占应交人数的40%，占应交金额的41.88%。

1998—1999年，全面完成第二次房改任务，127个单位转换全部产权，出售房屋2711套、19

万平方米，回笼售房款1621万元。至此，住房制度改革结束。

二、房地产开发与房屋产权管理

1992年9月，成立城镇房地产开发公司，将擂鼓镇上街14号、31～39号共10间国家直管公产危房拆除，改建商品房1400平方米，1993年11月底竣工交付使用，总投资35万元。

1994年，投资9.5万元，在曲山镇回龙街修建商品房1幢、210平方米。此后，因多种因素制约，房地产开发停滞不前。

1998年后，民营公司开始投资开发商品房，1998年城镇房地产开发公司在县城文武街开发商品房2176平方米。1999年，东华房地产开发公司在县城禹龙街开发商品房8300平方米。2000年，兴宇房地产开发公司在县城小河街开发商品房3500平方米；2003年在禹龙街开发建设商品房1.2万平方米。2004—2007年，全县新开发建设商品房面积分别为1. 75万平方米、0.8万平方米、3.2万平方米、3万平方米。

第二章 环境保护

第一节 环境管理与污染治理

一、环保宣传教育

1988年，环境保护工作由城乡建设环境保护局负责。

1997年3月，城乡建设环境保护局更名为建设委员会，下设环境保护股，同时挂县政府环境保护办公室牌子。

2002年3月，成立县环境保护局，专门负责环保工作。

1988年后，通过组织企业厂长、乡镇长参加环保法规和知识竞赛、纪念“6·5”世界环保日活动、印发年画、张贴标语、与广播电视局联办宣传专题和电视剧场等形式，广泛宣传《中华人民共和国环境保护法》《中华人民共和国环境污染防治法》，对公民进行环保教育。

2002年，把创建“绿色学校”作为中小学生环境教育主要方式，组织曲山小学师生举行“保护母亲河”宣誓仪式，制作宣传画展板，播放环保法律法规录音和环境警示教育录像，发放“环保知识小百科”、环保法律法规宣传单，重点对青少年进行环保教育，是年验收“绿色学校”5所。

2003年，在县电视台开办“天天环保”专栏，进行常年宣传。

2004年，组织武警官兵、中小学生开展“爱我母亲河”，拾捡城区三沟一河垃圾活动。

2007年，结合“4·22”世界地球日、“6·5”世界环境日、3月科技三下乡、“四五”普法集中宣传等活动，宣传和普及环保知识、法律、法规，并利用广播电视媒体进行环保法制法规宣传，提高公民环保意识。

二、建设项目环境管理

北川系传统的农业县，长期以来县内仅有满足本地生产生活所需的手工业，自然生态保存完好。20世纪80年代起，陆续兴办一批小规模水电站和水泥厂、造纸厂等现代工业，对环境造成一定程度的破坏和污染。环境保护部门除对建成企业进行环保监测外，自1988年起，对所有新建和改扩建工程项目均进行环境管理，所有新建和改扩建工程项目须提供环境影响及治理措施报告书，经审查同意方可立项，实行环保设施与主体工程同时设计、施工、投入使用的“三同时”制度，控制新污染源产生。

自20世纪90年代起，县内的旅游开发受到高度重视，产业发展框架相应考虑旅游业的发展需要。按照全县发展规划，在工业布局上，除水电外，将采矿、加工、建材等企业放在县境东南之擂鼓、通口、陈家坝一带，县境西北的广大地区，分布着禹穴沟、千佛山、小寨子沟等重点开发的旅游景区，产业发展以种养业为主。凡新建企业在论证立项时，要求符合产业布局，并依法进行环保评估，严把开建前的环境保护关。

2003年，对新建项目按照环保要求进行审批，防止不符合政策和属于淘汰、落后的工艺、技术、设备、产品的建设项目上马。是年审批9个符合国家产业政策的建设项目。执行建设项目环境影响评估制度和“三同时”制度，执行率100%；执行建设项目环境管理分类名录，正确率100%；严把竣工验收关，验收率100%。

2004年，县级审批环境影响登记项目25个，通过环境污染防治设施竣工验收3个；省级审批环境影响报告书项目（通口电站、武安电站、白草河流域开发规划环评）3个；市级审批环境影响报告表（绵阳启明星电子公司电极箔生产项目、猿王洞风景区、羊圈坪电站）3个，查处违反“环境影响评价法”项目（擂鼓硫铁矿）1个，限期补做“环境影响评价法”。“环境影响评价法”和“三同时”制度执行率100%。

2005—2006年，对全县20余家矿山开采企业环境保护工作开展专项检查治理，依据相关法律法规对审批手续不齐的矿山开采企业下发限期补作环评、停产整改通知，规范矿山开采秩序。两年中经省、市、县三级环保行政主管部门审批的建设项目48个，其中四川省环境保护局审批5个、绵阳市环境保护局审批12个、县环境保护局审批31个。

2007年，审批5个建设项目，并对项目实施“三同时”检查，“三同时”制度执行率100%。对矿山开采企业适时进行监督指导，保证环境安全。

三、污染治理

县境工业企业大部分属1984年后兴建，在强调建设速度的大背景下，忽视对环境的影响。

1988—1989年，在大力开展环保法律法规宣传的基础上，强令搬迁糖酒公司仓库、中药饮片加工房、蚕茧公司炕房，督促县印刷厂、县水泥厂增设铅烟净化器和电子净化除尘器。

1990年，实施排污收费制度，清理污染源23处。

1994年，对县内部分企业进行污染监测。

1995年，添置相关仪器建成环境科学监测室，对企业的16项环保指标进行监测，对其污染状况进行摸底调查；县造纸厂按照要求对废气、废水污染进行治理，关闭沙坝、苦竹坝2个电冶厂。

1997年起，对100户企业污染源进行调查，监测6个污染企业。

1998—1999年，以绵阳市政府“两江”（涪江、安昌江）整治和“一控双达标”（污染物总量控制，所有工业污染源排放污染物达标、重点城市功能区的环境质量达标）为重点，争取绵阳市政府无偿专项资金115万元，用于大宇纸业公司（县造纸厂）和大禹野生食品公司的污染治理。两年中，全县工业废水排放总量210.8万吨，达标排放量7万吨，其中处理排放达标量5.9万吨；废气排放总量93972万标立方米，经过消烟除尘处理645万标立方米，经过净化处理790万标立方米；烟尘排放量502吨，工业粉尘排放量7998吨，工业固体废物产生量1047万吨，工业固体废物综合利用量3570吨，工业二氧化硫排放量2923吨。

2000年，把“一控双达标”作为环保工作的重点，对5家省控污染企业每月检查一次。年底，大宇纸业公司投资206万元增设废水治理设施进入试运行；新峰水泥厂、禹峰水泥厂、大禹野生食品厂投入专项治理资金，污染排放达标。县内其他工业企业淘汰落后设备，增加污染治理设施，实现达标排放。

2001年，对省控污染重点企业排污口进行规范化管理，设立标识牌；大宇纸业公司完成终端废水治理工程，取缔擂鼓镇五星竹丝厂违法使用的煮蒸球；在全县居民中禁止使用高硫煤、蜂窝煤。

2002年，对全县17户工业企业中的13户进行监测，其中4家企业污染物超标排放，令其限期整改。

2003年，开展工业企业和县城第三产业排污申报登记，申报面90%以上；对排放达标的工业企业和第三产业发放排污许可证，对排放未达标的，发放临时许可证，限期整改达标。

2004年，严查环境违法行为，全县8家重点污染企业6家全面达标，2家水泥生产企业主要污染物超标，经过停业整顿治理，10月底投入试运行。加强农村能源污染防治，把环境保护目标责任制落实到乡镇一把手，实施考核。对县内4家规模化养殖场下发限期整改决定书，要求必须新建沼气净化池，对废渣综合利用，不得外排。全年对城区烟尘控制区进行4次集中整治，住房建设全部配套污水处理设施。县城城区TSP、NO_2、SO_2平均值达到国家环境空气质量二级标准，主要河流出境断面水质达到国家地表水质一级标准。

2005年，对全县小企业、不符合国家产业政策行业、危险废物处置进行全面排查。查出水泥生产、食品加工、铁合金冶炼企业7家超标排污，其中禹峰水泥厂被列为省政府挂牌督查限期治理企业，新峰水泥有限公司被列为绵阳市政府挂牌督查限期治理企业，大禹野生食品公司环境整治被列为绵阳市政府对县政府的环境保护目标考核内容。

2006年，完成4家省、市挂牌督办治理污染企业的治理，通过绵阳市环境保护局和绵阳市发展改革局验收；大禹野生食品公司PIC种猪扩繁场污水治理完成设计方案，土建工程竣工；建诚木业按省、市环境保护局要求安装在线监控设备。开展县城及农村建制乡镇集中式饮用水源保护工作，遏制水环境污染。抽调专人调查饮用水源地环境质量状况、生态环境状况、各类污染源分布和主要污染物排放情况，完成城区及农村建制乡镇集中式饮用水源保护区划定工作，做好保护区内环境监控工作。加强环境监察大队能力建设，新增环境监察人员3名，配备环境监察车、摄像机、照相机、录音笔等取证设备，环境监察大队标准化建设通过四川省环境监察总队的验收，达到三级标准。

2007年，加大对县内重点污染源污染治理设施的监督检查，确保其运转率达100%；经监测，县内的重点污染源污染排放达到国家标准。加大对饮用水源保护区的监管力度，2次组织检查饮用水源地，并采样监测饮用水源水质，确保达到饮用水源标准。

四、县城环境整治

县城虽小，但常年保持洁净亮丽。1988年，健全分片包干、定时定职清扫清运洒水管理制度，坚持城市垃圾日清日运，街道定期洒水防尘，及时清理卫生死角，开展垃圾场（点）和公共区域的消毒灭菌除“四害”工作。安排专人对县城路灯进行夜间巡查，及时维修。

县城位于河谷，三面环山，废气烟尘不易扩散。为提高空气质量，从2000年起，禁止企业在城区使用散煤及蜂窝煤。2000年发出限期治理通知109家，开展联合集中执法和不定期追踪检查，取缔蜂窝煤炉灶61个，拆除烧散煤烟囱1个，强制31户改烧焦煤、天然气等优质能源，减轻空气污染。2001年，经检查验收，北川县城达到市级卫生城市标准。2002年，贯彻落实新颁布的《大气污染防治法》，开展二氧化硫控制，在县城开展烟尘集中整治，检查152家餐饮店，拆毁固定蜂窝煤灶，没收、销毁蜂窝煤炉具，对违规使用蜂窝煤为燃料的店主进行批评教育，责令整改。开展控噪禁噪工作，制止演出团体和商品促销宣传车高音喇叭扰民，制止卡拉OK厅噪音深夜扰民。在中考、高考和成人考试期间，县城地区集中禁噪。2003年，开展3次“治烟气（煤烟、油烟、机动车尾气）、禁扬尘、限噪声”综合整治，没收蜂窝煤炉具和蜂窝煤，处理扰民油烟摊点，规范建筑工地扬尘点，取缔客运机动三轮车，县城常年保持洁净。此后，县城环境综合整治常态化。

第二节　农村新能源建设

长期以来，县内居民煮饭取暖消耗大量木材。20世纪80年代后，大批骨干电站陆续建成，电炊具逐渐在城镇普及，居民煮饭取暖的木材消耗减少。1999年后，县城及擂鼓引进民用天然气，能源结构进一步优化。在广大农村，则主要以改灶和发展沼气减少柴薪用量。

省柴灶推广　1985年，开始在曲山乡茅坝村、擂鼓乡和平村及香泉、通口、墩上、青片、陈家坝、禹里等地推广省柴灶。将传统灶改为省柴灶后，室内无烟熏，少灰尘，并可节省大量木柴，减少对树木的砍伐。1988年后，全县每年改灶一两千户。1990年11月，县政府与四川省农村能源办签订三年普及省柴灶的合同。1993年12月，四川省农村能源办和绵阳市沼气办检查验收组随机抽样抽查擂鼓、禹里和陈家坝3个乡镇中6个村的200户农户，改灶率97.5%，其中完好灶占71.5%，基本完好灶占23%；测试30户省柴灶热效率平均为28.1%，合格率96.7%；各项指标均达到国家规定标准。据此，北川荣获国家农业部和四川省农村能源办颁发的省柴节煤试点县验收合格证书，北川也成为绵阳市第二个改灶节柴的达标县。全县普及省柴灶后，年节约木柴5258万公斤。省柴灶被农户普遍接受，至1997年底，全县累计改灶30899户，占全县总农户36971户的83.6%。1998年后，全县每年新建改建省柴灶几百户至上千户，累计改灶户占总农户的90%以上。

家用沼气池建设　发展沼气能源始于20世纪70年代初，但因技术、质量等问题，进展缓慢。1973－1986年14年间，全县累计建沼气池521口，其中部分被山洪冲毁，垮塌报废。1987年，全县实有完好沼气池375口，分布在桂溪、陈家坝、香泉、擂鼓、曲山等乡镇。1988年后，仍把沼气作为农村重要的新能源项目，由各级政府出资补贴进行推广，全县每年新建几十口至上百口。至1997年底，全县实有完好沼气池1016口，总容积9800立方米，其中1988—1997年新建641口，总容积5860立方米。虽然建沼气池的技术成熟，但因气温因素制约，高半山的沼气池产气不足，故而仅在海拔较低的平坝河谷地区得到推广。

2001年后，建池三结合率、产气使用率均达到100%，输气管道安装规范、配套高档，每年新建池增至100多口，全县完好沼气池1500口以上。

2004年，启动新村扶贫工程，规划全县每年实施10个村，每村投入资金50万元，沼气推广再度受到高度重视，相关部门以补助水泥或现金的方式支持鼓励农户建沼气池。

2005年，报经农业部批准使用国债资金建设沼气池，每口补助水泥、灶具、配套材料等折价1000元，全县每年拟建池1500口。

2006年，完成国债沼气项目建设1500口及市级沼气项目建设500口。经测算，一口沼气池一年节约燃料费350元左右，减少商品肥开支134元。沼气取代木柴煮饭取暖，农村院落普遍存在的脏、乱、差现象得到改变。年均2000口沼气池的建成使用，减少大量木材消耗，对巩固退耕还林和天然林保护两大林业工程成果作用显著。

第二十七篇

科学技术

第一章　科技机构

第一节　管理机构

1988年，县科学技术委员会有职工4人，县科学技术协会有专职主席1人、兼职副主席4人、职工3人。1996年县级机构改革时，撤销科委，建立科技局，科协挂靠科技局，科技局与科协合署办公。1997年5月，县科技局复名县科学技术委员会，与县科协实行两块牌子一套人员，领导交叉任职，内设联合办公室和农业科技工作科、工业科技工作科。1999年，开始在乡镇设置科技副乡长、副镇长、科技干事，负责科技成果转化和推广科普。2007年3月，成立民族科普工作队，隶属于县科协，为实职副科级事业单位。

第二节　学会、协会

1951—1987年，县直机关、企事业单位先后建立科学技术协会、学会15个，共有会员1376人。1988年后，学会、协会迅速发展，至1990年，全县有县级学会12个、会员1119人，县级协会7个、会员822人；厂矿科协2个、会员124人，乡镇科协16个、会员1443人，农村专业技术协会41个、会员615人；学会、协会会员总数达到4123人。1991年，对社团进行清理整顿，部分学会、协会因多种原因未重新登记。至1997年，全县重新登记的社团共54个。1998年，开始组织试办农村专业技术协会，先后成立漩坪乡白山羊股份制专业技术协会、通口镇农业技术综合开发利用股份制专业技术协会；协会会员或以技术入股，或以所承包土地入股，或以物资（白山羊）入股。1999年，新发展通口镇果品专业技术协会，协会承包荒山荒坡200余亩，种植梨、柚等优质水果。2000年，顺应农村产业结构调整，农村专业技术协会通过“协会+农户”的形式，为农业产业化、集约化经营中的物质供应、技术引进和产品销售服务；是年新筹建小坝药材专业技术协会。2003年5月，漩坪养兔协会成立，发展会员102户，带动农户500户，销售商品肉兔8万余只，实现收入120万元；10月，邓家畜禽养殖协会成立，发展会员42户，饲养肉鸡35万只，猪6000头，销售肉鸡20万只，实现收入240万元，销售肥猪3500头，实现收入120万元。各协会实行统一供种、统一培训、统一防疫、统一饲料供应、统一产品销售，以此降低成本，提高经济效益。2004年，成立县蚕业协会、桂溪乡林峰村辛夷协会、白什乡中药协会、擂鼓镇茶叶协会、五星茶业合作社5个专业协会，全县农村专业技术协会总数达到9个，会员4634人。2005年，新增专业技术协会6个，全县会员队伍达5000人。2006年，新建立茶叶、蔬菜、中药材、生猪和兔业等专业技术协会15个，基本实现每个乡镇都建有农技协。2007年，全县有科技人员3038人，县级学（协）会12个；各农村专业技术协会活动开展正常。

第二章　科技工作

第一节　科普宣传

1988年后，每年科普宣传月由科委、科协及农口各局购买和印发科普资料下发农村基层，再由乡镇和村上组织宣传学习，以此增强广大群众的科技意识。农忙季节，由科委、科协牵头，组织各业务部门的科技人员分片区到各乡镇进行科普宣传。

1995年起，每年3—4月，县内均开展“科技之春”科普活动，成员单位有县委办、县府办、县委宣传部和科委、科协、农办、财办、计经委等22个；在科普宣传活动中，坚持五统一（统一领导、指挥、规划、时间、宣讲人员）、四分工（分别制作展板、图片，分别确定宣讲内容，分别印发科技资料，分别对各自的专业技术开展培训、咨询），确保广大基层干部和农村群众看有音像图片，学有示范户典型，用有先进实用技术。

1998年，“科技之春”科普宣传月活动以“科技兴县、文明生活、健康发展”为主题，县委、县人大、县政协有关领导带领成员单位先后在曲山、擂鼓、漩坪、禹里等场镇发放科技资料，接待群众科技咨询，解决宣传活动中的具体问题，俗称“科技赶场”。是年，组织各类技术人员20多人，编印下发种植、养殖等实用技术资料4期19个专题，对指导农村科技推广作用明显。此后，每年春季以“科技赶场”开头，开展声势浩大的“科技之春”科普月活动。

2006年，由科技局、科协牵头，组织农业、畜牧、林业、卫生、文化旅游、教育、气象、司法、群团等27个部门70余名科技人员，到陈家坝、坝底、香泉等乡，开展第十一届“科技之春”科普月宣传活动和实用技术培训，并邀请市科协“科普大篷车”到县参与科普赶场，展示科学的奇妙现象，活动受到基层干部和群众的欢迎。

2007年，以“科普一条街”“四下乡”、青少年科技创新、科普电影和科普宣传片放映、实用技术培训等形式，开展科普月、科技周、科普日等科普主题活动。共展出展板185张，发送科普挂历（图）1320张、印有科普内容的围裙3000根，发送104种技术资料20余万份、技术书籍2.5万本（册），发送宣传小册子3万本，接受义诊1325人（次），发避孕套5000盒，组织科普讲座21场、科普报告会6场、适用技术培训或现场会65次。

第二节　农村实用技术培训与推广

1988年后，县内农村实用技术培训以乡镇党校和农民技术学校为阵地，以科技人员和科技示范户为教员，以农函大教材为主，辅之以适合县内产业结构调整的乡土教材，以举办科普讲座、专题培训班和播放音像、展示图片等方式进行教学。每年由县委组织部、县科协、农口各局联合对各乡镇领导干部、村支部书记、村主任集中培训 7~10 天；由各主管部门和县级各学会、协会对各乡镇的农技员、水利员、林业员、蚕桑辅导员、畜牧兽医、农机员、国土员、计生工作人员集中培训 1~2 次，每次 3~7 天；农村的其他基层干部、党员和农民群众的培训一般采取县、乡结合，根据农事季节、种植特点、养殖需要，分片区或以乡镇集中培训。同时，科协与县委组织部配合，开展农村基层干部和党员实用技术培训。

1993—1997 年，全县 1739 名村干部、437 名村后备干部普遍参加 1 次以上实用技术培训，其中 90% 以上的干部掌握 1~2 门实用技术，成为农村脱贫致富带头人。为使培训工作系统化、规范化，在绵阳市科协和县民政局的支持及农业、畜牧科技人员的协助下，开办中国农村致富函授大学北川分校，率先在青片乡招收学员 41 人，系统学习蔬菜、中草药栽培和畜禽养殖技术。

1988—1997 年，全县累计开展农村实用技术培训 1189 期，共培训农村群众近 12 万人次。

1998 年后，仍以办培训班为主，根据农村经济发展需要推广实用技术，其内容包括农业、林业、畜牧、蚕桑、计生等方面，具体培训项目除粮食作物高产种植外，还包括高产茶叶栽培与低产茶园改造、生猪“双推五改”、白山羊圈养及品种改良、肉牛快速育肥、科学栽桑养蚕、良种板栗嫁接繁育、香菇菌袋栽培、银杏人工授粉与嫁接、辛夷矮化栽培、马铃薯脱毒，以及山药、刺笼苞、椿芽等野生植物人工栽培，农村沼气和省柴灶节能等。

2006 年，依托县小康先导团（由林业、畜牧、茶叶、蚕桑、农业等专家和科技人员组成），组织林业、畜牧、茶叶、蚕桑、农业等类科技人员到乡镇开展 PIC 优质生猪、长毛兔、獭兔、白山羊饲养及茶叶、魔芋、马铃薯、秋菜种植等实用技术培训 121 期，参训人员 1 万余人次；发送《农村实用技术及政策读本》1.7 万余册。

2007 年，在县技术培训中心举办“阳光”培训班 17 期，“骨干农民培训”6 期，培训人员达 1642 人（次），开展“扶贫培训班”11 期，培训 752 人（次），采取分散指导和办班等方式开展实用技术培训 1500 次，受益农民 8 万余人（次）。

第三节　青少年科普活动

自 1990 年起，每年由县科协牵头，文教局、团县委、妇联等单位配合，依托县青少年科技辅导员协会，组织全县中小学生开展以“树理想、爱家乡、爱科学、添本领”为主题，以生物百项、北川大自然、地质生态环境、爱鸟周、野生动植物保护和生物化石标本采集、做“熊猫小卫士”等为内容的“小论文、小制作、小发明”竞赛活动。

1990 年和 1992 年，两次开展全县性青少年科技“三小”竞赛活动，其余年度则直接从基层学校选送作品送省、市参加“三小”竞赛。

1993—1997 年，共收到作品 305 件，评出一等奖 6 项、二等奖 11 项、三等奖 16 项。擂鼓小学、北川中学、片口小学、小坝小学、禹穴小学、职业中学获得青少年“三小”活动优秀组织奖。先后有 26 个项目获市级奖励，其中一等奖 4 项、二等奖 11 项、三等奖 11 项。片口中学参赛的《片口地区狩猎方式调查报告》获四川省“生物百项活动”优秀活动奖，被选送参加全国“生物百项活动”优秀项目评选。1998 年，全县青少年获“三小”活动二等奖 5 项，三等奖 1 项。

1999 年，全县半数以上的中小学校参加各类科技活动。坝底中学开展的《北川青片河流域坝底段淘金对生态环境危害的调查报告》等 4 个项目获绵阳市一等奖，青片乡上五村小学《观察救护野鸡活动报告》等 3 个项目获绵阳市二等奖，《食盐的妙用》等两篇“小论文”获绵阳市三等奖，片口中学《离群金丝猴被救观察报告》获四川省二等奖。

2000年起，每年均组织全县中小学生参加省、市青少年科技创新大赛。当年获省级一等奖1名、三等奖1名，获市级一等奖3名、二等奖2名、三等奖2名。北川中学学生刘炯的作品《谁是外星人》获四川省青少年科技活动一等奖，并入选参加全国评奖；曲山小学学生寇西尧的作品《太空之旅》、擂鼓小学学生宋鹤的作品《地球是个大花园》获绵阳市科幻绘画一等奖。

2002年，坝底中学《坝底片区退耕还林现状调查报告》获全国科技创新活动二等奖，青片小学《青片河大熊猫栖息地周边村民替代经济调查报告》等3项分获四川省科技创新大赛一、二、三等奖，《退耕还林现状调查报告》等3项获绵阳市科技创新大赛一等奖；青少年科幻绘画获市级一等奖4幅、二等奖2幅、三等奖10幅；《晕船晕车是怎么回事》等科技小论文分获市级二、三等奖；《如何在科技活动中培养学生的创新能力》等两篇青少年科技辅导员论文获省级三等奖。

2003年，参加绵阳市第十七届青少年科技创新大赛，送展作品有“小论文实践活动”300多篇、“科幻画”100多幅、“小制作”100多种。

2004年，青片小学《大熊猫栖息地的农畜——羌寨的牛》获四川省科技创新大赛二等奖，曲山小学《追求时尚有喜有忧》《看动画片对孩子的影响》分别获省级三等奖；坝底中学《青片河流域的水资源及植被调查报告》等4项获市级一等奖，曲山小学的“小论文”获市级一等奖12篇、三等奖7篇，科幻绘画获市级一等奖3幅、二等奖8幅、三等奖16幅。是年，创省级“科普示范”学校1所、市级“科普示范”学校1所、县级“科普示范”学校2所。

2006年，组织“青少年科技创新大赛”“科幻绘画”、主题实践活动等科普竞赛活动，129人（次）获得过市级以上奖项，其中获国家级二等奖1个，省级一、二等奖各2个、三等奖5个，市级一、二、三等奖11个、4个、9个。全县中小学校中，有省级科技示范学校1所、市级2所、县级4所，有市级“绿色学校”等特色学校2所、县级4所。80%的学校建有“科技活动室”或“科技成果陈列室”；有各种“课外兴趣小组”154个；80%的在校生参加过科技、科普活动。

2007年，全县67所中小学开展“共饮涪江（湔江）水、保护母亲河”“羌乡长征路上珍稀野生植物调查与宣传”活动，受到中国科协和省、市科协的高度赞扬。11月，中国核动力研究设计院张志群教授到县为2800名青少年作题为《顺应时代发展潮流，迎接生存竞争挑战》专场科普报告。

第四节　科技成果

1985年2月，根据国家、省、市有关表彰奖励优秀科技成果的规定，结合县内实际，制定《科技进步奖励条例》和《科技进步奖励条例实施细则》，每年对县内自然、社会科技成果进行评审，报县政府审查颁奖。县科技进步奖分为一、二、三等奖，均由县政府发给科研单位奖状，发给主研人员奖状和荣誉证书。

1988—1997年，共有92项科技成果获县政府科技进步奖，其中一等奖21项、二等奖35项、三等奖36项。获奖项目中，农业类占16项、林业类占13项、畜牧类占8项、水电农机类占13项、工业交通类占6项、医卫类占25项、其他类占11项。

1998年，收到县科技进步奖请奖项目15项；经评审，获奖10项，其中实生低产银杏人工授粉技术研究项目获一等奖，县内首例膀胱线切、回肠代膀胱手术报告项目获二等奖，新兽药阿维菌素防治家畜体内外寄生虫病等8个项目获三等奖。

1999年，收到请奖项目14个；获奖12项，其中成功扑灭霍乱疫情获一等奖，北川白山羊繁殖性能的实验研究等4个项目获得二等奖，KYN1—10型手车式高压开关柜“五防”功能的技术改造等

7个项目获得三等奖。

1998—2007年，全县共评出科学技术进步奖62项，其中一等奖9项、二等奖18项、三等奖35项。

重要科技成果由科研单位直接向上级业务主管部门申报，或经县科技评审委员会向国家、省、市科技进步奖评审部门推荐。1988—1997年，全县有33项科技成果获市以上科技成果奖，其中获国家部级以上一、二、三等奖各1项；2006年获得市级科学技术进步奖1项。

第五节 其他科技工作

一、气象测报

硬件建设 气象观察历来使用传统手段。2003年8月，开始按自动气象站建设标准进行测场环境改造，11月竣工并通过四川省气象局组织的专家验收，12月完成设备安装、测试。2004年年初，自动气象站投入运行，同时建成局域网，开通全市网络电话，连接全市气象网站和禹里乡自动雨量哨。2006年，先后在陈家坝、白什等乡建立自动气象观测站，对县气象局自动气象站监测设备进行完善改造，通过四川省气象探测环境达标检查验收。

公益气象服务 县气象部门一直坚持利用广播电视等媒体发布天气预报。自2000年起，开通“121”气象信息电话，将“121”气象信息电话接入绵阳市气象台的信息平台，用户24小时可了解天气情况和气象科普知识；每至春节、五一、国庆等节假日期间，开展特别天气预报服务。

中长期预报 为服务农业生产，每年向县委、县人大、县人府、县政协和涉农部门发送年度趋势、春播趋势、汛期趋势、夏收夏种趋势、秋收秋种趋势和月预报等中长期天气预报，提出相关建议，为领导提供决策参考。

重要天气预报 按照县内一般气候规律，除做好汛期5—9月旱涝趋势预报外，把重点放在主汛期的大暴雨、特大暴雨等灾害天气的预报上。1998年的“7·5”“8·20”“9·17”和1999年的“6·12”暴雨天气，均提前8~12小时作出通报，防洪工作及时有效，灾害损失减少。2000年4月26日至6月1日，全县连续37天降水仅11.3毫米。在此期间，县气象局5次向涉农部门提供气象资料，3次专题汇报，为领导决策提供服务。6月4日晚全县普降大到暴雨，县气象局16时即通报县农办。2001年“7·11”“7·17”“7·27”三次暴雨，均提前作出准确预报。9月20日开始的持续暴雨，因预报准确，为防灾救灾赢得时间。是年，全县出现的6次暴雨天气，预报正确4次。2003年7—8月全县出现暴雨、大暴雨天气过程，因预报准确及时而将损失降到最低。2005年，对几次重大灾害性天气过程预报准确，服务周到及时，减灾效益明显。2006年全县出现严重的春旱、夏旱连伏旱天气和2007年发生的几次暴雨灾害天气，均作出及时准确预报。

专项气候服务 为服务全县森林防火工作，每年除发布正常旬、月预报外，还在高火险时段发出火险等级预报。

栽桑养蚕是县内重要产业，而养蚕受气候影响较大。气象部门每年为县蚕业公司提供春、夏、秋蚕专项天气预报和年、季、月、旬天气预报，使其趋利避害，保障蚕茧生产。

2003年，与县境沿河水电站及在建的通口电站签订气象服务协议，按时向沿河电站和企业发送旬、月天气预报，并通报雨情资料。由于预报准确及时，企业早做防范，水患造成的损失得到避免。

防雷减灾 2002年，与县建设局、县安委会联合行文，会同相关部门开展对建筑工程的防雷设计审核、竣工验收和高层建筑防雷检测，防雷工作的社会化管理走上正轨。2003年5月，设立县防雷中心。自2004年起，承担防雷减灾管理、民用氢气球施放资格审查和安全管理等项社会管理职能。

2006年，对县内易燃易爆场所和移动、电信、广播通信设施以及高层建筑、重要设施、计算机信息系统等场所开展防雷安全执法大检查，针对安全隐患下达责令整改通知。

人工增雨　县境夏季多干旱。2000年6月，用高炮增雨，雨量增大。2005年初，成立人工降雨防雹办公室，在省、市的大力支持下，配备增雨火箭及人工降雨火箭专用车。2006年6—8月，分别在曲山、坝底等乡镇开展火箭人工增雨工作，效果明显。

气候环境课题研究　2005年，根据县政府安排部署，聘请中国气象科学院的专家教授到县进行生态气候观测考察研究，撰写出《北川发展舒适性气候与休闲度假旅游的评估报告》。

2006年，邀请中国气象科学研究院的专家到县开展夏季负氧离子及相关气候指标的测试，形成与周边市、县气候指标对比分析的评估报告。3月8日，中国气象科学院批准在北川设立生态与环境观测基地。北川开展舒适性气候与人体健康研究具有开创性，引起国内相关专家的关注。10月21—23日，第五届全国气象环境与健康学术研讨会在猿王洞风景区召开，来自中国科学院大气物理研究所、中国气象科学研究院、中国军事医学科学研究院等单位的院士、专家以及国内有关学者100余人参加会议。"北川气候现象"给与会专家留下深刻印象。会上推出的"北川老人长寿现象"得到与会院士、专家、学者的普遍认可和关注。会后中国气象科学研究院、中国科学院大气物理研究所、中国军事医学科学院基础医学研究所在北川建立科研基地，开展院地合作。

二、地震监测

防震减灾宣传　县地震办公室自1976年设立后，归口县科委。1988年，核定编制3名。1989年增加编制1名。2007年，核定编制4名，实有职工4人。

县地震办坚持"预防为主"的方针，开展集中和经常性的防震减灾法规和地震科普知识宣传。

1988—1997年，共订阅发送各类宣传资料7.7万份，放映地震科普电影、录像片155场次，观众25.5万人次。通过组织在校学生和干部群众参加防震减灾知识竞赛，增强防震减灾意识和法制观念，提高抵御自然灾害和识别地震谣言的能力。

1998年2月，县政府在《中华人民共和国防震减灾法》公布实施前夕，主持召开防震减灾座谈会，分管副县长作电视讲话，对全县开展学习、宣传、贯彻防震减灾法提出具体要求。3月"科技之春"科普宣传月活动中，分别在曲山、漩坪、禹里、擂鼓等场镇街道悬挂横标，展出展板、挂图，发送各种资料，进行防震减灾宣传。

1999年，为各乡镇订阅《震苑报》《地震知识报》，在科普宣传月等活动中发送宣传资料万余份，播放地震科普录像片6部。

2000年起，每年除通过广播、电视等媒体进行常规宣传，还利用科普月活动和"7・28"地震宣传周到部分乡镇现场宣传《中华人民共和国防震减灾法》《四川省防震减灾条例》等法律法规和地震应急救援等科普知识。

2005年，购买《防震减灾必读》1000册，赠送全县机关干部、职工及教师学习，编印防震减灾科普知识宣传资料10种10万余份，利用科普宣传月和文化、卫生、科技三下乡等活动到各场镇开展防震减灾科普宣传。按照四川省地震局通知精神，与县教体局联合发文命名曲山小学为防震减灾科普示范学校，通过示范学校推动全县中小学开展防震减灾科普知识的宣传教育。

2006年，按照防震减灾工作"四个面向"的要求，扩大纵向与横向业务联系。多渠道开展防震减灾科普知识宣传，增强社会公众防震减灾意识；通过口头或书面材料《地震工作动态》定期向县委、县人大、县政府、县政协主要领导汇报近期震情发展趋势及防震减灾工作开展情况；利用科技周、科普宣传月、三下乡、国际减灾日、唐山和松平地震30周年纪念活动等，进行地震科普知识宣传；订购并发送图文并茂、形式新颖的地震知识塑料扇子2000余把，受到群众欢迎；利用命名挂牌的“防震减灾科普示范学校”开展防震减灾知识进校园活动，逐步形成防震减灾宣传教育的长效机制；结合社会主义新农村建设，加大农村民居地震安全工程宣传力度，引导广大农民建设安全家园，构建和谐社会。

2007年，配合全县科技之春宣传活动，在曲山镇、擂鼓镇、通口镇、都坝乡开展防震减灾科普宣传活动，发放资料1.2万余份，光碟250余张，展出科普挂图300余幅次，接待群众咨询8000余人次；在北川职业中学院内、禹龙中街、西羌西街等新老城区制作固定宣传栏12幅，定期更新地震科普宣传内容；7月，举办地震宏观观测员培训班，明确各乡镇分管安全的领导和宏观观测员的职责。

地震应急预案　1992年8月，四川省地震局对县城建设区和擂鼓煤矿特种水泥厂厂址进行《地震危险性分析》，龙门山主中央断裂通过城区位置成为定论，为工程设防、抗震加固提供依据。

1997年，对《北川县破坏性地震应急预案》进行修订完善，印发各乡镇及县直有关部门实施。

1998年，调整充实各级政府防震减灾领导小组成员，修订和完善大震应急预案；对县直各单位《破坏性地震应急预案》的制订、修订和完善落实情况进行检查，提出整改措施。

2002年，按照是年1月1日起施行的国务院《地震安全性评价管理条例》，对县内重大建设工程项目依法进行监督管理，对擂鼓工业园和通口电站建设提出做好抗震设防或进行地震安全性评价建议，为擂鼓工业园及猿王洞风景区索道建设无偿提供地震资料。

2003年，将破坏性地震应急预案列入重大突发事件处置预案文件汇编，同时制定重大影响地震发生后的应急工作细则和应急反应预案，地震应急工作进一步制度化、规范化。

2004年，县内及周边地区虽未发生破坏性地震，但几次有感地震均迅速启动应急预案，及时与省、市及周边县市地震部门联系，落实地震参数，向全县各乡镇了解收集震灾信息，向县上主要领导汇报地震情况。提出漩坪电站建设工程应进行地震安全性评价的建议，开展农村民居抗震设防抽样调查，为加强农村民房的抗震设防指导和技术服务提供基础资料。

2005年，进一步完善地震应急通信，配合绵阳市地震局举行地震应急实战通信演练。

2006年，根据震情新情况，完善地震应急预案工作程序，细化防震减灾各项预案措施和协调机制；经常检查维护地震无线电台通信设备，确保无线电台运行良好，确保一旦地震发生，各项应急工作井然有序，临震不乱；做好地震监测设备和观测环境的保护工作，确保观测设备、档案资料安全。

2007年，修订完善破坏性地震应急预案，确保预案的适用性、科学性，保持宏观观测员稳定，确保工作的连续性。

地震监测设施　1989年，省、市业务部门拨专款3500元，建成地震无线通信电台。

1990年和1993年，先后在县政府院内、魏家沟、邓家黑土湾和擂鼓镇、青片乡建成土氡观测场地，形成土氡监测台网。1990年6月，开始利用香泉一深水井观测深层水温变化监测预报地震，并于1992年9月通过省、市专家组验收，列入全省地方群测骨干网点。

1995年10月，钻成地震前兆观测井一口，井深101.14米，4个隔水层夹、3个含水层。

1998年，在擂鼓镇盖头山建成GPS观测墩。

1999年6月，在省地震局监测预报研究所的支持下，新增添地震短临预报新方法——断层气二氧化碳快速测定法。北川二氧化碳观测场地成为龙门山断裂带唯一一个二氧化碳快速测定点。

2001年，改善地震前兆观测数据的处理手段，投资购置电脑设备，实现运用地震前兆高科技软件分析处理监测资料。

2004年，国家地震局“十五”项目“中国数字化地震观测网络工程”在北川实施，四川省5个井点之一的北川井数字化改造工程完成机房改造装修、防雷接地工程，在曲山镇（县委院内）、禹里乡（民族中学院内）、坝底乡（乡政府院内）3处分别开建中国数字化地震观测网络工程的强震观测台，完成全国、全省数字化地震观测网络北川地震监测工程基础设施建设。

2006年，加强地震监测手段现代化建设，安装全自动数字化水位、水温仪器及气象因素辅助观测设备，并投入观测。观测数据可通过无线传输直接进入省地震局地震前兆观测资料数据库，县地震办还可通过省地震局配备的计算机直接采集观测数据进行分析，实现资源共享。曲山镇、禹里乡、坝底乡3处由国家投资建设的中国数字化地震观测网络工程强震台完成仪器设备的安装调试，监测信号通过固定电话专线传输到省地震局。同时，省地震局监测处与分析预报研究所率先在北川开展的断层气二氧化碳观测数字化改造试点工作取得较好的效果。地震监测手段初步实现数字化。

2007年，继续推进断层气土氡 α 项目，该项目在全省地下流体质量评比中获第一名。

地震测报　县内地震前兆监测手段以断层气土氡 α 径迹、镭A测氡、二氧化碳和水温观察为主，观测质量在全省质量评比中连年获第一。县地震办在收存县境地震监测资料的同时，注意收集安县、平武、江油、茂县等部分监测资料，为分析预报提供依据。

2000年6月起，每月初编写一期《地震工作动态》，介绍上月发生在全省及县境周边地区2.0级以上的地震活动情况、前兆监测资料变化趋势、上级地震工作信息及防灾减灾知识等，报送县委、县人大、县政府、县政协领导。严格把握信息发布范围，认真对待群众咨询，客观介绍地震知识，预防地震谣言的扩散，稳定人心。

2004年，坚持震情会商制度，开展年中及年度震情会商，发现异常及时核实上报。根据县境地震地质背景、断层分布情况，结合县内前兆观测网络布局、地震监测工作现状，制作图文并茂的多媒体电子演示文档——《北川震情简介》。

2005年，制订观测技术规范和断层气观测岗位管理办法，加强职工业务技能培训。

2006年，按照短临跟踪观测的具体要求，确保观测数据准确、真实，及时报送省、市分析预报部门研究应用。加强震情值班，保证信息畅通，发现异常及时分析会商，及时上报会商结果和半年、年度短临跟踪工作总结，提供震情趋势分析会商报告。加强同周边县市地震台办的业务联系与信息交流，实现观测数据资源共享。

2007年，继续落实宏微观前兆异常，发生强有感震后，迅速收集受灾情况，为本级政府和全县救灾提供第一手资料。

地震发生及预测纪录　县境属地震频发区。据实测，1988—1997年，县境共发生2.0~4.1级地震54次，其中1993年未发生2.0级以上地震，1995年发生2.0级以上地震最多，共17次。1998—2007年间，2005年1月29日至12月15日，发生2.5~3.0级地震5次，其余年度无记载。

县地震办依据观察资料进行科学分析，先后多次较准确地做出地震预报。

1988年6月8日，根据资料变化，向省、市业务部门报送地震预报意见，认为1988年7月8—26日，在北纬31° 10′ ~32° 、东经103° 40′ ~104° 10′ 内，可能发生4.0±0.3级地震。结果7月18日11时05分，在北纬31° 33′ 、东经103° 54′ ，即茂县东南发生4.0级地震。

1991年3月23日，向绵阳市地震办公室和县政府报送“近期震情初步意见”，认为3月底到4月底在北纬31° 30′ ~32° 30′ 、东经103° 30′ ~104° 20′ ，即北川、茂县、安县间有4.0±0.5级地震发生。结果4月25日03时11分42秒在县城北东约14公里处的白坭、南华一带发生3.7级地震。

1993年12月23日，根据前兆观测资料分析认为，1994年2月下旬到4月底或稍长时间，在北川、绵竹、汶川、茂县、平武、松潘一带及周边地区有4.6±0.5级地震发生的可能，并向县政府及省、市业务部门报送预报意见。结果1994年2月25日江油发生4.7级地震，县境香泉乡紫山、紫霞、光明等村农田水利设施及农房遭到不同程度的损坏。

1998年，较准确地预测出5月7日平武、松潘3.8级地震，7月14日县境北西3.3级，10月31日茂县、北川间4.0级地震，并在震前几天向绵阳市地震办和北川县有关领导进行汇报。

1999年，向绵阳市地震局上报书面预测意见5份，较成功地预测出县境及周边地区的几次中强地震，其中9月14日和11月30日绵竹、安县间的2个5.0级地震的中短期预测，受到上级业务部门和县上领导的肯定。

2004年，向绵阳市地震局提供书面会商报告，其中年中地震趋势会商报告对9月24日发生在县境的3.7级强有感地震作出较准确的预测。

2006年，县境虽未发生2.5级左右有感地震，但3月27日甘肃宕昌发生的5.1级地震和6月21日甘肃武都、文县间发生的5.4级地震，县内大部分地区有较强震感。这两次地震县地震办在向绵阳市地震局提供的震情趋势会商报告中作出比较准确的预测。

第二十八篇

教育

第一章　基础教育

第一节　学前教育

1988 年，县内仅在曲山镇有 1 所单设幼儿园，另有小学附设幼儿班 19 处，入园儿童 636 人。1993 年，擂鼓镇幼儿园单设。此后，全县教育部门所办的单设幼儿园一直保持 2 所，其他分散于各地的小学附设幼儿班则稳定发展。1997 年，除曲山镇、擂鼓镇幼儿园外，另有小学附设幼儿班 12 处、民办 6 处，共有幼儿班 55 个，入园（班）幼儿 1500 人，入园（班）幼儿占全县 3～6 岁幼儿总数的 22%；曲山镇幼儿入园率达 100%。2007 年，全县仍保持 2 所建制幼儿园，有正式在编教师 19 人，学历达标率为 100%，共有在园幼儿 1976 人；有社会力量兴办的幼儿园（班）29 所，在园幼儿 1377 人。教育部门加大对幼儿园教学场地和保教质量检查，确保大部分幼儿能接受到优质的学前教育。

第二节　义务教育

一、中小学布局调整

小学　20 世纪 60 年代后期，强调方便学生就近上学，连极其边远、人口稀少的村寨也有小学校点分布。80 年代陆续收缩校点，至 1988 年，全县仍有小学 312 所，不少学校仅有学生十几名甚至几名。学校过于分散，严重浪费教育资源，又影响教育质量的提高。90 年代，根据县内地广人稀和经济发展相对滞后等客观因素，在深入调查研究、科学分析预测的基础上，继续对小学布局进行适度撤并调整。至 1997 年，全县小学减少到 229 所。2000 年再减至 174 所。2003 年减至 129 所。2006 年减至 72 所。2007 年，全县小学 56 所，人口较少的地方，一个乡仅保留一所小学。因校点减少，不少边远农户距离学校数十公里，为解决儿童入学问题，学校实行寄宿制，部分家长就近租房陪护。

中学　1972 年，为实现“读初中不出公社”的目标，各公社（乡）和部分大队（村）小学纷纷开设初中班，1977 年全县中学校点 47 处。在此期间，各区先后设立单设中学。至 1978 年，实现区区有中学。由于师资缺乏，生源不足，经费匮乏，部分校点难以维持。20 世纪 80 年代，中学办学点逐步收缩集中。1988 年，全县有完全中学 2 所，单设初中 8 所，小学附设初中班 5 处。1994 年，桂溪初中和曲山初中单设，单设初中增至 10 所，小学附设初中班仅存青片、贯岭 2 处。2000 年秋，县民族中学停招高中新生。2003 年，曲山初中并入北川中学，成为其东校区。2004 年，县民族中学降为单设初中。自此，县内有完全中学 1 所（即北川中学）；单设初中 10 所，即民族中学、小坝初中、片口初中、坝底初中、漩坪初中、擂鼓初中、陈家坝初中、桂溪初中、通口初中、黄江初中。

二、“普六”“普九”

县教育部门在调整布局、撤并校点的同时，注重抓普及小学义务教育，学龄儿童入学率和巩固率均保持稳定。1988 年全县在校小学生 19536 人，适龄儿童入学率、巩固率、毕业率和完成率分别达到 99.1%、98.5%、98% 和 95%；11 月，经省、市验收合格，省政府颁发普及初级教育证书，“普六”任务基本完成。

全县在 1988 年实现普及小学教育的目标后，即着手普及九年义务教育的准备工作。1988 年，全县 13～15 岁儿童入学率为 54%，近一半的小学毕业生无法升学。此后逐年扩大初中招生规模，小学毕业生升学比例随之上升。由于受经商热和“读书无用论”的影响，初中生流失日益严重，1990 年达 9.3%，个别学校达 30%。为避免学生辍学，每年开学期间，乡镇干部和学校教师均到村社和农户家中，宣讲《义务教育法》，动员辍学少年入学，对家庭困难的学生，给予适当补助。1997 年，全县 13 — 15 岁儿童入学率达到 59%，巩固率 78%，毕业率 100%；全县有 6 个乡镇完成“普九”，占乡镇总数的 37.5%。1998 年后，县财政每年投入数百万元新建和改造校舍，为“普九”提供硬件保障；各乡镇则实行相关责任制，将初中学生入学率和巩固率纳入目标考核，对学校及贫困学生的困难，千方百计予以解决。通过各方面努力，1999 年，全县所有的乡镇完成“普九”任务。

2000 年，为巩固“普九”成果，进一步规范中小学学籍管理，注重抓入学率，严格控制学生流失。

2001 年，制发《关于组织动员中小学生入学，控制学生流失的紧急通知》，落实各校控辍保学责任，建立学生辍学报告制度；加强义务教育执法检查，积极利用“希望工程”“春蕾计划”等救助活动对家庭困难学生入学给予必要的帮助；教育工作者树立“转化一个学困生完成初中学业与向上级输送一个合格生同等重要”的教育价值观、人才质量观，“普九”在全县火热开展。

自 2002 年起，根据“巩固适龄人口入学和控制学生流失”的工作难点，在加强宣传、组织动员的基础上，多渠道筹措资金，对家庭贫困学生实行助学金制度。在抓中小学常规管理、规范办学行为、提高教育教学质量的基础上，针对贫困学生、留守学生制定一系列切实有效的措施，控制学生流失，对留守学生实行全程亲情化管理，辍学反弹得到有效的遏制，普及程度逐年提高。

从 2006 年起，为减轻学生家庭的经济负担，按照中央、省、市有关精神，全面实施农村义务教育经费保障机制改革，2006 年为 20630 名中小学生全部免除学杂费，计 450 万元；为 6925 名中小学生免除教科书费，共计 72 万元；县财政在预算内安排资金 75 万元，为 2815 名贫困住校生补助生活费。是年小学入学率 100%，辍学率 0%，毕业率 100%、完成率 99.96%；初中入学率为 96.93%，辍学率 1.98%，毕业率 99.95%，完成率 93.21%；“三残儿童”入学率达 81.25%。通过市政府的“普九”复查验收。

2007 年，全县小学 56 所，在校学生 12314 人，其中女生 5993 人，占小学生总数的 48.7%，小学学龄儿童入学率 100%；普通中学在校学生 9178 人，其中女生 4547 人，占中学生总数的 49.5%。

曲山小学 始建于清光绪三十二年（1906 年）。

1988 年有教学班 12 个，学生 596 人；教职工 30 人。按普及初等义务教育办学条件要求，数学、自然、电教、音乐、美术、体育、卫生等器材配备率达 100%。

1997 年，有教学班 18 个，学生 965 人，其中学前班 132 人；教职工 42 人。其毕业班学生参加市、县会考，成绩均列全县第一。先后获“四川省文明单位”、少先队“全国红旗大队”“四川省教师职业技能示范学校”“四川省示范家长学校”、绵阳市“校风甲级示范学校”“现代教育技术示范学校”“青少年科技教育示范学校”“艺术特色学校”“乒乓球传统项目学校”等称号。有标准的网络教室、多媒体教室、电子音像室、标准语音室、校园闭路电视网络等设施。

2007年，有教学班24个，学生1023人；教职工67人，其中大专以上学历教师占教师总数的90%以上。

第三节　高中教育

1988年，全县有北川中学和民族中学2所完全中学。县民族中学由于毕业生大部分不能升入上一级学校就读，生源渐缺，每年新招2个班，皆不满员。高中在校生流失严重，仅占五六成能坚持到毕业的学生。

2000年秋，县民族中学停止招收高中学生，全县高完中仅存北川中学1所，是年北川中学招收高中新生3个班108人，毕业2个班、74人；民族中学毕业19人。全县122人参加高考，达到全省录取控制分数线40人，105人被大专院校录取。

2001年后，就读高中的学生相应增加。2001年，北川中学新招生341人，毕业136人，在校高中生555人。

2002年，北川中学招生555人，高中班达到17个，在校高中生957人。

2005年，北川中学有教学班49个，在校学生2762人，专任教师155人；新招高中学生693人，在校高中生人数1822人、30个教学班。2006—2007年，北川中学在校学生1000～1500人。

2001—2007年，因高校办学多元化，招生规模扩大，大部分考生升学愿望得到实现。全县参加全国普通高校招生考试的考生数和录取数逐年增加，其中，2001年150人参加高考，录取143人；2002年187人参考，录取185人；2003年177人参考，录取173人；2004年395人参考，录取390人；2005年536人参考，录取519人；2006年，708名参考，本科上线271人；2007年，834名参考，本科上线292人。

北川中学　始建于民国33年（1944）。1952年县城迁至曲山后，由原县城禹里迁建于曲山以西的任家坪。

1988年，有教学班14个、学生721人，其中初中356人、高中365人。

1997年，有教学班16个、学生626人，其中初中366人、高中260人。

2003年，曲山初中并入北川中学，成为北川中学东校区，学校规模扩大。北川中学属绵阳市首批重点中学、绵阳市“甲级校风示范学校”、省田径训练基点校、省排球训练基点校、省传统体育项目和国防教育基地学校。学校拥有语音室、微机室和多功能生物、化学、物理实验室，以及放映机、录像机、彩电、卫星教育地面接收系列等现代化教学设备，教学设施完备，教学质量在全市同类学校中名列前茅。

第四节　职业教育

一、职业中学

县高级职业中学始建于1984年，位于县城茅坝新区，是县内唯一一所职业高中。1988年，学校占地面积1.4万平方米，房屋建筑面积3422平方米。1989年，新建实验室1处。1992年，建生化实验室、微机室、电工实验室各1个，配备微机32台。1994年，县扶贫技术培训中心挂靠县职业中学。1997年，建立中（国）加（拿大）远距离教学点，引入多媒体，实现微机国际联网；学生学籍实行微机管理，学生毕业实行毕业证、技能考核合格证两证制。

1988—1997年，先后开办卫生、统计、财会、电子电工、家电、水电、机电、畜牧、建筑、军事、农技、企管、法律、文秘、水泥等学制2～3年的专业班，毕业863人。毕业生参加对口专业升学考试，升入大中专院校40多人，被行政事业单位招聘、录用为干部76人，被县内外企事业单位招工589人，毕业生就业安置率90%以上。学校根据社会需要，不定期举办蚕桑、香菇制袋、大田管理、养猪、兽医、财会电算化、计算机等短训班28期，培训949人次。1997年3月，中（国）加（拿大）"远距离教育"三年制贸易经济大专班开班行课，首批招收学员37名。

由于家长和学生普遍看重大学学历教育，轻视实用技术学习，对职业教育存在偏见，职业中学的生源一向不稳定。1998—1999年，招生跌入低谷，两年共招收新生93人，毕业41人，常年在校学生100余人，师生比约为1∶4，造成教育资源的浪费。面对种种困难，学校利用教学设施设备，定期或不定期举办各类短期培训班，两年共开设电脑培训班20期，培训人员1500余人，办学效益得到一定的提高。学校大力组织学生参加实践活动，提高其专业技能；对毕业生采取"职介联系"及"自主择业"相结合的办法，做好安置工作。2000年，虽开展3次大规模招生宣传动员，但仅招收新生53人。为拓宽办学渠道，通过联办大专函授班，招收大专函授学员180余名。

2002年，招生形势开始好转，新招3个专业158名新生，是年毕业51人，除升学和自主就业外，有20人被安置到广州、深圳、绵阳等地工作，大部分学生走上满意的工作岗位。

2005年，学校春秋两季共招新生339人，为历年之最。在各类专业技能考证工作中，124人参加计算机操作技能考试，99人及格（其中中级合格率53%）；161人参加电工证考试，合格率100%（其中中级合格47人）；另有旅游、民航专业学生111人参加普通话等级考试；2006级机电一班全体学生参加焊工证考试，取得较好成绩。是年春季，计算机与文秘、机电技术运用、旅游管理三个专业毕业学生85人，升学33人（其中本科1人），就业52人，升学、就业率100%，受到家长和学生的好评，职业教育前景看好。

2007年，有在校学生1224人，开设有机电技术应用、电子技术应用、幼儿教育、旅游管理服务、民航服务等专业。是年毕业学生188人，23人升入大专，158人就业。

二、职业教育发展规划

县内职业教育规模不大，职业中学曾一度出现生源危机，但职业教育在提高国民素质和促进就业方面的重要作用一直备受重视。2005年，制订《职业教育发展规划》，为职业教育确定方向和目标。规划立足县情，按照普及高中阶段教育的发展进程，确立以机电、电子、旅游、种养殖等为主体专业的发展方向，计划2010年职业高中在校人数达到1500人，把县职业高中办成集普通大专（函授）、五年一贯制大专、职业中专、电视中专、职业高中、职业中专、综合性高中等学历教育和短期培训为一体，多层次、多专业、综合性、具有民族特色的职业教育基地。

第二章　成人教育

第一节　农村成人教育

一、扫除文盲

1989 年，全县 15～43 岁总人口为 77677 人，文盲 13540 人，非文盲率为 82.56%。是年秋季，县内各级党政部门认真贯彻执行国务院《扫除文盲工作条例》和四川省《〈扫除文盲工作条例〉实施办法》，加强对扫除文盲工作的领导，保证农民教育经费占教育经费实际支出的比例不低于 2%、农村教育费附加 10% 以上用于扫盲和农村成人教育；各乡镇在学校抽调 1～2 名教师专门负责扫除青壮年文盲工作；驻村干部和村组干部积极组织动员扫盲对象入学，乡村教师、党团员、回乡初高中毕业生、小学高年级学生承担教学工作。

1992 年 2 月，经省、市政府组织的检查验收，认定北川 15～43 周岁人口非文盲率达到 90%，达到“基本扫除文盲县”标准。1993 年扫除文盲 1205 人。1994 年扫除文盲 1137 人，同时组织 1991—1993 年脱盲学员 4083 人参加巩固学习。至 1994 年年底，全县共扫除文盲 11604 名，非文盲率达到 98.7%；经省政府组织检查验收，北川县达到“高标准扫除文盲县”标准。1998 年，为巩固扫盲成果，坚持“一堵、二扫、三提高”的方针，继续扫除青壮年剩余文盲，至 1999 年年底，县内 15～49 周岁青壮年共 85691 人，其中文盲 818 人，非文盲率为 99.05%。多年来大力普及六年制和九年制义务教育，基本杜绝新文盲的出现，农村成人教育的重点随之转移。

二、实用技术培训

1994 年 11 月，县内达到高标准扫除文盲目标后，成人教育工作转入农村实用技术培训。结合农业产业化项目的实施，各乡镇成人教育干部组织、聘请农林牧等技术人员授课，利用广播、电视、专栏、板报宣传，以及种植期讲授、现场示范等方式进行农业实用技术培训。先后开办白山羊饲养、水稻旱育秧、水稻抛秧、玉米地膜栽培、玉米软盘育苗等农业实用技术培训，农业生产人员受训面达 90% 以上，对提高农业科技含量和经济效益作用明显。

2004 年，围绕农村经济发展和产业结构调整，建立多渠道、多层次的农业科技培训体系，有计划、有针对性地开展农业实用技术培训工作。各乡镇农村成人教育学校积极引进新技术、新品种、新项目，培植科技示范户，帮助农户科学种养，脱贫致富奔小康。

2005 年，制订 2005—2010 年农村成人教育规划，落实建立健全县、乡镇、村三级成人教育网络的具体措施，有计划、分步骤地培训乡镇村社干部，重点扶持科技示范户，并对外出务工农民进行就业培训。

2006 年，先后开设财会、卫生、农学、种养业、法律、水电、建筑、水泥、企业管理、军事预备役、电子电工等短训班，是年培训实用技术人才1.3万余人，完成绵阳市政府下达的社会主义新型农民、实用技术和农村劳动力转移的培训任务。

2007年，开设餐饮服务、电焊、缝纫、机械维修等短训班，培训1500余人次。

第二节 职工继续教育

一、教师培训

20世纪70年代后，基础教育迅速发展，村寨校点增多，区乡兴办中学，部分区、乡（公社）实现读初中不出村的目标。教育的超常规发展造成师资严重不足，一些未经专业训练的人员进入教师队伍，大批小学和初中骨干教师被层层拔高使用，由此造成教师业务能力和学历与所任工作不能对应。为适应形势需要，坚持采用短期培训、函授、离职学习等形式对教师进行业务培训，并使其学历达标。

短期培训班由县教师进修校主办，培训对象以小学教师为主。

1992—1997年，举办小学语文、数学、自然三科骨干教师培训班10期，培训350人次；干部培训班4期，培训139人次；见习期教师培训班8期，培训新教师340人次；教师职务岗位培训6期，培训教师210人次；其他培训班9期，培训教师315人次。

1998—1999年，举办小学语文、数学、自然三科骨干教师培训班12期，培训460人次；见习期教师培训2期，培训新教师92人次；教师职务岗位培训2期，培训教师157人次。

2000—2007年，推动实施新课程改革，全面开启新课标培训，每年培训1200人次。

中师函授也由县教师进修校主办。1988—1997年，举办各类中专函授班9届，招收对象为在职中小学教师，毕业学员364人。1998—1999年，举办各类中师函授2期次，培训教师28人次。此外，一些中青年中学教师先后通过参加省内高等师范院校的函数学习取得大专文凭。2000—2007年，举办各类大专、本科培训班7届，大专毕业学员245人，本科毕业学员126人。

离职学习人员从在职教师中选拔。1988—1997年，有256人考入四川教育学院、川北教育学院、绵阳教育学院，进行2～3年的大专、大学离职学习，毕业后回县工作，大多成为高中、职中、初中的骨干教师。1998年后，函授、自考兴起，教师不再离职学习。

二、中小学教师继续教育

为不断提高教师的文化水平和业务素质，以适应教育发展的新形势，1991年9开始试点，1992年在全县建立县、乡、校三级培训网络，开展小学教师继续教育。1994年，开展小学继续教育登记工作，全县小学教师登记率为100%。1997年，开始进行中学教师继续教育工作。

教师继续教育的内容除各种形式的学历教育，另包括单科文化水平的提高、现代教学手段和新教材的学习、教学方法的探讨等。1998—1999年，县教师进修校共举办中小学教师继续教育培训班12期次，根据不同知识水平，开设不同专业，设置不同课程，培训教师1900人次。除常年在县内组织培训外，2000年后，还以青年教师队伍建设为重点，每年选送优秀中小学教师到省、市教育学院参加培训，加强学科带头人和优秀骨干教师的培训。

2004年，结合全面展开的基础教育课程改革，连续举办各种培训17期，562人获得上岗证；选派教师到省、市接受培训，160余名教师参训并获得上岗证；继续开展中小学教师普通话、粉笔字、教学技能及组织教学的培训和检测，对19所小学420名教师的教学技能进行四级培训与考核，对7所中学260名教师的组织教学、教学技能进行四级培训与考核，对当年晋升中高级技术职务的教师进行五项基本功的三级培训与考核。此外，分片区开展对教师心理健康培训和素质培训。

2006年，在深入调查研究的基础上，从教学需要出发，分学科对小学教师进行新课程后续培训，是年举办培训班7期，培训教师292人；举办班主任培训班，培训教师62人；举办师德和心理健康培训班，培训教师55人；启动县级学科带头人培训，分别举办小学语文和数学学科带头人培训班，参培教师85名；对165名初中教师进行学科培训；举办普通话培训班2期；对全县326名教师职业技能进行三级检测；举办中小学、幼儿园负责人和乡镇教育督导员参加研修和中小学课题科研培训班两期，参培96人次。

2007年，培训中小学校长45人次、小学骨干教师172人次，普通话192人次，职业技能培训258人次，学科培训240人次。

三、成人教育学校

对教师培训由县教师进修学校负责，此外，卫生、农业、财政等部门也办有成人学校，从事本行业的职业技术教育。

县教师进修学校　县教师进修学校建于1985年，1989年经省教育厅批准按中等专业学校配备领导和教职工，核定编制25人。1991年11月，学校从县文教局机关迁至茅坝，学校占地4027平方米，建有教学楼和教工宿舍楼各一幢，建筑面积2621平方米。1997年，有职工11人，其中专任教师6人，具有高级专业技术职务3人、中级职称4人。2007有教职工13人、专职教师10人，主要开展在职教师中师函授、中小学教师继续教育、各科教材教法培训等。

县卫生进修学校　设于县卫生局，1978年建立，核定事业编制4人，兼职校长1人，工作人员3人。主要任务是培训县内乡村医生、个体售药人员。1988—1997年共办培训班15期，培训1300余人次。1998—1999年，共举办培训班8期，培训人员250人次。2000—2007年，共举办培训班8期，以培训村级卫生站医生为主，每年培训人员200余人次。

县农业机械化学校　设于县水电农机局，1980建立，主要培训县内农机人员。1988—1997年，共培训各类农机技术人员2243人次。1998—1999年，共举办培训班5期，培训人员600人次。2000年并入县职业中学。

中央农业广播学校　北川分校1984年设于县农业局，核定编制3名，在岗2名；从县职业中学、县教师进修校、北川中学、县方志办、县人大、县政协、县企业局、县畜牧局、县蚕丝局、县科协等部门聘请专业技术人员讲授相关课程。招生对象为乡村干部、致富带头人等；学制三年，毕业后发给中专文凭。每年在读学员数十人。

中华会计函授学校　北川函授站1992年9月成立于县财政局，由财政局长兼任站长，业务由财政局会管科负责，受市财政局、市会计函授学校指导监督。采取函授自学、电化教学、面授辅导三位一体教学形式，对全县会计人员进行普及中高等专业学历教育、岗前培训和职业教育，为有意愿从事会计工作和要求学习会计专业知识的成人提供学习机会。每年在读学员数十人。

第三章　教师

第一节　教师队伍

一、教师数量

1988 年，全县 1621 名教职工中，有专任教师 1378 人，其中中学教师 398 人，小学教师 980 人（含幼儿教师 37 人）。至 1997 年，全县 1663 名教职工中，有专任教师 1422 人，其中中学教师 406 人，小学教师 1016 人（含幼教 70 人），小学教师占 70% 以上。1998 年后，由于适龄儿童逐年减少，大力普及九年义务教育，初中学生数量增加，小学教师数量相应减少，中学教师则逐渐增加。2006 年，在职教职工 1442 人，其中小学 786 人，普通中学 598 人，职业中学 39 人，学前教育 19 人。2007 年，在职教职工 1414 人，其中小学教师 760 人、中学教师 635 人、幼儿园教师 19 人。

二、教师学历

按照有关要求，小学、初中、高中教师应分别具备中师、专科、本科以上学历。20 世纪 80 年代，虽然新增教师主要来源于师范类大中专院校毕业生，但由于历史原因，原有教师绝大部分学历未达到要求，新增教师中有部分被拔高使用。1988 年，中学、小学（含幼教）教师学历达标率分别为 40% 和 77.7%。通过多种形式的继续教育，至 1997 年，全县中小学教师学历达标率上升，分别达到 75.6%、92.9%。2006 年，专任教师学历达标率分别为：小学教师 99.6%，其中专科以上学历 62.2%；初中教师 96.6%，其中本科以上 18.5%；高中教师 93.9%。除个别教教师外，中青年教师学历均达到要求。2007 年，在职教师本科学历 403 人、专科 689 人、中专及以下 322 人。

第二节　教师待遇

政治地位不断提高。中共十一届三中全会后，高度重视教育，在全县形成尊重教育、尊重教师的氛围，教师的政治地位不断提高。1994 年 12 月，县文教局制定贯彻执行《中华人民共和国教育法》《中华人民共和国教师法》等教育法规的部门执法责任制。1997 年 5 月，制定教育文化体育工作执法责任制，同时在各乡镇建立教育执法机构或设置教育执法人员，负责管理违反教育法规的事件，保护教职工的合法权益。县委、县政府每年对为教育事业做出贡献的优秀教育工作者进行表彰奖励；每届县人大常委会均推荐一定比例的教师作为人民代表候选人，每届县政协均安排一定比例的教师担任政协委员。对才德兼备、工作成就显著的教师，每年进行评选，推荐为国家、省、市级优秀教师。

生活待遇不断改善。1987 年执行中小学职称改革与工资挂钩的政策后，教育行政主管部门每年按规定对符合条件的教师评定、晋升专业技术职称，并按国家有关政策调整晋升工资。在县、乡镇经济发展相对滞后财政困难的情况下，保证教师工资按月足额发放。1998年，实行教师工资月报制度。自1999年起，教师工资由银行直接发放；同时，全面推行教师基本医疗保险制度。

教师住房历来由学校自行调剂解决，或用旧房改造，或争取资金新建，多为单间居室，极少有套房，不能满足带眷教师居住需要。定居在学校的教师，特别是农村小学教师，退休后便失去居所。1994年，为解决教师住房问题，县委、县政府启动“广厦工程”，采取个人、集体、国家各出一点的办法，先后集资在擂鼓小学、擂鼓初中、黄江初中建教师宿舍68套、4614平方米。至1997年，全县915户带眷户教师中690户分配或购买住房，其中成套住房168户。1998年，在县城翻水桥和茅坝新区建成教师公寓百余套。此后，各地学校新建或改造房屋时，将教师住房的需求考虑到新建或改造学校房屋规划之中。

第三节　教师管理

20世纪90年代后，随着劳动人事制度的改革，大中专毕业生不再统一分配，师范类毕业生被推向人才市场，实行双向选择。教育部门按照公开、公平、公正、择优的原则，面向社会选择录用新教师。在敞开教师入口的同时，也放开出口，允许教师改行从事非教育工作。对在职教师的管理逐步打破端铁饭碗、吃大锅饭的旧有体制。

1998年，选择曲山初中、擂鼓小学进行校长负责、全员聘任制改革试点，在全县引起较大震动。

1999年扩大试点范围，选择北川中学、曲山小学、茅坝小学、民族中学、陈家坝初中进行校长负责、全员聘任制改革，按照“德才兼备、公开竞争、双向选择”的原则选聘教职工，对落聘人员采取分流、待岗等措施安置；对缺编试点学校进入的教师，实行公开选聘，增加透明度；对教职工实行业绩考核制，充分调动教职工工作积极性。

2000年，从师范类毕业生中录用教师71人，分流人员125人，辞职、辞退23人，待岗12人。对教师的技术职务，实行评聘分离，打破终身制，对师德表现差者，实行“一票否决”。用人制度的改革，教师的工作责任心和上进心得到大大提高。

2001年，全面推行教师全员聘任制，构建竞争机制。全县分流教职工200人，辞职、辞退15人；实施教师“业绩工资制”试点，建立激励竞争机制。

2003年，扩大教师业绩工资试点面，在曲山小学等4所学校继续试行业绩工资制的基础上，又在民族中学、禹里小学、擂鼓小学、刘汉希望小学、桂溪初中、陈家坝小学试行业绩工资制，建立对教师德、能、勤、绩的评价机制，制定具体的考核制度，调动教师的工作积极性。

2004年，继续完善校长负责制，总结公推公选校长的经验，完善民主推荐、竞争上岗、职工评议、主管部门聘任的校长选聘制度。根据学校层次、地域、班额、学生人数和教学任务等情况，会同编制、财政部门，核定各中小学教职工编制，形成机构精简、职责分明、管理高效的学校运行机制，有效遏制超编进人、超编用人的现象。鼓励未聘教职工跨行业流动，全年分流教师80人，其中退休18人，系统内调整40人，调出县外或系统外14人，自然减员1人，辞职6人，开除1人。

2006—2007年，全面推行教职工全员聘用（任）制，实行“按需设岗、以岗聘人、平等竞争、择优聘任、合同管理”；坚持“科学全面、客观公正、民主公开”的原则，健全和完善教职工考核制度，激发教职员工献身教育事业的热情，增强教师的光荣感、使命感、责任感。实施“特岗计划”，按照省、市的要求，严格按照公布岗位、自愿报名、资格审查、考试考核、体检等一系列程序，坚持“公开、公平、竞争、择优”的原则，每年从全省各高校的本专科毕业生一批特岗教师，到全县中小学任教。

第四章　教育经费与设施

第一节　教育经费

县内教育经费主要靠财政拨款，其次是征收教育费附加、收取学费、争取上级补助、世行贷款、群众集资、国家贫困地区义务教育工程、勤工俭学、接受社会捐赠等。

财政拨款　财政拨款是教育经费的主要来源，县财政拨款实行逐年递增的办法，保证教职工工资及办公业务费。1988 年拨款 380 万元，1997 年达到 1240 万元。1988—1997 年，县财政累计拨付教育经费 7554 万元，年均递增 25%。1998 年，财政拨付教育经费 1219 万元，1999 年 1685 万元。此后每年递增。2007 年，财政拨付教育经费 8330 万元。

上级专项资金和补助　1998 年，国家贫困地区义务教育工程项目在县内启动，国家、省、市对"普九"建设集中投入专项资金 200 万元。1998—1999 年，争取上级专项资金和各种补助 250 万元，其中 1998 年争取 138 万元，1999 年争取 112 万元，主要用于新建、扩建和维修校舍，购买教学设施等。

学费　1988 年，学费收取标准为幼儿园每期每生大班 50 元、中班 40 元、小班 30 元；小学每期每生村小 10 元、完小 15 元；初中每期每生 20 元；高中每期每生 35 元。以后逐年有所增加。学费由县教育行政部门统一管理，用于校舍修缮、设备购置及补充教师办公费用。从 2006 年起，实施农村义务教育经费保障机制改革，免收中小学生学杂费。

群众集资　县内村小建设主要由当地群众筹资、捐料、投工，国家和当地财政给予一定补助。1988—1997 年，全县群众累计集资 284 万元，人均 19 元；新建及改建学校 137 所、1.2 万余平方米，添置课桌凳 1500 多套。1998 年起，县财政对教育投入大幅增加，群众不再集资办学。

世行贷款　1995 年 8 月，县政府与绵阳市财政局签订利用世行贷款实施贫困地区和少数民族地区基础教育项目的转贷协议，贷款 51.63 万美元，折合人民币 400 万元，主要用于修建茅坝、擂鼓、通口、开坪、小坝、坝底小学和通口中学校舍。

教育费附加　1988 年，全县农业人口按上年人均纯收入的 1% 计征教育费附加，有工资收入的干部职工按年工资总额的 1% 计征教育费附加。1997 年，开始对餐饮业、茶旅服务业按营业额的 3% 计征教育费附加。教育费附加主要用于民办教师工资及改善办学条件。1988—1997 年，全县共征收教育费附加 1029 万元。自 2004 年起，停征农业人口、干部职工个人教育费附加。

勤工俭学收入　县内各校利用各自资源及优势，广泛开展勤工俭学。1997 年，全县学校有学农基地 892 亩，其中"四木药材"100 亩、花椒 60 亩、桑园 70 亩；校办企业 11 处，北川中学的钙塑材料厂年产值达 100 万元。1993—1997 年，县内校办企业完成产值 3141 万元，纯收入 469 万元。勤工俭学收入主要用作解决困难学生学杂费和改善办学条件。后随着经济的发展，各学校逐渐停止勤工俭学活动。

社会捐赠 1988—1997年，县教育主管部门、团县委、县妇联、县总工会等单位采取内引外联等方法，共争取到社会捐赠156万元，用于县内教育硬件建设。1997年10月24日，由中国平安保险公司捐资20万元修建的桂溪乡平安希望小学落成；11月20日，由中国青少年基金会、中国少年报社捐资20万元修建的手拉手希望小学在桂溪乡甘溪办事处落成；11月21日，由成都太安铝材厂捐资8万元修建的荣喜小学在甘溪玉龙村落成。是年，由省农发行捐资15万元修建的陈家坝乡希望小学在老场村落成。1998—1999年，社会力量捐赠共计100多万元。汉龙集团捐赠52万元修建邓家希望小学，平安保险公司捐赠20万元修建桂溪小学，香港慈行狮子会捐赠30万元修建片口小学。

第二节 教育基础设施

一、校舍

新中国成立后几十年间，县内中学和中心小学的校舍建设靠国家投资，村小则由群众投劳捐料建设，国家给予少量补贴。1988年，基本做到班班有教室，人人有木质课桌凳；中学及中心小学的教室较为规范，村小则大多为穿逗架木屋，无玻璃窗，无天花板，泥土地板，部分边远村小教室破旧，四壁不全，条件极为简陋。20世纪90年代后，国家加大对教育的投入，除常规性拨款外，新增贫困地区义务教育工程款、广厦工程款等，县教育部门通过争取社会集资捐赠和世界银行贷款等渠道增加办学资金，改善办学条件。1988—1997年，全县投入教育基建的资金共1761万元，其中县财政拨款686万元，争取世行贷款51.6万美元，折合人民币400万元，群众集资240万元，社会捐赠156万元，其他渠道共投资279万元，新建、改建校舍3.5万平方米，维修校舍6.4万平方米。此后，全县每年投入资金少则100多万元，多则500多万元，用于校舍建设。鉴于县内绝大多数学校校舍年久失修，而普及义务教育又需要扩大教学用房等情况，教育部门合理利用资金，将改造旧房与新建校舍相结合，基本做到校校无危房，学校的整体面貌不断更新。进入21世纪后，各乡镇学校低矮破旧的平房被砖混结构楼房取代，整洁而美观，成为当地建筑的亮点。2006年，面对校点收缩出现的新问题，努力争取资金和项目，集中建设寄宿制学校，继北川中学学生公寓建成后，桂溪初中、陈家坝初中、擂鼓初中等校的学生宿舍先后建成投入使用，坝底初中等学校的学生宿舍在建。2007年，全县新建、改建学校校舍和辅助用房1.5万平方米。

二、教学设施

1988年后，大力建设新校舍，改造学校危房，同时根据财力情况完善学校实验室、图书室等设施，为提高教学质量提供条件。20世纪90年代后，陆续在中学和重点小学增设语音室、微机室和多功能生物、化学、物理实验室，以及放映机、录像机、彩电、卫星教育地面接收系列等现代化教学设备。2004年，为加快信息化建设，推进农村基础教育现代化发展步伐，投资35万元启动教育城域网建设工程，全县10所中小学开通教育城域网；投资74万元，完成46所中小学现代远程教育试点项目卫星接收点工程，中心小学以上学校全部实现“校校通”；投资30万元装备禹里、香泉、麻柳、柳林4所小学的计算机网络教室，全县中小学校建成多媒体教室8个，计算机网络教室18个，微机总数达到400余台，初步实现教学资源共享和信息化管理等功能。2006年，继续推进基点学校的现代教育设备的配置工作，在2005年的基础上，完善绵阳教育信息网县级分中心建设。2007年，投资110万元，完成县内40所中小学远程教育设备配置。

第二十九篇

体育

第一章　体育设施

第一节　学校体育设施

1988—1997 年，县内各学校先后建成综合体育活动场地 157 个，有标准篮球场 97 个，排球场 57 个，其中 13 所学校建有 200 米环形跑道的运动场。体育器材每年由县教育体育主管部门统一购买，分发到各学校。10 年中，学校体育基础设施建设累计投入资金 160 余万元。1998—1999 年，新建和改建综合体育活动场地 10 个，标准篮球场 11 个，排球场 12 个，其中新建 200 米环形跑道运动场 1 处。各级各类学校体育器材硬件建设基本达到要求。曲山镇小学投资 4 万余元，新建简易乒乓球馆 1 个，是县内学校第一座乒乓球馆。至 2007 年年底，县内各学校有综合体育活动场地 159 个，其中标准篮球场 98 个，排球场 59 个，乒乓球馆 1 个，14 所学校有 200 米环形跑道。

第二节　公共体育设施

1988 年，县城建有灯光球场 1 个、普通篮球场 2 个、乒乓球桌 12 张。乡镇政府机关有篮球场 14 个、乒乓球桌 35 张。1991 年 2 月，动工兴建龙王滩体育场，10 月，初步建成投入使用。龙王滩体育场位于县城东面，占地 27.7 亩，主体设施包括 400 米环形跑道的田径场、50×25 米的游泳池、带看台的灯光球场、200 多平方米的训练房。1992 年 7 月，龙王滩体育场被洪水冲成乱石河滩；11 月，将老城区体育场的国有土地 2890 平方米使用权收回，出让中国建设银行北川县支行，出让金用于恢复龙王滩体育场建设。1995 年 7 月，恢复田径场、400 米环形跑道，增加河堤 252 米；8 月 11 日，龙王滩体育场再次遭受特大洪灾袭击，田径场、房屋和厕所被洪水冲毁。1998 年，贯彻《中华人民共和国体育法》《全民健身计划纲要》，加强体育设施建设。多方筹措资金，完成龙王滩体育场河堤填方和场面平整工程。2000 年，贷款 15 万元，修建龙王滩体育场标准水厕 1 个、门球场 2 个，改善体育场照明设施，再次恢复其使用功能。2004 年，按照中央八部委联合对全国体育场地进行普查的决定，省、市体育主管部门对县内体育场地进行普查，认定全县共有 174 个体育运动场地，其中标准篮球场 80 个、排球场 40 个、门球场 2 个、小运动场 4 个、室外网球场 1 个，非标准运动场地 47 个。全县体育设施建设初具规模。

第二章　体育活动

第一节　学校体育

1996 年 10 月，撤销县体育运动委员会，与县文教局合并成立教育文化体育委员会。此后，县内体育工作一直属教文体委（县文体局、教体局）管理。

学校体育开展形式　1990 年 3 月 12 日，国务院发布《学校体育工作条例》，规定学生每天必须有 1 小时以上体育活动时间，学校每年至少要举行一次全校性运动会。1995 年 8 月 29 日，颁布《体育法》，要求学校必须开设体育课，并将体育课列入学生成绩考核科目，体育不达标不能升学。县内各级各类学校贯彻执行法律法规，做到课时、课本、教师、计划“四落实”，坚持每学期召开一次大型体育运动会，坚持每天做早操、课间操、眼保健操和开展课外体育活动；积极推行国家体育锻炼标准，全县学校实施面 100%。1997 年，在校学生 22578 人，达标率 95.8%，其中 19.94% 达到优秀标准。1988—1997 年，全县共有 28 名高中毕业生考入体育大专院校。1998 年后，认真贯彻《国家体育锻炼标准》，除抓实抓好日常体育教学工作外，坚持每天开展日常体育活动，各学校于春秋两季分别召开田径运动会和球类运动会，借以丰富师生的体育文化生活，增强体质。2007 年，举办全县中小学生田径运动会，28 个学校 240 名运动员分别参加 3 个组别 14 个项目的比赛；组织全县 1271 名初中毕业生升入高一级学校体育测试；组织 380 名学生在全省召开学校体育工作大会期间参加大课间展示，获优秀组织奖；组队代表四川省参加全国亿万青少年“阳光体育”展示，获参与奖；组织推广大课间体育活动和校园舞。

业余体校　县内部分中小学校通过兴办业余体校和业余体育班来培养体育人才。1988 年，全县共有市、县级业余体校 5 所，其中北川中学（田径、排球）、通口初中（田径）为绵阳市体育传统校；小坝初中（田径）、擂鼓初中（女篮）、擂鼓小学（武术）为县级体育传统校；业余班点 7 个，有教练 7 名，学生运动员 136 名。1996 年 1 月，对学校业余训练班进行调整，北川中学、擂鼓初中设篮球班，曲山镇小学设乒乓球班，县高级职业中学、擂鼓初中、片口初中、桂溪初中、通口小学、坝底小学、擂鼓小学设田径班，每班有运动员 10 ~ 12 人，教练 1 人；命名北川中学、民族中学为市级传统项目学校，通口初中、小坝初中、陈家坝初中为县级传统项目学校，均以田径为重点项目，确定教练员 35 名。各学校按照县上统一部署，结合自身体育传统项目的优势，坚持以田径项目训练为突破口，以中长跑项目为龙头，以自训和人才输送为重点，以参加县、市、省运动会比赛为检测手段，制订出业余训练方案并加以实施。

第二节 社会体育

一、全民健身运动

1994 年 11 月，制订单项体育协会目标管理办法，其后陆续成立门球、信鸽、桥牌、棋类、篮球、钓鱼、邮电、银鹰等单项体育协会，经常参加协会活动者千余人。1996 年 4 月，为贯彻实施国务院颁布的《全民健身计划纲要》，成立实施全民健身计划指导委员会，制订全县实施全民健身计划纲要的规划方案。经过大力宣传和组织，参加体育锻炼者与日俱增。县城近千人坚持早上长跑、舞剑、打太极拳等运动；各机关单位先后添置乒乓球、羽毛球、篮球等体育设施，为职工体育活动提供场地；部分机关、企事业单位坚持工间操制度。2001 年，县政府制发《关于开展全民健身周工作的通知》，并于 6 月 6 日举行声势浩大的健身周启动仪式。健身周期间举办街头拔河、趣味体育比赛，党政机关、学校、医院、企业等 14 支代表队参加比赛；由单项体育协会牵头，分别开展篮球、老年门球、桥牌、钓鱼、信鸽竞翔等体育活动。2005 年是国际体育年，时逢《中华人民共和国体育法》和《全民健身纲要》颁布十周年，县委办、县政府办制发《关于在全县开展 2005 年全民健身月活动的通知》，县体育主管部门围绕“回顾总结全民健身十年历程，科学规划全民健身发展未来”的主题，在全县各乡镇和企事业单位举办形式多样的体育健身活动和体育运动比赛，仅县城地区就分别举办庆“三八”女子排球运动会、中小学生田径运动会、高中女篮对抗赛，以及老年人门球、乒乓、中国象棋、围棋等体育运动比赛。2007 年，组织开展迎春家庭趣味性体育活动，联合妇联开展“三八”女子健身操比赛，与县发改局、县总工会举办“夏禹杯”男子篮球运动会，组织开展县直机关职工运动会，开展以“全民健身与奥运同行”为主题的系列群众性体育活动，建立健身气功领导小组和健身气功站。

1998—2004 年，因各项体育活动开展得扎实有效，北川连续 7 年荣获全省体育工作评估优胜县称号。

二、农村体育

为贯彻《全民健身计划纲要》，各乡镇把农村体育工作纳入精神文明建设的重要内容。绝大部分乡镇每年“五一”“五四”和国庆期间，均组织 1～2 次农民运动会；少数民族乡还利用节假日举办民族运动会，开展民族传统体育项目比赛、表演。1988—1992 年，漩坪乡农民体育协会组织开展体育活动 227 次，培养体育骨干 100 多人；1989 年 10 月，漩坪乡农民体育协会组队参加绵阳市首届农民运动会，获团体总分第五名；体协秘书长王剑儒（女）应邀出席全国第一届农民运动会，被评为全国农村体育积极分子。

三、老年体育

县委老干部局、县老龄委积极提倡和组织离退休干部开展打门球和练太极剑保健操、医疗保健操、健身舞蹈等保健活动，参练人员千余人。每年春节、重阳节期间组织象棋、门球、篮球、乒乓、迪斯科、拔河、中长跑、锅庄舞等比赛活动或运动会，参赛者数百人。

1988 年，红军老战士陈顺等发起组织北川县老年门球队后，连续两年勇夺绵阳市老年门球赛第一名。此后，县老年门球队先后参加在乐山、宜宾、襄樊举行的老年门球比赛，每年重阳节参加在绵阳老年门球比赛，均取得较好成绩。1997 年 4 月，县老年门球队发展 38 名老干部为主体队员，在龙王滩体育场新辟门球场 1 个，长期坚持门球锻炼。

四、国民体质监测

2000年，为落实全民健身纲要，了解全民身体形态、体能和体质状况，对县内400名农民（男、女各200人）进行国民体质监测。测试对象包括老年、壮年、青年，测试项目包括500米跑、跳台阶、心率、肺活量、仰卧起坐、拉重物、体前屈、灵敏反应、身高。测试结果，农村成年人体质一般，心脏功能较好，协调灵敏性较差。

第三节　羌族民间体育活动

羌族民间流行推杆、摔跤、打靶、荡秋千、打牛儿、抱蛋、举石、踢毽、叼鸡等娱乐性体育活动。

推杆　也叫撑杆。重大节日和工间休息多有比赛，在院坝或平坦的草地上均可进行。取一根1～4米长的木杆或竹竿，守方一人，双手紧攥木杆一端蹲下；攻方1人至多人，手持木杆的另一端，用力往前推撑，推撑不倒，可再添人，直到把守方推倒为止。防守者战胜攻方人数越多，越感到荣耀。

摔跤　多在工间休息、茶余饭后和年节期间开展。不用裁判，无特殊衣着。比赛时一男对一男、一女对一女或几女对一男，以将对方按倒在地为赢。几女对一男摔跤，若将男子摔倒在地，即由几个妇女将其抬起筛簸，谓之筛糠，直到被筛者讨饶为止。

打靶　羌民尚武，旧时成年男子均要装备明火枪、皮弹袋（装黑火药）、皮裹肚（装火柴、铁弹丸等），用于防身和狩猎。每逢农历正月初五日前后，即各自带上食品，牵上猎狗，到靶场举行打靶活动。以熊形或其他兽状的馍馍为靶子，轮流射击。中靶，象征着当年吉利，中靶多者最为荣耀。打靶毕，即围坐饮酒，欢宴一场。每逢婚礼或祭山会时，往往也要举行打靶比赛。

荡秋千　俗称打秋。年节期间，山寨中用六根木杆捆成两个三脚架，对立，其上架放一根横担木，横担上穿两个结实的粗藤圈，圈上系粗藤或麻绳，藤（绳）下端系一块长约一米的木板，即成秋千。一般于农历正月初“搭秋”，正月十五“倒秋”，也有初九、十一、十三日“倒秋”的，因各寨的风俗而异。秋千搭成，由寨中有威望的老人“开秋”（先荡），尔后其他人才依次荡。一般是一人荡，也可二人荡。

打牛儿　多在春节期间开展，选一开阔平地，于正中和东南西北各掘一孔，四方的孔小于中孔，备一个圆形的白石头和五根各约一米多长的木棒，选五名精壮男青年，各持一木棒入场抢占四孔，没抢上的即占中孔。五人争相将白石头往自己占的孔内打，白石头进孔一次为一轮比赛。没有打进孔者须重新抢占，继续参赛。观看的人越多，参赛者兴趣越浓，直到力竭兴尽方止。

抱蛋　节日期间，于寨中选一平地，拣几个圆形的白石头当作蛋，自荐或推举一名男青年，四肢伏地，将白石放于腹下，作孵蛋状，另外数名小伙子则围攻偷抢。抱蛋者警惕注视四方，蹦跳旋转护蛋，用脚踢偷蛋人，踢中即为胜，换由被踢中者再抱蛋。若蛋被偷完未踢中一人，抱蛋人为输，续作抱蛋人，直到大家尽兴为止。

举石　有举石担和举石块两种形式。用一根硬杂木杠子，两端各固定一坚质石饼或废弃小石磨，即成石担。其花样除翻提上举外，另有抛接、滚臂等。举石块，以双手或单手挺举、抛接为主。抛接有自抛自接、两人对抛对接、多人轮换抛接等。

踢毽子　用铜钱载鸡毛或纸条制成毽子。有几人围成一圈踢连环毽的，有多人排成两行对踢的；个人踢有四面踢、反腿踢、侧身踢等。以连续踢的次数多为胜。

叼鸡　自荐或推荐一人（男女均可）为“鸡母子”，其余参加者在“鸡母子”的后面，后者拉着前者的腰带接成一串，称为“鸡儿子”；再选一人作“老鹰”，准备叼“鸡儿子”(即将其抓住)。准备工作做毕后，共呼“一二一、一二一，老鹰下来就叼起，叼不起，吃得起，啊哈”！鸡母奋力保护鸡子，不让老鹰叼走，而老鹰则竭力将鸡子一个个地叼走，直到叼完为止。下一轮再重新组合。

扳手劲　两人取立势或坐势，各出一只手对握，手肘放于桌凳或石板上，手臂垂直。裁判员发令后，双方以手腕手臂用力各向一侧扳，扳下对方的手臂为胜。比赛时禁止移动肘部。

爬树　选择下段既直又高而无枝丫的树，参加者双臂抱树、双脚盘蹬而上。也有直臂抱树、脚蹬树干，拱腰而上的。爬得最高、最快者为胜。

下棋　在桌面或石板上画成棋盘，以小石子或短节草棍为棋子，即可对奕。种类有六子棋、五马飞、扁担棋、牛角棋、和尚棋、裤裆棋等。比赛均以将对方的棋子“吃”光为胜。

羌族民间体育活主要用于娱乐消遣。中华人民共和国成立后，随着群众文化生活日益丰富，体育活动的方式也随之改变。旧时民间体育活动一部分被淘汰，一部分则用于节日庆典的表演，如推杆、荡秋千等。

第三章　体育竞赛

第一节　县办运动会

一、学生运动会

县内每年组织一次全县性中小学生田径运动会；不定期举办中学生篮球、排球运动会，中学以校、小学以乡镇为单位组队参加。

二、职工运动会

县体委（教文体委、教体局）每年“三八”“五一”、国庆、庆羌年等重大节目组织职工运动会，县内行政事业单位、学校、厂矿企业等组织运动员参加比赛，比赛项目设篮球、排球、乒乓球、拔河、体操、中国象棋、桥牌等，同时选拔优胜队和优秀运动员参加省、市或县际间的比赛、邀请赛等；部分单位、企业结合自身生产和工作实际，每年举办 1～2 次职工运动会。

第二节　体育参赛

一、国家级比赛

1988—1997 年，组队参加全国体校田径比赛、全国农民运动会、全国中学生田径比赛、七运会等国家级比赛 7 次，获四项全能冠军 1 人，获二至八名 6 项次。

2000 年，选派学生杨冬梅参加 10 月全国成人皮划艇比赛，获银牌 1 枚。

2001 年，全县有 12 人（含输送）参加国家级、省级比赛，获国家级银牌 2 枚、铜牌 1 枚，省级金牌 7 枚、银牌 2 枚、铜牌 4 枚，有 1 人入选四川省代表团参加全国九运会。

2002 年，输送学生参加全国青少年赛艇比赛，获铜牌 1 枚，4～8 名 3 人，其中 1 人被贵州体工大队录取。

2003 年，有 1 人代表四川省参加全国残运会，获第八名；向绵阳市重点业余体校输送学员 2 名。

2004 年，输送贵州省体工队的小坝籍学生王茂竹参加全国青少年赛艇比赛，获金牌 1 枚。

二、省级运动会

1988—1997 年，组队参加四川省农民运动会、四川省业余体校田径比赛、四川省青运会、四川省少数民族运动会等 16 次，破省纪录 1 项次，获冠军 9 项次，二至六名 19 项次。

1998 年，参加四川省第四届青少年运动会，获银牌 4 枚，铜牌 1 枚。

2000 年，选派 4 名学生参加四川省中学生田径运动会、四川省业余体校比赛，获金牌 1 枚、银牌 3 枚、铜牌 2 枚。

2002 年，17 名输送到绵阳市体校的北川学生参加绵阳代表团出席四川省第九届运动会，获分值 110 分，为绵阳代表团金牌升位贡献突出。

三、市级运动会

1988—1997 年，北川组队参加绵阳市第三至第十二届中学生运动会、绵阳市首届运动会、绵阳市业余体校比赛、绵阳市田径“新苗”选拔赛以及行业、系统运动会 30 多次，获团体第一名 3 次、第二至六名 34 次、体育道德风尚奖 8 次；获单项第一名 59 项次，二、三名 138 项次。1999 年，组队参加绵阳市中小学生田径运动会、绵阳市小学生乒乓球运动会、绵阳市体育传统项目学校运动会等，获团体第一名 1 个、第二名 4 个、第三名 2 个；获金牌 13 枚、银牌 28 枚、铜牌 27 枚，18 人达到国家三级运动员标准。9 月，组织 107 名运动员参加绵阳市第三届运动会所设的田径、足球、门球、女子篮球、桥牌、民兵军事三项、保龄球等 7 个项目的比赛，获金牌 3 枚、银牌 5 枚、铜牌 5 枚，奖牌总数第六名。

2000 年 4 月，组队参加绵阳市中学生田径运动会，获团体第三名 1 个、第五名 2 个。12 月，组队参加绵阳市小学生乒乓球运动会，获女子团体第四名、男子组团体第七名。

2001 年，组队参加绵阳市中学生春季、冬季田径运动会，获高中组团体总分第四名、初中组团体总分第三名；北川中学、陈家坝初中组队参加绵阳市中学生篮球运动会，获初中组第四名、高中组第七名。

2002 年，组队参加绵阳市第 17 届中学生田径运动会，获初中组团体总分 148 分，位列第 4 名。组队参加绵阳市中学生篮球运动会，通口初中获男子团体总分第 3 名，北川中学获高中组女子团体总分第 5 名。曲山小学组队参加绵阳市“长胜杯”乒乓球大赛，获低年级组团体总分第 1 名、高年级组团体总分第 4 名。

2004 年，组队参加绵阳市“长胜杯”中小学生乒乓球运动会，获小学团体第三名。组团参加绵阳市第四届运动会，在农民组田径比赛中以 4 金 1 银 3 铜、总分 101 分的成绩获男子组、女子组团体冠军，青少年组获 4 金 5 银 5 铜，总分位居 14 个县（市、区）代表团第 8 名。组团参加绵阳市首届教育系统运动会暨绵阳市第四届运动会青少年组比赛，获 7 金 5 银 5 铜，获团体总分第 6 位。

2005 年 7 月，组队参加绵阳市中学生女子排球运动会，获初中组第二名。10 月，组队参加绵阳市第 20 届中小学生田径运动会，分获小学组、初中组团体总分第二名。

2007 年，组队参加绵阳市第 21 届中小学生田径运动会，分获初中组、小学组、团体总分第二名。

四、少数民族运动会

1993 年 10 月，组织羌族推杆、摔跤及男女篮球、田径 4 个项目共 31 名运动员参加四川省第九届少数民族运动会，获金牌一枚。

1997 年 8 月，组队参加四川省第十届少数民族运动会，获金牌、银牌和第四名各 1 项。

2001 年，组队参加四川省第十一届少数民族运动会的部分项目比赛，获 2 银 3 铜。

2005 年 8 月，组队参加四川省第十二届少数民族运动会所设的押加、高跷竞速、蹴球 3 个项目比赛，其中押加获 57 公斤级金牌，62 公斤、80 公斤以上级银牌，68 公斤级铜牌；高跷竞速获混合 4×100 米、2×200 米混双和男子单人 100 米第四名，女子 100 米单人第七名；蹴球获男女混双第七名。

五、残疾人运动会

1991 年，派出残疾人运动员母广林参加四川省第二届残疾人运动会，获 1500 米第二名。

1992 年 9 月，派出 10 名残疾人运动员参加绵阳市首届残疾人运动会，获团体总分第二名，获单项第一名 11 个、第二名 3 个，破 4 项四川省纪录。

第三节　裁判队伍

1988 年 5 月，县体委举办首期全县篮球裁判员培训班；并于 1988 年 11 月、1990 年 5 月、1993 年 5 月、1994 年 11 月、1996 年 11 月先后举办 5 期裁判员培训班。除县内举办裁判员培训外，另采取派出去学习等形式培养体育项目裁判员。至 1997 年，全县有国家一级裁判员 1 人、二级裁判员 25 人、三级裁判员 79 人，1999 年年底，全县有国家一级裁判员 1 人、二级裁判员 34 人、三级裁判员 83 人，2000 年，全县有国家一级裁判员 1 名、二级裁判员 34 名、三级裁判员 128 名。是年抽调国家二级以上裁判员 17 人，分别担任在绵阳举行的第四届全国农运会的田径、摔跤、龙舟、武术、篮球比赛裁判工作。2002 年，新晋升国家一级裁判员 2 人，二级裁判员 11 人；县内共有国家一级裁判员 3 人、二级裁判员 36 人，三级裁判员 66 人。2003 年，全县新批准国家三级裁判员 21 人，发展社会体育指导员 131 人。此后，全县裁判员队伍基本保持稳定。

第三十篇

医药卫生

第一章　医药卫生机构

第一节　医疗机构

1988 年，县内设有县、区、乡、村级医疗机构，部分企事业单位也根据实际情况设有卫生院、医务室。全县有医疗卫生单位 53 个；卫生系统在职职工 474 人，其中副主任医师 6 人，主治（管）医、药、护、技师 186 人，初级卫生技术职称 212 人；病床 420 张。1992 年撤区并乡建镇后，6 个区医院更名为中心卫生院，被撤销建制的乡内原卫生院更名为办事处卫生院。1997 年，全县有医疗卫生单位 41 个，其中县直医疗卫生单位 7 个，中心卫生院 6 个，乡镇卫生院 10 个，办事处卫生院 17 个，康复院 1 个；职工 466 人，卫生技术员 385 人；有病床 413 张；全县 278 个行政村有村卫生室（站)159 个，乡村医生 209 人，接生员 48 人。初步形成具有医疗、预防、保健功能的卫生服务网络。此后，医疗卫生机构和人员基本保持稳定，农村医疗卫生服务功能不断提升，公共卫生和医疗服务体系不断完善。

2007 年，全县卫生机构 22 个，床位 415 张；卫生技术人员 316 人，其中执业医师和执业助理医师 179 人，注册护士 91 人；有功能完备的疾病预防控制机构 1 个，卫生技术人员 23 人；妇幼保健机构 1 个，执业医师和执业助理医师 12 人，注册护士 2 人。

一、县级医院

县人民医院始建于 1950 年，是县内设施最齐全的医院。1988 年，有医务人员 143 人，病床 115 张，设内、外、妇产、五官、传染、放射、心电、B 超、检验、理疗、制剂、供应室、图书室、病案统计、后勤等科室，能开展中、上腹和心、脑手术及重症监护（ICV）。为争创二级乙等医院，1996 年增设急救室、医务科，改造外科室、供应室、洗浆房，年门诊 6.6 万人次，收治病人 1900 人，病床使用 2.49 万床日，病床使用率 57.4%。1997 年，通过四川省二级乙等医院达标评审。1999 年，有在编职工 130 余人，专业技术人员 103 人，其中高级职称 6 人、中级 43 人，有病床 130 张，设临床科室 5 个、医技科室 30 个。2001 年 9 月，县中医院整体并入。2007 年，共有在编人员 143 人，全年收治住院病人 3000 余人次，门诊 7 万余人次，手术 700 例次。

县中医院建于 1986 年 11 月，职工 15 人。1987 年，在茅坝修建住院部用房，人员增至 20 人，设置床位 30 张。1997 年有职工 30 人，其中副主任医师 1 人、中西医主治（管）医师 8 人、护师 4 人、中药师 7 人、中西医士 2 人、护士 1 人、中药士 1 人，设中医内、外、妇、儿、骨科以及放射、检验、心电图、B 超等科室，年门诊 3.1 万人次，收治住院病人 690 人，病床使用率 26%。1999 年，在拓展原有特色科室的基础上，购进电粒子激光治疗仪、多功能风湿治疗仪、不孕不育治疗机等先进设备，增设外科手术、妇产科手术，实现生化检查一步到位。2001 年 9 月，整体并入县人民医院，在原址设立县人民医院分院。

二、镇乡中心卫生院

1988年，县内禹里、小坝、坝底、陈家坝、通口、擂鼓等6个区公所驻地均建有区卫生院。1992年，撤区并乡建镇后，全部更名为乡镇中心卫生院。1997年，镇乡中心卫生院有在职职工149人，病床145张。至2007年，全县中心卫生院仍为6个（包括第二人民医院）。

县第二人民医院　原治城区卫生院，1993年5月，更名为县第二人民医院，核定编制55人，1995年8月，禹里乡卫生院并入。1996年经考核，达到一级乙等医院标准。1997年，有职工30人，其中大专1人、中专16人，中级职称7人、初级职称13人；设病床30张，年门诊5万人次。设有内、外、妇产、中医、牙、乳房保健等科和化验、B超、心电图、放射等辅助科室；能开展疝修补、阑尾切除、胃肠穿孔修补、胃大部切除、胆囊摘除术、胆总管探查及常见骨、外、妇产手术，是一所初具规模的综合农村卫生院。1998年被评为绵阳市"十佳医院"。2007年，在编人员26人。

擂鼓镇中心卫生院　原为擂鼓区卫生院。1996年年底经考核，达一级甲等医院标准。1997年，有职工25人，其中大专1人、中专12人、职高4人，主治医师5人，医、护师5人，医、护、技士13人。设内儿、妇外、中医、口腔、眼、痔瘘、理疗、防保等16个科室，能开展下腹部、骨伤、痔瘘手术，诊治各科常见病、多发病。年门诊3.5万人次。2007年，在编人员20人。

坝底乡中心卫生院　原为坝底区卫生院。1995年4月，坝底乡卫生院并入。1997年，有职工23人，其中大专1人，中专12人；主治（管）医、护师10人，医师5人，医、药、技士4人，药剂员3人。设病床28张，有内、外、妇产、中医及B超、心电图、放射、检验等科室，年门诊3万人次。2007年，在编人员17人。

小坝乡中心卫生院　原为小坝区卫生院。1988年起，先后购置X光机、B超、心电图等医疗器械，开设西内、西外、中内、预防保健、口腔、妇产、检验等科室，设病床25张，年门诊5.8万人次。1993年，小坝乡卫生院并入。1995年，经考核达到一级乙等医院标准。1997年，有职工22人，其中集体所有制11人；中医药人员13人，西医护士人员7人；大专1人，中专15人；主治医师6人，医、药师9人，医、药、护士5人。年门诊6万余人次。2007年，在编人员16人。

通口镇中心卫生院　原为通口区卫生院。1988年，有职工18人、病床20张，设住院、门诊、妇产等5个科室。能诊治常见疾病，年门诊3万人次。1995年6月，通口乡卫生院并入。1997年有在职职工18人，其中大专2人，中专10人；中级职称4人，初级职称8人。2007年，在编人员17人。

陈家坝乡中心卫生院　原为陈家坝区卫生院。1996年9月，陈家坝乡卫生院并入；10月，太洪办事处卫生院亦改属其统一管理。1997年，有职工31人，其中大专1人、中专17人，中级职称4人、初级职称18人，设有住院、门诊、妇产、内、外科等科室。有X光机、B超、心电图等医疗设备。能诊治常见疾病。有床位22张，年门诊2.5万人次。2007年，在编人员18人。

三、乡、办事处卫生院

全县除6所乡镇中心卫生院外，尚有曲山镇卫生院及青片、白什、马槽、墩上等27所乡镇、办事处卫生院，均属集体所有制。其中片口乡卫生院规模最大，有职工8人，小园办事处卫生院仅有医生1人，其余卫生院3～5人；各设病床或观察床1～3张。其医务人员除能诊治农村常见病、多发病外，另承担基层卫生防疫、妇幼保健工作。年门诊数总计近10万人次，年收治住院病人700人次，病床使用4500床日，使用率28.13%。2007年，全县20个乡镇医疗机构中，除6个中心卫生院，尚有14个一般卫生院，共有职工54人。

康复村　设在禹里乡，系县民政局、县卫生局共管，有医务人员2人。至2007年，村内无现症麻风病人。

四、企事业单位卫生院、医务室

青片河林业局设有职工医院，有职工 25 人，其中主治（管）医、药、护、技师 4 人，医、药、护、技士 8 人。设门诊、住院两部和内、外、妇产、口腔、检验、放射、B 超等科室，能开展下腹部手术及外伤、骨科急救处理等。除担负本单位 2000 余名职工的医疗预防保健外，另为青片乡群众就医提供方便。1999 年 7 月，青片河林业局破产后，移交青片乡卫生院。

县水泥厂、县煤矿等设有医务室，主要承担本厂职工的医疗保健工作，亦对外应诊。

北川中学、职业中学、曲山镇小学设有医务室，备有常用药品，各有 1 名医务人员，主要负责本校师生的医疗保健，指导、检查学校卫生等工作。

五、乡村卫生室

1997 年，全县有获得个体行医证的个体医生 10 人；有村卫生室（站）159 个，其中 90 个卫生室达到初保要求标准；有乡村医生 209 人（其中有 46 人未取得医疗机构执业许可证）；全县持药品经营许可证的卖药户 21 人。2007 年，有村卫生室 126 个，有乡村医生 126 名。

乡镇卫生院与村卫生室实行一体化管理体制，在年度计划、管理、培训、考核、购药、器械装备、技术操作、规章制度等方面做得“八统一”。

第二节　防疫机构

县卫生防疫站建于 20 世纪 70 年代初，承担县内传染病管理、计划免疫和地方病、慢性病防治，消毒管理及食品、劳动放射、环境、化妆品、学校卫生的监督监测，是集预防保健、卫生监督监测、科研培训为一体的专业防病灭病机构。1988 年，有各类技术人员 22 人，设防疫、卫生、检验、地防 4 科及办公室。1999 年有职工 23 人，其中副高级职称 1 人、中级 9 人、初级 7 人。2001 年，在原基础上组建预防保健中心。2007 年，县疾病预防控制中心有在编人员 22 人，其中专业技术人员 20 人（副高职称 2 人、中级职称 5 人，初级职称 13 人）工勤人员 2 人；共设 4 科 1 室（疾病预防控制科、卫生监督科、卫生检验科、结核病防治科和办公室）。

第三节　妇幼保健机构

县妇幼保健院负责全县妇幼卫生保健工作。1988 年有职工 13 人，其中中级职称 5 人、初级职称 6 人。分门诊、住院两组，设病床 10 张。1999 年经过市专家组验收，达到一甲保健院和爱婴医院标准。2007 年，有编制 14 人，在编 13 人，其中卫技人员 10 人，行政后勤 3 人；设办公室、基层保健科、财务科、妇女儿童保健科、检验科、门诊部、住院部、护理部、B 超、药房、收费等科室。由于人员少科室多，大部分医生兼职工作多个科室。

第二章　卫生防疫

第一节　传染病防治

一、疫情监测

按有关规定，各级医院必须及时向县防疫部门报告传染病疫情，漏报不得超过5%。为全面检查医院疫情报告情况，县防疫站（县预防保健中心）每年10月对部分医院的传染病管理工作进行检查。1988—1997年间，除1992年漏报率为1.43%外，其余年度漏报率均超过5%的规定标准，其中1991年度疫情漏报率达51.57%，1994年度疫情漏报率达54.9%。

1998年，加强传染病管理，使传染病防治制度化，做到制度、人员、任务“三落实”。重点加强夏秋季及暴雨、洪涝灾害前后的监测报告、消毒处理工作，建立规范腹泻门诊，做到传染病诊断、报告及时准确。开展传染病漏报调查，全年共查住院病人2712例、门诊病人1235例，查出传染病148例，报告144例，报告率97.3%，其中县级报告率98%以上，乡级95%以上。对报告的144例传染病分别建卡，每月定时收集疫情，汇总上报。

1999年，县政府制订《重大疫情防治预案》，同时制发《关于加强肠道传染病防治工作的紧急通知》和《进一步加强传染病防治工作的紧急通知》等文件，强化对传染病的预防和管理。在乡镇中心卫生院以上的医疗单位分别建立腹泻门诊，做到“逢泻必检，逢疑必报”。对全县的医疗卫生单位进行消毒监测，中心卫生院以上的医疗单位年均消毒监测2次以上。是年，报告传染病甲类8例，乙类242例，以县为单位传染病报告率为98.89%。

2000年，传染病甲类无病例，乙类145例；以县为单位传染病报告率98%。

2001年后，每年均坚持对传染病进行严密监测报告，县级医疗单位传染病报告率保持在98%以上，乡镇医疗单位报告率95%以上。

2007年，报告法定传染病14种，共487例，报告率100%。报告发病率为307.61/10万，其中死亡1例，病死率0.21%，无甲类传染病发生。是年处理疫情19起，分别是腹泻、水痘、群体性发热等。按照霍乱监测方案的要求，共监测采样208件，未检出霍乱弧菌；结核病门诊接诊病人625例，发现活动性肺结核194例，其中免费治疗189例，完成市下达任务（139例）的136%；在城区公共场所的艾滋病高危人群采血检测54人，其他人群采血检测258人，未检出艾滋病病毒。

二、疫病防治

疟疾防治　县卫生防疫部门根据《疟疾防治方案》，采取“两根治、一预防”的措施进行疟疾综合防治。1990年10月，经省、市专家组考核，县内疟疾防治达到卫生部颁布的“基本消灭疟疾标准”。

麻风病防治　1983年后，初步建立县乡麻风病防治网。1988年开始实行麻风病人家庭治疗，采用

DDS、利福平、B66联合化疗。县防疫站送药上门，看服下肚。至1997年，全县麻风病患病率和发病率由1988年的0.13%、2/10万分别下降为0.008%和1.4/10万，原有病人全部治愈。1998年，对现疗病人定期体检监测，实施强化治疗，规定服药率达100%。同时，对52名强化治疗病人家属全部进行体检，受检率100%，未发现新病人。1999年，对98例麻风病上报可疑线索进行复查，对10户病员家属中的29人进行体检，对一个疫点（村民组）63人进行普查，普查率100%；对现症的2名病人每月送药到手，看服下肚。是年9月，经省、市专家组的验收，北川县达到"基本消灭麻风病"标准。

"非典"防控　2003年，全国范围出现"非典"疫情。按照统一部署，县内成立"非典"防治领导小组和技术组，制订防治预案，层层签订责任书。县直医疗卫生单位实施联合演练；通过广播电视宣传、印发资料、办培训班等方式广泛宣传动员；在县直医疗单位和20个乡镇卫生院设立发热门诊，对全县机关事业单位的内外环境区域及进出县境的车辆进行严格消毒；卫生系统先后出动医护、防疫人员3000余人次投入防"非典"工作，登记检查外来人员、返乡人员6403人，成功阻击"非典"传入。县卫生局被绵阳市委、绵阳市政府评为非典型肺炎防治优秀单位。

结核病防治　2006年，举办妇女干部结核病防治培训班21次，培训妇女干部、乡村医生600余人。接诊结核病患者625人，完成绵阳市下达任务480人的130%；发现活动性肺结核病人194例，其中免费治疗189例，完成绵阳市下达任务139例的136%。

艾滋病防治　2006年，召集社区和各乡镇负责人通报艾滋病流行情况，学习《艾滋病防治条例》。对县城各宾馆、酒店、旅馆、歌舞厅、美容美发、洗浴、卡拉OK等场所业主进行艾滋病防治培训。加强宣传，张贴宣传画26处53张，发放宣传资料1230余份。采取预防措施，在公共场所发放安全套1764盒。

三、疫病暴发与控制

控制桂溪乡甲肝　1991年7月24日，县卫生防疫站收到桂溪乡甲肝暴发疫情，是夜赶往桂溪、305职工医院、平武县林家坝等地进行调查。确认情况属实后，绵阳市、北川县防疫部门抽调人员对桂溪乡内的9个村、48个村民小组逐家逐户进行调查，查出甲肝患者91人。暴发区域以桂溪街道为中心，沿平通河两岸的4个村辐射，属于久旱造成饮水污染发病。通过对街道饮食行业进行卫生整顿，使用药物消毒，对现症病人隔离治疗，对污染物品消毒处理，对健康人群实施预防等措施，很快将疫情扑灭。

扑灭禹里乡望江村细菌性痢疾　1995年8月18日，收到县第二人民医院《关于禹里乡望江村三组暴发痢疾的疫情报告》，县防疫站迅速抽调人员到现场。经调查，系由禹里街道学生余某患病后探亲，将病菌带入望江村三组所致。几天后，余某亲戚家小孩开始发病，随后波及同院小孩，发病人数陆续增加。8月8日，一老妇因治疗不及时死亡。8月10日突发洪水，室内外卫生条件差，蚊蝇密度增加，发病人数剧增。至8月20日，共发病40人。经逐户调查并发放消毒药片（水），将饮水、粪坑用漂白粉消毒，疫情得到控制。8月20日后，无新发病人。

扑灭香泉乡02号病　1999年6月21日，香泉乡暴发霍乱（02号病）疫情，县防疫站迅速赶赴疫区，与乡政府和乡卫生院一道，将参与扑灭人员分为流调、消杀灭、检验三个组，投入到扑疫行动中。前后共做霍乱弧菌分离459件，使用漂白粉13吨、灭蝇药30公斤、灭菌片600瓶，消毒水井245口、水池461个、厕所粪池24口、各类污染物品428件；对重点对象严格隔离，防止传播。同时，对疫情区干部群众进行卫生宣传，发放卫生宣传资料8000余份。因报告及时，防疫措施得力，02号病在疫区迅速扑灭，未传播蔓延。

四、大灾防疫

1992年7月，县内连续遭受历史上罕见的洪灾。为加强抗灾防病工作，县卫生部门派出医疗队

4个，组织医疗救护队9个，到灾区和受灾单位参与抗灾自救、防病灭病，确保大灾无大疫。

1998年9月16日，擂鼓镇辖区发生特大洪灾。县卫生局、县防疫站、擂鼓镇政府、擂鼓镇卫生院到灾区，对环境卫生、食品卫生、生活饮用水进行全面调查，对7个水源点和4所学校的生活用水进行消毒处理，无偿提供消毒药剂，让群众喝上清洁卫生水，确保灾区人民的身体健康。

第二节　地方慢性病防治

碘缺乏病是县内主要地方病。1991年，北川被列为碘缺乏病县后，即组织医务人员对全县34个乡镇7753名7～14岁儿童和4000名居民进行甲状腺肿大调查。在调查的12个乡中，有11个乡被评定为病区，甲状腺平均肿大率29.7%，患病率6.3%。自1992年起，连续6年在全县普遍供应碘盐、发放碘油丸进行防治，共供碘盐5000吨，发放碘油丸32305人份。通过防治，1996年对1917名7～14岁学生复查，1度以上甲状腺肿大率3.5%。1998年，在县内重点人群中进行强化补碘工作。年采集加碘食盐样80余个，采集用户（学生）食盐样200余个，并按东南西北中五个方位随机抽取5所学校407名学生进行甲状腺（触摸）检查，查出生理性肿大69人，肿大率16.95%，I型（弥漫型）患者12名，患病率2.9%，均予以及时治疗。2005年，对擂鼓、陈家坝、坝底等9个乡镇进行碘盐监测，每个乡镇抽4村8户，共采288个盐样，合格碘盐267份，合格率92.71%，碘盐覆盖率100%。在不合格的19份食盐中，有12份碘含量>50mg/kg，7份碘含量<20mg/kg。是年按照四川省水砷筛查实施方案的要求，对桂溪、白什、片口等5个乡镇25个村进行调查，监测筛查500处水源，未发现高砷饮用水源。此后，每年均对病区开展常规监测。

第三节　公共卫生

一、环境卫生

饮水工程　1988年后，继续实施以工代赈工程解决人畜饮水困难。至1997年，共建自来水厂、站88处，累计受益人口12.26万人，全县一半人口可饮用自来水。此后，每年均从不同渠道争取资金，解决人畜饮水问题。2007年，城乡居民基本实现自来水管到户。

场镇环卫　坚持以创建卫生县城为奋斗目标，加大县城基础设施建设力度，对城区公厕全部进行改造，加强过街横幅标语、广告的管理，严格执行垃圾清运和环卫管理制度，加强绿化美化，城区面貌不断改观。在县城创卫活动带动下，全县16个乡镇街道以铺设水泥路面为基础，不断改善卫生条件，居住环境得到优化。

农村卫生环境　1988年后，继续推广省柴灶，发展沼气，鼓励使用电炊具，以此节省木柴，减少烟气和灰尘。同时结合初级卫生保健工作，大力提倡农村厕所改造。仅1996—1997年的2年，全县改厕40777户，其中达到卫生厕所标准的17029口。进入21世纪后，县内乡村旅游业不断兴起，农村环境卫生条件得到进一步改善的改善。

除“四害”　县内除“四害”的重点为灭鼠和灭蝇。灭鼠用杀鼠迷母粉和溴敌隆毒饵，由县政府办公室牵头，县卫生局、县精神文明建设办公室、曲山镇监督指导，城乡居民参与，统一行动。1989年，绵阳市政府授予北川县城“基本无鼠害城镇”称号。此后，县城一直保持基本无鼠害。灭蝇工作重点放在疫病流行区和旅游景区，旅游景区用药物奋斗钠灭蝇，年均灭蝇面积3万多平方米。

二、食品卫生

1988年后，每年采取监督、监测、指导相结合的办法，对县内食品生产经营户进行2次以上的监督检查，覆盖率达95%以上。至1997年的10年间，累计体检从业人员7051人次，年体检率95%以上，查出“五病”（活动性肺结核、病毒性肝炎、化脓性或渗出性皮肤病、伤寒、痢疾）人员全部调离；监测各类食品777件，合格率96.7%；抽检餐具2568件，合格率56%；对违反《食品卫生法》的业主依法给予警告，并限期改进，没收销毁其变质食品。

2001年后，食品生产经营监督检查100%覆盖，对查出的问题和人员，均依法做出相应处理。

三、农村初级卫生保健

“2000年人人享有卫生保健”是世界卫生组织提出的全球性战略目标。1986年，中国政府明确承诺，在全国农村实现“2000年人人享有卫生保健”的规定目标。1990年，县政府制订《实现“2000年人人享有卫生保健”的规划》，要求各级党委、政府和有关部门广泛宣传，提高认识，抓好试点，以点带面，逐步推广，搞好三级医疗卫生网的建设。1991年3月，召开全县第一次初级卫生保健工作会议，10月，成立以分管副县长任主任、有关部门负责人为成员的初级卫生保健委员会，乡镇、村建立相应的初保领导机构，对初保工作实行县、乡镇、村逐级目标管理，定期检查考核。

自1991年起，全县每年改建、扩建3～5个农村卫生院。至1997年年底，共排危、改扩建29所农村卫生院，总投资917万元，总建筑面积27万平方米，24所卫生院建设工程竣工投入使用。1997年11月，县政府组织有关部门对全县初保工作进行自查考核；12月，绵阳市政府进行检查考核，北川初级卫生保健工作达标。1998年4月14—16日，四川省政府代表国家进行终期审评，13项检查验收指标以百分制计算，平均得分91.83分，达到初级卫生保健标准。为巩固初级卫生保健成果，是年投资89万元对县妇幼保健院、通口镇、香泉乡、白坭乡的卫生院危房进行改建或维修，同时在擂鼓、小坝、通口等乡镇进行以乡为单位的初级卫生保健工作。1999年，全县16个乡镇中有8个达到绵阳市以乡为单位的初级保健标准。其余乡镇在2007年前陆续达标。

四、学校卫生

自1988年起，逐步开展中小学生健康体检工作。1991年，县文教局和县防疫站配合，对曲山镇小学593人进行视力测定，对教室采光进行监测；11月，召开“防近”现场会，强调中小学预防近视工作。1992年秋，县防疫站对曲山镇小学等24所中小学6386名学生进行机体形态、素质指标测试，制订7～12岁学生身高、体重标准。自1995年起，逐步对全县中小学校学生进行全面体检，在体检的基础上建立起学生健康档案。据多年检查结果，全县中小学生患病率在11%～14%。针对学生患病情况，为学校提出预防和治疗建议。

第三章　妇幼保健

第一节　母婴保健

一、实施“妇幼合作项目”

1989 年 5 月 5 日，县政府签字承诺联合国儿童基金会、联合国人口基金会援助的“发展中国家基层妇幼”项目，从 1990 年开始实施。1990 年 5—6 月，对县内 15 个乡镇 87643 人进行项目基础调查，掌握人口出生、孕产妇、婴幼儿死亡等资料；继而健全妇幼保健队伍，全县共设专兼职妇幼、儿科医务人员 88 人，159 个村卫生站有接生员、卫生员 257 人，形成县、乡镇、村妇幼保健网络。经过项目的实施，至 1995 年，全县新法接生率由 1988 年的 24.32% 提高到 94.5%，住院分娩率由 1988 年的 19.5% 提高到 47%；7 岁以下儿童体检率达 29.7%，婴儿死亡率由 1988 年的 54.25‰下降至 17.2‰；人口出生率由 1988 年的 21.5‰下降至 16.1‰。1995 年 10 月，妇幼合作项目通过终期评审。

二、施行《中华人民共和国母婴保健法》

自 1995 年 6 月 1 日施行《中华人民共和国母婴保健法》以后，在全县设立《中华人民共和国母婴保健法》执法监督员，开展医学婚前检查工作，推行统一出生医学证明书，妇幼保健工作步入程序化、法制化轨道。

1998 年，加强孕产妇、儿童保健两个系统管理（NPA），利用广播、电视、板报、标语、会议等形式大力宣传 NPA 的重要性。同时多方筹措资金，对 140 余名妇女儿童保健医生进行业务培训，招聘 21 名专职妇幼人员到乡镇从事保健工作，全县妇幼保健服务网络进一步完善。确定陈家坝、禹里、小坝 3 个乡为监测点。3 个监测乡孕产妇建卡率 95.8%，新法接生率 97.48%，住院分娩率 52.23%，产后访视 3 次以上的达 95.8%，纯母乳喂养率 92.97%，妇科病普查普治率 75.59%，7 岁以下儿童体检率 82.29%，3 岁以下儿童系统管理率 96.63%，肺炎死亡率 929 人 /10 万人，腹泻死亡率 270 人 /10 万人，孕产妇死亡率 55.4 人 /10 万人。是年对县内 936 对新婚夫妇中的 739 对进行婚检，检查率 79.8%，对母婴健康起到积极的保护作用；对 17051 名 7 岁以下儿童中的 13650 名、1607 名产妇中的 1096 名实行系统管理，系统管理率分别达到 80.1%、68.2%。接受新法接生产妇 1607 人，住院分娩 713 人，住院分娩率 44.4%；高危产妇 26 人全部住院监护分娩；产后访视率 81.7%，妇科病查治率 61.5%，婴幼儿死亡率 23.6‰，产妇死亡率 186/10 万人。

1999 年，妇幼保健工作坚持以两个系统管理为主体，积极做好 NPA 监测。全年全县有孕产妇 1470 人，实施保健系统管理 1230 人，系统管理率 83.67%；0～7 岁儿童 12647 人，实施保健系统管理 10140 人，系统管理率 80.18%；全年全县婴儿总数 1457 人，死亡 50 人，孕产妇死亡 1 人，婴儿、孕产妇死亡率分别为 34.32‰、68.63 人 /10 万人；对新婚登记 915 对中的 771 对进行婚前检查，婚检率 84.26%。

2000年，北川被列为“降低孕产妇死亡和消除新生儿破伤风”项目县，各乡镇先后召开启动会，签订目标责任书。市、县、乡镇对全县近200名妇幼保健人员进行分级培训，提高其素质。对全县医疗机构产科质量进行检查，规范操作。全年全县有孕产妇1552人，实施保健系统管理1351人，系统管理率87%；0～7岁儿童实施保健系统管理12013人，系统管理率81.3%；全年全县有婴儿总数1552人，婴儿死亡32人，死亡率20.6‰，孕产妇死亡1人，死亡率64人/10万人；全年新婚登记786对，婚前检查705对，婚检率89.7%。

2001年，对全县从事妇幼工作的业务骨干进行产科、儿科急救技术及健康教育培训，进一步规范保健与临床两个系统管理操作程序，加强NPA监测，提高两个系统管理率。全年无孕产妇死亡和新生儿破伤风。全年全县有孕妇1210人，接受产前检查1164人，占96.2%，管理率81.8%；住院分娩759人，占63%，新法接生率93.33%，活产1205人，新生儿死17人，死亡率14.1‰。全年全县有7岁以下儿童14010人，保健管理11394人，占81.3%；3岁以下儿童系统管理4393人，占83.7%。婚前医学检查应检801对，实检675对，占84.27%；对650名幼儿园儿童进行健康检查，对300余名女职工进行妇科病普查。

2002年，全县有孕产妇1067人，实施保健系统管理917人，管理率85.94%；0～7岁儿童实施保健系统管理13384人，管理率81.27%；全年全县有婴儿总数1079人，死亡16人，死亡率14.83‰。孕产妇死亡1人，死亡率92.67人/10万人；年度新婚应检689人，实检627人，疾病检出率6.07%。在做好降低孕产妇死亡和消除新生儿破伤风工作的同时，启动由卫生部基妇司和世界卫生组织合作的“西部三省0～5岁儿童营养改善项目”。配合卫生部营养专家召开项目培训会，进行广泛宣传动员，完成第一批次儿童抽检。通过抽检擂鼓、陈家坝、小坝3个乡镇600名儿童，其中贫血31人，占5.2%；营养不良64人，占10.67%；发育迟缓95人，占15.8%。

2003年，按照国家“营养改善”项目的要求，派出妇幼保健人员组织对上年确定的擂鼓、陈家坝、小坝3个乡镇的儿童家长在卫生部和省卫生厅专家指导下进行项目培训，以此改变家长的育儿观念。11月，经卫生部专家组对3个项目乡镇600名儿童进行调查评估，得到好评。此后，每年在做好降低孕产妇死亡和消除新生儿破伤风、加强NPA监测工作的同时，另为贫困孕产妇发放救助费保障其疾病治疗和平安孕产，对家长进行营养改善指导促进婴幼儿的健康成长。

2005年，开展“呵护蓓蕾行动”，选送12名先天性心脏病患儿到绵阳市红十字医院检查，9名患儿成功施行心脏手术，对患儿治疗费用全部或35%～70%的减免。

2006年，建立健全产科“绿色通道”，确保母婴安全。全年救助贫困孕产妇145名，分别按150～700元/人发放救助金，以此提高住院分娩率。全年全县产妇总数937人，建卡894人，建卡率95.41%；接受系统管理849人，系统管理率90.61%；活产934人，住院分娩805人，住院分娩率86.19%；新法接生920人，新法接生率98.5%；高危孕产妇54人，管理53人，住院分娩52人，住院分娩率96.3%；全年无产妇死亡。全年全县7岁以下儿童9054人，接受保健管理7447人，系统管理率82.25%；3岁以下儿童3582人，系统管理3206人，系统管理率89.5%；新生儿死亡13例，占13.92‰；婴儿死亡26例，占27.84‰。

2007年，发放宣传资料900份，安全分娩知晓率达到90%以上；开展县、乡医疗保健机构住院分娩限价和住院分娩分级管理；实施贫困孕产妇住院分娩救助政策，发放贫困孕产妇救助金3.32万元。

第二节　儿童计划免疫

为保护儿童身体健康，国家对儿童实行预防接种制度。1988年后，为实现儿童计划免疫四苗接种率85%以上的目标，县内各级党政部门高度重视，县防疫站把儿童计划免疫作为常规工作，每年对儿童基础免疫情况进行抽查，年均抽查30个村、210人，接种建卡率96%以上，四苗全程合格率在73%～97%。1989年、1991年、1996年分别接受绵阳市组织的评审，均达规定标准。

1998年7月，开展接种调查工作。抽查5个乡、30个村、210名儿童，建卡率100%，建证率13.33%，“四苗”全程接种率97.62%，其中“四苗”全程接种率县级98%以上；新生儿乙肝疫苗接种率县城地区90%，乡镇20%。

1999年，开展儿童计划免疫保险工作。全县有0～7岁儿童19936人，入保1357人，入保率6.81%；建卡19936人，建卡率100%；“四苗”单苗接种18901人，单苗接种率92.43%；脊灰强化免疫服苗20409人次，强化服苗率99.34%；乙肝疫苗城镇接种600人次，接种率94.34%，农村接种219人次，接种率9.01%。

2000年，开展儿童计划免疫保险乡镇7个，占乡镇总数43.88%。全县有0～7岁儿童18832人，入保9547人，入保率50.7%；0～7岁儿童建卡18832人，建卡率100%；“四苗”基础免疫单项接种13947人次，接种率95.6%；脊灰强化免疫实服苗8201人次，强化服苗率99.9%；脊灰“扫荡”式免疫7个乡镇，两轮服苗5805人次，流动儿童免疫270人次；乙肝疫苗城镇接种724人次，接种率99.7%，农村接种2528人次，接种率59.3%。

2001年后，预防接种做到“一针、一管、一消毒”，0～7岁儿童接种建卡率100%，卡介苗单项接种率100%，脊灰糖丸口服率、白百破三联苗接种率92%以上，麻苗接种率91%以上，“四苗”全程接种覆盖率86%以上，新生儿乙肝接种率47%以上，未发现接种异常反应。

2007年，全县0～7岁儿童建卡率100%，建证率97.14%，卡证相符率93.8%，卡介苗接种率99.52%、脊灰糖丸接种率97.62%、百白破接种率98.1%、麻疹疫苗接种率97.14%，“四苗”全程接种覆盖率94.7%，乙肝疫苗第一针及时接种率80.95%，乙肝疫苗全程接种率100%。做好适龄人群计划外疫苗接种工作，全县中小学校（A+C）流脑疫苗学生接种19377人份，校外儿童接种3601人份。加强免疫，1岁组麻疹、百白破接种率96.12%，4岁组脊灰糖丸接种率94.29%，7岁组麻疹疫苗接种率95.73%，百白破接种率95.26%。

脊髓灰质炎强化免疫为实现1995年在中国消灭脊髓灰质炎的目标，分别于1991年、1992年、1993年在全县范围内按统一时间、统一要求开展普服脊灰糖丸的活动。1994年、1995年、1996年再连续三年开展强化免疫活动，年均服用人数1万人左右，占应服人数的91%～100%。通过强化免疫，县内未发现脊灰和疑似脊灰病例。1998年，开展第五次全国脊灰强化免疫活动第二轮服苗督导工作，全县应服10549人，实服10409人，服苗率98.67%。经对7个村183名儿童服苗率和有效服苗率抽查，两项指标均为100%。

第三十一篇

文化

第一章　地方文化研究与传承

第一节　大禹文化

一、大禹崇拜

祭禹渊源　大禹是古代治水英雄，中国第一个奴隶制国家政权的缔造者。据古代文献记载，“禹生石纽”“兴于西羌”。自古以来，羌人一直把大禹视为先祖圣王，对大禹敬若神明，把大禹诞生地看得十分神圣。《华阳国志》载：石纽一带“夷人共营其地，方百里不敢居牧，至今不敢放六畜”。《水经注》云：广柔县（北川古属广柔县）之石纽，是大禹诞生地，这一带的老百姓一直不敢在此居住放牧，犯了罪的人逃匿于此，便不再受到追捕，能躲藏三年不被抓住，就会受到原谅，说是受到大禹神灵的保佑。在大禹诞生地北川，由于汉文化的影响，对大禹原始状态的崇拜逐渐演变成建庙祭祀。《新唐书》载：唐代石泉建县以前，石纽山下就建有大禹庙，“郡人以禹六月六日生，是日熏修裸享，岁以为常”。自唐代后，以庙祭方式纪念大禹的活动便代代相传，历时千年而不绝。

由于羌人极其崇拜大禹，历代地方官员也十分重视利用这一传统来打“大禹牌”。南宋初年，石泉（今禹里）受到当地及其以西茂州一带羌人的严重威胁。石泉知军赵公（佚名）在石纽山下重建一座富丽堂皇的大禹庙，借隆重纪念羌人所崇拜的先祖大禹来缓和矛盾，化解冲突。明嘉靖二十六年（1547），官军大规模征伐北川一带的羌人。十余年之后，兵备周宗受命戍守石泉。眼见羌人心怀怨恨，周宗也借重建大禹庙、刻建岣嵝碑，以文德来感化羌人，化解武装冲突。清代以后，北川各族人民和睦相处，地方官员重视用大禹精神教化县民。乾隆年间（1736—1795），知县姜炳璋重建大禹庙，还在石纽山下新建“神禹故里”牌坊。北川人民祭祀禹祖仍虔诚如故：“故乡父老匍匐阶下，荐其椒馨，世世子孙弗替。”

民国33年（1944），县长施明德修葺“神禹故里”坊，并邀知名人士魏景虞在其上题写“八年三过，卑宫菲食”八个大字，彰扬大禹的丰功伟绩和崇高品德。

自南宋赵知军重建大禹庙之后，地方官员一直以极高的规格祭祀大禹。据民国《北川县志》记载：“禹庙，每年春秋与关岳庙同时致祭，其仪注与文武庙同，唯无乐歌。当前清初年以北川为大禹降生之地，特颁祀典，祭以太牢，至今仍之。”羊、牛、猪三牲齐备称为“太牢”，是古代诸侯、天子祭祀社稷之礼仪。清初朝廷“特颁祀典”，允许县级政府高规格祭禹，表明清代最高统治者对禹生北川的认同。

千百年来，官祭与民祭相辅相成，形成北川纪念大禹的浓厚氛围。据民国《北川县志》记载，民国时期纪念大禹的建筑遍布全县各地。1935年，部分禹庙毁于战火，此后祭禹活动主要集中在禹穴沟。每逢六月初六日，到禹穴沟朝圣者人山人海，热闹非凡。20世纪50年代后，祭禹活动因故中断。80年代后，民间集资在禹穴沟、禹里石纽山和县城曲山北郊等地重建禹王庙，祭禹活动又恢复昔日的盛况。

历史遗迹 大禹造福天下，天下不忘其德。思其人，宝其地，大禹故里因此而成为人们寻幽访古的胜地，有关大禹的众多历史遗迹也得以完好保存。

“石纽”石刻。文献记载：“禹生石纽。”石纽山位于禹里南面，山腰的石林中，一巨石上有阳刻汉隶“石纽”二字，被认为是大禹诞生地的标志。

甘泉古迹。与石纽山隔河相望的崖壁上有摩崖阴刻楷书“甘泉古迹”，现仅存“甘泉”二字。旁有泉池，池水清澈，冬暖夏凉，四季不断。相传“女狄（禹母有莘氏）暮汲石纽山下泉，水中得月精如鸡子，爱而含之，不觉而吞，遂有娠，十四月，生夏禹。”（《太平御览》）

刳儿坪遗迹。刳儿坪在禹里以西北之禹穴沟。《华阳国志》载：“崇伯得有莘氏女，治水行天下，而生禹于石纽刳儿坪。”《四川通志》载：“九龙山，在（石泉）县北二十里，山势嶙峋，排列九岭，如龙起伏状。第五岭下即刳儿坪。”其地“相传即圣母生禹遗迹”。

洗儿池遗迹。沿刳儿坪而下，有众多小石潭相连，人称连池。连池下有一连山巨石，其状如盆，其“水色金赤，四季不变，相传禹母诞禹后洗儿处也”。（民国《北川县志》）因以得名。

血石奇观。洗儿池下的溪流中，“白石累累，俱有血点浸入，刮之不去。相传鲧纳有莘氏女，胸臆坼而生禹，石上皆其血溅之迹。土人云：取石煎水，可治难产。”（《绵里新编》）令人称奇的是“血石止禹穴一里许”（《三边总志》），距洗儿池稍远处即无此奇观。

“小禹穴”石刻。距洗儿池不远的绝壁上刻有虫篆体“禹穴”二字，字大70余厘米。据《四川通志》载：“传为大禹所书。”

大“禹穴”石刻。距“小禹穴”数百米外的金锣岩上，有楷书“禹穴”二字，“大径八尺”，“仙才天放，谨严有度”。据宋、明、清历代史志记载为李白所书。

“禹穴”碑。立于禹穴沟拱桥头，民国20年（1931）县长王麟根据《北川县志》总纂黄尚毅提供的拓片刻建。上有楷书“禹穴”二字，落款为“颜真卿书”。

岣嵝碑。即禹碑，明嘉靖四十年（1561）刻建。上镌刻蝌蚪文77字，以及楷书释书、跋文。“碑上蝌蚪文自衡山拓来”，“此系大禹所书，文字奇古”。（《四川通志》）

誓水柱。原立于禹里望崇山下白草河与青片河交汇处，上刻有虫篆体12字，宋《淳化阁帖》释为“出令聂子星纪齐春其尚节化”。其义难懂，传为大禹治水时出的手令。

“神禹故里”坊。清乾隆三十三年（1768）石泉知县姜炳璋所建。木质结构，立于禹里以南三里许石纽山下。上有姜氏所撰写的“神禹故里”匾额及楹联：

石纽之村笃生圣人皇皇史册古迹常新，
刳儿之坪产石如血青莲好古大书禹穴。

原坊“文化大革命”中被毁，1991年重建。

对石纽、禹穴、刳儿坪、洗儿池、血石等遗迹，《蜀志》《蜀本纪》《蜀王本纪》《元和郡县志》《大清一统志》《井畦杂记》《先儒舆地纪》《帝王世纪》《路史》《御批通鉴》《舆地览胜》《龙安府志》《石泉县志》等文献均有记载。这些文化遗存集中在禹里乡。

二、大禹研究

根据古代文献记载，北川是大禹诞生地。县内保存着许多关于大禹的历史遗迹和民间传说，崇禹风气一直十分浓厚，以庙祭为主的纪念大禹的活动代代相传。在极“左”思潮盛行的年代，祭禹被视为封建迷信活动遭到禁止。随着时光的流逝，一些纪念大禹的建筑也遭到损毁。

1988年，国家旅游局有关人员到绵阳考察旅游资源，对大禹故里表现出浓厚的兴趣，引起市县有关领导的高度重视。为有利于宣传，扩大影响，充分利用大禹故里的文化资源推动北川的旅游业发展，在绵阳市有关领导的支持下，立即着手聘请专家学者进行实地考察，并在此基础上筹建四川省大禹研究会。

1989年秋，在知名学者张秀熟的关心和倡导下，县委、县政府邀请四川省社会科学院、四川大学、四川师范大学的专家学者，以及绵阳市有关领导、专家和文史工作者30余人在县城召开“禹生石纽”考察座谈会。与会者实地考察石纽山、禹穴沟、禹王庙遗址等古迹，参阅有关资料，展开热烈研讨，达成若干共识。与会者一致认为，禹是中国历史上第一个奴隶制王朝——夏王朝的开创者，在中国历史由洪荒到文明的转变时期，对社会的进步和发展起过很大的推进作用。禹是中国古代的治水英雄，在征服大自然的斗争中，表现出人定胜天的非凡勇气和智慧，由于他率领民众，平息当时泛滥于中国大地的滔滔洪水，使得人们得以安居乐处，对华夏民族的繁荣昌盛做出了巨大贡献。大禹又是艰苦奋斗的楷模，大禹卑宫室，菲饮食，栉风沐雨，为制服洪水奋战十三年。大禹还是一位品德高尚的人，大禹一心为着治水，三过家门而不入，公而忘私，无私奉献，鞠躬尽瘁，造福万民。研究大禹，肯定和表彰大禹的功德，不仅仅是进行学术探讨、评论历史人物的问题，而且是弘扬民族优秀文化、进行爱国主义教育、唤起民族意识、振奋民族精神的大问题，具有很重大的现实意义。与会者认为，大禹是实实在在的历史人物；其诞生地虽存在争议，但根据文献记载、民间传说和历史遗迹推断，大禹出生在北川县石纽村是可以确定的，依据是充分的。

与会者对加强大禹文化研究、大禹遗迹保护和大禹故里开发建设，提出若干意见和建议。大家一致认为，应该立即成立大禹研究会，有组织地开展这方面的研究和交流；“石纽”“禹穴”石刻和岣嵝碑等是极其宝贵的文物，应确定为更高一级的文物保护单位加以保护；禹穴沟沟峡谷深，林木繁茂，清泉飞瀑，血石流光，山水风光优美，地质现象典型奇特，禹的传说荟萃，是游览观光访古寻幽的好地方，要千方百计保护；禹王庙、神禹故里坊均毁于“文化大革命”，应尽快恢复。

根据专家学者的建议，四川省大禹研究会于1990年10月开始筹备，1991年11月7日在北川成立，绵阳市政协主席李举之任会长，原四川省委书记杨超、兵团职羌族红军老战士何雨农任名誉会长，学会以新落成的位于禹里西山山麓的大禹纪念馆作为会址。此后十几年间，学会通过以指导大禹故里风景名胜区的建设来保护大禹文化，并多次召开学术研讨会，编印《大禹史料汇集》《禹生石纽在北川》《大禹研究文集》《大禹及夏文化研究》《海峡两岸大禹文化研讨会论文集》《禹羌文化研讨文集》等资料集和论文集，其研究成果涉及政治、历史、文化、民俗、地理、地质、气候、水利及经济发展方略等诸多方面，对弘扬民族文化、推动地方经济发展作用显著。

第二节　羌族文化

一、羌族文化现状

羌族文化是中华民族优秀传统文化的重要组成部分，北川作为羌族的聚居地，有深厚的羌族文化根基。据旧志记载，直到清代中叶，县内羌民在住房、衣饰、语言及其他习俗方面，均保持着鲜明的特色。近现代以来，随着经济和社会事业的发展，羌汉交流日益密切，羌族文化逐渐淡化。至2007年，羌族文化保存较好的区域十分狭小。在县境中部及东南部，羌民虽然仍有民族认同感，并在20世纪80年代恢复固有的民族成分，但对本民族的文化已知之不多，仅县境西北部，羌族文化有一定程度的保留。由于“地介汉番之间”，县内羌族同时受到不同文化特别是汉文化的影响，其传统文化既有羌族文化的共性，又有鲜明的地方特色。

民居　据汉代文献记载，羌人“皆依山居止，垒石为室”，说明早在两千多年前，羌区就盛行以石头垒砌房屋。这种石头砌成的房屋，一般为三四层，称为碉房，俗称寨房，最高的达十几层，称为碉楼。明嘉靖二十六年（1547），征伐北川的官军一次就毁掉碉房4870多座，可见当时北川羌民所住的几乎石头砌成的房屋，直到清代中后期，才逐渐改住木质吊脚楼。吊脚楼往往以端直平整的石墙作保坎或隔墙，其木质部分保持木材本色，色调和谐而美观。

饮食　羌民深居大山之中，素以本地所产玉米、马铃薯、荞麦等杂粮为食。用玉米、马铃薯、荞麦等粗粮加工成特色食品，如荞面、凉粉、糍粑、搅团以及各种馍，是城里人难得一见的佳肴。羌人安排就餐座位时尊重长者和客人，饮酒时以歌舞助兴，使用的餐饮具有浓厚的文化内涵。

服饰　绣有花边或镶布条的长衫是近代北川县内羌族的传统服饰。与服饰有关的原始纺织和挑花刺绣等手工工艺传承至今。

舞蹈　羌族舞蹈形式多种多样，其中锅庄（沙朗）最为流行，生活中即兴表演，自唱自舞，不受场地限制。皮鼓舞刚健奔放，羌寨的龙灯、高跷狮子、板凳龙、许家湾花灯等极有地方特色。

民歌　羌族民间歌曲有的用羌语演唱，有的用汉语演唱。羌语歌曲代代口传，其曲调有鲜明的民族特色，多在跳舞和敬酒时演唱。汉语歌曲多在日常劳动生活中演唱，内容极其丰富。汉语歌曲中最为鲜活生动的是情歌，有的真挚感人，有的诙谐幽默，堪称民歌中的瑰宝。

器乐　羌笛是羌族独有的古老乐器，但因演奏时所采用的“鼓腮换气法”很难掌握而少有传人。口弦是羌族女性所喜爱的特色乐器，声音细小柔美。羌寨锣鼓、唢呐等乐器与汉区大致相同，但演奏的曲牌、曲调却与汉区迥异，特别是唢呐在迎送宾客、入席离席时的演奏，营造出独特的文化氛围。

婚俗　羌族传统婚俗程序纷繁复杂，歌声、器乐和押韵的对白祝词贯穿婚礼全过程。

宗教信仰　县内羌族的原始宗教观念因受汉文化的影响已淡化，青片等地祭山、拜神树等习俗是原始自然崇拜观念的遗存；白石崇拜遗迹也不多见，佛教、道教逐渐被羌民接受。

释比与绝技　羌族释比，是羌族文化的传承人，羌族的历史、文化乃至许多传统的民俗活动，均依靠释比主持各种活动，以及所演唱的经典而得以承传和延续。羌族释比有一手绝活，如赤脚踩踏烧红的铁铧、舌舔烧红的锅铲、爬刀杆、化鱼骨水、吞绣花针、吹翳子等。至2007年，县内已无会用羌语演唱经典的释比，主持祭山会等活动多从阿坝州羌区聘请。

节日庆典　祈求和感谢大自然无私赐予的祭山会（转山会、塔子会、天王会）和庆祝丰收的羌历年，是羌人所看重的传统节日庆典，不仅有独特的活动内容，形式也与汉族以家庭为轴心的传统节日迥异，具有开放性、社会性的特色，因而受到其他民族群众的喜爱。

二、羌族文化发掘与研究

改革开放后，县委、县政府十分重视羌族文化的研究、发掘和利用。至2007年年底，共组织编印出反映羌族历史文化的书籍有《北川羌族史略》《北川羌族资料选集》《北川羌族》《北川县政区演变与羌族的人口分布》《华夏神游探禹里》《北川羌族简明读本》《羌文化研究文选》《羌族民间长诗选》等，共约200万字；1996年版《北川县志》中列有《少数民族》专章，重点记述北川羌族的历史和文化；20世纪80年代，县文化部门组织人员对民间文学、民间音乐、民间舞蹈进行收集，并在其后出版《中国民间文学集成·北川资料集》等书籍，对北川羌族民间文化进行较为翔实的记载。县文化部门按统一部署，对北川的文物进行普查，将永平堡等遗址遗迹申报为文物保护单位，一批与羌族有关的文化遗产得到有效的保护。进入21世纪后，有关部门利用现代传媒手段挖掘、宣传羌族文化，中央电视台和四川省、绵阳市报刊电视台均对北川羌族进行宣传介绍，特别是绵阳电视台摄制的《生息》《羌禧》《羌祈》《羌葬》《羌谣》《故乡的翅膀》《羌魂》《风从羌山来》，北川县电视台摄制的《北川羌族（系列）》《正河访古》《羌寨祭山会》等，真实形象地记录北川羌族的历史和文化。

羌族文化成功地运用于旅游接待与对外宣传中。2003年北川羌族自治县成立庆典上的羌族民俗歌舞演出以及民间歌手参加山西省左权县中国南北民歌擂台赛、民间团队参加山西临汾市的中国鼓舞鼓乐大赛和四川省少数民族艺术节、县内举行纪念大禹诞辰的大型文艺表演等，北川羌族的知名度均得到极大的提升。县城内的民居改造和旅游景区景点建设均着力突出羌文化的特色，展示出羌族文化的独特魅力。

第三节　红色文化

一、红四方面军长征过北川

红军在北川的战斗　1935年春，为策应中央红军北上进入四川，红四方面军开始撤离川陕根据地向西挺进。蒋介石急令四川军阀调兵遣将布防堵截。4月中旬，红四方面军先头部队开始分五路进入县境，继而以排山倒海之势摧毁国民党川军精心部署的防线，占领自桂溪、陈家坝、漩坪、禹里、墩上及其以西北的广大地区。

为阻止红四方面军西进与中央红军会师和南下成都平原，国民党川军在茂县土门以及北川南面的崇山峻岭中设置重兵驻守。5月初，红军开始向佛泉山发起攻击，相继占领东起佛泉山，西至安县横梁子蜿蜒一百余里的山头阵地。5月中旬，红军经过浴血奋战，击溃敌军两万多人，攻占土门要塞，打通北川至茂县的道路，为两大主力红军会师创造条件。

佛泉山、千佛山一带的高山，既是红军西进道路的天然屏障，又号称成都平原的“北面城墙”，因而成为敌我双方的必争之地。蒋介石参谋团得知千佛山全线阵地及土门要塞均被红军攻占，急忙电令四川军阀组织反攻，限期夺回，重新封锁北川峡谷，阻止红军西进。5月18日开始，国民党川军调集十几万兵力，在飞机掩护下，向佛泉山、千佛山一线阵地发起全面反攻。双方在高耸入云的大山中展开激烈争夺战。红军在后勤保障不足的困难条件下顽强固守阵地，直到7月中旬胜利完成掩护主力西进茂县的任务后，才陆续撤离。

红军攻占土门要塞及其在北川南面一带高山的战斗历时两个多月，史称土门战役或千佛山战役。千佛山战役敌我双方动员兵力之多，战斗之惨烈，在红军长征史上是不多见的。

千佛山战役以红军的完全胜利而告结束。红军活捉敌团长1人，击毙团长4人、营连长40人，击溃敌军23个团，歼敌5000余人，牵制89个团14万多人，缴获大量枪支弹药和其他军用物资。千佛山战役有力地策应了中央红军北上的战斗，保证了红四方面军顺利通过北川峡谷西进，实现了两大主力红军在懋功（今阿坝州）胜利会师，在红军长征史上具有十分重要的意义。

支前壮歌　红军攻占北川后，相继建立中共北川县委和北川、平南两个县级苏维埃、5个区苏维埃、28个乡苏维埃、119个村苏维埃政权，以及工会、农会、妇女会、童子团等群团组织，领导群众开展轰轰烈烈的打土豪分田地和支援前线等革命活动。

红军在北川期间，人民群众为红军修拓山路数百里，修复漩坪、禹里、马槽等地被川军毁掉的桥梁，征集十余万斤竹子运往茂县修复横跨岷江长约百米的大篾索桥，确保红军西进道路的畅通。

红军在北川的三个多月中，红军占领区三万多名群众全力为红军筹集粮食，连家中的猪、牛、羊及其他食物均捐给红军，有的妇女把自己“坐月子”准备的醪糟也捐出来。成千上万的红军将士在佛泉山、千佛山与川军激战两个多月，漩坪、禹里、墩上三乡组织的支前队伍不畏艰难险阻，坚持每天步行上百里将筹集到的食物和其他后勤物资源源不断地运往前线，为红军的胜利立下不朽功劳。

红军在北川期间，1500多名优秀北川儿女参加红军，其后绝大部分人为革命献出宝贵的生命。据不完全统计，北川籍红军烈士共1097人；幸存的红军老战士有10余人成长为党政军中的高级干部。

红军撤离北川时，数以千计的青壮年为红军背运物资西进，大部分牺牲在长征路上，成为不朽的无名功臣。

红军撤离北川后，国民党川军尾随而至，地方反动势力纷纷组织“还乡团”“清共队”，对掉队红军和苏维埃干部、积极分子进行血腥镇压。由于粮食奇缺，加上瘟疫流行，病饿而死及外出逃荒者难以计数。1936 年，北川全县人口由 1935 年 4 万多人骤减至 2.8 万人。北川人民为革命做出了巨大的牺牲。

二、红军文物遗迹

红军遗址　1935 年 4 月 12 日，红四方面军长征进入县境，其领导机关和主要领导人驻地在县城（今禹里）一带。

红四方面军总部驻地：1935 年 5 月上旬驻县政府（今禹里粮站）内；5 月中旬县城被国民党飞机轰炸后分散驻于城郊。

红四方面军总政治部驻地：5 月上旬驻县城天主教堂（今禹里蚕茧站）内，后迁于北关。

红四方面军总指挥部驻地：墩上乡五显庙内（墩上与坝底之间）。

红四方面军总医院驻地：由中坝迁入北川后，先后驻桂溪、徐坪坝、贯岭中心村、陈家坝乡双河村、禹里乡庙头坝、马槽乡邱家大院，驻马槽乡邱家大院时间最长。

红四军军部驻地：坛子沟（今禹里鸡窝坪南面）。

红三十一军军部驻地：千佛山佛祖庙内，庙宇被敌飞机轰炸后迁至下方岩穴。

中共川陕省委驻地：县城东门外奎星山下。

红四方面军领导人住地：徐向前、李先念率先头部队到达县城，住东门外奎星山南麓大院子 10 天左右，后随军西进；张国焘 5 月上旬住禹里浑水沟大院子；陈昌浩住禹里北面卷洞桥外刘家院子。

红军战斗遗址：红军攻占北川时，先后在马槽、枷担湾、墩上、蔡家嘴、东岳宫、东岳庙等地与国民党川军进行激烈战斗。因这些地方均属农耕区，红军战斗遗迹早已消失。而千佛山、佛泉山、插旗山等地则因海拔高度达数千米，远远超出农耕活动范围，红军战斗遗迹有部分保存。千佛山是敌我双方争夺最激烈的地方，红三十一军曾把山顶的佛祖庙作为指挥部驻地，这座用巨大条石砌成的庙宇当年被国民党飞机炸坍，后虽经当地群众修复，但遭受轰炸的遗迹仍清晰可见。20 世纪 90 年代开发千佛山旅游景区时，还挖出一枚尚未爆炸的炸弹。在千佛山的崇山峻岭之中，红军修建的战壕犹存。有红军文化专家在禹里鸡窝坪考察时，看到如游龙般的红军战壕遗迹时，大为感叹，称如此规模的红军战斗遗迹全国罕见。

红军文物　中华人民共和国成立后，北川有关部门陆续收集大量红军文物：其中红军文告木板贴件 27 件；红军石刻标语 32 件，石刻标语拓片 10 件；红军用过的锅、瓢、碗、壶、蚊帐、军刀、铁矛、匕首、手榴弹、弹药箱等 47 件，红军发行的铜币、布币、纸币 18 件。

红军纪念物　县内建成千佛山战役纪念碑和红军碑林馆两处红军纪念物。

千佛山战役纪念碑位于千佛山北面山麓的墩上，由县委、县政府和青片河林业局修建，1991 年 9 月建成。碑文简要介绍千佛山战役经过及其重要意义。

红军碑林馆　位于禹里烈士陵园北侧，2002 年年底建成。建筑面积 150 多平方米，陈列红军石刻标语 46 块。馆名由国防部原部长张爱萍将军题写，大门楹联“红军血战千佛山，至今未忘过北川”系解放军艺术学院原院长魏传统墨迹。2002 年、2003 年，红军碑林馆相继被命名为绵阳市和四川省爱国主义教育基地。

三、红军文化的保护与弘扬

多年来，县委、县政府把红军文化当作宝贵的精神财富，保护和弘扬红军文化卓有成效。至 2007 年，收集整理出版反映红军文化的书籍主要有：

《红军在北川》，由县委党史研究室 1983 年编印，主要内容包括红军在北川的战斗，北川人民全力支援红军的事迹，县内党群组织及各级苏维埃政权，北川人民做出的牺牲，北川籍红军烈士及健在红军老战士名录，红军文物，红军故事，红军歌谣等。

《红军在北川》，由县政协文史委 1996 年编印，主要内容包括敌我双方的电报文书，革命回忆录等。

《北川县志》，1996 年出版的《北川县志》中设有《革命老根据地》篇，系根据《红军在北川》整理。

中央电视台、四川省电视台、绵阳市电视台、北川县电视台摄制的有关红军的电视专题片计有：中央电视台《军事天地》栏目中关于土门战役（即千佛山战役）的专题片，对该战役的惨烈及其意义作出充分肯定；四川电视台和绵阳电视台合拍的《走过硝烟的女红军》，记述三个女红军战士在北川的不平凡经历；上海东方电视台拍摄的《长征路上的生死离别》，记述参加红军长征的小姐妹在茂县土门的生死离别，以及 60 年后艰难寻亲并在北川重逢的故事；北川县电视台拍摄的专题片《风雨羌山》《羌山娇子》《佛泉山下红军情》《巍巍千佛山》《苦不苦想想红军二万五》《铁血人生》《长征路上见闻录》（15 期），共计 21 集。

第二章　群众文化

第一节　机构

县文化馆为县文教局下属的事业单位，1988 年核定事业编制 9 人，在职 8 人。1994 年达到四川省三级文化馆标准。1997 年在岗职工 7 人，其中馆员 3 人、助理馆员 3 人，专业美工 1 人。2007 年，在岗职工 6 人。

1988 年，全县有乡镇文化站 19 个，专兼职文化专干 22 人。因财政拨款极少，经营项目经济效益差，部分文化站名存实亡。1997 年，继续开展活动的文化站 11 个，文化专干 10 人，其中擂鼓、漩坪、陈家坝等文化站及工作人员多次获省、市表彰。2007 年，乡镇无文化专干。

1983 年 7 月，成立县书法协会，设在县文化馆内。至 2007 年，发展会员 92 名。

第二节　群众文化活动

县文化馆利用已有阵地开展橱窗宣传，举办各种培训班，组织书法、美术、摄影、民间手工艺等展览，并结合节日、纪念日开展群众文艺会演、街头文艺演唱和民间龙灯、狮灯、采莲船表演等文化活动，培养文化骨干，活跃群众生活。每年农历十月初一羌历年前后，以乡镇、村寨为单位，开展多种形式的庆祝活动，同时推选优秀者参加县城举行的庆羌年文艺演出或比赛。

1988—1997 年，由文化馆牵头，各单位支持参与，先后组织开展的大型文艺活动有：陈家坝歌舞比赛，香泉和江油香水、西屏三乡文艺联赛，全县中小学校园艺术节文艺调演，“献给党的七十岁生日”歌舞大赛和“党在我心里”书画展览，“农行杯”青年书法比赛，庆“三八”国际妇女节 82 周年曲山地区首届“妇女心中的歌”歌咏比赛，全县“中华大家唱卡拉 OK”大赛，“五四”神禹杯文娱晚会，“爱我中华、爱我家乡、热爱人生”1994 年．“读书杯”征文活动，1997 年庆羌年民族民间文艺调演等。

2000 年，群众文化活动注重突出羌族特色，既开展节日活动，又有阵地活动。县文化馆创作排练羌族舞蹈《巴吗啊依达嘎》参加绵阳市电视台举办的春节联欢晚会，在四川卫视、中央电视台第三套节目播出。6 月，在全县“三讲”教育学习地青片乡举办篝火晚会，并辅导到会领导学习羌族歌舞、学唱羌族酒歌。8 月，组织参加中央电视台《农村民间艺术采风·羌族沙朗舞》在北川的采风活动，9 月，在中央电视台第七套节目播出。“六一”“羌历年”分别举办大型文艺演出、羌族舞蹈街头行进表演及篝火晚会。

2001 年春节期间，组织 16 支队伍在县城主要街道表演羌族歌舞，举办“迎新春”篝火烟花晚会，上万人参加。

2002年10月下旬至11月，组织庆羌年系列文艺活动。11月4日晚举办“走进羌寨”大型羌族民俗风情歌舞晚会，数百群众参加表演，吸引数万名观众观看。5日上午，组织全县各乡镇、机关、企事业单位、学校2000多人参加的36支队伍进行化妆游行，全县3万多各族群众参加县城的庆祝活动，中央、省、市20余家新闻媒体报道庆典盛况。

2003年10月，在北川羌族自治县成立庆典期间，举办羌民俗实物展，川西北羌族地区美术、书法、摄影展；组织篝火、焰火晚会及化妆游行。自治县成立大会举办的反映羌族民俗的大型文艺演出，由四川卫视和绵阳电视台现场直播，得到广泛赞誉。

2004年4月，选拔、组织县内业余歌手到江油参加绵阳市山歌节，参赛的3个节目分获一、二、三等奖，成为唯一一个参赛节目全部获奖的县。7月，组织县内业余歌手参加全国第二届南北民歌擂台赛，青片乡羌族女歌手王安莲荣获“全国优秀歌手”称号。10月，承办绵阳市第二届旅游发展大会猿王洞后山民俗表演活动，展现羌族绚丽多彩的民族文化风貌，受到与会代表一致好评。是年羌历年期间，在县城组织羌族舞蹈比赛。

2006年7月，为纪念大禹诞辰，举办首届禹羌文化旅游节，由600余名群众演员参加演出的“大禹故里·西羌之夜”开幕式文艺晚会，受到来自海内外客人的高度评价，凤凰卫视等30余家新闻媒体进行采访报道。组织由60名群众演员表演的原创节目《羌山鼓韵》参加四川省第五届少数民族艺术节开幕式文艺演出和少数民族民间艺术巡游，荣获“优秀表演奖”和“编排二等奖”。承办中国西部文艺产业博览会绵阳分会场北川专场文艺表演，其中《羌山鼓韵》《开坛祭祖》《春糍粑》《阿哥傻来阿妹俏》获表演一等奖，《千古奔流大禹情》《羌寨是我家》《云朵妹》《敬酒歌》《纳各勒》获表演二等奖，《羌族酒歌》《情满羌寨》获表演三等奖。

2007年2月，在龙尾公园举办春节有奖游园活动，近万人参加活动。5月，组织到禹里乡、曲山镇开展“送文化下乡”活动，向广大群众赠送《羌魂》《风从羌山来》光碟1000多份、《非遗保护》宣传挂图50余幅。

第三节 文艺创作

培训辅导　1988年，全县有文艺创作爱好者300多人。县文化馆发挥业务干部的职能，开展文艺辅导。1988—1997年，共办美术培训班65期1950人次、音乐培训班28期645人次、舞蹈培训班92期2368人次、文学创作培训4期145人次。1997年11月，组织全县30多名业余文学爱好者参加创作辅导会，四川省作协副主席克非、绵阳市文联主席吴因易及绵阳市文联副主席、《剑南文学》主编刘大军等作家到会讲授文学创作知识，交流创作经验。1998—1999年，举办美术、书法、器乐、舞蹈等培训班56期，培训各类艺术人才1000余人次。县文化馆除举办专业辅导培训班外，业务干部还长期到基层辅导文艺创作，团结和培养业余文艺创作骨干。1999年，全县业余文艺作者中有绵阳市文联委员1人，绵阳市各类文艺协会会员69人、理事6人，四川省各类文艺协会会员6人。2000年后，县书法协会常年举办书法辅导学习班，不定期举行笔会，举办会员作品展览。

创作成果　1988—1997年，县内业余文艺作者在市级以上刊物、场所发表、展演文学、音乐、美术、舞蹈、摄影、书法、民间文学等作品2000多件，获四川省、绵阳市一、二、三等奖120多件次。1998—1999年，发表、展演各类文艺作品340余件，其中音乐作品6件、美术作品7件、舞蹈作品近40件、文学作品150余篇30余万字、摄影作品80余件。2000年后，文艺创作以文化馆各专业人员为主体。因工作调动和退休等原因，馆内专业人员逐渐减少，作品创作相应下降。2000年创作音乐作品3件、舞蹈作品3件、美术作品2件，在省内外报刊发表作品50多篇。2001年创作文艺作品12件，其中舞蹈作品3件，音乐作品2件，片口高跷狮舞获省民运会表演二等奖。2002年创作排练一台歌舞节目参加“绵阳市科技城首届文艺会演”，获优秀组织奖和全市专场演出总评第二名；参演节目《如今山歌走四方》获声乐类节目一等奖，舞蹈《竹韵》获舞蹈类一等奖，钢琴独奏《超技练习曲》获器乐节目二等奖，舞蹈《羌山鼓韵》获优秀创作奖，儿童舞蹈《羌童戏酒》获优秀编导奖。2005年创作文艺作品8件，其中舞蹈作品2件，音乐作品2件。

此外，以县内离退休干部为主体于1994年成立的禹风诗社，有社员80余人，每年自筹资金编印内部交流资料《禹风》数期，在绵阳市范围内发送。

第三章　广播、电视

第一节　事业发展

一、机构

县广播电视局下辖广播电台和电视台，实行“局台合一”，两块牌子，一套人员。1988年，内设宣传股、事业股和办公室，在岗19人。1997年机构改革后，内设办公室、城乡广播电视管理办公室、编审室和新闻、经济文艺、制作、技术播出4部，核定编制22人，实际在岗18人，其中具备编辑、记者、工程师职称的5人，助理记者、助理工程师职称的7人。

二、广播

台网建设　1988年，全县31个乡镇均建有广播电视站，拥有250瓦扩大机57台。1990—1997年，按照国家广播电影电视部和四川省市业务主营部门要求，全县乡镇广播电视站进行标准化建设，改造站房25个，更新250瓦扩大机32台共8000瓦、自动输出输入配电柜和控制桌21台，节目传输质量得到有效的提高。其中，1991年，从省广播电视厅争取到一台100瓦发射机，替换1987年建于东溪大梁山的调频广播电台50瓦发射机，提高覆盖场强，改善乡镇站收转县广播站自办广播节目信号的质量。

线路建设　1988年，全县农村广播网路5634杆公里，278个村通广播率85.7%，1381个社通广播率71.5%，全县乡镇有各种喇叭2.2万多只，入户率73.91%。1992年7月和1995年8月全县遭受两次特大洪灾，农村广播线路损失1434杆公里、各类型号电杆损失5471根、金属器具损失895套、铁线损失40.5吨、喇叭损失17314只，村社通广播率分别下降至60%和50%。1997年，村社通广播回升至80.9%和81.1%。1998—1999年，投入农村整网资金23万元，整网68个村、229个社、209杆公里、农村广播网路5843公里。1999年，全县通广播村234个、通广播社1173个，村通率和社通率分别为84%和85%；有各类喇叭2.2万余只，有线广播入户率74%以上。曲山镇景家村是县内奔小康示范村之一。为宣传党的富民政策，加快村级经济发展，村党支部、村委会决定投资4000余元开办村广播室，年底向全村播送广播节目，成为县内第一个村广播室。21世纪伊始，全县大力实施广播电视村村通工程，但重点是解决电视收看问题。2007年，全县广播人口覆盖率37%。

三、电视

由于县内山高谷深，地理环境复杂，县广播电视部门历来按照有线与无线结合、城镇与乡村并重的方针，以此解决电视收看问题。无线实行合理布局，小台多点的方式。1986年9月27日，县城王家岩电视卫星地面收转站建成后，1988年再建成禹里、坝底、小坝、片口4个乡的电视卫星地面收转站，取代原电视差转台，收看效果大大提高。至1997年年底，全县乡镇、村、社和个人共建卫星站172座，其中个人建站87个；有电视差转台17座，发射机47部、功率174瓦；全县有彩色和黑白电视机3万余台，75%以上的户、90%左右的人口能收看电视。1998—1999年，投资新建电视差转台10座，安装小型家庭用地面卫星接收器230余个。至此，全县建成地面卫星接收站400余座，电视差转台27座，电视信号覆率88%以上。2000年，全县有电视差转台68座，小型地面卫星电视接收天线5000余个，以村为单位，电视信号覆盖率达100%。此后，以实施村村通工程为契机，重点发展有线电视。

有线电视网建设　1990年，在县城开通有线电视，网内传送8套电视节目，是年入网用户400余户。1992年，协助擂鼓镇广播电视站建成县内第一个乡镇有线电视网。此后，实行乡、村、社、大院相结合，相继在通口、漩坪、小坝、坝底、禹里、陈家坝、片口等10个乡镇建成有线电视网，在邓家等4个办事处和通口镇小坪、战斗等村建成小片有线电视网。至1997年，全县有线电视入网户累计8600余户。自1998年起，先后新建白什、开坪、都贯、青片4个乡及黄江、红岩、盖头山等10个村的有线电视网。至1999年年底，全县16个乡镇、6个办事处、68个村、206个社开通有线电视，能收看到6～25套图像和伴音质量较好的电视节目；全县入有线电视网总用户10130户，占全县总户数的25%以上。2000年，实施村村通工程，新架设光缆23.3公里、电缆22公里，新开光接点10个，更换架设光缆11.7公里；实现与绵阳有线电视联网；全县建成有线电视网62个，入网用户12790户。4月，集中人员和时间，经20天的努力，新栽电杆110根，架设光缆6.8公里、电缆4公里，新开光接点3个，开通擂鼓镇河道村光纤有线电视，使生活在海拔1600米的20多户农村群众能收看20多套高清晰度电视节目，成为全市首个通光纤电视的高山村。2001年后，继续加快有线电视网建设步伐，在发展小型网络的同时，先后实行县城有线电视网与绵阳有线电视网、县城有线电视网与擂鼓、通口有线电视网的联网传输。2006年，全县广播电视村村通列为绵阳市和北川县两级政府为民办实事工程之一。是年架设县城至邓家、通口至青云村、曲山镇景家村至杨柳坪村光缆36公里，架设其他各类光缆57公里，新增有线电视入网用户762户。2007年，全县电视人口覆盖率92%，有线电视用户11650户。

第二节　节目编播

一、广播节目

1988年，县内各大机关、乡镇均成立新闻报道组，有业余通讯员近100名。县广播电台每天除转中央广播电台、四川省广播电台的节目外，另播出4小时20分钟的自办节目。自办节目以新闻为主，专题为辅，内容包括《科技兴农》《计划生育》《党风廉政建设》《民主与法制建设》《经济与市场》等20个栏目；年均组稿4400余件，播出3300余件，播出新闻256组、“绵阳各地”50组。1999年，在保持已开办专题栏目的基础上，新开辟《板块55》和《早间专题》。进入21世纪，广播与电视自办节目除保持既有栏目外，其新闻报道及专题宣传的重点和内容与县电视台自办节目大体一致。

二、电视节目

转播节目　1993年12月前，电视无论是开路还是闭路，均只转播中央电视台和四川省电视台节目，在曲山地区有线电视网内使用专用频道全天完整准时转播中央电视台1～4套节目和四川省、绵阳市电视台节目各1套。1997年11月1日，正式转播中央电视台4个频道的加密电视节目和广东、辽宁、云南等外省市节目18套。

自办节目　1993年12月，县广播电视局投资4万元购买M9000型摄像机和DF104型字幕机，开始自办电视图像新闻节目，每周一、三、五各播出15分钟左右的电视新闻一组，二、四、六重播。此外，自办文艺、点歌、广告和少量的电视专题片等节目。至1997年，共采播新闻562组、3578条，制播专题168个；被四川省电视台采用13件、绵阳市电视台采用73件。

1998—1999年，先后到机关、学校、厂矿、乡镇、农村等，录制《潮涌羌乡看巨变》《走进杨柳坪》《漩坪修乡村公路纪实》《羌乡新歌》等14部专题片，以及个体私营经济的发展、农村电网整治、精神文明建设巡礼、旅游开发等10余个系列报道，共50余集。2000年，加大对各乡镇党委、政府在西部大开发中所采取的措施和工作经验的报道力度。县广播电台和电视台与17个单位、16个乡镇、5家企业联办节目，县广播电台和电视台的采、编、制、播人员分别到16个乡镇及部分村、社和企业采访，以专题节目和新闻报道的形式，加大对农村产业结构调整、农业产业化、农村实用技术推广、农田水利基本建设和茶叶、蚕桑、林业、白山羊、药材等基地发展以及一批重点户、典型户的宣传力度。配合有关部门对招商引资、退耕还林、抗旱救灾、广播电视村通工程、城市建设、交通建设等一大批重点工程进行多角度宣传报道。

2001年，在完成常规性宣传报道的同时，重点加强对“三个代表”重要思想学习教育活动和江泽民总书记“七一”重要讲话、建党80周年、创市级“卫生县城”和“文明县城”、农业结构调整、发展县域经济等重大活动的集中宣传报道。

2002年，把经济建设和社会事业重点工程建设的宣传报道放在首位，特别加大对农业产业结构调整、农村实用技术推广、招商引资、交通、城建、创文明卫生县城，以及欢庆羌历年、喜迎十六大等重点工作的宣传力度。

2003年，除常规宣传报道外，切实加强对外宣传，所摄制的反映地方人文资源和建设成就的《独特的节日庆典》《歌舞相伴》《禹里览胜》《古镇新韵》等11个专题片被绵阳电视台《点击县区》栏目采用；结合争取建立自治县活动，到羌寨搜集素材，历时5个月，制作专题系列片《北川羌族》，宣传羌族历史文化；在北川羌族自治县成立庆典期间，及时、准确、全面报道庆典盛况及重大活动。

2005年，继续办好《科普大篷车》《农民致富信息报道》《法制现场》《健康田野》《北川教育》等社会科教节目，倡导先进文化。拍摄纪念红军长征70周年电视系列专题片15集，全面真实地再现红军长征在北川的壮烈场景，成为革命传统教育的一部好教材。

2006年，县广播电视台制作播出电视新闻138期1839条，其中自采图像新闻1020条，开办专栏9个，制作系列报道3个29集。制作电视专题片30个。全县通讯员用稿842条，其中图像稿734条。重点报道全县社会主义新农村建设、保持共产党员先进性教育活动、社会主义荣辱观教育活动、学习贯彻党的十六届六中全会精神、学习宣传《北川羌族自治县自治条例》、学周边促发展、一会一节、抗旱救灾、平安创建、纪念红军长征胜利70周年、纪念禹生北川4133周年暨首届禹羌文化节、全国第五届气象环境与健康学术研讨会、招商引资等重大活动。上送并被采用的电视稿件35条，广播稿17条。开办的《羌乡风采》《科普大篷车》《中国农民致富报道》《文化时空》《中国医药》等栏目，为农民群众提供致富信息，传播科学知识。

第四章　影剧图书

第一节　电影

一、电影放映

1988年，全县有电影发行机构1个（县电影公司），放映单位35个，其中县队3个，厂矿、学校、科教队9个，乡办队15个，私人队8个；有20世纪70～80年代陆续修建的电影院6处、建筑面积2368平方米、5122个座位；有放映网点300余个；是年放映电影5460场，观众172万人次。随着电视的普及和录像业的发展，电影放映业务日渐衰落。

1989年，放映单位减至30个，放映网点减至250个，放映电影4966场，观众166万人次。

1993年，电影单位3个，其中县队2个、学校1个；放映网点3个；放映电影582场，观众4.5万人次。

1996年，全县仅有发行机构1个，放映单位1个，放映网点1个，放映电影350场，观众1.4万人次。

1997年，全年放映电影250场，观众0.6万人次。

1998年，县电影公司采取佳片预约宣传、“有奖观看电影”、组织小分队到农村放映等措施，振兴电影放映业，是年放映电影240余场，观众7800余人次；同时，狠抓副业发展，开办招待所、娱乐厅、录像厅等，多业并举，增加收入。

2000年，按要求放映反腐倡廉等政治影片，另组织群众喜欢看的大片放映；是年放映电影15场，观众2000人次；3次参与文化下乡活动，放映电影5场次，观众1230人次。此后几年，每年放映电影100多场次，收入2万余元，加上第三产业和门面出租收入数万元，以此维持生计。

2006年，抓住世界电影诞生110周年、抗日战争胜利60周年和实施农村电影“2131工程”的有利时机，组织4支流动电影队和公司的机动队深入全县各乡镇、学校、厂矿放映爱国主义教育影片。全年共放映电影150场，观众5万人次，收入2万余元；招待所收入、门面出租收入、场租收入共6万余元，基本解决在职职工生活费和退休职工养老金及医保问题。

二、影片供应

1988年，16毫米影片统一由绵阳市电影公司按计划发排至县电影公司，县电影公司再向下一级放映单位排映，年均有200多个拷贝周转排映，其中新片（首映）20多个、科教片10多个，其余均为二、三轮片或复映片。1990年后，改由县级发行公司自买新拷贝发行，因县内放映单位少、拷贝价格高而无力购买，只能用绵阳市电影公司留给县上的200多个复映影片发行。

1988年，35毫米影片全由绵阳市电影公司统一调排，是年排映拷贝150个左右。1998年后，电影市场实行市场经济管理体制，因县内放映单位少、效益差、拷贝价高，县电影公司无力自办新拷贝发行，以临时向绵阳市电影公司租片放映为主。

第二节 川剧

县川剧团自 1987 年撤销演出队后，未退休的演职员以经营茶园、印刷厂为生。面对市场竞争压力，自 2001 年起，县川剧团以“安定、就业、扭亏、发展”为主导思想，对劳动用工制度进行改革，不再实行“停薪留职”制度，2 个经营实体—印刷厂和招待所（含住宿部、卡拉 OK 厅、录像室、茶园）实行项目承包经营，定出标底，公平竞争，择优上岗。通过改革，连年亏损的局面得到扭转，运转趋于正常。在自谋生路的情况下，每年选派人员参加全县羌历年庆典等文化活动。

第三节 图书发行

一、发行机构

北川县新华书店属自收自支、自负盈亏的事业单位，实行企业管理，业务上由四川省新华书店直管，行政上由县文教部门代管。1988 年，有职工 10 人。1997 年，有职工 12 人，其中退休职工 2 人。2003 年，进行全面改革，实行全员聘用合同制，全店分流在职人员 5 人，退休人员按人均 3.5 万元标准，移交县劳动和社会保障局，其余 8 名人员通过直聘、选聘、竞聘，分别在教材分公司、文轩公司北川分店、办公室核算科上岗。2005 年 5 月，四川新华文轩股份连锁有限公司北川分公司成立，承续新华书店的全部主营业务。

二、发行情况

1988 年，县新华书店实行承包责任制，在曲山、禹里分别设立门市部，在 29 个乡镇供销社设立代办销售点。全年发行图书 98 万册，销售收入 58.1 万元，实现利润 2.1 万元。随着供销经营体制的变化及图书发行利润下降等原因，至 1997 年，全县供销社图书销售网点仅存 21 个，1997 年发行图书 108 万册，销售收入 235.6 万元，实现利润 6 万元。在所发行图书中，教材 12 万余套、60 多万册，占总销售量的 60% 以上。

1998 年后，教材发行采取各学校责任预订制，保证每学期教材提前到位，同时，对边远地区和运输困难的学校实行送书上门；对领导专著、反映重大政治事件的图书，采取组织街头宣传、上门预订等发行措施，保证发行到位；对综合类图书，采取打折优惠等措施，保证发行数量的增长。每年组织 1～2 次文化下乡活动，分别到较边远的青片、白什、坝底、小坝、片口等乡镇街道、学校，设立流动售书处，提供科普、实用技术、文化、教育等类图书，供干部群众和师生选购。至 2006 年，教材发行做到连续 27 年课前到书，2006 年实现销售 480 万元，利税 41 万元。

2007 年，全县学生全部享受免费教材。

第四节 图书收藏与阅览

一、图书收藏

县图书馆为全民所有制事业单位，1988 年在编职工 4 人。1992 年 8 月，绵阳市文化局组织考评小组对县图书馆的办馆条件、管理水平、业务建设、少儿阅览、业务辅导、以文补文等项目进行考评，达到四川省文化厅制定的三级标准。1997 年 1 月，绵阳市文化局考评小组再次对县图书馆达标情况进行验收，县图书馆达到部颁省三级图书馆标准。2005 年 9 月，四川省文化厅批准北川县图书馆为三级图书馆。

因购书经费匮乏，加上图书价格猛涨，在 1988—1997 年 10 年间，县图书馆仅新增书刊 6045 册，年均增加新书 600 余册。1997 年，县图书馆实有书刊 30290 册，其中期刊报纸 7594 册，自然科学 5945 册，社会科学 15486 册，综合图书（含少儿图书）1265 册。馆内设有地方史料专柜。藏书库房约 60 平方米。在所藏书籍中，文学书籍大都陈旧不堪，哲学、自然科学等几大类书籍断代，总藏书量全县人均 0.19 册，与四川省要求人均 0.3 册差距甚远。

1998—1999 年，采取购买、单位赠送等形式增加馆内图书量，年增添图书 2500 余册。至 1999 年年底，馆内共有藏书 35000 余册，总藏书量全县人均 0.22 册。

2000 年，因经费紧张，全年新购图书 160 册。

自 2004 年起，将购书经费列入县财政预算，每年 5000 元。

2006 年，县财政提供 2 万元的专项购书经费，订阅报纸 12 种，杂志 55 种，购买中外名著、自然科学、医学卫生、少儿书籍等 885 册。是年绵阳市图书馆为北川图书馆配备电脑 8 台，补助文化信息资源共享工程建设资金 1 万元，四川省文化厅补助建设图书馆经费 5 万元，支持北川图书馆事业的发展。

2007 年，县图书馆订阅报刊 15 种、杂志 62 种。5 月，投资 1.5 万元，在县政务服务中心建立 120 平方米集电子网络阅览、图书借阅、少儿阅览为一体的综合性文化惠民阵地。是年国家图书馆捐赠图书 4000 册、过期刊物 2000 册，红十字会捐赠图书 2000 册。

二、图书阅览

1988 年，县图书馆借用县文化馆二楼房屋 200 平方米开展阅览服务。1989 年年底，建筑面积 1040 平方米的图书馆综合大楼竣工后，在二楼开设 81 平方米综合阅览室、50 平方米少儿阅览室，置阅览桌 41 张、阅览椅 102 把、小方桌 4 张、书柜 4 个、书架 6 个、报架 3 个。阅览室除法定上班时间开展图书借阅和图书阅览外，星期六、星期日和节假日均对外开放。自 1996 年下半年起，增加中午图书阅览时间，方便企业、厂矿职工阅览图书。自 1996 年年底起，在县图书馆综合大楼前设置阅报栏，挂置人民日报、四川日报、绵阳日报、四川文化报等，并坚持每天更换，受到群众欢迎。

1988 年，县图书馆订报 16 种、期刊 87 种，内阅 12800 人次，外借 10460 册次；1997 年购书 283 册，订报 19 种、期刊 92 种，内阅 19083 人次，外借 18200 册次。由于电视、网络的普及，获取知识和信息的渠道多样化。面对新形势，县图书馆通过开展读者问卷调查、召开读者座谈会、举办寒假免费图书展阅活动、编印书刊文摘小报、开展预约借书、送书到校、组织学生参加读书知识竞赛等活动，吸引读者兴趣。2001 年，全馆图书流通量 20291 册次，其中外借书 14568 册次，馆内接待读者阅览、查阅资料 5723 人次。2003 年，全馆图书流通量 20893 册次，其中外借书刊 15786 册次，接待读者 5107 人次。2005 年，经县有关部门协调，落实电脑 8 台，服务器 1 套及相关软件，实施数字化信息网络建设。2006 年，实行馆内轮岗值周制度，营造干净、温馨、和谐的读书氛围，是年接待读者 6732 人次，外借图书 8936 册次。此外，大力开展文化资源共享活动。3 月初，参加科技文化“三下乡”活动，到乡镇进行科普知识宣传，向农民朋友赠送书籍，散发科普知识资料，接受咨询。4 月中旬，配合绵阳市“一会一节”的活动安排，与县地方志办公室共同设立地方文献资料专柜，展示反映北川地情书籍和史料。“六一”前后，到周边学校向青少年广泛宣传“走近图书馆”，免费为青少年提供服务。2007 年，取消图书借阅收费制度，免费向社会开放图书馆。与曲山、白坭小学等学校和武警北川县中队建立流动图书室。争取四川省图书馆 10 台“易播宝”，投入县内部分乡镇使用。

第五章　文化市场管理

第一节　文化娱乐网点

1988 年，县内有印刷单位 2 家、文化茶园 1 处。

1993 年，文化娱乐场所增至 113 处，其中录像放映 27 处、台球 19 处、茶园 18 处、电子游戏厅 33 处、卡拉 OK 厅 5 处、歌舞厅 2 处，另有图书租赁、打字复印、音像制品零售出租等。

1997 年文化娱乐场所增至 169 处，其中茶园 60 处、台球场 30 处、卡拉 OK 厅 16 处、歌舞厅 11 处。

1999 年，文化娱乐网点快速增加，全县文化娱乐场所 250 处，主要有茶园、卡拉 OK 厅、歌舞厅、录像厅、台球场等。此后几年，随着市场需求的变化，文化娱乐场所的门类和数量稍有减少。

2004 年，全县有 10 类文化娱乐经营户 209 户，其中歌厅 5 家、卡拉 OK 厅 18 家、电子游戏厅 20 家、文化茶园 110 家，音像制品零售 4 家、录像放映 4 家、书刊摊点 19 家、打字复印 10 家、网吧 19 家。

2006 年，全县有网吧 19 家，音像制品经营单位 44 家，歌舞娱乐场所 11 家，电子游戏经营场所 20 家，书刊零售单位 6 家，打字复印单位 14 家，印刷单位 2 家。

2007 年，全县有网吧 23 家，音像制品经营单位 40 家，歌舞娱乐场所 15 家，电子游戏经营场所 24 家，书刊零售单位 8 家，打字复印单位 18 家，印刷单位 2 家。

第二节　文化稽查

1988 年，县内文化市场由县文教局文化股管理。1994 年 4 月，建立县文化稽查队，设队长 1 人，专兼职稽查人员 12 人，负责宣传贯彻执行党和国家关于文化市场管理的法律、法规、政策，组织文化市场经营者学习培训，实施对文化经营活动的检查、监督及违法活动的查处。10 月，县政府制定《文化市场管理办法》，对县内文化活动的经营提出具体要求。

按照相关规定，县文化稽查队对文化市场采取集中整顿和经常性稽查相结合、消极惩处与积极引导相结合等措施进行管理。1988—1997 年，在文化、公安、工商等部门配合下，收缴非法音像制品 562 盒，取缔电子游戏室带赌博功能的老虎机、角子机、苹果机、翻牌机等 130 台，扣缴电脑板 64 块，取缔无证经营录像放映点 2 家，拆除不规范的包厢 20 个，没收放像机 2 部，查获淫秽录像带 32 盒，社会文化市场得到有效的净化。

1998 年，县文化稽查队及乡镇文化专干得到调整充实，管理制度得到建立健全，县文化稽查队分别与县直文化单位和各乡镇签订目标管理责任书，形成统筹规划、分工负责、逗硬考核的管理机制。在加大宣传教育力度的同时，针对县内文化市场无证经营或违规经营较为突出的现象，定期或不定期组织各类检查，对违规经营业主吊销许可证，对有奖电子游戏厅强令撤出，对盗版、淫秽影碟予以收缴。

2000年后，重点开展“扫黄打非”工作。河南焦作“3·20”特大火灾后，确保娱乐场所安全成为文化稽查的重点之一。县文化稽查队每年与县安全办（安监局）、县消防大队、县公安局、曲山派出所一道对县城及周边乡镇的文化单位和娱乐场所进行联合检查，对隐患较严重的文化经营场所责令停业、整改。

2003年，通过集中清理、联合检查、召开会议等形式，文化市场非法经营活动得到有效遏制，重点整顿网吧，同时加强对音像制品经营户的清理，打击走私、盗版等不法行为，提高正版音像制品的市场占有率，保护知识产权。

2004年，县文化稽查队聘请县人大、县政协、县交通局等部门的干部12人担任网吧监察员，对网吧进行监督。按照统一要求开展网吧整治、学校周边环境治理和“扫黄打非”工作，查处违规接纳未成年人上网的网吧、游戏厅，取缔无证经营的黑网吧，收缴赌博性质的游戏机电路板、黄色影碟、违禁书刊。

2005年，设立文化市场统一举报电话“12318”，方便群众监督和举报。

2006年，坚持“一手抓管理，一手抓繁荣”的原则，从严审批文化市场经营户，加强对文化市场的宏观调控，从严打击违法经营活动，全县发放网络文化经营许可证19个。强化监控，全年县文化稽查队出动检查849人次，受理案件1件，办结1件，没收非法音像制品319盒（盘），非法书刊11本，停业整顿1家。

2007年，围绕“构建和谐文化市场”的主题，开展文化市场执法检查，集中解决网吧、音像、娱乐等文化市场中存在的突出问题，预防安全事故，保障合法权益，保护知识产权，构建和谐平安文化。

第六章　物质文化与非物质文化遗产

第一节　物资文化遗产

一、遗址

桂溪旧石器时代遗址　1989 年，在县境东部桂溪乡甘龙洞（裂隙）发现一批化石材料。经中国社会科学院研究员叶茂林和中国科学院研究员黄万波、顾玉珉鉴定，其中一枚人类左下侧门齿化石，属一青少年个体，系晚期智人，距今约一两万年。

2005 年 8 月 10 日至 9 月 15 日，四川省文物考古研究院对甘龙洞附近的烟云洞旧石器时代遗址进行发掘，取得重要成果，再次证明县境两万年前就有人类栖息。烟云洞实际发掘面积约 58 平方米，清理出 5 处遗迹，其中有更新世晚期的火塘 1 处、灰坑 1 个、灰烬遗迹多处，以及一些石器和动物化石。由于发掘出土的石器标本数量极少，不便于与同时期其他遗址或地点出土的器物进行对比研究，但所清理出的更新世晚期火塘和灰坑在四川地区属首次发现，用火遗迹在四川省境内是继汉源富林遗址之后的第二次发现。烟云洞考古新发现为四川地区旧石器时代考古研究提供了一批重要资料。

红军战斗遗址　红四方面军长征进入北川后，与国民党川军展开激烈战斗。在千佛山、佛泉山、插旗山等地，因海拔高度达数千米，未受到农耕活动影响，红军战斗遗迹尚有部分保存，红军修建的战壕清晰可见，其规模全国罕见。

二、建筑

军事设施　北川位于四川盆地边沿，自唐代至明清，封建统治者为了保障川西北平原地区的安全，先后构建多处军事防御设施。

唐代威蕃栅。唐代初年，吐蕃东渐，其势力抵达县境西部。贞元十九年（803），剑南西川节度使韦皋率军三万反击吐蕃，收复大片失地。为防止吐蕃沿北川河谷南下成都平原，在县城（今禹里）以西 30 里，即今青石置威蕃栅，设兵守之。按旧志记载，威蕃栅是县境最早的军事设施。明代在此建有名为青㭎堡的军事城堡。

宋代石泉城。禹里自唐贞观八年（634）成为石泉县城，此后数百年中，均未修建城墙。北宋政和七年（1117），为加强对北、茂一带羌族的控制，在禹里设置管辖北川、安县一带的石泉军。南宋绍兴年间，平凉侯魏禧镇守石泉 13 年（1144—1157），除完善官府衙门、首建管理教育的学宫外，还修建石泉土城墙。

明代“五关”。据《明史・地理志》记载，石泉县境凭借险要地势设有五个“关”，即松岭关、石板关、奠边关、大方关、上雄关。松岭关又名曲山关，在今县城曲山北面的山梁上。石板关，在墩上东兆二里许的山坡上。奠边关，在开坪乡永安村山口。大方关，在白坭乡鲜艳村山梁。上雄关，在禹里场镇北面。这五关，明代均建有军事城堡，只是修建时间有先有后。上雄关在当时的县城（今禹里）附近，其余四个城堡所在位置大致是当时石泉县辖区的边界，遗迹尚存。上雄关到民国时期“炮台犹存”，后毁废。

明代军事城堡。自天顺四年（1460）开始，明代官军先后五次在县境修筑军事城堡。

第一次，天顺四年（1460）。是年羌人攻击石泉县城，“烽火及于安绵”。茂州卫指挥曹敏奏请朝廷修筑城垣关隘，后由镇守茂州的参将周贵、都指挥李文、副使刘清赶往石泉商议，决定将石泉（今禹里）的土城墙改用石砌，并在绵茂干道上修建擂鼓坪堡、曲山关、烂柴湾堡、鱼滩子堡等城堡，调派茂州卫军100名、成都后卫军300名共同驻守。参与城堡修建的有茂州卫副使刘清、都指挥何洪和成都知府席贵等。石泉石城墙长740丈，高1.5丈；城壕深5尺，宽3尺。建有三门，南名阜民门，北名镇远门，东名宏文门。清代，缩小规模重建。民国时期，城墙大部尚存。20世纪70年代，为扩建场镇，才将城墙城门全部拆除。

第二次，成化十一年（1475）。成化年间（1465—1487），羌人东入龙州、南下安县一带活动，驻防官军皆不能守，管理“白草番地”的龙州土司李胤实束手无策。于是将本属白草番地的大印（今平武县境内）等处改由龙州薛姓土司宗室薛永威“督兵驻扎”，并新修8个城堡，加强防守。薛永威所建城堡在今北川境内的有罐子堡（在今陈家坝）和徐坪堡（在今垭上）。

第三次，成化十四年（1478）。是年四川巡抚张瓒由擂鼓坪发兵，经禹里溯青片河而上，转而至茂州，对沿途羌寨进行大规模扫荡。事毕，修筑坝底堡、石板关、石泉堡、白印堡、青椚堡等城堡，留兵守之。坝底堡，城周365丈，是当时仅次于石泉县城的最大的军事城堡，也是官军在北川境内的防御中心，常驻兵力达数百之众。除坝底堡外，其余城堡规模均不大。石板关，城周57丈；石泉堡，城周57丈；白印墩，即故白印堡，墩高2丈5尺；青椚堡，城周110丈。

第四次，嘉靖十一年（1532）。是年，白草羌袭击坝底堡，都御使宋沧奉命溯白草河进行征伐。事毕，在开坪乡大鱼口修筑平番堡，在麃子坪（开坪乡境内）修筑赤土堡，留兵数百守之。开坪乡永安村之奠边关可能为当时所筑。奠边关，原名奠酒关，城垣53丈。

第五次，嘉靖二十六年（1547）前后。此前，县境发生大规模动乱，史称“白草番乱”。松潘总督何卿与四川巡抚张时彻奉命率三万多官军征伐。出兵之前，即1546年春夏，何卿先在被羌人攻陷的开坪乡大鱼口平番堡数百米外的永安村另建一城堡，即永平堡下城；大胜之后，即1547年，新建永平堡中城和上城，取代原平番堡。另在伏地堡新建伏土堡，取代原麃子坪之赤土堡；在都坝乡皇帝庙村新建伏羌堡，取代罐子堡、徐坪堡和位于今平武县境内的平通堡；为堵塞青片河流域羌人外出的通道，在坝底堡对岸之水田村增筑周长410丈的边城。此外，在永平堡与伏羌堡之间，还有两座城堡，即位于开坪乡全益村与白坭乡梓潼村交界处的万安堡、白坭乡鲜艳村城子梁的大方关，亦为当时何卿所建。

明代所建城堡均有官军常年驻守，多者数百人，如坝底堡、永平堡、伏羌堡，少者数十人。清代以后，地方安宁，军队裁撤，城堡逐渐毁废。现仅永平堡、万安堡、大方关、伏羌堡等四座城堡保存较为完好，伏土堡、奠边关、石板关尚有部分城墙保存，其余城堡难寻踪迹。至2007年存在的城堡遗址中，永平堡于1991年被列为四川省文物保护单位，伏羌堡1998年被列为绵阳市文物保护单位。

永平堡简介。永平堡遗址位于开坪乡，坐落在龙门山脉的延续部分三面山半坡，西面有白草河，北面有小园沟。城堡据险而筑，利用山势与河流，形成易守难攻之势，是屏蔽川西北平原的要塞。

永平堡遗址包括上、中、下三城和城外附属设施，总面积900多万平方米。三城依山取势，从下往上，顺序而建。下城位于大鱼口以上数百米的牛背山梁，南面为一高数十丈的悬崖。城为长方形，南宽北窄。东、西墙长75米，南墙长47米，北墙长41米。残墙高8米，厚5.4米，墙体用粗加工条石垒砌，碎石、泥土填心。城东、西面各开一门，东门保存较为完整，门宽2.9米，高2.7米。城内有指挥台、营房、哨所等遗迹，并有残石臼一个。

中城位于三面山半腰，连接上下两城，在三城中规模最大，保存较好。城堡由内墙和外墙构成“回”字形布局。外墙全长近 600 米，高 10.4 米，宽 8 米，内墙全长 319 米，高 9.5 米，宽 7 米，城内总面 1.3 万平方米。东西两面各开一门，西门已毁，东门尚存，门宽 2.7 米，高 2.4 米，厚 1.35 米。墙上有一门杠穴，直径 0.25 米，深 0.3 米。门左侧墙壁原加嵌石碑一块，现碑毁，仅留下碑框痕迹。内城亦在东、西两面各开一门，东、西门侧各设监狱一座。东门监狱 109.6 平方米，西门监狱 210 平方米，均为方形。城堡占地为一斜坡，南高北低，由东西走向的两条石砌地坎减缓城内坡度。内城中心一平地上，曾是指挥使驻地，也是松潘总兵巡行驻地，俗称“松潘正堂衙门”。门前用粗条石砌有 24 级台阶，由下而上逐渐收小，台阶通高 7 米，下面宽 6 米，上面宽 1.5 米，呈“八”字形状。中城东侧 100 米处有一平坦之地，面积约 5000 平方米，为当时的校场。

上城在三城中位置最高，位于墩包山顶。城为长方形，南北墙长 97 米，东墙 41 米、西墙 35 米，残高 4.2 米，宽 4.8 米，南北各开一门。城南面有一关口，利用天然两小山之间的垭口而建，是奠边关遗址。沿山顶修筑一条长约 420 米的城墙和面积约 1000 平方米的守兵营房，马房残存墙高 6 米，宽 2.5 米，关口通道宽 1.7 米，墙厚 2 米，残高 1.9 米，城内有残石臼一个。

此外，在永平堡周围有 9 个被称为“墩”的烽火台，分布于三城的南北两面，南面 5 墩、北面 4 墩，墩与墩之间一般相距数百米。墩用石块垒砌而成，上小下大，一般长宽 7 米左右，现残墩高仅剩 2 米左右。墩上原各立有 10 米高的灯杆传递信号。城与城之间，城与墩之间均有石砌小路相连。

九个墩的名称及位置：观化墩，在狮子包；喜红墩，在笼子坪；云峰墩，在云峰山顶；城后墩，在中城后面；走马墩，在走马庙后；兴名墩，在永安村六社；小园墩，在高坪村；白云墩，在白云庵西侧；护水墩，在陈井岩。

永平堡构成关、堡、墩联为一体的防御体系。以永平堡三城为中心，其周围分别设有奠边关、伏土堡、艾林堡、万安堡等，散布其间的是远近不等的大量的墩。关以险据，堡为中坚，墩为报信联络之用，构成一个严密的军事防御网。

永平堡的城墙，则因地制宜，就地取材筑造。当地羌人自古即用石块垒砌为屋，这种石砌建筑至今散布在北川的群山之中。永平堡的城墙皆以岩石为材，粗加工为条石，层层垒砌，中间用碎石泥土填充，石与石之间涂抹黄泥浆，衔接紧密，墙的内侧与地面垂直，外侧则稍向内倾斜，城墙高达十几米，外形美观，坚固耐久，别具特色。

永平堡作为明王朝在川西北的军事要塞，自建成后，在镇压少数民族，稳定边远地区，屏蔽川西北平原等方面作用明显。永平堡遗址是至 2007 年发现的川西北地区较大的明代军事遗址，它对于研究川西北少数民族的政治、军事，以及明王朝对少数民族的统治等方面都有重要的意义。

牌坊　“神禹故里”坊，位于禹里以南三里许石纽山下，清乾隆三十三年（1768）石泉知县姜炳埠所建，木质结构。上有姜氏所撰写的“神禹故里”匾额及楹联：“石纽之村笃生圣人皇皇史册古迹常新，刳儿之坪产石如血青莲好古大书禹穴。”民国 33 年（1944），县长施时德进行修葺，并邀知名人士魏景虞在其上题写“八年三过，卑宫菲食”八个大字，彰扬大禹的丰功伟绩和崇高品德。原坊 1966 年在“文化大革命”中被毁，1991 年移址于治城大桥下方重建。

庙宇、教堂　禹王庙。据《新唐书》记载，唐代建石泉县之前，石纽山下已有禹庙，当地人认为大禹生于六月六日，每年这一天，都要到禹庙致祭。延至宋代，战乱频繁，禹庙毁废。南宋绍兴二十八年（1158），镇守石泉的知军赵公（佚名）在石纽山下重建一座富丽堂皇的大禹庙，隆重纪念大禹。这是县内有明确记载的第一座大禹庙。此后，石纽山麓的大禹庙一直由官方主持修葺或重建，直到民国 24 年（1935）毁于战火。除了石纽山麓，县内尚有多处民间修建的禹庙。民国时期尚存的有：禹穴沟口禹王庙，始建时间无考；禹里东门外湖广馆，内供大禹像，道光十一年（1831）建，为两广人会馆；通口场禹王宫；陈家坝禹王宫，初建于老场，民国 10 年（1921）迁建于罐子堡，即今陈家坝场镇，正殿供大禹像；擂鼓坪上场外禹王宫，清乾隆年间建，正殿供禹王像；片口场上街禹王宫，内供禹王，为湖北人会馆。新中国成立后，上述禹庙或自然毁废，或改作他用。20世纪80年代后，民间筹资在禹穴沟金锣岩河滩、禹里卷洞桥山梁、石纽山山腰原东岳宫旧址以及县城曲山北郊新建四处禹王庙。90年代初，金锣岩河滩的禹王庙被洪水冲毁，县旅游部门筹资在禹穴沟口重建，取名禹王宫。

其他寺庙。县内居民历来以羌族为主，次为汉、藏族，明清以后，受佛教、道教、藏传佛教等宗教影响，陆续修建相应的庙宇。2007年，被列为开放宗教场所的有擂鼓圆通寺，被列为文物保护单位的有陈家坝观音堂，均为佛教活动场所。

教堂。19世纪末，天主教传入县境北部，所建片口天主教堂、小坝上沟村天主教堂至2007年仍是合法的宗教活动场所。县内回民仅数百人，却一直保持两处宗教活动场所，即曲山清真寺和擂鼓清真寺。

古桥　县境沟壑纵横，古老的溜索成为最常见的渡河工具。除此之外，另有各式各样的桥梁，最具代表性、新中国成立后尚存的是位于禹里的篾索桥、木桥和石拱桥。

溜索。古称“笮”，俗称溜壳子。用粗大的竹缆绳横张两岸，两端系于大树、巨石或大木桩之上即成。仅一根竹索者为平溜，用两根竹索各一端高而另一端低者为陡溜，又称为鸳鸯溜。在索上贯一半圆木筒（俗称溜筒或溜壳子），筒外系绳，缠于人之腰际，攀索前行，即达彼岸。至20世纪60年代，溜索在县境仍随处可见，其后竹缆逐渐改用钢缆。20世纪90年代后，钢缆溜索被桥梁取代。在猿王洞等旅游景区，业主建造钢缆溜索供游人体验，惊险而刺激。

篾索桥。用几根碗口大的竹缆并列，横张两岸，上铺树枝、竹笆，就成为篾索桥。县内有记载的第一座篾索桥位于禹里南面，明洪武四年（1371）石泉主簿卢子亨创修，名登云桥。此后一直沿用到1962年，才被钢丝绳索桥取代。篾索桥须每年更换，为解决所需竹子和费用，县衙在禹里附近划拨上千亩竹林作为公产（现名官竹林），设立称为桥公会的机构负责管理。

楼桥。又名风雨廊桥。木头架桥，是解决小跨度溪沟交通问题的最好办法。县内有记载最早的木桥位于禹里北面，名为卷洞桥，明万历年间（1573—1620）艾林土司（驻地在开坪乡安林村）李世选创建。以巨木为桥梁，上铺木板，两侧设木栏，既保安全又可供路人憩息，桥顶用椽瓦覆盖，状似楼房，俗称桥楼子。20世纪70年代被公路桥取代。

弓弓桥。民国《北川县志》记载，在开坪蛇溪沟，路隔大河，河宽四丈多，当地人用大树连皮带尖，两木之梢相接，用竹篾捆之，即成一拱桥，两边护以树枝作为栏杆。见者无不称为绝技。

石拱桥。县内最早有记载的石拱桥在禹里附近的水磨沟。水磨沟口原有一座楼桥，民国16年（1927）夏天被洪水冲毁，是年动工在其上方修建一座石拱桥，取名普缘桥。因主持修桥的县长姓张，当地人便一直将其称为张公桥。由于张公桥在公路线上游，未遭人为拆除，至2007年仍保存完好，被列为县级文保单位。

民居　明清以来，县内民间经历由石碉房到木屋的演变，至2007年仍保存着各类建筑的遗迹。

青片乡大寨子碉房遗迹。县内羌民历以碉房为居室，明清以后受社会环境变化、汉文化影响以及生活水平提高等因素的影响，逐渐以木质房屋取代石碉房。县境山势陡峭，少有大块平地可作宅基地，羌民改建木屋时，为使用原有屋基，不得不将碉房拆毁，因而全县大部分地方已见不到此种羌族传统民居的遗迹。青片乡上五村大寨子位于半山上，据当地老人口碑，这里原有88户人家，男妇数百丁口，后来大都外迁或下至河谷。由于羌民迁离原址，无须为了宅基地去拆除旧房，其地的碉房得以保存，成为县内规模最大、保存最完好的羌族传统民居遗迹。

青片乡正河民居。清代中后期，县境中西部的羌民仍然普遍使用碉房。碉房与汉族建筑截然不同，因而被封建统治者看成是异类文化的象征。清同治六年（1867），青片乡正河村儿巴垭杨姓人家新建几间汉族地区随处可见的木结构平房，赵知县特意赠送一块上书“修名之立”的匾额进行褒扬。由于有地方官员引导，加上汉文化影响逐渐加强，此后百余年中，正河村羌民陆续将住房改为木质吊脚楼，但仍有几处石砌碉房尚在使用，而废弃的碉房残墙断壁则随处可见，堪称反映羌族住房演变的博物馆。杨家当年所建木屋现仅剩一间，大部分已被拆除，赵知县所赠匾额却一直被完好保存。在大鸭渡王姓人家还有一套规制相同的木屋，修建时间稍晚，至2007年基本保持原貌。其大门上悬挂一方祝寿的金字匾额，是清末永坝抚夷厅负责人（俗称坝底抚夷）所赠，虽历经百余年，仍鲜亮如初。

李家大院。县境内至2007年仍保存着许多一百多年前的木质建筑，其中李家大院最具代表性，成为研究古代川西北民居的标本。李家大院位于通口镇茶园村，始建于清咸丰年间，至2007年已有150多年的历史。整个建筑主要由三进院落构成，共有十二个天井，规模宏大。由于地理位置和交通条件的限制，形式上沿袭内地木结构房屋样式，建筑材料就地取材，主要采用当地的石材和木材。在布局结构及使用功能方面十分协调，达到建筑布局和生产生活的统一、建筑装饰构件和结构构件的统一、建筑与环境的统一、建筑装饰色彩与环境色彩的统一、人与自然的统一、防御与安全的统一。大院的细部装饰十分精美。庄园的门窗、屋顶、楼梯、磉磴等雕刻有精细的图案。无论是动物、植物，还是吉祥图案，均寄托着人们的某种理想和祈盼。据推测，大院的主人可能是来自省外的富商或地主。宏大的建筑规模，显示当年居住在这里的李氏家族极其兴旺。不知何故，这个显赫一时的家族最终走向衰败。新中国成立后，院内的房屋被分给十几户贫苦农民居住。由于年久失修，特别是“文化大革命”期间部分极有价值的建筑物附件受到破坏，难见昔日的辉煌。

三、石刻

摩崖石刻 “石纽”石刻。禹里南一里许的石纽山半山腰，有一片石林，其中两尊巨石相互纽结，巨石上有阳刻汉隶“石纽”二字，被视为大禹故里的标志。民国时期，有人将禹里“石纽”石刻复制成碑立于浙江绍兴大禹陵，并在“石纽”二字下方镌刻7行竖排的跋文：“此二字未审何人所书，并在石泉其地，距禹穴廿里，为古石纽村。纽字犹奇，横无匹，或仍太白，亦未可知，存以俟考。壬寅季秋撤荆后三日辛湄陈漳再跋。”

“甘泉”石刻。石纽山对岸山麓的崖壁上有“甘泉”摩崖石刻。旁有泉池，池水清澈，冬暖夏凉，四季不断。据明代曹学佺《蜀中名胜记》载：“县有甘泉，崖上刻.甘泉古迹.四字，县因以名。”清道光版《龙安府志》和《石泉县志》载：甘泉，在县南二里。山畔刻“甘泉古迹”四大字，下又有泉水自石罅中流出，冬温夏凉，味甘且洌，县因以名。都肯定石泉县得名于“甘泉古迹”，可见是唐代以前所刻，至2007年仅存“甘泉”二字，且字迹漫漶不清。

“禹穴”石刻。禹里以北十余里的禹穴沟，有两处“禹穴”石刻，因字体大小不同而分别称为“小禹穴”和“大禹穴”。“小禹穴”在距洗儿池不远的绝壁上，虫篆体，字大70余厘米，据《四川通志》载：“传为大禹所书。”距“小禹穴”数百米外的金锣岩上有楷书“禹穴”二字，“大径八尺”，“仙才天放，谨严有度”，据宋、明、清史志记载，为李白所书。

小坝石刻题记。县境北部小坝下场口桥西侧岩壁上，有元世祖至元二十七年（1290）摩崖石刻题记一方，记录当时地方政府与当地少数民族之间一次盟誓，是不可多得的历史文物。石刻题记高106厘米，宽114厘米，碑文系真书竖行，共15行，每行4至18字不等，全文共208字，由于风雨剥蚀，字迹漫漶，其可识者仅162字：

石泉县西□□□□□□□本县荣□本

□□正申□□不时□□□军奉到

上旨□□□□抚镇遇事除□□先遣蛮

官□□□□□□□□□旋蛮官漏定细善

当□□□带引七十余人率众来降
□镇□□□□令中人于七月二十七日集此
□□□□人等无不悦服□记木刻记事
□心归顺
大元盐茶道路通行□□不敢□□害人作
耗偷盗一切作过蛮汉一百余人共同
打狗埋石为誓违者愿归犬口而亡
恐其翻异真书大字刻石路侧意
欲犯者往来观之必自畏惧今立万
年不悔之心故记石也
至元二十七年七月二十七日书

“江山雄壮”石刻。都坝乡皇帝庙村伏羌堡后方一连山巨石上，刻有“江山雄壮”4个楷书大字。上方有小字“□羌”，推测为“伏羌”，即该处城堡名称。落款为6个“督工总旗”的姓名，其字已漫漶不清。按明制，“总旗”是带兵50人的下层军官。伏羌堡建于明嘉靖二十六年（1547）松潘总兵何卿征伐北川羌族之后，城堡建成后再无战事发生。“江山雄壮”是戍守伏羌堡的官军于明万历年间（1573—1620）所刻。

“石泉”石刻。禹里场北门外湔江岸边，有泉水自石隙流出，冬暖夏凉，四季清澈，旧为附近居民的生活水源。泉水经石壁注入湔江，石壁上刻有楷书“石泉”二字，何人何时所刻已不可考。“石泉”石刻于20世纪80年代扩建电站水堰时被毁，仅留存照片。

碑刻　岣嵝碑。又称禹碑，原立于禹里石纽山麓禹王庙中，明嘉靖四十年（1561）镇守石泉的官军守备周宗刻建。上镌刻蝌蚪文77字，《四川通志》等文献记载：“碑上蝌蚪文自衡山拓来”，“此系大禹所书，文字奇古”。每个蝌蚪文字旁边刻有一个楷书汉字，是明代新都籍状元杨慎所作的释文。碑上还刻有绵州进士高简撰写的《岣嵝碑跋》，叙述周宗刻建岣嵝碑的缘由：

“成都玉泉周君宗备戍石泉，过钟阳书院曰：将建禹王庙，欲求岣嵝碑刻之而未得。予取□山所藏授之。□石泉石纽山，禹产地也。今□□边圉乃为之庙，可谓有志于古矣。昔禹□师振旅三旬，有□□，周君之意思，岂非欲修文德以化戎，而为之庙貌乎哉？又因石纽之灵以为之志思焉，其亦异诸人矣。然禹之迹犹未甚彰，今得禹碑，而神圣书法科斗古文宛然在目。夫书也者，心之影也。神明变化，于是乎不可掩矣。昔之人求之千载而不可见者，每用悼惜。乃周君一朝而获之，遂刻之以壮石纽之灵，岂非兹山之奇遇？予嘉周君之志，爰释文于前，而书此以为石泉感事云。

“□皇明□□庚申七月朔日，前进士第文选郎□□州大□山人高简顿首志，巡视石泉利州卫千户赵勋臣刻石。”

原碑于民国24年受到损坏，残碑保存于大禹纪念馆。

誓水柱。立于禹里望崇山下白草河与青片河交汇处，上刻有虫篆体十二字，宋《淳化阁帖》释为“出令聂子星纪齐春其尚节化”。其义难懂，传为大禹治水时出的手令。民国时期尚存，后毁废。

“何公生祠记”碑。位于开坪乡永平堡中城南面150米处。明嘉靖二十六年（1547），松潘总兵何卿及四川巡抚张时彻等“驱数万之兵深入羌地”平定“白草番乱”后，经军政官员们商议，决定在石泉县城（今禹里）、坝底堡和永平堡为还健在的何卿修建三处祠堂，并勒碑纪其事，颂扬何卿平羌之功。由于时间久远，三处生祠俱已毁废，唯建于永平堡中城旁的“何公生祠记”石碑尚存。碑高2.45米，宽1.83米，保存基本完好，仅部分字迹漫漶。当地羌民在其上放置一块白石头，说是可以避邪。碑文由绵州进士高第撰写，记述修建何公生祠的来由：

“守备都指挥耿君垚遣其僚友寄书于第曰：属者，垚与百执事奔走总戎何公僚下，有事于白草逆羌。

未几，元恶授首，诸塞削平，垚辈赖以逭责，边境赖以底宁。罔不感颂公德？乃合谋创为生祠，将肖公降于中，晨夕瞻仰，其庶乎系边人之永思也，敢以记请。第辞之不获，曰：“诸君知公所由以成功乎？是为中丞（指巡抚）东沙张公极扬以荐诸上，公始自京营受命而来，亲冒矢石，出奇制胜。不数月而大功告成。夫谋定而豫，令行而肃，实唯张公尸（主持）之。且公之功将书诸史册，铭诸鼎彝，以传诸无穷，抑且待生祠而后显耶？”诸君曰：“是祠也，非徒以白草之功尔也。公自提督坝底，懋著劳勣。仍累晋秩，以至今官。历涉川贵三十余年，所至用兵如神。其在松潘为最久。唯公有京营之寄，使其时公不得命，则虽吾张公以海内名硕尸诸其上，欲驱数万之兵深入羌地，则将谁与也？夫自昔言之，公功在诸路者，不啻十倍于今；由今观之，公功在白草者，独为震耀于昔。所谓史册鼎彝，有国之公典也；生祠是创，众人之私议也。第乃谓诸君曰：公诚有功于全蜀。顾常见公举事深沉而不露，及其有功，则退然不以宣诸其口。或为公称贺，公则毅然曰：是主上威德所致，卿何与焉？虽古之名将，不过是也。诸君之为生祠，夫岂有此公意哉？其亦有考于前闻乎？诸君曰：有。独不观诸有宋安丙乎？丙为蜀制置使。平吴曦之乱，蜀人感之。当为立祠矣，大儒魏鹤山先生实记其事。丙在当时，不闻辞拒。使于义不可，鹤山亦岂苟焉以徇人哉？夫曦之乱，乱在一人，比于诸路羌夷世为蜀患者何如？子何不为鹤山，以慰我边人之私耶？第闻其言有征也，咨嗟久之，乃直书以为祠记。祠在新建永平堡城东，乃公旧常屯兵之地云。”

何公生祠碑落款有参将李继武、游击将军曹克新，以及镇守坝底堡、永平堡、安县睢水关、平武大印堡等中心城堡的提督，还有龙州宣抚使薛兆乾、利州卫千户赵勋臣等，都是当年参与征伐北川羌族的平武、北川、安县、广元一带的军政头面人物，反映出何卿在这一带的地位和影响。

“重建夏禹王庙记”碑。位于石纽山麓禹王庙中。刻建者姜炳璋，浙江象山人，进士，清乾隆年间担任石泉知县。在任期间，兴修水利，劝民农桑，注重发展经济；热心兴办教育，创建西山书院，亲为学子授课。更为可贵的是，姜炳璋为北川编纂了第一部志书——《石泉县志》。书中除按常规记载石泉的建置沿革、山川物产、民情风俗之外，还收录大量关于大禹生于石泉的史料、艺文，以及历代有关北川少数民族的史料，为后世研究大禹文化和少数民族历史文化提供出重要依据，成为北川珍贵的文化财富。为弘扬大禹文化，姜炳璋倡议并带头捐款集资，重建石纽山下的禹王庙，撰写《重建夏禹王庙记》，记载重建禹王庙的缘由：

“粤考记载，神禹生于石纽村。诸儒作地舆志，皆以石纽为石泉；而子云氏为蜀人，《蜀都赋》不之及。王稚表云，雄《蜀记》及之。考常璩《华阳国志·序》，信有《蜀记》，而世罕传本，未知王氏从何见之也。邑石纽山下旧有庙，《新唐书》志之，王氏谓始于宋者，非是。万历间（1573—1620），邑令赵可扬尝修庙，后圮。国朝康熙九年（1670），署令杨公柱朝重建新宇。乾隆甲申（1764），予宰邑谒庙，摧颓剥落，又将圮焉。爰谋诸学博吕公仪表，诸生张赟、李璪、李琊，皆乐襄厥功。于是斥奉为之倡。正殿易而新之，别建大门一间，门左右各三间。建后堂，祀圣父崇伯、圣母有莘氏。又建神禹故里坊。落成，诸生以记请。予曰，神禹之祀遍寰区，岂独石泉一隅哉？其在蜀南，宋立庙于夔门，元立庙于巴之涂山，前明立庙于成都。其于石泉，则随举随废。夫以神圣桑梓之地、降生之邦，而不得世修明祀。涂山且祀圣后，谓启贤敬承，有母教焉。而独遗神圣之自出乎？是役也，砖椙栊甓，求其坚致，不尚采章。即未必如成都、涂山、夔门雄敞皇，而故乡父老匍匐阶下，荐其椒馨，世世子孙弗替，当亦神禹之灵爽凭依，而不其吐之也。是为记。”民国24年禹庙被焚烧后石碑失踪，2005年重新发现后收藏在石纽山新建的禹王庙中。

唐氏墓碑。位于马槽乡平地村。据旧志记载：“明初，奉两院檄，设土司二员，弹压艾林、坝底二堡，子孙世袭。”艾林土司和坝底土司自明代初年受封，代代相传，直至清康熙四十二年（1703）一起被罢黜而成为庶民，前后达数百年。但从地方文献中仅知道艾林土司先为任姓，后换成李姓；坝底土司则一直由唐姓担任，关于其身世来由，却无只字记载。近代建于马槽乡平地村的唐氏墓碑，碑文追溯其先祖唐本洪因军功被授坝底土司的经过，成为珍贵的地方史料。唐氏墓碑碑文（摘录）：“祖籍湖广麻城县人氏，自远祖公本洪于洪武年间（1368—1798）随大帅王□□征伐川中松茂一带地方，屡建功勋，荷蒙总镇何□保奏入阙，奉上旨下敕青片、白草七十二寨之职，因衙石邑坝底堡，本洪祖公一家老幼自湖广来衙为官居住。

四、馆藏文物

1997年，县文物管理所有文物库房80平方米，馆藏文物340件，重大节日向群众开放展出。经四川省、绵阳市有关专家鉴定，馆藏文物有二级2件，其中铜器1件、瓷器1件；三级108件，其中铜器9件、瓷器46件、陶器46件。

五、文物保护

县内文物历来由县文化馆代管。1993年7月，建立县文物管理所，与文化馆两块牌子，一套人员。多年以来，馆藏文物的收集收藏和地面文物的普查保护，一直是文物管理工作的重点。

1988年，对1987年文物普查资料进行整理，绘制县内文物分布地图，撰写文物普查总结报告。

1990年，对曲山、都坝、禹里、通口等地基建工地发现的文物进行抢救清理，在当地公安派出所的协助下，收回宋代重要文物26件，文物资料（残件）100多件。

1991年，清理抢救县公安局、县民政局基建工地发现的出土文物6件，协助公安机关收回流散民间的红军文物27件，征集红军史料文稿和照片40种160多张。

1993年4月，清理抢救曲山镇粮站基建工地发现的墓葬文物2件。

1996年，征集红军布币、银币4件；落实省级文物保护单位“永平堡遗址”的保护范围和标志，与开坪乡政府签订保护管理责任书。

1998—1999年，新报批伏羌堡遗址、猿王洞古人类遗址为绵阳市第二批文物保护单位，县政府颁布《关于加强管理、保护文物及古人类、古生物化石的通知》，进一步增强全民自觉保护文物的意识。

2000年，完成全省性文物补查工作，向上报送文物图册材料，主要包括：烟云洞古人类及古生物化石采集点、鸡湾铁炉遗址、中寨子遗址、茶湾寨、永平堡、伏羌堡等6处古遗址；青片乡上西窝石棺、吊棺、梭棺墓群和禹里乡宗族王墓地（又称太子坟）、漩坪乡黄土墩石棺墓群、擂鼓佛泉山山可和尚墓、白什乡河坝土司坟、青石大湾村曹洪墓等古墓葬6处；禹里乡水磨沟张公桥和禹穴桥、小坝乡双帽子二郎庙（已拆）、陈家坝乡观音堂、开坪乡梁步禅碉楼、青片乡中寨子等古建筑6处；禹里乡鱼湾水摩崖题刻、紫阳村摩崖题刻、岣嵝碑、禹穴沟题刻、金锣岩石刻、通口镇石牛山石刻、马槽小学桥头摩崖石刻、小坝桥头摩崖石刻、通口镇永庆“抑道安民”碑等石窟及石刻9处；红军石刻标语（禹里乡）、红四方面军总医院（马槽）、烈士陵园（禹里）、烈士陵园（通口）、片口天主教堂、大禹纪念馆等近现代重要史迹6处。收购民间流散文物8件。

2001年，建成包括文物库房、文物室、展览室的文管所综合楼，年底投入使用；11月8日，在禹里动工修建红军碑林馆。是年在全县范围内收集流散文物4件，清理县委建筑工地发掘的宋代墓两座、明代合棺墓1座，出土文物5件，古钱币一批。

2002年，会同四川省考古队对烟云洞古人类及古生物化石进行考证和选点，为进一步开展科考做好准备工作。

2003年，红军碑林馆建成投入使用，馆内陈列红军石刻标语43块，4月4日举行隆重的落成典礼；红军碑林馆先后被批准为绵阳市和四川省爱国主义教育基地。

2004年，完成省级文物保护单位永平堡的规范化档案记录，并制作光碟上报；编制上报县内各级文物保护单位“十一五”保护规划。

2005年，对漩坪电站淹没区的文物进行摸底排查，为发掘作好准备工作；完善永平堡、伏羌堡

2 处省市级文物保护单位的相关资料，制定维修方案；会同四川省文物考古研究院及绵阳市文物局考古专家对猿王洞附近的烟云洞进行发掘，出土大量哺乳动物化石，发现旧石器时代用火遗迹，引起省市文物部门和各级领导的高度重视。

2006 年 7 月，根据四川省文物管理局《关于推荐第七批省级文物保护单位的通知》精神，组织专业人员对禹里红军碑林馆、片口天主教堂、马槽红四方面军总医院、烟云洞古人类遗址进行资料、图片的收集和整理，并上报四川省、绵阳市文物局，申请为市级文物保护单位。

2007 年 7 月，成立由发改委、建设、文化等相关部门组成的领导小组，培训文物普查田野调查普查员，启动全国第三次文物普查工作。

第二节　非物质文化遗产

一、种类

县内交通闭塞，因而形成并保存着特色鲜明的地方文化，特别是以非物质形态存在的传统文化丰富多彩，表现形式多种多样。

口头传统　关于天地开辟的传说，关于大禹诞生的传说，以及富有民族特色和地方特色的民间故事、民间歌谣。

传统表演艺术　沙朗、羊皮鼓舞、腰梆等羌族舞蹈和羌笛、口弦、唢呐、锣鼓等器乐演奏。

民俗活动与节庆　羌历年庆祝活动，以及祭祀大禹、祭山会、羌寨龙灯会、许家湾十二花灯、板凳龙等带有宗教色彩的民俗活动。

有关自然界和宇宙的民间传统知识及实践　多神崇拜、万物有灵、白石崇拜等原始宗教信仰及其相关行为。

传统手工艺技能　手工纺线织布、刺绣，土法造纸，手工打制铁农具，土法榨油，咂酒制作与作坊烤酒，挖瓢，土漆漆艺，水磨坊、手磨、腰磨的修造与使用，竹藤棕器具编制，扯竹麻、打草鞋，修造篾溜索、篾索桥、石碉房、石板房、草房、木质吊脚楼等传统工艺。

二、保护

新中国成立以来，由于交通条件的改善和文化教育事业的发展，现代文明进入大山，在特定时代特定环境中产生的各种非物质文化逐渐失去存在条件而淡化消失。20 世纪 80 年代后，随着党的民族政策的落实，羌族文化受到空前重视，以羌族传统文化为代表的非物质文化得到相应保护。由县、乡人民政府主办的庆祝羌历年等活动，不仅使羌族传统节庆得到传承，还唤醒羌民热爱民族文化的潜在意识。猿王洞等旅游景区突出羌族文化特色，对县城及进入旅游景区公里沿线的建筑进行风貌改造，客观上促使羌族文化符号得到加强。在边远的小寨子沟，羌民自发开展民俗旅游接待，为吸引游客，羌民重新穿羌服，唱羌歌，跳羌舞，奏羌乐，设羌宴，恢复庆羌年、祭山会等民俗活动，使许多非物质文化在其原生地得到保护和传承。

2006 年，县文化馆组织人员对羌族的羊皮鼓舞、丧舞、羌笛、口弦、许家湾花灯、漩坪腰梆等 18 项非物质文化遗产进行实地调查和收集，形成详细的报告，逐级申报非物质文化保护项目。大禹传说、口弦、羊皮鼓舞、羌族沙朗、许家湾十二花灯戏、刺绣、羌历年、正河羌族文化生态保护区等 8 项被评定为绵阳市非物质文化遗产。随后，口弦、许家湾十二花灯戏、羌历年等 3 项成为四川省公布的第一批非物质文化遗产保护项目。

2007 年，县人大常委会制订《非物质文化遗产保护条例》，将地方文化资源的保护纳入法制化轨道。

第三十二篇

宗教　风俗　方言

第一章　宗教

第一节　佛教

民国版《北川县志》记载，全县共有四楹以上规模的佛教庙宇 30 余座，十分之三的寺内住有僧人。影响较大的有千佛山的千佛庙，三面山的观音庙，擂鼓坪的报恩寺，曲山镇东溪的峰顶寺，桂溪乡徐坪坝的圣佛寺，小坝乡走马岭的宝华寺，禹里乡的广南寺、东岳宫、清凉寺，坝底堡的古佛寺等。较大庙宇各有庙会日，凡逢庙会，善男信女们便相邀参与朝山拜佛、烧香上供、许愿还愿等活动；平时信徒们则以行善、吃斋、放生等为主要功课。民国 31 年（1941）7 月，通口建立佛学社，信徒 30 余人，大部分是当地有权势者，妇女占多数。擂鼓也曾建佛学社。佛学社每月集中信徒念经拜佛两次，以宣传因果报应，劝人向善为宗旨。

1950 年年初，全县有大小佛教寺庙 82 座，僧尼 16 人，信徒 360 人。1953 年前后，僧尼均还俗，佛学社组织不复存在，佛教活动停止。原有庙宇有的用作小学校，有的改为粮仓或乡政府的办公用房，有的分给农民居住。1955 年，县委统战部调查，全县尚存 12 座，多在山顶崖旁。

20 世纪 80 年代，县内各乡镇均有人自发捐资、投劳、投料修建寺庙，但规模甚小。至 2007 年，全县开放的佛教活动场所仅擂鼓圆通寺 1 处。

第二节　道教

民国版《北川县志》记载，全县共有四楹以上规模的道教庙宇 100 余座，影响较大的有禹里的城隍庙、真武宫、南华宫、禹王庙，小坝的太清宫、三清庙、祖师庙，片口的三清庙，金凤山的云华寺，坝底的南华宫、三清庙，桂溪的三清观等。教派属正一道，道士、道姑均不出家。信徒多是富人、士绅和农村妇女。道观规模小，无住持，极少数有守庙人看管，偶有游方道士往来居留。

道教所信奉的神灵，有与自然现象相关的自然神，如雷公（雷神菩萨）、风神等；有带着明显的人间特征的英雄神、文化神，如关帝（关圣帝君）、文昌（文昌帝君）等；有被认为专门保护个人、家庭和城乡公众安全的守护神，如门神、灶神（灶王）、城隍、土地神等；有被认为具有特定职能的行业神和功能神，如药王、财神等。

中华人民共和国成立后，道教庙宇改作他用或自然毁废。20 世纪 80 年代，群众自发修建的小规模寺庙中，多是佛道相容，同时供奉两教的神像。

第三节 伊斯兰教

清代，经商到县定居的穆斯林先后在擂鼓、曲山、陈家坝修建3座清真寺，作为聚集礼拜、办理教务的场所。

擂鼓清真寺坐落在擂鼓上场口。清乾隆初年（1736），由聚居在擂鼓坪的沙七等人捐资修建。据碑记，建筑结构严谨，画栋雕梁，形极壮观。清咸丰十一年（1861）五月民族纷争中被焚。清同治十一年（1872）动工重建，光绪十二年（1886）落成，为四楹二进。曲山清真寺建于同治十三年（1874），位于曲山场。陈家坝清真寺建年不详，址陈家坝老场，即今陈家坝乡老场村（张家沟右岸曲桂公路侧），民国25年（1936）即已垮塌，未予重建。3处清真寺互不隶属，均设有礼拜大殿、沐浴室（水房）和讲经用的讲堂，有坟地。

各清真寺曾有乡老会。乡老会是以清真寺为中心的地域性行教组织，其职责是管理宗教施舍、清真寺的房屋财产、穆斯林殡仪和公墓，选聘开学阿訇，有时也主持调解教民中的纠纷等。

县内伊斯兰教的宗教职业者只有阿訇。在大清真寺里学习多年《古兰经》，经学水平和道德操守都合格，举行过“穿衣”（毕业）仪式的人，才能被聘任职，称为开学阿訇。其职责是执掌教规，宣讲教义和教法，教经讲学，主持宗教仪式，主持穆斯林婚丧礼仪，料理宗教事务等。

伊斯兰教的活动，平时是每星期五聚礼日（主麻日）做礼拜。届时，全体穆斯林聚集到清真寺，先沐浴净身，再听阿訇讲经，然后礼拜，每次时间30～60分钟。凡男子年满12岁、女子年满9岁以上的穆斯林均得参加。此外，每年尚有开斋节、古尔邦节和圣纪节三大宗教节日，均按传统开展纪念活动。

20世纪40年代末，全县做礼拜、参加开斋和圣纪等活动的穆斯林通常有100余人。1952年土地改革后，参加做礼拜的人数逐渐减少，擂鼓、曲山每次去清真寺的只有10多人。1957年后，曲山的穆斯林因无阿訇，宗教活动无法进行。1981年，聚居县城一带的穆斯林成立曲山清真寺管理小组，聘请原擂鼓清真寺阿訇定期主持宗教仪式。1983年，对曲山清真寺危房进行修缮。1984年，擂鼓一带的穆斯林着手筹措资金重建清真寺。1987年全县有穆斯林265人。2007年，曲山、擂鼓清真寺均依法开展正常的宗教活动。

第四节 天主教

约在清同治元年（1862）传入县内。同治六年（1867）至光绪三十年（1904）先后建有片口本堂及其所辖的四个支堂（俗称经堂），属川西北代牧区（代牧驻成都）。民国17年（1928）改属新成立的川西代牧区（代牧驻成都）。民国35年，罗马教皇庇护十二世颁布《圣统制》诏书，改川西代牧区为成都主教区（主教驻成都），片口本堂属成都主教区。

片口教堂位于片口场下街（梨儿园），清同治六年由一法国神父（亦称神甫）主持修建，规模为四楹四合。光绪十六年（1890）、民国36年两次扩建。至1949年，教堂占地2407平方米，有房屋42间、1641平方米，墓地8134平方米，土地4334平方米。小坝上沟（石板厂）支堂，始建年代无记载。禹里北街支堂，始建于清光绪十八年。擂鼓坪支堂，始建于光绪十年至二十年间（1884—1894）。小坝上街支堂，始建于光绪三十年。

片口教堂常住神父一人，负责管理全县传教事项，受成都教区主教领导。1951年前，成都主教区定期寄给教会办的指导性刊物《嘱托月刊》，发给经费，神父由成都主教区委派。从建立片口教堂到民国 37 年（1948），共委派 10 届神父。神职人员除神父外，在片口教堂还有经书教员、修女和童贞女。教堂内设有天主教教会、追事祈祷会等机构。天主教会设会长一人，其人选经教徒民主推举、神父认可而产生，接受本教堂神父领导；主要职责是管理教堂的教务活动，即筹办教堂建设、维护教堂设施、组织教徒参加圣事活动等。追事祈祷会先称禹王会，民国 24 年后改为追悔祈祷会、追事祈祷会，设会长、副会长、会员若干人。教徒的父母等亲人亡故，或遇到不吉利事情时，即带领世主向天主祈祷，祈求自己亲人的罪过能得到赦免，或者能逢凶化吉，使教徒从中得到精神安慰。

天主教的主要活动，除每星期做一次弥撒（念经）外，还要举行 3 月 26 日的“耶稣复活”、5 月 14 日的“圣神降临”、8 月 15 日的“圣母升天”和 12 月 25 日的“耶稣圣诞”四大瞻礼活动。平时，各地的教徒分别在当地或就近经堂做弥撒；每逢瞻礼日，大部分教徒即集中到片口教堂参加由神父主持的瞻礼活动。此外，还有因地区、时间而异的“三王来朝”、

“耶稣升天”“圣母无染”“大圣若瑟”等小瞻礼活动。清同治元年（1862），全县有天主教徒 3 人，同治六年（1867）发展到 185 人，民国 36 年（1947）增至 712 人。1950 年片口、小坝两地平时参加做弥撒的有 50 人左右，大瞻礼 250 人左右，小瞻礼 120 人左右。

1951 年 8 月 1 日，受广元天主教“三自”（自立、自传、自养）革新运动的影响，片口、小坝的全体教徒集会，进行革新签名，并民主推举主任委员、副主任委员和委员共 6 人，成立片口天主教“三自”革新委员会。天主教“三自”革新委员会取代原教会，负责组织、领导本地区天主教的“三自”革新运动，宣传抗美援朝，组织教徒学习和进行正当的宗教活动。1952 年 3 月土地改革后，由于多种原因，天主教的集中活动时断时续，教徒以在家里念经为主。20 世纪 80 年代落实党的宗教政策，1985 年 11 月 1 日，片口天主教堂正式开放，绵阳市中区柏林天主教堂神父史继智到片口主持做弥撒、领圣体、办告诫、付洗等活动，北川县及松潘、平武、安县的教徒共 300 余人参加。即日，选举产生片口天主教爱国会，负责领导开展正常的宗教活动。此后，到教堂参加四大瞻礼的多则 70 余人，少则 40 余人；参加每星期做弥撒的多则 30 余人，少则不足 10 人，农忙期间参加的人更少。经常参加的仅有片口街道和附近村组的教徒，大部分是中老年人。

第二章　习俗

第一节　节日习俗

一、传统节日

民间历来以春节、二月二、端午、中秋、重阳、冬至、腊八等为“人节”，以清明、中元为“鬼节”。届时多举行娱人与娱神结合的活动。

春节　俗称过年，是民间最隆重的传统节日。农历腊月二十三日，家家打扫扬尘、浆洗衣被，晚上用刀头（方块熟猪肉）、敬酒祭拜灶神，俗称“送灶神”。腊月二十八日杀过年猪。除夕中午吃团年饭，饮团年酒，年饭是一年之中最丰盛的一餐，家家要煮猪头和猪尾肉，寓今后日子有头有尾之意；除夕夜贴新对联和新年画、放鞭炮、烤火、守岁，脚要洗得特别干净，据说这样可以赶上来年的好运气，当家人要给孩子发“压岁钱”。正月初一到初三，人人着节日盛装，顿顿享以美食；龙灯、狮灯到村寨扫寨，到每户拜年；亲友互贺，热闹非常。初七人过年，要吃一顿丰盛的团聚饭。初八即将房外扫除干净，将垃圾运到偏僻地方倒掉，谓之“送跳蚤”。十五元宵节，俗称过大年，被认为是过年活动的最后一天，家家吃汤圆，放鞭炮；龙灯、狮灯、采莲船、马马灯等道具，舞蹈毕便连夜送至河边焚化。

二月二　俗云：“二月二，龙抬头。”农历二月初二，乡村家家炒黄豆、花生、玉米花，做芝麻糖等食品，并互相赠送，寄抱（爆）龙头交好运之意。

清明节　家家户户带上刀头、敬酒和香蜡纸钱到坟山去扫墓，表示对亡人的祭奠。没有闰月的年份，则向墓上垒土，表示此坟有后人来过，非孤魂野鬼。

端午节　俗称端阳节。农历五月初五为小端阳，五月十五日为大端阳。过小端阳，天亮时便抢早去采集艾苗、菖蒲，挂在大门侧以避邪。中午设丰盛的宴席，吃粽子、包蛋，喝雄黄酒，并把雄黄酒涂在小孩的脸上、耳边，意在避免毒虫叮咬和虫子钻耳。下午到野外踏青，俗称游百病，同时随手采回艾苗、三角风、八角风、野菊花苗等（传说这天百草都是药），回家熬水洗澡，以保皮肤健康。青年女子则绣制小动物或瓜果形状的香囊，内装香气浓郁的中药末，赠给年轻亲友佩戴胸前以避邪除秽，也有以香囊赠送意中人表示爱情的。大端阳则只以加餐表示过节。

六月六　农历六月初六，家家晒棉衣、毛衣、棉被、皮袄等衣物，传说这天晒过的衣物不会虫蛀或霉坏。生脚掌癣或脚掌发痒的人，则将草木灰摊在地上晒烫，赤脚在灰上踩 49 次以医治。

盂兰节　农历七月十三至十五为盂兰节，又称中元节、七月半，是祭奠祖先的节日。是日家家户户把房舍打扫干净，上午在大门口点上香蜡，焚烧纸钱，迎接祖先亡灵回家团聚。中午准备丰盛洁净的饭菜，先祭奠祖先亡灵，后家人享用。下午焚烧纸钱、纸房、纸衣、纸人、纸马等，焚烧完毕，将祖先亡灵送出家门并作告别状，说送别赠言。

中秋节　农历八月十五日为中秋节，各家准备月饼、瓜果、糖食、糕点等，凡食品均取圆形，寓团圆之意。晚上以之祭祀月亮神后，家人聚餐。

重阳节　古有农历九月初九登高望远和酿造重阳菊花酒（醪糟）之习俗。今机关单位每于是日开展敬老活动。

冬至节　炖食山羊肉，其中加入适量当归、麻黄根、生姜，俗称可袪陈寒而壮阳补虚。

腊八节　农历腊月初八，以五谷杂粮加肉粒、花生、炒豆、红萝卜等煮成腊八粥，合家食用。

县内羌、藏、回等少数民族长期受汉文化影响，上述年节习俗均大致相仿。除此之外，还有本民族的传统节日，如羌历年、藏历年、开斋节等，每至其时，各有相应的庆祝、纪念活动。

二、法定节日

民国时期，国民政府先后规定公历1月1日为新年（俗称阳历年），2月4日为农民节（后改在立春日），清明节为植树节（后改在3月12日），3月17日为中医节，3月29日为青年节，4月4日为儿童节，6月3日为禁烟节，10月10日为国庆节，11月11日为商人节。仅新年、植树节、儿童节、国庆节有小型活动，其余节日鲜为人知。

中华人民共和国成立，政府规定每年4个全民性节日：公历1月1日为元旦节，放假1天；农历正月初一为春节，放假3天；公历5月1日为劳动节，放假1天；10月1日为国庆节，放假2天。2003年成立羌族自治县后，每年农历十月初一为庆祝羌历新年，全县放假一天。此外，尚有妇女节（3月8日）、植树节（3月12日）、青年节（5月4日）、儿童节（6月1日）、中国共产党建党成立纪念日（7月1日）、中国人民解放军建军节（8月1日）、教师节（9月10日）等非全民性节日。春节属传统节日，其他节日多在城镇、机关、学校有组织地开展相应活动。

第二节　生活习俗

一、服饰

旧时男子穿长衫和短褂（俗称汗褂子），冬天穿棉背心（俗称领夹子）和棉长袍；乡间农民为便于劳作，多穿短衣，束布腰带，穿大脚中长裤。女子喜穿旗袍；乡间女子穿满大襟中长衫，围布围腰。布料大都为手工自制的窄幅粗线土布，亦有以绸缎及机制布作衣料的。一般由家庭成员裁剪缝制，少有职业裁缝。部分公教人员着西装。

20世纪50年代后，男子多穿蓝、灰、黑、草绿色中山服、军干服等式样的服装，以纯棉平板布、卡叽、劳动布等作衣料。20世纪70年代末期，流行西服、运动衫、太空服、滑雪衫、防寒服、羽绒服等，女子服装款式多、变化大，一般都以化学纤维或毛制品以及皮革、人造革作衣料；置衣方式亦渐由自购衣料交缝纫店缝制变为购成衣为主。

旧时流行戴瓜皮帽（俗称瓜尔皮）、毡帽（俗称毡窝子），官员及有名望的人戴“博士帽”，学生戴遮阳帽（俗称兵兵帽），乡村无论男女均包黑色或白色头帕。20世纪50年代后，流行军帽、鸭舌帽等，乡间中老年男女仍喜包头帕。

旧时普遍穿布鞋，农民劳作时多穿自行编织的草鞋（分边耳子和满耳子两种，以竹麻、棕片、谷草、蓑草、树皮和藤皮作材料）。20世纪50年代后，先后有胶鞋、塑料鞋流行。80年代皮鞋日渐增多，农民劳作则穿胶鞋、胶皮钉制的凉鞋、塑料凉鞋，极少有人自制布鞋与草鞋穿用。

袜子历来以布袜和线袜为主，为求耐穿，在底部和后跟加梗布；有的高山农民以棕丝或自制毛线织袜穿用。20世纪60年代开始流行尼龙、锦纶等用化纤制作的袜子，传统布袜、棕袜渐被淘汰。

二、饮食

主食 城乡居民向以本地主产的玉米、小麦为主食。此外，尚有杂麦、马铃薯、红苕等杂粮及少量大米。20世纪70年代后，交通逐渐方便，农民以自产马铃薯、黄豆等与外县兑换大米。80年代粮食市场放开后，可直接从市场购买大米，大米渐成主食，玉米食用量相应减少。

玉米。磨成细粉再做熟食。蒸干饭谓之面蒸蒸。与大米合蒸，有白有黄，谓之“金裹银”。煮成稀饭谓之面汤，稍稠即为“搅团”。和水做成饼状置于灶塘热灰中烧熟谓之火烧馍，亦可在锅内蒸熟，因添料不同而称为菜馍、刀块子馍、豆泡子馍、清明花馍等。

麦类。小麦、荞麦、大麦、莜麦、青稞等，皆磨成面粉再制作面条或馍馍食用。20世纪50年代前，压面机极少，面条多是手工制作，将面粉加水和好后，用圆木棒（擀面杖）擀压成面皮，再切成丝即成；馍馍即馒头，也有将和好的面做成条状环贴在锅边的，锅内煮稀饭或蔬菜，菜熟馍亦熟，谓之锅圈子。

马铃薯。与玉米面或大米合煮为饭，或与瓜、豆合煮为菜，也单作菜佐餐。

红苕。蒸熟食用，或与玉米面、大米合煮，亦有切片晒干再炒熟作零食的。

黄豆。做豆腐食用，其渣作饲料；生活困难时往往做成连渣菜，即磨浆后入锅加蔬菜或面团合煮，连豆渣一齐食用。

副食 汉、羌、藏民以猪肉为主，回民则以牛羊肉为主。乡村多在春节前宰杀肥猪（俗称过年猪），经盐渍熏制成腊猪膘供次年食用，机关、学校及城镇居民多购食鲜肉。20世纪80年代市场放开后，乡村购鲜肉者渐多。腊肉一般是煮熟切片食用，鲜肉或炒或蒸或炖，花样繁多。

农民家家养鸡，但多出售换钱补贴家用，仅过年过节或其他喜庆日子杀鸡食用，以炖食为主。鸡蛋亦多出售，或作馈赠礼品。

蔬菜 县内蔬菜主要有白菜、萝卜、莴笋、青菜、莲花白、豇豆、辣椒、葱、蒜、韭菜、芫荽及瓜类等数十种。或炒煮佐餐，或作调料，瓜豆之类还可代粮，故有“菜当三分粮”之说。主要野生蔬莱有椿芽、薇菜、鱼腥草、蕨薹、刺龙苞、清明菜、鹿耳韭、石盖菜、香蒿、野葱、山药、野百合、黄花、野油菜、黑木耳、菌子等，皆因别具风味而受到喜爱。

饮料 昔日乡民喜将茶壶吊在灶檐或火塘上以茶树细枝老叶熬茶水饮用，甚是方便。随着保温瓶的普及和生活水平的提高，细茶渐成为主要饮料，以自制晒青茶为主。20世纪70年代后，实现茶叶机械化加工，烘青茶成为主要饮料。

醪糟（俗称甜酒）亦是受喜爱的饮料。将糯米蒸熟后与甜酒曲拌和封坛发酵而成，也有用玉米面或玉米面与马铃薯颗粒混合蒸熟经发酵做成的。县内有三月初三酿制桃花酒、九月初九酿制菊花酒的古俗。一般吃法是煮成醪糟水，或加鸡蛋煮熟后饮用。醪糟既是过年过节或平时待客的饮料，亦为产妇“坐月子”及哺乳期间的必备之物。

风味食品 搅团。锅内水烧开后，撒入玉米面并用筷子搅动，边撒边搅，如糊状后即止，煮熟起锅，趁热蘸以麻辣味调料食用，另烧酸菜汤佐食。其味麻辣酸烫，回味香甜。

水巴馍。玉米乳熟时，掰下取嫩玉米粒，加适量黄豆，合磨成糊状，以油炙锅，每以鸡蛋大一团在热锅上摊成饼状，反复烘烤至半熟，再隔水蒸熟，趁热吃，糯甜清香，回味悠长。如以桐叶包裹置入火塘内烧熟，其味焦香脆糯，更别具风味。

血糕。用新鲜猪血拌入玉米面粉、荞麦面粉，再放入猪肉粒、猪板油粒、姜粒、葱白粒及各种调料，置笼中旺火蒸熟即成。吃时切成薄片，在热锅内炕脆或在炭火上烤得焦黄脆硬，用萝卜、白菜汤佐之，其味焦脆香腻。

刀块子馍。将玉米面或荞麦面加水调和压成面皮，于其上撒荏子粉或漆籽粉、花椒面、焦盐等，再卷成圆柱状，或再拍压成三棱柱状，然后横切成约一厘米厚的薄块入笼蒸熟即食，香味扑鼻。亦可将玉米面皮与荞麦面皮相间叠卷而成。

豆泡子馍。用生豆浆泡沫调和玉米面，发酵，揉成拳头大小的面团，蒸熟即可食用，酸甜可口。若掺和清明菜，更添清香，谓之清明花馍。

鸡冠子馍。将荞麦粉加水揉成团，包入肉粒、豆腐粒等馅，形似饺子而大，顶端捏成鸡冠形，蒸熟即吃。

荞面卷馍。将荞麦粉加入适量淀粉、鸡蛋，加水调成糊状，锅内放入适量菜油，每以鸡蛋大一团在热锅里摊成极薄的面皮子，翻面再焙炕至熟，出锅后卷入肉丝、豆腐干丝、鲜菜之类做成的热馅，状似春卷，凉食热食均可，以酸菜汤或稀饭佐之，味极美。

荞麦面条。将荞麦粉加水，再加入少许石灰水，揉成团，压成薄皮，切成丝，在开水里煮熟后，浇上肉粒、豆腐粒、酸油菜等作佐料，趁热吃，细滑酸辣，风味独特。

荞凉汾。将荞麦连皮加水磨破，反复揉搓，滤去渣，加水漂粉，待粉沉淀后去水，又新加水漂，如此数次，取淀粉，搅入开水锅内，约煮十分钟，加适量石灰水搅匀煮至熟，舀入盆内或碗内，冷却后切成丝状拌入各种调料食用，细脆滑爽。

民间宴席　过年期间宴请本家、亲戚及邻里，彼此互请，谓之请春酒或请春桌。结婚时宴请亲朋邻里，谓之婚宴或酒席。办丧事宴请亲朋邻里和帮忙者，谓之驼子会。修房造屋或农忙互相帮工而宴请来宾和帮忙者，谓之办台子。生日宴请亲朋，谓之祝生。

传统宴席菜肴一般为十二大碗，先上冷盘，继上蒸菜和汤菜各四五个。20世纪80年代新增炒菜。常见的冷盘有凉拌猪头肉、腊肉、炒花生仁、炸核桃仁、猪内物（心、舌、肝、腰、肚）片、豆腐干丝、凉拌粉条等。常见的蒸菜有蒸蛋糕、清蒸丸子、龙眼肉、蒸烧白、粉蒸甜肉、粉蒸排骨、清蒸蹄膀、樱桃肉等。常见的汤菜有海带汤、豆腐小菜汤、丸子汤、酥肉汤等。常见的炒菜有回锅肉、炒肉片、炒肉丝、盐煎肉等。其数量和质量因主办者经济条件不同而各异。富裕人家也有以海参、鱿鱼、墨鱼、鸡、鸭等食品入席者，贫穷人家则从简办理。

三、建房

建房一般选择平坦幽静的地方，房前开阔，房后无大路或河流。建房先请阴阳先生看风水，开工动土时要选择黄道吉日。上梁时掌墨师（承头的木匠）要打着伞踩梁，在房梁上杀公鸡以“避邪”，并向地上抛撒花生、核桃、糖果之类，还将用红布包着装有五谷粮食、古铜钱、香灰的酒杯缠在大梁中段。新房要张贴“立柱喜逢黄道日，上梁巧遇紫微星”、横批为“紫微高照”一类对联。立新房当天要操办上梁酒席。迁入新房时要操办进屋酒席。20世纪50年代后，城镇建房过程中的迷信活动逐渐破除，在农村仍有保留。

第三节　婚丧习俗

一、婚姻、生育习俗

婚姻陋习　旧时男子可一夫多妻，寡妇再嫁受歧视。童养媳、冲喜婚、亲上亲、调换亲等陋习风行。男婚女嫁全凭父母之命、媒妁之言，自由恋爱被视作有悖于封建礼教而受到歧视。

包办、买卖婚姻。男婚女嫁不能自主，全凭父母包办，男女双方在婚前多互不认识；讲究门当户对，女家向男家索要名目繁多的身价彩礼，形同买卖，致使不少人家因婚姻而负债累累。包办婚姻往往造成婚后夫妻不和，当感情破裂时，男方只需写一纸休书，便可将女方遗弃，而女方要求离婚则受到诸多责难。包办、买卖婚姻制度造成的家庭悲剧屡见不鲜。

童养媳。俗称“小引媳妇”。穷苦人家因生活所迫，将幼小女孩送交婆家收养，长大成人后再正式拜堂成亲。富裕人家常以此剥削劳动力，等女孩长大后将其遗弃。

守节。妇女丧夫不再嫁，谓之“守节”。订婚后，若未婚夫死亡，按例仍要守节，俗称“望门寡”。寡妇再嫁，前夫家属要向续夫索要身价钱。再嫁妇女被贬称“二婚嫂”，视为不吉祥之人，往往受到社会和家庭的歧视与虐待。

冲喜亲。预定婚期未到，因未婚夫或公婆病重而提前成婚，即所谓用喜事冲“邪气”，致使不少青年女子在冲喜之日即成寡妇，铸成终身不幸。

填房。女子出嫁后，若中年夭亡，以其妹嫁给姐夫，称为填房。

招赘。俗称“上门”。订婚后，男子提前到女家顶立门户，待女孩长大成人后再拜堂成亲，婚后也一直住在女家。亦有子亡而以媳招赘为嗣者。上门汉议婚时要订立形如卖身契的婚约，并须找保人，改姓名。有的富户以招上门女婿方式剥削劳动力，女孩长大成人后又借故毁约，另行招赘。羌、藏族招赘甚为普遍，不受歧视。

纳妾。民国时期有个别男子娶妻两个或几个，俗称其正妻为大婆子，其余为二婆子、小婆子等。

调换亲。即两男子互娶对方姐妹为妻。调换亲因彩礼经济关系对等，在缔结婚约和操办婚事时去繁就简而不致铺张。但调换亲多因男子娶妻难之故而采用，往往违背女子意愿而酿成婚姻不幸。

亲上亲。有姑表亲、舅表亲和姨表亲等，因近亲婚配，其后代多白痴和畸形儿，造成家庭悲剧。

新式婚姻 1951年，开始贯彻《中华人民共和国婚姻法》，废除包办、强办、强迫、买卖等旧的婚姻制度，禁止租妻、典妻、重婚、纳妾、干涉寡妇再嫁；严惩贩卖、强占、迫害、虐待妇女；对童养媳、娃娃亲进行教育，妥善处理，不准重犯；对那些确属包办、强迫婚姻，婚后毫无感情或感情破裂，经多方调解无效，有离婚要求的，帮助解除婚姻关系并重组家庭。

1980年贯彻修改后的《中华人民共和国婚姻法》，继续反对封建婚姻旧习，保护公民在婚姻方面的合法权益，提倡晚婚、晚育和计划生育。婚姻自主、自由恋爱普遍为社会接受，寡妇改嫁、男子入赘等不再受歧视，收受彩礼、大讲排场等陋习一度革除，晚婚、晚育和计划生育蔚然成风。

嫁娶礼俗 旧时嫁娶礼节繁复且颇具封建色彩，一般有说亲、下聘、请期、迎亲、拜堂、拜客、回门等程序。

说亲。男方父母看中某家女子，便请红爷（媒人）去议婚，由男方办两套“水礼”（分别为四把面条、一瓶酒或一块两斤多重的猪肉、一封糖），一套送红爷，一套送女家；如女家父母同意，就收下“水礼”，将女儿的生庚八字书写或口授给男方，男方随请术士合婚，若无凶星冲犯，则择期下聘，否则无论贤淑与否，均作罢。

下聘。婚姻议成，男家备礼物与名柬、庚帖，请媒人送至女家，名曰下聘，俗称道喜。女家则宴请亲戚，书庚帖，表示婚姻成立，复备礼物送与男家，名曰回礼。自此以后，每逢年节或岳家长辈生日，男家必备礼往贺，岳家亦回礼。

请期、过酒水礼。男家请术士选定成婚吉日，将日期书红帖一纸，请媒人送至女家征求意见，名曰请期，亦称报期；男家于成婚前数日备酒、肉、布帛、服饰或折成钱钞请媒人送至女家，名曰过酒水礼。

迎亲。成婚前一日，男家派人带上礼物及锣鼓、彩旗、花轿等去女家迎接新娘。接亲队伍人数不等，但必须有少男少女各2～4人。行至女家，即将所带礼物陈列于堂，名曰摆礼。女方受礼后宴请来宾。晚上新娘与众青少年一起在堂屋唱歌，所唱内容以山歌为主（《嫁女歌》及情歌），俗称坐歌堂。次日吃过早饭离阁出亲，鼓乐鞭炮齐鸣，女家摆礼（陈列嫁妆），新娘及嫁妆由男方迎亲队伍接走，女家亦派少女二人（伴娘）和亲戚若干同至男家，谓之送亲。

拜堂。新娘至男家，即由多子多福的妇人挽着与新郎同拜，俗称拜堂。先拜天地，再拜祖宗，后拜长辈，最后夫妻对拜。礼毕，由男孩二人捧红烛引夫妻入洞房并坐，选童子数人陈设床帐。是日，男家大宴宾客，俗称正酒。晚上请宾客中儿孙满堂的夫妇偕同长辈于新房唱念顽皮吉词，然后新娘撒核桃、板栗、瓜子、糖果之类于床上，让儿童抢食，意为祝愿新婚夫妇今后儿孙满堂；继而青年男女会聚于新房，嬉戏逗玩，直至深夜，是为闹新房。

拜客。成婚次日，新婚夫妇同赴祖祠礼拜祭祀，无祖祠者，或拜祖墓，或拜家神，古礼称庙见；然后拜族戚、尊长，并与族人亲戚相见，介绍其辈分与称谓，俗称认大小；族戚尊长备礼金或物品相赠；晚辈相见，新妇亦分别亲疏赠以刺绣等物。是日再宴宾客，宴后放鞭炮相送，名曰谢客。

回门。成婚后三日，新婚夫妇备礼物同往岳家拜谒，礼毕返家，俗称回门。至九日，新妇一人回娘家，住九日方归，名为住九。路途遥远者可免。

20 世纪 50 年代后，政府提倡婚事新办、婚礼从简，加之群众文化素质不断提高，嫁娶礼仪中的封建色彩趋于淡化。公职人员和农村知识青年多实行新式婚礼，结婚时邀请族人、亲戚、好友会聚，新郎新娘向长辈行礼，主婚人、证婚人及来宾代表讲话致贺，新郎新娘表演文娱节目，礼毕宴请宾客；也有仅以香烟、茶点、糖果待客者。边远山村，传统嫁娶礼仪、程序仍有保留。

生育习俗　妇女分娩头胎孩子，临产前娘家要送婴儿衣帽、鞋袜、围裙等衣物和红糖、鸡蛋、糯米等产妇食品至婆家，俗称催生。

产妇分娩后，第一个莅临屋外的便是逢生者。按古俗，产妇家要请逢生者吃一碗鸡蛋醪糟，逢生者便为新生儿说几句吉利话致贺。乡间传说逢生是招晦气的事。

婴儿出生三天，要用陈艾、三角风、八角风、风寒草等草药熬水为其洗涤，谓之洗三。

产妇在婴儿未满 40 天时，称为坐月，本家亲友及邻居均要送礼致贺，谓之送月米。礼物一般是糯米（或大米）、鸡蛋、红糖，也有送母鸡或鲜猪肉的。

婴儿满 40 天谓之满月，要宴请送过月米的人，俗称请满月酒，也有即时招待送月米的客人而不再办满月酒席的；要给婴儿剃满月头，并抱出房间讨喜，即让客人给婴儿说些吉利话。按旧习一般都由祖父或父亲给婴儿取小名（乳名），为使孩子少灾病，往往以动物名如狗儿、牛儿、兔儿等，或以贱者如讨口子等命名，也有以排行和十二生肖给婴儿取名的。入学时则另请启蒙老师取书名（大名）。现多由父母或其他长辈取名，取小名者渐少。

婴儿满百日和周岁时，外婆家要馈送礼品致贺，并用连根须的葱白蘸油制食品给婴儿喂食，称之开荤。富贵人家在孩子周岁时，用书画笔砚、刀剑弓矢、算盘尺秤、银钱衣物、化装品和玩具、食品等陈列于孩子面前，看其先抓什么，以此预测其将来的发展方向或出息大小，俗称抓周。现今，孩子满周岁，只由长辈赠送衣物和玩具致贺，抓周只作游戏而已。

二、丧葬习俗

有丧，即讣告亲族、邻里，请人帮忙。初殁浴尸，用丝帕裹其首，然后着服（一般五层或七层），以米、枣、碎银、茶叶之类含口入棺，谓之小殓。择日封棺，谓之大殓。亲戚友邻携草纸、香烛吊唁。丧家给至亲散以白布包头，一端拖于背后，古称散帛布（孝帕）。择吉日出丧，届时阴阳术士撒买路纸钱在前开路，孝子捧灵牌走在棺前，众人敲锣打鼓，鸣放鞭炮，结队相送，八人抬棺，棺睛缚大红公鸡，入坟地，杀鸡绕土坑三周以“避邪”。葬毕，主人宴请来宾及帮忙者，俗称坨子会。初葬三日内，儿孙每天傍晚送火至坟前，燃香烛、纸钱拜祭。死后七日一祭，七七乃止。新丧之日，亲属不饮酒作乐，不出门赴宴，百日内不理发，称护百期。至百日和周年大祭。孝期未满者，不穿艳丽衣服，年节不张灯结彩，凡席不坐首位。此古遗风，现代人守之者不多。现提倡火葬且以开追悼会代替吊孝，以遗像代替灵牌，以黑纱或白纸花代替孝帕，丧葬中的迷信活动逐渐革除。

第四节　其他习俗

一、祭祖与祭神

旧时家家堂屋正面设神龛，神龛上方以大红纸或红色木板书写“天地君（国）亲师”及“古今有感神祇”“某氏历代先祖”牌位，下方书写土地神位，俗称神榜。一般还在大门外壁供奉“天地水府三元三品三官大帝”神位，于厨房墙壁供奉“灶神菩萨”神位。逢年过节时，列祖众神一并祭祀，勤谨虔诚的，每逢初一、十五均要祭祀一番。

20 世纪 50 年代后，提倡破除迷信，虔诚者渐少。“文化大革命”中大破“四旧”，无人敢供神榜。80 年代，祭祀之风复起，但多偏重于对祖先的悼念。

二、禁忌

旧时禁忌甚多。立春或立秋后每逢有“戊”的甲子日忌动土；惊蛰节、十月初一（牛王生日）、十月十八（地母会）忌耕地；忌笑狗；在地里播种时忌说雀鸟嘴尖或老鼠机灵；种萝卜时忌赤脚播种；逢年过节忌说穷话和不吉利的话；出门远行时忌说断头话和不吉祥的话；办喜事忌打破杯盘碗盏和损坏东西；忌在别人家里哭泣；除夕吃年饭忌泡汤；除夕夜忌不洗脚或洗得不干净；男人忌从晾晒的妇女衣裤下穿行；男性青少年忌坐火塘里的柴头，忌吃猪蹄子叉叉；孕妇忌吃羊肉、母猪肉，忌采摘树上的水果，忌抱别家的孩子；妇女忌把经血揩在树上或草上；产妇忌到别人家里去，忌吃豆制食品；家有产妇、病人，忌生人进屋；忌向火塘吐口水；过年忌坐门槛；看过死人者忌看蚕和新生的小猪、小鸡；忌说小孩胖、乖、长得好，而要说反话，等等。

20 世纪 50 年代后，随着科学知识的普及和人民文化素质的提高，封建迷信色彩浓厚的禁忌逐渐淡忘。

三、庙会

旧时凡神佛生日或纪念日，善男信女均要成群结队到相应的庙宇去烧香赶会。一年中的庙会主要有正月十五财神会，二月十九观音会，三月初三娘娘会，三月十九太阳会，三月二十八东岳会，四月初八龙华会，四月二十八药王会，五月十三关帝会（又称磨刀会），五月二十八城隍会，六月初六禹王会，六月十九观音出家修行纪念日，六月二十川主会，六月二十六嫘祖会，七月三十地藏王生日，九月十九观音得道成佛纪念日，十月初一牛王会，十月十八地母会等。其中三面山娘娘会、禹里城隍会、禹穴沟口禹王会等较为盛大。

三月初三日，开坪乡三面山观音庙逢娘娘会，善男信女云集于此，或祈求生儿育女，或许愿还愿，亦有前来卖吃食、购山货者，热闹非常。

禹里城隍庙常年住有和尚，清明和中元节在庙门外设坛念经，超度亡灵，赏孤鬼。五月二十八日逢庙会时，鼓乐喧天，香烟缭绕，迎神仪仗队抬着木刻城隍菩萨，信徒们紧随其后，人人手执黄色旗幡，浩浩荡荡在城内游行，俗称行城隍。晚上，外来川剧团在庙门口演出古老的佛教神话剧目《目连救母》（俗称搬目连或打叉戏），商贩摆摊，艺人献技，实为县城一年中最为热闹的时候。

六月初六日禹穴沟口禹王庙逢会，届时每有信徒前往送“大蜡”：在鼓乐声中将长约一米、粗若碗口的特制红色大烛送入山里祭祀禹王，赶会者追随其后，人流如潮。水旱灾年，庙会祭祀活动尤其盛大。

六月二十三日小坝走马岭宝华寺逢庙会，赶会者多系白草河流域的羌、藏民。届时当地人赶来一群肥猪，让众人赶着乱棒打死。传说当初是取“打朱（猪）”之意以发泄对镇压“白草番”的明王朝的仇恨。

正月初四至十三日坝底铁钉山、金龙山的庙会（俗称七神会、棒棒会）尤为奇特。祭神之后，由端公领着两班各七对青少年装扮的神童遍游今坝底、马槽、墩上等乡各村寨及大小庙宇。铁钉山一班黑衣帽镶黄边，金龙山一班黄衣帽镶黑边，人人头戴雉尾花冠，手执短棒，行动时两人一伍以短棒相击打，并合着锣鼓与棒击的节拍舞蹈，谓之驱瘟扫荡。

20 世纪 50 年代后，赶庙会被视为迷信活动而革除。20 世纪 80 年代，部分庙会相继恢复。

四、迷信陋习

择期　旧时，民间建房、搬家、立墓碑、娶亲等，皆要选择黄道吉日，忌用黑道凶日。20 世纪 50 年代后渐趋淡化，但信奉者仍多。

预卜　相信迷信者根据身边发生的一些现象推断未来。如喜鹊叫、火塘的火苗发出呵呵声响（俗称火笑），或灯芯爆花，预示有喜事或贵客来临；眼皮跳预示失财或遭灾；乌鸦、猫头鹰、狐狸叫和狗哭、狗刨土坑，预示本地近期将要死人，等等。也有即请道士、僧尼、端公、术士、算命先生、卦婆等用抽签、打卦、算命、看相、测字、摸骨、详梦、扶乩、立水碗、立鸡蛋、抽扑克牌等方法推断未来祸福凶吉的。常有从事预卜的迷信职业者，或摆摊街头，或走村串户，以此骗取钱财。20 世纪 50 年代后被禁绝。80 年代渐有沉渣泛起。此外，旧时一些乡村有称作“阴差”者，醒时和普通人无异，自云一经睡着即能通鬼神，还时常在梦中参与捉拿将死之人的魂魄。传说“阴差”能预知人的生死祸福，故而被奉为神秘人物。有的人则用小恩小惠买通“阴差”，希图预知自己未来之事，所谓阴差也就趁机骗取钱财。

照长明灯　每月初一与十五日晚上在锅内点菜油灯，或在神龛上点灯，通宵不灭。

饮“神水”　县内有多处岩隙泉水被传说为神水，能医治百病。信奉者患病遭灾则前往挂红放炮，烧香蜡纸钱，叩头礼拜，继而以瓶罐竹筒盛回饮之。

戴百家锁、穿百家衣、吃百家饭　若小儿多病，则化百家碎银打锁以戴项上，名为“长命锁”；或化百家碎布为其拼制衣服，名为“百衲衣”。若雀鸟屎拉在身上，谓之大不吉祥，化百家之粮合而煮食，可禳解。

治幼儿夜哭　以红纸书写“小儿夜哭，请君念读，若是不哭，谢君万福”或“天皇皇地皇皇，我家有个夜哭郎，过路君子念三遍，一觉睡到大天亮”等歌谣贴在墙头、路边显眼之处，谓可治幼儿夜间啼哭。

拜干爹干妈　幼儿常病，谓命中有克星，需要拜相生的人（即认干爹、干妈）“保关煞”。于农历七月半（七月十四日）清晨抱儿至桥头、路口等候，所见第一个过路人即是幼儿干爹或干妈，请其为幼儿起名，后即彼此往来不断。也有请游历较广者，如端公、算命先生、木匠、石匠、泥水匠及卦婆、媒婆之流作干爹干妈的，还有拜寄给某棵树木作干儿、干女的古俗。

嫁眼病　患眼疾者，以荆棘条若干拦于三岔路口，待过路人挪移；俗谓凡荆棘条移动，患者的眼疾即被带走。

嫁毛虫、遣蚂蚁　凡毛虫、蚂蚁危害树木、房屋，即燃香一炷，以新毛笔蘸朱砂写一“白”字在黄纸上，倒贴于屋壁，并念相应咒语，谓可驱逐之。

化水、烧蛋　信迷信者凡生病即请端公化水或烧蛋。化水时，端公一手端水碗，一手执燃香，以香头向水面画符，口中念咒语，抖落些香灰在水里，其后交与患者饮服；烧蛋时端公将鸡蛋用“纸钱”裹好，放于神案前，淋上菜油，烧熟后交与患者服用。

果树挂红　逢年过节以红布条、红纸条挂在树枝上，或以绑抬死人棺材的竹篾捆在果树干上，或腊月初八日在核桃树干砍若干浅口喂腊八粥，谓可使果树多结硕果。

栽花树　孩子出生时即为其栽一棵树（一般是松、杉、楠、樟等常青树），视树为命根子，每逢年节或孩子生日均要祭拜，并据其生长的健壮荣枯弯直程度及分枝多寡，来判断孩子将来有无出息和吉凶祸福。

催生　凡产妇难产，谓有产难鬼作祟，来不及请端公时，即在产妇门口鸣枪放炮以驱逐之。

喊魂　小孩被带到野外归来即生病，或受惊吓后身体不适，谓之掉了魂。每天黄昏时由其母亲或祖母站在大门外向远处呼喊小孩乳名："某娃子—快回来哟！"余音悠长，甚为阴森凄惨。羌人喊魂则作："武都家的咧，快回来了嗯啰！"

第三章 方言

第一节 语音、词汇

一、语音

过去县内各地语音稍有差异。坝底、马槽、白石、青片等乡因邻近茂县，其中部分村寨历史上属茂县管辖，受其影响，口音与茂县相近；陈家坝、桂溪等乡，因邻近平武县，历史上曾属平武管辖，语音与平武相近；其余各乡镇，语音特点与安县、绵阳等地基本相同。近几十年由于文化教育事业的发展和与外地交流日益频繁，语音趋同，渐与绵阳无异。

二、词汇

县内方言词汇较为规范，但亦有少量土语，外地人难知其意。随着人民文化水平的提高和普通话的普及，冷僻、僵死的土语词汇逐渐被淘汰，能使语言更为生动、形象的则仍保留在方言之中。

土语词汇选录（语音借用本地方言）

表 32-1

北川土语	普通话释义	北川土语	普通话释义
日头、热头	太阳	打鹿子	猎人
牛子	石头	刀儿匠	屠户
开子	斧头	背时壳壳	倒霉的东西
地沓	地点、地方	私娃子	私生子
沓沓	地点	瓜娃子	傻瓜
眼流子	眼泪	岁人	小孩子
清鼻子	鼻涕	鬼头子	小孩子
霉壳壳	鬼东西	堂客	女人
二天	今后	老水子	老鼠
溜肩膀	不负责任的人	丁丁猫	蜻蜓
邱氏婆	风流女人	老哇子	乌鸦
洋盘	穷讲究的人	蜞蚂子	青蛙
烂滚龙	流氓、地痞	丫雀子	喜鹊
干滚龙	地痞	癞格宝、癞都子	癞蛤蟆
二杆子	流氓	黄巴郎	黄莺

续表 32-1

北川土语	普通话释义	北川土语	普通话释义
巴猫儿	蚜虫	邦硬	十分坚硬
恩哥儿	鹦鹉	热和	暖和
蛐蟮子	蚯蚓	干扎扎	干巴
闹巴鹰	老鹰	奶希希	幼稚乖巧
鬼顶哥	猫头鹰	苏气	小巧可爱
拐拐	雀鸟	蛮墩墩	高大丑陋
檐老鼠	蝙蝠	老扎扎	苍老
煞角	结束	瘦筋筋	瘦弱
阴到起	隐瞒	胖嘟嘟	白胖
难为你	麻烦你、谢谢你	胖墩墩	肥胖
辍火	死了或坏了	绵剥剥	绵软或不利索
零杆	结束	光董董	光身子
吃整笼心肺	独吞	花绿绿	色彩斑斓
黑皂皂	不白净	气鼓鼓	生气的样子
癞乌乌	不光滑平整	三二滚	狡猾
脏希希	不清洁	醒豁	清楚
稀烂	腐烂、细碎	撇脱	干脆
烂糟糟	不整洁	凶	厉害、能干
碰香	很香	苏派	讲究排场
臭稀稀	不好闻		

第二节　民间谚语和歇后语

一、谚语

不当家不晓得柴米贵

不上高山，不晓得平地；不吃高粱面，不晓得粗细

吃不穷，穿不穷，不会划算一世穷

色胆大如天，贼嘴硬如铁

神正不怕香炉歪

心中无冷病，不怕吃西瓜

为人不做亏心事，半夜敲门心不惊

牛肉没吃到鼓上报仇

年轻不攒钱，老来受艰难

兴家犹如针挑土，败家犹如水推沙

病来如山倒，病去如抽丝

买卖争分毫，人情送匹马

人不求人一般高
人活一张脸，树活一张皮
人怕伤心，树怕剥皮
蛇大喉咙粗
不吃稀饭不得饱，不穿旧衣不到老
菜当三分粮
一人头上一块天
家和万事兴
心急吃不得热汤圆
捉狗儿子，看狗母子
少似观音老似猴
饱汉不知饿汉饥
人争一口气，神争一炉香
人无横财不富，马无夜草不肥
舍得宝来宝调（换）宝，舍得珍珠换玛瑙；舍得金弹子，才打得到凤凰鸟
不听老人言，必定受饥寒
家中有金银，隔壁有戥秤
人死如虎，虎死如泥
躲脱不是祸，是祸躲不脱
三十年的媳妇熬成婆
举手不打笑脸人
远香近臭
求人不如求己
捆绑不成夫妻
鸡母不抱（孵蛋），折断腿也不抱
千里送鹅毛，礼轻仁义重
人心隔肚皮，树心隔木皮
女长十八变，越变越好看
养儿不教，惯狗爬灶
小时偷针，长大偷金
小时偷油，长大偷牛
一个鸡蛋吃不饱，一张贼皮背到老
人哄地皮，地哄肚皮
双桥好走，独木难行
一个手掌拍不响
冷酒醉人，冷言伤人
嫩姜没得老姜辣
篾缠三转紧，说话三遍稳
穷不过讨口，死不过要命
胆大胆大，可坐天下
胀死胆大的，饿死胆小的

坐在庙门口，没有烧到子时香
提起猪头，找不到庙门
狗咬亲家母，隔不到一晌午
老哇（乌鸦）笑猪黑，自己不觉得
秋后结大瓜
不想吃锅巴，何必围到锅边转
家家有个长和短，户户有个理不伸
凤凰落毛不如鸡
阎王好见，小鬼难缠
叫花子还嫌馊稀饭
人是铁，饭是钢，一顿不吃饿得慌
毛毛雨打湿衣裳，杯杯酒吃空家当
一顿省一把，一年买匹马
人忙无计
吃得亏，到一堆
在家靠父母，出门靠朋友
人要忠心，火要空心
三句好话软人心
没得老的夸孝敬，没得小的夸干净
儿孙自有儿孙福
螺蛳夹蚌壳，想脱不得脱
四季豆不进油盐
嘴是两张皮，说话无定一
你有好多门枋，我有好多对子
公章盖得碗口大，不如熟人说句话
一张证明，当不了一个熟人
雷打到头上还要吃三碗烧稀饭
讨口子争龙门子，再争也是人家的
狗咬狗两嘴毛
狗咬耗子，多管闲事
槽里无食猪拱猪
天天待客不穷，夜夜做贼不富
千两黄金不卖道，十字街头送故交
鸡吃叫，鱼吃跳
萝卜上街，药铺莫开
一个小丑进城，十个药铺关门
晚吃萝卜早吃姜，不要医生开药方
金窝银窝，不如自己的狗窝
有运气吃运气，无运气吃本事，无本事吃苦头
靠山吃山，靠水吃水
山不转路转，路不转水弯

为人莫作千古计，三十河东四十西
老婆子戴朵花，人家不夸自己夸
你坐你的金銮殿，我挣我的血汗钱
你当三年清知县，老子九年不偷牛
新三年，旧三年，缝缝补补再三年
家中有个老，强如有个宝
广木香不是药，可以顺口气
狗咬脚，各顾各
你了你，我了我，猴子莫跟狗打伙
出门看天色，进门看脸色
歪戴帽子斜穿衣，长大不是好东西
菩萨菩萨，一堆泥巴，我不信你，你把我没法
穷不离猪，富不离书
喂猪不赚钱，肥了一块田
长猪短马秤砣牛
勤扫地，粪堆高
今天瓦瓦云，明天大天晴
天黄有雨，人黄有病
月亮长毛，雨水泡泡
今天太阳反照，明天晒得鬼叫
雷公先唱歌，有雨也不多；有雨天边亮，无雨顶上光
初一无雨看十三,十三无雨一冬干
云朝南，打烂船
清明要明，谷雨要淋
立夏不下，犁耙高挂
清明前后，种瓜种豆
蚕麦不过小满
菜子不吃立夏水
阳雀叫唤谷雨后，庄稼老汉种黄豆
春争日，夏争时
上午立了秋，下午凉悠悠

二、歇后语

包脚布做衣领——臭一转转（名声很臭）
抱鸡母抓糠壳——搞空事（事情没办成）
快刀打豆腐——两面取光
萤火虫的屁股——操亮了（混得好）
猴子的屁股——自来红
板凳上打麻将——哈不开
狗坐轿子——不受抬举
老鼠爬秤钩——自称

猪八戒照镜子——里外不是人
老鼠钻风箱——两头受气
吹唢呐绊仆爬——筑了一杆杆气（受气）
鸡脚神戴眼镜——假充正神
讨口子烧钱纸——钱少话多
篾丝穿豆腐——莫提
老鹰抓蓑衣——脱不了爪爪（脱不了干系，惹上麻烦）
苍蝇衔秤砣——操嘴劲（嘴上说不干）
驴子吃灰面———张白嘴（贫嘴）
王母娘娘的蟠桃——老果果（老人家）
指甲上长毛——老手
螃蟹夹豌豆——连爬带滚
驼背儿绊仰绊——两头不落实
香棍儿搭桥——难过
三张纸画个人脑壳——好大的脸面
哑巴吃黄连——有苦说不出
坟园里撒花椒——麻鬼（骗人被人识破）
油汤里撒花椒——你烫我，我麻你
大伯子背弟媳妇——费力不讨好
堂屋里推车子——进退两难
巷子里抬木头——直来直去
牙刷子落毛——有板有眼
新媳妇哭公公——说不出个好处来
瞎子打婆娘——松不得手
瞎子点灯——白费油
聋子的耳朵——摆设
无二爷卖布——鬼扯
无二娘的肚子——怀鬼胎
裁缝的脑壳——当真（针）
电灯点火——不然（燃）
皇帝娘娘死男人——莫二价（嫁）
讨口子的袖子——难免（挽）
老太婆打粉——不论（嫩）
驼背儿打伞——背时（湿）
下雨不打伞——精灵（淋）
和尚打伞——无法（发）无天
大肚子过独木桥——铤而走险

第三十三篇

“番地”变迁与镇乡概况

第一章 “番地”变迁

第一节 关内、关外的划分

北川习惯把县域划分为关内、关外两部分。这个“关”指的是曲山关。曲山关是位于县城北面山梁上的隘口，唐代叫松岭关，途经此处的绵茂古道也因此被称为松岭关路。明代官军在此建有城堡，取名曲山关，驻军百余人常年把守，山下的曲山场也便由此而得名。清代，驻军裁撤，城堡废弃，当地人便将城堡所在的山梁称为旧关岭。中华人民共和国成立后，从旧关岭山麓凿穿悬崖建成沿江公路后，曲山关不再是交通干道上的要塞，也就渐渐淡出人们的视线，但这个旧时的关隘至今仍是县内地域划分的标志。

以曲山关为标志划分关内、关外，源自县域调整。北川自北周保定四年（564）建县，管辖范围仅包括关内地区。唐贞观八年（634），划出北川县的部分地域建石泉县。这时的石泉县管辖湔江上游和白草河流域，北川县管辖青片河流域。永徽二年（651），将北川县并入石泉县。在此期间，无论一个县还是两县并存，管辖范围都仅限于曲山关以西北地区。在此后一千多年间，这一状况从未发生改变。直到清雍正三年（1725），清政府将擂鼓坪及其以东的曲山、邓家渡、陈家坝一带由平武县划归石泉县，同时将通口、香泉由安县划归石泉县管辖，石泉县管辖区域才扩大到曲山关以东南，自此也就有了关内、关外的说法。所谓关内，指曲山关以西北的漩坪、白坭、禹里、开坪、小坝、桃龙、片口、墩上、坝底、马槽、白什、青片等 12 个乡镇。所谓关外，则指曲山关以东南的擂鼓、曲山、陈家坝、桂溪、贯岭、都坝、通口、香泉等 8 个乡镇。

如果从县城曲山的角度看，曲山关以东南应该叫关内，曲山关以西北应该叫关外，人们的习惯叫法是把关内、关外搞颠倒了。之所以出现这种位置颠倒的叫法，是由北川县城变迁造成的。雍正三年新增曲山关以东南辖区时，石泉县城设在禹里，站在禹里的角度看，曲山关以西北才是“内”，曲山关以东南自然就是“外”了。1952 年 9 月，县城从禹里搬迁至曲山，人们仍然按照习惯，一直沿用关内、关外的说法。

虽然关内、关外自汉代设置郡县起，即归不同的行政区管辖，但均属以羌族为主的少数民族聚居区。据现有资料记载，自宋以后，历代统治者在武力征服的基础上，采用土司统治、羌寨自治等多种方式对民族地区实施管理，至民国时期，历经数百年，终于使北川羌藏族由自行其是的“生番”演变成了服从地方政府管理的“熟番”，原土司领地和羌寨自治区也相继成为县衙（县政府）直接管辖的“汉区”，实现了全县民族地区管理方式的统一。

第二节 关内“番地”的变迁

关内地区虽从北周保定四年（564）起就属北川（石泉）县管辖区，但由于是少数民族聚居区，实际统治者是各少数民族部落的头人或酋长，县级行政机构的设置仅仅是行使管辖权的象征。经过800多年的演变，到了明代，开始实行户口登记制度，县衙直接管理的区域才有了明确的界线。

据《明史》等文献记载：明代石泉县境内有松岭关（曲山关）、石板关、奠边关、大方关和上雄关。这五个“关”，除了上雄关在古县城禹里附近，其余四个“关”所在位置，大致就是石泉县直接管辖区的边界。也就是说，明代石泉县直接管辖的范围大致包括曲山关以北、大方关以西、奠边关以东南、石板关以东地区，即今漩坪、白坭、墩上三乡，以及禹里乡大部。虽然县衙直接管辖区内的居民大部分是少数民族，但都被称为“汉区”。除了石泉县直接管辖的“汉区”，关内其余地方称为“番地”，由东南向西北大致分为艾林土司和坝底土司领地、白草番“上下十八寨”、青片番“上下五簇”等三个区域，各自经历了不同的演变过程，历时数百年，才最终成为石泉（北川）县地方政府的直接管辖区，完成了由“番地”到“汉区”的演变。

一、艾林、坝底土司领地

明代初年，朝廷在开坪乡安林村设置艾林土司，在坝底场设置坝底土司，两个土司的管辖范围，大致就是今开坪乡和坝底乡。实行土司制度300多年后，于清康熙四十二年（1703）实施改土归流，撤销了艾林土司和坝底土司。改土归流后，在原属土司领地的今开坪乡和坝底乡实行羌寨自治政策，即由羌寨头人自行管理。为了保持羌寨与县衙的联系，在村寨设置“通事”（懂得汉语的羌人），负责传达县衙的指示、反映羌寨的诉求。又过了22年，即雍正三年（1725），终将开坪乡和坝底乡地域分别划归富谷乡和甘泉乡，由石泉县直接管辖，开坪、坝底自此成为“汉区”。

二、白草番“上下十八寨”与“石泉番寨”

明代，县内少数民族统称白草番。据《明史》记载，白草番当中最强悍的是“上下十八寨”。“上下十八寨”可能只是个约数，各寨名称不详。明末瞿九思所撰《万历武功录·白草风村野猪窝诸羌列传》中列出了28个寨子。这28寨中，属坝底堡官军负责守御的有“白草河西”之风村巅、转架、孙儿挂、著杀开、肉儿挂、马鹿坪、桃红、黎相湾、坝底坪、椒园子、龙藏共11寨；属永平堡官军负责守御的有“白草河东”之白草坝、野猪窝、鹅雁溪、走马岭、克剥岭、雍村坪、张村垭、浪坝、照队、太白、白羊岭、干松坝、落落坡、石坡、青冈坡、毛坡、射溪沟共17寨。对应现在的政区，大致包括位于白草河流域的小坝、桃龙、片口乡境域和禹里乡云安村、庙坝村、鸣牛村，以及位于青片河流域的青片乡茶湾村、西纳村、安绵村、正河村、高峰村，马槽乡平地村、木坪村，白什乡高溪村、清溪村。

明代前期，这一带羌寨还处于无政府状态。嘉靖二十六年（1547），松潘总兵何卿和四川巡抚张时彻率三万多官军，重点对“上下十八寨”进行征伐，彻底摧毁了据险称雄的羌寨地方势力。官军大胜之后，羌民表示愿意归顺地方政府，不再进行武力滋扰，专一从事农耕。万历七年（1579），迫于官军的强大压力，“白草河西”11寨和“白草河东”17寨先后表示愿意“投顺”。官方审验后，将28寨、男妇共8494人收入石泉版籍。鉴于羌民文化上与内地的巨大差异，石泉县衙还无法直接管理，于是在羌寨重新选立头人，负责对羌民进行日常管理。

到了清代，白草番28寨发展成为59寨。因这一区域自纳入石泉县版图后，一直实行羌寨自治的特殊政策，尚未划归县衙直接管理，所以乾隆版《石泉县志》将其称为“番寨”，以别于县衙直接管理的“汉区”。按照所处位置划分，“石泉番寨”59寨包括白草河东21寨、白草河西27寨、青片河东7寨、青片河西4寨。

白草河东21寨：位于小坝乡境的有干竹沟和椿树岭（巩固村）、臭蒿坡（白花村）、桑柏子（桑柏村）、蛇溪沟（晨溪村）、野猪窝和走马岭（大梁村）、锅锥湾和客包岭（永兴村）、坝地坪（坝地村）、牛坑土（酒厂村）、大坡地（大包村）、茶罐湾（上沟村）、张村垭（东岳村）、三家沟（茅岭村）；位于片口乡境的有白草坝（白草村）、则都包（与小坝乡外白交界处）、磨盘寨（磨盘村）、白羊寨（泽可村）、景错（东江村）；位于马槽乡境的有木巨坪（木坪村）。

白草河西27寨：位于小坝乡境的有茶园坪（新建村）、赵代寨（照德村）、道包寨和太白寨（回龙村）、外白寨（太白村）、大留寨（大华村）、老周寨（金凤村）；位于片口乡境的有桑江寨（泽可村）；位于禹里乡境的有大阁子和栗子园及火草灯（鸣牛村）、庙头坝和昔尔卦（庙坝村）、安边寨（云安村）；位于桃龙藏族乡境的有肉尔卦和相湾寨及牙地寨（芽地村）、马鹿坪（九城村）、小桃红和大桃红及搭花寨（桃红村）、龙藏寨和大湾寨（铁龙村）、大椒园和小椒园（大鹏村）、铁索寨和山茶堡（桃花村）。

青片河东7寨：位于马槽乡境的有照水寨（平地村）；位于白什乡境的有高基寨（高溪村）；位于青片乡境的有吴错和昔蜡窝（西纳村）、小鸭渡（安绵村）、大鸭渡和儿巴垭（正河村）。

青片河西4寨：位于青片乡境的有碧柘口（茶湾村）、鱼独岭和大波谷堆（高峰村）；位于白什乡境的有独立堡（清溪村）。

和开坪、坝底改土归流后实行的政策一样，羌民的民刑诉讼案件由县衙办理，各羌寨设置“通事”（懂得汉语的羌人），负责传达县衙的指示、反映羌寨的诉求，羌寨的治安则由设在坝底的永坝抚夷厅负责。清宣统三年（1911）辛亥革命前夕，石泉县新设为一区六乡，“石泉番寨”分别划归太平、复盛乡和中区管辖。这一地区从明代中期实行羌寨自治政策332年后，才演变成为石泉县直接管辖的“汉区”。

三、青片番“上下五簇”

青片番“上下五簇”包括位于北川西北边沿的青片河中上游的青片乡上五村，以及白什、马槽乡的部分村寨。上述地区，明代文献极少单独提及，包含在广义的“白草番地”之中。到了清代，因大部尚处于无政府状态，和已经“归顺”地方政府的羌寨有很大区别，又位于青片河上游，所以被单称为“青片番”。青片番按其所处位置分为上五簇、中五簇、下五簇。

上五簇在今青片乡上五村。中五簇包括青片乡茶湾村、西纳村、安绵村、正河村、高峰村，以及马槽乡平地村、木坪村，白什乡高溪村、清溪村。下五簇包括白什乡白什村、鱼背村、七星村、白水村、河坪村和马槽乡苦山村、明头村、花桥村、黑水村、黑亭村。

中五簇是当地羌民的自我称谓，属于明代白草番“上下十八寨”的范围，在明朝嘉靖年间遭受官军沉重打击后，于万历年间“投顺”，即成为石泉县辖区内的羌寨自治区域，清代属于“石泉番寨”的一部分。经过上百年的自然演变和历届地方官员的教化，羌民已经成为遵守封建统治秩序、服从地方政府管理的“熟番”。上五簇、下五簇则有所不同，直至清代初年，还属于我行我素的“生番”。清代初年，这些羌寨既不属于其西北面的茂州、松潘，也不属于东面的石泉县，还处于无政府状态。清顺治九年（1652），清军入主石泉，即将其列为打击对象。康熙二年（1663）正月，松潘总兵何德成率兵溯青片河而上，攻占了下五簇羌寨，上五簇迫于官军的强大压力，立即表示愿意归顺。

何德成征服青片番以后，在坝底设置抚夷一员，领兵五十，保持军事威慑态势；同时将上五簇划归石泉县艾林土司和坝底土司管理，下五簇则交由茂州陇木土司管辖，开始实行土司制度。20年后，鉴于上五簇离石泉土司太远，不便管理，将其划归茂州叠溪大姓土司和小姓土司管理。过了一百多年，清道光六年（1826），大姓土司和小姓土司自愿放弃土司地位，主动要求改土归流。大姓土司和小姓土司废止后，他们在叠溪的领地随即成为茂州直接管辖的“汉区”，但上五簇却例外划归茂州陇木土司，继续实行土司制度。又过了一百多年，1935年红四方面军长征达到北川后，建立各级苏维埃政权，陇木土司的统治终止。当年红军撤离后，国民党四川省政府发文正式取消土司制度，将上下五簇地域划归茂县地方政府直接管理。1951年，将原上下五簇地域，即今青片乡上五村和马槽、白什的部分村寨由茂县划归北川。至此，整个关内地区才完全归北川管辖。

茂县一直属羌族聚居区，原上、下五簇从茂县划归北川后也被视为民族地区。1958年“公社化”运动后，这一带居民的民族属性渐被忽视。改革开放后，古上、下五簇所在的青片、白什、马槽乡在全县率先开展恢复和改正民族成分工作，全面落实党的民族政策。

第三节　关外“番地”的变迁

北川关外之擂鼓、曲山、陈家坝、都坝、贯岭、桂溪等地历属平武方面管辖。因居民都属性情刚直的氐羌类少数民族，所以西汉高帝六年（前201）设置县级政区时，取名刚氐道。刚氐道后来演变为龙州。到了宋代，龙州一带的少数民族按族群分为白马寨、木瓜寨、白草寨，称为“龙州三寨”，北川关外大部分地区属白草寨。

古时候由甘肃经平武入川的道路被称为阴平道，三国时魏国大将邓艾即由此入蜀，出其不意灭了刘禅的蜀汉政权。南宋后期，蒙古军即将大举南下。因有前车之鉴，南宋王朝在国力衰微的情况下，于宝庆二年（1226）在平武境内设置龙州三寨长官司，赐江南进士出身的龙州判官王行俭担任长官，并给予子孙世袭的特权，以此激励其自守疆土，防止蒙古军从阴平道进入四川盆地。龙州三寨长官司属土司机构，北川关外属龙州白草寨的擂鼓东北部和曲山、陈家坝、桂溪、贯岭、都坝一带自此成为土司领地。延至明代，龙州仍实行土司制度，除南宋后期受封的薛、王姓两姓司外，有个叫李仁广的陇西千户因为替入川的明军输送粮饷有功，也受封为土司。此时“龙州三寨”演变为白马番地、木瓜寨番地和白草番地，分别由龙州三姓土司各自领兵五百负责守御，其中李姓土司负责守御由宋代白草寨演变而来的白草番地。

嘉靖四十四年（1565），龙州土司发生内讧，宣抚使薛兆乾将副使李蕃父子殴打致死，随后纠合平通河、都坝河流域的白草羌数千人分据各城堡关隘，阻断官军粮道。继而胁迫佥事王华合谋，见王华不从，屠其家。是年春，薛兆乾与官军交战失利，求救于北川关内的白草羌“上下十八寨”，未获响应，遂被官军擒杀，其母及胁从28人皆以同谋论斩。嘉靖四十五年（1566），明王朝平定薛土司叛乱后，趁机在龙州改土归流，将龙州宣抚司改建为龙安府，由朝廷直接委派的流官进行管理，关外地区也由土司领地改由新设的龙安府平武县直接管理，成为“汉区”。擂鼓东北部及其以东的曲山、陈家坝、桂溪、贯岭、都坝等地，是北川境内最早实行土司制度的地方，也是最早改土归流的地方。

清雍正三年（1725），也就是龙州改土归流159年后，又先后进行了四次行政区域调整，擂鼓及其以东的曲山、陈家坝、桂溪、贯岭、都坝等地，才最终于1956年全部划归北川管辖。

第一次调整：清雍正三年。

是年，因擂鼓坪、曲山、邓家渡、陈家坝距平武县城太远，清政府将其一并划归石泉县。上述地区自此属石泉（北川）县管辖。据《清实录·世宗皇帝实录》记载：清雍正九年辛亥二月十七日，即1731年3月24日，吏部复议四川巡抚宽得的奏章。奏章中说，四川省平武县所属之村镇中，有很多离县城太远，应当改属相邻的县，“请将……擂鼓坪、邓家渡等处归石泉县管辖”。吏部讨论后交世宗皇帝批示，得到世宗的准允。按照这段记载，清雍正九年（1731），朝廷批准将擂鼓坪、邓家渡等处由平武县改属于石泉县，而《龙安府志》却说：“雍正三年（1725），拨（平武县）西南地入石泉县。”《清实录》和《龙安府志》所述时间相差6年，有可能《清实录》所说的是朝廷最终批准的时间，而《龙安府志》所说的是实际调整的时间。具体说来，雍正三年由平武县划归石泉县的范围包括擂鼓东北部，曲山场以东之东溪、茅坝、沙坝一带，以及邓家渡、陈家坝，直到桂溪乡垭上以西这一片地方；同时还把安县西北部，即今香泉、通口一带也划归石泉县。上述地区合并在一起，设置为石泉县的第三个乡—让水乡。自此以后，石泉（北川）县的辖区扩大到曲山关以东南的湔江中下游、苏宝河流域及都坝河中下游，也才有了关内、关外的说法。

第二次调整：民国31年（1942）。

虽然擂鼓坪自雍正三年就已划归石泉县，但实际上擂鼓西南面一直属安县管辖。民国21年（1932）编纂出版的《北川县志》中绘有“擂鼓坪场街道平面图”，标明“新场属北川”，图中还特别加了文字说明：“本场由街心分界，半属安县半属北川。”在场镇西北面又画一道虚线，标明“界内属北川”，意思是说，靠近场镇东北面的村落也属北川管辖。不仅擂鼓场如此，其东面的曲山场也以龙尾方向的麒麟桥为界，仅曲山关下面几户人家属北川，其余均属安县。抗日战争期间，曲山场王建堂组织百余青年徒步赶到安昌，向安县县政府请求上前线抗击日寇，就是因为他们的户口属安县。擂鼓、曲山分属两个县，造成管理上的不便。民国29年，两县之间曾自行协调解决辖区交叉的问题，但未达成协议。民国31年（1942）6月，终将安县所辖曲山3个保（大致包括今杨柳坪、景家山、石椅子、任家坪等地）划归北川，北川县所辖擂鼓3个保（大致是擂鼓场东北面的村落）划归安县，擂鼓场属安县，曲山场属北川。

第三次调整：1952年。

是年7月，再次对安县、北川两县的辖区进行调整，将安县所辖擂鼓乡划归北川。自此，擂鼓全部属北川管辖。同年9月，县城从禹里迁至曲山，虽然站在曲山的角度看，关内、关外的概念是颠倒的，但此后人们仍继续沿用清代形成的说法。

第四次调整：1956年。

是年再次对平武、北川两县的辖区进行调整。清雍正三年将平武县之擂鼓至陈家坝一带划归石泉以后，石泉县的东部边界就在今桂溪乡垭上，垭上东面山下的桂溪场属平武县。民国21年，因地方势力欺行霸市，引起纷争械斗，属北川县的龙凤乡（今陈家坝乡）为了与之对抗，遂于垭上另设场市，取名龙凤场。商贸活动集中于新场，致使属平武县的桂溪场一度冷落。1935年，红四方面军长征到达桂溪后，在垭上建立县级苏维埃政权，因为垭上位于平武县南面，且管辖区包括了平武县的桂溪、贯岭、都坝等地，所以取名为平南县苏维埃。这一带地区，特别是贯岭、都坝，在交通落后的情况下，往来平武县城十分不便。为了便于管理，1956年2月将平武县所辖甘溪乡（今桂溪乡）、都坝乡（今都坝乡和贯岭乡）划归北川。自此，徐坪垭梁子以东也成为北川境域。

第二章　镇乡概况

第一节　镇

曲山镇

基本情况　曲山镇位于县境东南部，东连陈家坝乡和通口镇，南邻擂鼓镇，西接漩坪乡。面积112平方公里。镇政府驻地曲山场同为县城，距绵阳70公里，距省会成都157公里，是全县政治、经济、文化中心。辖23个行政村115个村民小组、2个社区居委会25个居民小组。2007年，全镇7683户、22191人，其中非农业人口10298人。经济以农业为主，有耕地5535亩，茶园8910亩，桑园1748亩。粮食总产量1601吨，出栏生猪1.4万头、小家禽6.6万只，白山羊饲养量1.4万只，产茶140吨、蚕茧19.5吨。境内沙坝、杨柳坪、石椅等村建有乡村旅游接待点。

历史沿革　曲山，因其北面山梁有明代军事城堡曲山关而得名。曲山关曾是北川边界的标志，关口西北归石泉（北川）县管辖，东南面分属安县境域和龙州土司领地。嘉靖四十五年（1566）龙州改土归流后，土司领地改由平武县管辖。清雍正三年（1725），因擂鼓坪、邓家渡、陈家坝一带距离平武县城太远，过于吊野，将其划归石泉县，置为让水乡。自此，曲山分属石泉县和安县。宣统三年（1911），北川全县划分为1区6乡，曲山属昌隆乡。民国21年（1932）版《北川县志》记载："南乡之曲山场全属安邑，而县属仅曲山关下数户及茅坝、龙尾等地。"具体划分是：两县以今县政协大门旁的麒麟桥为界，桥北属北川，桥南属安县。民国29年，将擂鼓坪、曲山场属北川县管辖部分设置为擂曲乡。民国31年6月，将北川县所辖擂鼓3个保划归安县，安县所辖曲山3个保划归北川，改擂曲乡为曲山乡。自此，曲山场完全属北川管辖。1952年9月，曲山场成为北川县城。1953年1月，新建城关镇。1957年8月改建为回龙乡。1962年6月，析回龙公社增置城关镇。1981年9月，城关镇更名为曲山镇。1986年8月，将曲山乡和东溪乡的白果、华林、东溪沟、楼房坪4个村并入曲山镇。此后，曲山镇建制未再作调整。

场镇变迁　曲山场位于湔江右岸，江水自东向西奔泻而来，至此却折而向东。传说从前二郎神捉拿孽龙时，孽龙本欲西出大山，但擂鼓狮子山上有人擂鼓助威，孽龙见有防范，急忙掉头向邓家渡方向而去，江水也随之急转向东，曲山因而又称回龙。明代，西至茂县、东北至平武的官道小东路在此交汇，因而形成小小场市，称为回龙场。回龙场初设于茅坝，因位于北川大断层上，南面悬崖壁立，多地质灾害。清康熙十八年（1679年），后山崩塌，场镇被埋大半，乱石林立，故名乱石窖，场镇遂迁至今址，改名曲山场。1952年9月，因交通困难，县城由禹里迁建于此。鉴于周围地质灾害威胁和建设用地有限，1959年议将县城迁回禹里。是年成立城建委，调集200名建筑施工人员在禹里奎星山山麓修建县委、县人委办公楼一栋，在长春沟修建中学教学楼三栋，1961年竣工。恰遇连续三年自然灾害，经济困难，搬迁计划未能实施。20世纪80年代，王家岩岩石频繁塌落，有发生大型崩塌性滑坡的危险，再次议迁县城，也因种种原因而作罢。其后，人口不断增加。至2007年，发展成为2万多人常住人口的场镇。

曲山关轶事　曲山北面的山口，自古以来就是绵茂干道上的要隘。唐代叫松岭关，绵茂干道也因此被称为松岭关路。明朝天顺四年（1460），羌人攻击石泉县城，“烽火及于安、绵”。茂州卫指挥曹敏奏请朝廷修筑城垣关隘，加强防御。于是在石泉至安县之间修筑曲山关、擂鼓坪堡等城堡，从茂州卫、成都后卫抽调官军驻守。曲山关本为阻遏羌人而建，常年驻军百余人，但从未有过受到羌人攻击的记载。清朝初年，这一雄关却成为明朝官军抵抗清军的据点。崇祯十七年（1644），清军打败李自成的农民起义军，占领北京，继而挥师南下。由于遭到各地义军和明朝残余势力的顽强抵抗，直到清顺治九年（1652）才到达北川。民国《北川县志》中记载了曲山关明军抗清的故事：清兵抵达北川时，忠于明朝的守将曹洪拥兵数百自卫，不受清廷调遣。清军屡遣重兵来攻，皆阻于曲山关不能进。前后数易其将，均无功而退。后有清将屯兵曲山关外，数月不动，却密派将士窥测附近各山地势，终于找到绕过曲山关直达禹里的小路。计划既定，乃向曹洪挑战。刚一交战，就向后溃退。曹洪求胜心切，乃率全军追击。追至江油漫坡渡，忽然传来消息，说清兵已入曲山关。曹洪知道中计，急忙率军星夜入关，与清兵相遇于曹山坡。曹洪战败，以身殉职，石泉遂被清军占领。清军将曹洪头颅解往京城，朝廷念及曹洪忠于旧主，命将其头送回北川，与遗体一道葬于当年曹洪练兵的青石凤凰台。曹洪殉职的地方叫曹丧坡，后人忌讳说“丧”，就把曹丧坡说成曹山坡。

清代，县内不再大规模驻军，城堡被废弃，当地人把曲山关所在的山梁叫旧关岭。旧关岭也是县内地域划分的标志。因古县城一直设在禹里，便习惯以禹里为中心，将曲山关以西北称为关内，曲山关以东南称为关外。

中华人民共和国成立前，关内关外仅有羊肠小道相通，曲山关则是必经之地。因地势险恶，民国时期匪患猖獗，不时有土匪在此行劫。时有民谣云：“过了曹山坡，本钱摸一摸；过了旧关岭，本钱才得稳；过了凉风垭，才得见爹妈。”说的是行旅商贩只有过了曲山关等要隘，才算脱离危险。

王建堂父子报国　民国26年（1937）卢沟桥事变发生后，全国抗日热情高涨。曲山场王建堂组织青年志愿者100余人，自称川西北请缨杀敌队，到安县县政府请求上前线抗击日寇（当时曲山场大部属安县）。县长大加赞赏，命名为“特征义勇壮丁队”。建堂之父王者成用白布制旗一面送子出征，白旗正中大书一“死”字，右边题写“我不愿你在我近前尽孝，只愿你在民族分上尽忠”，左边题写“国难当头，日寇狰狞，国家有难，匹夫有分；本欲服役，奈过年龄，幸吾有子，自觉请缨；赐旗一面，时刻随身，伤时拭血，死后裹尸；勇往直前，勿忘本分”。安县县长在欢送抗日战士开赴前线的群众大会上展示“死”字旗，会场上群情勃发。成都新闻媒体登载以《模范父亲》为题的报道，褒扬“义民王者成送子出征”。四川军管区司令部向王者成家赠送“父义子忠”的光荣匾。曲山义民王者成送子出征一时成为佳话。抗日热潮中，许多在成都、绵阳等地读书的北川籍学生毅然投笔从戎，报名参加抗日远征军。据不完全统计，八年抗战期间，人口仅4万多人的北川县，出征壮丁达1229人。

擂鼓镇

基本情况　擂鼓镇位于县境东南部，东接通口镇，南西邻安县，北连曲山镇和禹里、漩坪二乡，面积145平方公里，有耕地16305亩。镇政府驻地擂鼓场，沿安北路北距县城曲山8公里，南距安县20公里。辖30个行政村145个村民小组和1个社区居委会，属省级小城镇建设重点镇。2007年，全镇5432户、18222人，其中非农业人口1812人。粮食总产量3706吨，出栏生猪1.2万头，饲养小家禽8.7万只；有茶园9325亩，产绿茶134吨、名茶12吨、花茶150吨；药材种植面积95万亩，优质水果350亩。除传统农业外，另兴办有水泥、木材、茶叶加工厂，规模以上企业达到7家，占全县规模以上企业的58%，是全县的工业重镇。

历史沿革　明代，擂鼓境域分属龙州土司领地和安县辖区，具体划分不详。嘉靖四十五年（1566）龙州改土归流后，龙州土司领地改由新设的龙安府平武县管辖，擂鼓分属平武县和安县辖区。清雍正三年（1725），因擂鼓离平武县城太远，过于吊野，将其划归石泉县，擂鼓分属石泉县和安县。据民国版《北川县志》记载：擂鼓场以街心为界，半属北川，半属安县。民国29年（1940），以擂鼓和曲山属北川管辖的区域置擂曲乡，治地设擂鼓场。民国31年6月，为解决两县辖区交叉问题，将安县所辖曲山3个保划归北川，北川县所辖擂鼓3个保划归安县，擂鼓场属安县，曲山场属北川，擂曲乡治地迁至曲山场。1952年7月，将安县所辖擂鼓乡划归北川。自此，擂鼓全部属北川管辖。1986年8月，撤销擂鼓、苏宝、五星3乡，以其辖地设置擂鼓镇。此后，擂鼓镇建制未再作调整。

明代城堡　传说从前二郎神顺湔江追赶孽龙，有人在擂鼓狮子山上擂鼓助威，孽龙见状，在曲山掉头而东，回龙、擂鼓均由此得名。这虽然是根据山水走势特点演绎出来的神话故事，但擂鼓作为地名，最迟明代便开始使用。据旧志记载：明天顺四年（1460），羌人攻劫石泉县城，“烽火及于安、绵”。茂州卫指挥曹敏奏请朝廷修筑城垣关隘，加强防御。是年，在石泉县城至安县之间修筑曲山关、擂鼓坪堡等军事城堡，以茂州卫军和成都后卫军数百名分驻各关堡负责守御。除了擂鼓坪堡之外，官军在曲山关至安县一带还设有一系列城堡。清代《绵州州志》记载：叠溪堡，在安昌西北，“南去睢水关三十里。迤南有岩房猫儿背，为青片、白草番后路，旧设兵防御。（安）县境又有灵鹅堡、曲溪堡、香溪堡、后庄堡、辕门堡、擂鼓坪堡。以上诸堡皆前代西番由小路滋扰安县捷径。明都督何卿曾设防御”。上述城堡，其具体位置不详，作用则均为防御“西番”，即北川方向的少数民族。清代以后，驻军被裁撤，城堡随之废弃，现难寻踪迹，唯有后庄、辕门坝、擂鼓坪等名称一直沿用下来。

通口镇

基本情况　通口镇位于县境东南部，东以湔江（通口河）为界与江油市相邻，西南与安县相连，西北接擂鼓镇与曲山镇。境内煤、硅、赤铁矿储量丰富。面积87平方公里，有耕地3465亩。辖13个行政村64个村民小组、1个社区居委会。镇政府驻地通口场，东距江油中坝镇15公里，沿邓通路至县城曲山26公里，沿永通、安北路距县城47公里。进入21世纪后，通口镇按照“沿河竹，半山经，高山林，四边桑，绿山富民”的指导思想，因地制宜，对全镇进行规划，启动速生林、慈竹纸浆竹、斑竹、楠竹、猕猴桃、无公害茶叶、魔芋等六大支柱产业基地建设。2007年，全镇2234户、7329人，其中非农业人口883人。粮食总产量1115吨，出栏生猪6650头、家禽2.7万只。境内有全县最大的水电站—通口电站。

历史沿革　通口旧属安县境域，清雍正三年（1725）划归北川，与从平武县划归北川的擂鼓、陈家坝等地一起置为让水乡。清宣统三年（1911），北川全县划为6乡，通口属兴隆乡。民国24年（1935），实行保甲制，通口属第九联保；民国29年实行新县制，将联保改称乡、镇，第九联保改称通口乡，通口自此成为乡级建制的名称。1992年调整乡镇建制，将通口与永庆两乡合并建立通口镇。

通口烈士陵园　1949年夏秋，国民党政权的覆灭已成必然之势。7月，国民党四川省主席王陵基在省城筹办游击干部训练班，培训各地反共骨干，作应变准备。担任游干班战术教官的通口籍国民党要员王会云立即授意其弟王会和从北川等地调派20余人参加训练。县内国民党党政官员也秉承上司旨意组织武装，抗拒解放。10月，川陕甘边区绥靖公署主任胡宗南在绵阳召开紧急会议，任命王会云为江油、彰明、平武、北川、安县、松潘六县游击纵队队长。会后，王会云亲自赶往通口组建反共武装。是月，人民解放军入川，国民党军队望风而逃。1950年1月，解放军抵达北川，县人民政府随即成立，退避县境的国民党二十军被迫投诚，王会云等人的反共活动却仍在紧锣密鼓地进行。2月22日，王会云在通口召集头目密谋，拟定先攻打中坝，再夺取北川、安县、彰明等县的行动计划。3月初，一场以推翻新生人民政权的全县性武装暴乱从通口发端。3月4日，各股暴乱武装分别在通口一带作乱，疯狂袭击人民政府，杀害解放军、中共干部和征粮工作人员。继而集结于江油县含镇草堂寺，于3月6日兵分四路攻打中坝。暴乱武装虽有七八百人，却不过是乌合之众，刚一交火，即掉头奔逃。驻中坝解放军乘胜追剿，在柏垭将其彻底击溃。坐镇通口指挥的王会云见大势已去，只身逃亡重庆，旋即被重庆市江北县公安局缉拿归案。一场反共闹剧就此平息。

在通口反共暴乱中，薛在玉等解放军指战员和工作队员不幸牺牲。其遗体集中安葬在通口烈士陵园。

第二节 乡

禹里乡

基本情况 禹里乡位于县境中部，东接漩坪乡，西邻坝底乡，南连擂鼓镇，北靠小坝、开坪乡。面积218平方公里，有耕地17355亩。自然资源丰富，有森林24万亩，木材积蓄量500万立方米。辖26个行政村145个村民小组、1个社区居委会5个居民小组。乡政府驻地禹里场，沿北茂公路东至县城曲山22公里，是关内地区重要的经济、文化中心和交通枢纽。经济以传统农业为主，是县内蚕桑、茶叶、药材、魔芋、生猪基地。2007年，全乡4172户、14351人，其中非农业人口1835人。粮食总产量3652吨，出栏生猪1.5万头，饲养小家禽8万只；有茶园3360亩、桑树3500亩，年产茶叶29.5吨、蚕茧2102吨。

建置沿革 禹里历属北川（石泉）县直接管辖区。明清时期，石泉设富谷、甘泉二乡，禹里属富谷乡。清宣统三年（1911），北川全县设为1区6乡，禹里属中区。1935年中国工农红军第四方面军长征到达北川后，在禹里建立北川县、治城区、城厢乡三级苏维埃政权，在禹穴沟口禹王庙建立禹里乡苏维埃，首次取大禹故里之意以禹里作为行政区划的名称。中华人民共和国成立后，在禹里设置治城乡，在禹穴沟口设禹里乡。1985年4月，治城乡及禹里乡均改建为羌族乡。1992年调整乡镇建制，将禹里、治城及青石3乡合并为禹里羌族乡。2003年7月北川羌族自治县建立后，撤销民族乡建制，禹里羌族乡复称禹里乡。

北川第一个县城 北川县始设于北周保定四年（564）。据文献记载，县城在禹里西北30里，即今开坪乡境内，但从地理位置和交通条件方面考虑，实应在县西30里，即今禹里乡青石。北川时属汶州北部郡管辖，而州、郡治地均设在今茂县县城，青石与茂县之间没有大河阻隔，往来较为方便，因而将县城设于此。北川建县后70年，唐王朝于贞观八年（634）在今禹里新设石泉县。两县并存17年后，将北川县并入石泉县。最初的北川县存续87年，其县城一直设在青石。

从茂县经青石到禹里，再顺湔江而下经擂鼓至绵阳的古道，唐代称为松岭关路，宋代称为陇东路，明代称为小东路，历来是极其重要的交通干道，青石则是这条干道上的重要关隘。唐贞元十九年（803），剑南西川节度使韦皋率唐军3万大破吐蕃，收复大片失地。为防止吐蕃顺北川河谷南下，遂于青石设置名叫威蕃栅的军事营垒，设兵守之。至明代，官军为了军事防御需要，在北川修建诸多城堡，其在禹里乡境内的有石泉堡和青棡堡，各有驻军数十人。青棡堡在青石，石泉堡在北茂公路石泉堡隧道上方。历史上，这两座城堡都曾发挥过重要作用。明嘉靖年间“白草番乱”，驻守青棡堡的官军指挥（官衔）曹恩等拼死抵抗，以身殉职，延缓了羌人南下的步伐。清宣统三年（1911），坝底青年邢珍禄举义反清，石泉知县率团丁在石泉堡昼夜守御，终使义军无法逾越，只好转而回兵攻打茂州。1935年，红军用青棡堡之名建立乡级苏维埃政权。1951年，将青棡堡和石泉堡各取一字为名，建立青石乡。青棡堡乡和青石乡的命名，都体现出对地方文化的传承。

千年古镇 贞观八年（634），唐王朝在禹里设置石泉县，在此后一千多年间，禹里一直是石泉县城。民国3年（1914），因与陕西省石泉县同名，且彼县设置在先，国民政府遂使用南北朝时期首次建县的名称，将石泉复称北川，仍以禹里作为县城。1935年红军到达北川后，建立中共北川县委、北川县苏维埃，禹里不仅是新生红色政权的治地，还一度成为红四方面军总部驻地。1952年9月，由于交通不便，北川县城从禹里迁至曲山，禹里作为石泉、北川县城的时间历时1318年。

从茂州石泉县到绵州石泉县　北川古属冉駹部落属地。西汉元鼎六年（前111），汉武帝欲发兵平定西南少数民族，冉駹闻讯十分惊恐，表示愿意归顺，于是以冉駹地域置汶山郡（后演变为茂州），北川一直属汶山郡（茂州）方面管辖，直到北宋熙宁九年（1076）才改属绵州，时间长达1187年。茂州州城位于今茂县县城，地理位置十分重要，但却一直没有城墙，直到北宋前期，也只在周围埋插一些木桩，以此保障安全。城外少数民族时常乘夜抢掠居民的财物。熙宁八年，长期受到骚扰的居民齐聚州府，请求修筑城墙防卫。知州范百常应允，并开始筹备实施。城外的少数民族得知后以修筑城墙侵占其土地为由进行阻挠。双方的矛盾迅速激化，最终演变成一场围攻茂州的动乱。范百常一面固守，一面命人用木片写上军情丢进岷江向下游告急。木片顺流而下，将信息传递到都江堰，进而传到成都。不久，绵州奉命派兵增援，不少将士战死在茂州，仍不能平息动乱。宋王朝又派王中正率领陕西军增援。王中正虽然打了一些胜仗，但最终无法越过静州地界到达茂州城，于是向朝廷建议说：从石泉（今禹里）南至绵州与西至茂州的路程差不多，在石泉至绵州之间，还设有一个叫都巡检的机构，万一形势危急，还可有个依靠。因此，不如把石泉县改由绵州管辖。这样做，可以堵塞茂州与石泉的通道，减少两地的联系，孤立北川地区的羌族。宋王朝采纳王中正的建议，在第二年，即熙宁九年将石泉县改由绵州管辖。宋王朝出于军事防御方面的考虑对政区归属进行调整，却对北川羌族产生深远的影响，绵州属汉族聚居区，禹里一带也逐渐被视为“汉区”，使汉文化的影响大大增强。

汉文化传播中心　北川虽建县于南北朝时期，但因属少数民族聚居区，在相当长的历史时期内，县衙的设置仅仅是行使管辖权的象征而已，即使在县城，设施也极其简陋，更谈不上兴办地方文化教育事业。内地的州县早在唐代就设有官办教育机构—学宫，禹里直到南宋初年平凉侯魏禧担任石泉军长官期间，才创建了学宫。石泉学宫由此成为北川第一个推行儒学、传播汉文化的阵地。自此以后，经历元、明、清几个朝代，石泉学宫一直延续下来，对汉文化在民族地区的传播发挥了不小的作用。

清代科举取士，分配给石泉的童生（秀才）名额是文生武生各8名。因为地瘠民贫，读书人多是耕读相兼，其学业水平往往赶不上内地。邻县的豪民投机取巧，纷纷到北川购置田地取得户籍，让其子弟来县应试，挤占名额。乾隆年间，知县姜炳璋对此深感不平，遂于县衙西侧创建西山书院，专收本县士子就读，外县来者概不收录，令其回原籍应试。西山书院常年就读者一二十人，姜炳璋虽身为知县，却常常亲临讲学，以致好学之风蔚然兴起。自此以后，西山书院一直受到重视，延续至清末，废止科举，又改建为县立高等小学堂，是当时县内最高学府，最后演变为现在的禹里中心小学。两百多年中，西山书院—县立高等小学堂—禹里中心小学为北川培养了大批人才。

军事重镇　禹里曾是绵茂交通干道上的军事重镇。北宋末年，宋王朝为加强禹里的军事地位，防止羌人南下成都平原，于政和七年（1117）在禹里设置石泉军。宋代的“军”，是介于州、县之间的行政建制，其最高长官叫知军，多由武官担任。石泉军管辖石泉、龙安、神泉三县，大致包括今北川关内地区和安县境域。石泉军的治地一直设在禹里，直到南宋末年，禹里时常遭到羌人袭击，而蒙古军南下之势又咄咄逼人，石泉军治地才于宝祐三年（1255）迁至今安县永安。石泉军存续140多年，其治地设在禹里的时间长达130多年。

南宋初年，平凉侯魏禧担任石泉知军时，首次在禹里修筑一道土墙城，用来防御羌人袭击。明代前期，鉴于茂州和北川羌人时常顺北川河谷南下安、绵，明王朝除在重要关隘修筑城堡防守，还于天顺四年（1460）将禹里的土城墙改建为长740丈、高1.5丈的石城墙，由茂州卫和成都后卫共同派兵驻守。同年，为表示对禹里的重视，朝廷封蜀和王的第四个儿子朱友（左土右贡）为石泉王。石泉王从此代代相传，直到明末农民起义军张献忠的部下攻入禹里，将王室成员诛杀，属皇室后裔的朱姓才终止在禹里的王位世袭。今石纽山还有“太子坟”“将军墓”等遗址，就是石泉王家族的墓葬。

明朝正德年间（1506—1521），北川羌人频繁活动，引起明王朝的高度重视，于是在今禹里设立石泉守备司，任命文职兵备、武职守备各一员，负责督促和部署平武县大印堡、安县以及北川境内各城堡的防务。此时，禹里又成为驻守北川地区数千官兵的指挥中心。嘉靖年间，兵备佥事戴暨、守备何定在禹里城西北建造营楼，供县城驻军及过往官军使用，其规模达120间，取名“虎士营”。禹里场镇西北数百米处，有一块宽阔平坦的沿河台地，过去叫校场坝，是驻军操练的地方。从禹里场到校场坝，要通过一段穿过悬崖的小径，这个隘口上方设有上雄关。据《明史》记载，明代北川境内有松岭关（即曲山关）、石板关、奠边关、大方关、上雄关，这五个雄关据险而设，“互为犄角”，相互照应护卫着县城。五关之中，上雄关是距离县城最近的城堡，明代官军驻地“虎士营”可能就在其附近。民国时期，上雄关“炮台犹存”。

清代初年，禹里还保持250名驻军。康熙二年（1663），松潘总兵何德成以武力征服青片河上游的羌寨后，北川民族地区趋于稳定。随着局势的平静，驻军随之减少。雍正二年（1724），将禹里守备一员、驻军200名调去南坪，即今九寨沟县，仅留下长防把总一名，驻军50名。禹里作为军事要塞的地位自此宣告结束。

明代石泉“受降”仪式　明万历年间（1573—1620），在禹里官军驻地虎士营，曾举行强制北川羌人汉化的仪式。嘉靖二十六年（1547），官军以数万兵力平定白草羌，此后30年，即1577年，丢骨等寨聚众进犯松潘，遭到官军围歼。北川境内的羌人因为和这些寨子相邻，惧怕受到牵连再遭官军征剿，遂于万历七年（1579）先后向石泉县衙声明，愿意交出甲马器械，接受石泉县管理。当白草河、青片河流域28寨羌民表示愿意“归顺”时，石泉知县李茂元按照上方指示，精心策划组织了一个“受降”仪式，地点选在石泉官军驻地，即今禹里北关。当羌人代表到达时，军乐齐奏，羌人按照要求一个接一个走进军营大门。李茂元拿出汉族式样的帽子，戴在羌人头上，来代替羌人习惯用的头巾。李茂元还事先在帽子上写上汉族的姓氏，让羌人从此以后改用汉姓，不再用其原来的姓名。羌人除表示愿意改戴汉族式样的帽子，改用汉族姓名外，在“受降”仪式上，羌人还接受如下条件：重大节日和上级官员到达石泉时，要到县衙去朝贺；皇上寿辰，寨子里要竖立白色的旗帜表示祝贺；每年缴纳黄蜡，供制作蜡烛之用。这些条件，涉及经济方面的仅仅是缴纳黄蜡一项，其数量也很小，对羌人的主要要求是“从习汉仪”，即承认封建统治者的权威，遵守封建统治秩序。北川羌族“从习汉仪”的转变受到封建统治者的高度评价，四川巡抚王廷瞻在给朝廷的奏章中称，这是二百年间全川仅有的现象。

城镇建设　虽为千年古城，禹里的基础设施一直十分简陋。南宋魏禧担任石泉知军前后13年（1144—1157），在此期间，首次修筑城墙防御羌人，首创学宫推行儒学，还按照内地的格局式样修建石泉军和石泉县衙门，这是石泉自1117年由茂州改隶绵州后在文化方面向内地靠拢的重要举措。南宋末年，民族矛盾激化，禹里多次被羌人焚为灰烬，只有土城墙还一直保存下来。明代，为增强防御功能，将宋代的土城墙改建为石城墙，并在南、北、东面各建一城门，分别称为阜民门、镇远门、宏文门。清代，禹里不再是军事重镇，地方官员仍十分重视城防。乾隆十七年（1752），知县崔钥缩小规模重建城墙，仍以片石砌成，城墙高1.4丈，周长317丈，仍建3门，各立一城楼。光绪年间，知县赵棣、赵怡先后培修城墙，并将东门改称崇文门。民国4年（1915），增开西门，取名天成门，东门由宏文门改为会昌门，北门由镇远门改为建福门，南门仍叫阜民门。禹里的石城墙一直保存下来，直到20世纪70年代，因为城镇建设的需要，城墙城门才被全部拆毁。

禹里虽为县城达一千多年，其常住居民一直很少，至中华人民共和国成立之初，城区人口仅1000余人。街道房屋历以木结构楼房、平房为主，极有特色。中华人民共和国成立后几十年来，陆续兴建大批砖混结构和框架结构的楼房，城镇规模不断扩大，但南北走向长数百米的老街仍基本保持着昔日的风貌，成为此座千年古城的一大特色。

大禹遗迹　据文献记载和民间传说，大禹生于西羌之石纽，即今禹里。自古以来，羌人一直把大禹视为先祖圣王，对大禹敬若神明。每年夏历六月初六大禹诞辰，均以庙祭的方式隆重纪念先祖。“神禹故里”牌坊、“岣嵝碑”“石纽”石刻、“小禹穴”石刻、“大禹穴”石刻等有关大禹的历史遗迹至今保存完好。刳儿坪、洗儿池、血石等独特的自然景观所附着的关于大禹诞生的故事代代相传。1991年11月，县委、县政府在西山山麓建成的大禹纪念馆则是现代大禹崇拜的载体。

红军遗迹　1935年，红四方面军总部曾设在禹里，主要领导人也一度住在禹里附近。禹里南面的高山是红四方面军阻击国民党川军的阵地，鸡窝坪一带如游龙般蜿蜒分布的战壕至今清晰可见。是年禹里人民群众不畏艰难险阻为红军筹粮运粮，留下许多可歌可泣的动人故事。

旅游景区禹里既有优美宜人的自然风光，又有丰富的人文资源。1989年11月，北川县人民政府召开大禹故里风景名胜区规划论证会；1990年3月，绵阳市人民政府将大禹故里列为市级风景名胜区。1991年，以禹穴沟为主的大禹故里风景名胜区对外开放。1992年遭遇特大洪水，景区基础设施被毁。此后，政府不再作为投资主体，改由招商引资开发建设景区。

漩坪乡

基本情况　漩坪乡位于县境中部，东连曲山镇，南靠擂鼓镇，西邻禹里乡，北接白坭、开坪二乡。面积91平方公里，有耕地10425亩。辖19个行政村105个村民小组、1个社区居委会2个居民小组。乡政府驻地漩坪场，位于湔江右岸，沿北茂公路距县城曲山12公里。漩坪乡党委、政府在稳定粮食生产的同时，大力发展茶、桑、中药材，调整农业产业结构。全乡优质茶叶基地5000亩；依托公司，栽种红豆杉5000亩。2007年全乡2597户、9270人，其中非农业人口511人；粮食总产量2441吨。

历史沿革　漩坪历属北川（石泉）县传统管辖区。明代石泉分为甘泉、富谷二乡，漩坪属富谷乡。清宣统三年（1911），北川全县划为6乡，漩坪属昌隆乡。1935年，红军建立漩坪乡苏维埃，漩坪首次成为乡名。是年红军离境后实行保甲制，漩坪属第三联保。民国29年（1940）实行新县制，将第三联保改称漩坪乡。此后，漩坪一直用作乡级建制的名称。1986年8月，漩坪乡改建为漩坪羌族乡。2003年7月北川羌族自治县建立后，撤销民族乡建制，漩坪羌族乡复称漩坪乡。

何元富行侠凌奸商　清代，县境中部靖宁无事。为满足商品交易需要，乃于清乾隆元年（1736）设立漩坪场。此后，渐有外地商贾入驻贩卖盐、布等商品，收购土特产。一些商贩凭借经济实力欺行霸市，引起当地群众愤恨。据民国版《北川县志》记载：清道光二十四年（1844），何元富因不满陕商经济压迫，约众二百余人由都坝河开赴漩坪。抵白坭寺，因“寺”与“死”字音近，避而不驻，乃绕道白溪坡抵漩坪对岸之张家坝，声势浩大。北川把总及永坝抚夷闻警，率汛兵前往抵御，转被何元富用土大炮轰击，官兵大溃，人心愈惶。漩坪头面人物担心无实力抵抗而造成灾难，遂商议赠送礼品以为缓兵之计。岂料何元富入场，秩序井然，并不事劫掠，唯对于陕商如柏永顺、焦天兴等施以强暴手段，各勒索千余金。见陕人则备极凌辱，甚至估令饮溺尝粪，其衔怨思报之心于斯可见。但所勒索之金并不纳入私囊，邀集地方人士于该场火神庙公地，分别贫与极贫，悉数发散。次日，即率众向曲山方向开拔，后为官兵击溃，何元富不知所终。

支前壮歌　1935年4月中旬，红四方面军先头部队从甘溪进入北川县境后继续向西攻击前进。到达邓家渡，受到国民党川军阻击，无法渡江，便取道油坊沟，直插东溪山，下南华岭，一路势如破竹。因漩坪索桥被敌军烧毁，红军便溯湔江左岸直抵县城禹里。打败禹里守军后，顺湔江右岸而下，乘胜追击，于5月2日占领漩坪。继而以数团兵力，于5月4日攻占佛泉山，拉开千佛山战役的序幕。

红军占领漩坪后，建立漩坪乡苏维埃，领导贫苦群众开展土地革命，为前线红军筹集和运送食物。漩坪人民群众除将本地筹集到的粮食送到佛泉山前线，还负责转运其他地方送来的粮食。漩坪乡苏维埃为及时完成支前任务，组织漩坪和大田、白坭、金凤山的六七百名青壮年专为红军筹粮，又组织妇女将筹集来的玉米用腰磨或水磨磨细后，再送往前线；还分派乡苏维埃委员黄成彬专管油坊，昼夜加班，赶榨菜油供应前线。

向佛泉山运粮极其艰难。佛泉山以南的安县地区被国民党川军控制，前线红军的供给完全来源于漩坪的后勤基地。漩坪乡苏维埃安排游击队大队长邓国钧带领300多人的游击队员，专为驻佛泉山红军筹粮运粮。他们以两个中队筹粮，一个中队运粮。运送的物资除粮食外，还有盐巴、菜油、肉类、鲜菜、豆腐、盐菜等。一次，运粮路线白庙子一段被川军火力封锁，运粮队被迫绕道经墩墩石、黑瓮塘、大圆包到佛泉山。途中有一处陡崖，只能单身攀藤而上，他们就用藤子把粮食一背一背地拉上去。本来大半天就能到达，因绕路走了三天，露宿两夜，才把粮食送上佛泉山。为缩短运粮路程，红军和群众在黄皮沟为运粮队新辟一条山路。虽是捷径，但途中有一条宽三丈、深不见底、又必须越过的峭缝。红军砍伐一株巨大的松树横于峭缝上搭成木桥，运粮队经过这里，稍不留意，就有粉身碎骨的危险，故称之为“人命桥”。过了“人命桥”，翻大圆包又是攀藤而上的梯形陡崖。运粮队员们在这条路上两头摸黑，坚持70多天。半个世纪后，陈明义将军对北川人民的支前壮举记忆犹新：

“在千佛山、佛泉山战斗中，交通十分困难，全靠运输队员，其中包括不少老人、妇女、儿童，肩挑背扛，翻山越岭，过溪涧，涉急流，把粮食、蔬菜送到忍饥挨饿、浴血奋战的红军战士手中，又把伤病员送到后方。北川紧靠前线，群众出力尤多。许许多多运输队员牺牲在北川河谷高山深涧之中，谱写出了军民团结战斗的壮丽篇章。”

担任支前任务的漩坪乡游击队与红军建立起深厚的感情，其后邓国钧率200多名队员集体参加红军，被编为红三十军独立营，由邓国钧任营长。这些优秀儿女大部分牺牲在漫漫长征路上。

漩坪群众还参与完成为红军架设茂县镇西桥的任务。镇西桥是茂县城外一座横跨岷江长约百米的大篾索桥。1935年5月，国民党川军溃退时将索桥及码头烧毁。红军攻克茂县后，无法渡江西进。当地人烟稀少，材料缺乏。驻禹里的红四方面军总部令北川县苏维埃大力征集竹子竹篾，将原有60人的架桥队扩大到200多人，编为两个架桥连，由县苏维埃主席陈忠理率领，前往茂县架桥。县内各产竹乡很快完成伐竹任务，红军指定漩坪乡苏维埃主席王伯厚组织群众将竹子竹篾打制成桥绠支援茂县架桥。王伯厚亲自“坐马”，将两万多斤竹子竹篾打成4根各长30多丈的桥绠，派300多人抬往茂县。此时，在北川去茂县170里的山路上，扛篾圈子的，抬轿绠的川流不息。岷江河面宽，江水湍急，还间有伏敌冷枪射击和敌机轰炸，架桥极其艰险。架桥队利用岷江早晚河雾笼罩的时间，抓紧施工，将桥绠引到彼岸。镇西桥于6月上旬架修竣工，为红四方面军西进与中央红军懋功会师缩短了时间。镇西桥落成后，北川2个架桥连在红军带领下，带上剩下的竹篾等材料，前往汶川继续架桥。

白坭乡

基本情况 白坭乡位于县境中部，东接都坝乡，南连漩坪乡，西靠开坪乡，北抵平武县界。面积122平方公里，有耕地7560亩。辖13个行政村、60个村民小组、1个社区居委会。乡政府驻地白坭寺，沿漩金路、北茂路距县城曲山22公里。全乡经济以传统农业为主，白坭乡党委、政府大力发展中药材、反季节蔬菜、魔芋，取得一定成效。2007年，全乡1276户、4714人，其中非农业人口138人，少数民族人口占全乡人口的73%。粮食总产量1600吨，养蚕586张、产茧18.8吨。

历史沿革 白坭历属北川（石泉）县直接管辖，境内有明代城堡大方关，就是石泉县东部边界。《明史》记载，石泉有松岭关（曲山关）、石板关、奠边关、大方关等关隘。这些“关”以内的，大

致就是石泉县版图。大方关在白坭乡鲜艳村之城子梁，其东面的都坝一带，明代属龙州土司领地，清代属龙安府平武县管地，1956年，由平武划归北川，白坭乡境域则一直属石泉县。明清时期，石泉县设甘泉、富谷二乡，白坭属富谷乡。清宣统三年（1911），北川全县设6乡，白坭属昌隆乡。1935年，红军在白坭寺建立白坭乡苏维埃，白坭自此成为乡级建制的名称。1986年3月，白坭乡改建为白坭羌族乡。2003年7月北川羌族自治县建立后，撤销民族乡建制，白坭羌族乡复称白坭乡。

文物古迹　在鲜艳村四社，有一座古墓，无土封，无墓碑，与汉式墓葬迥异。向河一方的坟头不知何时被人掘开，村民砌有石墙将坟洞封住。据曾入墓中探奇的村民说，墓室以石板镶扣而成，大约一米多高，猫着腰可以进入；共有五道门，其中一间放有圆形石桌、石凳、石碗等物；石板墓墙上雕刻有精致的花草图案；墓主的遗骨尚在，由骨架可看出其人身材高大。旧时生活在这里的山民生活十分贫困，能有如此规模的墓葬，一定不是一般的百姓，于是此坟便被称为蛮王坟或羌王坟。所谓羌王，可能是这一带羌族酋长或寨主。羌王坟虽有一定规模，且工艺讲究，但墓葬各处均未见文字，难以确定其年代。羌王坟上有一棵罗汉松，酷似巨伞，山民神之。据说原为两棵并生，有人砍去一棵，其后十几天，伐树者便染疾身亡。这一带的村民至今仍保持着崇拜神树的习俗，一些神树上随时可见挂着祭祀的红布条。

在羌王坟附近有两处墓葬群。一处在其左上方，外观与羌王坟相似，保存完好的几座均以经过精心加工的石条扣成长方形墓门，当中镶一大石板封住墓穴，石板上阳刻着花草图案，十分精致。另一处在羌王坟的右上方，均有土封，有石头砌成的坟头，其中一座清代后期的墓前立有高大的墓碑，以楷书汉字记载着墓主的姓名及生卒年月等。据村民说，这座大坟的主人乃是当地土著羌人，但其墓葬形式已经完全汉化。

鲜艳村半山以上横贯着一道长长的石墙，南起于漩坪乡岩福村，北止于都坝乡皇帝庙村，蜿蜒数十公里，村民说是以前防野兽的野猪墙。旧时县境山高林密，野兽甚多，其中与农事有关者首推野猪，其次是黑熊等。县内与野猪有关的地名便有多处，甘溪、小园有野猪城，小坝以北的野猪窝作为羌寨名称而载入史册，明《万历武功录》中便有《白草风村野猪窝诸羌列传》的标题。山民们为防止野猪等野兽糟蹋庄稼，多在地边搭棚敲梆呼喝驱赶之；也有个别的筑墙将耕地房舍包围起来，这便是野猪城。小园大森林中的野猪城至今尚在，但像鲜艳村这样修一条长长的石墙来防野兽是极其少见的。有人推测，这道墙可能是古羌民用来防止汉人或官军侵扰的“长城”。不管这道墙是防兽还是防人的，在鲜艳村都是一项了不起的巨大工程，若非羌王（寨主）凭借其权威动员全寨人统一行动是不可能完成的。

鲜艳村东面的山梁俗称城子梁，因其上曾有一座古城堡而得名。如今城堡内房屋早已无存，只有城墙尚在，残墙高、厚均在两米以上，城堡内外长满树丛和荆棘。城堡大致呈正方形，城周约200米，城内面积2000多平方米。城东、西两面各开一门，门宽2米左右。当地村民推测，此城堡可能是古代羌王所建。但从位置上看，羌人一般不会在山口上建房定居。从建筑风格看，羌人建房多用片石，墙面平整，线条端直，而城子梁上的城堡却多用巨石，西面城门处的一块大石板厚约30厘米，长宽约1.5米，虽然墙体比较端直，拐角处的石料还有加工过的痕迹，但整体风格是坚固粗放，和永平堡、伏羌堡等官军城堡风格相似。据明清文献记载，在鲜艳村一带确有军事城堡，但在名称上说法不一，有的称嘉定堡，有的称双溪堡，有的称大方堡，实应为大方关，是石泉县东北边界上的雄关。在大方关附近，还建有一些旧志未载的附属设施—“墩”，即烽火台。如鲜艳村下路口设有五里墩，上距大方关约五里，因此得名。今五里墩已毁，其名尚存。村民传说五里墩是古代羌人为报警而设，其实是大方关守军为监视白坭、金凤方向羌人活动而设立，这与县境其他较大城堡附近设置一个或若干“墩”的格局是一致的。在鲜艳村南面山麓，有“黄将军墓”，墓主可能是平羌时阵亡的官军军官，惜其事无考。

此外，在大方关以西开坪乡全益村与白坭乡梓潼村交界处，有一座城堡，名叫万安堡，再往西，就是有名的永平堡；而大方关以东，则是官军重兵把守的伏羌堡。四处城堡均为嘉靖二十六年（1547）四川巡抚张时彻、松潘总兵何卿大创白草羌之后所建。这些城堡从开坪经白坭至都坝，自西向东一字儿排列，堵塞“白草、野猪窝、高鸡（在今青片）诸羌出入要路”，使龙州安全得到保障。

小坝乡

基本情况 小坝乡位于县境北部，东靠开坪乡，北邻片口乡及松潘县白羊乡，西接桃龙、青片乡，南连禹里乡。面积 244 平方公里，有耕地 15615 亩。辖 26 个行政村 101 个村民小组和 1 个社区居民委员会。乡政府驻地小坝场，位于白草河左岸，沿北松公路至县城曲山 50 公里。乡境自然资源丰富，有森林 11 万亩，其中人工林 1058 亩，森林覆盖率 47%；白草河纵贯南北，河流落差大，浙江广厦集团利用丰富的水能资源开发梯级电站在建。乡境盛产青云石，青云石加工成为全乡的重要产业，年产石材 150 多万立方米，产品远销美、英、日等国家。农村经济以传统种植养殖业为主。2007 年，全乡 3170 户、11625 人，其中非农业人口 770 人。粮食总产量 3819 吨；另有厚朴、黄连为主的木本及草本药材 3 万亩；全乡 26 个村种植山药上千亩，年产量 400 吨，产品供不应求；年出栏生猪 3 万头，以当地猪肉加工的腌腊制品和蕨菜、薇菜等山野食品，纯天然，无污染，色香味俱佳，远销省内外。

历史沿革 明代，北川羌族被统称为白草羌，是茂县以东北最为强悍的少数民族群落，小坝地处白草羌的腹心地带，其地有野猪窝部落便因剽悍而名载史册。嘉靖二十六年（1547），官军平定白草羌后，委任当地头人为酋长，自行对羌寨进行管理。清代，此区域被称为“石泉番寨”，仍实行自治政策。1911 年，将小坝一带划归新设置的太平乡，改由地方政府直接管辖，小坝地区实行羌寨自治的时间长达 300 多年。1935 年，红军在走马庙建立小坝乡苏维埃，小坝自此成为乡级建制的名称，并沿用至今。1985 年 4 月，将小坝乡改建为小坝羌族藏族乡。2003 年 7 月北川羌族自治县建立后，撤销民族乡建制，小坝羌族藏族乡复称小坝乡。

元代石刻题记 小坝位于白草河流域的中心，有道路东南至县城禹里，西北至片口，再穿越桦子林，通往松潘地界。旧时，这条道路是大山中土特产品外运的重要通道，白草河上游乃至松潘、平武县部分地区居民所需的生活必需品由此进入，所以被称为“盐茶道路”。700 多年前，元代统治者为保障盐茶道路的安全，在小坝与当地羌人盟誓，并将盟誓原因、过程及誓言錾刻在山崖上。

记载小坝盟誓的石刻题记位于小坝新街一民居后的崖壁上，全文共 208 字。由于年代久远，经风雨侵蚀，部分文字已漫漶不清，仅 162 字尚能辨认。其内容真实地反映出元代北川的民族状况和元代统治者的民族政策，具有极高的历史价值。

石刻题记记载，当时小坝一带治安状况不良，过往于这条“大元盐茶道路”的物资时常遭到偷盗抢劫。根据石泉县官员反映，官军奉上级命令，准备前往弹压。出兵之前，先派“蛮官”去调查。经过“蛮官”实地了解协商，当地人表示愿意“诚心归顺大元”。于是在头人的带领下，70 余名代表到达小坝，与官方及汉民代表谈判，表示以后不再盗抢害人，保证盐茶道路的畅通安全。随后，与会者一百余人“打狗埋石”，共同盟誓。为使往来于此的人知晓，还将誓言刻在山崖之上，表达其“万年不悔之心”。

石刻题记中说，当时小坝人采用“木刻记事”，这正是羌族的习俗。据旧志记载，羌族有语言无文字，遇到大事，在议定后将一段小木棒劈开，刻上符号，双方各持一半作为凭证，这便是羌人的“木刻记事”。当时“蛮汉”盟誓，采用“打狗埋石”的方法，也是羌人的习俗。在羌族地区，诅咒发誓时，往往把狗吊在树上，或将狗打死，表示若违背誓言，其结果将会像狗一样。由石刻题记中所记载的习俗看，当时小坝一带的主体民族为羌族。

特别值得称道的是元王朝处理民族事务的政策及做法。元朝是蒙古人依靠武力征服而建立起来的帝国，这个来自漠北的游牧民族在夺取天下之后，将全国人口分为四等，原南宋统治下的汉人和西南各族人民因为长期抵抗蒙古军，被列为第四等，地位最低，最受歧视。但不知何故，元王朝对北川等地的少数民族却相当宽容。小坝盟誓的时间是至元二十七年（1290），距离元王朝对石泉县实施管理已有30多年，但从石刻题记中说小坝羌民“率众来降”“诚心归顺大元”等字样看，这以前小坝一带一直处于自我管理状态。对于这些长期未“归顺”并扰乱“盐茶道路”秩序的羌民，元朝地方官员不仅避免使用军事手段，而是采用和平谈判的方式来解决争端，而且对“归顺”之后的羌民也仅仅是提出一些社会治安方面的要求。官民采用羌人“打狗埋石”的习俗来约束双方共同商定的事宜，由此表现出对羌民的尊重。

石刻题记中所说的“蛮官”，即是由政府任命的当地少数民族官员。这种“以夷治夷”，即任用当地少数民族头人管理民族地区事务的做法，对维护民族地区的稳定起到了积极作用。在元代以前的南宋时期，北川羌人多次攻击石泉城，迫使石泉军的治地迁往安县永安；元代以后的明代，社会动荡，官军不得不到处修建军事城堡，并多次动用成千上万兵力到北川平定动乱。相比之下，元代北川地区却较为平静，由此可看出元代统治者处理民族问题的高明之处。

明代走马岭之战　明代，是北川羌族最为强盛的时期。明王朝推行强硬的民族政策，对少数民族动辄使用武力或以武力相威胁，致使民族矛盾空前激化。不接受地方政府管理的羌寨头人则利用矛盾，时常聚众外出抢劫官军运往松茂地区的物资和居民财物，对官道小东路和地方安宁构成严重威胁。官军先后在北川的交通要道上修建十几处军事城堡，派兵两三千常年驻守，仍不能有效阻止羌人的活动。每当事态严峻的时候，官军则动用兵力对羌寨实行大规模征伐。但北川是大山区，地势险峻，官军多次征伐，均是顺交通干道进兵，从未敢深入其腹心地带，因而羌寨的实力损害不大。嘉靖十一年（1532），都御史宋沧率军征伐白草河下游的羌寨，官军所至，羌人纷纷表示愿意归顺。但仅仅过了十几年，羌民便聚集数千人发动突然袭击，攻占宋沧修建在今开坪大鱼口的平番堡，进而沿着白草河与湔江南下安县、绵竹，发动更大规范的动乱，史书上把这次动乱称为“白草番乱”。

当北川地区出现大规模动乱的时候，长期镇守松潘的总兵何卿已奉命北上驻防卢沟桥，留守松潘的副总兵高岗凤指挥不力，应对无方，致使北川一带的动乱持续数年之久。驻守北川各城堡中的官军虽想有所作为，有的甚至拼死抵抗，以身殉职，但最终无法阻挡北川羌人东进龙州、南下安绵的活动。当此之时，四川巡抚王大用、张时彻等官员急忙上奏朝廷，请求调派前任总兵何卿回四川收拾局面。嘉靖皇帝得知消息，大发雷霆：毒蛇在大道上伤人，猛虎在街市中横行，这还能容忍吗？随即命何卿立即返回四川，和张时彻一道平定“白草番乱”。一场大规模征伐北川羌人的军事行动就此拉开序幕。

平定“白草番乱”的官军主帅何卿，成都人，被《明史》称为“蜀中名将”。年轻时驻守坝底堡，前后达数年之久，在此期间，多次在兵力悬殊的情况下沉着应战，打退羌人对坝底堡的围攻，不但守住城堡，还以攻为守，主动以小股精兵出击滋事的羌寨，战功卓著。其后又镇守松潘20余年，对北川一带的山川地势了如指掌，具有丰富的山地作战经验。

嘉靖二十五年（1546）春天，何卿受命由京城返回四川。为彻底征服北川羌人，何卿把此次军事行动视为百年大计，务必取得全胜，并为此制定出周密的作战计划，进行几个月的精心准备。一是命各有关州县挑选精壮兵丁，就地操练待命。二是筹备足够的粮饷。三是修建军事城堡，向羌人施加压力。在此的十几年前，都御史宋沧在大鱼口建有平番堡，因为选址不当被羌人攻陷，致使数百守军被俘。何卿正式出兵前，先派一千精兵在离平番堡数百米外的山梁上另建新城，取名为永平堡。

何卿一面做作战前的准备，一面按照嘉靖皇帝的旨意，先以“天子威德”晓谕羌人，要求他们归还侵占的土地和掠夺的财物，交出肇事首领，以免遭受征伐之祸。羌人虽然表面应允，却没有实际行动。

是年冬，奉命出征的官军分别集结到禹里、坝底和龙州（平武），总兵力达三万七千人，大大超过当时北川羌人的总和。四川巡抚张时彻和总兵何卿到达禹里，亲临前线督战和指挥。命令都指挥丁勇率石泉兵六千名，游击将军龚锐率坝底兵四千名，游击将军曹克新和参将李继武率龙州兵三千名，分三路进军，担任进攻任务；都指挥孔仁、守备指挥耿尧负责堵截各要害通道，并为各军转送粮草；兵备佥事陈乙负责调度，处理非常事件；参政宋宜督理粮草，副使翁浦负责检查和记录战功，副使缪宗、周胡风负责阻遏羌人的援军。分派妥当，于是年腊月底拔寨起行。

从禹里出发的中路军人数最多，担任主攻任务。自禹里溯白草河而上三四十里即到永平堡，这一带早已被官军占领；羌人把防线设在小坝以北走马岭一线。羌人堵塞从小坝溯白草河而上的峡谷通道，在险峻的走马岭集结重兵，构成一道坚固的防线。官军到达走马岭山麓，转战多日，也无法进兵。到第九天，恰遇天阴，浓雾笼罩，如同黑夜一般。何卿见时机已到，立即命令敢死队先登上悬崖，再放下绳子，大部队抓住绳子，攀缘而上，一举夺占走马岭。

刚站住脚跟，雾散日出，羌人出动全部精锐发起猛烈反攻。何卿亲自击鼓督战，官军人人殊死拼杀，羌人才渐渐退却。官军趁机修筑营垒，巩固阵地。此时已到中午，羌人再次发起反攻，石块横飞，疾矢如雨。官军一面死守阵地，一面寻机用强弩射击。从下午对峙到次日凌晨，羌人力不能支，开始败退。官军突破天险，士气高涨。从坝底、平武出发的其他各路人马相继突破关隘赶到小坝。于是乘势分兵四面出击，百战百胜。接着用缴获的牛羊粮酒犒劳士兵，然后让投降的羌人带路，一举攻占白草羌的大本营—片口白草坝。

官军攻占白草坝，战斗便告结束。出兵的时间是嘉靖二十五年（1546）腊月底，占领白草坝的时间是嘉靖二十六年正月中旬，历时十余天。官军取得的战果，《明史》和《石泉县志》等古代文献均有记载。官军共攻占羌寨 47 处，毁掉碉房 4870 余座，“获马、牛、器械、储积各万计”，斩首一千有余，其余败退时堕崖以及火攻而死者不计其数；活捉羌寨酋长李保、黑煞、白石儿、撒哈等。白草羌的战斗堡垒和防御工事全部被夷为平地，武器被收缴，物资被抢掠，大批青壮年丧生，受到毁灭性打击。走马岭之战以官军全胜而告结束，白草羌自此由强盛走向衰弱。

开坪乡

基本情况　开坪乡位于县境西北部，东面与白坭、漩坪乡连界，南与禹里乡相邻，北与平武县锁江接壤。面积 245 平方公里，有耕地 6495 亩。辖 12 个行政村 53 个村民小组。乡政府驻地大鱼口，沿北松公路南距县城曲山 37 公里。经济以传统农业为主。2007 年，全乡 1088 户、3793 人，其中非农业人口 169 人。粮食总产量 1377 吨，出栏生猪 5200 头、家禽 1.8 万只；全乡有中药材基地 4000 亩。

历史沿革　明代，开坪乡境域属艾林土司领地。清康熙四十二年（1703）改土归流后，由羌寨头人自行管理。清雍正三年（1725），划归石泉县直接管辖，属富谷乡。宣统三年（1911），北川全县划分为 1 区 6 乡，开坪归新设的太平乡管辖。1935 年，红四方面军在永平堡中城建立晓阳乡苏维埃，开坪自此始有乡级建制。红军离境后，晓阳作为乡名一直沿用下来。1958 年，晓阳乡改建为晓阳公社。1961 年，撤销晓阳公社，分置开坪、小园公社。开坪乡境内因有开坪镇而得名。1985 年 4 月，开坪乡改建为开坪羌族乡。1992 年，调整乡镇建制，将开坪、小园两乡合并为开坪羌族藏族乡。2003 年 7 月北川羌族自治县建立后，撤销民族乡建制，复称开坪乡。

明代军事城堡　明代，北川一带的羌族被统称为白草羌。《明史》云：“东路（指茂县、松潘以东南）生羌，白草最强。”地处白草河下游的开坪，是白草羌最活跃的地区之一。明王朝采用军事手段对白草羌实施征服，并构筑大量城堡进行防御，开坪乡成为明代北川境内军事城堡最密集地方。

明嘉靖十一年（1532），白草羌袭击坝底堡，都御史宋沧率军征伐。这是明代官军首次对白草河流域用兵。《四川通志》把“西平白草”和“东剿真州剧贼”并称为宋沧一生的两大功劳，而且当时有“诸夷献侵地二千顷”的战果，可见其用兵规模不小。宋沧“西平白草”后，在今开坪乡大鱼口修建平番堡，在今开坪乡麂子坪修建赤土堡，留兵数百守之。平番堡和赤土堡由此成为官军在白草河流域最早修建的军事城堡。

平番堡建成后十余年，嘉靖二十四年，数千白草羌趁驻防官军无备，对城堡发起攻击，守将邱仁及数百官军被俘。此后，羌人便越过官军防线，向东南方向出击，形成大规模动乱，史称“白草番乱”。嘉靖二十五年，四川巡抚张时彻、松潘总兵何卿受命平定动乱。大规模出兵前，先遣精兵一千收复开坪一带，在平番堡二里外的山梁上另建新城，更名为永平堡，即永平堡下城，俗称小城子。嘉靖二十六年，官军以三万多兵力平定“白草番乱”。事毕，再于半山建中城、山顶建上城，俗称城子、高城子。永平堡三城中，中城最大，是北川境内规模仅次于坝底堡的第二大军事城堡，也是白草河流域官军的指挥中心。三座城堡自山麓顺次而上，直到山顶，其周围还建有九个被称为“墩”的烽火台。同时，在今伏地堡新修伏土堡，取代原建于麂子坪的赤土堡。这些城堡形成严密的防御体系，封锁住其西北羌人南下石泉的道路，对保持民族地区安定发挥了重要作用。

永平堡至今保持完好，被列为四川省文物保护单位，并申报国家级文保单位。

艾林土司　明代初年，朝廷在北川“设土司二员，弹压艾林、坝底二堡，子孙世袭”。从旧志记载中，只知道艾林土司姓任，可能是立有军功的汉人，其领地大致包括开坪等白草河中下游地区。土司驻地艾林堡，又称大艾林，即今开坪乡安林村，村民称大安林，乃与大艾林发音相近而致错讹。土司驻地艾林堡，虽称为“堡”但不同于其后官军修建的既有坚固的城墙又有驻军的城堡。任姓土司自明代初年受封，代代相传，但因不是当地羌人，对羌寨的控制力有限，其领地一直动荡不宁，必须借助官军进行威慑镇压。

嘉靖二十六年（1547），四川巡抚张时彻、松潘总兵何卿彻底征服北川羌人后十几年，驻地在今平武的龙州土司发生内讧，宣抚使薛兆乾将副使李蕃父子殴打致死，并聚集北川关外及平武地区的白草羌数千人与官军对抗。嘉靖四十五年（1566），明王朝平息事态后，乘机改土归流，将龙州改建为龙安府，对土司做出降职处理。在龙州土司内乱中，在任土司李蕃遇害，其族人李世选因在此前平定“白草番乱”有功而得到提拔，被任命为继任土司，但其职务不再是龙州宣抚司副使，而仅仅是连降几级的土通判，治地也由龙州（平武）移至艾林堡。原艾林土司任后因“抚番无术”被罢黜，任姓从此完全失去土司地位，其族人任朝海虽助官军平羌有功，也仅仅得到赠给代表身份的衣帽、免除徭役的奖赏。土通判李世选取代任姓担任艾林土司之后，仍负责管理“白草番地”，但所辖的“白草番地”仅包括今开坪和坝底两乡地域，即原艾林土司和坝底土司领地。李世选从平武赴开坪任职后，在禹里场以北的溪沟上用木材搭建一座廊桥，俗称卷洞桥，一直沿用到20世纪80年代，才被新建的公路桥取代。

明朝末年，张献忠的农民起义军在四川一带活动频繁，李土司拒不归顺，却主动投靠李自成。崇祯十七年（1644），得知李自成建立大顺政权，即赶赴北京认宗，表示效忠。行至陕西潼关，即为清军所获，事遂败露。清顺治九年（1652），清军攻占北川，李土司虽然保住艾林土司地位，却没有土通判的头衔，成为与坝底土司并列的小土司，其领地进一步缩小到白草河流域的开坪一带。

清康熙四十二年（1703），石泉县改土归流，艾林土司与坝底土司同时被裁撤，李氏家族自此失去世袭特权，成为普通百姓。李土司被罢黜后，其在开坪一带的领地由羌寨头人自行管理。清雍正三年（1725），改由石泉县衙直接管辖，成为“汉区”，领地内的羌民也成为载入石泉县户口簿的“编民”，并逐渐被视为汉民。

后园轶事　开坪乡北部的后园，曾经有居民在大山深处以农耕为生。为防止野兽毁坏庄稼，村民们用石头砌墙，将耕地包围起来，野猪城也因此成为后园的代名词。因为后园沟深谷狭，进出极其艰难，山民们利用农闲时间穿凿石崖，架设栈道，改善交通条件，还刻立石碑记载修路善事。石碑上将领头的长者称为“大”，据文献记载，这是古羌人的风俗。现今北川还有人对父亲的称呼与“大大”相近，即当是古羌遗俗。

1935年，红四方面军长征达到北川时，后园有居民百余人。在这与世隔绝的地方，山民们也参与修路架桥等支前活动，并把自己的食物捐给红军。红军离境后，因为饥饿和瘟疫，山民或死亡或外出逃荒，后园自此人烟断绝。中华人民共和国成立后，人民政府曾在后园修建房屋，将四处流窜的无业人员及劳教人员集中于此从事农耕，进行改造，但终因进出交通太过艰难而撤出。自此以后，后园再无人居住，现属片口自然保护区。

桃龙藏族乡

基本情况 桃龙藏族乡位于县境北部，东连小坝乡，南邻禹里、马槽二乡。面积69平方公里，有耕地6870亩。辖6个行政村35个村民小组。乡政府驻地铁龙，沿小桃、北松公路至县城曲山62公里。桃龙藏族乡党委、政府根据当地实际，采取一村一策，大力推广林药种植模式，重点发展中药材、魔芋，继续稳定发展以生猪、家禽为主的传统养殖业。2007年，全乡854户、3533人。粮食总产量1627吨，出栏生猪10000头，中药材收入200余万元。

历史沿革 明代，桃龙地区尚属地方政府无法管束的“生番”区域。嘉靖二十六年（1547），官军平定白草羌后，桃龙和小坝、片口地区一样，由当地头人自行管理。清代，桃龙仍属羌寨自行管理的“石泉番寨”区域。宣统三年（1911），全县划分为1区6乡，桃龙属太平乡。1935年，红军在龙藏场建立龙藏乡苏维埃，桃龙境内始有乡级建制。1951年2月，析小坝乡新设置桃龙乡。自此，桃龙之名便一直沿用下来。1985年4月，将桃龙乡改置为桃龙羌族藏族乡。1992年调整乡镇建制，将桃龙并入小坝羌族藏族乡。2002年，为便于行政管理，方便群众办事，恢复桃龙羌族藏族乡建制。2003年7月北川羌族自治县建立后，撤销民族乡建制，桃龙羌族藏族乡改称桃龙乡。2004年5月，根据县内少数民族构成情况和国家相关规定，将桃龙乡改建为桃龙藏族乡。

桃龙释名 今桃龙旧称盘龙、龙藏。民国《北川县志》记载：龙藏场，清嘉庆初年设，名盘龙场，后改龙藏场。宣统三年（1911）被水淹没，遂迁新街，故有新街老街之名。据考证，龙藏乃古名，属藏语音译，意为山沟里的房子或山沟里的人家。桃龙还有名叫桃红的古寨。清乾隆年间，知县姜炳璋有诗记述其深入“番寨”考察的行程，诗云：“嗟我来作吏，驱车河西东；大鸭渡从小鸭渡，小桃红过大桃红。”小桃红、大桃红均在今桃龙乡境内。1951年2月，新设置桃龙乡，即取桃红、龙藏各一字命名。

藏传佛教活动 桃龙乡深受藏传佛教的影响。在桃龙乡与禹里乡交界处半山腰，有一座藏传佛教寺院—拉卜寺，俗称喇嘛寺。据传，拉卜寺始建于明代，重建于清顺治六年（1649），为三重檐斗拱建筑。大殿正中供奉藏传佛教格鲁派（黄教）创始人宗喀巴神像，两侧塑宗喀巴弟子根敦朱巴和根敦嘉措，正殿两边还塑有四大天王、八大金刚和十八罗汉，其造型动静交织，互为一体。正殿粉壁墙上绘有释迦牟尼史迹和文成公主入藏和蕃图。寺庙依山形傍石崖而建，后因地震滑坡毁坏，再重建于现址，故有老喇嘛寺和新喇嘛寺之称。迁建后的喇嘛寺四楹两进，距旧址约一华里。门楣上有“普度众生”四个浮雕大字，两边门柱上镌刻有一副对联：

暮鼓晨钟惊醒世间名利客，
经声佛号唤回苦海梦迷人。

当初寺内的堪布（即主持）姓陈，来自西藏，精于岐黄，长于武功。传说农历六月二十日是一世活佛宗喀巴的降生之日（也有说是圆寂之日），每年均要举行一次盛大庙会。寺前石砌的香炉整天香火不断，主持喇嘛在庙内按藏族礼仪开展佛事活动。信徒要向神像献哈达等，香资进奉得多的，堪布与扎洼（主持的随从）还要向进资施主口诵“唵嘛呢叭咪吽”六字箴言，再敲嘎乌（一种宗教用器，相当于汉区寺内的木鱼），念一段经文消灾免难。庙会后，喇嘛便将哈达等物廉价售给当地居民，据说穿上用这些布缝制的衣服即无病无痛。为庆庙会盛典，集市贸易全都移到喇嘛寺进行。明末清初，拉卜寺进入鼎盛时期，以庙会为基点，成为百里以内物资集散地和文化市场。继喇嘛寺后，又先后建起大佛寺、莲花寺等。新中国成立后，受极“左”思想的影响，佛教建筑大部分遭到破坏，拉卜寺的庙会一度中止。“大跃进”时期，喇嘛寺被拆除建立学校，仅存一个字库，一块残缺不全的石碑和部分断垣残墙。

1980年后，传统庙会活动在民间恢复，但与旧时有所不同，一是没有经贸活动，二是不念经拜佛，只杀白羊白鸡进行祈祷。每年临时推举一名会首，参会者集资筹办香烛、纸钱、白公羊、白公鸡、白酒、铁锅、碗筷、调料等物。当天会首率众携物进庙后，点燃香蜡，一边向正殿参拜，一边烧钱纸，念祷词，求佛祖保地方平安，保禾苗不遭风、虫、雹灾，保地方六畜兴旺、人丁昌达。祈祷完毕，用藏刀宰杀白羊抬至正殿祭祀，继而将羊角砍掉丢进字库。参会者一边剥羊皮一边砌灶升火，把羊肉煮熟后放至神案上，点燃香烛再祭佛祖。祭后将山羊碎为小块，放上调料，烹成红烧山羊肉，然后围着铁锅，以山羊肉下烧酒。桃龙乡的芽地、九成、桃红每年几乎户户都参加，禹里乡的庙头坝、上寨子、云安等地也多有人参加此活动。

“九成号”古迹　桃龙乡九成村，虽未在交通干道上，但向南顺禹穴沟即可至县城禹里，向东可通小坝，向西翻山可至马槽，旧时曾是白草河中上游地区重要的商贸场所，由此形成的“九成号”成为县境有名的商贸城。九成号，据传为明末清初山西商人文九成所建。占地10余亩，有内外两层城墙，长300余米，墙体最高处达10余米，大部依山而建。城墙内外有碉堡遗址3处，为防匪患而建。城墙内曾建有文家大院、文家祠堂，祠堂里有水井、酿酒坊，还有柴房、客栈、拴马场、交易市场、戏院等，建筑面积1000余平方米。民国时期逐渐衰败，现仅城墙尚存。

片口乡

基本情况　片口乡位于县境北部，北与松潘县白羊乡、平武县泗洱乡接壤，西与青片乡相邻，东南与小坝、开坪乡连界。面积119平方公里，有耕地面积9420亩。辖9个行政村50个村民小组、1个社区居委会。境内有风景秀丽的片口自然保护区。乡政府驻地片口场，沿北松公路距县城77公里。片口乡党委、政府大力发展四木药材、草本药材、高山无公害蔬菜和魔芋等特色种植项目，取得明显的经济效益。2007年，全乡1891户、6982人，其中非农业人口292人，少数民族人口5126人。粮食产量2501吨，出栏生猪6271头。

历史沿革　明代，北川一带的羌族被统称为白草羌，片口则是白草羌的大本营。嘉靖二十六年（1547），松潘总兵何卿率官军平定白草羌后，指任当地头人为酋长对羌寨进行管理。清代，这类区域被称为“石泉番寨”，仍由羌寨自行管理。宣统三年（1911），将片口划归新建立的复盛乡，由县衙直接管辖，片口一带实行羌寨自治的时间长达300余年。1935年，红四方面军在麻园建立片口乡苏维埃，片口自此成为乡级建制的名称。是年红军离境后实行保甲制。民国29年（1940），改联保为乡镇，片口再次被用作乡名，并一直沿用。1985年4月，片口乡改建为片口羌族乡。2003年7月北川羌族自治县建立后，撤销民族乡建制，复称片口乡。

白草羌兴衰　宋代，北川及平武地区的羌族聚居地被统称为白草寨，是和木瓜、白马并列的“龙州三寨”之一。明代，白草寨演变为白草番（白草羌）。《明史》上说，“东路生羌，白草最强”，而强悍的白草羌的大本营，就在白草河上游的片口一带。明代前期，官军多次对北川用兵，却从未敢深入白草河上游。嘉靖十一年（1532），都御史宋沧“西征白草”，也只到达开坪。此后十几年，白草羌首领自称皇帝，并封李保将军、黑煞总兵等职，大规模滋事，以致“蜀中震恐”。嘉靖二十五年（1546），嘉靖皇帝令四川巡抚张时彻、松潘总兵何卿负责平定动乱。

为确保蜀地百年无忧，何卿决心彻底摧毁羌寨地方势力，将攻击的最终目标定为白草坝。经过精心准备，嘉靖二十五年农历腊月底，何卿指挥一万多精兵，分别从石泉、平武和坝底出发，向小坝、片口方向合围。官军达到小坝后，与羌人在走马岭展开生死决战。四川巡抚张时彻在事后给朝廷的奏章中叙述了激战的经过：官军抵达小坝，受到顽强抵抗，始终无法突破羌人在走马岭布置的防线。到第九天，突遇天阴大雾，如同黑夜一般。总兵何卿见此天赐良机，急令敢死队从悬崖先登上山岭，再放下绳子，大部队抓住绳子攀缘而上，一举攻占走马岭。官军突破天险，士气高涨，其他各路人马亦相继突破关隘赶到，于是趁势分兵四面出击，百战百捷。继而用缴获的牛羊粮酒犒劳士卒，再让投降的羌人做向导，势如破竹，一举攻占白草羌的大本营。

官军从石泉、坝底、龙州三处发兵进攻，白草羌防守重点在走马岭，据此可推断，此次征剿的范围是今北川县关外都坝河流域及关内地区，重点是白草河流域，最后攻占的白草羌“巢穴”是今片口乡白草坝。明代佥事刘成德《安绵父老思何公》一诗亦可印证，诗云：“茄鼓谁吹出塞声，摧锋唯有石泉兵；蛇矛横捣磨盘寨，虎帐高悬白草坪。”“磨盘寨”在片口场以东，“白草坪”即白草坝。

官军攻占白草坝，征伐羌寨的血腥战斗便告结束。走马岭之战是冷兵器时代北川境内发生的最为惨烈的战斗。明代北川全境的人口不过两万，官军重点征伐的都坝河、白草河、青片河流域的羌人仅仅一万多人，而官军动用的总兵力却达三万七千之多。官军从东、南方向三路合围，西有茂州卫和陇木土司防守，北面是官军的大本营—松潘重镇，北川羌人处于四面包围之中。强悍的白草羌虽然英勇善战，在力量悬殊的情况下，最终被彻底征服。

官军攻占片口后，羌民纷纷陈情：以前外出滋事都是头人们让干的，自己不得不顺从。巡抚张时彻和总兵何卿觉得羌民“似可怜悯”，于是只将擒获的李保、黑煞、白石儿、撒哈等为首滋事的头人处决，其余普通羌民则不再追究，让他们仍在原地生活，使白草羌地成为阻止松、茂地区少数民族进入内地的一道“藩篱”。

走马岭之战彻底摧毁了踞险称雄的北川羌寨地方势力，此后官军动辄以武力相威胁，羌寨再无实力与之对抗。羌民“卖刀买犊”—放下用于作战的刀枪，购买耕牛农具专一从事耕作，并且开始认同封建统治者的权威，接受地方政府管理。这一变化，标志着北川羌族开始由我行我素的“生番”到服从管理的“熟番”的转变。走马岭之战后三十几年后，四川巡抚王廷瞻在给朝廷的奏章中称，白草羌开始“从习汉仪”，遵守封建统治秩序，这是二百年来全川仅有的现象。

刘自元移碑应考　清代以后，由于长期处于和平环境，连边远地区的羌人也逐渐接受汉文化。在昔日白草羌的腹心地带，流传着刘自元移碑应考的故事，生动地反映出羌人文化观念的变化。

传说清道光年间，片口羌族青年刘自元自幼学习儒家经典，仰慕中原文化。他遍游川中各州县，纵览名胜，调查风俗。当时科举盛行，刘自元也像汉族青年一样，把应试取得功名看得十分要紧，于是特地聘请老师，学习八股诗赋的写法。某年，石泉举行秀才考试，刘自元即赶赴报名。其他的童生认为刘自元是番民，就去报告考试官，说他没有报名资格。刘自元说，我家世世代代居住在汉地界，已是归化之民，为什么不让我考试？考试官问有何根据，刘自元回答：有界碑可查。旧时石泉县直接管辖的“汉区”和实行羌寨自治的“番地”，是以伏地堡为界，在大鱼口还竖有一块界碑。考试官当即派人去查勘，第二天就动身，由刘自元同行作陪。一行人直走到片口与松潘白羊乡交界的地方，才发现的确有一块界碑。于是刘自元才获得入场考试的资格。

从县城禹里到片口，往返100多里，刘自元如何能在一夜之间将两百多斤重的界碑从大鱼口移到片口，令人不可思议，人们认为有神灵在暗中相助，抑或是事先在片口新立一块界碑，而将大鱼口的界碑掩藏起来。不管这个传说是否可信，但至少反映出清代中后期片口已有羌人读书参加科举考试的历史事实。

佛教、天主教的影响　羌族聚居环境封闭，其宗教信仰长期处于原始阶段。唐代吐蕃东渐，使白草河中上游增加了新的民族—藏族，片口一带羌人的宗教观念也渐渐受到影响。据旧志记载，在片口场后面的山顶上，明代中叶就曾建有一座三间二层的转经楼，将经文贴在车盘上，信众“用力转动，以代诵读，可免罪愆。”这明显是藏传佛教的庙宇。片口紧邻松潘，藏传佛教的传入是很自然的事。清代后期，在片口不仅有人信奉藏传佛教和汉区流传的道教、佛教，连西方的天主教也在这里扎下根。天主教约在同治六年（1867）传入片口，由一法国传教士主持修建教堂。至光绪三十年（1904），除片口本堂外，还在小坝和县城禹里等地修建四个支堂。天主教的信奉者最多时发展到700多人，至今仍是北川的合法宗教之一。

北川小成都　早在明朝末年，片口就于现在场镇以东的磨盘沟设置场市；到清朝嘉庆年间，又将场市迁建于今址。经过三百多年的发展，片口成为县内的重要场镇之一。

民国时期，来自四面八方的外地人曾一度云集于片口，更对当地的文化产生重大影响。片口东邻平武泗耳乡，北接松潘白羊乡，历来是土特产品及中药材集散地。民国35—37年，由于外地禁绝鸦片风声趋紧，省内及云南、贵州、陕西、甘肃，乃至安徽、福建的烟帮遂集结于此，有的在泗耳一带深山老林种植鸦片，有的在场镇上收购烟土贩运外地，烟帮、土匪、豪绅云集，吃喝嫖赌无所不为，茶馆、酒店、客栈应运而兴，小小乡场，仅酒店就有20多家，成为片口畸形发展的繁盛时期，片口因而被时人称为小成都。

坝底乡

基本情况　坝底乡位于县境西南部，青片河中游，东临禹里乡，南接墩上乡，西与茂县毗邻，北与马槽乡接壤。面积83平方公里，有耕地19289亩。辖15个行政村、66个村民小组、1个社区居民委员会。乡政府驻地坝底堡，沿墩青、北茂公路距县城曲山51公里，距茂县县城61公里。乡内有森林7.5万亩，活立木蓄积量51万立方米，森林覆盖率57.98%。经济以传统农业为主，高山蔬菜发展成效显著。2007年，全乡1996户、7262人，其中非农业人口635人。建有蒜苗、辣椒、马铃薯等高山蔬菜产业基地11200亩；出栏生猪1.4万头、大牲畜2700头、小家禽5.9万只，饲养白山羊4700只；粮食总产量3450吨。

历史沿革　据旧志记载，明代初年，在县境“设土司二员，弹压艾林、坝底二堡，子孙世袭”。自此，坝底成为土司领地。清康熙四十二年（1703）石泉县改土归流，撤销坝底土司，改由羌族头人自行管理。清雍正三年（1725），划归甘泉乡管辖，羌民随即编入石泉户籍，成为受地方政府直接管理的“编民”。宣统三年（1911），在坝底设置永兴乡。1935年，红军建立坝底堡乡苏维埃，首次将明代官军城堡名用作政区名称。是年红军离境后实行保甲制，坝底属第八联保。民国29年（1940）3月，将第八联保改为坝底乡，坝底自此成为乡级建制的名称。新中国成立后，仍设坝底乡。1985年4月，将坝底乡改建为坝底羌族藏族乡。2003年7月北川羌族自治县建立后，撤销民族乡建制，坝底羌族藏族乡复称坝底乡。

坝底土司　坝底土司与治地设在开坪乡安林村的艾林土司一样，均于明代初年设立。坝底土司姓唐，现存于马槽乡平地村的唐氏墓碑碑文追溯了其先祖唐本洪因军功被授坝底土司的经过。碑文称，唐姓祖籍湖广麻城县，其远祖唐本洪于明朝洪武年间（1368—1398）随官军征伐川中松茂一带地方，屡建功勋，因而被授予土司之职，于是携一家老幼自湖广来到坝底堡为官居住。坝底土司自明代初年受封，代代相传，统治青片河中游羌寨的时间长达300多年。清康熙四十二年（1703），新任土司唐德俊袭职后数月不理政事，羌民有冤无处申，只得到石泉县衙诉讼，遂与开坪的艾林土司一起被清政府罢黜而成为庶民。

永坝抚夷厅　清康熙二年（1663）松潘总兵何德成用武力征服青片河中上游的羌族（时称青片番）之后，在坝底设抚夷一员，领兵五十，负责“弹压青片番羌”。抚夷之官由松潘提镇委派，以有军功之汉人充任，主要职责是与土司一道管理羌民，但不管民刑诉讼，实际上是官军对番民进行武力弹压的象征。自坝底抚夷设立后，前后数任，历时200余年，直至清末方裁撤。其间从未有过与羌民发生武装冲突的记录。有的抚夷与羌民的关系还处得相当融洽，如康熙三十二年（1693）“以守备职衔管理坝底抚夷事”的新繁人罗于泰，即因“抚驭有方，番情悦服”，以致石泉知县“两请留任”，至乾隆二年（1737）方去职，在任时间长达40余年。任职时间最短的是乾隆二十五年（1760）上任的庞泰，因越权“擅理词讼”，企图干预民刑，是年即被松潘提镇“访黜”。

坝底抚夷的官衙又叫永坝抚夷厅，应当是清康熙四十二年撤销艾林、坝底土司以后的称呼。“永”即永平堡，在开坪，“坝”即坝底堡，从名称看，此时永坝抚夷厅将白草河中上游地区也纳入其弹压范围。但白草河中上游的羌民经过明代官军征服后已“日染华风”，渐与汉民一样，即由“生番”演变成为“熟番”。清代中后期，青片羌也渐变得“淳良”，抚夷之官虽存，其职责却仅仅是维护地方治安。宣统三年，取消羌寨自治政策，“石泉番寨”分别划归新设置的永兴、太平、复盛等乡，由县衙直接管辖，抚夷也同时被裁撤。青片乡正河村大鸭渡王姓人家的大门上，至今高悬着一块题写“堂构荣寿”的寿匾，落款为“松潘镇龙安营石泉永坝抚夷厅”，便是清代后期坝底抚夷给所辖羌民的赠物。

军事要塞　明清时代，坝底是县境西部的军事要塞。明成化十四年（1478），四川巡抚张瓒决定对川西北民族地区进行军事打击。经过一番准备之后，即由擂鼓坪发兵，经禹里溯青片河而上，再转而至茂州、叠溪，对沿途羌寨进行大规模扫荡。事毕，修筑坝底堡及石板、石泉堡、白印堡、青树堡等城堡，用以阻遏青片河流域及茂州羌人的“攻劫”活动。坝底乃群山之间一大开阔地，北靠青片河上游的羌寨，西邻茂州板舍等羌寨，是官道“小东路最要冲”。官军所筑城堡城周364丈，是县内仅次于石泉县城的最大的军事城堡，也是当时县内的防御中心，官军常驻兵力达数百之众。坝底堡和相关城堡截断了青片和茂州羌人外出的通道，因而屡屡遭到围攻。坝底堡建成后30多年，成都人何卿以指挥佥事身份驻守坝底堡。正德十二年（1517），茂州土官节贵纠合陇东十二寨，以及青片、板舍、白草坝、白若、罗打鼓等寨数千人，从桃坪后山直趋坝底堡，对城堡进行围攻。何卿面部被流矢击中，仍坚持指挥保卫战。攻城羌人用木头做成巨大的柜子作掩护，差点将城墙挖崩。何卿命部下用石臼从上击之，才将其击退。此后，何卿处变不惊，沉着应对，多次击败羌人的围攻，使坝底堡成为一座坚固的堡垒。

嘉靖年间，北川地区发生大规模动乱，史称“白草番乱”。四川署巡抚王大用、张时彻等接连上奏章，请调驻防卢沟桥的何卿回川收拾局面。何卿经过精心准备，指挥三万七千官军于嘉靖二十五年（1546）底从平武、坝底、禹里三路进兵，对北川羌族进行围剿。事毕，对青片河流域的军事城堡进行调整。因坝底紧邻青片、板舍等生番，“为青片之咽喉”，乃于坝底之北，即今坝底乡水田村增筑边城，城周410丈，并在坝底周围设通宁（今墩上）、枇杷岭、回头岭、船头坪等4个“墩”护卫。旧有之石板关、石泉堡、青树堡依然保留，将白印堡降为白印墩。经过调整，以坝底为中心的防御系统更趋完善。何卿号称“蜀中名将”，当其在世之时，地方军政官员便在坝底堡等地建“何公生祠”，塑像勒石，褒扬其平羌之功。

邢珍禄举义反清　邢珍禄，坝底人。清宣统三年赴成都求学，受保路运动影响，回乡组织反清活动。北川交通闭塞，消息迟缓，其时尚无反清义举。邢珍禄在坝底秘密联络，组织起数百人的反清义军，于八月中旬向石泉（今禹里乡）进发。知县刘秉钧闻讯率队堵截。义军在石泉堡受阻，久攻不下，乃于十月掉头开赴茂州。行至土地岭，被茂州守备李骥年伏兵包围。义军战败，数十人被俘。邢珍禄被俘后坚强不屈，被杀害于茂州镇西桥下，年仅25岁。

墩上乡

基本情况　墩上乡位于县境西部，地处北川、安县、茂县三县交界处，东连禹里乡，南靠安县茶坪乡，西接茂县东兴乡，北临坝底乡。面积60平方公里，有森林6万亩、耕地2160亩。辖5个行政村15个村民小组。乡政府驻地石关村墩上，位于土门河与青片河交汇处，沿北茂路至县城曲山42公里，西距茂县县城57公里。有青云石和沙金等矿产资源；水能蕴藏量3万千瓦，有装机2.4万千瓦的武安电站。农村经济以种植养殖业为主。2007年，全乡503户、1957人，其中非农业人口48人。粮食总产量373吨，出栏生猪、白山羊7300头；有水果1483亩、高山无公害蔬菜1707亩、密植桑园1448亩。

历史沿革　墩上乡境历属北川（石泉）县直接管辖区。明清时期，石泉县分为甘泉、富谷二乡，墩上属甘泉乡。清宣统三年（1911），北川全县划分为1区6乡，墩上属永兴乡。1935年，红军建立墩上乡苏维埃，墩上自此成为乡级建制的名称。1951年5月，在墩上设武安乡。1981年，武安乡改称墩上乡。1984年5月，墩上乡改建为墩上羌族乡。1992年调整乡镇建制，将马槽、墩上、坝底3乡合并为坝底羌族藏族乡。2002年，为便于行政管理，方便群众办事，恢复墩上羌族乡建制。2003年7月北川羌族自治县建立后，撤销民族乡建制，复称墩上乡。

石板关与通宁墩　墩上地处西去茂县、北至青片、南到禹里的交通路口，特别受到明代官军的重视。明成化十四年（1478），四川巡抚张瓒发兵征伐北川、茂县一带的羌寨后，在墩上东南面山坡修建军事城堡，取名石板关，派兵常年驻守。嘉靖二十六年（1547），松潘总兵何卿平定白草羌之后，在墩上修筑名为通宁墩的烽火台，以为报警之用。当地人将通宁墩所在的地方称为墩上，这便是墩上其名的由来。石板关是明代石泉县的西部边关，其西便属茂州境域。据旧志记载，石板关城周57丈，驻军190名。旧时绵茂干道从此通过，城堡对控制交通要道、阻遏羌人南下作用明显。清代，驻军裁撤，城堡废弃，现尚存部分城墙，是县境保存较好的城堡之一。城堡下方，于清光绪二十年（1894）设石板关场，又名升平场。因人口稀少，不成场市。20世纪70年代初，北茂路修通，公路沿河而过，其上方的古城堡渐渐被遗忘，仅石板关的名称沿用下来，而昔日烽火台所在的墩上，却因为地处要道口，又是乡政府驻地，便逐渐形成小小场市。

千佛山战役　墩上南面的千佛山，因山顶建有千佛老祖庙而得名。传说千佛老祖原是一羌族女子，自幼给人当童养媳，因不堪忍受虐待，遂出家修行，终成正果。本打算在坝底通坪园建一寺庙，但所备木料竟在一夜之间被凤凰叼送到千佛山顶，于是庙宇也就修在现在的位置。运送最后一根木料时，黎明鸡叫，凤凰慌忙丢下木料，木头掉落到千佛山半山腰，其地名就叫落木园。

千佛山海拔2942米，周围群山尽在其下，登临峰顶，“一览众山小”。位于山峰的千佛老祖庙全用巨大的条石砌成，像一座坚固的城堡。为抵御不时刮起的狂风，房顶全用铁钉钉牢的木板覆盖。

千佛山既是宗教名山，又是红军重大战役发生地。1935年4月，中国工农红军第四方面军长征到达北川后继续向西挺进，准备与即将入川的中央红军会师。5月初，为保障北川峡谷道路的畅通，红军向驻守峡谷南面的国民党川军发起进攻，相继占领东起佛泉山西至安县横梁子蜿蜒一百余里的山头阵地。佛泉山、千佛山一带的高山，既是红军西进道路的天然屏障，又号称成都平原的“北面城墙”，因而成为敌我双方的必争之地。蒋介石参谋团得知千佛山全线阵地及土门要塞均被红军攻占，急忙电令四川军阀组织反攻，限期夺回，重新封锁北川峡谷，阻止红军西进。5月18日开始，国民党川军调集十几万兵力，在飞机掩护下，向佛泉山、千佛山一线阵地发起全面反攻。双方在高耸入云的大山中展开激烈争夺。红军在极其困难的条件下顽强固守阵地，直到7月中旬胜利完成掩护主力西进茂县的任务后，才陆续撤离。

红军攻占茂县土门要塞及其在北川南面一带高山的战斗，史称土门战役或千佛山战役。千佛山战役历时两个多月，双方动员兵力之多，战斗之惨烈，在红军长征史上也是不多见的。千佛山战役以红军的完全胜利而告结束。红军活捉敌团长1人，击毙团长4人、营连长40人，击溃敌军23个团，歼敌5000余人，牵制89个团14万多人，有力地策应了中央红军抢渡金沙江、大渡河的战斗。千佛山战役的胜利，保证了红四方面军顺利通过北川峡谷西进，实现了与中央红军的胜利会师，在红军长征史上具有十分重要的意义。

千佛山战役期间，红四方面军先头部队在北川以西数百里的懋功与中央红军胜利会师。

千佛山支前。成千上万的红军将士在佛泉山、千佛山与川军激战两个多月，靠近前线的漩坪、禹里、墩上成为红军的后勤基地。墩上乡苏维埃组织起由岭岗村苟玉书为连长的支前连，不怕艰难险阻，坚持每天步行上百里将筹集来的食物和其他后勤物资源源不断地运往千佛山前线，为红军的胜利立下不朽功劳。红四方面军前线副总指挥王树声称赞苟玉书为“支前模范连的模范连长”。支前连还直接参加红军在前线的战斗。一次红军换防时，国民党川军豢养的金堂帮土匪乘机夺回千佛山主峰。苟玉书自告奋勇带领红军攀悬崖，钻棘丛，绕道天门洞上方，一举夺回千佛山阵地。时光过去几十年，千佛老祖庙虽已被当地群众修复，当年被国民党川军飞机炸坍的痕迹仍清晰可见；山顶箭竹丛中，到处是红军留下的战壕，见证着当年战斗的惨烈；半山腰被飞机炸坍的三官庙石条横陈，可见民工运送物资的艰辛。

为弘扬红军精神，1991 年，北川县人民政府在墩上修建千佛山战役纪念碑。千佛山植被丰茂，风光旖旎，21 世纪初被批建为国家森林公园。

马槽乡

基本情况 马槽乡位于县境西部，东连禹里乡，南接坝底乡，西邻茂县，北接白什、桃龙二乡。面积 104 平方公里，有耕地 6855 亩。辖 7 个村、34 个村民小组。乡政府驻地麻柳湾，位于青片河左岸，沿墩青路和北茂路至县城曲山 63 公里。我全乡经济以传统农业为主。2007 年，全乡 615 户、2485 人，其中非农业人口 12 人。粮食总产量 1026 吨，出栏生猪 3000 头、小家禽 1.6 万只，饲养白山羊4000只；有中药材基地7700亩。境内水能资源丰富，青片河穿境而过，其支流黑水沟、明水沟、花桥沟、坪地沟落差大，适宜建设高水头小水电站；石英石矿储量丰富，矿点多，集中在木坪、花桥、黑亭三村；黑水沟、明水沟、花桥沟景色秀美，具有旅游开发价值。

历史沿革 清代初年，青片河中上游的羌族被统称为青片番，按其所处位置又分为上五族、中五族和下五族。马槽乡之平地、木坪属中五族，自明朝万历年间受到官军强大压力“投顺”后，即划入石泉县版图，一直实行羌寨自治政策；其余苦山、明头、花桥、黑水、黑亭村及白什乡部分村寨则属于下五族，尚属地方政府无法管束的“生番”。康熙二年（1663），松潘总兵何德成发兵征伐青片番。在攻占下五族羌寨后，羌民表示愿意归顺，于是将其划归茂州陇木土司管理，开始实行土司制度。陇木土司的驻地在今茂县光明，为便于管理，乃于白什场设置办事机构，以便定期巡视。因衙门前面是一座高大的影壁，下面的基石是二丈多长的大白石，故称白石衙门。1935 年，红军长征途经北川时，白石衙门废止。红军建立马槽乡苏维埃，此为马槽建乡之始。当年红军离境后，国民党四川省政府行文改土归流，陇木土司的统治终止，原属其领地的马槽等地随即划归茂县地方政府直接管辖。1951 年 12 月，将茂县白马乡（辖白什、马槽一带）划归北川。1952 年 8 月，白马乡更名白什乡；12 月，析白什乡增置马槽乡，马槽再次成为乡名。1984 年 1 月，将马槽乡改建为马槽羌族乡。1992 年调整乡镇建制，将马槽、墩上、坝底 3 乡合并为坝底羌族藏族乡。2002 年，为便于行政管理，方便群众办事，恢复马槽羌族乡建制。2003 年 7 月北川羌族自治县建立后，撤销民族乡建制，马槽羌族乡复称马槽乡。

红四方面军总医院 1935 年 4 月中旬，红四方面军长征进入北川后，其总医院随军移动，先后驻桂溪场、桂溪乡徐坪坝、贯岭乡中心村、陈家坝乡双河村、禹里乡庙头坝。5 月初，红军发起千佛山战役，总医院迁至马槽乡邱家大院，为前线红军提供医疗保障。7 月下旬，红军尾队离开马槽经青片向茂县进军，未及时撤离的红军伤病员及警卫战士全部被反动民团残酷杀害。

邱家大院系清末民居，规模宏大，做工精致。中华人民共和国成立后，因属特色古建筑，又是红军遗址，被列为县级文物保护单位。但因长期被当地机关学校使用，经多次整修，其外观风貌遭受部分破坏。2006年7月，组织专业人员进行资料、图片的收集和整理，申报为绵阳市文物保护单位。

白什乡

基本情况 白什乡位于县境西部，东连小坝乡，南接马槽乡，西与茂县为邻，北与青片乡接壤。面积101平方公里，有耕地6555亩。辖7个行政村39个村民小组、1个社区居委会。乡政府驻地沙坪，沿墩青路、北茂路至县城74公里，距绵阳148公里。全乡经济以传统农业为主。2007年，全乡945户、3667人，其中非农业人口109人，羌族人口占82%。粮食总产量1553吨，出栏生猪8500头，饲养白山羊4000只、大牲畜2700头、小家禽1.4万只、獭兔1.6万只，产蚕茧0.35吨，有中药材基地1.6万亩。

历史沿革 白什自古即为羌族聚居地。清代初年，青片河中上游的羌族被统称为青片番，按其所处位置又分为上五族、中五族和下五族，白什乡之高溪、清溪村属中五族，自明朝万历年间在官军的强大压力下“投顺”后，即划归石泉县版图，一直实行羌寨自治政策；其余白什、鱼背、七星、白水、河坪村与马槽乡部分村寨则属于下五族，尚属地方政府无法管束的“生番”。康熙二年（1663），松潘总兵何德成发兵攻占下五族羌寨，羌民表示愿意归顺，于是将其划归茂州陇木土司管理，开始实行土司制度。1935年，红军在火神庙建立白什乡苏维埃，首次用白什作为乡级建制的名称。当年红军撤离后，陇木土司被撤销，其领地划归茂县地方政府直接管辖，称白马乡。1951年12月，将白马乡划归北川管辖。1952年8月，白马乡更名白什乡。1984年1月，将白什乡改建为白什羌族藏族乡。2003年7月北川羌族自治县建立后，撤销民族乡建制，白什羌族藏族乡复称白什乡。

陇木土司与白石衙门 陇木土司，即茂州所辖陇木长官司的世袭长官，姓何，其治地在今茂县光明乡陇木头。据《明史·四川土司》《古今图书集成·成都府部》和《茂州志》记载：陇木土司属当地土著，原本姓杨，其先祖杨文贵，于宋代征伐罗打鼓羌寨有功得到封赏，开始对陇木头一带羌寨进行世袭统治。明嘉靖年间，在职土司杨翱随总兵何卿征伐白草羌著有劳绩，命改何姓。顺治九年（1652），陇木土司归附清王朝后，仍世袭陇木长官司长官。康熙二年（1663），松潘总兵何德成用武力征服青片河流域羌寨后，将白什、马槽一带的下五族划归其管辖，陇本土司的领地扩大到今北川境内。陇木土司乃于白什场设置办事机构，以便定期巡视。因衙门前面有一座高大的影壁，下面的基石是两丈多长的大白石，故称白石衙门。衙门正中五间，大堂上面悬挂着刻有“皇恩圣旨”字样的匾额。衙门两边是八字形粉壁墙，里面有高大的平房，是土司和衙役住的地方。白石衙门还设立土差、乡约，负责官寨杂务。道光六年（1826），叠溪的6位土司自愿放弃其地位，清政府如所请，在叠溪改土归流。叠溪土司被裁撤后，原属其领地的今青片乡上五村随即划归陇木土司，陇木土司的领地扩大到青片河上游。清朝末年，茂州先后有11个土司统治区实行改土归流，其领地直接由州府管辖，陇木长官司的统治实权也有所削弱。民国初年，地方军阀在民族地区设置团总，也就是政治、经济、军事一体化，残存的陇木土司权力进一步削弱，管辖范围亦相应缩小，只辖茂县溜筒寨和今北川县白什、马槽及青片乡上五村。民国5年（1916）冬，白什场遭土匪抢劫，街房被烧光，白石衙门亦被焚毁。何土司于次年利用老街上的火神庙正殿5间作为正堂，维修成审案的地方。此后，威严即逐渐下降。后来在殿前修建拱门，殿上边修建4间厢房供衙役居住，借用杜家上等民房住家。当时白什共268户，男503丁、女558口。民国23年夏，白什场新街水毁。1935年4月红军长征途经北川时，白石衙门废止。当年红军撤离后，国民党四川省政府行文取消土司制度，实行改土归流，陇木土司的统治彻底终止，其在北川的领地全部划归茂县地方政府直接管辖。

青片乡

基本情况 青片乡位于县境西部，东接小坝乡，南靠白什乡，西南与茂县为邻，北与松潘县接壤。面积563平方公里，地势西北高、东南低，垂直高差达3500多米。辖6个行政村29个村民小组和1个社区居委会。乡政府驻地新街，沿墩青路、北茂路至县城曲山100公里。有耕地2640亩，粮食作物以玉米、黄豆、荞麦、马铃薯为主；农副多经以饲养猪、羊、马、蜜蜂和种植果、药、花椒为主。2007年，全乡1004户、3818人，其中非农业人口990人。粮食总产量940吨。

乡境有以保护大熊猫为主的小寨子沟自然保护区，自然生态保存完好，物种丰富。1998年，县政协在县林业局的协助下，组织人员对小寨子沟旅游资源进行考察，随后大力宣传小寨子沟自然风光和青片的羌族文化，促进当地的旅游开发。县委、县政府将小寨子沟列为重点旅游开发区，在招商引资的同时，引导当地羌民利用独特民风民俗及优美宜人的自然环境吸引游客，开展民俗旅游接待，取得良好的经济效益和社会效益。2004年9月，成立小寨子沟旅游开发区管理委员会，大力推动旅游发展。经过几年的努力，逐渐在上五村和正河村形成若干接待点，达到日接待两三千游客的规模，年接待游客近10万人。由于分散经营，造成不良竞争，加之业主缺乏经济实力，难以提高服务档次和质量，以致后继乏力。2007年，正河村将其旅游经营权转让给民营旅游开发公司，实行统一经营。至年底，公司开始建设从青片乡政府驻地进村的水泥路，并聘请专家着手制定旅游开发规划。

历史沿革 青片，明代称风村，与白草河流域的白草、野猪窝同为北川境内代表性羌族群落。清代，青片河中上游地区的羌族被统称为青片番，按其所处位置分为上五族、中五族、下五族。今青片乡上五村属上五族，茶湾村、西纳村、安绵村、正河村、高峰村则属中五族。属中五族的羌寨自明朝万历年间受到官军强大压力“投顺”后，即划入石泉县版图，一直实行羌寨自治政策，而上、下五族则“凶悍自擅”，我行我素，仍处于无政府状态。清康熙二年（1663），松潘总兵何德成发兵征伐上、下五簇。当其攻占下五族羌寨后，上五族迫于官军的强大压力，立即表示愿意归顺。于是将上五族划归石泉县艾林、坝底土司管理。康熙二十二年（1683），因上五族距离石泉太远，将其拨归叠溪营所属之大姓土司和小姓土司管束。道光六年（1826），叠溪改土归流，因上五村地处偏远，且语言不通，地方政府不便管理，旋划归茂州陇木土司管辖，继续实行土司制度。民国24年（1935），撤销陇木土司，上五村改由茂县政府直接管理。

1951年12月，上五村与白马乡一起由茂县划归北川。1952年12月，根据中央关于实行民族区域自治的政策，以今安绵、正河、茶湾、上五村地域建立民族乡。因当时尚未进行准确的民族成分识别，而1935年红军曾建有藏区苏维埃，便将其地居民视为藏族，命名为麻窝藏族自治乡。麻窝本是羌语地名，意为山梁下的平坦之地，时人误以为是有辱少数民族的称谓，不久即去掉地名及族别，将麻窝藏族自治乡改称自治乡。1956年3月，根据国务院《关于建立民族乡若干问题的指示》，改建为建设藏族乡。1958年，人民公社化运动中，建设藏族乡改为建设人民公社。1981年9月，根据当地广大干部群众的要求，经省政府批准改建为建设羌族藏族人民公社。1983年，改称青片羌族藏族乡。2003年7月北川羌族自治县建立后，改称青片乡。

大寨子和小寨子 清代管理上五村的叠溪土司姓郁，其先祖自唐代即受封为左都督，世代相袭，统治叠溪一带的羌寨。延至明代，演变成同为郁姓的两个分支，即大姓土司和小姓土司，大姓土司管理的羌寨称为大姓寨，俗称大寨子，小姓土司管理的羌寨叫小姓寨，俗称小寨子。康熙二十二年（1683），上五村划归叠溪土司管理后，也分别由大姓土司和小姓土司管理，于是上五村也有了大寨子、小寨子的称谓。

道光六年（1826），叠溪大姓、小姓等6个土司以其辖区内羌民“言语衣服悉与汉民相同”，已不便再由土司管理为由，自愿放弃土司地位，希望改土归流。清政府如所请，将其领地改由地方政府直接管理，叠溪地区的土司统治宣告结束。叠溪土司所陈述的羌民汉化情况是就其治地叠溪一带而言，在北川青片，其汉化程度远不至此，直到百余年后，羌民在服饰、语言、习俗等方面仍保持着浓厚的民族特色。于是在叠溪改土归流后，原属叠溪郁土司管理的上五村并未划归地方政府直接管理，而是改由茂州陇木土司管辖，仍实行土司制度，直到1935年陇木土司废止后，才改由茂县政府直接管理。

虽同属羌族，但旧时上五村大寨子与小寨子之间却颇有隔阂，大寨子不与小寨子通婚，连过境也绕道而行，不愿踏上小姓寨的地盘。直到民国时期，大寨子对小寨子的歧视依然存在。推究其隔阂之缘起，大概与长期分属叠溪大姓土司和小姓土司管辖有关，大姓土司的地位可能高于小姓土司，于是将自己天生的优越感传给下属的子民们。中华人民共和国成立后，随着旧的传统观念的改变，大寨子和小寨子的隔阂迅速消失了。

文物古迹 青片位置偏僻，又是县内最后废止土司制度的地方，因而还保存着不少羌族传统文化遗迹。

大寨子碉房遗迹。县内羌族历以碉房为居室。这种用石头砌成的房屋既坚固耐用，又有利于防御外敌侵扰。自明清以来的数百年间，由于受社会环境变化以及羌民生活水平提高等多种因素的影响，才逐渐改用木料建房。由于大山陡峭，缺少宅基地，羌民改建木屋时，不得不将碉房拆毁，以致现在全县各地已经很难见到石碉房的影子。青片乡上五村大寨子则不同，这里海拔高度达两千多米，是县内最高的居民点，从河谷上山，大约要一个小时的路程。据当地老人口碑，这里原有88户人家，男妇数百丁口，后来大多外迁或下至河谷定居，现在仅余数户还在山上居住。羌民迁离原地，无须为使用宅基地去拆除碉房，因而这几十户人家的碉房得以保存，成为县内规模最大、保存最完好的羌族传统民居遗迹。

正河民居。羌族传统碉房与汉族民居风格截然不同，有着鲜明的民族特色，封建统治者便将其视为异类文化的象征。同治六年（1867），青片乡正河村儿巴垭杨姓人家新居落成，石泉赵知县特意题写“修名之立”的匾额表示祝贺。“修名”，就是改变名声，提高名望。杨姓人家所建的只不过是几间木结构的平房，当时之所以能够起到“修名”的作用，就在于它不同于石砌的碉房。赵知县为其题词，就是倡导羌人放弃传统石碉房，改建汉式建筑。地方官员大力提倡，加之受汉文化的影响和生活水平的提高，北川羌人的住房逐渐发生改变，木结构房屋逐步取代碉房，成为主要的民居样式。由于位置边远，正河村现在虽以木屋为主，但还有碉房尚在使用，而废弃的碉房残墙断壁则随处可见。这里称得上是反映羌族住房演变的博物馆。

原始宗教遗迹。除释比用猴头代表其祖师，羌族所信奉的神灵均以白石为象征。正河村儿巴垭路边有一巨大白石被称为“白石神君”，一口水井上还供奉着几块白石头，是县内尚存为数不多的白石崇拜遗迹。正河村官磨沟有神树林和杨姓人家的神树，上五村西窝有两棵并列生长的神树，是羌人原始自然崇拜的遗存。

陈家坝乡

基本情况 陈家坝乡位于县境东部，东与桂溪乡接壤，西与曲山镇相邻，南靠江油市，北抵都坝、贯岭乡。面积135平方公里，有耕地9915亩、林地66515亩。辖18个村102个村民小组、1个社区居委会5个居民小组。全乡村村通公路。乡政府驻地陈家坝场，沿曲桂公路至县城曲山19公里，东至江油市中坝镇48公里。近年重视发展特色农业，优质蚕桑、茶叶、魔芋、中药材等特色农产品基地建设成效显著。2007年全乡3539户、12895人，其中农业人口869人。粮食总产量3000吨，出栏生猪1万头、羊1万只、肉兔5000只，产茧1100担。

历史沿革 北川关外之擂鼓、陈家坝、都坝、贯岭、桂溪等地历属平武方面管辖。汉代属设于

今平武县境的刚氐道，因居民“人尤劲悍，性多质直，工习猎射，俗尚刚劲”而故名。宋代属龙州境域。龙州有白马、木瓜、白草三寨之分，陈家坝属白草寨。宝庆二年（1226），南宋王朝在平武设置龙州三寨长官司，赐进士出身的龙州判官王行俭担任世袭长官，陈家坝自此成为土司领地。延至明代，龙州设置宣抚司，仍实行土司制度，除原薛、王土两姓司外，新增李姓土司。三姓土司各领兵五百，世守白马、木瓜、白草三寨，陈家坝属管辖白草番地的李姓土司领地。嘉靖四十四年（1565），龙州土司发生内讧，宣抚使薛兆乾将副使李蕃父子殴打致死，随后纠合平通河、都坝河流域的白草羌数千人分据各城堡关隘，阻断官军粮道。继而胁迫佥事王华合谋，见王华不从，屠其家。是年春，与官军交战失利，求救于北川关内的白草羌“上下十八寨”，未获响应，遂被官军擒杀，其母及胁从28人皆以同谋论斩。嘉靖四十五年，明王朝平定薛土司叛乱后，趁机在龙州改土归流，将龙州宣抚司改建为龙安府，由朝廷直接委派的流官进行管理，陈家坝也由土司领地改由新设的龙安府平武县直接管理。清雍正三年（1725），因距平武县城太远，清政府将擂鼓坪、邓家渡、陈家坝一并划归石泉县，置为让水乡，陈家坝境域自此属北川管辖。宣统三年（1911），北川全县划为6乡，陈家坝属龙凤乡。

1935年，红军建立陈家坝乡苏维埃，归治地设在桂溪乡垭上的平南县管辖，陈家坝自此成为乡级建制的名称。是年红军离境后实行保甲制，陈家坝属十一联保。民国29年（1940）实行新县制，将十一联保改称陈家乡。1951年，析陈家乡，分置复兴、太平、云龙3乡。1958年公社化运动中，复兴乡改称复兴公社。1981年9月，复兴公社改为陈家坝公社。1984年1月，公社全部改建为乡，陈家坝公社改称陈家坝乡。1992年调整乡镇建制，将陈家坝乡并入太洪羌族乡，更名为陈家坝羌族乡，乡政府驻地仍设在陈家坝。2003年7月北川羌族自治县建立后，撤销民族乡建制，复称陈家坝乡。

场镇变迁　陈家坝场原在都坝河右岸一个叫龙凤头的地方，设场时间无考。清咸丰十年（1860）遭水毁，迁建于上游之老场村。光绪十八年（1892）、民国2年（1913）两次水毁，再上迁至都坝河与青林沟交汇处，即今址。这里本是明代军事城堡罐子堡旧址，直到中华人民共和国成立后，当地人还习惯将场镇所在地称作罐子堡。

罐子堡轶事罐子堡，明代军事城堡，建于成化十一年（1475）。天顺四年（1460），明朝官军开始在北川境内沿绵茂干道修筑城堡，驻扎军队，但羌人的活动并未被遏止，反而更加频繁，“攻劫”的范围由安县、绵竹扩大到龙州，即今平武县豆叩、南坝一带。其时，负责守御“白草番地”的是龙州李姓土司。面对羌人的频繁活动，在任土司李胤实与驻守龙州的四川都指挥佥事唐闻“皆不能守”，致使地方不宁。成化十一年，羌人滋扰大印、旧州，烧毁江油县治（今江油市武都）。巡按御史张仰、三司孙宏亲临龙州督阵，指挥士兵、乡勇一千余人平息动乱。事后，令龙州薛姓土司的族人薛永威督兵驻扎大印，添修徐塘堡、平通、山茅、毛堆、罐子、徐坪、大方等八个城堡，并负责把守。自此以后，北川关外地区改由薛姓土司所属士兵负责守御。

罐子堡位于安县经曲山至龙州的交通要道上，常年驻军160余人，为保障地方安宁作用显著。嘉靖二十六年（1547），四川巡抚张时彻、松潘总兵何卿动用兵三万七千，彻底征服白草羌，随即废弃罐子、徐坪、平通三个城堡，在逼近白草羌腹心地带的都坝乡皇帝庙村另建伏羌堡取代。经历数百年风雨沧桑，罐子堡已踪迹全无，仅其名称得以流传下来。

支援红军　1935年4月15日，撤离川陕革命根据地西征的红四方面军占领陈家坝，继而成立陈家坝区、乡苏维埃政权，建立红军接待站。在红军的直接掌管下，陈家坝接待站既为红军备办食宿，又承担从中坝运来的大批粮食、盐巴、布匹等物资的保管、分配、转运工作。十万红军过北川，吃饭是第一大事。陈家坝乡苏维埃抽调60名精强力壮的游击队员去中坝背米，每人三斗，重一百余斤，一趟就背回6000多斤。驻乡红军除留下部分自食外，其余粮食一站转一站，直送至千佛山、茂县前线，保障红军前线和后方的粮食供应。在权家院子，当地群众用几口大锅昼夜不停炒制油米，时间长达两个多月，炒米10多万斤，供红军携带食用。

红军进驻北川，大力宣传党的纲领、政策和红军的宗旨、性质，吸收工农积极分子加入红军。在扩红运动中，父送子、妻送夫、弟兄相送参加红军的情景比比皆是，父子、母子、夫妻、弟兄同时参军的事迹处处可闻。据统计，全县参加红军共1500多人，其中陈家坝区达666人。这些北川优秀儿女绝大部分牺牲在长征途中，中华人民共和国成立后经调查确认，陈家坝乡的红军烈士达138人。红军撤走时，县内大批民工为红军运送物资、武器、辎重，其后未归者达3000多人。陈家坝乡苏维埃组织以青林村林正邦为队长的50名运输队给红军背盐巴、布匹，其后大部分牺牲在长征路上，返回者仅10余人。走完长征路，现健在的青林村熊玉坤，1981年任安徽省军区政委，是职务最高的北川籍红军老战士。

桂溪乡

基本情况　溪乡位于县境东部，东南与江油市大康镇、航天工业部624研究所毗邻，西南与陈家坝和贯岭两乡接壤，北界平武县平通镇。面积129平方公里，有耕地5657亩。辖18个村93个村民小组、1个社区居委会。乡政府驻地桂溪场，位于平通河右岸，沿曲桂公路至县城曲山36公里，顺平江公路南距江油市中坝35公里，北距平武县城90公里。桂溪乡党委、政府大力调整农业产业结构，全乡形成三大特色农业发展区，即低山河谷沿公路一线的凤凰、云兴、桂溪、渭沟、八角等村蚕桑发展区；高山村的干果、林业、四木药材发展区；甘溪片区的观光农业和林业发展区。2007年全乡3154户、11630人，其中非农业人口530人。粮食总产量2157吨，出栏生猪9968头、白山羊11532只、小家禽12万只。乡境内猿王洞风景区是国家AAAA级旅游景区，药王谷旅游景区规划建设中。

历史沿革　桂溪历属平武方面管辖。南宋王朝在平武设置龙州三寨长官司，桂溪属龙州三寨中的白草寨，自此成为土司领地。延至明代，龙州仍实行土司制度。嘉靖四十四年（1565），龙州土司发生内讧。次年，明王朝平定土司叛乱，趁机在龙州改土归流，桂溪由土司领地改由新设的龙安府平武县直接管理。清雍正三年（1725），清政府将徐坪垭梁子以西划归石泉县，属新置的让水乡，徐坪垭梁子以东仍由平武县管辖。

桂溪于明崇祯六年（1633）建场。民国21年（1932），因地方势力欺行霸市，引起纷争械斗，属北川县的龙凤乡（今陈家坝乡）遂于垭上另设场市，取名龙凤场。商贸活动集中于新场，属平武县所辖桂溪场遂致冷落。1935年，红四方面军在龙凤场建立平南县苏维埃、龙凤乡苏维埃，在火神庙建立桂溪乡苏维埃，龙凤乡、桂溪乡均属平南县管辖。是年红军撤离后，行政管辖区复旧。1951年设置云龙乡。1956年2月，将平武县所辖甘溪乡（今桂溪乡）、都坝乡划归北川，徐坪垭梁子以东自此成为北川境域；北川将甘溪乡北部并入云龙乡，南部仍称甘溪乡。1981年9月，将云龙乡更名为桂溪乡。1992年调整乡镇建制，将甘溪乡并入桂溪乡。此后无变动。

明代城堡　桂溪场以西数里之山口叫徐坪垭，俗称垭上。明代建有一座城堡，取名徐坪堡，系成化十一年（1475）龙州薛土司的族人薛永威所建，常年驻军近百人。嘉靖二十六年（1547），四川巡抚张时彻、松潘总兵何卿大征白草羌之后，将陈家坝的罐子堡、平武县境的平通堡连同徐坪堡一同废弃，在都坝乡皇帝庙村另建伏羌堡取代。自驻军撤走后，城堡逐渐毁废，徐坪堡仅存续70余年。

红军遗址　1935年4月中旬，红四方面军主力由甘溪进入北川后继续向西挺进。红军纪律严明，受到贫苦群众的欢迎。桂溪群众在龙凤场办起接待站，为过往红军和筹粮运粮的游击队备办食宿。龙凤接待站设在龙凤场附近的徐坪坝，是红军从江油进入北川的首站。除备办伙食外，另设有大铺。从此进入北川的红军和川陕省委机关均得到热情接待。接待站黎明就开饭，深夜亦未停火。每天红军来的来，走的走，住的住，流水席一轮接着一轮；服务人员烧水、煮饭、扫地、安铺，忙个不停。红军在桂溪两个月期间，当地群众一直坚持提供后勤保障，大批青壮年踊跃参加红军。徐坪坝汪玉成参加红军后，负责为刘伯承元帅牵马。长征途中走过万水千山，又经历抗日战争和解放战争，身经百战。

中华人民共和国成立后不以功臣自居，自愿回乡务农，而且不允许家人受到特殊照顾，其子孙两代人中无人谋取公职。

都坝乡

基本情况 都坝乡位于县境东北部，东接贯岭乡，南靠陈家坝乡，西邻白坭乡，北抵平武县大印、锁江。面积92平方公里，有耕地5201亩。辖6个行政村32个村民小组、1个居民委员会。乡政府驻地都坝，沿垭都路、曲桂路至县城曲山54公里。2007年全乡741户、2858人，其中非农业人口100人。粮食总产量798吨，出栏生猪3000头、白山羊5500只、小家禽16800只；有茶园1885亩、桑园805亩，产茶36吨、蚕茧1吨。

历史沿革 都坝历属平武方面管辖。南宋王朝在平武设置龙州三寨长官司，都坝属龙州三寨中的白草寨，自此成为土司领地。延至明代，龙州仍实行土司制度。嘉靖四十四年（1565），龙州土司发生内讧。次年，明王朝平定土司叛乱，趁机在龙州改土归流，都坝由土司领地改由新设的龙安府平武县直接管理。1935年，红军在都坝建立安溪乡苏维埃，属治地设在垭上的平南县管辖。1956年2月，将平武县所辖甘溪乡（今桂溪乡）、都坝乡划归北川，都坝自此成为北川境域。1988年11月，都坝乡改建为都坝羌族乡。1992年调整乡镇建制，将都坝、贯岭合并为都贯羌族乡。2002年，为便于行政管理，方便群众办事，恢复都坝羌族乡建制。2003年7月北川羌族自治县建立后，撤销民族乡建制，复称都坝乡。

伏羌堡轶事 明嘉靖二十六年（1547），四川巡抚张时彻、松潘总兵何卿平定白草羌，将旧有城堡进行调整，废弃罐子、徐坪、平通三个城堡，另于逼近白草羌腹心地带的今都坝乡皇帝庙村设伏羌堡，“重兵守之”。

伏羌堡以西的山口名叫箭和垭，乃是金凤、开坪、小园方向羌人东去龙州的必经之地。据说箭和垭其名来自“孔明一箭让石泉”的传说。相传与北川县相邻的江油市有漫坡渡，本名蛮婆渡，乃是古代羌人与汉人居住区的分界处。三国时，蜀汉丞相诸葛亮与羌人商定，让羌人退出一箭之地，却预先将箭放置在遥远的草地之中。羌人顺箭头方向找寻，一直后退到今松潘一带，于是都坝一带就成为汉族聚居区。过去此传说乐于被北川人接受，是因为可以把自己的家园归于汉区范围而免遭歧视。事实上，直到明代，官军在箭和垭设置隶属于伏羌堡的烽火台，取名叫绝番墩，从侧面反映出这一带的民族状况。

伏羌堡，当地人讹称为何相堡。据旧志记载，城周117丈，实测其遗址，城墙长449米，至今保存较为完好，被列为绵阳市文物保护单位，并申报省级文物保护单位。位于箭和垭的绝番墩，现仅残存用石块垒砌的平台，其名称鲜有人知。

伏羌堡建于松潘总兵何卿大征北川羌族之后，由于羌寨地方势力被摧毁，城堡建成后即再无战事。在和平环境里，驻防官军面对绿水青山，在城堡后的山石上留下“江山雄壮”石刻，这是北川关外民族地区至今所发现的最早的汉字遗迹。伏羌堡下方于明天启年间修建的庙宇，供奉着玉皇大帝神位，俗称皇帝庙，是县境修建较早的汉式庙宇之一，这可能与驻防官军的影响有关。在伏羌堡左侧有墓群一处，其中一块小石碑上刻有“故军周銮之墓——明万历十四年一月二十五日立”等字样。万历十四年即1586年，并未发生官军“平羌”之战事，周銮可能是病故的军士。此外，据村民口碑，在伏羌堡附近另有“蒋洪武将军墓”，今墓碑已无存。

贯岭乡

基本情况 贯岭乡位于县境东北部，东连桂溪乡，南靠陈家坝乡，西接都坝乡，北邻平武县。面积85平方公里，有耕地5550亩、林地73964亩。辖7个行政村38个村民小组、1个居委会。乡

政府驻地复兴村田坝，位于都坝河左岸，沿埡都路、曲桂路至县城曲山50公里。2007年全乡989户、3858人，其中非农业人口121人。粮食总产量1189吨；出栏生猪4890头、白山羊470只、小家禽2万只，养蜂700箱；有茶园3034亩、桑园921亩，年产干茶45吨、蚕茧5吨；大力推广魔芋栽植技术，魔芋产量529吨，年产2500公斤以上种植大户32户。

历史沿革　贯岭与都坝历来为同一行政建制，历史沿革相同。1956年2月自平武县划归北川后，仍同为都坝乡。1961年3月，析都坝公社，增置贯岭公社，贯岭自此成为乡级建制。1984年1月，公社全部改建为乡，贯岭公社改称贯岭乡。1988年11月，将贯岭乡改置为贯岭羌族乡。1992年调整乡镇建制，将都坝、贯岭合并为都贯羌族乡。2002年，为便于行政管理，方便群众办事，恢复都坝羌族乡建制，都贯羌族乡复称贯岭羌族乡。2003年7月北川羌族自治县建立后，撤销民族乡建制，贯岭羌族乡复称贯岭乡。

香泉乡

基本情况　香泉乡位于县境南部，地处北川、安县、江油三县市交汇地带。面积78平方公里，有耕地4665亩。辖12个行政村59个村民小组。香泉乡政府与江油市香水乡政府同驻香水场，经黄江大桥至江油市中坝镇25公里，经永通路、安北路北上县城曲山39公里，经邓通路至县城34公里。2007年，全乡2129户、7795人，其中非农业人口454人。粮食总产量2609吨，生猪出栏7660头、存栏2090头，山羊出栏1500只、存栏1200只，小家禽饲养量2.5万只。境内香江湾休闲度假村正在规划建设中。

历史沿革　香泉旧属安县境域，清雍正三年（1725）划归北川，与新从平武县划归北川的擂鼓、陈家坝等地一起置为让水乡。宣统三年（1911），全县划为6乡，香泉属兴隆乡。民国24年（1935）实行保甲制，香泉属第十联保；民国29年实行新县制，将第十联保改称香水乡。中华人民共和国成立后，香水乡先后改称光明乡、龙凤乡，1981年9月更名为香泉乡。1992年调整乡镇建制，将双潭乡并入香泉乡。

香泉石材产业园　县境崇山峻岭之中，蕴藏着丰富的石灰石资源，储量超过10亿吨。可用于生产饰面装饰石材的矿山主要集中在香泉一带，开采面积达5平方公里以上；矿石质量高，品相好，被称为米黄大理石。在目前国内发现的同类矿山中储量最大，质量最好，品种最齐，其板材具有品种全、质地优、色泽亮、板面净等特点。县委、县政府依托资源，把石材产业作为县域经济发展的重点，计划将其规划建设为香泉石材工业集中发展区。发展区位于兴隆、水洞、敬东村境内沿带状分布的山前河谷地带，规划面积1.58平方公里，可提供工业用地1300余亩。引进子洋石材公司投资300万元进行石材开发，2006年5月投入生产。步长集团、盘古石材、安利达、米兰、永松等厂家相继取得采矿权，步长集团在水洞村征地建厂。

人物传

魏开文

魏开文（1898—1987），字景虞，男，羌族，四川北川开坪乡大鱼口人，大专文化。

1922年毕业于省立工业专门学校化工系，先后应龙绵师范（江油）、成都工业学校、安县中学的聘请担任理化教员，其后回到家乡，在县城任县立第一高等小学校长。在10余年的教学工作中，以其渊博的学识、严谨的教学态度、深入浅出的教学方法，深受学生欢迎。

1935—1939年，被四川省第十六区行政督察专员公署委任为茂县东二区（治地土门）区长，管辖今茂县甘沟和北川县马槽、白什及青片的部分地方。他勤于政务，深入民间就地审案，大力肃清匪盗、禁种鸦片、赈灾济贫、兴农办学，深受民众拥戴。1940—1949年，任北川县政府财务委员会主任、税捐征收处主任、财政科长等职。他理财有方，办事干练公道，清正廉洁。其间十分关心和支持文化教育事业，1944年县内创办初级中学，他是首倡者之一，并竭力解决办学经费和师范班学生的生活费。1945年，县政府维修“神禹故里”坊，他在匾额两旁分别书写“八年三过”“卑宫菲食”横额，高度概括大禹的丰功伟绩和崇高品德。

1949年12月22日，江油县城解放。12月27日，魏开文接到老友朱康民（江油人，中共地下党员）“如愿和平解放，就速派代表来江油商议”的电话后，立即告知县长范物安。范物安邀集县政府官员、绅商及各界人士20余人开会，一致推举魏开文为赴江油和平谈判的首席代表。为了全县人民的和平与安宁，他不顾旅途险恶，次日即动身前往。12月30日，到达江油县城（武都），和张秀熟、傅子东、蹇幼樵等人相见后，表示北川人民诚心接受中国共产党领导，希望和平解放，尽快建立县人民政府的愿望。张秀熟等人当即应允，决定派工作人员到北川主持工作。在返回途中，魏开文将“约法八章”等宣传资料在陈家坝等地广泛张贴。

1950年1月16日，奉命到北川工作的刘仲成等9名南下干部到达县城，魏开文带领人员到数里外的“接官亭”迎接。县人民政府成立后，魏开文积极协助开展工作，任建设科科长，兼任县第一届各界人民代表会议秘书长。1953年2月，调往重庆西南制药厂工作，先后从事药物科研、图书管理工作。

1963年6月，魏开文退休回北川休养。1987年12月，因病医治无效辞世。县政协举行追悼会，原主席母广轼为其撰写挽联云：

魏公一生谨言慎行有口皆碑堪称邑人楷模，

虞君九秩高风亮节无不称道人民忠实公仆。

王麟

王麟（1902—1938），字志仁、智仁，男，汉族，重庆荣昌县人。

10岁即丧双亲，在长姊资助下上学读书。十三岁考上荣昌县立中学，学习成绩优异。由于家境贫穷，每学期都被学校减免学杂费。在校受新思想和新文化熏陶，立志为国家兴旺、民族振兴尽责，曾撰写一副对联贴在床头表达心境："国势衰颓多愤慨，民生凋敝总忧心。"中学毕业后，决心投笔从戎，考取国民革命军川军军官学校。1919年毕业后历任排长、连长、营长，1927年升任团长，1930年调任二十九军军官训练总队任总队长。

1931年，出任北川县长。到任后，目睹北川土地贫瘠、交通不便、生产落后、人民生活贫困的状况，采取减轻赋税等措施鼓励发展农业生产。还十分重视文教事业，在县城北街租用福音堂房屋新建模范初级小学校。北川自清道光版《石泉县志》之后断修已历百余年，虽1925年即有县长倡议续修县志，但终无成果。王麟听从属下建议，搜寻相关资料，聘请绵竹籍清末举人黄尚毅担任总纂，耗时数月，终于编修出新版《北川县志》，并于次年印制成书。他还根据黄尚毅提供的拓片，在禹穴沟口刻制了颜真卿"禹穴"碑，丰富了北川的大禹文化。

1937年，王麟担任国民革命军第41军124师740团上校团长。得知"七七"卢沟桥事变的消息后，当即停止休假，束装返回部队。9月，奉命率军北上。临行前，在寄给妻子的信中写道："余自从戎伊始，即以身许国；抗击外辱，乃余素志。今值日寇入侵、国家危急存亡之秋，正是志士仁人精忠报国之时，余率部开赴前线，誓当痛歼敌寇，扬我国威。倭寇未灭，何以为家？成功成仁，在所不计。"

出川北上后，转战陕西、山西、鲁南抗击日寇。面对强敌，他作战勇猛，身先士卒，冲锋在前。在山西身患重病时，让卫士用箩筐抬至前沿指挥战斗。1938年台儿庄战役中，740团作为124师主力在山东滕县外围阻击日军南进。3月16日午后，奉命驰援滕县县城，换防东关。3月17日黎明起，日军将东关作为攻城突破口，出动飞机大炮狂轰滥炸。炮火过后，再用步兵从炸开的城墙豁口反复攻城。王麟率守军顽强抵抗，打退日军无数次进攻，战斗激烈时以大刀、刺刀与敌肉搏。虽伤亡惨重，然毙敌无数。中午时分，日军以炮狂轰，坚守阵地的王麟被弹片击中面部致重伤，在抬往城内指挥所后未及抢救即壮烈牺牲，年仅36岁。

王麟牺牲后，成都与荣昌等地举行了隆重悼念活动，国民政府予以褒奖并晋级抚恤。1997年9月25日，民政部、山东省政府批准王麟为革命烈士。

王建堂

王建堂（1912—1992），男，汉族，四川北川曲山镇人。

1937年卢沟桥事变发生后，全国抗日热情高涨。王建堂组织青年志愿者100余人，自称川西北请缨杀敌队，到安县县政府请求上前线抗击日本侵略军（当时曲山场大部属安县）。安县县长大加赞赏，命名为"特征义勇壮丁队"。建堂之父王者成用白布制旗一面送子出征，白旗正中大书一"死"字，右边题写"我不愿你在我近前尽孝，只愿你在民族分上尽忠"，左边题写"国难当头，日寇狰狞，国家有难，匹夫有分；本欲服役，奈过年龄，幸吾有子，自觉请缨；赐旗一面，时刻随身，伤时拭血，死后裹尸；勇往直前，勿忘本分"。安县县长在欢送抗日战士开赴前线的群众大会上展示"死"字旗，会场上群情勃发。成都新闻媒体登载以《模范父亲》为题的报道，褒扬"义民王者成送子出征"。四川军管区司令部向王者成家赠送"父义子忠"的光荣匾。曲山义民王者成送子出征一时传为佳话。

王建堂入伍后，在国民革命军第二十九集团军（川军）第四十四军先后担任排长、连长、司令部参谋、副营长等职。抗战期间，参加大小战役数十次，多次担任敢死队长，负伤四次，多次立功授勋。

中华人民共和国成立后，王建堂从国民党起义部队退伍回乡，以做零工为生。虽为抗战英雄、民族楷模，但为人低调，唯自言一生中有五件事值得炫耀：第一是父亲王者成给他授"死字旗"；第二是抗战期间战区司令长官陈诚两次给他授立功勋章；第三是在当排长时因团长指挥失误，打了团长一耳光，差点被枪毙，师长、军长念他杀敌英勇，亲自出马说情才得死里逃生；第四是他在疗伤期间到中国文学院学习，和著名作家张恨水同住一床，在文学上受益匪浅；第五是抗战胜利后他到天津参加过接受日本投降的仪式。

1992 年，王建堂因病去世。

刘仲成

刘仲成（1916—1988），男，汉族，山西省临县小甲头乡人，高小文化。1940 年 1 月，参加革命工作，同年 5 月加入中国共产党。先后任临县小甲头村自卫队长、十区武委会主任、六区武工队民兵大队长、七区区长、一区区委书记。1948 年 10 月，调山西省晋绥第三地委任巡视员、组织科长。

1949 年 12 月，随解放军南下入川。1950 年 1 月 16 日，到达北川县城，任县工委副书记、县长。1952 年 9 月，任中共北川县委书记。1954 年 12 月，调任四川省石油管理局党委书记。1963 年 6 月至 1965 年 2 月，分别参加三台、射洪县社教运动，任省委工作团副团长。1965 年 2 月，调任绵阳专区任物资局局长。1969 年 9 月，调绵阳地区革委会农水组工作。1970 年 9 月，任绵阳地区粮食局革命领导小组成员。1971 年 12 月离休。

刘仲成立场坚定，对党忠诚，严格贯彻执行党的方针政策；对工作认真负责，兢兢业业，任劳任怨；团结同志，身先士卒；艰苦朴素，严于律己，不搞特殊，经常深入基层，深入群众调查研究，倾听群众意见，解决群众困难，受到广大干部群众的好评。刘仲成任县委书记时，曲山至安昌的公路已通车在望，而进出禹里仍要走数十里的崎岖山路。禹里作为县城，除了新增大批干部，还驻扎着三四百人的地方武装队伍，所需的粮食等物资全部靠从外地人力背运。出于交通运输方面的考虑，决定将县城从禹里临时迁至曲山。1959 年，在曲山通往禹里的公路初步建成后，刘仲成计划将县城迁回原址，但恰遇连续三年自然灾害经济困难而作罢。县城的搬迁，对之后北川的场镇及公路建设产生了重要影响。

1988 年，刘仲成因病医治无效去世。

席应信

席应信（1917—2003），男，汉族，四川北川擂鼓镇人。幼入私塾，继在擂鼓坪和安县读小学，后到绵阳、成都读中学，效法其兄学医。“九一八”事变后，受抗日救国运动影响，弃医从戎。先去北平抗日前线，后考入黄埔军校 11 期骑兵科。由于受进步思想的影响，1934 年 9 月毕业分配湖南衡阳后，私自离队奔赴延安。行至西安受阻，即加入国民革命军第一师当兵，由排长、连长、营长，升至师参谋、科长、团副。后因未经批准私自组织抗日游击队受到怀疑，险遭逮捕，又自行离队赴陪都重庆，通过同学和友人的关系，先在军令部供职，不久考入陆军大学深造。其间，由亲友牵线，与中共地下党徐中航建立联系，并协助其工作，还应著名爱国将领冯玉祥之邀研讨建立抗日根据地。

陆军大学毕业后，先在国防部副官处从事人事任免事务。1947 年，任 20 军 133 师参谋长。淮海战役时升任少将参谋长，鉴于时局危艰，地下党希望他做策反起义工作也难以进行，便未去供职，趁国防部迁广州之机，于 1949 年 9 月返回家乡北川。此时，国民党第 20 军代军长景嘉谟和第 38 军军长李振西率残部窜至松潘、茂县、北川一带，企图配合从西北败退至西康的胡宗南建立川陕甘边区根据地，以抗拒人民解放军西进解放康藏。1950 年 1 月，解放军 18 兵团 62 军 185 师 554 团到达北川县城。席应信利用与国民党军队的老关系，和解放军官兵一行 20 余人前往国民党第 20 军军部驻地片口劝降。席应信向国民党第 20 军军长景嘉谟分析了国内形势，指出只有率部投奔人民解放军，才是唯一的出路，才有前途，还介绍了解放军对起义投诚人员的政策，使景嘉谟终于下定率部出山的决心。几天后，景嘉谟率军直属部队和 133 师到达北川擂鼓坪。席应信陪同他们经安县、绵竹、什邡到广汉，由解放军62军接收整编。

席应信因说服国民党20军起义投诚，被人民解放军西南军区授予特等功。此后，调任解放军18兵团师级研究组长，在第二高级步校、南京军事学院从事军事教学与研究工作，并担任军事史料研究处处长。“文化大革命”中被诬陷为“反动学术权威”，1970年下放安徽建设兵团劳动，1975年恢复工作，任安徽省石台县人武部副部长。1982年离休，任安徽省第五届政协委员，席应信仍十分关心祖国统一，利用与部分在台军政人员的老关系，通过信函宣传党的对台政策，促进祖国和平统一。

2003年，席应信因病医治无效去世。

秦云

秦云（1918—1991），男，羌族，四川北川小坝乡人。1935年4月，参加红军，随红三十军特务大队长征。1936年4月，加入中国共产主义青年团，1937年7月，加入中国共产党。

秦云从参加红军长征，到投身抗日战争、解放战争和抗美援朝作战，历任班长、排长、指导员、队长、营长、副团长、团长、军分区参谋长、副师长、师长、政委等职。先后参加四川花山顶守卫战、西康雅州攻坚战、山东胶东反顽战、莱阳大沽河伏击队、黄县卢头攻坚战、平南伏击战、临山守卫战等数百次战斗。他每次战斗都身先士卒、指挥果断，先后负重伤10次、轻伤数十次，9次受到上级的通令表彰，荣获三级八一勋章、二级独立自由勋章、二级解放勋章和二级红星功勋荣誉章。

新中国成立后，任铁道兵西南指挥部副司令员，率部参加鹰厦、包兰、贵昆、成昆、襄渝、青藏、南疆等多条新线铁路建设。1979年转入铁道兵工程学院工作，任副院长。他认真贯彻执行党的教育方针，经常深入教学第一线，了解情况，解决问题。1982年离休。

1991年4月，秦云因患病医治无效去世。

王世明

王世明（1920—2001），男，羌族，四川北川马槽乡人。出身于贫苦农民家庭，13岁给地主打工。1935年4月，红四方面军长征到达马槽，14岁的王世明参加红军游击队，积极投身乡苏维埃组织的打土豪分田地、筹集粮食支援千佛山战役等活动。随后参加长征，一翻雪山、三过草地，参加黄草坪伏击战、天水堡阻击战、山城堡战斗等，历任班长、干事、政治指导员、教导员等职。1936年12月，加入中国共产党。抗战初期，先后参加山西平定县齐亘村伏击战、昔阳县黄崖底战斗以及广阳战斗，多次负伤。其后长期从事民运工作，组织群众配合部队多次粉碎日本侵略军对根据地的围剿和扫荡。解放战争时期，历任太行军区十四军分区卫生队党总支书记、太行二分区政治部民运科长、山西省军区独立六旅十六团政治委员、山西省榆次军分区政治部主任，先后参加著名的晋中战役、太原战役，荣立二等功一次。

中华人民共和国成立后，王世明调任华北军区后勤军需部天津装具厂从事后勤工作，为支援抗美援朝战争做出突出贡献，他担任厂长的天津装具厂被评为二等模范工厂。其后一直在解放军后勤部门工作，先后担任徽水工区政委、总后勤部军需生产部干部处副处长、总后勤部丰台仓库管理处政委、总后勤部西安办事处498仓库政委、740仓库政委、兰州军区后勤部华阴总库政委、兰州军区后勤部第27分队政委。

1955年5月，王世明被授予上校军衔，曾荣获抗日战争纪念章、华北解放纪念章、三级八一勋章、二级独立自由勋章、二级解放勋章、二级红星功勋荣誉章。1980年离休，享受副军级待遇。

半个多世纪的革命生涯中，王世明襟怀坦白，光明磊落，恪尽职守，严于律己，识大体，顾大局，在大是大非面前立场坚定，旗帜鲜明。“文化大革命”期间，受到迫害和排挤达7年之久，他坚持共产主义信念不动摇。离休后，仍心系党和国家事业，关心部队建设。长期担任陕西省、西安市关心下一代协会传统教育团成员、干休所关心下一代协会常务副主任。中央人民广播电台、陕西有线电视台等媒体多次报道其先进事迹。

2001 年，王世明因病医治无效去世。

江海

江海（1923—2006），原名母成相，男，羌族，四川北川曲山镇邓家棕树坪人。1935 年 5 月，参加红军，随红三军某团一营长征，爬雪山，过草地，经历艰辛，并在战斗中负伤。1937 年 7 月，参加中国共产党。抗日战争和解放战争期间，参加过百团大战、辽沈战役、固原遭遇战、沂口阻击战、泗海遭遇战、丰镇袭击战、长春围困战、锦州攻坚战、辽西围歼战等多次战斗，先后担任警卫员、译电员、通信班长、排长、股长、副科长、科长、副队长、副局长、副部长、参谋长等职。1957 年被授予中国人民革命战争三级八一勋章、三级独立勋章、三级解放勋章。

1965 年年底由军队转入地方工作，后任四川省农业厅畜牧局局长、四川省革命委员会生产组农机组负责人、四川省计量标准处革委会主任、四川省标准计量局局长和党组书记，1994 年 1 月离休。

2006 年，江海因病医治无效去世。

母广轼

母广轼（1925—1994），男，汉族，四川北川陈家坝乡人，高中文化。1941 年 7 月，在江油县湖广小学读书时秘密加入中共地下组织。1947 年，根据上级指示，到陈家坝秘密发展党员数名。1948 年 7 月，任中共陈家坝支部书记，以陈家坝中心小学校长的身份开展地下工作。由于地下党江油中心县委负责人被捕，按照立即转移的指示，于 1949 年初离开北川，先后在成都、中江县土门垭、金堂县转龙镇、乐至县大堰乡等地以教书、帮人为掩护，参加当地中共地下组织活动。

1950 年 1 月北川解放后，受组织委派回县工作，任中共北川县工作委员会委员、副县长。1951 年 11 月，任县长。1953 年 3 月，任青川县委副书记兼县长。1956 年 9 月，任绵阳地区检察分院代理检察长。1957 年 3 月，任青川县委书记。1958 年 2 月整风“反右”运动中，被错划为“右派”。1979 年 7 月平反，恢复党籍。1980 年 4 月，任北川县革委副主任，1981 年 3 月，任北川县政协主席。1985 年 12 月离休，享受副师级待遇。

母广轼青年时代积极投身革命活动，在白色恐怖下顽强开展党的工作。中华人民共和国成立后，为党的事业做了大量卓有成效的工作。他热爱党，热爱社会主义，在长达 20 余年的蒙冤期间，仍然保持坚定的共产主义信念。中共十一届三中全会后重新担任领导职务，坚决贯彻党的路线、方针、政策，严于律己，清正廉洁，团结各界人士，促进北川县的两个文明建设。

母广轼首倡新修《北川县志》，先后任县志编纂委员会第一、二届主任，第三至六届顾问，主持编写《红军在北川》和《中共陈家坝地下党组织及其活动》等革命史料。1993年11月，应邀出任《北川县志》审订小组组长，主持审订工作。他曾说：“县志不出，死不瞑目。”直至生病住院仍念念不忘修志事业。

1994 年 8 月 23 日，因患病医治无效不幸去世。噩耗传出，人们纷纷前往吊唁。一幅祭幛上写着“一身正气，两袖清风”八个大字，是对他一生高尚品德、优良作风和崇高精神的概括。

附　录

一、北川羌族大事记

▲西汉高帝六年（前201），汉王朝在今平武县境置刚氐道（治地在今平武县城），以统治当地氐人。汉代的“道”是在少数民族地区设置的县一级行政区。因平武一带少数民族“人尤劲悍，性多质直，工习猎射，俗尚刚劲，故名刚氐道”。今北川县关外大部分地区旧属平武，汉初归刚氐道管辖。

▲西汉元鼎六年（前111），汉武帝欲平定西南夷，冉駹部落十分惊恐，表示愿意归附，乃以其所属地域设置汶山郡。冉駹治地在今茂县县城，其居民的文化传统各异，“有六夷、七羌、九氐，各有部落”。今北川县关内地区原为冉駹属地，自此并入汉王朝版图。

▲北周保定四年（564），以今北川县关内地区置北川县（治地在今青石），属汶州北部郡（治地在今茂县县城）管辖。

▲唐贞观八年（634），析北川县地置石泉县（治地在今禹里）。北川、石泉二县均属茂州（治地在今茂县县城）管辖。

▲唐永徽二年（651），并北川县入石泉县，仍隶于茂州。

▲唐初，吐蕃势力向东扩展。贞元十九年（803），剑南西川节度使韦皋率兵三万，“分出九道，攻占吐蕃维、保、松州（今理县至松潘一带）及鸡栖老翁城”。据《大元一统志》记载，鸡栖老翁城在今禹里。由于“石泉地逼诸夷，金汤之固尤所宜求”，遂于石泉县城以西三十里北川县城旧址置威蕃栅，设兵守之。

▲北宋熙宁八年（1075），茂州知州范百常应居民请求修筑州治城墙，以防御羌人“乘夜入寇”。羌人以为“侵其地”，遂起纷争。官军征剿受挫，为保障安、绵一带的安全，次年将石泉县由茂州改隶于绵州，并堵塞茂州至石泉之间的通道，防止羌人经石泉南下。

▲北宋政和六年（1116），泸南安抚使孙羲叟上奏朝廷：边民冒法买夷人田，依法尽拘入官，招置为土军，留守民族地区。按宋法，边民不得购买少数民族的土地。

▲北宋政和七年（1117），羌人“复反茂州”。成都知府周焘派遣兵马钤辖张永铎等击之，诸将畏懦不敢进，皆被罢黜。鉴于石泉乃羌人南下的必经之地，知县张上行建议升石泉为军，“以重其权”，加强石泉的防御地位。蜀帅孙羲叟随即上奏朝廷，称“石泉为邑，介绵、茂之间，道里阔远，缓急不相应，非有兵扼其冲要不足以捍外患”。是年，宋王朝乃置石泉军，设军治于石泉县城，除辖石泉县之外，还割龙安、神泉二县隶之，同时“设兵守冲要”。石泉知军多以武臣充任。

▲北宋重和元年（1118），在石泉军境内设置会同、靖安、嘉平、通津、横望、平拢、陵霄、耸翠、连云等九个堡（驿站），各堡的具体位置现无可考，大致分布在今禹里至安昌的交通沿线。

▲北宋宣和四年（1122），鉴于茂州和石泉军的土军“不谙射艺”，朝廷下令挑选恩施、黔江土军中擅长射箭者各五十人分任教习，以提高其战斗力。施、黔一带少数民族“子弟精悍，用木弩药箭，

战斗敏捷，朝廷尝团结为忠义胜军”。北宋末年，“石泉蛮叛”，宋王朝即调用参加征剿，“大破番夷”。

▲南宋绍兴三年（1133），为加强川西北的防御力量，宋王朝决定由绵州知州兼任绵、茂、威三州及石泉军沿边安抚使，节制屯戍兵马。

▲南宋绍兴年间，平凉侯魏禧任石泉知军，前后共一十三年（1144—1157）。在职期间，在军治禹里修筑城墙以抵御羌人，首建学宫大力传播汉文化。后人对其文治武功大加推崇，在禹里建“魏侯祠”来纪念他。

▲南宋绍兴二十八年（1158），石泉知军赵公（佚名）在石纽山麓重建大禹庙，表明自己以文德感化羌人的政治主张，文学家计有功作《大禹庙记》纪其事。计氏在文中明确肯定了石泉改隶于绵州继升为石泉军之后数十年中汉文化的巨大影响。

▲南宋宝庆二年（1226），蒙古军南下之势咄咄逼人。为加强古阴平道的防务，南宋朝廷在今平武县境设置龙州三寨长官司，赐封进士出身的龙州判官王行俭世袭其职。龙州三寨指白马寨、木瓜寨和白草寨，白马寨和木瓜寨在今平武县，白草寨包括今北川县关外的大部分地区。王行俭由此成为统治北川民族地区的第一位土司。

▲南宋嘉熙二年（1239），石泉遭羌人攻击，军治被焚荡无遗。

▲南宋淳佑二年（1242），知军张顺重建石泉军治。

▲南宋宝祐二年（1254），蒙古军进据利州（广元）、阆州（阆中），自此且耕且守，与此前攻四川速来速去大不相同，蜀土不可复。

▲南宋宝祐三年（1255），石泉军治迁往龙安（今安县永安）。

▲南宋宝祐四年（1256）冬，石泉再次被羌人焚为灰烬。继任知军赵顺首先在今永安境内修筑营垒，称为三盘寨，加强石泉至安县间关隘的防守。当其到达石泉时，官廨“有草房四间，仅庇风雨”。因屡遭战乱，财力匮乏，赵顺乃缩小旧时规模予以重建。

▲南宋宝祐六年（1258）春，蒙古军入蜀，成都、彭、汉、怀安、绵州及威茂诸番悉降。十月，蒙古遣使招谕龙州。十一月，龙州守将王德新降蒙古；十二月，石泉知军赵顺降蒙古。是年，龙州三寨长官司王行俭拒不降蒙古，鉴于龙州治地（今平武县南坝）位于古阴平道上，为免遭蒙古军的攻击，遂将其迁建于雍村（今江油市大康）。

▲南宋景定三年（1262），南宋朝廷任命临邛进士薛严到辖区已大部沦陷的龙州任知州，与王行俭同守龙州。薛严在龙州开疆拓土，兴学化夷，以守城有功，于咸淳元年（1265年）赐封为龙州世袭土知州，成为统治北川关外地区的又一个土司。

▲元世祖中统五年（1264），元王朝将治地设在今永安的石泉军升为安州，石泉县归安州管辖。

▲元世祖至元十三年（1276），南宋都城陷落，南宋王朝的灭亡已成必然之势，龙州的薛、王两姓土司才在雍村归顺元王朝，仍世袭其职。

▲元至元二十七年（1290），石泉地方官员运用当地打狗埋石的习俗在小坝与羌民盟誓，解决矛盾冲突，并在今小坝下场口大桥西侧的崖壁上刻石纪其事。

▲元至正十一年（1351），元王朝置龙州元帅府，授土知州薛文胜为元帅府元帅、三寨长官司王祥为副元帅。百余年后，明嘉靖二十六年（1547），官军在今北川县开坪乡永安村修筑永平堡时掘得副元帅印鉴一枚，当是龙州元帅府副元帅王祥于元末明初所遗。

▲明洪武四年（1371）四月初一日，颍川侯傅友德率军由阴平道入蜀，龙州土司薛文胜、王祥当即率众归附，并为明军指引道路，提供粮饷。明军南下时，陇西千户李仁广一同入蜀，也因给明军输送粮草有功而受到奖赏。洪武七年（1374）开设龙州，以薛文胜为知州，李仁广为州同知，王祥为从侍郎判官，皆得世袭。自此，龙州共有三姓土司。北川关外地区仍属龙州土司管辖。明代初年，还在北川关内地区设置艾林土司和坝底土司，具体负责对开坪、坝底一带羌寨的管理。

▲明洪武十一年（1378），龙州土司薛文胜受命开通经龙州去松潘的道路，以保证驻守松潘官军的粮草供应，时称松潘东路。石泉东接龙州、西接茂州、南通安县的通道称为小东路，是官军的重要兵道和粮道。清人《读史方舆纪要》称，官军“粮援之道恃石泉以无恐”。

▲明洪武十四年（1381），太祖朱元璋“诏天下编赋黄册，以一百十户为一里”。当时石泉县编户为五里，即归石泉县直接管辖的仅五百余户、两三千人，今北川县境域中，大部分为土司领地和无管束区域。

▲明宣德九年（1434），因此前龙州土司参加征伐松潘一带少数民族有功，升龙州为宣抚司，以在职土知州薛忠义为宣抚使，州同知李爵为副使，判官王玺为佥事，“各统兵五百，分守白马、白草、木瓜番地”。白马、木瓜番地在今平武县；白草番地包括平武县西南和北川县关外地区。明代北川关内地区也被称为白草番地。

▲明宣德年间（1426—1435），石泉县白草羌活动频繁，“民罹兵燹”。

▲明正统四年（1439），石泉遭“番蛮侵扰”，典史梁俊设计防御，“民得其庇，思慕不忘”。

▲明天顺四年（1460），白草羌攻劫石泉县治，出没烂柴湾、鱼滩子等处，烽火及于安、绵。茂州卫指挥曹敏奏请朝廷修筑城垣关隘，加强防御。是年，将石泉县城的土城墙改筑为石城墙，并修筑多处军事城堡：在青片河流域筑烂柴湾堡、鱼滩子堡，在石泉县城至安县之间筑曲山关、擂鼓坪堡等，调派茂州卫军百名、成都后卫军三百名分驻各关堡负责守御。石泉境内自此开始设置“屯戍之兵”。

是年，蜀和王悦（召、力，下为四点）庶四子友（左土右贡）封为石泉王。此后，石泉王代代相袭，直至明末王室成员被张献忠的部下诛杀，历时180余年。

▲明天顺五年（1461），白草羌截粮道，进入龙州及石泉县境，松潘总兵许贵调兵平之。

▲明成化二年（1466），白草坝等羌寨聚众五百人“越龙州界剽掠”。

▲明成化四年（1468），白草坝诸羌趁驻防官军调征山都掌蛮之机，聚众袭击安县、石泉一带。副使卢能奉命剿之，先派指挥阎斌巡边，至庙子沟（在今禹里乡境内），羌人三百突出，杀伤士卒，阎斌因误失战机被逮捕治罪。

▲明成化十一年（1475），龙州薛姓土司的族人薛永威受命修筑大印、徐塘、平通、山茅、毛堆、罐子、徐坪、大方等八个城堡，并督兵驻扎大印，防止羌人东入龙州。罐子堡在今陈家坝，徐坪堡在今桂溪乡垭上。

▲明成化十四年（1478），四川巡抚张瓒“并理边务”，经过一番准备之后，发兵对羌寨进行大规模征伐。官军由擂鼓坪出发，经石泉溯青片河而上，先“攻白草坝西坡，禅定数大寨”，再攻茂州、叠溪，继而回兵“再讨白草坝余孽”。官军一路浩浩荡荡，实际攻击的主要是青片中下游沿岸的羌寨。事毕，在青片河流域新筑坝底堡、石板关、石泉堡、白印堡、青枫堡等城堡，驻军防守。坝底堡规模最大，城周三百六十四丈，常驻官军数百，成为北川一带的防御中心。

▲明成化年间（1465—1487），石泉“经番夷之害，民多逃徙”。

▲明正德二年（1507），“茂州、静州土官节贵、节孝父子纠合陇木头土舍日支及本寨羌番细书、的靴、西勒等，由茅香坪、神溪、土门、桃坪后山小路突出睢水关，径达安、绵二县关堡扎营”。

▲明正德初年，成都人何卿担任指挥佥事，驻守坝底堡。因守御有方，后升任筠连县守备。

▲明正德十二年（1517），茂州土官节贵纠合陇东十二寨，远连青片、板舍、白草坝、白若、罗打鼓等寨生熟番数千人，从桃坪后山径趋坝底堡，先后对城堡发起三次围攻。第一次三天，第二次七天，第三次一天，共毁四山民房百余家。守将何卿率兵抵御，面中流矢。先遣锐卒朱朝用等截杀，斩首十级，复鼓励军民殊死战斗，斩获甚众。羌人用木制巨柜庇身，差点将城墙挖塌，何卿命人用石臼从上击之，“柜破蛮死”，乘胜出击，羌人溃败。

▲明正德十四年（1519）春正月，白草坝羌人屡次袭击坝底堡。何卿率部伍并招募村民共八百人，

取道桃红出击羌寨，所过碉寨皆毁之，斩首八十有余。羌人退匿走马岭，官军扎营五日方还。

▲正德至嘉靖年间（1506—1566），羌人活动异常频繁，引起明王朝的重视，乃增拨重兵到有关州县加强防御。在石泉，则增设文职守备司兵备一员，武职守备司一员，负责大印（在今平武县境）、安县、永平、坝底等关堡的防御。嘉靖初年，今北川县境内共设常驻官军二千余人，分驻各关堡之中。官军防线以曲山关为枢纽，向南经擂鼓与安县、绵竹各关堡衔接，向东北经陈家坝、桂溪与龙州境内各关堡衔接，向西经石泉县城、墩上与茂州各关堡衔接，形成严密的防御体系。

▲明嘉靖二年（1523），何卿因随巡抚盛应期平定谢文礼、谢文义叛乱有功，升任都指挥佥事，以左参将职协守松潘，仍驻守坝底。

▲明嘉靖五年（1526）春，何卿因平定云南芒部少数民族地区骚乱有功，擢升副总兵，镇守松潘。

▲明嘉靖十一年（1532 年），白草羌袭击坝底堡，都御史宋沧率兵讨之，羌人退还侵地二千顷。事毕，宋沧在今开坪乡大鱼口筑平番堡，在麂子坪筑赤土堡，派数百官军驻守。

▲明嘉靖二十二年（1543），白草羌酋长僭称皇帝，并封李保将军、黑煞总兵等职，开始大规模滋事，史称“白草番乱”。

▲明嘉靖二十三年（1544），塞上军情紧急，何卿奉诏北上京营，驻防卢沟桥。是年，白草羌进逼龙州，“河西村民被掠”。

▲明嘉靖二十四年（1545），驻守开坪大鱼口平番堡的提督指挥邱仁无备，白草羌数千人突至，攻陷城堡，邱仁等数百官军被俘，“军民商贾遇害者以千计”。松潘副总兵高岗凤因此事被弹劾免职，四川巡抚王大用、张时彻及巡按袁凤鸣等连上奏章请调何卿还镇。世宗皇帝命何卿返川，与张时彻等同率官军征讨。

▲明嘉靖二十五年（1546），白草羌举兵“劫石泉、羊角、大方等处”，阻断石泉粮道。

是年春夏，何卿返川，立即筹备军饷、挑选训练兵员，并派官军到今开坪乡永安村构筑永平堡下城（俗称小城子），为平定“白草番乱”作准备。冬十二月底，官军万余人从坝底、石泉、龙州三路向白草坝推进。白草羌在小坝以北之走马岭据险拼死抵抗，官军转战连日未克其阻。第九天，恰逢天阴大雾，官军趁机攀崖而上夺占走马岭，大败白草羌，随后长驱直入，一举攻占白草坝。

▲明嘉靖二十六年（1547）正月，走马岭之战以官军全胜告结束，羌酋黑煞、李保、撒哈、白石儿等被擒杀，据险称雄的羌寨地方势力受到毁灭性打击。为防止白草羌东山再起，官军将其碉房全部夷为平地，并收缴其马、牛、器械及其他储备物资。为保长久安宁，官军还采取了一系列防范措施：在威州、茂州至松潘、龙州的交通要道上夹道筑墙数百里，以保证粮道畅通和行旅安全；将青片、白草、苏宝、都坝、平通五河流域的军事城堡作重大调整，进一步完善防御体系；规定羌汉物资交流在坝底、永平、大印等较大军事城堡外的空地上进行，严禁汉人擅入羌寨，以免滋生事端。走马岭之战成为北川西北部最强悍的羌族部落（白草羌上下十八寨）由自行其是的“生番”变为接受地方政府管理的“熟番”的转折点。

▲明嘉靖四十年（1561），石泉兵备周宗在石纽山麓重建禹王庙，并刻岣嵝碑立于庙中，以此表明自己用文德感化羌族的政治主张。

▲明嘉靖四十四年（1565），龙州宣抚使薛兆乾（木瓜番地土司）与副使李蕃（白草番地土司）相仇讦。薛兆乾将李氏父子殴打致死，随后纠合平通河与都坝河流域的白草羌数千人分据各关隘，阻断经龙州至松潘的官军粮道；继而胁迫佥事王华（白马番地土司）参与作乱，见王华不从，屠其家。是年春，与官军交战失利，求救于北川关内白草羌“上下十八寨”，未获响应，遂被官军擒杀。

▲明嘉靖四十五年（1566），龙州土司内乱平息后，明王朝乃改龙州宣抚司为龙安府，设置流官进行治理，并割保宁之江油和成都之石泉二县隶之。原龙州三姓土司作降职处理，其领地亦相应削减，其中管理白草番地的李姓土司由龙州宣抚使副使降为通判，治地由龙州迁至今北川县开坪乡安林

村，取代原任姓艾林土司，其管辖范围仅限于北川县关内开坪、坝底一带，旧属其领地的苏宝河、都坝河、平通河三河流域均划归新置的龙安府管理，这些地区自此变成“汉区”。

▲明嘉靖年间（1522—1566），兵备佥事戴暨、守备何定在石泉县城西北隅建造营搂，供县城驻军及过往官军住宿，共计一百二十间，取名“虎士营”。

▲明万历五年（1577），丢骨、人荒、没舌三寨（俱属松潘）番众袭击松潘，四川巡抚王廷瞻、副使扬一桂、总兵刘显发兵剿之，歼其魁，番众臣服。明万历六年（1578），松潘之乱平息后，与之相邻的白草羌惧怕受到牵连再罹兵灾，羌人全保等遂到石泉申说：“各寨不会窝藏丢骨、人荒、没舌三寨蛮子，今与齐风村巅等十一寨前来投顺，愿做百姓”；熟番罗青亦报称：“白草、野猪等一十七寨生番齐心出甲马器械投降，望赏白旗，任守地方。”

▲明万历七年（1579），地方官员经过审查得知，上年表示愿意投归的羌民共二十八寨、男妇八千四百九十四丁口，均愿更换姓名，每年万寿圣节和地方长官到达之时，各寨俱叩首礼拜，每寨缴纳黄蜡供灌烛之用。地方当局就此上奏朝廷，奉旨由安绵兵备黄德洋先进行赏赐，土通判李茂先（白草番地土司）仍以都司职衔管理坝底事，专一抚化番民；同时将风村、白草等羌寨收入石泉版籍。

是年，石泉知县李茂元奉命在今禹里主持“受降”仪式。羌人习惯以帕裹头而不戴帽子，李茂元乃预先准备汉冠若干，于其上书写汉人姓名。届时开启营门，军乐齐奏，羌人鱼贯而入。羌人闻鼓钲之声，望见汉冠及朱杆彩旗，乃大喜，举足舞蹈，欢呼声震天。李茂元取汉冠给羌人一一戴上。羌人互视其首，奔走相贺，既而跪捧其首以谢，再次表示愿意每年缴纳黄蜡，重大节日及地方长官莅临时到县庭朝贺。

此前，驻防官军每年均给羌人赏赐财物，羌人恃强索要无已。其名目甚多，当其来到城堡之时，有“下马酒”“解渴酒”“过堡酒”，以及“热衣钱”“气力钱”“偏手钱”等；官军换防，也要奉以赏钱，名曰“新班”“架梁”“放狗”“洒草”“挂彩”等等。羌人“投顺”之后，巡抚王廷瞻将上述旧规悉数革除。

此后，杨柳羌（在叠溪一带）攻击普安。因临近白草，引起朝廷的疑心。白草羌惧伯受到牵连，乃断绝与杨柳羌的往来，并愿意增缴荞麦和黄蜡，以表明永远不再当羌人。兵备周嘉谟为其辩明真情，羌民心悦诚服，白草番地自此靖宁无事。

▲明万历年间（1573—1620），迁驻今开坪乡永安村的艾林土司李世选在石泉县城以北一里许的舍溪首建楼桥，俗称卷洞桥。

▲明代后期，伏羌堡守军在城堡上方的石壁上留下“江山雄壮”石刻。这是北川关外民族地区现存最早的汉字遗迹。

▲明崇祯十七年（1644），张献忠率军攻占成都，建立大西政权，李土司退避羌寨不降。当得知李自成进京建立大顺，遂赴京认宗，但行至潼关，即为清军所获。

▲明末，张献忠部众多次到达石泉，石泉王室“诸王皆遇害”。

▲清顺治九年（1652），清军击败忠于明王朝的石泉守将曹洪，翦灭明王朝的残余势力，入主石泉。艾林土司和坝底土司随之归顺清王朝。艾林堡李姓土司归顺后，因十余年前曾北上投奔李自成而受到贬谪，不再享有土通判职务，成为与坝底唐土司平级的小土司。

▲清康熙二年（1663），松潘总兵何德成发兵征剿青片河流域的羌寨。清初，白草河、都坝河、湔江流域的羌人已相当“淳良”，“婚姻丧礼将与汉民一体”，而“青片上下五簇等寨生番散居石泉、茂州山后，绵延数百里，凶悍自擅”。康熙二年正月十七日，松潘总兵何德成进兵攻克下五簇寨（今白什、马槽一带），上五簇（今青片乡上五村）之羌“畏威投顺”，愿归地方政府管束，每年缴纳蜡、粮。于是将上五簇羌寨划归石泉县唐、李二土司管束，下五簇羌寨划归茂州陇木土司管束，同时设抚夷一员防守坝底，领兵五十弹压青片河流域的羌寨。

▲清康熙三十二年（1693），因“唐、李土司所管之青片等寨去石泉太远，拨归叠溪营属之大、小姓土司管束”。自此，青片河上游地区分别受石泉县坝底土司、茂州陇木土司以及叠溪大姓土司和小姓土司管束。

▲清康熙四十二年（1703），坝底土司唐德俊袭职数月不理民事，羌民有冤无处申，乃讼于石泉县。知县朱戴震查核后上奏朝廷，将坝底、艾林土司一并裁撤。自此，石泉县境内再无土官，但仍保留抚夷一员，领兵五十防守坝底，羌民大小诉讼案件均归石泉知县办理。这便是石泉县的“改土归流”。

▲清雍正二年（1724），因长期无战事，将石泉守备一员、兵二百名调去南坪营，石泉仅留长防把总和抚夷各一员、兵五十名，分防桥首汛（今禹里南面）、漩坪汛、曲山汛、邓家渡汛、罐子堡汛（今陈家坝乡境）、青桐堡汛、石泉堡汛、石板关汛等处塘汛。

▲清雍正三年（1725），割平武县所属之擂鼓坪、邓家渡、陈家坝，以及安县西北部之香泉、通口地区，置为让水乡；以今坝底、墩上设置甘泉乡，以今开坪、禹里、漩坪、白坭等地设富谷乡。全县共为三乡。

▲清乾隆三十年（1765）前后，知县姜炳璋到白草、青片两河流域之羌寨考察。羌民的住宅、衣着、语言、习俗与汉民迥异，给姜炳璋留下深刻印象。姜炳璋对学习汉文化的羌寨学子大加赞赏，并为授句，对羌民火葬、奢赌等习俗则加以劝导。

▲清乾隆三十三年（1768），知县姜炳璋修撰的《石泉县志》刻印成书。此乃北川现存最早的县志。姜炳璋在参阅诸多文献资料并作实地考察的基础上，专列章节记述北川羌族的历史文化，还以“番寨图”标出当时羌寨自治区的分布情况，成为研究北川少数民族历史文化的珍贵史料。

▲清道光六年（1826），叠溪大姓土司、小姓土司等土司自愿放弃土司地位，陈请改土归流，朝廷如所请，将其在叠溪的领地划归茂州地方政府管理，属其领地的青片乡上五村则改由茂州陇木土司管理，继续实行土司制度。

▲清道光十二年（1832），知县赵德林在白草羌腹心地区片口兴办义学，传播汉文化。

▲清道光二十四年（1844），何元富惩治陕商。清代，不少陕西人来石泉经商，凭借其经济实力垄断市场，高利盘剥，百姓极其怨恨。何元富乃约众二百余人从平武所属之都坝河出发，经白泥寺抵漩坪。入场后秩序井然，并不事劫掠，唯对陕商柏永顺、焦天兴等施以强暴手段，甚至估令饮溺尝粪，以泄其愤。从陕商处勒索之财，也不纳入私囊，却邀集地方人士于该场火神庙，悉数分发给贫与极贫之百姓。次日，即率众向曲山方向开拔。后被官军击溃，何元富不知所终。

▲清道光年间（1821—1850），羌民刘自元移碑应考。清代中期，羌汉分界处在今开坪境内，传说有界碑一块竖于大鱼口山侧。道光年间，白草坝羌民刘自元自幼读儒书，习八股诗赋，欲应童子试。当时地方规定，唯汉民方可与考，对于羌民则加限制。为能入场应试，自元声称：世居汉地界内，已系归化之民，有界碑可查。试官当即派员查勘，第二天就动身，与自元同行。到了白草坝以上十余里片口之北，果然竖有一块界碑。上报主试官，自元遂得入场。相传自元一夜之间往返百余里，将二百余斤的界碑从大鱼口移至片口之北，乃有神人相助。其实可能是自元事先复制一碑竖于片口之垭口，当试官查勘时则将大鱼口之碑仆而藏之。

▲清同治六年（1867），法国传教士在片口下场口建成一座四楹四合的天主教堂。白草羌腹心地带的部分羌民开始信奉天主教，成为北川最早的天主教徒。

▲清宣统三年（1911），石泉县新划为一区六乡，原属“番寨”的青片河、白草河上游地区分别划归永兴（坝底）、太平（小坝）、复盛（片口）等乡管辖，成为“汉区”。至此，石泉县辖区在管理方式上实现统一。

是年八月，西乡羌族青年邢珍禄受保路同志会影响，在坝底、马槽、白什一带秘密集结数百人反清。义军欲先攻占石泉，因在石泉堡受到知县刘秉钧阻击，遂转向茂州进军，不幸在土地岭遭茂州守备李骥年伏击，邢珍禄等被俘就义。同期，茂州陇木土司何夔自愿将每年实收粮食夫马千余金全部捐给保路同志会，作保路津贴等费。

▲清末，将石泉把总和坝底抚夷一并裁撤。

▲民国3年（1914），因与陕西省石泉县同名，且彼县设置在前，乃将县复名北川。

▲民国21年（1932）出版的《北川县志》载：全县人口共46100人。对于少数民族人口，因“清末番民同化，户口迁徙不常”，因而未作单独统计。

▲1935年春，中国工农红军第四方面军长征到达北川，相继在县境建立县、乡、村苏维埃政权。茂州陇木土司设在白什场的办事处（俗称白石衙门）随之被废弃。至此，北川县境内的土司统治宣告结束。同期，在北川躲避地方官僚迫害的松潘县呷竹寺羌族土司安登榜参加红军，成为全国唯一参加红军的土司。

北川县境与内地迥异的民族风情给红军将士留下深刻印象。红四方面军领导人张国焘后来回忆说：“北川的村落中，番族比汉族的人口为多”，“汉人多聚居在交通便利的地方，番族各部落则散居在较广大的山区”。为了团结少数民族共同对敌，红军广泛宣传党的民族政策。当年红军宣传民族政策的标语大量留存。北川各族人民全力支援红军，为红军打通北川峡谷通道顺利西进做出了重要贡献。

▲民国时期，片口场成为中药材等土特产及鸦片集散地，经济异常繁荣。民国35—37年（1946—1948），是其经济畸形发展的繁盛时期，省内各地及云、贵、陕、甘乃至安徽、福建的烟帮云集于此，或于平武县泗耳一带深山中种植鸦片，或在市场收购烟土贩运外地，场上茶馆、酒店、客栈应运而兴。大量外地人涌入，对当地少数民族的文化习俗产生很大影响。

▲1950年1月，北川县人民政府成立。此后数年，政府每年给当时被称为民族地区的青片、白什、马槽一带的群众发放补助和无息贷款，帮助其解决生产生活上的困难。

▲1951年秋，北川最偏僻的少数民族聚居区青片办起第一所小学，少数民族学生不交任何费用，国家还发给助学金。

▲1951—1957年，先后选派羌、回等少数民族代表十余人到成都、北京参加国庆庆祝活动。

▲1951年12月，将茂县所辖白马乡（今白什、马槽、青片部分村寨）划归北川县管辖。

▲1952年7月，将安县所辖擂鼓乡（今擂鼓镇的部分地区）划归北川县管辖。

是年9月，北川县治由禹里迁至曲山。

是年12月，以原白马、建设两乡的部分地域建立麻窝自治乡，成为全县第一个也是当时唯一的民族乡，县内其余地区均被视为“汉区”。

▲1956年2月，将平武县所辖甘溪乡（今桂溪乡）、都坝乡（今都坝、贯岭乡）划归北川县管辖。上述地区明代均属白草番地。

▲1958年9月，全县实现“公社化”，麻窝自治乡改建为建设人民公社。

▲1981年，根据群众的愿望和国务院有关文件规定，建设公社在辖区内开展民族成分普查登记。是年经省政府批准，建设公社改建为建设羌族藏族公社。

▲1982年4月，四川省民族研究所和四川大学的专家学者到县考察。其后在送省政府的报告中肯定近年来北川羌、藏族人口迅速上升，“达到了近百年来的传统比例”，这是正常的，“符合历史和科学”。

▲1983年，白什、马槽、墩上相继开展民族成分普查登记。

▲1984年1月，建设羌族藏族公社改为青片羌族藏族乡。3月，白什、马槽、墩上成立民族乡。

▲1985年，全县范围开展恢复、改正民族成分工作。县人民政府印发有关文件，宣传政策，同时成立由县政府主要领导组成的审定民族成分领导小组，各地依据政策规定，充分尊重少数民族群众的意愿，由本人申请，再层层审查，逐级上报，最后由县批准。在此基础上，坝底、外白、开坪、小

坝、片口、桃龙、小园、禹里于是年6月成立民族乡。

▲ 1986年1月15日，县委、县政府向绵阳市委、市政府报送《关于申请建立北川羌族自治县的报告》。6月，治城、漩坪、青石、白坭、金凤、南华成立民族乡。

▲ 1987年4月30日，县委、县政府安排由副县长蹇洪秀任组长的9人汇报组赴北京，向国家民委及其所属司处领导汇报北川申请建立自治县的情况。8月，恢复改正民族成分工作基本结束，全县羌族52783人、藏族3170人，主要集中在青片、白草、湔江、都坝四河流域。11月，经省政府批准，自1988年1月起，北川按少数民族县对待。

▲ 1989年3月，都坝、贯岭、太洪成立民族乡（1988年11月批准）。至此，全县共有民族乡21个。

▲ 1990年后，北川历届县委、县政府都把努力争取建立自治县列为工作目标，多次以书面申请、口头江报和商请有关领导牵头向全国人大、全国政协会议提议案、提案等方式反映北川人民的呼声。

▲ 1991年夏历十月初一日，北川、茂县、汶川、理县联合庆祝羌历年活动在北川县城举行，参加者达三万余人。自1988年起，上述四县轮流主办联合庆羌年活动。

▲ 1992年5月，县政府根据群众的要求和省民委的指示，着手解决恢复和改正民族成分工作中的遗留问题。10月，调整乡镇建制，将全县21个民族乡调整归并为11个，其中羌族乡6个，羌族藏族乡5个。

▲ 1998年2月17日，国家民委政法司和民政部地名区划司向国务院秘书四局呈报《关于我国建立自治地方善后工作的说明和建议》，"同意建立北川羌族自治县"。

▲ 2002年，为便于行政管理，方便群众办事，报经省政府批准，恢复马槽、墩上、都坝3个羌族乡和桃龙羌族藏族乡建制，都贯羌族乡复称贯岭羌族乡。至此，全县共3镇17乡（其中民族乡15个）。

▲ 2003年7月，国务院批准撤销北川县，建立北川羌族自治县，北川由此成为全国最年轻的自治地方。

二、设立北川羌族自治县的批复文件

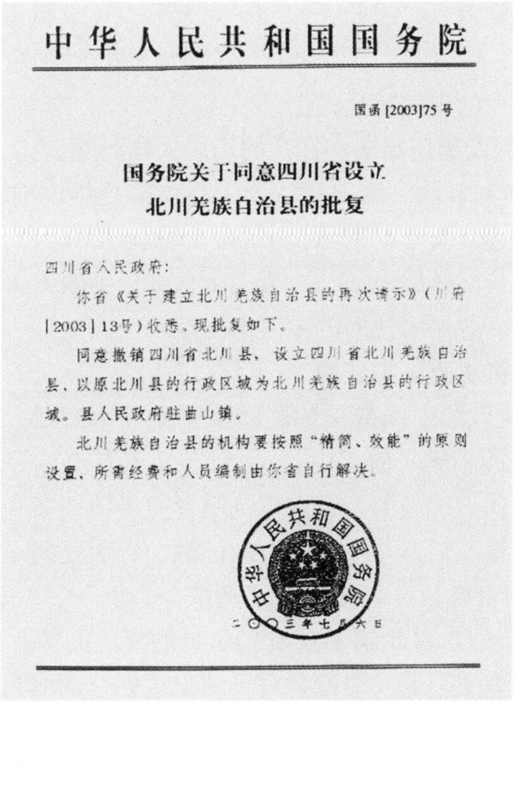

中华人民共和国国务院

国函[2003]75号

国务院关于同意四川省设立北川羌族自治县的批复

四川省人民政府：

你省《关于建立北川羌族自治县的再次请示》（川府[2003]13号）收悉。现批复如下。

同意撤销四川省北川县，设立四川省北川羌族自治县，以原北川县的行政区域为北川羌族自治县的行政区域。县人民政府驻曲山镇。

北川羌族自治县的机构要按照"精简、效能"的原则设置，所需经费和人员编制由你省自行解决。

中华人民共和国国务院

二〇〇三年七月六日

三、四川省大禹研究会成立过程

根据古代文献记载，北川是大禹诞生地，县内保存着许多关于大禹的历史遗迹和民间传说，崇禹风气一直十分浓厚，以庙祭为主的纪念大禹的活动代代相传。在极“左”思潮盛行的年代，祭禹被视为封建迷信活动遭到禁止。随着时光的流逝，一些纪念大禹的建筑也遭到损毁。

1988年，国家旅游局有关人员到绵阳考察旅游资源，对大禹故里表示出浓厚的兴趣，引起市县有关领导的高度重视。为有利于宣传，扩大影响，充分利用大禹故里的文化资源来推动北川的旅游业发展，在绵阳市有关领导的支持下，立即着手聘请专家学者进行实地考察，并在此基础上筹建四川省大禹研究会。

1989年秋，在知名学者张秀熟的关心和倡导下，县委、县政府邀请四川省社会科学院、四川大学、四川师范大学的专家学者，以及绵阳市政府、市政协、市文化局、市社科联、市外事旅游办公室、市地方志办公室的领导、专家和文史工作者30余人在县城召开“禹生石纽”考察座谈会。与会者实地考察石纽山、禹穴沟、禹王庙遗址等古迹，参阅有关资料，展开热烈的研讨，达成若干共识。

（一）关于大禹的历史地位，以及研究大禹、开发大禹故里的意义。

与会者一致认为，禹是中国历史上第一个奴隶制王朝—夏王朝的开创者，在中国历史由洪荒到文明的转变时期，对社会的进步和发展起过很大的推进作用。禹是中国古代的治水英雄，在征服大自然的斗争中，表现出人定胜天的非凡勇气和智慧，由于他率领民众，平息当时泛滥于中国大地的滔滔洪水，使得人们得以安居乐处，对华夏民族的繁荣昌盛做出了巨大贡献。大禹又是艰苦奋斗的楷模，他卑宫室，菲饮食，栉风沐雨，为治服洪水奋战十三年。大禹还是一位品德高尚的人，他一心为着治水，三过家门而不入，公而忘私，无私奉献，鞠躬尽瘁，造福万民。为此，有的专家称大禹为最老的“雷锋”，最早的“人民公仆”。

专家认为，在中华民族历史上受推崇的伟大人物很多，大禹是最受推崇最杰出的人物之一。如果说在中国的历史中，一个时期出现过非难历史人物的坏毛病，就连孔子、岳飞这样的思想家、民族英雄也遭到过非难的话，大禹却例外，他无懈可击，是历代传颂、众口皆碑的。大禹艰苦奋斗、无私奉献、造福万民的精神是中华民族精神的集中体现。纵观中华民族的历史，大禹早已成为民族向心力、凝聚力的最重要的政治文化内容。因此，如今研究大禹，肯定和表彰他的功德，不仅仅是进行学术探讨、评论历史人物的问题，而且是弘扬民族优秀文化、进行爱国主义教育、唤起民族意识、振奋民族精神的大问题，具有很重大的现实意义的。

（二）关于大禹是传说中的人物还是实实在在的历史人物问题。

对这个问题，与会者有两种看法。第一种认为大禹可能是传说中的人物。主要依据是夏朝没有文字，属于史前时代，后人记述夏禹是根据传说来的。即使有禹其人，理想化的成分也是主要的；很可能根本没有其人，或者是古代部落的象征，或者完全是神话中的人物。第二种认为禹是实实在在的历史人物。多数同志倾向于这一意见。他们的主要依据是两个方面：一是众多的典籍记述。二是新中国成立以来，特别是近几年考古出土文物证明。

专家认为，成书于战国前后的中国最早的民间文学集《山海经》里就记载了禹治洪水的故事。中国最早的诗歌总集《诗经》的小雅《信南山》、大雅《文王有声》等诗篇中歌颂了大禹及其治水的辉煌业绩。成书于春秋战国时代的《尚书》是古代统治者的讲话档案和官方的文件汇集，书中的《禹贡》篇系统地记载了大禹的功德。根据《左传》上的记载，表明夏朝不但确实存在，而且那时已按地区划分居民，用地方官来统治百姓，并且已制定了刑法。《孟子》一书中还表明夏朝已有贡赋制度，已有城郭沟池和军队保护国家政权。《论语》还赞扬了禹的高尚品德。汉代的《淮南子》中也称赞大禹有功，死后奉为社稷之神。太史公的《史记》对禹的记述更是详细明白。这些说明，诸子百家、正史经典都记载了禹的事迹功德，一个活生生的历史人物跃然于史籍。

中华人民共和国成立以来，特别是近年的考古发掘、文物出土，更证明了大禹及夏朝在历史上是存在的。近年报载，山东莒县东十公里处原始社会早期遗址中已经发现早于甲骨文一千多年的中国最古老的文字，经鉴定为距今4500多年。这说明夏朝已有文字，甲骨文则是成熟的文字，殷以前没有文字记载的结论已站不住脚。山西襄汾县的夏墟遗址出土的距今4000多年的彩陶盘，其图案能证明夏朝已开始使用笔墨。河南省堰师县二里头夏文化遗址、山西夏墟遗址出土的铜器已证明古籍中禹作九鼎的记载。河南登封县王成岗遗址的发掘又印证了《史记》中“禹都阳城”的记载。考古发掘和研究成果证明，夏朝不是没有文字记载的时代，不是纯粹的传说时代，夏文化是存在的，大禹是存在的。

（三）关于大禹的出生地问题。

大禹生于何处，是此次研讨座谈的重点。这个问题历史上已议论了几千年。就全国范围而言主要说法有三种：中原说、东方说和西方说。所谓西方说，即禹生于西羌，也就是今四川西北部的北川、茂县、汶川一带。大多数专家认为禹生中原、禹生东夷虽有记载，却记载笼统，头绪不清，远不如禹生西羌材料充足。其理由有二：

首先，大禹是羌族，这是在学术界占了主导地位的。民族学研究成果表明，甘肃、青海、四川西北部一带历史上就是羌民族的聚居地，禹生于西羌是可信的。

其次，众多的典籍记述大禹出生在这一带是否定不了的。战国《竹书纪年》说：“修已背剖生禹于石纽”；西汉扬雄《蜀王本纪》中说：“禹本汶山郡广柔县人，生于石纽，其地刳儿坪”；司马迁的《史记·六国年表》中载：“禹兴于西羌”；《后汉书·戴良传》说：“仲尼长东鲁，大禹出西羌”；郦道元《水经注》云：“广柔县石纽乡，禹所生也”。类似的记述很多。专家认为，上述史家公认的信史中的记述，史学界是没有多少人反对的。

持禹生西羌这一看法的与会者中还有一部分认为，大禹出生在北川县石纽村这一准确地点是可以确定的，依据是充分的。他们的主要依据有四个方面。第一也是典史记载。除上面提及的典籍记述外，《新唐书》《杨升庵外集》《郡国志》《蜀志》等分别有“石泉有石纽山，山麓有大禹庙”“蜀之广柔县石纽村，今之石泉县也”“石纽山在今石泉县南”“蜀之石泉，禹生之地”等记述。大禹出生的准确地点石泉县石纽山（村）记述得很具体，这是无法否定的。第二是历史遗迹。汉隶“石纽”二字，最晚也是在唐贞观八年以前就有，并且确有“两块巨石，石尖纽结为一”的奇观；禹穴沟内金锣岩壁上“禹穴”二字，《大清一统志》《四川通志》《锦里新编》一致认定为李白所书；还有岣嵝碑、禹王庙、神禹故里坊等都是古人认同禹生北川的实物证据。第三是历史上封建朝廷对北川的特殊政策。由于北川是圣人出生之地，明清朝廷对当时的石泉县有许多优惠政策和特殊规定：六月六日禹的生日要用太牢之礼仪致祭大禹，减免朝廷贡赋，科举秀才名额增加一倍等。说明禹生石泉早就得到“国家一级”认定，况且清康熙皇帝还有御批为证。第四是古老丰富的关于禹的民间传说。在北川，关于禹的传说之多，足可以写一本书。传说能不能作为依据的问题，部分专家为此发表了很好的意见。他们列举中外很多例子说明古代传说是有相当可信性的，不能简单地用传说的变异性否定其传承性。

（四）关于加强大禹文化的研究、大禹遗迹的保护和大禹故里的开发建设问题。

由于大禹是中华民族历史上首屈一指的重要人物，在海内外华夏子孙中影响很大，在世界史上也有相当高的地位。研究大禹，宣传大禹功德，弘扬大禹精神，其史学意义、政治意义都很大。与会专家学者一致主张立即成立大禹研究会，有组织地开展这方面的研究和交流。专家们认为“石纽”“禹穴”石刻和岣嵝碑等是极其宝贵的文物，应确定为更高一级的文物保护单位加以保护。禹穴沟沟峡谷深，林木繁茂，清泉飞瀑，血石流光，山水风光优美，地质现象典型奇特，禹的传说荟萃，是游览观光访古寻幽的好地方，要千方百计保护。禹王庙、神禹故里坊均毁于“文化大革命”，应尽快恢复。建议绵阳市和北川县把修建大禹纪念馆的设想尽快变成现实。

与会专家高度赞扬绵阳市和北川县重视大禹故里的开发建设，高度赞扬县委把“发扬大禹精神，建设大禹故里”作为党代会的口号明确响亮地提出来，高度赞扬绵阳市委、市政府领导“以大禹治水精神开发大禹故里”的题词。部分专家说：封建官员都知道到处修禹庙，供奉圣祖，教化百姓，中国共产党人更应继承民族传统，弘扬祖宗功德，把优秀的民族文化传下去，给子孙后代留下宝贵的精神遗产。为弘扬大禹精神，继承民族传统文化，推动地方经济发展，与会人员建议建立四川省大禹研究会。

经过几个月的准备，大禹研究会筹备会议于 1990 年 10 月 16 日至 19 日分别在绵阳、北川召开。

参加会议的有大禹 142 世、143 世后裔姒元翼教授父子，四川大学、四川师大、四川省民研所、四川省文物考古研究所、四川省地名办公室、四川省社科院文学研究所的专家学者，绵阳市委、市人大、市政府、市政协以及市社科联、市民宗处、市文化局、市民政局、市地方志办公室、市旅游处、市水电局、武引工程管理局的负责人，四川日报、绵阳日报、绵阳电视台记者，北川县委、县政府、县政协、县委宣传部、县政府办公室、县外事旅游办公室、县地方志办公室等单位的领导共 60 余人。

会议围绕“禹生石纽”展开学术交流。与会的省内外专家学者用大量史实，从不同角度论证了三个问题。

第一、夏王朝是存在的，大禹是一个伟大的历史人物。

与会专家学者引述大量古代文献资料来证明这一论断。指出，从先秦的诸子百家，到汉唐的史学家、文学家，对有关大禹和夏王朝的史实都有大量记述和论证。虽然这些文献资料是根据口传史料记录下来的，是间接的，而且是片断的，不完整的，但不能因此而抹杀其原始朴素的真实性。近代欧洲考古学家根据《荷马史诗》传说，发掘出小亚细亚之特洛伊城和希腊的迈锡尼文化遗址，就证实了口传史料具有真实性的一面。

第二、禹生石纽在北川。

禹生石纽在北川，此次与会专家学者对这个问题看法相当一致，达成了共识。史书记载“禹生石纽”。与会专家目睹了石纽山两巨石尖纽结的奇特现象，考察了巨石上阳刻汉隶“石纽”二字以及有关大禹的古迹，深信北川就是大禹的故乡。广汉三星堆、绵阳边堆山的考古发掘，为禹生西羌、禹生北川石纽提供了有力的佐证。禹生于四川北川县的石纽，死于绍兴会稽，在浙江是没有争议的。因为《吴越春秋》等历代正史，以及浙江绍兴历代县志都是这样记载的，几千年来流传于浙江一带的许多关于禹的传说，也是这样认为的。

羌族是我国最古老的一个民族，现在主要生活在北川、茂县、汶川、理县一带。这个民族在 3000 年至 4000 年前是一个很兴旺的民族，生产力水平在当时是很高的，近十年来的考古发掘已证实了这一点。特别是近年来，广汉三星堆发掘的青铜器等器皿以及绵阳边堆山发掘的青铜器和石灰窑等，都是距今 4200~3700 年。这一时期正是夏商时代，所以在这个民族中产生夏禹王这个伟大历史人物是可能的，夏禹王出生于这一地区也应是无可非议的。

从自然科学的角度看，北川处于四川盆地西部一带，这一带分布着一系列由岷江、湔江、绵远河、涪江等冲积而成的内陆三角洲，正是发生水灾的地域。再从气候条件来看，大约 3000—4000 年前，这一地区降雨较多，洪水滔天。在北川一带出生大禹这样一个伟大的历史人物并不是偶然的，有其地理、气候原因。

第三、弘扬大禹精神意义重大。

与会的专家学者一致认为，大禹的出生地应该研究，但更重要的是要研究大禹精神。四川省文物指导委员会名誉主任、巴蜀文化研究会会长、文史专家、九十七岁高龄的张秀熟，在《大禹史料汇集》一书所作“序”中写道：夏禹是夏朝的奠基者，是我国炎黄以后的又一个人文初祖，是我国人人称颂的古代治水英雄，称颂他为“巍巍神禹”，因而，他也就成了我国传统文化与民族精神的化身和集中体现。夏王朝的建立，是我国历史从原始公社的部落社会，进入到奴隶社会的开始，把人类精神文明与物质文明推向一个新阶段，是人类社会的飞跃。研究大禹，对于弘扬民族精神与民族文化，增强中华民族凝聚力，无疑是一件很有意义的工作。与会者对张老的这一论述十分赞同和称道，认为大禹平水土、定九州的丰功伟绩和三过家门而不入的忘我精神万民敬仰，千古流芳；大禹是中国历史上第一个开国君王，以其非凡的远见卓识和恢宏的英雄胆略，实现了中国历史上从原始社会向奴隶社会过渡划时代的飞跃，磅礴华夏，光耀史册。大禹是古羌的统帅、华夏文化的开拓者，以其卑宫菲食、以仁昌时的清廉德政和高风亮节而使举国上下敬若神明。大禹精神是中华民族的精神。可以概括为：坚忍不拔的开拓精神，顾全大局无私奉献、为民造福的精神，民族团结的精神，科学的精神，人定胜天的精神。

与会专家学者还认为，为什么历代统治阶级没有大力宣传大禹精神，而几千年来，我国劳动人民都不忘大禹精神，因为大禹是劳动者的化身，他处处事事想的是为人民谋福利。现在，我们研究大禹精神就是为了弘扬大禹精神，用大禹治水的精神，振奋民族精神，教育党员干部和群众，教育子孙后代，搞好廉政建设，加强物质文明和精神文明建设，求实、拼搏、团结、奋进，把大禹故里和祖国建设得繁荣富强，无限美好。

会议讨论修改了大禹研究会章程（草案），推举出大禹研究会组成人员。会议期间，省内外部分与会人员实地考察了大禹故里“石纽”“禹穴”“望崇山”“誓水柱”“岣嵝碑”等文物古迹和景点。大家说：百闻不如一见，大禹的遗迹和民间传说在北川县一带很丰富，全国少见。

经过一年多的筹备，四川省大禹研究会于 1991 年 11 月 7 日在北川成立，政协绵阳市委主席李举之任会长，原四川省委书记杨超、兵团职羌族红军老战士何雨农任名誉会长，学会以新落成的位于禹里西山山麓的大禹纪念馆作为会址。

四川省大禹研究会筹委会

1991 年 11 月

索　引

D

E

G

H

K

L

M

N

P

Q

R

S

T

W

X

Z

前志勘误表

页码	误	正
16	8月18日至10月18日，给18岁以上居民颁发国民身分证……	8月18日至10月18日，给18岁以上居民颁发国民身份证……
66	1977年3月起开始进行清查“四人帮”帮派体系　工作。	1977年3月起开始进行清查“四人帮”帮派体系工作
70	北周武帝保定四年（564），改绳州名汶州，仍辖汶山郡和北部郡；天和元年（566）于北部郡新置北川县。此为北川建县之始……	北周武帝保定四年（564），改绳州名汶州，仍辖汶山郡和北部郡，于北部郡新置北川县。此为北川建县之始……
112	县境降水量分布不均……11次大涝分别发生于1961、……1975、、1976、……	县境降水量分布不均……11次大涝分别发生于1961、……1975、1976、……
205	红军三十一军医院驻地	红四方面军总医院驻地
214	韩泽荣的身分暴露后于6月21日被傅德兴杀害。未被暴露身分的张道成于8月由傅德兴派去剑阁游干部受训……	韩泽荣的身份暴露后于6月21日被傅德兴杀害。未被暴露身份的张道成于8月由傅德兴派去剑阁游干部受训……
288	……摘掉帽子恢复社员身分的共1777人。其余74人……	……摘掉帽子恢复社员身份的共1777人。其余74人……
356	……地师级3人，县团级6人.一般干部24人。	……地师级3人，县团级6人，一般干部24人。
551	1976年调整征购基数和超购任务，人 平口粮150公斤以下的队不派征购……	1976年调整征购基数和超购任务，人平口粮150公斤以下的队不派征购……

编纂始末

2005年1月，按照国务院颁布实施的《地方志工作条例》和《四川省地方志工作条例》要求，县政府召开编修工作动员及业务培训会，正式启动《北川羌族自治县志》（1988—2005）的编修工作。各乡镇、县直各部门相继安排人员搜集相关资料，县地方志办公室建立以景莲彩为主编的编辑部，实行专人负责，以分片督促的方式督办资料的搜集和整理工作。至2006年年底，基本收齐基础资料。2007年，落实陈志伟、李永富、000等分工编纂各分志。至年底，初稿基本完成。2008年年初，为了保证年底能够如期完稿，聘请有志书编纂经验的赵兴武担任执行主编，和方志办人员一起，对已完成的初稿进行加工润色。

2008年5月12日，突发特大地震，主编不幸遇难，已经完成近半的纸质总纂稿、电子文档以及相关基础资料全部深埋废墟。县委、县政府高度重视史志资料的抢救，及时协商绵阳市前线抗震救灾指挥部，请求救援部队对县党史、地方志办公室资料进行挖掘。经救援部队现场勘查，因资料掩埋太深，无法实施。

2008年10月20日，县政府根据现实情况，请求延长《北川羌族自治县志》的下限并推迟出版。经绵阳市政府同意后，于2010年6月22日制发了“关于印发《北川羌族自治县志（1988—2007）》编纂工作方案”，成立了编纂委员会和编纂委员会办公室，组建以黄宪礼为主编的编辑部，重新启动编修工作。鉴于县方志办人员有限，其他工作任务十分繁重，仍特聘赵兴武担任执行主编。

特大地震后重新编修县志，一切从零开始。在资料缺乏的情况下，经请示绵阳市方志办，编辑部决定从实际出发，以1988年以后出版的9部北川《年鉴》为基础，先编写一部简明县志，按要求尽快出书。在编纂过程中，全体编辑人员和主纂发扬伟大的抗震救灾精神，密切配合，面对档案资料缺乏的困难，采取网络征集、实地征集、口碑征集等多种方式收集征集全县1988—2007年史料，至2014年6月，基本完成初稿的编纂。在此基础上，主编黄宪礼对总纂稿进行了全面的统筹和校改。8月，全面征求县内各乡镇、各部门对志稿的意见。10月，编修人员结合反馈的意见，作了进一步的修改和完善。

2015年年初，经过数年的精心编撰和打磨，《北川羌族自治县志》（1988—2007）终于成稿。功夫不负有心人，志稿大大超越了最初所定的简明县志的目标，其质量受到有关领导和专业人士的高度肯定。

2015年5月，为将《北川羌族自治县志（1988—2007）》打造为精品志书，聘请原四川省志编委市县区志工作处处长马国栋、何瑞明，原绵阳市地方志办公室主任王志强等地方志专家对志稿进行评审，并根据所提建议作进一步的修改完善。

在县志编纂过程中，中国地方志指导小组领导，四川省志编委党组书记、常务副主任马小彬，绵阳市地方志办公室主任许登义、副主任余正道多次亲临北川现场指导，中共北川县委、县人大、县政府、县政协领导亲自过问编纂进度，切实解决编纂中的困难和问题。县财政将编纂委员会及办公室所涉及的日常办公设施、调研、聘请专家、人员培训、资料征集、编纂、送审、出版等经费纳入财政预算，分年度拨付，为编纂工作的顺利开展提供了强有力的保障。在编修过程中，得到了全县各乡镇、县级各部门的大力支持。在县志即将付梓之际，谨向对本志编纂给予关心支持的领导，以及奉献辛劳智慧的专家和编纂人员表示衷心的感谢！

编修《北川羌族自治县志（1988—2007）》是一项浩繁的文化工程，编辑人员虽一丝不苟，精益求精，但错漏之处在所难免，盼读者见谅。

《北川羌族自治县志》编辑部

2015 年 6 月

出版说明

根据国务院办公厅颁发的《全国地方志事业发展规划纲要（2015—2020年）》规定，到2020年必须全面完成第二轮地方志书规划任务。为确保这一目标顺利实现，针对当前部分民族地区与贫困地区志书出版经费困难的情况，在中国地方志指导小组组长王伟光、常务副组长李培林的亲自倡议和领导下，自2015年8月起中国地方志指导小组办公室启动民族地区与贫困地区志书出版资助工程，对经国务院扶贫开发领导小组办公室认定的国家级贫困县（区、旗、县级市），中西部地区、少数民族边疆地区、经济欠发达地区存在出版经费困难的省市县三级综合志书进行出版资助。

民族地区与贫困地区志书出版资助工程既是地方志系统的政治工程，又是全国地方志事业协调发展的促进工程，对于推进第二轮地方志书规划任务按期完成，实现地方志事业区域发展平衡，促进民族地区与贫困地区基础文化建设，具有重要的政治意义和文化意义。2016年4月，该工程入选国家新闻出版广电总局实施的“十三五”国家重点图书、音像、电子出版物出版规划项目。

本书经民族地区与贫困地区志书出版资助工程领导小组批准，入选民族地区与贫困地区志书出版资助工程。

民族地区与贫困地区志书出版
资助工程领导小组办公室
2015年9月